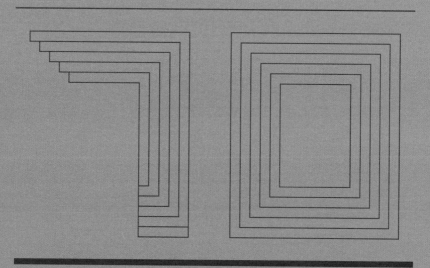

《中国语文》
七十年文选

张伯江　方　梅　主编

上

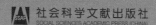

社会科学文献出版社
SOCIAL SCIENCES ACADEMIC PRESS (CHINA)

序　言

张伯江

《《中国语文》七十年文选》收录了《中国语文》自创刊起七十年间的八十七篇文章，大多出自前五十年。这些文章，选自不同的时期，覆盖了不同的学科，涉及不同的作者和不同的风格。把它们辑在一起，我们还不敢说这就是《中国语文》的精选本，因为七十年间《中国语文》刊登的精华文章实在太多，远远不是这本书的容量所能囊括的。在纪念《中国语文》创刊七十周年的时候，编选这样一本文集，应该说，其象征意义更大于实体意义。

浏览这些篇目，仿佛展开中国现代语言学发展的画卷：筚路蓝缕开创现代语言学道路的黎锦熙、丁声树、王力、吕叔湘等人的足迹，继往开来的朱德熙、李荣、林焘、俞敏那一代人的成果，新中国语言学舞台上朝气勃发的范继淹、裘锡圭、陈章太、徐通锵等人的可贵探索，以及改革开放后的一代新人马庆株、刘勋宁，归国学者廖秋忠、陈平等人的新见，也有旅居海外学者梅祖麟、罗杰瑞等人的贡献……我们的编选未免挂一漏万，总还是折射出了七十年间以《中国语文》为代表的中国现代语言学成长历程。

《中国语文》最初由中国文字改革研究委员会和中国科学院语言研究所合办，创刊号上刊登的语言所罗常培所长的文章《语文研究应联系实际并照顾全面》，就阐述了当时语言研究所的工作集中在三个方面：（一）现代汉语的基本词汇和基本语法结构，（二）国内少数民族语言文字的调查研究，（三）中国文字改革问题。我们看看1952年《中国语文》刊发文章的种类，就可以知道涉及范围的广度：文字改革问题，汉字整理问题，语言学，汉语问题，语音，词汇，语法，少数民族语文问题，速成识字教育，语文教学，文学语言，语文书刊评介。其中的重点是文字改革和语言研究。本集选入的周有光、魏建功、丁声树、高名凯、黎锦熙等人的文章就代表了那一时期的主流。1956年以后《中国语文》编辑工作由语言研究所单独承担，《文字改革》杂志同年创刊，《中国语文》内容逐渐转向以语言学专门研究为主。1961年4月号上刊出了吕叔湘《汉语研究工作者的当前任务》一文，从九个方面分别提出了语音、词汇、语法、修辞、方言、汉语史、文字改革、语文教学和语文工具书编纂等方面迫切需要解决的若干问题，这是来自当时语言学界顶层设计的声音。1956年到1966年这十年间，《中国语文》上的文章代表了当时国内汉语研究的最高水平，把年轻的中国现代语言学带到了一个新的高度，其中朱德熙的句法结构研究、李荣的音韵与方言研究、吕叔湘和林焘关于语法和语音关系的研究等，都可以说是超前的。

1978年复刊号《中国语文》的"社论"指出："汉语规范化仍然是汉语研究的重要任务。要对现代汉语、近代汉语、古代汉语、汉语方言、汉语史进行研究。要积极开展少数民族语言文字的研究。要进行应用语言学、数理语言学、比较语言学、语文教学等方面的研究。"在拨乱反正之际，语言学者工作重点是延续六十年代被迫中断的研究，那几年刊发的文章有些甚至就是开始写作于"文革"之前的。随着解放思想的深入和改革开放的全面展开，语言学界思想空前活跃，不仅研究方法呈现多种多样的探索，研究领域也日益扩大，各种研究方向也越来越专门化，一个明显的标志就是，多种语言文字类的专门刊物相继创刊。1982年第4期《中国语文》上刊登署名"本刊编辑部"的《〈中国语文〉三十年》一文中说："随着各种语文刊物的出现，必然要产生一定的分工，《中国语文》的内容也随之由相当广泛而变得较为集中。主要是古今汉语的语法和词汇的研究，以及语音、方言等等，一般语言学理论的介绍，文字改革问题的探讨，少数民族语言的论述，都很少发表了。"八十年代以后的《中国语文》，最鲜明的特点，就是理论意识和前沿意识的增强。

徐通锵从结构的不平衡性论语言演变的原因，王洪君对山西闻喜方言白读层与宋西北方音关系的探讨，代表了汉语学者从方言事实出发，对历史语言学的理论追求；陆俭明对句法易位的观察和沈家煊对口误的研究，让我们的结构分析拓展到日常口语范围，得出更深一层的理论启示；马庆株关于时量宾语和动词类的研究，郭锐关于谓词的过程和非过程时间类型的研究，代表着我国学者从汉语事实出发，对动词情状类型的思考；桥本万太郎对汉语被动式的历史和区域发展考察带来了地理类型学的观念，郑锦全关于汉语方言亲疏关系的计量研究和王士元、沈钟伟的方言关系计量表述展示给我们如何用计量的方法测定方言之间的亲疏关系；石安石对模糊语义的研究，李荣对近代汉字的研究，陈原对社会语言学的研究，都是原来少有触及的新的领域。

进入二十一世纪以后，中国的语言研究已经基本跟国际前沿同步，汉语学界也形成了几个比较稳定的研究阵营，像认知语法、功能语法、形式句法、语言类型学、历史语言学、心理语言学，等等。当我们回看八九十年代的《中国语文》时，会清楚看到这些研究取向起步阶段的面貌。像徐烈炯、黄衍对空范畴的研究，陈平的指称研究和廖秋忠的省略研究，沈家煊"有界"与"无界"的研究，分别标志着形式句法、功能语法、认知语法在中国的落地生根。最近的二十多年里，这几个国际前沿学派在国内都得到了蓬勃的发展，新成果层出不穷，而这一切，如果追溯其来源，则无不指向二十多年前《中国语文》上的这几项早期成果。直到现在，这几篇文章也都还经常出现在引用文献的目录里，足见他们导夫先路的作用。

与此同时，更值得我们注意的，是众多的文章中，体现出对汉语事实和自身发展规律的细致观察和特征揭示。俞敏对《尚书·洪范》"土爰稼穑"里"爰"字的解释，既讲音理，又讲事理，一系列相关句式都讲通了，而这个表达法，正是带有鲜明汉语特色的；再如曹广顺对《祖堂集》中助词"底（地）""却了""著"的描写，涉及现代汉语最重要的常用助词"的""了""着"的来历，文章对词汇意义以及相应格式演变的描写，在汉语史学界产生了重要影响。刘勋宁对现代汉语词尾"了"语法意义的全新概括也正是对汉语事实细加甄别，从而打破了简单比附外语"完成"意义的成说，进而使更广泛的汉语事实得到了既妥帖又合理的解释。

纵观七十年间《中国语文》上刊发的文章，有三个鲜明特点是贯穿始终的。

一是围绕党和国家中心任务，立足大局推动语言学研究。数十年的发展证明，在国家重大历史变革时期，《中国语文》总是起着立时代潮头、发思想先声的作用。新中国成立不久，《中国语文》刊发了大量配合国家语言文化建设的学理性很强的研讨文章，为语言规范化工作做了扎实的理论准备。其后，又持续多年为现代汉语规范工作的具体化组织了语法、语音、方言、词典编纂等专题的高水平论文。1978年时，《中国语文》也是最先复刊的四家哲学社会科学学术期刊之一，当时正值拨乱反正，文化领域亟须从惨遭破坏的创痛中恢复生气，《中国语文》担负起了解放思想、辨明是非、统一认识、厚植根基的使命，一度发行数十万册，为语文教学与研究水平的提高做出了重大贡献。新时代以来，语言文字被看成具有基础性、全局性、社会性和全民性特点的，事关国民素质提高和人的全面发展、事关历史文化传承和经济社会发展、事关国家统一和民族团结的大事，《中国语文》近几年推出几篇重要的回顾总结历史经验的文章，编者与读者借此共同感受语文事业与国家和民族同呼吸共命运的历程。

二是始终紧扣时代脉搏，积极回应社会需求。新中国成立之初为扫盲运动和方言区人民学习普通话的需要，发表了很多基于学理的知识性文章，极大地推动了新中国文化事业的发展。其后的各个历史时期，无论是为推进文字改革运动，传播规范的语言知识，还是协助语文教育，匡正社会语言使用，《中国语文》几乎触及语言社会生活所有领域：写作、翻译、外来语、科学名词、新闻广播、戏曲曲艺、文风问题等。尤其当社会语文使用中出现争议和混乱时，《中国语文》及时开展讨论，组织辨析文章，讲清字音、字形、文法的学理依据，体现出语言学者的责任和担当。改革开放后，信息化社会的发展对语言文字提出全新的挑战，《中国语文》及时组织计算语言学方面的理论思考和技术性探讨文章，许多新学科、新工具、交叉学科的声音，也往往最早出现在《中国语文》上。从早期的机器翻译、人机对话研究，到近年来计算语言学、语料库语言学、大数据和人工智能研究，以至于儿童语言习得、语言病理辅助训练等专题，不同层次的社会语言生活需求，《中国语文》都做出了积极的回应。

三是紧密关注学术前沿，引领学术创新发展。引领创新是学术期刊保持高品质的根本所在，《中国语文》在每个重要的历史时期都以引领创新为使命。1952 年创刊号上罗常培先生的文章就深刻指出过去语言学研究有"片段的而不是全面的"缺点，强调要从整体上研究汉语，特别提出了"文体论中所包含的问题，像中国语言的逻辑性、说服力、鼓舞力、接近人民的技术与方法以及现代语言的风格"都是值得研究的课题，显示了高瞻远瞩的精神；吕叔湘、刘坚、江蓝生、沈家煊等作为学界领袖也在不同时期发表导向性的言论。与此同时，《中国语文》的学术前沿性，更主要的是体现在新理论、新方法的范例性成果展示，用实例研究来例示方法，不尚空谈。每个时期前沿研究的体现已如前述。如果说 20 世纪八九十年代《中国语文》的前沿性是以紧跟国际潮流为特色的话，进入 21 世纪以来，我国学者在立足汉语、融通中西、面向未来方面，得出一系列具有自主创新精神的重要成果，就显示了这个时代里这一代学者的使命担当。

七十年，这是一个对个人来说足够成熟、对学术来说尚属年轻的年纪。21 世纪的《中国语文》，依托厚重的底蕴，带着青春的活力，一定能够在学界同人的支持下，更好地为学界服好务，为祖国文化事业的建设做出自己的贡献。

目录

CONTENTS

谈谈语音构造和语音演变的规律

丁声树

　　斯大林《论马克思主义与语言学问题》正确地指出："语言学的主要任务是研究语言发展的内部规律。"一个语言的发展有各式各样的内部规律，其中最显明最严整的是语音方面的规律。语音的规律分两类：一类是构造上的规律，一类是演变上的规律。什么是语音构造的规律呢？任何一个语言的语音都不是乱七八糟的，都有相当严密的语音系统。我们分析它的语音成素，研究每一音素在字中的位置，各音素彼此配合的情形，两音相连有没有什么变化，重读轻读有没有什么分别等；这样得出一些规律，就是语音构造上的规律。例如北京话里，ㄩ这个音的前头只可以拼ㄋ、ㄌ、ㄐ、ㄑ、ㄒ五个声母（当然也可以没有声母），跟别的声母拼不出字来。ㄅㄩ、ㄆㄩ、ㄇㄩ之类都不成字音。又如ㄈ这个声母不跟ㄧ或ㄩ拼，ㄈㄧ、ㄈㄧㄢ或者ㄈㄩ、ㄈㄩㄢ之类也都不成字音。又如两个上声字相连，第一个上声变阳平。"老虎"音如"劳虎"。这都是语音构造的规律。语音构造的规律是就语言的现实情况求出来的。

　　什么是语音演变的规律呢？任何一个语言的语音都不是一成不变的，都是不知不觉地在变化。变的虽然很慢，但是经过一个较长的时期，就有很显著的差异。奇怪的很，语音变化并不是乱变的，总有相当整齐的规律。我们研究一个语言的历史，看看古音在什么情形之下后来保存着没变，在什么情形之下后来变了；在什么情形之下，本来不相同的音后来变的相同了；又在什么情形之下，本来同音的后来分化成各不相同的音。这样求出来的规律就是语音演变的规律。语音演变的规律往往是有条件的。古代上声字只有在全浊声母这个条件之下才变成北京话的去声。比如"动"字古代是上声，由于声母是全浊的，现在北京话读去声。古代的 -m、-p 韵尾在广州话里照例保存着，但是在唇音声母这个条件之下，-m 变 -n，-p 变 -t。比如"三"字古音收 -m，"十"字古音收 -p，广州话依旧收 -m，收 -p。但"凡"字古音收 -m，由于声母是唇音，广州话读 fan，不读 fam；"法"字古音收 -p，也由于声母是唇音，广州话读 fat，不读 fap。这都是语音演变的规律。语音演变的规律是就语言的历史情况求出来的。

语音构造的规律和语音演变的规律同样重要，而且往往互相关联。例如上面所举广州话里古韵尾 -m、-p 在唇音声母条件之下变成 -n、-t，这是一条演变的规律。而由于这个演变，广州话里唇音声母的字就一律没有 -m、-p 韵尾，换言之，-m、-p 不在唇音声母之后出现，这又是一条构造的规律。强调语音构造的研究而忽视语音演变，是不对的；强调语音演变的研究而忽视语音构造，也是不对的。

我们再从北京话里举一个例来说明这两类语音规律的相互关系。

北京话和许多别的方言一样，平声字分阴阳。阴平字和阳平字往往成对，比方：

　　　　天—田；枪—墙；通—同；烘—红；

　　　　荒—黄；飘—瓢；飞—肥；腌　盐。

但是有一类阴平字，像"东、单、中、坚"，找不着相对的阳平字。[①] 这是什么道理呢？是不是偶然有音无字呢？我们研究一下北京话的语音构造，就知道"东、单、中、坚"这类阴平字之所以没有相对的阳平字，其中包含若干语音上的规律，并不是偶然的现象。

为讨论的方便，我们把北京话的韵母分成两类：一类是附有鼻音尾的韵，如ㄢ、ㄣ、ㄥ、ㄧㄢ、ㄧㄣ、ㄧㄥ等，简称鼻韵；一类是不附鼻音尾的韵，如ㄚ、ㄜ、ㄞ、ㄟ、ㄠ、ㄡ等，简称非鼻韵。再取ㄅ、ㄆ，ㄉ、ㄊ，ㄍ、ㄎ，ㄐ、ㄑ，ㄓ、ㄔ，ㄗ、ㄘ十二个声母，分成两类：ㄅ、ㄉ、ㄍ、ㄐ、ㄓ、ㄗ六个不送气的声母为一类，简称ㄅ类声母；ㄆ、ㄊ、ㄎ、ㄑ、ㄔ、ㄘ六个送气的声母为一类，简称ㄆ类声母。拿这两类声母先和鼻韵拼一下，看看阴平阳平和这两类声母有什么关系。下面表里，有字的举一个字为代表，无字的以〇号为记。

ㄅ类声母		ㄆ类声母	
阴平	阳平	阴平	阳平
般	〇	潘	盘
奔	〇	喷	盆
边	〇	篇	便（价钱便宜）
宾	〇	拼	贫
单	〇	滩	檀
颠	〇	天	田
当	〇	汤	堂

① 这只是就单字音说的。连词变调中往往发生单字音中所没有的音。如"胆小"的"胆"字音在北京话里就像是"单"字相对的阳平。但"胆"字单读是上声，不是阳平。

ㄅ类声母		ㄆ类声母	
阴平	阳平	阴平	阳平
登	○	鼟	腾
东	○	通	同
丁	○	听	亭
端	○	湍	团
敦	○	吞	屯
光	○	筐	狂
坚	○	牵	虔
今	○	钦	琴
精	○	清	晴
将	○	枪	墙
瞻	○	搀	蟾
真	○	嗔	陈
张	○	昌	长
征	○	称	程
中	○	冲	虫
尊	○	村	存
宗	○	葱	从

我们看，ㄆ类声母阴平阳平都有字，而ㄅ类声母只阴平有字，阳平全没有字。由此我们可以得出一条语音构造的规律：

鼻韵的阳平字没有ㄅ类声母。

这样我们对于"东、单、中、坚"等阴平字之所以没有相对的阳平字就有了一个初步的认识。但是我们不禁要问：为什么鼻韵的阳平字有ㄆ类声母而没有ㄅ类声母呢？要回答这个问题，必须看看非鼻韵的阳平字有没有ㄅ类声母。我们再把ㄅ、ㄆ两类声母和非鼻韵拼一下。看看北京话的阴平阳平在这方面的配合情形：

ㄅ类声母		ㄆ类声母	
阴平	阳平	阴平	阳平
巴	拔	趴	爬
逋	酺	铺	蒲；仆
掰	白	拍	牌
包	薄	抛	袍
低	笛	梯	题

续表

ㄅ类声母		ㄆ类声母	
阴平	阳平	阴平	阳平
都	读	秃	图
多	夺	拖	驼；橐
歌	格	科	咳（咳嗽）
基	极	欺	旗
居	局	区	渠
焦	嚼	锹	樵
知	直	痴	迟
渣	煠（油煠）	叉	茶；察
斋	宅	钗	柴
周	轴	抽	稠
遭	凿	操	曹

显而易见，非鼻韵的阳平字不光有ㄆ类声母，也有ㄅ类声母。专从北京话的语音构造上看，我们就可以得出这样一条规律：

鼻韵的阳平字没有ㄅ类声母，只有非鼻韵的阳平字才有ㄅ类声母。

现在再问：为什么在北京话里鼻韵的阳平字没有ㄅ类声母，只有非鼻韵的阳平字才有ㄅ类声母呢？这就要联系到历史上演变的规律。原来北京话里的阳平字有两个来源：一大部分阳平字是从古平声来的，一小部分阳平字是从古入声来的。从古平声来的阳平字，如果声母是塞音或塞擦音，[①] 那声母就必然是送气的，即ㄆ类声母，不论鼻韵或非鼻韵都是如此。例如"盘、田、琴、存"是鼻韵字，"婆、提、旗、曹"是非鼻韵字，都是从古平声来的阳平，声母都是ㄆ类。从古入声来的阳平字，如果声母是塞音或塞擦音，绝大多数都是不送气的，即ㄅ类声母。例如"拔、薄、白、笛、读、格、嚼、宅"都是从古入声来的阳平字，声母都是ㄅ类。不过从古入声来的阳平字也有少数是送气的，即ㄆ类声母。例如"仆、朴、橐、咳"这几个字古代也是入声，现在北京话也是阳平，不过声母是送气的ㄆ类。如果把构造规律和演变规律结合起来，我们可以得出这样一条规律：

北京话里凡从古平声来的阳平字没有ㄅ类声母，只有从古入声来的阳平字才有ㄅ类声母。

现在我们可以明了为什么鼻韵的阳平字没有ㄅ类声母，只有非鼻韵的阳平字才有ㄅ类声母。鼻韵的阳平字全是从古平声来的，没有从古入声来的，所以没有ㄅ类声母。非鼻韵的阳平字有一部分是从古入声来的，所以才有ㄅ类声母。

---

① 塞音指ㄅ、ㄆ、ㄉ、ㄊ、ㄍ、ㄎ。塞擦音指ㄐ、ㄑ、ㄓ、ㄔ、ㄗ、ㄘ。

至于为什么从古平声来的阳平字就没有ㄅ类声母，而只有从古入声来的阳平字才有ㄅ类声母，那就要牵涉到古今声母的演变规律，这里不多谈了。

语音上的规律往往有些零碎的例外情形。例外情形又每每有特殊的理由。我们研究语音规律，必须注意例外情形，要常拿例外情形来试验这些规律。上文我们说过，北京话里鼻韵的阳平字没有ㄅ类声母。我们试举一个例外字来研究一下。北京口语有个"甭"字，音ㄅㄥ。这个字音是鼻韵的阳平，而声母正是ㄅ类，恰和这条语音构造规律冲突。由演变规律上看，ㄅㄥ这个音不会是从古平声来的，因为从古平声来的阳平没有ㄅ类声母；也不会是从古入声来的，因为从古入声来的不该是鼻韵。所以从语音规律上可以断定"甭"这个字在语言中是个新起的字。事实上我们知道，"甭"是"不用"两个字音的合并，的确是个新起的字。"不"字在北京话里单读是阴平或去声，但是"不"字和去声字相连的时候，一律变阳平调。例如"不是""不要""不去""不算"，"不"字都是阳平调，所以"不用"的"不"也是阳平调，"不用"合并成"甭"也成阳平调了。（"不用"合并成"甭"，用"不"字的阳平调，正如"两个"合并成"俩"，音ㄌㄧㄚˇ，用"两"字的上声调。）可见"甭"字虽然在语音构造上是个特殊的音，而它自己也有其特殊的规律。

上文我们又说过，只有从古入声来的阳平字才有ㄅ类声母。我们也可以举一个例外字来研究一下。"鼻"字在北京话里是阳平，声母是ㄅ类，应该是从古入声来的才有这种读法。然而《广韵》中"鼻"字是去声，在至韵，"毗至切"，并不是入声字，现代方言中也有读去声的，例如广州话里"鼻"字是阳去调，就合乎这个古去声的音。不过我们知道，在大多数保存入声的方言里"鼻"字都是入声，这表明"鼻"字在古代本来也有一个入声的读法，不过没有收到韵书里去。南宋人孙奕的《示儿编》（卷十八，字说，声讹条）说当时的语音"以鼻为弼"。"弼"是入声，那就是说，"鼻"字当时有入声的读法。因此，北京话里"鼻"字读阳平，仍旧可以看作是从古入声的读法来的，并不算真正的例外。

由此可见，语音演变规律和语音构造规律两者间的关系多么密切，语音方面的规律多么严整而有趣。

研究汉语发展的内部规律，利用它的内部规律来推进它的发展，使它的内容更丰富，结构更精密，这是中国语文工作者的任务。

1952 年，6 月，北京。

原刊于 1952 年第 7 期（创刊号）

汉字发展史上简体字的地位

魏建功

1. 汉字繁、简体的历史事实

汉字从最早的甲骨文字就存在着繁、简体的现象。由于起初文字是象形的，描画形象可以仔细也可以粗略，繁、简体因此会发生。例如写一个"羊"字，画得仔细些的要把眼睛和角一齐画出来①：

同时也有用简单的笔画代替了眼睛的：

这样，在钟鼎文字里也同样有繁、简体的不同：

作为一定的形体直传到现在的"羊"，显然是由简体演变下来的。

上面说的字体属于向来叫"篆文"的一类，我们现在平常说做"篆字"。把篆字写成现在的楷体字，中间经过了很长的时期。在这长的时期里，人们写字随着简化的方向走，首先把有图画意味的象形字改变做了有符号作用的表意字。像上面举的"羊"字，从写成"羊"形再变做"羊"形，"羊"多多少少还是象形，"羊"就只能算是表意的了。所有一大堆的象形字，像"刀、米、水"写成了"人、木、水"，都是由繁到简的发展。这又表明汉字从古到今是在繁、简的形式里向前进步的。无疑的，每一个简体形式比它的繁体形式更

① 本文甲骨文字和钟鼎文字都是根据各家纂辑古文字的书籍，不细注。读者愿意自己翻检，可查下列各书：孙海波《甲骨文编》；容庚《金文编》《金文续编》。

合于应用，所以汉字发展中就产生了简化的要求。

这种要求，从篆字本身由繁到简的事实中间就产生了，以后的发展就形成了古今字体的演变。作为篆字与现在楷体字中间的过渡形式的"隶书"（也叫"隶字"）开始表现这种精神。这种精神不仅仅是使写出来的形体简单，并且还把形体组织随宜变化。例如一个"ㄦ"字写成"人"，形体简单上并没有多大表现，可是随宜变化上就有很多发展。篆字不问在字体整个结构的任何部位原来不变，一到隶字以至于楷体字就随着部位的不同适应书写的方便改变形式。这种形式上的改变有时候不是笔画的简单化，而是为了书写方法上的方便化。我们看下面的这些个字都是包含了"刀"字的，写篆字是一样的，楷体字就不一样了，不一样的原因正是上面所说的"随宜变化"的精神：

    亻：在字左或中间的写法，如保、伟、伍、众……

    刀：在字上的写法，如危、矣……

    丿：在字上偏右的写法，如监、临……

    儿：在字下的写法，如微……

有的变得已经看不出"人"字的痕迹：

    弔：如果照篆字写，该是弔。

    咎：如果照篆字写，该是㲋，现在铅字是咎。

    身：如果照篆字写该是身。

现在有许多字是这样的情况，如水、氵、氺；火、灬；小、业；衣、衤；心、忄、小；……

以上是就汉字形体简单化的情况说的。汉字还有繁复化的情况。汉字的繁复化是它为语言服务的表现。

篆字里有个"㞢"（甲骨）"㞢"（钟鼎）字[①]，文字学家认它做"封"字，作为"交界"的意义，在交界的地方竖立的界桩（可能是树木）就是这个字体所代表的形象。可是我们现在已经不用这个形体，另外写成"封"了，在钟鼎文字里可以看到它繁复化的资料：㞢、㞢，在㞢形以外加上一只手（又）或两只手（卝），就把竖界桩的事表示出来了。作为动作的"封"这个语词到现在还存在（内容的变化另说），我们说做"ㄈㄥ"。从下面用两只手托捧起来的动作，我们说做"ㄆㄥ"，写做"捧"，实在就是这里写出来的"㞢"的动作。这个"ㄆㄥ"字所用的"捧"，形体是逐步繁复化写出来的。因为"㞢"，是"㞢"的繁体，要念"ㄈㄥ"，跟念"ㄆㄥ"的"捧"不能一致，必得另求密切表音的解决。"㞢"并且也跟"㞢"一样归于废止，划一成为"封"了。另一方面，"㞢"的形体再繁复化，表示了奉承的意思，下面再加了一只手："㞢"（说文）念做"ㄈㄥ"。我们把这一个

[①] 本文甲骨文字和钟鼎文字都是根据各家纂辑古文字的书籍，不细注。读者愿意自己翻检，可查下列各书：孙海波《甲骨文编》；容庚《金文编》《金文续编》。

形体有关的资料再检查一下，还有 齒（甲骨）𤲃、𤲃（钟鼎），𤲃（钟鼎），𤲃（甲骨）。"𤲃""𤲃"就是"夆""逢"，从字形说是"脚碰在桩上"（夆）和"脚碰在路边的桩上"（逢）。这两个字我们都念"ㄈㄥ"，语言上说做"ㄆㄥ"。因此，我们可以了解语言里说遇见叫"碰见"是"ㄆㄥ"，在文字上就是"ㄈㄥ"（逢），"碰伤"觉得无字可写，其实该是"夆"。"齒""𤲃""𤲃"是"邦"字，作为邦国的意思，念做"ㄅㄤ"，把"丰"形加上"邑"（邑）繁复化起来，跟"封"分别。这里表现了汉语和汉字中间的关系：有的是汉字随着汉语繁复化，有的是汉字脱离汉语僵死。凡是汉字脱离了汉语僵死的，我们现在就不需要它。所以本段所谈到的字应该承认有三个声音的词汇：一个念"ㄈㄥ"，一个念"ㄆㄥ"，一个念"ㄅㄤ"。念ㄈㄥ的词汇有"封""奉""逢"三个字，念ㄆㄥ的词汇有"捧""碰"两个字，念ㄅㄤ的词汇有"邦"一个字。"封"跟"奉"，"奉"跟"捧"，以及"丰"跟"邦"都是语言上必须分别的，文字就随着变化了，我们用现代语言的情况说明如下：

封：奉　声调不同。

奉：捧　声母和声调不同。

丰：邦　声母和韵母不同。

其中语言上有相连的关系，文字上看不出相连的关系的，一部分僵死了，如"夆"；一部分同时并存各不相谋，如"逢"和"碰"。汉字繁复化的这一种事实，有汉语做它的中心，它表现了要密切表音的精神，同时又回旋在由形表意的圈子里。像"奉""捧"把"手"加到三只、四只之多，就是把"弄""奉"当作一个整个标音的符号，另外再重叠加上一个表示动作的"手"。许多的汉字是由这种原则产生出来的。要把汉字繁、简跟汉语结合着，我们才可以看出它所起的作用。

2. 繁、简体在汉字发展上所起的作用

汉字繁、简体的变化在汉字发展上是起了一定的作用的。从上面极其简单的叙述里，我们大致得到如下的认识：

1.汉字的简化是它形体本身发展的主观要求，包括结构的简单和书写的简便。

2.汉字的繁化是它服务于语言的客观要求，为了密切表音，转入由形表意的圈子里。

3.汉字在发展中，一面在结构和书写上要求简便，一面为切合汉语要求精密，对于表意的形式就有必须突破的要求。

4.把汉字简、繁两体所起的作用，作为现阶段中国文字改革运动中汉字整理工作的参考是必要的。

现在我们来谈一谈它所起的作用。简化的作用已经把篆字逐步改革成了现在的楷体

字，从字体形式上说，可算变无可变。由于汉代以后草字的书写方法跟形体结构相结合，篆字就经过一段隶字的变化到楷体字，繁简渐渐一致；向后草法又跟楷体结合就有了近代的行书字。行书字可以包括在楷体字里，应该说是现行的字的绝大部分。严格地说，在楷、草、行的综合里才是现在汉字的具体形式。这种形式已经有了它的主要特点：既不复杂，也不古怪，平易近人。篆、隶是不免复杂的，草书是有些古怪的。所以篆、隶已经成为历史上的陈迹，草书只是给一部分的人当玩意儿。包括了行书的这绝大部分楷体字，写法上是草、隶的中和，结构上就是这里说的楷、草、行的综合，给它一个名称应该是"简体字"。①

"简体字"的原则，我们仔细分析，一部分跟汉字繁化的作用也有关系。上面说过繁化事实主要是汉字和汉语互相联系。简体字所吸收的繁化作用并不跟语言相关，是跟汉字史上特别人为的赋有繁化性质的形式相关。这就是所谓"隶古定"。什么叫"隶古定"呢？"隶古定"的意思是拿隶字体把"古文"（篆字的一种）写定出来，就是用楷体写法照着篆字结构写。由于文化遗产里的《尚书》有过这种"古文"的本子，为了叫人认识曾经用过这一个办法写出隶字体古文，人们根据汉代学者孔安国给这种本子的《尚书》做的序文的话②叫出"隶古定"的名目来。有人说做"隶写古文"是恰当的。打一个比方，这好比是字体的对翻，像文言翻白话的意味似的——不过文言、白话是语言（字意）部分的，这纯粹是字形的罢了。例如《尚书》里用的"厥"字，隶古定本就写作"牙"，因为"古文"是写作"𠂤"的。所以唐代孔颖达说："存古为可慕，以隶为可识，故曰'隶古'，以虽隶而犹古也。③"这种办法是跟隶字改变篆字的精神相反的，虽然不是在形体上加多，实际是不厌烦的繁复化。我们在前面提到"弔、咎、身"三个字如果照篆字写该是"弔、㒼、身"，完全跟"隶古定"精神一样，因为是根据《说文解字》的篆字，就叫作"说文体"了。说文体是许多脱离群众的文字学者所提倡的。④他们代表了垄断文字的心理，是违反

---

① "简体字"这名目包括了很多方面。它不是篆、隶、楷、行、草那样单纯，并且主要地继承唐、宋以来的"俗字"。俗字的结构是吸收隶、草、楷、行的写法成功的。简体字不是俗字的全部，俗字可能不简。俗字的不简就是本文说的繁化作用，分化联系语言的。如《龙龛手鉴》金部里收了这四个字：鏠俗、鋒或作鏠正、鋒今。俗字就比今体繁复。

② 孔安国《尚书》序："鲁共王（汉景帝刘启的儿子、刘余）好治宫室，坏孔子旧宅以广（扩充）其居（住宅），于壁中得先人所藏古文虞、夏、商、周之书及传、《论语》、《孝经》，皆科斗文字。……科斗字废已久，时人无能知者。（安国）以所闻伏生之书（汉代通行的《尚书》是用当时的文字写的叫'今文'），考论文义（对照讨论研究），定其可知者为隶古定，更以竹简写之，增多伏生二十五篇。"（研究确定下能明白的部分成功隶体写定的古文，再用竹简写出来，比伏生传的书多二十五篇）括号里是作者加的解释。

③ 孔颖达著《尚书正义》。

④ 刻书用说文体，明朝已经开始。清朝后期渐渐成为钻牛角尖的风气，就有人说某些字"滥俗""无以下笔"。最极端的像江标，写药方竟也用篆字！章炳麟的《章氏丛书》所用的字体要算提倡说文体的"殿军"了。

汉字发展规律的，不合历史唯物主义的。简体字在形式上倒像这种"隶古定"或"说文体"的办法，实际上是吸收了繁化的精神，而顺着文字发展的规律起了正确的作用。用我们的话说，这是"行、草楷化"。下面举的几个例子都可以说明简体字是把汉字繁、简体的作用结合起来运用的。

这样简体字对于楷体字是简化的，对于草体字是繁化的。因为有简化的作用，就减免了楷体的复杂，因为有繁化的作用，就不会像草书那样的古怪。

3. 简体字是文字改革的一个环节

毛主席指示我们："文字必须在一定条件下加以改革，言语必须接近民众，须知民众就是革命文化的无限丰富的源泉。"[①]文字本是为语言服务的，为了为人民服务，我们就必须把文字跟语言结合起来更加接近民众一些。从汉字发展上所见到的一些全民性的事实，我们就更要深入地了解一下。

我们看出汉字的发展是在"形""音""义"三方面矛盾之中进行着的。它联系汉语表现了两个要求：突破形式，密切表音。[②]密切表音的要求会更有新的发展，这里不谈。突破形式的要求，我们现在讨论的简体字至少是在它发展过程上的一个可注意的现象。作为文字改革某一阶段的一个环节来看，简体字是备有了它的历史条件了。上面已经把汉字简化的作用说了，这里要就繁化作用再加解说。繁化作用表现在字体结构上的也已说了，现在要谈的是它在为语言服务一点上的作用。说到这一点，我们已看出汉字汉语联系上的矛盾，在这矛盾中间有几个现象[③]：

（1）重点在声音；

（2）因为汉字表意的特点，又回到形体上去；

① 毛泽东《新民主主义的文化》，载《新民主主义论》，人民出版社，1952。
② 魏建功《从汉字发展的情况看改革的条件》，修正本见新建设杂志社《中国文字改革问题》（新学术小丛书9）。
③ 魏建功《从汉字发展的情况看改革的条件》，修正本见新建设杂志社《中国文字改革问题》（新学术小丛书9）。

（3）常用的词必须形音义三方面一致；

（4）不常用的或是没有记录下来的词往往不受"形体意义一致"的条件拘束。

把简体字来对付这些矛盾的现象是可以办得到的。第一，简体字的发展原来就在常用的词语所需要的字里头，它可以作为解决矛盾现象（3）的基础。其次，简体字已走了突破形式的方向，它能够打开矛盾现象（2）（4）的纠缠。最后，剩下只是矛盾现象（1），那就有待于密切表音的最高发展了。在这一个最高发展还没有成熟之前，目前为了服务于劳动人民来做文字改革的工作，我们必得先做一番整理汉字的事情。这个整理工作里对于简体字的估计，我就有如上的了解。

必须批判我的一个错误说法，才能做好这一个工作。我过去以为简体字是跟原有的不简的字对照着的，所以认为是为写的方便才要它，结果把问题看成了一个静止的枝节的，跟文字改革就无大关系了。我们看看我们的祖先何等有魄力！从繁复的篆、隶改革成了楷、草，那样发挥智慧，因势乘便，简明扼要！我们对简体字的工作，应该看作文字改革的一个环节，不是单纯技术的整理。改定的简体字就应该当作另一个新字。

作为文字改革的一个环节，简体字工作可以深入一步跟词汇联系起来大量的做。例如我们把"鬥争""奮鬥"的"鬥"整理做"斗"，由于"斗"只限于量名通用，同时代替着"鬥"是可以。这就是上面说可以解决矛盾现象的意思。这个例子恰巧全部都可以解决：第一重点在声音（斗、鬥同音），第二不会再陷以形表意的圈子，第三常用的词汇由"争""奮"结合在一起来解决了形音义一致的问题，第四问题没有。由此可见，汉字必须跟汉语联在一起来运用，原来繁化作用的起因也就是为了这个服务于语言的关系。繁化的作用是专为一个意义分化出一个形体，如封、奉、捧、碰之类，虽联系了语言，可强调了文字，也正是如我自己所批判的一种意识：实在过于重视形体，反跟语言分离而孤立开来了。须知汉字繁化和汉语的分化增多有关。简体字要吸收它的优点，照顾语言，密切联系。

我们能把简体字的基础打好，就可以进行清理汉字的工作，精简一下汉字的数量。从词汇的联系也可以把字和词的矛盾连带解决一些。①

最后，进行这一工作在选择字体的时候，我们必须掌握"平易近人"的原则：既不复杂，也不古怪。平易近人就得是从群众中来的才做得到，所以我们相信"述而不作"是正确的。不过"述而不作"的"述"又容易误入"抠书本"的葫芦套里去，也得随时留意。"述而不作"不是死板的，试问被述者何尝不是作呢？我也曾经机械地想过：要绝对有所本，那是不正确的。例如把"喜"字改作"吉"，这决不是个人杜撰能做到的，我们就只有述了。又如"凿"字，虽然《玉篇》《龙龛手鉴》都有个"鈼"，我们如果拿述的原则来

---

① 参看《中国语文》第二期页十四曹伯韩《字和词的矛盾必须解决》。

采用它，反觉有些"抠书本"，不如改作"茻"的平易近人。① "茻"字原意现在无用，不成问题，并且实际是用"聲"作"声"、"喜"作"苦"的条例来述的罢了。这种述而不作的原则也是要配合着平易近人的原则的，理想地做到"作而有述"才算成功。

关于简体字还有很多的问题，本文只就汉字发展史上简体字的地位做了一点分析讨论，错误一定难免，希望同志们指正。

原刊于 1952 年第 10 期

---

① 茻，音ㄓㄨㄥ，据汉许慎说是"丛生的草"。

中国语法中的"词法"研讨

黎锦熙

《中国语文》组织这一期专刊，先就词法（词的形态、词的分类等）或其他方面的理论交换意见。

我对于"词的分类"，在1924年出版的《新著国语文法》里，分为五类九种，后又约为三系；只是根据习惯（也不是完全仿照英文法，例如"同动词"和"形容词、形容语直接用作谓语"，都是英文法所没有的），并考虑汉语实际，说不上有什么"理论和原则"。

我对于"词的形态"，在1923年发表于《国语月刊》的《汉字革命军前进的一条大路》中，认为汉语的"词形变化"要表现在"词类连书"（"词儿连写"）的"复音词"（当时是包括多音节词、重叠词、附加头尾和复合、递组等词的总名，后来把这总名改称"复合词"），方块单音的汉字本身没有语法范畴的形态变化可说。

1952年暑假时，高等学校实践课程改革，向苏联学习，语法课目纳入《现代汉语》课目中。北京师范大学中语系语言文字组讨论《现代汉语教学大纲》，先学习苏联的《现代俄语教学大纲》，当时我写了一份学习笔记。[①] 现在我把其中关于《汉语语法》的"总述"和"词法"各条提出来，参引他文，作为"目前对词的看法"，以备"交换意见"。（1952年暑假后，我休假了，未再参加讨论；《现代汉语教学大纲》另有试行的草案，这里的只是个人意见）

汉语语法：

（A）总述

（1）语法是研究"词的变化和词在句中联结的一般原则"（斯大林）的科学。——但汉语在字形上没有"词的变化"，因为汉字是方块单音而不是拼音制；在语言中有"词形"（词的形态）的"变化"（须表现在"词儿连写"上），其变化方式也跟印欧语系有区别，

---

① 这笔记篇名《学习苏联〈现代俄语教学大纲〉试拟的〈现代汉语〉教学大纲》，见《中国文字与语言》（中册）1953年10月北京五十年代出版社本。

因为汉语基本上是"分析语"而不是"综合语"（诘诎语或屈折语）。

（2）斯大林所论关于语法"结构"和它与"词汇"的关系。

（3）"词法"与"句法"的相互关系。

（4）语法的"范畴"和汉语中语法意义的"表达"法。——教材：以上四条，须根据《语言学概论》课目中有关的理论和原则，提纲重述，证以汉语实例，并精简地阐明汉语的特征（下两条同）。

（B）词法

（一）

（5）马列主义语言学对于"语法单位"的词的看法。

（6）"词义"（词的意义）与语法意义的相互作用。——汉语如词义的"引申用法"（不是指字同而义本不同的词），跟语法上的表达规律关系很大。

（二）

（7）汉语的"单音词"和"复合词"（＝复音词）。

全面地实际地看问题，汉语复合词的研讨、规定，"有三方面的需要：一、正规的语文教育和扫除文盲工作，都应注重复合词。过去速成识字运动在第二阶段教学生字时，大家已感觉到'单字表'应当照顾复合词（一般已改称'词表'）；到了阅读阶段，有先进经验的又认为读物的词儿连排、词间隔离是对于初学文化的人大有帮助的；但单复之间，如何划分，还待明确。二、汉语语法的基本单位是词，现代语中复合词比单音词多；并且语法上的"词形变化"完全寄托在复合词的结构上（单个汉字的字形是从来不因语法范畴而发生变化的）；语言的纯洁和健康，主要也依靠复合词的正确运用。三、走向拼音化的新文字，词儿连写就必须使词有定型；定型有了，对于复合词还须整理、统计其同型的词（同音同拼法的词）而设法处理（当然对于同型的单音词也得设法处理的）"。[①] 由于有这多方面的需要，对于汉语的复合词必须先把例词科学地、系统地排列出来。

这里"复合词（＝复音词）"这个公式还得有个说明："复音词跟复合词是应当有区别的，但可总名为'复合词'，包括原始的或外来的'多音节词'做它的头一部分，一般所谓'复音词'（如'重叠'的、'附加头尾'的以及'习惯'上无法分开解释的等）都分配在它的各部分中。理由是：一、在使用汉字写话的现阶段，语言中从组合到凝定的'复音词'又正在急速而大量地发展中，因而有大多数双字或双字以上的词儿还不容易就能判定其应属'复合'还是已成'复音'。（对于'词儿连写'这个实际问题，若也把'复音'和'复合'来做离合的标准，困难更大）二、初步研究尤其是语法教学，对于双字或双字以上

---

① 引用《复合词（＝复音词）表》的序例，见《中国语法教程》（中册），1953 年北京大众出版社本。

的词，不宜在所属的名称上发生不清的纠缠，应先从分类的实质上多加有用的考虑，所以提一个总名方便些。三、那么何不把总名定为'复音词'呢？也行，只要叫成习惯，反正汉语在拼音化的运动中，凡连写的词儿，不怕是'复合'也一律要叫'复音词'的（1923年《汉字革命军前进的一条大路》里附有一个'词类连书'举例的表，就名《复"音"词类构成表》）：只因现阶段还在使用汉字，化单为'复'，'合'字成词，总名'复合'，也不过是在了解上较为方便些。四、再说'复合'两字本身就是一个并行的复合词，可以离析成义：'复'是'复音'，主要就指'析之则其义亡'的'多音节词'；'合'是'组合'，主要就指那些正在发展中而'单字的意思还在说话人的脑子里活着'的'复合词'。这后者是古人所谓'析言则二'的第二义，作为复合词的'狭义'；而那'浑言则一'的总名，就算复合词的'广义'。"①（有个时候，总名叫"复词"，因口说时和"副词"相混，待商）

复合词的研讨、规定，是研究汉语中"词的形态"的不二法门，是依据汉语特征而创立一种分析语中也存在的"形态学"的先决条件。"汉语是'分析语'，但不是资本主义国家一般语言学者所谓'单音节语'。老百姓口语中早已发展了一些复合词和词尾等，欧化的白话文中外来的、义译的和新创的复合词更多。假如把这些复合词和词尾等，不通过汉字而通过拼音文字书面化起来，也许汉语语法上要发明一种汉藏语系特有的'语式'——这就是'复合词构成方式'的重要部分。在不用拼音文字而用汉字'写话'的现阶段，尽管词儿连写，词间隔离，也还不容易看得出我们也有'词形的变化'（文字本身拼法形态上依着语法范畴而起的变化，即所谓'语式'）。"②

（8）复合词（＝复音词）构成的方式和类型。——教材：参考《复合词构成方式简谱》，集体修订，并添附《复合词（＝复音词）表》。

关于这个，本文不拟详论，只把我这一谱一表，略加叙评："原来1923年'汉字改革'运动开始进入具体工作阶段时草拟了一个《复音词类构成表》，以后陆续修订到1945年，改名《复合词构成方式简谱》（见1950年北京师大出版部的《中国语法与词类》，这书现在订补中）。这谱偏重词类，结构难明；例词太少，类推不易；而又'兼举古今，旁较华梵'；又是用文言文写的。现在另拟一个《复合词（＝复音词）表》，暂就原谱，调整体系，补充例词。这些例词就是现在通行的几种语法书中关于讲复音词的部分，《科学通报》和《中国语文》等期刊中论到复音词的几篇文章里已经举出来作例证的词，以此为限，都给分配入表，略加说明，作为目前的一种综合研究。"③

① 引用《复合词（＝复音词）表》的序例，见《中国语法教程》（中册），1953年北京大众出版社本。
② 引用《新著国语文法》1951年的今序。
③ 引用《复合词（＝复音词）表》的序例，见《中国语法教程》（中册），1953年北京大众出版社本。

　　复合词的结构须从两方面看：一方面是从它的"词根"或"根词"或"单音词"的基本"词类"来看定它的组织形式，这就是《复合词构成方式简谱》的主要体裁，缺点就在"偏重词类"，仅有繁复的"方式"，不具简括的"类型"，所以说"结构难明"。另一方面是从它的"语法"上组合和连系的"关系"来归纳它的组织类型，这种看法也是必要的，恰好补正了前一看法的缺点。

　　但这两方面的看法应当是统一的而不是对立的。综合地做个说明就明白了：《简谱》分三大类：（ㄅ）"合体"，就是"多音节词"，一称"单纯的复音词"，所谓"合体"就是"汉字间有不可分开的关系"。（ㄆ）"并行"，就是"并列复合词"，包括"重叠词"，"汉字间存在着平等关系"。（这一类若要照"复音"和"复合"两个名称来分判，就有些纠缠不清；大致说来，应属"复音词"了）（ㄇ）"相属"，须再分，有部分的语法论者把（乙）"动名相属"的一部分提作"动宾结构"和"主谓结构"，把（丁）"两动相属"和（戊）"动副相属"的一部分提作"动补结构"，其余的一概叫作"主从结构"。若专用这种再分法，缺点是：一、使词类的性质和功用在构词法上本有统一性的分离了，或转成混杂性；二、各类型的词太不平衡（如"主谓"一类的复合词本来太少，"主从"又太膨胀）；三、"主从"一类的复合词，就是"把名词、动词、形容词或副词，或前或后地来修饰、限制或说明他字的复合词"（"动补"一类，大部分实在也是"主从"关系），不结合着词类来分析，浑言"主从"，不易明晰。这就说明了前一方面从"词类"出发的看法，也恰好补正了这一方面净讲"语法"关系的缺点。所以说，"这两方面的看法应当是统一的而不是对立的"。至于（壬）带词尾或词头的，一般语法论者把它独立起来，是对的，因为头尾是活的，大多数要临时"附加"（如"了""着"就是可以做任何动词的词尾的），不能在词典上都列为固定的词。（这"相属"的一类，若也要照"复音"和"复合"两个名称来分判，更多困难，因为有许多是正在从"复合词"发展为"复音词"的[①]）

　　（9）复合词的凝定和拆开。——教材不必另备，可就前条《复合词表》举例说明；并注意结合"短语"。[②]

　　（三）

　　（10）汉语中按照词义的"性质"特征（词典上）和它在句子里的"作用"（语法上）的分类方法；词的性质和作用在"词类"上的"统一"。

　　就我历年编字典、辞典的小小经验说来，例如一个单音词"人"字，词典（词典和辞典原是异字同义的，本文只称词典）里是不是应当注明它的"词类"呢？应当注明："名"。"人"是"名词"，任何字、词都可以按照它的"'词义'的性质特征"注明是某词。但单

---

　　① 此段的引号内理论出于傅子东《语法理论》第一章。
　　② 关于"短语"结构和"复合词"的关系，本篇未能说明，请参看《中国语法教程》（上册）页29至46。

音词"人"作为复词的一部分时所起的作用就可能不和单音词相同。如"人权"的"人"还算是名词用在"领位","人熊""人鱼""人参"的人就当说为用成了"形容词",这些都还可以在词典所收复词中带加语法的解释。至于进入句子中,在古典文学中词性也常有许多变化,如韩愈的"人其人",头一个"人"字用成了"动词";《左传》"豕人立而啼","人"字又用成了"副词",假如词典中也要照顾到(口语方面,普通白话文方面也有词性不同的情形,例如"和不良倾向斗争","斗争"是动词;"这是一个伟大的斗争","斗争"是名词;"伟大的斯大林","伟大的"是形容词;"斯大林的伟大","伟大"是名词。这种现象是相当普遍的),那么词典中注明词类,就成了个大包袱。因此,普通词典只能看定单个词的"'词义'的性质特征"注明它的主要的"词类"。它进入句子后所起的"作用",既有一定的规律可以说明,就可以让语法书去说;至于作为复词一部分所起的"作用",就应当把说明的任务交给专科性的"语法词典"。这样办,根本原因就在汉语基本上不是综合语,"词形"上分别"词类",不能每个词都有"屈折"变化,而附加的"词尾"又活的多而"黏着"固定的少,所以词典上不能跟他们一样地照着每个词的词类"分别型"就可打个记号。

因此,过去我讲语法对于"词类"的说法就出了偏差。"词类就是每一个词在句中的作用和品类;《新著国语文法》说'凡词,依句辨品'(按:这'品'字是指'品类',不是指'品级':过去一百年间讲外国文法的都把词类叫作'品词';ㄅㄝㄙㄆㄝㄦㄇㄛ等的三分法乃是指'品级'。本文中凡用'品'字都是前义不是后义,附此声明),是对的;但又说'离句无品',则是不正确的。即如复合词的构成,基本上就要依据着'独立的词类'。"[①]所谓"依句'辨'品",只能说为依着句法来对词类更加明"辨",不能说是"依句'分'品",所以饶上的这句"离句无品"是非常不正确的。这是旧知识分子说话爱夸大其词(我过去讲授时还模仿从前的文学批评家的常言:"文无定法;文成,法立",改说为"词无定品;句成,品立"的)。并且"离句无品"这句话登时就表现着自相矛盾,《新著国语文法》凡二十章,讲独立的"词类细目"就占了十章,篇幅也差不多占了全书的一半。

但是,最近一般语法教学上对于"词类的布置"也渐发生了偏差。很明显的,印欧语系的语法教学,不先用大力记清"词类",就得让学生多写"错字"和"别字";汉语的语法教学,也要先简明地讲讲"词类",是对的,但须认清:这只是供给点儿语法常识,打好点儿语法基础,孤立的"词类"教学是起不了"语文训练"上的作用的。明确目标和任务而不脱离实际需要的语法教学,在"词的性质和词的作用在'词类'上的统一"这个观点上,我认为:必须"从造句讲到用词,拿句法来控制词类"[②]。

---

① 引用《新著国语文法》1951 年的今序。
② 引见《怎样教学中国语法》第一课,1953 年 3 月商务印书馆本。

　　"'词类'就是把集体的'词汇'分出'类'来，名、代、动、形容等'词类'，本质上是独立存在的，它们的作用就得表现在六大'成分'的'句法'里。例如名、代，正规的职务是做'主语''宾语'和主语的'补足语'的，但它也可以跑到'形附'和'副附'两大成分里去执行其兼任的职务，这就是'领位'和'副位'，它不但词'义'不变，就是本身名代的词'类'也不变①。"

　　这里就得把汉语语法中所谓"位"的性质搞明白："'词位'就是指实体词（名词、代名词）在句中一定组织的'位'置，是以句法的六大'成分'为标准的。例如'我爱他'这句话，'我'和'他'都是代名词，在句中'我'是'主语'，就叫在'主位'；'他'是'宾语'，就叫在'宾位'。又如'我的兄弟就是他'，'我的'是'兄弟'的'形容性附加语（形附）'，这'我'就叫在'领位'；'他'是'是'字的'补足语'，就叫在'补位'。又如'同志！我张三就是为着他来的'，'张三'就是'我'，同作主语，就叫主语的'同位'；'为着他'是'来'的'副词性附加语（副附）'，这'他'就叫在'副位'；'同志'是说话人呼唤的对象，独立句外，就叫'呼位'。这七'位'中只须常提到三'位'：'领位'、'副位'、'同位'。（六大成分中只有'谓语'用的是动词和形容词，基本上不用实体词，所以可不谈'位'）"

　　"为什么我们要这样？这就是该认识的汉语语法的特征。我们现在还是就汉字写出来的语言来讲语法的，这些问题既然不影响一个汉字'字形'的变化，我们就根本不需要讲'格'，因为在任何'位'上，'我'字的形态总是不变的。现在大家都承认了：'词形'才是语言中的单位，有一个字的'词形'，更有两个字和两字以上'组字成词'的'词形'。'字形'是不受语法的影响而变化的，'词形'则不然。如'我'字是不变的，组上一个'们'字作'我们'，就变'单数'为'多数'；组上一个'的'字作'我的'，就表示了'领位'。（这样组成的'复合词'或'复音词'，词儿连写，两字算一词；拼音作 xǒmén、xǒdǒt，'词形'更显然了）尽管如此，究竟历史发展不同，汉语'词形'不怕是连写和拼音，在词头、词嵌和词尾表示的语法关系，变化规律极其简单，尤其是在'词类'方面。那么，我们为什么还要讲讲'位'呢？汉语实体词（名、代，代很少，以下只提名词）分成七位，是从句法的六大'成分'出发的，并不像他们的'格'原来在字形上就有了变化，是需要分别记忆的；所以讲实用的语法，我们大可以利用'位'的语言形态来补充词的变化形态之不足。例如'领位'，实体词用来作'形附'成分时，它本身并不能转变为'形容词'，就管它叫'领位'名词（如'张三的''我的'，'张三''我'都不能说是变了'形容词'），'领位'就是'形附'的一种。又如'副位'，实体词用来作'副附'成分时，它

---

　　① 引用《中国语法教材》（上册）的（一）绪言，1953年9月五十年代出版社本。（下四段所引都是）

本身也不能转变为'副词'，就管它叫'副位'名词（如'今天我为着他跟张三来到这里'。'今天''他''张三'和'这里'，都是'来'的副附，但本质仍是名、代，并没有变为'副词'），'副位'就是'副附'的一种。"

再从这个点儿上翻过来说，"主语""宾语"等成分是由名、代两种实体词来担任的；而动词的正规的职务是做"谓语"。例如"劳动"，明明是个动词，但它最爱充当实体词，如"'劳动'创造世界"，它就做了"主语"；"我爱'劳动'"，它就做了"宾语"；"工作就是'劳动'"，它就做了"补足语"；"'劳动'的纪律要建立起来"，它就做了"领位"（这是说属于劳动事宜的纪律，不要把"劳动的"看成形容词）；"我因'劳动'得到健康"，它就做了"副位"。因此，动词"劳动"在这些成分里都显示它是名词了（因为它在词义上、语意上是表示一桩事体，不再是叙述谁在劳动了；这就是抽象名词之一种）。有的语法书只说哪些动词或形容应当转成名词，漫无标准；又要尽可能使词类不变，变不变要看句法成分上客观的需要，怎么能凭主观的愿望来使它不变呢？"词类"和"句法"不是"对立的"而是"统一的"，许多语法书没有体察到它们的统一性，所以不解决问题。

现在请看上述的例，就可知：凡词各有定类；进入"句法""成分"中，有执行本类本职的（如名词任"主语"等），有兼他职的（如名词在"领位"等），有由职显类的（如动形若任"主""宾"等，虽无形态变化，也得看成名词），都从"句法"成分上表现出来，按部就班，一望而识，所以说"拿'句法'来控制'词类'"（注意：这不是说"词"的本身没有"类"，也不是说必须从"句法"中才分得出"词类"来）。"句法"构造上的六大"成分"搞明确了，自能正确地认定"词类"，才好适当地选用"词汇"。例如"出版"是动词，本职任"谓语"；"出品"是名词，从来没在"谓语"成分中表现过；若因"这部书'出版'了"而说"那部影片也'出品'了"，就成笑话。但在词形结构上很容易看成一种词类，孤立地警告说这是一动一名，也仅能使死记当然而不知其所以然，必须运用句法"成分"来说明"构词法"："出版"是"动'宾'"关系的复合"动词"，犹云"出了版"；"出品"是"形（动转的'形附'）名"关系的复合"名词"，犹云"出的货品"；这样，辨词的理由才够透彻，从而用词的标准才够明确，所以说"从'造句'讲到'用词'"。——以上是对语法教学方面提出的一个关于"词类"的检讨和意见。

是怎样的"分类方法"才符合这个原则——"词的性质和词的作用在'词类'上的'统一'"呢？本文也不拟详论，只把所拟的《大纲》续写出来。

（11）汉语词类，按照观念本身的性质，独立地分三大系：

（甲）名物系——名词；

（乙）动静系——动词；形容词（包括客观的性态副词）；

（丙）虚助系——其他。

——教材：参照《词类大系》^①，集体修订。

（12）汉语"动静系"的词，多数是随着"名物系"再分的各类中的词而产生、发展和演变的。——此条须与"词汇"之（三）（五）联系，略举例证。

（四）

（13）汉语词类，又按照句法成分的作用，灵活地分五类九品：（注：品类的"品"，改称"九种"亦可）

（甲）实体词——1.名词；2.代名词；

（乙）述说词——3.动词（述动作）；同动、形容词（说情形）；

（丙）区别词——4.形容词（区别名物）；5.副词（区别动静，大多数即由动、形转成）；

（丁）关系词——6.介词（动词的虚用）；7.连词（介词的广用）；

（戊）声态词——8.助词（表态）；9.叹词（象声）。

（14）名、动、形、副各词，都在句法"成分"中显示其"词性"，也可随所在成分的"词位"而转移职务。

（15）副词以下，固定的词很少，大都由动、形各词"活用"而成。

（16）介、连各词，只是表示词句关联的语法工具（但有些"词义"仍存在）。

（17）助、叹各词，只有表示说话情态的语言功用（只"假借"汉字来表音）。——以上（13）至（17）是"词法"的主要部分，集体决定"提纲"，合编教材。

（五）

（18）观念上和句法上词类系统的综合与统一是科学地了解和调查"人民的语言"（方言词汇和少数特殊语法）的基本工具。——教材：参考某地的《方言分类词汇》^②，须与"发音学"之（五）联系，设计实习。这是把"词汇"、"发音"与"词法"融合地应用于创造性的工作。

上边所拟分的汉语词类，虽然说是三大系和五类九品，其实还是"统一"于"九品"，九品可以注定词典中形义确定的词，又可以毫无矛盾地解析句子中"联结"活动的词。因为

"词儿像扮演剧中人的演员，由词儿构成的句子像演员所扮演的剧中人。句子是照一定的语言规律由词儿组成的。词儿分类的重要性表现在这样的现象之

---

① 《词类大系》和《方言分类词汇》的举例，都见1950年北京师范大学出版部的《中国语法与词类》，此书现在订补中。

② 《词类大系》和《方言分类词汇》的举例，都见1950年北京师范大学出版部的《中国语法与词类》，此书现在订补中。

中，即句子的构成分子（句法成分）是跟各类的词儿基本相符应的；这就是说最重要的构成分子之一，主词（作主语的词），即动作的主体，必然由名词扮演；又其一，述词（作谓语的词），必然由动词扮演。例如'鸟飞'，名词'鸟'通过所扮演的主词，动词'飞'通过所扮演的述词，把它们自己的名词和动词面目清楚地表演出来，正如不同的演员通过不同的剧中人物把他们各自的类别表现出来一样。不进入句子中的词是客观上不存在的东西，所以名词'鸟'和动词'飞'是跟进入句子的主词'鸟'和述词'飞'这个现象分不开的；但是'鸟'和'飞'的词性是进入句子之前就存在着的。从这里我们可以充分地明了词儿分类的研究和语法或语言组织的研究是怎样密切地联系起来的。资本主义国家的语言学家或汉语学家，如高本汉、马伯乐、丨せㄥㄆせ儿ㄥㄣ等等都认为中国语没有形态的标记，即没有屈折去表达语法上的变化，也没有黏着的附属成分去表达语法的功能（功用），就没有词类的区别，只有语法的范畴（最重要的语法范畴即句子中构成分子），这是无视语法奠基在词类的区分上这个事实。实质上这就是否定中国语有语法或语言规律的存在"。

我们应

"从词典里的词儿和句子中的词儿现象的对立和统一去辨别词类。词典中标记下来的词儿，在任何环境中发见它，它的性质或意义都是不变的；这是丨せㄥㄆせ儿ㄥㄣ分辨词类的理论。信奉的据这个分类法，'团结通过斗争达成'这四个词儿都是动词，或除'通过'是副动词外其余三个都是动词。丨せㄥㄆせ儿ㄥㄣ又把句子中的词儿和词典中的词儿对立起来，于词类之外照句子中词的功用区分着词品（即首品、次品、末品，或译'级'，或译'等'）。有的据这个分类法，'苹果绿色衣服的女郎把脸儿虎了起来'这句话里'苹果'有修饰形容的'绿色'的功用，应是副词；'虎'有充当述词（或谓语）的功用，应是动词。前者既忽视词儿本身发展的现象，又不了解词典上词儿的性质不能离开句子去认识。后者既忽视词儿在词典上独立的存在，又不了解词儿的性质和它在句子中的功用不是在任何环境中都绝对一致的。

"ㄎㄨㄗㄋせㄗㄛ说（《中国语文》十一期）：词类是由一定形态学上标记表示出来的词的种类；不同的语言可以有不同的词类。这就中国语说，须得加以补充的解释。中国语对于印欧语系的语言是能够如实地翻译出来的；中国语的词类基本上就必然跟印欧语系语言的词类是相同的，不同的只中国语多助词一类。词类基本上相同，才能同样地扮演着构成句子的几个分子。句子的构成分子，在印欧语系的语言中如同在中国语中一样，系主词、述词（或谓语）、宾词、补词（或表词）和它们的附加词；这就是说，中国语才能如实地翻译印欧语系的语言。中国语的形态学上的标记，特别是词儿进入句子中的标记，基本上不是附加的词尾、助词和助动词，而是句子中词儿的'位次'。位次的形态决定词儿在句子中的功用，如扮演主词、述词等等，同时词类或词儿的性质也都通过它表现出来。拿印欧语系语言中名词来说吧，它虽有'格'的变化，可是它的功用一般说来是要凭借一定的位次才能表达出来的；这足以证明位次的形态的重要性。位次的形态不应了解为词群或句子中的固定的序列如第一、第二等等，而应从整个组织中它跟其他词儿的关系上去辨认的。如'鸟飞'，不应了解为扮演主词的名词'鸟'居第一位，扮演述词的动词'飞'居第二位，而应了解为名词'鸟'所由表现为动作的执行者的主词、动词'飞'所由表现为从主体发生出的动作的述词的一定的位次，因为主词在另一种条件下是可居述词之后的，例如说'前面来了一个人'。

"同样的词儿，无论是中国语的或印欧语系语言的，都是通过它所扮演的一定的句子成分更清楚地呈现出它的种类，可是它的本身或性质是独立于一定的句子成分外而存在的。中国语词类一般虽没有屈折形式作标记，但它的性质在它进入句子之前已经确定了的，不是如ㄧㄝㄥㄆㄝㄦㄥㄣ等所说，中国语的词类或词儿的性质是在进入句子之后才能决定的。但是词儿性质和词儿功用的不一致的现象，在一定的环境中也是存在着的。如名词执行跟形容词或副词所执行的同一的职务，印欧语系语言也不必用语尾变化改变名词的性质而用'格'来表示名词在句子中不同的功用，都是凭借一定的位次形态。"①

以上是在语法理论方面介绍的一种关于"词的分类"的批判。

本篇研讨"词法"（即"词形"和"词类"），只提纲领以备"交换意见"；具体研讨，请待专篇。

1953 年 8 月

原刊于 1953 年 9 月号

---

① 引用傅子东《语法理论》第二章。（例句和说明多节去，请参看原书）

关于汉语的词类分别

高名凯

汉语有没有词类的分别，这是一个老问题，而竟没有得到解决，可知这问题是相当复杂的。

问题在于什么是词类，词类应如何分别。斯大林说："文法是人类思惟长期抽象化工作的成果，是人类思惟所获得的巨大成功的指标。"[①] 加尔基那·非多卢克在批评马尔学说的一篇文章里解释斯大林这个原理说：人类的思维把人类所认识的现象加以抽象化，加以综合，加以归类。同是一个事物，从实体的角度来看是一个东西，从其动作的角度来看，就是动作，从其具有的性质来看，就是一种特性。再把各不同现象的实体综合起来，就有"实体"的概念，也就有了名词；把各不同现象的动作综合起来，就有"动作"的概念，也就有了动词，把各不同现象的特性综合起来，就有"性质"的概念，也就有了形容词。名词、动词和形容词等是思维抽象化的结果，但不是任何语言都有词类的分别，也不是某种语言在任何时代都有词类的分别。词类的分别各语言也并不相同，如果这些语言有词类的分别的话。[②] 自从马建忠介绍语法学到中国来之后，一般人都希望能够给汉语的词加以词类的分别，仿佛不这么做就没有语法学，因为西洋的语法学一开头就讲词类，而且许多语法问题，如各种语法范畴，都与词类有关。这种做法有一个理论在背后，即认为各种语言的语法应当是相同的。马建忠在法兰西学习语法学，他多少受了波尔瓦耶尔（Port-Royal）理性主义语法学的影响，而一般人也无形之中受了马建忠的影响，拿西洋的语法格局给强套在汉语上。事实上，汉语是否有词类的分别，要看汉语自身的内部发展规律。黎锦熙先生虽然拿《纳氏文法》的格局来解释汉语语法，但在词类的问题上却有见地，他认为汉语

[①] 《马克思主义与语言学问题》，人民出版社，1953 年版，第 22 页。
[②] 《马尔词类分别与句子要素学说的批判》，文载《反对语言学中对马克思主义的庸俗化与歪曲化》第二集，1952 年，苏联科学院出版，俄文版 380—381 页。

词无定类①，然而很多人都因为这种说法与西洋的语法书不相符合，而不同意。王力先生采取了叶斯柏森（O. Jespersen）的理论，把词类的问题和词品（rank）的问题分开，认为词类是字典上的问题，依词的意义而定，词品是词在句子中的功能，依词在句子里的地位而定。②这种说法是不正确的。不过黎锦熙先生和王力先生却给我们一种启发，即：汉语的词类是不是可以跟印欧诸语言一样的分类。很多人都在黎、王二氏之后提出意见，认为汉语没有词类的分别。自从去年《中国语文》发表了苏联康拉德《论汉语》③一文之后，一般人在思想上又起了一个变化，认为汉语有词类的分别。

斯大林说："完全没有语言的材料和完全没有语言的'自然物质'的赤裸裸的思想，是不存在的。……只有唯心主义者才能谈到与语言底'自然物质'不相联系的思惟，才能谈到没有语言的思惟。"④拿这句话来衡量叶斯柏森和王力的理论，就可以知道以为依照意义可以规定词类分别的说法是完全错误的。当然，形式是和意义结合着的，只看形式不看意义是不对的，但如果认为没有任何形式而有赤裸裸的意义，那就是错误的了。许多人认为汉语的"山""水""鱼""人"等是名词，因为这些词的意义指的是"东西"；"发展""活动"等是动词，因为这些词的意义指的是"动作"。我们已经说过加尔基那·非多卢克指明词类是我们的思维把许多现象归纳在一类之中的一个概括过程。加尔基那·非多卢克还依据斯大林的理论而明确地说："在它们上面出现有固定形状的时候才可以谈到词类。"⑤我们实在找不到在"山""水""鱼""人"等词里到底哪一部分的语音形式告诉我们它们是属于名词之类的。这里并没有一种指明名词意义的特殊形式。"山""水""鱼""人"当然都有意义，但这些意义也只限于说明它们是"山"、是"水"、是"鱼"、是"人"，并没有说明它们是名词。要知道，认为这些词是名词，还需在"山""水"等的意义上加上一个"名词"的意义，而要指明它们是"名词"就需要特别指明这意义（名词）的形式。然而，这形式却不存在于汉语。如果是名词，就应当有名词的形式，正如英语的名词有 -ment，-ship，-tion 等似的，当然像英语这样的语言，因为丢了一部分形态，有的词，如 fire，book，love 等既可作为名词用，亦可作为动词用，语言学家就认为这些词（个别的）没有词类的分别。但因为这在英语不是普遍的情形，我们并不因此而否认英语有词类的分别，正如我们并不因为英语有一些单音缀的词而认英语为单音语似的。这是不是说说汉语的中国人就没有名词的概念呢？不是，汉语有"名""物""名词"等词，这就说明了

---

① 编者按：黎先生已经修正他的意见，见《中国语文》1953 年 9 月号 10—11 页。
② 王力的学说见其所著《中国文法理论》，叶斯柏森的理论见其所著《语法哲学》。
③ 译文见《中国语文》1952 年九月号、十月号、十一月号。
④ 《马克思主义与语言学问题》，人民出版社，1953 年版，第 38—39 页。
⑤ 《马尔词类分别与句子要素学说的批判》，文载《反对语言学中对马克思主义的庸俗化与歪曲化》第二集，1952 年，苏联科学院出版，俄文版 373 页。

说汉语的人有这概念，问题在于这概念不是用语法的形式表现出来，只是用词汇表现出来的。叶斯柏森、王力学说之不可取，显而易见。于是，现在一般人就随着康拉德走上形式的道路，要从形式上面来解决汉语词类分别的问题。这一部分人认为汉语虽然没有名词词尾（如英语的 -ment，-ship，-tion 之类），但是汉语的词有形态的变化，汉语有声调来分别词类。形态的变化，狭义地说，就是指各种词用不同的形式去表示各种语法范畴的情形，而这些语法范畴（狭义地说）正好是属于各词类的（如名词的"性""数""格"等，动词的"身""式""态"等）。如果有某一特定词类所能有的特殊形态变化，就有这词类的存在，因为这变化就是形式。英语的名词、动词等，有的时候，没有名词或动词的词尾，然而都有多数单数等语法范畴的形态变化，因此英语有词类的分别。如果我们能够找出汉语的词有形态的变化，那么，汉语就有词类的分别了。问题在于到底这些形态变化是否存在于汉语，到底汉语的声调是否表示词类的分别？形态学的范围比较的大，词的构造也有用形态的，英语的 construct 是动词，如果加上 re-（reconstruct），词的意义不同了，re- 是形态，但两者仍旧都是动词，没有影响到词类的分别。汉语当然也有形态，"白面"的后面加上"儿"，成为"白面儿"（海洛因），"儿"是形态，但没有使这词起词类的分别。要使形态的变化影响到词类的分别就需要找到使语法范畴（狭义）起变化的形态。于是，有些人就认为在"我"之后有个"们"，在"同志"之前有个"女"，在"走"之后有个"着"，在"父亲"之后有个"的"，这就说明了有形态变化。这种说法其实是把问题看得太简单了。"形态学"，本来是个一般的术语，我们有"自然形态学""社会形态学""心理形态学""思维形态学"等，它指明我们所说的东西是什么样子，形态与本物是离不开的，因为它就是这东西的样子。印欧语的词有形态，因为语法形式是和词根离不开的，成为它的一种形态。比较原始的印欧语，如梵语、拉丁语、希腊语等，甚至于就不容易找到独立存在的词根，形态有其特殊的形式，但这形式却离不开词根，而词根也离不开形态。拉丁语的 lego（我现在读书），legis（你现在读书），legit（他现在读书），都是词根和形态结合在一起的，我们绝不能够找到独立存在的词根 leg-。现代的印欧语起了变化，有的形态丢掉了。例如拉丁语的名词有"格"的形态，而从拉丁话发展出来的法语就没有。拉丁语的主格 liber，它的属格是 libri，然而法语就用前置词 de（du livre=de le livre）来表示领属关系。《苏联大百科全书》的"语法"条告诉我们，法语的 de 不是"格"的形态，法语并没有名词的"格"。为什么呢？因为 de 不是和 livre 离不开的，它只是表示语法作用的语法工具或补助词。汉语的"着""们""的"等也是这一类的语言成分。汉语的"词根"可以独立存在，表示语法作用的这些成分，"着""们""的"等并不是非与词根结合在一起不可，不用它也可以，换一个成分，换一种说法（如把"人们"说成"许多人"）也可以。所以，契珂巴瓦就在最近的著作《语言学引论》里把汉语列为词根语（一般人所谓的孤立语）的一种，而说："汉语接近于词根语的类型。它的词既没有名词的格位变化，也没有动词的变化。然而它却有具备补助词和构词的附加成分的功能的小词。词序在句子里的安排起着决定性的作用。"[①]那么，声调的变化是不是可以说明汉语有词类的分别呢？主张声调变化代表词类变化的是瑞典汉学家高本汉（B. Karlgren）。我曾经在《汉语语法论》里对高本汉的理论加以严厉的批评。[②]但是，现在还有不少人相信高本汉的说法，认为汉语有以声调的不同表示词类分别的情形，以声调的不同来表示语法的不同作用本来就是形态学的一个问题，因此，主张这种理论的人也就认为汉语有形态学；有词类的分别。我们并不否认声调的变化，如把"好"（上声）念为"好"（去声），有不同的作用，但这种作用不是词类分别的作用，只是分别不同意义的作用。"好"（上声）是"好坏"的"好"，"好"（去声）是"喜爱"的"好"，意义并不相同。英语的 to develop 和 development，同是"发展"的意思，一个是动词，一个是名词（这也可以证明词类的分别不能拿意义做标准），如果汉语的声调变了之后，意思还是一样，而词类改变了，我们就可以说这声调的作用在于分别词类。然而事实上，汉语的声调变化都使词的意思起变化，如"用夹子夹一夹"，"背在背上"，"用钉子钉住"，前后的"夹""背""钉"意义不同，声调也有变动。这种不同意义的不同声调而且可以在不同的所谓"词类"里保持其一致的声调，如"他好书"，"好"是所谓"动词"的用法，读为去声，而"夺人之好"的"好"是所谓"名词"的用法，却仍然读为去声。有的时候，不同的声调所指的意义却可以归纳在同一个类里，例如"螽"和"虫"（以古音论），声调和意义都不相同，但却都是所谓的"名词"。意义的引申是普通的现象，从"好坏"的"好"引申出"好恶"的"好"，就和从"太阳"的"日"引申出"日子"的"日"似的，从"海水"的"海"引申出"海碗"的"海"似的，然而没有人认为两个不同的"日"，两个不同的"海"是不同的词类，为什么就把有声调变化的两个"好"看作两个不同的词类呢？原来把声调的变化看作语法形态变化的人仍然是从意义出发。"好坏"的"好"多半拿来形容某个事物，因此认它是形容词，"好恶"的"好"多半拿来叙述一桩事情，因此认它是动词，结果就认为声调的变化表示词类的分别。其实，加尔基那·非多卢克已经告诉过我们：同一个事物可以从不同的角度去看它，而从这特点上把它归纳起来，成为一个概念，成为一个词类。都是"走"这一回事，我们可以从叙述某一个人在"走"的角度来看它，认它是动词，也可以从"走"这一桩事情是什么，把它看成一个事物来说明它，于是就认它是名词。英语的 speak 以其词汇的意义说是"说"，叙述一个人说话的时候，是动词，说成 he speaks，说明"说话"是什么的时候，就是名词，必须换上名词的形式，说成 his speech is over, to speak is not to lie, speaking is easier than hearing,

---

[①]　A. C. Чикобава:《Введение в языкознание》，1952，莫斯科，俄文版 183 页。

[②]　高名凯:《汉语语法论》，第 45—48 页。

词汇的意义并没有不同，词类的形式却不相同。汉语的"好"（上声）和"好"（去声），本来就是两个不同意义的词，只因为这不同的意义是引申的，还有关联，一般人就忽略了它们在语义上的差别，只从这不同的意义可以归纳为哪一类上去看问题，无形中受了叶斯柏森、王力学说的影响，拿意义来断定这不同是词类的不同。他们先假定有意义上所属的不同词类，然后再把分别这词类的作用分配给声调的不同。其实这种分别是意义上的不同，不用声调也可以，平常有引申作用的一个词的演变都有这现象。"树"有"树林"的意思，也有"树立"的意思，我们并不因此而说前一个"树"是名词，后一个"树"是动词，因为在"树林"意义上的"树"也可以作为形容词或动词用（如："树荫"，"标准的树立"）。有的时候，一个词的意义本身只可能归纳成某个词类，如"蚂蚁"不能引申出动作的意思，但这并不说明"蚂蚁"是名词，因为"语法的特点就在于它给以词的变化的规则，不是指具体的词，而是指没有任何具体性的一般的词；它给以造句的规则，不是指某种具体的句子，例如具体的主词、具体的宾词等等，而是指一般的句子，是与某个句子的具体形式无关的"。[①] 和"蚂蚁"相同的，还有很多的词，如"乌鸦""乒乓""海豹"等，我们不能够在它们之中找到一个一般的语法形式，表示它们是名词。词类既称为类，它就必须是同一类的东西而有一个一般的形式，这一般的形式却不存在于汉语。当然，这一般的形式并不一定只有一种，英语的，-ment 是名词词尾，-ship 也是名词词尾。有的时候甚至于可以只有消极的形式，如英语的 book 没有任何积极的形式，但因为与它对立的多数是 books，就显出它是单数。问题在于：像"蚂蚁"和"乒乓"等词都是独一无二的形式，我们不能在这些词之中找出任何程度的任何方式的任何的一般形式。有的人可以说："来"只能加"了""着"等，"饭"只能加"一顿"等，所以，"来"是动词，"饭"是名词。其实，"来"之类的词也可以加所谓与动词有关的以外的虚词："来一来"，"派一个来人"，"老来也不是办法"；"饭"也可以加所谓与名词有关的以外的虚词："饭罢"，"饭毕"。就是有不能加某种虚词的情形，那也只是意义学的问题。比方说，"牛"不能和"雷"凑在一起，成为"牛雷"；"喝"不能和"饭"凑在一起成为"喝饭"；这不是什么词类的问题，而是词义配合的问题。"来"和"了"合在一起并不说明"来"就是动词，因为在"来了的不要走"句里，"来了"已经不是动词了。"来"之所以可以加"了"，因为彼此在意义上可以配合。契珂巴瓦在上述的《语言学引论》里说："在不同的结合里，同一个语音总体如何被了解，可以在汉语的词'好'这个例子上看出：'好人'，'修好'，'旧好'，'好贵'……"

"所以在不同的情况下，用不同的声调，'好'可以有这些意义：好坏的好、非常、善、友谊、喜欢、就是说，它在功用上担任了形容词、副词、名词、动词的作用，在形态学上

---

① 《马克思主义与语言学问题》，第22页。

当然就不是这些词类（以通常对词类的了解来说）的任何一种。"①契珂巴瓦这一段话有几个重要的含义：（1）汉语的词并没有词类的形态（没有词类的分别），（2）声调可以使词有不同的意义（声调的作用在于分别意义），（3）不同的意义在不同的句法结构里担任了各种词类的功用，但却没有词类的形态。换言之，以个别的词来说，汉语的词并没有词类的分别，声调的作用在于分别意义；以词在句子里的地位来说，汉语的词也只担任了各种词类的功能，而没有词类的形态，即根本没有真正的词类分别。

当然，所谓词类只指"实词"而言，实词和虚词（或小词，或补助词）的分别则是无可否认的。斯大林说："语法规定词的变化规则及用词造句的规则。"词类只指语言的建筑材料——词——的分类而言。在语言里，除了这些实词之外，还有作为语法工具用的小词，或虚词，或补助词。这些小词，或虚词，或补助词和一般的实词有本质上的不同，实词是语言的建筑材料，是语义学的研究对象，小词，或虚词，或补助词是语法工具，是语法学的研究对象。这些语言成分所以称为小词，或虚词，或补助词，正因为它们并不是词的形态，并不和词根紧密地结在一起，然而也不是实词，只是帮助语法作用的表达罢了。这些小词，或虚词，或补助词，当然也存在于句子里，用的时候，不是放在实词之前，就是放在实词之后，有的人因此也就误会它们是形态。要知道，如果把放在实词前后的语言成分都看成形态，那么，一切的语法成分都是形态，也就用不着分别什么孤立语、黏着语和屈折语了。所以，我们说汉语的词没有词类的分别，并不是说汉语没有实词和虚词的分别，只是说汉语的实词没有名、动、形、副等词类的分别罢了。

总而言之，一般人认为汉语有词类的分别，不外是四种原因。第一，他们以为不这样说就使人以为汉语是低级发展阶段的语言。这动机是可爱的，可敬的，但与事实不符。何况这种说法事实上反而承认了语言有高低分别的带有种族主义色彩的理论呢。有没有词类分别并不足以断定语言的高低，汉语尽管没有词类分别，说汉语的人却有"名""动""形容"等概念，不过这些概念是拿词汇的方式表达出来，不是拿语法的形式表达出来罢了。就是拿语言的发展来说，印欧语的原始屈折，到了现代各印欧语言里多半都简化了，拉丁语有名词的"格"，法语却只用补助词 de 等去表示"格"，这并不说明法语比拉丁语退化。契珂巴瓦说："古汉语并不缺乏附加成分（它是黏着语），如果现代汉语没有附加成分（词的变化）的话，那么，这就是长久发展的结果，绝对不是发展的开始。"②语言形态分别（孤立语、黏着语、屈折语）的学说始于十九世纪初年德国语言学家 F. 施来格尔（F.Schlegel）。他的错误不在于他把语言分别为这些类型，而在于他拿这分类去说明语言的发展阶段，马尔袭取了施来格尔的学说，改头换面地提出他的语言阶段论，一般研究汉语

①　A. C. Чикобава：《Введение в языкознание》，1952，莫斯科，俄文版183页。
②　A. C. Чикобава：《Введение в языкознание》，1952，莫斯科，俄文版189页。

的人也受到这学说的影响，只怕把汉语说成没有形态、没有词类分别，就把汉语看低了。其实，普通语言学已经证明了语言的不同类型只是语言特点的所在，不是分别高低的标准。汉语没有词类分别，这正是汉语的特点，这特点使汉语的词能够灵活运用，造成中国文学语言的特殊风格。我们既没有理由，也没有必要非把汉语说成有词类分别的语言不可。

第二，一般人说汉语有词类的分别，因为他们要从意义出发。他们没有领会到没有语言"自然物质"的形式就没有赤裸裸的意义。汉语既然没有分别词类的特殊形式，汉语的词就没有词类的分别。

第三，一般人说汉语有词类的分别，因为他们认为汉语有形态。他们没有明白什么是形态，以为凡是随在词根后面的，或冒在词根前面的语言成分都是形态。其实，汉语的"着""的""了"等只是语法工具，只是虚词，不是形态，与形态有本质上的不同。

第四，一般人认为汉语有词类的分别，因为汉语有声调的变化。他们忽略了这声调的变化代表的是意义的不同，而他们所以认为声调变化之后有词类的分别，仍然是从意义出发，仍然堕进了唯心论的漩涡。

经过上面的讨论之后，我们可以肯定地说，汉语的词并没有词类的分别，因此研究汉语语法，就不应当仿效西洋的语法，以词类为出发点。研究汉语语法必须根据斯大林的语言学原理，依照汉语的特点，走上独立的创造的道路。

原刊于 1953 年第 10 期

论魏晋南北朝的量词

刘世儒

量词是汉语的特点之一，关于它的历史情况，现在我们知道得还很不够。在目前的基础上，要建立科学的汉语量词发展史，固然谈不到，就是对于现代语量词的描写也免不了遭到困难。因为"要能了解'本国文的材料及形式'，就只得追溯它的发生及其逐步的发展"，"缺乏历史的基础"，在"语言研究上"就必然会"陷于被禁的领域中""而带着自己的全部的诡辩性任意性"。① 因此，对于历史语法的研究就很有必要。现在本文只打算来谈一谈魏晋南北朝时代的量词情况，② 如果通过它能够给"科学的汉语量词发展史"的建立提供出一点儿"断代的"材料来，那将是我很高兴的事。

1. 南北朝量词的类系

南北朝的量词类系，一般说，可以作如下的描述。

1.1 名量词

这是量词类系中的第一大类。就它的性质看，还可以再分作两种。

（1）称量的——这种量词，和上古汉语一样，最常见的还是这样一些类型的词③：

a）表示度量衡的，例如：

> 峄山万丈树，雕镂作琵琶。（《魏书·鹿悆传》）
>
> 今年田得七百斛秫米。（《世说新语·任诞篇》）
>
> 蒙诏赐银百两。（《颜氏家训·终制篇》）

---

① 以上所引是恩格斯在《反杜林论》中驳斥杜林的话。可参看《马克思主义经典作家论语言》，1 页。北京外国语学院俄语系语言学教研组编，商务印书馆，1959 年。

② 以下简称南北朝。

③ 当然，字眼儿可以有异同，但这是词汇问题，不关语法，可以存而不论。

b）表示集体的，例如：

卿那得此副急泪？（《宋书·刘怀慎传》）

中野逢山象一群。（《高僧传·译经篇》）

吾已晓破之之术，乃敕各持一把茅，以火攻拔之。（《三国志·吴志·陆逊传》）

唯手把一束杨枝。（《高僧传·义解篇》）

c）一般名词而临时调作量词的，例如：

长星！劝尔一杯酒！（《世说新语·雅量篇》）

启以百瓶水，从头自灌。（《南齐书·褚澄传》）

籍其家产，麻鞋一屋，敝衣数库。（《颜氏家训·治家篇》）

乃封其先真经一厨子。（《真诰·翼真检》；这是还粘着名词尾的）①

这种量词在南北朝并没得到特别的发展；对语法的影响也不大，因此，可以不必多去管它。

（2）陪伴的 这种量词和前一种量词不同。它虽然在南北朝以前就已经逐渐出现，但特别地得到发展，却是南北朝时代的事。例如：

郗回文无辜戮人数百口。（《真诰·甄命》）

立学馆鸡笼山，置生徒数百员。（《高贤传》）

于耀灵殿上养驴数十头。（《宋书·后废帝纪》）

支道林常养数匹马。（《世说新语·言语篇》）

白雉三只，又集于平阳。（《魏书·世祖纪》）

华阳洞亦有五种夜光芝。（《真诰·稽神枢》）

争攀四照花，竞戏三条术。（顾野王《艳歌行》）

这在量词发展史上可以说是一个飞跃。因为在此以前，陪伴性的量词是不用或者不常用的，就是说，数词和名词发生关系用上这种量词固然可以，不用也谈不到什么不合规范。例如：

阖庐伤将指，取其一〔 　〕屦。（《左传·定公十四年》）

用赉尔秬鬯一卣，彤弓一〔 　〕，彤矢百〔 　〕，卢弓一〔 　〕，卢矢百〔 　〕，马四匹。（《书经·文侯之命》；"卣"是一种酒壶。）

鲁君与之一乘车、两〔 　〕马、一〔 　〕竖子。（《史记·孔子世家》）

锦袷袍各一〔 　〕，比余一〔 　〕，黄金饰具带一〔 　〕，黄金胥纰一〔 　〕，绣十四，锦三十四，赤绨、绿缯各四十四，使中大夫意、谒者令肩遗单于。（《史记·匈奴列传》；"比余"是梳类之物，"胥纰"是带钩之属。）

---

① "子"作为名词尾这一范畴在南北朝时代已经形成，另文讨论，此不详。

除了称量量词不计外（因为这是不能不用的），其他如陪伴量词用上的就很少很少。到了南北朝时代就不同了：在一般的情况下，数词和名词发生关系就经常需要通过量词作介绍，否则就不合于这个时代用词造句的规范了。① 从词法上看，这就形成了汉语词类中另一新的词类范畴（量词·陪伴词）；从句法上看，这就形成了汉语句法中另一新的造句规范（数名结合总须通过量词）。它的形成和发展，对汉语语法的影响显然是巨大的，应该特别得到重视。②

1.2　动量词

这是量词类系中的又一大类。它的产生和发展比名量词要晚得多。如果说，名量词在先秦时代就已经逐渐出现了，那么，动量词则是直到这个时代才开始产生的。"由于出现了这样一种新的语法范畴，就使汉语语法体系起了一个新的变化：不但称量名物须用量词，就是称量行为也须用量词了"；不但状语可以用数量词表示，而且补语也可以用数量词表示了。（在这个时代以前，表示行为的次数是专由数词来担任的，③ 而数词在句中是只能充当状语不能充当补语的，如"百战百胜"，"百"作状语，可以；"战百胜百"，这"百"就

---

① 关于这个问题，除正文所列的例句可作为证明外，另外我们还可以从这一时代对古书的"注疏"中对比地得到证明。如：四马既闲。（《诗经·秦风·车邻》；汉末郑玄《笺》："时则已有其四种之马"。注意：郑玄的时代已经是和魏初交叉的时代了，所以这是不能作为上古语处理的）

谁谓尔无羊？三百维群；谁谓尔无牛？九十其犉。（《诗经·小雅·无羊》；郑《笺》："谁谓女无羊，今乃三百头为一群；谁谓女无牛，今乃犉其九十头。"）

包九夷、制鄢郢。（《史记·李斯传》；唐初张守节《正义》："九夷本东夷九种，此言九夷者，文体然也"）

昔武王克商，通道九夷百蛮，使各以其方贿来贡。（《史记·孔子世家》；宋裴骃《集解》引王肃的话："九夷，东方夷有九种也；百蛮，夷狄之百种。"）

蛇遂分为两。（《史记·高祖纪》；唐初司马贞《索隐》："谓斩蛇分为两段。"）

子曰：先王谥以尊名，节以壹惠。（《礼记·表记》；唐初孔颖达《疏》："……但节以一个善惠，以为谥也"）

这就可见上古语（先秦两汉）和中古语（主要是魏晋南北朝时代，但也可以上包汉末，下括唐初）在量词运用方面的大不相同了。注疏家是"以今语训古语，以晓人也"的，如果"今语"在运用量词方面还没有形成一种规范，还和上古语一样，那他们在自己的注疏中又何苦不惮其烦地都给添上量词呢？不错，在这些例句中有几个例句的"文体"是比较特殊些的（如前三例都是诗歌或骈文体裁），但通看全部例句，我们还是可以确定，在上古语是经常不用量词的。（张守节所说的"文体然也"并不能动摇我们的论点，相反地，倒是可以证明数名结合必须通过量词这条规律在他的时代已经是怎样地深入人心了。否则他又何必作这"文体然也"的解释呢？）

② 因此，对于这类量词加以全面的、详细的描述就很有必要，打算另文讨论，这里限于篇幅，只能举例。

③ 关于这个问题，可以从下列几个例句和对它的"注疏"中得到证明：九五：显比，王用三驱，失前禽，邑人不诫，吉。（《易经·比卦》；孔《疏》："夫三驱之礼者，先儒皆云三度驱禽而射之也。"）

晋，康侯用锡马蕃庶，昼日三接。（《易经·晋卦》；孔《疏》："一昼之间，三度接见也。"）

三数叔鱼之恶，不为末减。（《左传·昭公十四年》；孔《疏》："三度数叔鱼之恶不为薄轻。"）

三加弥尊，喻其志也。（《礼记·郊特牲》；孔《疏》："三加者，谓冠时三遍加冠也。"）

上列各例，上古语都只用"数词"，而在中古语的注疏中就都给补上量词了：这就可见自从南北朝产生了动量词这一词类范畴后，汉语行为称量法在本质上已经起了多么大的变化。

成了宾语、不是补语了）由此可见，动量词的产生对汉语语法的影响也是很大的，可以说也是一种改进。因为它使汉语量词的体系更趋完备了；使汉语句法结构的形式更趋丰富了。关于这个问题，我在另外的地方已有专文讨论，[①] 可以参看，这儿只再补举几例以备类系中的一格，不多说了。

（1）其他词类发展成专用的动量词的。例如：

　　武士以刀环筑髁二下。（《魏书·彭城王传》）

　　琢齿二七遍。（《真诰·协昌期》）

　　画眉千度拭，梳头百遍撩。（庾信《梦入堂内》）

　　诵之万过，白日升天。（《冥通记》）

　　夜卧觉常更叩齿九通，咽液九过，毕，以手按鼻之边左右上下数十过。（《真诰·协昌期》）

　　不复出场戏，蹑场生青草，试作两三回，蹑场方就好。（晋，《西曲歌·江陵乐》）[②]

（2）由名词临时调来充当动量词的。例如：

　　文襄使季舒殴帝三拳。（《魏书·孝静纪》）

　　右二物合和，更捣三千杵。（《真诰·协昌期》）

　　沛国刘琎尝与兄瓛连栋隔壁，瓛呼之数声，不应。（《颜氏家训·兄弟篇》）

大体说，南北朝的量词体系就是如此。从这里可以很清楚地看到：南北朝的量词体系基本上已经跟现代语的量词体系没有什么不同了。我们常常说，南北朝语实是上古语过渡到现代语的一个枢纽或跳板，在这儿，我们又得到了一次证明。

2. 南北朝量词的分工

量词的分工是冲着名词来的；什么名词用什么量词，在南北朝就已经有了初步的分工。这种分工的结果，对汉语语法来说，也是有影响的。本来汉语名词的再分类是缺乏物质基础的；这时因为量词得到了空前的发展，从量词使用的习惯出发，就可以把名词分成各种不同的小范畴了。[③] 可就下举各例体会：

　　民羊满百口，调戎马百匹。（《魏书·食货志》）

　　神施以白马一匹，白羊五头。（《高僧传·诵经篇》）

---

① 参看《汉语动量词的起源》，见本刊 1959 年 6 月号。
② 王力先生认为"回（迴）"字作为动量词是在"唐代以后"才"逐渐出现"的（见他所写的《汉语史稿》中册 245 页），其实在南北朝时代就已经数见不鲜了。详见另文。
③ 参看黎锦熙、刘世儒《汉语语法教材》第二编《论量词的再分类问题》，43—62 页。

但将取纸三百张，笔十管，墨五挺，安我墓里。（《搜神记》）

威仪有鼓角金钲，弓箭一具，戟二枝，槊五张。（《洛阳伽蓝记》）

从这些例子我们可以看到：同属动物，但"人"不能用"匹"量，"马"不能用"口"量；同属文房三宝，但"纸"不能用"管"量，"墨"也不能用"张"量，如此等等。这就可见这一时代的量词确乎已经初步地走向分工了。在这个基础上就可以把汉语名词再分成若干小类，譬如说可以把名词分成"口"类〔人，……〕，"匹"类〔马，……〕，"头"类〔驴，……〕，"张"类〔纸、槊……〕，等等。这是一方面的情况。另一方面，我们也看到这样的情况：

虏……牛马七百余头。（《宋书·沈庆之传》；"马"也用"头"量了，照南北朝的习惯，该用"匹"）

王肃获……驴马数匹。（《魏书·韩麒麟传》；"驴"也用"匹"量了，照南北朝的习惯，该用"头"）

获其辎重库藏，马四万余匹，骆驼、牦牛三千余头，牛、羊九千余口。（《魏书·太祖纪》；"牛"也用"口"量了，照南北朝的习惯，也该用"头"）①

获牛马羊骡驴骆驼四十二万七千五百余头。（《后汉书·段颎传》；不管中心名词是什么，都用"头"量了）

这是否可以证明南北朝时代某些量词还没有分工或者分工还不够稳定呢？不能。首先，在一个量词对一个名词时就不能这样随意配搭，像"一匹驴""一头马"一类的说法，在南北朝这一时代的文献中就极难看到，这就可见在一般的情况下它们是已经走向分工了。其次，就是在这种"一量对多名的格式"中，也还可以找到另外的解释，笼统地拿来作为怀疑这些量词分工的证明也成问题。那么应该怎样来解释这种现象呢？应该说，这是一种过渡时期语言内部某些部分暂时失调的现象。这种失调现象，在南北朝人是突出地感觉到了的。从下列的几种用例中我们可以得到证明：

赏赐奴婢百口、马牛数百〔？〕，羊二十余口。（《魏书·张济传》）

为什么前后两个宾语都有量词（口），而独独中间的那个宾语没有量词呢？不难理解：因为按照量词分化的新规范，在这儿是很难用上适当的量词的（不管用"匹"或"头"都跟量词分工的新规范不能全面切合），为了避免量名的矛盾，索性就不用了。又如：

计得……牛马驴骡驼十万余头匹。（《世说新语·雅量篇》注引《续晋阳秋》）

---

① 但也有用"口"量的，如"垄种千口牛，泉连百壶酒"（高昂《征行诗》），但一般的说法还是"头"，这只能算是特例。如现代语中的"鸡"总是用"只"量的，但方言习惯也有用上"匹"的，如"其间有一匹公鸡跨开高傲的方步。"（鲁迅译《死魂灵》，63页）

为什么这儿连用了两个量词（头、匹）呢？（注意：这是南北朝人的创造，在南北朝以前这种用例是没有的）不难理解：就是因为这儿如果只用一个量词（不管是哪一个），就会使量词和名词发生不对头的毛病。为了解决这种矛盾，所以才逼出来这么一个新办法。[①] 由此可见，这种一量对多名的混用说法，在南北朝时代已经是一种不合规范的说法了。如果不是这样，就是说，如果不是一种失调现象，那么他们又何必这样或那样地来设法进行调整呢？[②]

总之，应该说，量词的全面分工在南北朝时代已经初步地展开了。它之所以能够这样，当然是跟量词在这个时代得到空前的大量的发展分不开的。在这个时代以前，量词（陪伴性的）虽然已经逐渐产生，但毕竟还很少很少，在量词那样贫乏的基础上，当然就谈不到系统化地分工了。

3. 南北朝量词的语法特征

从句法上看，南北朝量词的语法特征可作如下的描述。

（1）可以同哪些词相结合？和现代语一样，大部分"量词"都可以同"形容词"相结合。（当然更常见的是同数词相结合，但这是不言而喻的事，不必单说）例如：

绰大喜，悉出诸文券一大厨与觊之。（《宋书·顾觊之传》）

一人把大卷书。（《冥通记》）

梦得一帙、有四小卷书。（《真诰·握真辅》）

其后每置二录，辄云各掌六条事……十二条者不知悉何条？（《宋书·百官志》）

然而又和现代语不尽相同，因为它还可以同方位词相结合。例如：

中有败屋两间，间中各有一人。（《高僧传·义解篇》）

这都可以说明这一时代的量词名词性质都还相当显著（那些临时由名词调用来的更不用说，如"厨"）；但是不能因此就把它仍混同于名词。因为在这个时代，名词在一般的情况下已经

---

① 我们还可以再举个现代语的例来比较：

半年多来，我县十二家共创作出诗歌、快板、图画、顺口溜两千六百多万首（幅）（见《中国语文》1959年1月号《语文短评》）。评者说："把诗歌、快板、顺口溜，和图画放在一起说，量词就不好用了，于是写成首（幅）。"

拿"首（幅）"用法来看"匹头"，就更可证明六朝的量词已经分工了。（至于这种用法在现代语中是否合乎规范，则是另一问题，这儿不打算讨论。）

② 这里也可以再来看看唐初人的"感觉"。例如"莱人使正舆子赂夙沙卫以索马牛皆百匹。"（左传·襄公二年）对这句话孔颖达解释说："司马法：丘出马一匹、牛三头；则'牛'当称'头'，而亦云'匹'者，因'马'而名'牛'曰'匹'，并言之耳。"拿这段解释来印证南北朝"牛""马"量词的已经分工，就更可以居之不疑了。

不能够自由而随便地同数词相结合了，而量词却可以完全不受这种限制。（参看下第四节）

（2）可以作哪些句法成分？和现代语一样，量词作句法成分常要和数词结合在一起。最常见的是作定语成分，前后各节都有例，可参看；这儿只再举一例代表：

> 江南朝士……未尝目观起一墢土、耘一株苗。（《颜氏家训·涉务篇》）

作主语、宾语、足语、状语、同位语各种成分的也有，但大都可以看作"主名"省略，句法上暂时由它代理的。也各举一例代表：

> 宣帝作两口榼：一口盛毒酒，一口盛善酒。（《宋书·符瑞志》；这是作主语的例）

> 直唤人取酒，自饮一碗。（《世说新语·方正篇》；这是作宾语的例）

> 书不长进，此是一条耳。（《宋书·前废帝纪》；这是作足语的例）

> 王大看之，见其坐六尺簟，因语恭：……可以一领及我。（《世说新语·德行篇》；这是作状语的例。如认"以"是提宾介词，那就仍是作宾语的例）

> 菽麦二种，益是北土所宜。（《南齐书·徐孝嗣传》；这是作主语的同位语的例）

不和数词结合，单独充当句法成分的自然也有，但大都以充当定语成分的为常见：[1]

> 达因取盘中只箸，再三从横之。（《三国志·吴志·赵达传》）

> 时有群猪来饮。（《世说新语·任诞篇》）[2]

定语而外，充当其他成分的虽然极少见，但也不是没有，如上（1）所举"间中"之例就是不和数词结合而独立用作主语的。又如：

> 左藏有库屋三重，重二十五间，间一十七架，总一百五十间。（《大业杂记》）[3]

> 今既坏陂，可分种牛三万五千头，以付二州将吏士庶，使及春耕；谷登之后，头责三百斛。（杜预：《陈农要疏》；这例用作状语）

这种用法在上古汉语就已可以看到（但大部还只以称量量词为限），[4] 但发展到现代语就很少看到了。（如"买了三头牛，头值三百元"，就不合规范）这也可见现代语的量词比起南北朝的量词来，是越来越趋向于虚化了。

---

① 这种用法似乎早在先秦时代就已经逐渐出现了（但陪伴量词这样用的还未见），如："视尔如荍，贻我握椒。"（《诗经·陈风·东门》）；孔疏："然女乃遗我一握之椒。"

② 但如下边这样的一些用例，就不应该还说是量词独用："微芳起两袖，轻汗染双题"（谢惠连：《捣衣》），"花丛乱数蝶，风帘入双燕"（谢玄晖：《和王主簿季哲怨情》）。因为这"双"只是表双数的数词（看每句上一分句所对用的"两"或"数"可知），不是量词了。

③ 《大业杂记》是隋朝人写的。为了证明"间"确是量词独用，特附此比较。

④ 如"纳币一束：束五两，两五寻"（《礼记·杂记下》），就是比较典型的例。

以上所说都是名量词；还有动量词，它的句法功能也和现代语一样，它也是只以充当补语、状语为限，其他成分一概不能充当。前文第一节之（二）已经举了一些例子，但没给说明；这儿再各补一例代表。

北帝煞鬼之法，先叩齿三十六下。（《真诰·协昌期》；这是作补语的例）①

菖蒲九重节，桑薪七过烧。（王褒：《和赵王隐士》；这是作状语的例）

这类量词在南北朝时代能不能独用呢？不能。动量词单独地充当句法成分（主要是补语）是很晚很晚的事。像现代语中"他按了下电钮"（《汉语语法教材》引例），"她捏着那小动物慌忙的看了眼"（许钦文：妹子的疑虑）这类的说法在南北朝时代还没有产生。

再从词法上来看南北朝的量词，又是怎样解释的呢？

首先从构形法上看，这时量词的重叠形式已经初步地形成了。例如：

众多勇士……著种种衣，犹如天服。（《宋书·蛮夷传》）

军书十二卷，卷卷有爷名。（《木兰诗》）

可怜数行雁，点点远空排。（庾信：《晚秋》）

片片红颜落，双双泪眼生。（庾信：《昭君辞应诏》）

上例中的量词重叠前附于中心名词；下例是后附，这就有了状语化的倾向：

春燕双双舞，春心处处场。（梁简文帝：《戏作谢惠连体十三韵》；"场"或疑当作"伤"。）

乌鸟双双飞，侬欢公何在？（晋，《西曲歌·江陵乐》）

所以说它还是"初步"，是因为它的重叠形式毕竟还不够丰富，像现代语中的数量重叠法（如"一朵朵""一朵一朵"之类），在南北朝时代还没有产生。由此看来，南北朝量词的重叠法还是很靠近名词的（因为名词的重叠法从上古以来就一直是这样的，看上例中名词"处处"和量词"双双"相对可知，又如古诗《为焦仲卿妻作》中的"物物各自异，种种在其中"也是如此）。单就这一点看，也可以说它简直地还和名词不容易分家。

其次，从构词法上看，这时量词的词缀化构词法已经开始产生了。例如：

钗朵多而讶重，髻鬟高而畏风。（庾信：《春赋》）

北土通呼物一由（即块）改为一颗。蒜颗是俗间常语耳。（《颜氏家训·书证篇》）

---

① 若从语序上看，六朝补语的位置还只能放在宾语之后（如果中心动词带有宾语的话），像现代语中"敲一下牙"（补语在宾语之前）的语序，在南北朝还没有发展起来。有人举"乃口出三番神咒，令外国弟子诵之以自救"（《高僧传·译经篇》）来证明在南北朝补语就已经可以放在宾语前边了，这是误会。因为这儿的"三番"乃是指外国"番"邦说的，是名词作定语，根本就和动量词无干，又怎能说是动量词作补语而前放于宾语呢？

江南书本，"穴"皆误作"六"。(《颜氏家训·书证篇》)①

梁朝有名士呼书卷为黄姤。(《金楼子·杂记篇》)

作数百语，既有佳致，兼辞条丰蔚，甚足以动心骇听。(《世说新语·文学篇》)

把这些词缀化了的量词认为还"都是名词，不是单位词（即量词）"，并没有什么坚实的理由；认为"直到宋元时代，单位词（量词）才用作词尾（词缀）"②，更和历史事实不符。量词的词缀化的构词法在南北朝时代显然已经产生了，随便地把它推迟到"宋元时代"，那显然是不能使人相信的了。

4. 南北朝数词和量词的结合情况

前文第一节已经说过：在南北朝时代，数词和名词发生关系常需要通过量词作介绍才合规范。这个新的规范的形成，就使汉语语法向明确化方面更推进了一步。一方面，可以凭着量词（名量词）来确定中心词的名词性，就是说，不论原来是什么词，只要上面冠上个量词，它就登时名词化了。例如：

遂赐帛三百匹，黄十匹，以供丧用。(《魏书·孟鸾传》)

如果不用量词，只单说个"黄十"，这就很不明确；现在说"黄十匹"，这就可以从语法上断定这"黄"一定名词化了（它原来是形容词），这就比较明确了。另一方面，还可以凭着它来判断中心名词的义类，如这"黄"不但可以凭着量词这一范畴来断定它在语法上已经名词化，并且还可以凭着量词再分类的小范畴来断定它在词汇上是属于哪一种事物（就是说，在这儿它一定是属于布帛一类的东西的）。③又如：

获佛牙一枚，舍利十五粒。(《高僧传·兴福篇》)

上施织成帐，悬千条玉珮，声昼夜不绝。(《金楼子·箴戒篇》)

用不着去查什么"佛典"或"群雅"，我们早已可以断定这"舍利"一定是属于一种小而圆的东西，这"玉珮"一定是属于一种条形之物了。因为"粒"和"条"在这个时代就已经是专门用来分别陪伴这两种名物的了。要是不用量词就可能不会有这种理解。不但如此，有时还容易发生歧义，造成误解。这可以举几个上古语不用量词的例来比较：

---

① 有人说，"本"字在南北朝还没有用作量词，怎能先就弱化为词缀呢？须知："本"字在南北朝作为量词已经是很常见的了。如："于是孔王所写真经二本，前后皆灭。"(《真诰·翼真检》)"河北此书家藏一本。"(《颜氏家训·书证篇》)这样看来，"本"字由后附量词弱化为词缀就是完全有可能的了。

② 参看王力《汉语史稿》中册，244 页。又如唐司马贞《史记·淮阴侯传》的《索隐》："陈船者，陈列船艘，欲渡河也。"又如唐孔颖达《礼记·曲礼下》的《疏》："书谓条录送死者物件数目多少，如今死人移书也。"总不能说这"艘"和"件"还是"名词"吧？可见"直到宋元时代""才用作词尾"的说法是断然不能成立的了。

③ "匹"在南北朝虽然也常用来量"马"，但在这样的语言环境中就决不可能是用来量"马"的。

谁谓河广？一苇杭之。(《诗经·卫风·河广》；这是"一根苇"呢？"一束苇"呢？据孔疏，这是"言一苇者谓一束也……非一根苇也")

二矛重英，河上乎翱翔。(《诗经·郑风·清人》；这是"二枚矛"呢？"二种矛"呢？据孔疏，这是"其车之上建二种之矛")

亲结其缡，九十其仪。(《诗经·豳风·东山》；这是"九十"呢？"九、十"呢？据孔疏，这是"其母亲结其衣之缡，九种十种，其威仪多也")

夫大国之人不可不慎也，几为之笑而不陵我。(《左传·昭公十六年》；这是"几乎"呢？"几次"呢？据孔疏，原来这是"几度为之笑"。——以上都是名量问题，这若是动量，一样会发生问题的)

由此可见，数名结合须通过量词这条规律的兴起，是可以增强语言的明确性的。不但如此，还可以借助于这条规律来丰富汉语的修辞手段。例如：

江南无所有，聊赠一枝春。(陆凯：《赠范晔》)

向来文评家都夸赞这句诗写得好，就因为它能够极经济而含蓄地把"花"字包孕在"春"字内，它之所以能够这样，妙诀就全在量词"枝"上。不难看出，在这类量词(陪伴词)还没有特别地得到发展的时代，这种修辞手段显然是不会产生的。

由此看来，量词的发生和发展对汉语语法确是一种改进。但是语法的改进毕竟是渐进的，任何旧格式的淘汰、新格式的兴起都不能一下子就完成。所以，在南北朝，尽管数名结合常须通过量词介绍已经形成为一种新的规范，但是在某些场合，数名直接结合的旧格式还是可以看到的。这些场合归纳起来，可以分述如下：

(1)在表示分配的时候，一般不用量词。例如：

男夫一〔　　〕人给田二十亩。(《魏书·食货志》；按照南北朝的一般习惯，该说"一口人"或"一个人"的)

使大虎一头，三日食一〔　　〕鹿，一〔　　〕虎，一岁百二十〔　　〕鹿，是为六百头虎一岁食七万二千头鹿也。(《三国志·魏志·高柔传》注引《魏名臣奏》)

说"在表示分配的时候，一般不用量词"，只是说它可以不用，不是说它绝对不能用(如上列的后一例就是有用有不用的)。这就可见它只是一种活的范畴，不是一种死的规范，是可能性的，而不是必然性的。

(2)在数词是合成词的时候，一般也可以不用量词。但这也只是可以不用，不是绝对不能用。例如：

父子两匹骑，萦搅数万〔　　〕人。(《南齐书·周盘龙传》)

一匹布责人八百〔　　〕梨，以此倍失人心。（《宋书·王玄谟传》）

寅以私钱七千〔　　〕赎当伯。（任昉：《奏弹刘整文》）

人买龙牵，售五千〔　　〕钱。（任昉：《奏弹刘整文》）

（3）在没有适当的量词可用的时候，量词只好不用。前文第二节中已经有例和说明，不再重述。

上面这些不用量词的说法，似乎都不应该一笔抹煞，通通目为"文人学士"的语言。[1] 其实，就是在现代语，在某些场合下，数名结合也还是不一定都要通过量词作介绍的。顺举两例：

一〔　　〕人一个苹果。（这是表示分表的场合，虽然也可以说"一个人一个苹果"，但更常见的说法还是不用量词）

五十万〔　　〕人参加了游行。（这是合成数词的用例，也不一定要说成"五十万个人"，虽然现代语并不排斥这种说法）

以今证古，我们更可以确信，上边所列的那些不通过量词而直接结合在一起的数名结构（当然都是处于某种特殊的场合下的），在南北朝时代完全有可能是活泼泼的口头语言；一律判决为"文人学士"的话，那显然也是难以使人相信的了。

总之，数名结合常须通过量词，在南北朝时代，应该说是已经开始形成一种普遍的规律了。这中间虽然还存在着一些过渡的现象，但大都已经另附了条件，已经不是这一时代的造句法中的主流了。

5．南北朝数量词移前的情况

在南北朝以前，数量词对于中心词的位置是可前可后，没有一定的规格的。（也许在邃古时期数量词对中心词就根本以后附为原则，但这至少在秦汉时代就已经不是这样了[2]）但发展到南北朝时代情况就开始有了转变。——就一般的情况说，它已经基本上结束了那种可前可后没有一定规格的局面，而逐渐转向于以前附于中心名词为原则，也就使数量词和中心词的结合更加密切了。因为在后附的格式里还可以被其他词类隔开（如"有马共三百匹""送牛、羊各一头"之类，见下），移前之后，这种隔开就不可能了。关于移前这方面的例子，上文各节中已举了不少，请参看；下边再集中地补举一些口语色彩较浓的例，作为证明，以祛疑惑：

---

[1] 参看王力《汉语史稿》中册，243 页。

[2] 可拿《史记》为例，如《大宛传》中的量词"匹"，后附的凡四见，如："汉军取其善马十匹，中马以下牝牡三千余匹。""军入玉门者万余人，军马千余匹。""天子以为然，拜骞为中郎将，将三百人，马各二匹。"前附的凡两见，如"乌孙以千匹马聘汉女""其富人至有四五千匹马"。这就可见前附后附在这一时代已经是"没有一定的规格"的了。

朕失于举人，任许一群妇人辈，奇事！（《魏书·任城王传》）

人饷魏武一杯酪。（《世说新语·捷悟篇》）

时用香炉，烧一片薰陆，如狸豆。（《冥通记》）

欲附一封书与葛公。（《神仙传》）

闻卿祠，欲乞一顿食耳。（《世说新语·任诞篇》）

卞令目叔向："朗朗如百间屋"。（《世说新语·赏誉篇》）

若惧拜扫不知兆域，当筑一堵低墙于左右前后，随为私记耳。（《颜氏家训·终制篇》）

以上所列都是散文；至于韵语，虽多限制，不一定能扣紧口语，但在歌谣或准歌谣一类的作品中就和口语不能相去太远：

故语曰：宁得一把五加，不用金玉满车；宁得一片地榆，不用明月宝珠。（《金楼子·志怪篇》；下文解释说："五加"一名"金盐"，"地榆"一名"玉豉"）

一束藁两头然，河边羧羝飞上天。（《东魏末童谣》）

遥见千幅帆，知是逐风流。（晋，《西曲歌·三洲歌》）

湖中百种鸟，半雌半是雄。（晋，《西曲歌·夜黄》）

尤其应该注意的是在量词独用的时候。因为量词独用是只能前附不能后附的（如"只箸""群猪"等）。如果改为后附，有的就变质成为词缀了（如"箸只""猪群"之类，但南北朝人未必有这种说法，不过这种格式总是有的，参上文第三节），有的就不能成话了。

数量词移向中心词前边，在南北朝时代，这是主流；但另一方面，后附的情况也还是有的。但大都也已附上了条件，不再能自由地、无限制地活跃于口语中了。这些条件归纳起来大概有这么几种。

（1）在数量词对中心词表示总括或逐指的时候，数量词总要后附。例如：

右从目录凡用墨朱黄三色，书大度白及细纸合十六番。（《冥通记》；——这是用"合"表示总括的）

又聚得细书《周易》《尚书》《毛诗》《春秋》各一部。（《金楼子·聚书篇》）

悛于州治下立学校，得古礼器铜罍、铜甒、山罍樽、铜豆钟各二口献之。（《南齐书·刘悛传》；以上是用"各"表示逐指的）

这类数量词在句中大都含有足语性质（有"合""各"一类的字眼儿为证——"合""各"都是副词，在这里就是代理动词"有"的职务的），除非另改说法，否则不后附似乎也不可能。至如下边的格式，量词根本就是足语（对于主语的足语；谓语是"有"，也省了），不发生前附后附的问题，和上列各例虽然很相似，但不应混为一谈：

今所录诗笔杂文凡二十首。(《宋书·自序》；若说数量词乃是定语后附，那么"今所录凡二十首〔的〕诗笔杂文"，这岂不成了半截话了？可见它不是定语，而是句中谓语的足语。下句准此）

所著诗赋、颂赞、三言诔、哀辞、祭告、请雨文、乐府、挽歌、连珠、教记、白事、笺表、签议，一百八十九首。(《宋书·自序》；这例虽没"凡""各"一类的字眼，但结构和上例一样。或说这是数量词作谓语，也行，但总之，它不是定语了）

（2）在量词是"人"的时候，一般也总须后附。例如：

弘微……唯受书数千卷、国吏数人而已。(《宋书·谢弘微传》)

奉绢三万匹……奴婢三百人，水碾一具。(《魏书·孝静纪》)

在上古汉语（陪伴量词还不发达的时期），这种"人"字本是它前边中心词的叠用式的同位名词，后来才弱化为量词，所以就必须后附了。有人说，这仍是名词，就是在南北朝也没有弱化，所以这里不存在量词后附的问题。但这样说是有困难的：如果承认"卷""匹""具"等是量词，对比地，又怎能不承认"人"是量词呢？如果仍然认为"人"是名词，那么在南北朝时代（注意：这是量词得到空前发展的时代），在这种格式中为什么总不见它前边另附有量词呢？这就可见"人"字在这个时代在这种格式里已经断然地弱化成量词了，只是在语序上总须后附，还保留了语源上这条老规律而已。（至于这儿"卷""匹"等为什么也都后附了，则另有规律可寻，可参看下第3项）

（3）在列举事物的时候，量词一般也还是后附，但不是必须，和上两项有本质的不同。（下第4项准此）例如：

岁求输马千匹、牛五百头。(《魏书·食货志》)

虏获男女二百人、驼千头、马千匹。(《魏书·车伊洛传》；"人"字说已见上）

（4）在强调数量词的时候，量词也常后附，这是修辞上的临时调配，也不是语法上的必须后附。例如：

婢姊及弟各准钱五千文。(任昉：《奏弹刘整文》)

整就兄妻范求米六斗哺食，……范送米六斗。(任昉：《奏弹刘整文》)

兄弟共种瓜半亩。(《南齐书·韩灵敏传》)

贺……到济阳，求长鸣鸡卵五百枚。(《金楼子·箴戒篇》)

（5）在定语状语化的时候，这时也需要后附。上边各项可以说都还是老规律的继承，本项不然，它乃是南北朝时代新兴的格式，在此以前这种格式还没有产生。（前文第三节所说的量词重叠后附用法和本项所说也有相同之处，请互看）例如：

> 山鸟一群惊。（庾信:《奉答赐酒》）

> 载妓一双回。（庾信:《咏画屏风》）

特别是在和动量词（或一般性的状语）对举的时候，这种状语化的情况就更明显：

> 行云数番过，白鹤一双来。（庾信:《咏画屏风》）

> 惊鹭一群起，哀猿数处鸣。（江总:《别南海宾化侯》）①

这五种过渡形式在南北朝时代是同时并存的，但往后发展却遭到了不同的命运。（1）（2）两种在现代语中已经完全被淘汰了，因为它的语序已经僵化没法再和现代语的句法体系相适应。（3）（4）两种不然，它既可以前附以服从现代语的句法规则，也可以后调以满足修辞方面的临时需要。所以它们独独能够岿然独存而不被淘汰。至于第（5）种，它本是南北朝时代新兴的格式，到了现代语中就更得到了发展：形式丰富了，成分确定了。如"一双双地飞过来""一双一双地飞过来"，这就不再发生状语化的问题，而根本就是确定不移的状语了。

6．旧式称量法在南北朝时代的淘汰

南北朝时代的量词所以不同于以前任何一个时代的量词，不仅仅因为它在数量上得到了空前未有的发展，还因为它在质量上对以前的量词进行了系统的规范。这只要看一看汉代量词的使用情况就可以完全明白了。首先，在汉代，"分析的称量法"和"综合的称量法"还同时并存。例如：

> 献橐他一匹、骑马二匹、驾二驷。（《史记·匈奴传》；唐张守节《正义》："颜师古云：驾，可驾车也，驷，八匹马也。"注意：请不要把"驾"看成"驷"的中心名词）

这当然是不方便的。因为分析地说成"四匹马"就很好，有什么必要定要把"四匹马"这一概念都综合在"驷"这个词内来表示呢？徒然增加使用上的困惑罢了。所以发展到南北朝，这种综合称量法就完全被淘汰而统一于分析的称量法这一规范了。

其次，我们还可以看到，在汉代，"语法的称量法"和"词汇的称量法"也是同时并存的。所谓"语法的称量法"就是这种量词只有语法作用，没有词汇意义，如上所举"橐他一匹、骑马二匹"之类就是，这容易理解，不须多说。要注意的是"词汇的称量法"。所谓"词汇的称量法"，就是这种量词在计算数量时，它的词汇意义还仍然起作用。这是汉

---

① 但这例有问题：是"在数处鸣"（这是状语）还是"数处猿鸣"（这是定语）呢？因此，把"数处"作为状语来证明"一群"的状语化固可，但是反过来把"一群"作为定语来证明"数处"的定语化又何尝不行呢？这就需要看实际的语势如何而定了。

代人所特有的称量法，[①] 和语法的称量法形式上很相似，其实是极不相同的。例如：

> 唯桥姚已致……羊万头。(《史记·货殖传》；这是拿羊的"头"来计数，羊只有一个"头"，所以"万头"就是"一万个"。)

> 陆地牧马二百蹄。(《史记·货殖传》；马有四"蹄"，所以"二百蹄"应是"五十匹"。)

> ……千足羊，泽中有千足彘……牛千足。(《史记·货殖传》；这是说羊、彘、牛各"二百五十头"。)[②]

这种称量法，不但是无谓地自找麻烦，同时有时候还容易招致误解。[③] 所以到了南北朝时代就也完全被淘汰了，被统一于"语法的称量法"这一规范了。

此外，还有数词和量词结合的语序问题。这究竟该拿哪种语序作为规范，在汉代也同样还是没有完全一致起来的。即如上举《史记·货殖传》中例，有的"数"在"量"前，有的"数"在"量"后，两种语序同时并存，实在也是徒增麻烦，没有什么必要的。所以到了南北朝时代，这种"量·数"型的语序也就被淘汰了。

总地看来，南北朝时代的量词，作为一种体系来说，它是从质上扬弃了它以前的量词的，这种统一的明确的规范的形成，在量词的发展史上实在不能不说是一种飞跃的发展，极大的进步。

本文一共讨论了六个问题。由于水平的限制，所提材料和论点都难保没有错误。希望能够得到同志们的指正。

原刊于 1959 年第 11 期

---

① 这种称量法，《史记·货殖传》中用得最多，可能只以这一类的场合为限（为的是更便于计算物类的价值所在），不一定就是普遍通行的格式。但即使如此，也还是客观地存在着这种称量法的，对一般通行的格式说，也还是纷歧的、不一致的，需要进一步定出统一的规范的。

② 还有如下边所列的例，"马蹄躈千"，究竟是多少马？"牛蹄角千"，究竟是多少牛？"僮手指千"，究竟是多少僮？实在也都是一下子不容易弄清楚的。

③ 像这样的句子："鄯善镇送八脚羊"(《魏书·灵微志》)，"冀州献三足乌""光州献九尾狐"(《魏书·灵微志》)。若在汉代就有歧解，拿第一句为例：是两只羊（一羊四脚）还是一只羊（长有八脚之羊）呢？但在南北朝就不成问题，因为那种词汇的称量法在这个时代已经被淘汰了。

论龙果夫的《八思巴字和古官话》[*]

罗常培遗著

关于八思巴文音韵的研究，从前资本主义国家的学者们，像朴节（M. G. Pauthier）[①]，柯劳孙（G. L. M. Clauson）[②]，寺本婉雅[③]，鸳渊一[④]等，也曾有所讨论，不过大部分是考证字母的读音或钻研一些枝枝节节的小问题。自从苏联龙果夫教授（A. A. Драгунов）发表了一篇《八思巴字和古官话》（The hPhags-pa Script and Ancient Mandarin），应用八思巴文的汉字对音来研究元代汉语的音韵系统，才算把八思巴文跟汉语音韵史的研究联系起来。在龙果夫的文章发表了十年后，包培教授（H. H. Поппе）对于八思巴文又作了更进一步的研究[⑤]，但是在《八思巴字和古官话》发表的时候，龙氏对于元代汉语音韵的构拟确乎起了很大的作用。

龙氏这篇论文是 1930 年在苏联科学院人文科学部报告中发表的，他所用的材料包括汉语的八思巴字文件和蒙语八思巴字文件里的汉字，共计七百零三字，一共发现一千八百二十次。他所采取的材料得要合乎两个条件：第一无须翻检汉字对音或其他八思巴碑文就能读的；第二对于其他碑文可以作重要参证的。因此他对于《事林广记》里的《蒙古字百家姓》采用的很有限。

据龙氏自己说：这篇文章所发现的要点，就是"在舌根声母后头 [ēi] [i] 两音的区别

---

[*] 本刊为纪念罗常培先生逝世一周年，发表他这篇遗著。本刊编委陆志韦先生仔细校订了本文全稿，陆先生校订后又写了一段"编者校语"附在篇后，请读者参看。龙果夫教授的《八思巴字和古官话》译本（唐虞译，罗常培校）最近已由科学出版社印行（改名为《八思巴字与古汉语》）。——本刊编辑部

[①] De l'alphabet de Pa-sse-pa，*Journal Asiatique*，1862 年 10 月，24—37 页。

[②] G. L. M. Clauson 和 Yoshitake：On the Phonetic Value of the Tibetan Characters ᠱ and ᠷ and the Equivalent Character in the hPhags-pa Alphabet，*The Journal of the Royal Asiatic Society*，1929 年 10 月。

[③] 《帕克巴喇嘛之新蒙古字》，见《佛教文学》第二号。

[④] 《中原音韵中八思巴字ニテ写サシタル汉字音》，小川博士还历纪念，《史学地理学论丛》。

[⑤] H. H. Поппе：Квадратная лисьменность（иснтория монгольской письменности Ⅰ），苏联科学院东方研究所 1941 年。

和声母ᠷᠡᠡᠶ 的不同"。① 至于从八思巴对音所构拟出来的"古官话"音系究竟怎样，他却没有总括的叙述。我们为读者容易了解下文起见，先把他所构拟的"古官话"音系提纲挈领地说明一下。

龙氏所构拟的"古官话"声母共有三十五类，它们和古汉语声类的关系如下表：

古官话声类	八思巴对音	古汉语声类	备注
p	b	帮	
p'	p (b)	滂	八思巴对音据百家姓，蒙古字韵当是 b
b'	p	並	
m	m	明	
f	h	非敷奉	古汉语的戛透和清浊均混
v	w	微	失却鼻音成分
t	d	端	
t'	t'	透	
d'	t	定	
n	n	泥	
l	l	来	
ts	dz	精	
ts'	ts'	清	
dz'	ts	从	
s	s	心	
z	z	邪	
ts̤	ʒ	照庄	照组二三等八思巴用同一字母对音，但龙氏拟为二类
č'		照章知	舌上音知组与正齿音章组合并
ts̤'	č'	穿初	舌上音知组与正齿音章组合并
č'		穿昌彻	
dz̤'	č	床崇	舌上音知组与正齿音章组合并
ʒ		床船澄	
s̤		审生	
š	š	审书禅	书禅清浊不分
ž	ž	日	

---

① 龙果夫文中多用藏文字母代表八思巴字，今仍其旧，下并同。

续表

古官话声类	八思巴对音	古汉语声类	备注
k	g	见	高本汉所称见组纯的与 j 化的区别只在古官话 i,im,iŋ 前存在
k'	k'	溪	
g'	k	群	
ŋ	ŋ	疑	在由古歌豪尤阳支微严元业诸韵变来的 o,ɑ,ɑu,in,iɑŋ, i, em, en, e 韵母前
		云	在古尤韵变来的 iw 韵母前
x	h	晓匣	匣纽只限于齐齿撮口两呼的字
ɣ	ɣ	匣	匣纽的开合口字和从古侯韵变来的 iu 韵母仍保持浊音,不与晓纽相混
°	ꡘ	影	在由古覃寒侯尤变来的 am, an, iw, iu 等韵母和古官话 u,ü 前;但在古支微脂缉质昔侵蒸庚仙先宵药变来的 i, im, in, iŋ, en, eu 等韵母前喉塞声保存与否不定
'	ꡙ	云	在 jį+w(或 u)前
		疑	在古虞韵变来的 eu 韵前
j	j	以	
		影	在由古麻山诸韵变来的 a, an 韵母前
		疑	在由古山觉祭齐幽变来的 an, aw, i, ew 韵母前
°	°	疑	在古模韵"午吾五伍"诸字前

　　这三十五类"古官话"的声母照八思巴对音实际只有三十一类,照组二等庄、初、崇、生的分立是龙氏根据古汉语声类所构拟的。关于古汉语和"古官话"声类最显著的不同共有五点:(1)轻唇音非敷奉并为一类;(2)舌上音知、彻、澄和照组三等章、昌、船不分;(3)书、禅两组清浊相混;(4)匣纽的齐齿撮口两呼并入晓纽;(5)影、以、云、疑的分化较为复杂(参阅上表)。至于八思巴字以清对浊,以浊对清和滂並共对 b 音的现象,龙氏已经解释过了(参前表备注)。

　　关于元代汉语声类考证,我从前写过一篇《中原音韵声类考》。[1] 所用的方法是从周德清的《中原音韵正语作词起例》里提出的两个条例:

　　　　案德清之言曰:"音韵内每空是一音,以易识字为头,止依头一字呼吸,更不别立切脚。"是每音所属之字当与建首者声韵悉同,凡一音之中而括有等韵

────────

① 中央研究院历史语言研究所《集刊》第二本,第四分,1932 年。

三十六字母二组以上者，即可据以证其合并，偶有单见不害其同；此一例也。德清又曰："阳阴平声有之；上去二声各止一声，俱无阴阳之别。"盖元以后之北音，全浊声母平声变同次清，而声调之高低微殊；去声变同全清，而声调之高低亦混。于是声母之清浊乃一变为声调之阴阳。其变迁之由固与清浊有关，而声母音值实已清浊不辨。故凡全浊声母去声混入全清者，则平声虽与阴阳分组，声值实与次清无别，此二例也。

依据这两个条例，以本书韵字为证，断定《中原音韵》只有帮、滂、明、非、微、端、透、泥、来、见、溪、晓、影、照、穿、审、日、精、清、心二十声类，而没有古汉语的敷、知、彻、並、定、群、从、床、澄、奉、匣、邪、禅、娘、疑、喻十六纽。这个结论和后来兰茂《韵略易通》，毕拱宸《韵略汇通》，金尼阁《西儒耳目资》，方以智《切韵声原》，马自援《等音》，林本裕《声位》和樊腾凤《五方元音》等书里所定的声类都相合，并且同波斯对音和现代北京音声母的声类也相近。拿它们和八思巴对音比较，像非、敷、奉不分，知、章两组不分之类，两个系统是一样的，所差异的只是全浊声母的有无和庄、初、崇、生是否独立两个问题。

从八思巴对音考证出来的元代汉语声类，也和汉语音韵史上许多地方相合。我曾在《中国音韵沿革》[1]上说：

> 案《清通志七音略》曰："知、彻、澄古音与端、透、定相近，今音与照、穿、床相近。泥、娘、非、敷，古音异读，今音同读。"《性理精义》按曰："知、彻、澄、娘等韵本为舌音，不知何时变入齿音。等韵次于舌音之后，《经世》次于齿音之后，则疑邵子之时此音已变也。"又曰："以等韵之例求之，敷字当自为一音与滂字对。如此则等韵有二十五母，而《经世》只于二十四，盖此字绝少，因失此音也。"果如所言，则知、彻、澄、娘、敷之混变自北宋已见其端。故旧传朱熹之三十二母有照、穿、床、泥而无知、彻、澄、娘，陈晋翁《切韵指掌图节要》之三十二母有知、彻、澄、泥而无照、穿、床、娘，吴澄之三十六字母删知、彻、床、娘，黄公绍《韵会》之三十六母并照于知，并穿于彻，并床于澄。……此四家者，虽亦略有出入，要不外于知、彻、澄、娘与照、穿、床、泥之混并。又亡友刘君文锦尝系联《洪武正韵》之反切上字以求其声类，亦只知、彻、澄、娘、敷并于照、穿、床、泥、非，其余三十一类仍与旧谱无异。

此后李登《书文音义便考私编》及杨选杞《声韵同然集》均宗之。

这几家所得的结果除去正齿音二等没分立外，几乎和八思巴的对音全合。又日人石山

福治依据《洪武正韵》和朝鲜《四声通解》的谚文，也考定《中原音韵》为三十一声类，[①]和上面这一个系统相同。

至于龙氏忽视八思巴对音，仍然把庄、初、崇、生拟作 ts、ts'、dz'、s，这在上面两个系统里全无根据。《中原音韵声类考》里说：

> 正齿音二等庄、初、生三类与三等章、昌、书三类，《广韵》分用划然，《中原音韵》则正齿音二三等混用或与知组合并者，凡十一组二十八字：
>
> 江阳：（阴）○庄妆装庄桩知
>
> 支思：（阴）○眵彻嗤昌差初○施尸屍鸱著诗书师狮蛳生
>
> （上）○史驶使生弛豕矢始屎菌书
>
> 皆来：（入作上）○责簀帻窄迮侧仄昃庄摘谪知
>
> 萧豪：（入作上）○捉庄琢卓知○搠初斮彻
>
> 家麻：（阴）○挝知檛抓庄
>
> （入作上）○劄知札庄
>
> 庚青：（阴）○铛铮挣琤初撑瞠彻
>
> 廉纤：（阴）○襜覘初觇彻

而与齿头音清心合用者只有七组十三字：

> 支思：（阴）○髭觜觜兹孳孜滋资咨姿籽精淄庄
>
> 齐微：（阴）○崔催清衰榱初
>
> （上）○洗玺徙泉心屣生
>
> 鱼模：（阴）○粗清刍初
>
> （入作上）○蔌速心缩谡生
>
> 寒山：（去）○渲心潸生
>
> 尤侯：（阴）○邹陬缌驺庄鲰诹精○溲锼心馊生

其分化现象与现代北音相近，盖以二三等不分为原则而以转入齿头为例外也。

可见《中原音韵》的声系正齿音的二三等是不分的。再说后一个系统，不单八思巴对音明明二三等共用一个字母，就是《洪武正韵》一系的声类也从来没有把庄、初、崇、生分立的；因此我对于龙氏这个说法不敢苟同。

但是上面这两个显然不同的声母系统究竟哪一个和当时的实际语音相合呢？关于这个问题，龙果夫以为："八思巴字碑文所代表的'古官话'的声母系统绝不是靠古韵书的帮助来臆造的，而是由实际的读音反映出来的。"他认为上面所举的那两种纷歧的事实，并不难

---

① 《考定中原音韵》第十四节，113—120页。

解释。他说："我们没有充足的理由说古官话的语音组织是纯一的。在另一方面，我们的这些材料使我们可以说有两个大方言。从声母系统来看，它们是极端彼此纷歧的：一个我们叫做甲类，包括八思巴碑文，《洪武正韵》，《切韵指南》；那一个我们叫做乙类——就是在各种外国名字的对音和波斯对音里的。并且甲类方言（就是八思巴碑文所代表的）大概因为政治上的缘故，在有些地方拿它当标准官话，可是在这些地方的口语是属于乙类的。结果这些地方有些字有两种并行的读音———一种是官派的，像八思巴文所记载的；另一种是近代的土话，像波斯的对音所记载的。"我对于他这种解释相当地赞成，这两个系统一个是代表官话的，一个是代表方言的；也可以说一个是读书音，一个是说话音。前一个系统虽然不见得是完全靠古韵书构拟出来的，可是多少带一点儿因袭的和人为的色彩，它所记载的音固然不是臆造的，却不免凑合南北方言想作成"最小公倍数"的统一官话。我们从明朝李登的《书文音义便考私编》里所定的声类，便可反映出一些痕迹来。李氏虽定声母为三十一类，可是他一则说"平则三十一母，仄则二十一母"，再则说"仄声纯用清母较为直截"，可见那个时候全浊声母的分立只是因为平声分作阴阳两调，所以没有合并，实际上并不是真有带音的声母存在了。那么，我们若从元代北音演进成现代北京音的观点看，就可以说，元代"官话"的音类尽管不是臆造的，不过北方一系的土话特别发展，两者抗衡起来，前一种"虽时时争持于纸上，实则节节失败于口中"罢了。

从八思巴字对音所构拟的"古官话"韵类和《中原音韵》的十九部并没有很大的出入。不过首先得要声明的，就是所谓"部"是只管主要元音以后的部分而不问等呼，它和"真韵母"的性质并不相同。所以"古官话"的韵母尽管多到四十二类，实际上和《中原音韵》所差的只有下列的七点：

（1）u, ü 两韵的字《中原音韵》同属鱼模部，古官话分成两个独立的韵母，和兰茂《韵略易通》、毕拱宸《韵略汇通》分"鱼模""居鱼"两部相同。

（2）《中原音韵》齐微部的合口，在八思巴对音除"惟"字作 üi 外，都拿 e 作主要元音，好像和车遮部的开口 ie 相配而不和齐微部的开口 i 相配，因此车遮部的合口"厥阙月"等字也就和这些字混成一部了。

（3）德韵开口"德得"两字《中原音韵》属齐微部，"克则"等字属皆来部，"古官话"另立 əi 韵，不和那两部相混。

（4）凡韵的 f 类字《中原音韵》入寒山部，"古官话"仍作闭口 -m。

（5）《中原音韵》以桓韵属桓欢部，山删两韵合口属寒山部。"古官话"把它们都并作 uɑn 韵。

（6）庚青合口字收在《中原音韵》的，大部分在东钟部和庚清部重出，个别的只收在东钟部或庚清部。"古官话"把东钟部和庚青部的合口都归入 uŋ，üŋ 两韵。

（7）在《中原音韵》里，入声铎觉字在萧豪和歌戈两部重出，烛和屋三等字在鱼模和尤侯两部重出，"古官话"以铎觉全附 ɑu 韵，烛屋全附 u，ü 韵。综起这几点来看，我们可以说"古官话"的韵类比《中原音韵》增两部（ü，əi），又减一部（桓欢）。实际上仍然是《中原音韵》的规模。至于 üe 或写作 ɉue；üi；əu 或写作 uɤ，ou；üen 或写作 üɑn；ɉɑŋ 或写作 ɐɑŋ，那都是受声母影响所生的细微差异，因为不至于变成不同"音位"（phoneme），我所以不把他们当作不同的韵母。

下面我把龙氏所构拟的"古官话"韵类、八思巴对音，和古汉语韵类、《中原音韵》韵部列成一个对照表，以便参考：

古官话韵类	八思巴对音	古汉语韵类	中原音韵韵部	备注
（1）ï	hi	脂之支的精庄组	支思	
（2）i	i	脂之支微祭齐开口 微合口非组 缉质昔锡职开口，（药开口"却"字？）	齐微	
（3）u	u	模，虞非组，鱼庄组 屋一沃，物屋三非组	鱼模	屋三和烛韵字《中原音韵》互见鱼模、尤侯两部
（4）ü	eu	鱼虞 术物，屋三，烛	鱼模	分立 ü 韵和《韵略易通》分出居鱼部同
（5）o	o	歌（戈韵"过"字） 合曷见系 （尤韵"牟"字）	歌戈	
（6）uo	ɥo	戈 末，（铎韵"莫"字）	歌戈	
（7）ɑ	ɑ	麻开二 合乏曷 黠月帮系	家麻	
（8）iɑ	iɑ	麻开二见系 洽韵"郏"字	家麻	
（9）ɥɑ	ɥɑ	麻合二 黠韵"滑"字	家麻	
（10）ɉe	e(ė)	麻开三 业，薛屑开口	车遮	
（11）ue	ue	脂支微祭齐合口，灰 泰合口"外"字 德合口，职韵"域"字（？）	齐微 皆来	

续表

古官话声类	八思巴对音	古汉语声类		备注
（12） ɥue	hjue	齐合口"惠"字	齐微	
ǖi	ɥi	脂合口"惟"字		
		昔合口"役"字		
ǖe	èue	支合口"规"字	齐微	
	ue(uè)	月合口	车遮	
（13） ɑi	ɑi	哈，泰皆佳开口	皆来	
		陌开二照系和帮组		
（14） jɑi	jɑi	皆佳见系	齐微	
		陌开二见系		
（15） ʮɑi	uɑj	皆合口	皆来	
（16） əi	hij	德开口	齐微	
（17） ʮɑu̯	ɑw	豪，肴帮组	萧豪	
		铎开口，觉帮组		
（18） jɑu̯	jɑw	肴见系	萧豪	铎觉等韵《中原音韵》互见萧豪和歌戈两部
		觉见系		
（19） ʮɑu̯	ʮɑw	铎合口，觉韵"朔"字	萧豪	
（20） ieu̯(ièu̯)	ew(èw)	宵萧	萧豪	
		药开口		
（21） eu̯	hiw	侯，尤庄组	尤侯	
uu̯	uw	侯帮组	尤侯	
	ʮuw	尤韵"富"字	尤侯	
ou̯	ʮow	尤韵"阜"字	尤侯	
（22） iu̯	iw	尤	尤侯	
		侯见系及"头"字	尤侯	
（23） ɑm	ɑm	覃谈	监咸	《中原音韵》入寒山部
	ʮɑm	凡	监咸	
（24） jɑm	jɑm	咸见系	监咸	
（25） iem	em	严盐添	廉纤	
（26） im	im	侵	侵寻	
	èim	侵韵"歆"字	侵寻	
（27） ɑn	ɑn	寒，山开口	寒山	
		元合口"万"字	寒山	
		删合口"颁"字	寒山	
（28） jɑn	jɑn	山删开口见系	寒山	
（29） èuɑn	uɑn	删合口	寒山	
	on	桓	桓欢	
（30） ien	en(èn)	元仙先开口	先天	

续表

古官话声类	八思巴对音	古汉语声类		备注
（31）üen	ẏen	元仙先合口	先天	
üan	èon	仙合口"眷"字	先天	
（32）ən	hin	痕	真文	
（33）in	in	真	真文	
（34）un	un	魂，文韵非组	真文	
（35）ün	èun	谆文	真文	
（36）aŋ	aŋ	唐开口	江阳	
		阳开口知照组，合口非组	江阳	
（37）jaŋ	jaŋ	江，阳开口	江阳	阳韵开口庄组字北京音变合口，八思巴对音已见其兆
ɕaŋ	haŋ	阳开口庄组	江阳	
（38）ɣaŋ	ɣaŋ	唐合口，阳合口云组	江阳	
	oŋ	唐合口，"皇"字	江阳	
（39）əŋ	hiŋ	登开口，庚开二庄系	庚青	
	èiŋ	庚开二"庚"字，耕开二"耿"字	庚青	
（40）iŋ	iŋ	清青蒸开口，庚开三，耕开口"幸"字	庚青	
	iiŋ(?)	庚开二"行"字	庚青	
（41）uŋ	uŋ	庚开二"衡""孟"字，耕合口"宏"字	庚青	《中原音韵》庚青合口互见东钟、庚清两部，八思巴对音只作 ng, èug 类。
			庚青	
		东冬一等，钟和东三知照系，非组	庚青	
			东钟	
（42）üŋ	èuŋ	庚合三云组	庚青	
		清合口"琼"字		
		东三钟	东钟	

就八思巴对音去归纳，我们可以简括地说，"古官话"的韵系一共有：

（a）三个介音：i̯[i̯]　　　　u̯[u̯]　　　　ü[u̯或èu]

（b）五个元音：ɑ[包含在辅音里]　　　e[e或è]　　　i[i]

　　　　　　　o[o]　　　u[u]

（c）五个韵尾：-m[m]　　-n[n]　　-ŋ[ŋ]

　　　　　　　i̯[j]　　　ė[w]

编者校语：中国科学院语言研究所罗故所长常培本想根据已故龙果夫教授所采集的八思巴字资料和其他同类资料，参酌《韵会举要》，比照《中原音韵》，试拟十四世纪的"古官话"音系。那时，罗所长身体已经很不好，不能集中精力做这样繁重的工作，因而想起把讨论龙果夫教授的论文的那一段先写成专章；这就是现在发表的这篇未定稿。就因为这篇论文，按原计划只是一部大著作的一个片段，所以有些地方反映出作者原来的心愿。文中原有一些附注，指出某些处应从长讨论；编者把这些附注删去了。有些地方，很明显地显出一时笔误的，也代为修改了。

有两点须要特别指出，以明责任。1）文中暗示出龙果夫教授把寒韵字和桓韵字都作 -an 类是不正确的，所以说"《中原音韵》以桓韵属桓欢部，山删两韵合口属寒山部，'古官话'把它们都并作 uan 韵"。但是在把"古官话"和《中原音韵》对比的时候，又说"古官话"短了一个桓欢部，同时总表上又并列"uan 删合口"和"on 桓"，显出自相矛盾。其实龙果夫教授所见的桓韵八思巴字，全都是只能对译成 on 的，不知为什么拟成"古官话"的 uan。编者以为罗所长本是想在全书里，参照《蒙古字韵》《韵会举要》《中原音韵》等来讨论这个问题的。2）也是为了这个原故，罗故所长原文的总表上有一些细节显出他时常举棋不定。像龙果夫教授那样，想从几百个八思巴字的对音重拟"古官话"的音系，本是有点危险的。那么，我们要是专为讨论龙果夫教授的论文，只可就事论事，有啥说啥，不必把整个切韵音系和"古官话"联系起来。反过来说，假若要对比"古汉语"和"古官话"的整个音韵系统，就得总括所有的有关十四世纪北方话的音韵的资料；龙果夫教授所论列的只是一部分。罗故所长原文的总表"盘桓乎山水之间"，编者擅自把它校改过了，只总结龙果夫教授所收罗的几百个字。有好些处，《广韵》的某韵某类只有一个代表字；这些地方现表有时不特别指出，有时注某韵某类的某字，也许有失当之处，这应由编者负责。这样改编之后，实在更能符合罗故所长一贯治学的精神。

罗所长去世一年了，现在发表这篇文章，不只是为了纪念他，也希望研究音韵学的同人们能更多地留意普通话的基础方言和北京音系的历史，更直接地为我国社会主义文化建设服务。借此也可以完成罗故所长未了的志愿。

原刊于 1959 年第 12 期

论助动词*

刘 坚

不少语法书都讨论过助动词（有的书上称为能愿动词），但是讨论的范围有广有窄，不很一致。有的语法书上所说的助动词指用在动词前面的"能、敢、会、该"等词，有的还包括用在动词后面的"了、着"和"起来、下去"之类。经过近几年来的研究，大家对于助动词的性质和范围已经有了进一步的了解。本文打算先扼要介绍各种语法书对于助动词的看法，然后讨论助动词到底是怎样的语法范畴，它具备怎样的语法特点。意见是很不成熟的，希望得到批评和指正。

1．各种语法书对于助动词的看法

1.1 中国科学院语言研究所语法小组的《语法讲话》指出，助动词可以单独作谓语用。在这一点上，助动词不同于副词，因为双音副词虽然也可以单用，单音副词就站不住。《语法讲话》把助动词看成一种动词，同时也指出助动词和动词有一些区别，归纳起来大致有这几方面：

1）动词一般可以重叠，助动词不能重叠。

2）动词可以带"了"和"着"字尾，助动词不能。

3）有些动词加动词的结构里可以加"过"字（例如"学过唱歌"），助动词加动词的结构里不能。

4）动词加动词，第一个动词有时候可以抽掉，有时候不可以抽掉；助动词加动词，助动词都可以抽掉。

5）动词带体词宾语是常例，助动词不能带体词宾语。

《语法讲话》根据这些标准划分出来的助动词是：

---

* 这篇文章是语言研究所现代汉语小组集体工作的一部分，先写出来发表，请大家提意见。

　　能　能够　会　可以　可能　得（ㄉㄜ）

　　敢　肯　愿　愿意　要

　　应　应该　应当　该　须　须要　得（ㄉㄟ）①

1.2　跟《语法讲话》看法比较一致的是《汉语》课本。课本把助动词称为能愿动词，是动词的一个附类，所用标准和所定范围接近《语法讲话》。

1.3　比较早的语法书一般不注重助动词和副词的区别。比如吕叔湘先生的《中国文法要略》就把"能、得、会、可、必、足"归入"限制词"里的"判断限制"类。吕先生的"限制词"就是副词。②在他近年所著的《语法学习》里也不列助动词这一类，"能、会"等属于动词。③

1.4　土力先生的《中国语法理论》里有一类"助动词"，是指"把"和"被"。④这两个词一般语法书上称为介词或副动词。这类词跟我们现在讨论的助动词是"名同实异"的，不属于本文的讨论范围。吕先生看作副词的"可、能"，王力先生在讲词类的时候也把它们列入副词。⑤在讲"能愿式"的时候，王先生把"能、可、必、该、要、欲、肯、敢"看作"能愿末品"。⑥他的"末品"也是副词性的词语。

1.5　黎锦熙先生的《新著国语文法》把助动词算做动词的一类，助动词"帮助动词，占其一部"。⑦这意思是说，凡是"帮助动词"表达某种意义，并且和动词共同构成谓语（"占其一部"？）的，都是助动词。《国语文法》的助动词范围最广，包括用在动词前面的"可以、要、应该、一定、许、被、来"，等等，也包括用在动词后面的"得、了、着、来"，等等。⑧

1.6　黎先生和刘世儒先生合著的《汉语语法教材》里，助动词的范围大致同《国语文法》相当，包括用在动词前面（"前附"）和后面（"后附"）的两种"助动词"。他们认为助动词和副词是两个不同的词类，它们之间有以下三点区别：

1.助动词是没变质的动词，能独立。2.有时可以把它后边被它所助的动词作为它的宾语。3.要是两个动词连用，在语意上如果头一个确是帮助后一个的，就随时可以把头一个派作助动。这三点，大都不是"副词"所能一样办到的。

　　但是又说：

---

①　参《语法讲话》十一章，助动词。（《中国语文》1953年3月号，26—28页）这里不一一征引原文。

②　《中国文法要略》，新版，17页。

③　《语法学习》，5页。

④　《中国语法理论》，新版，上册，29页。

⑤　《中国现代语法》，新版，上册，21页。

⑥　《中国现代语法》，新版，上册，130—145页。

⑦　《新著国语文法》，122页。

⑧　《新著国语文法》，134—145页。

它和副词只是词法上性质的不同，句法上的"作用"实在是"差不多"的。①因此《教材》把句子里的助动词看作一种"副词性的附加语"。②

1.7 从上面的简单叙述里可以看出，助动词跟副词、动词到底是不是同类的，各家的看法不完全一致。有的语法书不区别助动词和副词，有的书加以区别。有的语法书把助动词算做动词的附类，有的书却不这样看。助动词跟副词有没有区别，助动词跟动词有没有区别，这两个问题的解决，会帮助我们更好地认识助动词是怎样的语法成分。因此，我们的讨论就从这两个问题开始。

为了讨论的方便，我们暂时撇开黎著列为"后附"的"助动词"，只讨论"前附"的那些词。因为，在我们看来，用在动词前面的词和用在后面的词的语法特点是不完全一样的。

2. 助动词和副词有没有区别

2.1 助动词和副词的界限在语法书里一向划得不很清楚。"才去，能去，还去，会去，就去，敢去，都去，该去"这些格式里，"去"前面的成分到底是不是同类的，不容易确定。上文1.6所引《汉语语法教材》用来区别助动词和副词的三项标准中，第一项标准用能不能独立来区别，比较明确，但是第二、三两项在运用的时候会碰到困难。究竟在什么时候可以把助动词后面的动词看作"宾语"，著者并没有告诉我们。根据什么来确定头一个动词"在语意上""确是帮助后一个的"也不容易掌握。如果没有语法形式作根据，光凭意义很难解决语法问题。严格说来，这并不是语法分析的可靠的手续。我们应该把意义和形式结合起来考虑。

这里提出的第一项标准跟《语法讲话》所提出的"助动词可以单独作谓语用"是一致的。根据能不能单独作谓语的原则，可以把助动词跟单音副词分开，因为单音副词都不能单独作谓语（除了否定副词"不"以外），但是这个原则不能用来区别助动词和双音副词，因为有的双音副词也可以单独作谓语。③

助动词和副词的界限既然有一部分没划清，有些词应该属哪一类，各人的看法就不完全一样。像"一定"，《语法讲话》把它列入副词，④而《国语文法》却把它列入"表必然"的助动词。⑤

---

① 《汉语语法教材》，348 页。着重点是原有的。
② 参《汉语语法教材》十四、十五两课，"附加的成分（2）——副词性的附加语"。
③ 《语法讲话》举过双音副词单独作谓语的例子："你明天一定来吗？—— 一定。"（《中国语文》1953 年 3 月号，26 页）
④ 参《语法讲话》十八章，副词。（《中国语文》1953 年 9 月号，24 页）
⑤ 《新著国语文法》，137 页。

因此，我们还必须进一步研究，除了能单独作谓语这一点以外，助动词和副词还有没有其他的差别。如果有足够的语法形式标志说明助动词和副词是两种不同类的词，那就应该把它们分开，否则助动词和副词不能分类。

2.2　我们看下面的两组例子：

甲组	乙组
才去	能去
还去	会去
又去	肯去
也去	该去
刚去	敢去
再去	配去
或许去	能够去
必须去	可以去
必定去	应该去
一定去	愿意去

比较了这两组例子以后，我们会发现，乙组里的"能、会、肯、该、敢、配、能够、可以、应该、愿意"都可以说成"不×不"的格式，例如"不能不去，不会不去……"，等等。甲组里的"才、还……"大部分不能这样说，能说成"不×不"的只有"不再不去"和"不一定不去"。

关于"再"和"一定"，下面还要讨论，这里先谈"才、还、又、也、刚、或许、必须、必定"几个词。这几个词一般语法书都看作副词，而且是"严格的"副词，因为不是形容词兼作副词。这些副词跟乙组的"能、会"等的区别在于不能说成"不×不"，这是很清楚的。并且，形容词作副词来用的时候也不能说成"不×不"。像"快走、白吃、老哭、光说"都是这类例子。

"再"和"一定"在"不×不"这个格式上跟"能、会"之类是一样的：

不再不去，不再不吃……　　　　　不能不去，不能不吃……

不一定不去，不一定不吃……　　　不会不去，不会不吃……

但是"能、会"可以用"很"来修饰，"再、一定"不能：

——　　　　很能吃

——　　　　很会吃

从这项排比可以看出，"再、一定"跟"能、会"的语法特点是不完全一样的，它们是两类不同的词。

因此，我们可以把助动词和副词区别开来：助动词可以说成"不 × 不"的格式，可以用"很"来修饰；副词一般不能说成"不 × 不"的格式，不能用"很"来修饰。

甲组的"才、还、又、也、刚、再、或许、必须、必定、一定"是副词，乙组的"能、会、肯、该、敢、配、能够、可以、应该、愿意"是助动词。

3. 助动词和动词有没有区别

3.1 上文说明助动词和副词是不同类的，现在我们要研究助动词和动词是同类还是不同类的。

有的语法书从形态方面着眼，拿能不能带词尾"了、着"和能不能重叠来分辨助动词和动词：助动词不能带词尾"了、着"，不能重叠；动词能带词尾"了、着"，能重叠。

用形态标志来区分助动词和动词有一定的限制。上文2.2所举的跟副词有区别的"能、会"类助动词诚然缺乏"了、着"类形态标志，但是动词也并不是都能带"了、着"的。像"嫌、在（'我在家'）、以为、害怕、讨厌"等都不能带词尾"了"，"到、丢、懂、去、忘记、同情、反对"等都不能带词尾"着"。可见助动词虽然不带词尾，但是不带词尾的并不都是助动词。

用能不能重叠来鉴别助动词和动词也有类似的困难，并不是所有的动词都能重叠。"掉（'掉头发'）、服（'我算服了你了'）、懂、死"都是不能重叠的动词。而且，我们很容易发现，一般语法书上所说的副动词（介词）也是不能重叠的，因此，"不能重叠"这一点似乎还不足以说明助动词的特性。

3.2 从形态标志上既然难以分辨助动词和动词，我们不妨从助动词跟动词的结合上来判断，看看"助动词＋动词"的结构跟一般"动词＋动词"的结构在性质上一样不一样。如果证明这是两种不同的结构，那就说明助动词和动词不是同类的；否则助动词和动词就不能分类。

"动词＋动词"可以是向心结构，可以是后补结构，也可以是动宾结构。当然还可以是并立结构或连动结构，不过这里不必考虑。"助动词＋动词"是不是向心性的，或者是后补性的、动宾性的呢？下面我们就来讨论这个问题。

3.3 有的语法书把助动词看成动词的附加语，实际上是把"助动词＋动词"看成向心结构。其实，这种看法是不正确的。比较：

甲组	乙组
对 / 喝	会 / 喝
陪 / 坐	要 / 坐
合 / 请	该 / 请

分 / 种　　　肯 / 种

代 / 送　　　能 / 送

替 / 写　　　配 / 写

这里的甲组都是动词和动词组成的向心结构；乙组里的"会、要、该、肯、能、配"，在2.2 里已经肯定是助动词，"会喝"之类都是"助动词 + 动词"结构。这两组结构性质并不相同。对于甲组的例子，假若要提问题，我们可以问"怎么～？"（"怎么喝？对喝"，"怎么坐？陪坐"）也可以问"～吗？"（"对喝吗？对喝"，"陪坐吗？陪坐"）对于乙组，不能问"怎么～？"，只能问"～吗？"（"会喝吗？会喝"，"要坐吗？要坐"）；回答的时候，可以说"会喝"，也可以单说"会"；但甲组的"对、陪、合、分、代、替"就不能单独回答问题。由此可见，"助动词 + 动词"结构跟向心式的"动词 + 动词"结构是不同的。

3.4　有的语法书把"助动词 + 动词"结构看成后补结构。比如陆宗达等著的《现代汉语语法》（上册）就认为"我要走了"里的"要""是主要动词，一点儿也不是助别人的，比方上头那句话（按指'我要走了'）后头加了个了表示实现，到了儿是给谁加的呢？是要了呢，还是走了呢？谁都看得出来，是要了"。因此，"在咱的语法系统里，造句法讲补足关系的时候说一句'动词可以用动词作补足语'就把什么助动词不助动词的都给包括进去了"。①很明显，著者认为"我要走了"里的动词"走"是"要"的补足语。应该说，著者得出这个结论的方法是有问题的。如果说"要走了"里的"了"是给"要"加的，那么能不能说"该走了、能走了、肯走了"里的"了"也是给"该、能、肯"加的呢？恐怕谁都不会这么理解的。其实"了"不是加在"要"上面而是加在"要走"上面的。"要走"也不是后补结构。比较：

泡透　　　　要走

泡得透　　　——

泡不透　　　——

"泡透"是后补结构，中间可以加"得"或"不"；"要走"不是后补结构，中间不能加"得"或"不"。

3.5　"助动词 + 动词"也不是动宾结构。

"动词 + 动词"，有时候可以造成动宾结构，例如：

1）喔，我忘记问了，姐夫好吧？（丁西林）

姊姊！我要去开会，顾不上招呼你！（赵树理）

---

①《现代汉语语法》上册，123 页。

武震在桥上指挥修桥。（杨朔）

2）他知道怎么走。

他懂得怎么学习。

我怕去。

像吃。贪吃。惦记吃。在乎吃。……

下面再列另一类结构，这类结构暂时不必肯定是什么结构：

3）能去。要去。会去。敢去。肯去。该去。配去。想去。爱去。应该去。愿意去。能够去。可以去。可能去。应当去。需要去。乐意去。喜欢去。希望去。

我们拿这三组来比较，可以看出第1组的动宾结构都不能用"很"修饰，第2组的动宾结构和第3组的结构都能用"很"修饰。第3组的格式跟第2组的动宾结构是不是同类的呢？

如果作进一步的比较，会发现2，3两组也有不同的地方：

1）第1组和第2组的动宾结构都可以用"×什么？"来问（"忘记什么？""知道什么？"），可不能用"×怎么样？"来问。这是把它们肯定为动宾结构的道理之一。

2）第3组的结构可以用"×怎么样？"来问（"能怎么样？能去。"）可不能用"×什么"来问。这一组是"助动词＋动词"结构。

3.6 由此可见，"助动词＋动词"结构不是向心结构，不是后补结构，也不是动宾结构。助动词的性质不同于向心结构、后补结构、动宾结构里的第一个动词。也就是说，助动词和动词是不同范畴的词，用能不能加"很"的标准和问话的标准，是可以把它们分开的。

3.7 助动词和动词虽然有不同的语法特点，应该把它们分开，但是它们之间也有相同的地方，比如都可以单独作谓语，都可以组成反复问句，因此，我们认为像《语法讲话》和《汉语》课本那样，把助动词看作动词的一个附类是比较合适的。

4．是动词又是助动词的例子

4.1 上文3.5所列举的助动词都能用来回答"×怎么样？"的问题，但是其中有一些也可以用来回答"×什么？"或"×谁？"，像：

要什么？	要一本书。
会什么？	会俄文。
该谁啦？	该你。
想谁？	想他。

爱谁？（什么？）　　　　　　　爱他。爱话剧。

需要什么？　　　　　　　　　　需要一枝铅笔。

喜欢谁？（什么？）　　　　　　喜欢他。喜欢话剧。

这七个词之中，用在体词宾语前面的时候跟用在动词前面的时候相比，有的意义并没有明显的分别，但是语法特点已经很不一样。比较：

　　1）喜欢　喜欢去　不喜欢去　喜欢不去　不喜欢不去

　　　　喜欢不喜欢去？很喜欢去　喜欢去得很　喜欢怎么样？

　　2）喜欢　喜欢他　不喜欢他　——　——

　　　　喜欢不喜欢他？很喜欢他　——　喜欢谁？

我们容易发现"喜欢$_1$"和"喜欢$_2$"是两个不同的词，"喜欢$_1$"是助动词，"喜欢$_2$"是动词。

　　别的词，比如用在体词宾语前面的"要、会"，跟用在动词前面的"要、会"相比，不但语法特点不同，意义也大大改变了。

　　由此可见，有两类"要、会、该、想、爱、需要、喜欢"：一类"要……"是助动词，一类"要……"是动词。

　　4.2　同样，"愿意你去，希望他来，喜欢他老实，该你去"里的"愿意、希望、喜欢、该"也是动词。

　　4.3　在"我希望下雨，我喜欢下雨"里，"希望、喜欢"和"下"不是同一个人的动作行为，当然无所谓"助动"了。

5.　助动词表

　　5.1　下面这些词都是助动词：

　　　　能　要　会　敢　肯　该　配　想　爱　愿意　能够　可以　可能

应该　应当　需要　乐意　喜欢　希望

　　5.2　此外还有"可、喜、应、须、愿"等几个文言成分，口语里虽然不说，[①]但是书面上还用。从造句的能力上看，"可"相当于"可以"，"喜"相当于"喜欢"，"应"相当于"应该"，"须"相当于"需要"，"愿"相当于"愿意"，这些词也是助动词。

　　　　你有什么话，尽可对我说。（丁西林）

　　　　似乎他很不喜说这末后的两个字——弟兄。（老舍）

　　　　非到万不得已的时候，是不应绝交的。（丁西林）

---

　　① "愿"似乎口语也能说，"你愿意不愿意去？"听起来像是"你愿不愿去？"那是因为轻声的"意"已经由 [ji] 变得很轻，听觉上不容易分辨的原故。其实，说的还是"愿意"，不是"愿"。

为写一件事须知道十件事，为写一个人须认识许多人。（老舍）

小飞蛾因为不愿多挨耳刮子，也想在张木匠面前装个笑脸。（赵树理）

5.3 "高兴、好（hǎo）"本来不是一般北方话的助动词，现在已经进入了书面语：

找几个灵俏人，先修人行道，好运伤员！（杨朔）

把我放在安全的地方，他好独作独当的去干。（老舍）

要是不高兴出去，成年住在这里也没什么忧愁。（叶圣陶）

从它们在方言里造句的特点来看，"高兴"和"好"也应该算是助动词。

原刊于 1960 年第 1 期

汉字改革运动的历史发展（上）

——纪念汉语拼音方案诞生二周年

周有光

1. 引言：汉字改革运动的历史分期

新中国成立前一百年间的我国历史，是由不断的帝国主义侵略和我国人民的革命斗争交织起来的。每一次侵略激起了一次革命斗争，侵略愈猖狂，革命愈炽烈。汉字改革运动是革命意识在文化上的一种表现，是我国文化革命的一个组成部分。它跟随着革命浪潮的起伏而步步前进，步步提高。

1840 年的鸦片战争冲破了闭关自守的清帝国的大门。西洋传教士们在不平等条约的掩护下蜂拥进入我国。用拉丁字母拼写殖民地人民的语言作为传教的一种工具，这是传教士们在其他殖民地早已行之有效的办法。到了中国，他们如法炮制起来。鸦片战争以后半个世纪中间，我国各方言区的重要城市都有教会出版的方言罗马字《圣经》或者其他读物。方言教会罗马字是为帝国主义服务的。虽然它后来对我国人民的汉字改革运动有不可否认的影响，但是它不是我们的文化革命，而是帝国主义的文化侵略。方言教会罗马字以及从明朝末年以来就有的西洋人为了学习和翻译汉语而设计的拉丁字母汉语译音，是汉字改革运动发生以前的历史前奏。

清朝在甲午（1894）战争中战败的前后，我国已经面临被瓜分的危机。这时候，在比较开明的知识分子中间盛传一种改良主义的维新思想，要求"法师西洋，自求富强"，也就是逐步发展资本主义。维新思想是近代史上我国革命意识的最初萌芽。这时候开始发生的汉字改革要求是维新思想在文化上的一种表现。1892 年卢戆章提出他的"中国切音新字（厦腔）"，这是我国人民自觉的汉字改革运动第一时期——切音字运动——的揭幕。从此以后，汉字改革运动者接踵而起，差不多年年都有新的个人方案提出来。结果，在辛亥（1911）革命以后产生了注音字母。

第一次世界大战以后，我国人民的革命斗争发展为新的高潮。1919 年巴黎和平会议公然支持日本帝国主义者目的在吞并我国的侵略要求，激起了波涛汹涌的五四运动。五四运动是政治革命，同时也是文化革命。接着"文学革命"的口号，提出了"汉字革命"的口号。汉字改革运动于是进入第二时期——广义的拉丁化运动。1928 年产生国语罗马字，1931 年产生拉丁化新文字。国语罗马字和拉丁化新文字的尝试，积累了较深和较广的关于拼音化问题的认识和经验，终于在社会主义建设高潮中诞生了汉语拼音方案。从此，汉字改革运动结束了拼音方案动荡不定的局面，进入广泛普及汉语拼音教育和逐步使汉语拼音文字成熟起来的全新的时期。

汉字改革运动的历史分期是一个还待研究的问题。[①] 这里暂作如下的分期：

历史前奏：西洋人汉语译音和方言教会罗马字。

第一时期：切音字运动（从"中国切音新字"到注音字母）。

第二时期：广义的拉丁化运动（从国语罗马字、拉丁化新文字到汉语拼音方案）。

第三时期：汉语拼音教育的普及和汉语拼音文字的成长时期（1958 年以后）。

2. 西洋人的汉语译音和方言教会罗马字

2.1 拉丁字母拼写汉语的开始

西洋人用他们的文字符号拉丁字母拼写汉语，不外三种动机：一、为了在他们的文字中间书写音译的汉语地名、人名和事物名称；二、为了他们自己学习汉语汉字；三、为了在中国人民特别是文盲中间传教。前两种动机发生很早，第三种动机到鸦片战争以后才发生。

西洋文字中间书写汉语译音的需要是跟着中西交通在很早的时代就发生了。例如西洋文字早就需要书写中国的国名 Chin（秦，变化为 Chine，China 等），以及从中国输入的商品名称 si（丝，变化为 sericum，silk 等）。《马哥波罗游记》（1254—1324）里有好些拉丁字母拼写的中国地名，但是这些早期的汉语译音还不是有系统的拼音方式。

有系统的拉丁字母汉语拼音开始于 1605 年（明朝万历三十三年）天主教耶稣会士利玛窦（Matteo Ricci，1552—1610，意大利人，1583 年来华）的《西字奇迹》。原书失传，可是他有四篇汉字和拉丁字母注音对照的文章流传下来，从这里可以整理出他的汉语拼

---

① 各种历史分期方法：罗常培《国音字母演进史》（1934）分：1）汉语拼音字母之发端（西洋人的罗马字拼音）；2）国语罗马字之演进；3）注音字母之演进。黎锦熙《国语运动史纲》（1934）分：1）切音运动时期；2）简字运动时期（王照、劳乃宣等）；3）注音字母与新文学联合运动时期；4）国语罗马字与注音符号推进运动时期。陈望道《中国拼音文字的演进》（1939）分：1）西洋人自己便于学习汉字的时期；2）随地拼音、专备教会传道之用的时期；3）用作普及教育工具的时期。倪海曙《清末汉语拼音运动编年史》（1959）分四个系统：1）反切和改良反切；2）外国字母给汉字注音；3）教会方言罗马字；4）近代民族汉语拼音运动。末一系统又分四个阶段：1）切音字母运动；2）注音字母运动；3）国语罗马字运动；4）拉丁化新文字运动（原书"写在前面"）。

音方案。①

1626 年耶稣会士金尼阁（Nicolas Trigault，1577—1628，法国人，1610 年来华）出版《西儒耳目资》。这是最早用音素字母给汉字注音的字汇，所用的拼音方案是利玛窦方案的修正。②这本字汇的目的是帮助西洋人学习汉语汉字。中国一向缺少音素字母。《切韵》二百另六韵目不是音素字母；守温三十六字母只代表声母。③反切法不能明白地分析音素。《西儒耳目资》在明末清初给我国文学学者很大启发。例如杨选杞说，"予阅未终卷，顿悟切字有一定之理，因可为一定之法"。④

当时天主教在中国还没有帝国主义的政治背景，拉丁字母汉语拼音也没有用作传教工具。天主教传教士后来一直应用以利、金方案为基础的汉语译音作为学习汉语汉字的工具，并且编著好几种汉字和外文对照的字典。⑤但是从清初以后到鸦片战争以前，我国的文字学者对音素字母的研究反而沉寂了。⑥

2.2 方言教会罗马字

欧洲的宗教改革改变了少数人垄断《圣经》的局面，教人阅读《圣经》成为传教的重要工作。欧洲各民族的文字发展跟当地民族语言翻译《圣经》有密切关系。欧亚航路开通和殖民主义扩张，使"罗马字母和福音书"传播到东方。

最早来到中国的基督教传教士马礼逊（Robert Morrison，1782—1834，英国人），在1807 年到广州，开始了新教在中国的传教历史。他在 1815—1823 年出版一部中英对照的《中文字典》，用他自己设计的官话拼音方案拼写汉语。这是最早的接近英文的新教方案。他的字典还附录一种广州方言的拉丁字母音节表，使我们看到方言教会罗马字的萌芽状态。

通商口岸是教会罗马字的传播中心。这些口岸恰巧是东南各方言区的代表城市。《南京条约》通商的"五口"（上海、宁波、福州、厦门、广州）就可以代表吴语、闽北语、闽南语、粤语等重要方言。鸦片战争以后半个世纪中间，差不多所有重要方言区的代表城市都

---

① 参看《明末罗马字注音文章》，拼音文字史料丛书之一，文字改革出版社，1957 年重印；罗常培《耶稣会士在音韵学上的贡献》，《历史语言研究所集刊》，1930。

② 《西儒耳目资》自序："然亦述而不作；敝会利西泰（玛窦）郭萍凤、庞顺阳实始之。"利玛窦方案的特点为 x 读 [ʂ]，-m 读 [ŋ] 等，金尼阁一仍其旧。

③ 公元 601 年陆法言著《切韵》，用"东钟"二百零六汉字为韵目。九世纪守温和尚制订"帮、滂、并、明"等三十六字母。

④ 参考罗常培《声韵同然集残稿跋》，杨选杞写成该稿在 1659 年。

⑤ 例如曾德昭（Alvarus de Semedo，1585—1658）的《字考》（葡汉、汉葡字汇），恩理格（Christian Hendtricht，1624—1684）的《文字考》，孙璋（Alexander de la Churme，1695—1767）的《华辣对照字典》，钱德明（Joan-Joseph-Maria Amiot，1718—1793）的《文字字汇》等。

⑥ 罗常培《国音字母演进史》中说："自清雍正元年（1723）因耶稣会士党允祈，除在钦天监供职之西洋人外，其余皆驱往澳门看管。此后一百余间，闭关为治，汉语译音之需要反不逮曩时。"

有了当地方言的教会罗马字。[①] 传播较早和较广的是厦门"话音字"，大致在 1850 年前后开始传播，据说仅仅在 1921 年这一年就印售读物五万册，直到全国解放初期，估计住在本地和旅居在外的还有十万人左右应用这种方言罗马字。

各地教会罗马字的设计和推行是各自为政的，可是它们有如下的共同特点。一、目的是传教：使"全部信徒不论是男的或是女的能够在他们的家中自己阅读上帝的字句"，[②] 这是"一条达到文盲心中去的最直接的道路"。[③] 二、语言用方言："了解圣经的捷径便是应用方言罗马字拼音"；[④] "有些方言有音无字，不能写出，翻译极其困难，甚至绝不可能；即使有字可以写出，人民识字的能力低薄，不如用罗马字拼音，数星期之内即可学会"。[⑤] 教会罗马字根据口语拼写；在这以前只有根据汉字读书音的拼写。三、正字法不完备：缺乏按词连写概念，只有一些明显的多音节词用短横连接；字母用法各地不一致，语音分析往往不很确切。四、意图作为文字，不仅作为汉字注音工具。关于这一点，一些比较急进的传教士提出过明确的意见。例如他们说，"必须用罗马字拼音代替汉字"，[⑥] "我们并不把它看成一种书面语的可怜的代替品，我们要把它看作一种使西方的科学和经验能够对一个民族的发展有帮助的最好贡献"；[⑦] "繁难的方块字是二十世纪最有趣的时代错误"。[⑧] 看来提出这些意见的人们好像主观意图上是善良的，可是实际上教会罗马字的客观作用是文化侵略的性质。

方言教会罗马字到二十世纪初就衰歇了。虽然还有人们在个人通信等场合应用，可是教会已经不再提倡了。

衰歇的原因主要是：一、方言教会罗马字的传播以教徒为范围，出版物的宗教宣传品

[①] 参看贾立言（A. J. Garnier）和冯雪冰的《汉文圣经译本小史》第五章"新教方言译本"（这是《新约圣经流传史》的一部分，1948 年上海广学会出版）。书中说明是罗马字拼写的圣经及其出版年分如下：(1) 上海话：马可、约翰两福音，1864；新约全书 1872 年完成。(2) 宁波话：新约（不全），1861；四福音和使徒传，1865；新约全书，1868。(3) 台州话：马太福音，1880。(4) 温州话：四福音和使徒传，1893；新约全书，1903。(5) 福州话：圣经全书，1891。(6) 莆田（兴化）话：新约全书，1892—1900 年间完成。(7) 厦门话：约翰福音，1852；马可福音，1860 年前；新约全书，1856。(8) 客家话：马太福音，1860；新约全书，1883。(9) 广州话：新约零卷，1877 年前后。还有苏州、杭州、金华、建宁、建阳、邵武、汀州、五经富（广东普宁）、汕头、Somkiong（地名未详）、海南等方言译本，但未说明是否罗马字拼写。又，倪海曙《中国拼音文字运动史简编》说"至少有十七种方言罗马字，各有一本罗马字圣经"；书中列举宁波、温州、福州、兴化、厦门、汕头、台湾（以上各地有说明）、北京、上海、台州、客家、广州（以上各地无说明）等地，其中汕头一地是《汉文圣经译本小史》所未提及的。
[②] 巴多玛（Thomas Barcley）的话，转引倪海曙《中国拼音文字运动史简编》。
[③] 1907 年基督教在华传道百年大会决议，转引同上书。
[④] 玛坚绣（M. C. Mackenzie）的话，转引同上书。
[⑤] 《汉文圣经译本小史》，224 页。
[⑥] 苏慧廉（W. E. Soothill）的话，转引《简编》。
[⑦] 汲约翰（John C. Gibson）的话，转引同上书。
[⑧] M. Habber 的话，转引同上书。

为主，事实上它是广大的汉字海洋中的几个小岛。二、外国传教士的越俎代庖，没有取得我国一般知识分子的同情合作，甚至教徒中间的中国知识分子也不热心。它既不能像在无文字民族中间那样扩大到一般社会成为公认的文字，又不能像在殖民地国家（例如早期在印度尼西亚、越南等）那样进入学校成为跟原有文字并用的新文字。三、它的传播时期正是我国国语运动逐步发展的时期，方言文字跟国语统一相冲突。四、注音字母的公布是给方言教会罗马字的最后打击。从此，方言教会罗马字退兵了，官话区的教会首先转过来利用注音字母。

2.3 威妥玛式和邮电地名

从天主教的利、金方案到新教的马礼逊方案都是以官话读书音为拼写标准的。这种方案只要稍稍修改就可以拼写现代北京话。

鸦片战争以后，外国人在北京进行外交活动需要北京话译音。英国使馆中文秘书威妥玛（又译"伟德"，Thomas F. Wade）在 1867 年出版一部京音官话课本《语言自迩集》。威妥玛式[①] 的北京话译音起初作为使馆人员学习汉语的注音工具，后来扩大用途，成为音译中国地名、人名和事物名称的通用标准；不但外国人用它，我国对外出版物上直到新中国成立后的今天也还用它。

威妥玛式继承了马礼逊方案的一些特点（例如 [ts, ts', s] 分两套写法；马作 ts, ts'，s 和 tsz, tsz', sz；威作 ts, ts', s 和 tz, tz', sz 或 ss）。它又简化了马礼逊方案的一些写法（例如把马礼逊的 oo 改为 u，e 改为 i，[tɕ, t'ɕ', ɕ] 不再分尖团）。它虽然保持接近英文的特点，但是它并不完全迁就英文。

各国文字拼写习惯不同，因此汉语译音也各国互异。例如汉语元音 [u] 英国人写 oo，法国人写 ou，荷兰人写 oe；汉语辅音 [tʂ, tʂ', ʂ]，英国人写 ch，ch'，sh，法国人写 tch，tch'，ch，德国人写 dsch，tsch，sch。过去垄断我国邮政、电报、海关、金融和国际贸易的主要是英国，所以接近英文的威妥玛式成为通用标准。

威妥玛式附加符号过多。外文中间的汉语译音不求语音十分准确；为了书写和印刷方便，附加符号（例如送气符号 [']）常常省略不写。从汉语角度来看，这是不能容忍的混乱。（例如"张、常"不分，"居、瞿、诸储"不分等。）

十九世纪八十年代（光绪年间）我国开始办理邮政和电报，实际都掌握在英帝国主义者手中。他们把英文里的中国地名译音作为邮政和电报上的书写标准。这些邮电地名，除去方言拼音（例如"厦门"不准确地写 Amoy）和习惯写法（例如"广州"错误地写Canton）以外，一般是官话拼音，称为"邮政式"。邮政式跟威妥玛式很相近，不同的地

---

① H. A. Giles 在 1912 年出版 *Chinese English Dictionary*，采用威妥玛式而略作修正，所以也称为 Wade-Giles 式。

方只有：（1）［tɕ，tɕʻ，ɕ］分尖音 ts，tsʻ，s 和团音 k，kʻ，h（威式不分）；（2）韵头和韵尾 u 都写 w（例如 kwai，kow；威式写 u）；（3）［ə］写 e（威式写 ê）。[①] 后期写定的地名完全采用威妥玛式。

2.4　方言际辣体汉字

系统的拉丁字母汉语拼音虽然最早开始于天主教，可是当新教提倡方言罗马字的时候，天主教却并不热心，只在山东等地稍稍做了一些工作。

在方言教会罗马字的活动实际已经衰歇以后，有天主教传教士两人在 1931—1932 年提出一种"辣体汉字"的设计。[②] 这是根据汉字古代读音（广韵）设计的拉丁字母拼写法。它的特点是：（1）同音汉字大都有各不相同的拼音法[③]，企图由此解决拼音文字中的同音词问题。（2）它是一种"方言际"的汉字拼写法，可以像汉字一样，在北京读北京音，在各地读各地的方音[④]，企图由此解决方言纷歧问题。设想似乎很周到，可是拼写法和读音法异常复杂，缺少实用价值。辣体汉字的尝试证明，现代汉语拼音文字不能走汉字化的道路。

西洋人的汉语译音和方言教会罗马字在历史上遗留下来的积极影响是：传播了汉语可以写成拼音文字的认识，并且在拉丁字母拼写汉语的技术上提供了一些成功的和失败的经验。

3.　切音字运动

3.1　汉字改革运动的揭幕

一千多年以前，我国就有人认识到汉字有缺点。例如宋朝的邓肃说过："外国之巧，在文书简，故速；中国之患，在文书繁，故迟。"[⑤] 三百多年以前，已经有人开始思考拼音文字的问题。例如明朝的方以智说过："字之纷也，即缘通与借耳；若事属一字，字各一义，如远西因事乃合音，因音而成字，不重不共，不尤愈乎。"[⑥] 这种认识到十九世纪的九十年代才成熟起来。这时候"人们对文字开始有了工具和发展的观点，开始要求文字为政治服

---

① 参看《中华邮政舆图》（1919）；《〈汉语拼音方案〉和过去四种方案的音节对照表》，《文字改革》杂志，1958，3，15。

② 方言际辣（拉）体汉字（Romanization Interdialectique）是耶稣会士法国人 Henri Lamasse 和加拿大人 Ernest Jasmin 设计的，最初发表在北京《教会丛刊》。

③ 例如［i］的同音字拼法有：衣 hŷec，诒 ic，姨 iec，矣 yh，以 ih，衣（去声）hŷes，肆 ies，异 is，亦 ix，揖 ip，一 hyt，溢 it，亿 hyk，弋 ik 等。

④ 这要规定复杂的读音规则。例如假定把"寒"韵写成 on，那么，北京遇 on 读 an，uon 读 uan，但 b，p，bh，m 后 uon 读 an；苏州遇 on 在 d，t，dh，n，tz，ts，dz，l 后读 è，其余 on 和 uon 读 ö；广州遇 on 在 d，t，dh，n，tz，ts，dz，l 后读 an，其余 on 读 on，遇 uon 在 d，t，dh，n，tz，ts，dz，l 后读 ün，其余 uon 读 un，等等。参见王了一《汉字改革》（1940 年，商务印书馆出版）中关于"区际罗马字"说明。

⑤ 转引汤金铭《传音快字书后》。

⑥ 转引罗常培《耶稣会士在音韵学上的贡献》，原文见《通雅》（书成于 1639 年以前）。

务，要求效果，不再对它作灵物崇拜。汉字被重新作了估价"。①

1892 年，我国人民自觉的汉字改革运动之幕揭开了。揭幕人是卢戆章（1854—1928）。他在这一年用他自己设计的字母出版了一本厦门方言的拼音课本:《一目了然初阶》。他把这种拼音设计称为"中国切音新字"，因此人们把初期的汉字改革运动称为"切音字运动"。

卢戆章为什么要想改革汉字呢？因为当时我国处在危急存亡的关头，他受爱国思想的驱使，希望找到一条使国家富强的道路。国家如何就能富强呢？他的理解是："窃谓国之富强，基于格致〔科学〕；格致之兴，基于男妇老幼皆好学识理〔普及教育〕。"如何就能振兴科学，普及教育呢？他认为："其所以能好学识理者，基于切音为字〔拼音文字〕。"拼音文字的好处是："基于字话一律，则读于口遂即达于心〔从词音可以了解词义〕，又基于字画简易，则易于习认〔容易学〕，亦即易于提笔〔容易写〕；省费十余载之光阴，将此光阴专攻于算学、格致〔物理〕、化学，以及种种之实学，何患国不富强也哉！"②

怎样创造汉语拼音文字呢？他认为"中国有切法〔反切〕，无切音字〔字母〕"，只要创造一套"切音字"就可以使我国的文字成为"男女老少雅俗通晓之文"，不再"自异于万国"。③

卢戆章是一个科举考试的失败者，他在五十二岁那年上书清朝政府时还被呼为"文童"。他曾经在新加坡半工半读学习英文，后来帮助教会翻译"华英字典"，接触了但是不满意当时在厦门流行的教会罗马字。他写成《一目了然初阶》以后，自己手抄全文，自费刻成木版出版，"毕生汗血之资，倾而不顾"。④

他非难汉字，说它"或者是当今普天之下之字之至难者"。可是他并不要求废除汉字，主张"切音字与汉字并列"；他的课本就是用注音和汉字对照的方式编辑的。他重视运用方言，认为应当"各依其土腔乡谈……以快字书信往来，登记数项〔记帐〕，著书立说，以及译出圣贤经传，中外书籍"。但是他同时提倡"正音"〔标准语〕，提倡"文话相通"〔言文一致〕，认为"又当以一腔为主脑……为通行之正字，如各省之正音；则十九省语言文字既从一律……中国虽大，犹如一家"。⑤

卢戆章这一番定论代表着当时许多开明知识分子的共同见解。所以他振臂一呼，就有不少响应者接踵而起，形成一个历久不衰的汉字改革运动。

3.2 切音字方案的三种类型

从《一目了然初阶》的出版到辛亥革命的二十年当中，提出的个人方案一共有二十八

---

① 倪海曙:《清末汉语拼音运动编年史》，15 页。
② 《一目了然初阶》原序。
③ 《一目了然初阶》"原序"及"凡例"。
④ 参看卢天德《中华首创音字之元祖卢戆章先生》。
⑤ 见《一目了然初阶》原序。

种①，每年平均一种以上。这些方案按照字母形式不同可以分成三种主要类型：一、汉字笔画式，二、速记符号式，三、拉丁字母式。在二十八种方案当中，十四种是汉字笔画式的②，五种是速记符号式的，五种是拉丁字母式的。③（另四种是数码符号及其他形式。）它们的音节拼写方式，有二十三种是声韵双拼制。汉字笔画式方案除去一种部分采用三拼制以外，都是双拼。音素制方案只有四种，都是拉丁字母的。（此外有一种方案是音节制，五种不详。）它们拼写的语音，差不多官话和方言各占一半，起初方言方案比较多，后来官话方案比较多。综合来看，切音字运动的主流是声韵双拼制的汉字笔画式字母方案，而语音逐渐从侧重方言到侧重官话。

卢戆章最初设计的"切音新字"（厦腔）虽然字母形式近似拉丁字母，其实并非拉丁字母；正相反，他虽然深受拉丁字母的影响，可是他很想摆脱拉丁字母的影响。他取拉丁字母"Ｉ Ｃ Ｄ"三种笔画，构成三十多个自创的字母图形，其中一半左右跟拉丁字母偶合，而读音和用法迥然不同。他的声韵双拼法比较特别：左右横写，而韵母在左，声母在右，另加鼻音符号和声调符号。在当时汉字笔画式字母的主流当中，这样变形拉丁字母很难推广出去（虽然在厦门比较顺利）。后来在1906年他不得不重新拟订一套汉字笔画式的"中国切音字母"，以拼写京音官话为主，同时可以拼写方言。关于清末四种真正的拉丁字母方案，在下面讨论广义的拉丁化运动时候一并讨论。

清末的速记符号式方案有：蔡锡勇的《传音快字》（1896），沈学的《盛世元音》（1896），力捷三的《闽腔快字》（1896）和《切音官话字书》（1902），王炳耀的《拼音字谱》（1897）。蔡锡勇是汉语速记的创始人。他曾经担任驻外使馆参赞，到过"美日秘三国，驻华盛顿四年，翻译之暇，时考察其政教风俗……始知有快字〔速记〕一种"；他高兴地说，"泰西文字本简，此则简而又简矣"。④他仿照英文速记创制以北京话为标准的最早的汉语速记，"以八方面弧及斜正轻重笔分为24声，以小弧小画小点分为32韵，合声韵以切一音，即合两笔以成一字"，实际上是一种毕德门式速记。⑤他说，快字是专为"传达语言而设"，"若骈词藻语，则有文字〔汉字〕在"。他并不想把他的快字限于速记的用途，他希望使它成为一种通俗文字，"妇孺"和"农工商贾"都学习，从而实现普及教育。力捷

---

① 根据倪海曙《清末汉语拼音运动编年史》中的"清末汉语拼音方案一览表"。拼音文字史料丛书已经搜集重印清末方案18种。

② 罗常培把汉字笔画式分为"假名系、篆文系、象数系"等，见《国音字母演进史》中的"各式简字比较表"。

③ 如果不算变形拉丁字母的"切音新字"，只有四种拉丁字母式。

④ 见《传音快字》自序。

⑤ 《传音快字》凡例说："尝考各家成法，惟近人凌士礼氏之书为最便；爰取其法，演作正音，间亦参以己意，变通增减。"从符号设计看，传音快字属于 Isaac Pitman 在1837年创始的毕德门式速记；快字声母符号分粗细，跟毕德门式辅音符号相同。

三的闽腔和官话两种快字方案都以蔡锡勇快字为基础。沈学的《盛世元音》又名"天下公字"，符号分"弓、弦"等十八种，笔画有大小，大致也是毕德门式。① 王炳耀的《拼音字谱》有较多的独创性。它的笔画不分粗细，② 复韵母符号外形一笔写成，而内容由音素符号连接构成，③ 是最早的音素结构声韵双拼设计。他同时还提倡电报和旗语采用拼音。清末的速记设计者大都对于速记作用的限制性以及文字和速记之间的必然区别不很了然，他们强调利用这种简单的符号作为群众的拼音文字。

在戊戌（1898）变法的"百日维新"时候，卢戆章的同乡京官林辂存上书都察院"请用切音字以便学问"。呈文说："盖字者，要重之器也，器惟求适于用。……我国之字，最为繁重艰深，以故为学綦难，民智无从启发。……福建厦门近时用卢戆章切音新法，只须半载，便能持笔抒写其所欲言。……更有福建举人力捷三、江苏上海沈学、广东香港王炳耀、已故前署海关道蔡锡勇，各有简明字学，刊行于世。……敢请……由管学大臣选派精于字学者……校其短长，定为切音新字。"当时军机处答复："面奉上谕：林辂存奏请用切音一折，着交总理各国事务衙门调取卢戆章等所著之书，详加考验具奏。"但是戊戌变法转眼失败，林辂存的《上都察院书》成了结束切音字运动前半期的历史文献。

3.3 切音字运动的主流

1900 年，也就是八国联军进入北京的庚子年，王照创制"官话字母"。清末各种汉字笔画式字母当中，官话字母提出最早，④ 传播最广，成为切音字运动的主流和新高潮。

王照（1859—1933）是戊戌变法参与人之一，失败后逃亡日本，受日本假名影响，不久秘密回国，以"芦中穷士"笔名发表《官话合声字母》。官话字母"皆假借旧字减笔为偏旁，仅用两拼"。⑤ 他认识到速记符号和拼音字母是两种不同的东西。他说："拼音之大利在易习，不在易写；识字之大用在读书，不在手写。蔡毅若（锡勇）所引各国之快字，乃另一种偶用之字，非通用之字也。凡人脑质，印记形象，别异愈甚，记认愈易，且能仓卒不误。各国字母笔划，皆不专求减少，亦此意也。福建蔡君（锡勇），广东王君（炳耀）之字母，皆用单笔。余恐其省手力而费脑力，书易就而读易讹也，故特间用二笔三笔以至四笔……惟求易记，且通行后化为行草亦不至混淆。"⑥ 王照提倡以北京话为标准官话，他

---

① 梁启超《沈氏音书序》说："蔡沈二家则其法略同，盖皆出于西人。"

② 分粗细是毕德门式特点之一。

③ 例如：u〔一〕，a〔／〕，i〔丶〕，uai〔フ〕。

④ 1895 年的"豆芽字母"也是汉字笔画式，但是没有公开。王炳耀 1897 年提出楷书体"拼音字谱"，但是只作"又法"，不是主要设计。所以王照的"官话字母"可算最早。

⑤ 见《官话合声字母》原序。

⑥ 《官话合声字母》"新增例言"。

说："语言必归划一，宜取京话，因北至黑龙江，西逾太行宛洛，南距扬子江，东傅于海，纵横数千里，百余兆人，皆解京话。……京话推广最便，故曰官话；官者公也，公用之话，自宜择其占幅员人数多者。"①

1903 年王照以尚在通缉中的政治犯身分冒险在北京设立"官话字母义塾"，由他的门人王璞担任教员，他自己不便出面，躲在屏风后面倾听。不久他自首入狱，被赦出狱以后，专力推行官话字母。各地的开明知识分子陆续响应，自动为他宣传推广，有些地方还得到当地官吏的支持。从 1900 年创制官话字母到 1910 年（宣统二年）清朝摄政王查禁官话字母，"十年之中，坚忍进行，传习至十三省境。……编印之初学修身、伦理、历史、地理、地文、植物、动物、外交等拼音官话书，销至六万余部"。②同时还有《拼音官话报》及其他刊物出版。的确是"虽地方官慢之，劝学员挤之，而塞之自流，禁之仍行，于艰难穷困之中，具有自然扩充之力"。③

当时官话字母读物统称"字母书"。王照在他的《出字母书的缘故》里写道："这字母书是为什么出的呢？全是为不识字的人兴出来的。从前无有字母书的时候，读书很难。……自从有了字母，可就容易多了。……聪明的三五天，鲁笨的不过十天，就可以学会。……汉字旁边音着字母，借着字母，就认得汉字。日子多了……连那无有字母的书，也都可以会看了。"这是半个世纪以前宣传注音扫盲的白话文告。

王照虽然积极提倡官话字母，并不主张废除汉字。他说："有力读书，有暇读书者，仍以十年读汉文〔汉字〕书为佳。……吾国旧书终古不能变……汉文俗话并行，互相补助，为益更多。"④他的要求是使官话字母取得日本假名同样地位。

音韵学者劳乃宣（1842—1921）征得王照同意，在官话字母的基础上补充方言字母，拟成宁音（南京）、吴音（苏州）、闽广音等方言方案，"以方言为阶梯，以官音为归宿"⑤，方便在南方推行，统称"合声简字"。因此切音字运动的后半期也称"简字运动"。他得到官吏支持，在南京设立"简字半日学堂"，先办师范班，有了师资再招收普通学生。两年中间办了十三班，毕业生有数百人，"转相授受，推于江浙各属，通晓者甚夥；素不识字之妇女村氓，一旦能阅书报，能作函札，如盲者之忽尔能视，其欣快几乎无可名状"。⑥有些地方，"街衢墙壁，均书简字；寻常通信，均用简字"。⑦几乎有些像新中国成立后农村注

---

① 《官话合声字母》"新增例言"。
② 《官话合声字母》"原序"按语。
③ 1910 年韩德铭等致资政院说帖。
④ 《官话合声字母》的"新增例言"。
⑤ 劳乃宣：《致学部尚书唐景崇书》。
⑥ 劳乃宣：《进呈简字谱录奏折》。
⑦ 程先甲等：《致资政院说帖》。

音扫盲的情况。

王照以前的切音字设计者多数重视方言。官话字母发表以后，统一国语的思想很快形成。劳乃宣增补方言字母，引起了一场争论。他在简字半日学堂开学演说中说明："学南音，非但不与北音相反，而且相成。何也？南方语言既可以简字拼之，由是而览北方之书报，不觉恍然大悟曰：此一字吾读某音，今北方则读某音；此一音吾所有，今北方则无之；仅须一转移之功，而北音全解，北音全解而国语全通矣。所谓相反而适相成也。"但是上海《中外日报》反对这种办法，认为"随地增字母，是深虑语文之不分裂，而竭力制造之"；认为"惟有强南以就北，正毋庸纷纷变更为也"。劳乃宣答复说，简字半日学堂师范班的经验证明，先"用宁音之谱，以宁人为师，教以江宁土音"，学生"学之甚易"；后来"又由京都延一都中人士为官话师，教以官话"，学生"学之亦极易"。"迨土音简易之字既识之后，再进而学官音，其易有倍蓰于常者。……所虑于增撰字母，因而语文愈加分裂者，恐所增之谱与原谱不能相通也。今有增无减，将北音全包括于中，相通而不相悖，则不必强南以就北，自能引南以归北矣。"①

1910 年查禁官话字母以后，当时筹备立宪的资政院接连收到了六个抗议的说帖，一致要求"颁行"官话简字。资政院的专门小组研究以后，认为"简字足以补汉字之缺，为范正音读、拼合国语之用，亦复无疑"；小组提出四点办法：一、简字改名"音标"；二、规定试用时期；三、由学部审择修订一种方案，奏请钦定颁行；四、规定用法：1）"范正汉文读音"〔汉字注音〕，2）"拼合国语"〔普通话拼音〕。结果，这四点办法跟立宪同样成为空谈。

3.4　注音字母的议定和公布

清末二十年间的切音字运动，到辛亥革命以后才得到初步的收获，那就是 1913 年议定和 1918 年公布的"注音字母"。

1913 年（民国二年）教育部召开"读音统一会"，过去主要的切音字倡议者如卢戆章、王照等都参加会议。会议的任务是：一、审定国音："审定一切字音为法定国音"；二、核定音素："将所有国音均析为至单至纯之音素，核定所有音素总数"；三、采定字母："每一音素均以一字母表之。"②"开会的时节，征集及调查来的音符，有西洋字母的、偏旁的、缩写的、图画的，各种花样都有，而且各具匠心。"③会议的结果是：（1）审定六千五百多个汉字的标准国音（由每省一票多数票决定；声母有 万 兀 广 [v, ŋ, ɲ]，帀 市 厶 [ts, tsʻ, s] 有齐撮，

---

① 劳乃宣：《致中外日报书》。
② "读音统一会议事规则"第九条，见拼音文字史料丛书《1913 年读音统一会资料汇编》。又，黎锦熙《国语运动史纲》（第 51 页）转载的"读音统一会章程"第五条。
③ "三十五年之音符运动"，载《最近三十五年之中国教育》。

就是所谓"尖音"；ㄛ［o］有开齐，ㄝ［ɛ］有开口；声调分阴阳上去入五声；实际是一种通用的汉字官话读书音。[①]（2）拟订了一套"注音字母"，共三十九个字母。[②]

这一套注音字母竟被搁置五个年头，到 1918 年 11 月 23 日才由教育部公布。1919 年 4 月 16 日教育部公布"注音字母音类次序"，重新排列字母顺序。1920 年审音委员会增加一个字母（ㄜ），但是拼写北京语音只用三十七个字母。1922 年教育部公布"注音字母书法体式"，改订标调方法，废除四角点声法，改用标调符号。[③]注音字母是我国第一套法定的汉语拼音字母。它从 1920 年起就进入小学，成为小学语文教育第一个环节。[④]前后四十年间，注音字母对统一汉字读音，推广国语，普及拼音知识，在群众中间打下了初步基础。

注音字母的主要特点是：1）字母选自古汉字；2）音节拼写法采三拼制；3）用途是表注汉字读音。

1900 年以后，汉字笔画式字母成为当时的社会倾向。流行最广的王照官话字母采取汉字偏旁，但是多半不是完整的原有汉字。这种个人新创的符号，容易各执一见，很难在会议中间通过。1908 年，章炳麟著文驳斥当时留居巴黎的中国无政府主义者"废汉文而用万国新语"（世界语）的主张，提出他自己的音标字母方案。他的字母是：纽文（声母）三十六字，韵文（韵母）二十二，"皆取古文篆籀径省之形〔简单的古汉字〕，以代旧谱（见溪以下三十六字，东钟以下二百六字）……既有典则，异于乡壁虚造"。[⑤]他这一套声韵字母原来是篆书，在读音统一会开会期间，改为楷书，并加修正，暂时用作"记音字母"。会议通过原则："母韵（声韵）符号，取有声、有韵、有意义之偏旁（即最简单之独体汉字）；作母（声母）用，取其双声；作韵（韵母）用，取其叠韵（用古双声叠韵假借法，不必读为本字）。"这个原则相同于章炳麟的主张。根据这个原则，在"记音字母"以外又搜集了一些简单的古汉字，从其中选择出一套不容易跟通用汉字相混的符号（有十五个跟纽文韵文相同），这就是在争持难决的情况下最后通过的注音字母。在字母图形上，注音字母是切音字方案当中比较保守的。

清末个人方案，除真正的拉丁字母式以外，几乎都是声韵双拼，也就是反切的改良。[⑥]

---

① 这就是后来 1919 年初印本和 1921 年改定本《国音字典》的基础。改定本是根据教育部 1920 年公布的稿本出版的。

② 注音字母在 1913 年 3 月 13 日通过时只有三十八个，后来公布时修正了几个字母的写法并增为三十九个字母，修正的经过未详。参看《1913 年读音统一会资料汇编》77、86—88、93—94 各页。

③ 参看《国语运动史纲》77—79、83—84 各页。

④ 1920 年教育部令国民学校"首宜教授注音字母，正其发音"。这一年出版的小学国语教科书开始有注音字母。

⑤ 章炳麟：《驳中国用万国新语说》。

⑥ 只有 1897 年王炳耀《拼音字谱》是音素结构的双拼制，1906 年田廷俊《拼音代字诀》是不完备的三拼制。

双拼可以有两种格式：A. 韵头（i，u，ü）跟韵母结合，B. 韵头跟声母结合。卢戆章的汉字笔画式"中国切音字母"是 A 式；王照的"官话字母"是 B 式。例如音节 kuài（快），"中国切音字母"写作"ㄟ"（uai-k），其中"ㄟ"是带有韵头的韵母 uai，"ˇ"是纯粹辅音的声母 k（声母写在右下角表示去声）；"官话字母"写作"ㄐㄟ"（ku-ai），其中"ㄐ"是辅音和韵头结合的声母 ku，"‐"是不带韵头的韵母 ai（右下一点表示去声）。① 注音字母把这可左可右的韵头独立出来另成"介母"一类，于是成为三拼法。例如 kuài，注音字母写作 ㄎㄨㄞ（k-u-ai），其中 ㄎ（k）是纯粹辅音的声母，ㄨ（u）是"介母"，ㄞ（ai）是不带韵头的韵母（调号标在韵母上）。从 A、B 两式双拼到注音字母的三拼，是反切法的演进。三拼比双拼还有可以减少字母总数的好处。拼写北京语音，"中国切音字母"用六十三个字母（二十一个"声音"即纯辅音声母，四十二个"字母"即介母的加韵母），"官话字母"用六十二个字母（五十个"音母"即声母加介母，十二个"喉音"即韵母），注音字母只用三十七个字母（二十一个声母，三个介母，十三个韵母）。在音节拼写法上，注音字母虽然并未完全脱离反切法的束缚，已经比各种汉字笔画式切音字方案前进了一步。

清末切音字运动者虽然都不主张废除汉字，可是都主张要有一种易学便用的汉语拼音文字，跟汉字分工并用，并非仅仅要求拟订一套为汉字服务的注音工具。例如劳乃宣说，"汉字之外，别用一种主音简易之字"；② "官府出告示，批呈词，皆参用此字"。③ 可是到注音字母产生的时候，"拼写白话"已经后退为"表注读音"。注音字母的职务变成了"伺候汉字、傀傍汉字"。④ "读音统一会"这个名称说明会议的目的只是统一汉字读音；"注音字母"这个名称说明它的任务是给汉字注音。切音字是按照反切原理创制的文字；注音字母只是一种注音的字母，不是文字。这种使王照大为生气的后退主张实际也是章炳麟的思想。章炳麟说："余谓切音之用，只在笺识字端〔汉字注音〕，令本音画然可晓，非废本字而以切音代之"；他不反对汉字注音，可是他反对汉语拼音文字："又其惑者，乃谓本字可废，惟以切音成文，斯则同音而殊训者，又无以为别也〔拼音文字有同音词，所以不能成为文字〕。"⑤ 章炳麟不是读音统一会的会员，但是他的保守思想在当时知识分子中间有很大的代表性，所以发生了决定性的作用。到 1930 年，在国民党反动政府下面，连"字母"的名义也保不住，改称为"注音符号"。⑥ 日本假名是文字中间的辅助字母，注音字母只是文字以

---

① A 式的韵母被称为"结合韵母"，B 式的声母被称为"结合声母"；后者就是劳乃宣所说的"分等（i，u，ü）于母（声母）"，前者是"分等于韵"。注音字母把介母和韵母的拼写称为"结合韵母"。

② 《致学部尚书唐景崇书》。

③ 《进呈简字谱录奏折》。

④ 黎锦熙：《汉字革命前进的一条大路》。

⑤ 《驳中国用万国新语说》。

⑥ 国民党反动政府训令里说："仅适于注音，不合造字，称为字母，徒滋歧误，所以应改称为注音符号，以副名实。"

外的音标符号。注音字母实际上始终难于跨出"注音"的范围①，关键主要不在它有技术上的缺点，而在应用它的人们限制了它的用途。在用途上，注音字母只发挥了切音字运动者的起码要求。

但是，从整个历史来看，注音字母的产生是我们三千多年文字史发生制度变化的开端，是走向拼音文字的第一步。

原刊于 1960 年第 2 期

---

① 注音字母也曾用于旗语、电报，用于车辆编号，出版过全用字母拼写的会话教材等，但是推行不广，转瞬即逝，没有真正跨出注音的范围。

汉字改革运动的历史发展（下）

——纪念汉语拼音方案诞生二周年

周有光

4. 拉丁化运动

4.1　拉丁化运动的先驱者

卢戆章的《一目了然初阶》（1892）附有拉丁字母的对音。王炳耀的《拼音字谱》（1897）和蔡锡勇的《传音快字》（1905年增订版）也附有拉丁字母的对音。但是这不是有意识地采用拉丁字母。有意识地采用拉丁字母作为汉语拼音文字的字母，开始于1906年朱文熊的《江苏新字母》。

朱文熊说："日本以假名书俗语于书籍报章……近更注意于言文一致，甚而有创废汉字及假名而用罗马拼音之议者。……余受此激刺，不觉将数年来国文改良之思想，复萌于今日。"他又说："切音新字（卢戆章），形式离奇，难于识别；官话字母（王照），取法假名，符号实多。余以为与其造世界未有之新字，不如采用世界所通行之字母。用是采取欧文〔拉丁字母〕……成一种新文字，将以供我国通俗文字之用，而先试之于江苏。"① 在他的方案当中，遇到拉丁字母不够用的地方，用双字母、倒写和横写字母补充，不用送气符号，声调也用字母表示（例如 -s 表上声、-h 表去声）。这是最早的采用拉丁字母的明确主张，最早的我国人民自觉拟订的拉丁字母式方案。拉丁字母是音素字母，不是声韵符号，因此音节拼写法也自然摆脱反切法的束缚，成为音素制。

后两年，刘孟扬出版他的《中国音标字书》（1908），完全采用拉丁字母，不用双字母，没有倒写和横写字母，不够的地方用加符法（如 ḡ，ṣ，ǐ，ü）和变读法（［tʂ］［tʂʻ］［ʂ］在 i，ü 前读 ［tɕ］［tɕʻ］［ɕ］）补充，声调用附加符号表示（阴不标，阳 ´，上 ˇ，去 ˋ，入 ^）。他最早对应地运用 p，t，k 和 b，d，g 代表送气和不送气声母，使拉丁字母用法

---

① 《江苏新字母》自序。

适应京音官话的特点，提高了方案的设计技术。他指出对字母形式抱狭隘国家观点的错误："如谓我国之字〔字母〕，不宜效仿人国，以贻忘本之讥；岂知字也者，记号也，取其适用而已，无所谓人己之别。试观英、美、法等国，其字均同，……然仍英自英，美自美，法自法也。岂我国之音标字取用英文〔拉丁〕字体，遂谓我非中国乎？"[1] 刘孟扬在他的《中国音标字书》里又介绍了江亢虎的《通字》（原稿失传），"其字母即纯用英文而拼法稍加变通"。[2]

黄虚白在 1909 年写成他的汉字笔画式方案《汉字音和简易识字法》，同书有一篇《拉丁文臆解》，提出一个拉丁字母式方案。他用双字母作为补充的唯一手段。

这些最初的拉丁化尝试在当时汉字笔画式字母的主流下面所发生的影响是不大的，只不过是切音字运动时期的一个支派而已。

4.2 国语罗马字

1918 年，也就是注音字母公布的前夜，紧接着"文学革命"的口号提出了"汉字革命"的口号。当时《新青年》《新潮》及其他杂志共同热烈讨论汉字改革问题。

在《新青年》的讨论当中，有朱我农叙述他对汉语拼音文字的认识转变过程的自白，这在当时许多知识分子中间是有代表意义的。他说："现在厦门、汕头、台湾等处中国人能看教会中所发行的中国话罗马字的人，比能看中文〔汉字〕的人多。……十三四年前，我极不赞成此事，以为单音的中文断不能变为拼音。1900 年我……看见 × 的家信，凡从厦门来的，都是一种非希腊、非拉丁、非英、非德的文字。…… × 君告诉我说，这是厦门白话用罗马字拼出来的，并说这种文字的如何便利，如何易学。当时我腹笑之！后来又认识 ×……他也极力说中国话罗马字的好处。……当时我虽未然其说，但自己一想……费了十数年的苦功，单单学一点本国文字……从此就渐渐的把从前的顽固思想改变了。……此一年来，我很研究此事，近来愈觉得此种文字之利便。"[3] 这样的认识转变过程，过去切音字提倡者大都是经历过了的，到五四运动前后有同样感受的知识分子更加多起来了。

在《新潮》上，对汉语拼音文字更提出了有力的肯定："汉字应用拼音文字代替否？""绝对的应当。""汉语能用拼音文字表达否？""绝对的可能。""汉字能用别种方法补救而毋须改革否？""绝对的不可能。""汉语的拼音文字如何制作？""字母以罗马字母为蓝本，字音用蓝青官话，文字结构以词为单位。"[4]

1923 年，也就是注音字母公布后的第五年，《国语月刊》出版"汉字改革号"。汉字革

---

① 《中国音标字书》弁言。
② 《中国音标字书》弁言。
③ 《新青年》五卷二期。
④ 《汉语改用拼音文字的初步谈》，《新潮》一卷三号。

命和采用罗马字母的呼声达到了高峰。

在"汉字改革号"上，钱玄同发表他的论文《汉字革命！》，他用强烈的言词否定汉字。他说，"汉字的罪恶，如难识、难写、妨碍教育的普及、知识的传播，这是有新思想的人们都知道的"；汉字不便编号、检查、排印、打电报、打字，等等，"处处都足以证明这位老寿星的不合时宜，过不惯二十世纪科学昌明时代的新生活！"他从汉字"由象形而变为表意、由表意而变为表音"的演变历史，证明汉字自身走着"离形就音"的道路，只要表音的假借字"百尺竿头再进一步，则拼音文字就可以出世"，所以"汉字革命、改用拼音，是绝对可能的事"。他用进化观点肯定拼音文字是比汉字更加进步的文字，决不是仅仅由于可怜那些"没有福气吃鱼肉鸡鸭"〔汉字〕的"鸠形鹄面的苦人"而另外制造出来充饥的"窝窝头、杂合面儿"〔低级文字〕。他不否定注音字母，但是不满足于注音字母："注音字母虽然是改革过了的汉字，虽然是拼音的字母，但和世界的字母——罗马字母式的字母——还隔了一层"；汉字"最糟的便是它和现代世界文化的格不相入；一般人所谓西洋文化实在是现代的世界文化，并非西洋人的私产……中国人要是不甘于自外生成"，那么，"拼音字母应该采用世界的字母——罗马字母式的字母"。①

在"汉字改革号"中，黎锦熙发表《汉字革命军前进的一条大路》，强调"词类连书"〔词儿连写〕对汉语拼音文字的重要性，使连写问题初次得到比较系统的研究。赵元任发表《国语罗马字的研究》，提出详细的"国语罗马字的草稿"，主张限用现成的拉丁字母，声调用字母拼写，不造新字母，不加符号；这是他 1916 年在留美中国学生月报上发表的《吾国文字能否采用字母制及其进行方法》论文的修正。这些都是切音字运动中未曾有过的更深入一步的研究，给拟订国语罗马字方案提供了基础。

1922 年在国语统一筹备会中就有黎锦熙提出"废除汉字采用新拼音文字案"；1923 年中华教育改进社又把社员叶虚谷提出的"请审定一种罗马字拼音制度案"转送筹备会。于是筹备会决议组织"国语罗马字拼音研究委员会"，由钱玄同、黎锦熙等十一人为委员，但是由于时局变迁，工作无法进行。次年，住在北京的五个委员和会外语言学者数人自动组织"数人会"②，实际成为研究委员会的一个小组。"数人会"经过一年的商议，拟订了一个"国语罗马字拼音法式"，在 1926 年 9 月 14 日由研究委员会开会决议通过。可是当时的教育部不肯公布这个拼音法式；国语统一筹备会不得已只能在 1926 年 11 月 9 日自行发表。过了两年，在 1928 年 9 月 26 日，才由教育部（当时称大学院）公布，"作为国音字母第二式"。——这还是依靠蔡元培③以个人地位勉强争取得来的，并非这时候的反动政府忽

---

① 钱玄同起初主张用国际音标，后来改为主张纯用拉丁字母。
② 数人会是会外语言学者刘复发起的。
③ 蔡元培是当时大学院长，他一早主张拉丁化。

然变成同情汉字改革。

国语罗马字的产生是拉丁化运动在我国的正式开幕。从此，字母形式的倾向从汉字笔画式转向拉丁字母，拉丁化（罗马化）成为汉字改革运动的主流。

国语罗马字的技术特点主要是：1）注重词儿连写，提高了正字法技术；2）用拼法变化表示声调，有详细的拼调规则；[①]3）完全用现成的拉丁字母，不用新字母，不加符号；字母用法比较接近英文，远胜威妥玛式。国语罗马字当然是音素制的。它的设计者不是仅仅考虑汉字注音的作用，而是特别考虑了作为文字应用的要求的。它是第一个接近成熟的汉语拼音文字方案。注音字母公布不过九年而又公布国语罗马字，这是汉字改革运动的一次跃进。[②]

可是国语罗马字的身世是坎坷的。不但出生就象"私生子"（自行发表），勉强公布充当"偏室"（第二式），而且始终没有机会进入小学，在社会上也步履艰难。公布以后三个月就发生一次搁浅事故：当时北京大学改名"北平大学"，教育部指示该校，"北平"译定为 Peiping（这是邮政式），钱玄同、黎锦熙等提出抗议，要求按照"国定的正式拼法"改为 Beeipyng，可是教育部不予理睬！[③]国语罗马字步履艰难的情况由此可见了。

出版的国语罗马字读物不多。它的实际作用主要是在字典上作为注音符号第二式。1932 年教育部公布《国音常用字汇》，汉字读音从 1913 年审定的以多数省分共同读音为标准（老国音），改为以北京音为标准（新国音），[④]注音开始用注音字母和国语罗马字两式对照。

反对字母拼调的人们往往把国语罗马字的推行困难归咎于拼调规则的过于复杂。的确，这是它的一个弱点。但是它的所以推行不广，主要原因还在上面没有政府支持，下面很少群众拥护。少数学者的呼号毕竟无济于事。我们不应当完全从推行不广这一点来低估国语罗马字的历史价值。它是第一个集体拟订的拉丁字母式汉语拼音方案，它代表拉丁化运动的第一阶段。"它的文字体系的完整性，符号观点的国际化，以及对汉字所取的革命态度，都是过去士大夫们所及不到的。"[⑤]虽然身世坎坷，它终究把汉字改革运动推进到新的时期，提高到新的水平。

---

① 国语罗马字拼调规则要点：1）阴平：用基本式，但浊声母 m、n、l、r 加 h。2）阳平：开口韵在元音后加 r；i、u、iu 韵头写 y（yi）、w（wu）、yu；浊声母用基本式。3）上声：单元音双写；ei、ie、ou、uo 双写 e、o；其他复元音及 iu 改 i、u 为 e、o，但既改头，不再改尾；i（e）、u（o）开头的音节再前加 y、w，但 iee、uoo 改 i、u 为 y、w。4）去声：无韵尾的后加 h；韵尾 iu、n、ng、l 改为 y、w、nn、nq、ll；音节开头的 i、u 再改为 y、w，但 ih、inn、inq、uh 再前加 y、w。5）入声：基本式后加 q。6）轻声：用基本式，但"子"作 tz；助词及象声词同轻声。

② 黎锦熙把国语罗马字公布比作"龙飞"，后来推行困难比作"龟走"，见《国语运动史纲》。

③ 这时候教育部长已经不是蔡元培。

④ 改定国音标准决定于 1923 年。改订的字典《国音常用字汇》到国罗公布以后才由教育部公布。

⑤ 倪海曙：《中国拼音文字运动史简编》，113 页。

4.3 拉丁化新文字

拉丁化运动一浪高似一浪地前进，紧接着国语罗马字又来了拉丁化新文字。拉丁化新文字是伟大的社会主义十月革命的产物，它最初在苏联华侨工人中间推行，不久传来国内，形成群众性的拉丁化运动。

苏联在 1920 年开始在全国扫除文盲，同时为没有文字或者文字不合现代要求的少数民族创制或者改革文字。以 1921 年拟订阿捷拜疆（编者按：旧译同"阿塞拜疆"）拉丁化新文字为起点，苏联开始了社会主义文化革命的拉丁化运动；在 1928—1932 年，拉丁化运动进入高峰，当时有创制或者改革文字要求的苏联各少数民族差不多都采用了本民族语言的拉丁化新文字。就在这个高峰中间，在苏联的十万华侨也采用了汉语的拉丁化新文字。[①]

汉语的拉丁化新文字是中国共产党员瞿秋白首先倡议设计的。他在 1921 年到苏联的时候就受了苏联拉丁化运动的影响，开始研究并初步设计了一个草案。1927 年中国大革命失败以后他再度赴苏联，又跟当时在苏联的中国共产党员吴玉章、林伯渠、萧三、王湘宝以及苏联汉学家郭质生（В. С. Колоколов）、龙果夫（А. А. Драгунов）共同研究。1929 年 2 月瞿秋白和郭质生合作写成"中国拉丁化字母"草案。1930 年这个草案又经瞿秋白、郭质生和龙果夫共同修正；1931 年春夏之际在苏联各民族新文字中央委员会通过[②]，成为当时的最后决定。这时候，瞿秋白回国了，吴玉章到了远东；萧三、龙果夫、刘宾（Любин）、史萍青（Шпринцин）、莱希特（Лайхтер）组成突击队到远东华侨较多的海参崴、伯力等地进行宣传。1931 年 9 月 26 日在海参崴召开"中国新文字第一次代表大会"，到有苏联各地华侨代表和远东华侨工人二千多人，苏联各民族新文字中央委员会也派代表参加。大会在详细讨论以后，通过了书面方案《中国汉字拉丁化的原则和规则》，内容是：1）中国拉丁化新文字的原则（十三条）；2）中国拉丁化新文字的规则（包括：字母；拼写的规则；写法的规则）。同时，会议决定在次年（1932）一年以内用这种新文字扫除苏联远东华侨工人中间的文盲。到 1932 年为止，用这种新文字出版的各种读物达十万部，足够使在苏联的华侨人手一编。[③]

拉丁化新文字开头的推行对象虽然只是住在苏联的华侨，可是瞿秋白等在创制方案的时候就抱着根本改革汉字的目的。《中国汉字拉丁化的原则和规则》说明："要根本废除象形文字（汉字），以纯粹的拼音文字来代替。……要造成真正通俗化、劳动大众化的文字，要采取合于现代科学要求的文字，要注重国际化的意义。要达到以上的目的，只有采用拉

[①] 同时，以汉语西北方言为语言的东干人也采用了拉丁化新文字；他们是 1800 年左右在当时中国反动统治者压迫下逃到俄国去的。

[②] 又译"全苏新字母委员会"。

[③] 本节根据：吴玉章《新文字与新文化运动》中"中国新文字的创造"（1949 年华北大学再版）；萧三《祝中苏文字之交》（《文字改革》杂志，1959 年 11 月 15 日）。

丁字母，使汉字拉丁化才有可能。"但是，"实行新文字并不是立刻废除汉字，而是逐渐把新文字推行到大众生活中间去，到了适当的时候才能取消汉字"。①

1933—1934 年，上海语文工作者把拉丁化新文字介绍给国内群众，②立刻受到热烈欢迎。这时候，国内进步作家正在针对着"文言复兴运动"而提出了"大众说得出、听得懂、看得明白、写得顺手"的"大众语运动"。大众语运动和拉丁化运动很自然地合流了。当时左翼作家的旗手鲁迅说，"要推行大众语文，必须用罗马字拼音"。③他继续发表《门外文谈》和其他文章，用通俗而意味深长的文笔，向广大读者介绍拉丁化新文字。1935 年 12月，蔡元培、鲁迅、郭沫若等六百八十八位文化界进步人士连名发表积极拥护拉丁化新文字的意见书《我们对于推行新文字的意见》。这无异是一分拉丁化运动的革命宣言。

在我国人民反对日本帝国主义大规模侵略的最紧急的年代里，拉丁化新文字的传播形成一个跟民族解放运动相结合的前所未有的群众性文化革命运动。新文字是紧接着九一八事变产生的，介绍到国内正是救亡运动高涨的时候。它在国民党反动政府的查禁下面深入群众，它在日本帝国主义者的炮火下面到处开花。

1934—1937 三年中间，在当时国民党统治区有上海、北京、西安、重庆、汉口、广州等二十多处地方成立了七十多个团体（"上海中文拉丁化研究会"成立最早，后来又在上海成立全国总会"中国新文字研究会"），出版了图书六十多种（十二万册以上）、期刊三十多种，有四十多种报纸和杂志登载过提倡拉丁化的文章或者出版专号，有六十多种刊物采用新文字的报头。在以延安为中心的当时的解放区，新文字更加深入群众，例如 1935 年冬季延安一地就设立一百所农民新文字夜校，延长县的鲁迅师范一切课程都用新文字教授。新文字不但在国内传播，并且传播到国外的华侨学校，例如法国里昂华工子弟学校、泰国曼谷华侨学校等都开新文字课。④

在抗日战争时期，新文字运动不但没有被炮火打垮，而且在炮火中间进一步发展了。它进入农村和工厂中间，进入军队和难民中间。它从较大的城市传播到较小、较僻、较远的地方；在南洋华侨中间也更加广泛地传播开来。⑤例如上海有四十八个难民收容所办了一百多次难民新文字班，广州文化界救亡协会开办新文字救亡学校，香港新文字学会在香港电台向国外广播中国新文字运动的意义，新四军成立新四军新文字研究会，解放区成立

---

① 见《原则和规则》中的"中国拉丁化新文字的原则"。

② 1933 年 8 月 12 日焦风在上海中外出版公司的《国际每日文选》上发表从世界语刊物《新阶段》译成中文的萧三《中国语书法之拉丁化》，其中只有简单的字母表。1934 年《言语科学》上发表应人《中国语书法拉丁化方案之介绍》，完备地介绍了方案和写法。

③ 鲁迅：《答曹聚仁先生论大众语》，1934 年 8 月 2 日。

④ 参看倪海曙《中国拼音文字运动史简编》，132—138、141—142 页。

⑤ 新加坡、马来亚、泰国、缅甸、印度尼西亚、旧金山等地都有活动。

陕甘宁边区新文字协会，大规模开展新文字教育。这些都是新的发展。可是国民党规定了"防止异党活动办法"，更加严厉地查禁拉丁化运动。在国民党控制下的重庆，语文工作者曾经尝试组织"中国新文字学会"而始终未能成功。

拉丁化新文字运动所以能够在极度艰难的情况下发展成为深入群众的文化革命运动，这是跟中国共产党的英明领导分不开的。

拉丁化新文字的技术特点主要是：1）不标声调；2）拼写方言。声调应否标记早就有争论。1920 年国语统一筹备会曾经一度决定，"教授国音，不必拘泥四声"，废除注音字母原定的四角点声法。但是 1922 年的"注音字母书体法式"重新规定标调符号，恢复了声调的标记。国语罗马字有复杂而完备的字母拼调规则。拉丁化新文字完全不标声调；除少数特定写法以外，异调同音词在书写形式上不作区别。这是一个特点。新文字运动起初反对"统一国语运动"，主张拼写"地方的口音"；"苏联远东的中国工人大多数是北方人，所以先用北方口音作标准来编辑教本"，这就是传播最广的北方话拉丁化新文字（"北拉"）。[①] 后来修改为"同意把北方话作为今天中国方言中的区际语，在这个过渡的时期里来担负起未来民族统一语的一部分的任务"，同时"主张顺着语言从分歧到统一的发展法则把方言拉丁化起来……使今天的方言能自然地、又是受着人工促进地和合成为更高阶段的民族统一语"。[②] 1934—1937 年，拟订的方言拉丁化方案有宁波、上海、福州、厦门、广州、客家等十三种，[③] 一个方言区往往有几种小方言文字。事实上，各方言区学习的主要是"北拉"。这又是一个特点。这些特点使新文字成为真正简单易学的文字。鲁迅说，新文字"不是研究室或书斋里的清玩，是街头巷尾的东西"。[④] 简单易学是新文字在当时那样的困难条件下所以能够迅速推广的诀窍之一。但是新文字也就因此不免方案过于零散而词形不够精密，所以它在拉丁化运动的历史上只能成为国语罗马字以后的另一种过渡性的文字设计。

国语罗马字和拉丁化新文字之间曾经发生争论，可是上海和北京的语文工作者很快认识到在当时民族解放运动中应当建立语文联合战线，"携手一同走上拼音文字的大路"。[⑤]

[①] 参看 1931 年的《原则和规则》。"北拉"有少数韵母跟北京话不同，是一种北方的通行语音；有人说它是山东方言并非事实。

[②] 参看 1939 年上海新文字研究会《拉丁化中国字运动新纲领草案》。

[③] 方言方案拟订时期：宁波 1934 年 11 月；潮州 1935 年 11 月；四川 1936 年 1 月；上海 1936 年 2 月；苏州 1936 年 3 月；湖北 1936 年 4 月；广西 1936 年 4 月；无锡 1936 年 6 月；厦门 1936 年 7 月；客家 1936 年 8 月；广州 1936 年 10 月；福州 1936 年；温州 1937 年 4 月。参看倪海曙《中国拼音文字运动史简编》，142—143 页。

[④] 鲁迅：《论新文字》。

[⑤] 这是周辨明 1937 年 3 月在《语文月刊》发表的文章题目。

4.4 汉语拼音方案的诞生

1949 年全国解放，给汉字改革运动者带来无限兴奋。大家知道，只有在人民自己的政府下面，才能够实现汉字改革。汉字改革运动从过去不断遭受反动统治者阻止和压迫的情况，转变为中国共产党和人民政府积极支持和领导的情况，这真是一百八十度的转变。

全国解放不久，在 1949 年 10 月，北京就成立研究者的团体：中国文字改革协会。1952 年 2 月，教育部设立中国文字改革研究委员会。1954 年 10 月，在国务院直接领导下成立中国文字改革委员会。中央政府设置"文字改革"专职机构，这是第一次。

1955 年 10 月，中国文字改革委员会和教育部联合召开全国文字改革会议。会议的主要收获如下：

第一，修正通过"汉字简化方案"；这个方案经过广泛的群众讨论和国务院汉字简化方案审订委员会审议以后，在 1956 年 1 月 28 日由国务院全体会议同意公布，分批推行。长期以来，汉字简化要求是跟文字拼音化要求一同存在的。现在，第一次实现了以政府法令来规定和推行简化汉字。这一改革对破除关于文字改革的保守思想有深远影响。

第二，决议大力推广普通话。"普通话"这个名词过去没有严格的定义。会议规定它的定义为：以北方话为基础方言、以北京语音为标准音的汉民族共同语。明清称"官话"，清末以后称"国语"，这时候开始正名为"普通话"。推广普通话是一项重要的政治任务。在推广普通话的同时，要普查方言，运用方言和普通话的对应规律来教学普通话。接着这个决定，国务院在 1956 年 2 月成立中央推广普通话工作委员会，并发布关于推广普通话的指示。

全国文字改革会议发挥了"为中国文字的根本改革铺平道路"的作用。[①]

新中国成立以后，群众自动掀起一个设计拼音方案的热潮。"从 1950 年……起到 1955 年 8 月 31 日止，我们一共收到各地六百三十三位同志寄来的拼音方案六百五十五个。这些方案来自全国各个省区，包括边远的省分和兄弟民族的自治区，还有几个方案是从海外寄来的。这六百三十三位同志，包括各种不同的职业和各种不同的工作岗位：中小学教师、人民解放军、志愿军、工矿企业机关学校工作人员、学生、华侨。这六百五十五个方案的内容也是各种各样的"。[②] 全国文字改革会议以后，群众又继续提出许多方案，前后合计有一千二百多种。这是一场前所未有的"千家争鸣"！群众设计方案的热潮表明汉语拼音方案的诞生已经到了瓜熟蒂落的时节。

关于汉语拼音方案问题，中国文字改革协会和中国文字改革研究委员会一早就着手研究。"从 1952 年到 1954 年这个期间，中国文字改革研究委员会主要进行了汉字笔画式拼音

---

①　参看郭沫若在会议开幕式上的致词，见《全国文字改革会议文件汇编》。
②　参看叶籁士代表拼音方案委员会在全国文字改革会议上的发言，见《会议文件汇编》，170—175 页。

方案的研究工作"。中国文字改革委员会在 1955 年 2 月设立拼音方案委员会，主要工作是拟订一个拉丁字母式拼音方案初稿。在全国文字改革会议开会时候，由于对字母形式问题还没有作出最后结论，拼音方案委员会在会议上印发六种不同的方案初稿，向代表们征求意见。六种初稿之中，四种是汉字笔画式的，一种是斯拉夫字母式的，一种是拉丁字母式的。拼音方案委员会"决定把拉丁字母式方案作为国际通用字母类型的推荐方案"。①

这个拉丁字母式拼音方案初稿包含十七条规定，一个音节表，一个说明，几种样品。它的主要特点是：1）完全用现成的拉丁字母，也不加符号；2）[tɕ][tɕ'][ɕ] 用 g k h 在 [i][y] 前变读；3）采用拉丁字母的通用顺序（不用 b p m f 顺序），规定汉语的字母名称；4）采用注音字母的调号作为调号。②

"全国文字改革会议以后，中国文字改革委员会根据群众的意见，并得到领导上的同意，原则上决定采用拉丁字母式的拼音方案草案。"于是以初稿为基础，修订成为"汉语拼音方案草案"，它包含七条规定，一个字母表，一个说明，两种样品，在 1956 年 2 月 12 日由中国文字改革委员会发表，征求各方面的意见。草案跟初稿不同的地方主要是：1）在现成的拉丁字母以外，用六个新字母（ z̧, ç, ş, ŋ, ɪ, ч ）代替初稿中的双字母和变读字母，共有三十一个字母；2）省略次要的规定，如字母名称、大写字母用法、音节表等。③

草案的发表，引起全国各方面的热烈讨论。"人民政协全国委员会常务委员会在 3 月间召开了扩大会议进行讨论，会后又举行分组座谈，参加的有政协全国委员会委员、全国人民代表大会常务委员会委员和文化部、教育部、高等教育部、科学院等单位的代表共一百六十二人。政协各地委员会中组织了讨论的有二十二个省、三个市、两个自治区、二十六个省辖市、四个县和一个自治州，共计五十八个单位，参加的人数约一万人。同拼音字母关系比较密切的如邮电、铁道、海军、盲人教育等部门，都组织了不同规模的专门讨论。报纸和刊物，特别是语文刊物，发表了很多讨论文章。此外，从草案发表到 9 月为止，中国文字改革委员会收到全国各地各方面人士以及海外华侨、留学生和外国汉学家关于草案的来信四千三百多件，其中一部分是集体意见。"④这样广泛的征求意见和这样广泛的群众反应是注音字母拟订时代所不能想象的。

拼音方案委员会研究了各方面意见以后，在 1956 年 8 月提出两种供参考的修正建议。1956 年 10 月国务院设立汉语拼音方案审订委员会进行审议，1957 年 10 月提出"修正草案"，11 月 1 日国务院全体会议决定发表修正草案，并提请全国人民代表大会讨论。

---

① 参看叶籁士代表拼音方案委员会在全国文字改革会议上的发言，见《会议文件汇编》，170—175 页。
② 参看 1955 年 10 月的《拉丁字母式汉语拼音方案初稿》和《说明》。
③ 参看 1956 年 2 月的《汉语拼音方案草案》和《关于拟订汉语拼音方案草案的几点说明》。
④ 参看 1956 年 8 月拼音方案委员会《关于修正汉语拼音方案的初步意见》。

1958 年 1 月 10 日周恩来总理亲自向政协全国委员会报告《当前文字改革的任务》，说明当前的任务是：简化汉字，推广普通话，制定和推行汉语拼音方案。

修正草案是表格式的，包含五个部分：1）字母表；2）声母表；3）韵母表；4）声调符号；5）隔音符号。它跟 1956 年原草案的不同地方主要是：1）放弃新字母，完全用现成的拉丁字母；2）声母全部不变读，［tɕ］［tɕ'］［ɕ］写作 j，q，x；3）采用拉丁字母的通用顺序，并提出了汉语的字母名称。这是一个简单实用而又精密完备的方案。它的每一个字母及其用法都是历史方案中有过的，也是群众方案中提出过的；它把过去的和现在的群众智慧加以整理、集中和系统化，所以它青出于蓝而胜于蓝。

1958 年 2 月 11 日，全国人民代表大会一致同意批准汉语拼音方案。中国人民要求得到一个能够表达汉语特点、同时又便于跟世界文化交流的拼音方案的愿望，经过六十年的思潮激荡和经验积累，终于在社会主义建设高潮中实现了。中国文字改革委员会吴玉章主任说，这是"六十年来中国人民创造汉语拼音字母的总结"。从此以后，汉字改革运动进入一个全新的时期：以前所未有的伟大规模普及汉语拼音教育并且使汉语拼音文字逐步成熟起来的时期。

原刊于 1960 年第 3 期

《切韵》音系的性质和它在汉语语音史上的地位

邵荣芬

1. 《切韵》音系的性质

研究汉语语音史的人，对《切韵》一书历来就有两种不同的态度，一种是肯定的，一种是否定的。这两种截然不同的态度，产生在对《切韵》音系性质的截然不同的了解上。因此要确定《切韵》在汉语语音史上的地位，必先确定《切韵》音系的语音性质。

关于《切韵》音系的性质问题，目前最有影响的看法只有两种。一种认为《切韵》音系是当时的一个单一方言的音系；一种认为《切韵》音系是古今南北语音的大拼凑。我们认为这两种看法都有它的片面性，都是不符合事实的。

就我们看来，《切韵》音系大体上是一个活方言的音系，只是部分地集中了一些方音的特点。具体地说，当时洛阳一带的语音是它的基础，金陵一带的语音是它主要的参考对象。

为什么会得出这样的结论呢？我们不妨先看看颜之推的话，据《切韵序》所说，颜之推是对确定《切韵》内容参加意见的人之一。《颜氏家训·音辞篇》说：

> 孙叔然创《尔雅音义》，是汉末人独知反语，至于魏世，此事大行。[①] 高贵乡公不解反语，以为怪异。自兹厥后，音韵锋出，各有土风，递相非笑，指马之谕，未知孰是。共以帝王都邑，参校方俗，考核古今，为之折衷，椎而量之，独金陵与洛下耳。

明确地指出金陵与洛下两个地方来，认为这两个地方的语音是审订音读的标准。不过应该注意的是这两个标准在颜氏的心目中并不是同等重要的。颜氏在同一篇文章中又说：

> 南方水土和柔，其音清举而切诣，失在浮浅，其辞多鄙俗。
>
> 北方山川深厚，其音沉浊而鈋钝，得其质直，其辞多古语。

---

① "然"作"言"，据《三国志·魏书》，13 卷，《王朗传》附《王肃传》改。

可以看出颜氏是推重北方话的。洛阳话既然属于北方话的范围，那它在两个标准中当然就是主要的标准了。一般说标准应该只有一个，颜氏既然推重北方话，那么以洛阳为标准不就够了吗？为什么又要把金陵提出来呢？要弄明白这一点，必须联系历史事实来考查。

自从西晋王朝的贪暴腐朽引起了北方许多民族的入侵以后，作为汉族政治、经济、文化中心的黄河流域就变成了长期混战的地区。这时北方的豪门、士族蜂拥渡江，逃向南方来避乱。据说跟着晋元帝一次渡江的士族，就有一百家之多。[①] 这些士族到了南方之后，由于政治、文化上的优越感和封建的家族观念，仍然说着自己的家乡话。他们之中的大多数都在西晋朝廷上做官，多半又是汉魏以来大官的子孙，世居在洛阳，因此他们的家乡话当然就是洛阳话了。随着东晋政权的逐渐巩固，这种北方士族带来的洛阳话不仅在北来士族之间流行，而且也逐渐变成了南方士族模仿的对象。不难设想，到了颜之推的时候，这种洛阳话大概已经成为南朝士族朝臣之间普遍应用的交际工具了。[②]《颜氏家训·音辞篇》又说：

> 然冠冕君子，南方为优，闾里小人，北方为愈。

可见颜氏所提的作为标准之一的金陵话不是指的金陵土话，而是指的金陵士族所说的话。这种话既然是北来的洛阳话，我们就可以明白颜氏为什么也要把它提出来作为标准了，因为这和颜氏推重洛阳话的原则是完全一致的。

这样一来，颜氏的两个标准是不是就是一个标准了呢？从西晋末年到隋朝初年已有二百多年，在这期间，南迁士族的洛阳话处在南方土语的完全包围之中，很难全部保持不变，同时洛阳一带居民，流动急剧，洛阳话自身也必定会有它自己的发展。颜之推的时候，洛阳话与金陵雅语之间，多半存在着一定的差别，因此颜氏的两个标准决不就是一个标准，不过这两个标准之间的差别不是太大罢了。《颜氏家训·音辞篇》又说：

> 易服而与之谈，南方士庶，数言可辨；隔墙而听其语，北方朝野，终日难分。

当时南方士族的话和当地的土话既然存在着严重的差别，也就是说明了士族语言受当地土话的影响不大，变化不多。根据这种情况，我们认为洛阳一带的语音是《切韵》审音的主要标准，金陵士族的语音是《切韵》审音的辅助标准。换句话说，《切韵》以洛阳一带的语音为基础，以金陵士族的语音为主要的参考对象。

陆法言《切韵》序所显示的审音标准和上述颜氏的标准完全符合。《切韵》序说：

> 以今声调，既自有别，诸家取舍，亦复不同。吴楚则时伤轻浅，燕赵则多涉重浊，秦陇则去声为入，梁益则平声似去。

---

① 《北齐书》，45卷，颜之推传，《观我生赋》自注说："中原冠带随晋帝渡江者百家。"

② 参看陈寅恪《从史实论切韵》，《岭南学报》，9卷，2期（1949），1—18页。

这里各处都批评了，就是不提中原一带，可见也是把中原一带的语音作为正音看待的。颜之推不过说得更具体一点，把中原语音的集中代表点明白指出而已。

从历史上看，中原一带向来就是汉民族活动的中心地区。作为历代都城的洛阳，长期以来，在政治、经济、文化上又是这个中心地区的中心。因此，洛阳一带的语音在各方音中取得了权威地位，是很自然的事。这种权威迫使当时语言学家不得不把它作为正音的规范。陆德明云：

> 方言差别，固自不同，河北江南，最为巨异。或失在浮清，或滞于沉浊，今之去取，冀祛兹弊。[1]

这种站在中原的立场上，批评南北方音的做法，和《切韵》作者如出一辙。可见《切韵》的标准不是《切韵》作者的私定标准，而是当时很多语言学家的共同标准。甚至到了唐代，洛阳已经不再是都城了，而洛阳语音的标准音地位，还没有衰落。李涪说："凡中华音切，莫过东都。"[2] 就是明证。因此《切韵》作者把洛阳一带的语音作为审音的标准，是完全符合当时汉语发展的要求的。

西方资产阶级的一些汉学家完全不顾上面所说的事实，硬说《切韵》音系是当时的长安音系。[3] 陈寅恪先生在《从史实论切韵》一文中已经作了详细而正确的辩驳，读者可以参考。不过陈先生本人对于《切韵》音系的看法也大有问题。《切韵》的著者中，萧该、颜之推是南方人。[4] 陈先生根据《切韵序》萧、颜多所决定的话，认为《切韵》音系以金陵士族的语音为主要内容。金陵士族的话是东晋以前洛阳话的移植，因而认为《切韵》以金陵话为主，也就是以东晋以前的洛阳旧音为主，至于这种旧音旧到什么程度呢？陈先生认为旧到东汉的时候，他说：

> 考东汉之时，太学最盛，且学术文化亦有凝定之势。颇疑当时太学之音声，已为一美备之复合体，此复合体即以洛阳京畿之音为主，且综合诸家师授，兼采纳各地方言而成者也。

因此陈先生认为订出《切韵》音系内容的不是"陆法言及颜、萧"，而是"数百年前之太学博士"，陆法言等人讨论的结果，不过是决定以这个旧日太学博士的音系作为《切韵》

---

① 《经典释文·序录》，四部丛刊本，3 页。

② 《刊误》，学津讨原本，卷下，9 页下。

③ 见高本汉《中国语言学研究》，贺昌群译本，91 页；又《上古及中古汉语语音学简编》，《远东古物博物馆杂志》，26 期（1954），212 页；又见马伯乐《唐代长安方言》，BEFEO，20 卷（1920），2 号，11 页。

④ 萧该是梁武帝第九弟鄱阳王恢的孙子，兰陵（今江苏武进）人。见《隋书》，75 卷，《何妥传》附《萧该传》。颜之推祖籍山东琅邪临沂（今山东临沂），九世祖随晋元帝渡江以后定居金陵。《观我生赋》说"吾王所以东运，我祖于是南翔，去琅邪之迁越，宅金陵之旧章；作羽仪于新邑，树杞梓于水乡"，就是叙述迁居金陵的事。

的依据而已。① 陈先生的这种说法，显然是一种臆测。如果说《切韵》作者所讨论的问题只不过是选择哪一个现成的音系作为《切韵》一书的内容，那么结论就只有一句话，又何必要陆法言"随口记之"呢？如果说萧、颜等人所说的金陵话已经不是祖传的东汉时的洛阳旧音，已经发生了一定的变化（陈先生承认这一点），《切韵》作者所讨论的就是确定哪些音是变的，并用太学博士的旧音来更正它，那就要问，《切韵》作者凭什么知道东汉时的读音呢？《切韵》以洛阳话为基础，因此讨论的主要内容应该就是参考方音的问题。金陵话既然是主要的参考对象，作为南方人的萧该、颜之推在讨论时多发表一些去取的意见，不是理所当然的吗？决不能以此来证明《切韵》以金陵音系为主。洛阳从东汉到隋以前，时常作为政治、文化中心。如果说洛阳话东汉时就已在方言中取得了权威地位，那么到《切韵》的时候，它的权威地位就会更高，陆、颜等人偏偏崇拜五百年前的洛阳话，对当时的洛阳话反而不以为然，这岂不也是很难理解的吗？更重要的是，如果《切韵》音系是东汉时的洛阳音系，它就该和东汉时的语音系统一致，但事实并不如此。东汉时的语音系统还是较为接近上古音系统，而《切韵》音系已使音韵学家必须把它划归中古阶段。两者之间的差别是相当大的。陈先生脱离了语音本身，孤立地从历史事实去臆测，当然就不可能得出正确的结论了。

我们在强调《切韵》音系以洛阳音系为基础的同时，又承认它部分地集中了一些方音或古音特点。这就是我们和主张《切韵》音系是一个单纯方言音系的人的纷歧所在。我们有好多理由支持我们的看法。

第一，如上所说，颜之推明明在洛阳之外，又提出了金陵，《切韵》音系绝不是纯粹的洛阳音系。

第二，《切韵》是一部集体创作，是经过作者们反复讨论之后写成的。据《切韵序》所说，讨论的内容是"南北是非，古今通塞"。可见《切韵》的确吸收了一部分方音或古音，否则记录了一个单纯的音系，只要把单字按方音归类就行了，何必要反复讨论呢？

第三，《颜氏家训·音辞篇》说：

> 至邺已来，唯见崔子约、崔瞻叔侄，李祖仁、李蔚兄弟，颇事言词，少为切正。

可见颜氏心目中的标准语绝不是一个单一的活方言，否则"切正"的人必定很多，绝不会只有三两个人。

第四，《切韵》参考了很多前人韵书，在音系上很难完全不受它们的影响，尽管这种影响是相当有限的。（详下文）

---

① 见《从史实论切韵》。

第五，主张《切韵》音系是单一音系的人承认《切韵》在个别字上吸收了方言，但不承认在音系上有所混杂。事实也不尽然。《颜氏家训·音辞篇》说：

> 北人以"庶"为"戍"，以"如"为"儒"。

"如"是鱼韵字，"儒"是虞韵字；"庶"是鱼韵去声（御）字，"戍"是虞韵去声（遇）字。可见当时北方大部分地区鱼、虞两韵已经不分。北魏时洛中童谣云：

> 三月末，四月初，扬灰簸土觅真珠。①

这里以"初珠"二字押韵。"初"是鱼韵字，"珠"是虞韵字，证明当时洛阳话可能也是鱼、虞不分，和很多北方话一样。洛阳话鱼、虞不分，《切韵》鱼、虞分韵，《切韵》根据的显然不是洛阳话，而是吸收的方音。这种吸收涉及整个韵母，当然不是个别字的问题。

主张《切韵》音系是单一音系的人往往又把《切韵》的内部一致作为证据。高本汉就是其中最坚决的一个。他认为《切韵》的反切表现了"一个完整的语言的准确轮廓"，就可以作为《切韵》是当时一个真语言的"内部证据"。②其实一个方音音系稍微综合一些别的方言音系的特点，并不一定就会造成这一音系的内部混乱和自相矛盾。例如北方拉丁化新文字，在北京音系的基础上吸收了方言分尖团的特点，结果并没有影响它的内部一致性。高本汉企图用内部一致性来证明《切韵》音系是单一的音系，完全是徒劳的。

应该指出，《切韵》的作者们不可能系统地了解古音，系统地研究古音是宋朝吴棫以后的事。因此我们说《切韵》吸收古音仅仅是指它参考前代的韵书和反切说的，绝不是说它可以吸收比这些韵书和反切更古的古音。其实从《切韵》的时代上推，距离反切和韵书创始的汉魏之间不过三百多年的时间。纵使这些前代的反切、韵书所反映的某些语音特点，在当时的普通话——洛阳话里已经消失，从而变成了所谓古音，但这种古音在当时的很多方言里一定仍然存在。因此与其说《切韵》吸收的是古音，还不如说它吸收的是有文献可征的方音。《颜氏家训·音辞篇》说：

> 北人之音多以"举、莒"为"矩"，唯李季节云"齐桓公与管仲于台上谋伐莒，东郭牙望桓公口开而不闭，故知所言者莒也。然则莒、矩必不同呼"。此为知音矣。

不管颜之推、李季节这种考求古音的方法是否是科学的，但《切韵》鱼、虞分韵除了方音的根据之外。还参考了古音应该是事实。有了这个了解之后，我们只说《切韵》吸收了方音而不说它吸收古音，似乎也就够了。

但是《切韵》音系既然以洛阳语音为基础，同时作者们的方音知识又不可能不受到时

① 《魏书》，75卷，《尔朱彦伯传》；又见《北史》，48卷，《尔朱荣传》附《尔朱彦伯传》。

② 《中国音韵学研究》中译本，19—20页。

代的限制，可以断言《切韵》所吸收的方音一定不多。我们认为《切韵》吸收的方音，就广度来说恐怕很难超出作者们各自家乡话的范围，就数量来说，也一定不会达到破坏洛阳音系基本面貌的程度。因此我们坚决反对认为《切韵》音系是一个古今南北语音互相拼凑的音系的说法。主张这一说法的主要理由有两个：一个理由是，王仁昫《刊谬补缺切韵》韵目下说明《切韵》参考诸家韵书分韵的附注有一个通例，就是《切韵》只从诸家之分，不从诸家之合，可见《切韵》是取诸家的韵部，拼凑而成；另一个理由是，从古音或现代方言看，汉语绝不可能有过像《切韵》那样声韵复杂的音韵系统，《切韵》声韵类复杂是拼凑南北古今语音的结果。这两个理由成不成理由呢？我们认为都有问题。

《刊谬补缺切韵》关于韵部分合的附注其实是很不完全的。《切韵》所参考的韵书主要有五家，附注在有的韵下五家分合的情况完全注出，有的韵下只注一家至四家不等。看不出全注和不全注的任何原则。所注从分从合也有类似情形。《颜氏家训·音辞篇》说：

> 《韵集》以成、仍、宏、登合成两韵，为、奇、益、石分作四章……不可依信。

《切韵》从颜氏把"成、仍"分为清、蒸两韵，"宏、登"分成耕、登两韵，又把"为、奇"合成支韵，"益、石"合成昔韵。前者是不从《韵集》之合，后者是不从《韵集》之分。可是两者附注中都不见。可见附注不但对《切韵》不从前人之分的付诸阙如，就是对《切韵》不从前人之合的也没有全注。因此根据这些附注就想判定《切韵》对前人韵部只是"因其或异而分，不因其或同而合"，不免把问题看得太简单了些。

退一步说，即使《切韵》只从前人之分，不从前人之合，这种分合也未必都表明《切韵》和前人韵书或前人韵书相互之间在语音上的异同，有时很可能只是表明各家韵书分韵的粗细不同。有很多迹象可以证实这种推想。

王书附注中有很多韵只在四声或三声中的一声、二声或三声下有注，其余的缺注。例如：

声调	平	上	去	入
韵目	东	董	送	屋
附注	○	吕与肿同 夏与肿别	○	○

这种缺注并不是由于缺注各声与已注各声情况相同，所以省略，因为有四声情况完全相同而仍然全注的。例如：

声调	平	上	去	入
韵目	咸	豏	陷	洽

附注	夏与衔别	夏与槛别	夏与鉴别	夏与狎别
	李与衔同	李与槛同	李与鉴同	李与狎同

所以缺注的地方很可能是由于《切韵》和各家分合都相同的缘故。如果是这样的话，凡相承各声不全注的，就表明各家四声分合不相承。以某韵书在某韵（不分声调）有注算有注一次的话，各声全注的 26 次，不全注的 80 次，不全注的占绝大多数。根据汉语四声多半相承的通常情形看，绝不能认为相承各声的分合不同，都是实际语音的不同。我们虽然不能说全部，至少其中大部分是由于审音能力不够，分析不清的缘故。附注中所注夏侯咏《韵略》分韵的情况就相当有力的说明我们的推测是可信的。例如：

声调	平	上	去
韵目	脂	旨	至
附注	夏与之微大乱杂	夏与止为疑	夏与志同

所谓"为疑"就是分合不能确定，暂时存疑的意思。证明《切韵》以前各家韵书对韵部的分析不够清晰，不够精密，确是事实。《切韵序》说：

> 吕静《韵集》、夏侯咏《韵略》、阳休之《韵略》、李季节《音谱》、杜台卿《韵略》等，各有乖互。江东取韵与河北复殊。

"江东取韵与河北复殊"指的是方言差别，"各有乖互"指的是各家分韵不精确的地方。可见各家韵部的纷歧虽然有方音的因素，但的确也有正确与不正确的因素。

除了分韵的正与误的不同之外，分韵的标准也有差别，尤其在《切韵》和它所参考的韵书之间。刘善经《四声论》说：

> 齐仆射阳休之，当世之文匠也。乃以音有楚夏，韵有讹切，辞人代用，今古不同，遂辨其尤相涉者五十六韵，科以四声，名曰《韵略》。制作之士，咸取则焉。[1]

可见阳休之《韵略》是为纠正诗文的用韵而作的，多少总得受用韵习惯的影响。《切韵》就不然了。《切韵·序》说：

> 欲广文路，自可清浊皆通，若赏知音，即须轻重有异。

说明《切韵》目的主要在于分析语音，不是专为押韵而作。标准既然不同，韵部的多少，当然也就不全关乎语音了。

根据上面这些分析，我们可以断言，王仁昫书的附注并不能为《切韵》音系是拼凑音系这一看法提供任何可靠的证据。

至于拼凑论者的第二个理由，即所谓汉语不可能有《切韵》那样复杂音系的理由就更

---

[1] 遍照金刚《文镜秘府论》，天卷，30 页下至 31 页上。

站不住了。我们不妨先看看《切韵》音系和当时诗文押韵所反映的语音情况，究竟有多大差别。经过比较之后，我们可以把两者之间的差别情况分为下列几种[①]：

（1）《切韵》开合韵而押韵不分的，如"灰、哈""殷、文"等。

（2）《切韵》一、三等韵而押韵不分的，如"冬、钟""阳、唐"等。

（3）《切韵》三四等韵而押韵不分的，如"仙、先"[②]"盐、添"等。

（4）其他《切韵》分韵而押韵不分的。按押韵有下列几部：①脂之；②皆哈；[③]③臻真；[④]④元痕歌麻；⑤（昔锡）；⑥庚耕（清青）；⑦幽尤；⑧栉质物迄；⑨陌麦；⑩业乏。

（1）、（2）两项不表示语音的不同。（3）项也可以认为不表示语音的不同，假使承认《切韵》三四等的分别只在介音有无的话。这样，就只有第四项是押韵和《切韵》语音不同的地方了。但事实上这些不同还有折扣可打，因为音近相押在韵文里是常见的事，我们很难保证这些通押的韵主元音都完全一样。例如阳固诗文押韵的韵部就比他儿子阳休之《韵略》所分韵部要宽缓得多。请看表1。

表 1

阳休之韵部	根据	阳固叶韵韵部	根据
1.脂 2.之 3.微	（王仁昫《刊谬补缺切韵》韵目附注）	1.｛脂 之 微	《演赜赋》叶：微基｜微机 思非｜薇时｜微嶷诗辞*
1.鱼 2.虞		1.｛鱼 虞	《演赜赋》叶：涂舒娱庐； 《疾幸诗》叶：车与徒趋**
1.质 2.物		1.｛质 物	《演赜赋》叶：郁珫术质

* 见《魏书》，72 卷，《阳尼传》附《阳固传》。
** 见《魏书》，72 卷，《阳尼传》附《阳固传》。

如果承认父子两个语音应该相同的话，这种差别就完全是标准宽严的问题，与语音的分合无关。阳固的韵文传下来的极少，阳休之韵部王仁昫书韵目下注明的也不多，可是两人的韵部分合就有这么大的不同。《切韵》分韵比阳休之更细密，那么它和当时韵文韵部之间的关系类似阳氏父子的情形一定就更多。如果承认这一点的话，那么《切韵》音系和当时韵文所反映的韵系简直符合到了惊人的程度。我们怎么能说汉语从来不可能有《切韵》那样复杂的音系呢？

---

① 材料根据于海晏《汉魏六朝韵谱》。

② 于海晏合"山仙先"为一部，不妥。就于书所收材料看，152 个作者中，只有 19 人"山"与"仙、先"相押，显然"山"和"仙、先"应分为两部。

③ 昔韵于氏收集了 14 个作者的材料，7 个人与哈灰两韵押韵，5 个人独用，2 个人与齐韵押韵。就押韵次数来说，皆、哈相押 11 次，皆独用 8 次。于氏认为皆独立，不妥。

④ 这里根据《切韵》韵部，真韵相当于《广韵》的真、谆两韵。歌、质两韵同此。

其次，我们还可以把《切韵》音系和现代方言比较一下。现代方言的音系一般说来固然简单的较多，但复杂的也并不少。拿临川话来说，就有 263 个韵母，[①]已经和《切韵》韵母的数目相差不远了。潮州话有 308 个韵母，就更接近《切韵》，[②]至于广州话的韵母则有三百五六十个之多，[③]甚至远远超过了《切韵》。我们怎能说汉语从来不可能有《切韵》那样复杂的音系呢？

由此可见，拼凑论者的第二个理由也是武断的，完全没有根据的。

总之，我们认为《切韵》音系是以洛阳音系为基础的音系。它吸收了一部分方音，但方音成分还不致多到破坏洛阳音系基本面貌的程度。强调《切韵》音系的单一性，或夸大它的综合程度，都是片面的，与事实不符的。

2.《切韵》音系在汉语语音史上的地位

《切韵》音系的性质确定了之后，我们就来进一步讨论《切韵》音系在汉语语音史上的地位问题。

《切韵》音系如果是纯粹的洛阳音系的话，由于洛阳音系的标准音性质，它在汉语语音史上的重要地位就比较容易肯定。可是事实并不如此，它不是一个单纯的音系，它带有一定的综合成分，于是问题就来了。一个综合音系比起同时的任何实际音系来，不是多一些什么，就是少一些什么，拿这样一个音系作为一个语音发展阶段，即中古阶段的语音代表，会不会把一些没有着落的音素强加到汉语语音的发展过程中去呢？对这个问题，我们的答案是否定的。

《切韵》从系统上对方言进行综合，不外从分和从合两个办法。就声母方面举例来说，假定端母和知母在当时洛阳话里没有分别，在别的方言里有分别，《切韵》吸收方言，把端知两母分开了；帮母和非母在当时洛阳话里有分别，别的方言里没有分别，《切韵》吸收方言，把帮、非两母合并了。这样，《切韵》的声母系统就变成了方音和洛阳语音的综合系统。在这个系统里，帮、非合一的确不是当时的洛阳话，但这并不意味着它就是落空的，因为它在别的方言里存在着，它代表方言里头比洛阳语音发展得较慢的特点。当洛阳话已经进入帮、非分化的阶段，这些方言仍然保持着帮、非合一的状态。因此，我们根据《切韵》帮、非合一的现象和此后发展了的语音写出的"帮→帮、非"的发展公式仍然是有效的，它仍然代表汉语语音发展的实际过程，只不过这一过程发生的时间，就洛阳音系来说，要早一点罢了。端、知的分立和帮、非的合一，情形相反，道理仍然一样。它代表方

---

① 据罗常培先生《临川音系》，科学出版社，1958 年版。
② 据詹伯慧《潮州方言》，见《方言和普通话丛刊》第二本，41—120 页。
③ 据陈慧英、白婉如《广州音和北京音的比较》，见《方言和普通话丛刊》第一本，8—101 页。

言里头比洛阳语音发展得较快的特点。当洛阳话还保持端、知合一的情况下，这些方言已经进入了端、知分化的阶段。因此我们根据《切韵》端、知分立的现象和此后的语音写出的"端→端，知→知"的发展公式也仍然是有效的，它仍然代表汉语语音发展的实际过程，只不过这一过程发生的时间，就洛阳音系来说，要晚一点罢了。由此可见，把带有综合成分的《切韵》音系作为中古语音的代表，根本就不存在把没有着落的音素强加到汉语语音发展过程中去的问题。问题只在于对于那些综合音素在标准语里的年代无法确指而已，虽然我们知道它们往上不早于魏晋，往下不晚于公元 601 年。

当然，问题还不这么简单。语音是成系统的，在每个系统里头，声、韵、调三方面都是有机地相互结合着的。虽不说牵一发而动全身，但如果综合别的音系的成分过多，或所综合的成分和本音系的对应关系复杂，那就不单是比其他音系多一点什么，少一点什么的问题，而是导致系统的大部分，甚至整个系统都流于虚构的问题了。例如，如果我们把广州话的入声韵完全并入北京音系里头的话，我们就没有办法不虚构，因为要使四声在一定程度上协调，广州话的入声韵母就必须加以改造才能和北京平上去声韵母相配。结果我们用北京话的韵头、韵腹加上广州话的韵尾和调类制造出来的入声韵的结构，就必然是毫无根据的。它既不符合当前的任何方言，也不符合历史上的任何音系。如果根据这样一个结构来说明此后广州话或北京话的语音演变，那么得出来的有关入声韵的音变规律和音变条件一定大部分都是虚构的，不符合事实。因此只有在综合别的音系的成分不多，或所综合的成分和本音系的对应关系比较整齐的情况下，综合才不致引起虚构。例如，如果把方言里头的 v 声母综合到北京音系里头，把古微母字都归入 v 声母，或者再把方言里头尖团音的区别也综合到北京音系里头，把古精组声母字读 tɕ 等的都改成 ts 等，使 ts 等也和 i、y相拼，我们所得到的以北京音系声母为基础的综合声母系统，虽然比起北京音系来多了一个声母，并改变了一部分声韵的配合关系，但并不是虚构的。在这个音系里 v、ts 等和韵母的关系不但在方言里可以找到（例如洛阳话的 v 声母），而且在历史上可以找到（例如徐孝《重订司马温公等韵图经》里的 ts 等声母）。往后拿这样一个音系来解释北京话的演变，定出 v→u，ts（i，y）→tɕ 的演变公式，完全是符合北京话演变的实际过程的，只不过这一过程不是发生在现在，而是发生在几个世纪以前罢了。

由此可见，如果《切韵》音系真的像有些人所说的那样，是南北古今语音的大拼凑，那么把它作为中古语音的代表，的确就有问题了，因为把数量多、对应关系复杂的语音硬拼在一个系统里，要想免于混乱，免于虚构，可说是办不到的。但是我们已经说过，《切韵》音系基本上是洛阳音系，综合的成分是不多的。再者它所综合的成分又以金陵音系为主，金陵音系是洛阳音系的分支，两者的差别是不大的。《切韵》音系所综合的成分和它本身之间的关系，必然大半类似上面所举北京音系和 v、ts 之间的关系，所以我们虽然一般地否定综合音系，但像《切韵》这样的综合音系仍然是可以肯定的。

有人认为肯定《切韵》音系在中古语音中的代表地位还有一个困难，就是：《切韵》音系是以洛阳音系为基础的，北京和洛阳地点不同，方言不同，一千多年前的洛阳音系不可能是现代北京音系的直接祖宗，它们之间各个音素的关系不是一针对一线的直接继承关系，因此它们之间不能建立语音发展公式，也就是不能建立历史关系。一个不能与后代语音建立历史关系的音系，怎么能作为一个历史时期的语音代表呢？

这一困难是不是真能否定《切韵》音系的价值呢？我们认为也是有问题的。

首先，所谓一针对一线的直接继承关系这一提法本身就是不正确的。我们知道，方言都不是孤立的。由于社会的变动、人口的流迁，方言区之间人民交际的从不间断，方言之间的相互影响、相互渗透是非常频繁、非常复杂的。这种频繁的、复杂的互相影响、互相渗透的结果，使得各个方言的音系千丝万缕地交错在一起，使得它们之间的界限具有一定程度的相对性。这种相对性在不同的历史时期，又各表现于不同的具体内容。因而想在一个语言不同的历史阶段，找到两个在范围上完完全全重合的音系是不可能的。所谓一针对一线的直接继承关系只不过是一种毫无根据的虚构罢了。一些西方资产阶级学者不适当地夸大方言界限的这种一定程度的相对性，从而否定方言本身的存在，当然是错误的，但是忽视这种一定程度的相对性，认为方言之间的界限是断然的、绝对的，也同样是错误的。

其次，就是承认有直接和非直接的继承关系，《切韵》音系和北京音系之间是不是直接继承关系，也还不能轻易作出结论。第一，我们不能单凭地理关系来断定。我们不能因为北京和洛阳地点不同，现在也有些方言差别，就认为一千多年前的洛阳话和现代北京话之间不可能有直接继承关系。有些地点现代是不同的方言，古代未必就是不同的方言，有些地点古代是不同的方言，现代就未必仍然是不同的方言。地点是死的、不变的，方言范围却是活的、经常变动的。如果认为方言的直接继承关系完全取决于地理上的同一关系，那就是把方言范围看成了一成不变的东西，显然是错误的。第二，从前节所引颜之推和陆德明等人的话里，我们不难看出，在《切韵》的时代，北方方言基本上已经形成。因此北京话和洛阳话不论在《切韵》时代还是在现代，都是同一北方方言里的两个土语或次方言。如果我们以方言为单位而不以土语或次方言为单位来考虑继承关系的话，我们也没有理由断言北京话和一千多年前的洛阳话之间不可能有直接继承关系。第三，两个方音是不是直接继承关系，语音本身应该是一个非常重要的根据。用《切韵》音系来说明北京语音的演变，除了个别的可以用其他原因解释的特殊情况以外，基本上没有什么困难。因此语音本身也不能提供任何可以否定《切韵》音系和北京音系是直接继承关系的东西。这一切都说明，即使用直接和非直接继承关系的论点来否定《切韵》音系的价值，也是很难办到的。

再退一步说，就算《切韵》音系和北京音系之间的关系不够直接，也并不能取消《切韵》音系在中古音中的代表资格。研究语音史也像研究其他各种历史一样，不可能不受到材料的限制。就汉语而论，方言在一个历史阶段上具有材料的已经百不得一，在各个历史阶段上都拥有材料的，根本一个也没有。强调必须在各个方言的直接继承关系上才能建立语音史，事实上就是取消语音史，这显然是错误的。一般建立一个语言有文献记载以后的语音史，只能在这个语言各个阶段的标准音音系的基础上来建立。^①汉语当然也不能例外。《切韵》音系既然是中古阶段具有标准音性质的音系，它当然也就是汉语语音史赖以建立的重要一环。我们怎么可以轻易地否定它呢？

或者要问，标准音音系之间如果不一定是直接继承关系，那么在它们之间建立起来的语音发展公式会不会只是一种对应公式，而不是历史公式呢？我们说不会。我们承认一个语言的语音在不同时期有不同的面貌。这种面貌是通过各个时期的标准音音系表现出来的。因此标准音音系之间的关系，基本上就是这个语言不同时期语音之间的关系，根据这种关系建立起来的语音公式，当然也就是历史公式，而不仅仅是对应公式。

标准音音系当然不等于所有的音系，标准音音系之间的关系，当然也不等于所有音系之间的关系。例如我们根据汉语三个不同时期的三个标准音音系《切韵》、《中原音韵》和北京音系建立起来的 $k \rightarrow k \rightarrow k, tɕ(i, y)$ 的公式，从横的方面说，它只表明这一音类在《切韵》和《中原音韵》的时代大部分人读 k，在现代大部分人读 k、tɕ，但它并不表明在古代所有的人都读 k，现代所有的人都读 k、tɕ；从纵的方面说，它只表明汉语的主流是从 k 按照一定的条件向 tɕ 发展，但并不表明整个汉语都是由 k 向 tɕ 发展。因此音韵学虽然以研究语音发展的主流为其主要任务，但对于语音发展的支流，即方音的发展也应该予以充分的注意。这样才能更全面地描绘语音发展的整个图景。

但不论怎样，由于语言的极其复杂的发展关系，由于资料的严重缺乏，我们对于语音的各个阶段，以及各个阶段之间的历史关系，都不可能全部真实地重建。语音发展公式里的符号就其所代表的音值来说，很大一部分只是表示一个大致的音域，而不表示绝对的音值。例如《切韵》歌韵的主要元音我们写成 ɑ，并不意味着它当时一定就读 ɑ，实际上它也许是 ɒ，也许是 ʌ，但是它不能是 ɔ。也不能是 ɐ 或 a。因此这个 ɑ 与其说代表 ɑ，还不如说代表 ɔ → a 的音。语音符号的意义既然如此，语音公式所能表示的当然也就只是语音发展的一个大致趋势。公式 ɑ → o → ɤ 只不过表明《切韵》歌韵主要元音一千多年来发展的大致趋势而已。虽然如此，语音公式的价值却并没有降低，因为建立语音史的最重要的目的就是根据它所提供的语音发展规律来促进语言规范，推动语言向健康的道路上发展，而语音公式就是在最精确的程度上以最具体的方式提供这种规律的手段。当然语音公式可能

---

① 这里"标准音音系"借来指一定时期内最有权威的音系，并不含有它和现在的标准音具有同等规范水平的意思。下同。

也有连发展的大致趋势都弄错了的，但那毕竟是少数，而且凭借历史和方言的资料，对于那些有错误可能的公式，我们大致都能做到心中有数，因而也就不会上当。并且只要我们充分地、谨慎地利用各种材料，我们就可以一点一点地修改这些公式，使它逐步达到正确的程度，这样，我们就可以把我们的错误缩小到最小限度之内。有人害怕确定语音发展公式会犯错误，就主张废弃拟音，那是因噎废食的办法。试想，如果没有语音符号，没有用语音符号建立起来的语音发展公式，我们怎么能说明复杂的语音变化条件和语音变化规律呢？仅仅满足于把语音归归类的办法，必然使我们的语音史工作退回到几个世纪以前的旧路上去，对此我们坚决不同意。

总之，不论从《切韵》音系的语音性质看，或是从它跟在它之后的代表音系之间的继承关系的性质看，《切韵》音系在汉语语音史上的地位都是应该肯定的。

《切韵》音系的性质和它在汉语语音史上的地位问题是当前汉语音韵学上的重大问题。这一问题能否得到正确的解决，密切地关系到汉语音韵学的发展前途。本文的意见很不成熟，目的只在引起大家的讨论。希望依靠集体的力量，通过讨论，使问题得到正确的解决，从而为在我国建立马克思主义的、科学的汉语语音史打下良好的基础。

原刊于 1961 年第 4 期

说"的"*

朱德熙

0. 引言

0.1　北京话里读［tə°］的"虚字"可以归纳为以下三组：

（1）坐～椅子上；扔～水里；说～这儿。

（2）看～见；写～很好；说～大家都笑了。

（3）吃～；红～；他～；我知道～；红红儿～；忽然～。

第一组的［tə°］相当于书面上的"在"或"到"。我们不知道这个［tə°］是一个单独的语素，[1] 还是"在"或"到"的变体。可是不管怎么样，这个［tə°］跟第（3）组的［tə°］界限是清楚的，不会混淆。有人把第（2）组"写［tə°］好""跑［tə°］快"一类格式里的［tə°］跟第（3）组"吃［tə°］""红［tə°］"后头的［tə°］看成同一个语素。即认为"写［tə°］好""跑［tə°］快"都是主谓结构，其中的"写［tə°］""跑［tə°］"是名词性结构。[2] 这个说法是有困难的，因为北京话里有以下两组对立的格式：

A	B
煮［tə°］烂，蒸［tə°］不烂。	煮［tə°］烂，才好吃。
好［tə°］多，坏［tə°］少。	这本比那本好［tə°］多。

这两组格式结构不同，意思也不同。如果说其中的［tə°］是同一个语素，就是"吃

＊　本文提出的某些论点曾分别跟吕叔湘、王还两位先生讨论过，蒙指正多处，谨致谢意。

[1]　我们把 morpheme（морфема）译为"语素"。流行的译名是"词素"。morpheme 有两种含义：或指词内部的有意义的组成部分（词根、词头、词尾等等），或指最小的、有意义的语言单位。就前一种含义说，译作"词素"是合适的；就后一种含义说，译作"词素"会让人感到先有词，从词里头再分析出"词素"来。本文所谓"语素"，指后一种意义上的 morpheme。

[2]　《北京口语语法》，18 页。又 А. А. Драгунов, Исследования по грамматике Современного Китайского языка, 108 页。

［tə°］"红［tə°］"后头的［tə°］，那么，A式的"煮［tə°］烂"和B式的"煮［tə°］烂"都是主谓结构，其中的"煮［tə°］"都是体词性结构，这就无法解释这两类格式之间的对立了。①

我们说这三组［tə°］的界限可以分清楚，只是说这三组之间不会混淆，并不是说这三组恰好分别代表三个——而不是更多的——不同的［tə°］。换句话说，并不保证每一组内部不同格式中的［tə°］的同一性。事实上本文的目的正在于证明第（3）组的［tə°］包括三个不同的语素。不过因为（1）（2）（3）之间的界限是清楚的，所以我们在讨论第（3）组的时候，可以撇开（1）（2）两组不论。

第（3）组［tə°］分布极广，为了节省篇幅，我们不准备在这里把所有包含这一组［tə°］在内的格式都列举出来。这一组［tə°］书面上一般写作"的"，因此我们可以暂时利用汉字"的"来标记第（3）组［tə°］的范围。在下文的讨论中，我们把第（3）组［tə°］一律写作"的"，②这一组［tə°］所代表的三个不同的语素则分别写作"的₁""的₂""的₃"。

0.2 本文分析"的"字的基本方法是比较不带"的"的语法单位③——假定为 x——跟加上"的"之后的格式"x 的"在语法功能上的差别，由此分离出"的"的性质来。举例来说，假定 x_1 和 x_2 是功能不同的语法单位（假定说 x_1 是动词性的，x_2 是形容词性的），但加上"的"之后，"x_1 的"和"x_2 的"的语法功能相同（假定说都是名词性的），在这种情况下，我们说 x_1 和 x_2 后头的"的"是同一个语素（名词性单位的标志）。反过来说，如果 x_1 和 x_2 的语法功能相同（假定说都是副词性的），但加上"的"之后，"x_1 的"仍是副词性的，而"x_2 的"是形容词性的，在这种情况下，我们说 x_1 和 x_2 后头的"的"是两个不同的语素（x_1 后头的"的"是副词性单位的标志，x_2 后头的"的"是形容词性单位的标志）。这种分析方法的实质是把两个带"的"的格式语法功能上的异或同归结为"的"的异或同。当然，这只是一种可能的解释，并不是唯一的解释。因为从逻辑上说，我们似乎也可以采取另一种方法，即把两个带"的"的格式——"x_1 的"和"x_2 的"——功能上的异或同解释为 x_1 和 x_2 本身的异或同，不解释为"的"字的异或同。换句话说，我们可以把不同的 x 后头的"的"都看成同一个语素。关于这两种分析方法的比较，以及我们所以采取前者不采取后者的理由，将在第 5 部分讨论。

0.3 在下文的讨论中，我们常常要提到一些词类的名称。这主要有两种情形。一种情形是为了说明"的₁""的₂""的₃"的分布，即说明"的₁"能在哪几类词后头出现，

---

① 参看朱德熙《现代汉语形容词研究》4.1，《语言研究》1956 年第 1 期。
② 除了引文之外，"的"和"地"不加区别。
③ "语法单位"指语素、词或词组。

"的$_2$"能在哪几类词后头出现，等等。此时词类对于我们只起标记的作用，采用的词类系统不同，并不影响我们对于这三个"的"字本身的语法性质所做的论断。[①]另一种情形是在比较"x$_1$的"和"x$_2$的"的语法功能时，我们有时说"x$_1$的"相当于某类词，"x$_2$的"相当于某类词。这样说只是为了避免噜苏，事实上我们完全可以直接比较"x$_1$的"和"x$_2$的"功能上的异同，不必通过词类的媒介来描写它们的区别。"x$_1$的""x$_2$的""x$_3$的"语法功能的异同是客观的语言事实，我们可以采用不同的词类系统来描写这种功能上的异同，但不论采用什么样的词类系统，都不能改变语言事实。

0.4　本文根据不同的 x 加上"的"之后形成的格式（"x$_1$的""x$_2$的"等等）功能上的区别把"的"字分析为三个不同的语素。至于"x 的"是词，还是比词大的单位，本文不作肯定。换句话说，我们不肯定"的"是词尾，还是独立的虚词。在下文的讨论中，我们管"的"叫作"语素"，管"x 的"叫作"语法单位"。由于三个"的"都是后附性的，所以有时又管它们叫"后附成分"。所谓"后附成分"只是说这三个"的"永远跟它们前边的成分组成语法单位，而跟后边的成分不发生直接的语法关系。因此本文所说的"后附成分"跟通常所谓"词尾"或"后加成分"含义不同，不能混淆。

1．的$_1$

1.1　我们通过副词来确定"的$_1$"。这里说的副词指的是严格的副词，即符合下列两项标准的词：

　　（1）能够修饰动词或形容词；

　　（2）不能修饰名词，不能作主语、宾语、谓语。[②]

"偶然、经常、确实、正式、突然、积极、现在、将来"等等都能修饰动词或形容词，符合第一项标准，可是这些词有的能修饰名词（偶然事件、正式文件），有的能作谓语（消息不确实、事情很突然），有的能作主语或宾语（现在是两点整、等到将来再说），都不符合第二项标准，因此不在我们所说的副词的范围之内。

---

① 假定 x$_1$、x$_2$、x$_3$ 分别代表三类词，又假定 x$_1$ 后头的"的"是"的$_1$"，x$_2$ 后头的"的"是"的$_2$"，x$_3$ 后头的"的"是"的$_3$"。如果我们现在采用另一种词类系统，假定在这个系统里，x$_1$ 和 x$_2$ 是一类——x$_0$，x$_3$ 自成一类。此时我们说：x$_3$ 后头的"的"是"的$_3$"，一部分 x$_0$ 后头的"的"是"的$_1$"，另一部分 x$_0$ 后头的"的"是"的$_2$"。两种说法不同，但实质上是一样的。

② 这两项标准里所说的"修饰"都是指不带"的"字直接充任修饰语。我们说 A 能修饰 B，是说有 AB 这样的格式存在。由于"的"（包括"的$_1$""的$_2$""的$_3$"）是"后附性"的，不是"介接性"的，因此在"A 的 B"一类格式里，只能说是"A 的"修饰 B，不能说是 A 修饰 B。"AB"和"A 的 B"是不同的格式，必须加以区别。汉语词类问题的讨论中，由于没有分清这两类格式，引起了许多逻辑上的混乱〔参看《关于动词形容词"名物化"的问题》§6.5，《北京大学学报》（人文科学版）1961年第4期〕。本文讨论的是"的"的性质，尤其应该区别这两类格式。"的$_1$"和"的$_2$"的后附性是很清楚的，关于"的$_3$"的后附性，请看 4.1.2。

严格的副词都不能修饰名词，但是其中有一部分可以修饰数量结构或"数·量·名"结构。例如：

> 刚好五个。
>
> 仅仅三天。
>
> 大约五块钱。
>
> 就两本书。
>
> 已经五个人了。

通常把数量结构和"数·量·名"结构看成名词性的结构，这就跟我们说的副词不能修饰名词有矛盾。其实这两类结构的功能跟名词不完全相同，最突出的一点是这两类结构都能做谓语。例如：

> 他二十岁。
>
> 每人两本。
>
> 右边一张书桌。

可见数量结构和"数·量·名"结构都有谓词的性质。既然这两种结构的功能跟名词有区别，那么，我们说副词不能修饰名词，同时又说副词能修饰数量结构和"数·量·名"结构，这两种说法并没有什么矛盾。①

1.2　单音节副词之后都不能带"的"。双音节副词有两类。一类不能带"的"，例如："已经、马上、素来、刚好、恰巧"；一类可以带"的"，例如："非常、十分、忽然、简直、格外、不住、明明、渐渐、偏偏、暗暗"。第二类双音节副词什么时候带"的"，什么时候不带，我们说不出条件来，看来好像是自由的。比较：

---

① 有人说副词能修饰名词，所举的例证有以下五类：（1）太娇气；（2）偶然现象；（3）也许老王去；（4）恰好五个人；（5）就场长没走。（1）"娇气"可以变成"娇里娇气"，名词不能这样变；可以说"这个人娇气""娇气着呢""娇气得很"，名词不能占据这几种位置。不能说"娇气"是名词。（2）"偶然"确实可以修饰名词。但正因为如此，我们就不能承认它是副词（因为跟副词的定义不符合，看1.1）。我们不能先主观地假定"偶然"是副词，然后再举出"偶然现象"之类的格式来证明副词能修饰名词。（3）"也许"修饰的不是"老王"，而是"老王去"这个主谓结构。主谓结构是谓词性结构，不是名词性结构，可以受副词修饰。说"也许"修饰"老王"，是因为没有弄清楚结构的层次。（4）"恰好"修饰的不是名词，而是"数·量·名"结构。"数·量·名"结构跟名词语法性质不同，可以受副词修饰。见上文。（5）我们没有理由肯定这类格式里的副词（就）和它后边的名词（场长）之间是修饰关系。解释为修饰关系显然有困难。因为我们既不能说这里的副词是状语（说"就"是状语，就等于说后面的"场长"是谓词性成分，而"场长"是不能作谓语的），也不能说它是定语（说"就"是定语，就等于说"就场长"是主语，这显然也是讲不通的）。最合理的办法是把"就场长"看成动宾结构。这可以有两种解释方法：或者说"就"是副词兼动词，或者说"就"字后头有一个没有说出来的动词"是"。"光我一个人""地上净水"情形相同，其中的"光我""净水"也都是动宾结构。

A	B
非常有趣。（骆 10 ）①	这使他非常的痛快。（骆 6 ）
门忽然开了。（骆 86 ）	他忽然的不那么昏昏沉沉的了。（骆 165 ）
在屋里简直无事可作。（骆 156 ）	简直的没一点起色。（骆 69 ）
外面的黑暗渐渐习惯了。（骆 20 ）	像拉着块冰那样能渐渐的化尽。（骆 21 ）
心中不禁暗暗怜悯。（席 34 ）②	都暗暗的掉下了眼泪。（席 12 ）
就赶紧往里走。（席 4 ）	大家伙儿赶紧的往屋跑。（席 12 ）

A 组各句的副词之后都不带 "的" 字，相应的副词在 B 组里都带 "的" 字。这类副词加 "的" 不加 "的" 可能有某种细微的区别，③ 但这两类格式的基本语法功能并没有发生变化，则是可以肯定的事实。副词原来只能修饰谓词性成分，不能修饰名词，不能作主语、宾语、谓语，加上 "的" 之后，还是只能修饰谓词性成分，不能修饰名词，不能作主语、宾语、谓语。如果我们把双音节副词记作 F，把双音节副词加 "的" 以后的格式记作 "F 的"，则：

$$F\ 的 = F④$$

我们把 F 后头的 "的" 记作 "的$_1$"。

"的$_1$" 是副词性语法单位的后附成分。

2. 的$_2$

2.1 我们通过单音节形容词的重叠式来确定 "的$_2$"。

如果我们把单音节形容词记作 A，把单音节形容词重叠以后的格式记作 R，则：

$$R \equiv A\bar{A}儿⑤$$

R 显然有以下几项性质：

（1）不能单说；

（2）不能作主语、宾语、谓语；

（3）不能修饰名词性成分；

（4）后头能够加上 "的"。

---

① "骆" 指老舍《骆驼祥子》，人民文学出版社，1955。下同。

② "席" 指陈士和《评书 "聊斋志异" 选集》第十一集《席方平》，天津人民出版社，1957。下同。

③ 当然是指语法功能的区别，不是指风格上的区别。

④ $x=y$，表示 x 和 y 的语法功能相同，不是说 x 和 y 是同一个东西。本文所用等号都应该这样理解。

⑤ A 上头的短横表示高平调。"儿" 是附加成分，跟 "Ā" 合成一个音节。下文所举 R 的例子，照汉字写，不标调，"儿" 是略去不写。有少数单音节动词也能照形容词的方式重叠，如 "偷偷儿"，这类格式也算 R。

以上四项是所有的 R 共同具备的性质。如果就 R 与"的"结合的情形看，R 又可以分为两类。一类只能在"的"字前头出现。换句话说，这一类 R 不出现则已，只要出现，后头一定带"的"。例如：

> 绿绿的　新新的　长长的　瘦瘦的
>
> 扁扁的　香香的　凉凉的　热热的
>
> 软软的　脆脆的　酸酸的　烫烫的
>
> 甜甜的　傻傻的　胖胖的　嫩嫩的

我们把这一类 R 记作 R_a。另一类 R 可以在"的"字前头出现，但不是只在"的"字前头出现。这一类 R 不带"的"字单独出现的时候，占据的位置不外以下两种。

1. 修饰谓词性成分。例如：

> 他倒希望虎姑娘快快进屋去。（骆 48）
>
> 街上慢慢有些年下的气象了。（骆 73）
>
> 好好拿着，丢了可别赖我。（骆 80）
>
> 为是好早早买上自己的车。（骆 68）
>
> 他细细看了看。（骆 155）

2. 修饰数量结构或"数·量·名"结构。例如：

> 满满一车人。
>
> 好好一本书。
>
> 小小一间屋子。

我们把这一类 R 记作 R_b。R_b 的数量不如 R_a 多，常见的有"好好、慢慢、快快、远远、早早、细细、满满、小小、大大、紧紧"等。

R_b 可以修饰谓词性成分或"数·量·名"结构，加上"的"以后，"R_b 的"也能修饰谓词性成分或"数·量·名"结构。我们可以说"慢慢走""好好一本书"，也可以说"慢慢的走""好好的一本书"；R_a 永远在"的"字前头出现，因此只能说"酽酽的沏了碗茶""胖胖的两只小手"，不能说"酽酽沏了碗茶""胖胖两只小手"。

综上所述，R_b 具有以下一些性质：

（1）不能单说；

（2）不能作主语、宾语、谓语；

（3）不能修饰名词性成分；

（4）能够修饰谓词性成分或"数·量·名"结构。

R_b 的这些性质正是 F 所具有的性质（参看 1.1），可见：

$$R_b = F$$

因此 R_b 应归入副词一类。[①]

R_a 永远不独立,只能在"的"字前头出现,可见不是独立的"词"。

2.2　R_b 是副词,但加上"的"之后,"R_b 的"跟 R_b 的功能大不相同。例如"好好"只能修饰谓词性成分,加上"的"之后,"好好的"除了修饰谓词性成分之外,还可以修饰名词性成分(好好的东西,别糟蹋了),可以作谓语(什么都好好的)、补语(说得好好的,又变卦了)。二者的区别略如下表。

	单说	谓语	补语	定语	状语
R_b	−	−	−	−	+
R_b 的	+	+	+	+[②]	+

R_b=F,但加上"的"之后,R_b 的 ≠ F 的。可见 R_b 后头的"的"跟 F 后头的"的"(的₁)不是同一个语素。我们把 R_b 后头的"的"记作"的₂"。[③]

2.3　R_a 不是独立的词,但加上"的"之后,"R_a 的"的功能跟"R_b 的"相同,即可以单说,可以作谓语(脸红红的)、补语(抹得红红的)、定语(红红的脸)、状语[④](热热的喝下去)。R_a ≠ R_b,但:

$$R_a \text{ 的} = R_b \text{ 的}$$

可见 R_a 后头的"的"跟 R_b 后头的"的"是同一个语素,即"的₂"。

"R_a 的""R_b 的"和形容词的功能基本上相同,所以"的₂"可以说是形容词性语法单位的后附成分。

3.　的₃

单音节形容词(A)加上"的"之后形成的格式功能如下:

(1)能够作主语(白的好)、宾语(不要白的)、定语(白的纸)、[⑤]谓语(这张纸白的);

---

① 我们说"小小"是副词,可是在"小小一间屋子"里,"小小"在意念上是和名词"屋子"发生联系的,这正如"热热的沏一壶茶"里的"热热的"虽是状语,但在意念上却是和名词"茶"发生联系的。我们把 R_b 和 F 归为一类,并不是说二者的语法功能毫无区别(参看本页注③)。退一步说,即使二者不同类,也不会影响下文我们对于这两类成分之后的"的"字所作的论断。

② "慢慢的""快快的""早早的"不能作定语,是例外。

③ R_b 和 F 都是副词,但 F 后头只能加"的₁",R_b 后头只能加"的₂"。根据这一点,我们可以反过来把 R_b 和 F 看成副词内部两个不同的小类。

④ 由于词汇意义的限制,不是所有的"R_a 的"都能作状语。

⑤ 有些语法著作不承认"白的纸"里的"白的"跟"白的好""不要白的"里的"白的"是同一个东西。我们不同意这种说法。看 4.1.1 以次。

（2）不能作状语和补语。[①]

"A 的"在第（1）点上跟"F 的"有区别，在第（2）点上跟"R 的"有区别，即：

$$A 的 \neq F 的，A 的 \neq R 的$$

可见 A 后头的"的"不是"的$_1$"，也不是"的$_2$"。我们把这个"的"记作"的$_3$"。

动词（D）、名词（M）加上"的"之后，功能跟"A 的"相同，比较见下表。

	主语	宾语	定语	谓语	状语	补语
A 的	白的好	不要白的	白的纸	这张纸白的	—	—
D 的	懂的少，不懂的多	有懂的，有不懂的	懂的人多，不懂的人少	我懂的[②]	—	—
M 的	昨天的好	不要昨天的	昨天的报	这张报昨天的	—	—

可见：

$$D 的 = M 的 = A 的$$

D 和 M 之后的"的"也是"的$_3$"。

"A 的""D 的""M 的"的功能跟名词的功能基本上相当，所以"的$_3$"可以说是名词性语法单位的后附成分。

4. "的$_1$""的$_2$""的$_3$"的分布

以上我们根据副词（F）、单音节形容词（A）和单音节形容词重叠式（R）把"的"字分离为三个不同的语素。实际上，"的$_1$""的$_2$""的$_3$"出现的场合不限于这三类成分之后（例如"的$_3$"除了在 A 后头出现之外，还在 D 和 M 后头出现，这在第 3 部分已经说到了），本节将扼要地介绍这三个"的"的分布情况。下文 4.1.1 以次讨论在定语位置上出现的"A 的""D 的""M 的"等格式中的"的"字，4.2.1 以次讨论句尾的"的"字（"他会来的"中的"的"），4.3.1 以次讨论双音节形容词后头的"的"字，4.4 讨论"程度副词 + 形容词"这个格式后头的"的"字，4.5 讨论双音节形容词重叠式后头的"的"字，4.6 讨论带后加成分的形容词（"红通通""黑里呱唧"等等）后头的"的"字，4.7 讨论并立结构（"东张张，西望望""你一言，我一语"等等）后头的"的"字，4.8 讨论拟声词后头的"的"字。4.9 列出"的$_1$""的$_2$""的$_3$"的分布总表。

4.1

4.1.1　如果我们把 A、D、M 统称为 S，则"A 的 M（白的纸）""D 的 M（懂的人）""M

---

①　"洗得白的"应分析为"洗得白 / 的"，不能分析为"洗得 / 白的"。换句话说，在"洗得白的"里，是动补结构加"的"，不是"白的"作补语。

②　有些语法著作把这类格式里的"的"解释为语气词。我们不同意这个说法。看 4.2.1 以次。

的 M（昨天的报）"等格式可以概括地写成"S 的 M"。我们认为"S 的 M"应该分析为"S 的 /M"，而且认为其中的"S 的"是名词性结构。我们之所以要特别提到这一点，是因为目前有一种相当流行的观点，即只承认主语、宾语等位置上的"S 的"是名词性结构，不承认定语位置上的"S 的"是名词性结构。换句话说，不承认主宾语位置上的"S 的"和定语位置上的"S 的"的同一性。我们认为这种说法是有困难的，理由如次。

4.1.2　上文说"S 的 M"应分析为"S 的 /M"，这就是说，我们认为其中的"的"是后附成分，不是介接成分。有许多语法著作则持相反的见解，认为"S 的 M"应分析为"S/ 的 /M"，即认为其中的"的"是介接成分，而非后附成分。

把"S 的 M"里的"的"解释为介接成分，原因是不愿意承认名词性成分可以作定语。我们知道名词可以直接修饰名词是汉语语法结构的特点之一，但在早期的一些语法著作里，碰到这类格式，总要把充任定语的名词解释成形容词。例如说"一块玻璃"里的"玻璃"是名词，而"玻璃窗"里的"玻璃"则已由名词转化为形容词了。用这种眼光来看带"的"字的格式，就只能承认"一张白的"里头的"白的"是名词性结构，不能承认"白的纸"里头的"白的"是名词性结构。不过要否认"一块玻璃"里的"玻璃"和"玻璃窗"里的"玻璃"的同一性是比较困难的，因此只好用"转化"的说法来解释（即承认两个"玻璃"是同一个词，不过"玻璃窗"里的"玻璃"已经由名词转化为形容词了）；要否认"一张白的"里的"白的"和"白的纸"里头的"白的"的同一性则比较容易，因为只要说前者的"的"是后附成分，后者的"的"是介接成分，这两个格式就变得完全不相干了。这个说法看起来很巧妙，但实际上是讲不通的。最重要的证据是我们的语言系统里有

$$S_1 \text{ 的}, S_2 \text{ 的}, \cdots S_n \text{ 的 M}$$

这样的格式存在。例如：

真的、善的、美的东西总是在同假的、恶的、丑的东西相比较而存在，相斗争而发展的。[①]

一律长袖小白褂，白的或黑的裤子。[②]

很明显，"真的、善的、美的东西"只能分析为：

$$\{[\text{真的}], [\text{善的}], [\text{美的}]\}\{\text{东西}\}。$$

不能分析为：

$$\{\text{真}\}\text{的}, \{[\text{善}]\text{的}, [(\text{美})\text{的}(\text{东西})]\}。$$

---

① 毛泽东：《关于正确处理人民内部矛盾的问题》，参看《毛泽东哲学著作学习文件汇编》（下册），中国人民大学出版社，1958，1281—1282 页。

② 老舍：《骆驼祥子》，3 页。

在"白的或黑的裤子"里，"或"是介接成分，如果把"或"字前头的"的"也看成介接成分，这个句子的结构就变成不可理解的了。

总之，"S₁的，S₂的，…Sₙ的M"一类格式的存在充分说明了"S的M"里头的"的"是后附成分，不是介接成分。

4.1.3 如果我们承认"S的M"里的"的"是后附成分，即承认"S的M"应分析为"S的/M"，那么我们就不得不承认这个格式里的"S的"是名词性结构。因为这个说法不但能圆满地解释"S的M"这类格式本身，而且也能同样圆满地解释跟"S的M"发生直接或间接关系的其他种种格式。我们不妨从反面来论证这个问题，即先假定"S的M"里的"S的"不是名词性结构（即否认定语位置上的"S的"和其他位置上的"S的"的同一性），看看将产生什么样的结果。

说"S的M"里的"S的"不是名词性结构，就等于说我们的语言系统里有两个不同的"S的"：一个只在定语位置上出现，另一个只在定语以外的位置上出现。我们把这两个格式分别记为（S的）ₐ和（S的）ᵦ，由于这两个格式里相应的"S"的同一性是不容否认的（"白的纸"里的"白"跟"一张白的"里的"白"显然是同一个词），所以（S的）ₐ和（S的）ᵦ的区别实际上就是这两个格式里的"的"字的区别。因此我们可以把（S的）ₐ和（S的）ᵦ分别简化为"S的ₐ"和"S的ᵦ"。

在上文的讨论中，我们只指出A、D、M三类成分能在"的ᵦ"之前出现。事实上，除了A、D、M之外，人称代词、数量结构、动宾结构、主谓结构等等加上"的"字也能组成名词性结构，可见这种种成分之后的"的"也是"的ᵦ"。这些成分不仅能在"的ᵦ"之前出现，而且也能加上"的ₐ"作定语。比较：

	的ᵦ	的ₐ
人称代词	我的	我的书
数量结构	两斤的	两斤的鸡
动宾结构	看戏的	看戏的人
动补结构	洗好的	洗好的衣服
主谓结构	我给他的	我给他的书
连动结构	送票给我的	送票给我的人
递系结构	请你看戏的	请你看戏的人
联合结构	我和弟弟的	我和弟弟的糖

S原来只包括A、D、M三类成分，现在我们可以扩大S的范围，把人称代词、数量结构等等成分也包括进去。

对于前边的 S 来说，"的 $_a$"和"的 $_b$"的分布范围是相同的："的 $_b$"能在 A、D、M、人称代词、数量结构等等之后出现，"的 $_a$"也能在这些成分之后出现；"的 $_b$"不能在 F、R 等成分之后出现，"的 $_a$"也不能在这些成分之后出现。由此可见，"的 $_a$"和"的 $_b$"的功能相同，即：

的 $_a$ = 的 $_b$

换句话说，"的 $_a$"和"的 $_b$"同属一个"语素类"。

我们知道，如果两个复杂的语法单位的相对应的组成部分功能相同，而且这些组成部分之间的结构关系相同，那么这两个语法单位的功能也必然基本上相同。举例来说，"看"＝"买"（都是动词），"书"＝"票"（都是名词），而且"看"和"书"之间的结构关系与"买"和"票"之间的结构关系相同（都是动宾关系），因此"看书"和"买票"的功能也必然相同。

在"S 的 $_a$"和跟它相对应的"S 的 $_b$"里，S 是同一个语言成分，"的 $_a$"和"的 $_b$"功能相同，"的 $_a$"和"的 $_b$"跟 S 的结构关系相同（都是附加关系）。按理说"S 的 $_a$"和"S 的 $_b$"的语法功能应该基本上相同，换句话说，我们应该可以建立下边的等式：

S 的 $_a$＝S 的 $_b$

可是根据我们的假设，"S 的 $_a$"和"S 的 $_b$"是完全不同的结构，"S 的 $_a$"只在定语的位置上出现，"S 的 $_b$"只在定语以外的位置上出现，二者的语法功能是互相排斥的，即：

S 的 $_a$ ≠ S 的 $_b$

这就陷入了矛盾。可见我们原来的假设——把"S 的 $_a$"和"S 的 $_b$"看作两个不同的语言成分——是不能成立的。

证实了"S 的 $_a$"和跟它相应的"S 的 $_b$"之间的同一性，那么，"的 $_a$"和"的 $_b$"自然也是同一个语素，即"的 $_3$"。

4.1.4 上文曾经指出，不承认"S 的 $_a$"和"S 的 $_b$"的同一性，是因为不愿意承认名词可以作定语。而不承认名词可以作定语则是建立在下面这样的观点上的：名词表示"事物"，定语则表示事物的"性状"，二者不可能是同类的东西。根据这种观点，"木头比水轻"里的"木头"说的是事物本身，是名词；"木头房子"里的"木头"说的是事物（"房子"）的性状（质料），是形容词。同样，"白的多，黑的少"里的"白的""黑的"（S 的 $_b$）说的是事物本身，是名词性结构；"白的纸多，黑的纸少"里的"白的""黑的"（S 的 $_a$）说的是事物（"纸"）的性状（颜色），不能是名词性结构。

把"木头房子"里的"木头"解释为形容词跟把"快比慢好"里的"快""慢"解释为名词，出发点完全一样。通常把后者叫作动词形容词在主宾语位置上的"名物化"，那么我们也可以把前者叫作名词在定语位置上的"性状化"。我们在另外一篇文章里曾经指出，"名物化"的说法是不能成立的。[①] 这个批评也完全适用于"性状化"，因为这两种说法在本质上是一回事。

目前还有不少语法著作主张主宾语位置上的动词形容词"名物化"的说法，可是不大有人再说定语位置上的名词"性状化"了，一般语法著作都倾向于承认定语位置上的名词仍是名词，并没有"转化"为形容词。既然如此，我们就没有理由否认"S 的$_a$"和"S 的$_b$"的同一性。关于这一点，我们还可以举量词结构作定语的格式来作比较：

> 这所比那所大　　　　这所房子大
>
> 白的比黑的多　　　　白的纸多

这两组句子的结构是完全平行的。如果说"白的比黑的多"里的"白的"指事物，而"白的纸多"里的"白的"指性状，所以二者不是同一个语言成分，那么这个理由也同样适用于"这所"。如果承认两个"这所"的同一性，那么我们也就没有什么理由怀疑两个"白的"的同一性。

"S 的$_a$"和"S 的$_b$"的分布范围是互补的："S 的$_a$"只在定语位置上出现，不在其他位置上出现；"S 的$_b$"只在定语以外的位置上出现，不在定语位置上出现。这两个格式的分布范围加在一起正好跟名词的分布范围相当。比较：

	主语	宾语	定语
S 的$_a$	−	−	+
S 的$_b$	+	+	−
名词	+	+	+

承认"S 的$_b$"是名词性结构，同时又否认"S 的$_b$"和"S 的$_a$"的同一性，这样一来，"S 的$_b$"就成了一个"缺门"的名词性结构（不能作定语）；可是凑巧得很，我们的语言系统里又刚好有一个跟"S 的$_b$"同形的、专门作定语的"S 的$_a$"，把"S 的$_a$"补进来，就得出一个"全份的"名词性结构。我们说"S 的$_a$"和"S 的$_b$"是同一个语言成分，这也是一个很有力的论证。

4.2

4.2.1　比较下列四组格式：

A	B
今天中秋	这所房子木头的
你傻瓜	这辆车老王的

---

① 《关于动词形容词"名物化"的问题》，《北京大学学报》（人文科学版）1961 年第 4 期。

这个人黄头发	这本书我的
我北京人	这件衣裳人家的
C	D
这杯水凉的	他会来的
这个苹果酸的	他不抽烟的
这个灯泡好的	这件衣服洗干净的
这间屋子空的	电影票我买的

A组的谓语是名词或名词性偏正结构。其余三组都包含一个"S的"的形式在里头。B组的 S 是名词（包括人称代词），C 组的 S 是形容词，D 组的 S 是动词或动词性结构。B、C 两组只能解释为"S的"作谓语，其中的"的"显然是"的₃"，D 组的"的"有人解释为语气词。我们认为这四组格式是平行的，B、C、D 三组里的"S的"相当于 A 组里的名词性成分，前边都能加上"是"字，都是"S的₃"。

4.2.2 D组的情形非常复杂，其中包含许多形式相同而实质不同的格式。为了便于分析，我们把这一类格式记作"MD的"，其中 M 表示名词性成分（名词或名词性结构），D 表示动词性成分（动词或动词性结构）。

从意义上看，"MD的"可以分成以下三大类：

Ⅰ 我会写的。（回答问题："你会不会写？"）

Ⅱ 我写的。（回答问题："谁写的？"）

Ⅲ 我昨天写的。（回答问题："你什么时候写的？"）

Ⅰ所表示的意义的中心点在动词上，Ⅱ的中心点在名词（主语）上，Ⅲ的中心点在动词前头的状语（昨天）上。跟这三类词关联的还有底下这个格式：

Ⅳ 我写的诗。（回答问题："你写的什么？"）

这个格式的意义中心点在"S的"后边的名词（诗）上。Ⅳ的形式是"M₁D 的 M₂"，跟前三类不同，但由于Ⅰ、Ⅱ、Ⅲ、Ⅳ之间有密切的关系，我们把这四类格式放在一块儿讨论。

如果我们用 T 表示动词性成分（D）前头的状语，用"°"表示意义中心点（意义中心点同时也是重音所在的地方），那么以上四类格式可以写成：

Ⅰₐ MD̊的（"我会写的"，不是"不会写"。）

Ⅱₐ M̊D 的（"我写的"，不是"他写的"。）

Ⅲₐ MT̊D 的（"我昨天写的"，不是"今天写的"。）

Ⅳₐ M₁D 的 M̊₂（"我写的诗"，不是"写的散文"。）

以上的写法代表这四类格式最简单的模式。实际上Ⅰ、Ⅱ和Ⅳ里可以有 T 出现，Ⅱ和

Ⅲ里头也可以有 M_2 出现。例如：

Ⅰ　我以前（T）会写的。（回答问题："你以前会写不会？"）

Ⅱ　我昨天（T）写的诗（M_2）。［回答问题："谁（昨天）写的诗？"］

Ⅲ　我昨天（T）写的诗（M_2）。（回答问题："你什么时候写的诗？"）

Ⅳ　我昨天（T）写的诗（M_2）。（回答问题："你昨天写的什么？"）

如果我们用圆括号表示可以出现，也可以不出现的成分，用"—"表示一定不能出现的成分，则以上四类格式可以写成：

$Ⅰ_b$　M_1（T）$\overset{\circ}{D}$ 的 $\overline{M}_2$[①]

$Ⅱ_b$　$\overset{\circ}{M}_1$（T）D 的（M_2）

$Ⅲ_b$　$M_1\overset{\circ}{T}D$ 的（M_2）

$Ⅳ_b$　M_1（T）D 的 $\overset{\circ}{M}_2$

比起 $Ⅰ_a$、$Ⅱ_a$、$Ⅲ_a$、$Ⅳ_a$ 来，这是更为概括的写法。我们原来是从"MD 的"这个格式出发的，现在知道，"MD 的"只是"M_1TD 的 M_2"这个格式的一种特殊情况。在"M_1TD 的 M_2"里，如果 M_2 绝对不能出现，那就是Ⅰ式，如果 M_2 必须出现，那就是Ⅳ式，如果 T 必须出现，那就是Ⅲ式，如果 T 和 M_2 都是可出现可不出现，那就是Ⅱ式。

我们当初把Ⅰ、Ⅱ、Ⅲ、Ⅳ分开，根据的是意义，现在发现这四类的分别是有形式上（结构上）的根据的：Ⅰ式里不可能有 M_2，Ⅲ式必须有 T，Ⅳ式必须有 M_2，等等。但要从根本上区别这四类格式，那就必须来考察它们的变换式。

这四类格式里头都能插一个"是"字进去。我们把插进"是"字以后的格式叫作Ⅰ、Ⅱ、Ⅲ、Ⅳ的变换式。比较见表：

类别	原式	变换式
Ⅰ	M_1（T）$\overset{\circ}{D}$ 的 $\overline{M}_2$：我（以前）会写的	M_1（T）是 $\overset{\circ}{D}$ 的 $\overline{M}_2$：我（以前）是会写的
Ⅱ	$\overset{\circ}{M}_1$（T）D 的（M_2）：我（昨天）写的（诗）	是 $\overset{\circ}{M}_1$（T）D 的（M_2）：是我（昨天）写的（诗）
Ⅲ	$M_1\overset{\circ}{T}D$ 的（M_2）：我昨天写的（诗）	M_1 是 $\overset{\circ}{T}D$ 的（M_2）：我是昨天写的（诗）
Ⅳ	M_1（T）D 的 $\overset{\circ}{M}_2$：我（昨天）写的诗	M_1（T）是 D 的 $\overset{\circ}{M}_2$：我（昨天）是写的诗 M_1（T）D 的是 $\overset{\circ}{M}_2$：我（昨天）写的是诗

我们说Ⅰ、Ⅱ、Ⅲ、Ⅳ是不同的格式，现在从它们的变换式得到了充分的证明，因为这四类格式的变换式完全不一样。"我昨天写的诗"可以有三种不同的意思，根据变换式可

———

[①]　Ⅰ式的 $\overline{M}_2$ 表示这个位置上不可能有 M_2 出现。

以看出它们分属Ⅱ、Ⅲ、Ⅳ三类。

4.2.3 以上所举的四个变换式里的"的"字显然不能解释为语气词。Ⅳ式的"的"字后头永远跟着名词，Ⅱ和Ⅲ的"的"字后头不一定有名词，但是可以添上名词，因此都不能解释为语气词。只有Ⅰ式的"的"字之后不能加名词。但这四个格式显然是同一个格式（M_1TD 的 M_2）的不同的变形，其中的"的"都跟前边的"是"字相配，应该看成同一个语素。最合理的办法是把它们解释为"的$_3$"。

Ⅰ、Ⅱ、Ⅲ、Ⅳ和它们各自的变换式之间的关系是全面对应的。因此我们不能不承认Ⅰ、Ⅱ、Ⅲ、Ⅳ里的"的"跟相应的变换式里的"的"的同一性。既然四个变换式里的"的"都是"的$_3$"，那么Ⅰ、Ⅱ、Ⅲ、Ⅳ里的"的"字也应该解释为"的$_3$"。

4.2.4 "我（昨天）买的票"可以有好几种不同的意思。比较：

（a）这是什么？这是我买的票。

（b）谁买的票？我买的票。（Ⅱ式）

（c）你什么时候买的票？我昨天买的票。（Ⅲ式）

（d）你买的什么？我买的票。（Ⅳ式）

（a）式的"我买的票"是一般的偏正结构，应分析为：

（a）（这是）我买的 / 票

（b）（c）（d）三式里的"我（昨天）买的票"根据相应的变换式来看，应分析为：

（b）我买的 // 票

（c）我 / 昨天买的 // 票

（d$_1$）我 / 买的 // 票

（d$_2$）我买的 / 票

（d）式有两个变换式，因此也相应地有两种不同的分析法：（d$_1$）和（d$_2$）。在上面的写法里，单斜线表示主谓关系，双斜线表示修饰关系。除（b）式是偏正结构外，其余三式都是主谓结构。（c）和（d$_1$）的主语是"我"，谓语是偏正结构。（d$_2$）的主语是"我买的"，谓语是名词"票"。

"我（昨天）进的城"没有（a）（d）两种意义，只有（b）（c）两种意义：

（b）谁进的城？我进的城。（Ⅱ式）

（c）你什么时候进的城？我昨天进的城。（Ⅲ式）

"我进的城"只能是Ⅱ式或Ⅲ式，"我买的票"则分别属于四种不同的类型。"我进的城"跟"我买的票"的区别仅仅在这一点上。从结构上看"我（昨天）进的城"的（b）（c）两式跟"我（昨天）买的票"的（b）（c）两式完全相同。其中的"的"也是"的$_3$"。

4.3

4.3.1　我们在确定"的₃"的时候，只提到单音节形容词，没有提双音节形容词。现在我们来考察双音节形容词（以下记作"AB"）后头的"的"的性质。

所有的双音节形容词加上"的"之后都可以修饰名词。例如"干净的手绢、漂亮的衣服、严肃的样子、便宜的书、新鲜的菜、高深的道理、光明的前途、激昂的声调"。一部分双音节形容词加上"的"之后可以修饰动词。例如：

细心的算	坦白的承认
大胆的说	勉强的答应了
仔细的看	热心的帮忙
老实的说	切实的去做

在口语里，能够放在这类格式里的双音节形容词不很多，但在书面语里，双音节形容词加上"的"之后作状语是极常见的格式。例如：

四铭吃了一惊，慌张的说。①

几个老百姓热烈的喊着。②

一片淡淡的夕阳透过窗子微弱地晒在桌子上的菊花瓣上。③

群众杂乱地喊着。④

车身猛烈的震动了一下。⑤

在这一点上，单音节形容词跟双音节形容词有显著的区别。"A 的"只能作定语，绝对不能作状语；"AB 的"能作定语，但是有一部分还可以作状语。

4.3.2　定语"AB 的"跟状语"AB 的"里头的"的"是同一个语素，还是两个不同的语素？假定说是同一个"的"，这个"的"显然不是"的₁"，如果把这个"的"看成"的₁"，那只能解释作状语的格式，不能解释作定语的格式。同样，这个"的"也不可能是"的₃"，如果说是"的₃"，那只能解释作定语的格式，无法解释作状语的格式。当然，我们可以把这个"的"看成"的₂"。看成"的₂"，既能解释作定语的格式，又能解释作状语的格式，好像很合理，但是仔细观察一下，就会发现这个说法仍然有困难。因为所有的"AB的"都不能作谓语和补语，能作状语的也只是其中的一部分，可见：

　　　　AB 的 ≠ R 的

---

① 《鲁迅全集》第 2 卷，53 页。
② 袁静等：《新儿女英雄传》，192 页。
③ 《曹禺剧本选》，461 页。
④ 茅盾：《子夜》，384 页。
⑤ 茅盾：《子夜》，192 页。

因此 AB 后头的"的"不能解释为"的$_2$"。

如果我们一定要维持原先的假定，即把定语"AB 的"跟状语"AB 的"里头的"的"看成同一个"的"，那么我们只好把这个"的"解释为"的$_1$""的$_2$""的$_3$"以外的另一个"的"，即"的$_4$"。这样做，不但又多出了一个"的"，而且还相应地多出了一个新的语法单位的"类"——"AB 的$_4$"，[①] 由此不必要地增加了我们的语法系统的复杂性。不过这一点还是次要的，根本的问题是"AB 的$_4$"这个类是建立不起来的。我们知道所有的"AB 的"都能作定语，都不能作谓语和补语，如果不是因为其中有一部分能作状语的话，我们完全有理由把"AB"后头的"的"解释为"的$_3$"。可是能作状语这一点又不是"AB 的"的共性（只有一部分"AB 的"能作状语），因此这一项功能不能作为给"AB 的"划类的根据。换句话说，根据"AB 的"表现出来的共性看，我们只能把它归入名词性成分，不能把它看成一个新的类。可是我们早就说过，把"AB 的"划归名词性成分是有困难的，因为有一部分"AB 的"可以作状语。总之，"AB"后头的"的"既不能解释为"的$_1$""的$_2$""的$_3$"中的任何一个，又不能解释为"的$_4$"。这个事实说明，把定语"AB 的"和状语"AB 的"里"的"解释为同一个语素的假设不能成立。

4.3.3　我们唯一的出路是放弃原先的假设，把这两种位置上的"的"看成不同的语素。最合理的办法是把定语位置上的"AB 的"解释为"AB 的$_3$"，把状语位置上的"AB 的"解释为"AB 的$_1$"。

根据这种解释，我们说双音节形容词有两类：一类后头可以加"的$_3$"，也可以加"的$_1$"，例如：

甲$_1$	乙$_1$
大胆的$_3$人	大胆的$_1$想
坦白的$_3$态度	坦白的$_1$说
勉强的$_3$样子	勉强的$_1$去做
细心的$_3$学生	细心的$_1$算

另一类后头只能加"的$_3$"，不能加"的$_1$"，例如：

---

① 说"AB 的$_4$"是多出来的新类，是因为现代汉语里没有一类语法单位的功能正好跟它相当（即只能作定语、状语，不能作谓语和补语），因此"AB 的$_4$"只能自成一类。这跟"的$_1$""的$_2$""的$_3$"的情形不同。我们把"的"分析为三个不同的语素，可是由这三个"的"组成的语法单位"x 的$_1$""x 的$_2$""x 的$_3$"都有类可归（"x 的$_1$"是副词性的，"x 的$_2$"是形容词性的，"x 的$_3$"是名词性的），没有引出新的类来。

$$甲_2 \qquad\qquad 乙_2$$

便宜的 $_3$ 东西　　　便宜的 $_3$ 卖掉了

容易的 $_3$ 事　　　　容易的 $_3$ 修好了

干净的 $_3$ 衣服　　　干净的 $_3$ 穿在身上

甲 $_1$ 和甲 $_2$ 里的"AB 的"是定语，其中的"的"是"的 $_3$"；乙 $_1$ 里的"AB 的"是状语，其中的"的"是"的 $_1$"。乙 $_2$ 里的"AB 的"虽然也放在谓词性成分之前，但只能理解为主语，不可能理解为状语，因为其中的"的"是"的 $_3$"，不是"的 $_1$"。要让乙 $_2$ 里的"便宜的""容易的""干净的"转化为状语，必须改变它们的形式：或者在前头加上"很、挺、非常"等副词（很便宜的卖掉了，挺容易的修好了），或者改为重叠式（干干净净的穿在身上）。"很 AB 的""挺 AB 的""AABB 的"等格式里的"的"都是"的 $_2$"。见下。

4.4　我们把"很、挺、怪、非常"等程度副词记作 f。"fA 的"的语法功能跟"A 的"很不相同。"A 的"是名词性结构，只能作主语、宾语、定语，不能作谓语、补语、状语。"fA 的"既能作定语，又能作谓语、补语、状语。例如：

挺好的东西。

这个人挺好的。

字写得挺好的。

很好的完成任务。

即：

fA 的 =R 的

可见 fA 后头的"的"是"的 $_2$"。

"AB 的 $_3$"只能作定语，不能作状语，"AB 的 $_1$"只能作状语，不能作定语，不论是"AB 的 $_3$"，还是"AB 的 $_1$"，都不能作谓语和补语。"fAB 的"既能作定语、状语，又能作谓语、补语。例如：

非常便宜的书。

非常便宜的卖掉了。

这本书挺便宜的。

卖得挺便宜的。

即：

fAB 的 =R 的

可见 fAB 后头的"的"也是"的 $_2$"。

"最、更、顶、太"等副词（以下记作 f'）放在形容词之前形成的格式，可以作谓语或补语。可是后头加上"的"以后，"f'A 的"和"f'AB 的"只能作主语、宾语或定语，不能作谓语、补语、状语。即：

$$f'A\ 的 = f'AB\ 的 = A\ 的$$

可见 f'A 和 f'AB 后头的"的"是"的₃"。

4.5 双音节形容词重叠式有"AABB"和"A 里 AB"两种形式。"AABB"和"A 里 AB"功能相同：都能作谓语、补语、状语。加上"的"之后，"AABB 的"和"A 里 AB 的"除了能作谓语、补语和状语之外，还能作定语。例如：

身上干干净净的。

洗得干干净净的。

干干净净的洗一洗。

干干净净的衣服。

可见"AABB"和"A 里 AB"后头的"的"都是"的₂"。

4.6 一部分单音节形容词可以带后加成分。后加成分有双音节的和三音节的两类。双音节后加成分通常是两个同音的音节，例如：

乎乎	黑乎乎	热乎乎		
哄哄	乱哄哄			
丝丝	甜丝丝	凉丝丝		
溜溜	光溜溜	酸溜溜	圆溜溜	灰溜溜
喷喷	香喷喷			
通通	红通通			
英英	蓝英英			
油油	绿油油			
魆魆	黑魆魆			
巴巴	干巴巴			
梆梆	硬梆梆			
腾腾	慢腾腾	热腾腾		

三音节的后加成分如：

里呱唧	黑里呱唧	脏里呱唧
咕隆咚	黑咕隆咚	
不溜秋	灰不溜秋	
不雌列	白不雌列	

我们把形容词后加成分写作"-a"，把带后加成分的形容词写作"A-a"。"A-a 的"可以作定语、状语、谓语、补语，例如：

> 绿油油的叶子。
>
> 热呼呼的喝下去。
>
> 屋里黑里呱唧的。
>
> 长得胖乎乎的。

可见"A-a"后头的"的"是"的₂"。

可见"A-a"后头的"的"是"的$_2$"。

4.7 我们把"说呀笑的""连踢带打""东张张，西望望""你一言，我一语"一类格式叫作"并立结构"（B）。并立结构都是由两个同类的词或同类的构造组成的。大致可以分为以下几种类型。

（1）并立成分是单个的名词或动词。例如：

> 猫哇狗的 　茶呀水的
>
> 说呀笑的 　打呀闹的

（2）并立成分是主谓、动宾、动补、偏正、数量等各种类型的结构。例如：

> 眉开眼笑 　你死我活 　张家长李家短
>
> 挤眉弄眼 　无缘无故 　有鼻子有眼
>
> 赶尽杀绝 　翻来覆去 　坐不住站不住①
>
> 大惊小怪 　神头鬼脸 　肥鸡大鸭子②
>
> 千言万语 　三天两天 　十块二十块③

（3）并立成分是重叠式：

> 家家户户 　子子孙孙
>
> 说说笑笑 　来来往往
>
> 上上下下 　前前后后
>
> 红红绿绿 　大大小小
>
> 千千万万 　三三两两

（4）前后两个并立成分同形：

> 说呀说的
>
> 一步一步
>
> 很慢很慢

---

① "自己在屋里是坐不住站不住的。"（席 30）

② 一天到晚肥鸡大鸭子的海吃。

③ 老是十块二十块的跟人借钱。

一个字一个字

有的并立结构加上"的"字之后只能作状语，例如：

无缘无故的发脾气。

一个字一个字的往下念。

这个"的"是"的$_1$"。有的并立结构加上"的"之后能够作谓语、状语、定语。例如：

你别大惊小怪的。

大惊小怪的叫了起来。

大惊小怪的样子。

这个"的"是"的$_2$"。

4.8 拟声词（N）大致有以下几类。

（1）单音节的。例如"当、啪、嗤、哗、砰"。

（2）双音节的。例如"叮当、滴答、喀嚓、哗啦、咕嘟、轰隆"。

（3）三音节的拟声词大都是 ABB 的形式。例如"哗啦啦、扑通通"。

（4）四音节的拟声词有三类：（a）AABB 式：叮叮当当、滴滴答答、噼噼啪啪、唧唧咕咕。（b）ABAB 式：叮当叮当、哗啦哗啦、咕嘟咕嘟。（c）ABCD 式：噼里啪啦、叮呤当啷、稀里哗啦。

单音节、双音节和三音节的拟声词只能作状语，不能作谓语、补语、定语，加上"的"之后仍然只能作状语，不能作谓语、补语、定语。例如：

"噌"（的）一下就坐起来了。

扑通（的）跳下水去。

豁啷啷（的）满台钱响。

这个"的"是"的$_1$"。

四音节的拟声词加上"的"之后能作谓语、状语、定语。例如：

这两个人一天到晚唧唧喳喳的，不知说些什么。

咕嘟咕嘟的冒泡。

真像嘻嘻哈哈的小姑娘。

这个"的"是"的$_2$"。

4.9 以上我们把"的$_1$""的$_2$""的$_3$"的分布情况大致介绍了一下。所举的都是比较重要的格式，由于篇幅的限制，有些零碎的格式不能一一列举。现在我们把"的$_1$""的$_2$""的$_3$"的分布情况列成一个表格。

类别	符号	举例	加"的"以后的功能	"的"的类别
双音节副词	F	忽然	副词性	的$_1$
单音节、双音节和三音节拟声词	N$_1$，N$_2$，N$_3$	当、哗啦，哗啦啦	副词性	的$_1$
单音节形容词重叠式	R$_a$	红红	形容词性	的$_2$
	R$_b$	轻轻	形容词性	的$_2$
双音节形容词重叠式	AABB	干干净净	形容词性	的$_2$
带后加成分的形容词	A-a	红通通	形容词性	的$_2$
四音节拟声词	N$_4$	稀里哗啦	形容词性	的$_2$
并立结构	B	无缘无故	副词性	的$_1$
		大惊小怪	形容词性	的$_2$
名词	M	木头	名词性	的$_3$
动词	D	吃	名词性	的$_3$
单音节形容词	A	红	名词性	的$_3$
双音节形容词	AB	便宜	名词性	的$_3$
		细心	名词性／副词性	的$_3$／的$_1$
程度副词＋形容词	fA，fAB	很好，挺便宜	形容词性	的$_2$
	fʹA，fʹAB	最好，最便宜	名词性	的$_3$

5. 关于分析方法的讨论

5.1　根据我们的观察，北京话里带"的"字的格式可以归纳为以下三种类型：

（1）副词性的，例如："F 的"；

（2）形容词性的，例如："R$_a$ 的""R$_b$ 的"；

（3）名词性的，例如："A 的""D 的""M 的"。

如果我们的观察是符合语言事实的，那么我们进一步就要问：这三类格式里的"的"字是同一个语素，还是不同的语素？这个问题如何回答，要看我们采取什么样的分析方法。

本文所采取的方法是把带"的"的格式功能上的异或同归结为后附成分"的"的异或同。例如"R$_a$ 的"和"R$_b$ 的"功能相同，由此我们确定 R$_a$ 和 R$_b$ 后头的"的"是同一个语素，"F 的"和"A 的"功能不同，由此我们确定 F 和 A 后头的"的"不是同一个语素。根据这个方法，我们分析出三个不同的"的"来："的$_1$"是副词性单位的后附成分，"的$_2$"是形容词性单位的后附成分，"的$_3$"是名词性单位的后附成分。

我们把"的"分成三个不同的语素，可是这三个"的"的形式（语音形式）是一样的。因此要确定某一个"的"是"的$_1$""的$_2$"还是"的$_3$"，不能看"的"字本身的形式，而要看这个 "的" 前头的成分的类别（是 F，是 R，还是 A、D、M 等等）。换句话说，由于 "的$_1$""的$_2$""的$_3$" 的分布不同，我们可以根据一个 "的" 字所处的环境来确定它是 "的$_1$""的$_2$" 还是 "的$_3$"。例如 F 后头的 "的" 是 "的$_1$"，R_a 和 R_b 后头的 "的" 是 "的$_2$"，等等。

5.2 5.1 里所说的方法并不是唯一的，因为我们还可以采取另外一种方法，即把各类成分后头的 "的" 都看成同一个语素。根据这样的观点，能够带 "的" 的成分有以下三类：

（1）F，N_1，…

（2）R_a，R_b，AABB，…

（3）A，D，M，…

第一类成分加上 "的" 形成副词性单位，第（2）类成分加上 "的" 形成形容词性单位，第（3）类成分加上 "的" 形成名词性单位。

5.3 以上说的两种不同的分析方法实质上代表我们在确定语素（或词）的同一性问题时两种不同的原则。比较：

一把$_1$刀……（A）

把$_2$着门……（B）

如果我们单纯根据同音原则来归纳词（即把语音形式相同的个体词归纳为同一个概括词），[①] 那么我们应该承认 "把$_1$""把$_2$" 是同一个 "词"。如果我们根据同音同义的原则来归纳词（即把语音形式相同、意义相同的个体词归纳为同一个概括词），那么我们就说 "把$_1$""把$_2$" 是两个不同的词。很显然，这两种 "词" 的含义不同。前者可以叫作 "音韵学上的词"，后者可以叫作 "语法学上的词"。

有时为了某种特定的目的，我们可能需要建立 "音韵学上的词" 这样的概念，可是用 "音韵学上的词" 代替 "语法学上的词" 作为语法分析的基本单位则是不合适的。这至少有以下两方面的原因。

（1）如果我们把 "把$_1$""把$_2$" 看成同一个词，那么，这个 "词" 的分布范围比较广（可以放在数词和名词之间组成名词性结构，可以放在 "着" 字前头，等等），可是我们找不到或很难找到一些别的词跟它的分布范围相同（"个""条""张" 等等可以放在数词和名词之间，可是不能放在 "着" 字前头；"看""坐""说" 可以放在 "着" 字前头，可是不能放在数词和名词之间组成名词性结构）。如果我们把 "把$_1$""把$_2$" 看成两个不同的词，那么这两个词中的每一个词的分布范围都相对地缩小了（"把$_1$" 只能放在数词和名词之间，但不能放在 "着" 字前头；"把$_2$" 只能放在 "着" 字前头，但不能放在数词和名

---

① 关于个体词和概括词参看《关于动词形容词 "名物化" 的问题》§5.2，《北京大学学报》（人文科学版）1961 年第 4 期。

之间）。可是对于这两个词中的任何一个，我们都可以找到一些别的词跟它分布范围相同。（例如跟"把₁"分布范围相同的有"个""条""张"等等；跟"把₂"分布范围相同的有"看""坐""说"等等。）

为了使我们的语法描写尽量简单，我们应该选择那些分布范围比较窄，可是跟它分布范围相同的词比较多的词作为基本单位，而不宜于选择那些本身分布范围很广，可是跟它分布范围相同的词极少的词作为基本单位。①

（2）作为语法单位，每一个具体的语素和词都有一定的形式和一定的意义。就这一点说，语素和词相当于数学里的"常数"，不相当于数学里的"变数"。如果我们把"把₁""把₂"看成两个不同的词，那么这两个词中的任何一个都有固定的形式（都是［pa³］），也都有固定的意义（比较确切的定义可以在词典上找到）。如果我们把"把₁""把₂"看成同一个词，那么这个词虽然有固定的形式，却没有固定的意义，它的意义随环境而变：放在数词和名词之间是一种意义，放在"着"字前又是完全不同的一种意义。

5.4 上面说的第一点显然不适用于"的"字。因为我们无论把"的"字分析为三个不同的语素，或是归并为一个，都找不到跟它们分布范围相同的别的语素。单从这一点看，两种分析方法没有什么区别，无论采用哪一种都可以。但从以上所说的第二点来看，则两种分析方法就有很大的不同。如果我们把"的"分析成"的₁""的₂""的₃"，那么这三个"的"不但有固定的形式（［tə°］），而且也都有固定的意义（语法意义）："的₁"是副词性单位的后附成分，"的₂"是形容词性单位的后附成分，"的₃"是名词性单位的后附成分。如果把三个"的"归并为一个语素，那么这个"的"只有固定的形式，却没有固定的语法意义。它的语法意义随环境而异：放在 F 之后，是副词性语法单位的后附成分，放在 R 之后，是形容词性单位的后附成分，放在 A、D、M 之后，是名词性语法单位的后附成分。

5.5 从理论上说，"把₁""把₂"的分合问题跟"的₁""的₂""的₃"的分合问题性质是相同的。但是把"把₁"和"把₂"归并为一个词，一般人会感到不合适，因为"把₁"和"把₂"意义上的差别太显著了。把"的₁""的₂""的₃"归并为一个词，就比较容易为人接受，因为我们说不出"的₁""的₂""的₃"的意义是什么，三者的区别只表现在语法功能上，而这种功能上的差别不是一眼就可以看出来的。关于这一点，我们可以举一个英语的例子来作比较。我们知道，英语的名词复数语尾"s"跟动词第三人称单数现在时语尾"s"语音形式相同，②但从理论上说，显然是两个不同的语素。可是笔者不止一次听人说这样的话：英语的"s"放在名词之后表示复数，放在动词之后表示第三人称单数。这种说法实际上是把两个不同的"s"解释为同一个语素，不过它的语法作用是变动的：放在名词之后是

① Z. S. Harris, *Methods in Structural Linguistics*, 13.31。
② 都包括［s］［z］［iz］三个变体。

一种作用，放在动词之后是另一种作用。

总之，目前一般语言学者进行语法分析时所说的词（或语素），指的是"语法学上的词（或语素）"，不是"音韵学上的词（或语素）"。根据这个原则，我们应该把"的$_1$""的$_2$""的$_3$"分开。但把"的$_1$""的$_2$""的$_3$"归并为一个语素，这种分析方法在一般人的心理上也是有一定的地位的。

原刊于 1961 年第 12 期

说"匼"字音

丁声树

　　山西省南部匼河镇的"匼"字，依照晋南方言的音，应当读 kē。"匼"字这个读法，不见于《康熙字典》和《康熙字典》以后的字书。检辽代僧行均的《龙龛手鉴》，有这个音。《龙龛手鉴》卷一，匚部入声，"匼"字下注的音是"苦合反"。"苦合反"今天正应读 kē。《康熙字典》的字形作"匼"，列在匚部。[①]"匼"字下没有收"苦合反"的读法，只根据《韵会》《正韵》，注了"邬感反"一个音。《康熙字典》以后的字书，如《辞源》《中华大字典》《辞海》《国语辞典》等，凡是收了"匼"字的，都和《康熙字典》一样，只有"邬感切"一个读法。"邬感切"今天应读 ǎn。

　　《康熙字典》编者之所以只收"邬感切"，不收"苦合反"，取舍之间，可能是经过考虑的。《康熙字典·凡例》中有一条说：

　　　　音韵诸书，俱用翻切。人各异见，未可强同。今一依《唐韵》、《广韵》、《集韵》、《韵会》、《正韵》为主。……至如《龙龛》、《心镜》诸书，音切类多臆见，另列备考中，不入正集。

还有一条说：

　　　　字兼数音，先详考《唐韵》、《广韵》、《集韵》、《韵会》、《正韵》之正音，作某某读，次列转音。

　　"匼"字"邬感切"这个音，见于元代的《韵会举要》和明代的《洪武正韵》。这两部书所注的音是"正音"，当然收在《康熙字典》里。"苦合反"是《龙龛》的"音切"，大概认为是个"臆见"，所以就"不入正集"了。"不入正集"的音，照说要"另列备考中"。但是《康熙字典》的"备考"也没有把"匼"字的"苦合反"列在里头。后来王引之作的《字典考证》也没有提到这一点。

---

　　① 本篇除引《龙龛手鉴》原文时作"匼"外，为简便计，概用《康熙字典》的字形，作"匼"。

现在讨论“匼”字的音，我们就要问问：《龙龛手鉴》的“苦合反”，究竟是不是个“臆见”？《韵会举要》和《洪武正韵》那个“邬感切”，到底是不是“匼”字的“正音”？如果我们把这两个读法和其他的文献材料联系起来检校一番，就会看到，“苦合反”既符合匼河镇这个地名在今天的实际读音，还可以与历史上各方面的材料互相印证，并不是什么“臆见”，应当认为是“匼”字的正音。“邬感切”的读法，尽管见于《韵会举要》和《洪武正韵》这两部重要的韵书，倒很可能是个“臆见”。“邬感切”一方面与晋南方言的音对不起来，另一方面，在《韵会》和《正韵》以外，也缺乏历史上的根据。

《康熙字典》“匼”字注中引了《新唐书》的“阿匼”作例。我们就从这一条说起。《新唐书》卷一百零一，《萧复传》：“［卢］杞对上或诡谀阿匼。”北宋崇宁五年（1106）董衝（衡）作的《新唐书释音》[①]，卷十一，对于这个“匼”字的注音，正是“苦合切”。《新唐书》卷一百零九，《杨再思传》：“阿匼取容。”《新唐书释音》卷十二也是说：“匼，苦合切。”[②] 崇宁五年（1106）上距嘉祐五年（1060）欧阳修、宋祁等撰成《新唐书》进上，只有四十六年。董氏“苦合切”的读法应有所据。方以智《通雅》卷七，《释诂》“阿匼即阿邑”条，王念孙《汉书杂志》卷十四，“阿邑”条，都以《新唐书·萧复传》的“阿匼”附合《汉书·酷吏传·赞》的“阿邑”。“匼”字的音，方氏注为“遏合切”，王氏注为“乌合反”，均不可信。[③]

《康熙字典》还引了杜甫诗的“乌匼”作例，我们留在后面讨论。

六朝和唐代的诗文，屡见“匼匝”一词，义为周匝环绕，是两个入声字的叠韵联语。宋鲍照《代白纻舞歌词》：“雕屏匼匝组帷舒。”[④] 梁江淹《江上之山赋》：“电𪓲兮匼匝。”[⑤] 唐罗虬《比红儿》诗，第八首：“匼匝千山与万山。”[⑥]“匼”字都应读苦合切，与“匝”字子答切叠韵。“匼匝”的中古音应为［kʻɑp-tsɑp］，普通话应读 kē-zā。杜诗旧注里有更明确的证据。杜甫《送蔡希鲁都尉还陇右，因寄高三十五书记》诗：

马头金匼匝，驼背锦模糊。

宋蔡梦弼《杜工部草堂诗笺》卷四注云：

---

① 董衝，《宋史·艺文志》卷一、王应麟《玉海》卷四十六均作“董衡”。《玉海》引宋《国史志》：“崇宁五年，董衡为《新唐书释音》二十五卷。”
② 《杨再思传》一条是高景成同志检示的。
③ 方以智、王念孙之说都本于《韵会举要》。参看《韵会举要》卷三十，入声十五，合与盍同用，“遏合切”内，“邑”字注。
④ 《全宋诗》卷四。“匼”字下有注云：“或作铪”。《乐府诗集》卷五十五所载鲍照《代白纻舞歌词》，正文“匼”作“铪”，注云：“一作匼。”
⑤ 《全梁文》卷三十三。
⑥ 石印本《全唐诗》第四函，一册。

匼，口答切。匝，作答切。

《分门集注杜工部诗》卷二十一注引郑卬释文：

上口答，下作答切。

"口答切"与"苦合切"同音。唐代律诗每以双声叠韵的联语属对。"匼匝"是两个入声字叠韵。"模糊"是两个平声字叠韵。清代周春作《杜诗双声叠韵谱括略》，把"马头金匼匝，驼背锦模糊"这两句诗列入卷一的"叠韵正格"，是不错的。白居易《仙娥峰下作》诗："参差树若插，匼匝云如抱。"①"参差"双声，"匼匝"叠韵，也是以双声叠韵的联语属对。"匼"字音都应当是入声的苦合切，不会是上声的邬感切。"匼匝"今天应读 kē-zā，不应读 ǎn-zā。

《康熙字典》"匼"字下又引杜诗的"晚风爽乌匼"句作例。这一句见于杜甫《七月三日亭午已后校热退，晚加小凉，稳睡，有诗，因论壮年乐事，戏呈元二十一曹长》诗。宋郭知达《九家集注杜诗》卷十二注引薛梦符云："子美曰，马头金匼匝。所谓乌匼，即乌巾也。"薛氏引"马头金匼匝"之句以注"乌匼"，可见他读"乌匼"的"匼"字与"匼匝"的"匼"字同音。所以"乌匼"的"匼"字也应当是"苦合切"，不会是"邬感切"。今天也应当读 kē，不应当读 ǎn。②

"匼匝"也作"唈匝"。寒山子诗云："髻高花唈匝，人见皆睥睨。"又一首云："唈匝几重山？回环多少里？"③"唈匝"叠韵，"回环"双声。《大广益会玉篇》卷二十二，广部："唈，口答切，唈帀。"（"帀"即"匝"字）《龙龛手鉴》卷一，匚部入声："匼，苦合反，匼匝也，与唈同。"又卷二，广部入声："唈，口合反，唈匝也。""口合"与"苦合"同音。可见"唈匝"就是"匼匝"，"匼"与"唈"为一字之异体。

"匼匝"又作"铪匝"。江淹《丽色赋》："紫帷铪匝，翠屏环合。"④王翰《春女行》："红轩铪匝垂纤罗。"⑤鲍照《代白纻舞歌词》"雕屏匼匝组帷舒"，一本"匼匝"作"铪匝"。⑥《广雅·释器》："铪，铤也。"曹宪《博雅音》："铪，工纳，口帀。""口帀"，"口合"，"苦合"，同音。

"匼匝"又作"磕匝"。阎立本《巫山高》诗："君不见巫山磕匝翠屏开，湘江碧水绕

---

① 《白氏长庆集》卷十。
② 《九家集注杜诗》在"乌匼"句下注中又引赵次公云："今亦有匼顶巾之语。""匼顶巾"大概是宋元间的俗语。《水浒》五十一回："只见一个老儿裹着磕脑儿头巾。""匼顶巾"与"磕脑儿头巾"，构词方式相似。"匼"与"磕"音义皆同，都是周绕的意思，都应读 kē。
③ 《寒山子诗集》。
④ 《全梁文》卷三十三。
⑤ 石印本《全唐诗》第一函，六册。
⑥ 参上页注④。

山来。"① 韩愈《月蚀诗效玉川子作》诗:"天罗磕匝,何处逃女(汝)刑!"②"磕匝"也就是"匼匝"。"磕"字今天正是读 kē。③

最后,我们引一条匼河镇在宋代的写法。北宋王存等编撰的《元丰九域志》,卷三,永兴军,河中府,河东县下注云:

> 四乡。泠谷,唅河,永乐三镇。

这里所说的"唅河镇",就是今天的"匼河镇"。据《集韵》入声合韵,"唅"是"唅"的重文,音渴合切。《文选》卷十二,郭璞《江赋》,"鼓唅窟以溳渤。"李善本"唅"字下注"苦合"音。可见匼河镇的"匼"字今天读 kē,正是历史相沿的旧音。

总起来说,"匼"字今天读 kē,在历史上,有"苦合、口合、口答、渴合"等反切作证;有"匼匝、唅匝、铪匝、磕匝"等同为一个叠韵联语的异文作证;有"匼河镇"就是宋代的"唅河镇"作证。在方言上,又有匼河镇这个地名在晋南的实际读音作证。由此可见,《龙龛手鉴》注的"苦合反",实在是一个很有根据的音。"匼"字今天读 kē,正是符合古今演变的读法。《韵会举要》《洪武正韵》《康熙字典》等书所注的"邬感切",就今天见到的材料看起来,似乎是一个缺乏根据、大有问题的音。在普通话里,"匼"字应当读 kē,不应当读 ǎn。

附 记

"匼、唅"两个字都不见于《说文》和《广韵》。以音义求之,大概都是"匌"字的别体。《说文》九篇,勹部:"匌,币也。"《广雅·释言》:"匌,币也。"曹宪《博雅音》:"匌,苦合。"《文选》卷十二,木华《海赋》:"磊匒匌而相豗。"李善本在"匌"字下注"苦合"音。《广韵》入声合韵"匌,匌币也",口答切。杜甫《三川观水涨二十韵》诗:"翁匌川气黄。"《九家集注杜诗》卷二注引赵次公云:"翁匌则气之翁郁匌匝之貌。"《分门集注杜工部诗》卷四注引郑卬释文云:"上音乌〔孔切〕④,下口答切。""苦合","口答",同音。韩愈《月蚀》诗的"磕匝",据旧注,一本作"匌匝"。可见"匼匝、唅匝"就是《说文》《广韵》的"匌币"。"匼、唅"两字并应为"匌"字的别体。

"匌"字还有见母入声和匣母入声的读法。匣母入声的读法见于徐铉、徐锴兄弟给《说文》"匌"字注的音。"匌"字,大徐"侯阁切",小徐"後阁反",都与"合"字同音。匣母入声的读法,似乎不很通行。《广韵》入声合韵"侯阁切"内就没有收"匌"字。"匌"字在《广韵》里只有两个音。溪母入声的"口答切",与许多文献上的材料相

① 石印本《全唐诗》第一函,二册。
② 《朱文公校昌黎先生集》卷五。
③ 从《广韵》系统看,"磕"字苦盍切,在盍韵。"匼"字苦合切,应当在合韵。合、盍两韵的字,唐代诗文多相通。
④ "上音乌〔孔切〕",今本脱"孔切"两个字,依《集千家注杜工部诗集》卷三注引郑卬音补。

符合，上文已经引过。此外还有一个见母入声的读法。入声合韵"古沓切"内有"匋"字，注，"周匝也"，也是"匼匝"的意思。《西京杂记》卷上载羊胜《屏风赋》云："屏风鞈匝，蔽我君王。""鞈匝"也应当是"匼匝"的异文。"鞈"字在《广韵》合韵里只有见母"古沓切"一个音，没有溪母的读法。这可能表示古代方言上的差异。附记于此，以待进一步的研究。

原刊于 1962 年第 4 期

现代汉语轻音和句法结构的关系

林 焘

研究语言的句法结构，主要是从词和词之间的结构关系入手。这种结构关系有时能从语音现象（包括语音的停顿、高低、轻重等）中反映出来。少数的句子，如果不考虑它的语音特点，甚至就无法分析它的句法结构。这里只举两个例子：

1. 我不去叫他去

a. /wǒ，bú qù；jiào tā qù/[①]

b. /wǒ，bú qù jiào ta qu/

1a 在第一个"去"之后有一个较大的停顿，"他"和第二个"去"都不轻读；全句由两个分句组成，第二个分句是递系结构。1b 全句中间没有较大的停顿，"他"和第二个"去"都轻读；全句由一个单句组成，"叫他去"是单句中的一部分，它的结构和"看他去、找我来"相同，不是递系结构。

2. 三加四乘五

a. /sān，jiā sì；chéng wǔ/

b. /sān；jiā，sì chéng wǔ/

2a 在"四"后有较大的停顿；"三加四"是主语，"乘五"是谓语；用算式来表示是：$(3+4) \times 5=35$。2b 在"三"后有较大的停顿；"三"是主语，"加四乘五"是谓语，谓语中"四乘五"是宾语；用算式来表示是：$3+(4 \times 5)=23$。[②]

在这两个例子里，语音特点对句法结构可以说是起了决定性的作用。一般句子自然并不如此，但是，弄清楚一句话语音结构的特点，对分析它的句法结构，无疑是会有很大帮

---

① 本文用汉语拼音方案代表普通话声韵调的音位系统。另外，用 /，/ 代表语音的较小停顿，用 /；/ 代表语音的较大停顿；","和"；"不等于标点符号里的逗号和分号。

② 这种现象不只在汉语里存在。L. Bloomfield 曾经提到，英语里像 two plus three times five plus four（二加三乘五加四）这样的句子也是模糊不清的，它的得数可以是 45、21、29 等等（参看 L. Bloomfield，*Linguistic Aspect of Science*，1939）。

助的。

本文所要讨论的只是现代汉语（普通话）轻音和句法结构的关系。首先必须弄清楚的是普通话轻音的性质，在这个基础上才有可能讨论与轻音有关的句法结构问题。

1. 轻音在语音结构中的地位

一句话总是由许多语音单位构成的。语音单位的分割可大可小，语音结构也就可以分成若干大小不同的层次。在这篇文章里，我们不准备详细讨论应该如何分割语音单位，只想用最简单的办法来说明语音结构的层次关系。例如，前面举出的例1a，可以根据停顿 /，/ 分割为 /wǒ, bú qù/ 和 /jiào tā qù/ 两个较大的语音单位，这是一个层次（例1b就没有这个层次）；/wǒ, bú qù/ 这个语音单位又可以根据停顿 /，/ 分割为 /wǒ/ 和 /bú qù/ 两个较小的语音单位，这又是一个层次；/bú qù/ 又可以根据音节分割为 /bú/ 和 /qù/ 两个更小的语音单位，这又是一个层次；/qù/ 又可以根据声调特点分割为 /qu/ 和 / ˋ / 两个更小的语音单位，这又是一个层次；qu 又可以根据音素分割为 /q/ 和 /ü/ 两个更小的语音单位，这又是一个层次。[①] 由这个例子可以看出，语音结构和语法结构很相似，它也是一个层次套着另一个层次的。

把语音结构按层次来分析有很多好处，它至少可以使我们注意到一句话里各音节之间的不同结构关系，不至于只把眼光局限在音节单位（也就是"字"单位）的语音分析上。

从语音结构的层次关系来看普通话的轻音现象，就会发现普通话里有许多轻音音节的独立性非常之差，它们不能和有声调的音节处在同一个语音层次。在以音节作为一个层次来分割语音单位时，应该只限于有声调音节，不能包括这些轻音音节；在这个语音层次里，这些轻音音节只能依附于它前面的有声调的音节构成一个语音单位。例如，在分割 /mǎi le yí ge chá bēi/（买了一个茶杯）这句话时，就不能把这六个音节放在同一个层次，而应该先分割成 /mǎi le/，/yí ge/，/chá/ 和 /bēi/ 四个语音单位，在更低一层的层次中再分割 /mǎi le/ 和 /yí ge/。/wǒ men de shū/（我们的书）应该先分割成 /wǒ men de/ 和 /shū/，再分割成 /wǒ men/ 和 /de/，然后分割 /wǒ men/。

我们提出这种分析方法，是有种种理由的。最容易让人想到的是语音停顿只能在轻音之后，不能在轻音之前。但是，这只能证明轻音和它前面音节的关系近，不能说明它不能和有声调的音节处于同一个语音层次。

所谓轻音音节，实际上是一个短而弱的音节。"轻音"这个名称只能反映出音强减弱的

---

① 也可以先分割成 /q/ 和 /ü/，再把 /ü/ 分割成 /ü/ 和 / ˋ /。汉语声调在音节中的地位是一个复杂的问题，这里不进行详细讨论。

特点，并不能反映出音长变短的特点。[①]后一个特点非常重要，由于短，就容易丧失它的音节独立性，少数轻音音节因为读得太短甚至可以丢掉它的韵母，在快读时（也就是轻音音节特别短时）这种倾向尤其明显，例如：

我们 /wǒmen/——/ wǒm/

豆腐 /dòufu/——/dòuf/

东西 /dōngxi/——/dōngx/

"们、腐、西"的音节独立性比较差，有一部分人实际上已经把这些词读得接近于 /wǒm，dòuf，dōngx/ 了。更明显的是 /de/（包括"的、地、得"），有些人在快读"我的书"/wǒde shū/ 或"跑得快"/pǎode kuài/ 时，不但不把 /de/ 的韵母 /e/ 读出来，连 /d/ 也只有成阻和持阻而没有除阻；这个 /d/ 完全丧失了它的音节独立性，只能依附于它前面的音节了。[②]

根据苏联 T.П.扎多延柯的实验[③]，北京话不但轻音本身的音长很短，连它前面的有声调音节也比一般要短；有轻音音节的双音词语在音长上要比一般的双音词语缩短一半左右。现在把扎多延柯实验所得的数字资料抄录于下：

成对的词	整个词的长度 （时间单位 1/40 秒）	前一音节的长度 （时间单位 1/40 秒）	后一音节的长度 （时间单位 1/40 秒）
东西 dōngxī	44	20	24
东·西 ˙dōngxi	25	15	10
生活 shēnghuó	50	23	27
生·活 shēnghuo	25	15	10
多少 duōshǎo	52	17	35
多·少 duōshao	24	14	10
兄弟 xiōngdì	44	25	19
兄·弟 xiōngdi	23.5	16	7.5

注：＊"·"号放在汉字前面时，表示这个汉字读轻音。

这份资料里的一些细节问题还需要我们进一步研究，但是总的倾向很值得我们注意。在"东西"里的"东"长度是 20，而"东·西"里的"东"长度就只有 15；"东·西"整个的长度也只有 25。"兄·弟"整个长度只有 23.5，比"兄弟"里"兄"的单独长度 25 还要短。这是说明普通话轻音音节和它前面的有声调音节构成一个语音单位的很有力的证据。

普通话轻音音高的变化也可以说明这问题。轻音音节短而弱，音高读成中度最自然，

---

① 事实上完全依靠音的强弱来分别意义的语言是很少的。一般有轻重音分别的语言，它的轻重音都带有其他能分别这两种音节的成分（如音色或音长的不同等）。参看 D. Jones，*The Phoneme：Its Nature and Use*，§§ 455-460，1950。

② 以上纯粹是从实际发音来考虑的，与音位学的分析无关。

③ T.П.扎多延柯:《汉语弱读音节和轻声的实验研究》,《中国语文》1958 年 12 月号。

普通话轻音音节在阴平和阳平之后正是如此。但是，在上声和去声之后音高就有了变化，变化情况大致如下：

阴平＋轻音（桌·子）——［55］＋［3］^①

阳平＋轻音（房·子）——［35］＋［3］

上声＋轻音（椅·子）——［21］＋［4］

去声＋轻音（凳·子）——［53］＋［1］

这种变化非常有启发性。上声在一般轻音之前只读成"半上"［21］，它后面轻音音高是［4］，两个音节恰好共同构成一个全上声的调值［214］。^②去声在轻音之前只读成［53］（或［52］），它后面轻音音高是［1］，两个音节恰好共同构成一个全去声调值［51］。这种变化不只能说明轻音在语音结构中的地位，而且也可以看出汉语声调的调值有超出一个音节的范围而把后面轻音音节包括进去的趋势。

从变调现象也可以看出这种趋势来。普通话的变调突出地表现在上声，如果上声后面紧跟着一个轻音音节，在单独说这两个音节时，上声的变调一般要受后面轻音原来声调的影响。例如：

小说——小·心（上声＋阴平）

主席——主·人（上声＋阳平）

老板——老·虎（上声＋上声）

手套——手·艺（上声＋去声）

左边一行第二音节不读轻音，右边一行第二音节读轻音；但是两行的第一音节"小、主、老、手"变调情况相同："小、主、手"变成"半上"，"老"变成阳平。^③

这样的音节如果处在一句话的中间快读时，变调情况就有变化。第一个上声音节有时可以仍根据后面轻音原来声调来变调，有时又可以不管后面轻音音节，直接和轻音后面的其他音节发生变调关系。例如：

（1）你·们	（2）你好	（3）你·们好
打·的	打水	打·的水
写·得	写好	写·得好
买·了	买米	买·了米
洗·着	洗澡	洗·着澡

---

① 调值标音用五度制。阴平后的轻音音高也可以标成［2］，但与阳平后音高差别很不明显，可以都归入中度。

② 如果前面的上声变阳平（如"可以"），则轻音的音高按阳平读成［3］。

③ 阳平只是近似调值。此外，"上声＋上声"的例外较多，但都读成"半上"，也较有规律。例如在词尾"子"前的上声音节（"椅子、胆子"）和上声叠音词（"奶奶、痒痒"）的第一音节都读成"半上"。

第 1 栏第二音节都读轻音，第一音节读"半上"；第 2 栏第二音节都是不读轻音的上声字，第一音节读阳平；第 3 栏都是轻音之后紧跟着一个不读轻音的上声字，这时第一音节可以按第 1 栏读成"半上"，也可以按第 2 栏读成阳平。[①]

非上声的变调也有类似的情况，这里只举三音节连读现象来说明。普通话三音节连续快读时，如果第一音节是阴平或阳平，第二音节是阳平，则第二音节可以变调读阴平。例如：

> 非常好 /fēicháng hǎo/———/fēichāng hǎo/
>
> 说服人 /shuōfú rén/———/shuōfū rén/

只有第三音节是轻音时是例外，以下两个例子第二音节都不变调：

> 非常·的 /fēicháng de/
>
> 说服·了 /shuōfúle/

但是，如果轻音音节之后紧跟着另一个有声调音节同时快读时，则第二音节仍然可以变调。例如：

> 非常·的好 /fēichángde hǎo/———/fēichāngde hǎo/
>
> 说服·了人 /shuōfúle rén/———/shuōfūle rén/

而且轻音的音高也上升接近于［5］。这说明我们在说这句话时，已经倾向于把这个轻音音节和它前面的音节看成共有一个调值了。

以上所谈的上声变调和非上声变调的特殊变化都是两可的："买·了米"的"买"既可读成阳平，也可读成"半上"；"非常·的好"的"常"既可读成阴平，也可读成阳平。在上声变调中也不是每一句话都能这样变，例如"小·心点""你·是老师"里的"小"和"你"就不能读成阳平。我们在这里提出这种特殊变调现象，目的并不在于说明它有多大的普遍性，只是想以这种现象证明普通话有许多轻音音节逐渐失去了独立性而依附于前面的音节，它们不能和一般有声调的音节处在同一个语音层次。

2. 语调轻音和结构轻音

普通话的轻音应该分成两类。一类是属于语调范围的，在同样的上下文里，一般有语调重音和它对立，表示不同的语气。这类轻音可以称为"语调轻音"，例如：

> 他·是学生。（一般叙述）
>
> 他┃是学生。（我的看法并不错）
>
> 他╫是学生！[②]（你别以为他不是学生）

---

① 第一音节之后跟着两个轻音音节时也有类似情况，如"你·们·的好""打·来·的水"。

② "┃"表示一般重音，"╫"表示加强重音。

三句话结构完全相同，"是"的三种读法只是表达了三种不同的语气。语调轻音和语言的结构层次并没有直接的关系。

另一类是和语言结构有关的。在同样的上下文里，一般没有重音同它对立，也就是不能重读。这类轻音和语言结构层次的关系非常密切，前一节所谈的种种现象主要就出现在这类轻音里，可以称为"结构轻音"，例如"的、得、们、了、着、吗、啊"等都是。

除了是否有语调轻重音的对立以外，这两类轻音至少还有以下几点不同。

2.1　语调轻音和重音的对立只是语气的改变，对句子结构毫无影响，对意义的影响也很小。结构轻音中有极少数也可以有轻音和非轻音两种读法，这两种读法和语气的改变无关，但都对句子结构或意义有较大的影响。影响句子结构（自然也影响意义）的如：

　　想了半天，我才想·起·来了。
　　天不早了，我想起·来了。

　　这间屋子东晒，早·上不如晚·上好。
　　这门课太深，对同学来说，早上不如晚上好。

只影响意义的如：

　　别把烟头儿扔在地·下。
　　解放前他在上海搞地下。

　　刚安静一会儿，你们又说·开了，
　　事情说开了，咱们俩心里也就痛快了。

2.2　结构轻音绝对不能放在句首，语调轻音则可以放在句首。例如：

　　·他怎么还没有来？
　　·是同学把他的书拿走了。
　　·都五点了。

2.3　结构轻音完全丧失它原来声调的调值，读得很短，即使在特殊情况下需要读得比较重时，也常常如此。例如：

　　是吃了饭，不是吃着饭。
　　我说的是"我的"的"的"，不是"跑得"的"得"。

语调轻音一般读得没有结构轻音轻，也没有那么短。它在一定程度上仍保留原来的调值，只是这调值读得比一般轻些、短些。试比较：

　　（1）他·的学生。　　　　（2）他·是学生。
　　　　房·子盖好了。　　　　房·都盖好了。

两栏比较，第 2 栏的"是、都"显然没有第 1 栏的"的、子"那样轻、那样短，它们也没有完全丧失原来的调值。下面的例子更容易看出语调轻音这方面的特点：

　　　买·一张纸。　　　　买·一块糖。

在这两句话里，"一"都有语调重音的对立，这种对立只引起语气的改变，例如："买ˈ一张纸。"（不是两张纸）"一"还可以放在句首，例如："一张纸也没买。"可见这里的"一"是语调轻音。比较这两句话的"一"，就会发现读音并不相同，前一句的"一"近于去声，后一句的"一"近于阳平，这是符合于一般"一"的变调规律的：在阴平、阳平和上声之前读去声，在去声之前读阳平。如果这两句里的"一"完全丧失了它的调值，就不可能还遵循这种变调规律。

　　人称代词和一些单音节的副词都常常读成语调轻音。

　　一般谈人称代词的轻音现象时，只认为它处于宾语位置时才轻读，例如：

　　　有人叫·他。　　　　他送·你一本书。

这种看法并不全面，试看下面的句子：

　　　大家都希望·他来。

　　　他送·你哥哥一本书。

　　　·我没听见。

"希望他来"里的"他来"是"希望"的宾语，"他"是"来"的主语，不是"希望"的宾语。"送你哥哥"里，"送"的宾语不是"你"，而是"你哥哥"，"你"只是"哥哥"的定语。"我没听见"里的"我"则是全句的主语。但是这三个人称代词都可以读成轻音。由此可见，人称代词不论处在句中什么位置都可以轻读。轻读的人称代词都有语调重音同它对立，也不影响句子的结构和意义，应该归入语调轻音。

　　有一部分单音节副词也可以轻读，大都带有一种特殊的语气。例如：

　　　叫我去，我·就去。（我只好去）

　　　这么大的事，你·都不知道！（没想到你不知道）

　　　讲力气，我·可比不了你。（我无法和你比）

　　　他的业务·还不错。（只就一定程度来看是不错的）

　　　他说的话，谁·也听不懂。（任何人都听不懂）

从语音现象来看，这种副词读得远没有结构轻音那样轻，它很明显地保留着原来的调值，音高也不受前面音节的影响。试比较：

　　　你·都不知道。　　　　这·都不知道。

两句的"都"虽然都轻读，但是并没有因为处在上声"你"之后就读得高一些，处在去声"这"之后就读得低一些；不管前面是什么声调，"都"永远读得高而平，只是比一般阴平轻些、短些而已。

这种轻读的副词一般也都有语调重音同它对立。例如：

叫我去，我┃就去。（看你能把我怎么样）

这么大的事，你┃都不知道！①（那么别人就更不知道了）

讲力气，我┃可比不了你。（我比你差太远了）

还可以放在句首，例如：

既然叫我去，·就去吧！

·都十二点了，还不睡！

·可把我给急死了。

以上这些现象，都说明这些副词在轻读时是应该属于语调轻音的。

这些副词大都另外有种种不同用法，在那些用法中并不能轻读。例如：

别着急，我就去。（我立刻去）

这些事，你都不知道。（你完全不知道）

屋里还剩下三个人。（屋里仍旧有三个人）

从表面现象看，"我·就去"（我只好去）和"我就去"（我立刻去）也是依靠轻重音来分别意义的。但是，它的性质究竟和"地·下""地下"等的分别不同："地·下"本身没有语调轻重音的对立，"我·就去"本身则有语调轻重音的对立。换句话说，当"我只好去"讲的"我就去"，其中的"就"可以有轻重两读；在"我就去"里的"就"不轻读时，可以有两个意思：一是"我只好去"的强调语气，一是"我立刻去"。究竟用的是哪一个意思，要由上下文来决定。我们可以比较一下这两组句子：

我·就去（我只好去）　　　　　　地·下

我┃就去（上句的强调语气）　　　　——

我就去（我立刻去）　　　　　　　地下

在一般语气里，"就"的是否轻读，确实能起分别意义的作用，但是不能仅仅根据这一点就认为轻读的"就"不应该归入语调轻音，何况这个"·就"还可以放在句首，而且也没有完全丧失它的去声调值。

3. 结构轻音在句法结构中的作用

语音结构的层次和语法结构的层次完全是两回事。同一句话，它的语音层次和语法层次可以完全不同。例如，"同志们""你去吗"的语音层次是"同┃志‖们"②"你┃去‖

---

① "都"读语调重音时，前面的"你"要读加强重音，不另标出。

② "┃"表示较大的语音或语法层次，"‖"表示较小的层次。

吗"；语法层次则是"同 ‖ 志 | 们""你 ‖ 去 | 吗"。

但是，这两种层次也并不是毫无关系。例如，在"木 ‖ 头 | 房 ‖ 子""我 ‖ 的 | 朋 ‖ 友"这两个结构里，两种层次就是一致的。虽然这种情况比较少，而且只限于较短的结构，但它在一定程度上反映出了语音层次和语法层次的关系。

前面谈到的两种轻音中，只有结构轻音能反映出语音结构的层次，语调轻音则不能。结构轻音不但能反映出语音结构的层次，而且对分析语法结构的层次有很大的帮助。一些语法成分如"的、得、了、着、吗、呢"等都属于结构轻音，它们之所以轻读，正是同语法结构的层次有关。

从语法的角度来看，结构轻音不外出现在以下五种情况：

（1）在非词素音节之后：

螃·蟹　　葡·萄　　葫·芦　　哆·嗦　　马·虎

（2）在词素之后：

桌·子　　石·头　　和·气　　男·人　　道·理

（3）在单词之后：

说·了　　拿·来　　看·看　　同志·们　　伟大·的

（4）在词组之后：

唱歌·的　　吃完·了（饭）　　大楼·里　　同志和朋友·们

（5）在句子之后：

你懂·吗　　下雨·了　　快去·呀　　我才不信·呢　　屋里没人·吧

第1、2两类轻音音节放在非轻音音节之后构成的语音单位正好是一个词。第3类轻音音节之前如果是单音节的词（如"说·了"），它的语音层次和语法层次是一致的；如果是多音节的词，语音层次和语法层次就不一致。第4、5两类的语音层次和语法层次永远不一致，只有第5类中的单词句如"去·吗""走·吧"等是例外。

第1、2两类是词法结构问题。哪些双音词的第二个音节应该轻读，似乎很难找出规律来。例如，第1类的"螃·蟹、葡·萄"轻读，"蜻蜓、鹦鹉"就不轻读；第2类的"石·头、和·气"轻读，"砖头、淘气"就不轻读。① 对词中的轻音问题，本文不准备讨论。

第3、4、5三类基本上是句法结构问题。轻读的规律性比较强，但是语音层次和语法层次基本上不一致。这现象最值得我们注意，从这里正可以看出结构轻音在句法结构中所起的作用。

---

① 普通话三音节词最后一个音节轻读的很少，在北京土话里也只有"哈喇·子"/hālázi/（唾液）等少数几个。

在句法结构中语音层次和语法层次虽然经常不一致，但是在分析语法层次时，不能因此就完全不管语音层次。我们把"他·的书"分析成"他·的｜书"，而不分析成"他｜·的书"或"他｜·的｜书"，除了语法方面的理由外，应该说还有语音方面的理由：在语音层次中，"他·的"和"书"处在同一个层次；在分析语法层次时，除非有特殊的理由，不应该把由结构轻音构成的语音层次任意打乱。

在语音结构中，结构轻音只和它前面的音节而不和它后面的音节构成一个语音单位。在语法结构中，结构轻音也就只能和它前面的成分而不能和它后面的成分构成一个语法单位，它可以和前面的一个词构成一个语法单位（如"我·们""伟大·的"），也可以和前面的一个词组构成一个语法单位（如"同志和朋友·们""唱歌·的"），还可以和前面整个句子构成一个语法单位（如"你懂·吗""屋里没人·吧"）。当结构轻音放在一个多音词或词组和句子之后时，在语音上它只可能附着在最后一个音节，在语法上则是附着在整个的多音词或词组和句子之后。

最明显的例子是"们、的、地、得、了、着、过"这些语法成分，它们永远轻读。无论前面或后面的成分有多么复杂，我们都只能认为它们是附着在前面的成分之后的。其他的理由不谈（从语法角度看，虽然可能更重要），这些成分既然都属于结构轻音，就说明无论在语音方面还是语法方面，到这里都正是一个划分层次的标志。由此看来，在句法结构中，语音层次和语法层次虽然常常处于矛盾状态，但是仍有它统一的一面。

比较难于处理的是量词"个"。"个"永远轻读，从它的语音特点来看，无疑应该归入结构轻音。当它处在数词或指示代词之后时，很容易分析，例如"三·个｜人"，"这·个｜人"；但是它还可以处在其他种种不同的结构中，例如：

    a. 说·个故事。

    b. 写·个百儿八十字就可以了。

    c. 说·个没完。

    d. 他的脾气没·个改。

    e. 打·得·个半死。

a、b 两类的"个"处在名词或名词性词组之前，c、d、e 三类的"个"处在动词或动词性词组（也可以是形容词）之前。

从语音结构来看，这五类"个"都只能和它前面的动词连在一起，因为它不但属于结构轻音，而且后面可以有一个较小的停顿。从语法结构来看，情况就比较复杂。例如在 a 类里，"说个"和"个故事"都不能单说（b—e 情况相同），只就这个句子本身来看，缺乏一个非常清楚的语法分割界限。

a 类的"个"可能和另外四类的"个"不是同一类词。a 类的"个"是地地道道的量词。

因为第一，它前面可以加上数词（如"说一个故事"，"说五个故事"）；第二，一般量词都能构成这样的结构（如"写张布告"，"买支钢笔"）。其他四类的"个"不具备以上两个特点，把它算作助词也许更妥当一些。

如果把 b、c、d、e 四类的"个"算作助词，在分析语法结构时，它就应该附着在前面动词之后，这是和语音结构的分析一致的。a 类实际上是一种量词前加"一"或不加"一"两可的结构，我们把它分析成"说｜个故事"（或"写｜张布告""买｜支钢笔"），只就这个结构本身来说，它的宾语是不能单独站住的。这样分析，事实上已经承认了在量词之前有一个没有说出来的"一"。

无论怎样分析，对 a 类结构总不能采取一般的语法分析方法，分析的结果也总是和语音结构矛盾。在分析语法结构或语音结构时，我们都应该把它看成一种特殊现象。

弄清楚结构轻音在句法结构中的作用，对分析句法结构有很大的帮助。下面举出三种结构来谈，除了从结构轻音入手来看它们的句法结构关系以外，也从句法结构本身对它们进行一些分析说明，目的还是说明结构轻音和句法结构之间的密切关系。

4. 补语的轻音现象

关于补语的轻音现象，我曾在《现代汉语补足语里的轻音现象所反映出来的语法和语义问题》[①]一文中谈到过，这里只补充两点意见。

4.1 在趋向补语里，我曾提出像"拿出一本书来"的格式不应该理解为宾语插在趋向补语"出来"的中间，实际上这种"来"（或"去"）的性质已经接近于语气词。从结构轻音在句法结构中的作用看，也正是如此。"来"（或"去"）在这个地位永远轻读，应该归入结构轻音，它只能和紧放在它前面的结构发生直接关系。在"拿·出一本书·来"里，我们不能任意把"一本书"抽出去，让"来"和"出"发生直接关系，这样做是违反语音结构的要求的，同时也是违反句法结构的层次关系的。[②]"拿·出一本书·来"的语法层次应该是"拿‖·出‖一本‖书｜·来"，"拿·出·来一本书"则是"拿‖·出‖·来｜一本‖书"。"拿一本书·来"和"找一个人·去"无论是在语音上还是在语法上，结构都是相同的，不应该把"拿一本书·来"看成宾语插在述补结构之间的特殊结构（这在语法层次上很不好解释），而把"找一个人·去"看成另外一种完全不同的结构——例如连动结构。[③]

---

① 载《北京大学学报》（人文科学版）1957 年第 2 期，61—74 页。
② 在宾语是表示处所的名词时，宾语根本就不能放在"来""去"之后，例如"走进屋去"不能说成"走进去屋"，这种格式就更难解释成宾语插在补语中间。
③ "来""去"还有一些比较细致的问题，不准备在这篇文章里讨论。

4.2　在可能补语里，我曾认为表示可能时，是在动词之后加轻音"得"，表示不可能时，是在补语之前加轻音"不"，轻音"不"在语音上和后面补语的关系比较近。

"不"的音高要受后面音节的影响，这点我在上述那篇文章里已经谈到，这里不再重复。此外，"不"的前后如果都是上声音节，前一个上声绝对不能按"上声＋上声"的规律变调。试比较：

　　　　写好　　　　写·得好　　　　写·不好

"写好"的"写"一定要变调读阳平；"写·得好"的"写"可以读阳平，也可以读"半上"；"写·不好"的"写"只能读"半上"。

由以上的现象看来，"·不"应该归入语调轻音。但是，事实并非如此简单。首先"·不"没有语调重音的对立；其次它有时可以不读轻音，但这时整个结构和意义都变了。试比较：

　　　　这段快板，我说·不好。（我不能说好）

　　　　这段快板，我说不好，他说好。（我认为不好）

从这个角度看，可能补语里的"·不"又似乎应该归入结构轻音。

这个问题不大好解决，类似的现象也很少。如果从语音结构和句法结构双方面比较来看，似乎可以把这个"·不"算作一种特殊的语调轻音。它之所以轻读，可能是受了可能补语里的"·得"类推的影响，同语调和结构都没有直接的关系。

5．所谓"介词结构作补语"

对"住·在北京"之类的结构，一般有两种分析法：（1）"住｜·在‖北京"，"在北京"是介词结构作"住"的补语；（2）"住‖·在｜北京"，"北京"是"住在"的宾语。只从句法结构来考虑，两种分析法互有短长。[①]如果同时考虑到结构轻音在句法结构中的作用，显然第二种分析法更合理。问题是按照第二种方法来分析，"住·在"应该算是什么结构。

能放在"在"的地位的词在口语里常见的只有"在、到、给"，都读轻音，没有语调重音的对立，应该归入结构轻音。它们的作用是表示前面动词的处所、时间（"在、到"）或受事者的方向（"给"）。例如：

　　　　住·在北京　　　　　　跑·到屋里（处所）

　　　　生·在一九六二年　　　写·到晚上十二点（时间）

　　　　送·给你　　　　　　　借·给他（受事者的方向）

---

①　参看丁声树等《现代汉语语法讲话》，商务印书馆，1961，59—60页。

这种结构和表示趋向的述补结构有相像的地方，试比较：

<blockquote>
放·下书包——　放·在桌子上

跑·进屋里去——跑·到屋里去

借·来一本书——借·给一个人
</blockquote>

在这两种结构里，动词后的成分除了都要读轻音以外，它们还都表示动作的趋向。"到"的趋向性非常明显，不必解释。"在"说明动作所处的地点或时间，也包含有趋向性。（在北京土话里，"在"和"到"有时不大好分别，参看 145 页注①。）"给"表示前面动词的动作趋向于后面受事宾语（多半指人或集体）的方向，试比较：

<blockquote>
带他——带·给他　　　　踢他——踢·给他
</blockquote>

可见"给"的趋向作用也是很明显的。因此，我们可以把处在动词后的"在、到、给"看成趋向补语里的一小类。它们的作用既然是表示动作达到的处所、时间或受事者的方向，后面就不能没有表示处所、时间或受事者的宾语。

"在、到、给"和一般趋向补语如"出、进"等的不同，是它们的趋向作用不那么明显。如果已有其他的词语（多半是前面的动词）能把这种趋向表示出来，读轻音的"在、到、给"有时甚至可以不说出来。例如：

<blockquote>
住（·在）城里比住（·在）城外方便。[①]

我的钢笔掉（·在）地下摔坏了。

这么晚跑（·到）这儿来有什么事呀？

他搬（·到）农村去住了。

送（·给）你一本书。

卖（·给）他一件东西。
</blockquote>

值得注意的是，另外有一些属于结构轻音的语法成分如"的、地、了、着"等，也有类似的现象。例如：

<blockquote>
我（·的）帽子哪儿去了？

慢儿慢儿（·地）说，别着急！

写完（·了）以后再休息。

他吃（·着）饭呐！
</blockquote>

这些轻读的语法成分无论是否说出来，词组的基本结构都不变，例如"我的帽子"和"我帽子"都是偏正结构。

这样看起来，把"住·在北京"和"住北京"都分析成述宾结构（"住·在｜北

---

①　括号里的字表示可说可不说。

京""住｜北京"），不但和语音结构的分析不矛盾，而且也和其他轻读语法成分省略的结果相一致。把"住·在北京"分析成述补结构（"住｜·在北京"），而"住北京"又不能不分析成述宾结构（"住｜北京"），不但和语音结构的分析完全矛盾，而且把简单的语法结构弄得复杂化了。

从文言吸收来的"于、向、往"等（如"生于一九六二年""走向胜利""开往上海"）不读轻音，那是因为口语里根本不说，只能按字来读，它们的作用和"在、到、给"相同，分析方法也应该一样。

为了进一步证实上述的看法，我们还可以从句法结构本身的分析来说明"动词＋在、到、给"这种结构的性质。

"动词＋到"的格式除表示趋向外，还可以表示结果。例如：

跑·到城里　　　睡·到八点（趋向）

谈·到这件事　　买·到一本书（结果）

除趋向补语的"到"后面必须带表示处所或时间的宾语以外，这两种"到"没有什么分别。两种格式中间都可以插进"得"或"不"变成可能补语，后面也都可以加"了"表示动作的完成。例如：

跑·得到城里　　　跑·到了城里

谈·不到这件事　　谈·到了这件事

这种情况也说明无论是表趋向的"到"还是表结果的"到"，都和前面动词的关系比较近。

"动词＋给"的格式情况更简单，除了在"给"之后可以加"了"（如"送·给了你""交·给了他"）以外，个别的例子还可以用重叠双音动词的办法来重叠（如"教·给教·给我"），这虽然很缺乏普遍性，但足以说明"教·给我"应该分析成"教·给｜我"，而不能分析成"教｜·给我"。

比较复杂的是"动词＋在"的格式。我们先比较下面两种格式：

a. 在北京住　　　在纸上写

b. 住·在北京　　　写·在纸上

a 类是偏正结构，"在北京"是"住"的状语。a、b 两类意思基本相同，这就很容易给我们一个错觉，认为"在北京"是一个整体，可以任意放在"住"的前面或后面。这可能是把"在北京"整个看成"住"的补语的一个主要原因。①

---

① "到"和"给"也有类似的情况，只是放在动词之前和放在动词之后意义差别比较大，但也容易让我们误以为在 a、b 两类中它们和宾语都是一个整体。试比较：

（a）到城里跑　　　给你卖

（b）跑·到城里　　　卖·给你

"在"单独存在的时候，后面绝对不能加"了"，"我在了北京""我在了北京住"都不成话。但是，"动词＋在"的格式后面却可以加"了"，例如：

住·在了北京　　　躺·在了床上

写·在了纸上　　　埋·在了城外

我们应该认为"了"是加在"动词＋在"整个格式之后的，结构和"吃完了饭""跑来了一个人"相同。如果把上述 a、b 两类的"在北京"看成相同的东西，就很难解释为什么只能说"住·在了北京"，不能说"在了北京住"。

在北京土话里，"在北京住"和"住·在北京"里的"在"读音并不相同，各有几种不同的读法：

a. 在北京住：

/zài/ 北京住

/zǎi/ 北京住

/āi/ 北京住

/hàn/ 北京住

b. 住·在北京：

住 /zai/ 北京

住 /dai/ 北京

住 /dou/ 北京

住 /de/ 北京

a 类的读音也可以用在句中主要动词的位置。例如：

他 /zài/ 家吗？　　　他 /zǎi/ 家吗？

他 /āi/ 家吗？　　　他 /hàn/ 家吗？

b 类则绝对不能。此外，a 类中除 /zài/ 和 /zǎi/ 轻读时可以放在 b 类位置外，/āi/ 和 /hàn/ 绝对不能。b 类中除 /zai/ 读去声和上声时可以放在 a 类位置以外，/dai/、/dou/ 和 /de/ 绝对不能。

本文不打算考证 /āi, hàn, dai, dou, de/ 的来源以及它们应该写成哪几个汉字，[①] 也不打算讨论 a 类的 /zài, zǎi/ 和 b 类的 /zai/ 是不是同一个词。如果用"x"代表 a 类各种不同读音，用"·y"代表 b 类各种不同读音，我们可以肯定，x 绝对不等于·y，"x＋北京"和"·y＋北京"也绝对不是可以任意放在动词前后的相同的结构。两种结构应该分析成：

（x＋宾语）＋动词——偏正结构

---

① /de/ 的读音可能来自 /dou/，/dou/ 可能来自"到"。在北京土话里，"在"和"到"处在补语位置时，意义差别有时比较小，例如"坐·在椅子上：坐·到椅子上"，"写·在纸上：写·到纸上"。书面语言里这两个字有时也是随便写的。

（动词＋·y）＋宾语——述宾结构

6. "名词＋方位词"结构

对"名词＋方位词"结构最通行的分析法是把它看成偏正结构，名词是定语，修饰方位词。这种分析法是否正确，很值得怀疑。我们还是从轻音现象谈起。

在"名词＋方位词"结构里，一般方位词如"中、前、外、左、东"等都不能轻读，只有"上"和"里"常常轻读（如"桌·上""屋·里"），"下"偶而轻读（如"地·下"），这种轻音现象很值得注意。

"上、里"和"下"在轻读时读得很短，完全丧失了它原来的调值。例如"里"，原来读上声，在轻读时，如果前面是去声音节，就读得低而短，并不受它后面音节调值的影响。试比较：

院·里坐 /yuànli zuò/

院·里有花儿 /yuànli yǒu huār/

两句话的"·里"音高相同，"里"在第二句里并没有受后面上声"有"的影响产生变调现象。[①] 此外，它们都不能处在句首，也没有语调重音的对立，不轻读时对结构或意义的影响常常很大（参看前文谈语调轻音和结构轻音的分别时所举的例子）。这样看来，"上、里"和"下"轻读时显然应该属于结构轻音。结构轻音在语音结构上附着于它前面的音节，在句法结构上也附着于它前面的成分，是补充说明它前面的成分的。如果把这些轻读的方位词看成偏正结构中的中心词，受不轻读的音节修饰，这是不符合一般结构轻音的规律的。除非我们能把"名词＋轻音方位词"和"名词＋非轻音方位词"看成两种不同的语法结构，否则偏正结构的分析法就很难站得住。但是，这在事实上恐怕困难更大，我们很难说出"屋·里"和"屋中"，"房·上"和"房后"在语法结构上有什么不同。

撇开结构轻音的作用不谈，只从意义关系来看，把这种结构解释成偏正结构也是有困难的。

一般方位词的方位作用都很明显，"上、里（中）"和"下"则不然，它们的方位作用有时很明显，有时不很明显，有时甚至完全丧失了它的方位作用，变成引申的用法。例如：

墙·上挂着一张画儿。

家·里没有人。

到年·下可热闹呐！

"墙·上"并不是"墙的上头"，"家里"也不是专指"家的里头"，"年·下"更不是"年

---

① 前面谈到语调轻音时，曾举出语调轻音"一"的变调现象（137页），正好可以和"里"对比。

的下头"。至于"文学中、基础上、条件下"等等用法，它们的引申作用更加明显，不必多举例。①

"上"和"里"有时用得非常抽象，甚至是要不要两可的，例如：

领导（·上）同意这种看法。

工作（·里）遇到困难。

或是可以互换而不影响意义，例如：

（a）书·上说得很清楚。

书·里说得很清楚。

（b）别把烟头儿扔在地·上。

别把烟头儿扔在地·下。

在这种情况下，"上、里"和"下"好像只是为了满足构词的需要，完全没有具体的意义了。

方位词放在名词后面表示具体方位时，不承认它只是补充说明前面名词的方位，而认为名词是修饰后面方位词的，这在意义上看，已很勉强。在方位词不表示具体方位时，这种说法更难讲得通。例如，把"领导·上"分析成"领导"修饰中心词"上"，可是这个中心词没有具体意义，甚至是可有可无的，这就很难让人理解。如果在方位词之前是一个较长的词组，这样分析就更有困难。例如：

在中国共产党第七届中央委员会第二次全体会议上的报告

把"中国共产党第七届中央委员会第二次全体会议"这样长的词组都看成修饰语，而它所修饰的中心语却只是一个读轻音的、意义很不具体的"·上"，这种分析法是很难让人接受的。

把"名词＋方位词"看成偏正结构，显然过分强调了方位词的名词性，认为"名词＋方位词"完全等于"名词＋名词"，结果就只能分析成偏正结构，而忽略了方位词所特有的方位作用、引申用法和轻音现象。

另外有一种分析方法是把这种方位词看成助词或后置词。这样分析确实没有上述的缺点，但是，又过于忽视方位词的名词性，结果遇到方位词单用的结构，就很不好处理。例如：

上有父母，下有兄弟。

前怕龙，后怕虎。

朝里走。　往东拐。

① 参看丁声树等《现代汉语语法讲话》，76—77 页。

　　　　桌子的上头。　　以上的意见。

这些单用的方位词，就无法看成助词或后置词，除非我们承认方位词一单用，就转化成名词了。这样，"东城、里屋、前门"里的方位词是能单用的名词，而"城东、屋里、门前"里的方位词就是不能单用的助词或后置词。但是，我们又有什么理由可以证明方位词放在名词之后就不再是能单用的名词呢？[①] 很显然，这种解释也是很勉强的。

　　在分析"名词＋方位词"的结构时，我们应该既照顾方位词所特有的方位作用、引申用法和轻音现象，又照顾它与一般名词所共有的名词性。看起来比较好的分析方法是把这种结构看成一种后补结构：方位词是名词的补语，是补充说明名词的方位的；它可以放在单个名词之后，也可以放在名词性词组之后。

　　名词补语这种分析法至少有两个好处：首先，它解决了方位词可以单用的问题，因为补语本来就是要用独立的词语充当的；其次，对方位词所特有的方位作用、引申用法和轻音现象也都可以有比较适当的解释。我们可以比较一下表示方位的名词补语和表示趋向的动词补语。这两种补语非常相像，它们都表示方向，都有引申用法，也都有一部分要读轻音。两种结构如此相像，绝对不是偶然的，我们不妨采取相同的分析方法，把它们都看成补语。

　　把"名词＋方位词"结构看成名补结构还有一个好处，它可以满足语法结构整齐性的要求。在三类实词中，一般只承认动词和形容词有补语，结果就形成下列局面：

　　　　修饰语＋动词　　　　动词＋补语

　　　　修饰语＋形容词　　　形容词＋补语

　　　　修饰语＋名词　　　　　——

现在提出名补结构，正好补足了名词里的空白结构，使得三类实词的结构对当整齐。这虽然不能成为我们的主要论据，但总也可以算是一个补充理由吧。

　　　　　　　　　　　　　　　　　　　　　　　原刊于 1962 年第 7 期

------

① "上、里"和"下"有时读轻音并不能作为不单用的证据，有一些动词的补语读轻音，但仍是单用的，例如"跑·来、气·死"。

现代汉语单双音节问题初探

吕叔湘

1. 单音节的活动受限制；

2. 双音化的倾向；

3. 从双音节到四音节；

4. 与某些虚字有关的音节问题；

5. 试谈几个问题。

0

本文所说"单音节"指有意义的单字，"双音节"指两个单字的组合，虽然在多数场合指不能拆开的，但是不限于不能拆开的。我没有用"单音词"和"双音词"，因为汉语里如何划定"词"的界限，到现在为止还没有一致的结论，我写这篇文章的目的之一也就是想对于划分"词"的问题提供一些值得参考的情况。

在现代汉语里，单音节多半不能单说，双音节单位越来越多，这是大家都知道的。本文将陈述一些具体事例，使人对于这双音化倾向有一个更清楚的印象。三音节以上的语言片段，多数是由单音节和双音节组成的。按说其中单音节已不再处于孤立的地位，单双音节的搭配应该没有什么限制，可是事实上仍然表现出某些倾向，有某些适宜和禁忌。这些，也把我所见到的略述一二。

对于这些现象，能解释的也酌量试作解释，可是这种解释是十分没有把握的。说实在的，本文的企图只是把单双音节问题作为一个问题提出来。这似乎是个性质颇为复杂的问题，其中有语法问题，也有语汇问题、修辞问题。本文只是一个初步探索，希望研究现代汉语的同志们深入发掘情况，分析因素，找出些明细的规律来。

1

现代汉语里有很多单字，像"语、言、初、始"等等，不但不能单独说，在句子里也难以构成一个句法单位。另外有些单字，像"单、独、句、题"等等，在句子里有时候不能不承认它自成一个句法单位，可是很难单说。这些，我在另外一篇文章里已经谈过。[①] 现在再拿人名、地名、数目字来做例子（这些都是不能看作只是构词成分的），说明单音节的活动远不及双音节自由，不但单说受限制，在句子里也受些限制。

汉人的姓有单音的，有双音的。比如有一个人姓张，人家问他"贵姓？"他可以回答"姓张"，也可以回答"张"。要是人家问他"你姓什么？"他多半得回答"姓张"或是"我姓张"，不大能够只回答"张"一个字。可是如果这个人姓欧阳，他大概就回答"欧阳"，不必再带上个"姓"字。熟人中间打招呼，常常听到的是"老张！""小王！""欧阳！"，不会听见"张！""王！"，更不会听见"老欧阳！"别人在说话中间提到他们也是如此，单音的姓要在姓上加个"老"或"小"，否则就连姓带名说，可是双音的姓就可以光说姓。

用名字来称呼的时候，如果一个人是双名，比如说叫"张子平"，一般都叫他"子平同志"，只有陌生人才会叫他"张子平同志"。可是如果他单名一个"平"字，人家没法儿叫他"平同志"，多熟的人也只能连姓带名叫他"张平同志"。

外国人的姓，一般译出来不止一个字，称说的时候光用姓就够了，比如"高尔基"（仿佛姓高名尔基似的）。也有译出来只一个字的，就不得不连名字一块儿说，比如"萧伯纳"（这可真是姓萧名伯纳）。要不就给他加个"氏"字，管他叫"萧氏"。可是多音的姓也会援例，比如也管"莎士比亚"叫"莎氏"。

地名也有类似的情形。县名有两个字的，也有一个字的；两个字的可以不带"县"字，一个字的必得带"县"字。说话是这样，地图上也是这样。连在一块儿说的时候，常常是"大兴、通县、顺义等县"，虽然末了有"县"字，"通县"的"县"仍然不能省。市名不用一个字，所以湖北省有个沙市市，四川省有个万县市。

山名也是这样。"峨眉，普陀"，不带"山"字也可以说；"泰山，华山"，必得带"山"字。

国名也是这样。"英国，法国"，单说非带"国"字不可；"日本，哥伦比亚"，难得听见带"国"字。1956年6月7日的《北京日报》有两条标题，一条是"欢迎在美、英、法、日等国的科学家和留学生回到祖国来"，一条是"中国展览团同法国等国企业作成大量交

[①] 《说"自由"和"粘着"》，《中国语文》1962年1月号，1—6页。

易"。尽管后面同样有"等国"二字，第一条只要一个"法"字，第二条就非用"法国"两个字不可。

拿数目字来说，一位数和多位数的活动力也不一样。一个月的头十天必得说"一号……十号"，阴历是"初一……初十"，"十一"以后光说数目也行。

说到一个人的岁数，"三岁""十岁"没有第二种说法，"十三岁""三十岁"也可以说"十三""三十"。

数目前面加"第"字，如果是一位数，"第"字不能省，例如"第三页第五行"，至少口头上不说"三页五行"。可是"第十三页第十五行"的"第"字就完全可以不说。（这是一般的情形，有好些例外，如"一九六三年三月"，"五楼"（第五层楼或第五号楼），"一营二连"。）

"十八尊罗汉"可以说"十八罗汉"，"三尊菩萨"不能说"三菩萨"。最有意思的是，不说"四天王，四金刚"而说"四大天王，四大金刚"，可是不带数目的时候，只有"天王"和"金刚"，没有什么大的和小的。又如"四大名旦"，已经"名"了，还要加个"大"。故宫的"三大殿"，西山的"八大处"，以及"七大奇迹、十大罪状"等等，都是同类的例子。当然，要这事物在一定意义上当得起这个"大"字，但是它的主要作用并不在于表示大。

从以上这些例子可以看出，在现代汉语里，单音节成分的活动是常常受到一定的限制的。

2

2.1　单音节的活动受到限制，结果是倾向于扩充为双音节。双音化的主要方式有两种：在前面或后面加上一个不增加多少意义的字；把两个意义相同或相近的字合起来用。

双音化的倾向在名词里最显著。在前面加字，大家最熟悉的是加"老"字。用于动物的有"老虎、老鼠、老鹰、老雕、老鸹、老鸦"等等，用于人的主要是在人伦关系和行第上，如"老公、老婆、老兄、老弟、老表、老乡、老师、老大、老二……"，此外有"老道、老美、老英"等等。这里的"老"都已经失去原有的意义，例如可以说"小老虎、小老婆、小老道"等等。跟"老"相对的"小"也有同样的作用。"小子"可以有"小小子儿"，"小孩儿"可以有"大小孩儿"，可见"小"也已经失去原有的意义。此外像"小偷、小贩、小照、小注"等，也都没有对立的"大偷、大贩、大照、大注"，那个"小"字也没有多少意义。

颜色作为某种动物的特征，也常常用作前加字。例如"乌龟、乌鳢、黄莺、黄鳝、麻雀、苍蝇"。这里边有些个，后一个字已经在动物学上用作类名（科或属），前一个字有区别作用，但是一般使用者并不这样理解。从历史上说恐怕多数也是本无区别作用的。

此外像"飞禽、走兽、喜鹊、仙鹤、跳蚤、宝剑、宝塔、咸盐 (方言)、酸醋 (方言)"等，也都是加上一个不起区别作用的字，借以达到双音化的目的。

2.2　谈到后面加字，立刻会想到"子、儿、头"，可是这里边得有个分别。"厨子、瞎子、剪子"跟"厨师、盲人、剪刀"一样，由指处所、属性、动作的字眼（厨、瞎、盲、剪）转为指人指物，不是单纯的双音化。但是大多数后加的"子"字已经没有意义，只是双音化的一种手段。同样，"念头、想头、苦头、甜头"不是单纯的双音化，只有"石头、木头、竹头 (方言)、纸头 (方言)"等才是。

加"儿"也有两种情形。有对立的形式的（"X 儿"跟"X"或"X 子"都出现），"儿"有指小的作用。如果带"儿"的是唯一的形式，那就只有双音化的作用了。"儿"在多数方言里已经失去音节独立性，在有些方言里还自成音节，在戏曲唱词里也常常是独立的音节。

在单音的动植物名字后面加上个类名，这也是一种双音化的手段。一般的情形，单音节后面的类名必不可少，双音节后面就可有可无，三音节以上的一般不再加类名。比较：

桃花：碧桃（花）：夹竹桃

杨树：白杨（树）：毛白杨

鲤鱼，鲫鱼：河豚（鱼），乌贼（鱼）

韭菜，芥菜：茼蒿，芫荽

"父亲、母亲"的"亲"，"心脏、肝脏、脾脏"的"脏"，"诗经、书经、易经"的"经"，也都是为了双音化而加类名的例子。（"诗经"等可与"毛诗、尚书、周易"比较。）

在单音节物名后加量词，有集体的意义，同时也有双音化的作用，因为不加量词也可以有集体的意义。比较"书本上的话"和"书上的话"，"纸张问题"和"纸的问题"。像"文件、牲口、石块"之类，不但指集体，也可以指个体，加数量词，竟跟一般名词没有什么两样了。

方位字也有类似的作用。比较"手里拿着杯茶"和"右手拿着杯茶"，"眼睛望着天上"和"眼睛望着天空"。又如"一边耳朵听着，一边心里想着"。

此外还有一些后加字，部分地起着双音化的作用。例如"鸟类、鱼类、肉类、豆类、酒类、鞋类"的"类"，"果品、药品"的"品"，"药物、谷物"的"物"，"头部、胸部"的"部"，"省份、县份"的"份"，"年度、季度"的"度"等等，都不是意义上不可缺少，而是带有衬字添音的作用的。

虚词里也有一些后加字的例子，如"虽然、既然、果然、已然、竟然、全然"等等的"然"，某些句子里的"就是、还是、可是、倒是、只是、都是"等等的"是"。

2.3 两字并列是汉语造词广泛应用的格式。有的，原来的单字意义有分别，造出来的词包括两个字的意义，不只等于其中一个。例如"诊疗"包括"诊断"和"治疗"，"钢铁"不只是"钢"，也不只是"铁"。

但是很多是两字同义，至少在这里是同义，造成的词仍然是这个意义，只是双音化了。例如"身体"，"身"就是"体"，"体"就是"身"，"身体"还是这个意思。同样的例子如"皮肤、牙齿、背脊、年龄、衣服、树木、房屋、田地、墙壁、状况、姿态、遗漏、驱逐、叙述、询问、购买、委托、健康、美丽、亲密、柔软、伟大、艰难、坚固、急促、全都、刚才"等等。

另一种情形是以一个字为主体，连上一个意义相近或有关的字作陪衬。例如"眼睛、肩膀、窗户、书籍、报纸、灯火、云彩、雾气、国家、事情、位置、占有、据有、拥有、缝制、印制、调制（以上主体字在前）、干净、热闹、老实、结实、容易、仔细、打扫、打扮、打赌、打搅、打捞、发抖、发觉（以上主体字在后）"等等，双音化的用意尤其明显。

2.4 重叠作为双音化的手段，普通话用得不多。名词除某些个亲属称谓外，只有"星星、乖乖、宝宝"等少数几个。有些方言里多些，如四川话。叠字动词更少，"痒痒"是一个，"吵吵"是一个。"嚷嚷"跟单字的声调不同（单字上声，叠字阴平），意思也稍微变了点。（动词和形容词的重叠形式有语法作用，而且不限于单音的，双音的也可以重叠，不在讨论之列。）

有些双音词的构成很特别，是一种"截搭题"方式。比如"年级"，原来只有"一年级，二年级"等等，它们的组合方式是"一年"加"级"，后来被理解成"一"加"年级"，于是可以有"高年级，低年级，这两个年级"等等组合。同样，"卅二开 | 本"被理解成"卅二 | 开本"，于是可以说"开本大小"。"医学 | 院"（类似"化学 | 系"）被理解成"医 | 学院"（类似"医 | 科"），于是可以说"八大学院"。

2.5 上面讲的是把单音节扩充成双音节的例子。跟这个相反而相成的倾向是把三音节压缩成双音节，例如："落花生→花生"，"长生果→生果（方言）"，"山茶花→茶花"，"川贝母→川贝"，"生地黄→生地"。有些例子是三音节形式和双音节形式都通行，例如："外（国）语、（照）相机、机（关）枪"。

很多偏正结构的物品名称，可以省去后面的类名成分而留下前面的区别成分。例如："连史（纸）、毛边（纸）、羊毫（笔）、狼毫（笔）、高粱（酒）、大曲（酒）"。通过这一方式，许多地名变成物品的名称："龙井（茶）、茅台（酒）、寿山（石）"。

2.6　单用要扩充的字，在组合（偏正、动宾、并列）之内不扩充。下面是无数实例中的几个：

衣服：棉衣，衣料，穿衣吃饭

工人：女工，工会，工农联盟

翻译：口译，译文，编译

重要：首要，次要，择要

名字：姓名，签名，点名

儿子，女儿：儿女

有不少字，作名词的时候要加"子"，作量词的时候就不加。例如"一个杯子：一杯水"，"一副担子：一担柴"。这是因为量词在语音上附着在数词（或末位数词）之后。

非单字扩充的双音词，在组合之内也常常被压缩成一个字。例如：

牛奶：奶粉，奶酪

黄豆：豆浆，豆腐，豆油

赤豆：豆沙

芝麻：麻油，麻饼，麻酱

胡琴：二胡，京胡，板胡，高胡

宣纸：生宣，熟宣

荒地：生荒，熟荒，垦荒

电台：中央台，地方台

轮船：江轮，海轮，江新轮

封面：里封

坎肩：号坎

甚至还可以辗转压缩，如"豆腐"在"腐乳，腐竹"里只剩一个"腐"字，"豆沙"在"澄沙"里只剩一个"沙"字。

2.7　在现代汉语的语句里，双音节是占优势的基本语音段落。正如周有光先生所说："把单音节的补充成双音节，把超过两个音节的减缩为双音节……双音节化是现代汉语的主要节奏倾向。"[1]

作为现代汉语里的语汇单位，双音节比单音节多得多。至于这些双音节是不是全都可以算作"词"，那是另一问题。《普通话三千常用词表（初稿）》[2]收名词 1621 个，其中多音的（绝大多数是双音的）1379 个，占 85%；收形容词 451 个，其中多音的（绝大多数是

---

① 《汉字改革概论》，文字改革出版社，1961 年版，245 页。

② 文字改革出版社，1959 年版。

双音的）312 个，占 69%；收动词 941 个，其中双音的 573 个，占 61%（另有三音节的 2 个）。从这里可以看出：这三类词里都是双音的占优势，而以名词为最甚。①

3

3.1　在三音节和四音节的语音段落里有单音节和双音节的搭配问题。三音节的语音段落，大多数是由一个双音节加一个单音节（2+1）或是一个单音节加一个双音节（1+2）构成的。从结构关系上看，除少数情况外，都属于偏正或动宾两类。偏正组合可以按能否在中间加"的"字分成松、紧两种。较松的即能加"的"字的（有的较自然，有的较勉强），留在 4.3 节里讨论。不能加"的"字的组合似乎是不成问题的构词方式。其中 2+1 式（如"动物学，示意图，辩证法，可见度"）比 1+2 式（如"副作用，手风琴"）要多得多，跟在前或在后的单字的性质和可以这样用的单字的数量有关系，还可以进一步研究。

三音节的动宾组合差不多都是可以拆开的，比如可以在动词后面加"了"字，可以在中间加数量词（至少是可以加个"个"字）。跟偏正组合的情形相反，三音节的动宾组合是 1+2 式（如"买东西，写文章"）多于 2+1 式（如"吓唬人，糟踏钱"）。这跟常用动词中单音的较多有关，可是是否完全由于这个因素，也还需要进一步分析。

四音节的语音段落，除少数情况外，语音上可以分 2+2，3+1，1+3 三种，结构上属于并列、偏正、动宾三类。并列组合都是 2+2，这是很自然的，可是偏正组合和动宾组合（指动词不带"了、着"等，名词不带数量词的）也都是 2+2 远远多于 3+1 或 1+3，数目的悬殊不能完全用成分本身音节多寡来解释（三音节的词并不少），不得不承认 2+2 的四音节也是现代汉语里的一种重要的节奏倾向。

3.2　四音节的倾向表现在某些个组合里一个双音节成分要求另一个成分也是双音节。

（1）"进行、加以、予以"以及某些双音副词的后面要求双音动词。例如：

进行调查（研究，讨论，分析，试验）

加以整顿（考虑，审查，表扬，批评）

互相支持（倚赖，监督，利用，埋怨）

① 关于这个统计，做几点补充说明。（1）没有统计虚词。（2）《普通话三千常用词表》里所收多音节名词和动词有一些也许该算作"词组"，这样，收词的总数就得减少一些。另一方面，所收单音词有的是不能单说的，如果不算"词"，单音词的数目也得减少一些。两方相抵，百分比不会有太大的变化。（3）这是就词表计算。如果照出现次数计算，单音词的百分比会大大增加，因为单音词大多数是最常用的。可是另一方面，如果把计算的范围扩大到三千词以外，单音词的比重会更小。《汉语拼音词汇》（初稿）（文字改革出版社，1958 年版）收词大约二万个，我曾经拿 Y、Z 两个字母统计，共 3056 个词，其中单音的 251 个，只占 8% 强。

共同使用（居住，管理，爱护，研究）

各自处理（解决，掌握，负担，照管）

一律看待（邀请，欢迎，接受，拒绝）

分别对待（处理，存放，讨论，答复）

日益巩固（增多，减少，繁荣，衰退）

这些双音动词都不能改用单音节，例如不说"*进行查，*加以整，*互相怨，*共同用，*各自管，*一律请，*分别放，*日益多"等等。

（2）很多双音动词要求后面的名词宾语至少有两个音节（单音节宾语限于代词）。例如：

调查事实　　了解情况　　发生作用

操纵机器　　管理图书　　开垦荒地

这里的宾语都不能改用单音名词，例如不说"*管理书，*开垦地"等等。

（3）名词在前动词在后的组合（整个组合是名词性）同样要求宾语至少是双音节。例如：

钢铁生产　　余粮收购　　货物运输

地质勘探　　音乐欣赏　　干部培养

这种组合更不能改成三音节，像"*钢生产，*粮收购，*货运输"等等。

（4）某些双音形容词只出现在双音名词之前。例如：

伟大人物　　辉煌成绩　　宝贵意见

先进经验　　强大队伍　　严重后果

这些形容词，有的也可以用在单音名词前面，可是必得在中间加个"的"字，例如"伟大的人，宝贵的书"等等（参看下面4.3）。有的加了"的"字也还是要求双音名词，例如不说"*辉煌的城，*强大的国"等等。

以上这几类例子可注意的一点是这些双音词绝大多数是最近几十年里产生的所谓"新名词"，或是原来只用于文言，最近才在白话文里活跃起来的。它们跟单音名词和单音动词不大能搭配，也许是因为属于不同的词汇层，带有不同的修辞色彩。

（5）两个同类并且意义相近的双音词常常联合起来造成一个短语。例如：

文化教育　　财政经济　　图书仪器

风俗习惯　　强迫命令　　小心谨慎

聪明伶俐　　轻松愉快　　阴险毒辣

这种短语中间一般不用（有的绝对不用）"和、而且"等连词，这表示它们具有一定程度的熟语性，可是其程度不及"四字格"，两个成分还可以分别跟别的双音词搭配。

3.3　由于单音节和双音节有通过扩充和压缩互相转换的可能，我们常常可以看到同一内容有时候用四个字来说，有时候用两个字来说，也就是有伸缩的可能。但是并不是所有的组合都能这样伸缩，有的只能用四个字，有的只能用两个字。这完全是习惯问题，也就是熟语性问题。可注意的是很少能改为三音节。底下是动宾组合的例子：

四字～两字	四字／两字
打扫街道～扫街	打扫房屋／扫地
编写剧本～编剧	编辑资料／编报
保护森林～护林	保护文物／保墒

这种动宾组合有的可以改为三音节，但是限于单音动词加双音宾语，不能倒过来。例如可以说"扫街道，编资料，编报纸"，不能说"＊打扫街，＊编写剧，＊编辑报"等等。

副词和动词的组合也有类似的例子：

互相帮助～互助	互相尊重，相亲相爱
——	自我批评／自豪，自满

这两组例子充分表明这类组合的熟语性。不仅所有的例子都不能改成三音节，并且除"互助"一例外，四音节的不能换成两音节，两音节的不能换成四音节，而且"互相尊重"不能说成"＊互尊互重"，"相亲相爱"也不能说成"＊互相亲爱"。

名词性的组合也有类似的情形。例如：

英国国王～英王	瑞典国王，英国女王
华侨事务～侨务	民族事务／财务，教务
化学工业～化工	纺织工业，机械工业
——	财政制度／币制，学制

这些例子也都是或者四音节，或者两音节，没有能改成三音节的。[①]

双音节和四音节胜过三音节的优势还表现在另外一些例子上。"大学，中学，小学"曾经称为"大学校，中学校，小学校"（更早是"大学堂"等等），后来都从三音节缩成两音节了，但是"师范学校，农业学校"等等却不能省去"校"字，要省得省去两个音节，只留下一个双音节："师范"和"农校"。

作为学科的名称，"物理学，生物学"可以说成"物理，生物"。另一方面，不但是"数学，化学"显然不能省去"学"字，"微生物学，古生物学"也不大省去"学"字。《物

---

① 压缩要服从习惯，因此有时候会出现列举同类事物而或缩或不缩的情形，例如"鞍钢、重钢、太钢、大冶钢厂开展钢铁高产高质运动"（《人民日报》1959 年 3 月 5 日报头）。在修辞上，这种情形可避免时应该避免。像这一句就可以改为"鞍山、重庆、太原、大冶等钢厂开展钢铁高产高质运动"，只多一个字。

理学报》不重复"学"字，可是《数学学报》没有省成《数学报》（但是"数学会"不叫"数学学会"）。

"西语，西文"可以合起来称"西方语文"，"俄语，俄文"不能合起来称"俄语文"。四音节和三音节显然不一样。

"外交部部长，总务处处长"有时候说成"外交部长，总务处长"。五音节可以压缩成四音节。另一方面，部的领导人叫"部长"，处的领导人叫"处长"，而办公厅，办公室的领导人就叫"主任"，不叫"厅主任，室主任"。两音节不必扩充成三音节。

同类的例子在其他场合还可以遇到。

3.4　四音节的优势特别表现在现代汉语里存在着大量四音节熟语即"四字格"这一事实上。四字格的语法结构是多种多样的，甚至哪些是四字格，哪些不是，也不容易划清界限。[①]本文不打算在理论上讨论这个问题，只就四字格里涉及单双音节的问题谈一谈。

（1）四字格里最常见的格式是由两个双音节组成，语法上是有平行而又有交叉：前段和后段的结构相同，第一第三字同类，第二第四字同类（$A_1B_1A_2B_2$）。例如：

<blockquote>
丰衣足食　　枪林弹雨　　安家落户

修桥补路　　心平气和　　风调雨顺
</blockquote>

音节的限制使四字格里容纳许多别处不能单用的字，像第一例"丰衣足食"就没有一个字能单用。可是利用单双音节同义互换的可能性来满足四音节的需要，更清楚地表现在以下各类，其中四个字只代表三个甚至两个不同的成分。

（2）有些并列结构的四字格，用四个字说三样东西或三件事情。例如"绸缎布匹"。这三样东西，分开来说的时候是"绸子、缎子、布"，在四字格里"绸"和"缎"都不带"子"，反而把"布"字扩充成"布匹"。别的例子：

<blockquote>
日月星辰　　牛羊马匹　　桌椅板凳

门窗墙壁　　瓜菜豆角　　耳鼻咽喉

老弱残废　　坐卧行走　　吃喝玩乐
</blockquote>

（3）有些四字格的第二个字和第四个字是同一个字（A_1BA_2B）。例如：

<blockquote>
大事小事　　新书旧书　　男客女客

中药西药　　英侨法侨　　收信发信

进门出门　　横看竖看　　左想右想
</blockquote>

这种四字格不允许省去相重的字，改成三音节，例如不说"* 大小事，* 新旧书"等等。可是如果把相同的那个字扩充成同义的双音词（A_1A_2BB），四个字还它四个字，就完全通得

---

① 参看陆志韦《汉语的并立四字格》（《语言研究》1956 年第 1 期）、陆志韦等《汉语的构词法》（科学出版社，1957 年版）第十七、十八、十九章。

过。例如：

　　　　大小事务　　　新旧图书　　　男女客人

　　　　中西药品　　　英法侨民　　　收发信件

当然不是所有的 A_1BA_2B 都可以换成 A_1A_2BB，例如"横看竖看，左想右想"就不能更改。

　　A_1A_2BB 这种格式是四字格里极常见的一种。有许多例子只能用这种格式，不能用 A_1BA_2B 那种格式。例如：

　　　　大小机器　　　新旧教师　　　男女演员

　　　　轻重工业　　　上下水道　　　主副食品

　　　　城乡居民　　　水陆交通　　　零整交易

　　　　花素绸缎　　　水暖工程　　　大专学校

这里面有的能拆开说，如前六例（大机器，小机器……主食品，副食品），有的不能拆开说，如后六例。

　　（4）有些四字格的第一个字和第三个字是同一个字（AB_1AB_2）。例如：

　　　　真刀真枪　　　屋前屋后　　　动手动脚

　　　　戒骄戒躁　　　有声有色　　　非亲非故

这种四字格也不允许省去相重的字，改成三音节，例如不说"＊真刀枪，＊屋前后"等等。

　　（5）有些四字格形式上跟上一类一样，可是实际上第二个字和第四个字是一个已经固定的双音词被拆成两处（$ABAB$）。例如：

　　　　旧衣旧裳　　　闲是闲非　　　怪模怪样

　　　　一模一样　　　无拘无束　　　不尴不尬

这种四字格有的省去相重的字也还可以说，例如"旧衣裳，闲是非"（早期白话有"不尴尬"），可见原来的四个字只包含两个成分。

　　（6）有些不重字的四字格实际上也只包含两个成分。例如把一个双音词拆开，分别在前面（有时候在后面或中间）加两个数目字表示数量多或程度深：

　　　　三朋四友　　　千辛万苦　　　千头万绪

　　　　一干二净　　　一清二楚　　　七零八落

　　　　七颠八倒　　　颠三倒四

附加数目字以外的字眼的例子：

　　　　天公地道　　　鸡零狗碎

　　（7）有些四字熟语（算不算四字格？）是把一个双音词拆开，或是重复一个单字（或是重复双音词中的一个字），再加上"衬字"性质的虚字凑成四个音节。例如：

　　荒乎其唐　　　冤哉枉也　　　微乎其微

　　难而又难　　　久而久之　　　自然而然

这一类四字熟语跟"慌里慌张"之类已经相差无几了。

4

4.1　不。现代汉语里有很多在一个单音节前面加"不"字造成的双音词，而表示跟它相对的意义的时候必须把这个单音节扩充成双音节。例如：

　　不可：可以　　　　　不必：必须

　　不宜：宜于　　　　　不便：便于

　　不忍：忍心　　　　　不甘：甘心

　　不顾：顾及　　　　　不免：免得

　　不确：确实　　　　　不妥：妥当

　　不良：良好　　　　　不满：满意

　　不快：愉快　　　　　不定：一定

　　不同：相同　　　　　不利：有利

　　不幸（名）：幸运　　　不幸（副）：幸而

　　（用意）不明：明白　　（天时）不正：正常

　　（招待）不周：周到　　（自命）不凡：平凡

有些字是可以单用的，可是也常常双音化。例如：

　　不能：能够　　　　　不敢：敢于

　　不该：应该　　　　　不许：准许

　　不难：难以，难于　　不巧：凑巧

"非"字也有类似的情形，只是例子不多：

　　非常：平常　　　　非分：本分

　　"毫不"之后的动词或形容词必须是双音节，合起来构成一个四音节，例如："毫不退让，毫不迟疑，毫不客气，毫不奇怪"。"毫无"之后的名词也必须是双音节，例如："毫无道理，毫无消息，毫无准备，毫无作为"。但是"丝毫不"之后又是单音节为多，例如"丝毫不让，丝毫不拿"，虽然双音节也出现，例如："丝毫不退让，丝毫不可惜"。

　　4.2　和、与、或。"和"类连词用来连接动词的时候，不但要求动词是双音节的，并且如果后面有宾语，也必得至少有两个音节。例如可以说"编辑和出版刊物"，可是不能说"*编和出刊物"，或是"*编辑和出版书"，或是"*编和出书"。两个单音动词，习惯上可以连用的就连用，例如"编印刊物"。如果习惯上不连用，就重复宾语，例如"编刊物和出刊物"（多半带"和"字），"编书出书"（多半不带"和"字）。

"和"类连词连接名词的时候，没有太多的限制，但是一般也要求前后匀称，例如："有自己的力气与洋车，睁开眼就可以有饭吃。"（老舍：《骆驼祥子》，人民文学出版社，1955年版，4页）就是因为"力气"是双音节，"车"也就不得不说成"洋车"。（比较同书9页："而且车既是自己的心血，简直没什么不可以把人与车算在一块的地方。"）如果名词都是单音节，又合起来作一个单音动词的宾语，一般是不用"和"而重复动词，或是把两个名词连起来说，如果习惯上可以连用。例如不说"*编书和报"而说"编书编报"或是"编报刊"。

4.3　的。与"的"字有关的音节问题包括调整"的"字前后音节的问题，但是主要是"的"字本身用与不用的问题。这个问题很复杂，这里所谈的以只有用一个"的"字的可能并且前后都不超过两个音节的组合为限。组合的两部分只要有一个是不能单用的，中间照例不能有"的"字，因而不在讨论之列。

"的"字后面是名词的时候，前面可以是名词、动词、形容词或代词。如果是代词（人称代词），一般有"的"字，"我哥哥，我们学校"等是例外。如果是动词（及其连带成分），不论音节多寡，后面的"的"字不可少，不用"的"字是构词的方式。

"的"字前面如果是名词，有没有"的"字跟音节的数目就有关系。如果前后都是单音节，一般没有"的"字。"羊的毛"很少见，"布的鞋"更难遇到。如果前后都是双音节，或者其中之一是双音节，要看中间是什么关系。如果是领属关系，有"的"的较多，没有的也不少。如果不是领属关系，没有"的"的较多，两可的也不少。没有"的"字的名名组合，两音节和三音节的一般都认为是复合词。四音节的——例如"玻璃灯罩，塑料鞋底，经济基础，气候条件，健康情况，科学常识，语法问题，外交礼貌"，这种组合多得很——是不是也是复合词呢？这是可以讨论的一个问题。

"的"字前面如果是形容词，有没有"的"字，除前后的音节数目外，形容词的类型也是一个因素，并且在较小的程度上还跟名词的性质有关。形容词和名词都是双音节的时候，一般的情形是中间可以有"的"字，也可以没有"的"字。例如：

> 现成（的）例子　　详细（的）计划
>
> 普通（的）墨水　　贵重（的）药品
>
> 幸福（的）生活　　奇怪（的）现象

有些组合，虽然加得进去"的"字，可是习惯上不用。例如：

> 重要新闻　　紧急措施　　临时任务

甚至完全加不进去"的"字。例如：

> 绝对高度　　高等教育　　普通化学

这些组合具有一定的凝固性，跟上面引的"玻璃灯罩"等例子相似，都有点像复合词了。

有些形容词后面带"的"字的时候多些。例如：

雪白的桌布　　出色的作品　　有用的材料

容易的功课　　可笑的姿态　　不同的环境

这一类形容词用作谓语的时候较多，这一事实跟它们用作修饰语的时候常带"的"字也许不无关系。

如果形容词是双音节而名词是单音节，不但是刚才说的这一类形容词后面仍然要有"的"字，连一般形容词后面也多半要有个"的"字。例如：

雪白的墙　　　出色的画　　　有用的书

容易的字　　　可笑的人　　　不同的树

现成的车　　　详细的图　　　普通的水

贵重的酒　　　幸福的人　　　奇怪的梦

也有一些不带"的"字的组合。这些组合的不带"的"字看起来像是跟前面是哪些形容词的关系较小，而跟后面是哪些名词的关系较大。"人、事儿、话"等不多几个名词最容易造成这种组合，例如"普通人，一般人，老实人，规矩人，聪明人，明白人，糊涂人；要紧事儿，新鲜事儿，稀奇事儿，危险事儿，麻烦事儿，便宜事儿；老实话，糊涂话，漂亮话，轻松话，客气话，现成话"。此外的例子如"便宜货，枣红马，天然气，光荣榜，自由诗"等等，其中形容词和名词之间的选择性更大，也就更像是复合词了。

反过来，前面是单音形容词，后面是双音名词，一般都没有"的"字。例如：

新产品　　　　好东西　　　　笨主意

远地方　　　　黑头发　　　　光脑袋

书面上有时候可以看到"新的产品，好的东西"之类的例子，念起来很拗口。在口语里，只有前面的形容词已经扩充成两个音节的时候，中间才会有"的"字。例如：

最新的产品　　挺好的东西　　很笨的主意

老远的地方　　乌黑的头发　　溜光的脑袋

前后都是单音节的形名组合，当中带"的"字的就更少了。跟上面最后一类的例子一样，要就是"高山，热水，重病，怪字"等等，要就是"高高的山，滚热的水，沉重的病，古怪的字"等等。

单音节加"的"字修饰动词，除"真的"（"真的看过"）和"总的"（"总的说来"）外很难找到别的例子。多音节加"的"字修饰动词，传统的格式限于重叠式、部分重叠式或各种四字格，例如"慢慢儿的，慢吞吞的，慢慢吞吞的，慢条斯理的"等等。"缓缓地走过来"这种说法是比较晚近的格式，可是书面上已经很普通。在曹禺《日出》（《曹禺剧本选》，人民文学出版社，1956年版）第一幕前四页（171—174页）的舞台动作说明中有30个带"地"

字的例子，其中只有 5 个（加点的）是合于传统的模式的："一言不发地，冷冷地，不安地，故意地，厌恶地，周围地（望望），挑衅地，惊喜地，兴高采烈地，急切地，败兴地，很苍老地，鼓励地，久经世故地，不在意地，冷冷地，奚落地，爽直地，拘谨地，轻轻地，善意地，熟练地，巧妙地，忍不住地，同情而忧伤地，感慨地，难过地，毫不以为意地，神秘地，摇摇晃晃地。"

4.4　得、不。动词和它的补足成分之间的"得、不"表示这个动作的某种结果能否实现。这种组合里面的动词可以是单音节，也可以是双音节，例如"拿不了，收拾不了，猜不出，琢磨不出，笑不起来，高兴不起来"，但是事实上是单音动词占绝对优势。例如：

> 这是不是斗争？是不是两条道路，看谁斗得过谁！（林斤澜：《春雷》，作家出版社，1958 年版，31 页）

第一句用"斗争"，可是第二句不说"斗争得过"，只说"斗得过"。

4.5　得。"得"字紧接在动词后面，引进补语。补语没有音节的限制，可以是一个字，也可以是很长的一句话。单音节的例子有"坐得正，立得直，飞得高，跌得重，来得早，来得巧，来得好，好得很，好得多"等等。另一方面，比较下面无"得"和有"得"的例子：

> 喝醉了：喝得大醉　　煮熟了：煮得烂熟
>
> 磨光了：磨得溜光　　搞糟了：搞得稀糟

"喝得醉"只会被理解为"喝不醉"的反面。如果要"得"字表示已经实现的结果，就觉得一个"醉"字站不住。什么条件决定这两种情况，还有待研究。

跟"得"字作用相同的"个"字也有类似的情形。例如：

> 衣服叫霜湿透……赶傍晚，大家衣服才干，一上桥，一宿又湿个稀透。（杨朔：《三千里江山》，人民文学出版社，1956 年版，166 页）

即使"得"字和补语中间有名词隔开，单音节的补语仍然站不住。例如可以或者说"逗得那些孩子哈哈大笑"，或者说"把那些孩子逗笑了"，可是不说"＊逗得那些孩子笑了"。

4.6　重复动词，中间有一、了、不。单音动词和双音动词都可以重叠，例如："你说说，我们听听，大家商量商量。"可是如果中间有"一"或"了"，双音动词重叠的就不大遇到，虽然不是绝对没有。例如：

> 听说你们很有些反对清算斗争。但是这一次清算斗争是事出有因的，必得清一清，算一算，斗一斗，争一争。（《毛泽东选集》第四卷，人民出版社，1960

年版，1399 页）

所以要把"清算"和"斗争"都拆开来重叠，不应该看成单纯是为了增强气势，而是因为"清算一清算，斗争一斗争"是属于比较少见的格式。

单音动词和双音动词都可以有"X 不 X"的问话格式，例如："肯不肯？""知道不知道？"可是后者有五个音节，不太符合现代汉语的节奏倾向，因此口语里已经出现"知不知道"这样一种压缩形式。例如：

> 他怎么样啦？要不要紧？（《三千里江山》，161 页）

> 谁知道爸爸答不答应呢？（《春雷》，126 页）

> 毛驴不入，社里倒可以。单看你们自己合不合算。（《春雷》，23 页）

> 不管你同不同意，衣服我今晚非拿走不可。（《人民文学》1955 年 12 月号，94 页）

动补加"得、不"的正反组合，也常常出现这种压缩形式。例如：

> 桥临时抢修好，谁知经不经得起这大的分量……（《三千里江山》，217 页）

这句里的动词组合本来应该是"经得起经不起"。底下这句里是另一种正反组合，"见着了没见着"，现在压缩成：

> 见不见着无关紧要，横竖人家想的开，不会恼她。（《三千里江山》，76 页）

4.7　给、在、向。 "给、在、向"这三个介词常常出现在动词后面。如果那个动词是单音节，就和这些介词构成一个语音段落，因而引起语法上的变化。比较这两句：

> 出售或者出借给公社。

> 卖给或者借给公社。

第二句不可能照第一句的样子说成"＊卖或者借给公社"。可以说"卖给公社或者借给公社"，其中"给"字似乎属前属后都说得通。可是如果加"了"字，只能加在"给"后头，不能加在"卖"和"借"后头，"给"字认为属前比较好。底下的例子更能证明"给"字已经附着于前面的动词：

> 别瞎张罗啦，先教老品教给教给你们吧。（《文艺报》2 卷 8 期）

> 翻译员指给了我们的住房，就回头走了。（中国作家协会编《1956 年短篇小说选》，41 页）

> 三四月间没米吃的时候借给点米吃。（《人民文学》1955 年 12 月号，12 页）

> 爸爸说……人家不卖给再回来。（《人民日报》1957 年 2 月 28 日，8 版）

> 过去一字学不会，找人教给跑折腿。现在遇到字不识，把嘴一张就拼会。（《人民日报》1958 年 9 月 18 日，7 版）

包裹里……一块毛巾，是祖国人民赠给的慰劳品。（《1956年短篇小说选》，53页）

"在"和"向"也有附着于单音动词的倾向。下面例句里的"了"字可以证明这一点：

走到小店门口，他一软就坐在了地上。（《骆驼祥子》，29页）

还是那两条烟，放在了敌人仓库的木箱上。（《人民文学》1955年12月号，108页）

她急忙打开了箱子，把麦子放在了箱子里。（《剧本》1955年4月号，11页）

反复地读着邓子恢同志的报告，我的心飞向了很远很远的时代，很远很远的地方。（《文艺报》1955年15期，3页）

战士们连使用冲锋枪都嫌慢，就用满把满把的手榴弹砸向了敌人。（《人民日报》1956年7月11日，8版）

双音动词后面不出现这种情况。例如"软瘫在地上"，不会把"了"字搁在"在"字后面；"飞奔向很远的地方"，不会在"向"字后面加"了"。

从古汉语里吸收来的"于、以、自"，语音上也都附着在前面的动词或形容词上。"于"字还可以有"大于或等于……"之类的格式。

动词后的"到"附着在动词上，也是没有问题的。但是"到"字和动词中间可以加进"得、不"，它的语法性质更近于"上、下、进、出"一类，不属于"给、在、向"一类。

5

由于调整音节的需要而对词语加以扩充或压缩，古人也早已注意到了，清代学者如顾炎武的《日知录》，赵翼的《陔余丛考》，钱大昕的《十驾斋养新录》，俞正燮的《癸巳类稿》，俞樾的《古书疑义举例》等书对此屡有论述。二十多年以前，郭绍虞先生写过一篇论文《中国语词之弹性作用》，[①]引了多方面的事例来说明这一现象。绍虞先生讲的都是古汉语的情况，主要说明语词的伸缩是汉语修辞的特点。我这里讲的是现代汉语的情况，并且觉得这里面有修辞问题，也还有语法问题。比如可以说"打扫街道"，也可以说"扫街"，什么时候用哪个形式，这是修辞问题。又比如可以说"签名，签个名，签了名，名还没签"等等，而单说的时候必得说"名字"，这就成了语法问题。可是可以说"扫街道"而不能说"打扫街"，这又是什么性质的问题呢？还可以进一步提出这样的问题：究竟哪些是修辞现象，哪些是语法现象？修辞和语法的界限在哪里？修辞现象能不能转化成语法规律？这是很值得研究的理论问题。我在上面罗列了很多事例，究竟这里面包含哪些问题，一时

---

① 载《燕京学报》24期，1938年。收入作者的论文集《语文通论》，开明书店，1941年版。上述清代学者著作中谈到这一问题的，郭先生论文中均有摘引。

还说不清楚，只能就所想到的提出几点来简单地谈一谈。

（1）既然古代也有把单音节扩充为双音节的例子，如"雨雪其霏"，"投畀有北"，把多音节压缩为双音节的例子，如称"东方朔"为"方朔"，称"司马迁"为"马迁"，能不能说双音化的倾向是古今一贯的呢？似乎不能这样说。不错，古代也有扩充有压缩，可是似乎只是在适应"句"的节奏的时候才出现这从两头向双音节变化的情况，因而是流动的，临时的。如果离开"句"来看"词"，就好像只有压缩的倾向。以对外来语的处理为例，可以看出古代和现代的不同倾向。古代常常把多音节的外来语压缩成双音节，例如"安石榴→石榴"，"波棱菜→菠菜"，"菩提萨埵→菩萨"，但是也常常把它压缩成单音节，例如"佛陀→佛"，"僧伽→僧"，"塔婆→塔"，"比丘尼→尼"，现代则常常在译音上附加译意字，使单音节扩充为双音节，如"卡车、卡片、啤酒"，双音节扩充为三音节，如"太妃糖、吉普车"。又比如同一双音节形式，例如"父母"，因为"父"和"母"古代能单用，现代不能单用，所以"父母"在古代汉语宜于看作词组，在现代汉语应该看作词。因此，一般的说法，古代汉语以单音词为主，现代汉语里双音词占优势，大体上是正确的。

（2）为什么现代汉语词汇有强烈的双音化的倾向？同音字多应该说是一个重要原因。由于语音的演变，很多古代不同音的字到现代都成为同音字了，双音化是一种补偿手段。北方话里同音字较多，双音化的倾向也较强。广东、福建等地的方言里同音字比较少些，双音化的倾向也就差些。可是不能认为同音字现在还在积极推动双音化。北方话的语音面貌在最近几百年里并没有多大变化，可是双音词的增加以近百年为最甚，而且大部分是与经济、政治和文化生活有关的所谓"新名词"。可见同音字在现代主要是起消极限制作用，就是说，要创造新的单音词是极其困难的了。

（3）音节多寡能不能作为划分"词"的一个条件？讲古代汉语，不区别"字"和"词"关系不大，讲现代汉语不能不有所区别。然而划清现代汉语里"词"和"非词"的界限的确不是十分容易的事情。最常常用来作为划分词的两个标准是：一，能否单说或单用；二，能否"扩展"，即能否拆开，能否插入别的成分。这两个标准应用起来都会遇到困难，两者之间又常闹矛盾，我们现在不去讨论，[①] 只谈谈与音节多寡有关的问题。我们常有这样的经验：两个语言片段，语法结构相同，能否单说能否扩展的条件相同，只是音节多寡不同，比如说，一个是双音节，一个是四音节，我们觉得前者更像一个词，后者更像一个词组。例如："公路：公共汽车"，"另算：另外计算"（前面一个成分不能单说，中间不能插入别的成分）；"水缸：泡菜坛子"（前后两个成分都能单说，中间不能插入别的成分）；"新书：新鲜蔬菜"（前后两个成分都能单说，中间能插入"的"字）。如果把音节数目作为一个重

---

① 参看《汉语的词儿和拼写法》论文集（第一辑，中华书局，1955年版）；陆志韦等《汉语的构词法》（科学出版社，1957年版）；吕叔湘《说"自由"和"粘着"》（《中国语文》1962年1月号）。

要条件，似乎也可以把双音节的（和三音节的）和四音节的（和四音节以上的）分别对待，不按同样的标准处理。这些是偏正组合的例子，动宾组合的情形又不同些。双音的动宾组合基本上都能拆开，这该是词组的特点，但是很多是其中的名词必须跟动词同时出现的，即所谓"宾不离动"，这又该是词的特点。从语音上看，拆开的时候和不拆开的时候给人的感觉也不一样。语法学家称之为"离合词"，也真是有点不得已。

（4）现代汉语里有许多语素组合公认为"略语"或"简称"，也就是说，本质上是词组。但是多数所谓略语的构成方式跟一般复合词没有什么两样，很难截然分开。一般用有无相应的完全形式（"全称"）来作为区别略语和单词的标准。这个标准用在机关、团体、职务的名称上是有效的，可是用在别的例子上就不无困难。第一，会把结构完全相同的形式一部分划作略语，一部分划作单词。例如："侨务（华侨事务）：财务"，"农校（农业学校）：党校"，"化肥（化学肥料）：绿肥"，"苏南（江苏南部）：闽南"，"脱产（脱离生产）：在职"。其次，有些组合处于一种中间状态或模糊状态，可以说有相应的完全形式，也可以说这只是一种"释义"，它不是由此省略而成的。例如："外交"可以肯定是单词，"外贸"无妨作为略语，可是"外事，外汇，外销"划在哪一边呢？"理疗、电疗、水疗"是不是略语？（比较"药物疗法"。）"编导"（编剧兼导演）算不算略语？如果算，"编选、译注"等算不算？还有，所谓略语又常常用来作构词成分，例如"苏联人，高中生，文教科，土改关"。那么，单用的时候是不是也可以算是单词呢？此外，有许多组合明明是略语，但是因为常用，大家已经不再同时想起它的完全形式，例如"精简（精兵简政），七律（七言律诗），急电（加急电报），抗战（抗日战争）"。似乎不能不承认略语可以因常用而转化为单词，可是常用是个程度问题，因而略语和单词的界限又模糊了。

（5）音节伸缩的修辞作用，绍虞先生的论文里已经多方举例。现代也有利用单双音节以适应节奏要求的例子：

> 一亩园子十亩地，一亩鱼塘三亩园。（《春雷》，8 页，引农谚）
>
> 难道说他们生的是三个脑袋九只眼，六只胳膊仨脊梁（《山东快书武松传》，作家出版社，1957 年版，24 页）
>
> 他半辈子里不是风，就是雨，不是血，就是泪。（《三千里江山》，17 页）
>
> 它通过所谓"援助"，要求受"援"国家割让军事基地，在军事上、政治上和经济上承担对他们不利的义务。（《人民日报》1956 年 1 月 30 日）

我们在第三节里讨论了一些四音节形式，着眼于四音节和双音节的错综关系，因而讨论的只是一些短语，而且限于音节上是 2+2 的，语法结构也是有限的几种。如果放开这些限制，并且从历史上来观察，就会发现，四音节好像一直都是汉语使用者非常爱好的语音段落。最早的诗集《诗经》里的诗以四言为主。启蒙的课本《千字文》《百家姓》《李氏蒙求》《龙文鞭影》等等都是四言。亭台楼阁常常有四言的横额。品评诗文和人物也多用四个字（或八个字）的评语。流传最广的成语也是四言为多。这种种例子，除《百家姓》外，多半四言成"句"，内部的语法结构是多种多样的。

在上古，四言句主要用于诗。汉魏以后，诗由四言延长为五言，可是差不多同时，四言句却在无韵之文里大大地盛行起来，不但是文学作品如此，应用文，甚至像佛经的译文，也都受到它的影响。直到唐宋古文运动胜利之后，四言句才失去它在成篇的文章里的统治地位。如果说，古代某个时期或某种文体曾经以四言句为它的主要节奏单位，那么，非程式化的散文即所谓"古文"的节奏规律是怎样的？更重要的，现代散文的节奏规律，基本上也就是现代口语的节奏规律，又是怎样的？虽然叫作散文，却不是一盘散沙。无论是古代的文章或是现代的文章，念起来都有顺口或拗口的分别，这里面必然有规律性。在现代汉语里，四音节只是部分的、特殊的节奏规律，全面的、系统的节奏规律还有待于研究。这里面不仅有音节数目搭配问题，还有轻重音配列问题。（古文还有平仄问题，恐怕就是在现代文里平仄也不是完全没有作用。）本文并不准备谈现代汉语的节奏问题，只是所谈的既然跟这个沾了点边儿，也就顺便把它作为一个问题提出来。

本文多少带有尝试的性质，观察不周和推论不当之处一定很多，有些该做的工作也没有都做到。第一，这里谈的是某些个倾向。倾向不同于规律，规律能否成立只看有没有反证，倾向是数量多寡的问题，没有统计作支持总不免是主观印象。可是要做统计，不但要有充分的时间，还得先解决一系列"怎样统计"的问题。其次，特别在第三节里，谈到的只是一些比较简单的现象，有些比较复杂的情况还没有摸清。例如把某种组合拆开之后，音节的限制是否还存在？（比较"*参加会"和"参加了两个会"，"*等候信"和"等候北京来的信"。）把某种组合放在更大的片段里面，音节的要求有些什么变化？（比较"*他劝他们互助"和"他劝他们互相帮助"，"他们能互助，能合作，所以成绩好"。）这些情况都有待于进一步研究。把这样一篇很不成熟的文章贸然发表，无非是希望引起研究现代汉语的同志们对这个问题的注意罢了。

原刊于 1963 年第 1 期

从"谓语结构"的主语谈起

陆志韦

1．缘起

近来常跟几位年轻的同人漫谈怎样研究古汉语语法，怎样为汉语语法史从方法上奠定基础。我提出过这样的意见：至少有两件事我们一开头就得留意，一是怎样把先秦文献里表现出来的语法结构和唐五代以后北方话白话文里表现出来的语法结构互相联络起来。那一千年间的文言文献该怎么对待，怎样才能有系统地从中吸取研究资料。二是研究先秦语法和现代语法，须要在手续上以至方法论上统一、联贯起来，否则写不成汉语语法史。宜乎先总结一下，古今不变的语法结构是哪些。在这基础上才会更容易认识哪些结构是衰退了的或是消失了的，逐渐发展了的或是突然出现了的。这些情况须要简短、明朗地描写出来。特别是在第二点上，提问题容易，作业时不免会遇到种种困难。例如怎么认识某个语法结构是古今不变的呢？

常言道"古为今用"。在本问题上，这是说我们先得大致领会现代汉语的语法结构，然后从历史演变来更深刻地了解它。反过来说，研究古语法，手续上可得有所不同了。时常出现须要"今为古用"的情况。古注疏家所做到的，一般不过是把古语翻译成当代的表达形式，这就是"今为古用"。有时我们认为他们是做对了，那也就是说我们有理由相信古今语法结构是相同的，否则就说注疏错了，翻译失去了原意，误解了古语的语法结构。比较精细的训诂学能不依靠翻译，单从古语本身的词序和句型排比来研究古语的结构，我们因而知道某种句式、某种词序在古语和今语的不同语法意义。但是归根到底，如果要贯通古今，总得把现代语法先大致弄清楚了。

近些年来，现代汉语语法研究上无疑地有了很大的进展。一些新的术语出现了，其中一部分代表着新发现的语法范畴。对于句子形式的新认识，分析的手段，描写的方法，实际上也有所改变了。但是要说已经有了一个大家公认的语法系统，或是某一位专家自己已经有了完整的语法系统，我看还有相当距离。创业艰难，还须要若干年的精心描写和严格批判。有各种各样的问题等待着要解决。这里试举一些不同类型的问题。意见的分歧有时是不可能调和的，至少在同一个系统是不可能调和的。例如"书不念"的"书"必得是主语，或是宾语，不可能在同一系统里既是主语又是宾语。单是这一点就常牵连到整个系统，不只是在某些个具体的句式上各家的分析手段偶然有所不同而已。更多的问题是出在同一个系统内部的，该是比较容易解决的，例如连动式，既不是并列式，又不是偏正式，又不是"正偏"式，那么是什么式呢？能说"连动式"是"两个动词连用的形式"吗？连起来是作什么的呢？换句话说，读者有权利要求作者说出语法意义来。我看必得有一句很抽象的话，或是一句很噜苏而确能包罗一切的话，把意义和形式结合起来。这样的一句话也许就会把汉语里有关"形式"怎么"结合""意义"的种种难题和盘托出。再说兼语式吧，也是描写得不够清楚的。"我知道他没有来"，"我知道，他没有来"，"我知道他，没有来"，这三个句子有什么分别呢？"倒杯茶你喝"是兼语式吗？最近又重新提起"连锁式"来了，这当然是连动、兼语以外的一个新式。这新式的内容是有点不伦不类的，好像是无可奈何地把一大堆无从处理的材料暂时搁着罢了。[①]

语法书的所以难读、难教，有多方面的原因。首先是像上文说的，术语没有确切、明朗的定义，语法意义没有明确地说出来。除此以外，我们有时会在两种情况下不知所措。第一，尽管书本上列举了好些语法结构，还是会遇到不少例句，不能归在任何结构的名义之下。这种困难可以出在读者没有小心学习，也可以出在作者并没有掌握足够的研究资料，或是有时隐瞒了一些不知怎么处理的资料。情况并不严重，多学习，多研究，必要时修改一些定义（扩大一些语法范畴），或是填补几个结构项目，早晚会把问题解决了。原来的语法系统基本上不会改变。第二种情况就比较严重。一个例句的结构，既像是甲，又像是乙，还可以又像是丙；甲和乙和丙，凭定义是互相排斥的，而事实并不这样。可见我们描写一种语法结构时，尽管能随意列举成千上百的无可怀疑的例句，仍然没有充分照顾到这结构和别的结构的关系。那么，最应该从理论上来反省了。这里我不敢妄谈怎样来解脱这种困难，因为经验太不够了。且举一个我认为是相当尴尬的例子。

他要是这么糊涂，真叫人没有办法了。（复合句）

他这份儿糊涂，真叫人没有办法了。（主谓单句）

他这么糊涂，真叫人没有办法了。（？）

---

① 指《现代汉语语法讲话》，丁声树、吕叔湘等著，商务印书馆，1962年版。下文简称《讲话》。本文论到现代语法，都依据这书。《讲话》的修订是经过仔细斟酌的。本文作者同意他们的基本主张，只是在个别论据上不得不提出疑问。书里的一些话，为什么要说得那样含混，我是能深深体会到的。专门引证这书，也可以免去节外生枝，因为作者全都是我多年相处的同人，不会引起误会。

"他这么糊涂"是"主语"呢，还是"子句"呢？这第三句并不是难分析的，谁都会在"糊涂"之后砍上一刀，砍出两个"直接成分"（IC）来。这两个成分是什么成分呢？连起来，代表什么语法意义呢？①

那么，如果在古汉语遇到同样的句式，"今为古用"就无从谈起了。跟我谈话的青年们正是提出了这个难题。《论语》一开头就出现这样的句子：

学而一章

学而时习之／不亦说乎

有朋自远方来／不亦乐乎

---

① 我说的是：先肯定了、认识了语法意义，才能开始分析，哪怕是肯定错了，也不能不先有所肯定。分析手段能帮助我们把一种语法意义的表达形式合理地描写出来，或是矫正可能的错误认识。分析根本代替不了语法意义的认识，所以说，没有"意义"的一串声音或一排汉字是无从分析的，因为根本不是语言。古今汉语语法结构的精神面貌决定着我们得在这上面多加思索，多说几句"废话"倒不妨。多学习现代描写语言学的方法或是方法论，那是好的，但是西洋的理论不能随便搬到汉语研究上来。某一套理论，或是好几套理论，或是理论的片段，近来已经影响到现代汉语语法研究，最后是会影响到古语法研究的。近年来我们时常谈到、听到有关"意义结合形式"的议论，怎么了解这问题呢？那得看我们在分析的手续上和描写的词句上怎样表现出来，空说无凭。西洋的一些描写语言学者（结构派），他们的话有时是会叫中国读者莫名其妙的。他们一方面否定"意义"，一方面又竭力肯定"意义"，惟恐人家误会这一派的语言学是"无意义"的。其实，没有人不把某些基本的语法意义先肯定了的，所否定的是不在语法形式上表达出来的"意义"。

回到汉语来举一个例子吧。有"我们先读论语孟子"八个字，要我们分析。是有法子对付它的。"分析"就是把它拆成零件。现在大家都主张不要乱拆，大多数人以为一刀一刀地砍较为妥当。一刀两段，砍成"直接成分"（IC）。头一刀大概会砍在"们"的后边。为什么呢？因为先肯定了一个语法结构（一个语法范畴，一种语法意义），就是主谓结构。不肯定是不会砍这一刀的。这一刀先砍，又肯定了这八个字里主谓结构是最基本的结构，最应该首先描写出来。也许不必这样肯定；有人会把头一刀砍在"读"的后边。这就先肯定了另一个语法结构，就是一般所谓动宾结构。我想很少有人会把这一刀砍在"语"字后边，更不会是在"先"字后边，几乎绝不会砍在"我，论，孟"等字后边。等到"砍"完了之后，总结起来描写，可以从头至尾一个字、一个字地，或是逐段地谈；但是那些"字"（所谓"语素"）和那些"段"（所谓"语素序列"），只是分析出来的东西。要分析，一般总得讲究层次，否则便使不上"直接成分"这原则。要谈"直接成分"，就得肯定种种语法意义，以及描写它们的程序。

反过来说，我们遇见的资料可以不是上面的八个字，而是像下面那样的：

（1）我们先读仲子论语

（2）我们先读仲丑论语

（3）我们先读孟子也好

（4）子论们读语我先孟

"仲子"是古人名，有具体意义，但是这具体意义这里使用不上，等于没有"意义"。重要的是（1）的八个字依然能用上文说的那种手段来分析。就是说，不了解这一点儿具体"意义"，这里并不妨碍语法意义的分析。（2）和（1）有点小分别。"仲丑"可说全然没有"意义"，除非是为了语法分析，我们硬给它加上"意义"。不了解"仲丑"，就不能了解它和"论语"的语法关系。除了这一点，整个段落的语法结构还是能分析的。（3）是另一种情形了。整句能了解，但是包含着新的语法结构，须要使用另一套分析程序。（4）几乎全没有"意义"。"们"我们知道只能联着上文读，仍然有语法意义。"语我"在古汉语有意义，这里只能是望文生义而已。八个字联起来，无从分析了。汉字随处会叫人望文生义。古书念得越多，就越会卖弄。印欧语里，据我所知，把八个音节这样颠来倒去，真会变得全无"意义"。但是，哪怕是在现代英语，有好些音节（或是字母的次序）一般是代表语法成分的，就可以凭它们来把乱七八糟的一大串字母分成段落。有的人就在这上面要把戏，说没有"意义"的材料也能分析。

 人不知而不愠／不亦君子乎

二章

 其为人也孝弟而好犯上者／鲜矣

 不好犯上而好作乱者／未之有也

 孝弟也者／其为仁之本与

第二章的分析不成问题，头一刀砍在三个"者"字的后边，"者"字保证前面的一段是句子的主语，三个句子都是主谓简单句。第一章的三句是复合句么？从来是这么解释（翻译）的，对不对呢？新近出版的现代汉语语法书里一个"主谓结构"是能作句子的主语的，例如"小孩儿多吃点水果好"，只一个"好"字是谓语。[①] 那么，"人不知而不愠"在古汉语不也能作主语么？这个句子不也是主谓简单句了么？

 "主谓结构"既然能作主语，没有"主"而只有"谓"的结构当然更有资格作主语了。"这么做好得很。"[②] 古汉语文献里也时常出现这样的句子。《左传》"蔓难图也"，"厚将崩"，"盟于唐复修戎好也"，"光昭先君之令德可不务乎"，这些句子都是同一形式的么？都和"制岩邑也""颍考叔纯孝也"同一形式么？这是难以回答的问题，能依靠现代语法来帮助解决么？因此，我们得回到现代语法，看看那里的复合句和"主谓结构"作主语的简单句究竟是凭什么语法形式标志来区分的。下文试图找出这种必须有的形式标志。照上文说的，"主谓结构"这名称用在这里已经不大合适，下文改称"谓语结构"的主语。名称上自相矛盾，势所难免，否则话会拉得很长。

2. 现代汉语里"谓语结构"作主语的简单句

我们从《红楼梦》和《儿女英雄传》的对话部分，若干种现代北京话的小说、话剧，若干篇最近发表的重要论著，以及《现代汉语语法讲话》所引的例句里挑选了六七百个这样的句子：（1）照《讲话》的标准可以肯定是"谓语结构"作主语的；（2）好像是这样的简单句，但是不敢肯定的，因为是和复合句，甚至和连动式、兼语式容易混淆的。不收可以肯定是复合句（或是连动式、兼语式）的句子。所选《红》和《儿》的例句完全符合现代口语语法。下文分析这次挑选的例句。不注出处，免占篇幅。自己编造的句子，在句前加 * 号。

2.1 "是"字句。"谓语结构" + "是" + 宾语。这是现代汉语里最清楚不过的"谓语结构"作主语的简单句。这类句子是上古汉语所没有的；现代汉语里时常遇到，特别是在摆事实、讲道理的论文里。

---

 ① 《讲话》，132 页。

 ② 《讲话》，132 页。

最简单的"是"字句是"a 是 a"式，a 最长不过是几个字。

*不懂就是不懂。　　*红是红，白是白。　　*来是来，不过……

这样的句子容易跟复合句鉴别，例如：

*念书就是念书。〔单〕　*除了念书就是念书。〔复〕

*念书是念书。〔单〕　*念书就念书。〔复〕

*念书呐，就是念书。（有语助词，有停顿，语调也特别。但是据我看来，这一句还是和上边两个简单句同形式的。）

这里可以引起不少争论。例如：（1）"是"前后的"念书"是否变成名词或是名词化了呢？果然，就无所谓"谓语结构"作主语的问题了。（2）"除了"句能算是复合句么？我以为这样的争执在汉语语法研究上没有多大意思，这里也无须讨论。（3）加了语助，有了停顿，变了语调，句子还是同形式的么？这问题极复杂，我没有资格来讨论它；这里姑且肯定"念书呐"还不过是"谓语结构"的主语。

现代汉语里，"是"字句可以扩展得很长（但不能是"a 是 a"式）。

　　以尼赫鲁为首的印度统治集团挑起中印边界事件，直到对中国发动大规模的武装侵犯，正同他们干涉中国西藏一样，都不是偶然的现象，而是同帝国主义利益密切结合的资产阶级大地主的阶级本性所决定的。

句子一拉长，内部结构有时就不必像这一句的那样紧凑。例如主语和谓语之间可以插进一个成分，好像叫句子改变了基本形式。

　　……尼赫鲁偏偏认为印度不能同中国友好相处，这是完全违反印度人民的愿望和利益的。

（1）这"这"字不能删去。（2）有了"这"字，前面又必须有停顿。（3）并且整段话是一句还是两句，也只能凭相当微妙的语调标志来鉴别，原文是当作一句话写下来的。能就此把它看作"意合的"复合句么？这里，条件（2）有停顿没有，一般不能用来区别复合句和"谓语结构"作主语的简单句。条件（3）其实是跟本问题不相干的；说成两句或是一句，各有各的语调。条件（1），"这"字能不能删去，不容易掌握；总结不出来在什么情况之下，"这"字一定能删去或是一定不能删去。试回到上文的长句，删去"正同……一样"一段，下面，在"都不是"之前，就能插进一个"这"字。能说有"这"字的是复合句，没有"这"字的是简单句么？个人以为"这"的这种用法只能看成是跟它前面的成分处在"同位"。①换句话说，整个句子还是"谓语结构"作主语的简单句，对于不能删"这"的句子，暂时也只能采取同样的看法。

――――――――――

① "这是"相当于古语法的"是为"或"是乃"。包含这种成分的古汉语句子也不能看成是复合句。

除了"这""那""这些事""这一切"等等插在"是"字前面的成分之外，还可以在句子的别的地方插进各种各样的成分，叫句子的结构变得特别稀松。下文还得讨论这一类的现象。综合起来看，把"a 是 b"式的句子一律看作简单句是相当冒险的。"谓语结构"（包括"主谓结构"）作主语这个语法概念，即便是在"是"字句，也至少是难以肯定，难以跟别的语法概念划清界限的。

2.2　次论跟"是"字句同类的句式。谓语是简短的陈述语、判断语，这样的谓语花样很多。《讲话》所举的例子是"小孩儿多吃点水果好"，这里也先从"好"字谈起，因为例句多，花样也多。然后再简略地谈谈别的。

> 小孩儿多吃点水果好。
>
> 长而空不好，短而空就好么？
>
> 那银子有处寄去，很好。
>
> 我看就叫金桂把家务交给老人家也好。
>
> 叫你母亲随着你去最好。
>
> 还是叫他不爱你好一点。〔好些。〕
>
> 睡一会儿午觉也正好。
>
> 先生，你认识我，那就更好了。
>
> 你给我老老实实的玩一会子睡你的觉去好多着呢。
>
> 他不来可怎么好呢？（？）
>
> 别这样，叫人看多不好。（？）
>
> 带了你妹子投你姨娘家去，（你道）好不好？
>
> 何不用稻香村的妙。（？）
>
> 让 ××× 听见就坏了。
>
> 生在大年初一就奇了。
>
> 夜里风大，等明早再去不迟。
>
> 他应当如何安慰你才对。（？）
>
> 或是你去，或是我去，都行。
>
> 唱戏只有这样才成。
>
> 只别见我的东西才罢……
>
> 不和我说别的还可……
>
> 你叫我月亭也可以。
>
> 那怕南山里，北山里，也使得。
>
> 说亲戚就使不得。

往前赶赶得了。

其实无非是一种惰性，对于新制度不容易接受罢了。[①][我一个人是奴才命罢了，[②]难道连我的亲戚都是奴才命不成？]

我算缠不过我们这位少姑太太就完了。

只求听一两句话就有了。[有多好啊，又有什么用，没有什么，没有什么的，没有关系，才有趣儿，等等。]

说了多少回也没用。[多没劲，也没的说，就没意思了，等等。]

我念了书，明了理，就可以自由恋爱，是不是？

竟先看脉，再请教病源为是。

有人就怎样？我溜不好怎么办？（？）

快来给我写完了这些墨才算呢。[就算好了，就算难得，等等。]

吃了两丸子羚翘解毒丸不管事。

现在取印也来不及了。

心里难过就别提了。

纵的家里人这样，还了得么？

须得我二爷还到东府里混一混，才过得去呢。

其实马虎也得分什么事。

让我把……病症说一说再看脉如何？

只怕这事倒有十拿九稳也不见得。[亦未可知。]

我们慢慢进城谈谈，未为不可。

说说不要紧。

你生气要打骂人，容易（，何苦摔那命根子）。[……真不容易呀。]

回去最合适。

人多了倒麻烦了。

我出门没有表真别扭。

这一大堆例句选择未必全对。上文有意列入少数可疑的句子，后面加（？），表明后段未必是前段的陈述语。"谓语结构"作主语这个语法概念怎样在形式上表达出来，在这一类句式里比在"是"字句里更不容易认清。下面试举一些分析例句时实在碰到的难题。试比较：

　　a. 闹得吐了 / 才好了。

　　b. 吃点药发发汗 / 就好。

---

① "罢了"一般语法书归在语助类，不伦不类。
② "罢了"一般语法书归在语助类，不伦不类。

这两句表面上看来好像是同形式的。a"闹得吐了"能是"才好了"的主语，因为凭"意义"，"病"能"好"，"吐"是不能"好"的。b不能这样肯定。"好"可以有两种"意义"，一是"病就好"，二是"发发汗"这件事"好"。凭第一种"意义"这句话是连动式的简单句或是"意合的"复合句（要看怎么给"复合句"下定义）。凭第二种"意义"，这是"谓语结构"作主语的简单句。光从词序和语调来描写，不论是凭哪一种"意义"，能说的话都是一样。如果要求"意义结合形式"，这句话就不够"形式"，必得凭上下文才能确实了解它的"意义"。

"小孩儿多吃点水果好"，上文说只有一种"意义"，就是"这件事好"。试改成"还是让小孩儿上外边去玩好"，就可能有三种"意义"：一是"小孩儿好"，或是"让……"的人好；二是"这件事好"；三是一切都好，"天下太平，省得在屋里闹得一世八界的"。二和三分别不大，句子都还是"谓语结构"作主语。一，包含两种"意义"，都不像是这一类的句子了。要"凭上下文"，这就是说一个"意义完整"的句子还不具备语法描写的形式要求。这就在语法理论上引起一连串的问题，牵涉到我们该从什么观点来建立现代汉语语法学，当然不能在这里随便谈。这里我只想指出："谓语结构"作主语这个概念是怎样难以了解，技术上是怎样难以把握罢了。[①]

其次，句子内部结构的稀松也时常会引起困难。"先生，你认识我，那就更好了。"上文别的例句，有的也同样可以在谓语之前插入"这""那"之类。在"是"字句，我们认为这一类的插入语和前面的一段话"同位"，这里可以同样处理。尽管出现了另一个主语"这""那"，前面又必须有停顿，句子的结构我以为没有改变，更难对付的情况出在前面的主语里。像下面这样的例句里，主语还是"谓语结构"么？

    A. 一家子那哭啊，就别提了。

        那年雪大，那个冷呀，把人冻得鼻酸头痛。

        大家这份着急呀，可就不用提了。

        这永不适人便从我何玉凤作起（，又有何不可）。

        〔这一去可就要蟾宫折桂了。〕（一般语法书大概不会把这一句列在这里。）

        什么腰酸，腿疼，头昏，眼花，这时都忘记掉。

---

① "意义结合形式"这个问题近年来颇有一些人注意到了。我看我们还没有充分了解问题的本质，就是怎样就汉语来分析这个问题。也已经有人能严肃地学习和批判描写语言学。西洋的描写语言学，骨子里究竟还不过是印欧语的语言学，对我们的帮助只能是有限的。试把本文这一段里所引的例句逐一翻译成一种印欧语（例如俄、英、德、法），据我所知，他们根本没有句式或是语法结构上的困难。我们的问题是我们自己的问题。并且除了一些一般原则之外，我以为也没有什么"普通的"理论或手法可以具体地运用到祖国语言上来。一不小心，就会说废话，浪费了好多研究时间来说废话。

B. 这一个月的访查，吃、喝、住店，可真叫没办法。

鹰的捕雀，不声不响的是鹰，吱吱叫喊的是雀。①

（有几个谓语不属于简短陈述语之类。这里连带着列举，便于讨论主语的结构。）

一定会有人把这里的主语一律看成"名词结构"的。我怀疑这样的看法，可惜不能在本文论述理由。这里的问题不在乎简单句和复合句怎么区分，而在乎同是简单句里，主语是"名词结构"还是"谓语结构"。我是把它当作"谓语结构"的，也许错了。总而言之，"谓语结构"作主语这概念，不怎么清楚。②

最严重的困难还是在乎简单句和复合句的不能区分。

若可以领我见一见更好。

倘或又着了凉，更添一层病，还了得。

如果×××有钱，也可以。

这些是现成的例句，无疑是复合句。试比较：

〔如果〕那银子有处寄去，〔就〕很好。

〔即便〕现在〔就〕取印也来不及了。

〔就是〕不爱我也没有关系。

上文所举的例句，有不少都能这样机械式地改造一下。能不能这么规定呢：有连词的是复合句，没有连词的是简单句（这里是"谓语结构"作主语的简单句）？我看不能。汉语的复合句，可以说是经常不用连词的，是所谓"意合的"复合句。甚至偏句和正句连起来，表达什么逻辑范畴，有时只能凭猜测。试大量记录活的语言，哪怕是文化水平很高的人，也轻易不用连词，不会"转文"的"老百姓"更不用说了。最奇怪的是：须要用"如果""就是""哪怕"的时候，他们都会用；他们是完全能"逻辑"一下的。

不爱我也没有关系。（"谓语结构"作主语的简单句）

就是不爱我也没有关系。（表示"让步"的复合句）

这样"画地为牢"，一点也不符合汉语的"自由自在"的精神。并且这样做，也只是为了在某些例句上维护"谓语结构"作主语这语法概念，遇到模棱两可的句子还是没有办法。例句的花样越多，这个语法概念就越模糊。我并不否认汉语是有这样的句式的，只是清楚

---

① 这样的"的"，几乎随处都可以随便删去或是加上。"成渝铁路（的）通车充分表示中国人民的力量"。

② 上古汉语里也有同样的问题：

《诗经》：公侯之事　南涧之滨　羔羊之皮　唐棣之华

比：桃之夭夭　兹之永叹　云谁之思　巧笑之瑳

击鼓其镗　卜云其吉　北风其凉　雨雪其雱

（"北风那个吹，雪花那个飘"）

的形式条件还没有分析出来。

2.3 除了上面 2.1 和 2.2 两类之外，还有谓语比较复杂的例句。这里，"谓语结构"作主语的形式标志就更不容易认清了。下文只能简略地指出一些突出的现象。

有些例句里，前段是后段的受事（"宾语倒置"）。

　　　　a. 我要人养活我，你难道不知道？

　　　　b. 谁说他瞎子，他也不在乎。

　　　　c. 人家这样做，他就不愿意。（前后段能倒置）

　　　　d. 这样活下去，我受不了。

　　　　e. 好不好，春天就知道了。

　　　　f. 看个信，开个条儿，也能对付。（不能倒置）

按《讲话》的体例，例句的前段只能是主语，不能是宾语。要不然，整句是"意合的"复合句吧？那是凭什么说的呢？这也就是我自己解决不了的问题。

　　　　你要不想着我，我也不知道呀！

作者有意把这句话写成复合句，删去一个"要"字，就变成 a 句的形式，就是"谓语结构"作主语的简单句了么？再看：

　　　　金大爷火了！您不知道？

这是两句。其实，除非特别加强第一句的语调，后面留一个长停顿，这两句话连着说，语调上和 a 句的分别是微乎其微的。那么，还是管 a 句叫"意合的"复合句好些。上文所举例句，能这样拆成两句的也并不少。"谓语结构"作主语这概念更弄得纠缠不清了。

还有一些例句，我简直不知怎么对付了。前段和后段的中心语（动词或形容词）是相同的，有点像"不懂就是不懂"。这样的例句可以代表几种不同的结构。

　　　　说干就干，不能大干就小干，能干多少就干多少。

这是复合句，因为凭"意义"，每一个子句里后一段不能是前一段的"陈述"。

　　　　我看了他，心眼儿里爱还爱不过来呢。

这大概是连动式，也因为"爱不过来"不像是"爱"的陈述语。

　　　　怎么说，怎么依着。〔复合句〕

　　　　怎么说，怎么好。〔复合句？〕

　　　　都照你的，怎么说怎么好。〔这就太像"谓语结构"作主语的简单句了〕

类似末一句的形式的例句可以随便举。

　　　　多并不算多。好还怕不好哩。

　　　　古怪还古怪不过我们州城里的这位城隍爷咧。

　　　　你悔悔也不应该悔悔至此。

这些都是判断句，没有理由不把它们看作"谓语结构"作主语的简单句。一定会有人说是连动式的。可惜是"连形"而不是"连动"，把形容词改成动词：

> 太阳出来就出来得了。

> 事情包也包不住了。

> 说虽然说了……

第一句是连动式，第二个"出来"不是第一个"出来"的陈述语。第二句既像连动，又像主谓。第三句看来更像主谓。我只能把问题提出来就正于高明。

末了，可以再举另一类的疑难例句。上文已经提到"还是让小孩儿上外边去玩好"。

> 你冷眼瞧媳妇是怎么样？〔兼语式〕

> 里头还有些不干不净的话，都告诉了姐姐。〔还能算是兼语式〕

> 说出一句话来，比刀子还利害。〔这不能是兼语式了吧？〕

> 看看别人吃点心，多么香甜呢。〔不知是"点心香甜"还是"吃点心香甜"。但是究竟还不能说"看看别人吃点心"这件事"香甜"，不能是"谓语结构"作主语。〕

> 你瞅冷子说出句话，还算有用。〔是"话有用"呐，这例句是兼语式。如果是"说话有用"，或是"你说话有用"，这例句是"谓语结构"或"主谓结构"作主语的简单句。〕

兼语和"谓语结构"作主语的分别，我希望是容易说清的（不比连动和"谓语结构"作主语，更不比复合句）。研究资料不够，不便多谈。

3. 余绪

像"缘起"里说的，写这篇文章并不是为了研究或批判现代语法学。因为要求古汉语和现代汉语的语法研究在方法上和系统上能统一起来，偶然发现了"谓语结构"作主语这个问题。假若在别的结构上同样遇到难以"今为古用"的情况，也应当回头来重新学习现代语法。所以，论文的题目就是"从某谈起"。

本文单就一个问题，提出了一些疑问，往后还不知会碰到多少难题。如果古汉语语法研究只是训诂学或是考古学，这样的难题是不会发生的。问题已经发生了，并且还继续会发生，古语法研究该怎么办呢？我以为还得加强学习现代语法学，努力做到古今不违背，立论不荒唐，更不要"数典忘祖"，为古汉语写洋话的注疏。遇到现代语法学还不能解决的问题，只能凭古语的内部结构暂时采取自以为最合理的分析手段。要是小心地做，在若干问题上未始不能做到"古为今用"。

至于现代汉语语法的研究，理论上是没有什么要仰仗古语法研究的。单从古语法研究的需要来说，可以对现代语法研究提出这样的要求。（1）术语要有定义，语法结构要有定义性的描写。（2）在"意义结合形式"这一基本的方法论问题上要有明确的符合汉语的精神面貌的主张，从大处落墨。（3）在语法观点不能调和的地方，要坚决展开论争。宁可在论争之后，各家各行其是，但是不可折中、迁就。（4）自己无法分析的语言素材要公开出来，好让大家共同研究，不要隐藏起来，除非在初级教科书里或作通俗演讲时，不得已才那样做。

原刊于 1963 年第 4 期

从现代方言论古群母有一、二、四等

李　荣

　　《切韵》系统群母限于三等，一、二、四等无群母。^①（《广韵》二等有三个群母小韵，就是平声山韵"䜴，跪顽切"，上声蟹韵"䇶，求蟹切"，入声麦韵"趨，求获切"：这三个小韵都不见于宋跋本王仁昫《切韵》。）我们根据现代方言的对应关系，可以假定《切韵》时代有的方言群母出现的范围较广，一、二、四等也有群母。

　　我们知道，闽语方言（包括浙江省南部和广东省闽语系统的方言）有些匣母字读塞音，现在就从闽语"寒、汗、猴、厚、悬、咬"等字说起。这些字在十一种闽语方言的读音如表一，表中附列"后、狗、犬、骹"四字，是用来比较的。

　　表里头有几个字的音韵地位和用法要说明一下。

　　"寒"在闽语口语是天气冷或冻的意思。

　　"悬"在闽语口语是高的意思，泉州方言韵书《汇音妙悟》^②关韵求母阳平就写作"高"，注云"高低"。这是用同义字代本字。同韵同母阳去有"县"字，注云"府县"。

　　"骹"在闽语口语是脚（有时候也包括腿）的意思。《广韵》平声肴韵：骹，"胫骨近足细处"，口交切。《汇音妙悟》嘉韵气母阴平列有"足"字，注云"手足"，又列有"脚"字，都是用同义字代本字。

　　"咬"字《切三》、王仁昫《切韵》和《广韵》都作"齩"，只有上声巧韵"五巧反（切）"一音。《集韵》"齩"字五巧切，亦作"咬"，又见于"下巧切"下。"咬"字"五巧切"和"下巧切"两音古代有方言之别。玄应《一切经音义》卷一51页（《丛书集成》影

---

　　①　分等根据中国科学院语言研究所《方言调查字表》，四等只包括齐、萧、添、先、青等十八韵，与传统等韵略有出入。请参看李荣《切韵音系》（1956年科学出版社新一版）150—151页，群母限于"子、丑、寅"三类韵母，一、二、四等无群母。

　　②　黄谦编，有嘉庆五年（1800）序。例言云："是编欲便末学，故悉用泉音。"又云："有音有字者固不惮搜罗，即有音无字者，亦以土音俗解增入，为末学计也。"全书依五十字母（韵母），十五音（声母），八音（声调）排列。

印《海山仙馆丛书》本）"狗齩"条云①：

> 齩，又作"齩"，同五狡反，中国音也；又下狡反，江南音也。《说文》"齩，啮也"。

又卷十八第 819 页"狗齩"条云②：

> 齩，又作"齩"，同五狡反，关中音也。《说文》："齩，啮骨也。"《广雅》"齩，啮也"。江南曰齩，下狡反。

"五狡反"音同"五巧切"，"下狡反"音同"下巧切"。玄应书"中国"与"关中"互见，可见当时北方通行疑母一读。现在"咬"字北京读［ˈiauˇ］（次浊上声读上声，疑母开口二等读齐齿呼），苏州读［ŋæˇ］（浊音上声今读阳去，疑母读［ŋ］），广州读［ˈŋauˇ］，中山石岐读［ˈŋiauˇ］，都和"五狡反（五巧切）"符合。玄应说"咬"字江南读"下狡反（下巧切）"匣母，这个音在现代方言里的分布，要和闽语地区有些匣母字读塞音的现象联系起来看，才能明白。

表一

	寒 胡安切	汗 候肝切	猴 户对切*	厚 胡口切	后 胡口切
浙江平阳蛮话		gaˬ²	ˈgaˇ		
浙江泰顺蛮话	ˈkæ̃˧	kæ̃ˬ²	ˈkau˧		
福建福州	ˈkaŋˇ	kaŋˇ²	ˈkauˇ	kauˇ²	auˇ²
福建泉州	ˈkũãˇ	kũãˇ²	ˈkauˇ	ˈkau˧	ˈau˧
福建厦门	ˈkũãˇ	kũã˧²	ˈkauˇ	kau˧²	au˧²
福建漳州	ˈkũãˇ	kũã˧²	ˈkauˇ	kau˧²	au˧²
福建漳平永福	ˈkũã˧	hanˇ²	ˈkau˧	kauˬ²	auˬ²
广东潮州	ˈkũã˥	kũãˬ²	ˈkau˥	ˈkau˥	ˈau˥
广东潮阳	ˈkũã˥	kũã˧²	ˈkau˥	ˈkauˬ	ˈauˬ
广东揭阳	ˈkũã˥	kũã˥²	ˈkau˥	ˈkau˥	ˈau˥
广东海口	ˈkuaˇ	ˈkuaˇ	ˈkauˇ	kau˧²	au˧²
	狗 古厚切**	犬 苦泫切***	悬 胡涓切****	咬 下巧切	骹 口交切*****
浙江平阳蛮话	—	ˈkʼai˥	ˈgaiˇ	goˬ²	ˈkʼɔ˥
浙江泰顺蛮话	—	ˈkʼə̃˥	ˈkə̃˧	kaˇ²	ˈkʼaˬ
福建福州	—	ˈkʼeiŋˬ	ˈkeiŋˇ	kaˇ²	ˈkʼa˥
福建泉州	ˈkau˥	—	ˈkũĩˇ	ˈka˧	ˈkʼa˧
福建厦门	ˈkauˇ	—	ˈkũãĩˇ	ka˧²	ˈkʼa˧

---

① 又卷二十三 1077 页"贪齩"条云："五狡反，中国音也，下吴狡反，江南音也。""下吴狡反"当作"又下狡反"。日本古典保存会 1932 年影印旧抄本（卷二十三 39 页下）与弘教书院缩刷藏排印高丽本（卷二十三 92 页上）均不误。碛砂藏本（第四六一册 28 页下）作"又下吴狡反"，衍一"吴"字。

② 又卷二十一 959 页"或齩"条大致相同。

续表

	狗_{古厚切}**	犬_{苦泫切}***	悬_{胡涓切}****	咬_{下巧切}	骹_{口交切}*****
福建漳州	˪kauˇ	—	ˍkuaŋˇ	kaˊ	ˍkʼaˇ
福建漳平永福	˪kauˇ	—	ˍkũīˍ	ˍkaˇ	ˍkʼaˇ
广东潮州	˪kauˇ	—	ˍkũīˈ	ˍkaˊ	ˍkʼaˈ
广东潮阳	˪kauˇ	—	ˍkũãīˈ	ˍkaˇ	ˍkʼaˈ
广东揭阳	˪kauˇ	—	ˍkũīˈ	ˍkaˍ	ˍkʼaˈ
广东海口	˪kauˍ	—	ˍkuaiŋˍ, ˋkɔiˍ	kaˊ	ˍxaˍ

* 福建省方言，客话区十四点（邵武、光泽、泰宁、建宁、将乐、顺昌、三明、长汀、宁化、清流、连城、武平、上杭、永定）和崇安、南平市两点"猴"字读［h］母或［x］母，其他地区"猴"字都读［k］母。见潘茂鼎等《福建汉语方言分区略说》图五，《中国语文》1963年第6期，487页。

** 福建省方言，闽东区十六点（福州、长乐、福清、平潭、永泰、闽清、连江、罗源、古田、宁德、屏南、福安、周宁、寿宁、霞浦、福鼎）和尤溪"狗"说"犬"，其他地区"狗"都说"狗"。见上页注③引文图十一，490页。

*** 同上。

**** 福建省方言，客话区十四点和南平市、浦城"高"说"高"，崇安、松溪、政和、建阳、建瓯五点说"乔"，其他地区都说"悬"。见上页注③引文图十九，494页。

***** 福建省大部分方言"脚"（有时候包括腿）都叫"骹"，只有南平和西南部宁化、清流、长汀、连城、武平、上杭、永定等八点"脚"（有时候包括腿）叫"脚"。见上页注③引文图十，490页。

表头注的是《广韵》的反切，只有"咬"字注《集韵》"下巧切"。

表一里只列口语音。平阳蛮话、泰顺蛮话、福州三处"狗"说"犬"，所以只列"犬"字音而不列"狗"字音。泉州等七处"狗"说"狗"，所以只列"狗"字音而不列"犬"字音。

表一的字依韵母分为四组，两组之间用粗竖线隔开。"寒、汗"两字一组，"猴、厚、后、狗"四字一组，"犬、悬"两字一组，"咬、骹"两字一组，每组的字各地古今韵母分别相同，表示各组的字在韵母演变上相同。漳平永福为闽南话中具有较多客家话特点的方言，"汗"字不分文白，都读［hanˇ］，和"寒"字文言音［ˍhan˦］声韵相同。

在声调演变上，有两点需要说明。平阳蛮话、泰顺蛮话、福州、厦门、漳州、漳平永福六处"咬"字和"厚、后"等浊音上声字读阳去。海口古去声字今音有读阴平的，如"大"［ˍˀduaˍ］、"去"［ˍhuˊ］、"汗"字也读阴平。

在《切韵》系统里，"猴、厚"和"后"同声母（"厚、后"同音），而表一所列方言"猴、厚"今读塞音声母，"后"今读零声母，充分反映古音声母有别。因此，我们根据现代的读音，假定上述方言"寒、汗、猴、厚、咬、悬"六字声母的古音和《切韵》系统不同，是群母［g］而不是匣母［ɣ］。（北京"寒"［ˍxan˦］，"汗"［xanˋ］，"猴"［ˍxouˊ］，"后、厚"［xouˇ］，"悬"［ˍɕyan˦］，广州"寒"［ˍhɔnˍ］，"汗"［ˍhɔnˍ］，"猴"［ˍhɐuˍ］，"厚"［ˍhɐuˍ］，"后"［hɐuˍ］，"悬"［ynˇ］：都从古匣母来）闽语古全浊声母今读不带音声母（或零声母），古次浊声母今读带音声母（或零声母）。如古群母泉州、厦门读［k］，"舅"泉州［ˍkuˍ］，厦门［kuˊ］。（闽南话今［g］母来自古疑母，如"牛"泉州［ˍguˊ］，厦门［ˍguˊ］。）"寒、

汗、猴、厚、悬、咬"六字，福州等九处都读［k］声母。（漳平永福"汗"读［h］声母）
浙江平阳蛮话和泰顺蛮话都属于闽语类型，但是平阳蛮话同部位有三套塞音（［p p' b；t t' d；
k k' g］），古並、定、群等全浊声母今读带音声母，所以表一平阳蛮话"咬"字等今读［g］
声母。泰顺蛮话在今声母带音不带音上与其他闽语相同，所以"咬"字等今读［k］声母。
（海口"骹"字读［x］声母，海口［x］声母相当于其他闽语的［k'］声母）

《切韵》系统群母限于三等，一、二、四等无群母。我们根据表一各方言的对应关系，
假定这些方言"寒、汗、猴、厚、咬、悬"等字是从古群母来的。

浙江、江苏两省和徽州方言也有和闽语类似的现象。上述六个例字中，"厚"字读塞音
也见于吴语。现在把常州等六处"厚"字和"狗"字对比列成表二。

表二

	江苏常州	江苏无锡	浙江义乌	浙江温岭	浙江温州	浙江平阳
厚	₅gei˧	₅gei˦	₅gəɯ˩	₅dziɿ˩	₅gaʊ˦	₅gau˧
狗	ˀkei˥	ˀkei˩	ˀkəɯ˩	ˀtɕiɿ˩	ˀkaʊ˦	ˀkau˥

这六处"厚、狗"二字声母只有清浊之别，充分表示"厚"字由群母来。常州、温岭两点
需要略加说明。常州全浊上声今读阳去。温岭全浊上声今读阳平或阳去。温岭侯韵逢见系
声母读［iɣ］韵，"厚"和"狗"声母读舌面前音，情况和"旧"［dziu˧］、"救"［tɕiu˥］
相同。

现在再举些例字来讨论，次第是"环、衔、掼、隑、搁、怀、鲠"。

环——"环"字《广韵》平声删韵户关切，是匣母字，北京读［₅xuan˧］，广州读
［₅uan˩］，都符合语音演变规律。在江苏、上海、浙江、福建四省市，有许多方言"环"字
读塞音声母，反映"环"字古代在某些地区读群母。

江苏省和上海市七十四点方言"环"字声母读法，可以分成［x k' g ɦ］四类。[①]

清擦音［x］分布于江苏省北部和西部，共十六点：赣榆、丰县、沛县、徐州、邳县、
新沂、新海连市、灌云、睢宁、宿迁、泗阳、泗洪、盱眙、六合、江浦、南京。[②] 浊音［ɦ］
只有江苏省西南角高淳一个点。这十七点"环"字从匣母来。其余五十七点"环"字都读
塞音，吴语地区读浊塞音［g］，非吴语地区读送气清塞音［k'］，都从群母来。

---

① 据《江苏省和上海市方言概况》第九图，江苏人民出版社，1960 年第一版。
② 上注引书第一版沭阳、丹阳两点也列入［x］声母类。现在把沭阳列入［k'］类，丹阳列入［g］类。
沭阳"环"口语读［k'］声母如"铁环"；读书音才读［x］声母，如"环节"。丹阳"环"口语读［g］
声母，如"环子"（耳环）；读书音才读［x］声母。

浊塞音［g］分布于上海全市十二点：上海市、上海县、崇明、浦东、宝山、嘉定、川沙、南汇、青浦、松江、金山、奉贤；和江苏省南部十五点：丹阳、金坛、溧阳、常州、宜兴、江阴、靖江、无锡、常熟、苏州、吴江、昆山、太仓、海门、启东。

送气清塞音［kʻ］主要分布于江苏省中部地区，共三十点：沭阳、滨海、涟水、阜宁、射阳、淮阴、淮安、建湖、盐城、大丰、洪泽、宝应、高邮、兴化、东台、仪征、扬州、江都、泰州、泰兴、海安、如皋、如东、南通市、南通县、扬中、镇江、江宁、句容、溧水。

"环"字在江苏省和上海市一般读阳平调，上海市和浦东古全浊平、上、去今全读阳去，丹阳古全浊平声今话音读阴去。

浙江方言"环"字读塞音的如杭州［₅guõˇ］，嘉兴［₅guɛˇ］，湖州［₅gɯˇ］，绍兴［₅guɛ̃ˇ］。

福建方言"环"字读塞音的如福州［₅kʻɯiŋˊ］，泉州［₅kʻuaiˊ］，厦门［₅kʻuaiˊ］，漳州［₅kʻuaiˇ］，漳平永福［₅kʻuan˧］。

衔——"衔"字《广韵》平声衔韵户监切。"衔"字北京读［₅ɕianˊ］，广州读［₅hamˇ］，符合匣母字一般的读法。"衔着香烟（叼着烟卷儿）、燕子衔泥"的"衔"字（也写作"唧"）绍兴说［₅gẽˇ］，义乌说［₅gɔˋ］，温岭说［₅giɛˇ］，温州说［₅gaˇ］，平阳说［₅gɔˋ］，福建漳平永福说［₅kam˧］，广东潮阳说［₅kãˊ］。绍兴等五处读［g］母阳平固然表示来自群母，漳平、潮阳读［k］母阳平也反映出来自群母。

掼——"掼"字是甩 shuǎi、扔 rēng 的意思，江苏泰州等十二处读音见表三。这是口语用字，各地写法不大一致，安徽、江苏有些地区写成"掼"，浙江有些地区写成"甩"，现在根据《水浒传》、《西游记》①和《儒林外史》②写作"掼"。例如《水浒传》二十五回37页上（中华书局影印贯华堂本）云：

把那妇人头望西门庆脸上掼将来。

又如《西游记》七十三回835页云：

这大圣情知是毒，将茶钟手举起来，望道士劈脸一掼。

又如《儒林外史》第三回31页云：

邻居见他不信，劈手把鸡夺了，掼在地下，一把拉了回来。

这"掼"字和《说文》"习也"的"掼"、《广韵》"掼带"的"掼"字都没有关

---

① 《西游记》用作家出版社排印本（1954年）。卷首《关于本书的作者》云："吴承恩字汝忠，号射阳山人，明淮安府山阳县（今江苏省淮安县）人，约生于公历一五〇〇年（弘治十三年、庚申），卒于一五八二年（万历十年）左右。"

② 《儒林外史》用作家出版社排印本（1954年）。卷首5页《关于本书的作者》云："吴敬梓，安徽全椒人，字敏轩，又字文木，生于公元一七〇一年（清康熙四十年），死于公元一七五四年（清乾隆十九年）。"

系。^①"甩"字字形也不能在来历上有所启示。从语音对应关系看，这字相当于"惯"字的浊音声母字，就是山摄二等群母去声字。吴语方言读音无须解释。苏北泰州、如皋一带，古全浊声母上声字和浊音声母去声字今口语音读阴平，声母逢塞音时送气。如泰州"地"[ˌt'iˇ]，"旧"[ˌʨ'iouˇ]；如皋"地"[ˌt'iˇ]，"旧"[ˌʨ'iouˇ]。所以这两处"掼"读[k']声母平声和古群母去声符合。广州也用"掼"字，音[kuan⌐]，用于"掼倒（跌倒）"、"掼死你（摔死你）"等处，用法和吴语有相同之处。但是广州今读阴去，和"惯"字同音，来自见母，和上述方言来自群母不同。

表三

	掼_{甩，扔}	隑_{倚，靠}
江苏泰州	ˌk'uẽˇ	k'ɛ⌐
江苏如皋	ˌk'uẽˇ	k'ɛ⌐
上　海	guɛˇ	gɛˇ
江苏苏州	guɛˇ	gɛˇ
浙江嘉兴	guɛˇ	gɛˇ
浙江绍兴	guɛˇ	gəˇ
浙江义乌	guaˇ	geˇ
浙江金华	guaˇ	gaiˇ
浙江温岭	guɛˇ	gieˇ
浙江温州	gaˇ	geˇ
浙江平阳	gɔˇ	geˇ
安徽黟县	kuaˇ	kuɯˇ
安徽休宁东洲		kuɛˇ

　　隑——"隑"字是倚、靠的意思，江苏泰州等十三处读音见表三。这是口语用字，在吴语地区有写成"戤"的，其他地区没有通行写法。现在根据《方言》《广雅》《玉篇》《集韵》等写作"隑"。吴语[g]母阳去的音来自蟹摄一等开口群母，相当于"盖、概"的浊音声母字。《集韵》去声代韵："隑，巨代切，《博雅》陭也。"吴语的音正和"巨代切"符合。黟县[kuɯˇ]的音也来自"巨代切"，古全浊去声今读阳去；比较"盖、剑、会（会计）"[kuɯˇ]，古清音去声今读阴去。休宁[kuɛˇ]也来自巨代切，

---

① 《说文解字》十二上6页上（四部丛刊本）："掼，习也，从手贯声。《春秋传》曰，'掼渎鬼神'。"徐铉古患切。按四部丛刊缩本《春秋经传集解》卷二十五224页上作"贯渎鬼神"，同上本《经典释文》卷十九284页下亦作"贯渎，古患反，习也"。"贯"和"掼"都是"惯"字。《广韵》去声谏韵："掼，掼带"，古患切。

比较"概、溉、盖、刽、会（会计）"［kuəˀ］。泰州、如皋的［kʻɛˀ］表面上看也来自"巨代切"，因为那一带古全浊声母不分平仄往往都读不带音送气声母。其实不然，泰州、如皋古全浊去声今读送气声母时声调总是阴平，不是去声。这两个地方古全浊上声和浊音去声口语用字今音一般都读阴平。［kʻɛˀ］是口语用字，送气声母去声，大概是从清音声母去声来的，而不是从古全浊声母去声（"巨代切"）来的。"隑"字又见于《集韵》代韵口溉切小韵，注解也是"《博雅》陭也"。泰州、如皋的音正和"口溉切"一音符合。

《广雅》卷四《释诂》3 页上云："倚於绮……隑巨代……立也。"① 又卷五《释言》5 页上云："隑恐代，陭於靡也。""於绮反"和"於靡反"同音，"倚"和"陭"是一个字。《集韵》收录《博雅音》的两个音，把注解统一了。"隑"字群母一音始见于顾野王《玉篇》。《原本玉篇》卷二十二 41 页下云② ：

> 隑，渠铠，牛哀二反。司马相如《哀秦二世赋》"临曲江之隑州"，《汉书音义》曰："隑，长也。"《方言》："隑，企立也。……"……又曰："隑，倚也。"……

"渠铠反"音同"巨代反"。顾野王《玉篇》和曹宪《博雅音》大概都依据自己的方言，系统和《切韵》不同，一等有群母字。顾野王（519~581）吴郡吴人，③《玉篇》成书在 543 年（《上呈玉篇启》署〔梁武帝〕大同九年三月）。《原本玉篇》曰部第九十三"曹，似劳反"，④ 食部第一百十三"飵，似故反"，⑤ 都用邪母字做从母字的反切上字，和《颜氏家训·音辞篇》所说"南人以钱为涎……以贱为羡"⑥ 相同。曹宪扬州江都人，《博雅音》避杨广讳，成于隋代。⑦《玉篇》与《博雅音》一等有群母，与《切韵》系统不合。王仁昫《切韵》、《唐写本唐韵残卷》和《广韵》的代韵都没有群母字。《集韵》才依据《广雅》，

---

① 明钱塘胡文焕刻《格致丛书》本。小注为曹宪音。下同。
② 此据《古逸丛书》本。泽存堂本《大广益会玉篇》卷二十二 21 页上："隑，巨慨切，又五哀切，梯也，企立也，不能行也。"
③ 百衲本《陈书》卷三十 5—7 页："顾野王字希冯，吴郡吴人也。……〔太建〕十三年卒，时年六十三。"
④ 《广韵》"曹"字昨劳切；《大广益会玉篇》曰部第九十二"曹"字昨劳切。
⑤ 《广韵》"飵"字昨误切，又在各切；《大广益会玉篇》食部第一百十二"飵"字在各、族故二切。
⑥ 《广韵》平声仙韵：钱，昨仙切；涎，夕连切；又去声线韵：贱，才线切；羡，似面切。"钱"和"贱"是从母字，"涎"和"羡"是邪母字。
⑦ 百衲本《旧唐书》卷一八九上 5 页上："曹宪，扬州江都人也，仕隋为秘书学士，宪又训注张揖所撰《博雅》（百衲本《新唐书》卷一九八 3—4 页作《广雅》），分为十卷，炀帝令藏于秘阁。"曹宪注《广雅》时曾考参《玉篇》。《广雅》卷三《释诂》2 页上"麇……熟也"，曹宪于"熟"下音"孰"，并云："宪案，《说文解字》从刊辜，即执字也，与执谁之执无异。唯顾野王《玉篇》执字加火，未知所出。"

收录"隑，巨代反"的音。[①]我们现在就方言语音对应关系，讨论古群母出现的范围。"隑，渠铠反"一音出于《切韵》以前的吴人著作，与今天吴语密切符合，这是十分珍贵的证据。

搁——"搁"字本作"阁"，《广韵》入声铎韵古落切。"搁"北京音［ʅkɣ˥］，广州音［kɔk˦˨］，都和古落切的音符合。船搁浅的"搁"苏州音［ɡoʔ˨］，温岭音［ɡoʔ˨］，温州音［ɡo˨］。比较"各"字苏州音［koʔ˨］，温岭音［koʔ˨］，温州音［ko˨］，可见苏州、温岭、温州搁浅的"搁"从古群母来。

怀——"怀"字《广韵》平声皆韵户乖切，"怀"北京读［ʅxuai˥］，广州读［ʮuai˨］，符合匣母字一般的读法。"怀里"的"怀"绍兴读［ʮɡua˨］，义乌读［ʮɡua˨］，温岭读［ʮɡua˨］，温州读［ʮɡa˨］，平阳读［ʮɡa˨］。五处的读音都符合群母字的读法。

鲠——《广韵》上声梗韵："鲠，刺在喉"，古杏切。北京"鲠"音［ʅkəŋ˨］，广州音［ʅkɐŋ˥］，都和古杏切的音符合。鱼刺等物卡住咽喉，温岭、温州都说"鲠牢"，"鲠"温岭音［ʅɡã˨］（全浊上声读阳平），温州音［ʮɡiɛ˨］。温岭、温州［ɡ］母读法都从古群母来。温州"鲠"也说［ʅkiɛ˥］，和读书音（见母）相同。（义乌"鲠住"的"鲠"音［ʅkɛ˨］，是见母字）

总起来说，古代有些方言，群母分布范围较广，除三等外，也见于一、二、四等。本文用为例证的十三个字，在《切韵》系统里的"等"和声母如表四所示。就"等"说，一、二等各六个字，四等一个字。就声母说，匣母字最多，有八个，其余五个，三个是见母（"掼"依广州音列见母），一个是溪母（"隑"依泰州、如皋音列溪母），一个是疑母。

表四

	一等	二等	四等
见	搁	掼鲠	
溪	隑		
疑		咬	
匣	寒汗猴厚	环衔怀	悬

古群母有一、二、四等的地区，如上文所说，有江苏、上海、浙江、安徽、福建、广东等省市，在地理上是相连的。（台湾地区的汉语方言多数属于闽南话系统，上文虽然没有引证，也应包括在内）在江苏、福建两省，"环"字和"猴"字读塞音和擦音的交界线可能分别接近于两省古群母有一、二、四等地区的边缘。在浙江、广东和安徽，详细分布地区有待于调查。现在把本文用为例证的十三个字的分布地区列成表五。表上用闽语包括福建、

---

① 《集韵·韵例》云："今所撰集，务从该广。"

广东和浙江的闽语方言。苏南、苏北大致分别相当于吴语与非吴语。"浙江"与"上海、苏南"两栏也许可以合并为"吴语",现在姑且分开。

表五

	寒汗猴咬悬	厚	环	衔	掼	隑	搁	怀鲠
闽语	+	+	+	+				
浙江		+	+	+	+	+	+	+
上海、苏南		+	+		+	+	+	
苏北			+		+			
安徽					+	+		

原刊于 1965 年第 5 期

关于北京话里儿化的来原[*]

陈治文

　　北京人说话，儿化韵的字用得比较多。关于北京话儿化的来原，董少文同志说："'儿化'的来原不一，最重要的是'儿'字，如'花儿'［xuar¹］，'鸟儿'［niaur³］……一部分由'里'字变来，'这儿'由'这里'变来，'那儿'由'那里'变来，'哪儿'由'哪里'变来……一部分由'日'字变来，'今儿'由'今日'变来，'明儿'由'明日'变来，'昨儿'由'昨日'变来，'后儿'由'后日'变来……还有别的来原，如'不知道'说快了变成'不儿道'，由三个音节变成两个音节。"[①] 这个论断是不错的。我们由此得到启发，经过初步调查，发现有些材料，特别是以 tʂ- tʂʻ- ʂ- ʐ- 做声母的字，在一定条件下往往会使得它前头的一个音节发生儿化的现象，可以补充董少文同志的说法。

　　tʂ- 声母的字使得它前头的一个音节儿化，类似"不知道"［pu˅ tʂʅ˧ tau˅］说快了变成"不儿道"［puɻ˥ tau˅］的例子，在北京话里还有：

　　　　"油炸鬼"[②]［iou˥ tʂa˥ kuei˩］说快了变成

　　　　"油儿鬼"［iouɻ˥ kuei˩］

　　　　"郑重其事的"［tʂəŋ˅ tʂuŋ˧ tɕʻi˥ ʂʅ˅ tə˧］说快了变成

　　　　"郑儿其事的"［tʂɤɻ˅ i˧ tɕʻi˥ ʂʅ˅ tə˧］

　　　　"你等着瞧吧"［ni˥ təŋ˩ tʂə˩ tɕʻiau˥ pa˧］说快了变成

　　　　"你等儿瞧吧"［ni˥ tɤɻ˩ tɕʻiau˥ pa˧］

　　　　"顺治门"[③]［ʂuən˅ tʂʅ˧ mən˧］说快了变成

　　　　"顺儿门"［ʂuəɻ˅ mən˧］

　　动词后头加轻声的"着"再跟其他词语，说快了，"着"前的动词往往儿化，就像"你

　　＊　本文题目中的"来原"保留发表时原貌，未作改动。——编者按
　　①　《语音常识》改订版，文化教育出版社，1964年，65—66页。
　　②　"油条"北京叫"油炸鬼"。
　　③　北京城门"宣武门"旧称"顺治门"。

等儿瞧吧"那样。例如："看着办"变成"看儿办"［kʻarˇ panˇ］，"向着哥哥"变成"向儿哥哥"［ɕiãrˇ kɣ˥ kɣ˧］，"捂着肚子"变成"捂儿肚子"［urˇ tuˇ tsə˧］。

以上说的都是 tʂ- 声母字使得前一个音节儿化的现象。不仅 tʂ- 声母字如此，tʂʻ- ʂ- ʐ- 声母字也如此。下面分别举例。

tʂʻ- 声母的字使得前一个音节儿化的例子，在北京话里有：

"瞎扯白咧"［ɕia˥ tʂʻɣ˧ paiˊ lieʌ］说快了变成

"瞎儿白咧"［ɕiar˥ paiˊ lieʌ］

"盘缠钱"［pʻanˊ tʂʻan˧ tɕʻianˊ］说快了变成

"盘儿钱"［pʻar˧ tɕʻianˊ］

"工程师"［kuŋ˥ tʂʻəŋ˧ ʂ̩˥］说快了变成

"工儿师"［kuə̃r˥ ʂ̩˥］

"捯尺起来没完"[1]［tau˥ tʂʻ̩˥ tɕʻi˧ i˧ lai˧ meiˊ uan˥］说快了变成

"捯儿起来没完"［taur˥ tɕʻi˧ lai˧ meiˊ uan˥］

ʂ- 声母的字使得前一个音节儿化的例子，在北京话里有：

"图书馆"［tʻuˊ ʂu˧ kuanʌ］说快了变成

"图儿馆"［tʻur˥ kuanʌ］

"多少钱"［tuoˊ ʂau˧ tɕʻianˊ］说快了变成

"多儿钱"［tuorˊ tɕʻianˊ］

"胡说八道"［xuˊ ʂuo˧ paˊ tauˇ］说快了变成

"胡儿八道"［xur˥ paˊ tauˇ］

"万寿山"［uanˇ ʂou˧ ʂan˥］说快了变成

"万儿山"［uarˇ ʂan˥］

"丰盛胡同"［fəŋ˥ ʂəŋ˧ xu˧ tʻuŋ˧］说快了变成

"丰儿胡同"［fə̃r˥ xu˧ tʻuŋ˧］

"不差什么"［puˇ tʂʻa˥ ʂə˧ mə˧］说快了变成

"不差儿么"［puˇ tʂʻar˥ mə˧］

"七十八"［tɕʻi˥ ʂ̩˧ pa˥］说快了变成

"七儿八"［tɕʻiər˥ pa˥］[2]

---

① "捯尺"是"打扮"的意思。不知道是哪两个字，姑且写两个同音字。

② "几十几"中"十"前的数目字儿化时，与儿化的数目字单说时（多用来招呼小孩儿，如"三儿""七儿"），在元音的松紧上有所不同，前者较后者略紧。本文主要谈儿化现象，对于音质的标记，一律只求得其大体。

“可不是吗”［k‘ɤ˧˥ pu˧˥ ʂʅ˧ mə˧］说快了变成

“可不儿吗”［k‘ɤ˧˥ pur˧˥ mə˧］

“灯市口儿”［teŋ˥ ʂʅ˧ k‘our˧˥］说快了变成

“灯儿口儿”［tə̃r˥ k‘our˧˥］①

数数目的时候，不论是几十几（二十几和几十二除外），说快了，“十”都会使得前一个音节儿化，并不限于上举的“七十八”。轻声的“是”和前头的一个字构成一个词，后头再跟其他词语，说快了，“是”前的那个音节往往儿化，就像“可不儿吗”那样。例如：“我就是不去”变成“我就儿不去”［uo˧˥ tɕiour˥˩ pu˧˥ tɕ‘y˥˩］。“要是下雨呢”变成“要儿下雨呢”［iaur˥˩ ɕia˥˩ y˧˥ nə˧］。北京地名叫什么市口儿和什么市大街的不少，说快了，“市”就会使得前一个音节儿化，并不限于上举的“灯儿口儿”。例如：“珠市口儿”变成“珠儿口儿”［tʂur˥ k‘our˧˥］，“闹市口儿”变成“闹儿口儿”［naur˥˩ k‘our˧˥］，“马市大街”变成“马儿大街”［mar˧˥ ta˥˩ tɕie˥］，“羊市大街”变成“羊儿大街”［iãr˧˥ ta˥˩ tɕie˥］。

ʐ- 声母的字使得前一个音节儿化的例子，在北京话里有：

“羊肉胡同”［iaŋ˧˥ ʐou˧ xu˧ t‘uŋ˧］说快了变成

“羊儿胡同”［iãr˧˥ xu˧ t‘uŋ˧］

“同仁医院”［t‘uŋ˧˥ ʐən˧ i˥ yan˥˩］说快了变成

“同儿医院”［t‘ũr˧˥ i˥ yan˥˩］

“工人日报”［kuŋ˥ ʐən˧ ʐʅ˥˩ pau˥˩］说快了变成

“工儿日报”［kũr˥ ʐʅ˥˩ pau˥˩］

“光荣榜”［kuaŋ˥ ʐuŋ˧ paŋ˧˥］说快了变成

“光儿榜”［kuãr˥ paŋ˧˥］

“黑间白日”［xei˥ tɕian˧ pai˧˥ ʐʅ˧］说快了变成

“黑间白儿”［xei˥ tɕian˧ par˧˥］

“大清白日”［ta˥˩ tɕ‘iŋ˥ pai˧˥ ʐʅ˧］说快了变成

“大清白儿”［ta˥˩ tɕ‘iŋ˥ par˧˥］

儿化一部分由“日”字变来，除了董少文同志所举的“今儿”“明儿”“昨儿”“后儿”之外，这里所举的“黑间白儿”和“大清白儿”也是很好的例子。

在北京话里，“杏仁儿茶”说快了变成“杏儿茶”［ɕiə̃r˥˩ tʂ‘a˧˥］，“小人儿书”说快了变成“小儿书”［ɕiaur˧˥ ʂu˥］，“杏”和“小”的儿化，好像跟“仁儿”“人儿”本来就儿化有关。但是从“同仁医院”变成“同儿医院”、“工人日报”变成“工儿日报”来看，可

① 这和下面提到的“珠儿口儿”“闹儿口儿”以及没有提到的“菜儿口儿”［ts‘ar˥˩ k‘our˧˥］（＜“菜市口儿”）等，可以补充“这儿下儿”“那儿下儿”“哪儿下儿”作为儿化韵不在一个词内重复出现的例外。

以知道不是这么回事儿。

有一点应该指出来，以 tʂ- tʂʻ- ʂ- z̢- 做声母的字，必得在一定的语言片段里，说快了，才会使得它前头的那个音节儿化。不然就不儿化。这跟以 tʂ- tʂʻ- ʂ- z̢- 做声母的字读不读轻声也大有关系，读轻声也是一个必不可少的条件。例如说"油炸""瞎扯""胡说""羊肉"，或者说"用油炸、油炸花生仁儿""别瞎扯、瞎扯什么""老胡说、胡说了半天""烧羊肉、羊肉我不爱吃"，其中的"炸""扯""说""肉"都不读轻声，它们前头的那个音节不儿化。但是说"等着""捎尺""多少""工人"或者说"我不愿意等着、等着等着就不耐烦了""会捎尺""要多少有多少""钢铁工人"，其中的"着""尺""少""人"虽然都读轻声，可是它们前头的那个音节并不儿化。由此可以看出这跟是不是在一定的语言片段里的关系很大。

总起来说，可以认为北京话的儿化有一部分是由前一个音节受后一个以 tʂ- tʂʻ- ʂ- z̢- 做声母的轻声字（在一定的语言片段里，说快了）影响而来的。自然，并不是所有 tʂ- tʂʻ- ʂ- z̢- 声母的轻声字都会使得它们前头的那个音节儿化。

另外，由"里"变来的儿化，除了董少文同志所举的"这儿""那儿""哪儿"之外，我们再补充几个例子：

"稀儿胡涂"［ɕiəɹ˥ xuɹ tuˉ］来自

"稀里胡涂"

"马儿马虎"［maɹ˩ maˉ xuˉ］来自

"马里马虎"

"慌儿慌张"［xuãɹ˥ xuaŋˉ tʂaŋˉ］来自

"慌里慌张"

原刊于 1965 年第 5 期

同源字论

王　力

1．什么是同源字

凡音义皆近，音近义同，或音同义近的字，叫作同源字。这些字都有同一来源。或者是同时产生的，如"背"和"负"；或者是先后产生的，如"犛"（牦牛）和"旄"（用牦牛尾装饰的旗子）。同源字，常常是以某一概念为中心，而以语音的细微差别（或同音），同时以字形的差别，表示相近或相关的几种概念。例如：

草木缺水为"枯"，江河缺水为"涸"、为"竭"，人缺水欲饮为"渴"。

水缺为"决"，玉缺为"玦"，器缺为"缺"，门缺为"阙"。

遏止为"遏"，字亦作"阏"，音转为"按"；遏水的堤坝叫"堨"（也写作"阏"），音转为"堰"。

"句"（勾）是曲的意思，曲钩为"钩"，木曲为"枸"，轭下曲者为"軥"，曲竹捕鱼具为"笱"，曲碍为"拘"，曲脊为"痀"（驼背），曲的干肉为"朐"。

"卷"的本义是膝曲，"捲"是捲起来，"桊"是曲木盂，"拳"是卷起来的手，"鬈"是头发卷曲。

"暗"是日无光，"闇"也是暗，但多用于抽象意义（糊涂）。"阴"是山北，即太阳晒不到的一面。"黔"是天阴，通常写作"阴"。"荫"是草阴地，也指树荫。引申为庇荫，也写作"廕"。

"聚"是聚集，"凑"也是聚的意思。车辐聚于毂为"辏"，物聚为"簇、蔟"，同姓氏聚居的人为"族"，树木聚生为"丛"。

马惊为"惊（驚）"，引申为警觉。"警"是警戒，"儆"是使知所警戒，都与"惊"义近。"敬"是做事严肃认真，警惕自己，免犯错误。

"皮"是生在人和动物体上的，"被"是覆盖在人体上的。"被"的动词

·194·

是"披"（也写作"被"），一般指覆盖在肩背上。"帔"是古代披在肩背上的服饰。

"两"是成双的二。车有两轮，所以车的量词是"两"，后来写作"辆"。古代背心叫"裲裆"，因为它既当胸，又当背（两当）。

"三"是数目字，"参"是参宿，因为参宿主要是由三个星构成（其余四星是保卫的），所以叫"参"。"骖"是驾三马，后来驾四马时，指旁边的。

"兼"字原指兼持两个禾把，引申为兼并。"缣"是并丝缯，即用双线织成的丝织品。"鹣"是比翼鸟，"鲽"是比目鱼。

为什么说它们是同源？因为它们在原始的时候本是一个词，完全同音，后来产生了细微分别的意义，才分化为两个以上的读音。有时候，连读音也没有分化（如"暗""闇"），只是用途不完全相同，字形也就不同罢了。

同源字产生的另一原因是方言的差异。例如：

《方言》卷五："床，齐鲁之间谓之箦，陈楚之间或谓之第。"（"箦、第"庄母双声，锡脂通转）

《说文》："埂，秦谓阬为埂。"（"埂、阬"见溪旁纽，阳部叠韵）

《左传》哀公三年："犹拾瀋也。"释文："北土呼汁为瀋。"（"汁、瀋"照穿旁纽，缉侵对转）

同源字必然是同义词，或意义相关的词，但是，我们不能反过来说，凡同义词都是同源字。例如："关"与"闭"同义。"管"与"籥"同义，但是它们不是同源字，因为读音相差很远，即使在原始时代，也不可能同音。语音的转化是有条件的。

通假字不是同源字，因为它们不是同义或义近的字。例如"蚤"和"早"，"政"和"征"。我们不能说，跳蚤的"蚤"和早晚的"早"有什么关系，也很难说政治的"政"和征伐的"征"有什么必然的关系。

异体字不是同源字，因为它们不是同源，而是同字，即一个字的两种或多种写法。例如"线"和"線"、"姻"和"婣"、"迹"和"蹟、速"。

这样，我们所谓同源字，实际上就是同源词。我们从语言的角度来看同源字，就会发现，同字未必同源，不同字反而同源。例如"戾"字，有乖戾、暴戾、罪戾、菑至等多种意义。这些意义各不相关。这就是同字未必同源。这实际上是几个各别的同音词。将来汉字改为拼音文字以后，在字典中应该分为几个词头，不要混在一起。又如"比"字，有齐同、密列、频繁等多种意义：齐同的"比"，其同源字是"妣""媲""妃""配""匹"；密列的"比"，其同源字是"密""笓"；频繁的"比"，其同源字是"频"。"比"字的几种意义，齐同、密列、频繁又复相关。这就是不同字反而同源。

语言中的新词，一般总是从旧词的基础上产生的。例如梳头的工具的总名是"栉"，后来栉又分为两种：齿密的叫"篦"，齿疏的叫"梳"。"篦"是比的意思，比就是密；"梳"是疏的意思。可见"篦""梳"虽是新词，它们是从旧词的基础上产生的。同源字中有此一类。

还有一类很常见的同源字，那就是区别字。例如柴祭的"柴"本来写作"柴"，后来为了区别于柴薪的"柴"，就另造一个"柴"字。懈怠的"懈"本来写作"解"，后来为了区别于解结的"解"，就另造一个"懈"字。这些字我们都当作同源字看待，因为柴祭指的是焚柴祭天，可见"柴、柴"同源；懈怠是心情松懈，有似带解，可见"懈、解"同源。区别字产生于一字多义。

区别字可以产生，也可以不产生。例如"长"字，既是长短的"长"，又是长幼的"长"，至今没有人造出区别字。但是"陈"字就不同了。汉代以前，陈列的"陈"和行阵的"阵"同形，后来终于产生区别字"阵"。从前文字学家把《说文》所收的区别字认为是本字，又把《说文》所未收的区别字认为是俗字，那是不公平的，也是不合理的。

判断同源字，主要是根据古代的训诂：有互训，有同训，有通训，有声训。互训例如《说文》："颠，顶也。""顶，颠也。"同训例如《说文》："句，曲也。""钩，曲也。"通训是，某字的释义中有意义相关的字。例如《说文》："柴，烧柴焚燎以祭天神。"声训是同音或音近的字为训。例如《释名》："负，背也，置项背也。"

2. 从语音方面分析同源字

同源字有一个最重要的条件，就是读音相同或相近，而且必须以先秦古音为依据，因为同源字的形成，绝大多数是上古时代的事了。

上古汉语共有二十九个韵部，可以分为三大类，八小类，如下：

（甲）-〇，-k，-ng 类。

（1）没有韵尾的韵部，共六部：之部［ə］；支部［e］；鱼部［ɑ］；侯部［o］；宵部［ô］；幽部［u］。

（2）韵尾为 -k 的韵部，共六部：职部［ək］；锡部［ek］；铎部［ɑk］；屋部［ok］；沃部［ôk］；觉部［uk］。

（3）韵尾为 -ng 的韵部，共四部：蒸部［əng］；耕部［eng］；阳部［ang］；东部［ong］。

（乙）-i，-t，-n 类。

（4）韵尾为 -i 的韵部，共三部：微部［əi］；脂部［ei］；歌部［ɑi］。

（5）韵尾为 -t 的韵部，共三部：物部［ət］；质部［et］；月部［at］。

（6）韵尾为 -n 的韵部，共三部：文部［ən］；真部［en］；元部［an］

（丙）-p，-m 类。

（7）韵尾为 -p 的韵部，共二部：缉部［əp］；盍部［ap］。

（8）韵尾为 -m 的韵部，共二部：侵部［əm］；谈部［am］。

同韵部者为叠韵。例如"走、趋"侯部叠韵，"夜、夕"铎部叠韵，"疆、境"阳部叠韵，"空、孔"东部叠韵，"三、参"侵部叠韵。

同类同元音者为对转。例如"背 puək：负 biuə"职之对转，"陟 tiək：登 təng"职蒸对转，"斯 sie：析 siek"支锡对转，"题 dye：定 dyeng"支耕对转，"盈 jieng：溢 jiek"耕锡对转，等等。此类很多。

不同类而同元音者为通转，这是元音相同，但是韵尾发音部位不同。例如"吾 nga：我 ngai"鱼歌通转，"强 qiang：健 qian"阳元通转，"介 keat：甲 keap"月盍通转等。这一类比较少见。

同类但不同元音者为旁转。例如"叩 ko：考 ku"侯幽旁转，"焚 biuən：燔 biuan"文元旁转，"质 tjiet：贽 tjiuat"质月旁转等。

上古汉语共有三十三个声母，可以分为五大类，七小类，如下：

（甲）喉音

（1）影母［○］

（乙）牙音（舌根音）

（2）见母［k］（3）溪母［kh］（4）群母［g］（5）疑母［ng］（6）晓母［x］（7）匣母［h］[①]

（丙）舌音，分两类。

（一）舌头音

（8）端母［t］（9）透母［th］（10）定母［d］（11）泥母［n］[②]（12）来母［l］

（二）舌面音（在中古属正齿三等）

（13）照母［tj］（14）穿母［thj］（15）神母［dj］（16）日母［nj］（17）喻母［j］（18）审母［sj］（19）禅母［zj］

（丁）齿音，分两类。

---

① 黄侃在古音十九纽中，以影喻为深喉音，晓匣见溪群疑为浅喉音。他所定的浅喉音是对的，而以喻为深喉音则是错的。喻三应并入匣母，喻母在上古应属舌音。

② 中古知彻澄泥四母在上古属端透定泥。

（一）正齿音（在中古属正齿二等）①

（20）庄母［tzh］（21）初母［tsh］（22）床母［dzh］（23）山母［sh］（24）俟母［zh］②

（二）齿头音

（25）精母［tz］（26）清母［ts］（27）从母［dz］（28）心母［s］（29）邪母［z］

（戊）唇音

（30）帮母［p］（31）滂母［ph］（32）并母［b］（33）明母［m］③

同纽者为双声。例如“疆 kiang：境 kyang”见母双声，“叩 kho：考 khu”溪母双声，“逆 ngyak：迎 ngyang”疑母双声。

同类同直行，或舌齿同直行者为准双声。例如“致 tiet：至 tjiet”端照准双声，“乃 nə：而 njiə”泥日准双声，“铄 sjiôk：销 siô”审心准双声。

同类同横行者为旁纽。例如“蹢 tyek：蹄 dye”端定旁纽，“走 tso：趋 tsio”精清旁纽，“背 puək：负 biuə”帮并旁纽。

同类而不同横行者为准旁纽（少见）。例如“它 thai：蛇 djyai”透神准旁纽，“跳 dyô：跃 jiôk”定喻准旁纽。

喉与牙，舌与齿为邻纽（少见）。例如“影 yang：景 kyang”影见邻纽，“顺 djiuən：驯 ziuən”神邪邻纽。

值得反复强调的是：同源字必须是同音或音近的字。这就是说，必须韵部、声母都相同或相近。如果只有韵部相同，而声母相差很远，如“共”giong、“同”dong；或者只有声母相同，而韵部相差很远，如“当”tang、“对”tui。就只能认为同义词（有些连同义词都不是），不能认为同源字。至于凭今音来定双声叠韵，因而定出同源字，例如以“偃”“嬴”为同源，不知“偃”字古属喉音影母，“嬴”字古属舌音喻母，“偃”字古属收 -n 的元部，“嬴”字古属收 -ng 的耕部，无论声母、韵部都不相近，那就更错了。

3. 从词义方面分析同源字

词义方面，也和语音方面一样，同源字是互相联系着的。分析起来，大概有下面三种情况。

---

① 黄侃在古音十九纽中，以正齿二等并入精清从心邪是有道理的。在上古时代，的确庄初床山距精系较近，距照穿神审禅较远。

② 俟母是根据李荣《切韵音系》添加的。

③ 中古非敷奉微四母在上古属帮滂并明。为了印刷的便利，以○代表零母，以 -h 代表送气符号，以 ng 代表国际音标［ŋ］，以［h］代表［ɣ］，以［tj］［thj］［dj］［nj］［sj］［zj］代表［tɕ］［tɕʻ］［dʑ］［n̠］［ɕ］［ʑ］，以［tzh］［tsh］［dzh］［sh］［zh］代表［tʃ］［tʃʻ］［dʒ］［ʃ］［ʒ］，以［tz］［ts］代表［ts］［tsʻ］。喻母上古音未能确定，暂用［j］来表示。

3.1 实同一词

还可以细分为三类。

1.《说文》分为两个以上的字，实同一词。例如"窥：阚"；"韬：弢"；"或：郁"；"寔：蹟"；"沧：凔"；"鴈：雁"。有时候，《说文》释义全同，如："凔，寒也。""沧，寒也。"有时候，《说文》强生分别，如以"韬"为剑衣，"弢"为弓衣；"鴈"为鸟，"雁"为鹅。从古书材料中，不能证明这种区别。

2.《说文》已收的字和《说文》未收的字实同一词。例如"恧：忸"；"曳：拽"；"逖：遏"；"憩：憩"。

以上两类，实际上就是异体字。

3. 区别字。

a.《说文》已收的区别字，即早期的区别字。如：

神佑本写作"右"或"佑"，后来写作"祐"，以别于佑助的"佑"。

沽酒本写作"沽"，后来写作"酤"，以别于一般买卖的"沽"。

音乐和谐本写作"和"，后来写作"龢"，以别于和平的"和"。

b.《说文》未收的区别字，即后期的区别字。如：

臟腑本写作"藏府"，后来写作"臟腑"，以别于宝藏的"藏"，府库的"府"。

擒获本写作"禽"，后来写作"擒"，以别于禽兽的"禽"。

殡殓本写作"敛"，后来写作"殓"，以别于收敛的"敛"。

区别字不都是同源字。如果语音相同或相近，但是词义没有联系，那就不是同源字。例如房舍的"舍"和捨弃的"捨"（本写作"舍"）在词义上毫无关系，它们不是同源。但是，多数区别字都是同源字。

区别字掩盖了语源。例如"五伯"写成"五霸"以后，就很少人知道"霸"来源于"伯"。区别字掩盖了本字。例如战栗写成了"颤"以后，人们（包括文字学家）就认为"颤"是本字，"战"是假借字。这种认识是错误的，因为是违反历史事实的。

3.2 同义词

音义皆近的同义词，在原始时代本属一词，后来由于各种原因（如方言影响），语音分化了，但词义没有分化，或者只有细微的分别。这种同义词，在同源字中占很大的数量。

1. 完全同义。如：

志：识　　簣：笫　　毋：无

须：需　　如：若　　溥：旁

曰：粤　　徒：但　　直：特

鹏：凤　　　荒：凶　　　曷：何

曳：引　　　宴：安　　　藩：樊

悁：慊　　　寖：渐

所谓同义，是说这个词的某一意义和那个词的某一意义相同，不是说这个词的所有意义和那个词的所有意义都相同。例如"疾、徇"同义，是说它们在速的意义上相同，并非说"徇"有疾病的意义，或"疾"有徇行的意义。

2. 微别。如：

跽，直腰跪着；跪，先跪后拜。

旗，绣熊虎的旗子；旂，绣蛟龙的旗子。

无，没有；莫，没有谁，没有什么。

言，直言曰言；语，论难曰语。

盈，器满；溢，充满而流出来。

颜，眉目之间；额，眉上发下。

告，告上曰告；诰，告下曰诰。

荐，无牲而祭；祭，荐而加牲。

这一类字，大多数不是同音字，而是音近的字。字音的分化，导致同义的分化。不过，这种分化只是细微的分别而已。有些同音字，实际上是后起的区别字。例如"告：诰"。同样的情况有"欲：慾"。"慾"用于贬义。现在"慾"简化为"欲"，又取消这个区别字了。

3.3　各种关系

同源字中，有许多字并不是同义词，但是它们的词义之间有种种关系，使我们看得出它们是同出一源的。分析起来，大约可以分为十五种关系。现在一一加以叙述。

（1）工具。凡借物成事，所借之物就是工具。例如：

勺，杓子；酌，用杓子舀酒。

汤，热水；盪，用热水洗涤器皿。

爪，指甲；搔，用指甲挠。

咽，喉咙；嚥，用喉咙吞下。

（2）对象。例如：

道，路；导，引路。

兽，野兽；狩，猎取野兽。

鱼，鱼类；渔，捕鱼。

舆，轿子；异，抬轿子。

（3）性质，作用。例如：

　　卑，卑贱；婢，卑贱的妇女。

　　句，曲；钩，一种弯曲的工具。

　　冒，蒙盖；帽，蒙盖在头上的。

　　浮，漂浮；桴，浮在水面的交通工具。

（4）共性。例如：

　　崖，山边；涯，水边。

　　住，人停留；驻，马停留。

　　招，以手招；召，以口招。

　　经，织品的主要部分；纲，网的主要部分。

（5）特指。例如：

　　取，取得；娶，娶妻。

　　夏，大；厦，大屋。

　　献，进献；享，以祭品进献给神。

　　辅，助；赙，以财助丧。

（6）行为者，受事者。例如：

　　沽，买卖；贾，买卖人。

　　率，率领；帅，率领军队的主将。

　　辅，辅佐；傅，辅佐帝王太子的人。

　　饐，食物塞住咽喉；咽，咽喉。

（7）抽象。例如：

　　沉，沉溺在水里；耽，沉溺在欢乐里。

　　宛，屈曲；冤，冤屈。

　　相，视；省，内视，反省。

　　寤，睡醒；悟，觉悟。

（8）因果。例如：

　　髡，剃发；髢，用剃下来的头发做成的假发。

　　逋，奴隶或罪犯逃亡；捕，把逃亡的人捉回来。

　　干，干燥；旱，干旱。

　　燔，烤；膰，烤熟的祭肉。

（9）现象。例如：

　　踞，蹲，箕踞；倨，没有礼貌。

瞿，张大眼睛；懼，害怕。

伏，趴倒；服，降服。

（10）原料。例如：

紫，紫色；茈，草茈，可染紫。

旄，用牦牛尾装饰的旗；氂，牦牛。

幣，束帛，用来送礼；帛，丝织品。

（11）比喻，委婉语。例如：

材，木材；才，人才。

阻，阻塞；沮，阻止。

没，沉没；殁，死亡（委婉语）。

陨，从高处摔下来；殒，死亡（委婉语）。

（12）形似。例如：

登，礼器；镫，膏灯。

井，水井；阱，陷阱。

障，障碍；嶂，像屏障的山。

緜，丝棉；棉，木棉。

（13）数目。例如：

一，数目；壹，专一。

二，数目；贰，二心，副职。

四，数目；驷，一乘为驷。

五，数目；伍，户口十家为伍，军队五人为伍。

（14）色彩。例如：

綦，青黑色；骐，青黑色的马。

铁，黑金；骥，马赤黑色。

黸，黑色；玈，旅弓，黑弓。

皓，白色；缟，白缯。

（15）使动。例如：

贳，借入；贷，借出，使贳。

赊，赊入；贳，赊出，使赊。

买，买入；卖，卖出，使买。

籴，买米；粜，卖米，使籴。

赘，典押入；质，典押出，使赘。

入，进入；纳，使入。

至，到来；致，使至。

去，离开；祛，祛除，使离开。

食，吃；饲（饲），使吃。

别，分别；辨，辨别，使分别。

勤，努力；勉，使努力。

* * *

同源字的研究，有什么作用呢？

第一，它是汉语史研究的一部分。从前，我们以为，在语言三要素中，语音、语法都有很强的系统性，唯有词汇是一盘散沙。现在通过同源字的研究，我们知道，有许多词都是互相连着的。由此，我们对于汉语词汇形成的历史，就有了认识。

通过同源字的研究，对词的本义能有更确切的了解。例如《说文》："舁，共举也。"这个释义是不够确切的。必须了解到，二人所共举的是舆。"舆、舁"同音，二字只是名词与动词的分别。了解到这一点，才算真正了解"舁"字的本义了。又如《说文》："左，手相左助也。""右，手口相助也。"段注："以手助手，是曰左；以口助手，是曰右。"这样讲"左""右"的本义是错误的。《说文》的"ナ""又"，后人写作"左""右"；《说文》的"左""右"，后人写作"佐""佑"。那么，"佐""佑"的本义是什么呢？绝不是以手助手，以口助手。"左"是左手，"右"是右手，用作动词时，写成"佐""佑"，都是以手助人。《史记·陈丞相世家》："乃解衣裸而佐刺船。"这里的"佐"才是用了本义。

新词的产生，不是从天上掉下来的，往往是借旧词作为构成新词的材料（如"轮船"，"汽车"）。有些字，近代才出现，但并不是什么新词，而是旧词的音变而已。例如脚踢的"踢"不见于古代的字典，只见于《正字通》，它是近代才出现的一个词。但是古代有个"蹋"字，音大计切。《庄子·马蹄》："怒则分背相蹋。""蹋"与"踢"是支锡对转。毫无疑问，"踢"是"蹋"的音变。

由此看来，同源字的研究，和汉语史的研究是密切相关的。

第二，把同源字研究的结果编成字典，可以帮助人们更准确地理解字义。例如"旁"与"溥、普"同源，则知"旁"的本义是普遍。"傍"与"溥、普"不同源，因为"傍"的本义是依傍（《说文》："傍，近也"），引申为旁边。后来表示旁边的字写作"旁"，以致"旁""傍"相混。但是表示普遍的"旁"决不写作"傍"，表示依傍的"傍"一般也不写作"旁"。《经籍纂诂》在"傍"字下云"亦作旁"，把"广、大"等义放在"傍"字条，是完全错误的。

通过同源字的研究，僻字变为不僻了。例如蹢义的"蹢"只见于《诗经》一次（《小雅·渐渐之石》："有豕白蹢"），《尔雅》一次（《释畜》："四蹢皆白，骊"），可算僻字了。但是，"蹄、蹢"同源，支锡对转，"蹢"就是"蹄"，字虽僻而词不僻。

通过同源字的研究，僻义变为不僻了。例如额义的"定"，只见于《诗经》一次（《国风·周南·麟之趾》："麟之定，振振公姓"），《尔雅》改"定"为"颋"（《释言》："颋，题也"），则变为僻字。其实"题、定"同源，支耕对转，"定"就是"题"。"题"解作额，则是比较常见的。"定、顶"也同源，耕部叠韵，在人为顶，在兽为定，更显得不僻了。又如《史记·五帝本纪》："幼而徇齐。"裴骃说："徇，疾；齐，速也。"这是正确的解释。"徇"与"齐"是同义词连用。"齐、徇、疾、捷"四字同源。"齐、疾"脂质对转，"齐、徇"脂真对转，"徇、疾"真质对转，"疾、捷"质盍通转，都是敏捷的意思。"徇"当"疾"讲，"齐"当"速"讲，僻而不僻。

由此看来，同源字的研究，可以认为是一门新的训诂学。

原刊于 1978 年第 1 期

论定名结构充当分句

邢福义

定名结构，是指"定语＋名词"的偏正结构，即以名词为中心的偏正词组。

定名结构能够充当单句，早有定论。许多语法著作中所谈的"独词句"，就包括了由定名结构充当的句子。比如郭中平《简略句、无主句、独词句》（新知识出版社1957年12月）一书中谈"独词句"时举了好些这样的例子："好香的干菜。"（鲁迅:《风波》）"这样的婆婆!"（鲁迅:《祝福》）

定名结构能不能充当分句呢？《语文学习》1960年2月号《独词句能否充当分句》一文说:"独词句一旦同别的句子发生了关联，它就失去了句子的性质；一句话，独词句不能充当分句。"这就是说，"独词句"，包括由定名结构充当的"独词句"，是不可能成为分句的。后来，有同志提出了不同的意见。如《中国语文》1961年5月号《独词句能充当分句》一文举出这样的例子:

蓝天，远树，黄金色的麦浪。

这个复句里的三个分句都是"独词句"，它们都是定名结构。但是，它毕竟只能说明，"独词句"和"独词句"，或者说定名结构和定名结构，可以组成复句，分句间是平列关系。

那么，一个复句里，定名结构同主谓结构、动宾结构等是否可以同时都充当分句呢？具有句子性质的定名结构，是不是一旦同主谓、动宾等结构充当的句子发生了关联，一定"就失去了句子的性质"呢？由定名结构充当的分句，同别的分句之间，是否只能是平列关系呢？本文试图通过分析五类语言现象，探讨有关的一些问题。

1

先看例子:

（1）一阵汽笛，一队航船又沿着虎口滩的航标灯驶过来了。（《南疆木棉

红》，24 页，人民文学出版社 1973 年 4 月）

（2）一阵铃声，上课了。（《人民日报》1971 年 5 月 24 日）

（3）一声春雷，毛主席、共产党领导着西藏百万农奴，砸碎了套在脖子上的铁锁链。（《解放军文艺》1973 年第 4 期 78 页）

（4）一场寒流，天色变了。（《南疆木棉红》，173 页）

（5）半月春风，草绿了，桃花打苞了。（谢璞：《二月兰》，32 页，湖南人民出版社 1963 年 4 月）

（6）（半月前，老连长调走了）一道命令，他的担子就交给了我。（《红石山中》，95 页，人民文学出版社 1972 年 5 月）

这里的定名结构，都是"数量名"。观察这些例子，可以知道：

第一，这里的"数量名"结构，作用相当于主谓结构。试比较：

（7）两声清脆的响鞭，在群山中回荡，大车跑得更快了。（《红石山中》，126 页）

（8）两声响鞭，只见两辆大车一溜烟似的向山路飞奔而去。（《红石山中》，131 页）

这两例出自一个作者的笔下，见于同一部作品之中。例（7）两个分句都是主谓结构。前一分句，主语部分是"两声清脆的响鞭"，谓语部分是"在群山中回荡"。例（8）只说"两声响鞭"，读起来并不觉得缺少了什么，并不感到需要添加什么。这说明，它具有句的性质，起着分句的作用。

能不能把这样的"数量名"结构解释为后边分句的一个成分，比方解释为状语呢？很难。上面所举的例子，都很难作这样的解释。不仅如此，我们还会碰到更难作这种解释的例子：

（9）一阵大风吹过，天空中闪过一个树枝形的电光，一声响雷，大雨就落下来了。（《油田尖兵》，112 页，天津人民出版社 1972 年 3 月）

这个例子里有四个分句。前三个分句，可以改成都用主谓结构或动宾结构，也可以改成都用定名结构：

（10）一阵大风吹过，天空中闪过一个树枝形的电光，又响起一声炸雷，大雨就落下来了。

（11）一阵大风，一个闪电，一声响雷，大雨就落下来了。

不管是例（9）还是例（10）、（11），前三个分句都是分别写"风""电""雷"，它们起着同样的表述作用。例（9）中的"一声响雷"，既然跟"一阵大风吹过""天空中闪过一个树枝形的电光"一样具有表述一个方面的意思的作用，那么，就不能否认它也是分句。

在例（11）里，三个"数量名"结构都充当了分句。这种句法，并非笔者所杜撰。略举几例：

（12）一阵春风，一阵花雨，孩子的泪珠随着花雨落入水中……。（《北京文艺》1978 年第 4 期 22 页）

（13）一道闪电一个响雷，陶老师奔到河边。（《北京文艺》1978 年第 4 期 28 页）

第二，这些例子中，由"数量名"结构充当的分句，是叙述性的。它叙述现实中出现的某种（或几种）变化，跟后边的由主谓或动宾结构充当的分句之间，是连贯关系。

有时，这种连贯关系是单纯的紧相承接的关系；有时，还包含事物之间前因后果的联系。如例（1），"一阵汽笛"和"一队航船……驶过来了"，是单纯的先后承接；又如例（5），"半月春风"和"草绿了，桃花打苞了"之间，既是先后承接，也是前因后果。再如：

（14）三天暴雨，大河涨水了。

这样的连贯，既有先后关系，也有因果联系。

第三，这些例子里的"数量名"，从其构成成分看，"数量"部分常用"一阵""两声""三天""半月"之类表示动量的数量结构："名"的部分，有时用包含一定的动作性的名词。如"一场寒流""两声响鞭"，"一场""两声"是表动量的数量结构，"寒流""响鞭"是包含动作性的名词。有的，虽然不是前后两部分都符合这样的条件，但至少有一部分是符合的。如"半月春风"，"春风"虽然不包含动作性，但"半月"表动量；又如"一道命令"，"一道"虽然不表示动量，但"命令"本身包含着一定的动态。

看来，这里的"数量名"之所以具有叙述性，表现出一种动态，跟它本身的构成成分有关。

第四，这些例子里的"数量名"，如果有必要，可以插入形容描摹的成分。比如"一阵铃声"，可以扩展为"一阵丁丁当当的铃声"；"半月春风"，可以扩展为"半月和煦的春风"。再看几例：

（15）一阵剧烈的马蹄声，骑兵大队疾风似的驰出了乱坟滩。（克扬、戈基：《连心锁》，5 页，山西人民出版社 1972 年 6 月）

（16）一阵得得的马蹄声，团长许哲峰和政委兼县委书记方炜带着团部的骑兵警卫班赶上来了。（《连心锁》，170 页）

例（15）插入形容词，表示音量；例（16）插入象声词，描摹音响。如果需要同时用形容词和象声词，为了避免肚子过大，象声词可用于前头。例如：

（17）笃笃笃，一阵轻轻的敲门声，黄胜利急忙把材料捡起来。（《人民文学》1978 年第 6 期 55 页）

2

先看例子：

（18）这么大的雨，吴师傅恐怕来不了啦。（《解放军文艺》1973 年第 7 期 13 页）

（19）这么黑的天，是你们看错了。（丁令武：《风扫残云》，121 页，河南人民出版社 1977 年 5 月）

（20）我老头子住在山中间，这么严密的阵势，我还怕塌了天！（曲波：《山呼海啸》，178 页，中国青年出版社 1977 年 7 月）

（21）那么多敌人，如果你们打了败仗，陕北战争的胜利就要推迟了！（阎长林：《胸中自有雄兵百万》）

这里的定名结构，都是"指代形（的）名"。观察这些例子，可以知道：

第一，这里的"指代形（的）名"的偏正结构，全都可以变换为"名指代形"的主谓结构。它们作用相同，都具有句的性质。比方，例（18）可以变换为例（22），例（21）可以变换为例（23）：

（22）雨这么大，吴师傅恐怕来不了啦。

（23）敌人那么多，如果你们打了败仗，陕北战争的胜利就要推迟了！

变换后，意思完全相同，读起来同样感到自然畅达。再比较下面两个例子：

（24）这么黑的天，又这么大的雨，到哪儿抓去呀？（《连心锁》，128 页）

（25）天这么黑，雨这么大，行动不便呐！（《连心锁》，128 页）

这两例见于同一本书，同一页，出自同一人物之口。"这么黑的天"和"天这么黑"，"这么大的雨"和"雨这么大"，句法有变化，表述功能则相同，它们应该都是分句。

如果要否认这里的"指代形（的）名"结构是分句，这是很困难的，碰到下面这两种现象，更无法否认。

一类是"指代形（的）名"结构先跟动宾结构平列使用，然后再跟它们后边的分句发生关联。例如：

（26）这么黑的天，又下着雨，也不带个电筒。（《星儿闪闪》，82 页，江西人民出版社 1973 年 2 月）

（27）那么远的距离，又顶着风，一千多人三个小时就赶到了古镇。（《连心锁》，274 页）

"这么黑的天"和"下着雨"，"那么远的距离"和"顶着风"，都是平列关系。关联副词"又"清楚地表明了这种关系。"下着雨""顶着风"明显地是分句，跟它们平列的"这么黑的天""那么远的距离"不是分句又是什么呢?

另一类是"指代形(的)名"结构带上"了"字。例如:

（28）这么长时间了，难道半路出了故障？（《解放军文艺》1973 年第 4 期
39 页）

用了"了"这个句末语气词，就明显地标示了"这么长时间"的句的性质。

第二，这些例子中，由"指代形（的）名"结构充当的分句，是用来指明事实根据的。
它指明某种事实，作为议论的根据，跟后边的由主谓或动宾结构充当的分句之间，是因果
关系或转折关系。

有时是因果关系。如例（18），"这么大的雨"是因，"吴师傅恐怕来不了啦"是果。
表示结果的分句，可以用各种不同的语气表达出来。例如:

（29）那么大的安培，还不给"底度"电费？（罗广斌、杨益言:《红岩》，
41 页）

"还不给'底度'电费？"是反问，表示"必须给'底度'电费"的意思。前后分句之间因
果关系是明显的。

（30）方伯伯，这么大的雪，您怎么出来了？（《长江文艺》1978 年第 8 期
28 页）

"您怎么出来了？"是带有惊讶语气的问句。之所以惊讶，原因就在"这么大的雪"。可见
还是因果关系。

有时是转折关系。如例（26），"这么黑的天"和"也不带个电筒"，有转折关系。又
如例（27），"那么远的距离"和"三个小时就赶到了古镇"，有转折关系。再如:

（31）那样大的雨，你一定要走，我留你也留不住。（《巴金短篇小说集》第
2 集，124 页）

"那样大的雨"和后边的分句之间有转折关系。又如:

（32）这么远的路，他从来不坐车。（不简单！）

（33）这么近的路，他也要坐车去。（真差劲！）

例（32）是赞扬，表示不容易这样而这样；例（33）是批评，表示不应该这样而这样。

从例（26）、例（27）我们还可以看到，"指代（形）的名"结构的分句也可以同动宾
结构的分句并列。但是，后边还须有跟它们构成因果关系或转折关系的分句，否则是站不
住的。

第三，这些例子里的"指代形（的）名"结构，从构成成分看，都由三部分组成。

3

先看例子：

（34）青青竹色，淙淙水声，在您的记忆里，九节街是一首诗。（《人民文学》1978 年第 7 期 63 页）

（35）一座扬水站，一座水电站，他在黄河岸送走了无数个战斗的日日夜夜。（《天津文艺》1977 年第 7 期 27 页）

这里的定名结构，大体上可以概括为："形名，形名"或"数量名，数量名"。

观察这些例子，可以知道：

第一，连用两个定名结构，它们都充当了分句。这类例子里，定名结构的分句性质是无法怀疑的。首先，它们可以离开主谓句或动宾句而自成复句。如："青青竹色，淙淙水声。""一座扬水站，一座水电站。"这样的用法不少，例如："轻轻的风，淡淡的香。"（《人民文学》1978 年第 7 期 79 页）它们具有"句"的性质。其次，它们跟主谓句或动宾句结合以后，表述作用未变，在结构上，也不可能分析为后边分句里的主语或者别的什么成分。

这类例子里的定名结构充当的分句，不只限于两个。根据实际需要，可以用更多或只用一个。例如：

（36）五彩缤纷的田野，鳞次栉比的厂房、炼塔、球罐，蜿蜒西去的长堤，金波粼粼的大海……整个杭州湾都沐浴在金色的阳光下。（《上海文艺》1978 年第 1 期 54 页）

（37）高高的梯田，山上有了绿意。（梁信：《从奴隶到将军》，113 页，上海文艺出版社 1978 年）

第二，这类例子里，由定名结构充当的分句，是用来列举客观存在的事物的。每个定名结构都指点和描写了某种客观事物的存在。它们都是存在句，并且一般同时具有描写性质。

这种由定名结构充当的分句，同后边的由主谓或动宾结构充当的分句之间，是平列关系或分合关系。

平列关系的，由主谓或动宾结构充当的分句是表意的重点；由定名结构充当的分句，主要起烘托、帮衬之类的作用，借以突出由主谓或动宾结构充当的分句所表达的内容。以上各例都是这样。可见这种平列关系和一般的"平列"也不完全相同。再看一例：

（38）黑沉沉的夜，黑沉沉的山、山……周围不断传来野兽的吼叫。（《从奴隶到将军》，9 页）

这里的"黑沉沉的夜"和"黑沉沉的山、山"，显然是用来涂抹背景，起着烘托的作用。

分合关系的，前边的由定名结构充当的分句一样一样地列举具体事物，后边的由主谓或动宾结构充当的分句总起来作概括性的描述。例如：

（39）蔚蓝的晴空，火红的彩霞，雪白的大地，苍绿的山林，炊烟袅袅的小燕村，山坡上蠕动的牛羊群，江山秀丽多姿。(《山呼海啸》，556 页）

先用六个定名结构分说"晴空""彩霞""大地""山林""小燕村""牛羊群"，后用一个主谓结构加以归总："江山秀丽多姿"。

第三，这类例子里的定名结构，就其构成成分说，主要有两种情况。

一种情况是每个定名结构都是各种修饰成分加名词。另一种情况是每个定名结构都是"数量名"。以上两种情况结合起来，就可以形成"数量形（的）名"的结构。例如：

（40）一根笔直的旗杆，庄严的五星国旗正徐徐升向高空。(《电影文学》1965 年第 1—2 期 54 页）

第四，这类例子里，连用的定名结构之间，一般都有比较明显的停顿，书面上用逗号隔开。有时，两个定名结构之间不用表示停顿的逗号，出现了一种紧缩的形式。例如：

（41）蓝天白云，歌声嘹亮。(《解放军文艺》1973 年第 1 期 36 页）

（42）正是桃花艳阳天。青山绿水，禾苗嫩又鲜。(《长江文艺》1978 年第 6 期 61 页）

"蓝天白云""青山绿水"，都是两个定名结构，合成一个"四字格"。

4

先看例子：

（43）我接过茶，喝了一口，多么香甜的罗汉茶啊！(《南疆木棉红》，183 页）

（44）大娘不由得心一热，鼻子一酸：多好的子弟兵啊！(《红石山中》，86 页）

（45）那江心有几只小船在浮动，一忽儿小船被推在浪尖上，一忽儿小船又埋在浪头下，好大的风浪啊！ （李心田:《闪闪的红星》，137 页）

这里的定名结构，都是"程度形（的）名"。观察这些例子，可以知道：

第一，这里的"程度形（的）名"偏正结构，全都可以变换为"名程度形"的主谓结构。它们作用相同，都可以独立成句，也都可以在复句中充当分句。如例（45）的"好大的风浪啊"，可以变换为"风浪好大啊"，整个复句关系不变，意思不变。若单独用，它们便是单句；用在别的分句后边，它们便成为分句。

第二，这类例子里，"程度形（的）名"结构是咏叹性的分句。它表示对事物的咏叹，特别突出地强调了人们对事物属性的感觉。它与前边的由主谓或动宾结构充当的分句之间，是申说关系。具体些说，又有两种情况。

一种情况是：前边的分句具体叙写足以引起惊叹的事实，后边用"程度形（的）名"结构作概括性的咏叹。如例（45），前边具体叙写小船的浮动，后边用"好大的风浪啊"加以咏叹。

另一种情况是：前边的分句叙述人物的具体行动，后边用"程度形（的）名"结构表示人物对所见、所闻、所接触的事物的心理上的咏叹。如例（43），"我接过茶，喝了一口"写"我"的具体行动，没有写跟"香甜"的罗汉茶有关的任何事实，后边发出"多么香甜的罗汉茶啊"的咏叹。例（44）也属这一类型。有趣的是，如果前边分句里用"抬头一看""伸手一摸""鼻子一闻""侧耳一听"之类表示视觉、触觉、嗅觉、听觉等活动的词语，最容易形成这一类型的句式。例如：

（46）我伸手一摸，呵，好热的水！

（47）牛八一听，多熟悉的声音呀！（《湘江文艺》1973年第3期44页）

第三，为了加强这种"程度形（的）名"结构的咏叹性，可以在它的前头加个叹词，或者加个有惊叹作用的"好家伙""乖乖"。如例（46）用了叹词。又如：

（48）爬到了吊桥下，往上一看，好家伙！好大的吊桥！（《连心锁》，296页）

第四，这类例子里的"程度形（的）名"结构，从构成成分看，"程度"部分用表示程度并且带有感叹语气的"多么"、"多"或"好"；"形"的部分用单音或双音形容词，一般带"的"；"名"的部分一般也用单音或双音节的名词。整个"程度形（的）名"后边，还经常带个语气词"啊"，表示感叹语气。

这种"程度形（的）名"结构里，可以插入"数量"，形成"程度形（的）数量名"的结构。例如：

（49）看这地方合格不？房子宽敞，前后左右都有空地做实验田，多好的一个地方啊！（《天津文艺》1977年第7期27页）

不过，"程度""形（的）""名"是三个基本的组成部分，"数量"则是可有可无的。

5

先看例子：

（50）广播乐曲和劳动号子声、汽车马达声交织在一起，一派热气腾腾的劳动气氛。（《解放军文艺》1977年第5期36页）

（51）红日东升，金霞灿烂，绿茵茵的草原上，百花吐艳，蜜蜂嗡嗡，好一幅动人的图景。（《登高望远》，82页）

（52）朝霞满山，泉流潺潺，好一个山区之晨！（《星儿闪闪》，31页）

这里的定名结构，大体上可以概括为："（好）数量形（的）名"。观察这些例子，可以知道：

第一，这里的"（好）数量形（的）名"结构充当了复句的后一分句。一个"（好）数量形（的）名"结构，表示一个判断，在结构上不可能分析为前边分句里的任何一个成分。

这种表示判断的"（好）数量形（的）名"结构，重在强调事物所显示的特色或事物所具有的特点。比方，例（50）："一派热气腾腾的劳动气氛"，重在强调所说的气氛具有"劳动"的特点，显示"热气腾腾"的特色。例（51）"好一幅动人的图景"，重在强调所说的图景显示"动人"的特色。例（52）"好一个山区之晨"，重在强调所说的晨景显示"山区"的特色。

用这种定名结构对事物进行断定，显得干脆利落，突出重点。

第二，这类例子里，"（好）数量形（的）名"结构是归总性的分句。对前边的分句说，它有"一言以蔽之"的作用。它和前边的分句之间，也是一种申说关系，跟分合关系十分接近。它前边的分句愈多，它的归总作用就愈明显。例如：

（53）在通往矿山办公室的路上，以秧歌为前导，随着十几辆满载器材的手推车，后边有的一个人抱着，有的两个人抬着，接着又是秧歌队，又是人群，络绎不绝，队伍很长，红旗招展，锣鼓喧天，一片欢腾景象。（李云德：《沸腾的群山》第1部，150页）

"一片欢腾景象"六个字，把前边分句里的那么多内容概括起来了。

第三，就构成成分说，这类例子里的定名结构有三个基本部分，即"数量"、"形（的）"和"名"。它们前头的"好"，有时也不是可有可无的成分。下面分别谈谈。

"数量"部分和"名"部分是相配合的。"数量"部分，常见的是"一派、一片、一幅"；"名"部分，常见的是"景象、气象、景色、画图"之类。其他数量结构和名词有时也用，如例（52）的"一个"和"晨"，但比较少见。另外，不管用什么量词，数词都限于"一"。

"形（的）"部分，情况比较复杂。所谓"形"，实际上是各种修饰语的代称。

"数量形（的）名"前头的"好"字，有时用不用都站得住，有时则必须用。这取决于所用的量词及相应的名词。若量词是"派、片"，名词是"景象、景色"之类，用不用"好"都行。如例（50）、（53），没用"好"，但可以加上。若量词是"幅、个、支"等，名词表示比较具体的事物，"好"就必须用。如例（51）、（52）里的"好"不能去掉。

第四，"数量形（的）名"前头加了"好"，后边有时还带上一个表示感叹的语气词。这种加"好"的分句，既有归总作用，又有明显的咏叹意味。例如：

（54）积肥的社员们还没有收工，漫山遍野，呵嘀喧天，此起彼伏，好一派<u>跃进山区的景象哪</u>！（《山鹰展翅》，185页，湖南人民出版社1972年5月）

（55）从清早打到晌午歪，八路军几次冲锋，把日本鬼子打了个稀里哗啦，咳呀！好一场大战呀！（梁斌：《翻身记事》，76页，人民文学出版1978年）

"好"是赞叹之词，所以对不值得赞叹的事物就不能加"好"。例如：

（56）有的主张谈，有的主张打，一片乱哄哄的喊叫声。（张行：《武陵山下》，322页，湖南人民出版社1978年1月）

"一片乱哄哄的喊叫声"不能说成"好一片乱哄哄的喊叫声啊"。

6. 结语

总起来说：

一、定名结构和主谓、动宾结构可以一起组成复句，分别充当分句。由定名结构充当的分句，在同主谓句、动宾句等"发生了关联"时，仍然不会失去"句子的性质"。

二、定名结构和主谓、动宾结构一起组成复句，它们之间可以发生平列、分合、申说、连贯、因果、转折等多种关系。

三、能够充当分句的定名结构，有特定的形式。本文讨论了以下五种：

A 数量名。——"表动量的数量结构＋名词"。

B 指代形（的）名。——"这么、那么＋形容词＋名词"。

C 形名，形名。

　　——"形容性词语等＋名词，形容性词语等＋名词"。

　　数量名，数量名。

　　——"表物量的数量结构＋名词，表物量的数量结构＋名词"。

D 程度形（的）名。——"多么、多、好＋形容词＋名词"。

E （好）数量形（的）名。——"（好）＋一派、一片等＋形容性词语等＋名词"。

四、各种形式的定名分句，在复句里有一定的位置。A式、B式、C式，基本位置在别的分句前边；D式、E式，用在别的分句后边。

五、各种形式的定名分句，在复句里各有作用。A式，用来叙述现实中出现的某种变化情况；B式，用来指明事实，提出议论的根据；C式，用来列举客观存在的事物；D式，用来咏叹事物的属性；E式，用来归总景物之全貌。

最后，还有三点要说明的。

第一，不同形式的定名结构，可以在一个复句里配合使用，分别充当分句。例如：

（57）在有"天堂"之称的江南，一片片富饶的水乡，一片片美丽的田园，一片片吐艳的桃林，好一派风和日暖、春光明媚的景色。（《上海文艺》1978 年第 8 期 60 页）

"在有'天堂'之称的江南"是介词结构，用于句首作状语。"一片片富饶的水乡，一片片美丽的田园，一片片吐艳的桃林"是 C 式，"好一派风和日暖、春光明媚的景色"是 E 式，前分举，后归总。

第二，以上所说的五种形式的定名结构，固然可以成为分句，但也不一定就是分句。如果它们跟别的词语发生了成分组合的关系，当然只能是句子的一个成分。例如：

（58）一阵熟悉的脚步声，从门外传来，正在饭桌旁摆放凳子的桂香嫂，抬头见玉芳推门进来，急忙迎上去亲热地挽住她的手，拉到桌边来。（林井然：《巍巍的青峦山》，126 页，上海人民出版社 1977 年 1 月）

（59）整齐的队伍，鲜艳的红旗，红绿的标语……这一切都使他非常满意。（《巍巍的青峦山》，258 页）

例（58），"一阵熟悉的脚步声"和"从门外传来"是主谓关系，分别作一个分句里的主语部分和谓语部分。例（59），"整齐的队伍，鲜艳的红旗，红绿的标语"跟"这一切"组成同位结构，作"都使他非常满意"的主语。这两例中，都不存在定名结构充当分句的现象。如果改为：

（60）一阵熟悉的脚步声，玉芳推门进来了。

（61）整齐的队伍，鲜艳的红旗，红绿的标语，欢呼声响彻云霄。

这里便出现定名结构充当的分句了。

第三，本文论及的五类现象，并未包括定名结构充当分句的全部情况。在对话的场合，还会有其他的现象。例如：

（62）一斤绍酒。——菜？十个油豆腐，辣酱要多！（鲁迅：《在酒楼上》）

在甲问乙答这种场合出现的定名结构充当的分句，情况复杂而多变，这里就不讨论了。

原刊于 1979 年第 1 期

论汉语同族词内部屈折的变换模式*

严学宭

0. 解题

0.1 本文所谓同族词是指在语源上有亲属关系，而由同一本源的词核所构成的亲属语词。在古汉语中，曾经依据词核的内部屈折方式派生大量的单音节词。这在《说文》《尔雅》《广雅》《方言》《释名》等古字书、词书中俯拾即是。前人训诂中所谓"一语之转""一声之转""双声相转""迭韵相转"……大多数是有亲属关系的同族词。

0.2 鉴定同族词的原则要求是据义系联，即词析音，抓住它们的共同的语音形式——词核，分析其辨义的语音变换模式。如"囟"*sjən[①] "思"*sjəg 心 *sjəm 三词，"囟"指"头会匘盖"，"思"指思虑，"心"古人误为思维器。词义相关，故可系联。音则仅是变换韵尾。进行同族词的研究，首先要突破汉字的形体障碍，其次要有比较可靠的重建的上古音系。

关于汉语同族词的研究，新中国成立前曾一度推崇瑞典高本汉（B. Karlgren）的《汉语词类》（*Word Families in Chinese*，1934）。这书通过分析二千多个语词的语音形式，得出声母（四类）韵呼（九类）元音（二十四类）韵尾辅音（三类）的变换法则，类集同族词，它的缺点是没有从同族词的内在联系中，探求各组亲属语词的共同基本意义的词核，特别是忽视了同族词内部结构的共同基本成分的元音，结果是辨音、释义和选词失当，形成杂碎大拼盘。此外还有日本汉语学者藤堂明保先生著的《汉字语源辞典》（1965 年东京学灯社版）。这是一部综合探讨汉字历史并结合汉语音韵和词义研究的著作，企图通过汉字归

---

* 本文作者的朋友张为纲教授精研汉语同族词之学，意欲编著《汉语同族词典》，经常通讯商讨，获其教益匪浅。张教授不幸病逝于 1964 年，壮志未酬，可惜之至。本文之作，特致悼念之忱。

① 本文所注上古音是在作者自己构拟的基础上［见 1962 年《江汉学报》第 6 期的《上古汉语声母结构体系初探》和 1963 年《武汉大学学报》（人文科学）第 2 期的《上古汉语韵母结构体系初探》］，近又据李方桂先生《上古音研究》加以修订的。

类的"单词家族"的考订，探求其渊源关系。在按字音确立基本型和依字形论证基本义等方面发挥了独有的见解。但从同族词研究的要求来说，尚未达到目的。所以亲属关系还是难以确认。还有我国章太炎所作《文始》，欲以音为枢纽，沟通汉字的形、音、义，得其条例，寻求语言文字变迁之故，他大体以独体之文为本，寻捡合体诸字义的相同相受，音的相转相迻，而较辨其次第。用意虽善，惜比次异同的音的变换条件不严，仍未到同族词研究的境地。

0.3　同族词是指同一词核派生出来的一组词。这些词无论是古今语或方言词，都是彼此结成一个词族。研究同族词实际上就是要真正的按历史主义原则，从语源上看待词与词之间的关系。同族词的形成有它的客观条件的，那就要对它的基本结构、中心要素和变换模式进行分析，借以揭示汉语构词构形的重要法则及其变换模式，并阐明汉语词汇历史发展、递变的内在联系和规律。

本文从音入手，配合词义，把词的语音形式分解为各个不同的部分，进行比较，从而找出词核这个本质，认定同族词。然后又从总体上找出同族词的内在联系，综合得出六种变换类型，上百个变换模式，足以分别统率着五千左右语词，这都合乎音义相连的原则要求的。通过这样分析和综合，得出有关同族词研究一些问题，现提出来请大家讨论，也谈一谈自己的认识。

1. 词核的结构和中心要素

1.1　本文所谓词核是指同族词里各个亲属语词所共同具有内在联系的共同基本成分。它的结构是辅音声母和元音相同，或者元音和辅音韵尾相同。如："逗"*dug"读"*duk是同义的辅音声母和元音相同，"先"*sĭan"前"*dzĭan是同义的元音、辅音韵尾相同，"顶"*teŋ"底"*teg是反义的辅音声母和元音相同，"新"*sjin"陈"*djin是反义的元音、辅音韵尾相同，其结构公式是：

B（辅音）+A-（元音）：（或）-A（元音）+C（尾音）

1.2　从词核的结构公式中，可看出它的中心要素是元音，它比较稳定，起着核心作用。如"城"*dẓ jeŋ这词具有边"陲"*dẓ jeg和"屏"*bjeŋ藩的意义，因此"城""陲""屏"三词同族，它们有一个共同中心要素的元音 -*e-。又如"连"*ljan和"裂"*lat，从"连而破裂"来说是"分裂"的"裂"，就"连而有别"是"并列"的"列"*ljat。这"连"和"分裂"的"裂"是反义同族词，跟"并列"的"列"却是同义同族词，从"分裂"派生的同族词有"支离"的"离"*ljar，从"并列"派生的同族词有"例"*ljad。高本汉在《汉语词类》中所提出的词核结构公式是：

B（声母）+C（韵尾）

他对词核结构公式只注重声母和韵尾，而忽视它的中心要素的元音，令人难以接受。虽然在讨论变换法则中，他也注意到了变换元音的作用。

1.3　在汉语的历史发展过程中，有没有词根，如果有的话，成不成为可以独立使用的词，本文还不能作出答案，所以暂用词核这个术语。这跟构拟汉语上古音结构体系有关，如上古音的歌、模、侯三韵部的字，一向认为没有辅音韵尾，可是现在我们都加上了辅音韵尾。如"做" *tsag "作" *tsak 两字是同族词，如果"做"字的拟音订为 *tsa，则可视为成词的词根，现在加了 *g 尾，所以本文仅以不成词的词核视之，有没有成词的词根这个问题，还待进一步探讨。

2.　变换模式的规律性

2.1　本文通过五千个左右语词的分析和综合，认识到汉语语词的音的变换是古汉语中最有孳生力的构词和构形手段，它就是利用同一词核变换辅音声母、元音和辅音韵尾派生许多新词。所派生新词的物质的声音的组成和意义是有规律地贯彻着对应关系，同类的义类大体相当于同类的音转，这便形成一组一组的同族词，它们在一组内的同族词是有音和义的同源关系。这样用辅音声母、元音和辅音韵尾的变换来表示不同的语义（包括词义、词性以及语法作用等）是汉藏语系各亲属语言所共同具有的主要特征。

2.2　本文采用基型分析和纵横对比的方法，进行变换模式的探索。所谓基型分析，是组织同族词的研究，从中找出相合点，即词核来。所谓纵横对比，即以辅音声母、元音和辅音韵尾各自对比，观察其变换模式。这样，便得出六种具有规律性的变换模式：

第一种变换辅音声母的；第二种变换元音的；第三种变换辅音韵尾的；第四种变换元音伴随辅音声母变换的；第五种变换元音伴随辅音韵尾变换的；第六种变换辅音声母和韵尾的。

在这六种变换模式中，每种有各自具体的辅音声母、元音、辅音韵尾的变换，总共有一百多类，每类都有或多或少的语词，组合成各个同族词。不过，每一种类的变换模式的能产性的幅度，有大有小，出现的频率有高有低。在这六种变换模式中，以第一、三种词核的相合点较为充足。第二、四、五、六种词核的相合成分较少，稍嫌单薄。但有音理可据，远非无所不可系联的变转、旁通可比。

2.3　在一组同族词中谁在先谁在后，谁变谁的问题，现在还难清楚地说明白。但从汉藏语系各亲属语言的启示，可以看出具有唇音辅音韵尾 -m、-p 的语词常常孳乳为 -n、-ŋ、-t、-k 等的新词。在汉语中也有这种迹象。如：

含 *ɣəm：混 *ɣʷəm　堪 *khəm：肯 *khəm　炗 *ŋəp：屼 *ŋət

禁 *kjəm：忌 *kjək　纳 *nəp：内 *nəd　答 *təp：对 *təd

3．辅音声母变换的性质和作用

3.1 辅音声母的变换显示出不同的词汇意义和语法意义。由此而形成的同族词，大体可分为三类。

一类是"合二字为一词，两声共一韵"的联绵词。它的特点是两字必同词核，不可分训。在字形上常加形旁，以示义类的相同。这在两汉辞赋中出现最多，为其特色。其音随义异，形随义转的迹象毕露。如：

> 礙 *ʔəd：碍 *dəd　　透 *ʔʷjep：迤 *djeg　　菡 *ɣam：萏 *dam
>
> 傀 *khʷəg：儡 *lʷəg　　蜿 *ʔʷjan：蟺 *dzjam　　埤 *ped：埭 *ted

二类是合同义、反义词而成的逓语。其特色是"一义所涵，辄兼两语"（见章太炎《文始·叙例》）。如：

> 贪 *thəm：婪 *ləm　　斑 *pan：斓 *lan　　躞 *sjap：蹀 *djap
>
> 爽 *saŋ：朗 *laŋ　　青 *tsheŋ：冥 *meŋ　　依 *ʔjəd：违 *xʷjəd

三类是具有语法作用的辅音声母变换。其特色有似前加成分的词头作用。如：

> 令 *leŋ：命 *mjeŋ　　卯 *mŏgw：刘 *ljˀ/₀gw

上列命、令两字从发展程序看，先有"令"，后孳生"命"，令字在卜辞、金文中习见，但有不同的语法作用。在语音上，辅音声母 *l- 变换为 *m-，词性便由动词变名词。《孟子·离娄上》："既不能令，又不受命"，最能反映这种迹象。命、令两字的原始读音可能是 **mleŋ，后才分化。卯、刘两字则是由 *m- 变换为 *l-，词性也由动词变为名词了。它们的原始读音可能是 **mlogw，后才分化。

3.2 辅音声母的变换的来源，主要是来自复辅音声母的分化。汉藏语系各亲属语言原来都有繁多的复辅音声母，后来逐步简化成为单辅音声母，或者演化成为新的音素的声母。在现代汉藏语系各亲属语言中，还不同程度的保留着复辅音声母的读音，特别是藏缅语族的语言真是丰富多彩。在古汉语中也屡见不鲜。辅音声母变换的来源是这样，现在则以辅音声母变换的模式视之。

4．元音变换的构词构形作用

4.1 元音变换在汉藏语系中带有一定的普遍性，起着构词构形的作用，在藏文的动词里，a、i、u、e、o 五个元音交替使用，具有构形作用，在汉语里也有这种情况。如：

名词～动词：

> ə ～ e　　　　埃（尘埃）*ʔəg：堅（翳、蔽）*ʔeg

a ~ u 　　　 唾（口液）*thʷar：㖸（唾而不受）*thug

e ~ u 　　　 瘿（颈瘤）*ʔjeŋ：壅（壅塞）*ʔjuŋ

e ~ a 　　　 滴（水点）*tek：沰（落）*tak

o ~ a 　　　 刀（工具）*togw：雕（刻）*tǐagw

动词 ~ 名词：

ə ~ i 　　　 㧜（摩㧜）*tshət：切（治骨器）*tshit

a ~ i 　　　 散（布放）*san：霰（稷雪霰粒）*sin

u ~ e 　　　 弄（玩弄）*luŋ：伶（伶人弄臣）*leŋ

名词 ~ 形容词：

ə ~ e 　　　 肯（著骨肉）*khəŋ：綮（中肯）*kheŋ

ə ~ a 　　　 𦏩（弱羽）*nəm：娳（长好貌）*nam

a ~ ə 　　　 耷（大耳）*tap：聑（耳竖貌）*təp

e ~ ə 　　　 黟（黑木）*ʔjeg：黝（微青黑色）*ʔjəgw

形容词 ~ 名词：

a ~ i 　　　 焕（光明）*Xʷan：绚（采成文）*Xʷjin

e ~ o 　　　 霝（小雨落貌）*sjeg：小（微细）*sjogw

4.2　元音变换又反映在一组同义的同族词中，既有相同的共同基本意义，又有细微差别的引申或譬喻意义，显示着不同的差异。如：

ə ~ e 　　　 代（更易）*dəg：递（传递）*deg

ə ~ a 　　　 合（聚合）*ɣəp：协（协和）*ɣǐap

a ~ ə 　　　 黵（大污）*tam：點（小黑）*təm

a ~ e 　　　 安（安定）*ʔan：宴（居息）*ʔen

ə ~ o 　　　 倒（翻转）*təgw：吊（悬挂）*tǐogw

e ~ u 　　　 溟（小雨溟溟）*meŋ：濛（微雨）*muŋ

u ~ e 　　　 空（空虚）*khuŋ：窒（空罄）*khjeŋ

u ~ a 　　　 滃（气起）*ʔuŋ：泱（云气起貌）*ʔjaŋ

元音变换不仅在同义同族词中起着作用，且在有相反意义的反义同族也起着作用。如：

ə ~ e 　　　 怘（喜、快）*thək：惕（忧惧）*thek

e ~ u 　　　 彳（左步）*thek：亍（右步）*thuk

4.3　元音变换不仅意义上有内部联系，而且在形式上辅音声母和韵尾也必须相同，通过元音交替构成新词。这元音变换可视为构词的表达概念的内部形式。如：尘埃的特征，可以翳蔽，这就是“埃、壒”两词的理据；颈瘤的特征是壅塞，这就是“瘿、壅”两词的理据。所谓理据，就是指语词具有某个意义的理由和根据，也就是指词的声音和意义的内在联系，亦即所谓内部形式。乌尔曼（Stephen Ullmann）在他所著《语义学》（*Semantics, An Introduction to the Science of Meaning*）一书中曾说汉语是理据性最缺乏的语言，这是不对的。

5. 辅音韵尾的变换是同族词的重要标志

5.1　辅音韵尾的变换是从词核派生新词的重要手段。前人所创阴阳对转、旁转、旁对转等音义相关的转语条例，大多是有关辅音韵尾的变换问题。从大量的辅音韵尾变换的同族词中，可使人们理解到词的语音组合同特定对象（它的属性、状态等）的密切相关性。语词不仅标志着客观事物，而且体现概念的论点。如：

"海" *Xəg 的特定属性是"水黑如晦"，这从同族词的"黑" *Xək 可以看出；

"臺" *dəg 的特定状态是"高出"，这从同族词的"凸" *dʷət 可以看出；

"死" *sjəd 的特定状态是"安息"，这从同族词的"息" *sjək 可以看出；

"水" *sʷjəd 的特定属性是"水流湿"，这从同族词的"湿" *sjəp 可以看出；

"衣" *ʔjəd 的特定状态是"蔽隐"，这从同族词的"隐" *ʔjən 可以看出；

"豐" *phjəm 的特定属性是"富饶"，这从同族词的"富" *pjəg 可以看出；

"帅" *sjəd 的特定状态是"率领"，这从同族词的"率" *sjət 可以看出；

"咽" *ʔin 的特定状态是"塞住"，这从同族词的"噎" *ʔit 可以看出；

"隘" *ʔěg 的特定属性是"扼守"，这从同族词的"阨" *ʔek 可以看出；

"侣" *lʷjag 的特定属性是"伴侣"，这从同族词的"两" *ljaŋ 可以看出；

"叉" *tshǎr 的特定状态是"扎取"，这从同族词的"插" *tshǎp 可以看出；

"女" *nʷjag 的特定属性是"母性"，这从同族词的"娘" *njaŋ 可以看出。

5.2　在古代文献中还出现大量的变换辅音韵尾同族词组成并列结构的骈词。不论什么词类，都表明客观现实界事物的属性、状态和动作，以及这些事物之间的关系，是和人们头脑中的反应联系着的。如：

婼 *ʔam：嫛 *ʔar	嶮 *xam：巇 *xar	能 *naŋ：耐 *nəg
禁 *kjəm：忌 *kjəg	忸 *njəkw：怩 *njəd	恩 *ʔən：爱 *ʔəd
饑 *kjəd：谨 *kjən	开 *khəd：垦 *khən	伦 *ljən：类 *ljəd
林 *ljəm：立 *ljəp	莅 *ljəd：临 *ljəm	

辅音韵尾变换同族词组成平列结构骈词的特点是用联合方式的，它是从单音节词过渡到复音节合成词结合不很紧的早期形式。但由于骈词变换辅音韵尾的音韵协调，使言语活动更加活泼生动，增强了修辞美感，因而在古典文学作品中广泛地使用着。

6. 元音伴随辅音声母变换的分析

6.1 从汉语同族词变换的模式来看，大体可分为两种类型。一类是辅音声母变换、元音变换和辅音韵尾变换三种。这可视为正体，其构词构形和变换模式的对应关系比较显著。二类是元音伴随辅音声母变换、元音伴随辅音韵尾变换和辅音声母并合辅音韵尾变换三种。这可视为变体，其构词构形语音变换的对应关系较为疏远。但从语源分析，无论含义或功用，都有若隐若现的同族词的亲属关系。这可能有三种原因：一是本文所用的上古音构拟体系还不够科学；二是使用因音审义，即义正音的方法还没有足够的实践；三是可能出于古代方言的差异。究竟什么原因，现在一时还说不清楚。

6.2 现从语源上分析，元音伴随辅音声母变换同族词的亲属关系还是可以了然的。如：

"骑" *gjar（《说文》："跨马也。"）："驾" *kǎr（《说文》："马在轭中。"）

"嘉" *kǎr（《说文》禾训嘉谷，孳乳为嘉，《说文》："美也。"）"誐" *ŋar（《说文》："嘉善也。"）

"鸛" *ʔwin（《说文》："鸟群也。"）"宭" *gʷjən（《说文》："群居也。"按在人为宭，在羊为群。）

"门" *mən（《说文》："闻也，从二户象形。"）"閈" *ɣan（《说文》："门也。"）"闉" *ʔjin（《说文》："城内重门也。"）

"詗" *xʷjeŋ（《说文》："知处告言之也。"）"诀" *ʔiaŋ（《广雅·释诂》："问也，又告也。"）"证" *tjəŋ（《说文》："告也。"）

"稽" *keg（《说文》："禾，木之曲头止不能上也。"禾有碍止义，孳乳为稽，《说文》："留止也。"）

"留" *ljəgw（《说文》："止也。"）"里" *ljəg（《说文》："居也。"《风俗通》："里者止也，其止居也。"）

"惢" *dzʷjeg（《说文》："心疑也。"）"猜" *tshəg（《广雅·释言》："疑也。"按：惢、猜同字。）

"问" *mən（《说文》："讯也。"按：问由叫来，《说文》："叫，惊呼也。"读 *dʷan。）"讯" *sjin（《说文》："问也。"）

"坋" *bǎn（《说文》："尘也。"）"麠" *din（《说文》："鹿行扬土也。"）

"毁" *xʷjəd（《说文》："缺也。"）"败" *bǎd（《说文》："毁也"。）

"垠" *ŋʷjin（《说文》："地垠也。或从斤作圻。"）"限" *ɣʷən（《说文》："阻也。"）

"剑" *kjăm（《说文》："人所带兵也。"）"戡" *khə̆m（《说文》："刺也。"）

"愊" *khəm（《说文》："恿困也。"）"惔" *dam（《说文》："恿也。"）

"衾" *kjəm（《说文》："大被也。"）"帘" *ljam（《说文》："堂帘也。"）

"巍" *ŋʷjəd（《说文》："高也。"）"嵲" *ljad（《说文》："巍高也。"）

"箪" *dʷjan（《说文》："圜竹器也。"）"囷" *gjən（《说文》："廪之圜者。"）

"准" *tʷən（《说文》："平也。"）"铨" *dzʷjan（《说文》："衡也。"）

"进" *tsjən（《说文》："登也。"）"迁" *tshjan（《说文》："登也。"）

"餐" *tshan（《说文》："吞也。"）"飧" *sʷən（《说文》："餔也。"）

"憸" *sam（《说文》："憸诐也。憸利于上佞人也。"）"谗" *dză̆m（《说文》："谮也。"）

"文" *mjən（《说文》："错画也。"）"辩" *pan（《说文》："驳文也。"）

"涓" *kǐan（《说文》："小流也。"）"泫" *ɣʷin（《说文》："泫湝小流也。"）

"教" *kŏgw（《说文》："上所施，下所效也。"）"诲" *xʷəg（《说文》："晓教也。"）

"晧" *ɣəgw（《说文》："日出貌。"）"晓" *xjogw（《说文》："明也。"按明晓，为日之白。）

"菁" *tseŋ（《说文》："韭华也。"）"葱" *tshuŋ（《说文》："菜也。"）

从上例可以看出各组的语词之间的语源关系，它们的联系性还是有系统有规则的。其线索就是辅音韵尾相同、元音交替伴随辅音声母变换的，虽然它们之间在语义和语音上有一定的差距，但它们之间的同族性还是不能抹杀的。

7. 元音伴随辅音韵尾变换的特征

7.1　元音伴随辅音韵尾变换的同族词的共同音素是起首辅音即声母，训诂学上的所谓双声音义递衍的字，就是属于这种模式。这类同族词的数量很多，反映有了起首辅音这个共同因素，通过构词构形的元音伴随韵尾辅音的变换，能表达出具有许多特征的对象及其复杂的属性、状态和动作。这类同族词的结构是复杂的。一方面每组同族词的各个词在含义上是统一的，另方面各词在语音形式上又是多样的，它们相互协调，处在合乎规律的关系之中。如：

堵 *tag：抵 *təd　　　鱹 *lag：鬷 *ljəd　　　下 *ɣăg：降 *ɣŏŋwg

和 *ɣʷar：惠 *ɣʷeg　　何 *ɣar：奚 *ɣeg　　　睚 *ŋar：睨 *ŋeg

酓 *xjug：醺 *xʷjən　　代 *dəg：迭 *dit　　　枷 *kar：校 *kəgw

扣 *khug：克 *khək　　　刻 *khək：锲 *khet　　悸 *tshid：戚 *tshek

淰 *njəm：泞 *njəŋ	迷 *mid：冥 *mjeŋ	喜 *xjəg：休 *xjəgw
潜 *dzjəm：泉 *dzʷjan	诫 *kə̆g：谏 *kjăn	间 *kăn：隔 *kĕk
战 *tjan：征 *tjəŋ	知 *tjed：哲 *tjat	旦 *tan：东 *tuŋ
踡 *gʷjăn：跼 *gjuk	缭 *ljog：縺 *ljan	涝 *ləgw：滥 *lam
鸿 *ɣuŋ：鹄 *ɣəkw	茫 *maŋ：濛 *muŋ	教 *kŏg：觉 *kə̆kw
咀 *dzag：嚼 *dzok	自 *dzjid：从 *dzuŋ	沉 *dəm：重 *duŋ
意 *ʔəg：音 *ʔəm	臼 *gjəkw：掘 *gʷjət	破 *phar：劈 *phek
可 *khar：堪 *khəm		

7.2　在起首辅音相同的条件下，通过元音交替伴随辅音韵尾的变换，又产生大量的平列结构骈词，形成文学语言的特色。如：

奔 *pən：波 *par	坎 *khəm：坷 *khar	估 *kag：计 *kid
呼 *xag：喊 *xə̆m	堆 *tʷəd：垛 *tʷar	货 *xʷar：贿 *xʷəd
琐 *sʷar：碎 *sʷəd	合 *ɣəp：伙 *ɣʷar	切 *tshjet：磋 *tshar
祖 *tsag：宗 *tsuŋ	荼 *dag：毒 *duk	咀 *dzjag：嚼 *dzjok
拘 *kjug：谨 *kjə̆n	引 *djin：诱 *djəg	信 *sjin：息 *sjək
奠 *dən：定 *deŋ	真 *tjin：挚 *tjəd	淫 *djəm：泆 *dit
轮 *lʷjən：流 *ljəgw	祈 *gjə̆d：求 *gjəgw	流 *ljəgw：利 *ljid
纯 *dʑʷjən：熟 *dʑjəkw	倔 *gʷjət：强 *gjaŋ	风 *pjə̆m：发 *pjăt
生 *sĕŋ：产 *săn	委 *gʷjeg：婉 *ʔʷjan	耿 *kĕŋ：介 *kăd
政 *tjeŋ：制 *tjad	声 *sjeŋ：势 *sjad	偏 *phʷjan：僻 *phek
凶 *xjuŋ：险 *xjam	松 *sjuŋ：散 *san	零 *ljeŋ：落 *lok
浩 *ɣog：汗 *ɣan	喧 *xʷjan：嚣 *xjog	嘲 *tjog：哳 *tjat
哮 *xə̆gw：呷 *xăp	闪 *sjam：烁 *sjok	学 *ɣə̆gw：效 *ɣŏg
蒙 *muŋ：昧 *məd	蓬 *buŋ：勃 *bət	供 *kjuŋ：给 *kjəp
习 *zjəp：俗 *zjuk		

从上述看来，这种模式的能产性也是很大的。十九世纪的前半叶，欧洲的比较语言学的学者们认为词尾变化多端的梵语是一种形式上"完善的语言"。汉语在其发展过程中，辅音韵尾的变化也是多端的。不过后来构词构形的手段有所转化而已。

8. 辅音声母并合辅音韵尾的变换

8.1　辅音声母并合辅音韵尾的变换就是元音相同，这是同族词起着核心作用的共同音素，每组同族词都有其同源关系。虽然这种变换复杂多样，但大体可分两类。

一类是辅音声母和韵尾的发音部位相同。如：

乞 *khjət：祈 *gjəd　　端 *tʷan：锐 *dʷjad　　填 *din：窒 *tit

蹎 *tin：跌 *dit　　　得 *tək：迨 *dəg　　　等 *təŋ：待 *dəg

剪 *tsjan：截 *dzjat　嶟 *tsʷən：崒 *dzʷət　芬 *phjən：辤 *bət

范 *bjam：法 *piap

一类是辅音声母和韵尾的发音部位不同。如：

跋 *bat：蹋 *dap　　　氎 *ʔid：贪 *thəm　　　翕 *xjəp：闭 *pid

合 *ɣjəp：配 *phəd　　给 *kjap：备 *bjəg　　　蓓 *bəg：蕾 *lʷəd

8.2　由于元音相同，尽管这种变换复杂多样，但不能排斥它们的亲属关系，除上述两大类外，还有辅音声母发音部位相同而韵尾不同的，如"屈" *kʷjət："穷" *gjəŋʷ 以及辅音声母发音部位不同而韵尾相同的，如"志" *tjəg："识" *sjək 等，就不再细分了。

9．研究同族词的意义

9.1　从汉语来说，单音节词在它的全部词汇中所占的比重相当大，骈词连语也不在少数。为了加深对它们的理解，有必要进行词源研究，即把来源相同的同义或反义词，以语音为纽带，加以归类，进行词群——同族词的研究，从而比次异同，划分界限，讲求因素，严格条件，以寻求词核，探索汉语词构词构形的变换模式，借以明其衍化轨迹的规律性。恩格斯在《反杜林论》中指出，本族语言的物质和形式只有在追溯它的发生及其逐步发展的时候，才能被理解。这就是本文的指导思想。由于客观存在"名之于实，各有义类"（见刘熙《释名·自序》），本文只想"类离词之指韵，明乖途而同致"（见郭璞《方言》注序）。

9.2　为了便于进行汉藏语系各亲属语言的历史比较研究，首先要对各个语言的同族词进行研究，找出构词构形的音变模式，才有利于找出同源词，构拟原始型。汉藏语系从原始共同基础语发展成为现代为数众多的语言，是经过长期分化的演变过程。这个长期分化的演变过程错综复杂，各语言的发展是不平衡的，基本情况是多样性和统一性相互交错。因此要广泛深入地分析和综合现代汉藏语系各语言符合严整的语音对应规律的词汇和语法上的共同要素和平行发展、相互影响所产生的变易特征。这共同要素反映共同的祖系渊源，变易特征反映各语言的独特发展。这样看来，汉语同族词的研究还应该加快步伐。

原刊于 1979 年第 2 期

汉语口语句法里的易位现象[*]

陆俭明

1. 题解

1.1 汉语最主要的特点在于没有严格意义的形态标志和形态变化，因此在汉语中，那些彼此互相对立而又互相依存于同一句法结构之内的句法成分，如主语和谓语，修饰语和中心语，述语和宾语等，它们的位置相对说来是比较固定的，可是在口语里却常常可以灵活地互易位置。例如："你哥哥来了吗？""大概走了吧。"在口语里，这两个句子的前后成分可以倒置过来，说成：

（1）来了吗，你哥哥？

（2）走了吧，大概。

这种现象我们称为易位现象。这是口语句法里所特有的一种现象。

1.2 我们把 1.1 中的例（1）（2）这样的句子称为易位句。为了叙述方便起见，我们把"来了吗""走了吧"称作前置部分，将"你哥哥""大概"称作后移部分。这种易位句写在纸上，习惯在互易的两部分之间用个逗号，如上例。又如：

（1）冷得怪呢，这房子。（孙犁：《邢兰》）

（2）怎么了，你？（孙犁：《荷花淀》）^①

（3）周繁漪：……。（向饭厅走）出来呀，你！（《曹禺选集·雷雨》）

1.3 凡易位句，都具备下列四个特点。

1. 易位句的语句重音一定在前置部分上，后移部分一定轻读。拿 1.1 中例（1）来说，语句重音在"来"上，"你哥哥"一定轻读。同样，例（2）语句重音在"走"上，"大概"

---

* 在写作过程中，不少同志为本文提供、审定了例句，帮助核实了易位句中有无停顿的问题，在此谨致谢忱。

① 这两个例子都引自孙犁《村歌》，人民文学出版社，1961 年。

得轻读。

2. 易位句的意义重心始终在前置成分上，换句话说，后移成分永远不能成为强调的对象。例（1）意义重心在"来了吗"，例（2）意义重心在"走了吧"。

3. 易位句中被倒置的两个成分都可以复位，复位后句子意思不变。请看：

来了吗，你哥哥？＝你哥哥来了吗？

走了吧，大概。＝大概走了吧。

等号左右两种说法在意义上是等价的。事实上这两种句式在口语中都常见。当然易位句有它自身特有的表达作用。凡易位句，前置部分总是说话人急于要传递给听话人的东西，因而往往带有被强调的色彩，后移部分则是稍带补充性的东西。这也正是口语里出现易位句的原因。

4. 句末语气词绝不在后移部分之后出现，一定紧跟在前置部分之后。例（1）（2）绝不可以说成：

×来了，你哥哥吗？

×走了，大概吧。

上述四条是易位句普遍具备的特点，也是我们确定易位句的依据。

1.4　附带说明：下文在描写、说明各种易位现象时，有的地方用了些符号，有的地方没有用。我们使用符号的原则是，一般不用，当不用符号不便于描写说明时，才适当用一些。

2. 主语和谓语之间的易位现象

2.1　形容词谓语句可以易位，不过多见于疑问句和感叹句，陈述句少见。例如：

（1）酸不酸，这梨？（＝这梨酸不酸？）

（2）真高啊，这楼！（＝这楼真高啊！）

（3）不太贵，那钢笔。（＝那钢笔不太贵。）

主语为施事的动词谓语句也可以易位，常见的是疑问句、祈使句和陈述句。例如：

（4）放假了吗，你们？（＝你们放假了吗？）

（5）快上车吧，小王。（＝小王快上车吧。）[①]

（6）别说了，你。（＝你别说了。）

（7）看电影去，我们。（＝我们看电影去。）

例（7）作为陈述句只用于答话。

---

①　如果"小王"重读，"快上车吧"之后一定有较大的停顿，这样一来就不是易位句了，就成两个句子了，前面一个是祈使句，后面一个是称呼句，在书面上便写作："快上车吧！小王！"

上述两种主谓易位句，不少语法书也已提到过，但是口语中能易位的句子并不限于这两种。

2.2　主语为受事的动词谓语句也可以易位。例如：

（1）找着了吗，你的书？（＝你的书找着了吗？）

（2）看完没有，那小说？（＝那小说看完没有？）

以上都是疑问句。

在不少语法论著中都谈到，在现代汉语里"V了N"（V代表动词，N代表名词）这个格式不能独立成句，甚至由它充任谓语的主谓结构也不能独立成句，除非在它后面再跟上另一个动词性成分。例如：

A 组	B 组
（3）（我）买了菜去姑姑家了。	＊（我）买了菜。
（4）（我）看了电影就回家了。	＊（我）看了电影。
（5）（他）写了信没有发。	＊（他）写了信。

A组句子都能说，B组句子都站不住。要使B组句子站得住，或是将"了"删去，变成"VN"；或是在末尾再加个"了"，说成"V了N了"；或是在名词N前加数量词m，变成"V了mN"。例如：

VN	V了N了	V了mN
（我）买菜。	（我）买了菜了。	（我）买了一些菜。
（我）看电影。	（我）看了电影了。	（我）看了一场电影。
（他）写信。	（他）写了信了。	（他）写了三封信。

不过这一来，已不是原先的"V了N"格式了。

可是，在口语里我们似乎能看到"V了N"这种格式独立成句。例如：

（6）"菜买了吗？""买了菜"。

（7）"信写了没有？""写了信。"

然而这只是表面看问题。如果我们注意一下它们的语音形式，就会发现例（3）—（5）中的"V了N"跟例（6）（7）中的"V了N"不一样，前者重音在N上，后者重音在V上。试比较：

"菜买了吗？""'买了菜。"［例（6）］

买了'菜去姑姑家了。［例（3）］

这种重音的不同，反映了结构关系的不同。例（3）（4）（5）中的"V了'N"是述宾结构，例（6）（7）中的"V了N"实际上是主语为受事的动词谓语句的易位句，"V了"是前置的谓语，N是后移的主语。它们都具有1.3中指出的易位句所普遍具备的四个特点。它们是陈述句，只用于答话，按 1.2 里所讲的书写习惯均应写为：

> 买了，菜。

> 寄了，信。

事实上，当我们来回答像例（6）（7）中的提问时，都可以有两种回答方式而意思一样，语句重音也一样。请看表 1。

表 1

提问	答话	
	普通句	易位句
菜买了吗？	菜'买了。	'买了，菜。
信写了没有？	信'写了。	'写了，信。
电影看了没有？	电影'看了。	'看了，电影。*

* 在本文征求意见过程中，对这类易位句有分歧意见。现附录于此，供参考。第一，有同志认为这种易位句罕见，因为一般回答说"买了""写了""看了"就行了。有同志认为并不罕见，也可能因人而异。第二，在认为这种易位句不罕见的同志中，有同志提出这种易位句要受到语音上的某种限制，具体说来，如果受事主语为双音节词，而词的后一音节是轻声，适于易位，听着自然。如："绳子系好了吗？""系好了，绳子。""桌子擦干净了吗？""擦干净了，桌子。"否则不宜易位，易位后听着不自然，如"看了，电影。"如果受事主语为单音节词，则阴平和去声词适于易位，听着自然。如例（6）（7），又如："诗写好了吗？""写好了，诗。"阳平和上声词，就不宜易位，易位后听着不自然。例如："米买了吗？""买了，米。""糖吃完了吗？""吃完了，糖。"可是另一些同志则认为不存在这种语音上的限制；上面这几个所谓不宜易位的句子，听着都不别扭。

语句重音都在动词上。

2.3　主谓谓语句在口语里也经常发生易位现象。例如：

> （1）身体好吗，你？（＝你身体好吗？）

> （2）我不想买了，那茄子。（＝那茄子我不想买了。）

> （3）什么都懂一点儿，他。（＝他什么都懂一点儿。）

> （4）"橘子你吃了吗？""一个也没有吃，我。"（＝我一个也没有吃。）

注意，有些主谓谓语易位句跟一般的动词谓语句，即一般所谓的"主—动—宾"句子是同形异构。例如：

> （5）"这电影你看过吗？""我看过，这电影。"（＝这电影我看过。）

> （6）"你看过这电影吗？""我看过这电影。"

例（5）和例（6）如果单纯从词语的排列次序看，它们是一样的，然而它们内部的层次构造和结构关系都不同。请看：

我　看过，　这电影。　　　我　看过　这电影。
└谓┘　　└主┘　　　└主┘　└谓┘
└主┘└谓┘　　　　　　　└述┘└宾┘

2.4　名词谓语句在口语里也可以发生易位现象。例如：

> （1）上海人，你？（＝你上海人？）

> （2）五十岁啦，王老师！（＝王老师五十岁啦！）

（3）还大学生呢，他！（＝他还大学生呢！）

（4）"明天天气怎么样？""晴天，明天"。（＝明天晴天。）

2.5 这里我们要特别谈一下跟"的"字结构有关的三小类主谓易位句，它们分别是：

S_a：是 +M，D_j 的

S_b：是 +D_j 的，M

S_c：D_j 的，M

在上面的写法里，M 表示名词性成分；"D_j 的"代表"的"字结构，其中的 D_j 表示动词性成分或由动词作谓语的主谓结构。[①]下面是 S_a（是 +M，D_j 的）的例子：

（1）"他画的是什么？""是这一带的地形图，他画的。"（＝他画的是这一带的地形图。）

（2）是王大夫吗，刚进门的？（＝刚进门的是王大夫吗？）

S_a 的后移主语是"D_j 的"，前置谓语是"是 +M"。下面是 S_b（是 +D_j 的，M）的例子：

（3）"蒸汽机是谁发明的？""是瓦特发明的，蒸汽机。"（＝蒸汽机是瓦特发明的。）

（4）是小王打来的吗，电话？（＝电话是小王打来的吗？）

S_b 的后移主语是 M，前置谓语是"是 +D_j 的"。S_c（D_j 的，M）其实是 S_b 的紧缩形式，即 S_b 省略了"是"的形式。因此将例（3）（4）中的"是"省去，就是 S_c 的例子。请看：

（5）"蒸汽机谁发明的？""瓦特发明的，蒸汽机。"（＝蒸汽机瓦特发明的。）

（6）小王打来的吗，电话？（＝电话小王打来的吗？）

我们所以要特别提到这三小类跟"的"字结构有关的主谓易位句，因为它们跟语法学界一个有争议的问题有关（详见 7.3）。

3. 状语和中心语之间的易位现象

3.1 修饰语分定语和状语两类。定语和中心语之间不发生易位现象。"我买了顶帽子，呢子的。"这是个复句，不是定语和中心语易位的句子。状语和中心语之间能发生易位现象：八点了，快。（＝快八点了。）

3.2 状语和中心语易位有时要涉及第三者主语，因此会有三种易位情形。

A. 无主句：状语 + 中心语→中心语，状语 例如：

（1）下班了，已经？（＝已经下班了？）

[①] 这里，没有像上文那样用 N、V 这样的符号来表示名词、动词等，而用了 M、D 这样一些符号。我们承认这样做是不太好的，但是由于本小节所讨论的内容将要涉及朱德熙（1978）的有关意见，而朱文所用的符号是 M、D 等，为与朱文所用符号取得一致，以便于说明，我们就不得不这样做。

（2）买了没有，给我？（＝给我买了没有？）

B 主谓句：主语 ＋［状语 ＋ 中心语］→主语 ＋［中心语］，［状语］[①] 例如：

（3）他们走了，都。（＝他们都走了。）

（4）我鞠了个躬，给他。（＝我给他鞠了个躬。）

C. 主谓句：主语 ＋［状语 ＋ 中心语］→［中心语］，主语 ＋［状语］ 例如：

（5）到家了吧，他大概。（＝他大概到家了吧。）

（6）滚吧，你给我！（＝你给我滚吧！）

对于情形 A，我们可以不必追究它到底是中心语后移，还是状语前置；对于情形 B 似乎看作状语后移为宜；对于情形 C 似乎看作中心语前置为宜。

3.3 不是所有的状语和中心语都能发生易位现象。能易位的只限于某些副词和某些介词结构充任的状语。

3.4 单音节副词中，只有下列七个副词作状语时能跟中心语发生易位现象。

1. "都" 例如：

（1）快起床吧，八点了，都！（＝快起床吧，都八点了。）

这里的 "都" 表示 "已经" 的意思。

2. "还" 例如：

（2）你明天看吗，还？（＝你明天还看吗？）

（3）少先队员呢，还！（＝还少先队员呢！）

例（2）的 "还" 表示重复，这种易位句只见于问话；例（3）的 "还" 表示语气（含有指责的语气），这种易位句总是感叹句。

3. "就" 例如：

（4）怎么？你走了，就？（＝你就走了？）

4. "快" 例如：

（5）电影开演了，快。（＝电影快开演了。）

这里的 "快" 表示 "将要" 的意思，这种易位句都是陈述句。

5. "又" 例如：

（6）你游泳了，又？（＝你又游泳了？）

这种易位句以问话（包括反问句）居多。

6. "在" 例如：

（7）"老刘呢？" "下棋呢，在。"（＝在下棋呢。）

---

① 严格说来这种句式应写为 "主语 ＋ 谓语（状语 ＋ 中心语）"，为了便于说明，就写作 "主语 ＋［状语 ＋ 中心语］"，这里［ ］表示其中的词语属谓语部分。下同。

7.“正” 例如：

（8）先别走，外边儿下雨呢，正。（＝外边儿正下雨呢。）

注意，“他去不？”“你明天来不？”中的“不”不是后移状语。单从语音上看，倒很像是后移状语（“不”也轻读），但是这个“不”不能挪到动词前面，挪了以后意思就变了，请看：

他去不？ ≠他不去？　　　你明天来不？ ≠你明天不来？

其实，“他去不？”“你明天来不？”都是选择问句的省略形式，即：

他去不？ ＝他去不去？　　　你明天来不？ ＝你明天来不来？

3.5　双音节副词中，作状语时能跟中心语发生易位现象的比单音节副词略多些，但也只有二十个左右。如“大概、到底、反正、恐怕、简直、已经、大约、多半、好歹、忽然、居然、索性、幸亏、幸好、也许、正在、逐渐”等。限于篇幅，例句从略。

3.6　在介词结构中，常见的也只有下列少数几个介词所组成的介词结构作状语时跟中心语发生易位现象。

1.“对” 例如：

（1）你到底有什么意见啊，对这个计划？（＝你到底对这个计划有什么意见啊？）

2.“给” 例如：

（2）你滚吧，给我！（＝你给我滚吧！）

3.“替” 例如：

（3）你就看（kān）一会儿吧，替他！（＝你就替他看一会儿吧！）

4.“跟” 例如：

（4）她正打电话呢，跟家里。（＝她正跟家里打电话呢。）

5.“在” 例如：

（5）我见过他一回，在中秋节。（＝我在中秋节见过他一回。）

6.“把” 例如：

（6）他骑走了，把车。（＝他把车骑走了。）

7.“从” 例如：

（7）我妈妈回来了，从四川。（＝我妈妈从四川回来了。）

8.“叫” 例如：

（8）钢笔弄坏了，叫弟弟。（＝钢笔叫弟弟弄坏了。）

3.7　为什么只有上述一些副词和介词结构作状语时可以发生易位现象，原因尚不得知。

4. 述语和宾语之间的易位现象

4.1 在口语里，述语和宾语也可以发生易位现象。

4.2 述语和宾语易位，有时也要涉及第三者主语，因此也有三种情形。

A.无主句：述语＋宾语→宾语，述语 例如：

（1）"你想喝点什么？""啤酒吧，喝点儿。"（＝喝点儿啤酒吧。）

（2）不去了，准备？（＝准备不去了？）

B.主谓句：主语＋［述语＋宾语］→主语＋［宾语，述语］ 例如：

（3）我自己去一趟，准备。（＝我准备自己去一趟。）

（4）"你们打算再种点儿什么？""我们再种点儿芝麻，打算。"（＝我们打算再种点儿芝麻。）

C. 主谓句：主语＋［述语＋宾语］→［宾语］，主语＋［述语］ 例如：

（5） 他回来了，我听说。（＝我听说他回来了。）

（6）"你认识谁啊？""你们的副主任，我认识。"（＝我认识你们的副主任。）

（7）"你要借什么？""小说，我要借一本。"（＝我要借一本小说。）

跟状语和中心语易位的句子相类同，对于情形 A 可以不必追究它到底是述语后移还是宾语前置，对于情形 B 似看作述语后移为宜，对于情形 C 似看作宾语前置为宜。

4.3 对于上面所述的述宾易位句，有四点很值得注意。

第一，B 类的宾语只能是谓词性的；A、C 两类的宾语则不受此限制，既可以是体词性的［4.2 例（1）和例（6）］，也可以是谓词性的［4.2 例（2）和（5）］。

第二，A、C 两类的宾语都可以是体词性的，但二者还稍有不同。在 A 类中，体词性宾语要求由"数·量·名"结构充任，C 类中的体词性宾语不受这个限制，4.2 例（7）是"数·量·名"结构，例（6）就不是。再如：

（1）"你要买什么？""香肠，我要买。"（＝我要买香肠。）

（2）"他想看什么？""电影，他想看。"（＝他想看电影。）

如果把例（1）（2）答话中的主语"我""他"省去不说，句子就站不住。

当宾语为"数·量·名"结构，易位时可以将整个"数·量·名"结构一起前置，也可以只将名词前置，数量词仍留在述语后［4.2 例（1）（7）］。①

第三，宾语为体词性成分的述宾易位句都只能作为答话出现，也就是说只在直接回答问话时才能用这种述宾易位句。试比较：

---

① 严格说，4.2 例（1）（7）前置的只是宾语中心语。

a.“他刚才吃什么啦？”“他刚才吃了两个苹果。”

b.她告诉我说：“他刚才吃了两个苹果。”

c.你知道吗，他刚才吃了两个苹果。

（a）（b）（c）三句中，都有“他刚才吃了两个苹果”这一句。在（a）中是作为答话出现的，所以可以改用易位句：

（3）“他刚才吃什么啦？”“两个苹果，他刚才吃了。”

在（b）（c）中都不是作为答话出现的，都不能改用易位句，不能说成：

×她告诉我说：“两个苹果，他刚才吃了。”

×你知道吗，两个苹果，他刚才吃了。①

第四，宾语为谓词性成分的述宾易位句，C类用得较多，A类和B类用得较少。那是因为能充任A、B类易位句中述语的动词较少，只限于“想、打算、准备、考虑”等少数几个动词，而能充任C类易位句中述语的动词要宽得多。能用在A、B类易位句中的动词也能用在C类易位句中。②例如：

（4）不回家了，我准备。（＝我准备不回家了。）

（5）“下一步怎么办？”“再试验一次，我想。”（＝我想再试验一次。）

（6）先回重庆，爸爸打算。（＝爸爸打算先回重庆。）

可是能用在C类易位句中的动词多数不能用在A、B类易位句中。4.2例（5）的动词“听说”就不能用在A、B类易位句中。下面属C类易位句中的动词也都不能用在A、B类易位句中：

（7）今天比较冷，我觉得。（＝我觉得今天比较冷。）

（8）寒假去广州，我提议。（＝我提议寒假去广州。）

4.4　A类和C类中有些述宾易位句跟受事主语句是同形异构。例如：

受事主语句	A、C类述宾易位句
a.“块儿糖你买了多少？”“块儿糖就买了两斤。”	a'.“你又买了些什么？”“块儿糖，就买了两斤。”（＝就买了两斤块儿糖。）

---

①　这两个句子是站得住的，可是跟（b）（c）的意思不同了。在§4.4中将要谈到这一点。

②　从这里可以体会到，宾语为谓词性成分的A类易位句（无主句），既可看作是B类易位句的省略形式，也可看作是C类易位句的省略形式。例如§4.2中A类例（2）（不去了，准备？），可作这样的理解：

（省略主语）

不去了，准备？←————你不去了，准备？（B类）

↑（省略主语）

不去了，你准备？（C类）

　　b."我们的副主任你认识吗？"　　　　b'."你认识谁啊？"

　　　　"你们的副主任我认识。"　　　　　　"你们的副主任，我认识。"

　　　　　　　　　　　　　　　　　　　　　（＝我认识你们的副主任。）

它们所包含的词语相同，词语排列的次序也相同，但是在层次构造、结构关系上都不同，并且语音形式也不同。（a）例受事主语句的语句重音在"就"上，而（a'）述宾易位句的语句重音在"糖"上；（b）例受事主语句的语句重音在"认识"上，而（b'）述宾易位句的语句重音在"主"上。

　　4.5　带双宾语的动词谓语句，述语和宾语也能发生易位现象。由此形成的述宾易位句，常见的是 C 类句式；A 类句式偶见，不可能是 B 类句式。例如：

　　（1）"他送你什么啦？""一支英雄金笔，他送我。"（＝他送我一支英雄金笔。）

　　（2）"你给了他些什么？""两件衣服，我给了他。"（＝我给了他两件衣服。）

以上都是 C 类句式，可看作宾语前置的述宾易位句。拿例（1）说，如果答话为"一支英雄金笔，送我"。（A 类句式），这也可以，但不常说。绝对不能回答说：×"他一支英雄金笔，送我"。（B 类句式）

　　带双宾语的动词谓语句发生述宾易位时，总是直接宾语前置。间接宾语不能前置，下边的易位句都站不住：

　　　　a."他送你什么啦？"　×"我一支英雄金笔，他送。"

　　　　b."他送谁一支英雄金笔？"　×"我，他送一支英雄金笔。"

　　带双宾语的述宾易位句，前置的直接宾语一般由"数·量·名"结构充任，易位时一般要求整个儿"数·量·名"结构都前置。像"英雄金笔，他送我一支""衣服，我给了他两件"这种说法不敢说绝对不行，但据调查一般不怎么说。

　　上述易位句只用在直接回答问话的答话中。

5.　复谓结构组成成分之间的易位现象

　　5.1　复谓结构包括连谓结构（又称"连动结构"）和递系结构（又称"兼语式"）。不是所有的复谓结构都能发生易位现象。下面分别说明。

　　5.2　连谓结构种类很多，能发生易位现象的，只有下面四小类。

　　A. 前后两个都是动词性成分（V_1V_2），前者是说明后者行为动作的方式或情态的。易位格式是：

　　$V_1V_2 \rightarrow V_2，V_1$　　例如：

　　（1）她带了孩子去公园了。（→她去公园了，带了孩子。）

（2）李明骑着车进城了。（→李明进城了，骑着车。）

（3）昨天我跟着李老师去天文馆了。（→昨天我去天文馆了，跟着李老师。）

如果 V_2 是个单词，便不能发生易位现象。例如：

他骑着车去。→ ×他去，骑着车。

他带了救生圈游。→ ×他游，带了救生圈。

末一句如果是"他带着救生圈游了三公里"，便能发生易位现象，可以说成：

（4）他游了三公里，带着救生圈。

B. 前后两个都是动词性成分（V_1V_2），后者是说明前者行为动作的目的的。易位格式也是：

$V_1V_2 \to V_2, V_1$ 例如：

（5）这衣服留着过年再穿吧。→这衣服过年再穿吧，留着。

（6）他拿了书包准备去图书馆。→他准备去图书馆，拿了书包。

C. 前后两个都是动词性成分（V_1V_2），表示先后进行两件事情。易位格式是：

$V_1V_2 \to V_2, V_1$ 例如：

（7）我们下了课打篮球。→我们打篮球，下了课。

（8）你散了会找我一下。→你找我一下，散了会。

如果 V_2 是单词，也不能发生易位现象。

D. 前一个是动词性成分 V_1（一般是"V 起来"或"V 着"），后一个是形容词性成分 A，V_1 和 A 之间包含假设关系。易位格式是：

$V_1A \to A, V1$ 例如：

（9）这把锄头用起来很得劲。→这把锄头很得劲，用起来。

（10）那野菊花闻着挺香的。→那野菊花挺香的，闻着。

同样，如果 A 为单词，也不能发生易位现象。

5.3 递系结构也可以发生易位现象。为便于说明，我们将递系结构记为"VNV'"（V'表示递系结构中后一个动词性成分）。递系结构易位有两种情况。

A. 无主句：$VNV' \to V', VN$ 例如：

（1）请他们等一下。→等一下，请他们。

（2）叫他快回去。→快回去，叫他。

B. 主谓句：$N_s—VNV' \to V', N_s—VN$（N_s 表示句子主语）例如：

（3）你请他们都回去吧。→都回去吧，你请他们。

（4）他要你今天就送去。→今天就送去，他要你。

这两种易位句中，A 式更常见。

关于递系结构易位句还有两点需要说明。

第一，能易位的只限于表示使令意义的递系结构。下面的句子也都是递系结构，但是它们都没有相应的易位句式。请看：

怪他多管闲事儿 →$^\times$ 多管闲事儿，怪他。

是共产党、解放军救了我。→$^\times$ 救了我，是共产党、解放军。

第二，当 V'为单个儿动词时，即使是表示使令意义的递系结构也不能易位。例如：

（我）请你去。→$^\times$ 去，（我）请你。

命令他们撤！→$^\times$ 撤，命令他们。

5.4 有些递系套着连谓的复谓结构（我们把它记为"VNV$_1$'V$_2$'"），也可以发生易位现象。这有三种易位格式：

A.（N$_s$）VNV$_1$'V$_2$' → V$_1$'V$_2$'，（N$_s$）VN[①] 例如：

（1）（妈）叫你放了学马上回家。→放了学马上回家，（妈）叫你。

（2）（我）请你帮我打个行李。→帮我打个行李，（我）请你。

B.（N$_s$）VNV$_1$'V$_2$' →（N$_s$）VNV$_2$'，V$_1$' 例如：

（3）（妈）叫你下了班去姑姑家。→（妈）叫你去姑姑家，下了班。

（4）（你）通知大家散了会先别回家。→（你）通知大家先别回家，散了会。

C.（N$_s$）VNV$_1$'V$_2$' → V$_2$'，（Ns）VNV$_1$' 例如：

（5）"（妈）叫我下了班去哪儿？""（妈）叫你下了班去姑姑家。"→去姑姑家，（妈）叫你下了班。

（6）"（小张）请你帮他干吗？""（小张）请我帮他修修收音机。"→修修收音机，（小张）请我帮他。

A式和B式常见，C式不常见。原因大概有二：一是C式只能用在答话中，A式和B式不受这限制；二是C式后移成分太长了。

5.5 有些连谓套着递系的复谓结构（我们把它记为"V$_1$V$_2$NV'"），也可以发生易位现象，但只有一种易位格式，即：

N$_s$V$_1$V$_2$NV' → V$_2$NV'，N$_s$V$_1$ 例如：

（1）你下午上了班通知各室主任来这儿。→通知各室主任来这儿，你下午上了班。

（2）我买到了螃蟹一定请你吃蟹肉包子。→一定请你吃蟹肉包子，我买到了螃蟹。

---

① （Ns）表示主语成分可出现，可不出现。

（3）你去叫小李买张船票。→叫小李买张船票，你去。

例（1）似乎也可以有另一种易位句式："你通知各室主任来这儿，下午上了班。"（N_sV_2NV'，V_1）。其实，这个易位句不是"$N_sV_1V_2NV'$"的易位句，而是"$N_sVNV_1'V_2'$"（你通知各室主任下午上了班来这儿。）的 B 式易位句（N_sVNV_2'，V_1'）。"你通知各室主任来这儿，下午上了班。"这易位句跟例（1）意思不同，便是证明。

6. 易位句中的语音停顿问题

6.1　易位句中，易位的两部分之间有没有语音停顿？[①] 这个问题上文一直没有提到过，因为这是一个需要加以争辩的问题。

本文所谈的易位句，一般语法论著很少谈及，即便有的书谈到，多半只限于本文 2.1 里所说的主谓易位句（一般称为主谓倒装）。但凡谈及的，普遍认为倒装后的谓语和主语之间有停顿，书面上用逗号表示。[②] 只有徐仲华先生在谈到这个问题时，比较留有余地。他说："主语在后谓语在前的句子，谓语和主语间，一般有停顿，书面上用逗号表示。"[③]（着重号是引者加的）徐仲华先生的话虽留有余地，但基本认为中间是有停顿的。至于"一般"之外，哪些可以没有停顿，书中没有说。

实际情况到底怎样呢？

6.2　这一次我们专门就这个问题，先后向二十五位不同文化程度的北京人作了实地调查，结果是没有一个人当他自然地说出易位句时中间带有停顿的。被调查者普遍认为，易位句中间没有语音停顿，相反由于后移部分整个儿都轻读并且说得比较快，所以跟前置部分的最后一个音节衔接得很紧。有两位同志的发言发人深省。一位同志说："念起来中间可能有停顿，因为书上用了逗号；真说起来，中间没停顿。"另一位同志说："像'怎么了，你？''找着没有，你的书？''八点了，都！'这些话，中间停顿倒没有，但是倒装的两部分之间在语音上也确实有一种界限，这种界限如同高山与平地相接一样。"[④] 这两位同志的话讲得比较形象，也切合实际。实际是易位句的前置部分和后移部分之间并没有必然的语音停顿。前置部分和后移部分有音强音弱的差别，正是这种差别，加之后移部分比一般要说得快些，这就构成了易位的前后两部分之间语音上的明显界限。

---

① 跟语法有关的语音停顿有三种：词顿、语顿和句顿。这里所说的语音停顿是指语顿。下同。

② 有的明说，如胡裕树主编的《现代汉语》（1962 年版）说，这种主谓倒装句"说的时候，当中有个停顿，写下来用逗号表示"（288 页）。有的没有明说，如黎锦熙先生的《新著国语文法》和赵元任先生的 *A Grammar of Spoken Chinese* 都谈到了倒装句问题，但没有说明倒装的谓语和主语之间是否有停顿，可是他们所举的例句，一律在倒装的谓语和主语之间用了逗号。

③ 《主语和谓语》，9 页，人民教育出版社，1956 年。

④ 前一位同志是小学语文教员，后一位同志是大学地质系的一位教员。

6.3 既然实际上易位的两部分之间没有语音停顿，那么书面上用不用逗号呢？按理说当然可以不用，不过用上个逗号也有好处，一方面可以用以表明这是个易位句，从而起到帮助分化同型异构的歧义句的作用，另一方面也照顾到了习惯写法。然而必须指出，易位句中的那个逗号不表示语音停顿，只是表示那是个易位句。[①]

7. 关于"倒装句"

7.1 在许多语法论著中都谈到倒装句问题。在各家所举的例句中，有一小部分跟我们所说的易位句一样，[②] 多数不一样。

7.2 经过 1955 年~1956 年那次主语和宾语问题的讨论，现在很少有人把"钱花完了""学生们功课做完了""这样的事情谁肯干"这些句子中的"钱""功课""这样的事情"看作前置宾语，把"台上坐着主席团""前面来了一个人"这些句子中的"主席团""一个人"看作后移主语，把这些句子看作倒装句。但是，至今仍有不少人把下面的句子看作宾语提前的倒装句：

（a）什么都会。

（b）我哪儿都不去。

（c）雷锋平时一文钱也不乱花。

（d）我上海也到过，天津也到过。

而且有的书上还特别说明，这些句子"只改变了宾语位置，没有改变动词和宾语之间的结构关系"。

这种所谓倒装句跟本文所谈的易位句毫无共同之处。其实，把这些句子看作宾语前置的倒装句并不是根据"结构关系"，而是受传统的"根据意义分析句子"，"纯凭施受关系作标准"来确定主语、宾语的观点的影响所致。限于篇幅，我们不准备在这里详细讨论这个问题，只想指出：在语法研究中，应注意到这样一个事实，即句子成分之间总是同时存在着两种不同性质的关系——语法结构关系和语义结构关系。我们所说的语法结构关系就是指主谓、述宾、述补、偏正、联合等结构关系；我们所说的语义结构关系是指诸如动作和动作者、动作和受动者、动作和工具、动作和处所、事物和性质、事物和质料以及事物之间的领属关系等。相同的语法结构关系可以表示不同的语义结构关系，

---

① 本文征求意见过程中，有同志建议易位成分之间用居中的小圆点"·"，既用它来表明易位，又用它来表示后移部分需轻读。这个意见也不是不能考虑的。

② 一般都是我们所说的主谓易位句。参见黎锦熙《新著国语文法》28 节；《暂拟汉语教学语法系统》44 节（见《语法和语法教学》）；胡裕树主编《现代汉语》（1962 年版）第四章第三节一小节；赵元任：*A Grammar of Spoken Chinese*（《中国话的文法》）2.3.2；徐仲华：《主语和谓语》（新知识出版社，1958 年）第二节。

不同的语法结构关系可以表示相同的语义结构关系。"我吃完了""饼干吃完了"从语法结构关系看，它们都是主谓关系，但是它们各自成分之间的语义结构关系不同，前者是动作者和动作的关系，后者是受动者和动作的关系；"客人来了""来客人了"从语义结构关系看二者相同，都是动作者和动作的关系，但语法结构关系不同，前者是主谓关系，后者是述宾关系。事实告诉我们，这两种同时并存而性质不同的关系总是同时影响着句子意思的表达。"客人来了"跟"来客人了"意思上的差别，就是由语法结构关系的不同造成的。反之，"菜不吃了"没有歧义，"鸡不吃了"有歧义，既可理解为"鸡不吃食了"，也可理解为"不再吃鸡了"，就是因为虽然它们都是主谓关系，但是"菜不吃了"只包含着一种语义结构关系（受动者和动作的关系），而有歧义的"鸡不吃了"包含着两种可能的语义结构关系（动作者和动作的关系或受动者和动作的关系）。这足见语义结构关系对句子意思的影响。

如果我们大家能在这一点上取得一致看法的话，那么上面所举的例（a）—（d），有没有必要看成宾语前置的倒装句，这问题就好解决了。在我们看来，像下面四个句子显然是同一种句式：

      a'什么都会。（受动者和动作的关系）

      b'谁都会。（动作者和动作的关系）

      c'什么都好。（事物和性质的关系）

      d'谁都不认识。（可能是动作者和动作的关系，可能是受动者和动作的关系）

它们都是包含主谓关系表示主语周遍性的一种句式，所不同的只是主谓之间所同时并存的语义结构关系不同。当然，如果有人坚持认为（a'）是述宾倒装的句式，（b'）（c'）是主谓句式，（d'）既是主谓句式，又是述宾倒装的句式，我们也不能说这种看法是错误的。但是这两种解释哪一种更合理更好些，大家可以权衡。

7.3   在现代汉语中，"是我先咳嗽的""是瓦特发明的蒸汽机""他开的灯"这些句子，结构上该怎么分析，大家有争议。最近朱德熙先生在《"的"字结构和判断句》一文中，讨论到了这三种句子。[①] 它们在朱文中被分别记为：

      S_3：是 +M+D_j 的（是我先咳嗽的）

      S_4：是 +D_j 的 +M（是瓦特发明的蒸汽机）

      S'_4：（ ）+D_j 的 +M（谁开的灯）

朱德熙先生通过跟其他相关的判断句式的比较分析，对这三类句子的构造提出了一种新的

---

① 《中国语文》1978 年第 1、2 期。

看法，认为都"应看成主语后置的主谓句"——"S₃应看成主语'Dⱼ的'后置的主谓句"，同样 S₄ 和 S₄'"也应看成主语'M'后置的主谓句"。

朱文的 S₃、S₄ 和 S₄' 跟本文 2.5 中所谈的 Sₐ、S_b 和 S_c 三种跟"的"字结构有关系的主谓易位句恰好形式相同，而且在解释上也相同（都看作主语后置的句子）。

朱德熙先生的看法如何，本文不作评论。这里我们只是想指出，朱先生所说的"主语后置的主谓句"跟本文所说的主谓易位句不是一码事。单从形式上看，朱文的 S₃，S₄ 和 S₄' 跟本文的 Sₐ、S_b 和 S_c 是相同的，实际上并不相同。

第一，从语音形式上看，朱文的 S₃、S₄ 和 S₄' 中的所谓后置主语（如"先咳嗽的""蒸汽机"和"灯"）不一定轻读，甚至后置主语上可以有逻辑重音。而 Sₐ、S_b、S_c 三类主谓易位句的后移主语一定轻读。

第二，朱文中的 S₃、S₄ 和 S₄' 中如出现语气词，一定处于全句句末，即处于所谓后置主语的末尾。例如：

朱文原用例	加进语气词
S₃:（a）是我先咳嗽的	是我先咳嗽的吗？
（b）是王大夫把他治好的	是王大夫把你治好的呀！
S₄:（a）是瓦特发明的蒸汽机	是瓦特发明的蒸汽机吧！
（b）是小王打来的电话	是小王打来的电话吗？
S'₄:（a）谁开的灯	谁开的灯呢？
（b）我写的诗	我写的诗嘛。

这跟本文所谈的易位句的特点（4）（见 1.3）完全不合。Sₐ、S_b 和 S_c 三类主谓易位句中如出现语气词，都毫无例外地处于前置谓语之后［见 2.5 例（2）（4）（6）］。

第三，更值得注意的是，朱文的 S₃、S₄ 和 S₄' 中的 M 和 Dⱼ 都要受到一定的限制（这一点朱文没有谈到）：（1）S₃ 中的 M 对后面的 Dⱼ 来说只能是施事，绝不能是受事；[①]Dⱼ 只能是动词性结构，不能是主谓结构。（2）S₄ 和 S₄' 中的 M 对前面的 Dⱼ 来说则只能是受事，绝不能是施事；Dⱼ 则只能是主谓结构，不能是动词性结构。可是形式上跟 S₃、S₄ 和 S₄' 相同的 Sₐ、S_b 和 S_c 三类主谓易位句，其中的 M 和 Dⱼ 都不受上面所说的那种限制。无论哪一类，M 对 Dⱼ 来说既可以是施事，也可以是受事；而 Dⱼ 既可以是动词性结构，也可以是主谓结构。现列表比较如下，见表 2。

---

① 朱德熙先生在文章中没有用施事、受事的说法，他根据论说的需要使用了主格、宾格的说法。事实上，朱文所说的主格就是指的施事，宾格就是指的受事。本文仍采用通常的施事、受事的说法。

表2

句式	M		D_j		例句
	施事	受事	主谓结构	动词性结构	
S_3：是 +M+D_j 的	+	－	－	+	是我先咳嗽的。 是王大夫把他治好的。
S_a：是 +M+D_j 的	+	+	+	+	是王大夫吗，刚进门的？（＝刚进门的是王大夫吗？） 是这一带的地形图，他画的。（＝他画的是这一带的地形图。）
Sa：是 +D_j 的 +M	－	+	+	－	是瓦特发明的蒸汽机。 是小王打来的电话。
S_b：是 +D_j 的 +M	+	+	+	+	是小王打来的吗，电话？（＝电话是小王打来的吗？） 是刚买的吗，这衣服。（＝这衣服是刚买的吗？） 是昨天来的吧，他？（＝他是昨天来的吧！）
S'_4：D_j 的 +M	－	+	+	－	谁开的灯？ 我写的诗。
S_c：D_j 的 +M	+	+	+	+	小王打来的吗，这电话？（＝这电话小王打来的吗？） 刚买的，这衣服。（＝这衣服刚买的。） 会来的，他。（＝他会来的。）

总之，朱德熙先生所说的"主语后置的主谓句"跟本文所谈的主谓易位句不是一回事儿。朱德熙先生对 S_3、S_4 和 S_4' 的处理意见是值得重视的。如果大家讨论结果是同意朱德熙先生的意见，那么也得承认 S_3、S_4 和 S_4' 跟本文讨论到的 S_a、S_b 和 S_c 是类型不同的倒装句。

7.4　有的语法书谈到了状语和中心语的倒装问题，所举例子如下：

（a）他走过来，悄悄地，慢慢地。

（b）大家都来了，从东，从西，从南，从北。[①]

这种所谓状语倒装的句子跟本文 3. 中所谈状语和中心语倒装的句子根本不一样：第一，从语音上看，这些所谓"倒装的状语"都不轻读，"前边都有停顿"；第二，"这些倒装的状语一般都是并列的结构"，而我们所说的后移状语都不是并列的结构；第三，这种所谓"倒装的状语"不见于口语，只见于书面，这跟我们所谈的状语和中心语易位的句子只见于口语的情况正相反。例（a）（b）这一类句子实际上是仅见于书面（多见于文学作品中）的一种欧化句式。

7.5　诗歌里为了谐韵，为了构成排句，常常可以不受语法规则的约束而倒置句子成分，形成诗歌语言的一种独特风格。但也不是任意倒置的，也有它自己的规律，需另加探讨。

---

① 例（a）（b）引自胡裕树主编的《现代汉语》（1962 年版）用例，见该书 288 页。

7.6 本文讨论的易位句，应该说是真正的倒装句，这是口语里所特有的倒装句。可是我们没有使用"倒装句"这个名称，这是为了有别于一般书上所说的倒装句才这样做的。

参考文献

胡裕树主编 1962 《现代汉语》，上海教育出版社。

黎锦熙 1924 《新著国语文法》，商务印书馆。

徐仲华 1956 《主语和谓语》，人民教育出版社。

徐仲华 1956 《主语和谓语》，新知识出版社。

张志公等 1957 《暂拟汉语教学语法系统》，载《语法和语法教学——介绍"暂拟汉语教学语法系统"》，人民教育出版社。

朱德熙 1978 《"的"字结构和判断句》，《中国语文》第1、2期。

Chao, Yuen Ren（赵元任） 1968 *A Grammar of Spoken Chinese*（《中国话的文法》）. Berkeley and Los Angeles: University of California Press. 吕叔湘节译本《汉语口语语法》，商务印书馆（1979）。丁邦新全译本《中国话的文法》，香港中文大学出版社（1980）。

原刊于 1980 年第 1 期

试论"着"的用法及其与英语进行式的比较

陈　刚

　　"着"附在动词后面，具有表示"态"的作用，在某些情形下近似英语进行式词尾"-ing"，因而一些较早的讲白话语法的著作曾把它与英语的"-ing"等同起来看待。后来人们对"着"的认识逐渐清楚，虽然各家所论深浅不一，但是都接触到了"着"的语法实质。可是另一方面，直到目前还有一些著作把表示进行意义看成"着"的主要的甚至全部的作用。前几年国外出版的一本关于英汉语法比较研究的著作仍然认为"汉语里同英语'-ing'相当的词尾是'着'"。[①] 这又说明，对于"着"和"-ing"仍然有一些人见同不见异。

　　为了说明"着"的语法实质以及它同英语进行式词尾"-ing"的异同，我们不妨先看一下下面的例子。[②]

　　汉语"着"可以译成英语"-ing"的：

　　（1）吴荪甫朝外站着。（书）——Wu Sun-fu was standing with his back to them.

　　（2）另外还闲站着几个穿短衣的粗人。（鲁）——A few workers in short coats were loitering there too.

　　（3）我们去看他的时候，他还在床上躺着。（书）——He was still lying in the bed while we looked on him.

　　（4）他挥着鞭子赶着毛驴。（书）——Swinging his whip, he was urging the donkey on.

　　（5）他浑身哆嗦着，不敢再说话。（书）——He was trembling from head to

---

①　语见大原信一的《中国语と英语》昭和 48 年 9 月 10 日版 23 页。

②　本文例句有一部分引自古今文学作品。其中有的在句子结构上稍加简化。引自古代作品中的例句不注明出处。引自现代作品中的例句加注。鲁迅作品注"（鲁）"，老舍作品注"（舍）"，其他注"（书）"或"（刊）"。

foot and didn't dare to say another word.

在这些例子里"着"和"-ing"在用法上极其相似，很容易被人认为是相同的。其实它们在意义上并不一样。英语"-ing"除了例（4）的 swinging 之外都是表示进行，汉语则都不是表示进行。关于这一点下面要谈到。

更多的例子是"-ing"不等于"着"或者不能用"着"来翻译的。先看一些用"-ing"的例子：

（6）Look! A train is passing over the bridge！——*看！有辆火车过着桥！

（7）She was not consciously telling a lie.——*她不是故意说着谎。

（8）The invalid is gathering strength.——*病人的体力恢复着。

（9）The nurse was giving him an injection.——*护士给他打着针。

很明显这些汉语句子都是很别扭的。这样的例子多得很，可以说是俯拾即是。不过在现代文学作品里出现了一些用"着"来模仿"-ing"的例子，但是这种模仿只有在不违反"着"的语法特征时，才不显得生硬。

另一方面，有不少"着"，英语一般是不用"-ing"来翻译的。下面是一些例子：

（10）她迷惘地看着他。（书）—— She stared absently at him.

（11）解放前他在天津开着个铺子。—— He kept a shop in Tianjin before liberation.

（12）胖子坐在那里喷着雪茄烟。（刊）—— The fat man sat there and puffed away at his cigar.

（13）吴荪甫的脸上亮着胜利的红光，他踌躇满志地搓着手。（书）——The light of victory shone in Wu Sunfu's eyes，and he rubbed his hands with glee.

这些例子里的动词，英语除了在必须强调进行意义时外都用简单过去时。

下面一些例子，英语动词进行式用的"-ing"，汉语动词用"着"，但是意义并不相等。

（14）The car is stopping. ≠ 车在那儿停着。

（15）She is laying aside a lot of money. ≠ 她攒着好些钱。

（16）祖宗埋着无数的银子。（鲁）≠ His forefathers were burying countless silver.

（17）头上裹着块白毛巾。（书）≠ He is wrapping a white towel round his head.

例（14）的英语进行式表示缓慢的动作；例（15）的英语进行式表示继续进行的动作。汉语四句里的"着"都表示动作发生时的状态。

诸如上述，英语进行式的"-ing"在大多数的情形下是不能与汉语"着"对译的。原因可能有两个。一个是，"着"和"-ing"的语法意义相同，但运用习惯不同。在两种语言的比较中，这种情形是不稀奇的。英语是进行式用得较多的语言，而汉语则往往不用进行式表示进行意义。例如：

Where are you going？——你上哪儿去？　｜　The Lady Dowager was trembling with rage.——贾母气得浑身打战。　　｜　He is dying.——他快咽气了。　　｜　I am forgetting you're an old hand at this game.——我忘了你玩这个是个老手。

对于这些英语适于用进行式来表现的事物，汉语有时不在字面上表示出来，有时用另一种态（如完成态）来表示。这些都是进行式运用习惯的不同。上列第二和第三两类例子，也很像是进行式运用习惯的不同。另一个可能的原因是，"着"和"-ing"的语法作用不同。

为了弄清它们的不同究竟是什么性质的，下面打算作一些分析。不过要先说明一下，这里不是对英语进行式做全面分析，只是弄清楚它同"着"在本质上的异同，因此所谈只限于真正表示进行意义的进行式。对于"着"的语法特征，也不打算牵涉太广，对于它与音节多少的关系、它与语气的关系以及它与"谓居主前"式句子的关系等，也都不去涉及。

进行式表示动作在进程中。法语为了强调进行意义，可以用 être en train de 这一形式。如 Il est en train de chasser（He is in the process of hunting.——他在打猎的进程中）。所谓进行就是"在进程中"。英语不用这个形式。中古英语可以说 he is on hunting. 这里 hunting 是一个体词，表示一个延续的动作，全句是说他处于打猎之中。这个 on 后来在语音上变成了 a（a-hunting），最后 a 脱落，形成了 he is hunting 这一形式。进行式既然表示在进程中，当然不能一下子就完，也不能没有个始终。所以，进行式有两个时间上的特点，一是它的扩展性，一是限制性。从原则上来说，二者缺一就不能称其为进行。对于这个问题，有人举过这样的例子：

（18）The Sphinx stands by the Nile（斯芬克斯石像立在尼罗河边）.

（19）Mr. Smith is standing by the Nile（史密斯先生正站在尼罗河边）.

例（18）里的 stands 是"非进行式"，不受时间长短的限制；例（19）里的 is standing 是"进行式"，它只表示某一时段内的情形。虽然在日常运用当中两者可以在一定条件下互相替换，但是在理论上两者是有严格区别的。上面两例在汉语里都不用"着"。前面例（6）到例（9）的英语动词都表示正在进行的动作；例（10）到例（13）不强调进行。在这方面，汉语"着"的用法都与"-ing"正相反。上面我说两者用法不同，很像习惯问题，在这里我们可以了解到，它们的不同实际上是个本质问题："着"的使用不符合运用进行式的原则。

例（6）到例（9）的"-ing"不能用"着"来翻译，并不是汉语习惯上在这里不表示进行意义或者汉语没有表示进行意义的语法手段。那四句话可以翻译成下面这样[①]：

（20）看！有辆火车在过桥（呢）！

（21）她不是在那儿故意说谎。

（22）病人的体力正在恢复。

（23）护士正在给他打针（呢）。

汉语能表示进行意义，但是不用"着"来表示，这说明"着"不是表示进行意义的。

有些语法著作为了说明"着"与"-ing"相当，都是表示进行的，举了一些例子。下面是其中一部分：

（24）They are having a meeting. ——他们开着会呢。

（25）It is snowing outside. ——外头下着雪呢。

（26）A hot discussion is still going on. ——一场热烈的讨论还在进行着。

（27）She is singing *I Love Beijing's Tian'an Men.* ——她在唱着《我爱北京天安门》。

其实这些句子里的"着"都不是非用不可的。把它们去掉，进行意义并未消失。因为句子里的"在"和 / 或"呢"已经把进行意义表示出来了。

从以上几方面看，"着"与"-ing"的语法意义是不一样的。那么，"着"究竟是干什么用的呢？

现在不妨把上述例句里的"在"和"呢"抽掉而保留"着"，看看结果怎样：

（28）他们开着会。 | （29）外头下着雪。 | （30）一场热烈的讨论进行着。 | （31）她唱着《我爱北京天安门》。

这里的"着"确实与"-ing"相仿，但是句子出了问题。它们给人的印象是话没有说完——只提供了一些情况，而在这些情况下发生的事情还没有说出来；例（30）还显得很不自然。我们不妨给它们添上点什么：

（32）他们开着会，外头下起雪来了。 | （33）外头下着雪，可一点也不冷。 | （34）一场热烈的讨论进行着，到深夜还没结束。 | （35）她唱着《我爱北京天安门》走上台去。

这样，句子才显得完整了。前三例中有"着"的句子是从句，末一例有"着"的是状语。其中没有一个"着"是用在主句的主要动词上的。这显示了"着"的语法特征。为了

---

① 这不是说"在""呢"同"-ing"在用法上或在所表达的意义上是完全相同的。只是说在语法意义上，"在""呢"比"着"更接近"-ing"。汉语一般不用语法手段来表示进行意义；更由于英汉语法体系的差异很大，表示进行意义的习惯也有很大的不同，所以"-ing"在很多情形下不能用"在""呢"来译。还有些"-ing"，汉语根本无法翻译。但这与"着"不能同"-ing"对译在性质上是不一样的。

说明这个特征，下面不妨再举些例句：

一组：王冕放牛倦了，在绿草地上坐着。 ｜ 无精打采，自向房内躺着。 ｜ 不知他手里拿着什么。 ｜ 只见有位老者在门外立着。 ｜ 只剩下晴雯一人在外间屋内爬着。

二组：上面写着"射复"二字。 ｜ 敞厅上中间摆着一乘彩轿，彩轿旁边竖着一把遮阳伞。 ｜ 靠东边板壁立着一个靠背和一个引枕。 ｜ 上面扎着鸳鸯戏莲的花样。

三组：大家说着来至厅上。 ｜ 武松敲着桌子叫道。 ｜ 他们隔着席也"七""八"乱叫。 ｜ 他趿拉着鞋走出房门。

四组：正吵闹着，四斗子领了两个吹鼓手赶来。 ｜ 将众人安排在屋里坐着，又命家人烧些茶水来。 ｜ 众人念着，香菱一一写了。 ｜ 看见一只船正走着，他就问……

五组：众衙役接着，前呼后拥的走着。 ｜ 贾母恐他病发，亲自过来招呼着。 ｜ 今日偏接过麈尾来拂着。 ｜ 凤姐勉强扎挣着。

这些例句都摘自古典白话文学作品。里面"着"的用法在传统白话文中是具有代表性的。一组里的动词"坐""躺""拿""立""爬"都是表示相对静止状态的，附上"着"之后，可以表示这种状态的持续。这种附"着"的动词可以称为"状态持续态"。有一些动词表示躯干不大动的动作，如"听""看""说""问"之类，附上"着"也可以作为"状态持续态"看。

二组里的动词"写""摆""竖""立""扎"都是表示行动的动词，在这里附上"着"表示行动后果（或成效）的状态，这种状态也是一种"状态持续态"。①不是所有能产生后果的动词都能形成这种状态持续态的。如"杀着鸡""打着刀"都只是表示动作的持续，不是状态持续态。可是另外一些动词却不同。如"圈着鸡""挎着刀"，这些才是状态持续态。由此可知，所说行动后果，只限于安置的后果，能够产生这种状态的是具有安置意义的动词（包括"刻""画""描"一类表示造型意义的动词）。

三组里的动词"敲""趿拉"是表示行动的动词，"说""隔"是表示相对静止状态的动词。两种动词形成两种态。它们都用在状语性质的词组里。②

四组里的动词"吵闹""走"是表示行动的动词，"坐""念"是表示相对静止状态的动

① 这里故意引上一个多义词"立"。在区别时态的时候，往往容易为多义词搞糊涂。"便爬着吃了一碗饭"（红）中的"爬"现在写"趴"。"虫在地上爬"的"爬"是"伏行"。"给我拿"同"给我拿着"，这两个"拿"的意思也不一样。前一个是"取"，后一个是"持"。
② 暂借"状语"一词来混称。"动+'着'+动"这一结构形式所包含的语法关系很多，这里所指只是偏正结构；这个偏正结构在吴语里已发现有六种不同表达方式。本文对这个问题不拟分析。

词。两种动词形成两种态。这一组的句子都是复句，这几个附"着"的动词都用在从句里。

五组里的动词"走""招呼""拂""扎挣"都是表示行动的动词，附"着"后都表示"动作持续态"。

在传统白话文里，附"着"动词的使用情况大概是这样的：单句或主句的主要动词（以下简称主要动词）附"着"的不多，而且其中绝大多数是状态持续态；在从句和状语里，附"着"动词没有态的限制。暂以《红楼梦》第一回到第八十回为例，"着"用在主要动词上的占 36%，其中状态持续态占主要动词的 88% 强。动作持续态占主要动词的 12% 弱，只等于全部附"着"动词的 4%。似乎可以这样说，状态持续态是附"着"动词作为主要动词的典型用法，而动作持续态极少用于主要动词。①

现代北方口语在"着"的用法上与传统白话没有多大出入。一些语言接近北方口语的作品，"着"的用法也没有太大变化。赵树理的作品里用作主要动词的附"着"动词比《红楼梦》里的还少些（《红楼梦》里有一些多余的"着"，如第二十七回"我就问着他"）。老舍的作品也是这样，只是用于主要动词的动作持续态的百分比稍有上升。②在用"着"方面变化稍大的是鲁迅和一部分新作家的作品。以鲁迅的《彷徨》中十一篇小说为例，附"着"动词用于主要动词的占全部附"着"动词的 44% 强。其中动作持续态占主要动词的 19%，约占全部附"着"动词的 9%。③

造成这种情形的原因之一，可能是用"着"来模仿英语进行式的"-ing"。下面的例子很像英语的进行式：

（36）甚至在第二个五年计划之前中国就已经在生产着很多种机床、机器和

---

① "护着"等于"袒护"，"归着"就是"归置"，"向着"等于"偏袒"，"瞒着"在没有宾语或补语时不能省"着"。这类"着"都不统计在内。

② 赵树理作品以《李有才板话》《小二黑结婚》《传家宝》《登记》四篇小说为代表，这里要补充说明一下的是："恒元摇着芭蕉扇，广聚端着水烟袋，领工老范捎着一张镬……"形式上是并列谓语，但从上下文意来看，又像是并列状语，所以没有统计在主要动词内。"觉着"有 29 个，"着"用在主语上的一个，如"在着有什么用"，都不统计在内。老舍作品以《骆驼祥子》为代表。

③ 为了看得清楚一些，现在把各家运用助词"着"的数字及百分比列表于下：

作品	助词"着"总数	用于主要动词的		占总数的 %	用在状语中的	占总数的 %	用在从句中的	占总数的 %	表祈使语气的	占总数的 %
		动作持续态	状态持续态							
红	1817	73	582	36.11	856	47.11	298	16.35	8	0.43
赵	174	1	32	17.93	135	73.37	4	7.61	2	1.09
舍	645	10	170	27.91	227	35.19	235	36.43	3	0.47
鲁	228	16	85	44.30	84	36.84	42	18.43	1	0.43

从句和状语有时比较难于区分，这次统计在这方面也有一些纠缠。区分单复句与原作标点不完全一致。如："外面围着一圈人，上首是穿白背心的，那对面是一个赤膊的胖小孩，胖小孩后面是一个赤膊的红鼻子胖大汉。"我把它作为四个单句看待。

器械了。（比较：Even before the Second Five-year Plan，China <u>was</u> already <u>producing</u> many kinds of lathes，machines and apparatus.） ｜ （37）一条新的铁路的建设正在胜利地进行着。（比较：The construction of a new railway <u>is progressing</u> successfully.）

其实"着"的这种用法近似前面例（24）到例（27）的用法，"着"不是必需的。

另一个原因是一种描绘句的出现较多。"风吹着""鱼游着"，虽然具备了造句条件，但是作为单句，显得很不自然。像"吹着""游着"这类动作持续态极少充当主要动词。但是"西北风猛烈地吹着""一群鱼在水池里来回游着"却不给人以不自然的感觉。像这种加了状语之后可以作为单句的句子，不妨暂且称为"描绘句"。"描绘句"在传统白话文里不多，在现代白话文里有一些发展，像下面一些就是"描绘句"：

他那枪声的回音在山谷中反复震荡着（书）。 ｜ 那条雄伟的哈得逊河，默默而又庄严地流着（书）。 ｜ 大雪像撕碎了的棉絮在天空飘着（书）。

这种描绘句的运用，使一些动作持续态较多地出现在主要动词上。

另外还有一种"描绘句"，不是依靠状语和谓语的结合，而是依靠并列的谓语显示其描绘作用。它使一些不习于在主要动词上出现的动作持续态共同在那里出现。像"人们跳着，唱着"就是这样。这类动作持续态，有的语法著作说是进行式。其实它在意义上只相当于英语的 They danced and sang，不表示进行。而且单独说"人们跳着"或"人们唱着"都不成话。没有修饰成分或句尾没有助词"呢"的帮助，"着"一般不这样用。它们在这里是合为一个整体起描绘情景作用的。所以也叫"描绘句"。在传统白话文里，大概只限于状态持续态能这样用。如："肩上担着花锄，花锄上挂着纱囊，手里拿着花帚。"但是现代白话文打破了这个限制。如：

风吹弯了路旁的幌子……唱着，叫着，吼着，回荡着（舍）。 ｜ 好几十挂鞭炮，一齐点着，爆炸着，蹦跳着，轰鸣着，织成了一阵咆吼的春雷（书）。 ｜ 一大群拥挤着，叫嚷着（书）。

动作持续态成了并列的主要动词。这也是"着"在书面语上的一个新用法。说它们是新用法，就是说它们不同于传统用法。把附"着"的动词，特别是表示动作持续态的附"着"动词大量用作主要动词，都是新例。这种新例至今还只是通行于书面，没有渗入口语。不过这些用法并不违反"着"的语法意义，所以还不显得牵强。至于下面一些例子则表示"着"的用法又有一些发展：

一，用"着"来表示曾经发生过的事。如：

因为我希望着自己认识的人能够幸免，所以就以为突兀罢了。（鲁）（比较一下英语译文：It surprised me simply because I <u>had hoped</u> my friend could escape.）

二，把原来只用于状态持续态（后果状态）的动词用来表示动作持续态。如"刺着"

是表示后果状态的（"岳飞背上刺着四个字"），现在却出现了这样的用法：

> 脊梁上还有许多针轻轻的刺着。（鲁）（比较：and there were many needles prickling him lightly on his back.）

英语的"prickling..."是定语，汉语的"刺着"是主要动词。

三，在对话前后用上"嘟囔着""哭诉着"之类。这个用法相当普遍，这里仅举一例：

> "不，不！一天也不！"吴咆吼着。（书）（英译文是"Out of the question！" Wu bellowed，"I can't even give you one day！"）

四，还有一些既不是"进行式"，也不是持续态的用法。如："有着执拗猜疑阴险的性质。"（鲁）"在朝鲜的每一天，我都被一些东西感动着。"（书）前一句的"着"可能是用来补足音节的；后一句除了把"被"字句改为"为……所"句，"着"字似不可缺，但究竟表示什么，还没有弄清楚。

"着"的这些用法，不符合传统，运用规律也还没有完全摸透，很难拿来同英语的进行式做比较研究，只在这里简单提一下。

撇开尚未成熟的新用法，仅从传统的和现代北方口语上的用法来看，"着"与"-ing"的区别是可以比较清楚地看出来的。

"着"原来是个实词，有"安置""着落""附着"的意思。如"着花""着墨""无着"。在"猜着""找着"里，它是补语，也就是所谓"结果动词"。在语音上由 zháo 变为 zhe 之后，动词作用没有了，但补语的意味仍在。表示"持续态"的作用实际上是补语作用的弱化。所以当动词后面有补语（如"得"字结构、介词结构）或其作用类似补语的成分（如趋向动词）时，就不能再用"着"。[1]这就是说，表示"持续态"的"着"仍稍微保留着一些表示安置状态的词汇意义。

英语的进行式则不然。前面已经介绍过它的形成过程，不过现在已经完全变成了进行式的词尾。进行式也叫持续式。有的词典也说进行式表示动作持续的过程（the process of continuance）。不过现在有人把进行同持续作了区分。如 she's singing（她在唱歌）和 She is writing a novel（她在写长篇小说），这两个动词在时间上都是扩展的。但是"唱歌"在进程中是持续的，而"写长篇小说"虽从动笔到完成也在进程中，但具体执笔则可能是断断续续的。英语运用进行式是着眼于某个动作处于进程中，并不考虑它是否持续。汉语运用"着"，正如上述是表示持续的，并不管某个动作在时间上是否有限制。"着"与"-ing"的用途千差万别，但本质上的区别就在这一点上。英语的 to live 和 to be living 是不一样的，后者强调在进行中。"庙旁住着一家乡宦，姓甄，名费，字士隐"，英译文是 Beside

---

① 《红楼梦》第三十六回有一句"随便睡着在床上"，不管这个"着"是 zháo 还是 zhe，用在"在床上"前面，对《红楼梦》语言来说都是特殊的。变文里有这种用法。

this temple lived a gentleman named Zhen Fei，whose courtesy name was Shiyin. 这里的 "住着" 没有译成 was living，因为这个 "着" 不仅不表示进行意义，甚至可以改为 "了" 而意义不变。

说到这里，可以回过头去分析一下本文开头所列的例句了。

第一类比较容易令人相信 "着" 完全等于 "-ing"。其实两者并不一样。以例（3）来说，"躺着" 不是强调 "躺" 在进行中，而是一个状态持续态。如果把 "躺" 换上个表示行动的动词，结果就会不一样：She was making shoes when we saw her. ——我们去看她的时候，她正在做鞋。"做" 就不再用 "着" 的形式。前三例都是状态持续态。例（4）的 "赶着" 是动作持续态，was urging 在这里兼有进行意义。例（5）的 "哆嗦着" 是从句里的谓语，was trembling 是主句里的谓语。一般情形是这样，从句里有持续态，都是为主句提供背景或条件的。在这种情形下，持续态往往兼具英语进行式的意义。前面在分析例（28）—（31）时，提到 "着" 在用法上有时与 "-ing" 相仿，指的就是其中一种情况。说它们相仿，就是说有时它们指同一现象。不过，这样说并不等于否定它们语法意义有什么不同。

第三类的汉语例句中的 "看着" "开着" 等都是状态持续态。对汉语来说，这些 "着" 都是不可省的。这与英语的 "-ing" 显然不同。为了强调进行意义，那些英语动词也都可以改成进行式，如 "She was staring absently at him"。

第四类的汉语例句中的 "停着" "埋着" 等也都是状态持续态，都表示后果状态。英语都不用进行式。

"着" 与 "-ing" 确实是不同的。只是从一些现代作品里用 "着" 的情形来看，确有着意模仿 "-ing" 的迹象，例（36）和（37）就是这样的。

以上只是对 "着" 的用法勾画出一个大概的轮廓，同 "-ing" 的对比也是粗线条的，还需要进一步研究才能得出比较清楚的条理。不过，语言是在发展中，这就很自然会出现用法上的成熟与不成熟的问题，也会出现认识上的分歧。所以，要研究出比较清楚的条理来，还要花费很大的工夫。

原刊于 1980 年第 1 期

《正音捃言》的韵母系统

唐作藩

　　《正音捃言》四卷，是明代一部汇集对仗韵语编成的韵书。分二十二个韵部，每一个韵部收对仗韵语四首。每一首由一定数量的长短句组成，类似一首词或一首曲。例如卷一，一京（韵部）第一首："天对地，日对星，晓燕对春莺。桃蹊对杏坞，珠箔对银屏。采莲曲，卖花声，野寺对江亭。玄霜春玉臼，白露出金茎。贾客君山秋弄笛，仙人缑岭夜吹笙。海水本平，月到中天有潮汐；蟾光常满，人从侧地见亏盈。"显然，这部书的编写目的，不但是为了练习属对，而且是为了指导押韵。

　　书前题古顼王荔青屏著，玄孙允嘉素簶注。王荔其人不见于明代传记。①《四库全书总目》卷一百三十八子部类书类存目二有《正音捃言》四卷，介绍撰人王荔"字子岩，高阳人，嘉靖中举人，官至青州府推官"。所谓"古顼"也是指高阳，传说古帝颛顼最初建国在高阳（今河南杞县西）。②但从书中涉及的作者几个同邑人（如李国榗、孙承宗等）的籍贯来考查，王荔却属另一个高阳（战国以后建置，今河北保定地区）人。他自称古顼，实不可信。河北高阳离北京已经很近。汉语的历史发展表明：在明代中叶以北京话为基础的"官话"已经形成。这部名为"正音"的韵书对了解当时"官话"的语音面貌及其发展情况恰好能提供一定的依据，所以引起了我们的兴趣。

　　本书卷首有李国榗的一篇序。序题"正音小引"，可知王荔的书原名《正音》。"捃言"是其玄孙王允嘉对原书的注解。这一部分除了对原书对句韵语的难字僻字注音外，主要是摘引历代经籍诗文中的章、句来注释原书的词语或典故。注解用小一号字体，其篇幅却比原著多出好几倍，名曰"捃言"，名实相副。但是这些"捃言"与本文讨论的内容无关，只有那些注音还多少引起我们一点兴趣。

　　王允嘉的名字见于徐鼒的《小腆纪年》（卷四，22页），高承埏的《崇祯忠节录》（卷

---

① 据哈佛燕京学社《八十九种明代传记综合引得》。
② 据顾颉刚等编《中国历史地图集》（古代史部分）。

五，10 页）和舒赫德等的《胜朝殉节诸臣录》（卷十一，45 页）。后一书对王允嘉的身世略有记录，说他是个生员，清苑（今河北保定，当时是保定府的治所，高阳在其管辖之内）人。李自成的农民起义军攻至保定府城时，他与诸生进行抵抗而被起义军杀死。[①] 这年是崇祯末年，即公元 1644 年。《正音捃言》大约在崇祯初年已付梓。北京大学图书馆所藏为初刻本。每卷后都刻印有"古项王氏缶（宝）泓堂家藏"长条双行篆文图章。王荔的《正音》初稿成书当在嘉靖和万历年间。王荔是嘉靖（公元 1522—1566 年）中举人。他的外甥孙承宗（1563—1638）可能见到过他。他的玄孙王允嘉则很可能是在他死后出生的。估计《正音》的成书年代不会晚于万历（公元 1573—1620）初年。我们说《正音捃言》（确切地说，应是《正音》）反映了十六世纪"官话"的韵母系统，是比较有把握的。

下面先录《正音》的二十二部及其同韵字。[②]

卷一

一京：星莺屏声亭茎笙平盈生萍硬橙清经登樱鸣兵城灯明汀羹翎绫滕青

二公：峰空鸿钟红熊宫风松春功笼穷恭洞蓬龙踪浓翁丰

三饥：梨稀西梯疑蘼藜鸡黐篱衣迷旗啼低迟韄猊璃移肌鹂霓璨醵

四支：枝丝鹚尸卮诗脂时师资姿儿芝肢茨思栀匙支词

五居：榆裾鬚朱虚书隅竽珠居苴愚藁纡鱼徐厨墟渔

卷二

六孤：无壶都鸪湖疏吴沽蔬枯梳疏凫炉粗锄奴蒲模呼图

七圭：闺眉帷薇炊回围归吹圭雷梅为湄椎绥杯龟非晖飞

八该：哀才开莱台钗臺来斋怀腮排槐淮苔柴猜

九吟：心金今深阴琴沉音麟巾人砧吟贫津针禽尘鳞晨

十裩：唇坤温魂纯根昏门淳伦村文群春熏闻分蕡墩君恩豚裙雲军

卷三

十一坚：光钱烟连田眠天帝年千纤笺蝉鹹戔轩涎仙谦颜瞻尖闲檐间

十二官：兰纨盘鞍官寒漫干（阑干）还潭鸾关岚源泉鹃难竿郸山庵乾（乾湿）溥丹斑南

十三交：爻妖胶潇腰凋桥镳樵绡鹏箫烧蕉朝消瓢交招瑶枭消

十四高：桃皋梢刀号篙羔骚庖涛毛袍高萄茅蒿旄醪劳滔褒槔

十五歌：和柯蓑酡歌罗何河多戈坡沱波鹅萝荷搓磨囮科驼梭

---

① 原文是："生员王允嘉，清苑人，贼至巷战，为贼杀死。"
② 同韵字是据每部下的四首对句韵语，重复的不重录，故各部下所列同韵字有多有少。

卷四

十六皆：街嗟车赊遮蛇锣斜奢鞋阶皆邪鞵谐靴

十七加：嘉霞牙笳鸦砂涯家沙茶髣葭槎纱杉叉谺

十八瓜：葩蟆娃麻夸花瓜华芭琶巴麻蛙笆杷

十九江：箱江娘肠浆香裳常粱长樯房莺舫杨尝墙疆乡嫜梁凉

二十光：桑妆霜双塘黄堂郎窗光棠忙凰庄缸皇杠螂粃唐珰颡钢簧囊

二十一鸠：裘幽游流丘舟秋溇鸠牛球洲忧筹邮求

二十二句：邹钩侯头浮愁楼沟缑鞲喉鸥驺陬矛①瓯

这二十二部的韵字都是平声，但由此不难类推出上去声，拿《正音》这二十二部，与《中原音韵》的十九个韵部比较，见表1。

表1 《正音》与《中原音韵》韵部比较

正音	一京	二公	三饥	四支	五六居孤		七圭	八该	九吟	十裉	十一坚	十二官		十三交	十四高	十五歌	十六皆	十七十八加瓜		十九二十江光		二十一二十二鸠句	
中原音韵	十五庚青	一东锺	四齐微（部分）	三支思	五鱼模		四齐微（部分）	六皆来（部分）	七十七真文侵寻（部分）		七真文（部分）	十九先天廉纤（部分）		八寒山	九桓欢	十先天（部分） 十八监咸（部分）		十一萧豪	十二歌戈	十六十四皆来车遮（部分）		十三家麻	二江阳	十六尤侯

从《中原音韵》（1324年）到《正音》，经历了二百余年的时间。可以看出，汉民族共同语的韵母系统发生了显著的变化。最突出的一点就是 -m 尾的消失，即《中原音韵》的侵寻并入真文，合流为《正音》吟部，廉纤并入先天合流为《正音》的坚部，监咸并入寒山桓欢，合流为《正音》的官部。这在《正音》的对句韵语里表现得很明显。例如九吟（韵部）第二首：

> 莲对菊，凤对麟，麻冕对葛巾。渚清对沙白，霞重对岚深。荒邸梦，故园心，吹笛对鸣琴。草迎金埒马，花伴玉楼人。风细窗前横夏簟，月明门外急秋砧。清夜词成，炀帝那思玉树曲；长门献赋，相如不记白头吟。

其中"麟、巾、人"原属真文，"深、心、琴、砧、吟"原属侵寻，现在成为同韵字了。②

---

① 王允嘉注：矛音谋。

② 王允嘉的注也有"麟音林"（见卷一，四支其三、27页）。

又如十一坚（韵部）第四首中的"瞻、尖、帘、檐"原属廉纤，"蝉、闲、眠、间"原属先天，现在也押在一起了。又如十二官（韵部）第三首中的"难、竿、郸、山、关"原属寒山，"鸾、盘"原属桓欢，而"庵"原属监咸，现在都是同韵字了。

《中原音韵》的桓欢是个险韵，比较特殊，在元曲里也很少与寒山或先天通押。分出这一韵部来可能是当时北方话的实际语音。但是到了《正音》时代，桓欢与寒山已经不分（同时，监咸亦与它们合流）。《正音》的十二官，既有开口字（包括来自监咸韵的），又有合口字，还有从《中原音韵》先天韵来的撮口字。例如第二首对句：

> 歌对读，往对还，虎穴对龙潭。浣纱对濯锦，别鹤对孤鸾。七佛寺，万夫关，晚照对秋岚。黄云深麦陇，红雨骤桃源。彩剪芰荷开冻渚，锦装兔雁泛温泉。帝女衔山，海中遗魄为精卫；蜀王叫月，枝上游魂化杜鹃。

其中"还、关"原属寒山，"潭、岚"原属监咸，"鸾"属桓欢，而"源、泉、鹃"原属先天。《正音》的十一坚实际上只包括《中原音韵》的廉纤韵字[①]和先天的开口字，并且都已变为齐齿。上文所录十一坚的同韵字中，有"蝉、瞻"二字现代念开口呼，《正音》大概还和《中原音韵》一样有个 i 介音。此外还有个"轩"字，现代念撮口 xuān，但《广韵》是虚言切，在《中原音韵》里与"掀枚"同音，《正音》无疑也还是念齐齿呼 xiān。

同样，《正音》的十褀和九吟也是开、合、撮和齐齿的区别。一京与二公则是开、齐和合、撮的区别，但它们的主要元音和韵尾可能是相同的。至于《中原音韵》的齐微、鱼模、萧豪、家麻、江阳、尤侯等六部，到《正音》都一分为二，这也是由于四呼的不同：三饥与七圭是区别齐齿和合口，五居和六孤是区别撮口和合口，十三交和十四高、二十一鸠和二十二句都是区别齐齿和开口，十七加和十八瓜也是区别齐齿和合口，[②]十九江和二十光则是齐齿和开、合的区别。总之，《正音》的韵母系统中已经形成了开、齐、合、撮四呼，这是从《中原音韵》到《正音》又一个突出的发展现象。

其次，从《中原音韵》到《正音》，还有一个明显的变化，这就是《中原音韵》的皆来韵，凡现代念 ai 韵的字，《正音》归第八该部，而现代念 ie 韵的字如"街、皆、阶、鞋、谐"等字则入十六皆部。如卷四十六皆部第二首对句：

> 勤对懒，俭对奢，月殿对天街。冰瓜对雪藕，漏箭对缫车。拾翠袖，踏青鞋，竹户对兰阶。石鼎龙头缩，银筝雁翅斜。试举网中青履鸟，谩吞杯底画弓蛇。江汉孤舟，雪浪风涛边岸打；乡关万里，烟山云树际天遮。

其中"奢、车、斜、蛇、遮"原属车遮韵，现在"街、鞋、阶"等字与它合流了。

---

① 廉纤韵本来也只有开口字。
② 瓜部中的"巴、麻"等唇音字当时还念合口。

从以上《正音》与《中原音韵》的比较中，可以看出，《正音》的韵母系统已经非常接近现代普通话了。下面再拿《正音》跟现代普通话的韵母系统做一比较。列表如下。

正音	一京	二公	三饥	四支	五居 六孤	七圭	八该	九吟 十裩	十一坚	十二官
普通话	iŋ	əŋ uŋ	yŋ	i ʮ ʯ	ʯ y u	ei uei	ai uai	in ən un yn	ian	an uan yan
	庚	东	齐	支儿	鱼模	微	开	痕	an	寒

正音	十三交 十四五	十五歌	十六皆	十七加	十八瓜	十九江	二十光	二十一鸠 二十二句
普通话	iau au	o uo ɣ	ie ye	ia	a ua	iaŋ aŋ	uaŋ	iou ou
	豪	波	皆	麻		唐		侯

这个比较表中有个普遍的现象，就是现代一部分念开口呼的字，在《正音》时代还是齐齿呼。如一京部的"声、生、橙、城"，三饥部的"迟"，九吟部的"深、沉、巾、人、砧、针、尘、晨"，十一坚部的"蝉、瞻"，十三交部的"烧、朝、招"，十六皆部的"车、赊、遮、蛇、奢"，十九江部的"肠、裳、常、长、筋、尝、嫦"，二十一鸠部的"舟、洲、筹"。这些字在现代都念卷舌声母 [tʂ]、[tʂʻ]、[ʂ]，看来在十六世纪，它们的声母还没有完全变为卷舌音，也许还像《中原音韵》的 [tʃ][tʃʻ][ʃ] 一样，发音时，舌头还没有完全翘起来，所以这些字的韵母中的 [i] 介音不受其影响，没有被声母吞并掉，亦即齐齿呼没有变为开口呼。同样，现代一部分合口呼字，在《正音》里还念撮口呼。如五居部的"朱、书、珠、厨"，十裩部的"唇、春、莼、淳"。

三饥韵部中的同韵字只有一个"迟"字是现代念卷舌声母的，但它有代表性，表明了一个问题。"迟"属中古的知组字，而四支韵部中的"枝、尸、卮、诗、脂、时、芝、肢、栀、匙、支"等字来自中古的照组三等。① 它们在《中原音韵》里就不相混淆，前者归齐微韵，② 后者归支思韵。《正音》正保持了这种区别，而现代普通话则已合流。

《正音》的四支韵部中收了一个"儿"字，这也和《中原音韵》一样。这说明现代普通话的 [ɚ] 韵母在十六世纪的"官话"里尚未产生。

《正音》的韵母系统和现代普通话还有一个显著的差别，这就是《正音》的十五歌部，到现代已分化为 [uo]③（如"蓑、酡、罗、多、沱、萝、搓、驼、梭"）和 [ɣ]（如"和、柯、歌、何、河、戈、鹅、荷、囮、科"）两个韵母。又十六皆部中的"车、赊、遮、蛇、

---

① 部分字来自中古照组二等，如"师"。
② 除了"迟"字，还有"知、蜘、答、痴、蛊、鸱、池、驰、持、篪"等字。
③ 唇音后念 [o]，如"波、坡、磨"。

奢"等字到现代由于受卷舌声母的影响，韵母［ie］也变为［ɤ］，这样，"歌"和"车"就合流了。

最后谈一下入声的问题。《中原音韵》有无入声；一直有不同的意见。王荔的《正音》本身完全没有涉及入声的问题。但其玄孙王允嘉的注则多注明入声。如"踏，达合切，谈入声"，"橘，厥笔切，钧入声"，"辟，皮亦切，平入声"，"牒，徒协切，甜入声"。有的没有反切，直注"入声"，如"度，入声"，"乐，入声"，"说，入声"。注音，大量用的是直音，入声字也是用同音的入声字相注，一般不与平、上、去声相混。例如"乐音洛""穆音木""著音灼""碣音杰"，等等。这种入声字注音（包括反切和直音），全书共有一百五十多个，为数不算少。这种情况是王允嘉受了传统韵书的影响，还是反映了明末保定话里确有入声？还有，如果承认有入声，那么这种入声又是什么性质的？这都有待进一步研究。

（本文初稿曾请王力先生和杨耐思同志指正）

原刊于 1980 年第 1 期

汉字演变的几个趋势

李　荣

1. 引言

从殷墟的甲骨文到现在，汉字有三千多年的历史。公元一百年，许慎作《说文解字》，共收正文 9353 个，重文 1163 个，合计 10516 个。五百年之后，公元六百零一年_{隋文帝仁寿元年辛酉}，陆法言作《切韵》，共收字 12158 个。再过四百年，公元一千零八年_{宋真宗大中祥符元年戊申}，陈彭年等人校定《广韵》，共收字 26194 个。再过三十年，公元一千零三十九年_{宋仁宗宝元二年己卯}，丁度等人修订《集韵》，共收字 53525 个，比《广韵》增加 27331 个。①

《说文》的计算法以形体为标准，不论是单音字多音字，一个形体算一个。其他三种是韵书，按音排列，多音字按音重出，同一个形体，有几个音就按几个字计算。《集韵》广收异体异读，所以字数大增。从语言的观点看，有些异体字其实是一个字，只是书写方式不同而已。目前使用的一般字典，收字在七千到一万之间，其中较常用的约三四千。汉字使用的年代悠久，通行的地区广大，数目又多。要研究汉字的演变，需要多数人多年的努力。本稿并非从古到今的叙述，只是从现代常用字里挑选一些例子，试图说明汉字形体的演变，有这么几个趋势而已。

文字是记录语言的，有形音义三方面。本文主要讨论形体的演变。《汉字简化方案》不

---

① 《说文解字·叙》"粤在永元困顿之年"，段注："汉和帝永元十二年，岁在庚子。……《后汉书》贾逵于和帝永元十三年卒，时年七十二。然则许之撰《说文解字》，先逵卒一年，用功伊始，盖恐失队所闻也。自永元庚子，至建光辛酉，凡历二十二年，而其子冲献之。"《说文》的字数见本书叙。《说文》以后字书的字数，据封演《封氏闻见记》卷二"文字"条，魏李登《声类》11520 字，晋吕忱《字林》12824 字，后魏杨承庆《字统》13734 字，梁顾野王《玉篇》16917 字。又"声韵"条著录《切韵》字数。《广韵》字数见本书卷首。《集韵》卷首《韵例》云"字五万三千五百二十五"，原注云"新增二万七千三百三十一字"。两数差额就是《广韵》字数，可见新增是据《广韵》新增的意思。

在本文讨论范围之内。形体的演变不能离开音义来研究，只有结合音义，才能理解形体的演变。也就是说，只有结合语言，才能看出文字演变的趋势。

2. 守旧与创新

文字的历史有稳定的方面，又有变动的方面。文字是传统，父子相传，今天的汉字，不单跟近来发现的两千年前的秦汉竹简和帛书，有很多共同之处。就是三千年前的甲骨文，和今天的汉字，也还有不少是相同的。文字又是大众使用的信息媒介，不能轻易改变。这是说的文字有稳定的一面。学习文字，运用文字，不单纯是守旧，同时也是创新。又守旧又创新，这就是演变。掌握语言，运用语言，不光是模仿的过程，也是创造的过程。这一点已得到公认。其实不光语言如此，文字也是如此。可以举铝字、饱字为例。

金文"铝"也作"吕"：

> 隹正月初吉，辰在丁亥，鼃（邿）公𪣻择氒吉金，玄镠镛吕，自作穌钟。
> （邿公𪣻钟）

> 玄镠镛铝（邵钟）

> 玄镠铺铝（吉日剑）

"铝"或"吕"是铸铜器的原料，是一种铜。《方言》卷七"燕齐摩铝谓之希"，《广雅》卷八《释器》："铝谓之错"。又卷三《释诂》：鑢磨也。王注云：

> 鑢者，《说文》："鑢，错铜铁也。"……《大雅·抑》笺云："玉之缺可磨鑢而平。"郑众注《考工记》云："摩鐧之器。"《方言》云："燕齐摩铝谓之希。"
> 鑢、鐧、铝并同。

"铝"是磨错的意思，与金文不同。现在用"铝"指金属元素 Aluminium。造"铝"字的化学家，不一定知道《方言》有这个字，更不见得知道周朝铜器上有这个字，应该说是个创造。时不分古今，周朝人、汉朝人、现代人分别造从金从吕的形声字，用法不同，造字的心理是相同的。

北京公共食堂的菜牌有时把包子写作"饱子"，有人看了发笑。最近我看到广州市味精食品厂出的双桥牌发酵粉，塑料袋上印的说明就把"面包、包点"的"包"写作"饱"。地不分南北，"包"字加食旁的心理过程也是一样的。包字加食旁造成形声字本身无可非议。成问题的是饱字久已用为饥饱的饱 bǎo，上声，并且是常用字。新造的饱字跟它冲突，不宜推广。后人造的新字形体跟古字或通行的字相同，是常见的现象，下文还要提到。这种创新的过程往往是无意的，或者在有意无意之间。

后人抄写古书或刻印古书，有时无心写错字，这叫作"书经三写，乌焉成马"。"己亥涉河"变成"三豕涉河"，就是这个缘故。有时有意改古书，要求书上的文字符合当代的习惯和本人的看法。（当然这些改动也会造成错误）这样一来，书籍传抄刻印的过程，也就是文字不断"当代化"的过程，也就是文字演变的过程。现在举《北史》和《红楼梦》的异文为例。张元济的《校史随笔》专门讨论二十四史文字异同。《北史·多存古字》一节在王鸣盛所举的古字以外，又检得信州路刊本《北史》比通行本多二十余字。转录两条如下：

〔通行本传第七〕《彭城王勰传》，乃夜进安车于郡廳事。第五十六《豆卢勣传》，有白乌飞上廳前。是本（信州路刊本）两廳字均作聽。

〔通行本〕传第二十四《薛端传》，梁主萧察曾献玛瑙锺。第四十一《鲜于世荣传》，及周武帝入代，送玛瑙酒锺与之。是本两玛瑙字，一作马瑙，一作马脑。

由此可见通行本《北史》更改古字。

一九五七年十月排印的一部《红楼梦》，"出版说明"认为"似的、是的"两见，"是的"错得极为显然，径加改正。"顽、玩"（指"玩耍"义）一律改作"玩"。没有考虑到北京话说"像什么是 shì 的"，不说"似 sì 的"。顽要字本作顽，是二等字。北京玩和顽一二等不分。就北京音看，就是同音字的合并。从分一二等的方言看，顽要字当作顽。是 shì 和似 sì 本来不同音。为迁就现在很多出版物上常见"像什么似的"，编字典的人就给"似"也注个 shì 的音。就跟"望东、望西"很多人写作"往东、往西"，字典就给"往"也注个去声 wàng 的音一样。

有意的改写，常常拿无意的创新做根据，推广无意的创新，互相感染，就成为一时的习惯。刚才说的廳事的廳从广，玛瑙从玉，"顽要"写作"玩耍"，"什么是的"写成"什么似的"，就是这样推广开来的。至于包子、面包写成饱子、面饱，是不容易推广的。

传世古籍屡经抄刊，屡经"当代化"，某字某种演变始于何时往往无法查考，始见于何书也难于查考。我们只能一面采用前人的说法，一面根据文献来检验补充。《说文》十四下辛部："辠，犯法也。从辛从自，言辠人蹙鼻苦辛之忧，秦以辠似皇字，改为罪。"徐铉校曰："自，古者以为鼻字，故从自。徂贿切。"段注："此志改字之始也。"又七下"罪"字段注："按经典多出秦后，故皆作罪。"《睡虎地秦墓竹简》"辠"字常见，均作"辠"。[1]《马王堆汉墓帛书〔壹〕》"罪"字常见，均作"罪"。可见的确有过改字的事。《汉书》"辠、罪"两见，是古今字并用。

《说文》十一下"原"字徐铉校曰："今别作源，非是。"《广韵》元韵："源，水原曰

---

[1] 《睡虎地秦墓竹简》线装本（1977年9月第一版第一次印刷）《南郡守腾文书》图版第4行"毋巨於辠"，第七行"此皆大辠殹（也）"。释文第16页、第17页作"罪"。按本书下文释文体例当作"罪（辠）"。平装本（1978年11月第一版第一次印刷）第17页注（15）云：
……罪，原作辠，《说文》："秦以辠似皇字，改为罪。"但秦简和会稽刻石都仍写作辠。……

源。……《说文》作羱，篆文省作原，后人加水。"（《切三》元韵有源字）汉朝初年的马王堆帛书用"原"字，也用"源"字。《老子乙本及卷前古佚书》133行下"道有原而无端"，字作原。《老子甲本及卷后古佚书》331行："文王源耳目之生而知其好声色也"，"生"就是"性"，下文还有"源鼻口之生……源手足之生……源□之生……"，一连用四个从水的源字。可见源字起于《说文》以前。要不是今本《说文》脱落"源"字，就是许慎失收。

《说文》之外，有很多古书对文字演变的研究也很重要。本稿只是初步的讨论，只举两条作为样品。这两条都说明某字始见于某书。

《说文》三下埶字段注："后人乃分别熟为生熟，孰为谁孰矣。"曹宪《博雅音》："唯顾野王《玉篇》孰字加火，未知所出。"

张参《五经文字·序》云："若桃袮逍遥之类，《说文》漏略，今得之于《字林》。"《开成石经》本，下同。

3. 形体简化

文字为了便于书写，要求形体省略，有简化的趋势。文字为了便于理解，要求音义明确，有繁化的趋势。这两种趋势都是古已有之的。现在先说形体的简化。从大篆到小篆，从篆书到隶书，都是从繁到省。《说文》一下艸部有五十三个字，重文两个字，大篆从茻。从茻的大篆后世不用了，后世通行的是从艸的。例如用"芥、葱"不用"茻、蓯"。星星的"星"和早晨的"晨"《说文》七上都有从"晶"从"日"两种写法，现在从"晶"的"曐"和"曟"不用了，用的是从"日"的。單衣的"單"《说文》八上作"襌"，生薑的"薑"《说文》一下作"䕬"。甲骨文"昏"字本从"氏"。秦汉时出现从"民"的"昬"。大概是因为氏民形近，[①]民昏音近。马王堆帛书《老子》甲本41行："民多利器而邦家兹昬"，乙本193行下昏字不很清楚。甲本116行："揞之而弗得"，乙本229行上和甲本相同。《说文》七上日部："昏，日冥也，从日氏省，低者下也；一曰民声。"《广韵》魂韵："昏，《说文》曰，日冥也，亦作昬，呼昆切。"《说文》十二上手部："揞，抚也，从手昏声，一曰摹也。"《广韵》真韵："揞，抚也"，武巾切。"昬"字唐代避李世民讳改作"昏"，从昬的字改作从昏。[②]避讳的结果倒成了简化和复古。

《说文》十四上金部"鍼，所以缝也。"五上竹部："箴，缀衣箴也。"两字略有分别。现在合并为"针"字。只有在"箴言、箴规"等场合才用"箴"字。

《说文》十四上金部："鐵，铁器也。"段注："盖锐利之器，郭注《尔雅》用为今之尖

[①] 《三国志》卷六十二：是仪字子羽，北海营陵人也。本姓"氏"，初为县吏。后仕郡，郡相孔融嘲仪，言"氏"字"民"无上，可改为"是"，乃遂改焉。

[②] 张参《五经文字》心部："愍，伤也。缘庙讳偏傍准式省从氏。凡泯昏之类皆从氏。"

字。〔再成锐上为〕融丘，鑯顶者。"《广雅》卷四《释诂》："鑯，锐也。"王注："鑯者，《尔雅》山锐而高崭，郭璞注云言鑯峻。……今俗作尖。"《切三》盐韵："尖，子廉反"，不收"鑯"字。《王韵》注"上小下大"，是用分析字形的办法释义。

再举个不见于《说文》的例子。《广韵》删韵："櫶，关门机，出通俗文，数还切。"范成大《桂海虞衡志》说临桂"櫶"字俗书作"閛"〈《知不足斋丛书》本页31〉，现在各地通行。

文字简化有一定的限度，《汉书》草也作屮，坤也作巛。如百衲本影印景祐本《汉书》五八上页1"朱屮生"，页3"朱草生"；九七上页1"故易基乾坤"，九九下页4"乘乾车，驾巛马。"屮、巛分别见于《说文》《广雅》。《说文》一下："屮，……古文或以为艸字。"《广雅》卷一《释诂》"巛，顺也"，卷四《释诂》："巛，柔也。"现在通行的还是草（有人也写作艸）和坤，而不是屮和巛。"屮"竞争不过"艸"和"草"，"巛"竞争不过"坤"。

"口"字作为偏旁，有简化成"厶"的，但是只有少数字得到公认，有很多字韵书上虽然著录，但今天并不通用。《说文》三上："句，曲也。"段注："后人句曲音鉤，章句音屦，又改句曲字为勾。此浅俗分别，不可与道古也。"全本《王韵》侯韵："句，句龙，俗作勾。"《广韵》："鉤，曲也，又剑属。《字样》句之类并无著厶者。"可见唐宋时流行"著厶"的写法。现在句 gōu 曲写作"勾曲"（"鉤"也作"钩"），跟章句 jù 的句形音义分化。虽然不合乎古，却不能不说是个进步。勾曲的"勾"从厶，形体和意义有关联，所以容易流行。

沿铅船三字，《广韵》都有从公的写法，分别注"上同"。《切三》"沿"注"俗沇"，"鉛"注"或作鈆"，船作"舩"。沇、鈆、舩三个写法都见于韵书，今天并不通行。①《集韵》"船"注"俗作舡，非是。"孙奕《履斋示儿编》卷二二引《字谱总论讹字》："船之〔俗书〕舡，舡音航……非为讹失，是全不识字也。""船"先简化成舩，公工同音，再简化成"舡"。"舡"这个字形今天也不用作"船"字的简体。

关于口简化成厶，高彦休《唐阙史》卷上《单进士辨字》条云：

> 进士单长鸣者，随计求试于春官。日袖状诉吏云："某姓单（音丹），为笔引榜者易为單（音善）。單诚姓氏之僻，而援毫吏得以侮易之，实贻宗先之羞也。"主司初不谕，久之方云："方口尖口，亦何异耶？"长鸣厉声曰："不然。梯航所通，声化所暨，文学之柄，属在明公。明公倘以尖方口得以互书，则台州吴儿乃吕州矣儿也。"主文者不能对。词场目为举妖。

由此可见简化字无形中受到一种限制，就是不能跟现行的字冲突。方口尖口之别还见于小说和笑话，如《古今小说》卷十一《赵伯昇茶肆遇仁宗》。那里还多一对例子，"吉"字方口改尖口就跟"去"字混淆。

---

① "舩"字流行于日本，如姓"船橋"写作"舩橋"。

简化字避免混淆的趋势，还可以再举几个例子。《说文》四上"雞"籀文作"鷄"，从佳从鸟都可以。把奚旁简化作又，只能从鸟旁作鸡。要是从佳旁写成难，就和難字的简体字"难"混淆了。鸡和难都是常用字，混淆是不方便的。《说文》八下歎字段注："古歎与嘆义别，歎与喜乐为类，嘆与怒哀为类。"这两个字早就不分了。蒋斧本《唐韵》翰韵："歎，歎息，或作嘆"，他案切。把莫旁漢简化成"又"，只能从口作叹。要是从欠作欢，就跟歡字的简体字"欢"混淆了。

有的文字的演变也要用避免混淆来解释。容貌的"貌"，《说文》八下有三个写法：皃，貌，貌。皃是篆文；貌是籀文，段注"今字皆用籀文"；貌字段注"按此盖易籀文之皃为页。"一般的说，籀文比小篆繁，今字往往用小篆。容貌的"貌"不用简单的皃，大概是避免和皃字相混。常常可以看到有人把貌字写成"皃"字旁。一九七九年四月二十四日某小报小字版貌字从"皃"，大字版大概是新制的字模，貌字从"皃"。可见字模写稿人也以为从"皃"。

4. 形体合并

形体的演变有时造成文字的合并。现在举"胄、柿、賣"为例。"胄"是同音字合并，"賣"是同义字合并，"柿"和本字音义都不相干。

《说文》四下："胄，胤也，从肉由声。"又七下："胄，兜鍪也，从冃由声。鼻，司马法胄从革。"《广韵》也有分别。可是蒋斧本《唐韵》祐韵就并成一条，注文是"胤也，……亦介胄，又姓，出何氏姓苑，直祐反"现在一般都写作胄，不加分别。好在这两个字意义差别大，实用上不易发生困难。

買賣的賣《说文》六下作賣。《说文》六下还有个"賣"字，也写作"儥、鬻、粥"，音育（余六切），也是賣的意思。（《广雅》三释诂："賣，賣也"）这两个字同义而形体相混。段注："按賣隶变作賣，易与賣相混。"音育的賣作为偏旁，在《广韵》里与買賣的賣字不分，如"讀櫝牘賣"。音育的賣古籍用"鬻"的较多，现在又不用于口语，跟買賣的賣合并，在实际使用上并无影响。《韩非子·说难》："与之论细人，则以为賣重，论其所爱，则以为藉资。"《四部丛刊》缩本卷四页19《史记》卷六三《百衲本》影印黄善夫本页4"賣重"作"鬻权"。"賣"字可能本来是"賣"字。

柿子的柿和姊妹的姊都从朿，木片的柿和肺脏的肺都从市，都跟日中为市的市字不相干。可是在全本《王韵》里形体不分："柿，木名"，锄里反。"柿，木片"，芳废反。"市，时止反，廛。"今北京音柿子的柿和日中为市字同音，好像是柿从市声。这是歪打正着，无意中造成的新形声字。（《说文》没有从市声$_{时止反}$的形声字）好在木片的柿只用于古书和方言。

5. 同音替代

同音替代是简化的主要原因。"落和霂，孃和娘，纔和才"，这三对字的合并都造成字数的减少，同时还造成笔画的减少。

《说文》一下艸部"落，凡艸曰零，木曰落"。又十一雨部："霂，雨霂也。"段注："此下雨本字，今则落行而霂废矣。"

《说文》十二下"孃"字段注云："《广韵》〔阳韵〕孃，女良切，母称。娘，亦女良切，少女之号。唐人此二字分用画然，故耶孃字断无有作娘者，今人乃罕知之矣。"现在母称通用"娘"字。《西厢记》红娘的娘，用的是少女之号的意思。有的方言地区女孩子取名某娘，也是用这个意思。孃娘同音，都从女旁，一般人当然无法区别，笔画简单的"娘"必然占上风。另外一方面，耶孃的耶本不从父，因为意义不明确，就加上父字旁，《大广益会玉篇》父部第二十五："爺，以遮切，俗为父爺字。"

《原本玉篇》卷第廿七糸部第四百廿五："纔，使监、仕缄二反。《说文》：帛雀头色也；一曰微黑色也；一曰如绀也；一曰浅也。《汉书》：'纔数月耳。'文颖曰：音声〔此处当有脱误〕。野王案：此亦音似来反，犹仅能、劣能也。郑玄注《周官》《礼记》亦为裁字。《东观汉记》及诸史，贾逵注《国语》，并为财字也。"《切三》哈韵："纔，仅，或作裁"，昨来反。""似来反"即"昨来反"，《原本玉篇》从母与邪母不分。顾引《汉书》见卷五一《贾山传》："秦皇帝计其功德，度其后嗣，世世无穷。然身死纔数月耳，天下四面而攻之，宗庙灭绝矣。"颜师古曰："纔音财，暂也，浅也。"颜师古注未引文颖，《原本玉篇》引"文颖曰：音声"当有脱误。

"纔"字这个用法有"纔、裁、财、才"等写法。这里举几个例子。《汉书》卷九四下："郅支人众中寒道死，余财三千人到康居。"师古曰："财与纔同。"《三国志》卷四八天纪四年春裴注引干宝《晋纪》曰："众才七千，闭栅自守。"《颜氏家训·止足篇》："堂室纔蔽风雨，车马仅代杖策。"庾信《哀江南赋》："孙策以天下为三分，众裁一旅。项籍用江东之子弟，人惟八千。"现在一般都用才字。"纔"字使监反、仕缄反两音后世少见，"纔"字昨来反写成"才"字之后，"纔"字就并入"才"字了。同样用法的"财"和"裁"也把一部分用法并入"才"字。

"靈"字怎么简化成"灵"字呢？《广韵》青韵："灵，字类云，小热貌"，郎丁切。"灵"和靈字同音。"灵"和"灵"形体上只差一点点。三个字形对比可以确定"靈"写作"灵"是同音替代。

笔画简化的势力很强大。以致有人认为，笔画少的就是简体，笔画多的才是正体。作用力与反作用力方向相反，力量相等。这样就出来错误的繁体。"義"字简体是"义"，因此排字房有时就把"音叉"排成"音義"。一九二〇年出版的，保尔巴西著，刘复译的《比较语音学概要》页 18："这种颤动所成的音，是简单的音，有如音義的音。""音義的音"怎么是简单的音呢？实在费解。觉悟过来才知道是音叉的音，不禁失笑。四十八年之后，一九七八年十二月二十七日《光明日报》报头边上有个照片，说明是"……图为火车奔驰在枝柳铁路的源江大桥上。"因为有人把源流的源简化成湘资沅澧的沅。反其道而行之，"沅江"就成为"源江"了。这类偶发事件本身并非文字的演变，却可以说明文字演变有简化的趋势。

现在举一对例子说明繁简互变的趋势。饑荒的饑跟饥饿的饥本来形音义都不同。《说文》五下："饑，谷不孰为饑。"《切三》微韵居希反。《说文》："饥，饿也。"《切三》脂韵居脂反。两字后来变成同音，饑荒与饥饿意义又有关联。有人就认为这两个字是一个字，只是形体繁简不同而已。求形体简化的趋势起作用，饑荒的饑字就简化成饥字。另一方面，有人认为"饥"是简体，笔画多的是正字，就把"饥饿"的"饥"繁化成饑字。饥饑两字不知何时开始混淆。《全本王韵》云：

脂韵——饥，居脂反，饿。二。　饑，饑饉。　肌，肤肉。

微韵——機，居希反，织具。十四。　……　饑，穀不孰。　……饥，同饑。

饥字下注云"二"而有三字，对比《切二》《切三》《广韵》，可知脂韵"饑"为抄手所加。機字注云"十四"而有十五字，"饥"字注云"同饑"而与"饑"中隔四字，可知微韵"饥"亦为抄手所加。《王韵》是抄本，容易发生这种错误。陈彭年等校定的《广韵》就没有这种互变的错误。微韵"饑，谷不熟，居依切"小韵没有"饥"字。脂韵"饥，饥饿也……居夷切"小韵没有"饑"字。

古籍"饥、饑"两字混淆，有时是简化与繁化交叉起作用的结果，可以举《汉书》为例。景祐本《汉书》与虚受堂本《汉书补注》（近年出的标点本据《汉书补注》）"饥、饑"两字用法有同有异。就卷二十四上下与卷六十四上下而论，两本有一致的地方，如卷二十四上"可以周海内而亡饥寒之患"两者用的都是本字。又"小饥则收百石，中饥七十石，大饥三十石"，两本都把"饑"简化成"饥"。又卷六十四下："夫万民之饑饿"，两本都把"饥"繁化成"饑"。两本有不一致的地方，如卷六十四上"见〔朱〕买臣饥寒"，景祐本仍用"饥"字，虚受堂本把"饥"繁化成"饑"。又卷二十四上"故虽遇饥馑水旱"，景祐本把"饑"简化成"饥"，虚受堂本此处用"饑"字。总之，景祐本在前，用的"饥"字多。虚受堂本在后，用的"饑"字多。可见是繁化起的作用。"小饥则收百石，中饥七十石，大饥二十石"，《补注》："王鸣盛曰：何校饥俱改饑。饥饑不同，谷不熟曰饑，人无食曰饥，亦可通用，但有饥馑无饑渴。先谦曰：官本并作饑。"王鸣盛是说饑馑之饑有简化为饥的，饥渴之饥没有繁化为饑的。王先谦是说官本小饥中饥大饥一概用饑馑的饑。就当前实用而论，"饑、饥"合并成"饥"是不可抗拒的。但是研究文字的历史，无论是形音义三项的哪一项，都必须注意这两个字的区别。

6. 同义替代

同义字互相替代就是训读。日本使用汉字，有音读，有训读，训读是很常见的现象。福建省、台湾地区和广东省有一些训读字，如"田"字训读为"塍"。（《说文》十三下："塍，稻田畦也。"）"黑"训读为"乌"，"香"训读为"芳"之类。其他地区很少使用训读字。同义字互相替代有时减少字数，付出的代价是增加多音字。

"獃"或"呆"读 dāi，用作傻、不聪明讲，是《广韵》咍韵丁来切"懛"的训读字。"呆"读 ái，用作傻、不聪明讲是《广韵》咍韵五来切"獃"的训读字。《切韵》屑韵收"凸"字，洽韵收"凹"字，引起王仁昫的批评。这两个字方言的读音常常对不起来，就是因为训读的缘故。"凸"读 tū，相当于《切三》没韵"宊，宊出，他骨反"，《广韵》没韵"宊，出貌，他骨切"，这和《切三》相同。《广韵》在没韵陀骨切下又收有"凸，凸出皃。""凹"读 wā 相当于《切三》麻韵的"窊，凹，乌瓜反。二。洼，深"。"凹"读 āo 相当于《切三》肴韵的"𩑶，头凹，於交反"。《广韵》於交切小韵还有三个字跟凹的意思有关："坳，地不平也。窅，深目皃。眑，面目不平。"《庄子·逍遥游》："覆杯水于坳堂之上则芥为之舟。"北京楼房的附台有"凸 tū 阳台"和"凹 āo 阳台"之分，一般不说"凹 wā 阳台"。

原子核的 hé，写成"核"，用的是本字。桃 húr 的 hú，写成"核"就是训读，本字是《广韵》没韵的"槬，果子槬也，出声谱"，户骨切。槬字很多方言都用。《广韵》麦韵"核，果中核……"下革切。方言很少用这个字当果中核讲。不过这个训读的写法在《集韵》里就开始了，该书没韵胡骨切小韵云："槬，果中实，或作核。"

数目字的同义替代见下节。

7. 形体繁化

文字的用途是多方面的，记账写信，著书立说，开药方，立合同，打官司，订条约，研究科学，包括研究语言文字本身都要用文字。数目字是常用字，笔画简单：一二三四五六七八九十百千万。有些场合，文字的准确无误比简便易写还重要，因此数目字有大写：壹贰叁肆伍陆柒捌玖拾佰仟萬。升、斗、石也有大写。张参《五经文字》计算每部字数用壹贰参肆伍陆漆捌玖拾佰。敦煌石室藏的唐宋契约文书数目字固然常用大写（伍常写作伜），升、斗、石也分别用斘、斝、碩。"斘、斝"现在不用，"碩"现在不用为石的大写。斤两的"斤"有人也写作"觔"。

数目字和度量衡用字大小写之间的关系，主要是同音替代和加偏旁。但是本节所说的形体繁化和第3节所说的同音替代不同，同音替代常常同时是形体简化。本节所说的形体繁化和以下两节要说的加偏旁造成繁体也不同。多音字分化加偏旁有分音辨义的作用，如"莫：暮｜责：债"，这两对字音义都不同。多义字分化有区别意义的作用，如"利：痢｜时：鲥"，这两对字的用法差别很大。很多人都不知道"暮、债、痢、鲥"是后起的专用字。第3节开头说："文字为了便于书写，有简化的趋势。"简化是有道理的。又说："文字为了便于理解，要求音义明确，有繁化的趋势。"繁化也是有道理的。数目字的繁化在音义上并不更加明确，只是增加笔画，防止窜改，可以说为繁化而繁化。因此，单纯的形体繁化例子不多，多音字分化和多义字分化的例子很多。加偏旁是汉字增加的重要原因之一。

数目字的同义替代问题在这里讨论比较合适。"二"和"两"意义虽然有关联，读音用法都有区别。可是上海话常常把"二"说成"两"。例如"二楼"说成"两楼"；马路牌上写的是"瑞金二路"，口头上说的是"瑞金两路"。至于把电话号码的"二"说成"两"更不用提了。这大概是因为"两"字跟其他数目字在读音上差别大，可以避免误会。

有些地区电话接线生之间报号码，数目字有特殊说法，"一二三四五六七八九零"说成"幺两三四五六拐八钩零（或洞）"，如"一七零二"说成"幺拐零两"或"幺拐洞两"。北京说电话号码时把"一"说成"幺"是常例。北京无轨电车一〇九路常有人说成"幺零九路"。有个中学校牌是"一〇六中"，口头上是"幺零六中"。但是公共汽车"一路"却没有人说成"幺路"，倒是有人说成"大一路"。

语言发生了变化，如把"二"读成"两"，要是文字如实记录语言，就造成文字上的同义替代。上述这些例子可以说明第1节说的："只有结合语言，才能看出文字演变的趋势。"

8. 多音字分化

文字为了便于理解，多音字和多义字有分化的趋势。[①] 所以《说文·叙》说："其后形声相益，即谓之字。字者言孳乳而浸多也。"多音字的分化有加形旁和改形体两种方式。例如：分 fēn：份 fèn｜莫 mò：暮 mù｜责 zé：债 zhài｜贾 jiǎ：价 jià（商贾的贾读 gǔ，现在不常用）｜沈 shěn：沉 chén｜刀 dāo：刁 diāo 这些都毋须说明。

底下再举几个例子，略加解释。先说三个指示词：近指指示词"这"zhè，远指指示

[①] 张参《五经文字·序》："又以前古字少，後代稍益之故，经典音字，多有假借。"原注云："谓若借后为後，辟为避，大为太，知为智之类，经典通用。"多音字分化和多义字分化起减少假借字的作用。

词"那"nà，不定指示词"哪"nǎ。近指指示词和《广韵》鱼变切的"这"在音义上没有关系，早期用遮用者用这。用遮用者是借用平声字、上声字来代替去声字。后来专用的去声字"这"占了上风。就"遮"字"者"字说，就是把去声一读分化出去了。（吕叔湘先生《汉语语法论文集》页180引杨万里《诚斋集》四部丛刊缩印本卷三十五页330："只者天时过湖得，长年报道不须愁。者字下自注'去声'。"）[1]"那"字《广韵》有平上去三读。平声歌韵"诺何切"一读，在意义上和指示词无关。上声哿韵："那，俗言那事，本音傩。"本音傩，就是诺何切一读。这是用本音平声的字来写上声字。去声箇韵："那，语助，又奴哥切。"（蒋斧藏本《唐韵》同）又奴哥切，也就是诺何切一读。这是用本音平声的字来写去声字。去声是这个那个的"那"，上声是问话"哪个"的"那"，远指指示词和不定指示词不好注释，所以一个注"语助"，一个就举例不加注。上去两音原来只用一个写法。分化之后有很多方便。[2]

"塗"字《广韵》有两个音，模韵同都切小韵："塗，塗泥也，路也……"又麻韵宅加切小韵："塗，塗饰，又音徒。"宅加切这个音《刘知远诸宫调》写作"茶"：

> 强人五百威猛如虎，茶灰抹土。他又不通个名目，把小李村围住。（第十二
> 《仙吕调·绣带儿》，4页下）

《永乐大典戏文三种》写作"搽"：

> 苦会插科使砌，何吝搽灰抹土，歌笑满堂中。（《张协状元戏文》13页）
> 若抹土搽灰，趱枪出没人皆喜。（《张协状元戏文》15页）
> 管甚么抹土搽灰，折莫擂鼓吹笛。（《错立身戏文》57页）

现在写作从手的"搽"字。

"臧"字一分为五：臧 zāng、臓 zāng、藏（收藏，隐藏）cáng、藏（西藏，宝藏）zàng、臓 zàng。《说文》三"臧，善也"，段注："《尔雅·释诂》《毛传》同。按子郎、才郎二反，本无二字，凡物善者必隐于内也。以从艸之'藏'为臧匿字，始于汉末改易经典，不可从也。又臓私字，古亦用臧。"段氏所说有理，但是分化的趋势是不可抗拒的。

"著"字《广韵》有三个音，去声御韵："著，明也，……陟虑切，又张略、长略二切。"又入声药韵："著，服衣于身"；张略切，"著，附也，直略切"。后来入声的读法分化出"着"的写法来。有的方言着衣服、着棋，都用张略切的音。和着棋相关的有"高着、绝着、这一着"等说法。北京不说着衣裳说穿衣裳，不说着棋说下棋，但是北京说"高着、绝着、这一着"，不过入声变成阴平 zhāo，因此就出来招的写法："高招、绝招、这一

---

① 广东潮阳方言"这"字上声，见张盛裕《潮阳方言的文白异读》页267，载《方言》1979年第4期。山西平遥方言"这"字也是上声。

② 参看赵元任《"那"底分化底我见》，载《国语月刊》第二卷第二期第1—5页，1924年出版。

招。"着长略切一音用于附着 zhuó，着 zháo 火，找着 zháo 了，说着·zhe～·zhi 话呢，冷着·zhe～·zhi 呢。"着呢"两个轻音字相连常常说成·zhi·nə，所以有人，例如老舍，就写成"之呢"。著一个写法一共分化出"著着招之"四个写法来。（土著的著是附著的著，吴语读浊音声母入声，应读 zhuó。因为著字最常见的用法是显著 zhù、著 zhù 作，所以土著的著很多人都读去声 zhù）

"比"字《广韵》有五个音，平声脂韵房脂切，上声旨韵卑履切，去声至韵毗至切，必至切，入声质韵毗必切。现代常用的是上声卑履切和去声毗至切两音。上声比就是比 bǐ 较的比。去声毗至切小韵："比，近也……枇，细栉。"

《广雅》卷七《释器》"梳、枇、篦，栉也。"王注曰：

> 《说文》：栉，梳比之总名也。……《释名》云：梳言其齿疏也。《史记·匈奴传》索隐引《仓颉篇》云：靡者为比，粗者为梳。《急就篇》云：镜奁疏比各异工，疏比与梳枇同。《释名》云：梳之数者曰比，言细相比也。《北堂书钞》引崔寔《政论》云，无赏罚而欲世之治，犹不畜梳枇而欲发之治也。……

梳是今天的梳子，枇是今天的篦子。马王堆一号汉墓简 236"踪比一具"。简 238"象踈比一双"《急就篇》作疏比。可见梳本作疏（踪踈），梳是从疏分化出来的。枇本作比，是从比分化出来的。"枇"字《广韵》有三读：平声脂韵："枇，枇杷，果木，冬花夏熟。"上声旨韵："枇，《礼记》注云，所以载牲体"，卑履切。去声至韵："枇，细栉"，毗至切。上声一读现在不用。去声枇 bì 子一读字现在都写成"篦"字，跟平声枇 pí 杷有所区别。这"篦"字《广韵》有平声齐韵边兮切一读，现在不用。

从大从力的'夯'字有两个音。夯音 hāng 是打夯的夯，本字该是《集韵》江韵的"䂫，击也"，虚江切。夯音 bèn 相当于愚笨的笨，见于《西游记》《儒林外史》《红楼梦》。如《脂砚斋重评石头记》六十七回："俗语说的夯雀儿先飞"，现在北京还有"笨鸟儿先飞"的说法。愚笨的笨见于《晋书》卷四九"笨伯"。现在夯专用作打夯的夯，不用作愚笨的笨。

同一个字，重读轻读写法不同，也是多音字的分化。

单字总是读重音，四声分明。轻音字语音变化较大时，为了表音正确，字形常常跟着改变。这就造成分化。华北地名某家庄的家常常写成"各、郭、格"等，如唐山以西九公里有胥各庄。

差使有人写作"差事"。姑夫、姨夫的"夫"，有人写作"父"。这是因为"使"字"夫"字轻读，加上写的人清浊不分。差使跟做事有关，写成"差事"好像也有讲。姑夫、姨夫长一辈，写成"父"也有理。

有的作家，比方老舍，文字接近口语，或者注意记录口语，这种现象就更多。"横竖"

写成"横是"，是因为轻音"竖"字元音含混。例如：

> 你横是多少也有个积蓄。（《老舍选集》137页，1951年）

把"心肠"写成"心程"，是因为"肠"字轻音，元音变窄。例如：

> 我没心程说笑。（《老舍选集》74页）

> 酒在桌上发着辛辣的味儿，他不很爱闻，就是对那些花生似乎也没心程去动。（《骆驼祥子》4页，1955年）

形容词加定位词（方位后置词）"里"，有时写"里"，有时写"了"，例如："饱里，多里，好里，高里，大了，长了"。那是因为轻音"里，了"不分，都读〔lə〕的缘故。

> 现在既有现成的菜饭，而且吃了不会由脊梁骨下去，他为什么不往饱里吃呢。（《骆驼祥子》56页）

> 刘四爷要是买出一两个人——不用往多里说——在哪个僻静的地方也能要祥子的命！（《骆驼祥子》81页）

> 在没办法之中，他试着往好里想，就干脆要了她，又有什么不可以呢？（《骆驼祥子》83页）

> 他自己觉出来，仿佛还得往高里长呢。（《骆驼祥子》10页）

> 可是我的身体是往大了长呢，我觉得出。（《老舍选集》66页）

> 我越往大了长，我越觉得自己好看。（《老舍选集》66页）

> 我要是愿意往长了干呢，得照"第一号"那么办。（《老舍选集》75页）

要是从字面了解，就会得出"了"字用法扩大的错误结论。个人的写法不足以造成文字的演变，但是也充分说明轻音对文字的影响。无论如何，"横竖"写成"横是"相当普遍，不限于老舍一人。

9. 多义字分化

多义字的分化是文字增加最主要的原因，可以分为加形旁、改形旁和其他三类。现在先举例，再就必要的加以说明。每一组例子，冒号前头是本字，是广用字；冒号后头是晚起字，是专用字。加形旁——般 bān：搬｜段 duàn：缎｜风 fēng：疯｜甘 gān：柑｜虎魄 hǔpò：琥珀｜利 lì：痢｜马 mǎ：蚂_{蚂蚁}、码_{码头}、码碯、玛_{玛瑙}｜孰 shú：熟 shú ~ shóu｜然 rán：燃｜师 shī：狮｜时 shí：鲥｜听 tīng：厅｜牙 yá：芽、衙｜子 zǐ：仔_{仔细}、籽 ‖ 改形旁——版 bǎn：板｜蒲桃 pú·táo：蒲萄、葡萄｜凤皇 fèng huáng：凤凰｜消摇 xiāo yáo：逍遥｜箱 xiāng：厢｜倚 yǐ：椅｜卓 zhuō：桌 ‖ 其他——叠 dié：碟｜等 děng：戥｜指麾 zhǐ huī：指挥｜角 jiǎo：饺｜替 tì：屉｜上 shàng：绱、鞴｜围 wéi：圩｜下 xià：嗄 ‖

聽字的演变很有意思。《切三》青韵〔他〕丁反小韵："聽。廳，屋。"《集韵》："聽，汤丁切，聆也……廳，古者治官处谓之聽事，后语省直曰聽，故加广。"聽事本来是动宾式，就是聽政，可以连用，可以分开。

聽事，群臣受决事，悉于咸阳宫。(《史记》卷六《秦始皇本纪》三十五年)

〔会稽刻石〕皇帝并宇，兼聽萬事，远近毕清。(《史记》卷六《秦始皇本纪》秦始皇三十七年立)

子婴即位，患之，乃称疾不聽事。(《史记》卷八十七《李斯列传》)

孝惠以此日饮为淫乐，不聽政，故有病也。(《史记》卷九《吕太后本纪》)

代王遂入而聽政。(《史记》卷九《吕太后本纪》)

聽事的引申义是聽事的屋子（治官处），较早的例子是汉朝的。

廓广聽事官舍，廷曹廊阁。(《郃阳令曹全碑》，中平二年即公元一八五年立)

尹、正也。郡府聽事壁诸尹画赞，肇自建武〔光武帝年号〕，讫于阳嘉〔汉顺帝年号〕(《后汉书》志卷十九注引应劭《汉官》)

《曹全碑》的"聽事官舍"若是并列式，"聽事"就是聽事的屋子；若是偏正式，"聽事"就用的是本义。应劭的例子无可怀疑。等到聽字单独作聽事的屋子讲，加广旁分化字形就有必要了。廳先简化为廰。孙奕《履斋示儿编》卷二二引《字谱总论讹字》云："廚廰皆从广，而俗皆从厂"。廰再简化为"庁"①或"厅"。"聽"的简笔字"听"，可能本来作"聼"，是从口厅（廰）声。廰简化为厅，又当在"聽"简化为"听"之后。知道来龙去脉之后，聽字的演变实在很有意思。（聽和廳的简化字参看刘复、李家瑞编《宋元以来俗字谱》24、26页。）

马脑，《切三》作碼磟，《广韵》同。上引张元济《校史随笔》页70，百衲本影印信州路刊本《北史》传第二十四，第四十一，一作马瑙，一作马脑，通行本均作玛瑙。虎魄，《切三》作"虎珀"，《广韵》作"琥珀"。"马脑、虎魄"是广用字，从石从玉的字是专用字。魄字还有个用法要提一下。有些出版物"气魄，气派"并用，"派"字大概从"魄"字分化出来，因为"气魄"的"魄"读 pài 之故（梗摄二等入声唇舌齿音声母口语读 ai 韵）。从马字分化出来的有好些个字，从子字分化出来的字也不少。子细的"子"通常写作"仔"。读平声的"仔"口语不用。种子、子实的"子"写成"籽"。子字写成"孜、狇"比较少见。圩子（围子）写成"圩孜"，见于一九六九年北京出版的四百万分之一的新疆图所附说明：伊宁县团结公社驻地名称为"翁牙尔圩孜"，十月公社驻地为"沙木圩孜"。一九七〇年

---

① "庁"字流行于日本，例如："官公庁一览｜警察庁"。

一九七一年我在河南，亲眼看见"徐圩孜大队、王圩孜大队"一类旗号。推想写字人的心理，"子"是小字眼儿，我的围子地方挺大，怎么能用小字眼儿呢，因此加个反文旁。狮子古作"师子"，这是大家知道的。柔石的小说把狮子写成"狮狯"是受方言的影响。柔石浙江省宁海县人。宁海县旧属台州府，z、zh 不分，狮子的"子"读去声，所以柔石写成"狮狯"。《广韵》平声脂韵"猍，犬生二子"，疏夷切。这"猍"跟"狮子"的"狮"不相干。"上"的繁体字用于"上鞋"，"下"的繁体字用于"下饭"。鞋铺子的招牌"上鞋"常作"鞝鞋"或"绱鞋"。下饭的菜叫"下饭"，有时写作"嘎饭"，见于明人小说和吴语方言区。《金瓶梅词话》"下饭、嘎饭"两见。如九十五回"托盛内拿上四样嘎饭菜蔬""于是买了四盘下饭"。

10. 加偏旁的利弊

专用字分化加偏旁古已有之，盂鼎铭文"文王、武王"作"玟王、珷王"。偏旁加得太多，早就有人反对。陆德明《经典释文·序》："岂必飞禽即须安鸟，水族便应著鱼，虫类要作虫旁，草类皆从两中。如此之类，实不可依。今并校量，不从流俗。"（吴承仕考订《经典释文》作于陈后主至德元年癸卯，即公元五八三年）《履斋示儿编》卷二二引《字谱总论讹字》，说"莫、然、果、席"分化为"暮、燃、菓、蓆"皆偏旁之赘。

前人研究文字学，常常是为读古书服务的。"小学明而经学明"就是这个意思。所以有是古非今，轻视俗字的偏向。现在有的人正相反，以为凡是俗字都值得推广。子细观察，就可以发现：求繁求简两种要求在俗字上都表现得相当突出。北京的楼房多了，就有一些人把"樓"字简化成"柚"。这就跟柚子的"柚"混了。有的地方的鞋铺把"鞋"字简化成"圭"。离开特定的实际环境上下文，无法使人了解。这是简化的偏向。《广韵》东韵："菄，東风菜……俗加艸。"又姥韵："蝫，蝇虎虫，俗加虫。"又果俗作菓，韭俗作韮。这是繁化的偏向。应该撇开正俗的观点，从文字的作用来研究繁简得失。

加偏旁有增加笔画的缺点，也有分别用途的优点。这里举两个古书里的例子，说明加偏旁不一定是坏事。

"图畫"字今作"畫"，"计劃、劃策"字今作"劃"。北京虽然同音，但是来历是不同的，前者去声，后者入声。《史记》《汉书》一律作"畫"，所以有时造成歧义。《史记》卷五一"高后时，齐人田生游乏资，以畫干营陵侯泽"。服虔曰："以计畫干之也。"文颖曰："以工畫得宠也。"索隐："畫，一音计畫之畫，又音图畫之畫，两家义并通也。"《汉书》卷三五作"以畫奸泽"。服虔曰："以计畫干之。"文颖曰："以工畫得宠也。"师古曰："共为计策，欲以求王。服说是也。畫音获。"又卷六八"明旦，光闻之，止畫室中不入"。如淳曰："近臣所止计畫之室也，或曰雕畫之室。"师古曰："雕畫是也。"

《切三》"然、燃"已分化为二。庾信《哀江南赋》：

> 五十年中，江表无事。……岂知山岳闇然，江湖潜沸。渔阳有闾左戍卒，离
> 石有将兵都尉。

渔阳句指陈胜，离石句指刘渊。"山岳闇然"与"江湖潜沸"是工稳的对仗，"闇然"是暗中燃烧。前人为此特别加注，就是怕人把"闇然"误解为黯然销魂的"黯然"。要是然燃分化，就毋须注解了。平常很难设想，畫与劃，然与燃会在同一上下文里出现，造成歧义。文字需要适当的羡余率（redundancy），理由就在这里。

11. 功能再分配

文字各有使用的范围，就用途说，文字的演变往往是两个字或几个字之间功能的再分配。现在举"竭：渴：㵣｜帅：率｜策：册｜很：狠｜元：原"五组例子来说。

《说文》的"㵣"字《切韵》作"渴"字，《说文》的"渴"字《切韵》作"竭"字。《说文》十下立部："竭，负举也。"又十一上水部："渴，尽也。"又八下欠部："㵣，欲歙歙。"段注："渴者，水尽也，音同竭。水渴则欲水，人㵣则欲饮。其意一也。今则用竭为水渴字，用渴为饥㵣字，而㵣字废矣，渴之本义废矣。"段注不仅符合今天的情况，也符合《切韵》的情况。蒋斧本《唐韵》渠列反小韵："竭，尽也。《说文》作渴。……渴，水尽，出《埤苍》及《说文》，加。"又曷韵："渴〔此字元本残，据本字注及《广韵》〕，饥渴。"《唐韵》注中的"加"字表示《切韵》未收。《唐韵》未收"㵣"字，可见《切韵》也未收。马王堆帛书《老子甲本》第 7 行："浴毋已盈将恐渴"，乙本 177 行下"谷毋已□□□渴"，渴字用法同《说文》。今本《老子》第三十九章"谷无以盈将恐竭"，"竭"字用法同《切韵》。

"帅、率"二字古籍通用。《说文》七下巾部："帅，佩巾也。帨，帅或从兑声。"段注曰："后世分文析字。帨训巾。帅训率导，训将帅，而帅之本义废矣。率导将帅字，在许书作達作衛，而不作帅与率。六书惟同音假借之用最广。"帅率通用毋须多说明，这里要着重指出的是"帅、率"两字的差别。贾昌朝《群经音辨》对这两字的分辨最有意思。

> 帅，緫也，所律切。　緫人者曰帅，所类切。《四部丛刊续编本》卷六页 5 下

> 率，捕鸟毕也，循也，緫也，所律切。　率，将也，音帅。卷五页 12 上

《群经音辨》根据词性分去声入声。不论字形，动词是入声，名词是去声。"緫"字是率领的意思。明清两代有一种武官叫"总兵官"或"总兵"，就是用的这个意思。"帅、率"训"緫也"都是入声所律切。"緫人者曰帅"就是"率领人的叫帅"，去声所类切。"率，将也，音帅"，这里的"将"字"帅"字都是名词，"音帅"的"帅"用的是去声所类切的音。这个分别和现代方言符合。不过现代方言更进一步，根据声调分别词性和字形。北京话没有

入声，"率"和"帅"都读去声。前几年有的人把动词"统率"也写成"统帅"，和名词"统帅"不分。这种写法和全国分去声入声的方言不合，不妥当。从《群经音辨》和现代方言出发，再来看《切韵》系统韵书就很有意思。切韵系统韵书"帅、率"各有去声所类反（切）入声所律反（切）两读，但有个细微的差别。（《集韵》術韵"率，约数也"，劣戌切是"速率、效率"的"率"，除外）所类切小韵总是帅字当先，王仁昫《刊谬补缺切韵》、《广韵》、《集韵》都是如此。所律切小韵都是"率"字当先，《切三》、《唐韵》、王仁昫《刊谬补缺切韵》、《广韵》、《集韵》都是如此。这个差别虽然很细微，却很重要。

"策、册"两字《说文》用法有分别。《说文》五上竹部："策，马棰也。"三下支部："敕，击马也。"二下册部："册，符命也，诸侯进受於王者也，象其札一长一短，中有二编之形。……笧古文册，从竹。"《说文》策敕有别。鞭策作名词用"策"，作动词用"敕"，古籍里都作策，现在的习惯也一样。古今不同的是"计策"的"策"古代也作"册"。这里随便举几个百衲本影印景祐本《汉书》的例子。卷六八"贵徙薪曲突之册，使居焦发灼烂之右。"卷六九"故臣愚册｜此全师保胜安边之册｜失此二册｜诚非素定庙胜之册｜不识长册｜不战而自破之册也｜后将军数画军册｜常与参兵谋，问筹策焉。"卷九九"苟有一策，即必爵之"。现行的习惯是"鞭策、计策"用"策"，书册用"册"。

《说文》二下："很，不听从也，一曰行难也，一曰鼍也。"又十上："狠，犬斗声。"段注："今俗用狠为很，许书很狠义别。"《广韵》很韵："很，很戾也，俗作佷，胡垦切。"（《切一》《切三》《王韵》字均作"佷"）。《集韵》山韵："㺃，犬争……通作狠"，牛闲切。现在的习惯又与段玉裁时不同，凶狠、坚决专用"狠"。程度高一般用"很"，少数人也用"狠"。现在的狠字与《说文》《集韵》的狠字音义无关。

有时候，政治的理由也造成文字功用的再分配。这里举一个例子。顾炎武《日知录》卷三十二：

> 元者本也，本官曰元官，本籍曰元籍，本来曰元来，唐宋人多此语，后人以原字代之，不知何解。原者再也。……与本来之义全不相同。或以为洪武中有称元任官者，嫌于元朝之官，故改此字。

明朝推翻元朝，明朝初年有必要避免"元官、元籍、元来"一类写法。[①]"或以为"以下大概是作者本意。元清两代均以少数民族入主中原，顾炎武有忌讳，未便说得十分明确。"原来、原籍"一类写法通行之后，元字一部分功能就改由原字担任了。

12. 新字

新字有的是由两个字合音造成的。汉字一个字一个音节，两个音节合成一个音节之后，

---

① 日本仍用"元"字，如京都有元离宫二条城。元离宫是说元来的离宫，相当于"故行宫"。

就需要造新字来表示那个音。《集韵》上声寝韵："姉，俗谓叔母曰姉"，式荏切。去声沁韵："妗，俗谓舅母曰妗"，巨禁切。"叔"和"姉"双声，都是审母三等，"母"字的声母是"姉"字的韵尾，并且都是上声。同样，"舅"和"妗"双声，都是群母三等。"母"字的声母是"妗"字的韵尾。准"姉"字的例，"妗"字应该是上声。《集韵》收去声，是根据全浊上声变去声的方言。现代方言中，全浊上声往往变去声。凡是"舅"字读阳上的方言，"妗"字也读阳上，可见"妗"字本来是上声。广州塞音、塞擦音声母逢阳上送气，"舅、妗"都是阳上送气。广东的潮阳，福建的泉州、永安，浙江的温州、平阳、温岭，"舅、妗"都是阳上。龙州和武鸣壮语里的汉语借字"舅、妗"也都是阳上。[①]《说文》也有"妗"字，与舅妗字音义无关。

新起的合音字，音韵构造（声韵调配合关系）常常有特点。如北京的"甭"是不用的合音，有 béng、bíng 两读。塞音不送气声母拼鼻音尾韵母读阳平调，北京语音是不多见的。苏州的"嬤"是勿（相当于"不"）要的合音，读［fiæ˅］阴去，是苏州［f］拼带［i］介音韵母的惟一的字。

新事物有时需要新字，如氢的三种同位素的叫名。"氕"音撇 piē，是氢的最常见的同位素；"氘"音刀 dāo，是重氢，"氚"音川 chuān，是超重氢。译名有时也制造新字，如"啤酒"的"啤"从口旁卑。"咖啡、吗啡"也都是新字。译名常用从"口"旁的字。十九世纪用嘆咭唎翻译 English，后来用英格兰翻译 England，就不用口旁字了。译名用字的改变有时影响相当大。嘆咭唎改为英格兰，三个口旁字没有来得及生根就淘汰了。剌字和刺字相近，并且刺字常用。阿剌伯改为阿拉伯，马尼剌改为马尼拉，避免混淆，便于识字，同时减低了"剌"字的使用频率。

大部分新字都是由分化造成的。已见上文第8、第9两节。这里再举两个例子。女旁"她"是由人旁"他"分化出来的。"滚子、磙子、辊子"gǔn·zi 是一回事。碌碡是石头的"滚子"，就造出一个从石的"磙"字。机器的一部分也有叫"滚子"的，又造出一个从"车"从"昆"的"辊"字来。（《说文》十四上车部："辊，毂齐等貌，从车昆声。"但是这"辊"字，跟现在"辊子"的"辊"未必有关联）

13. 本字

文字的演变牵涉本字的考证，现在举一个例子来说。《说文》十四下皀部"阬"字徐铉校曰："今俗作坑。"《广韵》庚韵："阬，《尔雅·释诂》曰，虚也；郭璞云，阬埑也；客庚切。坑，上同。"方毅《白话字诂》商务印书馆1920年10月初版页 34 云："坑，亦作阬。阬儒，阬

---

① 李方桂《龙州土语》（1940）页 21，247："舅"［k'auʌ̌］，"妗"［k'amʔʌ̌］。《武鸣壮语》（1953）页 9，304，306："舅"［kauʌ̌］，"妗"［kimʌ̌］。

降卒，本是挖了坑，把人活埋。设计陷害人，亦叫坑。白话'岂不把他坑了'，和葬送的意思差不多。"这只是想当然的推论，并无依据。从现代方言和文献看来，这个字应该是"倾"字。东北华北很多地区，"倾"字读 kēng。"倾向、左倾、右倾"的倾都是 kēng。就语音演变看，"倾"字《广韵》清韵去营切。梗摄合口字常常读如开口。"倾"读 kēng，就和"脖颈儿、脖颈子"的"颈"读 gěng 一样。（《广韵》静韵："颈，项也，居郢切。"）

从文献上看，同名的杂剧和小说《西游记》都有人旁"倾"和土旁"坑"通用的例子。杨景言作的杂剧《西游记》云：

> 杀坏他身躯，倾陷了俺儿夫。（第一本第一出，隋树森编《元曲选外编》页636）

> 北辰君怎忍相坑陷？（第四本第十三出，页666）

吴承恩作的小说《西游记》五十九回云：

> 罗刹道："你这泼猴，既有兄弟之亲，如何坑陷我子？"

> 行者佯问道："令郎是谁？"

> 罗刹道："我儿是号山枯松涧火云洞圣婴大王红孩儿，被你倾了。我们正没处寻你报仇，你今上门纳命，我肯饶你？"

真是无巧不成书，两部书名相同的书提供了相同的例证。上下文同时使用人旁"倾"和土旁"坑"。两字虽然通用，性质却不相同。土旁"坑"是新写法，人旁"倾"是旧写法。往前追溯，从沈约《宋书》到宋元两代，人旁"倾"的例子常见。例如：

> 〔刘湛〕知太祖信仗〔殷〕景仁，不可移夺，乃深结司徒彭城王义康，欲倚宰相之重以倾之。……义康纳湛言，毁景仁於太祖。（《宋书》卷六十三《殷景仁传》）

> 湛常欲因宰辅之权以倾之，景仁为太祖所保持，义康屡言不见用，湛愈愤。（《宋书》卷六十八《彭城王义康传》）

> 时彭城王义康专秉朝权……湛……欲因宰相之力以回主心，倾黜景仁，独当时务。义康屡构之于太祖，其事不行。（《宋书》卷六十九《刘湛传》）

> 主上荒耄骄纵，诸子朋党相倾，谗人侧目。（《晋书》卷一二九《沮渠蒙逊载记》）

> 今又乞放颜章，以此见〔贾〕易之心，未尝一日不在倾臣。（《四部备要》缩印本《苏东坡七集·东坡奏议》卷九页470上，《乞外补回避贾易札子》）

> 五代之际，能以端谨厚重，不忌嫉人，不为中伤，不为倾陷，已是极至。（吕本中《紫微杂说》）

明宗召安重诲，责之曰："吾儿为奸党倾陷，未明曲直，公遽不欲置之人间，何也？"（《景宋残本五代平话·唐史》卷下页 13）

而〔吕〕惠卿实欲自得政，忌安石复来，因郑侠狱陷其弟安国，又起李士宁狱以倾安石。（《宋史》卷三二七《王安石传》）

〔邓〕绾始以附安石居言职，及安石与吕惠卿相倾，绾极力助攻惠卿。（《宋史》卷三二七《王安石传》）

大德七年〔公元一三零三年〕江浙行省准中书省咨……如此设计倾陷，甚是不便。（影印元本《元典章》卷四十八，刑部卷之十，页 12 上，"罗织清廉官吏"条）

倾陷的"倾"写成土旁"坑"，宋元两代少见，明代以来常见。例如：

我这行院人家，坑陷了千千万万的人，岂争他一个！（容与堂刻本《水浒传》六九回）

此是何等东西，却把做礼物送人！坑死了我也。（影印天启甲子〔公元 1624 年〕序本本《警世通言》卷三十五正文误作三十四页 10 上）

这个倾字，就是"倾国倾城、倾家荡产"的"倾"。《诗·大雅·瞻卬》："哲夫成城，哲妇倾城。"《韩非子·爱臣》："万乘之君无备，必有千乘之家在其侧，以徙其威而倾其国。"《汉书·外戚传》李延年歌曰："北方有佳人，绝世而独立，一顾倾人城，再顾倾人国。宁不知倾城与倾国，佳人难再得。"以后"倾国、倾城"成为"佳人"的代词，如李白《清平调》"名花倾国两相欢，常得君王带笑看"，白居易《长恨歌》"汉王重色思倾国，御宇多年求不得"，一直到贾宝玉引用《西厢记》跟林黛玉开玩笑，都是如此。《脂砚斋重评石头记》第二十三回："我就是多愁多病身，你就是那倾国倾城貌。"因此平常容易把倾覆的意思忘了。颜师古注李延年歌曰："非不吝惜城与国也，但以佳人难得，爱悦之深，不觉倾覆。"《汉书》卷二十四上《食货志上》："及秦孝公用商君，坏井田，开阡陌，急耕战之赏。虽非古道，犹以务本之故，倾邻国而雄诸侯。"（景祐本页 7）"倾邻国"是"倾覆邻国"，可见颜注正确。罗隐《西施》："家国兴亡自有时，吴人何苦怨西施。西施若解倾吴国，越国亡来又是谁？"（《全唐诗》第十册 7545 页）"倾吴国"的"倾"用的也是本义。李商隐《北齐二首》："一笑相倾国便亡，何劳荆棘始堪伤；小怜玉体横陈夜，已报周师入晋阳。巧笑知堪敌万机，倾城最在著戎衣；晋阳已陷休回顾，更请君王猎一围。"意思大概是双关的。"倾城最在著戎衣"，是说佳人戎装最美。倾城也是"晋阳已陷"的伏笔。第一首"一笑｜相倾｜国便亡"是说齐后主被马淑妃小怜的巧笑倾 kēng 了，国家就亡了。

从倾国倾城说到倾家荡产，这四字口语常用。北京"倾"字的读书音是 qīng。我请教过好些北京人，年长的人，无论文化高低，都说"倾 kēng 家荡产"。年轻人才有说"倾

qīng 家荡产"的。《汉语词典》（1957 年版，即《国语辞典》1947 年版的删节本）"倾"字有 qīng 和 kēng 两音。"倾家"的"倾"也有 qīng 和 kēng 两读。"倾 kēng 人"条注云"犹坑人"。人旁倾口语读 kēng 是符合习惯的。人旁的倾 kēng 家、倾 kēng 人是本字，土旁的坑人是同音假借字。人旁倾 kēng 承先，土旁坑启后，杂剧和小说《西游记》的写法说明了字形的转变。

14. 小结

文字的演变有简化有繁化。简化繁化通常就笔画说，其实文字的合并减少字数，文字的分化增加字数，可以说是另一种意义的简化繁化。汉字增加主要原因是加偏旁，非形声字转化成形声字，例如"块"字取代"凷"字，"亦"字分化出"腋"字。所以汉字绝大多数是形声字。后起的会意字比较少，往往是简化字。如"鑯"简化成"尖"，"竈"简化成"灶"。语言是交际工具，文字记录语言，也是一种交际工具。交际工具有收发双方。发的一方要求简单，收的一方要求明白。这两项要求是矛盾的。交际有来有往，同一个人既是收到信息的人，又是发出信息的人。过分强调哪一个要求都会影响每一个人的切身利益。两种要求互相牵制，为求得平衡，中庸之道就是简明，简单而不含混，明白而不啰唆，并且有适当的羡余率。这本来是符号系统的共同要求，语言文字是最根本的符号系统，当然不能例外。"慈石→礠石→磁石"的演变也许最足以说明问题。《吕氏春秋》卷九《季秋纪·精通》："慈石召铁"，和慈爱的慈写法相同。《广韵》平声之韵："慈，爱也……疾之切。"底下就是"礠石，可引针也"。一分为二，字数是增加了，"礠石"比"慈石"更明确。《集韵》有"礠、磁"两个字形。"磁"比"礠"简单。先繁化后简化，从"慈"到"磁"的演变是一种进步。有人也许说，"慈石、礠石、磁石"同样明白。不然。离开后头的"石"字，就可以看出分化的必要性。"磁性、磁力、电磁波"要是写成"慈性、慈力、电慈波"，瞧着就别扭。我写到这里，一个电工刚走过来，说"慈字写错了"。文字要有适当的羡余率（用普通的话说是"留有余地"），否则容易发生误会。

一九七九年五月初稿，十一月改订。

原刊于 1980 年第 1 期

动补格句式

李临定

所谓动补格句式是指以动补格为谓语中心的句式。动补格[①]是指这样一些组合：走远，长胖，扫干净，等等。本文着重讨论有关句子格式方面的问题。

这种句式有的没有宾语，有的有一个宾语，有的有两个宾语，宾语或在动补格前或在后；加上主语，可能出现三个名词性成分。动补格的前部分一般是动词，个别是形容词；后部分是动词或形容词。动词又有及物、不及物之分。这些成分相互组合，便形成句法构造上的错综复杂的情况。

这种句式是汉语特有的一种类型，从逻辑意义上来分析，它包含着两个表述（两个主谓），但从结构形式来看，它却只是一个单句。比如"小猫吓跑了大耗子"可以分析为"小猫吓大耗子＋大耗子跑"。

这种句式可以变换为"把"字句、"被（叫、让）"字句、"得"字句，但不是普遍一律的，不同的类型有不同的选择。

本文从形式、意义、句式变化等方面来为这种句式分类并阐明它们的特点。

本文所用代号：

S	动补格前边的名词性成分（主语）
V	动补格的前部分
C	动补格的后部分
O	动词或动补格后边的名词性成分（宾语）
s	表示主语
p	表示谓语
把	表示可以变换为"把"字句
被	表示可以变换为"被（叫、让）"字句

---

① 从本文的讨论中可以看出，叫"动补格"不是完全确切的，但是为了讨论方便，还沿用一般的叫法。一般所谈的动补格还包括以下的组合：看中（一个人），摸透（他的心思），（让他）问住了，等等。这里边充当"补"的词，意思都比较虚，本文的讨论不包括这些组合。

得（1）　　表示可以变换为"得"字句，但名词性成分不能插在"得"的后边。如：

他酒喝多了→他酒喝得多了↛ ×他喝得酒多了

得（2）　　表示可以变换为"得"字句，但名词性成分可以插在"得"的后边。如：

他眼睛哭红了→他眼睛哭得都红了→他哭得眼睛都红了

×　　　　　表示错例或不能变换为该句式。

1. S VC

1A. S VC=S^{s}V^p+S^{s}C^p

a组（S不能移位到VC的后边变为O）

（1）你长胖了 = 你长 + 你胖

（2）他胆子变小了 |（3）姑姑，该睡醒了！（李春光）

b组（S可以移位到VC的后边变为O）

（4）他急哭了 = 他急 + 他哭

（5）一只小马驹没有奶吃，竟瘦死了。（周立波）

（6）您别又穷疯了，胡说乱道的。（曹禺）

a组V为不及物动词；C经常为形容词，间或也有不及物动词，如（3）。

b组V为形容词；C经常为不及物动词，间或也有形容词。如：

（7）你爸爸老胡涂了！（老舍）

b组V也可以是及物动词，如：

（8）他吃胖了

但是它们都可以重复动词带宾语，变为2A（他吃陕北的小米吃胖了）。

句式变化：

（一）a组 ×把 ×被 得（1）

得（9）你长得太胖了① |（10）他胆子变得小起来了

C是动词时，不能变换为"得"句：

×姑姑，该睡得醒了

b组 把 ×被 得（2）

把（11）把他急哭了 |（12）把您穷疯了，胡说乱道的！

得（13）他急得哭起来了 |（14）急得他哭起来了

---

① 变换"得"句时，常常要加一些辅助成分，特别是遇到单音节，比如这句在"胖"前加"太"。变换其他句式时也有类似情况。

（二）b组　S　VC→VC　O（O=原S）

（15）他急哭了→急哭了他了

（16）有一只小马驹竟瘦死了→竟瘦死了一只小马驹

（17）锁住门小板凳也不怕饿→锁住门也不怕饿死小板凳。（赵树理）

比较a组：S　VC↛VC　O

你长胖了↛ ×长胖了你了

1B.　S　VC=（SV）$^sC^p$

（18）你出来巧了=（你出来）巧

（19）你别在那儿呆久了 | （20）他睡死了

V为不及物动词，C为形容词。

句式变化：×把　×被　得（1）

得（21）你出来得巧了 | （22）他睡得很死

1AB.　S　VC=（1A）$S^sV^p+S^sC^p$；（1B）（SV）$^sC^p$

（23）客人去远了=（1A）客人去+客人远 |（1B）（客人去）远

（24）车走慢了

这一类是两可的，可以理解为1A，也可以理解为1B。

句式变化：×把　×被　得（1）

得（25）客人去得远了，看不见了 |（26）车走得慢了

2．S VO　VC

2A.　S VO VC=S^s（VO）$^p+S^sC^p$

（27）他喝酒喝醉了=他喝酒+他醉

（28）老张熬夜熬病了 |（29）我丢东西丢怕了 |（30）他走路走累了

V为及物动词[①]，C为不及物动词或形容词。

有的VO可以省去，变为1A。在两种情况下VO可以省去，一是常见的句子（27），二是O是完形宾语（30）：他〔喝酒[②]〕喝醉了 | 他〔走路〕走累了。（28）（29）两例中的VO一般不能省去，"老张熬病了""我丢怕了"意思是不清楚的。

以下要讨论的各句式有VO时，也可以省去，情况和这里相同，不再重复。

---

① 本文谈的及物动词包括后边可以带处所词语或完形宾语（不对动词增添新的意义，如"走路"的"路"）的动词。

② 〔　〕号表示里边的词语可以省去。

句式变化：

（一）把　×被　得（2）

把（31）喝酒把他喝醉了 | （32）丢东西把我丢怕了

得（33）喝酒喝得他大醉 | （34）丢东西丢得我很怕

变换成"把"字句时，是 S 放在"把"的后边，而 O 反而不能放在"把"的后边，如：×他把酒喝醉了。

（二）S VO VC → VO₁ VC O₂ （O₁＝原 O，O₂＝原 S）

（35）他喝酒喝醉了→喝酒喝醉了他了

（36）我丢东西丢怕了→丢东西丢怕了我了

2B.　S VO VC＝（SVO）^{s}C^p

a 组（O 不能移位到 VC 的后边）

（37）你动笔动早了＝（你动笔）早

（38）他骑车骑快了，我也赶不上了 | （39）这孩子走路走利落了

b 组（O 能移位到 VC 的后边）

（40）他抽烟抽足了 | （41）我出气出够了

a 组、b 组 V 都是及物动词，C 都是形容词。

句式变化：

（一）a 组　×把　×被　得（1）

得（42）你动笔动得早了 | （43）这孩子走路走得利落了

b 组　把　×被　得（1）

把（44）他把烟抽足了 | （45）我把气出够了

得（46）他抽烟抽得很足了 | （47）我出气出得够了

（二）b 组　S VO VC → S VC O

（48）他抽烟抽足了→他抽足了烟了

（49）我出气出够了→我出够了气了

比较 a 组　S VO VC → S VC O

你动笔动早了→ ×你动早了笔了

（三）a 组有的 V 可以不重复，如：

（50）你动笔〔动〕早了 | （51）别让我等你〔等〕久了 | ×他骑车〔骑〕快了

2C.　S VO VC＝S^s（VO）^{p}＋O^{s}C^p

（52）我做饭做少了＝我做饭＋饭少

（53）你挖坑挖浅了 | （54）他买鞋买贵了

V 为及物动词，C 为形容词。

句式变化：（把）① ×被 得（1）

把（55）我把饭做少了 ｜（56）你把坑挖浅了 ｜ ×他把鞋买贵了

得（57）我做饭做得少了 ｜（58）你挖坑挖得浅了

这种句式一般不能变换为"被"字句，但经常可以变换为被动句：

（59）（今天的）饭做少了 ｜（60）（这个）坑挖浅了 ｜（61）（他的）鞋买贵了

3. S VC O

3A. S VC O=$S^s V^p$＋S^s（CO）^{p}

（62）他听懂了我的意思＝他听＋他懂我的意思

（63）他想飞跑一气，跑忘了一切。（老舍）

V 为不及物动词②，C 为及物动词。

句式变化：把 被 ×得③

把（64）他把我的意思听懂了 ｜（65）他把一切（都）跑忘了

被（66）我的意思（总算）叫他听懂了 ｜（67）这一切都叫他跑忘了

3B. S VC O=S^s（VO）^{p}+$O^s C^p$

a组

（68）大水骂哭了小水＝大水骂小水＋小水哭

（69）不知谁翻乱了我的书 ｜（70）你别惹急了他

b组（O属于S）

（71）你挺直了身子＝你挺身子＋（你的）身子直

（72）我咬紧了牙 ｜（73）他伸平了胳膊

a组、b组的 V 都是及物动词，a组的 C 是不及物动词或形容词，b组的 C 是形容词。

a组的 O 不能省去（×大水骂哭了）。有的可以省去，但意思变了。比较：

（74）我碰疼了他 ｜（75）我碰疼了

（74）例是"他"疼，（75）例是"我"疼。

---

① "把"（或"被"）外边加圆括弧表示该句式有一部分可以变换为"把"字句（或"被"字句），另有一部分不能。

② （62）例的"听"在其他句子里可以带宾语，但在这里绝对不能带宾语，因此算作不及物动词。

③ （62）例可以说成"他听得懂我的意思"，但不是我们所讨论的"得"字句，这里插入"得"表示可能。

b组的O在适当环境可省，如：

（76）站好，挺直了！｜（77）我伸平胳膊，他也伸平了

句式变化：

（一）a组　把　被　得（2）

　　　把（78）大水把小水骂哭了｜（79）不知谁把我的书翻乱了

　　　被（80）小水被大水骂哭了｜（81）我的书不知被谁翻乱了

　　　得（82）大水骂得小水哭起来了｜（83）不知谁翻得我的书乱七八糟的

b组　把　ˣ被　得（1）

　　　把（84）你把身子挺直了｜（85）他把胳膊伸平了

　　　把、得（86）你把身子挺得直一点｜（87）他把胳膊伸得很平

a组有一部分不能变换为"得（2）"，而能变换为"得（1）"（用"把"将O提前）。如：

　　　（88）弟弟削尖了铅笔（→弟弟把铅笔削得尖极了｜ˣ弟弟削得铅笔尖极了）

　　　（89）我们填平了土坑｜（90）他点亮了油灯

当a组的O指一个人的身体某一部分时，变换为"被"字句有两种方式。如：

　　　（91）一块石头打肿了小文的头（→小文的头被一块石头打肿了｜小文被一块石头打肿了头）

（二）b组　S修饰O

　　　（92）你挺直了身子（→挺直了你的身子｜你的身子挺直了）

3C.　S V C O＝SˢVᵖ＋OˢCᵖ

a组

　　　（93）孩子哭醒了我＝孩子哭＋我醒

　　　（94）大风刮倒了小树｜（95）密雨下黑了天地。（周立波）

b组（O属于S）

　　　（96）她哭红了眼睛＝她哭＋（她的）眼睛红

　　　（97）我喊哑了嗓子｜（98）连肖队长也笑弯了腰。（周立波）

a组、b组的V都是不及物动词，C都是形容词或不及物动词。

句式变化：

（一）a组　把　被　得（2）

　　　把（99）孩子把我哭醒了｜（100）大风把小树刮倒了

　　　被（101）我被孩子哭醒了｜（102）小树被大风刮倒了

　　　得（103）孩子哭得我醒来了｜（104）大风刮得小树全倒了

b组：把 ˣ被 得（2）

把（105）她把眼睛哭红了 ｜（106）肖队长把腰都笑弯了

得（107）她哭得眼睛都红了 ｜（108）肖队长笑得腰都弯了

当 S 是人称代词时，少数情况下可以有"被"字句：

（109）眼睛都叫你哭红了，别哭了！（ˣ眼睛都叫小梅哭红了）

（二）b组 S 修饰 O

（110）我喊哑了嗓子（→喊哑了我的嗓子 ｜ 我的嗓子喊哑了）

3D. S V C O＝（SVO）^{s}C^p

（111）他瞄准了靶子＝（他瞄靶子）准

（112）我看清了那个人

V 为及物动词，C 为形容词。

句式变化：把 被 得（1）

把（113）他把靶子瞄准了 ｜（114）我把那个人看清了

被（115）靶子叫他瞄准了 ｜（116）那个人叫我看清了

得（117）靶子他瞄得很准

变换"得"句时，O 要移位到前边。

3E. S V C O＝S^s（有 O）^{p}＋O^{s}V^p＋O^{s}C^p

（118）生产队病死了一头牛＝生产队有一头牛＋牛病＋牛死

（119）我们跑丢了一个小孩子。（曹禺）｜（120）当街滑倒了一个人

V 和 C 都是不及物动词。

句式变化：

（一）把 ˣ被 ˣ得

把（121）生产队把一头牛病死了 ｜（122）我们把一个小孩子跑丢了

（二）S V C O → S 有 O V C

（123）生产队病死了一头牛→生产队有一头牛病死了

4. S VO₁ VC O₂

4A. S VO$_1$ VC O$_2$＝S^s（VO$_1$）^{p}＋S^s（CO$_2$）^{p}

a组

（124）你写通知写落了一个字＝你写通知＋你落了一个字

（125）他玩ₙ打牌玩ₙ忘了一件重要的事

b 组（O_1 可以移位到 O_2 的后边）

（126）他们喝酒喝剩了一瓶 = 他们喝酒 + 他们剩了一瓶

（127）你念报念落了一段

c 组（C 和 O_2 不能分离）

（128）他读报读串了行 = 他读报 + 他串了行

（129）是我说话说走了嘴，很对不起！|（130）他喝茶喝上了瘾 |

（131）你念书念入了神嘛！（老舍）|（132）我办食堂办砸了锅！

a、b、c 三组 V 和 C 都是及物动词。

c 组的 C+O_2（"串了行"等）是比较固定的组合，不能自由替换和扩展。它们是不应该拆开来分析的，组合层次应该是"……V+（C+O_2）"，而不是"……（V+C）+O_2"。用"动补"的概念来分析，就是说"补"不只是"串"，而是"串了行"。

句式变化：

（一）a 组　把（被）×得

把（133）你写通知把一个字写落了 |（134）他玩儿打牌把一件重要的事玩儿忘了

被（135）有一件重要的事叫他玩儿打牌玩儿忘了 | ×有一个字叫你写通知写落了

b 组　（把）×被　得（1）

把（136）他念报把一段念落了 | ×他们喝酒把一瓶喝剩了

得（137）他念报念得落了一段 |（138）他们喝酒喝得剩了一瓶

c 组　五个例句的句式变化是不相同的，可分成三个小类：

1.×把　×被　得（1）

得（139）他读报读得串了行 |（140）是我说话说得走了嘴

2.把　×被　得（2）

把（141）喝茶把他喝上了瘾

得（142）喝茶喝得他上了瘾

3.把　被　得（1）

把（143）我总算有了进步，没把食堂办砸了锅！（老舍）

被（144）食堂叫我办砸了锅！

得（145）我办食堂办得砸了锅！

（二）b 组　S VO_1 V C O_2 → S V C O_2O_1（O_2 修饰 O_1）

（146）他们喝酒喝剩了一瓶 → 他们喝剩了一瓶酒

4B.　$S\ VO_1\ VC\ O_2 = S^s(VO_1)^p + O_2^s C^p$

a 组

（147）他们吵嘴吵醒了我 = 他们吵嘴 + 我醒

（148）他们挖防空洞挖空了那里的山

b 组（O_2 属于 S）

（149）他拍桌子拍疼了手 = 他拍桌子 +（他的）手疼

（150）他喝酒喝红了脸 |（151）他喊人喊哑了嗓子

a 组、b 组的 V 都是及物动词，C 都是不及物动词或形容词。

句式变化：

（一）a 组　把　被　得（2）

把（152）他们吵嘴把我吵醒了 |（153）他们挖防空洞把那里的山挖空了

被（154）我被他们吵嘴吵醒了 |（155）那里的山被他们挖防空洞挖空了

得（156）他们吵嘴吵得我醒来了 |（157）他们挖防空洞挖得那里的山都空了

b 组　把　ˣ被　得（2）

把（158）他拍桌子把手拍疼了 |（159）他喝酒把脸喝红了

得（160）他拍桌子拍得手都疼了 |（161）他喝酒喝得脸都红了

（二）b 组　S 修饰 O_2

（162）他拍桌子拍疼了手（→拍桌子拍疼了他的手 | 他的手拍桌子拍疼了）

5.　S　把 O_1　VC O_2（必须用"把"字句或"被"字句）

5A.　$S\ 把\ O_1\ VC\ O_2 = S^s(VO_1)^p + O_1^s(CO_2)^p$

（163）于世章差点把我的鼻子砸没了影 = 于世章砸我的鼻子 + 我的鼻子没了影

（164）可见人人都会说话，都想一句话把对方说低了头。（老舍）

句式变化：被　得（2）

被（165）鼻子都差点叫于世章砸没了影。（冯德英）

得（166）于世章差点砸得我的鼻子没了影

5B.　$S\ 把\ O_1\ VC\ O_2 = S^s(VO_1)^p + O_1^s V^p + O_1^s(有\ O_2)^p$

（167）钉子把我的衣服划破了一条口子 = 钉子划我的衣服 + 衣服破 + 衣服有一条口子

句式变化：被　ˣ得

被（168）我的衣服被钉子划破了一条口子

6. 余论

（一）动补格前部分（V）不能单独有附加成分。但有下边的例子：

（169）他不能再把她这个朋友赶了走。（老舍）

"赶了走"不能理解为连动式，只能理解为"赶走"中间加进个"了"。只有"走"可以，换了"跑"都不行。这大概是因为"走"和趋向动词（"去""出去"等）有点相近，而动趋之间是可以加"了"的（如：赶了出去）。

在某些南方方言里 V 可以重叠（如：捆捆紧、扫扫干净），但在普通话里还不常这么说。①

（二）动补格后部分（C）是形容词时，后边可以加"一点、一些"。只适用于部分形容词，如"早、晚、快、慢、远、近、贵、贱、大、小、多、旺"等。如：

来早一点 | 站远一点 | 把眼睛睁大一点 | 走快一些 | 卖贵一些 | 把火吹旺一些

形容词后边还可以有加强程度的词语。如：

（170）事情可就闹大了去啦！（老舍）

下边例句里的"着"也有加强语气的作用：

（171）要闯祸，就闯大着点！（老舍）

（三）C 是动词或某些形容词（表变化）时，后边可以带某些趋向动词。如：

（172）小梅在瘟神庙门外冻醒过来。（袁静等）

（173）他恨不能一口吃壮起来，好出去拉车。（老舍）

（174）张金龙……把小梅打昏过去了。（袁静等）

（四）VC 的后边经常带"了"（或句末带"了"），也可以带"过"，但一般不带表持续的"着"。

（五）VC 的后边可以用"在……"。如：

（175）要不是共产党领导咱们，毛主席给咱们指道儿，咱们还不定碰死在哪儿呢！（袁静等）

（176）不知被什么东西绊了一下，昏倒在地上。（龚成）

（177）船被日寇的炮艇击沉在海中。（曲波）

（六）VC 的后边带数量词语有较大限制，但情况也不全一样。

C 是"早、晚"时，带时量是自由的，如：来早了十分钟　去晚了半小时。

---

① 有位同志告诉我，他曾听见北京的一位理发员这么说："吹吹干，加五分。"

C 是"远、近"等时，后边可以带表长度的词语，如：走远了十步　走近了五尺。

C 是"大、小"等时，后边可以带表倍数的词语，如：

（178）他把以前的挣扎与成功看得分外光荣，比原来的光荣放大了十倍。（老舍）

其他带动量、时量的例子：

（179）耿长锁还饿死了一次，又被救过来。（魏巍）｜（180）我睡醒半天了

（七）和其他动词句相比，动补格句式的状态状语有一定限制，比较：

仔细地听：×仔细地听懂｜（冷风）呼呼地吹：×（冷风）呼呼地吹病了他

但是，动补格带状态状语，也并不少见。如：

（181）它（旧历年）一天一天地慢慢走近，每天都来一些新的气象。（巴金）

（182）她听见张金龙呼呼的睡熟了。（袁静等）

（八）动补格的"补"，一般认为是表示前边动词的结果的，因此叫作结果补语。这是有一定道理的，对多数句式来说是适用的，但是这种看法不全面。我们可以说"翻乱了他的书""打疼了我的手"中的"乱"是"翻"的结果，"疼"是"打"的结果；但是不能说"来巧了""起晚了"中的"巧"是"来"的结果，"晚"是"起"的结果。

（九）从表达的重点来看，往往是重在动补格的后部分。比较：

（183）她勉强地笑了笑，然后低下头用一种忧郁的调子解释道："现在不同了，我们都长大了。""大了又有什么关系？难道我们的心就变坏了？"（巴金）

（184）大师兄，大师兄，咱们作对了，闹对了，全都对了！（老舍）

（183）例前边用的是"长大"，而后边却只用"大"，省去了"长"。可见表达的重点是在"大"，而不在"长"。（184）例也是重在"对"。

本文讨论的句式列了一个总表，表中"及"指及物动词，"不"指不及物动词，⊕表示变换"把"句时，是 S 放在"把"后而不是 O，（+）表示只有一部分能变换为"把"字句或"被"字句，⧺表示必须是"把"字句或"被"字句。

形式类	表述类	分组	举例	V	C	句式变化	
						把 被 得 (1)(2)	其他
1. S V C	1A、S^{S}V^P+S^{S}C^P	a 组	他长胖了（他长＋他胖）	不	形		＋(1)
		b 组	他急哭了	形	不	＋	＋(2) S 移位变 O

形式类	表述类	分组	举例	V	C	把	被	得	其他 (1)(2)
	1B、(SV)^S C^P		你出来巧了 [（你出来）巧]	不	形				+（1）
	1AB、S^S V^P+S^S C^P (SV)^S C^P		车走慢了 [车走+车慢；（车走）慢]	不	形				+（1）
2. S VO VC	2A、S^S(VO)^P +S^S C^P		他喝酒喝醉了 （他喝酒+他醉）	及	不，形			⊕	+（2）S移位变O
	2B、(SVO)^S C^P	a组	你动笔动早了 [（你动笔）早]	及	形				+（1）
		b组	我出气出够了	及	形	+			+（1）O移位VC后
	2C、S^S(VO)^P +O^S C^P		我做饭做少了 （我做饭+饭少）	及	形	(+)			+（1）
3. S VC O	3A、S^S V^P +S^S(CO)^P		他听懂了我的意思 （他听+他懂我的意思）	不	及	+	+		
	3B、S^S(VO)^P +O^S C^P	a组	大水骂哭了小水 （大水骂小水+小水哭）	及	不，形	+	+		+（1）（2）
		b组	你挺直了身子	及	形	+			+（1）S修饰O
	3C、S^S V^P +O^S C^P	a组	孩子哭醒了我 （孩子哭+我醒）	不	不，形	+	+		+（2）
		b组	他哭红了眼睛	不	不，形	+			+（2）S修饰O
	3D、(SVO)^S C^P		他瞄准了靶子 [（他瞄靶子）准]	及	形	+	+		+（1）
	3E、S^S(有O)^P +O^S V^P+O^S C^P		村里病死了一头牛 （村里有牛+牛病+牛死）	不	不	+			O移位VC前
4. S VO_1 VC O_2	4A、S^S(VO_1)^P +S^S(CO_2)^P	a组	你写通知写落了一个字 （你写通知+你落了字）	及	及	+	(+)		
		b组	你喝酒喝剩了一壶	及	及	(+)			+（1）O_2修饰O_1
		c组	他读报读串了行						+（1）
			他喝茶喝上了瘾	及	及			⊕	+（2）
			我办食堂办砸了锅	+	+				+（1）
	4B、S^S(VO_1)^P +O_2^S C^P	a组	他们吵嘴吵醒了我 （他们吵嘴+我醒）	及	不，形	+	+		+（2）
		b组	他拍桌子拍疼了手	及	不，形	+			+（2）S修饰O
5. S 把O_1 VC O_2	5A、S^S(VO_1)^P +O_1^S(CO_2)^P		他把我说低了头 （他说我+我低了头）	及	及	廾	廾		+（2）
	5B、S^S(CO_1)^P +O_1^S V^P +O_1^S(有O_2)^P		钉子把衣服划破了一条口子 （钉子划衣服+衣服破+衣服有口子）	及	不	廾	廾		

原刊于1980年第2期

可能补语用法的研究

刘月华

可能补语，也称"补语的可能式"或"动词的可能态"。它究竟表示什么意义，现有的语法著作都谈得比较简单，认为是表示"可能性"的，具体说明时，多用能愿动词"能"来解释。如认为："……'走得开'是说'能走开'，'放得下'是说'能放下'，'说不定'是说'不能说定'，'想不起来'是说'不能想起来'。"[1] 对于第一语言是汉语的人来说，可能补语是不难运用的，所以不管是建国初期吕叔湘、朱德熙先生的《语法修辞讲话》，还是近年张瑞衡、谢裕民的《语病分析》，[2] 都没有收错用可能补语的病句。但对外国留学生来说，可能补语却是一个语法上的难点。首先，他们难以掌握它，因为外语一般没有类似的表达方式；其次，既然我们用"能"来解释可能补语，他们自然认为"能"完全可以代替可能补语，因而也就不下功夫学，结果造成不用或者尽量回避用可能补语的现象。实际上可能补语与能愿动词"能"的表达功能并不完全一样，有些应该用可能补语的句子，如果用"能"就显得别扭甚至不通。下面是留学生造的句子：

我们不能想到旧社会劳动人民的生活是那样的悲惨。

南京的风景很美，到过那儿的人都不能忘了。

这显然是两个病句。教学实践使我们感到有必要对可能补语做进一步的研究。本文打算就可能补语所表示的意义，特别是它的用法做一些探讨。

按照结构和所表示的语法意义，我们把可能补语分为三类：1. 由"得/不"加"结果补语/趋向补语"构成的，叫 A 类可能补语，连同前面的动词，我们用"V得/不C"表示，如"吃得饱、出不来"；2. 由"得/不"加"了"（liǎo）构成的，叫 B 类可能补语，用"V得/不了"表示，如"去得了、熟不了"；3. 由"得/不"构成的，叫 C 类可能补语，"V得/不得"表示，如"去不得、急不得"。下面分别加以讨论。

---

[1] 丁声树等:《现代汉语语法讲话》，60 页。

[2] 湖南人民出版社，1976 年。

1．A类可能补语——V$^{得}/_{不}$C

1.0　"V$^{得}/_{不}$C"是可能补语中最常用、最基本的一类。我们说"$^{得}/_{不}$C"是由"$^{得}/_{不}$"加"结果补语/趋向补语"构成的，主要是考虑教学上的方便。因为多数"V$^{得}/_{不}$C"都有相应的结果补语或趋向补语形式，如"看得见"——"看见"，"上不来"——"上来"，[①]因此，在学生学过结果补语和趋向补语之后，告诉他们在动词与结果补语或趋向补语之间加上"得/不"，可以构成可能补语，是很简便的。但应该说明，我们并不认为"V$^{得}/_{不}$C"一定来源于结果补语或趋向补语。

1.1　一般的语法著作说"V$^{得}/_{不}$C"表示"可能性"，这话不能算错，不过过于笼统；[②]仅仅用"能"来解释它，认为它和"能"的表达功能完全一样，就不够准确了。因为"能"的意义很多，可能补语只与它的部分意义相当。本文在说明"V$^{得}/_{不}$C"的意义时，仍然采用与"能"相比较的方式，也是出于教学方便的考虑。实际上，这种做法并不是唯一可行的。

能愿动词"能"的意义很多，与本文有关的有以下五个。（1）表示具有某种能力，或主观条件容许实现（某一动作），如"他能说三种外语""我能举起一百斤东西"。（2）表示具备某种客观条件，或客观条件容许实现（某一动作或变化），如"今天气温很低，水能结成冰""只要控制饮食，你就能瘦下来"。（3）表示"有可能"，如"都十点多了，他还能来吗？"（4）表示"准许"，如"没有我的命令你不能动！"（5）表示"情理上许可"，如"里面正在开重要会议，你不能进去"。我们把（1）（2）（3）义称为甲类意义，（4）（5）义称为乙类意义。"V$^{得}/_{不}$C"所表示的意义大体上与"能"的甲类意义相当。由于"V$^{得}/_{不}$C"都包含某种结果或趋向，所以我们可以把它的语法意义概括为"表示主、客观条件是否容许实现某种动作的结果或趋向"。如：

（1）红娘子的精神非常振奋，再也坐不下去……（姚雪垠）

（2）小毛只看见镢头也不敢看人，吓得半句话也说不出来。（赵树理）

这两句说的是主观条件，例（1）是说"红娘子"因"精神非常振奋"，不能继续保持"坐"的姿态；例（2）是说"小毛"因为"吓"（害怕），使"说出话来"不能得到实现。

---

① 有些"V$^{得}/_{不}$C"没有相应的结果补语或趋向补语形式，如"来得及"——＊"来及"，"靠不住"——＊"靠住"，"对不起"——＊"对起"，等等。这类可能补语多与前边的动词结合得很紧，成为一个凝固的熟语性结构。这类可能补语数目不多，大都可以在词典里查到，我们称为A′类可能补语。

② 范继淹同志在《动词和趋向性后置成分的结构分析》一文中曾说："一般认为'得/不'表示可能，即使就意义而言，也失之于笼统。……似乎只表示'是否具备某种能力或条件'，而不表示'客观出现的可能'。"（见《中国语文》1963年第2期）这个看法是很有道理的。

（3）我到他门口看看，门关了，什么也听不见。（赵树理）

（4）（小矮子）两个大门牙支出来，说话有些关不住风。（曹禺）

这两句说的是客观条件，例（3）是说因为"门关了"，所以不能实现"听见"；例（4）是说由于"两个大门牙支出来"，所以不能把风"关住"。

（5）老营的事情你只管放下，交代别人替你半天，天塌不下来。（姚雪垠）

这句话的"V不C"表示"不可能"，是根据主、客观条件对情况进行的估计。[①]

"能"的乙类意义，不能用"V$^得_不$C"来表达。如：

（6）要走都走，要留都留，……打仗的力量，不能分开！（老舍）

这里的"不能"是"情理上不许可"的意思，不能变换作"……打仗的力量，分不开！"

（7）早知道你来干什么了，你不能带走喜儿！（贺敬之）

这里的"不能"是"不准许"的意思，也不能变换作"……你带不走喜儿！"

1.2 虽然"V$^得_不$C"包含肯定和否定两种形式，但我们发现，在汉语里这两种形式的使用频率极为悬殊。我们对陈述句中"V$^得_不$C"的使用情况做了一个统计，采用的材料共计 1145000 字，其中有：

曹禺 《曹禺剧作选》 297000 字　　赵树理 《李有才板话》 77000 字

老舍 《骆驼祥子》 143000 字　　　　　　《李家庄的变迁》 85000 字

　　　《老舍剧作选》 263000 字　　姚雪垠 《李自成》（二卷下） 280000 字

统计的结果是："V 得 C"二十四个，"V 不 C"一千二百一十一个。

这个数字向我们提出了一个问题："V 得 C"和"V 不 C"的表达功能是不是有所不同？我们想通过"V$^得_不$C"与"$^能_不能$VC"使用情况的比较，来回答这个问题。

1.3 为了解决这个问题，首先有必要讨论一下与"能"关系十分密切的能愿动词"可以"的意义和用法。"可以"的意义也很多，与本文有关的主要也有两类：甲、"主客观条件容许实现"，即与"能"的甲义相同。如"小明一口气可以跑五十米""河上有一座小桥，可以过去"。乙、"准许、情理上许可"，即与"能"的乙义相同。如"休息厅可以抽烟""你怕不安全，可以带着枪"。但在实际语言中，"可以"与"能"的分布不完全一样。我们做了一个统计。

[①] 凡是根据主、客观条件进行的估计，一般能用"V$^得_不$C"来表达。如果是根据其他情况进行的估计，往往不能用"V$^得_不$C"，如：

他每天都在家，我想今天也不会出去。＊他每天都在家，我想今天也出不去。

肯定

	甲义 能	甲义 可以	乙义 能	乙义 可以
曹禺	27	22	—	43
老舍	288	105	2	38
赵树理	114	31	6	80
姚雪垠	137	62	9	23
合计	566	220	17	184

疑问

	甲义 能	不能	能不能	合计	可以	乙义 能	不能	能不能	合计	可以	不可(以)	可否	合计
曹禺	2	1	1	4	—	18	6	—	24	2	2	—	4
老舍	39	2	5	46	—	57	4	—	61	4	2	—	6
赵树理	28	5	6	39	—	10	7	1	18	1	—	—	1
姚雪垠	19	—	1	20	—	8	—	1	9	2	1	1	4
合计	88	8	13	109	—	93	17	2	112	9	5	1	15

否定

	甲义 不能	不可(以)	乙义 不能	不可(以)
曹禺	19	—	77	1
老舍	24	—	77	2
赵树理	40	—	39	4
姚雪垠	65	8	59	28
合计	148	8	252	35

由此材料，可以得出如下的结论。

1. 表示肯定的甲义，可以用"能"，也可以用"可以"，我们感觉"能"比"可以"更加口语化；否定的用"不能"，只有在文言色彩较浓的作品中可以发现"不可"（如《李自成》）；表示疑问只能用"能"。

2. 表示肯定的乙义，一般用"可以"；① 否定的用"不能"，只有文言色彩较浓的作品有时用"不可"，"不可以"是很少见的；表示疑问多用"能"，也可以用"可以"，"能"更口语化。

"能"和"可以"的分布见下表。

---

① 我们的材料里有十七例表示肯定乙义的"能"，其中十二例前面有副词"只"，三例前面有副词"才"，这样用的"能"总是与"不能"有这样或那样的联系。例如：

按"老规矩"，丈夫打老婆，老婆只能挨几下躲开（不能还手——笔者）……（赵树理）

从今日起，红娘子要同李公子互相回避，直到拜天地才能见面（在此之前不能见面——笔者）。（姚雪垠）

我打听过区上的同志，人家说只要男女本人愿意，就能到区上登记（并不是不能登记——笔者）……（赵树理）

	甲义	乙义
肯定	能/可以	可以_能
疑问	能	能_{可以}
否定	不能	不能

注：小号字表示较少使用。

因此，在比较"V^得/_不C"与"^能/_{不能}ＶＣ"时，也应该把"^{可以}/_{不可以}ＶＣ"考虑进去。

1.4 现在我们来看看"V^得/_不C"与甲、乙二义的"^能/_{不能}ＶＣ""^{可以}/_{不可以}ＶＣ"在实际语言中出现的情况。①

根据下表统计，我们得出以下结论。

1. 甲义肯定的，多用"能ＶＣ"或"可以ＶＣ"，"Ｖ得Ｃ"用得较少。

2. 甲义否定的，一般用"Ｖ不Ｃ"，"不能ＶＣ"极少见。

3. 甲义疑问形式既可以用"（能）Ｖ得Ｃ""Ｖ不Ｃ"，也可以用"能ＶＣ"；"能不能ＶＣ""Ｖ得ＣＶ不Ｃ"用得较少，这可能是为了避免音节太多，说起来烦冗拗口。我们还发现"Ｖ得Ｃ"特别是"能Ｖ得Ｃ"多用于反问（三十五例"Ｖ得Ｃ"中有二十二例，八例"能Ｖ得Ｃ"中有七例），"Ｖ不Ｃ"多用于询问（十五例中有十一例）。

4. 乙义肯定的用"可以ＶＣ"，否定的一般用"不能ＶＣ"，疑问的多用"能ＶＣ"，也可以用"可以ＶＣ"，"能ＶＣ"更加口语化。

		甲义			乙义	
		V得C	能VC	可以VC	能VC	可以VC
肯定	曹禺	19	5	5	—	8
	老舍	19	76	25	—	2
	赵树理	1	28	4	—	1
	姚雪垠	3	22	16	—	—
	合计	42	131	50	—	11

① A′类"V^得/_不C"，因没有相应的"^能/_{不能}ＶＣ"或"^{可以}/_{不可以}ＶＣ"形式，所以不做这种比较。A′类"V^得/_不C"出现的情况见下表。

	肯定	疑问				否定
	V得C	V得C	V不C	能V得C	合计	V不C
曹禺	17	10	—	—	10	64
老舍	25	11	—	—	11	84
赵树理	9	3	—	1	4	34
姚雪垠	8	—	—	—	—	37
合计	59	24	—	1	25	219

续表

		甲义								—	乙义	
		V得C	V不C	V得C V不C	能V得C	合计	能VC	能不能VC	合计	—	能VC	可以VC
疑问	曹禺	8	3	—	—	11	—	—	—	—	—	1
	老舍	16	9	3	5	33	9	2	11	—	—	—
	赵树理	8	2	—	—	10	5	2	7	—	1	—
	姚雪垠	3	1	—	3	7	6	—	6	—	1	—
	合计	35	15	3	8	61	20	4	24	—	2	1

		V不C	不能VC	不可（以）VC	不能VC	不可（以）VC
否定	曹禺	267	—	—	1	1
	老舍	492	3	—	8	—
	赵树理	273	—	—	—	1
	姚雪垠	179	1	—	2	—
	合计	1211	4	—	11	2

由此我们概括出"V$^得/_不$C"与甲、乙二义的"$^能/_{不能}$V C""$^{可以}/_{不可以}$V C"的分布（见下表）。

	甲　有能力、有条件、有可能	乙　准许、许可
肯定	能VC　可以VC$_{V得C}$	可以VC
疑问	V$^得/_不$C　$^能/_{不能}$VC	能VC　可以VC
否定	V不C$_{不能VC}$	不能VC

1.5　为什么"V得C"与"V不C"的功能不同？我们想通过"V$^得/_不$C"与甲义的"$^能/_{不能}$V C"和"$^{可以}/_{不可以}$V C"的变换来说明。

我们发现，"V不C"大多数不能变换作"不能VC"，如果进行变换，有些句子将站不住：

（8）破了洛阳，咱们的人马会多得带不完。（姚雪垠）

　*破了洛阳，咱们的人马会多得不能带完。

（9）你编的，大伙儿念不懂，我编才行。（老舍）

　*你编的，大伙儿不能念懂，我编才行。

（10）你还有点叫不出口，是么？（曹禺）

　*你还有点不能叫出口，是么？

有些"V不C"变换作"不能VC"后意思可能改变，试比较：

（11）高夫人只是谦逊，不肯答应，可是又搀不起来，十分为难。（姚雪垠）

高夫人……，可是又不能搀起来，……。

这里，第一句的"搀不起来"意思是"搀了"，但因为被搀的人态度坚决，所以"搀不起来"，属于甲类意义；第二句的"不能搀起来"意思是"情理上不许可"——"不应该搀起来"，属于乙类意义。又如：

（12）看看，我的天，得有多少宝贝东西带不走啊！（姚雪垠）（甲义）

看看，我的天，得有多少东西不能带走啊！（乙义）

（13）我，我说不出来，爸。（曹禺）（甲义）

我，我不能说出来，爸。（乙义）

这一类"V不C"有时可以变换作"不能VC"，如：

（14）在沙漠里养不出牡丹来。（老舍）

在沙漠里不能养出牡丹来。

（15）这班富户……，你就是把他们的粮食搜光，也饿不掉他们一颗大牙。（姚雪垠）

这班富户……，也不能饿掉他们一颗大牙。

在我们的材料里发现了四例甲类意义的"不能VC"，如：

（16）在那些艰难的日子里，我倘若不在那一群猴子面前树起威来，别说不能打败官军和乡勇……。（姚雪垠）

（17）眼泪感动不了父亲，眼泪不能喂饱了弟弟，她得拿出更实在的来。（老舍）

我们考察了为数不多的甲义"不能VC"，发现它一般都出现在说话者表述自己的观点、看法的句子里。

与"V不C"不同，"V得C"一般都能变换作"能VC"或"可以VC"：

（18）拉到了地点，祥子的衣裤都拧得出汗来……。（老舍）

……祥子的衣裤都能（可以）拧出汗来……。

（19）句句都听得懂，全是老百姓的家常话，也是心里话。（姚雪垠）

句句都能（可以）听懂……。

（20）眼神中看得出抑郁、不满、怨恨。（曹禺）

眼神中能看出抑郁、不满、怨恨。

在表达"主、客观条件容许实现"这个意义上，"能VC""可以VC"比"V得C"要肯定得多。

由此，我们得出以下结论：A类可能补语主要用来表达"由于受主、客观条件的限制，不能实现某种结果或趋向"，即"非不愿也，实不能也"这个意义，在表达这个意思上，

"V不C"是最恰当的甚至往往是唯一的表达方式，它是"不能VC"或"不可以VC"所代替不了的；"V得C"主要用于疑问句，在陈述句中很少使用，当要表达"有能力、有条件实现某种动作的结果或趋向"这个意义时，更多的是用"能VC"或"可以VC"。在我们所用的材料中，有下面一类句子，有助于说明我们的这个结论：

（21）他又往前凑了一凑，能听见说说笑笑，却听不见说什么。（赵树理）

（22）因为隔着山，看不见发火的地方，只能看见天空一亮一亮的，机枪步枪的声音也能听见。（赵树理）

（23）四外由一致的漆黑，渐渐能分出深浅，虽然还辨不出颜色……。（老舍）

这种"能VC"与"V不C"呼应连用的，在我们的材料中发现了五例，却没有发现A类"V得C"与"V不C"呼应连用的句子。不过，我们并不认为这种呼应连用是不可能的。

1.6　我们还发现八例"VC"与"V不C"呼应连用的。如：

（24）那是正犯，拿住呢有点赏，拿不住担"不是"。（老舍）

（25）拉不着钱，他泡蘑菇；拉着钱，他能一下子都喝了酒！（老舍）

（26）你猛拉弓，感觉左手中指碰到箭头，就是弓拉满了；碰不到，就是弓未拉满。（姚雪垠）

这种情况多出现在假设句中。这说明"V不C"有时不一定包含"不能"的意思，或"不能"的意思很不明显，而只表示做了某个动作，但没有取得某种结果。而"V得C"则总包含"能、可以"的意义。① 这是否也是"V不C"与V得C表达功能不同的一个原因？

1.7　现在我们讨论"V得C"的用法。

根据材料中出现的表肯定的四十二例"V得C"，可以看出它主要用于以下几种情况。

1）如果问话中有"V得/不C"，回答时一般用"V得C"。如：

（27）高永义：沉不住气了吗？三哥？

高秀才：我沉得住气，我没着急。（老舍）

2）两个"V得C"连用，形成一种固定的句式：

（28）虎妞说得出来，就行得出来。（老舍）

3）当说话者对"能实现某种结果或趋向"把握不大或表达"勉强能实现某种结果或趋向"的意义时，多用"V得C"，动词前面常有"也许、大概"一类副词：

---

① 杨建国同志在《补语式发展试探》（见《语法论集》第三集）一文中曾说，"大约在两晋的时候，汉语中就出现了可能式的否定式"，其来源"可能是上古'A+不A'（A代表动词——引者）并列式的粘合"，"后项表示前项反面的结果"；而肯定式"是唐代中叶以后才出现的"，它是由"'动词'+'得'+'动词'构成的"，"'得'表示'可能的意义'"。这个结论与我们对现代汉语中某些"V得C"与"V不C"的观察结果是一致的。

（29）听说你明天开张，也许用得着，特意给你送来了。（老舍）

（30）……我就照着他的样子刨。也行！也刨得起来了，只是人家一镰两镰就刨一棵，我五镰六镰也刨不下一棵来。（赵树理）

（31）到了西长安街，街上清静了些，更觉出后面的追随——车辆轧着薄雪，虽然声音不大，可是觉得出来。（老舍）

与此类似的，是剧本中作者对舞台布景或人物的说明。如：

（32）从纱门望出去，花园的树木绿荫荫的，听得见蝉叫声。（曹禺）

（33）黎明之前，满院子还是昏黑的，只隐约的看得见各家门窗的影子。（老舍）

这种"V得C"所表示的结果都是剧作者打算通过布景道具或人物的化装、表演使观众感觉出来的，而不是"显而易见"的，其肯定程度自然差些。

4）"V得C"前有否定词语，这时虽然形式上是"V得C"，但整个句子所表示的意思是否定的，语气稍委婉些：

（34）就凭你这么连点硬正气儿都没有啊，没有一个姑娘看得上你！（老舍）

（35）我这些年的苦不是你拿钱算得清的。（曹禺）

（36）哼，我假若是有病，也不是医生治得好的。（曹禺）

5）形式上用"V得C"，但说话者所要表达的意义与"V不C"有某种联系。如：

（37）你上哪儿我也找得着！（老舍）

这句话的含义是"你别以为我找不着"。

（38）苦人跟苦人才说得到一块儿呢！（老舍）

这句话的含义是"苦人跟享福的人是说不到一块儿的"。

（39）你的手段我早明白，只要你能弄钱，你什么都做得出来。（曹禺）

这句话的含义是"没有什么坏事你做不出来。"

在四十二例"V得C"中，绝大部分（三十七例）属3）4）5）。1）是语言环境决定的；2）是一种特殊的固定用法；3）4）5）体现了"V得C"的表达功能。这三种用法可以归结到一点：都与"V不C"有某种联系。也就是说，当要委婉地表达否定的意思，表达不大有把握的肯定或反驳某种否定的想法时，"V得C"是比"能VC"更富于表现力的。这就从反面进一步说明A类可能补语主要表达"主、客观条件不容许实现某种动作的结果或趋向"这种意义。

附带说明一点，不少语法著作指出"V$^得_不$C"前还可以加"能"来加强"可能"的意思，我们说，这只适用于"V得C"。我们的材料中有九例用于陈述句的"能（可以）V得C"，如：

（40）她颇得用点心思才能拢得住这个急了也会炮蹦子的大人，或是大东
西。（老舍）

（41）她的眼睛更显得大而有光彩，我们可以看得出在那里面含着镇静、和
平与坚定的神色。（曹禺）

这是"能（可以）VC"与"V得C"双管齐下的混合形式，"能（可以）"是羡余成分
（redundant）。从语气的肯定程度来看，"能（可以）V得C"介于"能（可以）VC"与"V
得C"之间。

但"V不C"前一般不能加"不能"，因"不能V不C"是双重否定。在汉语里双重
否定等于肯定，再加上"不能"的多义性，"不能V不C"的意义会与"V不C"相差很远。
试比较：

你完不成这个任务。（甲义）　　你不能完不成这个任务。（乙义）

这本书他看不懂。（甲义否定）　这本书他不能（会）看不懂。（甲义肯定）

1.8　包含"V$_{不}^{得}$C"的句子的结构特点。

1.8.1　能带"V$_{不}^{得}$C"的主要是动词，而且以单音动词为多。如果单音动词与双音动词
同义，一般用前者。如说"吐不出来"，不说"呕吐不出来"，说"考不好"，不说"考试
不好"。能愿动词、表示致使意义的"使、让、叫"、某些表示心理活动的动词如"想（'想
念'义）、懂"以及"是、有、为、像"等，不能带"V$_{不}^{得}$C"。

形容词有时也可带"V$_{不}^{得}$C"，如"红不起来、好不下去、热不死"等。

关于哪些趋向补语能构成可能补语，范继淹同志在《动词和趋向性后置成分的结构
分析》[①]一文中做了分析，并列举了不能构成"V$_{不}^{得}$C"的VC结构。一般来说，用于
基本意义的趋向补语易于构成"V$_{不}^{得}$C"。不能构成"V$_{不}^{得}$C"的，多为引申意义的，
如"哭开了"——*"哭不开"，"看上去"——*"看不上去"。结果补语大多数可以构
成"V$_{不}^{得}$C"。

1.8.2　包含"V$_{不}^{得}$C"的句子，动词前可以有状语，但限于修饰整个谓语的表示时
间、处所、范围、对象等方面的词语。如：

（42）小毛见不说马上就活不成了，就……。（赵树理）

（43）一直到半夜，他还合不上眼。（老舍）

（44）她的小丈夫和她谈不上话来……。（曹禺）

动词前一般不能用表示动作者动作时的心情、态度以及修饰动作的描写性状语。试比较：

（45）他在哪里呢？他自己也不能正确地回答出。（老舍）

---

① 《中国语文》1963年第2期。

　*……，他自己也正确地回答不出。

　　（46）你能高高兴兴地做完这件事吗？

　　　*你高高兴兴地做得完这件事吗？

　1.8.3　有些"V不C"中间可以插入"太、大、很"一类程度副词。如：

　　（47）天似乎已晴，可是灰濛濛的看不甚清，……。（老舍）

　　（48）我看不大清楚啊！（老舍）

A′类"V不C"是熟语性的，中间不能插入此类副词，如不能说"对不很起、来不太及"等。

　1.8.4　"V$^{得}/_{不}$C"一般不能用于"把"字句、"被"字句的谓语动词后，①不能用于连动句的第一动词后。下面是留学生的病句：

　　我把这个活干不好。　　　这个杯子被他打不破。

　　他病刚好，出不去散步。　我没有票，进不去看电影。

2. B类可能补语——V$^{得}/_{不}$了

　2.0　"了"的本义是"完、结束"。由"$^{得}/_{不}$了"构成的可能补语，用在某些动词后，"了"有时仍表示"完、掉"一类结果意义。②如：

　　（49）这个西瓜太大，咱们俩吃不了。（＝吃不完）

　　（50）咱们俩的事，一条绳拴着俩蚂蚱，谁也跑不了。（＝跑不掉）（老舍）
下面的句子最能说明问题：

　　（51）以前的一切辛苦困难都可一眨眼忘掉，可是他忘不了这辆车！（老舍）
这一类的"不了"应属A类可能补语。

　　由"$^{得}/_{不}$了"构成的B类可能补语，"了"一般不表示"完"等意义，整个可能补语表示"能"的甲类意义。③如：

　　（52）你呀，看不起我，怕我给不了房租！（老舍）

　　（53）只有学生有钱，能够按月交房租，没钱的就上不了大学啊！（老舍）

　　（54）我看这群浑蛋都有点回光反照，长不了。（老舍）

　　乙类意义的"能"不能用"$^{得}/_{不}$了"来表达，如：

　　（55）妈，您别再这样劝我了，我们不能认命。（曹禺）

---

　① A′类"V$^{得}/_{不}$C"有时可用于"被"字句，例如"他不明白自己为什么总是被人看不起"。

　② 表示"完成"意义的"了"（le）用在此类动词后一般也表示"掉"一类的结果意义。这类动词如"吃、喝、跑（逃跑）、用、烧、忘、卖"等。

　③ 因此"V不了"有时有两种意思：这碗饭盛得太满了，我吃不了。（V不C）这碗饭馊了，吃不了了。（V不了）

＊妈，……我们认不了命。

（56）一个人不能去，看掉在沟里头！（老舍）

＊一个人去不了，看掉在沟里头！

虽然在表达"能"的甲类意义方面"V$_{不}^{得}$了"与"V$_{不}^{得}$C"有相似之处，但"V$_{不}^{得}$C"总是与动作的某种结果或趋向相联系，而 B 类"V$_{不}^{得}$了"一般与动作的结果或趋向无关。试比较：

（57）今天晚上我有事，看不完这本书了。（不能实现"看完"）

（58）今天晚上我有事，看不了这本书了。（不能实现"看"）

2.1 "V$_{不}^{得}$了"也主要表示"由于受主、客观条件的限制，不能实现某种动作或变化"。在实际语言中，"V 不了"出现的频率远远超过"V 得了"，我们的统计如下表。表示肯定意义时与"V 不了"呼应连用的常常是"能 V""可以 V"。如：

（59）三哥，属老虎的才能干这种事儿，属耗子的干不了。（老舍）

（60）竹均，一个人可以欺骗别人，但欺骗不了自己……。（曹禺）

"V 得了"的用法与"V 得 C"基本一样。

	肯定	疑问					否定
	V 得了	V 得了	V 不了	V 得了 V 不了	能 V 得了	合计	V 不了
曹禺	1	1	1	—	—	2	41
老舍	2	6	4	2	1	13	98
赵树理	3	4	3	1	—	8	78
姚雪垠	—	—	—	—	—	—	21
合计	6	11	8	3	1	23	238

2.2 与"V 不 C"不同，"V 不了"很多可以变换作"不能 V"：

（61）一个男子汉，干什么吃不了饭，偏干伤天害理的事！（老舍）

一个男子汉，干什么不能吃饭……

（62）不收？是治不了啦？（曹禺）

不收？是不能治啦？

（63）画的天好，当不了饭吃啊！（老舍）

画的天好，不能当饭吃啊！

不过在表达"主、客观条件不容许实现"这个意思时，"V 不了"的语气更加肯定。

有时，"V 不了"变换成"不能 V"也会表示乙类意义。如：

（64）天黑以前你回不了家。（甲义） 天黑以前你不能回家。（乙义）

（65）大娘有病起不了炕。（甲义）　　大娘有病，不能起炕。（乙义）

不过，如在句末加上助词"了"，会限制"不能"的意义，使之也表示甲义，如"天黑以前你不能回家了"，"大娘有病，不能起炕了"。这说明，与"V不C"相比，"V不了"更易于为"不能V"所代替。在实际语言中，"V不了"多用于口语；书面语或正式场合，表达同样的意思时，更多的是用"不能V、V不C"或其他表达方式。

2.3　包含"V^得/$_不$了"的句子与包含"V^得/$_不$C"的句子的结构特点基本相同，值得提出的有以下两点。

1）动词或形容词与"^{得}/$_不$了"结合要比与"^{得}/$_不$C"结合来得容易，结合面也宽些。不但某些双音动词可以与"^{得}/$_不$了"结合，就连前面有状语的动词甚至带其他补语的动词后面都可以用"^{得}/$_不$了"。如：

（66）他每天都踩着铃儿来，今天也早来不了。

（67）我们这里埋没不了人材。

（68）（崇祯）担心山东的变乱正在如火如荼，扑灭不了……。（姚雪垠）

（69）爱怎样怎样，反正这点钱是我的！谁也抢不了去！（老舍）

这是因为"V^得/$_不$了"主要用于口语，所以结构上相对地自由些。除了能愿动词、表示使令意义的"使、让、叫"等以外，一般动词后都可以用"^{得}/$_不$了"。但多用于书面语的动词，如"遴选、沐浴、披露、著、逾"等，后面不能用"^{得}/$_不$了"。

不能带"^{得}/$_不$了"的形容词主要有以下两类。

a.某些常用于书面语的，如"肮脏、稠密、疲乏、美丽、懦弱、细腻、衰败"等。

b.非谓形容词。如"男、女、雌、雄、正、副、横、竖、夹、大型、初级、多项、个别、共同、主要、新生、慢性、新式、四方、万能、天然、人为、袖珍、高频"等。

2）B类可能补语中间不能插入程度副词。

3. C类可能补语——V^得/$_不得$

3.0　动词或形容词后可以只用"^{得}/$_不得$"作补语，如"吃不得、急不得"，[①] "^{得}/$_不得$"表示两种语法意义，或者说有两种C类可能补语，C_1类与C_2类。

3.1　C_1类"V^得/$_不得$"表示"主、客观条件是否容许实现某动作"，即与"V^得/$_不$了"的意义相同。如：

（70）（三仙姑）羞得只顾擦汗，再也开不得口。（赵树理）

（71）说你再也出不了门，做不得事，只会在家里抽两口烟……（曹禺）

---

① 陆志韦先生等《汉语的构词法》（修订本，78页，1964年）认为，这种补语的肯定形式后省略了一个"得"字："不能希望有一个'吃得得'，这里是省去了一个'得'。"

C₁ 类 "V^{得}/$_{不得}$" 在普通话里用得很少，所以甲义的 "^{能}/$_{不能}$V" 一般不能变换作 C₁ 类 "V^{得}/$_{不得}$"，但往往可以变换作 "V^{得}/$_{不}$了"。如：

（72）我没有时间，不能去了。 ＊我没有时间，去不得了。 我没有时间，去不了了。

C₁ 类可能补语有些也是熟语性的。"^{得}/$_{不得}$" 与前面的动词凝结成一个词，这是早期白话的遗留，在普通话里常用。如 "恨不得、怪不得、巴不得、由不得" ——只用否定形式；"舍^{得}/$_{不得}$、值^{得}/$_{不得}$、记^{得}/$_{不得}$" ——肯定、否定形式都用。

C₁ 类 "V^{得}/$_{不得}$" 统计如下表。在这一百六十四个 "V^{得}/$_{不得}$" 中，只有六例是非熟语性的；八个疑问形式全表示反问。

	肯定	疑问			否定
	V 得	V 得	V 不得	合计	V 不得
曹禺	7	—	—	—	33
老舍	10	2	1	3	40
赵树理	6	3	2	5	37
姚雪垠	1	—	—	—	22
合计	24	5	3	8	132

3.2 C₂ 类 "V^{得}/$_{不得}$" 表示 "情理上是否许可"，可以用在动词和形容词后：

（73）凉水浇不得！（曹禺）

（74）这个人你可小看不得。（赵树理）

（75）那推针的手，轻不得、重不得、快不得、慢不得。

表示 "情理上不许可" 的 "不能"，有些可以变换作 C₂ 类 "V 不得"：

（76）一个人不能去，看掉在沟里头！（老舍）

一个人去不得，看掉在沟里头！

但表示 "不准许" 意思的 "不能" 不能变换作 "V 不得"：

（77）没有我的命令你不能走。

＊没有我的命令你走不得。

有时，"不能 V" 与 "V 不得" 连用可表示同样的意思：

（78）那寿木是四川漆，不能碰！碰不得！（曹禺）

"V 不得" 比 "不能 V" 的语气要重。

除了疑问句外，C₂ 类可能补语只用否定形式。这是因为此类可能补语一般用来表示规劝、提醒或警告，说明不要做或避免出现 "不得" 前的动词或形容词所表示的动作或情况，否则会带来不良后果。C_2 类 "V 不得" 只出现在口语中。这类可能补语出现的情况统计见下表。

	肯定	疑问				否定
	V 得	V 得	V 不得	V 得 V 不得	合计	V 不得
曹禺	—	—	—	—	—	12
老舍	—	—	—	—	—	6
赵树理	1	—	1	—	1	23
姚雪垠	—	—	—	—	—	6
合计	1	—	1	—	1	47

这里唯一的一个肯定形式 "V 得" 是出现在 "V 得 V 不得" 连用的结构里：

（79）他虽是个有钱的，可是进得出不得……（赵树理）

这可以说是一个特殊用法。

因此，可以说 "V 不了" 与 "V 不得" 有个明显的分工："V 不了" 专用于甲类意义，表示 "没有能力、没有条件、没有可能"；"V 不得" 主要用于乙类意义，表示情理上不许可。

3.3　包含 C_2 类 "V 不得" 的句子的结构特点，有两点应该提出。

1）"V 不得" 中的动词也以单音的为多。不能带 "不得" 的动词主要有：

a. 口语中不常用的，如 "通讯、敬佩、拥戴、著、售" 等。

b. 表示动作者所不能控制的动作的动词，如 "醒、传染、长（zhǎng）、度过、遇、吃惊、觉悟、爆发" 等。[1]

c. "是、为、像、以为" 以及能愿动词。

能带 "不得" 的形容词多是口语中常用的，主要有 "大、小、高、低、长、短、粗、细、宽、窄、厚、薄、满、空、多、少、偏、歪、斜、弯、深、浅、重、轻、快、慢、迟、浓、淡、密、稀、软、硬、紧、松、乱、稳、错、贵、贱、简单、复杂、热、冷、凉、早、晚、甜、酸、辣、咸、饿、累、闲、慌、胖、美、骄傲、糊涂、灵活、老实、谦虚、粗鲁、冒失、粗心、大意、随便、认真、马虎、麻痹、厉害、紧张、急、客气、严、活泼、顽固、疲沓、固执、热情、大方、小气、自私、激烈、懒、勉强、顽皮、高兴、恼、亲热、兴奋、保守、积极、消极、悲观" 等。

2）"V 不得" 后很少带宾语，如果有宾语，宾语的结构也一定很简单，如 "开不得口、

---

① 本节列举的限于《普通话三千常用词表》（初稿）所收录的词。

怨不得他"等。谓语动词如有受事，多位于"V 不得"前作主语，位于"V 不得"后作宾语的少见。试比较：

（80）你那犹犹豫豫的老毛病可犯不得。　可犯不得你那犹犹豫豫的老毛病。

原刊于 1980 年第 4 期

先秦"动·之·名"双宾式中的"之"是否等于"其"？

何乐士

本文所讨论的题目，是古汉语语法研究中有争议的一个问题。认为部分（或大部分）动词后的"之"等于"其"的意见，可以马建忠和杨树达为代表。马建忠说："'之'在'为'字后有偏次（即领格——笔者）之解。"[①] 他在例句中举出的动词，还有"夺、斩、问、失"等。杨树达说："古人文字，'之'字可用为'其'，'其'字亦可用为'之'，颇无划然之界限。"[②] 动词带"之"的双宾式，他几乎都认为是"之"字用于领位。

这种意见一直延续下来。所不同的只是动词范围有大小。比较一致地涉及到的动词有"为、夺、视、枕、斩、闭、足、取"等。[③]

持不同意见的人也有，如吕叔湘先生说过："'之'字的用途只限于作止词及补词，不能作主语或领属性加语。""'其'字只能用在领格。这是先秦的用法。"[④] 但这种意见是少数。

本文以《左传》[⑤]为主，参照其他一些先秦古籍，来检验一下前人的论述，并谈谈自己的看法。

1. "之、其"分工明确

先以《左传》为例，看看"动·之·名""动·其·名"两种格式中的"之、其"各有什么特点，是否可以互换。

[①] 《马氏文通》校注本上册，44—45页。

[②] 《古书疑义举例》续补二，226页，中华书局，1963年。又，《词诠》（中华书局，1965年）182页、《高等国文法》（商务印书馆，1935年）88—89页谈到这个问题。

[③] 请参看《汉语史稿》中册，264—265页；周法高《中国古代语法·称代编》，94—95页。

[④] 《中国文法要略》，157页，商务印书馆，1957年。另外，王力主编《古代汉语》上册第一分册（中华书局，1963年）227—229页也谈到这个问题。

[⑤] 先秦古籍中，《左传》的篇幅最大，其中"之"出现七千余次，"其"出现两千余次，各种语法现象具有一定代表性。本文统计数字容或有疏漏，但基本可靠。

1.1 "动·其·名"共出现一千二百四十四次，约占"其"出现总数二千四百六十九次的一半。此式中的"其"有两个明显的特点。

（一）绝大多数（约占百分之九十七）的"其"都表领格。如：

（1）陈人杀其大子御寇。（庄公廿二年，简作"庄₂₂"，以下照此类推。）

还有极少数（约百分之三）起指示作用，表示"这、那"等。如：

（2）吾无其功，敢有其实乎！（成₃）

（二）"其"在表领格的同时，约有半数以上（约占百分之六十）反指动作的施事者自身。如：

（3）卫侯来献其乘马。（昭₂₉）

（4）子有令闻而美其室，非所望也。（襄₁₅）

（5）臣竭其股肱之力。（僖₉）

例（3）反指第三人称主语，这种最多。例（4）和（5）分别反指第二、第一人称主语。

其他百分之四十左右的"其"在表领格的同时，指代动作的受事一方。如：

（6）令无入僖负羁之宫而免其族，报施也。（僖₂₈）

（7）楚子之为令尹也，杀大司马蒍掩而取其室。（昭₁₃）

1.2 "动·之·名"共二百零二例。按动词与两个宾语的关系可把这类例句分为两项。

（一）动（与、为、赐、告……）·之（宾₂）·名（宾₁）

名（宾₁）为直接宾语，原是施事者给宾₂之物或为宾₂所作之事；"之（宾₂）"为间接宾语，是受事一方。宾₁和宾₂分属于施受两方，但都与动词有关。这类共一百九十例，约占"动·之·名"总数的百分之九十四，涉及的动词（共三十五个）及其出现次数如下：

与₄₅ 为₃₂ 赐₂₂ 告₁₁ 示₈ 饮₆ 降₆ 教₆ 馈₄ 分₄ 树₄ 予₄ 授₃ 衣₃ 命₃ 假₃ 著₃ 许₃ 佩₂ 饩₂ 遗₂ 输₁ 闭₁ 属₁ 胙₁ 加₁ 诒₁ 陈₁ 引₁ 委₁ 谥₁ 举₁ 负₁ 生₁ 立₁

例如：

（8）王命尹氏及王子虎、内史叔兴父策命晋侯为侯伯。赐之大辂之服，戎辂之服，彤弓一，彤矢百，玈弓矢千，秬鬯一卣，虎贲三百人。（僖₂₈）

（9）史朝见成子，告之梦。（昭₇）

（10）夫人使馈之锦与马。（襄₂₆）

（二）动（夺、斩）·之（宾₂）·名（宾₁）

宾₁宾₂原都为受事一方，经过施事者的动作才发生变化，因而动作与两个宾语都有关。这类共十二例，仅占"动·之·名"总数的百分之六，涉及的动词只有"夺"和

"斩"。如：

（11）牵牛以蹊人之田，而夺之牛。（宣₁₁）

（12）昔我先君桓公与商人皆出自周，庸次比耦，以艾杀此地，斩之蓬蒿藜藿而共处之。（昭₁₆）

从以上两项例句中可以看出"动·之·名"中"之"的特点。

第一，其中的动词所表示的动作都与两个宾语发生关系。因此可以引进介词"为、使、以"，把两个宾语分开，转换为"为·之·动·宾""使·之·动·宾""动·之·以·宾""以·宾·动·之"等格式。如：

为之椟→为之作椟

负之斧钺→使之负斧钺

赐之大辂之服→赐之以大辂之服

馈之锦与马→以锦与马馈之

而"动·其·名"中"其"和"名"不能分开。以"献其马"为例：

为其献马 ×　　　　使其献马 ×

献其以马 ×　　　　以马献其 ×　　（×表《左传》中无此格式。）

这就表明"之"用作宾格而"其"是在领格。

第二，其中的"之"都只代受事一方，不像"其"半数以上反指施事者自身。

从这两点可以看到，"动·之·名"和"动·其·名"是两种不同的语法格式，表达不同的语法意义。

1.3　如果我们同意动词后的"之"等于"其"的说法，将会出现什么情况呢？

那就会改变原结构的性质，使它由双宾变为单宾。同时，本来是指代对方的"之"，改为"其"后，就可能被认为指施事者自身。如：

子文饮之酒。→子文饮其酒。

公衣之偏衣。→公衣其偏衣。

前例由子文给国老饮酒变为子文饮自己的酒；后例由晋献公使大子穿上偏衣变为晋献公穿上他自己的偏衣。不仅"之"所指代的人称变了，动词的用法和意义也随之变化。

1.4　"之、其"分工严格，这一特点在用它们替代先行词时，表现得尤为清楚。如：

"其"＝名＋之（助词）：

（13）吾见师之出，而不见其入也。（僖₃₂）

（14）畏君之威，听其政，尊其贵，事其长，养其亲。（昭₁）

（15）楚子在公宫之北，吴人在其南。（定₄）

"之" = 名（或代）：

在先秦，"名（或代）·名"这一格式，可能是领属关系，也可能是双宾。注意一下"之、其"在同一格式中的替换，就能看出，如果是双宾，前面的"名（或代）"就由"之"来替代；如果是领属，就由"其"来替代：

> 楚子师于武城以为秦援。（襄₉）
> 楚子次于乾谿，以为之援。（昭₁₂）

> 如受吾币而借吾道，……（穀梁传·僖公二年）
> 公弗听，遂受其币而借之道。（同上）

> 荀息曰："……必假我道。"（韩非子·十过）
> 君曰："……若受吾币不假之道，将奈何？"（同上）

2. 对"夺（斩、失、枕）·之·名"的讨论

主张"之"等于"其"的，举例时几乎都少不了"为、夺、斩、失、枕"等动词，因而有必要就它们与"之"所构成的格式做进一步的分析。这一节我们先讨论占"动·之·名"百分之六的第二项例句（"夺、斩"），同时也附带讨论"失、枕"。至于"为"，放在下一节谈。

2.1 "夺·之·名"共十一例。其一已见例（11），再举几例：

（16）不及十年，原叔必有大咎，天夺之魄矣。（宣₁₅）

（17）卫公孟絷狎齐豹，夺之司寇与鄄。（昭₂₀）

（18）司徒期聘于越，公攻而夺之币。（哀₂₆）。

由于"名"原属"之"所代表的受事一方所有，如"夺之杖"，"杖"原属"之"这一方，改"之"为"其"，它们还是一方，只是由双宾变成了单宾；因此很容易使人把"之"误解为"其"。不少人举出"夺·之·名"的例句来证明"之"应等于"其"，原因可能在此。其实情况并不那么简单。《左传》的"夺·其·名"有两例：

（19）文子怒，欲攻之，仲尼止之。遂夺其妻。（哀₁₁）

（20）宋皇瑗之子麇，有友曰田丙，而夺其兄鄭般邑以与之。（哀₁₇）

"夺·之·名"的十一例，每例的"之"都指受事一方。"夺·其·名"只有两例，而其中一例的"其"就是反指施事者自身：例（20）的"其兄"就是指的施事者宋皇瑗之子麇之兄。如果再参照一下先秦其他古籍中的用例，看得就更清楚。如：

（21）绉兄之臂而夺之食，则得食；不绉，则不得食，则将绉之乎？（孟

子·告子下）

（22）厚刀布之敛以夺之财，重田野之税以夺之食。（荀子·富国）

（23）天夺之明，欲无弊，得乎？（国语·郑语）

在这些"夺·之·名"中，"之"无例外地都指受事一方。

（24）彼夺其民时。（孟子·梁惠王上）

（25）故子罕为出彘以夺其君国。（韩非子·外储说右下）

（26）百亩之田，勿夺其时。（孟子·梁惠王上）

（27）遂夺其国而擅其制。（韩非子·内储说下）

（24）（25）两例的"其"都是反指施事者自身。

可见"夺"后面如果是"之"，它所指代的总是受事一方；如果换了"其"，就不是那么一致了。

另外，在"夺·之·名"中，"夺"的动作施及两个宾语，而在"夺·其·名"中，"夺"的对象只有一个。用双宾式，似乎是要突出动词"夺"与受事者"之"的关系，强调的是从对方那里夺过来的。而用"夺·其·名"这种单宾式，强调的则是夺去了对方的某物。

从语法格式上分析，"夺·之·名"中的"之"和"名"可分，"夺·其·名"中的"其"和"名"不可分。如：

夺之杖→向之（他）　　　｜夺杖　　∨

夺其杖→向其（他的）　　｜夺杖　　×

在实际语言中也正是这样。如：

（28）先王违世，犹诒之法，而况夺之善人乎？《诗》曰："人之云亡，邦国殄瘁。"无善人之谓。若之何夺之？（文$_6$）

"夺之善人"的"之"即"诒之法"的"之"，指"邦国"可，指"嗣位者"亦可。如果把"夺之善人"解为"夺其善人"，那么原文的"若之何夺之"，就只能作"若之何夺其善人"，绝不能作"若之何夺其"。

"夺之"后面可以续接介宾词组，如：

（29）夺之以土功……夺之以水事……夺之以兵事……（吕氏春秋·上农）

但却未见一例"夺其以××"。

"夺·之·名"中的"之"和后面"动之"中的"之"一致。如：

（30）邾庄公与夷射姑饮酒，私出。阍乞肉焉，夺之杖以敲之。（定$_2$）

此例可证"夺·之·名"中的"之"为宾格；而"夺·其·名"中的"其"则未见到与"动之"中的"之"等同的。

马建忠在谈到部分动词后的"之"应等于"其"的双宾式时，最后举了"夺·之·名"的一例："项王乃疑范增与汉有私，稍夺之权。"接下去写道："犹云'夺其权'也。然此'之'字可作转词（即间接宾语——笔者）解。"① 可见他已感到把"夺·之·名"的"之"解作"其"是很勉强的。

还要注意这样一个事实，即"夺·之·名"与"夺·其·名"在先秦典籍中的比例约为四比一，② 在《左传》中比例约为五比一，可见"夺"这个动词是以带双宾语为其主要语法格式的。如果来一个大而化之，把它们都解作"夺·其·名"，不仅所表达的意义较之"夺·之·名"将大为逊色，同时在一些句子中将引起歧义，而且是以少数语言现象掩盖了多数。

2.2 "斩·之·名"《左传》中只有一个孤例，见例（12），但却经常被引用为"之"应等于"其"的有力证据。

"斩·其·名"共四例：

（31）郑大旱，使屠击、祝款、竖柎有事于桑山，斩其木，不雨。子产曰："有事于山，蓻山林也；而斩其木，其罪大矣。"（昭16）

（32）（重耳）逾垣而走，披斩其祛，遂出奔翟。（僖5）

（33）孟庄子斩其橁以为公琴。（襄18）

诸例的"其"都用在领格，"斩"只对"木、祛、橁"发生关系；而"斩之蓬蒿藜藋"中的"斩"却涉及两个对象。因此后者可理解为："从（或'自、在'）之（指代一个地方）|斩蓬蒿藜藋。"试比较：

斩其木→从（或"自、在"）其（山的）|斩伐林木 ×

似可认为"斩其△"与"斩之△"中的"斩"在意义上各有所侧重：前者有"砍断、砍伐"之意；后者则强调"灭绝、除尽"的意思，因为它所表达的是从某个地方斩除某物。"斩之蓬蒿藜藋"可以理解为"从（或'在、自'）这个地方斩尽蓬蒿藜藋"，也可理解作"用斩绝蓬蒿藜藋的办法把这个地方铲除干净"。《隐公六年传》的"为国家者，见恶如农夫之务去草焉，芟夷蕴崇之，绝其本根，勿使能殖……"可以看作是对"斩之蓬蒿藜藋"的解释。

同时在"斩·其·名"的四例中，例（33）的"其"反指施事者自身，"斩·之·名"则不存在这问题。从结构上看，上文是"艾杀此地"，"艾杀"带了宾语"此地"，"斩"承接上文以"此地"作宾语（用"之"来指代），是合情合理的。而且"斩之蓬蒿藜藋"恰如对"艾杀此地"的具体解释，使人更能想见垦辟国土之艰辛。再看全句是："斩之蓬蒿藜藋而共处之"，两个"之"都是指代同一对象，即上文"艾杀此地"中的"此地"。

① 《马氏文通》校注本上册，45 页。
② 关于"夺·之·名"与"夺·其·名"在其他先秦古籍中的情况，参照黄盛璋先生《古汉语的人身代词研究》一文（《中国语文》1963 年第 6 期）提供的资料。

2.3 "失·之·名"

（34）国家之败，失之道也，则祸乱兴。（昭₅）

这也是个孤例，而自《马氏文通》以来却屡次被人引作动词后的"之"应解为"其"的证据。

《左传》有"失·其·名"十六例，其中的"其"都无一例外地反指施事者自身。举例如下：

（35）周之子孙日失其序。（隐₁₁）

（36）君失其信，而国无刑，不亦难乎？（襄₂₇）

（37）淫则昏乱，民失其性。（昭₂₅）

由此可以推想，若"失之道"的"之"等于"其"，原文就该直接写作"失其道"，不必拐弯抹角，让"之"来等于"其"。既然原文用"失之道"，想必有它本身的道理。查《左传》在谈到"道"时，常有各种名称，如：忠信卑让之道、爱亲之道、君臣之道，等等。如果承上文而言，则可用指示词"之、是、兹"来表示。如：

（38）……故《诗》曰"陈锡载周"，能施也。率是道也，其何不济？（宣₁₅）

（39）人所以立，信、知、勇也。信不叛君，知不害民，勇不作乱。失兹三者，其谁与我？（成₁₇）

再看"失之道"句的上文：

是以圣王务行礼，不求耻人。朝聘有珪，享觐有璋，小有述职，大有巡功，设机而不倚，爵盈而不饮；宴有好货，飨有陪鼎，入有郊劳，出有赠贿，礼之至也。国家之败，失之道也，则祸乱兴。

细细体味就会发现，"失之道"的"之道"正是指上文所说的"朝聘有珪，享觐有璋""入有郊劳，出有赠贿"等朝聘宴好之道。因此在"失之道"下杜预注明："朝聘宴好之道。"杨伯峻先生在《春秋左传注》中明确指出这个"之"是指示词，"失之道"就是"失此道"，[①]看来是正确的。

2.4 "枕·之·名"《左传》有三例：

（40）公知其无罪也，枕之股而哭之。（僖₂₈）

（41）石恶将会宋之盟，受命而出，衣其尸，枕之股而哭之。（襄₂₇）

（42）伯有死于羊肆，子产襚之，枕之股而哭之。（襄₃₀）

这个"枕之股"也常有人解作"枕其股"。

《左传》的"动·之·名"结构内部有两种语法关系，一为动词与双宾，如"与之邑、

---

① 这是杨先生的新作，即将由中华书局出版。承蒙杨先生将手稿借我阅读，并对本文初稿指正多处，特表感谢。

夺之杖"；一为动宾与补语，如"杀之南里、归之施氏"。二者形式一样，区别的办法之一是，双宾式中，动词所表示的行为及于两个宾语，因而可引进"为、以"诸介词，使双宾式转换为"介（宾）动（宾）"或"动（宾）介（宾）"结构，见前（1.2）。而动补式中的"名"往往代表行为发生的处所，所以可引进介词"于（於）"，转换为"动之于宾"的格式，如"杀之于南里、归之于施氏"等。

"枕之股"应属何种句式？试作以下转换：

> 枕之以股 × 　以股枕之 ×
> 为之枕股 × 　枕之于股 √

因此它应是动补式。

再从整个句式看，三个例句都是"枕之股而哭之"。按《左传》代词"之"指代事物的一般规律，在同一施事主语，含有两个动宾结构的连动式中，第二个宾语为"之"时，它所指代的大都是前头那个宾语。如：

> （43）遂往，陈鱼而观之。（隐5）
> （44）将享季氏于蒲圃而杀之。（定8）

如果其中两个宾语都是"之"，它们所指代的往往就是同一对象。因而在"枕之股而哭之"这个连动式中，两个"之"所指相同。如若改为"枕其股而哭之"，"之"所代的（哭的对象）就成了"其股"。（虽然不能绝对肯定说"之"就只能代"其股"，但这样分析在语法上是允许的，因此至少是产生了歧义。）

我们再连上文观察一下。例（41）："……衣其尸，枕之股而哭之。"上句用"其"，下句用"之"；若"之"等于"其"，这里都用"其"岂不更为清楚明了？

同时我们还可举出一个旁证：杜预在例（40）之下有注："公以叔武尸枕其股。"不知是否因为他的时代更靠近先秦，因而也就更了解当时的风俗习惯。

3. 对"为·之·名"的讨论

3.1 "为·之·名"属"动·之·名"的第一大类，《左传》共出现三十二例。为了讨论问题的方便，我们按照"为"与宾1宾2的关系把它们又分为两项。

（一）宾1（名）是施事者给宾2之物或为宾2所办之事，共二十二例。举例如下：

> （45）姜氏何厌之有？不如早为之所，无使滋蔓。（隐1）
> （46）使尽之，而为之箪食与肉，置诸橐以与之。（宣2）
> （47）季郈之鸡斗，季氏介其鸡，郈氏为之金距。（昭25）
> （48）齐侯围成，孟孺子速徼之。齐侯曰："是好勇，去之以为之名。"（襄16）
> （49）古之王者知命之不长，是以并建圣哲，树之风声，分之采物，著之话

言，为之律度，陈之艺极，引之表仪，予之法制，告之训典，教之防利，委之常秩，道之以礼则。（文₆）

这项例句（占"为·之·名"总数三分之二左右）是绝不能改"之"为"其"的。否则就会弄错动词"为"的对象。举几个典型的例子说明。如例（47）在"季氏介其鸡"中，动词"介"后用的是"其"，反指季氏自身，"其鸡"指"季氏的鸡"。而在"郈氏为之金距"中，"为"后用的是"之"，指的是"鸡"，意思是郈氏在他鸡的脚爪上又加以薄铁所做的假距。若将"之"改为"其"，就很可能使人误解作"郈氏做他自己的金距"。

有的例句即使不出现这种笑话，也会背离原意。如例（46），"为之箪食与肉"，原意是"给他做了（或'准备了'）装在箪里的食与肉"，若"之"＝"其"，就变成"作他的箪食与肉"，使人莫名其妙。

这种情况在其他先秦古籍中同样存在，如：

（50）一雀适羿，羿必得之，咸也；以天为之笼，则雀无所逃。（庄子·庚桑楚）

"之"本指"雀"，改为"其"，则可能指"羿的"。

（51）亲始死，……恻怛之心，痛疾之意，伤肾，干肝，焦肺，水浆不入口三日。不举火，故邻里为之糜粥以饮食之。（礼记·问丧）

"之"指丧亲之人，改为"其"，则指"邻里的"。

马建忠在论证"为"后的"之"有"偏次"之解时，举了一些"为·之·名"的例句，但在其中两个例句下又特意加了一句"'之'字应作'转词'"。[①]这两例是："吾不徒行以为之椁。"（论语·先进）"覆杯水于坳堂之上，则芥为之舟。"（庄子·逍遥游）可见他已看到"之"等于"其"的说法不能概括"为·之·名"的全部例句，这是难能可贵的。可惜的是他只举了两个"之"应为宾语的例句，给人的印象似乎"为"后的"之"可解为"其"的还是大多数。据我们初步统计，无论在《左传》里或在其他先秦古籍中，情况都正好相反。[②]

（二）宾₁（名）是施事者为宾₂（之）所担任的职务，或为宾₂所设的职务。共十例，占"为·之·名"总数的三分之一弱。如：

（52）铎遏寇。为上军尉籍偃为之司马。（成₁₈）

（53）若见贵人，寒者衣之，饥者食之，为之令主，而共其乏困。（昭₁₃）

（54）楚子之在蔡也，郹阳封人之女奔之。生太子建，及即位，使伍奢为之

---

① 《马氏文通》校注本上册，44—45 页。

② 我们初步统计了《论语》《孟子》《老子》《庄子》《荀子》《韩非子》《吕氏春秋》《礼记》等著作，其中"为·之·名"的第一项例句（即"之"绝不能解为"其"者）与第二项例句的比例同《左传》大体一致，即二比一。

师。（昭₁₉）

（55）逃奔有虞，为之庖正。（哀₁）

这类例句中"为"的大部分施事者实际上就担任宾₁（名）所表示的职务，施事者与宾₁（名）是等同的；在这种情况下，若改"之"为"其"，好像还说得过去。如"籍偃为之司马"——→"籍偃为其司马"，等等。正因为如此，最初提出"为"后的"之"应等于"其"的王引之，举的就是这样一个例句：①

（56）天下之民皆悦而愿为之氓。（孟子·公孙丑上）

是不是说这少部分例句（占"为·之·名"三分之一弱，占"动·之·名"总数二百零二的百分之零点五）中的"之"解作"其"好像还不至于造成理解上的谬误，它们中的"之"就可以视为"其"呢？这个问题是可以讨论的。是否可以允许有两种解释，一种是"之"可以解作"其"，一种则否？而我认为，还是用"之"不等于"其"的一种解释比较妥当些。

首先，在《左传》里，"为·之·名"与"为·其·名"的比例约为七比一，如果"之"应等于"其"，何必还要这么多的"为·之·名"？请看"为·其·名"的例句：

（57）于是，诸侯之大夫戍齐，齐人馈之饩，使鲁为其班，后郑。（桓₆）

（58）（晋）师迁焉，曹人凶惧，为其所得者棺而出之。（僖₂₈）

（59）臣君者，岂为其口实？社稷是养。（襄₂₅）

（60）初，周人与范氏田，公孙尨税焉。赵氏得而献之，吏请杀之。赵孟曰："为其主也，何罪？"（哀₂）

后三例的"其"都是反指施事者自身的；而"为·之·名"的三十二例，"之"却一律指代受事一方。

其次，这四例没有一个与"为·之·宰"句式相同：它们的施事者与"为"后的成分都不能等同。而且后二例的"为"都是介词（《经典释文》注音：于伪反）。可见"为·其·名"与"为·之·名"差别很大。

再者，即使在"为·之·名"的第二项例句中，改"之"为"其"，也并不是都能通过的。如例（53）的"为之令主"，施事者就不与"令主"等同，而是"为之立令主"的意思。若改"之"为"其"，就与原意相去太远了。

由此看来，把"为·之·名"看作双宾式，可适用于它的全部例句。而把其中的"之"解为"其"，则对于它的大多数例句都行不通。就是对于少数勉强行得通的例句来说，也还存在以上一些问题。

---

① 王引之《经传释词》卷九，199页，中华书局，1956年。

3.2 从例（49）还可以看到，"为·之·名"与其他十个"动·之·名"并列，它们都属于"动·之·名"的第一大类。既然其他十个动词后的"之"都不解为"其"，为什么单单"为"后的"之"就该当作"其"呢？同时从《左传》看，"为"有"作、治、从事于、给与"等多种含义。足见"为·之·名"不仅是和其他"动·之·名"同类的格式，而且运用得更广泛，出现次数也很多，因而在"动·之·名"中也更有代表性，没有理由把它从双宾式中作为例外开除出去。

3.3 在这里有必要讨论一下《马氏文通》里的这个例句和该书的看法：

〔公羊传成十五〕"为人后者为之子也。"——下云"为人后者为其子"，则"之"解"其"字之确证，故"之"居偏次。（校注本上册，44 页）

马建忠首先把两句中"为人后"的"人后"都肯定为领属关系，排除了双宾关系的可能性，进而断言"为之子"中的"之"应解作"其"。本文前面已说过，"名（或代）·名"这一格式，可能是领属，也可能是双宾，要做具体分析（见 1.4）。比如"作僖公主"中的"僖公主"，是双宾还是领属？《公羊传》本身就有回答：

（61）作僖公主者何？为僖公作主也。（文公二年）

很明显，是双宾。

《公羊传》在运用代词"之、其"时也是很严格的。如：

（62）虞公不从其言，终假之道以取郭。（僖公二年）

（63）君如矜此丧人，锡之不毛之地……（宣公十二年）

（64）妇人皆在侧，万曰："甚矣，鲁侯之淑、鲁侯之美也！……。"闵公矜此妇人，妒其言。（庄公十二年）

因此对马建忠所引例句中的两个"人后"和"之、其"，也要做认真的分析。这里先看上下文。（为了准确理解原文的问答句，我们将问话答话都加上引号。）

三月乙巳，仲婴齐卒。"仲婴齐者何？""公孙婴齐也。""公孙婴齐，则曷为谓之仲婴齐？""为兄后也。""为兄后，则曷为谓之仲婴齐？""为人后者为之子也。""为人后者为其子，则其称仲何？""孙以王父字为氏也。"

"为兄后"是"给兄作后嗣"的意思。它是对"曷为谓之仲婴齐？"的答话。徐彦疏释"代兄为大夫"，看来"兄后"应为双宾。因为仲婴齐和归父本是弟兄关系，现在给兄作后嗣，用双宾式"为兄后"作回答，更能表示出这种人为的后嗣关系。下面接着提问："为兄后，则曷为谓之仲婴齐？"回答道："为人后者为之子也。""为人后、为之子"，它们与上文"为兄后"的意思一脉相承。应理解为："给人作后嗣就是给人作儿子。"从语法格式上看，用"之"代"人"，明白地表示"为人后、为之子"都是双宾式。而下句"为人后者为其子，则其称仲何？"则是问话的人先承认上述事实，接着更进一步提问，似应理解为：

"（既然）做别人的后嗣就是做别人的儿子，那为什么叫他仲（婴齐）呢？"从语法格式也可看出，"为其子"用"其"而不用"之"，表明第二句的"为人后"中的"人后"是领属关系。因此，马建忠所引用的这两句话，前一半都是"为人后"，而后一半一为"为之子"，一为"为其子"，似乎并不是"'之'解'其'的确证"，而恰恰是证明"之"不等于"其"，并进而显示了两个"人后"的语法关系不同。

3.4　其实不少前辈学者已经注意到"动·之·名"（包括"为·之·名"）这一语法格式的特点。把"之、名"看作两个对象。如：

（65）引之表仪。（文₆　杨伯峻注：以法度引导之。①）

（66）不如早为之所。（隐₁　俞樾："早为之所"犹云"早为之处"。②）

（67）及成公即位，乃宦卿之适而为之田。（宣₂　俞樾："为"，犹"与"也。"为之田"犹"与之田"也。③）

俞樾在他的解说中严格地保留了双宾式。在他的《古书疑义举例》《群经评议》《诸子评议》诸书中，都未见到"之"等于"其"的说法。

3.5　还有一个有趣的现象。如果我们向上追溯，就会发现，似乎越接近先秦时期，人们就越不把双宾式中的"之"解为"其"。如晋杜预在给《左传》"动·之·名"加注的地方，就没有一处解"之"为"其"的。同时他对"为·之·名"和"动·之·名"的解释是一致的，并没有把"为·之·名"视为一种特殊的格式。如果把时间再往前推移，有关的资料就更能证实这种看法。特别有意思的是《战国策》《史记》里一段画蛇添足的故事透露出的对"为·之·名"的解释。

《战国策》的作者把"为之足"解作"为蛇足"，也就是为蛇添足的意思。（"蛇足"在这里不是领属而是双宾。）司马迁在《史记·楚世家》里说得就更清楚了。齐使陈轸在向楚将昭阳说了画蛇添足的故事、发表议论之后说："……此为蛇为足之说也。"

这里引述的司马迁把"为·之·足"解作"为蛇为足"的说法，可以证明"蛇"与"足"不是领属关系，因此"为·之·足"的"之"显然不应解作"其"。

把以上各点综合起来似可看出，在先秦，是不把"为·之·名"视为"为·其·名"的。把"之"理解为"其"，是否可能是后人以后代的语言现象去解释古语的结果？请教于大家。

附：文中引用的先秦古籍版本:《春秋左传集解》（上海人民出版社，1977年）、《孟子

---

① 这是杨先生的新作，即将由中华书局出版。承蒙杨先生将手稿借我阅读，并对本文初稿指正多处，特表感谢。

② 俞樾:《群经评议》卷廿五。

③ 同上，卷廿六。

译注》（杨伯峻，中华书局，1962 年）、《荀子简注》（章诗同，上海人民出版社，1974 年）、《墨子闲话》（孙诒让，诸子集成本）、《庄子集释》（郭庆藩辑，中华书局，1978 年）、《礼记》（十三经注疏本）、《韩非子集释》（陈奇猷校注，上海人民出版社，1974 年）、《公羊传》（十三经注疏本）、《穀梁传》（同上）、《吕氏春秋》（诸子集成本）、《国语》（明道本）、《战国策》（上海古籍出版社，1978 年）。

原刊于 1980 年第 4 期

四声别义中的时间层次

梅祖麟

四声别义是上古汉语构词的一种方式，以往认为其中有一型是把名词变成动词，如"恶_{入声，名词}/恶_{去声，动词}"，另有一型是把动词变成名词，如"度_{入声，动词}/度_{去声，名词}"。这里想说明这两种词性转化一先一后，动词变成名词在先，是承继共同汉藏语的构词法，名词变成动词在后，是类比作用的产物。此外把内向动词变成外向动词，如"买卖""學斅"，也是四声别义中极古老的一型，附带在这里讨论。

1. 以前的研究成果

1.1 关于四声别义，有两项结论是应该肯定的。第一，拿四声变读来分别词性是上古汉语的一种构词法。清代学者如顾炎武、钱大昕、段玉裁等认为"好_上/好_去""恶_入/恶_去"这样的"读破"是六朝经师所创造的读书音，在上古汉语里没有根据。[1] 但是口语里也有类似的现象，比如北京话"背""磨""把""沿""钻"等字，用作名词时的声调跟用作动词时不同。[2] 而且有些字，如"处_{去声，名词}/处_{上声，动词}""种_{去声，动词}/种_{上声，名词}"，不但是北京话，在全国各地历史稍长的方言里，都有类似的音变。[3] 此外像"入内，立位，结髻，责债"之类写法不同的同源字，也是用声调来区别词性和词义。这类的同源字上古汉语有不少，可见四声别义创始于六朝之说不合事实。

第二，就动词来看，基本词读非去声，转化出来的派生词读去声。《汉语史稿》中213-216 页举出大量的例子。此外《说文》下定义一般是把基本义归给非去声的读法，比如"分，别也"的"分"是读平声的动词，不是转成名词的"分（份）"。《经典释文》里所收集的音释，碰到本义用本音读出，只注明"如字"，碰到转化义的"读破"，才用反切

---

① 周祖谟：《四声别义释例》，《问学集》(1966)，81 — 119 页，原载《辅仁学志》13.1-2(1945)75 — 112 页。
② 周祖谟：《四声别义释例》，《问学集》(1966)，81 — 119 页，原载《辅仁学志》13.1-2(1945)75 — 112 页。
③ 赵元任：《语言问题》，北京，商务印书馆，1980，54 页（台北，台湾大学，1959，50 页）。

注音，而"如字"大多数是非去声，"读破"大多数是去声。一个语根靠声调变化孳生出来的语词，最初往往用同一个字形写，甲骨文、金文和先秦典籍中这类的例很多，等到后来加偏旁分辨时，偏旁通常加在代表读去声的派生词的字形上，比如"知智""责债""受_上授_去""學_入斆_去""阴荫"等。基本词和派生词固然不全是从非去声转成去声，但大多数是如此。

以上第一条是周祖谟先生提出的，[①]他还指出"读破"已经出现于郑玄《三礼》注，高诱《淮南》《吕览》注等东汉经师的音释，而刘熙《释名》更是大量的用四声别义。第二条是王力先生提出的，[②]用《说文》和《广韵》做例证读音的根据。后来英国的唐纳先生和周法高先生又从《经典释文》和《群经音辨》里找出大量的例证。[③]有不少中外学者都接受这种说法，所以下面只讨论"去声别义"。

1.2　这套现象中最令人费解的是去声别义在语法方面的功能。一则是去声似乎能把名词转化成动词，如"恶_{入声，名词}/恶_{去声，动词}"，同时又能把动词转化成名词，如"度_{入声，动词}/度_{去声，名词}"。为了方便起见，以下管这两型叫"动变名型"跟"名变动型"。二则是由去声别义所造成的词性转变种类繁多，理不出什么条例。王力只举了四类例子。唐纳和周法高都分成八类，比如后者就有名变动型、动变名型、形容词变成的他动式、方位词变成的他动式、动词变成的使谓式、既事式、副词等等。两位所编的字表，请参看本文的附录。

以往对类别繁多这个现象的看法可以分成两派。（1）去声别义不是把某个词类转化为另一个词类，而是区分基本词和派生词的手段。当语言有需要时，只要把非去声的旧有词变成去声就可以制造新词。这种看法可以拿唐纳1959年发表的论文做代表。有些学者如高名凯先生、俞敏先生、马伯乐先生根本否认汉语有词类，[④]但承认去声别义的存在，他们也属于这一派。（2）去声别义本来是把某个词类转化成另一个词类，其中有规律可循，后来去声别义渐渐僵化，只在语汇里留下遗迹，年深月久，以前显而易见的规律也变得模糊不清了。高本汉的《汉语概论》就是采取这种态度，[⑤]他同时指出这种现象在其他语言也是屡见不鲜，比如英语的 -s 表示名词的复数，也表示第三身动词的单数，拉丁文语尾 -um 在

---

① 周祖谟：《四声别义释例》，《问学集》（1966），81—119页，原载《辅仁学志》13.1-2（1945）75—112页。

② 王力：《汉语史稿》中（1958），213—214页。

③ G. B. Downer, Derivation by Tone Change in Classical Chinese（《古代汉语中的四声别义》）*Bulletin of the School of Oriental and African Studies* 22（1959），258-290；周法高：《中国古代语法·构词编》（1962），5—96页，以下简称《构词编》。

④ 高名凯：《汉语语法论》（科学出版社，1957），65—84页；陆宗达、俞敏：《现代汉语语法》（1954），32页；H. Maspero, Préfixes et dérivation en chinois archaïque（《上古汉语里的前加成分和派生法》）*Mem. Soc. Ling.de Paris* 23（1930），313-327；Maspero, *La Langue Chinoise*（《汉语》），Conferences de l'Institut de Linguistique de l'Universite de Paris（Paris, 1934）。

⑤ B. Karlgren, *The Chinese Language*（1949），96-97，周法高《构词编》13—14页翻译了下面转述的那一段，请参看。

dominum 中表示单数的宾格，但是在 hominum 中，却是表示复数的领格。这两派相同之处是认为各种不同的词性变化在同一个时期发生，而且也承认无法找出更合理的条例。

1.3　我们重新检讨这个问题是受了俞敏《论古韵合怗屑没曷五部之通转》一文的启发。[①] 他指出"入内纳""立位""给饩""泣涙""接际""执贽"这几对同源词都是动词入声 -p 尾，名词去声 -d 尾。缉微通转和葉祭通转是形成于《诗经》以前的谐声字的一种特征，如"内"这个谐声字，在字形形成的时期收唇音韵尾 -b 或 -ps，[②] 到了《诗经》时代转入微部的 -d 或 -ts，跟舌尖韵尾的字押韵，如《大雅·抑》四章"寐内"，《大雅·荡》三章"类黩对内"。《诗经》一般认为完成于公元前八九世纪，如此去声别义至少可以追溯到公元前八九世纪以前，也就是上古汉语的早期。俞文还引了一些甲骨文和金文的资料，数量虽然不多，但可以把年代推得更早。

初步认识了去声别义的年代，可以回来检讨以前的研究成果。唐纳和周法高两位先后编的去声别义字表，例子有二百项左右，里面包括两种资料，一种是谐声系列里的同源字，就是文字训诂学家所谓的"右文"，如"结_人髻_去""锲_人契_去""入_人内_去""责_人债_去""内_去纳_人"等，这类占全部资料的一小部分。另一种是《经典释文》（583—589 年）里的"读破"。这两种资料的年代相差得很远，前后不止一千年，表里引的谐声字先秦已经出现了，最早在《诗经》以前；"读破"最早是东汉，晚的可以晚到六朝。这两种资料反映口语的程度也不同，周法高表里的谐声同源字，是经过一番审查，从高本汉《谐声系列里的同源字》里挑选出来的，[③] 大多数反映上古口语。至于"读破"，周祖谟等虽然已经证明不是六朝经师无中生有，但我们也不能因此就肯定历代经典音释里的一字两读，全部或者大多数都是反映口语中原有的区别。王力讨论《释文》中的"读破"，就说："我们还不敢断言在一般口语里完全存在着这些区别；但是，应该肯定地说，在文学语言里，这种区别是存在的。"（《汉语史稿》中 217 页）周法高也认为，有不少"读破"是"汉魏六朝经师在读经典时所做人为的读音上的区别"（《构词编》38 页）。

观察一个现象用晚出或层层积累的资料往往会遇到费解的疑案，我们猜想去声别义种类繁多，而动变名型和名变动型功能相反，这些不易解释的现象，资料芜杂要负一大部分责任。下面要做的断代工作主要是针对动变名型和名变动型，一则是这两型在字表里的例子最多，容易归纳出条例，《汉语史稿》也是把这两型排在最前面。二则是名词和动词最容易分辨，讨论其他类型的词性转变，在语法方面不免另生枝节。三则是这两型功能相反是

---

① 俞敏：《论古韵合怗屑没曷五部之通转》，《燕京学报》34（1948），29—48 页。
② 关于去声有 -ps，-ts，-ks 尾音，请看 3.1 节。
③ B. Karlgren，Cognate words in the Chinese phonetic series，*Bulletin of the Museum of Far Eastern Antiquities* 28（1956），1-18.

上古汉语研究中有名的悬案，高本汉在 1949 年已经举过"恶_入恶_去"和"度_入度_去"这两个例。其实远在 1896 年康拉迪（August Conrady）已经认出这两型了。[①]

2. 用去入通转做断代标准

2.1 现在先说大意，再一步一步地补充证据。

（1）上古汉语里动变名型有二三十个去入通转的例。

（i）动词入声 -p 尾，名词去声 -b > -d 尾："入内""立位""泣泪""执挚（贽）""接际""给饩（既，气）"。

（ii）动词入声 -t 尾，名词去声 -d 尾："结髻""锲契""列例""率帅""越蕝""脱蜕"。

（iii）动词入声 -k 尾，名词去声 -g 尾："织_入织_去""责债""畜兽""宿_入宿_去""塞_入塞_去""鬏髦""获_入擭_去""炙_入炙_去"。

（2）名变动型唐纳和周法高两位总共只举了四个去入通转的例："嗌_入缢_去""乐_入乐_去""恶_入恶_去""肉_入肉_去"。其中后头三个是"读破"。而且这四对都是入声 -k 尾，去声 -g 尾的例，此外没有 -p 跟 -b 或 -t 跟 -d 通转的例。

（3）去入通转是上古汉语的一般现象，到了汉朝，尤其是东汉，韵文里去入通押已经很少见。罗常培、周祖谟两位对汉代韵文曾下过这样的结论："去声字和入声字在一起押韵为数不多；而且只限于少数几部字"（《汉魏晋南北朝韵部演变研究》67 页）。

（4）根据以上所说，可见动变名型在上古汉语早期（《诗经》以前）已经存在，而名变动型到去入通转衰退时期才兴起，绝对年代大概在战国跟东汉之间。

这里考察去声别义的方法跟以前有两点不同。第一，主要例证用的是写法不同的同源字，尽量避免单用《经典释文》或者其他经籍音释的"读破"，即使用，我们也会提出口语或汉藏比较的证据来说明两读不只限于读书音；而且 -p, -t, -k 三种韵尾，每种我们都要求至少有两三个确实反映上古口语的关键例。第二，考察去声别义的年代，先把词性转变分门别类，再一个一个类型的去考察其年代。

（1）（2）（3）是前提，（4）是结论，由前提到结论我们推理的过程是这样的：如果名变动型跟动变名型年代一样悠久，既然动变名型 -p, -t, -k 三种韵尾都有去入通转的例，总共有二三十个之多，那么名变动型也该有同样的例，数量上十来个总该有。事实上有没有呢？答案是没有，至少目前所掌握的资料里只有四对舌根韵尾的例，其中三对还是不太可靠的，而且舌尖音和唇塞音这两种韵尾我们连一对例子也没找着。

去入通转在这两型中的实例多寡悬殊，这个现象怎样解释呢？如果说名变动型缺少实

---

① A. Conrady. *Eine indochinesische Causativ-Denominativ-Bildung und ihr Zusammenhang mit den Tonaccenten*（《汉藏语系中使动名谓式之构词法以及其与四声之关系》），Leipzig，1896。

例，是因为入声的名词不多，或者入声的名词不用作动词，只有平上两声的名词才用作动词，这两种解释显然不合情理。如果说名变动型本来有不少例，后来在语言演变过程中被淘汰了，那么动变名型为什么有如此多的例流传下来呢？

我们的解释是假设这两型活跃在不同的时期，这两个时期的音韵情况不同，以致这两型去入通转的例一多一寡。动变名型上古汉语早期就有，所以不但留下了缉葉和微祭通转的同源词，也留下了其他同部去入通转的同源词。在动变名型活跃的上古时期，去入两个调类的音值还很相近，去声在那时还有跟同部入声相配的辅音或复辅音韵尾 -b、-d、-g 或 -ps、-ts、-ks。[①] 名变动型兴起时，去入这两个调类的音值已经相差得颇远，入声仍有 -p、-t、-k 韵尾，去声已变成一种声调，跟其他两个声调（平声和上声）相似，所以由类比作用造成的名变动型没有或少有去入通转这类的音变，只有平去和上去。

上面所说的类比作用其实包括两种。一种是自然的，发生在口语里的，名变动型里有些字不但是经典音释里"读破"，在口语里也是两读，如"种上声,名词"和"种去声,动词"，"道上声,名词"和"導去声,动词"，另外还有早期字书不载而存在于口语的两读，如北京话的"钉阴平/钉去声"，福州话的"tø ik₂ 毒 /thau² 毒"（"thau² 鱼"，使鱼中毒）。[②] 这些例显示名变动型曾经活跃于古代口语的某个时期，我们假设去声别义的构词法原来只能应用在非去声的动词身上，后来，大概是战国到两汉之间，在口语中扩充范围，也可以应用在非去声的名词身上，把这些字转化为动词，这就是第一种类比作用。第二种是人为的，限于读书音的，东汉经师开始"读破"，魏晋六朝变为一时风尚，《经典释文》和《群经音辨》集其大成，这种似乎可称为学究式的类比模仿（learned analogy）。

我们着重去入通转，而忽略去声跟其他两声的关系，并不是因为动变名型和名变动型里平去和上去这两类不重要，原因是去入通转是有时代性的音韵特征，平去和上去这两种通转看来在任何时代都可以发生，不能帮助断代。而自从段玉裁提出"古……去入为一类"（《六书音韵表》卷一）以后，去和入在上古音里关系特别密切是古音家一致承认的。至于去声在各时代的音值以及去入关系密切的原因，固然各家有各家的说法，但是我们断代的标准，主要是根据去入的关系，从上古到两汉，由密切转为疏远这件事实，音值只占次要地位。另外有一点应该说明，本文引用唐纳和周法高两个字表里名变动型去入通转的例，

---

① A. Conrady. *Eine indochinesische Causativ-Denominativ-Bildung und ihr Zusammenhang mit den Tonaccenten* （《汉藏语系中使动名谓式之构词法以及其与四声之关系》），Leipzig，1896。

② 这是 Jerry Norman 告诉我的例；闽语"毒"字名动入去两读的还有厦门 tak₂ /thau²，将乐 thu₂ / thu²，永安 lo₂ /heu²。参看 Carstairs Douglas，*Chinese-English Dictionary of the Vernacular or Spoken Language of Amoy*，（《厦门口语汉英词典》）（London，1899），p.545 "thau, to poison"；R. S. Maclay and C. C. Baldwin，*An Alphabetic Dictionary of the Chinese Language in the Foochow Dialect*（《福州语词典》）（Foo-chow，1870），p.924 "t'au, to poison"。

如"恶_入恶_去""肉_入肉_去"等，并不是因为我们敢肯定上古口语中这些字也有两读；引这些例只是为了说明，用极宽的尺度，把"读破"和同源字一视同仁，名变动型在现成的资料中充其量只不过四个例，下面会用相当严格的尺度去审查动变名型中去入通转的例，能及格的有二十个左右，两相比较之下，更容易看出来名变动是晚起的一型。

2.2 上面说过，去声跟入声在上古汉语关系密切，到了东汉关系就变得疏远。现在要把这项结论的根据交代一下。

谐声字里去入通转的例不胜枚举，2.1 里提到的同源词，有些就是去入通转的谐声字，尤其是下列入去转换互谐的例子：

入 -p：内 -b（去）：纳 -p　　赤 -k：赦 -g（去）：螫 -k

戌 -t：岁 -d（去）：濊 -t^①　　亦 -k：夜 -g（去）：液 -k

刺 -t：赖 -d（去）：獭 -t　　弋 -k：代 -g（去）：忒 -k

之类更足以显示去入两声在谐声字中关系的密切。

至于《诗经》以及其他先秦韵文里押韵的情形，我们是根据董同龢先生的说法（《汉语音韵学》312 页）。平上去入通押的现象，江有诰在《唐韵四声正》里总共举出二百四五十字，董先生把只有汉以后证据的剔除，又有二十多字的证据是不是先秦也有问题，这些也剔除，从确用先秦材料的一百五十字左右的例，他所得的结论是：

（1）平上去多通押。（2）去跟入多通押。（3）平上跟入通押的极少。

第（2）项说明去入两声在《诗经》时代关系相当密切。

去入通押在两汉各方言里的情形，罗常培、周祖谟两位曾经详细讨论过（《汉魏晋南北朝韵部演变研究》76—114 页）。这些方言是：（1）《淮南子》；（2）崔篆著《易林》；（3）以司马相如、王褒、扬雄为代表的蜀方言；（4）以班固、班彪、马融、傅毅、杜笃、冯衍为代表的陕西方言；（5）张衡和蔡邕的韵文。因为这两个河南人的作品相当整齐谨严，所以《韵部演变研究》把他们分出来讨论。以上（1）（2）（3）是前汉，（4）（5）是后汉，下面列表综述《韵部演变研究》的结论，有些作品如《急就篇》和《论衡》等因为去入通押太少，所以略去。韵部沿用原书名称，用李方桂先生的上古音系统标出入声音值；^②跟入声韵屋部相配的是阴声韵侯部，但鱼屋去入通押，侯屋不通押，所以表上只列鱼屋。表的末了一行是出处。

---

① "濊"，《广韵》呼会、乌会、於废、呼括四切。这里用的是呼括切。《诗经·硕人》"施罛濊濊"，《释文》"呼活反"（＝呼括切）。

② 本文注的上古音依据李方桂《上古音研究》，北京，商务印书馆，1980；原载《清华学报》新 9 卷（1971）。但喉塞音以〔ʔ〕代〔ˋ〕，以〔ŋ〕代 ng。标上古声调跟该书不同的地方，在 3.2 节里讨论。

两汉去入通押表

	淮南子	易林	蜀方言	陕西方言	张衡、蔡邕
1 之职 -ək	√	√			
2 幽沃 -əkw		（幽屋）			
3 宵药 -akw			一见		
4 鱼屋 -uk	√	√	√		二见
5 鱼铎 -ak	√	√	√		
6 支锡 -ik	一见		二见		
7 脂质 -it	一见	√	（祭质√）	（脂月√）	四见
8 祭月 -at	√	√	√（另有祭缉√）	√	二见（另有祭质二见）
9 微术 -ət					
《韵部演变研究》	80 页	94 页	86—87 页	98 页	104 页

从上面的表看起来，前汉去入通押还颇常见，到了后汉，数量既少，而且只限于两三个韵部，去入通押到此时可以说是渐趋消失了。

王力在《南北朝诗人用韵考》里指出"去声寘志未霁祭泰怪队代都有与入声相通的痕迹"，此外大概还有废韵（《汉语论文集》35 页）。再往上推，丁邦新先生分析魏晋韵文的结论也是说去入通押只是限于 -d，-t 韵尾的字（《魏晋音韵研究》英文229 页），[①] 这个时期去入通押的例子还相当多。

魏晋平上去入通押表

	平声	上声	去声	入声
平声		15	16	
上声			30	
去声				86

综合以上所说，可见从东汉一直到南北朝，由上古脂微祭三部来的去声，都有和入声相通的痕迹，但一般来说，去入通押非常罕见。

东汉著作中刘熙的《释名》情形特殊，这本书"之职""幽沃""宵药""祭月"等几个韵部都有去入相通的例，有些韵部例子还很多。罗常培、周祖谟两位指出书中有两种现象：（1）平上去三声字取入声字为训，或入声取平上去三声字为训，如"消，削也"，"始，

---

① Ting Pang-hsin, *Chinese Phonology of the Wei-Chin Period: Reconstruction of the Finals as Reflected in Poetry*（Taipei, 1975）.

息也"，"慝，态也"，"肉，柔也"，（2）取同字为训，但四声读法不同，如"宿，宿也"，"观，观也"，"济，济也"。（《韵部演变研究》106 页）到了汉末刘熙的时代，"读破"和四声别义已成为训诂的一种学说。以前我们讨论的是韵文。《释名》是声训兼义训的字书，也是部训诂理论和实际语言相混杂的书，所以书中去入通转之频繁和普遍，一小部分也许是反映作者的方言，而大部分是反映他对训诂的看法。本书跟当时其他著作在语音方面的分歧，也是我们把他看作例外的原因。

3. 用汉藏比较做断代标准

3.1　这段的大意是：

（1）上古汉语早期的 -s 尾音失落后变成去声，因此去声跟非去声之别原来是有 -s 尾跟没有 -s 尾之别。

（2）汉语的去声跟藏文的 -s 同源；共同汉藏语的 -s 在藏文里大致保留不变，但在 -n，-r, -l 后变成 -d 以后再失落，-ds 直接变成 -d；[1] 在汉语里最初也是 -s，后来在上古汉语的某个时期变成去声。

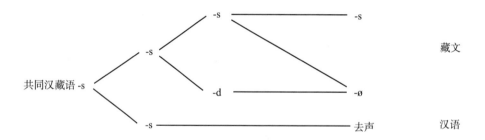

（3）藏文 -s 词尾的功用是：（a）做既事式的记号，如 dbug-pa 现在式，dbugs 既事式"掷，扔"。（b）做现在式的记号，如 'gebs-pa 现在式，bkab 既事式"盍，盖"；这个 -s 本来也许是 -d。[2]（c）把动词转化成名词，如 'graŋ"数"，动词；graŋs"数"，名词。但藏文的 -s 词尾不能把名词变成动词。

（4）根据以上所说，可见去声别义中的动变名型是承继共同汉藏语的一种构词法；名变动型在藏文和共同汉藏语中无源可溯，是后起的一型。

现在简单地叙述一下关于去声的来源这套理论发展的经过。奥德里古（Andre Haudricourt）看到古汉越语（汉代传入越南的汉语）里去声和越南语的问（hoi）跌（nga）

---

[1]　W. South Coblin, Notes on Tibetan Verbal Morphology（《藏文动词形态学札记》），*T'oung Pao* 62（1976），61-62。

[2]　W. South Coblin, Notes on Tibetan Verbal Morphology（《藏文动词形态学札记》），*T'oung Pao* 62（1976），61-62。

两声对应，如"义"*ŋjiar，越语 nghia（跌声）；"墓"*mag，越语 ma（问声）。[1] 照马伯乐的说法，问跌两声来自 -s，[2] 因此奥德里古假设去声是 -s 尾音失落后发生的，而上古音跟 -p，-t，-k 接触的去声是 -ps，-ts，-ks；如此"度动词，入声"写成 *dak，"度名词，去声"写成 *daks；"恶名词，入声"*ʔak，"恶动词，去声"*ʔaks。此后福来斯特（R. A. Forrest）注意到四声别义的构词功用跟藏文词尾 -s 相似。[3] 按照蒲立本（E. G. Pulleyblank）的理论，假设《诗经》以前谐声字里的 -ps 因同化作用变成《诗经》时代的 -ts，可以解释缉叶跟微祭这四部的通转，[4] 他又特别指出把汉语的去声 -s 跟藏文的 -s 相提并举的重要性："这种比较给我们开辟一条新的途径，使汉语跟藏语的亲属关系，不但只是建立在个别的同源词上，而是像印欧语一样地建立在构词典型（morphological paradigm）上。"[5]

除了构词功用相似以外，还有一些汉语去声跟藏文 -s 相配的同源词，如"世"*hrjabh，藏文 rabs；"雾"*mjəgwh，藏文 rmugs-pa"浓雾"；"昼"*trjugh，藏文 gdugs"正午"等。固然另有一些同源词藏文 -s 跟非去声相配，也有些去声字跟藏文没有 -s 的字相配。

藏文的 -s 词尾，只能出现于元音以及 -g，-b，-ŋ，-m 之后，不能出现于舌尖尾音 -n，-r，-l，-d 之后。下面每种尾音举两三个由加 -s 造成的动变名型的例，[6] 藏文词义后头括弧内是汉语的同源字，动词如果引拟构的语根则加星号。

动词 lta-ba 看（睹，靓）	名词 ltas 奇迹，预兆
*go（bgo-ba）穿衣服	gos 衣着
动词 *skyab（skyob-pa）保护	名词 skyabs 保护
spag-pa 蘸汤	spags 汤
sbug-pa 穿孔，穿洞	sbugs 洞，孔
btsa-ba 生，产	btsas 产物，收获
sem(s)-pa 想	sems 心（心）
snyam-pa 想，思（恁）	nyams 灵魂，思想（念）
'gru-ba 努力，用心	'grus 努力

---

[1] A. Haudricourt, Comment reconstruire le chinois archaique（《怎样构拟上古汉语》），*Word* 10（1954），351-64。关于越语声调的名称，请参看王力《汉越语研究》，《汉语史论文集》，298 页。

[2] H. Maspero, Études sur la phonetique historque dela langue annamite（《越语音韵史研究》），*Bulletin de l'École Française d'Extrême-Orient* 12（1912），1-126，特别是 102 页。

[3] R. A. D., Forrest, Les occlusives finales en chinois archaïque（《上古汉语的塞音韵尾》），*Bulle tin de la Societe de Linguistique de Paris* 55（1960），228-239。

[4] E. G. Pulleyblank, The consonantal system of Old Chinese（《上古汉语的辅音系统》），Part 2： *Asia Major*（new series）9（1963），233。

[5] Pulleyblank, Some new hypotheses concerning word families in Chinese（《关于汉语词族的几个新假设》），*Journal of Chinese Linguistics* 1（1973），113-114。

[6] 请参看注③下页注②引的两篇文章。

底下是双双成对的例，汉语动词非去声跟藏文零词尾相配，名词去声跟藏文的 -s 词尾相配。

	汉	藏		汉	藏
动词	量$_平$ *liaŋ	'graŋ	名词	量$_去$ *liaŋs	graŋs
	织$_入$ *tjək	'thag		织$_去$ *tjəks	thags 织成品
	接$_入$ *tsjap	sdeb 现在式①		际$_去$ *tsjaps	bsdebs 动词, 既事式

以上的例可以说明汉语中动变名型的去声别义是承继共同汉藏语的一种构词法，同时也说明这一类型的年代悠久。

藏文动词的既事式一般带 -s 词尾，所以有人推想由加 -s 从动词变来的名词，原来就是动词的既事式，②但也有人认为 -s 是 sa"地方，处所"的减缩型。③前一种解释看来颇有道理，藏文的动词 sdeb"接"跟汉语的"接"相配，藏文没有名词可以跟汉语的名词"际"（《说文》"际，壁会也"）相配，但既事式 bsdebs 跟他相配倒是颇合适的。

到现在为止，我们从汉语音韵史跟汉藏比较两方面说明动变名型的历史悠久，而这两种论证是相辅相成的。最初福来斯特和蒲立本两位把藏文的 -s 跟汉语的去声相提并举，就是因为看到藏文的 -s 跟汉语的去声在构词功用方面相似，但他们说得相当笼统。上面说过，藏文的 -s 有时出现于既事式，有时出现于现在式，另一种功用是把动词变成名词，于是我们很想进一步推论，汉语中只有动变名型是承继共同汉藏语的一种构词法。但以前持反对论的可以说，共同汉藏语的 -s 一方面能把名词变成动词，另一方面也能把动词变成名词，藏语只保存了后者，汉语两者都流传下来了。现在我们用汉语音韵史的内部证据，说明名变动型晚出，是上古汉语早期所没有的，这样就把刚才说的另一种解释排除了。此外上面的论证使汉语的去声跟藏文的 -s 词尾在构词功用方面配合得更密切，使我们更有理由相信上古汉语早期的 -s 遗失后变成去声。

3.2 至于《诗经》时代去声的音值，古音家的看法可以分成两派，李方桂先生认为去声没有 -s 尾音，蒲立本认为 -s 在华南方言一直保留到六朝，④两派标四声的方法也不同：

	平声	上声	去声	入声
李方桂	无号	-x	-h	-p, -t, -k
蒲立本	无号	-ʔ	-s	-p, -t, -k

---

① 关于汉语 ts- 和藏文 sd- 的对应，请看：N. Bodman, Tibetan sdud "folds of a garment", the character 卒, and the *st-hypothesis（《藏文的 sdud "衣褶"，汉语的 "卒" 与 *st- 假设》），《史语所集刊》39（1969），327-345。

② S. Wolfenden, *Outlines of Tibeto-Burman Morphology*（《藏缅语系构词法纲要》）（1929），p.58。

③ W. Simon, Certain Tibetan suffixes and their combinations（《若干藏文词尾及其组合》），*Harvard Journal of Asiatic Studies* 5（1941），388-89。

④ Pulleyblank, Some further evidence ragarding Old Chinese -s and its time of disappearance（《关于上古汉语 -s 及其失落时间的新证据》）*Bulletin of the School of Oriental and African Studies* 36.2（1973），368-73。

李先生认为《诗经》时代去声没有 -s 尾音，理由是《诗经》里有合调押韵的现象，假如此时去声仍有带 -s 的复辅音韵尾，《诗经》就会有 -k 跟 -ks，-t 跟 -ts，-ŋ 跟 -ŋs，-m 跟 -ms 之类的押韵，他说"这类的韵似乎不易解释"（《上古音研究》33 页）。下面用李先生的上古音系统标音，他代表去声的 -h，在《诗经》以前可以读成 -s，有时我们也写作 -s；好在我们的断代标准，主要是根据去入的关系是否密切，各时代去声的音值只占次要地位。

下一节动变名型的例证，还包括了一些汉藏比较的资料，用意是帮助我们确定一对汉语里的同源词的年代。这又可以分几方面来说：（1）有些去声字找得着藏文的同源词，去声字既是派生词，那么做他来源的基本词想来在上古汉语早期已经存在了，如此可见这对汉语里的同源词历史悠久，下面引的"崴"*skwjadh，藏文 skyod-pa"越过，时间之逝去"就是这样的例。（2）有些入声字找得着藏文的同源词，如此可知这个语根是承继共同汉藏语的，如"入"*njəp，藏文 nub"沉下去，西边"。以前说过，"内"是《诗经》以前形成的谐声字，这样更多了一层理由说明上古汉语早期已经有了"入内"这对同源词。不过一对去入通转的同源词，如果入声不是 -p 尾，即使入声字找得着藏文的同源词，我们只能说这对汉语里的同源词在去入通转衰退以前就存在了，因此所定的年代不能太准确。（3）难得的是有些动变名型的同源词，去声字跟非去字在藏文里都找得着同源词，去声配藏文的 -s 词尾，非去声配零词尾。这种例子最可贵，但数量不多。①

4．动变名型的例子

（1）—（6）是动词入声 -p 尾，名词去声 -b > -d 尾：

（1）入 人执切*njəp > ńźjəp；内 奴对切*nəbh > *nədh > *nuədh > nuâi ‖ 藏文 nub 沉下去，西边"

（2）立 力入切*gljəp > ljəp；位 于愧切*gwjəbh(?) > *gwjədh > jwi ‖ 藏文 'khrab"顿足，践踏"。‖ "入内""立位"这两对同源词是大家公认的。

（3）泣 去急切*khljəp > khjəp；涙 力遂切*gljəbh > *ljədh > *ljuədh > ljwi ‖ 藏文 khrab-khrab"哭泣者"。"戾"甲骨文作"愧"，《三体石经》"戾"古文作"狋"（李孝定《甲骨文字集释》3095 页）；"涕"他计切*khljəbh > *thjəbh > *thjədh > *thidh > thiei，《说文》"涕，目汁也"，"涕"甲骨文作"罘"*dəp（郭沫若《金文丛考》326—27 页，臣辰盉铭考释）。"泣涙"俞敏首先提出，加上"戾"甲骨文作"狋"的旁证，大致可以算是证实了。

---

① 汉藏比较的例有不少是从龚煌城在 1978 年第 11 届国际汉藏语言学会议上宣读的论文里抄来的。Gong Hwang-cherng, A comparative study of the Chinese, Tibetan, Burmese vowel system（《汉语、藏语、缅语元音系统的比较研究》）。

"戾、莫、綖"等董同龢归在脂部（《上古音韵表稿》224 页），王力归在"季类"（《汉语史论文集》62—63 页），就是一般所谓的微部。从古文字学的观点来看，"戾"等似乎该属微部，"戾"字在《诗经》里跟脂部的字押韵，如《采菽》五章"维葵腹戾"，《抑》一章"戾疾"，可以看作脂微合韵。"涕"字中古是合口至韵，照李方桂的说法，微部的字在两个舌尖音之间会长出个合口介音 -u-（《上古音研究》46 页），*ljədh > *ljuədh，如果在脂部，合口就比较难解释，上面给"涕"注的上古音是微部。古籍有用"泣"来写"涕"的例，《吕氏春秋·悟君览》"吴起雪泣而应之"，又《十一月纪》"吴起抿泣而应之"。

"涕、涕、罘 *dəp"的关系，这里我们可以试用包拟古（N. Bodman）的说法，[1] gl- > l-（涕），l- > d-（罘），kh-l- > th-（涕），而"罘"失落 -s 尾；平行的例：khl- > th-（贪），gl- > l-（婪），而"今"是 k- 声母，"林"也有跟舌根声母接触的痕迹，如"禁"k-。"泣涕"是缉脂通转，我们猜想 -əps（-əbh）先转为 -ədh，然后再脂微通转，变成 -idh，这大概是方言现象，"执挚"的关系也是缉脂。《经典释文》卷二《周易》萃卦的音义，"自目曰涕"，读上声，"自鼻曰涕"，"洟（涕）"读去声，这可能是经师人为的"读破"，可能是一个语词分裂为二。

（4）执 之入切 *tjəp > tśjəp；挚，贽 脂利切 *tjiəbh > *tjiədh > tśi ‖ 藏文 'thebs "拿住，抓紧"。

《礼记·檀弓下》："哀公执挚请见之"，《释文》"执贽，音志"；《周礼·春官·宗伯上》："以禽作六挚，以等诸臣；孤执皮帛，卿执羔，大夫执鹰，士执雉，庶人执鹜，工商执鸡。"这两个例说明"执"用作动词，"挚"用作名词，意思是所执之物。

（5）接 即葉切 *tsjap > tsjäp；际 子例切 *tsjabh > *tsjadh > tsjäi ‖ 藏文 sdeb 现在式，bsdebs 既事式"接连"。《说文》"际，壁会也"，"接"字和"际"字有时候也通用，《礼记·乐记》："射乡食飨，所以正交接也"，《孟子·万章下》："敢问交际何心也。"

（6）给 居立切 *kjəp > kjəp；饩 许既切 *hjəbh > *hjədh > xjẹi（"饩"字亦作"气""既"）。"给"是供给的意思，动词，如《左传》僖公四年："贡之不入，寡君之罪也，敢不共给。""饩"是供给的食物，名词，如《考工记·玉人》："以致稍饩"，郑注："致稍饩，造宾客纳禀食也，饩或作气。"有时候也写作"既"*kjədh，《仪礼·聘礼》："日如其饔饩之数"，郑注："古文既为饩。"《说文解字诂林》"给"字下（5823 a 页）引《说文古籀补补》说："古钵：'絇易料昔给廪之钵'，给廪当为掌廪谷之官，供给粢盛。"俞敏指出"给廪"就是"饩禀"，《管子·问篇》"问死事之寡，其饩禀何如？"，注："饩，生食；禀，米粟之属。"又作"既禀"，《礼记·中庸》："既禀称事。"

---

① N. Bodman, *Evidence for l and r Medials in Old Chinese*（《上古汉语有 l 和 r 两个介音的证据》），1979 年第 12 届国际汉藏语言学会议上宣读的论文。

此外还有三个略有问题的例：

（a）吸 _{许及切} *s-N-kjəp > *hjəp > xjəp；气 _{去既切} *khjəbh(?) > *khjədh > *khjěi ‖ 藏文 rŋub-pa "呼吸，内引"（《史语所集刊》47［1976］，605 页）

"吸气"两字之间语法和意义的关系都跟"泣涙"相同，但缺乏旁证。

（b）盍 _{胡腊切} *gap > γâp；盖 _{古太切} *kabh > *kadh > kâi ‖ 藏文，现在式 'gebs，既事式 bkab，"盖"，动词；khebs "盖"，名词。俞敏只是说，"盍，覆也"（《说文》）是动词，"盖"是名词，"盍"经传通作"阖"，但没有举例证明"盖"字在较古的文献里只用作名词。

（c）合 _{侯阁切} *gəp > γâp；会 _{黄外切} *gwabh > *gwadh > γwâi "会"甲骨文、金文作"徻"，"徻"（李孝定《甲骨文字集释》0519 页，周法高《金文诂林》890—891 页）。

"合会"有同样的问题，《史记·齐太公世家》"寡人兵车之会三，乘车之会六"，这里"会"固然是名词，但资料年代颇晚；"合会"二字也有动名分用的例，《周易》乾卦"嘉会足以合礼"。金文"会"作"徻"是大家公认的，《成角鼎》："王命宜子徻西才于省"，《保卣》"徻王大礼褆于周"，《麦尊》"徻王客莽京酓祀"，这几个"徻（会）"的用法很难说是名词。在没有把这些问题弄清楚以前；我们不敢正式引这三对例。

（7）到（12）是动词入声 -t 尾，名词去声 -d 尾：

（7）结 _{古屑切} *kit > kiet；髻 _{古诣切} *kidh > kiei

（8）锲 _{苦结切} *khiat > khiet；契 _{苦计切} *khiadh > khiei

（9）列 _{良薛切} *ljat > ljät；例 _{力制切} *ljadh > ljäi

（10）率（帅）_{所律切} *srjət > sjuět；帅（率）_{所类切} *srjədh > swi

（7）（8）（9）（10）周法高跟唐纳都引过了，（10）"率帅"需要解释一下。李荣先生（《中国语文》1980.1，16 页）指出：（甲）"帅、率"两字古籍通用，（乙）《群经音辨》根据词性分去声入声。不论字形，动词是入声，名词是去声："帅，总也，所律切"，"总人者曰帅，所类切"；"率……总也，所律切"，"率，将也，音帅"。（丙）在全国分去声入声的方言里，动词是入声，名词是去声。（丁）切韵系统韵书"帅，率"各有去声所类反（切）入声所律反（切）两读，但有个细微的差别，所类切小韵总是"帅"字当先，所律切小韵都是"率"字当先。从现代方言以及切韵系统的韵书看来，古代口语是分辨这两个语词的，动词是入声，名词是去声。

（11）越 _{王伐切} *gwjat > jwɐt；葳 _{相锐切} *skwjadh > sjwäi ‖ 藏文 skyod-pa。^①

戉 *gwjat：葳 *skwjadh：劌 *kwjadh。甲骨文用"戉（钺）"做假借字来写，"葳"金文从"步"，"越"从"走"，"步""走"意义相近，而"葳""越"都从"戉"得声，由此

---

① 我曾经讨论过这个例；Tsu-Lin Mei, *Sino-Tibetan "year", "month", "foot", and "vulva"*,（《汉藏语的"岁"，"月"，"止"，"属"等字》），《清华学报》新 12 卷（1979），117—133 页。

可见刘熙《释名》里说的"岁，越也"不但是声训而且是正确的义训。藏文的 skyod-pa 有几种意义，"行走"跟"岁""越"的意符相配，"逾越"跟"越"相配，"时间之逝去"跟"岁"相配；藏文没有 -ds 尾音，在藏文写法形成以前 -ds 已经变成 -d 了，那么 skyod 跟"岁"音义俱合，跟"越"也是音义俱合，但是"越"*gwjat 少了个 s-。"岁"是名词，甲骨文一般用作祭名，但也有用作"年岁"之"岁"的，孙海波引："癸丑卜贞今岁受年弘吉在八月隹王八祀"（《考古社刊》5〔1936〕，48 页）。"越"是动词，《书经》里的"越，粤"往往用在时间词之前，如《召诰》"惟二月既望，越六日乙未"，"越若来三月"，《酒诰》"越殷国灭无罹"，《经传释词》卷二说，"越，犹及也"，这种"越"的用法还保存时间逾越的味道。在音韵方面，两个字的差别是"岁"不但有变成去声的 -s 词尾，还有 s- 词头。

（12）脱 他括切 *thuat > thuât；蜕 他外切 *thuadh > thwâi ‖ 藏文 lhod "松懈"，"宽裕"

脱，动词。《说文》："蜕，蝉蛇所解皮也。"《庄子·寓言》："予蜩甲也，蛇蜕也，似之而非也"，这是景回答众罔两的话，意思是："我是蝉的壳，蛇所脱的皮，象原形〔蝉、蛇〕而不是原形。"

（13）—（20）是动词入声 -k 尾，名词去声 -g 尾：

（13）织 之翼切 *tjək > tśjək；织 职吏切 *tjəgh ‖ tśï ‖ 藏文 'thag "织"，动词； thags "织成品"，名词

（14）责 侧革切 *tsrik > tṣɛk；债 侧卖切 *tsrigh > tṣaï

（15）畜 许竹切 *hjəkw > xjuk；兽 许救切 *hjəgwh > xjə̆u

（16）宿 思六切 *sjəkw > sjuk；宿 思宥切 *sjəgwh > sjə̆u 宿，动词入声；星宿，名词去声

（17）塞 苏则切 *sək > sək；塞 先代切 *segh > sâi 闭塞，动词；要塞，关塞，名词

（18）鬀（鬎） 他历切 *thik > thiek；髢 特计切 *digh > diei 鬀，剃发；髢，假发（《中国语文》1978.1，32 页）

（19）获 胡麦切 *gwrak > ɣwak；㩮 胡化切 *gwragh > ɣwa 获，得也；㩮，捕兽用的机槛。

（20）炙 之石切 *tjiak > tśjäk；炙 之夜切 *tjiagh > tśja ‖ 藏文 sreg-pa "烧，烤"，ša krag "烤肉"，字面是"肉烤"，参看《史语所集刊》47.4（1976），601—602 页。

上面所举的例，或者两个同源词写法不同，或者口语也有跟"读破"一样的区别，总是有些理由使我们相信动词读入声，名词读去声不只是读书音里的"读破"，当然我们也不敢说每个例都反映上古口语里原有的区别。"织入织去"本来也只是"读破"，恰好藏文有一对同源词，动词没有 -s 尾，名词有 -s 尾，登时点铁成金，显示"织入织去"是反映共同汉藏语里的区别；下面列的 -k，-g 尾的例，是从唐纳和周法高字表里抄来的，都有点可疑。

（d）度 徒洛切 *dak > dâk；度 徒故切 *dagh > duo

（e）缚 符钁切 *bjak > bjwak；缚 符卧切 bjuâ

（f）涤 徒历切 *diəkw > diek；涤 徒吊切 *diəgwh > dieu

（g）积 资昔切 *tsjik > tsjäk；积 子智切 *tsjig > tsjě

（h）削 息约切 *sjakw > sjak；鞘，鞘 仙妙切 *sjagwh > sjäu

总起来说，我们不敢说（1）—（20）个个都反映上古口语原有的区别，但可以说 -p，-t，-k 三种韵尾，每种去入通转都有四五个可靠的动变名型的例。

从这些例子的内部音韵变化也可以看出来这型的历史悠久，上面已经说过此型中有缉叶微祭之类的通转。此外有些同源词中还有其他方面的音韵差别，比如"入内"，"泣涙"中古开合不同，"立位"，"越歲"上古还有复辅音声母的差别，这种差别反映上古汉语早期有种种词头。一对历史悠久的同源词，最初只有微小的音韵差别，在演变过程中，牵涉到其他后起的音韵变化，于是就化小为大，比如"入内"本来是 *njəp ∶ *nəps，"内"的 -s 词尾，先把 -p 同化为舌尖韵尾 -t，正好"内"是舌尖声母，又是微部，结果就变成了合口（李方桂《上古音研究》35 页），这些音韵差别也是动变名型历史悠久的证据。相反的，下面会看到名变动型的四对例，每对都只是舌根音韵尾的去入通转，显得非常单调，这件事实本身固然不足以证明这型晚出，但也不免使我们疑心。

5. 名变动型的例子

再看名变动型，唐纳跟周法高两位总共举了四个去入通转的例，都是 -k，-g 尾的。

（1）嗌 伊昔切：喉也 *ʔjik > ʔjiäk；缢 於赐切：绞也 *ʔjigh > ʔjě

《穀梁传》昭十九年："嗌不容粒。"《山海经·北山经》："食之已嗌痛。"《左传》桓十六年："夷姜缢。"又昭元年"缢而弑之"。

（2）肉 *njəkw > ńźjuk；肉（《礼记·乐记》"肉好"，"廉肉"）*njəgwh > ńźjəu

"肉去肉入"两音，唐纳认为读入声的是名词，读去声的是动词，这项"读破"的来源是《经典释文》。《礼记·乐记》："宽裕，肉好，顺成，和动之音作。"《释文》卷十三："肉：而救反，肥也，注同。好：呼报反。"又："使其曲直，繁瘠，廉肉，节奏，足以感动人之善心而已矣。"郑注："繁瘠廉肉，声之鸿杀也。"《释文》卷十三："廉肉：如又反，注同。"周法高给下的按语是："《周礼·考工记·玉人》郑注：'好，璧孔也。'《尔雅》曰：'肉倍好谓之璧，[好倍肉谓之瑗，肉好若一谓之环]'。'《释文》卷九：'肉倍：柔又柔育二反，下同。'《乐记》'肉好''廉肉'之'肉'恐系'肉倍好谓之璧'之'肉'之名谓式用法。"（《构词编》59 页）这个例颇有问题。第一，唐纳是把用作谓语的形容词跟动词归成一类，我们不妨暂时接受他的看法。但是看了《乐记》的原文，很难决定那里的"肉"是不是用作广义的动词。第二，如果"肉好""廉肉"的"肉"确实是"肉倍好谓之璧"的"肉"，那么"肉倍好"跟"好倍肉"的"肉"是名词，意思是圆形物的边，"好"是其中的孔，而根据《释文》，这个用作名词的"肉"已经有去入两读，如此即使"肉"在《乐记》里转成动词，也不能算是入去通转的例。

（3）恶，善恶，名词 *ʔak > ʔak；恶，好恶，动词，*ʔagh > ʔuo ‖ 藏文 'ag"坏"

（4）乐，喜乐，名词 *ŋlakw > lak；乐，好也，喜欢，动词，*ŋragwh > ŋau

（3）"恶$_入$恶$_去$"，（4）"乐$_入$乐$_去$"都是"读破"的例子。"读破"最早出现于东汉经师的注释，要往上推，似乎只有先秦韵文和汉藏比较两宗资料可用。下面想说明，因为《诗经》以及其他先秦韵文里有合调押韵的现象，用这类资料并不能把这些字的两读推到上古音。

关于"恶"字，陆德明在《释文序录》里说："夫质有精粗，谓之好恶（並如字），心有爱憎，称为好恶（上呼报反，下乌路反）。"《礼记·大学》"如好好色，如恶恶臭"。《释文》卷十四："如恶恶：上乌路反，下如字。"这就是"恶"字"读破"的出处。跟陆德明同时的颜之推已经认为"恶""好"两字的"读破"，"此音见于葛洪徐邈"（《颜氏家训·音辞篇》）。清代的顾炎武更想用韵文来证明先秦两汉"恶"字的读法跟《释文》相反。照他的看法，《楚辞·离骚》"好蔽美而称恶"的"恶"，跟"固"字押韵，"此……美恶之恶，而读去声"；汉刘歆《遂初赋》"为群邪之所恶"的"恶"，跟"落"字押韵，"比……爱恶之恶，而读入声"。（《音论》卷下，"先儒两声各义之说不尽然"条。）顾炎武论证的前提是韵脚必须属于同一调类，也就是说，跟"固$_去声$"字押韵的字一定是去声，跟"落$_入声$"押韵的字一定是入声。我们在 2.2 节看到，去入通押在先秦跟前汉都相当普遍，顾炎武的前提既不能成立，我们就不能同意他的结论。另一方面看，假如"美恶"的"恶"只跟入声字押韵，"好恶"的"恶"只跟去声字押韵，这样也许有人认为可以把《释文》关于这个字的"读破"推到上古音。[①] 顾炎武举的例说明《楚辞》跟刘歆的赋并非如此，《诗经》里"善恶"的"恶"也有去入通押的：

《小雅·雨无正》二章："三事大夫，莫肯夙夜。邦君诸侯，莫肯朝夕。庶曰式臧，覆出为恶。"按："恶"是"善恶"的"恶"。这里的韵脚是：夜$_去$；夕$_入$；恶$_入$。

《周颂·振鹭》："在彼无恶，在此无斁（射），庶几夙夜，以永终誉。"这里的"恶"董同龢认为是"善恶"的"恶"（《上古音韵表稿》47 页），但是也有异说（江举谦《诗经韵谱》74 页）；"斁"字训"厌"，是入声字，或作"射$_入$"。此章的韵脚是：恶$_去?入?$；斁$_入$；夜$_去$；誉$_去$。反正是去入合调。因此我们无法用先秦韵文来证明上古音"恶"字也有去入两读。

---

① 高本汉 Tones in Archaic Chinese（《上古汉语的声调》）*Bulletin of the Museum of Far Eastern Antiquities* 32（1960），139 页。他想用《诗经》押韵来证明"度"字用作动词读入声，用作名词读去声。

再回来看"乐"字，照《经典释文》的说法，这个字用作动词时有去声一读。《论语·雍也》"知者乐水，仁者乐山"。《释文》卷二四："乐：音岳，又五孝反，注及下同。""喜乐""快乐"的"乐"一向是读入声，《诗经》里有合调押韵的例：

《大雅·韩奕》五章："蹶父孔武，靡国不到，为韩姞相攸，莫如韩乐。"按"乐"是"喜乐"的"乐"，韵脚是：到_去；乐_入。

《大雅·抑》十一章："昊天孔昭，我生靡乐。"按"乐"是"喜乐"的"乐"。这章的韵脚是：昭_平；乐_入；懆_上；藐_上；教_去；虐_入；耄_去；平上去入合调。

以上"喜乐"的"乐_入"有两次合调押韵；固然"喜乐"的"乐"也有只跟入声字押韵的例，如《郑风·溱洧》一章：乐_入；谑_入；药_入。用作动词的"乐"也有只跟去声字押韵的例，如《小雅·南有嘉鱼》一章：罩_去；乐_去。但既有合调押韵的用例，其他看起来不像合调押韵的例就不能用来证明"乐"用作名词时读入声，用作动词时读去声。况且《释文》给"知者乐水，仁者乐山"做的注也认为这个用作动词的"乐"有去入两读。

总之，上述四个名变动型去入通转的例，除"嗌_入缢_去"外，似乎都没有出于先秦的证据。所以我们只能立个假设：去声别义中名变动型是晚出的一类，所以上古汉语早期很少，甚至没有去入通转的例。

6. 内向动词变外向动词

去声别义除了动变名跟名变动两型以外，另有种种类型，其中还有没有年代悠久的？我们猜想把内向动词变成外向动词，如"买卖""学斆"，也是极古老的一型，原因是这型可靠的例相当多，而且去声跟其他三声都有通转的例。

应该说明一下，我们所谓的"内向动词"跟"内动词"不同。照一般的用法，"内动词"跟"外动词"是相对的，也有人管他们叫"不及物动词"跟"及物动词"。我们所谓的内向动词和外向动词都是及物动词，内向动词所代表的动作由外向内，如"买"，外向动词所代表的动作由内向外，如"卖"；周法高管"买卖"这一型的词义转变叫"彼此之间的关系"（《构词编》82页），也无不可。

以下八对例子里非去声是内向动词，去声是外向动词：

（1）买 _{莫蟹切} *mrigx > maï；卖 _{莫懈切} *mrigh > maï

（2）闻 _{亡分切} *mjən > mjuən；问 _{亡运切} *mjənh > mjuən ‖ 金文"闻"作"䎽"，闽语"问"字福州跟昭武阴去，这两个字的声母可能是清鼻音 *hm- ‖ 藏文 mnyan-pa, nyan-pa

（3）受 _{殖酉切} *djəgwx > źjə̆u；授 _{承咒切} *djəgwh > źjə̆u

（4）赊 _{式车切} *hrjag(?) > śja；贳 _{舒制切} *hrjadh > śjäi ‖ "赊"字鱼部，不知有没有 -g 尾，

所以打问号。

（5）貣（贷）_{他德切}*thək > thək；贷 _{他代切}*thəgh > thâi ‖《孟子·滕文公上》："又称贷而益之"，贷音入声（《群经音辨》《四部丛刊续编本》卷六 10 页下），《左传》昭公三年："以家量贷而公量收之"，《释文》卷十八"量贷：他代反"。

（6）學 _{胡觉切}*grəkw > ɣåk；敩（學）_{户教切}*grəgwh > ɣau ‖《礼记·檀弓下》："叔仲皮學子柳"，郑注："學，教也"，《释文》卷十一："学子柳：學教反，教也，注同。"

（7）籴 _{徒历切}*diakw > diek；粜 _{他吊切}*thiagwh > thieu

（8）乞 _{去讫切}*khjət > khjət；乞 _{去既切}*khjədh > khjei ‖《广韵》乞，"与人物也"去既切，"求也，乞取之乞"去讫切。《十驾斋养新录》卷四引孔颖达《春秋正义》云："乞之与乞，一字也；取则入声，与则去声。"又引《晋书·谢安传》："安顾谓其甥羊昙曰：'以墅乞汝。'"周法高引《齐民要术》卷八《作酱法》第七十："乞人酱时，以新汲水一盏和而与之，令酱不坏。"（《构词编》84 页）

至于为什么去声 -s 又能把动词变成名词，又能把内向动词变成外向动词，可能是因为 -s 在共同汉藏语里已经有了两种或两种以上的功用。乌尔芬登（Stuart Wolfenden）先生曾猜想藏文用作动词词尾的 -s 或许跟工具格（instrumental case）的 -s 同出一源，而这个 -s 表达的意义是动力的来源（"source whence"，《藏缅语构词纲要》58 页）。藏文格位的各种词尾中 -s 出现在两处：第一，属格词尾 -kji, -gi, -gji, -'i, -ji 没有 -s，工具格词尾 -kjis, -gis, -gjis, -jis, -s 有 -s，也有人管工具格叫主动者的记号；[①] 第二，目的格（accusative）词尾 -na 和方位格（locative）词尾 -la 没有 -s，离格（ablative）词尾 -nas 和 -las 有 -s，也有人管离格叫动力来源的记号。[②] 引申乌尔芬登的意思，我们可以设想，共同汉藏语可能是把动力的来源和动作的方向看成一回事，也就是说动作是以动力的来源或主动者为起点，以目的或动作所及的地方为终点，站在主动者或动力来源的观点来看，动作是由内到外，由此到彼。这样也许可以解释为什么 -s 尾出现于藏文的工具格和离格，同时也以去声的身份出现于汉语的外向动词。

照上面的说法，汉语跟藏文的动变名型的 -s 也许跟藏文既事式的 -s 有关，这是第一种 -s；汉语外向动词的去声 -s 也许跟藏文工具格和离格的 -s 有关，最初可能是标动力来源的方向词尾，这是第二种 -s。这两种解释目前都只是臆测，也是将来汉藏语系比较研究的重要课题。

---

① R. A. Miller, Studies in Spoken Tibetan I : Phonemics（《现代藏语研究，I，音位论》）*Journal of the American Oriental Society* 75.1（1955），46-51。

② R. A. Miller, Studies in Spoken Tibetan I : Phonemics（《现代藏语研究，I，音位论》）*Journal of the American Oriental Society* 75.1（1955），46-51。

7. 结论

7.1 在总结之前，想说一下本文论点跟上古汉语有词类之说的关系。

本来四声别义是说明上古汉语有词类最好的证据。假如汉语在那个时期没有词类之别，为什么从一个词类转到另一个词类同时会有声调的变化？这种论证高本汉已经用过了（《汉语概论》90—91页），我们认为是很有道理的。但是以前持反对论的可以说，去声别义能把名词变成动词，又能把动词变成名词，也许还有其他种种功用，去声的功用不过是区别基本词和派生词，跟转变词类无关，再进一步就否认上古汉语有由构词法决定的词类（高名凯《汉语语法论》70—74页）。现在我们大致敢说，去声别义最初只能应用在动词身上，其转化结果有时是名词，有时是外向动词，原因大概是 -s 有不同的来源，此外或许另有其他因素在内，如各种词头、元音通转等，有的词头能使浊音声母清化，有的能使清音声母浊化，详细情形还弄不大清楚。就现在的了解，可以说上古汉语早期的动词是后面可以附加 -s 词尾的一种词类，名词是后面不可以加 -s 的词类，这样就从构词法的差别把这两种最基本的词类分开了。

7.2 本文的结论是说，从汉藏比较和汉语音韵史这两种不同的观点，都可以看出去声别义中的动变名型是上古汉语原有的，名变动型是后起的。在汉藏比较方面，我们认为汉语的去声跟藏文的 -s 同源，因为藏文的 -s 词尾只能把动词变成名词，不能把名词变成动词，所以汉语中的动变名型是承继共同汉藏语的一种构词法。在汉语音韵史方面，我们看到动变名型有二十来个去入通转的例，-p，-t，-k 三种韵尾俱全；相反的，名变动型只有四个 -k，-g 通转的例；因为去入关系密切是上古汉语的音韵特征，所以从这方面也可以把动变名型和名变动型划分成两个时代。

至于去声别义的全盘发展，我们认为在上古汉语早期是加 -s，功用主要是把动词变成名词，或许也能把内向动词变成外向动词；-s 尾变成声调以后，还是动变名型活跃的时期，然后扩大范围，由类比作用产生名变动型以及其他类型的词性转化，从东汉开始，历代的经师又发明了一些只限于读书音的"读破"，大部分收集在《经典释文》里。

本文只能说明，就目前所掌握的资料来看，名变动型几乎没有能够证明是属于早期上古汉语的例，有也是个别的，到底有没有，还需要继续讨论。关于这一点，尤其希望读者指正。

附录 1 周法高去声别义字表（《构词编》50—87页）

字表根据词性变化分成八类，各类再根据语音变化分成三型，即：A. 平上声和去声的差别，B. 入声和去声的差别，C. 清声母和浊声母的差别。下面完全沿用原来先分类再分型的办法。

一、非去声或清声母为名词，去声或浊声母为动词或名谓式

A. 1王 2子 3女 4妻 5宾 6衣 7冠 8枕 9麾 10冰 11膏 12文 13粉 14巾 15种 16首 17蹄 18棺 19被 20风 21尘 22名 23间 24道导 25弟悌 26泥 27帆 28旁傍 29环（还） 30盐 31耳珥 32田佃 33鱼渔 34家嫁 34a丧

B. 35嗌缢 36乐

C. 37朝 38背倍 39贓藏 40干扞 41垌迵 42子字

二、非去声或清声母为动词，去声或浊声母为名词或名语

A. 1采 2数 3量 4行 5将 6监 7思 8操 9令 10守（狩） 11缘 12封 13收 14藏 15处 16爨 17乘 18卷 19要 20传 20a转传 21缄 22含 23引（纠） 24誉 25缝 26论 27闻（问） 28吹 29称 30裁 31号 32使 33陈 34担 35张 36把 37秉柄 38饭（餙） 39聚 40坐座 41弹 42奉俸 43经径

B. 44度 45帅 46宿 47炙 48塞 49锲契 50执贽 51结髻 52涤 53责债 54凿 55削（鞘鞘） 56畜兽 57獲攫 58积 59织 60欲慾 61缚

C. 62载 63柱 64增

三、形容词

1.去声为他动式

A. 1劳 2好 3善缮 4远 5近 6空 7齐 8和 9调 10迟 10a阴荫 10b昭照 11高 12深 13长 14廣 15厚

B. 16恶

2.非去声为他动式

A. 17知 18盛

B. 18a易

3.去声为名词

A. 19两 20难 21齐（剂）

四、方位词

1.去声为他动式

A. 1左（佐） 2右（佑） 3先 4后 5中 6下

2.非去声为他动式

A. 7上

B. 8 纳内

五、动词

1. 去声或浊声母为使谓式

A. 1 沈 2 来（徕勅） 3 任 4 饮 5 观 6 啖

B. 7 足 8 出

C. 9 见

2. 非去声或清声母为使谓式

A. 10 去 11 毁 12 坏 13 败 14 喜 15 语 16 走 17 雨

六、主动被动关系之转变

1. 上和下的关系

A. 1 养 2 仰

B. 3 杀 4 告

2. 彼此间的关系

A. 5 假 6 遭 7 受授 8 买卖 9 闻（问） 10 奉

B. 11 借 12 乞 13 贷 14 學（敩） 15 答对

七、去声或浊声母为既事式

A. 1 治 2 过 3 染 4 张（胀）

B. 5 解 6 见现 7 系 8 著 9 属 10 折

八、去声为副词或副语

A.1 三 2 更 3 复

附录2 唐纳去声别义字表

A. 基本词是动词，派生词是名词 1 高 2 监 3 过 4 观 5 廣 6 经径 7 结髻 8 捲卷 9 骑 10 研砚 11 刺 12 登镫 13 张帐 14 度 15 弹 16 涤 17 长 18 传 19 难 20 内纳 21 把 22 秉柄 23 封 24 缚 25 饭（饣） 26 缝 27 磨 28 责债 29 积 30 炙 31 织 32 执 33 采（採）菜 34 操 35 刺 36 称 37 处 38 吹 39 裁 40 凿 41 藏 42 乘 43 聚 44 坐 45 塞 46 算筭 47 思 48 削 49 深 50 收 51 守 52 数 53 帅率 54 宿 55 上 56 树 57 畜 58 含唅（琀） 59 号 60 厚 61 获擭 62 画 63 行 64 欲慾 65 缘（沿） 66 量 67 列例 68 论 69 染

B. 基本词是名词，派生词是动词 1 家嫁 2 间 3 膏 4 棺 5 冠 6 鱼渔 7 中 8 种 9 道导 10 弟悌 11 蹄 12 田佃 13 泥 14 女 15 宾傧 16 冰 17 风 18 帆 19 旁 20 名命 21 文 22 左佐 23 子 24 枕 25 妻 26 先 27 首 28 衣 29 麾 30 下 31 后 32 环还撽 33 盐 34 油 35 右佑 36 雨 37 王 38 耳刵 39 肉

C. 派生词是使动式（causative） 1观 2乞 3近 4沈 5买卖 6借 7足 8出 9齐 10藉 11识帜 12善缮 13受授 14恶 15饮 16阴廕荫 17好 18享（饗） 19學斅 20和 21永詠 22远 23来俫勑 24劳 25任。

D. 派生词是表效果的（effective） 1禁 2过 3渴愒 4仰 5语 6答对 7听 8分 9奉 10祝 11刺 12将 13取娶 14从 15使 16施 17喜 18行 19回 20遗 21与 22援 23为 24临 25令

E. 派生词具有变狭的意义 1告诰 2轻 3陈 4少 5忆意 6呼 7厌 8衡横 9养 10引 11敛 12如

F. 派生词是被动的或中性的（passive or neuter） 1觉 2击 3知智 4张胀 5治 6动恸 7闻 8射 9散 10伤 11胜 12守 13盛 14离

G. 派生词是副词 1更 2並 3复 4三 5有又

H. 派生词用在复词（compounds）中 1巧 淫巧 2遭 遭车 遭奠 3观 观台 4骑 骑贼 5迎 亲迎 6中 中分 夜中 7濯 濡濯 8执 挚兽 9亲 亲家 10出 出日 11从 从母 从弟 12生 双生 13烧 烧石 14守 守臣 守心 守犬 15畜 畜牧

原刊于1980年第6期

《中国语文》
七十年文选

张伯江 方 梅 主编

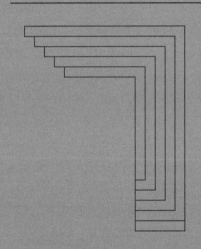

中

社会科学文献出版社

SOCIAL SCIENCES ACADEMIC PRESS (CHINA)

目录

CONTENTS

时量宾语和动词的类*

马庆株

0

0.1　由动词加表示时量的宾语组成的述宾结构[①]有以下三种形式:

　　C_1: V+T　　　　　　　看三天

　　C_2: V+ 了 +T　　　　　看了三天

　　C_3: V+（了）+T+ 了　　看（了）三天了

C_3 中第一个"了"可以出现，也可以不出现。

0.2　此类述宾结构的时量宾语有时指动作行为持续的时间（等了三天了），有时指动作行为完成以后经历的时间（死了三天了），有时指动作行为造成的状态持续的时间（挂了三天了）。在这类格式中时量宾语的所指不同，是由动词类的不同决定的。本文将给 C_1 —C_3 中的动词划类，[②] 揭示各类动词的一些区别性语义特征，说明动词的类对时量宾语所指的影响。

1.　V_a 和 V_b

1.1　我们根据能不能加后缀"着"把出现在 C_1 —C_3 里的动词划分为两类，[③] 不能加"着"的动词叫非持续性动词，以下记为 V_a；能够加"着"的动词叫作持续性动词，以下记为 V_b。

---

　*　本文是在朱德熙先生指导下写成的，曾在 1980 年北京大学中文系五四科学讨论会上宣读。

　①　本文讨论的述宾结构是由动词加一般称为补语的时量结构组成的。这种述宾结构的特点是 C_1 能转化为 C_2 和 C_3。"暑假是一个半月"中的"是一个半月"不能转化为"是了一个半月"和"是了一个半月了"，因而不在本文讨论范围之内。

　②　本文主要讨论北京话口语里的动词。

　③　参看吕叔湘、朱德熙《语法修辞讲话》，81—83 页，中国青年出版社，1979 年版；邢公畹《现代汉语和台语里的助词"了"和"着"》，《民族语文》1979 年第 2 期，85 页。

V_a 数量不大，常用的有：

死　伤　断　熄　完　了（liǎo）丢　来　去　回　到　坍　塌　懂
中（zhòng）　入（入党）　立（立春）　散（散会）　免（免职）　溜（溜走）
熟（熟了一锅饭）　败　并（合并）　落（落价）　结（结婚）　没　垮　忘
知道　明白　原谅　合并　出现　成立　批准　出嫁　投降　提拔　结束 [①]

动词带结果补语组成的动补结构，都不能加"着"，也都可以看作 V_a。如：

看见　听见　遇见　解开　离开　分开　办成　画成　记住　提出　修好
学会　钓着（zháo）　吃饱　叫醒　写完　干完　说明白　打扫干净　起来
上来　进来　出来　回来　上去　下去　出去　进去　回去

V_b 数量很大，下文第 2、3 部分还要讨论，这里先举一些例子：

等　看　买　谈　说　查　问　考　洗　扫　敲 [②]　碰　挖　叨登　表扬
广播　研究　挂　写　种

1.2 C_1—C_3 对于 V_a 和 V_b 两类动词的反应不同。

1.2.1 C_1（V_a）（即由 V_a 组成的 C_1，以下仿此）、C_2（V_a）一般不能单说，[③] 而 C_1（V_b）和 C_2（V_b）可以单说。

C_1（V_a）	C_1（V_b）
*死三天	（这本书）看三天
*丢三天	（这口井要）挖两天
*到三天	（这篇文章要）写三天
*塌三天	（地图在这儿）挂三天

C_2（V_a）	C_2（V_b）
*他死了三天	（这本书）看了三天
*钢笔丢了三天	（这口井）挖了三天
*外宾到了三天	（这文章）写了三天
*房子塌了三天	（这地图）挂了三天

1.2.2 C_1—C_3 中的动词是 V_a 时，时量宾语总是指动作完成以后经历的时间，例如：

$$C_1 \begin{cases} 刚死一天就火化了 \\ 手表丢两天又找着了 \end{cases}$$

① V_a 中有些动词涉及的人或事物有时不止一个，在这种情况下，这些动词兼属 V_b。如："死、断、熄（熄着灯）"。这是一种活用。
② "敲、碰"等动词表示的动作本身不能延续，但可以多次重复，可以加"着"，因此可以归入 V_b。
③ 趋向动词是例外，可以说"去三天""出来一会儿"。

$$C_2 \begin{cases} \text{刚死了一天就火化了} \\ \text{手表丢了两天又找着了} \end{cases}$$

$$C_3 \begin{cases} \text{已经死了三天了} \\ \text{手表已经丢了两天了} \end{cases}$$

如果动词是 V_b，情况就复杂了，这留待下文第 2、3 部分再讨论。和 V_a 的情形相反，V_b 的时量宾语能指动作行为持续的时间，例如：

C_1	要等三天	要看三天
C_2	足足等了三天	足足看了三天
C_3	已经等了三天了	已经看了三天了

2. V_{b1} 和 V_{b2}

2.1 C_3（V_b）的情形比较复杂，因为某些 V_b 类动词组成的 C_3 有歧义，比较：

Ⅰ 这本书看了一年了，还没看完。〔持续〕

Ⅱ 那场戏我已经看了一年了，还记得很清楚。〔完成〕

图示如下：

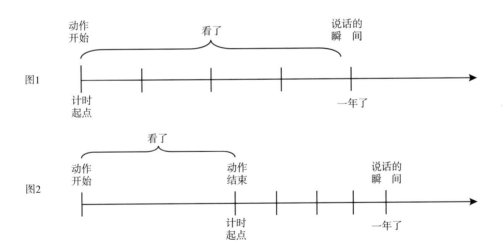

在图 1 中，计时起点就是动作行为开始点。"看"这个行为从开始算起到说话时持续了一年，还在继续。

在图 2 中，动作行为已经完成，计时起点是动作行为结束点。从看完的时点算起到说话时经历了一年。

下面的例子都有歧义：

吃了半个钟头了	扫了半个钟头了
喝了半个钟头了	敲了三分钟了
谈了半个钟头了	问了半个钟头了
查了半个钟头了	广播了两天了

有些 C_3（V_b）没有歧义，下边的例子里，时量宾语都表示动作行为持续的时间：

等了三天了	坐了半天了
想了三天了	睡了半天了
注意（了）好几天了	站了半天了
管了好几天了	琢磨了半天了

2.2　我们把在 C_3 里不产生歧义的 V_b 记为 V_{b1}，把"看、吃"等能在 C_3 里引起歧义的 V_b 记为 V_{b2}。V_{b1} 如：

等　盼　坐　站　躺　睡　歇　病　哭　笑　恨　忍　闷　管　躲　避
防　当（当班长）　该（该他十块钱）　想　盯　玩儿　追　跟　上（上学）
占　使　用　住（住平房）　攥　握　捂　挽　挂　扶　搂　抱　挺　吊
悬　找　养（养鸡）　胀　惯（惯孩子）　攒（攒钱）　陪　轮　蒙
转（zhuàn）　淹　抬　举（举手）　端　押　帮　呼哧　咕嘟　扑腾　嘟囔
琢磨　寻思　寻觅（xué·mo）　端相　打量　哆嗦　抽搭　忙活　照顾
折磨　流行　陪伴　凑合　就合　培养　注意　担心　心疼　冤枉　使唤
耽误　重复　坚持　磨叨　耽搁　叨唠　操持　担任　张罗

在1.1列举的 V_b 中，除了"等"以外都是 V_{b2}，第3部分将专门讨论 V_{b2}，这里就不列举了。

2.3　V_{b1} 和 V_{b2} 还有一点区别。V_{b2} 后面都能加"完"，C_3（V_{b2}）可以变换为"是 +T+ 前 +V_{b2}+ 完 + 的"。如：

原式	变换式
看了三天了	→是三天前看完的
做了三天了	→是三天前做完的
洗了三天了	→是三天前洗完的
写了三天了	→是三天前写完的
叨登了三天了	→是三天前叨登完的

原式有两个意思，变换式只有其中的一种意思，即表示动作行为完成以后经历的时间。

C_3（V_{b1}）不能做这种变换。如：

等了三天了	*是三天前等完的
盼了三天了	*是三天前盼完的
睡了三天了	*是三天前睡完的
坚持了三天了	*是三天前坚持完的
忙活了三天了	是三天前忙活完的

右面前四个格式不能说，最后一个与原式的意义完全不同。

3. V_{b21} 和 V_{b22}

3.1 C_1（V_{b2}）有的只有一个意思（A），有的有两个意思（B）。比较：

A

这本书看三天

我跟你说一会儿

衣服得洗半天

研究一辈子

B

这么多肉，要腌三天才能腌完 | 腌三天就可以吃了

挂半天才挂上去 | 刚挂半天就摘下来了

我借一个月也没借着 | 最多只能借一个月

A组动词（看、说……）构成的C_1在单说的时候没有歧义，动作行为是持续的。

B组动词（挂、腌……）构成的C_1单说时，既可以表示动作行为的持续，又可以表示动作行为造成的状态的持续。"挂半天"既可能是"挂"这个动作用了半天的时间，也可能是让挂上去的东西在那儿停留半天。

3.2 我们把A组动词叫作看类，记为V_{b21}，把B组动词叫作挂类，记为V_{b22}。

V_{b21} 的例词有：

看（去声）听 说 学 问 教 叫 改 做 干 造 查 吵 骂 打
揍 偷 抢 挖 抽 演 洗 刷 涮 洒 扫 擦 浇 摘 拾 修
翻 拉 拽 推 剪 裁 斟 舀 抹 吃 喝 尝 夸 喊 摸 抹
弄 凿 花 削 要 求 买 商量 告诉 分析 比较 研究 介绍
举行 批评 表扬 答应 安慰 广播 应付 咳嗽 收拾 叮咛 翻腾
抖落 打扫 扒拉 敲 碰 摔 砍 砸 扔 投 闪 跳 蹦 踢 射

V_{b22} 的例词有：

挂　摆　搁　插　贴　盛　装　腌　铺　锁　开　关　包　捆　绑　填　盖
种　栽　塞　挤　跺　拿　穿　戴　披　梳　扎　系（jì）　烫（烫发）
镶（镶牙）　写①　印　叠　点（点炉子）　缝　存　支（支上一根木头）租
借　赁

3.3　V_{b21} 和 V_{b22} 还有一点区别。V_{b21} 加"着"只表示动作行为的持续。如：

看着书　　　挖着井　　　　说着话

敲着鼓　　　吃着饭　　　　收拾着屋子

V_{b22} 加"着"既能表示动作行为本身的持续，又能表示动作行为造成的状态的持续。如：

挂着画 ｛ 正挂着画，他来了　〔动作的持续〕
　　　　墙上挂着一幅山水画〔状态的持续〕

写着字 ｛ 他写着字　　　　　〔动作的持续〕
　　　　黑板上写着挺大的字〔状态的持续〕

腌着肉 ｛ 他正腌着肉　　　　〔动作的持续〕
　　　　缸里腌着一百斤肉　〔状态的持续〕

4．动词的类与意义的关系

4.1　由前面三节的分析，我们可以从带时量宾语的情况看出 C_1—C_3 中的各类动词语义特征不同：

V_a（死）：〔+完成〕，〔−持续〕

V_b（等，看，挂）：〔+持续〕

V_{b1}（等）：〔−完成〕，〔+持续〕

V_{b2}（看，挂）：〔+完成〕，〔+持续〕

V_{b21}（看）：〔+完成〕，〔+持续〕，〔−状态〕

V_{b22}（挂）：〔+完成〕，〔+持续〕，〔+状态〕

我们不可能把每一类动词的全部语义特征都列举出来。为了区别这几类动词，〔完成〕〔持续〕〔状态〕三项已经足够了。

V_a 与 V_b 的区别在于 V_b 能表示持续的动作行为，V_a 不能。

V_{b1} 与 V_{b2} 都能表示持续性的动作行为，它们的区别是：V_{b1} 不能表示瞬间完成的动作

---

①　有时可以说"这个通知先写几天再擦"。

行为，而 V_{b2} 能表示这样的动作行为。

V_{b21} 与 V_{b22} 既能表示瞬间完成的动作行为，又能表示持续的动作行为。二者的区别是：V_{b22} 可以表示状态，而 V_{b21} 不能表示状态。

4.2　在给 C_1—C_3 中的动词分类的时候，我们遇到了一些多义项的动词，按甲义项属于一类，按乙义项又应该归入另一类。如：

住　1）停止（V_a）　雨住了半天了

　　　2）居住（V_{b1}）　楼房住了三年了

走　1）离开（V_a）　他走了三天了，你才到

　　　2）行走（V_{b1}）　竞走运动员走了一刻钟了，还没到终点

跑　1）逃跑（V_a）　他跑了半天了，追不上了

　　　2）跑步（V_{b1}）　他跑了半天了，可还一点儿也不显累

打[①]1）摔碎（V_a）　茶杯打了半天了

　　　2）举　（V_{b1}）　打旗子打了半天了

　　　3）打架（V_{b21}）　这伙架打了半天了

"走、住"等动词义项不同，归类也不同。例如"走"作离开讲时是 V_a，作行走讲时是 V_{b1}。作 V_a 用的"走"不能加"着"，"走两天""走了两天"不能单说；作 V_{b1} 用的"走"可以加"着"，"走两天""走了两天"可以单说。"走了两天了"有两个意思，因为在这句话里"走"可以理解为 V_a，也可以理解为 V_{b1}。

5．动词的类和时量宾语的所指

我们在前面三节给出现在 C_1—C_3 中的动词分类，得到了如下的分类系统：

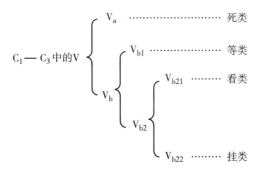

---

①　义项没有列全。

本节讨论 C_1—C_3 中的动词的类对时量宾语所指的影响。

5.1　由 V_a 带时量宾语组成的 C_1—C_3 只能有一个计时起点。因为在语言心理上，V_a 类动词所表示的动作或变化是一瞬间就完成了的，V_a 动作变化的开始点和结束点是重合的，因此时量宾语只表示动作或变化完成以后经历的时间。C_1（V_a）和 C_2（V_a）在 1.2.1 中已经讨论过了，下面举几个 C_3（V_a）的例子：

完了三天了	进来（了）半天了
灭了半天了	成立（了）两年了
到了三天了	批准（了）一个月了
回来（了）两天了	出嫁（了）五年了

5.2　由 V_{b1} 组成的 C_1—C_3 也只能有一个计时起点，这就是动作行为开始点。在 C_1—C_3 中，V_{b1} 总表示持续性的动作行为，时量宾语总是表示动作行为持续的时间长度。如：

C_1	C_2	C_3
等一会儿	等了一会儿	等了一会儿了
坐十分钟	坐了十分钟	坐了十分钟了
管两天	管了两天	管了两天了
想几天	想了几天	想了几天了
琢磨几天	琢磨了几天	琢磨了几天了
注意几天	注意了几天	注意了几天了

5.3　时量宾语与 V_{b21} 的关系比较复杂。

5.3.1　C_3（V_{b21}）如果从动作行为开始点计时，时量宾语就表示动作持续的时间；如果从动作行为结束点计时，时量宾语就表示动作行为完成以后经历的时间。计时起点可以有两个，因而 C_3（V_{b21}）有歧义。例见 2.1。

5.3.2　在可以单说的格式 C_1 和 C_2 中，时量宾语表示动作行为持续的时间。如：

C_1	C_2
这本书看三天	这本书看了三天
我来洗一会儿	我刚洗了一会儿
这件事还得研究两天	这事研究了两天
我跟你说十分钟	我说了十分钟

5.3.3　C_1 和 C_2 后面加上谓词性成分，计时起点就有两种可能性了。如：

A $\begin{cases} C_1 & 看三天就腻了 \\ C_2 & 看了三天就腻了 \end{cases}$

$$B \begin{cases} C_1 \quad \text{看三天就忘了} \\ C_2 \quad \text{看了三天就忘了} \end{cases}$$

A 表现了第一种可能性，计时起点是"看"的开始点，"看"在 C_1 和 C_2 中是持续的行为，时量宾语表示行为持续的时间。

B 表现了第二种可能性，计时起点是"看"这个行为的结束点，"看"在 C_1 和 C_2 中是结束了的行为，时量宾语表示行为结束以后经历的时间。

有时语言环境不能帮我们判断计时起点是动作行为的结束点还是开始点，于是时量宾语是表示动作行为本身持续的时量还是表示动作行为结束后经历的时量，就不能确定了。比如"看（了）三天忘不了"可作两种解释：

A. 整整看了三天，印象很深，忘不了

B. 才看完三天不会忘

5.4 由 V_{b22} 组成的 C_1—C_3，都是既可以表示动作行为的持续，也可以表示动作行为的完成，还可以表示由动作行为造成的状态的持续。如：

C_1	C_2	C_3
挂半天	挂了半天	挂了半天了
腌几天	腌了几天	腌了几天了
盛一会儿	盛了一会儿	盛了一会儿了
开十分钟	开了十分钟	开了十分钟了

C_1—C_3 都有歧义。如果计时起点是动作的开始点，动作是持续的，那么，时量宾语表示动作持续的时间。如果计时起点是动作的结束点，动作是完成了的，动作完成后经历的时间就是由动作造成的状态持续的时间，时量宾语就表示状态持续的时间。

5.5 在 C_1—C_3 中动词的类对时量宾语所指的影响，可以列成下面的简表。

	V_a 死类	V_{b1} 等类	V_{b21} 看类	V_{b22} 挂类
C_1	〔完成〕		动作持续〔完成〕	动作持续
C_2		动作持续		
C_3	完成		动作持续 / 完成	动作完成状态持续

注：加方括号的是不能单说的格式所表示的意思，不加方括号的是可以单说的格式所表示的意思。

原刊于 1981 年第 2 期

外汉机器翻译中的中介成分体系*

刘涌泉

1．什么是中介成分体系

中介成分体系是根据外汉机器翻译特点建立起来的一套特殊的成分体系，其中各个成分既不是原语成分，也不是译语成分，而是介于原语和译语之间的句子成分。中介成分是通过原语语法分析和语义分析并考虑到向译语的转换而得出的，它们属于"深层结构"的范围。中介成分不仅能表示成分的功能意义，而且还能表示成分的分布关系（成分与成分之间的联系，成分在句中的位置）和反映两种语言的对比差异。

中介成分体系不单纯是一套标记句子成分的符号，更重要的是解决多对一翻译的得力工具。另外，在它身上体现了我们翻译规则系统的编制方法，体现了我们关于句子切分的理论认识，同时也体现了我们对翻译技术的处理原则。

2．中介成分体系和翻译系统的关系

大家知道，机器进行翻译，包括三个过程：分析（Analysis），转换（Transformation）和综合（Synthesis）。这三个过程可以用三种方法实现：

（1）A→TS　　　　（2）AT→S　　（3）A→T→S

利用第一种方法编制的规则系统，称之为独立分析相关综合的系统。所谓独立分析，就是原语分析只根据原语本身的结构特点进行，不考虑译语的因素，因此分析的最终结果是原语句子成分；所谓相关综合，就是根据原语分析所得的成分进行原语向译语的转换；并在此基础上按译语规范组成译文。

利用第二种方法编制的规则系统，称之为相关分析独立综合的系统。这里的相关分析，

＊　本文是作者访问澳大利亚期间所作报告的中文本。

是指在原语结构分析的基础上实现原语句子成分向译语的转换，同时在转换过程中要参照译语规范，因此分析的最终结果是一套中介成分；这里的独立综合，是指只需根据中介成分本身提供的移位信息组成译文。

利用第三种方法编制的规则系统，称之为媒介语型系统。这种系统的特点是原语分析和译语综合都独立进行，而原语向译语的转换则利用一个独立的转换程序，即媒介语来实现。

三种类型的系统都可进行一对一的翻译，其中媒介语型系统还可进行逆向翻译。在参与翻译的语言增多的情况下，第一种系统适用于"一对多"，第二种适用于"多对一"，第三种适用于"多对多"。从我们国家来说，如果把汉语译成多种外语（例如英、法、德、俄、日），采用第一种系统比较适当。这时我们只需研制一套为各语言通用的分析程序（独立的）和五套与之相应的综合程序（相关的）就行了。但是，如果目的是把多种外语译成汉语，采用第二种是完全必要的。这时只需编制五套分析程序（相关的）和一套综合程序（独立的）就够了。如果考虑多对多翻译，例如参加共同体的翻译合作，那当然要依靠第三种，即媒介语型系统。使用媒介语好处有二：一是可减少翻译系统的数目，二是能实现逆向翻译。但是，制定出对多种语言都适用的媒介语，不是一项简单的任务，有许多问题尚待解决。

根据我国目前的具体情况来说，当务之急是将各国的科技文献翻译成汉语。因此，采用相关分析独立综合系统对我们解决多对一翻译是最为有利的。而采用这种系统，必然要有一套符号来标记相关分析的结果。这就是我们这套中介成分体系的由来。

3. 制定中介成分的原则

人所皆知，一般划分句子成分主要是根据逻辑语义原则。但是，这样划分出来的成分不能满足机器翻译的需要，因为它们只能表示成分的功能意义，而不能表示成分的分布关系和反映两种语言的对比差异。然而，后者对机器翻译来说，是极端重要的。道理很简单，一个成分，如果本身不能表示分布关系，机器便不能得到它在句中与哪个词发生联系和处于什么位置的任何信息，如果本身不能反映出两种对比语言的差异，机器便不能在综合加工时直接得到把原语改造成译语的任何根据。因此我们结合机器翻译的特点和要求提出了新的划分成分的原则，并根据这些原则建立起了中介成分体系。

这套成分体系所依据的原则有三。

3.1 逻辑语义原则

这一点同传统语法中划分句子成分的原则基本上是一致的。根据这一原则，划分出六大类句子成分，即主语类、谓语类、宾语类、补语类、定语类、状语类。

如果一个成分就其与句子的结构关系来说，是插入性的或独立性的，给以"插入成分"

或"独立成分"特征，作为状语的两个次类。

我们的系统是以结构分析为主要手段以语义分析为辅助手段建立起来的系统，因此得出这类成分是很自然、很便当的。这样一些类别，再加上其子类，足以反映语言的各种内在联系。

3.2 结构层次原则

句子是分层次的，我们是动词（谓语）中心论者，因此认为句中最主要的一层是谓语。理由是：1）它是句中最大联系中心，句中除定语外其他成分的功能多取决于它；2）副句除定语副句外也同主句谓语有关，作它的主语、宾语、状语；3）无主句、命令句一般都由它表达；4）许多语法范畴（数、时、态、式）由它表现；5）语义联系多由它产生。谓语是句中最大的联系中心，同时也是调整词序的主轴心。（详《机器翻译论文选辑》中《机器翻译中的词序问题》，科学技术文献出版社，1979）直接与谓语发生关系的成分叫直接成分（以下称"A 成分"），与谓语以外任一其他成分发生关系的成分，叫间接成分。而间接成分又根据它的联系词的远近分作两种：是前一词或后一词的称为近间接成分（以下称"B 成分"），不是前一词或后一词的称为远间接成分（以下称"C 成分"）。这样，上述六大类又可分为以下一些子类：

①主语类：主语 A、主语 B、主语 C。

②谓语类

③宾语类：宾语 A、宾语 B、宾语 C。

④补语类：补语 A、补语 B、补语 C。

⑤定语类：定语 B、定语 C（没有 A 成分）。

⑥状语类：状语 A、状语 B、状语 C。

另外，根据动词中心论的观点，非限定动词（分词、不定式以及部分动名词）也是句中较大的联系中心（它们可能带一堆宾语和状语），同时也是调序过程中比较重要的次轴心。因此，在我们的系统中赋予其"偏谓语"特征。"偏谓语"本身可以出现在直接成分层，也可以出现在间接成分层，但它所带的成分则只能是间接成分。

3.3 对比差异原则

这个原则要求一个成分能反映出对比语言之间的差异。根据这一原则，句子成分又可以分作以下两类。

①根据该成分在对比的两种语言中的位置相同与否，可分为"前置成分"、"原位成分"和"后置成分"。

②根据该成分在对比的两种语言中是否有介词，可分为"介词性成分"和"非介词性成分"。

这套成分体系包括几十个中介成分。应该强调指出，这只是一个基础，人们在处理各自的语言时可以而且必须根据具体情况有所增减，因为任何一对语言都不可能包括所有这些成分，同时也多少存在一些个别现象。实践证明，这个体系不仅解决了相关分析独立综合的问题（即不管翻译什么语言，原文分析是什么样，而译文综合就使用一套），而且为译文综合创造了极为有利的条件。例如，机器见到"宾 A"，便可知道它是同谓语发生联系的直接成分，没有移位信号，故可置之不理。又如见到"前介定 B"，便可知道它是一个近间接成分，是介词短语作定语用，有前移信号，而且是要移到前一词（成分）之前，因为 B 成分的联系词是前一词或后一词。

4．中介成分是如何给出的

要说中介成分是如何给出的，就要把整个系统的前半部，即分析和转换部分，都介绍一下才能讲得清楚，因为前半部各种操作的总目的就是要得出这种中介成分，为综合汉语译文准备条件。但是，概而论之，也可见其梗概。

4.1　语法分析

语法分析可分形态分析和句法分析两方面：形态可提供谓语等信息，例如英语的 takes 和 wrote，俄语的 беру 和 писал，等等。

同形词（即一词多类的词）是一个大问题，这在形态较少的英语中尤其严重。区分同形词的办法主要有二：一是靠其本身的形态，二是靠上下文。例如 work 是名动同形，如果它在句中出现的形式为 worked，则足能定为动词，如果它在句中出现在 the 或 interesting 之后，则可肯定为名词。词类明确以后，才可谈及句法功能。比如 work 为名词，才能与冠词 the 组合为名词组，然后根据其分布情况，才能分析出它是主语（the work is interesting）或是宾语（I like the work），或是介词宾语（I got a lot of experiences in the work）同时又与介词组成短语作状语。

词组或短语是句子结构中的重要一环（词→短语→分句→句子）。词组一般是（当然某些单个的词也可以是）完整概念的负荷者，是句法单位的体现者，同时也是我们调整词序的对象，换句话说，即中介成分。根据英汉对比研究，我们划分出七类词组：名词词组、动词词组、形容词词组、分词词组、不定式词组、介词词组、副词词组。这些词组，通过上述制定中介成分三原则的加工，便可得出我们的中介成分。比如上面举出的 the work 根据逻辑语义原则区分为主语或宾语，然后可以根据层次结构原则分析成"主 A"或"宾 A"，根据层次结构和对比差异原则，in the work 可以分析成"前介状 A"，即其功能为状语，其层次为 A 成分，其构造有介词，其译法要移到谓语前。

在语法分析过程中，介词值得一提。介词作为一种虚词，实际上的作用并不亚于实词。实词虚词的划分，主要是根据能否表达实体意义。一般说来，人们对于实体意义的理解并不难，而介词的结构意义、关系意义纵横交错，却是不易掌握的。介词不仅是指示句中实词之间有某种关系的词，而且借助本身的意义，进一步指示和确立这些关系的内容和性质。如果没有介词，或介词的等价词，人们也就只能表达一些简单的概念。介词在句中起着重要的媒介作用，许许多多的介词又组成各种各样的短语，它们的句法作用不尽相同，它们的语义又丰富多样，因此，介词的处理，对于中介成分的确定，是一个关键问题。

4.2　语义分析

语义分析可以用来精确地描述句法结构、确定词汇单位的意义、说明语义结构与句法结构的相互作用。当单靠词的形态特征和结构特征不足以确定词与词的搭配关系以及词组或句子的结构类型时，语义分析就更显得重要。

例如，下面这两句话：

（1）We shall have a symposium on Monday.

（2）We shall have a symposium on mathematics tomorrow.

结构完全相同，如果单靠语法分析，很难得出 on-phrase 的不同作用。然而，借助语义分析，第一个 on-phrase 中的 Monday 为时间名词，与 symposium 无语义联系，故可判定为状语，作"前介状 A"，第二个 on-phrase 中的 mathematics 为学科名词，与 symposium 有语义联系，故可判定为定语，作"前介定 B"。上文已经指出，介词对中介成分的确定起关键的作用，由此可见一斑。另外，在介词的分析中，不仅能确定句法功能，而且还能确定结构层次和移位与否的信息，同时还能给出相应的词义（详见刘涌泉、姜一平《机器翻译与介词研究》，《科技情报工作》，1981.5）。

语义分析，同语法分析一样，只能在一种可靠的基础上才能进行。什么是可靠的基础呢？这就是词的合理分类。词的合理分类之所以重要，是因为它给我们提供最基本的初始信息。没有这样的信息，任何分析都无从谈起。目前，我们采用的是根据形态、结构和语义三原则制定的一种"类属组三级分类法"。关于语义，多说几句。这里的语义不是指每个词的具体词义，而是一种范畴意义，即从一群词中概括出来的共同特性，例如，day，night，yesterday，tomorrow，week，month，year，hour，minute，second 属于时间名词，从语义场理论来说，这些词同属一个语义场。

语义分析也不是万能的，比如遇到 He saw the girl with binoculars（"他看见了带望远镜的女孩"，或"他用望远镜看见了女孩"）这样的句子，就会发生困难。这时，除依靠一个句子内部的语义分析外，还需要依靠更大范围的上下文，或语用学的知识。

5. 实例简介

英译汉的中介成分：

Exchange of thoughts is a constant and vital necessity, for without it, it is
主A　　前介定B　谓　　　　宾A　　　　　　非同连　介状A　　谓

impossible to coordinate the joint actions of people in the struggle against the
宾A　主A(偏谓)　　宾B　　前介定B　前介状C　　前介定B

forces of nature, in the struggle to produce the necessary material values; without it,
前介定B　前介状C　　前定B(偏谓)　　　宾B　　　介状A

it is impossible to ensure the success of society's productive activity, and, hence, the
谓　宾A　主A(偏谓)　宾B　　前介定B　　　非同连

very existence of social production becomes impossible.
主A　　前介定B　　　谓　　宾A

机器译文：思想交流是经常和极端必要，因为没有它，不可能在对抗自然的力量的斗争中，在为生产必需的物质财富的斗争中协调人们的共同的活动；没有它，不可能保证社会的生产活动的成功，因此，社会生产的本身存在变成不可能。

几点说明：

①词（词组）下面带＝者属于谓语层，带—者属直接成分层，带～者属间接成分层。〔下同〕

② necessity 按一般语法书分析是"表语"，机器翻译中定为"宾语"。

③ "for"" ；""and, hence"都表示分句界限，所以这个句子实际上由四个分句组成，每个分句是机器翻译的一个加工单位。

④ it 这种形式主语在这里不得成分。

⑤组成汉语的方法：a.先加工 B、C 成分，从后向前加工，定语性的以其前的名词组为轴心，带"前移"信号的需移至找到的名词组前。状语性的以其前的"偏谓"为轴心，带"前移"信号的需移至找到的"偏谓"前。b.后加工 A 成分，加工 A 成分从前向后，以谓语为轴心。

法译汉的中介成分：

L'échange des idées est une nécessité constante et vitale, car il serait impossible
主A　　前介定B　谓　　　　宾A　　　　　　非同连 主A 谓　宾A

autrement	d'organiser	l'action	commune	des	hommes	dans	la	lutte	contre	les	forces
前状 A	介主 A(偏谓)	宾 B		前介定 B		前介状 C			前介定 B		

de	la	nature,	dans	la	lutte	pour	la	production	des	biens	matériels	nécessaires,	il
前介定 B			前介状 C			前介定 B(偏谓)			介宾 B				主 A

serait	impossible	de	réaliser	des	progrès	dans	l'activité	productrice	de	la	société,
谓	宾 A	介主 A(偏谓)		宾 B		前介状 C			前介定 B	分句点	

impossible,	par	conséquent,	qu'	existât	même	la	production	sociale.
宾 A	前首状 A		非同连	谓	后定 B	主 A		

机器译文：思想交流是经常和极端必要，因为否则不可能在对抗自然的力量的斗争中，在为生产必需的物质财富的斗争中，协调人们的共同的活动，不可能在社会的生产活动中获得成功，因此，不可能，存在社会生产本身。

德译汉的中介成分：

Der	Gedankenaustausch	ist	eins	ständige	und	lebenswichtige	Notwendigkeit,	da	es
	主 A	谓				宾 A		非同连	主 A

ohne	ihn	nicht	möglich	ist,	ein	gemeinsames	Handeln	der	Menschen	im	Kampf	gegen
介状 A		后宾 A		谓	后宾 C			前定 B		介状 C		

die	Naturkräfte,	im	Kampf	für	die	Erzeugung	der	notwendigen	materiellen	Güter
前介定 B		介状 C		前介定 B(偏谓)			补 B			

zuwege	zu	bringen,	da	es	ohne	ihn	nicht	möglich	ist,	in	der	produktionstätigkeit	der
介主 A(偏谓)			非同连	主 A	介状 A		后宾 A		谓	介状 C			

Gesellschaft	Erfolge	zu	erzielen,	und	folglich	das	Bestehen	einer	gesellschaftlichen
前定 B	后宾 B	介主 A(偏谓)		非同连		主 A		前定 B	

Produktion	selbst	nicht	möglich	ist.
	后宾 A		谓	

机器译文：思想交流是经常和极端必要，因为没有它不可能，在对抗自然力的斗争中，在为生产必需的物质财富的斗争中，实现（协调）共同的行动，因为没有它不可能，在社会的生产活动中获得成功，因此，社会生产的存在本身不可能。

几点说明：

①由于德语的谓语、偏谓常后置，所以其状语、宾语常在其前面。原文分析和译文综合时都应照顾到此情况。

②根据上面谈的，加工 Handeln（后宾 C）和 im Kampf（介状 C）时应向后找"偏谓"，带"后移"特征的应移置"偏谓"后。

俄译汉的中介成分：

обмен	мыслями	является	постояннои	и	жизненной	необходимостью,	так	как
主 A	补 B	谓			补 A			非同连

без	него	невозможно	налалить	совместные	действия	людей	в	борьбе	с	силами
介状 A		谓		宾 A		前定 B	前介状 A		前介定 B	

природы,	в	борьбе	за	производство	необходимых	материальных	благ	,
前定 B	前介状 A		前介定 B(偏谓)			补 B		分句点

невозможно	добиться	успехов	в	производственной	деятельности	общества,	—
谓	补 A		前介状 A			前定 B	分句点

стало	быть,	невозможно	само	существование	общественного	производства
状 A	谓		主 A		前定 B	

机器译文：交流思想是经常和极端必要，因为没有它不可能在与自然的力量的斗争中，在为生产必需的物质财富的斗争中协调人们的共同活动，不可能在社会的生产活动中获得成功，——因此，社会生产的本身存在不可能。

关于补语 A 的说明：在直接成分层，有时直接宾语和间接宾语同时出现，为了区分，把不带介词并由间接格表示的宾语，定作补语。至于加工方法，如宾语、补语不同时存在于一层，可以按同一种方法加工，如同时存在，则按另一种方法加工。

原刊于 1982 年第 2 期

单向动词及其句型*

吴为章

0.　本文讨论：在现代汉语中，哪些动词是单向的？它们可以分成几个小类？它们可以组合成什么样的句型？

1.　单向动词①

1.1　一个句子中，只能有一个必有的名词性成分和它同时出现的动词，就是单向动词。例如：我游泳｜他们游行｜打雷了｜化雪了。必有的，是指如果没有语言环境的帮助，一定要在句中出现。如：客人来了｜来客人了。

必有的是和可有的相对而言的。可有的名词性成分在句中不是非出现不可，而往往是根据表达的需要来决定它的出现或不出现。例如：昨天客人来了｜客人来我家了。对于"来"，"昨天""我家"这些表示时间、处所的名词性成分和它的联系是可有的。这就是说，在上述句子中，"昨天""我家"的有无，对于句子结构的完整与否和语言表达的准确与否，没有决定性的影响。它们只有在表达上需要特别强调动作发生的时间、地点时，才是必要的。因此，虽然"来"同时和两个名词性成分发生联系，但其中只有"客人"是必有的，所以"来"是单向动词。

从句法关系看，单向动词和必有的名词性成分之间有主谓或动宾的显性语法关系（overt grammatical relations）。当二者的显性语法关系是动宾关系时，宾语同时也就是动词的潜主语。这就是说，单向动词和必有的名词性成分之间，除了显性的语法关系，还可以有表示主谓的隐性语法关系（covert grammatical relations）。

---

*　本文曾在 1982 年 6 月召开的语法学术报告会上宣读，此次发表做了修改。

①　写这一节时，笔者参考了吕叔湘《从主语宾语的分别谈国语句子的分析》、朱德熙《"的"字结构和判断句》《汉语句法中的歧义现象》和文炼《词语之间的搭配关系》等文章。这一节的有些观点，是以上述论文的研究成果为根据的。

吕叔湘先生曾经指出："'施'和'受'本是对待之词，严格说，无'受'也就无'施'，只有'系'。一个具体的行为必须系属于事物，或是只系属于一个事物，或是同时系属于两个或三个事物。系属于两个或三个事物的时候，通常有施和受的分别；只系属于一个事物的时候，我们只觉得这么一个动作和这么一件事物有关系，施和受的分别根本就不大清楚。"[1] 我们赞同施事和受事相对待的观点，不去区分与单向动词同时出现的必有的名词性成分是施事还是受事，而把它叫做"系事"，即动作所系属的事物。从语义关系看，单向动词和必有的名词性成分之间有动作和系事的关系。

1.2 有些动词出现在两个名词性成分之间，我们码化为：N_1–V–N_2。如：

　　　王冕死了父亲　　他便伸开臂膊（《鲁》1—38）[2]

"N_1–V–N_2"可以删去N_1，成为"V–N_2"式：

　　　死了父亲　　　伸开臂膊

"V–N_2"式又可以易位成"N_2–V"式：

　　　父亲死了　　　臂膊伸开

但是，"N_1–V–N_2"不能删去N_2，成为"N_1–V"式：

　　　王冕死了（语义起变化）　　他便伸开（语义不搭配）

这种情况说明：从句法关系看，V 和 N_2 之间既有显性语法关系（动宾关系），又有隐性语法关系（N2 是 V 的潜主语）；从语义关系看，V 和 N_2 之间有动作和系事的关系，V 和 N_2 互相紧密搭配，缺一不可。因此 N_2 是和 V 同时出现的必有的名词性成分。而 N_1 和 V 之间虽然有表示主谓的显性语法关系，却没有语义上密切相关、缺一不可的系事和动作的关系。因此 N_1 不是和 V 同时出现的必有的名词性成分。

N_1 在句中除了和 V 有显性的语法关系外，它同别的词语有没有什么联系呢？有。在上述句子中，N_1 和 N_2 是一对间接成分，N_1 是 N_2 的潜修饰语，N_1 和 N_2 之间有隐性语法关系。因此，"N_1–V–N_2"可以变换成"N_1（的）–N_2–V"：

　　　王冕的父亲死了　　　他的臂膊伸开了

或者"V–N_1（的）–N_2"：

　　　死了王冕的父亲　　　伸开了他的臂膊

---

① 见吕叔湘《汉语语法论文集》，116 页，科学出版社，1955。

② 写作本文时，查阅了下述资料：《毛泽东选集》（一至四卷合订本，人民出版社，1952—1960），《鲁迅全集》（一至四卷，人民文学出版社，1959），《赵树理文集》（一至二集，工人出版社，1980），老舍《四世同堂》（一至三部，四川人民出版社，1979），《骆驼祥子》（单行本，人民文学出版社，1979），《茅盾短篇小说集》（上、下，人民文学出版社，1980），曹禺《雷雨》（中国戏剧出版社，1959），《散文特写选（1949—1979）》（一至二辑，人民文学出版社，1980），《中篇小说选（1979—1980）》（第一辑，人民文学出版社，1981），《一九七九年全国优秀短篇小说评选获奖作品集》（上海文艺出版社，1980）。本文所收集的单向动词和所引用的例句，主要来自上述著作。文中简称为《毛》《鲁》《赵》《四》《骆》《茅》《曹》《散》《中》《短》。

综上，我们认为：在"N_1–V–N_2"中，如果只有一个 N（通常是 N_2）是必有的名词性成分，且 N_1 和 N_2 存在隐性的偏正关系，那么，V 仍是单向动词。

1.3 具有两个以上义项的动词往往有这样的情况：表示这一义项时，是单向动词；表示另一义项时，是双向动词。例如：

笑　A.露出愉快的表情，发出喜欢的声音①：酒店的人大笑了。（单向）

　　B.讥笑：他笑我。（双向）

熄　A.熄灭：灯熄了。（单向）

　　B.使熄灭：他熄了灯。（双向）

开　A.（合拢或连接的东西）舒张；分离：童子面茶花开了。（单向）

　　B.使关闭着的东西不再关闭：他开窗户。（双向）

生　A.生长：他生在北京。（单向）

　　B.生育：她生了个儿子。（双向）

在现代汉语中，像这样单向双向两属的动词数量很多，这里不再列举。对于这类两属的动词，我们不笼统称为单向动词或双向动词，而是把表示 A 义项的称为单向动词，把表示 B 义项的称为双向动词。

1.4 有不少动词性成分，如："打架、报仇、鞠躬、叹气、耍花样、钻空子、碰钉子"等，我们把它码化为 VO。在句子中，VO 结合很紧，经常以一个整体（无论是结构上还是语义上）同一个必有的名词性成分发生显性的主谓关系。例如：

老人要报仇！（《四》1—374）　　你就可以钻空子吗？（《中》74）

VO 可以有一定限度的扩展。如果把可以插入 VO 中的词语码化为 x，那么"V–x–O"中的 x，常是下列词语：1.数量短语、指量短语，这是最常见的；2.疑问代词"什么"；3.时态助词"了、着、过"，"了"最常见；4.趋向动词"起来"，格式为"V 起 O 来"；5.表示可能的"得了、不了"，格式为"V 得（不）了 O"；6.其他表示数量或状态的形容词性词语、表示性质的名词，这种情况较少见。

VO 只有单一的意义，可以拆开，但一般不能交换位置。有人主张不拆开的时候是词，拆开的时候是短语。我们赞成这一看法，把 VO 看成词，把"V–x–O"看成短语。据此，我们说 VO 是单向动词，不说 VO 中的 V 是双向动词。

2. 单向动词的类别

这里谈的是单向动词的小类（subcategories）。不同的小类有不同的组合功能和搭配

---

① 本文对词义所做的解释，均引自中国社会科学院语言研究所词典编辑室编《现代汉语词典》。

关系。

单向动词可能出现的替换框架（substitution frame）有三：

1.Ns-。 2.-Ns。 3.N-Ns。

Ns—必有的名词性成分，N—可有的名词性成分。

根据不同的分布（distribution），可以把单向动词划分为若干类别。

2.1 Ns-。单向动词多数只能出现在这一框架中。例如：

（1）天井里那只预备过年用的雄鸡也喔喔地高声儿啼。（《茅》上242）

（2）女娲忽然醒来了。（《鲁》2—307）

（3）他们拼命的鼓掌。（《四》1—347）

（4）俺李家寨向先进看齐。（《中》546）

（5）我和魏连殳相识一场。（《鲁》2—84）

（6）娴娴，可是你的性格近来愈加小孩子化了。（《茅》上23）

（7）这天晚上，宋明同志自杀了。（《中》399）

（8）刚才您别见怪。（《中》211）

这类单向动词有两个特点：1.前面必须有系事主语；2.后面不能带宾语。

上面例句中的动词又各自代表着一个更小的类别。

2.1.1 "啼"类

A.啼 鸣 吠 吼 吟 噪 叫 啸 啁啾 呢喃 咆哮

B.笑 哭 呜咽 呻吟 咳嗽 呐喊 喝彩 打鼾 打呃

这一类表示有生物发出声音，A组经常要求表示某种动物的特定名词作它的主语，B组一般要求表示人的名词性成分作它的主语。这类动词没有重叠形式，不带处所补语。例如：

燕子在空中呢喃。（《散》2—405）

池塘里的青蛙叫得更起劲。（《曹》92）

她呻吟了一声。（《茅》上57）

新媳妇哭了一天一夜。（《赵》1—2）

她就大声地咳嗽起来。（《中》183）

2.1.2 "醒"类

A$_a$ 醒 病 活 歇 长（长大） 生 醉 徘徊 窒息 苏醒 沉浸[①] 呕吐 失眠 失业 就业 守寡 出神

---

① 下加横线的词，用其比喻义时是单向动词。

A_b 安息　叹气　喘气　失色　变脸　发抖　打颤　挂彩　咽气　去世　吱声　作声　发亮　发狂　发愣　流产　破产　失传　歉收　丰收　密布　复活

B_a 龟缩　蠕动　林立　蔓延　笔立　星散　云散　蛇行　虎踞

B_b 鼎沸　丛生　蜂起　云涌　冰释　雷动　雀跃

这一类主要表示事物处于某种运动状态。其中 B 组是"名＋动"的偏正式合成词，"名"是修饰"动"的，有"像……一样"的意思，表示状态的意味明显，是典型的状态动词。"醒"类动词多数没有重叠形式。A_a 组和 B_a 组可以带补语，例如：

我生在武当，长在武当。（《散》2—370）

一簇簇茶树刚从冬眠中苏醒过来。（《散》2—183）

穷人的孩子整天蠕动在垃圾山上。（《中》384）

A_b 组和 B_b 组一般不带补语，例如：

李先生不作声。（《茅》上 242）

人声鼎沸。（《茅》下 590）

2.1.3 "鼓掌"类

A_a 鼓掌　拍手　娶亲　把关　增光　亮相　解围　造谣　作祟　作怪　竣工　复古　遵命　发财　作罢　着眼　得逞　出口　捣鬼　退席　睡觉　作恶　犯法　开幕　闭幕　得势　变卦　插嘴　插手　动手　开场　开眼　打岔　发昏　招供　着力　上台　下台　垮台　倒台　认帐　碰壁　出头　落空　充数　破例　徇私　示弱　剪彩　上场　收兵　扫地　抬头　撇嘴　掉队　散心　打尖　抛锚　服罪　让步　起义　逞能　起哄　赌咒　发誓　作主　撒谎　宰割　飞扬　开张　唱和　切磋　拆烂污　触霉头　碰钉子　耍花样　扣帽子　打棍子　拖后腿　开小差　耍嘴皮　跑龙套

A_b 来临　死亡　倒塌　沦陷　灭亡　罢休　胜利　失败　崩溃　完毕　破裂　到来　陷落　陨落　幻灭　破灭　倒掉　成功　完蛋　告终

B_a 翱翔　游行　游泳　撤退　逃跑　沸腾　倒退　出发　浮沉　起伏　消失　汹涌　梳妆　省悟　消逝　诞生　动弹　嬉戏　萦绕　逃窜　运行　玩耍　退休　恋爱　工作　搏斗　停滞　居住　退却　回旋　汇合　凑合　改悔　巡逻　传扬　没落　衔接　关联　冲突　贯注　上涨　下降　泛滥　存在　平复　辩护　行驶　来往　休息　化装　挣扎　搪塞　引申　休养　合并　周旋　跃进　指正　包涵　混同　转化　晕倒　沉没　散开　隐没　独立　横行　类推　屈服　徒劳　私奔　命名　罢市　掌权　放假　怠工　革命　罢工　入伍　服务　复员　值日　行军

B_b 突围　登陆　启程　站岗　会师　造反　漱口　签名　洗澡　乘凉　萌芽　散步　毕业　串门　逃荒　出差　放哨　贴金　宿营　报到　养老　飞翔

这一类主要表示动作和行为，大多数没有重叠形式，少数联合式的合成词，如"休息、化装、挣扎、搪塞、引申、休养、合并"等，可以有 ABAB 的重叠形式；一部分支配式的合成词，如"鼓掌、拍手、把关、增光、亮相、解围、动手、开眼、撇嘴、散心、洗澡、漱口、串门、散步"等，可以有 AAB 的重叠形式。A$_a$ 组一般不带补语，例如：

今天边区参议会开幕。(《毛》809)　　蔡松坡云南起义。(《鲁》3—370)

A$_b$ 组是表示结束性动作的动词，不带"过""着"，不带补语。例如：

杭州西湖上的雷峰塔倒掉了。(《鲁》1—279)

春天实际上已经来临了。(《散》2—177)

B组可以带补语，例如：

我已休息了半个月。(《毛》214)　　俞洁新参军不久。(《中》155)

柳浪和花港隐没在浓绿里。(《散》2—310)

其中 B$_b$ 组除了可以带补语之外，前面经常带表示处所的介词短语作状语。例如：

三五九旅从中原突围出来。(《散》2—32)

2.1.4 "看齐"类

A. 看齐　攀谈　决斗　寒暄　竞争　竞赛　作战　打仗　拼命　打赌　屈膝　捣乱 摊牌　拌嘴　吵架　抬扛　有关　无关　拜年　道歉　敬礼　告状　诉苦　说理　撑腰 算帐　着想　磕头　赔罪　报仇　作对　拱手　请假　鞠躬　说情　赌气　装蒜　绝交 辞职　挂钩　挑战　赛跑　谢罪　讨饶　告密　解闷　合流　摔交　打官腔　摆架子 打圆场

B. 交谈　交织　交加　交集　交往　交困　交融　对比　对抗　对照　对立　对垒 共勉　互助　合作　闲谈　谈天　谈心　分家　离婚　结婚　分手　见面　讲和　会面

这一类或者所表示的动作、行为涉及两个以上人物间的关系，如A组；或者直接表示两个人或两种事物、现象之间的关系，如B组。多数没有重叠形式，少数偏正式的合成词，如"攀谈、交谈、对比、对照"等，可以有 ABAB 的重叠形式；一部分支配式的合成词，如"道歉、诉苦、说理、拜年、谈心、谈天、聊天、解闷"等，可以有 AAB 的重叠形式。这类动词一般不带由介词短语充当的和带"得"的补语。A组前面经常要求带个引进对象的介词短语作状语，例如：

我跟他抬扛。(《散》2—258)

他可是不肯向她道歉。(《四》1—183)

他们就是专和我作对。(《鲁》2—148)

中国绝对不向你们屈膝。（《四》2—60）

B组对必有的名词性成分（Ns）有两点要求。

1. 必须是复数形式。

我们交际了半年。（《鲁》2—110）

2. 必须是两个人或两种事物。

林先生和那位收帐客人有一句没一句的闲谈着。（《茅》上215）

惧悔交集。（《曹》20）

如果 Ns 不能满足上述要求，那么 B 组往往要求带个引进对象的介词短语作状语。

地主权力还隐隐和农民权力对抗。（《毛》25）

2.1.5 "相识"类

A. 相识 相认 相逢 相视 相遇 相混 相见 相觑 相商 相间 相处 相怜 相爱 相联 相仇 相等 相比 相对 相抵 相隔 相距 相争 相安 相左 相通 相差 相远 相近 相亲 相骂 相打 相戒 相衔 相约 相能 相持 相合 相符 相称 相跟 相连 相当 相映 相反 相斗

B. 相报 相救 相送 相迎 相留 相助 相扰 相干 相陪 相容 相讥 相劝 相瞒 相向

这一类第一个构词成分为"相"。"相"有两个义项：1）互相；2）表示一方对另一方的动作。"相 X"也有两类：1）表示互指，即事物之间有交互关系，能互为施受，如 A 组；2）表示偏指，即一事物对他事物的动作或行为，如 B 组。关于 B 组，吕叔湘先生在《相字偏指释例》①中说到偏指意义的"相 X"中实际上暗含有受事者。"相留"等于"留某人"，"相劝"等于"劝某人"。"相"起了指代作用。

"相 X"无论 A 组、B 组，都没有重叠形式，也不带时态助词。多数后面不出现别的成分。少数可以带时间或不带"得"的补语。

相处十多年　　相持不下

A 组是表示互指的，它要求 Ns 是复数形式或者是表示两个人或两种事物、现象的。

两条大江，骤然相见。（《散》2—189）

他们彼此兄弟相称。（《四》1—166）

如果 Ns 不符合要求，那么 A 组往往要求带个引进对象的介词短语作状语。

他在这时候，遂和西欧的劳动运动相亲。（《鲁》4—98）

B 组着重表示一方对另一方的动作，没有 A 组的那些特点。

---

① 见《汉语语法论文集》，37页。

祁老人诚意的相留。(《四》1—30)

小喜并不起身相送。(《赵》1—91)

2.1.6 "小孩子化"类

A. 小孩子化 政治化 科学化 法西斯化 军事化 制度化 法律化 神话化 全民化 工业化 集体化 群众化 战争化 民族化 公式化 概念化 专业化 知识化 教条化 江南化 条理化 知识分子化 布尔塞维克化

B. 弱化 深化 正规化 整齐化 单纯化 明朗化 合理化 紧张化 合法化 绝对化 简单化 尖锐化 贫困化 反动化 具体化 深刻化 一般化 庸俗化 表面化

C. 扩大化 革命化 劳动化 战斗化 拟人化

这一类是带后缀"化"的动词,比较常见的是 A 组的"名 + 化"和 B 组的"形 + 化",C 组的"动 + 化"比较少见。后缀"化"表示变成某种性质或状态,因此"X 化"属于状态动词。"X 化"多数是双音节词根的,一般没有重叠形式。其中 A 组可以带"了"表示事情已经发生了变化;B、C 组除了带"了",还可以带"起来""下去"。

和一般派生复合词不同,"X 化"词根和词缀之间暗含有结果和动作的关系。如"工农化","工农"是"化"的结果。当"X 化"同名词发生施受关系时,与其说这个名词是同"X 化"发生施受关系,不如说是同"化"发生施受关系。像"知识分子工农化",如果"知识分子"是施事,意思是"知识分子变为工农分子";如果"知识分子"是受事,意思是"变知识分子为工农分子",这时句中就还暗含有一个施事。"X 化"的这种特殊性,使它和一般单向动词既有相同之处,也有不同之处。在只能有一个 Ns 和它同现这一点上,"X 化"和一般单向动词是相同的。例如:

党更加布尔塞维克化,……(《毛》596)

地里的庄稼都整齐化了。(《赵》2—479)

"X 化"与一般单向动词的不同之处则表现在:一般单向动词不出现在"把(将)"字句中,而"X 化"可以出现在"把(将)"字句中。例如:

目前张伯伦、达拉第正在模仿德意,一步一步地反动化,正在利用战争动员将国家组织法西斯化,将经济组织战争化。(《毛》571)

再把民校经常化了。(《赵》2—422)

"X 化"单向动词充当谓语的"把"字句,与双向动词充当谓语的"把"字句是不同的。

1)"X 化"组成的"把"字句强调使动意义,即:使某一事物变成某种状态或具有某种性质。因此"把"往往可以换成"使",组成兼语句式。如:

再把民校经常化了 → 再使民校经常化了。

而双向动词组成的"把"字句强调处置意义,因此"把"不能替换成"使"。如:

他把茶杯打破了→※ 他使茶杯打破了。

2）"X 化"组成的"把"字句一般没有平行格式，不能变换成非"把"字句。如：

再把民校经常化了→※ 经常化了民校。

而双向动词组成的"把"字句一般有平行格式。如：

他把茶杯打破了→他打破了茶杯。

2.1.7 "自杀"类

自杀 自命 自省 自诫 自存 自裁 自戕 自尽 自居 自称 自知 自危 自责 自拔 自误 自绝 自吹 自立 自给 自诩 自量 自夸 自肥

这一类第一个构词成分为"自"。"自"表示"自己、自身"。当它处在动词前面时，常表示这一动作的施动和受动是同一个人。因此，"自 X"也具有施受集于一身的特点。我们把"自 X"称为反身动词。"自 X"没有重叠形式，多数不带补语。例如：

人人都以向秀丽精神自勉。（《散》2—12）

催我自新。（《鲁》1—45）

有些"自 X"可以带介词短语作补语："自立、自绝"带"于＋名"，如"自绝于人民"；"自居、自称、自诩"常带"为＋名"，如"自称为社会主义者"。"自主"可以带数量补语，如"自主一下"。

2.1.8 "见怪"类

见怪 见笑 见告 见示 见教 见谅 见罪 见访

这一类第一个构词成分为"见"。"见＋动"表示对我怎么样。这类动词由于词中暗含有第一人称的受事宾语，因此，它要求 Ns 必须是非第一人称的。例如：

两礼拜前，蒙 M 女士和两位曾经听过我的讲义的同学见访。（《鲁》4—59）

"见 X"没有重叠形式，后面一般不带别的成分。

2.2 –Ns。 有些单向动词既可出现在 Ns– 中，也可出现在 –Ns 中。例如：

（9）老头子坐着。（《鲁》1—13）

店里坐着许多人。（《鲁》1—29）

（10）一条丁字街明明白白的横着。（《鲁》1—26）

远近横着几个萧索的荒村。（《鲁》1—61）

（11）然而老尼姑已经出来了。（《鲁》1—93）

立刻又出来了一个很老的小生。（《鲁》1—146）

这类单向动词的特点是：1.前面有系事主语时，后面不能带宾语；2.前面没有主语时，后面可以带系事宾语。

上面例句中的单向动词又各自代表一个更小的类别。

2.2.1 "坐"类

坐　住　站　跪　睡　立　躺　躲　爬　跳　逃　走　飞　逃走　奔驰

这一类表示有生物的动作和存在方式，它要求 Ns 是表示有生物的词语。"坐"类出现在 Ns– 中时，后面可以带补语。例如：

　　　　他躺了好一会。（《鲁》1—108）

　　　　祈老人慢慢的站起来。（《四》1—8）

　　　　法海禅师躲在蟹壳里。（《鲁》1—281）

　　　　自从买了车，祥子跑得更快了。（《骆》10）

　　　　我们正好走进一座柏树林。（《散》2—359）①

"坐"类出现在 –Ns 中时，前面经常带处所状语，后面常带"着、了"，不带补语。

　　　　北耳房住着棚匠刘师傅夫妇。（《四》1—181）

2.2.2 "横"类

A.横　塌　陷　升　冒　飘　落　摆　泊　滴　灭　熄　停　挂　吊　流　散　耸立　屹立　陈设　摆设　荡漾　弥漫

B.下（雨、雪）　化（冰、雪）　刮（风）　打（雷、闪）

这一类表示无生物的存在方式和发展变化，它要求 Ns 是表示无生物的词语。"横"类出现在 Ns– 中时，后面可以带补语。例如：

　　　　水从木槽里平平地流过去。（《赵》1—334）

　　　　雨一直下到第二天中午。（《散》1—752）

　　　　圆月已经升起在中天了。（《鲁》2—97）

　　　　大北风刮得正猛。（《鲁》1—43）

"横"类出现在 –Ns 中时，A 组前面常带处所状语，后面常带"着""了"，不带补语。

　　　　叶上落了一层灰土。（《骆》31）

　　　　门口一列地泊着四只乌篷船。（《鲁》2—145）

B 组是表示气候变化的动词，前面除了"天""天上"外，很少有别的成分；后面常带"着""了"，也可以同"起来"组成"V 起 Ns 来"的格式，表示开始态，一般不带别的补语。

　　　　下了一天雪。（《鲁》2—99）

---

① "走路"和"坐车"，多数语法著作认为"路"是处所宾语，"车"是工具宾语。我们把它们看作补语。如果看作宾语，那么我们认为"走"和"路"，"坐"和"车"之间是 V 和 N 的关系，不是 V 和 Ns 的关系。"我走路""我坐车"，是"Ns—V—N"。这里的 V，仍然是单向的。

天上打着雷。(《曹》147)

2.2.3 "出来"类

A. 出来 出去 过来 过去 进来 进去 回来 回去 上来 下去

B. 到 来 去

这一类表示人或事物出现、消失的过程。出现在 Ns– 中时，A 组后面只带"了"：

一个穿长衫的人出来了。(《鲁》2—105)

鲁四凤慢慢地由左门出去。(《曹》110)

B 组可以带由名词性成分充当的处所补语：

前不久，我的孙子和一阵风，还有别的人，晚上到我家里。(《散》2—134)

"出来"类出现在 –Ns 中时，前面常带处所状语，后面不带别的成分。

院中出来个老者。(《骆》26)

2.3 N–Ns 少数单向动词，还可以出现在 N–Ns 中。例如：

（12）祥林嫂……，死了当家人。(《鲁》2—11)

（13）蓝皮阿五也伸出手来。(《鲁》1—39)

这类动词有如下特点。1. 前面有一个可有的名词性成分作主语。2. 后面有一个必有的名词性成分作系事宾语。3. 动词前后两个名词性成分有领属关系，如例（12）；或者整体和部分的关系，如例（13）。

上面例句中的动词又各自代表着一个更小的类别。

2.3.1 "死"类

这一类表示有生物处于某种状态。"死"出现在 N–Ns 中时，N 必须是表示人的词语，Ns 必须是表示亲属关系的词语；N 和 Ns 有领属关系。

吴先生……，才死了老婆。(《赵》1—8)

2.3.2 "伸出"类

伸出 伸开 露出 合上 沁出 缩回 眨 瞪 睁 闭（眼、嘴） 出（汗）落（泪） 开（花）

这一类表示有生物的某种运动形式。"伸出"类出现在 N–Ns 中时，N 必须是表示有生物的词语，Ns 必须是表示有生物体的某一局部（动物的某一肢体、器官，植物的某一部分）的词语；N 和 Ns 有整体和部分的关系。

她整日紧闭了嘴唇。(《鲁》2—24)

几株老梅竟斗雪开着满树的繁花。(《鲁》2—24)

综上，单向动词共分三大类十三小类。

3. 单向动词句型表

3.1 我们把"Ns–V"叫作句型一,"V–Ns"叫作句型二,"N–V–Ns"叫作句型三。前面的材料说明:所有的单向动词都能组成句型一;"坐"类、"横"类、"出来"类还可以组成句型二;"死"类、"伸出"类,还可以组成句型二、三。据此,我们认为"Ns–V"是单向动词的常式句型,"V–Ns"是变式句型,"N–V–Ns"则是有条件的变式句型。

句型一、二、三都是基本句型,在实际运用中,它们都有扩展式(见下表)。

符号说明:V,单向动词;Ns,必有的名词性成分;N,可有的名词性成分;Prep,引进对象的介词短语;Loc,表示处所的方位短语、介词短语;+,可出现可不出现;–,不出现。

3.2 基本句型一:Ns–V

表一

句型一	主语	状语	谓语	补语	助词	V 的类别
	Ns	+	V	+	+	
	她	就大声地	咳嗽	起来		"啼"类 A、B
	女娲	忽然	醒	来	了	"醒"类 A_a
	我	已	休息了	半个月		"鼓掌"类 B_a、B_b
A	我们		交际了	半年		"看齐"类 B
	祥子		跑	得更快	了	"坐"类
	圆月	已经	升起	在中天	了	"横"类 A、B
	你		到	我家里		"出来"类 B
	母亲		死	得早		"死"类、"伸出"类
	Ns	+	V	–	+	
	春天	实际上已经	来临		了	"鼓掌"类 A_a、A_b
	人人	以向秀丽精神	自勉			"自杀"类
	人声		鼎沸			"醒"类 A_b、B_b
B	海天		相连			"相识"类 A
	祁老人	诚意的	相留			"相识"类 B
	党	更加	布尔塞维克化		了	"小孩子化"类 A
	您	别	见怪			"见怪"类
	老齐	深更半夜才	回来			"出来"类 A
	Ns	Prep	V	+	+	
C	我	跟他	抬扛			"看齐"类 A、B
	他	与吴仲义	相处	十来年		"相识"类 A
	他	把阶级斗争	扩大化	起来		"小孩子化"类 B、C

续表

句型一		主语	状语	谓语	补语	助词	V 的类别
D		Ns	+	V	Prep	−	
		他		自绝	于人民		"自杀"类
E		Ns	+	V	Loc	−	
		敌人		龟缩	在碉堡里		"醒"类 B_a
F		Ns	Loc	V	+	+	
		三五九旅	从中原	突围	出来		"鼓掌"类 B_b
		他	在床上	躺着			"坐"类

3.3 基本句型二：V–Ns

表二

句型二	状语	动词	定语	宾语	补语	助词	V 的类别
	Loc	V（着、了）	+	Ns	−	−	
A	北耳房	住着		棚匠刘师傅夫妇			"坐"类
	叶上	落了	一层	灰土			"横"类 A
	院中	出来	一个	老者			"出来"类
	村里	死了	许多	人			死"类、"伸出"类
B	+	V	+	Ns	+	+	
		下起	鹅毛	雪	来	了	"横"类 B

3.4 基本句型三：N–V–Ns

表三

句型三	主语	状语	谓语	定语	宾语	补语	助词	V 的类别
A	N	+	V	+	Ns	−	−	
	祥林嫂		死了		当家人			"死"类
B	N	+	V	+	Ns	+	−	
	蓝皮阿五	也	伸出		手	来		"伸出"类

原刊于 1982 年第 5 期

社会语言学的兴起、生长和发展前景*

陈　原

1．边缘科学

社会语言学是一门边缘科学。

本世纪开始，由于对自然现象和社会现象进行了比较深入的观察和推理，发现单一的学科（尽管它本身的体系很完整）对一些复杂的自然或社会现象往往解释不周，更不要说透彻分析了；现实生活要求跨学科的研究，因此就有了边缘科学。大自然和人类社会都不是由孤立的各不相关的部件组成的，它们都不是简单的机器；自然和社会都是有机的统一体，所以机械唯物论对此是无能为力的。

边缘科学就是为了更加适应现实生活的需要而产生的，例如社会语言学就是为了适应作为社会现象的语言这种复杂的有机构成而兴起的一门边缘科学。它既不是单纯意义上的社会学，也不是单纯意义上的语言学，更不是社会学的语言学或社会的语言学，也不是语言学的社会学或语言的社会观。社会语言学现在是一门独立的学科，它把语言当作一种社会现象，放在整个社会生活中加以考察，从社会生活的变化与发展去探究语言变化发展的规律。与此同时，又从语言的变化与发展（特别是语言要素中最活跃最敏感的部分——语汇——的变化与发展）去探究社会生活的某些倾向或规律。[①] 如果能用辩证方法和唯物主义的观点去研究和探索社会语言学提出的种种课题，我们将会得到比较合乎实际的结论。

---

*　这是作者在一次语文工作者的集会上所作的一个学术报告提要，作者对若干理论问题的探索参见即将出版的《社会语言学导论》一书。

①　我在《语言与社会生活——社会语言学札记》（生活·读书·新知三联书店，1979）中说的"探究语言的发展和社会的发展如何息息相关"以及"我们在这种研究中，即从语言现象的发展和变化中，能够看到社会生活的某些奥秘"（2页），就是指此。这两个方面，在外国专著中，我以为意大利社会语言学家 Pier Paolo Giglioli 教授论述得较周全，见所编 *Language and Social Context* 论文集序（伦敦，1972/80）8—9页。

2. 兴起

社会语言学作为独立学科的兴起，不早于第二次世界大战（四十年代）。据记载，英语文献中"社会语言学"（sociolinguistics）一词最早出现在 1946 年。[①] 虽然过去有些语言学家也曾把语言看作一种社会现象，例如社会学派的语言学家，但他们仍脱不出瑞士索绪尔的共时语言学的范畴，带有描写语言学性质，而不是社会语言学。有人认为本世纪二十至三十年代就已经形成社会语言学，这种说法是不能令人信服的。[②]

严格地说，社会语言学作为独立学科，形成自己的逻辑体系，并且得到科学界的普遍承认和重视，应当是从本世纪六十年代开始的。这个时期的国际社会具有以下两个特征：（1）社会经济有了巨大的飞跃变化，一般地说，社会生产力在某几个关键性地区或国家提高得很快——几个战败国（如西德、日本）"起飞"后社会经济的猛涨（而不是迟滞），引起社会生活一系列重大变化；（2）科学技术有了新的突破，尤其是电子科学（如电子计算机）的惊人发展，使信息交换起了划时代的变化。这两个社会因素引起了社会语境（social context）的巨大变化。[③] 社会语言学是在这样的社会条件下为适应人类社会对信息传递和交换的需要（"语言是人类最重要的交际工具"[④]）而发展为一门独立学科，解决新的社会生活所提出的语言课题。

因此，社会语言学一出现，就吸引了语言学家、社会学家、人类学家、人种志学家、文化史学家、心理学家、教育学家、历史学家、信息论和控制论学家和政治学家的关注和参与。社会语言学不是一门纯理论的边缘学科，除了理论问题之外，它还在很多场合协助解决某些社会实践上的课题。

3. 微观与宏观

一般地说，上个世纪以迄本世纪上半期的语言学，大都着重在研究语言的内部结构，即研究包括语音、语汇、语法、语调等在内的语言要素的构成、演变以及变异或融合的规律，人们常常把这种研究学科称为描写语言学。描写语言学对于有效地、准确而迅速地传

---

① 见 *The Shorter Oxford English Dictionary* 卷 2，2661 页。

② 见 Большая советская энциклопедия 第三版卷 24（上册），249 页，А.Д. Швейцер 所写 *социолингвистика* 一条。他认为本世纪二十至三十年代苏联学者把语言当作社会现象来研究即现代社会语言学研究的基础，这种说法未免有点夸大。西方把语言当作社会现象的语言学家的出现早于二十年代，但他们的研究不能算作社会语言学，见 F.de Saussure，*Cours de Linguistique Générale*（1916）。

③ context 是"上下文"的意思，social context 以译为"社会语境"较合适，这个术语的含义可参看美国社会语言学家 W.Labov 的著名论文 "The Study of Language in its Social Context"（见 *Studium Generale*，卷 23，1970）。

④ 引自《论民族自决权》（《列宁全集》中文本卷 20，人民出版社，1958，396 页）。

递或交换信息（通过某一特定的传播媒介）是完全必要的。有人把这种语言研究称为微观语言学，也不是没有道理的。如果采用这种比拟性的命名，人们完全可以把放在社会环境中去研究作为一种社会现象的语言的社会语言学称为宏观语言学。

社会语言学不满足于考察语言的静态，而着重于探索语言的运动过程和运动规律，即语言的动态。语言绝不是一成不变的化石。任何一种语言（即使是只有不到一百年历史的人工国际辅助语 Esperanto——世界语），[①]都随着社会生活的发展而变化，排除污染而净化，通过选择而强化，依靠吸收和创造而丰富起来。社会语言学就着重研究这个变化过程，而且要从这个运动过程中找出一些规律性的东西——包括语言变化的规律性东西和由语言变化而观察到的社会生活变化的某些轨迹。

4. "疆界"

伦敦出版的一部社会语言学论文集[②] 封底的一段说明是饶有兴味的：

> 语言在社会中所处的地位很重要，很复杂，这使社会语言学成为很多学科的专家们研究的园地。但是社会语言学的领域至今还没有明确的疆界，可是社会语言学很多重要主题已被深入探讨，而且有了不少方法论和基础理论著作，积累了不少有价值的描写资料。

这一段说明没有给社会语言学下定义，但它表述了这门学科的现状：（1）"疆界"还没有十分确定；（2）多种专家对它发生兴趣；（3）很多重要课题已经或正在探讨；（4）积累了不少资料；（5）出版了一些理论著作。

有若干社会语言学的著作给这门学科下过这样或那样的定义，但很少能表达得全面和准确，因为这门学科仍在生长中。我倾向于探究一下它研究的主要内容，从实际出发去了解这门新的科学，这样做看来是比较有意义的。

5. 变异和共性

变异（variation）和共性（universals）[③]是社会语言学形成过程中为人们熟知的一对对立的命题。无疑，最初只着重研究变异；后来才探索在人类社会中作为最重要的交际工具的语言的共性。

---

① Esperanto 原词的意思是"希望者"（希望人类有了共同的语言即能和平生活），是波兰眼科医生柴门霍夫（L.L.Zamenhof）1887 年创始的以印欧语系的语言结构为基础的一种人工语。
② 指新西兰 J.B.Pride 教授主编的 *Sociolinguistics*（企鹅现代语言学读物丛书），伦敦，1972/79。
③ "共性"（universals）是美国社会语言学教授 J.H.Greenberg 1963 年首次使用的术语（见他的论文 *Some Universals of Grammars with Particular Reference to the Order of Meaningful Elements*），我倾向于译作"普见性"或"普见现象"。

描写语言学也研究语言的变异，但它一般是就特定语言的内部结构来研究的，而社会语言学则着重于从社会诸因素对语言所起的作用（"冲击"）来研究语言的变异。所谓社会诸因素，即历史的、地理的（地域的）、民族的、种族的、种姓的、性别的、阶级的、阶层的、文化层的、社会习惯的、心理的、社会激变（动乱、革命）等等因素——这许多因素在一定时期内分别（或几个因素一起）对在特定社会语境中发展的某种语言具有不同程度的影响和作用。正如有一部著作所说："很可以说，任何一种语言都不像我们的描写语法（即描写语言学中的语法）有时规定的那么一成不变；如果有足够的资料，我们总可以找到语言在各个方面的差异（diversity），例如语音的、语法的、语汇方面的差异。这样的一些差异，可以循着共时的（synchronic）三维——地理的、社会的、文体的——加以研究。"①

语音、语法、语汇——这属于语言的内部结构范畴；地理（地域）、社会、文体——这属于社会语境范畴。②后者对前者施加影响，引起变异，这就是社会语言学所要研究的。

但是人类社会的语言有一种"共性"（或"普见性"），否则就不能互相了解，这就是1963年美国社会语言学家格林贝格提出的新观念，"共性"同"变异"是一对辩证的对立物。

5.1 变异——共变论

著名的社会语言学家（城市方言学派）拉波夫说过一句名言："社会语言学的基本问题，是由于有必要了解为什么某人说某种话而提出的。"③为什么这个人（这一群人）在这种场合必须说某种话（某种说法）而不是别种话，即为什么他必须这样说，而不是那样说——这就是要探明语言在特定语境中引起的差异。

举几个常见的现代汉语的例子。

（1）解放后的报刊常见这样的句子：

> 文章说……，文章认为……。

意思是上举的或被评论的这篇或那篇文章如何如何。在解放前，这种场合一般都使用定冠词（"这篇文章"或"那篇文章"），如同英语中 The article 中的定冠词 the，五十年代从俄语翻译了很多电讯和文章，而俄语是没有定冠词的，这个场合只用 "статья"（文章）一

---

① 见 W.Bright 和 A.K.Ramanujan 合写的论文 Sociolinguistic Variation and Linguistic Change（1964），参看 Pride 所编论文集 157 页。

② 这里的 "文体"，着重点在社会因素，而不是 "风格" "文风" ——它指官方文书、宗教诏书、私人往来文件，或一般报刊文章等。

③ 拉波夫（Labov）以研究纽约英语的社会层次划分而著名，故称城市方言学派，此语见 "The Study of Language in its Social Context" 一文，亦即社会语言学家 J.A.Fishman 的论文所揭示的：Who speaks what language to whom and when（什么人在什么时候对什么人说什么话），见 La Linguistique，1965，卷 2。类似的研究也在外国（例如日本）进行，见国立国语研究所报告 70-1:《大都市の言语生活》（东京，1981）。

词，因此，久而久之，汉语这个场合也就光秃秃的不用定冠词了。

（2）解放后常用的"爱人"，语义起了变化（变异），它首先代表"妻子"或"丈夫"的意思。如：

这是我（的）爱人。

即是说，这一位（女的或男的）是我的妻子（或丈夫）。而"爱人"原来的习惯语义（在相爱着的男或女）则让给"朋友"了，如：

这位是我儿子的朋友。

这里如果是指一个女性的话，那就意味着是儿子的"恋爱对象"。而不是通常意义（"同志们，朋友们！"）的"朋友"。

（3）在"普通话"中这些年来北京方言特有的"儿"化音素减轻了甚至消失了。

马威进了书房，低声儿叫："父亲！"（老舍）

这句子中的"低声儿"中的儿化音素，现在不但在书面语（文字）上消失了，而且在日常讲话中一般也减少了时值（就是说，这个"儿"说得很快很快），甚至消失了。

上面三个例，例（1）是语法变异，例（2）是语汇变异，例（3）是语音变异。而语音变异在不同地域（如在其他方言区说普通话）发生得比较显著，在同一地域却变化得很慢。从拉波夫调查美国英语的结果来看，据说语音的变异通常需要三十年以上才变得显著。[①]

英国一个社会语言学家说得好："语言不仅按照说话者的社会属性（例如他的社会阶级、种族集团、年龄和性别）而变化，而且按照他自己所处的社会语境而变化。"[②]

这段话使我们联想到有些社会语言学家提出的"共变论"（covariance）——共变就是说语言和社会结构的共变。[③]语言是一个变数，社会是另一个变数，两个变数互相影响，互相作用，互相制约，互相变化：这就是共变。如果这意味着我们常说的当社会生活发生渐变或激变时，语言一定会随着社会生活的步伐发生变化，那么，这共变论是完全可以理解的。

这段话也使我们联想到语言的"社会层次划分"（stratification），即在不同的社会经济集团或不同的社会文化集团中进行语言的调查研究，分析因这些社会因素引起的语言变异，那么，对这些语言变异的划分指标就是语言的社会层次划分，如同拉波夫在纽约对三百四十个选样进行了语言调查，写出了他的代表作《纽约市英语的社会层次划分》一

---

① 见 *The Social Stratification of English in New York City*（1966）。

② 见 Peter Trudgill, *Sociolinguistics*（1974/79），103 页。这部书是我所看到的西方最通俗的社会语言学著作。

③ "共变论"是美国社会语言学家 W.Bright 在他的著作 *Sociolinguistics*（海牙，1966）中提出的，参看苏联 А.Д.Щвейцер 所著 *Современная социолингвистика—теория,проблемы,тетоды*（莫斯科，1977），63 页。

样。① 作者认为社会语言学的出发点应当是按社会层次划分进行的语言调查，这一点是可取的。我们有些单位已经或正在进行这样性质的汉语调查。

5.2 共性——句型学（类型学）

共性（通性）或译普遍性、同一性、普见性（现象）。

社会语言学着重于变异的研究，这是人所共知的。

美国社会语言学家提出了"共性"（普见性）现象，认为人类语言不但有显著的差异，而且有令人惊讶的共性。有些社会语言学家提出了句型学（typology）来论证共性，这是从多种语系中的三十种语言提取词序样的学问，据称有六大类型。以 S 为主词，V 为动词，O 为宾词，共有六个公式：②

1. SVO（主动宾型）——如英语："我读书。"

2. SOV（主宾动型）——如日语："我书读。"

3. VSO（动主宾型）——如古阿拉伯语："读我书。"

4. OVS（宾动主型）——如 Hixkaryana 语："书读我。"

5. OSV（宾主动型）——如 Apurinã 语："书我读。"

6. VOS（动宾主型）——如 Malagasy 语："读书我。"

有些美国学者认为，人类语言的99%都可以归纳到头三种类型中去，这就是人类语言的一种共性的例证。4、5 两种类型是罕有的，6 型是稀有的。

有些社会语言学家认为，人类语言的共性表现在两个方面，即语言结构本身方面（发音、语法—句型、语汇等）和语言学习方面（专指婴儿和儿童学习语言和获得语言有其共同的或普见的途径）。③

共性（普见性）理论发表以来，愈来愈得到比较多的学者的承认，虽则这个问题现在还处于广泛深入研究的过程中。

现代汉语主要是 1 型，即 SVO 型。由于社会生活的需要，SVO 型也可以有变化或副型，主要是由间接宾词等因素构成的。但有些学者不以为然，例如美国黎天睦（Timothy Light）教授就在一篇论文中指出，桑德拉·汤普森（Sandra A.Thompson）等学者认为汉语（现代汉语普通话）的词序是 SOV 型（主宾动型），而黎反驳了这种论点，认为汉语还是 SVO 型。④ 不过，我以为桑德拉·汤普森提出的并不是简单的肯定 SOV 型，其论点一共有三条：⑤

---

① 见 *The Social Stratification of English in New York City*（1966）.

② 教授本人所做的简单阐明见 *A New Invitation to Linguistics*（1975），第 11 章，122—132 页。

③ 参看 Neil Smith 与 Deirdre Wilson 的 *Modern Linguistics*（1979），249 页以下。

④ Timothy Light, *Word Order and Word Order Change in Mandarin Chinese*（1979）.

⑤ 引自 Charles N.Li and Sandra A.Thompson, *Mandarin Chinese—A Functional Reference Grammar*（《汉语语法》），1981，第 2 章，10—27 页。

1.（现代汉语普通话）国语（mandarin）是一种有着很多 SVO 型特征同时也具有很多 SOV 型特征的语言。

2. 国语（与其他方言不同）正在经历着从 SVO 型转到 SOV 型的变化过程。

3.（国语）不属于共性（普见性）语法家所讨论的任何一种标准词序典型。

考察现代汉语的句型——包括最简单的主动宾型陈述句到复杂的有很多附加部分的句子——的现状和历史变异、地理变异和其他社会变异，是很有意义的，它将有助于对变异和共性的进一步探究。

6. 领域

英国学者特拉德基尔（P.Trudgill）著作中所触到的社会语言学领域，可以表述为：（1）阶级；（2）民族；（3）种族（集团）；（4）性别；（5）地域；（6）语境。[①]新西兰学者普拉德（J.B.Pride）所涉足的领域则是从语言结构本身来描述的，那就是：（1）双语现象、多语现象；（2）标准语、民族语；（3）方言变体、文体变异；（4）语言学习、语言掌握。他认为前两对属于宏观社会语言学，后两对属于微观社会语言学。这里触到的语言领域包括：民族语、标准语、方言、文体、双语、多语、学语、用语。在第十一届国际语言学家大会上有学者提出的社会语言学至少有十五个研究领域，可以归纳表述为：（1）语言与种族，人口；（2）语言变异（双语、多语、多方言、双语变体共存现象、社会方言学）以及变异的社会因素；（3）语言规范化与非规范化（包括洋泾浜化、克里奥尔化等）以及语言规划；（4）语言教育；（5）语言相对性与语言功能。

举出以上从不同角度划分的领域，可以认为社会语言学所要接触的范畴是很广阔的，也就是上文所揭示的社会诸因素。可以做如下简短的结论：社会语言学研究的领域主要是在社会诸因素，即诸因素对语言的作用和影响。

应当说，所有这些领域都是值得探索的，是很可活动的广阔"天地"，要确定它的疆界还为时过早。

7. 前景——几个理论问题

7.1 在社会语言学领域中探索得较多的是社会诸因素引起语言的变异这一方面，探索得较少的是由语言变异所观察到的社会变化。——例如从古代汉语书面语（甲骨文）研究中国古代社会的性质及结构是有成就的，[②]这是社会历史学家的功绩；社会语言学家有可

---

① 见 Peter Trudgill, *Sociolinguistics*（1974/79），103 页。这部书是我所看到的西方最通俗的社会语言学著作。
② 如郭沫若的《中国古代社会研究》（人民出版社，1964）。

能循着这条路，例如从现代汉语（特别是在语汇方面）探究近代现代中国社会诸因素的变动。这个领域是值得去开发的。由此联想到，迄今为止社会语言学在语音变异的领域做了很多工作，而在语汇领域相对来说却不够深入。[①]对丰富而变动着的现代汉语语汇的社会语言学探索将会是富有创造性的，其中特别是术语学、标准化、正词法[②]等等的探索，将不仅有理论意义，而且有实践意义。不仅要从普通语言学的角度去探索，而且应该从社会语言学的角度去探索，这是时代提出的责任。

7.2 语言与思维的相互关系和相互作用问题，在哲学和心理学方面是探索过的，但这个重要的理论问题，理应在社会语言学中得到应有的重视。假如人类没有社会化，则语言和思维都不会存在。"语言和意识具有同样长久的历史"，这是一；"语言是思想的直接现实"，这是二；"语言是一种实践的、既为别人存在并仅仅因此也为我自己存在的、现实的意识"，这是三。[③]对这个问题，恩格斯的《劳动在从猿到人转变过程中的作用》也好，马、恩的《德意志意识形态》也好，直到斯大林的语言学著作，都还没有详尽地令人信服地论述够。至于先有思维还是先有语言这样的两难问题，是同先有鸡还是先有蛋那样的生物学难题相类似的，也许不能用简单的肯定或否定来回答。社会语言学有可能利用丰富的现代汉语材料，来研究思想运动（思想上的启蒙运动、革新运动、革命活动等）与语言的相互依存和相互作用，例如文言与白话之争、大众语论争、拉丁化运动等。

7.3 关于语言与信息的探索，前景是广阔的。对信息的传递与交换，特别是对现代汉语信息化进行社会语言学的研究是极有意义的。由于人类社会生活的急剧变化，分音节的有声语言不能有效地满足高速度的、远距离的、国际的社会交际的需要，作为语言的代用或延长物出现的符号正在国际社会中广泛应用——对这些符号的研究同符号学[④]进行的研究不是一回事，同对古代实物语言[⑤]或图式语言[⑥]所使用的"符号"的探索也不是一回事。现代社会生活所应用的符号是一种特殊的思维活动。

---

① 我在《语言与社会生活》日译本序文中表示过这个意见，见《てとばと社会生活》（东京，1981），2 页。

② 特指利用汉语拼音方案写词的方法，或拉丁化运动时称为"词儿连写法"的东西。

③ 所引警句是马克思和恩格斯的，见《德意志意识形态》，分别见于《马克思恩格斯全集》（人民出版社，1960）卷 3 的 34 页、525 页、34 页。

④ 符号学（Semiotics）是新近发展的一门科学，非正式的定义是"它研究各种各样信息的交换"，更严密地说是研究发信源、受信体、通道、信息代码和语境（上下文）的关系。见美国符号学家 T.A.Sebeol 的专题报告《符号学的起源和发展》（日本《思想》杂志，1980）。这里所说的"符号"同本文所说的不是等义词。

⑤ 实物语言，即用实物（贝壳、动物、植物等）来传递信息，如古希腊希罗多德的《历史》一书所提到的波斯人的"实物信"（参看中文本 236 页，商务印书馆，1959，王以铸译）。

⑥ 图式语言如古埃及的"亡灵术"（见 E.A.Wallis Budge 发现的 The Papirus of Ani, *The Egyptian Book of The Dead*, 1895）；又如云南纳西族的图式文字（见方国瑜编《纳西象形文字谱》，云南人民出版社，1981）。

7.4　语言的文化层（社会层中的文化层）变异是社会语言学探索的一个领域，也是语言与文化这样的命题中的一个重要构成部分。在这个范畴中对语言感情（不是语感）的探索，关系到语言规划、语言政策问题——其中在当代特别研究得多的是双语现象、多语现象、多方言现象等。社会语言学需要更广泛、更深入地研究，例如关于语言霸权主义（语言帝国主义）、关于国际社会应用的人工国际辅助语的社会意义和现实作用等，这将会使社会语言学本身更加丰富起来。同文化有关的命题，例如语言的"塔布"、语言灵物崇拜（语言拜物教）与现代迷信，也是社会语言学研究得较少的问题，至于英国弗莱泽学派和法国列维－布吕尔（《原始思维》）[①] 的社会学研究，反映在语言研究中的萨丕尔－沃尔夫假设，[②] 都值得从马克思主义社会语言学的观点加以探讨，也许这不完全是语言思维问题，而更多的是语言与文化相互作用问题。此外，对社会语言学同样重要的是委婉语词，现代汉语委婉语词的探讨将会是引人入胜的。

7.5　语言的相互接触和相互影响，是社会语言学目前开始广泛探索的项目。这关系到语言污染和净化问题。语言污染在近代（现代）中国的两个例子：洋泾浜英语（英国人）和协和语（日本人）。也许洋泾浜同克里奥尔不是同一个范畴，也许洋泾浜化不应当完全归结为污染，但在近代（现代）中国，洋泾浜只能称为语言污染现象。语言接触的重大关键是外来语（借词）的存在，外来语的社会语言学探索会发现某些社会因素的变化，外来语（借词）的控制有时又同语言政策和语言净化密切相关。社会语言学在语言接触问题中提出了人类语言"共性"现象，通过句型学及其他方面的探索，近二十年吸引了很多人的注意，也许还对语用学有益。由此出发，进行了语言的社会功能和社会准则（规范）的探索，这种探索将具有实用价值，对社会生活将起积极的作用。

社会语言学是一种边缘科学，所以它所涉及的理论问题是很多的。特别因为汉语有十亿人在使用，有几千年的历史，加以在 1949 年成立中华人民共和国以后对国际社会愈来愈增加它的政治的社会的分量，因此利用汉语作为语言材料进行社会语言学的理论探索，将会大大丰富这门边缘科学的内容和提高它的价值，前景是令人鼓舞的。

原刊于 1982 年第 5 期

---

① 见 Sir James Frazer 的《金枝》(*The Golden Bough*，1890）和 Levy-Brühl 的《原始思维》(法文本 1910、1922，俄文本 1930，中译本 1981）。

② Sapir 和 Whorf 是美国两个语言学家，这个假设简单地说就是：语言方式决定人们的思想方式。这里牵涉到所谓语言相对性的问题，唯心主义的色彩是很浓厚的。

古汉语中之罕见语法现象*

杨伯峻

我于五十年代写过一本《文言语法》，那是为一般读者作参考用的，有些问题没有涉及，有些虽略涉及，然语焉不详。在教学和审稿中，有时碰到某些问题，认为有探索的必要，因选其中八项，表示己见，以求正于专家学者和广大读者。

1. 名词句

在《文言语法》中，我曾举出元人小令《天净沙》为例，以并列名词词组为句：枯藤、老树、昏鸦，小桥、流水、人家，古道、西风、瘦马，夕阳西下，断肠人在天涯。"枯藤、老树、昏鸦"是深秋肃杀的景色，"小桥、流水、人家"又是安谧、温暖、家人团聚共叙天伦的含蓄而概括性的记述，"古道、西风、瘦马"却是那位仆仆风尘的断肠人的自述，三组并列名词词组句，构成不言而喻的三种景色。而在"夕阳西下"时候，必然引起"断肠人在天涯"的感叹。但这只是词曲中的句法。而在更古的汉语文献中，大概有三种以名词和名词词组为句的句法。

第一种是从古到今所经常见的，在问答句中，答语只是一个或一个以上名词或名词词组便足以表示完全的意义，因为其所省略的，在问句中已经出现，不烦再说。现在略举数例：

（1）云谁之思？西方美人。（《诗·邶风·简兮》）

（2）谁从穆公？子车奄息。（《诗·秦风·黄鸟》）

（3）何以赠之？路车乘黄。（《诗·秦风·渭阳》）

（4）卖炭得钱何所营？身上衣裳口中食。（白居易：《卖炭翁》）

（5）两骑翩翩来是谁？黄衣使者白衫儿。（同上）

---

* 本文是作者参加第十五届国际汉藏语言学会议的论文。

（6）天下英雄谁敌手？曹刘。（辛弃疾:《南乡子词》）

第二种是表示衣着，不用"穿""戴"等动词，即以名词表示它。略举数例，难解者附以说明。

（1）宗庙之事如会同，端、章甫，愿为小相焉。（《论语·先进》）

"端"为端衣，当时礼服；"章甫"，礼帽。"端、章甫"意犹穿着礼服、戴着礼帽，以并列名词为句。

（2）甲胄而效死，戎之政也。（《国语·晋语五》）

"甲"好比今之防弹衣，古以防矢石和其他武器者；胄如今之头盔，护头面者。甲胄即着甲戴胄。此句可和《左传·成公二年》"擐甲执兵，固即死也"相比较。"擐甲执兵"以动宾结构为短句，与"甲胄"同义，而不省动词。

（3）卫文公大布之衣，大帛之冠。（《左传·闵公二年》）

《新唐书·郭子仪传》用这二句，却说："昔卫为狄灭，文公庐于曹，衣大布之衣，冠大帛之冠。卒复旧邦。"加一"衣"（去声，穿也）和"冠"（去声，戴帽也）二动词。

（4）西塞山前白鹭飞。桃花流水鳜鱼肥。青箬笠，绿蓑衣，斜风细雨不须归。（张志和:《渔歌子》）

（5）羽扇纶巾，谈笑间，樯橹灰飞烟灭。（苏轼:《念奴娇》）

"羽扇"为诸葛亮所执，"纶巾"为诸葛亮所戴。"羽扇纶巾"等语意思就是说诸葛亮不改常态，从容指挥，大破曹操大军。

第三种是表示描写或存在的，如：

（1）一寸二寸之鱼，三竿两竿之竹。（庾信:《小园赋》）

（2）银瓮、金船，山车、泽马。（又:《三月三日华林园马射赋》）

（3）夏之日，冬之夜，百岁之后，归于其居。冬之夜，夏之日，百岁之后，归于其室。（《诗·唐风·葛生》）

这里"夏之日，冬之夜"，言其时之长耳。《葛生》可能如吴汝纶所说，是孀妇悼念亡夫之诗，言孤寂愁时长，然百年之后，总得归于地下所居。另外一种，如："晋车七百乘，韅、靷、鞅、靽。"（《左传·僖公二十八年》）这是晋、楚城濮之役的句子。车为兵车。晋文公出兵车七百辆。"韅"音显，驾车之马有革直着于腋下者；"靷"音引，实是靳字之误。靳即游环，古代用四匹马驾车，当中两马叫服马，左右两旁之马叫骖马，骖马之头当服马之胸。服马当胸之革为靳，靳上有环，即游环，骖马之外辔贯穿游环，则骖马不得外出；服马行走，骖马亦得不随行。"鞅"音央上声，驾车时马颈之革。"靽"同绊，音半，絷马足之绳。"韅、靷、鞅、靽"本是马上之小件，独叙此四物者，以小喻大，表明晋之战具无不有，一切齐备而已。这四个名词并列为句，其意另有所在。这种句法，只能于上下文体会它。又如：细草微风岸，危樯独夜舟。（杜甫:《旅夜书怀》）这是两组名词词组，构成诗人旅行独自乘船的情景。舟停泊之岸，微风略动细草；诗人单独乘于危樯（较高的帆柱）之船。

总而言之，以名词或者名词词组为句，表衣着和问答句中的答句，很平常，也容易理解。其他句法，便得完全依凭上下文去推理。尤其在骈文、诗词曲中，更得这样。

2. 代词"之""其"的特殊用法

代词"之"和"其"，"之"一般同于口语的"他"或"她""它"以至"他们"；"其"则同于"他的""她的""它的"以至"他们的"。但古汉语中，有几种特殊情况。

第一种情况，"其"不指上文的先行词，而另有所指。如："父在，观其志；父没，观其行。三年无改于父之道，可谓孝矣。"（《论语·学而》）这句，上有先行词"父"，但"其"却不是指"父"，而是指父之"子"，如上文"事父母，能竭其力；事君，能致其身"，"其"是指"事父母"和"事君"的人。

第二种是"之"和"其"所指代的不清楚，可以有两种解释，既不背于一般语法，也都近于一般情理。如："晏平仲善与人交，久而敬之。"（《论语·公冶长》）这句"之"前有两个先行词，一是"晏平仲"，一是和晏平仲相交的"人"。"之"指晏平仲呢，还是指"人"呢，两种解释都可以，因此可以有二种今译。一是"晏平仲善于和别人交朋友，相交越久，越发恭敬别人"，这是以"之"代"人"。但《论语》别本作"人久而敬之"，多一"人"字作主语，则"之"只能指代晏平仲。《魏著作郎韩显宗墓志》本《论语》此句有云："善与人交，人亦久而敬焉。"就只能这样今译："相交越久，别人越发恭敬他。"又譬如："君子博学于文，约之以礼。"（《论语·雍也》）"约之以礼"的"之"，是指"君子"，还是指"文"？古今便有歧义。根据本书《子罕篇》颜渊的话"夫子循循然善诱人，博我以文，约我以礼"，由此类推，"约之以礼"也就是"约君子以礼"。但清初毛奇龄在《论语稽求篇》却说："此之'约'是'以礼约文''以约约博'也。博在文，约文又在礼也。"那么，"约之以礼"的"之"不是指博文的君子，而是指君子的博文了。

"其"字也有同样情况。"孟武伯问孝。子曰:'父母唯其疾之忧。'"（《论语·为政》）"唯其疾"的"其"指"父母的"，还是指"儿子的"？古今也有两说。《淮南子·说林训》说："忧父之疾者子，治之者医。"高诱注说："父母唯其疾之忧，故曰忧之者子。"王充《论衡·问孔篇》也说："武伯善忧父母，故曰'唯其疾之忧'。"都认为"其疾"是指父母的疾病。而马融注却说："言孝子不妄为非，唯疾病然后使父母忧。"又以"其疾"指儿子的疾病。无论从语法上或者从情理上讲，两说都可以说得通，只怪原话背景不明确，我们也难以判断谁是谁非。

第三种情况是，"之"代自己，形式是第三人称代词，实际为第一人称代词。如："先王何常之有，唯余心所命，其谁敢讨之？"（《左传·昭公二十六年》）这是东周王子朝述说单旗、刘狄的话，意思是单、刘说："周室历代祖宗立王位继承者没有一定常法，我心想立谁便立谁，谁敢讨伐我？""其谁敢讨之"即是"其谁敢讨我（或'己'）"。又如："起也将亡，赖子存之。"（《国语·晋语八》）"起"是韩起，又叫韩宣子。这是他对叔向说的话。韩起为晋国大臣而贫穷，因而着急。叔向向他道贺，说出一番道理，说贫穷不足忧，只要有道德。韩起一旦觉悟，因说："我本将被灭亡，依赖你救活了我。""赖子存之"，"之"指韩起自己，"之"等于己身称。又如，西门豹曰："至为河伯娶妇时，愿三老、巫祝、父老送女河上，幸来告语之，吾亦往送女。"（褚少孙：《史记·滑稽列传补》）这是有名的西门豹为邺令（邺，在今河北临漳县西南，河南安阳市北，令等于今日的县长）时，刹住所谓为河伯讨老婆的事。西门豹说："等替河伯讨老婆时，希望三老、巫婆、父老把新媳妇送到河边，来告诉我，我也去送新媳妇。""幸来告语之"即"幸来告诉我"。"之"也是作第一人称用。

第四种，有以"其""之"作第二人称（对称）代词用的，即代"你""汝"。如："子必来，我受其无咎。"（《左传·昭公三十一年》）这是晋国对鲁卿季孙意如说的话，意思是："你一定要来，我担保你没有事。"不说"受尔无咎"而说"受其无咎"，"其"作"尔"用。又如："方将坐足下，三浴而三熏之。"（韩愈：《答吕𫖮山人书》）这是韩愈给吕𫖮山人的回信，说："我正打算请你坐下来，替你多次洗澡，多次熏香。""三浴三熏之"，"之"即指吕𫖮山人，韩愈信的对方。

关于"之"作指代词，我们应该注意两点。第一点，从上文看，动词＋"之"，简直习惯地成为一种常用格式，因而韩愈不说"三浴而三熏汝"，却说"三浴而三熏之"；韩起也不说"赖子存我"，而说"赖子存之"。第二点，甚至不该用"之"字的地方，而用一个多余的"之"字，如：填然鼓之。（《孟子·梁惠王上》）公将鼓之。（《左传·庄公十年》）则苗淳然兴之矣。（《孟子·梁惠王上》）这些"之"字完全可以不用。"鼓"就是打鼓，《左传·庄公十年》"齐人三鼓"，"鼓"下并没有"之"字，可以为证。"苗淳然兴"便足以说明了，"兴"不是及物动词，下面不该有宾语，作者也加一个"之"字，足见"□之"成了习惯用法。

3. 数词作动词

数词一般作形容词或副词，表示实物数目或者动作次数。若作动词，便不容易理解，只有从上下文探讨其义。如："王若能持功、守威，省攻伐之心，而肥仁义之诚，使无复后患，三王不足四，五伯不足六也。"（《战国策六·秦策四》）这是楚人对秦始皇说的话，自《史记·春申君列传》载此文，《新序·善谋篇》也抄袭《史记》，认为是黄歇说秦昭王，可能是司马迁之误。"三王"指夏禹、商汤、周文及武。"五伯（霸）"指齐桓、晋文、秦穆、宋襄、楚庄。若加上秦始皇，便应该是"四王""六伯"。说者阿谀始皇，说他比"三王""五伯"还高强，"三王""五伯"不足同他并立，因此说"三王不足四""五伯不足六"。又如："公曰：'致天下之精材若何？'管子对曰：'五而六之，九而十之。'"（《管子·小问篇》）尹知章注云："欲致（使之大批运来）者，必当贵其价，故他处直（同'值'）五，我酬以六，他处直九，我酬以十，常令贵其一分，不可为定数。如此，则天下之精材可致也。"又如："贪贾三之，廉贾五之。"（《史记·货殖列传》《汉书·货殖传》）这句话很难解。"贪贾"是商人中之贪婪者，"廉贾"是商人中之较不贪财者。若说"三之""五之"是他本钱的三倍和五倍或者所得利为十之三和十之五，怎么贪财者反而少得呢？孟康说："贪贾未当卖而卖，未当买而买，故得利少，而十得其三；廉贾贵乃卖，贱乃买，故十得五也。"这话不合理，前人也多认为不可信。据孟康所注，这是善于买卖和不善于买卖的问题，不是"贪"和"廉"的问题。刘敞则说："贪贾务赊贷，仍取厚利，常多亡失，故三之；廉贾取之约，未尝亡失，故五之。"赊贷利息的厚薄，自是"贪"和"廉"的问题，但亡失或不亡失，则未必完全是"贪"和"廉"的问题，这一解也未必确切。唯刘奉世和李光地把"三之""五之"解为三分之一、五分之一，"贪贾"得利为本钱的三之一，"廉贾"得利为本钱的五之一，乃是"贪贾"得利多，"廉贾"得利少，似乎比较合理。所以"三之""五之"，这用法很难确定。《货殖列传》《货殖传》这段上文还有一句"枣栗千石者三之"，司马贞的《史记正义》和颜师古的《汉书注》都说"三之"是三倍，"千石"的"三之"即"三千石"，这个"三之"的解释又和"贪贾三之"的"三之"显然不同了。

总结上文，用数词作动词，并无一定讲解，须要推理而求之。完全从词义、语法上去求讲解，有时扞格难通。

4. 动词被动语气不用表被动的方式

春秋以前的书几乎没有被动语态，表主动和被动用同一动词，又不用其他词、句加以区别，有时候可以从文义上推而知之，有时候便容易误解。这种残迹，春秋以后的书中也存在。容易明白的，如："人固未易知，知人亦未易也。"（《史记·范睢蔡泽列传》）"人固未易知"是"人本来不容易被了解"的意思，"知"是"被知"，但不说"人固未易见知"。"知人亦未易"则是主动。至于主语若是事物而非能主动之人或物，不用被动语态，自然是表被动的，较容易明白。又如："谏行言听。"（《孟子·离娄下》）"谏行言听"意思是劝阻被采纳，意见被听从。因为"谏"不能自己"行"，"言"不能自己"听"，所以不加被动词，也足以明白。也有以人为主语，动词是及物动词（外动词），却没有宾语，即不用被动语态，也容易明白是被动句的。如："昔者龙逢斩，比干剖，苌弘胣，子胥靡。"（《庄子·胠箧篇》）这是龙逢被斩首，比干被剖心，苌弘被挖肠，子胥被沉溺而尸身烂于江水。但也有难于明白的。如："《春秋》伐者为客，伐者为主。"（《公羊传·庄公二十八年》）一个"为主"，一个"为客"，而主语同是"伐者"，岂不奇怪？何休注说："伐人者为客，长言之；伐者为主，短言之。"这就是说第一个"伐者"是"伐人者"，读长音；第二个"伐者"是"被伐者"，读短音（可能是入声）。文形相同，读音有长短之异，因而意义有主动和被动之分。没有何休之注，后人便不知其故。又如："大国之攻小国，攻者农夫不得耕，妇人不得织，以守为事；攻人者亦农夫不得耕，妇人不得织，以攻为事。"（《墨子·耕柱篇》）从下文"攻人者""以攻为事"和上文"攻者""以守为事"相对比，可以知道上文的"攻者"是"被攻之小国"。又如："大国以下小国，则取小国；小国以下大国，则取大国；故或下以取，或下而取。"（《老子·六十一章》）这几句很费解，原因就在于主动被动没有区别。实际应该这样说：强大国家亲近弱小国家，就会攻取弱小国家；弱小国家亲近强大国家，就会被大国攻取；所以有的亲近而攻取小国，有的亲近而被攻取。《尚书·金縢》有这样的话："二公命邦人凡大木所偃，尽起而筑之。"这个"命"字是主动。下文又说："乃命于帝廷，敷佑四方。"这个"命"字是被动，"受命"的意思。然而同用一"命"字。又如："皆命而往。"（《左传·宣公十二年》）意思是"都接受使命而去"，被动句而同主动式。再如："君伐，焉归？"（《左传·昭公十年》）意思是"国君被攻杀，到何处去"。

5．动词的省略

以动词为述语（谓语）的句子，若省略动词，一般有承上省和探下省两种，这因为动词已由上、下出现，省略什么，便可由没有省略的推而知之。如："君薨，大夫吊，卿共（供）葬事；夫人，士吊，大夫送葬。"（《左传·昭公三年》）意思是：国君死了，他国派大夫级官员来吊唁，派卿一级官员送葬；夫人死了，派士级官员吊唁，派大夫级官员送葬。"夫人"下没有动词，但上文有"君薨"，便足以推知承上文省略"薨"字。又如："大夫规诲，士传言，庶人谤，商旅于市。"（《左传·襄公十四年》）这是晋国师旷对晋悼公说的话，意思是国君有过（错误），大夫级官员正面开导，士级则互相传话，一般百姓则诅骂，买卖人则在市场"议论"，"商旅于市"一句没有动词。《汉书·贾山传》载贾山《至言》袭用这段话说："士传言谏过，庶人谤于道，商旅议于市。"加一"议"字，就是凭上文"传言""谤"诸字之义而加的。这也应该说是承上省。探下省的，如："躬自厚，而薄责于人，则远怨矣。"（《论语·卫灵公》）意思是自己责备自己苛严，责备别人却宽缓。本应是"躬自厚责"，探下文"薄责"之"责"而省略。《后汉书·陈忠传》引其奏疏"陛下每引灾自厚，不责臣司"，"自厚"就是"自厚责"之省，既可认为袭用《论语》，也可认为"不责臣司"之探下省。

然而有既不是承上省，也不是探下省，无端省略动词的，这就颇费猜测。举数例于下。

（1）庄公通焉（齐庄公和崔杼之妻通奸），骤如崔氏（屡往崔家），以崔子之冠赐人。侍者曰："不可。"公曰："不为崔子，其无冠乎？"（不用崔杼之冠，岂无他冠可用乎？言崔子之冠与他冠无异。）崔子因是。（《左传·襄公二十五年》）

"崔子因是"句无动词，杜预注说："因是怒公。"加动宾结构"怒公"两字，意义才明白。这"怒公"两字，杜预也是揣度下文崔杼攻杀庄公一事而得之的。

（2）齐侯（齐景公）将行，庆封曰："我不与盟，何为于晋？"（《左传·襄公二十八年》）

"何为于晋"也没有动词，但"齐侯将行"是打算朝见晋平公，因而推知本应作"何为朝于晋"，省略动词"朝"字。"我不与盟"，指襄公二十七年在宋国的盟会，齐国和秦国都未参加。庆封意思是"我国没有参加宋国的盟会，为什么朝见晋侯"。

（3）阜曰："数月于外，一旦于是，庸何伤？"（《左传·昭公元年》）

"阜"是曾阜，鲁大臣叔孙豹的家臣。不久前鲁国季孙宿（季武子）攻打莒国，夺取莒国的郓城，莒侯向楚公子围控告鲁国，楚国因之扣留囚禁鲁国使者叔孙豹，豹几乎被杀。这是叔孙为季孙受尽危难。叔孙回家，季孙因此去慰劳他，早晨到叔孙之家，正午叔孙还不出来接见。季孙的驾车者曾夭便对叔孙的家臣曾阜说："从早晨等候到中午，我们知道罪过了。鲁国以互相忍让来治理国家。叔孙在国外忍辱，回家却泄忿，何必呢？"曾阜便答说："他几个月来在外受尽困辱，季孙在这里受一早晨的气，有什么损害？""数月于外，一旦于是"二句都没有动词，只能从上下文事理推测而加上。

（4）葬鲜者自西门。（《左传·昭公五年》）

"鲜者"是不得善终者，指叔孙豹因私生子竖牛作乱，饥饿而死。出葬时，有人认为死者棺木应从西门出。"自西门"即"自西门出"，省动词"出"字。这和《论语·宪问》"奚自？"（从哪里来），"自孔氏"（从孔家来）同例。

（5）襄公（郑襄公）将去穆氏（郑穆公之诸子，襄公之兄弟）而舍子良（亦穆公子，名去疾，让位于襄公者）。子良不可，曰："穆氏宜存，则固愿也。若将亡之（遂之使流亡），则亦皆亡（也都一同流亡），去疾何为？"（《左传·宣公四年》）

"去疾何为"这句也没有动词，根据上文"襄公将去穆氏而舍子良"之文，杜预因注云："何为独留？"加"独留"二字以补足语意。

《左传》又有以"唯命"二字为句的，则是"唯命是听"的省略，变成当时习惯语，也可以说是省略动词。

（1）及庄公即位，为之请制。公曰："制，岩邑也，虢叔死焉。它邑唯命。"（《隐公元年》）

（2）其俘诸江南以实海滨，亦唯命；其翦以赐诸侯，使臣妾之，亦唯命。（《宣公十二年》）

（3）将囚景伯。景伯曰："何也立后于鲁矣，将以二乘与六人从，迟速唯命。"（《哀公十三年》）

有助动词被省略因而文意难明者。如："食言者不病。"（《左传·襄公二十七年》）这句从字面上讲，意思好像是：不守信的人不受害。但这样讲，不但于事理不合（不守信是坏事，如何能"不病"），而且和上文"若合诸侯之卿，以为不信，必不捷矣"也相矛盾。这句应是"食言者不足病人"，既省略了助动词"足"字，也省略应有的宾语"人"字，意思是不守信者不足为人害。

6. 以动宾结构作动词而另附宾语

把动宾结构作动词，太史公书多有这种现象，举例如下。

（1）今吕氏雅故本推毂高帝就天下。（《史记·荆燕世家》）
"雅故本"是三个义近的副词连用，等于"本来"或"素来"。"推毂"是动宾结构，"推"，推动；毂，本义是车轮中心贯轴和聚辐（车轮条）处，这里用作车轮意。推动车轮。《史记·冯唐列传》说"上古王者之遣将也，跪而推毂曰"，"推毂"正是推动兵车轮之义。这里意为促进、帮助。整句意思是现在吕家诸人本来帮助刘邦成就统一天下之帝业。

（2）魏其、武安俱好儒术，推毂赵绾为御史大夫。（又：《魏其武安侯列传》）
魏其侯窦婴、武安侯田蚡两人都喜爱儒家，促成赵绾做御史大夫。"推毂"意义和上例"推毂"义相近。

（3）巴蜀……栈道千里，无所不通，唯褒斜绾毂其口。（又：《货殖列传》）
"绾毂"也是动宾结构，这里用作"控制"义。全句意义是：四川有千里栈道（山路高而危，架木为道路以通行人），四通八达，仅仅褒斜道（为古代川、陕间交通要道，由陕西眉县西南至褒城废县之北）控制它的出入。

（4）愿君慎勿出于口，请别白黑所以异，阴阳而已矣。（又：《苏秦列传》）
"别白黑"自是动宾结构，犹今言分别清楚，或明白地分别出来，"所以异"为"别白黑"的宾语，意为把所以不同的原因分析清楚，不过是阴和阳罢了。

（5）及魏其侯失势，亦欲倚灌夫，引绳批根生平慕之后弃之者。（又：《魏其武安侯列传》）

这句更费解，因为连用两个动宾结构做动词，而共一个宾语词组"生平慕之后弃之者"。魏其侯得意时，宾客盈门，趋炎附势者不绝，到失势时，那些人都抛弃他，他恨这类人，想倚仗为豪侠的灌夫替他报复。"引绳"犹今语"株连"，旧注望文生义，解为"纠弹"，不确；"批根"犹今语"除根""杀尽"。全句意思是，魏其侯失势，也想倚仗灌夫，对那些曾经巴结他后来又抛弃他的人株连杀绝。

7. 关于介词的几种罕见用法

介词是古汉语虚词中用得最多也最活的词，但也有些应该注意的现象，现在略谈几点。

第一，疑问词作介词宾语，常放在介词前，如"奚自""何为""何以"，惟"于"（於）和其疑问词宾语不同，疑问词一般在"于""於"之后，《诗经》便有不少这样句子：

（1）自何能穀？（《小雅·小宛》）"自"是介词，"何"以疑问词作宾语。意为从何处能吉利？

（2）于焉逍遥？（又：《白驹》）——在哪里去逍遥？

（3）于何不臧？（又：《十月之交》）——在哪里有过失？

（4）于以求之？于林之下。（《邶风·击鼓》）——在哪里去寻求它？在树林之中。

但也偶有例外。如：夫虞夏之主，贵为天子，亲处穷苦之实，以徇百姓，尚何于法？（《史记·秦始皇本纪》引秦二世语）"尚何于法"应作"尚于何法"，就是："还从何处效法舜禹？"

第二，一般实体词作介词宾语，置于介词后，但也有置于介词前的：

（1）申伯还南，谢于诚归。（《诗·大雅·嵩高》）申伯是周宣王的母舅，宣王为申伯建筑谢城。申伯回到谢邑。"谢于诚归"即"诚归于谢"的倒装句。"谢"尤其应在"于"字下。

（2）七日不克，必尔乎取之。（《左传·襄公十年》）这是晋统帅对荀偃、士匄两人说的话，限定他们七天之内攻取偪阳（今山东峄县废治南五十里），说："七天攻取不了，一定向你们取得脑袋。""必尔乎取之"，"乎"用法同"于"，"尔乎"犹"于尔"，"取之"，取其首之意。"尔乎"，"尔"在介词"乎"前。

（3）我之不共，鲁故之以。（又：《昭公十三年》）"共"同"供"，指贡赋。这是邾国和莒国向晋控告鲁国的话，说："我不向晋国进贡，就因为鲁国（经常攻打我）的缘故。""鲁故之以"，顺说应作"以鲁故"，"之"为助词，表宾语倒置。

（4）毛得必亡，是昆吾稔之日也，侈故之以。（又:《昭公十八年》）

毛得是周王室之臣，昆吾是夏桀之臣，和夏桀同日被杀。"稔"，本意为谷物成熟，这里引申为恶贯满盈。"侈故之以"句例和"鲁故之以"相同，即"以侈故"。

（5）入而能民，土於何有？（又:《僖公九年》）

这是晋国郤芮使公子夷吾重赂秦以求返回晋国为君的话，意思是"入国而得民，土地不足惜"，为贿赂秦以土地作辩解。"土於何有"是"何有於土"的倒装句，"何有"为不难之辞。

（6）群臣若急，君於何有？（又:《襄公二十三年》）

这是崔杼答复陈须无（文子）的话。当时齐庄公要趁晋国内乱攻打晋国，诸大臣都劝阻而不被采纳。崔杼最后说:"臣下们如果急起来，哪里还有什么君主呢？""君於何有"也和"土於何有"句例相同，即"何有於君"之倒装，只是"何有"可以作多种译文。

（7）其子幼弱，其一二父兄惧队（同"坠"）宗主，私族於谋而立长亲。（又:《昭公十九年》）

这是郑国子产答复晋国使者质问的话。郑国大夫驷偃死后，其族人因为他的儿子驷丝幼小，改立偃之弟乞。可是丝的舅舅是晋国大夫，所以晋国来质问为何舍子立弟。"私族於谋"即"谋於私族"的倒装。

（8）谚所谓"室於怒市於色者"，楚之谓矣。（又:《昭公十九年》）

《战国策·韩策二》作"语曰'怒於室者色於市'"，便是正常句。

（9）若晋君朝以入，则婢子夕以死。（又:《僖公十五年》）

这是秦穆公夫人穆姬派人向秦穆公传达自己的决心。秦晋韩之战，穆姬的异母弟晋惠公为秦穆公所活捉。穆姬便说:"假若我弟弟早晨进入秦都，我晚便自焚;晚上进入，我第二天早晨便自焚。""朝以入""夕以死"，便是"以朝入""以夕死"，"以"用法同"於"。

第三，有省略介词的:

（1）予取予求，不女疵瑕也。（《左传·僖公七年》）

这是楚文王对他宠臣申侯说的话，意思是"你向我索取，向我要求，我不挑剔你"。"疵瑕"是认为疵瑕（毛病），动词的意动用法。"予取予求""予"同"余"，句省"从"或"於"之类的介词。

（2）臣也无罪，父子死余矣。（又:《襄公二十七年》）

"臣"是卫国大夫公孙臣，他的父亲和他自己都因为替卫献公卖力而被杀。"父子死余矣"即"父子为余死矣"，"余"上省介词"为"字，也可作"父子死於余矣"，省"於"字。这里"余"形式上似乎是"死"的宾语，实际应是介宾结构作状语。

（3）君三泣臣矣。（又：《襄公二十二年》）

这是弃疾向楚康王说的话，意为"你多次向我哭泣了"。"三泣臣"即"三泣於臣"，省"於"字。

（4）贿荀偃束锦、加璧、乘马，先吴寿梦之鼎。（又：《襄公十九年》）

（5）郑伯（郑简公）……享子展，赐之先路三命之服，先八邑。（又：《襄公二十六年》）

古代赠送礼物或者有所赏赐，先用轻者，然后致送重者。鲁昭公赠礼品于晋统帅荀偃，用一束（五匹）锦加上璧玉和四匹马为引子，然后致送吴王寿梦所铸用之鼎。郑简公享宴子展，先赐他车马和上卿所着衣物，然后继之以八个城邑。"先吴寿梦之鼎""先於吴寿梦之鼎"也；"先八邑"，"先於八邑"也。句省"於"字。前人多不明这种句法，解释这类句子很不确切。

（6）南宫敬叔至，命周人出御书，俟於宫，曰："庀女，而不在，死。"（又：《哀公三年》）

鲁哀公三年，曲阜大火，火势越过鲁国宫殿。南宫敬叔来到鲁公之宫，命令周人（官名）把御书（鲁公所读书籍文件）搬出来，在宫内等着，说："〔这些文书〕由你保护，如果有丢失，处死你！""庀"同"庇"，"庇护"之意。"庀女"即"庀於女"，"由你保护"，省介词"於"字。若把"女"当宾语，意思是"保护你"，就和上文事理不相合了。也不能解为"女庀"的倒装，因为依顺说句例，应该作"女庀之"，"之"指"御书"，不能省此宾语。此语重点在"御书"，以陈述对象为主语，所以只能解为"庀於女"。

第四，有省略介词及其宾语的，极易误解，幸而这种句例极罕见。如：

齐棠公之妻，东郭偃之姊也。东郭偃臣崔武子（崔杼）。棠公死，偃御武子以吊焉，见棠姜（即棠公之妻）而美之，使偃取（同"娶"）之。（又：《襄公二十五年》）

"使偃取之"，从词句看，完全可以解释为"使东郭偃娶她"，便是东郭偃娶自己姐姐作老婆了。当然，事实非如此，据上下文也不应这样讲解。这句本应是"使偃为己娶之"，是崔杼吩咐东郭偃去说动棠姜，自己娶了她。省略"为己"一介宾结构，若不理解上下文义和事实，就难解难分了。

第五，也有不当用介词而用介词的，以用"於"字为多：

（1）郑伯由是始恶于王。（《左传·庄公二十一年》）

"郑伯"是郑厉公之子文公，"王"为周惠王。惠王赏郑厉公以王后的鞶鉴（腰带），却赐虢公以饮酒用的青铜器，文公认为惠王轻视他父亲，由此讨厌惠王。"恶于王"不能看作被动式，"被王讨厌"。这"于"字实不必有，"恶王"，"王"是"恶"的宾语。

（2）大子（太子）无道，使余杀其母。余不许，将戕於余。（又：《定公
十四年》）

这是卫太子蒯聩的臣戏阳速的话。蒯聩吩咐戏阳速杀卫灵公宠妻南子，戏阳速口头允许，
却不实行。事后，他说："太子不好，命令我杀他母亲（不是亲生母）。我不同意，他会杀
我。""戕余"便行了，"戕於余"便容易误会为被我所杀。"於"字是不应有的。

（3）敝邑之人不敢宁处，悉索敝赋，以讨于蔡。（又：《襄公八年》）

这是郑国公子騑（子驷）服从楚而对晋国说的话，说"郑国人不敢安居，收集全部军力来
讨伐蔡国"，"讨蔡"便行了，"于"是多余的。

（4）网漏於吞舟之鱼。（《史记·酷吏列传·序》）

金人王若虚《史记辩惑》说："多却'於'字。""网漏吞舟之鱼"意义明白，多"於"字，
反使人难解。

8. 形容词和副词的罕见词序

《汉书·王莽传上》说："红阳侯立，太后亲弟。""太后亲弟"，"亲"字形容"弟"，
这是合规律的语言次序。但有时因为强调"亲"，把它置于句首，便不合古今词序，然而
这种句例，始于董仲舒、司马迁，讫至隋唐初，不断出现。

（1）大王，亲高皇帝孙。（《史记·淮南王安传》）

"大王，亲高皇帝孙"，即大王是高帝（汉高祖）亲孙，以下例同此。

（2）李太后，亲平王之大母也。（又：《梁孝王世家》）

（3）齐顷公，亲齐桓公之孙。（《春秋繁露·竹林篇》）

（4）鄂君子晳，亲楚王母弟也。（《说苑·善说篇》）

（5）章，亲高祖之孙。（《风俗通义·怪神篇》）

（6）思鲁等第四舅母，亲吴郡张建女也。（《颜氏家训·风操篇》）

（7）后言於帝曰："贾公闾（贾充）有勋社稷，犹当数世宥之。贾妃亲是其
女。"（《晋书·武悼杨皇后传》）

（7）句例略有变，不说"贾妃亲贾公闾之女"，因为前文已有"贾公闾"之名，也不说"贾
妃是其亲女"，而把定语"亲"置于状语位置上，即"是"字之前，便是"亲"字提前的
变例。但同时也有"亲"字放在定语位置上的，除前文所举《王莽传》外，再举一例：

［羊］肃曰："是我亲第七亡叔。"（《颜氏家训·风操篇》）

类似的句法，如把状语（副词）提前。略举数例：

（1）汤武者，至天下之善禁令者也。（《荀子·正论篇》）

这话本意说"商汤、周武是天下最善于实行禁令的人"，"至"为"善"的副词，全部《荀

子》"至"用作副词，都在所状之词上，如同篇便有"罪至重而刑至轻"之句。唯独此句"至"在述语上。

（2）成山斗（陡）入海，最居齐东北隅。(《史记·封禅书》)

句谓成山陡然伸入大海，居于齐境最东北角。

（3）齐襄王时，而荀卿最为老师。(《史记·荀卿列传》)

句谓在齐襄王时，荀卿为最老之师。

（4）身与士卒平分粮食，最比其羸弱者。(又:《司马穰苴列传》)

谓同士卒分粮食，自己和最羸弱者相比，分取最少。又如：

（1）素天下士归之。(《汉书·窦婴田蚡传》)——天下士素归之。

（2）纷吾既有此内美兮。(《楚辞·离骚》)——吾既纷有此内美兮。

（3）皋陶、庭坚不祀忽诸。(《左传·文公五年》)——皋陶庭坚忽诸绝灭也。

（4）纳而不定，废而不立，秦不其然。(又:《僖公十五年》)——秦其不然也。

原刊于 1982 年第 6 期

多项NP句[*]

范继淹

1. 汉语的线性序列

转换生成语法的重写规则 S —→ NP+VP 未必能概括汉语表层结构的多种句式。一个汉语句子，既可以没有NP，也可以没有VP；既可以由单项NP和单项VP组成，也可以由单项NP和多项NP组成，或者多项NP和单项VP组成；还可以由多项NP和多项VP组成。例如：

（1）下雨了｜要安定团结｜听完报告回去分组讨论 （没有NP）

（2）老张！电话｜我的钢笔呢？｜瑞贞，我的妹妹！ （没有VP）

（3）班车已经开了｜他在打桥牌｜我对这个问题没有意见 （单项NP，单项VP）

（4）他走进来递给我一封信｜苹果园坐地铁直达 （单项NP，多项VP）

（5）录音机你还买不买？｜我球赛倒看了不少｜这花儿你水浇多了｜这篇文章我的意见最后一段你最好补充点儿材料 （多项NP，单项VP）

（6）交通问题我们负责联系解决｜这事儿你回去想办法处理 （多项NP，多项VP）

从层次结构上看，没有 NP 或 VP 的句子可以处理为零位，多项 NP 的句子可以处理为句子形式 VP（S —→ NP+S'），等等。但是这是分析的结果而不是开端。一个句子输入，在尚未分析之前，我们无法知道它的内部结构，只是听到或看到一串词语的线性序列。首先区别不同的线性序列也许更符合常人的心理，也是认知过程的第一步。从这个假设出发，汉语句法形式的线性序列可以写成：

$$S \longrightarrow NP_1+NP_2+\cdots\cdots+NP_n+VP_1+VP_2+\cdots\cdots+VP_m$$

* 本文根据作者 1983 年 9 月参加在夏威夷召开的华语社区语文现代化和语言规划会议的论文《汉语的计算机理解》中第二节（原文约两千字）扩充改写而成。

n 的值域在 0—4 之间，大于 4 在句法位置上很难安排。m 的值域要大一些，极值分别在 0 和 5 左右，因为连动式在句法上比较容易安排，但是不能超越一般人的记忆限度。

本文只讨论多项 NP 句。其中 VP 是多项的也不考虑，因为由多项 NP 和单项 VP 组成的句子是多项 NP 句中最常见的用例。时间词"下午、明年、以前"之类排除在 NP 之外，因为它们有时跟副词不易区分。但是处所词"永定门、苹果园"之类纳入 NP 讨论，因为它们跟一般名词有很多相同之处。在考察大量一般名词用例的同时，也把处所词作为一类来讨论，以便对比分析，加深对二者异同的认识。

2．几种常见的类型

多项 NP 句的线性序列可以据上述公式简化为：

$$S \longrightarrow NP_1 + NP_2 + \cdots\cdots + NP_n + VP$$

$2 \leqslant n \leqslant 4$。$n=2$ 常用，称为双项 NP 句。$n=3$ 很少，称为三项 NP 句。$n=4$ 罕见，称为四项 NP 句。以下分类列举。

2.1 施受句

凡 VP 前只有施事 NP 和受事 NP 的句子都归入此类，不论其词序如何。

（7）施事 + 受事 +VP：

我球赛倒看了不少｜四川队冠军稳拿｜你地还没扫｜我电影不看了｜他火车没赶上｜你中药用过吗？｜你昆曲懂不懂？

（8）受事 + 施事 +VP：

小王我认识｜这事小张能办｜交通问题我们解决｜这张相片他还留着｜这些东西我不能动｜送来的礼品老赵退回去了｜自行车老刘修好了吗？

（7）是"施事 + 受事 +VP"式，有对应的"受事 + 施事 +VP"式而语义不变：

球赛我倒看了不少｜冠军四川队稳拿｜地你还没扫｜电影我不看了｜火车他没赶上｜中药你用过吗？｜昆曲你懂不懂？

（8）是"受事 + 施事 +VP"式却不一定有对应的"施事 + 受事 +VP"式：

*我小王认识｜*小张这事能办｜*我们交通问题解决｜*他这张相片还留着｜*我这些东西不能动｜*老赵送来的礼品退回去了｜*老刘自行车修好了吗？

这并不是说所有的"受事 + 施事 +VP"式都无对应的"施事 + 受事 +VP"式。因为（7）及其对应式也可以说是"受事 + 施事 +VP"式有对应的"施事 + 受事 +VP"式。（8）各例都无对应式，是特意选出来跟（7）比较的。事实是，受事居首的双项 NP 句居多，施事居首的少。换言之，双项 NP 的施受句以"受事 + 施事 +VP"式为常见，其中一部分有对应的"施事 + 受事 +VP"式。

有无对应式的区别何在，本文不拟讨论。其中原因十分复杂：有的是两个 NP 可能发生领属关系而语义改变（送来的礼品老赵退回去了：* 老赵送来的礼品退回去了），有的涉及两个指人名词的位置（小王我认识：* 我小王认识），有的关系到动词和语态（电影我不看了：我电影不看了 | 电影我看：* 我电影看），等等。从下节讨论派生过程中，还可能看出一些端倪。即使是这些表面线索，也涉及汉语句法、语义的一系列重大问题。施事句如此，其他句式亦同。分析汉语语法往往是牵一发而动全身。要想彻底弄清楚某种语言现象，势非全盘解决汉语的结构系统不可。而要解决汉语的整个结构系统，又必须从一个一个的具体语言现象入手。这个矛盾至今未能突破，看来只能由浅入深，逐步逼近。

2.2　处所句

凡 VP 前有处所 NP 的句子都归入此类，不考虑其他 NP 的类别。

（9）处所 + 施事 +VP：

> 故宫我们去过了 | 小站快车不停 | 黄山你上了吗？ | 青岛咱们多住几天 |
> 申家庄你还熟 | 路我不熟 | 苹果园地铁直达

除末例存疑外，都有对应式"施事 + 处所 +VP"，但似乎以处所居首的句式为常：

> 我们故宫去过了 | 快车小站不停 | 你黄山上了吗？ | 咱们青岛多住几天 |
> 你申家庄还熟 | 我路不熟 | 地铁苹果园直达

（10）处所 $_1$+ 处所 $_2$+VP：

> 龙潭湖东单换八路 | 中关村动物园坐 332 路 | 慢车永定门上车

三例均无对应式"处所 $_2$+ 处所 $_1$+VP"：

> * 东单龙潭湖换八路 | * 动物园中关村坐 332 路 | * 永定门慢车上车

前两例虽能成句但语义相反，末例不能成立。"慢车"也可视为受事或工具，界限不明，姑入此类。

（11）处所 $_1$+ 施事 + 处所 $_2$+VP：

> 龙潭湖你东单换八路 | 慢车你永定门上车

词序固定，无对应式。

2.3　工具句

凡 VP 前有工具 NP 的都归入此类，不论其他 NP 的类别。

（12）工具 + 施事 +VP：

> 这把刀我可剁不动 | 热水我洗碗了 | 芹菜王师傅包饺子了

都无对应式"施事 + 工具 +VP"：

> * 我这把刀可剁不动 | * 我热水洗碗了 | * 王师傅芹菜包饺子了

首例虽能成句但语义改变，成为单项 NP 句（＝我的这把刀……）。次例如无句末"了"可以成句，但语义有所不同（热水我洗碗——"热水"是已知信息；我热水洗碗——"热水"是未知信息）。末例不能成句。

（13）受事＋工具＋VP：

受事＋工具＋VP：

排骨这把刀可剁不动｜冰箱小卧车没法拉｜皮大衣樟木箱子装

前两例有对应式"工具＋受事＋VP"，末例无：

这把刀排骨可剁不动｜小卧车冰箱没法拉｜＊樟木箱子皮大衣装

（14）受事＋施事＋工具＋VP/ 受事＋工具＋施事＋VP：

这些碗你热水洗｜这花儿你水浇多了｜排骨这把刀我可剁不动

前两例无对应式，末例有两种对应式：

＊这些碗热水你洗｜＊热水这些碗你洗｜＊这花儿水你浇多了｜＊水这花儿你浇多了｜这把刀排骨我可剁不动｜这把刀我排骨可剁不动

2.4　系事句

指跟 VP 有某种关系的 NP。除施事、受事、处所、工具以外都作为系事，不再细分。凡有系事 NP 的句子均入此类，不论其他 NP 的类别。

（15）系事＋施事＋VP：

这事老高有办法｜这个问题我不怪他｜外语你得下苦功｜候选人他没意见｜小两口儿的事外人不好说话｜会议经费张主任已经打了报告｜象棋比赛他拿了冠军

除末例外均无对应式"施事＋系事＋VP"：

＊老高这事有办法｜＊我这个问题不怪他｜＊你外语得下苦功｜＊他候选人没意见｜＊外人小两口儿的事不好说话｜＊张主任会议经费已经打了报告｜他象棋比赛拿了冠军

首例语义不明，有三种可能："老高"后如有停顿，可以理解为呼语，全句语义改变（老高！这事有办法）；也可能理解为双项 NP 句而语义未变，但句法上能否成立存疑（？老高，这事有办法＝老高对这事有办法）；如无停顿，成为单项 NP 句，语义改变（＝老高的这事……）。第二例成为单项 NP 句，语义改变（＝我的这个问题……）。第三例也成为单项 NP 句，但语义未变（＝你的外语……）。第四、五、六例不能成立。只有末例既能成立，语义也不变，不可能理解为"他的象棋比赛……"。比较"他象棋拿了冠军｜他象棋下得不错"，却可以理解为"他的象棋……"。

（16）系事＋施事＋受事＋VP：

这一段我意思体会错了｜会员大会你日程安排好了没有？｜男排我们亚军

还可能拿到

首例有对应式"施事＋系事＋受事＋VP"，后两例无：

我这一段意思体会错了 | ＊你会员大会日程安排好了没有？ | ＊我们男排

亚军还可能拿到

次例成为双项 NP 句（你＋会员大会的日程……）。末例组合层次不明，是否多项 NP 句难以断定（我们的男排＋亚军；我们＋男排的亚军；我们男排的亚军）。

（17）系事$_1$＋系事$_2$＋（系事$_3$）＋施事＋VP：

这件事情老张的处理办法我有意见 | 这篇文章我的意见最后一段你最好补

充点$_儿$材料

前例是三项 NP 句，后例是四项 NP 句，都无对应式。

2.5　其他

（18）音标咱们用汉语拼音 | 车票他要软卧 | 电影你去买票 | 饺子我来擀

皮$_儿$

各例句首的 NP 都难以归类。"汉语拼音"和"软卧"分别是"音标"和"车票"的一种，而"票"是看电影的手段，"皮$_儿$"却是饺子的一部分。除首例存疑外，其余各例都无对应式：

？咱们音标用汉语拼音 | ＊他车票要软卧 | ＊你电影去买票 | ＊我饺子来

擀皮$_儿$

"咱们"和"音标"不一定能构成领属关系，可能是双项 NP 句。"他"和"车票"可以构成领属关系，成为单项 NP 式。后两例不成句。

从以上所举几种类型的例句来看，多项 NP 句中各个 NP 的线性序列可以大致概括如下：

a. 施事 NP 以紧邻 VP 为常例，在其他位置出现受到一定的约束。

b. 受事 NP、系事 NP 以居句首为常例。受事、系事同时出现时，系事在前。

c. 处所 NP 位置比较自由。

d. 工具 NP 的位置很难概括。

3.　可能的派生过程

假定多项 NP 句是由某些比较简单的句式派生而来，那么找出它们各自的派生过程也许不无好处：不仅能说明汉语句式多样化的部分来由，而且能够进一步认识汉语句法手段的作用。我们用"派生"不用"转换"，因为"派生过程"不同于转换生成语法的"转换程序"。我们也不用"变换"，因为不清楚它的确切定义和变换程序。我们把一些比较简单、易于分析的句式作为"基本式"，基本式经过某些句法手段的作用而产生出来的句式称为"派生式"，基本式到派生式的演变称为"派生过程"，这样来考察不同句法手段的不同作用。这里构拟了几种可能的派生过程，不排除其他可能性。

3.1 施受句派生过程举例

（19）a. 基本式： 四川队稳拿冠军

派生式 1：⟹ 冠军四川队稳拿（受事 NP 左移句首）

2：⟹ 四川队冠军稳拿（受事 NP 左移 VP 前）

b. 基本式： 老刘修好自行车了吗？

派生式：⟹ 老刘把自行车修好了吗？（受事 NP 构成"把"字短语左移 VP 前）

⟹ 自行车老刘修好了吗？（介词短语左移句首，"把"字必删）

3.2 处所句派生过程举例

（20）a. 基本式： 我们去过故宫了

派生式 1：⟹ 故宫我们去过了（处所 NP 左移句首）

2：⟹ 我们到故宫去过了（处所 NP 构成"到"字短语左移 VP 前）

⟹ 我们故宫去过了（介词删略）

b. 基本式： 咱们在青岛多住几天

派生式 1：⟹ 咱们青岛多住几天（介词删略）

2：⟹ 在青岛咱们多住几天（介词短语左移句首）

⟹ 青岛咱们多住几天（介词删略）

c. 基本式： 在永定门上慢车

派生式：⟹ 慢车在永定门上（处所 NP 左移句首）

⟹ 慢车永定门上（介词删略）

⟹ 慢车永定门上车（动词后添加受事 NP）

d. 基本式： 去龙潭湖在东单换八路

派生式：⟹ 龙潭湖在东单换八路（句首动词删略）

⟹ 龙潭湖东单换八路（介词删略）

e. 基本式： 你对申家庄还熟

派生式 1：⟹ 你申家庄还熟（介词删略）

2：⟹ 对申家庄你还熟（介词短语左移句首）

⟹ 申家庄你还熟（介词删略）

3.3　工具句派生过程举例

（21）a. 基本式：　　　我用这把刀可剁不动

　　　　派生式：⟹ 用这把刀我可剁不动（介词短语左移句首）

　　　　　　　　⟹ 这把刀我可剁不动（介词删略）

　　　b. 基本式：　　　我把热水用来洗碗了

　　　　派生式：⟹ 热水我用来洗碗了（介词短语左移句首，介词必删）

　　　　　　　　⟹ 热水我洗碗了（"用来"删略）

　　　c. 基本式：　　　我用这把刀可剁不动排骨

　　　　派生式：⟹ 用这把刀我可剁不动排骨（介词短语左移句首）

　　　　　　　　⟹ 这把刀我可剁不动排骨（介词删略）

　　　　　　　　⟹ 排骨这把刀我可剁不动（受事 NP 左移句首）

　　　d. 基本式：　　　你用水浇这花ㄦ浇水浇多了

　　　　派生式：⟹ 这花ㄦ你用水浇多了（受事 NP 左移句首，重复词"浇"和
　　　　　　　　　　"水"删略）

　　　　　　　　⟹ 这花ㄦ你水浇多了（介词删略）

3.4　系事句派生过程举例

（22）a. 基本式：　　　他对候选人没意见

　　　　派生式：⟹ 对候选人他没意见（介词短语左移句首）

　　　　　　　　⟹ 候选人他没意见（介词删略）

　　　b. 基本式：　　　在这个问题上我不怪他

　　　　派生式：⟹ 这个问题上我不怪他（介词删略）

　　　　　　　　⟹ 这个问题我不怪他（方位词删略）

　　　c. 基本式：　　　关于会议经费张主任已经打了报告

　　　　派生式：⟹ 会议经费张主任已经打了报告（介词删略）

　　　d. 基本式：　　　他在象棋比赛中拿了冠军

　　　　派生式 1：⟹ 他象棋比赛拿了冠军（介词、方位词删略）

　　　　　　　 2：⟹ 在象棋比赛中他拿了冠军（介词短语左移句首）

　　　　　　　　⟹ 象棋比赛中他拿了冠军（介词删略）

　　　　　　　　⟹ 象棋比赛他拿了冠军（方位词删略）

　　　e. 基本式：　　　关于这件事情我对老张的处理办法有意见

　　　　派生式：⟹ 这件事情我对老张的处理办法有意见（句首介词删略）

　　　　　　　　⟹ 这件事情老张的处理办法我有意见（句中介词短语左移施事

NP 前，介词删略）

f. 基本式：　　　我们还可能拿到男排亚军

　　派生式：⟹ 男排我们还可能拿到亚军（受事 NP 的修饰语左移句首）

　　　　　　⟹ 男排我们亚军还可能拿到（受事 NP 左移 VP 前）

g. 基本式：　　　我对这篇文章的意见是，你最好在最后一段里补充点儿材料

　　派生式：⟹ 对这篇文章我的意见是，你最好在最后一段里补充点儿材料（介词短语左移句首）

　　　　　　⟹ 这篇文章我的意见是，你最好在最后一段里补充点儿材料（句首介词删略）

　　　　　　⟹ 这篇文章我的意见是，在最后一段里你最好补充点儿材料（介词短语左移施事 NP 前）

　　　　　　⟹ 这篇文章我的意见是最后一段你最好补充点儿材料（介词、方位词删略）

　　　　　　⟹ 这篇文章我的意见最后一段你最好补充点儿材料（动词"是"删略）

3.5 其他

（23）a. 基本式：　　　咱们用汉语拼音作音标

　　　派生式：⟹ 音标咱们用汉语拼音（句末 VP 左移句首，动词删略）

　　 b. 基本式：　　　看电影你去买票

　　　派生式：⟹ 电影你去买票（句首动词删略）

　　构拟以上派生过程的基本设想是，派生过程中每一步所产生的序列（派生式）都要成句。目的是便于教学，使学习的人，特别是非汉族人，在遣词造句的时候能够掌握汉语句式的多样性。一个派生过程如果有三步，记住基本式能造出一种句式，记住第一步派生过程能造出两种句式，记住一、二两步就能造出三种句式，等等。这种同义而不同形的句式掌握得越多，表达的方式就越多，对口语交际和书面写作都大有益处。跟同义词一样，没有绝对的同义句，在语气、色彩、使用场合上总略有不同。如果能够进一步掌握同义句之间的细微差别，表达起来就更加自如。

　　本文的派生过程不同于转换生成语法的转换过程。转换生成语法的基底结构和转换式中，有某些范畴符号和标志，词序也往往不同于表层结构。它所构拟的是某种心理上的句法基础，不能直接成句。这里没有任何评论转换生成语法的意图，两种构拟起点不同，目的各异，谈不上优劣之分。

4．NP 的成分分析

多项 NP 句常常分析为"主主谓"句，双项 NP 是"主主谓"，三项 NP 是"主主主谓"，四项 NP 是"主主主主谓"。如果再加上时间词，这种嵌套循环更多。从研究的角度看，不失为一种有效的分析方法，而且揭示了汉语 VP 的多重递归性。但是从教学上看，成分分析也不失为一种有效的方法，只要不用中心词成分分析，而把整个短语作为一个成分来处理。这对教学或许更方便一点。例如，"咱们在青岛多住几天""在青岛咱们多住几天"，"咱们"是主语，"在青岛"是介词短语作状语；而"咱们青岛多住几天""青岛咱们多住几天"，则不妨说明是介词删略，剩下的处所词仍然是状语。这样分析，既便于记忆和掌握，也同样揭示了汉语的句法特点：介词经常删略，特别是句首介词。如果把"咱们在青岛多住几天"分析为"主状动"，而把"咱们青岛多住几天"分析为"主主谓"，不仅要多记住一种句式，而且两种句式语义相同，只是因为少了一个"在"字，句法结构就完全两样，学习的人反而可能问一个为什么。

汉语句中最常见、应用最广泛的是"主动宾"式，再加上状语，基本句式可以大体概括为"主动宾"、"主状动宾"和"状主动宾"（定语、补语不计）。以 S 代表主语，V 代表动词，O 代表宾语，A 代表状语，仅据本文用例，各个成分的线性序列就有十六种之多。我们列举主要的八种序列如下：

SVO：我倒看了不少球赛		ASVO：这事老高有办法	
OSV：球赛我倒看了不少		AOSV：这把刀排骨我可剁不动	
SOV：我球赛倒看了不少		ASOV：男排我们亚军还可能拿到	
SAVO：他象棋比赛拿了冠军		OASV：排骨这把刀我可剁不动	

本文只是提出一个设想：多项 NP 句是由基本句式经过某些句法手段的作用而产生出来的派生句式。汉语缺乏形态变化，但是在一定程度上并不影响句子可以具有多种词序；反过来，词序又在一定程度上受到约束。约束词序的条件虽然还远未认识，但是仅从本文的引例中已经可以看出句法、语义的某些交互作用。

原刊于 1984 年第 1 期

声韵结合的问题[*]

李方桂

近几年来，无论中国的还是外国的学者，对汉语上古音有兴趣，觉得有很多可讨论的地方。我今天讲的，不是为了对上古音研究有很大贡献，只是提出几个问题，看看在语音学上，有没有值得研究的价值。题目是《声韵结合的问题》，"声"指声母，"韵"指韵母。

语言学的通例，有两个语音，不管辅音还是元音，连在一起，就会互相影响。这种影响，有时看得出，有时看不出。但这是一个普通的观念。我谈声韵结合的问题，就从声母、韵母谈起。声母和韵母碰头，就会发生变化。《切韵》音系就是发生了变化的结果，从《切韵》上推上古音，就是从研究《切韵》声韵的结合去推上古音。中国等韵学家在声韵结合的问题上，积累了很多资料，我们很少从这些资料推出些理论来，所以今天还值得提出来讲一讲。

中国等韵学家常搞韵图，韵图的一部分是声跟韵的结合，列成一个表。这个资料很重要，表现了《切韵》时代声韵结合的大体情形。我们现在也还用这个方法，列成声韵配合表。例如李荣先生把王仁昫的《刊谬补缺切韵》列成单字音表（见《切韵音系》），这表很像韵图的表。近年研究方言也列表，几个声母，几个韵母，如何配合，这是个很方便的方法，很有用。

我说从《切韵》上推上古音，因为《切韵》靠近古代，而且我们对《切韵》声、韵的了解较多。虽然对《切韵》声母、韵母的拟构，意见有一些不同，但这种不同不很重要，可以解决。《切韵》的拟音，我们利用一般人所承认的瑞典人高本汉的拟音，或稍加修改，这都没多大关系。至于《切韵》时代的韵书，采取哪一种去描写，王仁昫的《刊谬补缺切韵》时代较早，我不想找很好的《切韵》版本，我就用《广韵》。《广韵》

---

[*] 本文是张惠英根据李方桂先生 1983 年 8 月 17 日、10 月 18 日在北京两次讲演的录音、记录整理而成的，未经本人审阅。

很杂，使整个音系发生一些不规则的现象。虽然有这些不规则，但还是能看出从古至今的演变。过去我还想过给《广韵》作个韵图，后来想梁僧宝已经做过《四声韵谱》了，我虽然对他的书有不同意见，但大致还是可用的，还收集了好多《集韵》的材料，这得取消。

古代声韵结合的情形，也有列成表的，现在从新的眼光看，结果可分成三类。三类中每一类都有特殊的情形，声母有限制，韵母也有限制。第一类韵中，可以有帮组（帮滂并明）、端组（端透定泥）、精组（精清从心，无邪）、来母、见组（见溪疑，无群）、晓组（晓匣）、影母，大致十九个声母。这一类声母的限制是无知组（知彻澄）、照_二_照_三_组（照穿床审禅）声母。这是等韵学家所谓的一、四等韵。和这些声母配合的韵母，开头就是一个元音。这是比较原始的情况，过去黄季刚先生说过，古音声母十九个，古韵多少多少部（二十八部，见《黄侃论学杂著·音略》）。他并没有讲清楚为什么是这个情况，从语音学眼光看，他的意见可以作讨论的出发点，也可以作某些修改。上古音声母不止十九个，还有复辅音声母、清鼻音声母等。从谐声、《诗经》的押韵，可以修正过去的结论。说这十九个声母是基本的也未尝不可。第一类的韵母，我用高本汉的拟测，加以归纳，元音可能有四个：a ə u i（i 多半是四等韵）。第一类韵里，要避免讨论的是开合口问题。开合口究竟是否有介音，这介音和别的介音是否一样，这些留待下面再讨论。

第二类韵中，声母可以有帮组、见组（无群）、晓组、影母，无端组，有知组。一部分人认为，知组是卷舌的塞音。无精组，有照_二_组，照_二_组是卷舌的塞擦音和擦音。第二类韵和第一类韵的不同，在于有了卷舌音声母；韵母也是另外一套元音，无 i u，舌尖声母和这套元音结合，都成卷舌音，似乎可以假定卷舌音是从端组、精组来的，这个假设对不对将来再说。这一类的元音，高本汉拟有五六个之多。这些元音是否都有使声母卷舌化的倾向，在语音学上找不到根据，解释不通。解决的唯一办法，是声、韵之间有卷舌成分，使舌尖音变成卷舌音声母，而且把原来一等的元音变成二等元音，这样，把元音的数目也减了一半。这个成分，假定作一个卷舌介音 -r-，用这个介音解释声母、韵母的演变，比较合理。从前的研究，一等元音假定有四个，二等有五六个，还有别的第三类的，这么一来，上古音元音就得有十好几个。如高本汉、董同龢，都把一、二类元音相加，共十多个。我过去发表过一篇文章（《上古音研究》），上古音只拟四个元音，后来受了声母、介音的影响而演变成复杂的情况。

还有第三类韵，声韵结合比较复杂。除去无端组外，有帮组、非组（非敷奉微）、照_二_照_三_组、见组、晓组（无匣）、影组（影喻_云_喻_以_）、来母。情形复杂多了。来母在一类有，二类很少来母，不知什么缘故。第三类的韵母高本汉拟了介音 -j-，他认为声母所以多的原因，是介音 -j- 引起的。等韵学家早已分了一二三四等，但标准没有清楚地说出来。我特别说了三类声母、韵母的特殊情况，以此推论这样那样的演变，是否可靠，不知道，以后可用谐声、押韵来解决。

这三类声韵结合的情形也不大一致。比如第三类，多了轻唇非组声母。非组出现的韵，有限制，只有见组出现的韵中，非组才可以出现。三类韵中还有帮组，有人认为非组是帮组声母受 -j- 介音的影响而变来的，那么为什么有些 -j- 介音韵中还保留重唇帮组不变呢？到底什么缘故使重唇音变成轻唇音？这一点涉及的问题很多。我假定的 -j- 介音对声母的影响，和普通的说法不一样。普通认为 -j- 介音有腭化作用，但是双唇音帮组变成齿唇音非组，不能说成腭化作用。有人谈起过 -j- 介音对声母的影响，但没解决。我假定，-j- 介音对声母的影响，主要是使前头的声母软化，也就是使声母变松，使塞音变成塞擦音，例如把端组腭化，帮组变成非组。而三类韵中有些帮组不变成非组，我的解释是，由于跟 -j- 发音部位相近的 i 是个紧元音，它不使声母发生软化作用，所以，如果 -j- 介音后接 i，则 -j- 介音的软化作用取消。这就是三等韵中有些帮组不变成非组的原因。

这些是大致的情况，详细的拟测、论述还需要别的资料。谐声对声母的拟测很重要，《诗经》韵对韵母的拟测很重要。有了这些资料，利用声韵结合的推论，可对古音的构拟增加信心。对有些难以解决的问题，也可用这个方法去探讨。例如群母只在三等出现的问题，有种解释，认为很可能群母不在一二类元音及 -r- 介音前出现，只在三类 -j- 介音前出现。这种解释未尝不可，但很牵强。较好的解释是，群母可出现在所有的三类韵中，但在一二类元音前变成别的声母了，这从谐声资料可以看到群母跑哪儿去了。有人认为，群母匣母发音部位相近，是一个成分，匣母也是 g-，和群母 g- 相同，而群母多见，匣母少见。同别的组比，帮组有并母，端组有定母，所以见组当有群母，否则就很特别。使情形更复杂的是，喻三和群匣可算在同一谐声系列中。如果三等韵中是群母和喻三，一二等中是匣母，那么一个匣母配两个——群母和喻三，这就显得不规则。有人采取最不冒险的办法，认为上古音有群母、匣母，群母后来还是群母，匣母一部分也是群母，喻三从匣母变来。这也可以说，但是，为解释从上古到《切韵》的演变，使之规则化，对不规则的现象用加多声母、韵母的办法来解决。对这一点，我想不要操之过急。操之过急会出现别的毛病，不妨把不能解决的问题，留待将来再解决。这是我对研究上古音的人的劝告。这种过分要求规则化的想法不合理，因为语言材料本身不可能规则化。上古时代，也有方言之间的互相影响。《切韵》系统，尤其到了《广韵》，也有很多方言搀入。都使之规则化，不见得能恢复古代语言的面目。特别是有兴趣的年轻人，不要太看重规则化。

下面讲一个开合口的处理问题。一般都用 -u-（-w-）介音表示合口。这未尝不可，到

《切韵》时代，这个看法可以解决开合口的问题。从上古音看，不那么简单。事实上，汉语中分开合的韵很少，只在某些声母下分，某些声母下则不分。分的少，不分的多。所以开合口是有限制的。

第一类韵中，在帮组后，有开无合，或有合无开，所以唇音后不分开合。高本汉认为，轻唇音的发生，因为有 -j- 介音，同时有合口的介音，作用在一起，才变成轻唇音。照我看，唇音后不分开合，这一条就不成立。还有些有趣的现象，即王仁昫的《刊谬补缺切韵》，歌韵帮组是开口，无合口。后来《广韵》用合口戈韵字作反切下字，帮组便都变成合口了。如果相信《广韵》后起，那么戈韵帮组合口是后来语音稍有变化而致。戈韵帮组全成合口，还是开合不分。魂痕韵中，唇音都合口，王仁昫《刊谬补缺切韵》也算合口。这影响到上古音的拟测，有人认为是 u 元音。但"跟、恩"等是开口，只在唇音下无开合对立。可以认为，唇音声母后的合口是后起，但比戈韵要早，可能唐朝已如此，是否合口后来丢掉。我不这样认为。魂痕韵在端组精组后都只有合口，无开口，只有一个"吞"开口，我想合口是后起的。

第三类韵中有轻唇音声母。有人认为轻唇音是开口，有人认为是合口，其实轻唇音后无开合对立。等韵学家的分别，并非真正开合之别。

把三类韵统计一下，分成两种。一、不分开合的韵，如收唇音韵尾 -m、-p、-u 的韵，无合口字；有的合口韵（如东韵等）也不分开合。二、分开合的韵，有两类。一类是见系舌根音、喉音声母可以有开合对立，这些韵必须得承认有合口，这套合口跟声母关系很大。一类是和韵母有关系的，即一类二类三类的韵母，凡是上古以舌尖音 -n、-t、-d、-r 及后来变为 -i 等结尾的，在有些情况下，端、精两组声母字都有开合对立，这些显然是受韵尾的限制。收 -k、-ng 的韵不分开合，而收 -n 的可以分开合，这需要去解释。和声母有关的合口韵，还要注意，从谐声看，合口字和开口字不大谐声。这和介音 -j-、-r- 不同，也就是说，介音并不影响谐声系列的形成。如果认为介音与谐声无关，那么开合口的问题和介音无关，因为开合口的对立只在见系舌根音、喉音声母后，所以我就另拟了一套合口的见溪群，即圆唇舌根音声母：kw-、khw-、gw-，还有 ngw-、hngw-、hw-。和韵母有关的合口韵要复杂一点，以后再找解释的办法，看来也需另拟一套韵母，因为只是加介音 -u-（-w-）也不能解释好。将来也许有更聪明、更有知识的人，可以解决好这问题。

附记

1983 年 10 月 21 日上午，在北京大学召开了一个上古音研究的座谈会。北京大学以及其他高等院校的有关教师、研究生，还有中国社会科学院语言研究所、民族研究所的有关研究人员，出席了这次座谈会。会上，李方桂先生对若干问题作了简单的回答，摘要如下。

对上古音的研究，赶不上对活的方言音的研究，不能像调查方言那样反复地去听，故拟测只能是大略的情形，不能仔细推敲它的具体音值。我不大提上古音该怎么念的问题，不能强人所不能，得以宽恕的眼光看。

二等来母的卷舌介音，我过去在文章里说的（见《上古音研究》24 页，商务印书馆，1980 年）不太可靠。我不靠 l、r 谐声，介音不违反谐声原则，一二三四等可互相谐声。我从前的说法，已改变了，是最近演讲的结果。

关于佛经梵汉音译问题，到底译音根据什么很难定，还有译音的时代也是一个问题。汉唐快差一千年了，比较《诗经》时代，相距的时间更远。总之对佛经译音要小心对待。和 -s 尾对译的问题，蒲立本（Pulleyblank）已收集有很多资料，不只在汉朝时候有，甚至在唐朝时候还有 -s 尾。但有人反对，认为已变成 -t 了。

我不懂阴阳对转，不想解释。

拟测古音，开始总有不同意见，但大致会同意。将来希望有一致看法。

王力先生的拟音和我的不同，在于阴声韵有无辅音尾。一些人赞同有，一些人不赞同有。押韵时，阴声韵 a 和 ak 相押，这可能吗？（王力：我这个也有矛盾。）以后想个办法，大家同意，究竟怎么同意，不知道。

董同龢的元音松紧不同说，实在不好说通，只能向共同的方向走。我对上古音的拟测，希望很大。我不斤斤于一个韵的拟测，是要向相同的方向走。

我讲的是方法问题，是音韵大势，不是音的具体读法。

我不敢解释重组的问题。从上古音看，是从不同韵部变来。原因何在，不知道。

我的拟测想法，是要有语音根据。一等无介音，二等卷舌介音，是从知组照组二等元音来的。别人拟卷舌元音，我把卷舌成分挪到介音上。我这是根据《切韵》的音。我不是凭空想的，凭空想就会无穷尽。我们相同的看法，多少有些根据。精组精清从心出现在一三四等，邪不出现在一四等。从分配的观点看，邪母不该归舌尖精组，该归别处。如何归？邪母是从端组变来，邪母只出现在三等韵，故三等韵的拟测和邪母有关，我把邪母、喻四归而为一，可能是一个问题，不敢完全相信自己的看法。

研究古音的，将来应该对字形下一番功夫。否则，就有可能把不是谐声的看作谐声了，本来谐声的看作不谐声了。近年出土文物很多，对古文字要好好学习。搞古文字的，要了解上古音；搞上古音的，要懂得古文字。

希望后来人捡这个破烂摊子，同意一个可能的办法。

《切韵》音的拟测，也有很多不同意高本汉的，但走得差不多了。同意高本汉的，或不同意高本汉的，要去的是一个共同的方向。对古音有个一致的看法，才好与藏语比。用不同的拟测去比，就不好办。

（张惠英整理）

本刊 1983 年第 6 期刊载的《李方桂先生来华访问》一文，其中内容有跟本文不一致的地方，请以本文为准。——编者

原刊于 1984 年第 1 期

现代汉语中动词的支配成分的省略*

廖秋忠

1. 引言

一般语法著作在描述汉语的句型时，总要提到没有主语的句子，有时也提到某些宾语可以省略的句型。但是，它们基本上是从句子的范围来进行描述的。[①]最近几年，国外有些学者从篇章的角度来探讨这类现象，如 Li 和 Thompson（1979）、Chen（1983）等。[②]他们的研究是要找出决定主语与宾语省略的条件。

本文想从篇章的角度来探讨跟这个现象有关的一些问题，作为对上述研究的补充。这些问题是：（1）作为主语与宾语的名词性成分哪些可以省略；（2）这种省略到底是句法上的省略还是意义或认知上的省略；（3）小于句子的结构，特别是短语结构是否也有类似的省略现象；（4）这些现象与篇章结构和篇章的连贯性的关系。

篇章在这里指的是大于句子的语言体。这个语言体的意义是连贯的，整个是独立的。本文的材料取自现代汉语的书面语，而且只限于独白式的篇章结构。

2. 动词的支配成分与主、宾语等

当我们描写某一情景时，经常需要一个表示动作、过程或状态等的词，通常是动词；也需要参与这个动作、过程或状态的人、事、物或处所等的词，通常是名词。有时还需要

---

* 本文初稿曾在第二届中国语言学会年会上宣读，这次发表作了较大的改动。

① 例如丁声树等（1962）、Chao（1968）都是从句子的范围描述无主句的。吕叔湘（1980）也谈到了一些宾语可以省略的句型。

② Li 和 Thompson（1979）以及 Chen（1983）把这类现象称为"零指代"（zero anaphora）。另外，Feng-fu Tsao（1977），*A Functional Study of Topic in Chinese：The First Step toward Discourse Analysis*，以及 James H-Y.Tai（1978），*Anaphoric Constraints in Mandarin Chinese Narrative Discourse* 是两篇较早的论著，可惜笔者没能见到原著。

表示情景发生的时间和地点的词语，和／或表示状态、程度等的词语。

句中直接参与动词所指的动作、过程或状态等并受其支配和制约的这些成分是和动词的意义分不开的，是可以从动词的含义中推导出来的。这一类成分就是这里所说的动词的支配成分。^① 每个动词所支配的成分，简称为价（valent），是有一定的数量的。根据支配成分数量的多寡，动词有零价、单价、双价和三价之分。当一个动词有几个含义时，它的价数就有可能不同。每个支配成分在句中体现为主语、直接宾语、间接宾语或介词宾语等。句中另有一些成分与动词的关系不是直接的，或是不能从动词的含义中推导出来的，这里称为非支配成分。非支配成分的数量视交际的需要而定。非支配成分通常做介词宾语或状语等。下面例子中的 A 指支配成分，B 指非支配成分。

（1）刚才下雨了。
　　　B　A

（2）他 慢慢地跑了三圈。
　　A　B　　　B

（3）他在马路上捡到了一把雨伞。
　　A　B　　　　A

（4）他 昨天抵达北京。
　　A　B　　A

（5）他送她 一本书。
　　A A　A

（6）他替她寄了一封信。
　　A B　　A

3．动词的支配成分的省略与主、宾语等的省略

支配成分与非支配成分的区分可以说明与动词有直接关系的句中成分哪些可能省略，哪些不可能省略（请参看第 4 节的论述）。从我们搜集到的以及其他学者提供的材料来看，只有支配成分才能省略，非支配成分是不能省略的。

动词的支配成分的省略是由语境促成的。语境主要有三种：背景知识、说话现场和上文。本文所讨论的只限于由于上文提供了足够的信息而形成的省略。更确切地说，这是支配成分的承前省略（以下称为"从缺"或"从略"）。为了避免误解，在下面的例子里，也顺便指出背景知识和说话现场造成的省略。

（7）北京的西山，峰峦挺拔，景色秀丽。多少年来被称为我国地学工作者的摇篮，受着人们的热爱。（《地理知识》，1983 年 11 期，第 30 页）

---

① 关于支配成分与非支配成分的区分，请参看 Matthews（1981）第 5、6 两章详细的论述，特别是第 124—127 页。他一共提出了五条区分标准。其中第一条为参与者相对于场合，第三条为必然相对于可有可无成分，第四条为是否有个潜在成分（特指直接宾语）是建立在动词的语义和认知上的需要的。支配成分与非支配成分这两个概念在英语文献里有许多不同的名称，前者如"补足成分"（complements）、"参与者"（participants）等，后者如"外围成分"（peripherals）、"随遇成分"（circumstantials）等。这两个概念的内涵有时也因人而异。本文采用 Matthews 的说法，支配成分不包括动词的修饰语（adjuncts）。

在（7）里，动词"称（为）/（……为）"有三价，但在该小句中只出现一个支配成分——我国地学工作者的摇篮，另外两个省略了。其中的施事——介词"被"的宾语，属于背景知识；受事——西山，本小句的主语，可以从上文确定。另一个动词"受"是双价动词，从缺了受事——西山，本小句的主语，也可以从上文确定。

（8）某国曾有两位总统在前几年先后访华，后来者发现他的访华食谱中，没有他前任吃过的厚皮甜瓜，怀疑自己受到冷遇，令其下属探知究竟。当我方得知后，立即派专机飞往西北，尽最大努力在不时季节〔原文如此〕找到甜瓜，误会终于消除，多心的总统满意而归。（《科学实验》，1983 年 10 期，第 11 页）

在（8）里，"得知"是个双价动词，从缺了一个支配成分。这儿指的是该总统怀疑自己受到冷遇这件事。这是只能意会的。在一般情况下，它处于"得知"的宾语的位置。

（9）手工业生产合作社不仅城市需要，乡村尤其需要。全国有二十二万五千多个乡……如果把每个乡的手工业者组织起来，这对于发展生产就是一个相当大的力量。在组织方法上，主要是由他们自集股金，自备工具，根据每个人的特长，分工合作，按劳分配。党和政府应给以积极的指导，在必要和可能时，政府可给以贷款和帮助。（《朱德选集》，人民出版社，1983，第 321—322 页）

在（9）里，"给以"是个三价动词，从缺了一个支配成分，即那些手工业者。"给以"的间接宾语只能处于上文。如果用它的变体"给"或"给……以"替代，那么这个省略的支配成分处于动词之后。还有一种现象跟上面所说的支配成分的省略十分相似，但性质却大不一样。

（10）福州地处北纬 26 度，南距北回归线不远，东濒大海，气候宜人。年平均气温 19.6℃，一月最冷，平均气温 10.5℃；七月最热，平均气温 28.6℃。极端最高气温达 41.1℃（1950 年 7 月 19 日），极端最低气温为 -2.5℃（1940 年 1 月 25 日）。年平均雨量在 1200—1740 毫米之间，1959 年最多达 1967 毫米，1967 年最少为 776 毫米。一般而论，夏无酷暑，冬无严寒，雨水充足，花开不绝，绿树常青。（《地理知识》，1982 年 10 期，第 6 页）

在（10）里，"福州"是全段的大主题。它只出现在第一句的第一分句里，形成了一般所说的主谓谓语句。虽然在后面的那些句子里，谓语动词并无省略支配成分的现象，但在理解这些句子时，我们可以确定它们都是描述福州气候的某一方面的，大主题"福州"被省略了。由于这类句子的大主题跟句中的动词没有直接关系，不受动词的直接支配，我们不把上述情况视为动词的支配成分从缺的现象，而认为它是主题延伸的现象。

4. 支配成分的省略是语义即认知成分的省略

支配成分主要是语义即认知上的概念。支配成分的从缺，指的是句中某些语义成分的从缺，而不是某些句法成分的从缺。

第一，从句子的层面来说，这些意义不能自足的句子在结构上是完整的，而不是残缺的。如果把从缺的支配成分都"补回"来，让每个句子的意义都能够自足，那么整个篇章结构就会显得松散而繁琐。例如，在下面这段话里，第二句从缺的施事和时间状语就不能"补回"来。

（11）县级绿化委员会在分配义务植树任务时，要按照每人每年植树3至5棵的要求，确定具体指标，因地制宜地进行灵活多样的安排。可以按单位划分责任地段，承担整地、育苗、栽植和管护任务；也可以按相应劳动量，分配承担造林绿化的某一项和几个单项的任务。（《人民日报》，1982年3月1日，第1版）

此外，有些动词，例如例（9）中的"给以"，它们经常从缺一个支配成分。

第二，发现并"补回"从缺的支配成分是根据动词的意义，从认知的角度达到的。虽然从缺支配成分的句子在结构上是完整的，但语义上却不能自足，需要从语境"补回"这些成分，才能得到解释。从缺的主要条件之一就是被从缺的成分是可以确定的，这样听者或读者才能从语境中"找回"（recover）它。非支配成分有无从缺是无法预测的，否则就会破坏"可找回"的原则，影响信息的正确传递。

5. 篇章结构、文体与支配成分的省略

Chen（1983）在 Li 和 Thompson（1979）研究的基础上，提出了主语与各种宾语省略的条件，很有价值。[①] 本文想从其他角度做些补充。

首先，从篇章结构的角度来看这个问题。篇章结构在这里既指内容也指形式结构。从我们搜集到的以及上述这些研究者提供的材料来看，从缺的支配成分以充当句中主语的占绝大多数，充当直接宾语的次之，充当间接宾语、介词宾语和兼语的相当

[①] Li 和 Thompson（1979）提出了"可连接性"（conjoinability）这一主要条件来解释主语的从缺。Chen（1983）提出了"可预测性"（predictability）和"可忽略性"（negligibility）两个条件来解释主语与各种宾语的从缺。每一个条件还包含了三个独立的标度（parameter）。"可预测性"条件包括（1）有无相互竞争的两个名词同时并存，（2）与前边的小句可连接性的大小，（3）"辨认度"（accessibility hierarchy）的高低。"可忽略性"条件包括（1）特指相对于泛指与任指，（2）从缺的位置是主句还是从句，（3）从缺的是有生命的还是无生命的。

少。[1] 在我们筛选过的随机取样的材料里，主语从缺一百五十处，直接宾语十九处，间接宾语一处，介词宾语和兼语各两处。这种数量上的悬殊主要是由句子新旧信息分布造成的。在大多数情况下，篇章中句子的主语表达旧信息，而谓语则表达新信息。旧信息一旦可以明确地"找回"就有从缺的可能，而新信息就谈不上从缺了。直接宾语省略的次数多于其他几类宾语，这可能跟它们出现的频率大于其他几类宾语有关。

最近的一些研究表明，话题链（topic chain）是决定动词的支配成分可以从缺的一个主要条件。我们的材料支持这个结论。[2] 话题链指的是相连接的一段话具有的共同的话题。话题链在任何文体中都有，但在叙述体裁里最为常见。下面是一个不太典型的例子，其中的话题"布阿比德首相"只在第一句出现。

（12）布阿比德首相〔摩洛哥首相〕多年从事法律工作，并积极参加摩洛哥人民争取民族独立和争取已故国王穆罕默德五世（曾被法国人流放）返回祖国的斗争。摩洛哥独立后，曾任卡萨布兰卡市政委员会第一主席。1956 年 6 月任驻丹吉尔市国王检察官。1957 年 8 月任该市上诉法院总检察长。1958 年 12 月至 1960 年 5 月任劳工和社会事务大臣。1963 年当选为摩洛哥第一届议会卡萨布兰卡议员。曾先后三次担任摩洛哥律师协会主席。1972 年 10 月当选为阿拉伯马格里布律师友好协会秘书长。1977 年 10 月任司法大臣。1979 年 3 月起任首相。（《人民日报》，1982 年 2 月 22 日，第 1 版）

比较典型的情况是，话题以同词重提、异词替代和从缺的方式交替出现。

话题链也有中断后复现的情况。这时，只要整个段落基本上是围绕同一话题，复现的话题仍有从缺的可能。在下面这段描述里，第二段的第一句从缺了话题"阿瑟·米勒"，它被上两句的主语"他对中国人民的感情"和"他的行动"打断了。

（13）阿瑟·米勒先生今年 68 岁了，……。他对中国人民的感情是诚挚的，深厚的。他的行动说明了他的品格：

1956 年在美国众议院"非美活动委员会"前出庭露面，被判为蔑视国会罪。因为他拒绝说出他在作家会议上，看到的那些被认为是资助共产主义者的作家名字，他……。（《人民日报》，1982 年 11 月 22 日，第 1 版）

---

[1] 我们假定从缺的支配成分可以在原句里确定到底是主语还是某种宾语。这种假设有时会碰到一些问题而影响统计数字的精确性，但这不会影响整体的分布情况。Li 和 Thompson（1979）以及 Chen（1983）在统计主、宾语的省略时，把共同背景知识和说话现场造成的省略也包括在内。同时，他们也不分小句与句子，一概以小句为篇章结构的基本组成单元。我们以句子为单元，并且只计算因上文而从缺支配成分的例子。

[2] 话题在这里指的是大于句子的语言片断所谈论的对象。在大多数情况下，话题也是句中的主语。许多汉语语法学家，如 Chao（1968）认为句子的主语所表达的基本上就是该句的话题。

另外，如果话题中断，但在篇章结构上有明显的排比或对比，那么重现的话题仍可以有从缺的现象。在下面这段话里，后半部 A 与 C 两句是并列的对比结构。虽然它们中间有一句话 B 是从属于前一个并列句的，但它们的同形结构使得下一句的话题很容易"找回"，因而被从缺了。

（14）以上种种事实表明，调整时期适当放慢重工业的发展速度是完全必要的。但是今年以来出现了一些值得注意的现象，就是重工业曾一度大幅度下降。<u>这是有客观原因的</u>。<u>过去重工业长期主要是为自身的基本建设服务，今年大幅度压缩基</u>
A　　　　　　　　　　　　　　　　　　　B
<u>本建设规模，设备订货减少，对生产资料的购置相应减少，因此一批重工业企业</u><u>就没有任务或生产任务严重不足</u>。<u>但是也有主观上的原因</u>。……（《人民日报》，
C
1981 年 11 月 30 日，第 5 版）

此外，还有一种极为常见的、有利于动词支配成分从缺的篇章结构，就是过程链结构。这种结构多见于描述过程的文体里。在这种格式里，上一句的结果一般处于宾语的位置，成为下一句的起点。由于结果和起点指同，起点经常从缺。例如，下面这段话是对红水河的动态描述，说明从源头开始，它流经了几个地方，被分成几段，叫什么名称等。由于每一段的终点即为下一段的起点，起点从缺了。

（15）红水河是珠江水系干流西江的上游。它发源于云贵高原云南省沾益县的马雄山。源头开始叫南盘江，向南流至开远折转向东，在罗平县接纳黄泥河，流经贵州、广西两省区的边界。至望谟县与北面来的北盘江汇合，从此便称为红水河。流至天峨县接纳格凸河后进入广西境内，至象州石龙镇与柳江汇合，称为黔江。后与郁江汇合，称浔江。进入广东境内后改称为西江。（《地理知识》，1982 年 8 期，第 7 页）

上面这段话只能算是"准"过程描述。下面这段话则是典型的过程描述，其中包含了许多步骤。这许多步骤由两句话表示，分别指制作过程中的两大阶段。最后一句话指的不是制作过程，而是对成品的评述。这个例子和上例有个很大的不同，即作为制作过程中某一阶段结果的半成品没有明讲，只能意会。这个没有明讲的结果成了下一个阶段的起点。由于两者指同，表示起点的支配成分从略了。尽管整个过程的最后结果是有名称的，但因为已用作标题，所以当它成为最后一句话的主题时也从略了。

（16）在搪瓷茶盘或铝盘中擦遍生油，将米浆（五两）倒入盆内，撒上开洋、葱，上笼放在沸水锅上用旺火蒸三分钟。出笼冷却后倒在工作台上，卷成条形，用剪刀剪成段，装在碗内，撒上白芝麻，加猪油、麻油、鲜酱油拌和即可。形同猪肠，吃口爽滑，是广东夏令特色点心。（《家常点心》，第 55 页，"广

东点心猪肠粉的制作法"）

上面谈到了叙述体与过程体这两种篇章结构中常见的动词支配成分从缺的现象。下面简单说说论说体、描述体和劝说体中支配成分从缺的情况。在论说体里，由于话题经常是某个命题，而不是某一人、事、物，动词的支配成分从缺的情况比较少见。而且，论说文是一种比较正式的文体，要求尽量避免因从缺而引起的误解或费解。描述体主要是对某一人、事、物进行描写。当描写的对象不变时，从缺支配成分的情况就很常见。在劝说体里，支配成分的省略最常见的是属于说话现场的信息和共同背景信息，特别是说者／作者与听者／读者的省略。

一般说来，较正式的文体同较非正式的文体相比，动词支配成分从缺的现象要少。我们对《中华人民共和国第五届全国人民代表大会第五次会议文件》《中华人民共和国第六届全国人民代表大会第一次会议文件汇编》《中国共产党中央委员会关于建国以来党的若干历史问题的决议》等非常正式的文件做了初步的考察，发现其中因上文而从缺支配成分的现象相当少见。例如，在《关于第六个五年计划的报告》（约三万字）里，只有两处属于这种情况，而且这两处紧挨着，又是典型的劝说体。[1] 又如，《中华人民共和国宪法》（1982 年通过）一共有四处因上文而从缺支配成分的现象，也都是劝说体。[2] 另外有十八处是明显的支配成分重提，两处是支配成分替代。[3] 就《陈云文稿选编（一九四九——一九五六年）》和《邓小平文选（一九七五——一九八二年）》中较正式的报告或讲话同较非正式的讲话相比，前者支配成分从缺的现象看来要少于后者。[4]

法律、法令以及带有法令性质的决议为了避免歧解，使每项条文、每个段落甚至每个小段或分段都能单独地、准确无误地加以解释，支配成分从缺的情况要尽量避免。在欧化

---

[1] 这一小段见于《中华人民共和国第五届全国人民代表大会第五次会议文件》（人民出版社，1983）第101页。全文如下：
负责审批基本建设和技术改造项目的有关部委，工作中一定要坚持原则，提高效率。该管的，一定要按照分级管理的原则管好。需要审批的项目，要按照规定程序及时审批，不得徇私武断，不得拖延推诿。这一段后两句从缺了上一句中提到的有关部委。

[2] 宪法第四十一条有一处，第六十条有两处，第一百三十四条有一处。最后这一条是隔段从缺。

[3] 支配成分重提的十八处分别见于宪法第十一、十三、十四、十五、十六、十七、十九、二十四、二十六、四十二、四十五、七十六、八十二、一百零五、一百一十一、一百二十二、一百二十七和一百三十二条。其中只有第十五条是同段相邻重提，其余的都是隔段相邻重提。正如 Chen（1983）所说，段落边界是个不利从缺的因素，从这里的材料也可看出。支配成分替代分别见于宪法第十八条和二十九条。其他如《中华人民共和国全国人民代表大会组织法》、《中华人民共和国地方各级人民代表大会和地方各级人民政府组织法》和《中华人民共和国全国人民代表大会和地方各级人民代表大会选举法》也都各有一处支配成分从上文而缺略的现象，分别见于各法的第三条、第十一条和第三十条。另外，《中华人民共和国国务院组织法》没有支配成分从缺的现象。

[4] 这是总的印象，没有做精确的统计。

句式较多的文章里，动词支配成分从缺的现象也比用较多的典型汉语句式的文章少些。① 相反，在大部分的电报文稿里，支配成分从缺的频率相当高。

6. 非谓动词的支配成分的省略

当非谓动词（即动词不处于谓语位置）指的是一类状态、动作、过程或事件时，它的性质和普通名词并没有多少区别。在这种情况下，动词原先支配的成分都是泛指或任指人、事、物的。这些成分都属于共同的背景知识。在下面这两个句子里，"生""老""病""死"接近一般的事件名词：

（17）实行计划生育，少生，优生，我们整个民族才会更好地繁衍下去，这是最重要的。（《人民日报》，1983 年 4 月 13 日，第 1 版）

（18）生、老、病、死时刻都有。

上面这种情况不是这里要谈的。我们要谈的是非谓动词所省略的支配成分可以从上文"找回"的情况。关于带名词化标记的非谓动词的支配成分省略的现象，朱德熙教授（1983）已有详细的讨论。需要指出的是，这些名词化的结构一旦特指时，它所省略的支配成分必然可以从上文或其他语境中"找回"。这是这种结构运用的必要条件。下面仅举一例：

（19）新闻奖是由新闻单位发给的。可是有的地方偏偏要争这个授奖权。有一个县规定：本县通讯员的稿件，省级报刊、电台采用了的，每篇奖两元；中央报刊、电台采用了的，奖十元。有个县人民武装部规定：军报采用了的，奖一只收音机。（《人民日报》，1983 年 6 月 19 日，第 1 版）

上例"的"字结构中的动词"采用"都是双价动词，从缺了一个支配成分。前两个"的"字结构从缺的是本句提到的这个县的通讯员的稿件；后一个从缺的只能从上文中意会出来，可能是指这个县的通讯员的稿件。

下面举一个不带标记的非谓动词从缺支配成分的例子。

（20）〔国家发明〕评选委员会认为，"铁丰 18 号"是我国近十年来推广面积大，适应范围广，产量高，经济效益大的大豆优良品种。但同其它优良品种一样，推广时要注意地区。（《人民日报》，1983 年，具体日期失记）

在例（20）里，第二个非谓动词"推广"的两个支配成分都省略了。其中一个是上文提到的"铁丰 18 号"大豆，另一个是泛指要推广这个大豆新品种的人，属于共同的背景

---

① 这可以从共时的角度进行统计。更有意思的是从历时的角度来研究汉语篇章结构受印欧语言影响的情形。

知识。①

从我们搜集到的例子来看，非谓动词支配成分的从缺情况与谓语动词支配成分的从缺情况基本上是一致的。非谓动词从缺的支配成分主要也是邻近的上一句的主题或整个段落的话题，如上面这两个例子。另外，篇章结构中句子的排比也有利于非谓动词支配成分的从缺，如第（19）例。虽然谓语动词与非谓动词从缺的定指的支配成分绝大多数都是上一句或整个段落的话题，但前者从缺的成分一般处于主语位置，而后者如果动词是双价或三价的，从缺的成分则多处于宾语位置。前边两个例子都是这样的。造成这种分布上差异的原因还不清楚。

7. 小结

本文对过去有关主、宾语省略的研究做了一些补充。本文从篇章的层面、语义即认知的角度来理解句中动词支配成分从缺的现象。基于从缺的支配成分应该可以"找回"、可以确定这种交际上、认知上的需要，我们可以说明支配成分能够从缺而非支配成分不能从缺的原因。谓语动词与非谓动词支配成分从缺的现象基本上是一致的。动词支配成分从缺的可能性也受到了篇章结构以及文体的制约。

句子和篇章结构是相对独立而又相互依存、相互制约的，这是一个矛盾。如果篇章中的每个句子都要求能够独立存在并给以解释，那么句中的所有信息都得表达出来，不管是新的还是旧的。但这和简洁、精练的原则就矛盾了。因此，从篇章的角度说，已提过的信息，只要能"找回"的，最好就不再重复。

动词支配成分的从缺不能跨越一个篇章而涉及另一篇章。篇章各个结构单元，从句子、段落以至节、章的连贯性的强弱与它们之间距离的远近基本上成反比，与动词支配成分从缺的可能性的大小成正比。反过来说，动词支配成分从缺的现象在其他条件相等时，可以作为篇章连贯性强弱的一个标度。动词支配成分的从缺是汉语表达篇章连贯性的一个常用手段。

---

① 有时候，非谓动词省略的支配成分虽然是定指的，但是无法从上文中"找回"。这主要是由这个信息不相干或不重要造成的。例如在下面这段话里，谁"建立了牧业生产责任制和调整了畜群结构，合理使用草场"与作者所要传递的信息不相干，被省去了：
队干部告诉我们，今年天旱，但畜产品仍然增产。原因是建立了牧业生产责任制和调整了畜群结构，合理使用草场。（《人民日报》，1983 年 11 月 12 日，第 2 版）

参考书目

丁声树 吕叔湘 孙德宣 李荣 管燮初 傅婧 黄盛璋 陈治文 1962 《现代汉语语法讲话》，商务印书馆。

吕叔湘（主编） 1980 《现代汉语八百词》，商务印书馆。

朱德熙 1978 《"的"字结构和判断句》，《中国语文》，第1期：23—27，第2期：104—109。

朱德熙 1983 《自指和转指：汉语名词化标记"的、者、所、之"的语法功能和语义功能》，《方言》第1期：16—31。

Chao, Y. R. 1968 *A Grammar of Spoken Chinese*. Berkeley and Los Angeles: University of California Press.

Chen, Ping 1983 *A Discourse Analysis of Third Person Zero Anaphora in Chinese*. Unpublished UCLA MA thesis.

Halliday, M. A. K., and R. Hasan 1976 *Cohesion in English*. London: Longman.

Li, Charles N., and Sandra A. Thompson 1979 *Third-person Pronouns and Zero-anaphora in Chinese Discourse*, in T. Givón (ed.), *Syntax and Semantics*, Vol. 12. New York: Academic Press.

Longacre, Robert E. 1976 *An Anatomy of Speech Notions*. Lisse: The Peter de Ridder Press.

Lyons, John 1977 *Semantics*, Vol. 2. Cambridge: Cambridge University Press.

Matthews, P. H. 1981 *Syntax*. Cambridge: Cambridge University Press.

Shopen, Tim 1972 *A Generative Theory of Ellipsis: A Consideration of the Linguistic Use of Silence*, UCLA Ph. D. dissertation, reproduced by Indiana University Linguistics Club.

原刊于 1984 年第 4 期

动宾组合带宾语*

饶长溶

现代汉语里，有一种动宾组合，后头还可以带宾语，组成"动·宾＋宾"格式（以下记作 $V·O+O_1$）。比如，"负责林业工作""加工连衣裙"。这类 $V·O$ 组合远不如一般动宾结构那么普遍，不过，作为一种书面现象似乎具有一定的能产性。

本文讨论的可以带宾语的 $V·O$，是指一个单音节动词性成分带上一个单音节宾语性成分的组合。不一定先肯定 $V·O$ 是复合词，或者是短语，暂且叫作动宾组合。

本文拟讨论以下几个问题：

1 $V·O$ 组合所带的宾语

2 $V·O+O_1$ 的语义关系

3 $V·O$ 的性质

4 跟 $V·O$ 于 O_1 的比较

有几种句法结构，虽然在某一点上跟 $V·O+O_1$ 有纠葛，但是，基本上也还可以划清界限，它们不在本文讨论之列。如：

（一）双宾语结构。近宾语一般是人称代词，非人称代词的可以用人称代词替换。比如"送你一本书""卖小李（他）五斤桔子"。[①]本文讨论的 $V·O$ 的 O，一般不是人称代词。

（二）动宾＋动量／名量。比如"上天津一趟""打他一拳"。

（三）带傀儡宾语的结构。比如"喝他一个痛快""吃他一个饱"。

（四）连动结构。比如"上沈阳买苹果""不拿架子吓人"。[②]

---

* 本文曾在 1984 年 7 月延吉"现代汉语（语法）学术讨论会"上宣读，这次发表时作了些修改。
① 类似同一性宾语的结构，比如，"改元统和""命名共青团号"，本文暂不讨论。
② 有一些 $V·O$，只能带谓词性宾语，比如，"立志搞创作"，跟"有权提意见"（"有提意见的权"）好像比较接近，拟另文讨论。

1. 充当 O_1 的，可以是体词性成分，也可以是谓词性成分

1.1 "负责""关心"类。可以带体词性宾语，也可以带谓词性宾语。例如：

负责病房	负责看园子	（人家）笑话你	笑话小二没羞
劳驾你（了）	劳驾往前挪点儿	关心年轻人	关心这种病能不能治好
正发愁那事儿呢	发愁没处打发他	当心你的腿	当心走错了道

1.2 "增产""扎根"类。一般只带体词性宾语。例如：

增产清凉饮料

出土珍贵文物

（那五的爷爷晚年）收房一个丫头（，名叫紫云）（邓友梅《那五》）

已增容电话一千门（《北京日报》1983 年 9 月 12 日）

扎根边疆　　下榻西郊宾馆

驱车市里　　逐鹿不来梅

1.3 "甘心"类。一般只带谓词性宾语。例如：

甘心在农村干一辈子

不忍心让他一个人走

2. 现在简要地分析一下 $V \cdot O + O_1$ 这一格式的语义关系

2.1 $V \cdot O$

$V \cdot O$ 作为整体，语义的表述是多方面的。有表示某种动作或行为的，比如，"加工（切面）""致力（写作）"；有表示某种心理活动或心理状态的，比如，"得意（这件事）""担心（出岔子）"；有表示存现或消失的，比如，"有益（集体）""出版（全集）"；等等。

2.2 O_1

O_1 跟 $V \cdot O$ 的语义关系，也是多种多样的。有表示动作、行为的对象的，比如，"寄语青年读者""（决不）放手他"；有表示动作的目的的，比如，"造福子孙""服务人民"；有表示动作的结果的，比如，"起草宣言""动笔下一篇文章"；有表示动作的处所的，比如，"出差广州""转口新加坡""闻名世界"；等等。

2.3 $V \cdot O + O_1$ 的变换式

根据语义关系，某些介词引出对象、目的、处所等的介宾结构，位于 $V \cdot O$ 之前组成 $K \cdot O + V \cdot O$ 格式，可以看作 $V \cdot O + O_1$ 的一种变换式。例如：

（1）服务人民　　　　　　为人民服务

　　造福子孙　　　　　　为子孙造福

　　献身煤炭事业　　　　为煤炭事业献身

（2）关心群众　　　　　　对群众关心

　　满意你　　　　　　　对你满意

　　有害身体健康　　　　对身体健康有害

（3）复信张万泉　　　　　给张万泉复信

　　进贡太后　　　　　　给（向）太后进贡

　　传话家里人　　　　　给（跟）家里人传话

（4）落户闽北山区　　　　在闽北山区落户

　　作客他乡　　　　　　在他乡作客

　　就职北影　　　　　　在北影就职

（5）无关大局　　　　　　跟大局无关

（6）得益李老师　　　　　从李老师得益

（7）讨好小王　　　　　　向小王讨好

　　示意我们　　　　　　向（对）我们示意

　　投书本报　　　　　　向本报投书

（8）得罪了谁　　　　　　把谁得罪了

　　结果了他的性命　　　把他的性命结果了

也有用"使""让"引出宾语的，例如：

减产原油　　　　　　　　使原油减产

出土珍贵文物　　　　　　使珍贵文物出土

毕业（了）八十名高中生　让八十名高中生毕业（了）

V·O+O_1格式里，有些似乎没有用介宾结构来表述的变换式，例如："从事教育工作""有待商量""笑话你"。

3. 现在来讨论 V·O 的性质

3.1 V·O 的构成

3.1.1 V·O 的 V

在本文讨论的范围内，由于充当 V 的，都是带上了宾语性成分的动词性成分，因此，大概都可以算作广义的及物。在这里要严格区分进入 V 的动词性成分，"原本"是及物或不及物，虽然不是并不可能，但是，会遇到不少纠缠。比如，"出身""进军"的"出""进"，像是不及物的，但是，"出兵""进食"的"出""进"，很难说一定是不及物的。"下榻""入口（半成品）""安心"（这份工作）"等，恐怕都有类似的情况。

充当 V 的，少数好像是形容词性的，比如，"小心（油漆）""热心（电子工业）""痴心（以前的朋友）"。

3.1.2　V·O 的 O

a. 充当 O 的，大部分是名词性的。例如：

放心　担心　操心　满意　注意　介意　献身　置身　投身　立足　插足　涉足
插班（两名学生）　招伙（几个农民）　闻名　驰名　得益　怪罪　复信　传话
列席　出土　进口　落后

b. 一部分是谓词性的。例如：

抱怨　求救　报失（存折）　讨好　保鲜（西红柿）^①

3.1.3　有些 V·O，不带宾语 O₁ 时，本身不一定是动词性的，例如："笑话（他）""落后（欧美各国）"。

3.1.4　有些 V·O，必须带宾语。例如："从事教育""有待研究""结果了他的性命"。

3.2　V·O 的离合性

V·O 不带宾语 O₁ 时，大体有两种情形。

3.2.1　V 和 O 之间，可以嵌入少量的成分，进行有限度的扩展。^② 例如：

负不了责	负了责	负一些责	出不了土	出了土
放不了心	放了心	放你的心	毕不了业	毕了业
增不了产	增了产	增了好些产	平不了反	平了反
出不了兵	出了兵	出了许多兵	扎不了根	扎了根
加不了工	加了工	加了好些工	？示了意	？示了个意
满不了意	满了意		？服了务	？服了点务

可以进行有限度扩展的 V·O，它们的扩展程度不完全相同。像"负责""放心"这些组合，可扩展的面比较宽。再举个例子：

> 不管什么单位的什么事情，都要有人负责。负什么责？首先是负责把事情办好，完成国家计划和上级交办的任务，这叫负干好的责；如果干不好，完不成任务，或者出了事故，造成损失，也要负责，这叫负干坏的责。（《人民日报》

---

① V 和 O 的语义关系，大体上跟一般的动宾结构相仿，比如，有些表示动作的对象（"同意""招伙"）、处所（"下榻""进口"）等等，这里不再赘述。

② V·O 之间有多种扩展方式，可扩展的情形也不很一致，这里仅是举例性质。

1983 年 7 月 9 日，第 1 版）

比较窄的，比如，"服务""害怕"。

3.2.2　V 和 O 之间，一般不能嵌入成分，不能扩展。例如：

得罪　致力　驰名　逐鹿　着眼　放眼　饮誉（南京）

3.3

V·O 组合，该归属复合词还是短语？赵元任先生有较详细的分析。既提出了归属复合词的五个条件，又讨论了"离子化"有限扩展的五种情况。[①] 就本文所讨论的可带宾语的 V·O 组合而论，一般来说，可以把它们归属复合词。但是，V·O 毕竟有其自身特点，比如，跟"研究""调查""人民""和平"这些并列式复合词有所不同，对 V·O 组合内部还要区别对待。可以有限度扩展的那一部分，具有一定的分离性。这情形跟双音节动补结构比较近似（比较："打倒""看清"和"改善""战胜""克服""革新"），因此，是否也可以看作可离合的短语词，或者词化动宾结构。当它们以扩展形式出现时，相当于动宾结构。朱德熙先生就指出："述宾式复合动词跟其它类型的复合词不一样，往往可以扩展。""扩展以前是复合词，扩展以后就成了组合式述宾结构。"[②]

3.4　一点疑问

近些年来，学者们正在探索汉语动词"向"的问题。关于可带宾语的 V·O 组合的"向"，朱德熙先生指出："起草""负责"，后头可以带宾语，应看作双向动词性成分。[③]"双向动词性成分"，用得很有分寸。下面我们按照朱先生给"向"这个概念的规定，试着对可带宾语的 V·O 组合的"向"摆一些现象。

3.4.1　如果把"能够跟两个名词性成分发生联系的动词叫双向动词"，[④] 那末，可作有限度扩展的 V·O 的 V，是不是可以算作双向动词？例如：

小王起了两次草	小王起过了草	他复了信	他复过几次信
李铁加了几次工	李铁加过工了	工厂增了产	工厂增不了产了
妈妈放了心	妈妈放不了心		

3.4.2　比照"这把刀我切肉"的"切"，跟三个名词性成分发生联系，是三向动词，一些可作有限度扩展的 V·O 的 V，是不是也可以算作三向动词？例如：

这件事妈妈放不了心　　　剩余的零件李铁加了工

---

① 《汉语口语语法》，吕叔湘译，197—204 页，商务印书馆，1979。

② 《语法讲义》，113 页，商务印书馆，1982。

③ 《"的"字结构和判断句》，《中国语文》1978 年第 1 期。又见朱德熙《现代汉语语法研究》，商务印书馆，1982。

④ 《"的"字结构和判断句》，《中国语文》1978 年第 1 期。又见朱德熙《现代汉语语法研究》，商务印书馆，1982。

丁家其我复过信　　　　这项工程老张负一些责

这个文件小王起过草　　　杨三哥我传过话

3.4.3　比照"我用这把刀切肉"，把"用……切……"看作一个"三向的动词性结构"，一些可以有介词结构变换式的 V（·O），是不是也可看作"三向的动词性结构"？例如：

　妈妈对这件事放不了心

　我给丁家其复过信

　小王给这个文件起过草

　李铁给剩余零件加了工

　我跟杨三哥传过话

以上的比附，如果没有走样儿，用例也还站得住，那末，一些可作有限度扩展的 V·O 的 V，能不能说，有时是双向的，有时是三向的？从这些事例中不知能不能对进一步探索汉语动词的"向"，提供点儿信息？

4

汉语里还有一种类似 V·O+O₁ 的表达方式，如"从事于养殖业""热心于小学教育"。这一格式可以记作 V·O 于 O₁。

4.1　我们不妨把有"于"的"从事于养殖业"和无"于"的"从事养殖业"看作并存格式。为了便于比较，可以根据是否有跟"于"相应的并存式，给本文讨论的 V·O+O₁ 分类。

Aₐ　无并存式的。例如：

　进口显像管　　　　　　*进口于显像管 ①

再举几个例子：

　投产二十一口气井　　　保险国家资财

　插班三个学生　　　　　出版大部头著作

　笑话谁　　　　　　　　随便你怎么办

A_b　有并存式的。例如：

　致力短篇创作　　　　　致力于短篇创作

再举几个例子：

　留意本门业务　　　　　有利国家

　转业工厂　　　　　　　献身戈壁

---

① 可以说"进口于日本"，但意义不同。一般也不说"进口日本"。

存身沈家渡　　　　　　涉足小镇

A_a 类书面性不那么重，一般较口语化，就现有的材料看，为数较少；A_b 类文言味较浓，书面性较重，就现有的材料看，为数较多，似乎具有较大的能产性。

4.2　现在我们把 V·O 于 O_1 称作 B 式，把跟 B 式相应的 A_b 类称作 A_b 式。下面试着对 A_b 式和 B 式做个简单的比较。

4.2.1　有些学者认为，A_b 式只是省略了"于"，跟 B 式是等同的格式。这个传统的看法有一定的理由。

第一，A_b 式和 B 式粗略地看来，语义差不多是相等的。例如：

留意本门业务　　　　　留意于本门业务

有利国家　　　　　　　有利于国家

着眼奥运会　　　　　　着眼于奥运会

存身沈家渡　　　　　　存身于沈家渡

第二，从发生学观点来看，B 式和 A_b 式似乎存在源流的联系，即 A_b 式是 B 式演化的结果。

不过，语法上语义和结构的联系并不总是完全一致的，语源的研究也应跟断代平面的研究加以区别。

4.2.2　A_b 式和 B 式似乎有以下几点不同。

（一）　并不是所有的 B 式，都能有相应的 A_b 式。例如：

有感于一场足球赛　　*有感一场足球赛　　多心于我　　*多心我

有旧于她的父亲　　　*有旧她的父亲　　　还政于民　　*还政民

失利于急躁　　　　　*失利急躁

（二）　结构成分的分析。对 A_b 式，V·O 后带的体词性（或谓词性）成分，一般看成宾语（有人把处所名词划出来，看成补语）。对 B 式，V·O 后头的"于……"介词结构，传统上一般看作补语（另一种看法，"于"属前，结成"V·O 于"组合，其后成分，看作宾语）。不论哪种成分的划分，A_b 式和 B 式有可能看作不同的两种结构（或格式）。

一个语言片段中，有无某个成分，有可能被分析为两种不同的结构，这好像是比较容易接受的观点了。例如：

他的胆子小（主谓结构）　　　他胆子小（主主谓结构）

买了他一所房子（双宾结构）　买了他的一所房子（单宾语结构）[①]

（三）　在某些情况下，带"于"的 B 式似乎有助于断定某一结构的组成成分，有助于

---

① 《语法讲义》，118—119 页。

消除结构上的歧义。例如：

安心工作　　　　　　　安心于工作

潜心研究佛学　　　　　潜心于研究佛学

热心帮助老人　　　　　热心于帮助老人

着力介绍进步文艺理论　着力于介绍进步文艺理论

右栏有"于"，显示了"安心""潜心"等是中心成分，左栏似乎可看成多义结构，可以分析为 V·O+O$_1$，也可以分析为 ad+V（这里的 V 包含动宾结构）。

（四）　A$_b$ 式和 B 式所表示的意义，有些也不很相同。例如：

笑话他（主动）　　　　　　　笑话于他（被动）

出丑人家（使动）　　　　　　出丑于人家（被动）

从良一个好人家（多指未从良）　从良于一个好人家（可以是已从良）

补缺二十名财会人员（补二十名）　补缺于二十名财会人员（从中选补）

毕业（了）三期短训班　　　　毕业于三期短训班（可以是第三期毕业）

上述第（一）（二）（三）点是关乎句法结构的，第（四）点是关乎语义的。根据这两方面的简略分析，是不是可以再一次说明，句法结构和语义概念，这两方面虽然有联系，但不是一回事，不能混同。[①] 吕叔湘先生早就说过："在文言里有一类动词，用'于'和不用'于'一样的普通，我们不能说不用'于'一定是省略；我们甚至可以说，不用'于'字的时候，那些动词是外动词，就拿方位词作止词。"[②] 这一论述应该说仍然可供我们借鉴。

原刊于 1984 年第 6 期

---

① 《语法讲义》，111 页。

② 《中国文法要略》，204 页，商务印书馆，1982。

《尚书·洪范》"土爰稼穑"解

俞　敏

提　要：在古书里给"爰"字作的注解大体有三个：1）于是，2）于，3）曰。前两个比较流行，后一个在《史记》译《尚书》的时候用过。本文探讨了"于是"这个用法，认为"焉"在先秦多半当"这里""于是"讲，"于焉"两个字连读就得着"爰"字，并且从《毛诗》里找着"於（＝于）焉"的实际用例，因而认为《史记》译《洪范》的时候把"爰"译作"曰"是不妥当的。

为广列旁证，在附录里附了另一部著作里论跟"爰""焉"有关的"云""员"等虚字的片段。行文的时候，也涉及过去论证过的"言"字。为作反衬，也讨论了"曰"在一定的上下文里等于"谓之"这个看法。全文可以说是讨论以"焉"为核心的一串虚字的。

质朴的先民们在生产力发展到一定的水平的时候，就开始探索宇宙的来源了。印度的哲人们认为宇宙是用地、水、火、风四种"原素"合成的。汉族的先哲得出了个差不多的结论："原素"是水、火、木、金、土。最早纪录这个学说的文献是《书·洪范》。这篇文章，不像《大诰》那么佶屈聱牙，可还没有《金滕》里"启籥见书，乃并是吉"那种《世说新语》味ㄦ的句子。大致可以信它是周初作品，流传到阴阳五行大流行的战国，也许经过润色。

《洪范》说："一、五行：一曰'水'，二曰'火'，三曰'木'，四曰'金'，五曰'土'。水曰'润下'，火曰'炎上'，木曰'曲直'，金曰'从革'，土爰稼穑。"

这么排次序还有个说处ㄦ：《史记·宋微子世家》录《洪范》全文，《集解》引郑玄说："此数本诸阴阳所生之次也。"《礼记·月令》"孟春之月……祭先脾"。《正义》引郑注《易·系辞》说："天一生水于北，地二生火于南，天三生木于东，地四生金于西，天五生土于中……"

这里的"曰"字可以翻成北京口语的"叫"。"水曰'润下'"就是"水就叫'润下'"。《洪范·正义》说:《易·文言》云:'水流湿、火就燥。'王肃曰:'水之性润万物而退下,火之性炎盛而升上。'"《史记·宋微子世家·集解》引马融说:"金之性从人而更,可销铄。"从这些古注看,"曰"就和《尔雅》的"谓之"一样。从古韵说,"谓"在队部,"曰"在月部,元音不一样。可是"曰"是合口。合口可以使主元音变窄,甚至于丢失。所以《汉书》的月支国,在古希腊文献里叫 Scythia（y=［u］）,后汉支娄迦谶译《般舟三昧经》用"憍曰兜"对梵文 kahoda（《大正藏》418 号 911 页。安世高可写"迦休头"。419 号 920页）。这都证明"谓之"快念变"曰"。说"曰"等于"谓之",很容易证明。请看《论》《孟》的用例:

虽曰未学（学而）　　　　　　　吾必谓之学矣（学而）

天子适诸侯曰巡狩（梁惠王）　　贼仁者谓之贼（梁惠王）

老而无妻曰鳏（梁惠王）　　　　从流下而忘反谓之流（梁惠王）

老而无夫曰寡（梁惠王）　　　　从流上而忘反谓之连（梁惠王）

故曰德之贼也（尽心）　　　　　斯可谓之乡愿矣（尽心）

或曰放焉（万章）　　　　　　　故谓之放（万章）

可见《洪范》经文里四个"曰"字都是下定义的话了。用北京口语翻出来就可以说"水这种东西就是又湿又往低处奔……"。这是起外号ㄦ。惟有土不能起外号ㄦ说"土这种东西就是种庄稼"（在北京话里这可是个好句子）。《史记》把"爰"也改写成"曰",虽然是用《尔雅·释诂》记录的"爰,曰也"这条古训,可是实在是不妥当。这是没把"爰"的用法弄明白。

要弄明白"爰"字,先得绕个弯子从"焉"字说起。俞樾《古书疑义举例》四《句首用"焉"字例》说:

凡经传用焉字,多在句尾。乃亦有在句首者。《礼记·乡饮酒义》:"焉知其能和乐而不流也,焉知其能弟长而无遗矣,焉知其能安燕而不乱也。"刘氏台拱曰:"三焉字皆当下属。'焉',语词,犹'于是'也。"按:王氏《释词》"焉"字作"于是"解者数十事,文繁不具录。《孟子·离娄篇》:"圣人既竭目力,焉继之以规矩准绳,以为方、员、平、直:不可胜用也。既竭耳力,焉继之以六律正五音:不可胜用也。既竭心思,焉继之以不忍人之政而仁复天下矣。"按:此三"焉"字亦当属下读。"焉"犹"于是"也。

俞说的是句子头上的"焉"。句子尾上的"焉",有些人误会了,拿它当语气词看。俗话说"之乎者也矣焉哉"。《马氏文通》卷九之四说:"'焉'为助字,所以助陈述之口气也……'焉'代字也,及为助字,概寓代字本意……"他举的例子有《论语·尧曰》"谨权量，审法度，修废官：四方之政行焉。兴灭国，继绝世，举逸民：天下之民归心焉"。
"行焉"就是"在那儿行开了"，"归心焉"就是"心往那个国家飞"。还有一个例子是《孟
子·万章》"天子使吏治其国，而纳其贡税焉"。"纳其贡税焉"就是"往他那儿送租子"。
还有《左传僖十五》"登台而履薪焉"。"履薪焉"就是"在那上头站到劈柴垛上"。还有
《论语·泰伯》"（予有乱臣十人……）有妇人焉：九人而已"。"有妇人焉"就是"那（十
个人）里头有个女的"。还有《孟子·梁惠王》"万取千焉"就是"一万（乘），从那儿拿出
一千乘来"。

除了这句头句尾两种"于是"，还有疑问代（副）词"焉"。《论语·雍也》有"焉用
佞？"就是"要口才上哪儿用去？"

一个词又作"哪儿"讲，又当"那儿"讲，在现代北京口语里也有。像"你先把手里的
皮包放哪儿，再说这事儿"。这是要求先放在某个地方。这是个不定代词。英语的 where 有
疑问代（副）词、关联代词（＝那儿）两个身份。俄语有 где，情形也相仿。

英语俄语的代词要是当"那儿"讲，当"在那儿"讲的副词也就是它了。古汉语可不全
是那样。"焉"是"那儿"。"在那儿"呢？可以是"于焉"。好比梵文"在那儿"是 yatrā，"在
那里头"是 yatrā'dhi。见下。

《诗·白驹》说："皎皎白驹，食我场苗。絷之维之，以永今朝。所谓伊人，于焉逍遥。
皎皎白驹，食我场藿。絷之维之，以永今夕。所谓伊人，于焉嘉客。"毛传说："絷，绊；
维，系也。"郑笺说："……'以永今朝'：爱之欲留之。……'贤人，今于何游息乎？'思
之甚也。"《说文·马部》"馽，绊马足也……《春秋传》曰'韩厥执馽前'……絷……或从
系执声"。这是捆马腿。维就是一般的拴马了。郑玄拿"焉"当疑问代词，他讲的这首诗
就成了相思调：

　　好鲜亮的白马呀，

　　请吃我地上的草吧！

　　把你脚绊上笼头拴住，

　　在这儿过完这一上午吧！

　　我心里念叨的那个人，

　　在哪儿闲溜跶呢？

他倒不反对"于焉"连着用。他的毛病是看不惯，也就不承认"于焉"当"在这儿"讲。要
是咱们把这一点改了，就得着另一种讲法，末一句是："请在这儿好好儿玩儿吧！"这就是邀
请调了。

《广韵》平声，虞韵"于""羽俱切"。这跟"於"字"央居切"不一样。一看两周铜
器，就知道那里只用"于"。要是拿"于焉"连着念，就得着"爰"字。

《斯干》有"筑室百堵，西南其户。爰居爰处，爰笑爰语"。郑玄说："爰，于也。于是居，于是处，于是笑，于是语：言诸寝之中皆可安乐。"这一次他就不像在《白驹》底下只承认"焉"一定得当"哪儿"讲，在《斯干》里"爰"也得照办了。这是经文文气逼得他不得不这么办。他当然没机会学英语 where、俄语 где，要不然他早该把"于焉逍遥"翻得再精确点儿了。

现在从《诗》里多举几个例子，并且附上译文，好给读者瞧瞧，这种解释是"按诸他卷而通"的：

爰居爰处	爰丧其马（《击鼓》）
在这儿住在这儿扎	在这儿丢了我的马
于以求之	于林之下（《击鼓》）
在哪儿去找他	在树林子底下
爰有寒泉	在浚之下（《凯风》）
在这儿有眼凉泉水	在浚邑下边儿
适彼乐土	爰得我所（《硕鼠》）
到那块乐土去	在那儿得着我的好地方
爰及矜人	哀此鳏寡（《鸿雁》）
于是推到可怜人上	哀怜这儿的孤寡人
瞻乌爰止	于谁之屋（《正月》）
看老鸹在这儿落	落在谁的房上
乱离瘼矣	爰其适归（《四月》）
乱离闹厉害了	它一定归到这儿来
爰及姜女	聿来胥宇（《绵》）
在这儿和大姜	从老家来看住地
爰究爰度	爰整其旅（《皇矣》）
往这儿架秧子	于是整顿队伍
爰方启行	爰众爰有（《公刘》）
于是才出发	这儿人多这儿富裕

《镜花缘》第十七回说："至于'爰居爰处'四句……意谓：偶于居处之地，忽然丧失其马……于是各处找求，谁知仍在树林之下。"这是李汝珍的见解，讲"爰"字正跟咱们相合。他只是涵咏经文得出来的。

"爰"字也有写成"员"的。这个字从鼎从口象形，就是像鼎口，等于后世的"圆"字。石鼓文说：

君子员猎　　员猎员游

君子在这㇟打猎　　在这㇟游玩

从这㇟推测，《出其东门》的"聊乐我员"也可能当"好赖在他这㇟能使我快乐"讲，不一定照孔颖达讲成语气辞"云"的借字。

现在回到咱们的本题上去吧！水火木金都可以有外号㇟。用外号㇟可以说出它的特点——人怎么利用、处理它。比方金属有延展性，可以熔化，就得着个"从革"——随人打长了，锤扁了，化成水，铸成各式各样器具 ——的外号㇟。"土"在欧洲人嘴里是"母亲大地"，真是"荡荡乎，民无能名焉"！这可不好起别名。只好说说它的功劳：喂活了人类。所以下定义的人说"土爱稼穑"；用现代口语说："土哇，人在它上头种庄稼。"这是不下定义的定义，也足够了。这么看，司马迁只图看齐就不能表达出原文的细腻精神来了。

附录　《经传释词札记》摘录

序

余自弱冠从师，盛耳王氏《释词》之名。求其书而稍涉猎之，每诧其立论之新，为之低徊。顾于经传子史未闲，颇苦其佶屈。是以翻检虽勤，而通读时少，且往往中辍：则谓之未尝肄业焉可也。

后转而习印欧语，兼治方言。心念所注，未尝暂舍经传。流览渐广，时有会心。往岁草论"其"字、"所"字、《诗》"薄言"诸文，刊布海内，当有知者。果有一二可取，皆由博观，益以深思。尤以得《诗》、《书》及《春秋左氏内传》《外传》之力为多。譬诸酿酒，积黍为先，余亦非仓卒间所可就。郁而宿之，曲蘖施功，醇醨生焉。其为物也，纯任自然，不尚悬断，亦忌强就。环观宇内，知余者盖仅，同余者希之希矣。

岁甲子，湖南师院以新刊《释词》见惠，盖往岁及门孙君雍长实为之。暇日通读一过。偶有所见，即笺眉上。积累渐富，移书为此编。王氏得失，可得而言。夫其创通新义，使先秦书传句读明晰，词气畅顺：信能度越汉师，追踪游夏。其病则或失之贪。旧说自不误，而勉求胜之，于是辞不径直而有枝蔓。或先改旧文以证成己说，而后云"俗本有误"。亦或多引实词以就己范，语亦不得不缭绕。复有失之横者：自信过深，臆断经字为"后人妄改"；验以三体石经诸物，今本不误：则其说可不作也。先哲有言："真理持之过当，即为谬误。"惜其未闻此论也！

所笺多信手而书，未尽翻检旧籍。疵颣不免。要在善读者以意会之。域外文句，除梵文摘自惠特尼（Whitney）氏书（二版·41 印本）外，余多自词典中撷取，不尽著也。刊谬补阙，是所望于来哲。

四月望日，俞敏书。时年六十有九。

卷二"爰"字条说："《尔雅》曰'爰，于也'。又曰：'爰，於也。''于'与'於'同义。《书·盘庚》曰'绥爰有众'是也。《诗·击鼓》曰：'爰居爰处，爰丧其马。于以求之……。''于'亦'爰'也：互文耳！"

案："爰"是"于焉"连读压缩成的。先秦"焉"字当"那里""哪里"讲；也当"在那里""在哪里"讲。后两种用法比较普遍。按说既可以当"在那里"讲，前头就不必再加"于"了。不过语言里为强调起见，不怕重复。Whitney 1098b 有 yatrā'dhi，照字面是"在在那里里头"。叶斯丕森在《语言论》（1928 年英国第四次印本 352 页）里说："在古英语说底下的话是正常说法：Nan man nyste nan ping，'no man not-knew nothing'（没个人不知道没件事 = 没人知道什么）……"它活在咱们自己这个时代的土话里：There was niver nobody else gen（gave）me nothin（乔治·艾理约特。从来没有没另外个人给过我没什么东西 = 从来没别的人给过我什么）可以作说明。德文的 wo 本来跟焉字一样，有四种讲法。可是照样还有人用 woran= wo+an，worin=wo+in。"爰"本来是 worin。可是可以当"于"用。这好像有了 davon，还有 von da an 一样。《盘庚》的"爰"就是这样。这跟隐六年《左传》的"晋、郑焉依"（语序倒着是汉藏母语原样，= 晋、郑于依。比较昭十九年《左传》的"室于怒而市于色"）用"焉"代"于"相仿。至于《击鼓》的"爰"，本是"于焉"= 在那里，王氏完全没弄明白。这是因为他不知道"以"等于"台"，当"哪里"讲。这要等杨树达《词诠》才讲清楚了。"互文"这个结论既武断又错误。还有，从方法论说，"互文"可以证明两个字同义，也可以证明两个字有分别。说了跟没说一样，"于""於"是古今字，不是同义。

又说："《尔雅》曰：爰，曰也。'曰'与'欥'同，字或作'聿'……'聿''爰'一声之转。'爰有寒泉'……聿有寒泉也。'爰伐琴瑟'……'爰得我所'……'爰及矜人'……'爰有树檀'……'爰其适归'……'爰方启行'……'爰众爰有'……以上七诗，郑《笺》皆用《尔雅》'爰、曰也'之训……而多释为……'子曰'之'曰'，则失其指矣！"

案：上文引《般舟三昧经》"曰"对 hoḍ。W．65a 说："所有本地权威都把它（h）描写成不是清音，可是浊音……"支谦把 pūrva（vi）deha 译成"弗于逮"（《大正藏》281 号447 页；方言作 pudvade，看 2703 号 464 页），说明后汉人"于"念 va。《集韵》平声齐韵"是"字"田黎切"，注说："月边也。《春秋传》是月者何？仅逮是月也。"这《春秋传》是僖十六年《公羊》，《释文》说"是月……一音'徒兮反'"。这个音是中古 dei，可以比藏语 de。va+d=vad。（va 容易平化成 o，所以有人把［ɦoḍ］译作"曰"。）这就是"曰"。咱们可以说"曰"是"于是"压缩成的。"于是"跟"于焉"是同义语，可不能说"一声之转"。一声之转用滥了就拦不住人愣让"郑板桥"转"猪八戒"，那就天下大乱了。

又说："张衡《思玄赋》旧注曰：'爰，于是也。'《诗·斯干》曰：'爰居爰处，爰笑爰语。'《公刘》曰：'于时处处，于时庐旅，于时言言，于时语语。''爰'即'于时'也。'于时'即'于是'也……"

案："于是"＝"越""曰"，不等于"爰"。"时"可以比藏文 adi，是近指。"是"，藏文 de，是远指。

又说："《玉篇》曰：'爰，为也。'"下引《洪范》文。又接着说："'曰'与'爰'皆'为'也：互文耳！"

案："曰"在这段经文里等于"谓之"。跟"爰"不相干。辨见上。

又说："'爰'犹'与'也。家大人曰，《书·顾命》曰：'太保命仲桓、南宫毛，俾爰齐侯吕级，以二干戈、虎贲百人逆子钊于南门之外。''爰'，'与'也。言使仲桓、南宫毛与吕级共迎康王也……"

案：这段翻译漏了一个"俾"字。《说文》说："爰，引也。""援，引也。""瑗，大孔璧。人君上除陛以相引。从玉爰声。"可见"爰"可以译成"引、领"。孙星衍《尚书今古文注疏》就是这么作的。"俾爰齐侯……"可以翻成"使他们带领齐侯……"。这本是个实字，不必贪多，添出一个"'与'也"的讲法来。

"安、案"字条说："'安'犹'于'也。《大戴礼·用兵》篇曰：'古之戎兵，何世安起？''安'犹'于'也。'何世于起'言起于何世也（此倒句也。安焉声相近。《墨子·非命》篇曰：'何书焉存？'文义与此同）。"

案：这就是"晋、郑焉依"一类句型。"世"字六朝收 -i 尾音。i+ 安就是"焉"。先秦两汉也许可能有这种发音。

"焉"字条说："'焉'犹'乎'也。《诗·杕杜》曰：'嗟行之人，胡不比焉？'《仪礼·丧服传》曰：'野人曰："父母何算焉？"'《礼记·檀弓》曰：'子何观焉？'隐元年《左传》曰：'君何患焉？'《周语》曰：'先王岂有赖焉？'庄卅二年《公羊传》曰：'君何忧焉？'《论语·子路》篇曰：'又何加焉？'是也"。

案："焉"就是"于是"。疑问语气靠"胡""何""岂"表达，跟"焉"不相干，没必要翻成"乎"。"胡不比焉"就是"胡不比于是"。《孟子》有"尔何曾比予于是"。"父母何算焉"应该点成"父母，何算焉"？"父母"是因为强调提到句子组织外头去的，叶斯丕森叫"外位"（extraposition，见《语法哲学》）。翻成口语，就是："爹妈，在那里头还有什么可挑的？""算"通假作"选"。《孟子》"牛羊，何择焉？"正跟这句一样。这些引文没一个该翻成"乎"的。

又说："'焉'犹'也'也。昭卅二年《左传》曰：'民之服焉，不亦宜乎？'……"

案："服焉"就是"服于是"。"服"底下加"于"，跟《诗·文王》"侯服于周"一个句法。"服"字毛不作解。不必依郑解作"九服"，因为九服也是从"服从"义引申出去的，也不必勉强多立这一项。

又说："'焉'犹'是'也……《诗·防有鹊巢》曰'谁侜予美，心焉忉忉'，言'心是忉忉'也。《巧言》'往来行言，心焉数之'言'心是数之'也。隐六年《左传》曰'……晋、郑焉依'，《周语》作'晋、郑是依'。襄卅年曰'……必大焉先'，言'必大是先'也。昭九年曰'……则戎焉取之'，言'……戎是取之'也……《吴语》曰'今王播弃黎老，而孩童焉比谋'，言'孩童是比谋'也"。

案："心焉忉忉"是汉藏母语语序。平常写"忉忉于心"，用藏文说是 sems la bdeba myed（这个字用古拼法是王尧同志见教的，显着古意盎然。附笔致谢）；sems 就是"心"，la 就是"于"。"心焉数之"就是"数之于心"。"必大焉先"就是"必先于大者"。"孩童焉比谋"就是"比谋于孩童"。王改写的句子多数"不辞"。还有"戎焉取之"该是"戎于是取之"。这一条不成立。

卷三"云、员"字条说："'云'犹'是'也。《诗·正月》曰'有皇上帝，伊谁云憎'，言'伊谁是憎'也。《何人斯》曰'伊谁云从……'，言'伊谁是从'也。"

案："员"字石鼓文用法跟经传"爰"字一样，上文已经说了。"爰"可以代替"于"字，上文也已经说了，王氏也承认。那么"伊谁云憎"就是"憎于伊谁"。"伊谁云从"就是"谁于是（爰）从？"《诗》下文"二人从行"正是说有人从暴公。这一条可以不必分。

又说："家大人曰'云'犹'或'也。'或'与'有'古同声而通用……《诗·抑》曰'无曰不显，莫予云觏'，言'莫予或觏'也……《鲁语》曰：'帅大仇以惮小国，其谁云待之？'言'谁或御之'也……《晋语》……曰：'内外无亲，其谁云救之？'言'谁或救之'也……《墨子·公孟》篇曰'鸟鱼可谓愚矣，禹汤犹云因焉'，言……'禹汤犹或因之也'……"

案："莫予云觏"就是"莫觏于予"。"觏"下加"于"，正好像《觐礼》的"诸侯觐于天子"。"禹汤犹云因焉"就是"禹汤犹于是因焉"。"于""焉"重复，正好像《孟子》的"于吾心有戚戚焉"。剩下两条《国语》，翻成"敢说"也足够了。何必非改古注不可？

又说："家大人曰'云'犹'如'也……《列子·力命》篇曰，管夷吾有病，小白问之曰：'仲父之病疾矣。不可讳云至于大病，则寡人恶乎属国而可？'言'如至于大病'也……"

案："不可讳云至于大病"就是"不幸于是（爰）至于不起"。不必多作一个"如"字的解释。原文"病疾"该勾过来。

又说："'云'，发语词也。《诗·卷耳》曰：'云何？吁矣。'《简兮》曰：'云谁之思？'《君子偕老》曰：'云如之何？'《风雨》曰：'云胡不夷？'《何人斯》曰：'云：不我可。'《桑柔》曰：'云"徂"，何往？'《云汉》曰'云我无所'，'云如何里？'是也。（说者多训'云'为'言'，失之。）"

案：这"说者"不是别人，正是号称集经学大成的郑玄。我的标点是推测郑笺原意加的。要是当"说"讲能通，就不必诚心立异。只有"云谁之思"和"云如之何"里可以当"于是"讲。那么"发语词"一个也没了。

又说："'云'，语中助词也。《诗·雄雉》曰：'道之云远，曷云能来？'言'道之远，何能来'也。《四月》曰：'我日构祸，曷云能榖？'言'何能榖'也。《瞻卬》曰：'人之云亡。'言'人之亡'也。'云'皆语助耳……僖十五年《左传》曰'岁云秋矣'，成十二年曰'日云莫矣'，亦以'云'为语助。"

案：丁梧梓先生主张过"曷""害"＝何＋时。那么"曷云能来"就是"何时于是（爰）能来"。"曷云能榖"就是"何时于是（爰）能榖"。"岁云秋矣"就是"岁于是秋矣"。"日云莫矣"就是"日于是暮矣"。"道之云远"就是"道之于是远"＝"远于是"。"人之云亡"就是"亡于是"。不好翻译就往"语助"上推，当然省事省脑筋，可并不能让后学得好处。

卷五"言"字条说："'言'，云也；语词也。……"

案："言"是"我焉（于是）"压缩成的。上文的字要是用 n、ñ 收尾，鼻音拖长，就和底下的 yan 结合成 ñyan 或是 ñyan。《诗·大东》"睠言顾之"，《荀子·宥坐》作"睠焉"，百衲本《后汉·刘陶传》作"睠然"。《荀子》是原本，《后汉》是 ny→ñ，稍微变了点儿。《诗》是音近通借。我有篇《〈诗〉"薄言"解平议》专讲这个问题。我疑心《毛传》原本是"爰，于焉也""言，我焉也"。也许后人认为是多了个"衍文"给删了。也许古人好简练，靠口传补充。一律说"语词"实际是逃避责任。

卷七"然"字条说："《广雅》曰：'然，应也。'……但为应词而不训为'是'。"按日语"ハイ"又是应词，又表达肯定，正是既为应词又训为"是"。不说应词是从"是"弱化成的就不够全面。

又说："家大人曰'然故'，'是故'也。《礼记·少仪》曰：'事君者，量而后入……然故上无怨而下远罪也。'（'然故'，'是故'也。《正义》以'然'字绝句读：失之……）《管子·任法》篇曰：'圣君置仪设法而固守之。然故谌杵习士闻识博学之人不可乱也……'又曰：'圣君设度量，置仪法……如四时之信。然故令往而民从之。'……皆以'然故'二字连读。"

案：杨树达眉批说："《正义》读不误。此'然'字当作'如是'解。"非常有理。"然"是"如+焉"压缩成的。

又说："《礼记·大传·注》曰'然'，如是也。……'然'，词之转也……'然而'者，亦词之转也……'然而'者，词之承上而转者也：犹言'如是而'也。"

案：梵文 tad 又可以译成"如是"，又可以译成英语 and。这跟北京人用"那么"作转语词一样。

又说："'然'，比事之词也。若《大学》'如见其肺肝然'是也。"

案：这是因为强调造成重复。《孟子》说："无若宋人然。"上头有"如""若"，下头还用"然"（＝如焉），也好像《孟子》"于我心有戚戚焉"这句，上头有"于"，下头还用"焉"（＝于是）。

又说："'然'，犹'焉'也。《礼记·檀弓》曰'穆公召县子而问然'，郑注'然之言焉也'。《祭义》曰：'国人称愿然（句）。'曰：'幸哉有子如此。'……《哀公问》曰：'君子以此之为尊敬然。'又曰：'寡人愿有言然。《论语·泰伯》篇曰：'禹、吾无间然矣！'《先进》篇曰：'若由也，不得其死然！'《孟子·公孙丑》篇曰：'今时则易然也。''然'字并与'焉'同义。"

案："不得其死然"就是"如不得其死"，正是"比事之词"。杨树达眉批说："'易然'：易如此。"很对！剩下都"犹焉"。可是王不能说明为什么用"然"字写"焉"这个音节。原来鼻音在音节边界上最难判断上下属。H．Sweet 曾经指出过英语 a name 跟 an aim 很难判断（见《语音学初阶》）。梵文短元音后头加 n 和 ñ（=ŋ），底下再有元音，就写两个鼻音：atiṣṭhan+atra → atiṣṭhannatra。"问然""愿然""言然""间然"都是 -n+yan → -nnyan → -nñyan。并不是是叠韵字就可以互相代替。"敬然"是 -ñ+yan → -ñ ñyan → - ññyan。王书下节"终然"，也是"终焉"（＝于终）。真要是叠韵就可以通借，那么先秦人写账"一"跟"七"就满可以随便写了。咱们的祖宗就这么姓马名大哈字虎眼么？

又说："'然'犹'而'也。《诗·终风》曰：'……惠然肯来。'言'惠而肯来'也……定八年《公羊传》曰：'……皆说然息。'言'脱而息'也……《管子·版法解》篇曰：'然则君子之为身，无好无恶然已乎？''然已'，'而已'也。"

案："然"又是"而+焉"压缩的。"惠然肯来"就是"惠而于是肯来"。"说然息"就是"脱而于是息"。"然已"就是"而于是已"。王说不全面。原书上节的《楚辞·九章》"然容与而狐疑"，《九辩》的"然欿傺而沈藏"也该归这条。

又说："'然且'，'而且'也……'然'犹'乃'也……'然'犹'则'也……"

案：这些条里"然"字后头加一读，问题全解决了。

后记：记得王引之说过作学问有三难：学、识、断。我看还该加上组织综合能力跟抽象能力。要培养这种能力，自然科学训练很有用。叔湘先生有这么大成就，可能得过他受的自然科学训练的力。奉劝年轻的同行们：下功夫学点儿数学吧！学点儿无机化学伍的吧！

原刊于 1985 年第 1 期

谈疑问句

林裕文

提　要：本文是就学习吕叔湘先生关于疑问句和疑问语气的论述所得到的启迪写的，指出了吕先生在语法研究上两个突出的方面，也阐述了作者自己的一些理解和感受。内容包括：1）疑问句的分类问题；2）疑问点；3）间接问句。

对疑问句的分析，一般语法著作上都很简单，吕叔湘先生却早就重视了这个问题。《马氏文通》说："助字所传之语气有二，曰信，曰疑。故助字有传信者，有传疑者。二者固不足以概助字之用，而大较则然矣。"[①]《中国文法要略》不但为"传信""传疑"各立专章，在"正反·虚实"和"行动·感情"两章中也多处论及。如果说马氏继承了我国助字研究的传统，吕叔湘先生更是发扬了这个优秀的传统。

疑问语气和疑问句的研究，自《中国文法要略》之后似乎沉寂了许多年，近年来却出现一个引人注意的现象，中外学者对这方面的研究又热闹起来了。这是回过头来证明了《中国文法要略》对这个问题的识见，也证明了研究这个问题在语法分析中的意义。

吕先生在语法研究上显然有两个突出的方面。他在《马氏文通评述》中说马氏对一些代字（即代词）用法上的异同，都尽可能加以分辨，"有时连很容易被人忽略的细节也不放过"。[②]这种辨析入微以求规律的做法，正是吕先生自己研究语法的一大特色。疑问语气和疑问句的研究如此，其他的语法分析也无不如此。小的用例用法的分析如《"谁是张老三？"="张老三是谁？"？》，[③]大的如理论和方法的论述《关于"语言单位的同一性"等

---

① 汉语语法丛书本，商务印书馆，1980，323 页。
② 《中国语文》1984 年 2 期 84 页。
③ 《中国语文》1984 年 4 期。

等》。① 另一个突出的方面是始终日新其德，在修正中前进，在前进中深入。如疑问句的分类，从《中国文法要略》《语法学习》《现代汉语语法提纲》的比较中很容易看出不断有所调整和修正。

这两个突出的方面，当然远不足以说明吕叔湘先生对中国语言学所做出的巨大贡献，但在向前辈学习的过程中，我们已经觉得获益匪浅。这两个方面，属于个人，又不属于个人，我们应该保持下去，还应该让它发扬光大，这对我们语法研究的发展，有着重大的意义。

1

《中国文法要略》将疑问句分为两类，一是特指问句，二是是非问句，而把抉择问句（即选择问句）和反复问句（即正反问句）看作是非问句的"一种特殊形式"。《语法学习》中将疑问句改为三类：特指问、是非问、选择问。反复问句和抉择问句在这里并作一类了，说选择问是"重叠或融合两个是非问句造成的"。《现代汉语语法提纲》中说，"问句有四种格式：1. 特指问，2. 是非问，3. 正反问，4. 选择问"。尽管补充说"其中 1 和 2 是基本，3 和 4 是从 2 派生的"，但毕竟是并列的四类了。

当然，我们不是为分类而分类，分类是为了显示语法规律，是为了说明语言事实之间的区别和联系。从二分到三分到四分，这反映了语言事实的复杂性，也反映出越来越觉得特指问、是非问、正反问、选择问四者之间的区别同样值得重视，因此这四种问句都可以独立成类，可以并列，同时也考虑到四类问句之间的联系。这样的考虑，显然一次比一次周密。

现在一般语法书大都将疑问句分作四类，但也有分作三类或分作两类的，和吕先生的分类比较，依据不尽相同或完全不同。

总括起来看，给疑问句分类的依据不外以下三个方面。一是结构上的联系，这指疑问句和陈述句的联系，疑问句内部选择问、正反问和是非问的联系。二是结构形式上能互相区别的特点，包括表示疑问的词语和表示疑问的特殊格式（如"会不会""有没有"），也包括语气词和句调。三是答问的方式。

如果着眼于跟陈述句的联系，就会以为是非问和陈述句结构相同，而特指问、选择问、正反问的句子结构跟陈述句不同，有表示疑问的词语或者表示疑问的特殊格式。因此认为两者是对立的。如果既看和陈述句的联系，也看疑问句内部在结构上的联系，又会觉得选择问和正反问都从是非问合并而成。试比较：

---

① 《中国语文》1962 年 11 月号。

你去？我去？（是非问）──你去还是我去？

你去？你不去？（是非问）──你去不去？

因此认为选择问、正反问和是非问接近，而和特指问大不相同。这样，又未始不可以说有特指问和非特指问（即包括选择问、正反问在内的是非问）的对立。这两种从联系来看的对立，似乎都有理由，也正因为如此，拿它来作为分类的依据就有困难。

从疑问句结构形式上的特点看，一共有五项：

（1）疑问代词；

（2）"（是）A 还是 B"的选择形式；

（3）"X 不 X"的正反并列形式；

（4）语气词；

（5）句调。

以往，有一种习以为常的说法，疑问句的句尾都是升高的，因而它是疑问句主要的标志。但近年来根据语音实验的结果，事实却并非如此。带有前四项标志的疑问句，"句尾的调型一般也跟平叙句一样，句尾不升高"，"则一切维持平叙句原调（只有说得特别强调时，则句尾也可以升高）"。[①] 因此，对句调，须要重新估计它的价值。既然带有前四项形式标志的疑问句，并不是必须用句调负载疑问信息，句调也就不可能是疑问句形式上的主要标志。尤其是区别疑问句内部的类型，它能起的作用就更小。

句尾趋升的句调，其实不过是第 4 项形式标志"吗"的一种补充手段：带"吗"时"句尾也不会升高"，[②] 不带"吗"时，句尾才升高，也就是只有当是非问句不用"吗"时，疑问信息才须靠句尾升高的句调来负载，它才是表示疑问的形式标志。

这样看来，1 至 4 项都是表示疑问的形式标志，至于第 5 项句尾趋升的句调，它和 1 至 4 项的形式标志并非等价的。所以在疑问句内部分类时，不可能作为一种独立的标志看待，第 5 项应并入第 4 项，即"吗"和"句尾趋升的句调"合起来才是内部分类时可以依据的一项形式标志。如果说对立，疑问句内部的对立建立在这四项形式标志的对立之上，疑问句的类别应当根据这四项形式标志的对立来划分。

带有 1 至 3 项标志或"吗"的疑问句，句尾也可以趋升，那是如语音实验所证明的，只为了表示"特别强调"才如此，显然不是表示疑问所必需，更不是表示疑问句不同类别的形式标志，仅仅是所有带形式标志的疑问句，还可以再增添强调的语气而已。

至于"呢"，一般认为和"吗"对立，所以据以划分是非问和非是非问。其实特指问、选择问、正反问都有自己特具的疑问形式，即使不带"呢"，句尾也趋降，仍然是明明白

---

① 吴宗济《普通话语句中的声调变化》，《中国语文》1982 年 6 期 444 页。

② 吴宗济《普通话语句中的声调变化》，《中国语文》1982 年 6 期 444 页。

白清清楚楚的疑问句，特指问仍是特指问，选择问仍是选择问，正反问仍是正反问。并非必须靠"呢"来负载疑问信息，也不是必须靠它来和是非问相区别。但是下列句子确乎不一样：

我的帽子呢？　　　　你的帽子吗？

老王呢？　　　　　　老王吗？

车呢？　　　　　　　车吗？

你去呢？　　　　　　你去吗？

这些例子中的"呢"和"吗"是对立的，但值得注意的是这只是一部分特指问和是非问的对立，并不是特指问、选择问、正反问和是非问的对立。"我的帽子呢？"意思是问"我的帽子在哪儿呢？"所以是特指问，"老王呢？""车呢？""你去呢？"都如此。有人说这是特指问的简略形式，倒不如说这也是一种特指问的形式，因为可以增补的词语并不固定，而且不是什么特指问都可以进行这样"简略"的。"你的帽子吗？"也叫回声问，意思是说"你问你的帽子吗？"答问和是非问相同，也是"嗯"或"不"，所以是是非问。"老王吗？""车吗？""你去吗？"也如此。

今天星期几（呢）？　　　今天星期几吗？

你去，还是我去（呢）？　　你去还是我去吗？

你去不去（呢）？　　　　　你去不去吗？

这几句中语气词的情况不一样。这里有特指问、选择问、正反问、是非问，从表面看，似乎区别在"呢"和"吗"上，实际不是。"今天星期几（呢）？"是特指问，"呢"可用可不用，即是说，"呢"不是必须用的。正如有的同志所分析的，即使带上"呢"，这个"呢"也是羡余的信息，[①]尽管在表达上它也会使问句多了点什么意思。带上"吗"，则是是非问，句调仍趋降。虽然一个是特指问，一个是是非问，句调在这儿并没有起什么作用，但依然并不是靠"呢"和"吗"的对立来区别，而是靠表示疑问的代词和"吗"来区别。换句话说，这里的"呢"和"吗"并不是对立的。"你去，还是我去（呢）？"是选择问，"你去不去（呢）？"是正反问，但都不是必须带"呢"，这儿的"呢"可用可不用，带上了，也是羡余的信息。"你去还是我去吗？""你去不去吗？"则都是是非问（也是回声问），这个选择问和是非问的不同，这个正反问和是非问的不同，都不是靠"呢"来区别，而是靠表示选择问、正反问的特殊格式和是非问带的"吗"相区别。所以这里的"呢"和"吗"并不是对立的。

由此可见，如果说"呢"和"吗"对立，这个对立只存在于一部分特指问和是非问之

---

① 陆俭明《关于现代汉语里的疑问语气词》，《中国语文》1984 年 5 期 334 页。

间。在其他情况下，"呢"只负载羡余的信息。尽管可以承认它是一个语气词，但并不表示是非问和非是非问的对立。

说疑问句，总是要提到如何答问，因为不同类别的疑问句，答问的方式也不同。疑问答问的方式既有不同，自然也可以用来辨认疑问句的类别。但回答毕竟不属于疑问句本身，所以它只能作为一个辅助的标准，而不能作为主要的依据。主要的依据应该是能互相区别的疑问形式的特点，亦即疑问句结构的形式标志。

2

《中国文法要略》中提到的疑点或疑问点，只出现在个别地方。《现代汉语语法提纲》则显然比较重视了这个问题的分析。对于疑问点，大概可以就以下三个方面来考察。

（1）疑问点和答问的关系怎样？

（2）负载疑问信息的是否就是疑问点？也就是疑问点和表疑问的词语、特殊格式以及语气词、句调的关系怎样？

（3）疑问点和句中重音的关系怎样？

疑问句表示询问，询问的焦点则是疑问点。答问总是针对疑问点的。分析疑问点不仅是为了分析疑问句，也是为了掌握答问的方式。

语气词和句调虽然负载疑问信息，却只能表明那是疑问句，不能指明疑问点。

特指问中，负载疑问信息的是疑问代词，疑问点也就在疑问代词。

疑问句中有两个表示疑问的代词时，光回答一个不行，那么，两个都是疑问点：

  你给谁买的药？   疑问点是"谁"。

  这是谁给谁买的药？ 两个"谁"都是疑问点。

有时疑问句中虽然出现两个疑问代词，但其中一个表示询问，另一个并不表示询问，仍只有一个疑问点。

  怎么，家里出了什么事？

疑问点在"什么"，"怎么"不用来询问，不是疑问点。

有些特指问的疑问点，是疑问代词所组成的短语。例如："你为什么不来？"疑问点是"为什么"。"你在家里做什么？"疑问点如果是"什么"，"做"是干活的意思；疑问点如果是短语"做什么"，询问的是原因。

选择问有"（是）A还是B"这个表示疑问的格式，这个格式既负载疑问信息，疑问点一般也就包含在这个格式之中，疑问点往往是A或B中不同的成分。如：

  你吃饭还是吃面？

  你今天去还是明天去？

前一例的疑问点是"饭"或"面"，后一例的疑问点是"今天"或"明天"。这不能算作两个疑问点，而是两项合起来是一个疑问点。

正反问一般采取"X不X"这个格式，它既负载疑问信息，也是疑问点。如：

　　　　你去不去？

疑问点是"去不去"。这个格式有两点值得注意：

第一，"X不X"其实代表六种变化的形式：

（1）X……不X……	你知道这件事不知道这件事？
（2）X不X……	你知道不知道这件事？
（3）X……不X	你知道这件事不知道？
（4）X……不	你知道这件事不？
（5）X不	你知道不？
（6）X不X	他跑得快不快？

（1）到（3）的区别可说是"X不X"格式的分和合，（4）（5）是这个格式的省略，把第二个"X"省去了。当然（2）和（3）也是省略，不过省略的是"X"后面带的词语，（1）到（3）的分合正是由这个省略引起的。所以总的来说，这种变化由省略而来，由于省略，才出现分和合。至于（6），两个"X"后面都不带其他成分。

"X"可以由动词、助动词、副词、形容词充当。由动词、助动词充当的"X"，"X不X"的变化最多，由副词或形容词充当的，没有这么多的变化。如：

　　　　你就走不就走？　　只有"X……不X……"一种。

　　　　你喝得好不好？　　只有"X不X"一种。

不管变化多或少，合还是分，省略不省略，疑问点总在"X不X"上。

第二，"X不X"的位置有固定和移动的不同。上面说的省略和分合，从位置看，还都是固定的。但"X"如果由"是"充当，这个"是不是"可以移动。如：

　　　　（1）是不是他昨天来过？

　　　　（2）他是不是昨天来过？

　　　　（3）他昨天是不是来过？

　　　　（4）他昨天来过，是不是？

这种句子有点特殊。只有"X不X"一种形式，并无其他变化。"是不是"能在主语之前，如例（1）；也能在状语之前，如例（2）；也能在动词之前，如例（3）；也能在句末，如例（4）。疑问点呢？看来疑问点都不在"是不是"本身，例（1）到例（3）在"是不是"后头最靠近的成分。例（1）的疑问点是"他"，例（2）的疑问点是"昨天"，例（3）的疑问点是"来过"。因此，这个"X不X"的移动，和句中重音的作用一样。甚至会使我们觉得如用重音表示疑问点，这里的句中重音也多半恰好落在"是不是"后面最靠近的成分上。只有例（4）无所谓疑问点，如果要突出疑问点，除非用句中重音表示。从疑问点看，用"是不是"的句子非常接近是非问。以答问看，和一般正反问也不全一样。没有疑问点的，回答用"是"或"不是"，有疑问点的，还要回答疑问点，如"是他""不是，是他弟弟"。

和例（4）表面上相似的是：

（5）你不能干，对不对？

（6）你今天不要去明天去，好不好？

有人把例（5）例（6）看作和例（4）一样，归作一小类，都叫"附加问"（tag-question）。看来，在汉语的疑问句中专立一个"附加问"并不是必要的。一般认为是附加问的句子，其实也是一个主谓句，不过主语是主谓短语充当的。

（7）你去好。

（8）你去不好。

（9）你去好不好？

例（7）例（8）都是主谓句，不见有人分析作复句。其中的"你去"是主语，"好""不好"一般都分析作谓语。那么，例（9）也应相应地看作主谓句，"你去"仍是主语，"好不好"是谓语。例（5）例（6）和例（9）比较，是复杂了一些，但一样是主谓短语作主语，"对不对""好不好"是谓语。正反问中，谓语动词可以采取"X 不 X"的形式，作谓语的形容词采取"X 不 X"的形式，岂能另眼看待？至于置于句末的"是不是"与此不同，"对不对""好不好"在句末的位置是固定的，"是不是"却还有其他位置。从疑问点看也不同，例（5）的"对不对"，例（6）的"好不好"是疑问点，"是不是"却不是疑问点。因此，更不能将例（4）和例（5）例（6）归作一类。

由助动词构成的"X 不 X"，和动词构成的"X 不 X"也有不同的地方。

（1）他会不会来上海？　　　　　他会不会不来上海？

（2$_a$）* 会不会他来上海？　　（2$_b$）会不会他不来上海？

（3）会不会他已经来上海？

（4）会不会他来上海了？

"会不会"可以移到主语之前，但有两个限制。第一，谓语动词不能是光杆动词或者句末要带上一个"了"，所以没有例（2$_a$）的说法，但有例（2$_b$）的说法。第二，能这样用的助动词，大概只有一个"会不会"。至于"要不要我去找他？"就无法和"我要不要去找他？"看作同一个句子。"要不要我去找他？"其实是："你要不要我去找他？""该不该我去？"和"我该不该去？"也不是同一个句子。可以说："该我去吗？"也可以说："要我去找他吗？"

但助动词没有这个用法。"会不会"和"是不是"在句中移动的情况有点类似，实则不同。正因为如此，有人认为疑问点在"会不会"上，也有人认为疑问点在"会不会"后面的成分上。既然答问总是针对疑问点的，那么这几个问句的答问都是"会"或"不会"，所以疑问点还应该在"X不X"。

是非问的疑问点和其他几种问句都不一样。是非问的答问往往是"嗯"或"不"，是对整个句子的肯定或否定，这就无所谓疑问点了。如果认为整个问句是疑问点，必然把疑问点和疑问句混为一谈，疑问点的分析也就失去了意义。

但能不能因此说是非问就一定没有疑问点呢？也不是。是非问如果要突出疑问点，可以用上句中重音。如：

老李今天值班吗？

句中重音落在"老李"上，那是谈话人已知道下午有人值班，但不知道是不是老李，所以疑问点在"老李"。句中重音落在"今天"上，那是说话人知道老李要值班，但不知道是哪一天。句中重音落在"值班"上，那是说话人知道老李今天有事，但不知道是否"值班"。所以是非问句中重音所在是疑问点。虽然仍用肯定或否定的回答，但总要对准疑问点加以补充，如"不，不是老李"，或者"不，是老王"。

总括起来说，疑问点跟表疑问的词语和特殊格式，跟答问都是相联系的。从答问和各类疑问句的疑问点的联系看，特指问是对准疑问代词回答的；选择问的答问是在"（是）A还是B"这两个成分中选择一个；正反问中充当"X"的如果是动词或形容词，就只须回答"X"或"不X"。如果疑问点是副词或助动词，单音的副词，除"不"之外都不能用来回答，有的助动词也如此，因此回答时必须带上后面的动词。如：

你就睡不就睡？ —→就睡。

他该不该去？ —→该去。

是非问的答问是对全句的肯定或否定，这只是就没有疑问点的情况说的。如果有句中重音突出了疑问点，还要补充对疑问点的回答。

3

《中国文法要略》有一节专门讨论间接问句。开头说："问句有时不是独立的句，只是装在直说句的里面，作为全句的一部分（大率是止词）。这个我们称为间接问句。比如说，'你找谁呀？'是个问句。而

我问他找谁，他理也不理，一直就进来了。

这'（他）找谁'就是个间接问句。"间接问句不表示询问，但这一节的末了特别指出："有些问句，用'你说'、'不知'等开头……按形式说，是命令句或直陈句包含

问句，可是就他们的作用而论，仍然是询问性质。"[1] 也就是说，和带间接问句的直说句不同。

这个问题，近年来重新引起了一些中外语法学者的注意，他们发表了不少论文。如望月八十吉的《汉语的世界创造性谓语》（1980，后在我国《语文研究》上发表，题目改为《关于汉语谓语的一个问题》，1981），Li 和 Thompson 的 The pragmatics of two types of yes-no questions in Mandarin and its universal implications（1979），汤廷池的《国语疑问句研究》（1981），郑良伟的 Chinese question forms and their meanings（1982），黄正德的 Move WH in a language without WH movement（1982），以后陈炳发表过《试论疑问形式的子句作宾语》（1984）。汤廷池也继续写了论文，讨论这个问题，他说这个问题"引起这么多学者的评论与分析，可以说是近几年来国语语法研究史上一个相当奇特的现象"。[2] 国外语言学者比较注意汉语和其他语言的差别，这是事实；但如果以为这是一个未经研究的新课题，只要一读吕先生的著作，那就会改变看法了。

问句装在句子里作为宾语，全句是否表示询问，须要分辨。把问题提得明确些，那就是：包含间接问句的陈述句和带间接问句形式的疑问句之间有什么区别？中外学者在讨论这个问题时，注意力大都集中在全句的谓语动词上，或者以分析谓语动词为主，旁及其他因素。这里不可能对上述论文进行分析和评价，但是，要指出的是，《中国文法要略》中提到的"你说""不知"之类，是表示某种口气的词语，是适应语用的需要加在句子头上的。正因为如此，这些疑问句中作宾语的问句，都有半独立的性质。例如：

> 你猜谁来了？ —→谁来了？
> 你以为谁来了？ —→谁来了？

把"你猜""你以为"拿掉，意思基本不变。不但是特指问，正反问、选择问也都可以在前边加上诸如此类的词语。例如：

> （你知道）
> （你说）   谁来了？
> （你猜）   他来不来？
> （你看）   他今天来还是明天来？

括号里的这些词语，《中国文法要略》认为可以算作"发问词"。这些"发问词"虽然人们把它分析为主语和动词谓语，其实有点像插说成分。所以，不用它们，基本意思并未

---

① 汉语语法丛书本，商务印书馆，1982，289—290 页。
② 《国语疑问句研究续论》（复印本），1983，44 页。

改变；当然，用与不用在口气上有细致的差别。问题本来很简单，由于有些语法学者把口语和书面语颠倒过来考察，就觉得问题十分复杂。请比较下边的句子：

（1）你知道谁来了？（口语表达时，重音在"谁"，属疑问句。）

（2）你知道谁来了。（口语表达时，重音在"知道"，属陈述句。）

用书面形式记录上边的句子，重音无法表示，只有句末的标点是写上的。因此，讨论"你知道谁来了"究竟是不是疑问句是缺乏充分条件的求证。当然，在口语里也可能没有明显的重音，听话的人之所以能分辨全句是不是询问，依靠的是语言环境（包括上下文）的帮助。在这种情况下，把句子从语言环境中抽出来加以分析，自然难以得出满意的结论。

下面的句子不一样：

（3）你知道不知道谁来了？

这个句子带有"X不X"的格式，是正反问，疑问语气属于全句，疑问点在"知道不知道"上。拿例（3）和例（1）相比，就不能只看谓语动词，以为动词有什么语义上或语用上的区别，而应该看整个句子。例（1）单用一个动词"知道"时是是非问，例（3）带上"知道不知道"格式却是正反问。正反问句即使宾语是问句，在书面上也绝不可能和带间接问句的陈述句分辨不清，这里的"你知道不知道"当然不是"发问词"，"知道不知道"倒正是必须回答的疑问点。

下面说说语气词。带间接问句的陈述句，全句既是陈述语气，当然不能用疑问语气词。下面两个句子，结构相同，都用疑问语气词，但用的语气词不同。

（1）你知道（谁来了呢）？

（2）你知道谁来了吗？

例（1）用"呢"，这个"呢"是加在宾语上的。例（2）的"吗"则是加在全句上的，因为全句是是非问，所以可以加"吗"。由于"呢"和"吗"都居于句末，所以这种问句用的语气词和一般是非问有些不同，一般是非问句只能带"吗"，这种是非问句带"呢"带"吗"都可以。这正是它的特点。和间接问句发生纠葛的其实就是这种是非问，所以它的这个特点更值得重视。

《中国文法要略》中说这两类句子的区别时，首先提出的就是用不用语气词。带间接问句的陈述句和带间接问句形式的疑问句之间的区别，值得做进一步的研究，以语气和语气词为基点，进一步联系句子结构的分析，看来会是一个较好的途径。

原刊于1985年第2期

藏缅语复辅音的结构特点及其演变方式

孙宏开

提　要：本文根据藏文、缅文和各藏缅语中存在着数量不等的复辅音，简要分析了藏缅语
　　　　复辅音的结构特点及其演变规律。复辅音的结构有四类，其中三类为二合型，一
　　　　类为三合型，不同类型的复辅音往往由不同性质的辅音来充当。它们的结合有一
　　　　定的规律性。目前相当多的藏缅语有一定数量类型不同的复辅音。从同源词的语
　　　　音对应中，可以看到复辅音总的演变趋势是简化和消失。演变的方式有脱落、融
　　　　合、分化、替代和换位。各语言和方言中复辅音的演变方式不尽相同，往往同语
　　　　支的语言在复辅音的数量和演变方式方面有近似的特点。有的复辅音的演变有明
　　　　显的地区特征。揭示复辅音的演变规律对识别同源词有重要作用。

在我国境内，有三十多种藏缅语族语言，其中不少语言保留着一定数量的复辅音，我
们通过亲属语言同源词的比较，可以发现复辅音在不同语言里变化的情况是很不一样的。
分析这种差异性，有助于我们对复辅音的结构、演变趋势、演变方式进行研究和探讨。本
文拟根据藏文、缅文的材料，结合我国藏缅语族各语言的方言材料，通过对比，找出复辅
音演变的规律。

1．复辅音的分类及其结构特点

目前我国境内藏缅语中的复辅音，分布很不平衡，下面将我国藏缅语中各语言及主要
方言复辅音数作简要介绍。

泽库藏语	90	德格藏语	13	拉萨藏语	0	错那门巴语	10
箐花普米语	22	白马语	7	桃坪羌语	24	麻窝羌语	71
木雅语	14	扎巴语	9	嘉绒语	152	尔龚语	201
史兴语	6	喜德彝语	6	尔苏语	32	纳木义语	23

永宁纳西语	0	白语	0	土家语	0	阿昌语	7
基诺语	5	碧江怒语	15	格曼僜语	22	景颇语	4
载瓦语	0	义都珞巴语	18	贵琼语	21	博嘎尔珞巴语	0
独龙语	11						

藏缅语族各语言的复辅音不仅数量上悬殊，在结构特征上也有明显差别。为了叙述方便起见，我们将复辅音结构分成三部分：前置辅音用 F 代表，基本辅音用 C 代表，后置辅音用 B 代表。目前藏缅语中的复辅音结构，大致有以下四类。

1.1 CB 型

在 CB 型复辅音中，充当 C（基本辅音）的通常是塞音、塞擦音、鼻音等。充当 B（后置辅音）的通常是擦音、边音、颤音、半元音等，这类复辅音目前主要出现在羌语支和景颇语支中。例如羌语麻窝话中有 CB 型结构的复辅音八个：khs、khʂ、khɕ、gz、gʐ、gʑ、qhs、qhʂ。羌语南部方言桃坪话中还有 pz、phz、bz、pʐ、phʐ、bʐ。

尔龚语中有 pʂ、phʂ、bʐ、phɕ、bʑ、bl、kʂ、khʂ、gʐ、qʂ、qhʂ、ql、qhl 等十三个 CB 型复辅音。

嘉绒语梭磨话中有 phs、phʃ、bz、bʒ、khs、khʃ、gz、gʒ、pr、pl、pj、phr、phl、phj、bl、kr、kl、kw、khʂ、khl、khw、gr、tsr 等二十三个 CB 型复辅音。（参看金鹏等《嘉绒语梭磨话的语音和形态》，《语言研究》1957 年第 2 期）

普米语南部方言箐花话中有 pʐ、phʐ、bʐ、mʐ、pʒ、phʒ、bʒ 等七个复辅音。

尔苏语中也有 ps、phs、bz、pʂ、phʂ、bʐ 等六个复辅音。

类似情况在扎巴语、纳木义语中也同样存在。这种在塞音后面加不同部位的擦音［s、z、ʂ、ʐ、ʃ、ʒ、ɕ、ʑ］构成 CB 型复辅音的情况，目前在羌语支以外的藏缅语中已很少见。

在中印、中缅边境一带的藏缅语里（主要是景颇语支的语言和缅语支的语言），CB 型复辅音在多数语言里仅保留了塞音和半元音 -ɹ（或 ʐ、ʒ）的结合形式，少数语言保留了 -l 的结合形式。例如在达让僜语中有 pl、phl、bl、ml、kl、khl、gl、pɹ、phɹ、bɹ、mɹ、kɹ、khɹ、gɹ、xɹ 等。

格曼僜语中有 pl、phl、bl、kl、khl、gl、pɹ、phɹ、bɹ、kɹ、khɹ、gɹ、xɹ 等。

独龙语中有 pl、bl、ml、kl、gl、pɹ、bɹ、mɹ、kɹ、gɹ、xɹ。

个别彝语支语言中也有类似的复辅音。如基诺语中有 pɹ、phɹ、mɹ、kɹ、khɹ 等。

1.2 FC 型

在 FC 型复辅音中，充当 F（前置辅音）的有擦音、鼻音、颤音、边音、半元音等，充当 C（基本辅音）的有塞音、塞擦音、鼻音、边音等。例如在尔龚语中，这类复辅音有一百三十二个。主要类型有：mp、mph、mb、mts、mtsh、mdz、mdʐ、mkh……nt、nd、 nl、ntsh、ntʂh、ntɕ、nkh、ng、nqh……。wb、wph、wm、wl、wd、wth、wtɕh、wdz、wŋ……。vst、vtsh、vt、vd、vl、vtɕ、vtɕh、vdz、vkh……。sp、sph、sm、st、sth、stɕ、stɕh、sn、sk、sqh……。zb、zd、zl、zdʐ、zdʑ、zk、zg、zŋ……。lp、lb、lm、lt、ldz、ld、lk、lg、lŋ、lʁ……。ʐph、ʐb、ʐm、ʐts、ʐtsh、ʐt、ʐd、ʐl、ʐg、ʐŋ、ʐq……。ɦm、ɦt、ɦd、ɦn、ɦl、ɦtɕ、ɦɲ、ɦŋ……。

嘉绒语中 FC 型复辅音有一百一十九个，结构类型与尔龚语相类似，其中前置辅音嘉绒语多 ʃ-、ʒ-、r-、j-，而没有尔龚语中的 w-、v-、ɦ-、ʐ-。羌语中的前置辅音稍有不同，例如麻窝话中充当 F 的有ɹ、r、s、z、ʂ、ʐ、x、ɣ、χ、ʁ 等。如：ɹp、ɹt、ɹk、ɹts、rp、rb、rd、rk、rg、rm、sp、st、sl、sk、sq、zb、zd、zg、ʂp、ʂk、ʂq、xp、xts、xtɕ、xtʃ、xl、ɣb、ɣdz、ɣdʒ、χp、χt、χtʂ、χl、ʁd、ʁdz、ʁdʐ、ʁl、ʁɲ……。

在部分羌语支语言和藏语安多方言的部分地区，F 往往简化为单一的或一、二个辅音音素。例如尔苏语中充当 F 的仅有 n- 和 h-：nph、nb、ntsh、nth、ndʒ、ntɕh、ndz、nkh、ng……，hp、hts、ht、htʂ、htʃ、htɕ、hk。普米语中仅有 s-：sp、sph、sb、st、sth、sd、stʃ、stʃh、sdʒ、sk、skh、sg、sq、sqh、sɢ。贵琼语中仅有 n-：np、nph、nb、nt、nth、nd、nts、ntsh、ndz、ntʂ、ntʂh、ndʐ、ntʃ、ntʃh、ndʒ、ntɕ、ntɕh、ndʑ、nk、nkh、ng。

多数彝语支语言已经没有复辅音，仅在少数语言或方言里保留带鼻冠的复辅音。如喜德彝语和纳西语都有 nb、nd、ng、ndz、ndʐ、ndʑ。在羌语支的扎巴语、藏语康方言及白马语中也有类似情况。

从前面的分析可以清楚地看到，充当 F 的鼻辅音有三类情况：一类是尔龚、嘉绒和藏语泽库话，鼻音 m- 可以和异部位的辅音相结合，即在同一语音系统中既有 mt、mts、mtɕ、md、mg、mdʑ……型，也有 nt、nts、ntɕ、nd、ng、ndʑ……型。第二类是尔苏、贵琼等语中，鼻冠已经简化为单一的与基本辅音同部位的鼻音，它既可和清音、清送气音相结合，也可和浊音相结合。第三类是部分彝语支语言、羌语支语言及藏语支语言中，同部位的鼻冠仅能与浊塞音和浊塞擦音相结合。

藏缅语中 FC 型复辅音有明显的地区分布特点，青海东部的牧区和甘肃南部的牧区以及四川西北部，一般在四十个以上，结构特点较复杂，较完整地反映了历史语音面貌，泽库藏语、麻窝羌语、尔龚语、嘉绒语可作为代表。甘南的农区，川西地区一般在四十个以下、十五个以上，结构特点已大大简化。箐花普米语、尔苏语、桃坪羌语、贵琼语等可作为代表。川西南、云南、贵州等地一般在十个以内，而且多半是由鼻冠加浊塞音、浊塞擦音构成。

1.3 CC 型

CC 型复辅音是指在复辅音结构中，两个发音部位不同，而发音方法基本相同的辅音结合而成的复辅音，目前在少数语言中保留，结合形式有塞音、塞擦音、鼻音、擦音和半元音。例如在藏语安多方言泽库话中有塞音和塞音、塞音和塞擦音结合的复辅音六个：pt、pk、pts、ptʂ、ptɕ、pcç。嘉绒语梭磨话中有类似的复辅音十八个：pt、pth、pk、pkh、bd、kp、kph、kt、gb、pts、ptʂ、ptʃ、pcç、kts、ktʂ、ktʃ、ktʃh、kcç。尔龚语中有鼻音与鼻音相结合的复辅音三个：mn、mɳ、mŋ；有擦音与擦音结合的复辅音二十个：vs、vz、vʐ、vɕ、vɕh、vʑ、sʐ、sx、zv、zʐ、zɣ、zʁ、ʐv、ʐʑ、ʐʑ、ʐɣ、ʐʁ、ɦv、ɦʑ、ɦz。还有擦音与半元音结合的复辅音六个：vj、ʐj、ɦj、ʐw、zw、wj。

1.4 FCB 型

这类三合复辅音基本上是 FC 型与 CB 型的结合形式，充当复辅音中各部位的音素与二合的大体一致。例如在尔龚语中，这类三合复辅音有二十三个：mphʂ、mphɕ、mbʐ、mbl、mkhʂ、mkhl、nkʂ、nkhʂ、ngz、vkʂ、vqhl、spʂ、sphʂ、sphɕ、skʂ、skhʂ、sqʂ、sqhʂ、sql、sqhl、zbʐ、zgʐ、zphɕ。嘉绒语中也有类似的三合复辅音。

在尔苏、纳木义、僜等语言中也有少量 FCB 型复辅音。但已有所简化。例如尔苏甘洛话有五个：mphs、mbz、mphʂ、mbʐ、hphs。格曼僜语中有四个：mphl、mphɹ、ŋkhl，ŋkhɹ。纳木义语中也有四个：mphs、mbz、mphʂ、mbʐ。

上述各类复辅音的演变总趋势是简化和消失，但方式各有不同。其中 CB 型以合并或弱化后转化为其他语音要素为其主要演变方式；FC 型以脱落其前置辅音或将其前置辅音分化为另一独立音节为其主要演变方式；CC 型有脱落、替代等演变方式，但与 FC 型不同的是，FC 型复辅音以脱落其 F 为主，而 CC 型的演变过程中脱落前者或是后者，无规律性的变化。至于 FCB 型，其前置辅音与 FC 型的演变规律相一致，后置辅音则与 CB 型的演变规律相一致。在复辅音变化中，还有换位现象，但这种现象并不普遍。

2. 复辅音的演变趋势和变化方式

通过对比我们发现，各类不同结构的复辅音演变的方式大致有以下几种（藏文标音是构拟式转写，下同）。

2.1 脱落

在 FC 型复辅音中，脱落 F 是最常见的语音变化现象。例如：

	大蒜	九	偷	闻（嗅）	银子
藏文	sgogpa	dgu	rku	snom	dŋul
泽库藏语	ɣgokkwa	rgə	rkə	rɳəm	rŋu
尔龚语	ɣoskɯ	ngiɛ	—	snɯno	ʐŋan
桃坪羌语	χkeχ	χguəχ	χkeχ	χlimχ	χŋuχ

普米语	skuɯ˥	sgiɯ˥	skiɯɯ˥	ȵɛiˇ	ŋãˇ
木雅语	kuɯˋ	ŋguɯɯ˥	kuɯ˥	nuˋ	ŋuˋ
丽江纳西语	kv˧	gv˧	khv˧	nv˩	ŋv˩
扎巴语	kuɯˋ	guɯ̃	kuˇ	nũˇ	ŋuĩ̃
博嘎尔珞巴语	kuk	konoŋ	—	nam	ŋiː
缅语	krɑk(一)	roˇ	khoˇ	namˉ	ŋweˋ
阿昌语	kǎ˩sun˥	kau˩	xau˩	nam˩	ŋui˩

上述五个例词中，藏文、泽库藏语、尔龚语、羌语、普米语基本上保留复辅音，而普米语中鼻音前面的 F 已经消失。其余语言或方言中，除木雅语的"九"字保留了 ŋ- 外，FC型复辅音中的 F 全部脱落。

在 FCB 型复辅音中，也常常发生 F 脱落的现象。例如：

	声音	苦胆	直	蛇
藏文	sgra	mkhrispa	ɦdroŋpo	sbrul
泽库藏语	ɣdza	mtʂhiwa	tʂaŋmo	ru
尔龚语	skiɛ	skzu	lthøthɯ	mphʂi
桃坪羌语	tɕhi˥	ʁɛʂtʂ	ʁtɛ˥	bəˇguə˩
普米语	tʂhãuˇ	tʂeˇ	stu˥	bə˥zɑˇ
拉萨藏语	tʂa˩	tʂhiˀʔpa˩ʁ	tʂhaŋ˩koˇ	tʂʏˋ
木雅语	kəˋ	tʂuˋ	tɯ˧tuˋ	zoˇ
喜德彝语	fu˧ɬdzi˧	te˩ʐ	zoˌ	bu˧ʈʂ˧u˩
丽江纳西语	kho˧	kuɯ˩	tvˋtv˧	zɯ˩
扎巴语	khoˋ	tʂhiˀ˥pa˩	tõˌõ˥	bru˩
独龙语	aŋ˩sɑ̃ˀ	tɕi˩xi˥	rutmɯ	buɯ˩

在一些语言及方言的对比材料中我们还发现，FC 及 FCB 型复辅音，在其脱落 F 时，首先发生了各种不同类型的前置辅音简化或合并，然后轻化，最后达到完全消失。这种现象在羌语支语言同源词的语音对应中可以看得比较清楚。例如：

	尔龚语	嘉绒语	麻窝羌语	桃坪羌语	普米语	木雅语	史兴语
直	lthøthɯ	(ka)sto	stəʒ	χtə˥	stu˥	tɯ˧tuˋ	tɑ˥tu˥
苦胆	skzu	təmdʒəkri	xtʂə	ʁɛʂtʂ˥	tʂə˥	tʂuˋ	tɛɛ˩
名字	lmu	tərmɛ	rmə	χɛmˇ	ram	miˇ	mʐ̃u
九	ŋgiɛ	kəngu	rguə	χguə˩	sgiˇ	ŋguɯɯ˥	guə˩˥
云	zdomɛ	zdɛm	adʏm	χde˩	sdĩ˥	ndɯ˧tʂ˧	tɕi˥γ̃ʏ

蒜	(一)skɯ	(一)ʃko	(一)ʂkə	χkəˈ	skɯˈ	kɯˈ kuˈ˧
虱子	weau	sor	xtʂə	χtʂi˧	ʃi	rauˈtshɯ˧ —
硬	zgi	kərko	ʂkuʂtɕi	χkuˈtɕaˈ	tʂõˈ	nɢua˧nɢuaˈ˧ dzɨ̃˧
星星	zgze	tsəuri	ʁdzə	χdze˧ɦ rəd˧	dzeˈ	dzi˥vu˧ tɕəˈ˧

上述这组例词表明，尔龚语、嘉绒语、麻窝羌语中各有六个前置辅音，桃坪羌语、普米语、木雅语中各有一个。桃坪羌语的 χ，以及普米语中的 s，都是一个很轻微的喉擦音，它与前三种语言的前置辅音有明显的对应关系，不过在普米语的部分词中，s 已经脱落，木雅语仅保留了少量同部位的鼻冠，而史兴语则全部脱落。这种复辅音的演变趋势，反映了藏缅语中多数语言的一般情况。但是，语音演变是十分复杂的，在具体语言或方言里，FC 型复辅音的演变，在部分词中有时不一定脱落 F，而是脱落 C，保留 F。例如：

	舌头	重	跳蚤	舔
藏文	ltɕe	ldzidpo	ɪdziba	rdag
泽库藏语	rtɕi	rdzəmo	rdze	rdak
拉萨藏语	tɕeˈ	tɕi˥ɬuˈ	tɕoˈ	taˈʔ˥
错那门巴语	leˈ	li˧poˈ	liuˈ	klʌ˥
箐花普米语	ɬie˧qhoˈ	laˈ	ɬaˈ	tʂɑ˥
南涧彝语	laˈ	l(ɿ)iˈˈ	—	laˈ
土家语	ji˧laˈ	tuˈ	li˧liˈ	laˈ
扎巴语	ɣoˈ	lai˧laiˈ	ɬaiˈ	lə˧pɯ˧dzuɯˈ

上述这组例词从藏语方言的情况来看是属于脱落前置辅音，但藏语以外的多数语言多数是属于脱落基本辅音的。在 FCB 型复辅音中，也有一些例证表明，在语言演变过程中，复辅音中各语音音素都有脱落的可能性。例如：

	马	高	看见	箭
原始藏缅语	*mbro(mgro)	*mdro(mbro)	*mdroŋ	*mdla
嘉绒语	mbro	(kə)mbro	(ka)mto	kəpɛ
藏文	rta	mthopo	mthoŋ	mdaɦ
拉萨藏语	taˈ	tho˧poˈ	thoŋˈ	taˈɬ
桃坪羌语	ʐu˧	bu˧	tɕy˧	lə˧
尔龚语	zɣi	bzi	vdo	mdoŋ
纳木义语	mo˥	da˧o˧m˧	ndo˥	li˧
尔苏语	mbo˧	ja˧mbo˧	ndo˧	ma˧ɹ
贵琼语	mbu˧	thø˥nthø˥	tɕi˧tɕɛ˧	dzi˥

喜德彝语	m̩(u)˦	m̩(u)˦	ɣɯˑmo˦	hi˦
丽江纳西语	zuɑ˦	ʂuɑˍ	loˑ̍yl	lɯˑɬɯ˦
缅文	mraŋ˥	ŋ̍raˍm	mraˍm	hmraˍ
阿昌语	m̩zaˍ̍ŋ	m̩zaˍŋ̍	enˑmzaˍŋˍ̍	kaˍŋˑm̍zuaˍ̍
基诺语	mjo˦	mjoˍ	ʦaˍ̍m	lɯˑɬ̍øˍ̍
载瓦语	mjaˍ̍ŋ	ɣ̍jaˍ̍ŋ	mjaˍ̍ŋ	laiˍ̍mjoˍ

以上这组例词所反映出来的语音演变情况是十分复杂的，如果我们构拟的原始藏缅语是可信的话，那么，各语言在各自发展过程中，复辅音中各语音音素的脱落将发生在任何部位，但是对某一些或某个具体语言来说，它的演变往往带有某种规律性。例如，原始藏缅语的 FCB 型复辅音在嘉绒语中部分保留，部分变 FC。在羌语中部分脱落 FC，部分脱落 F、B，在尔苏语和贵琼语中多半脱落 B，在彝、傈僳等语言中，多半脱落了 CB，而在缅、阿昌、基诺、载瓦等语言中，都脱落了 C。

2.2 融合

复辅音内部各语音要素在历史演变过程中，互相影响，由比较松散的不同发音部位的语音要素，逐渐紧化，凝聚成单一的语音要素，从而使复辅音简化。这类语音变化主要出现在 CB 型或 FCB 型复辅音中。例如：

	藏文	泽库藏语	夏河藏语	德格藏语	拉萨藏语
写	bri	ndzə	tʂi	tʂi˦	tʂhiˑ˦
骡子	drel	ptʂi	tʂi	tʂi˦	tʂhe˦
船	gru	tʂə	tʂə	tʂuˍ	tʂhu˦
小麦	gro	cço	tɕo	tʂoˍ	tʂhoˍ
万	khri	tʂhə	tʂhə	tʂhi˦	tʂhi˦
血	khrag	cçhak	tɕhak	tʂhaˑ˦	tʂhaˑ˦
水獭	sram	ʂam	ʂam	saˍ̍ŋ	tʂamˍ̍

从藏文和现代藏语各方言的对应中我们可以看到，在藏语的 CB 型复辅音中，如 B 为 r，则其变化的方式大致如上例，如 B 为 j，则其变化的方式稍有不同。例如：

	藏文	泽库藏语	夏河藏语	德格藏语	拉萨藏语
鸟	bja	wɐa	ɕa	ɕaˑɕi˦	tɕha˦
富	phjug po	wɐǝk kǝ	ɕǝk kwo	ɣoˑ͎̍ǝ	tɕhukˑ̍ɣǝˍ̍
墙	gjaŋ	cçaŋ	tɕaŋ	tɕoˍ̍	caˍ̍ŋ
借	gjar	ɣjar	hiar	jaˍ̍	jaˍ̍
狗	khji	cçhə	tɕhə	tɕhi˦	chi˦

从上例可以看到，带 j 后置辅音的复辅音，在藏语方言中的演变并不完全一致，其中双唇音和 j 结合时，变为舌面前音，舌根音与 j 结合时，泽库藏语和拉萨藏语变为舌面中音，夏河藏语和德格藏语仍为舌面前音。另外，一部分 gj 则变作 hj 或 j。

在缅甸语中也有类似情况，我们从碑文可以了解到，CB 型复辅音在中古缅语至少有 -l、-r 和 -j 三个后置辅音，目前仰光口语中仅保留了 -j，而出现在舌根音后面的 -l、-r、-j，已和基本辅音发生融合，变成舌面前塞擦音。但是，出现在双唇音后面的 -l、-r、-j 则未能影响前面的塞音，使其融合为单辅音，这一点与藏语稍有不同。例如：

	缅文	仰光缅语			缅文	仰光缅语
做	pluˠ（文碑）	pjuˠ		蜜蜂	pjaˠ	pjaˠ
说	prɔˠ	pjɔˠ		猴子	mjɔkˠ	mjauˀˠ
病	phjaˠ	phjaˠ		城	mroˠ	mjoˠ

藏语、缅语中的融合现象，主要出现在 -l、-r、-j 作后置辅音的 CB 型复辅音中，而羌语则还出现在 -s、-z、-ʂ、-ʐ、-ɕ、-ʑ、-ɹ 等后置辅音构成的 CB 型复辅音中，但这类复辅音中的 C 往往由舌根音或小舌音充当，而很少由双唇音充当，这一点与缅语相类似。例如：

	麻窝羌语	桃坪羌语			麻窝羌语	桃坪羌语
神	khsi	tshieꟷ		屎	qhʂə	tʃh˩ꟷ
嫁	gziuk	dzˠ˩		四	gzə	dʒ˩ꟷ
跳	qhsu	tshuꟷ		叶子	kheaq	tehɑˠeꟷ
百	kh(ɹ)ii	tʂhiꟷ		揉面木盆	gzuku	dzuˠkuꟷ
力气	g(ɹ)mbreˠ	dzbˠ˩ʐpꟷ				

复辅音演变中的融合现象，主要出现在 CB 或 FCB 型复辅音中的 C 与 B 之间，这种历史语音的演变，实际上是一种后退同化（逆同化）现象，在复辅音中，B 的发音部位影响 C，使 C 变成与自己相同部位的塞音，而 B 本身在演变过程中，逐渐弱化，失去单辅音性质，成为依附于塞音的一个轻微的过渡音，最后逐步融合为一个单一音素——塞擦音。

2.3 分化

分化也是复辅音向单辅音过渡的一种方式。所谓分化是指同处在一个音节声母地位的复辅音（主要是 FC 或 FCB）在自身演变过程中，其 F 产生离心倾向，孳乳出一个新的音节，而这个音节是在原辅音群中的某一音素的基础上发展起来的，在它形成一个新的音节以后，仍保持有当其处在复辅音地位时的某种语音特征，即轻而短，而且大多数都不带韵尾。

从复辅音中的某一音素分化为音节，这一语音演变现象明显地带有地区特征，即多数出现在中印、中缅边境地区的一些少数民族语言中。例如：

	水獭	三	连接	五
藏文	sram	gsum	mthud(-)	lŋa
尔龚语	szɛm	wshu	lthiɛ	ʒuŋɯ
嘉绒语	(-)sram	kəsam	(-)nthət	(kə)mŋo
麻窝羌语	ɣdzɻ	khsi	zdə	ʁuɑ
独龙语	sɯɹɯ̆mˤ	ɑɹsǔ˦	tsɯˤ	pɯɹŋˤ
景颇语	ʃã̆ɹɯm˩	muˑsɯ̆m˧	ʧɯthuˑ˧	mă̆ŋˑ˦
达让僜语	xɑɹɯmɹˤ	kɑɹsɯŋˤ	mɑˤthoˤ	mɑɹŋɑˤ
博嘎尔珞巴语	ɕərəs	a ɦum	mo:ɕit	oŋo
义都珞巴语	ɑɹɯmɹoŋˤ	kɑɹsɯˤ	roˤthoˤ	mɑɹˑmˤ

从上面这组例词可以看到，藏文、尔龚语、嘉绒语、麻窝羌语为复辅音的，其前置辅音在独龙语、景颇语、达让僜语、博嘎尔珞巴语、义都珞巴语中几乎全部变成为一个音节，而这个音节的声母，还明显地与复辅音的前置辅音有对应关系。

在其他语言中，也有类似的分化现象，但不如独龙、景颇、僜等语言中明显，仅在部分词中有这类现象。请看下面一组例词：

	新	月亮	三	石头	二	六
藏文	gsarpa	zlaba	gsum	rdo	gȵis	drug
麻窝羌语	khsə	tʃhəsa	khsi	ʁlu(pi)	ɣnə	xtʂu
嘉绒语	kəʃək	tsəla	kəsam	ɟjələk	kənɛs	kətʂok

这组例词表明，部分藏文、麻窝羌语声母为复辅音的音节，在嘉绒语中已经分化为两个音节。这种分化，不仅出现在 FC 型复辅音中，而且也出现在 CB 型复辅音中，但这类例证比起独龙、景颇等语言来要少得多。

也许有人会怀疑，藏缅语中的这种语音现象，例如藏文的 zla ba "月亮" 与独龙语的 sɯɹɑˤ，藏语的 sram "水獭" 与独龙语的 sɯɹɯ̆mˤ，藏文的 sna "鼻子" 与独龙语的 sɯɹnɑˤ 等，究竟哪一种是原始形式？还有人认为，在 FC、FCB 型复辅音中，F 是前缀，都带有一定的意义（构词的或形态的）。那么，究竟怎样来看待这种语音变化现象呢。

我们考察了若干藏缅语语音演变的趋势，考察了各语言里复辅音演变后留下的痕迹以及复辅音的某些辅音音素与前缀的关系等，得到的初步认识是：

第一，从现有藏缅语中复辅音与分化后形成的双音节词的对应情况来看，复辅音的分布面大，历史久。而多音节化倾向（复辅音分化后形成的多音节）则是局部的，它只是藏缅语族部分语言中有这种演变趋势。

第二，双音节或多音节与复辅音的对应情况，仅仅占各类复辅音中的一小部分，这种情况并不能解释所有复辅音的演变过程。

第三，在语音演变过程中，FC、CB 或 CC 型复辅音都有分化为两个音节的例证。如果这些复辅音都不是原始形式，有的语音现象就无法解释。例如部分藏缅语中的"六"字：

缅文	khrɔkㄱ	错那门巴语	kroʔↃ
独龙语	kɹǔㄱ	南华彝语	tɕhoʔↄ
达让僜语	ɣɔɹxɹɐ	箐花普米语	tʂhɯↄ
阿昌语	xɹɔʔↃ	载瓦语	khjuʔↄ
南涧彝语	khoↄ	哈尼语	kuↄ
拉祜语	khↄↄ	博嘎尔珞巴语	akɯ

从分析上述这个例证可以看到，复辅音中的后置辅音 -r 在部分语言中脱落了，其中彝语支语言的南涧彝语、哈尼语、拉祜语都是紧喉韵母，而这种紧喉往往是韵尾 -k 留下的痕迹。如果这类复辅音是简缩来的，就不可能在同一音节中既取前一音节的声母，又取后一音节的韵母。

第四，值得注意的是与复辅音中某一音素有明显对应关系的音节，其韵母多数是自然元音，复元音及带辅音韵尾的韵母极少。况且汉藏语系的语言原始形式应是单音节的词根语，不大可能由多音节合并为单音节。

第五，至于前缀与从复辅音分化出来的音节之间的关系，虽然有类似的地方，但并不等同。在某些具体语言里，构词或构形的前缀与从复辅音中分化出来的音节之间有明显的界线：前者在构词或构形中往往带有一定的意义，而后者一般没有；前者比较活跃，往往出现在一类词或同类语法意义的词形变化中，后者则不能；从复辅音中分化出来的音节前面有时可以同时出现语音形式相同的前缀。如前面曾提到的独龙语中的 sɯɹtɔrↄ "连接"，它前面还可再加表示使动的前缀或其他语法意义的前缀。

2.4 替代

替代是指复辅音在自身演变过程中，其中某一音素被另一音素所替换。这种替换带有某种规律性。在藏缅语中，这种替代具有两种不同的性质。一种是复辅音在演变过程中，处于某一固定部位的各种不同的语音音素发生变异，被一相同的语音音素所替代。例如前面我们曾经提到的，在羌语北部方言麻窝话中的 s、z、ʂ、r、ʐ、x、ɣ、χ、ʁ 等各种不同的前置辅音，在羌语南部方言桃坪语中均被 χ 所代替，在普米语中则被 s 所代替。这种替代现象，是反映了 FC 或 FCB 型复辅音由弱化走向消失的一种过渡。

另一种替代现象，也有一定的规律性，但与上面那一种情况不同。这种替代现象往往发生在发音部位相同或者发音方法相同的音素之间，是语音演变过程中为了某种表达功能的需要，语音系统内部发生规律化、系统化的一种表现。性质与上一种替代也不同，上一种是以合并为主要方向，而这一种是以分化为主要方向。例如，从藏文和部分藏缅语言中，原始藏缅语有 *sn 复辅音，但在羌语麻窝话中，sn 复辅音的 -n 部分被 t 所替代。例如：

	穗子	七	心脏	鼻子
麻窝羌语	stiɑq	stə	sti:mi	stɤq
桃坪羌语	χtiʴ˥qə˦	ɕiȵ˥	χtieⁿmə˥	χȵiʴɟo˥pə˦
藏文	snẕema	bdun	snᷮiŋ	sna
泽库藏语	rŋ̊əma	wdən	rŋ̊aŋ	rŋ̊a
尔龚语	snoʐmɛ	snie	zɣɪyz	sni
嘉绒语	tɐthɐs	kəʃɐs	təʃɐt	naʃɐt
缅文	a hnaȵ˩	khuᷮnasˌ	hmulʴɑȵˌ	ᷮnɑˌkhoȵˌ

类似的例证在藏缅语族的许多语言中都能找到。例如，部分藏文带 dr 或 ɦdr 声母的词，往往与 kr、gr 或 k 相对应。请看以下几组例词：

（1）藏文：drel "骡子"，错那门巴语：kreˀʴɫ，独龙语：tɯɫkɪɫ，嘉绒语：tɐrkɐ，桃坪羌语：ke˥tɕe˦，喜德彝语：ku˦l̥(u)˦。

（2）藏文：ɦdrɛɕig "臭虫"，独龙语：gɹɛˀʴ˥，景颇语：ʃåȵkɹepˌ，格曼僜语：muɯklapʴ，永宁纳西语：kua˦ʂe˦，缅文：kramᷮpoʴ，泽库藏语：rɹjaɕɔk。

（3）藏文：dris "问"，独龙语：kɹiȵ˥，木雅语：khiᷮmuȵ，尔龚语：ʐyie，贵琼语：nkhɔ̃ᷮ。

（4）藏文：dropo "暖和"，错那门巴语：kro˦poʴ，墨脱门巴语：gombo，格曼僜语：kɹoᷮmaˌlamˌ。

（5）藏文：ɦdrus "挖"，泽库藏语：rko，夏河藏语：hke，德格藏语：koʴ，错那门巴语：koˀʴ，尔龚语：quɛi，纳木义语：qɛʴp，南华彝语：kɛ⌐，南涧彝语：kʮɭ，土家语：kaʴ，载瓦语：khai˩，独龙语：kɔŋ⌐，格曼僜语：guɑʴ，博嘎尔珞巴语：ko:，喜德彝语：ndu˦，傈僳语：du˩，丽江纳西语：ndv˩，缅文：tuᷮ，阿昌语：tu˩，基诺语：tu˦，景颇语：thu˩。

从上述五组例词我们可以看到，藏文的 dr 或 ɦdr 与藏缅语中的 kr、gr、k 相对应，有意思的是第（5）组例词，藏文的 ɦdr 与藏语方言中的 rk、k 和部分藏缅语的 k 对应，但又与另一些藏缅语的 t、d、nd 有明显的对应关系，那么，这种语音史上的演变现象，在构拟其原始形式时，使我们感到困难的是，难以确定谁替代了谁，哪种语音形式是藏缅语的原始形式。

2.5 换位

复辅音各部位的语音音素，在历史演变过程中有换位现象，例如：

（1）"忘记"，尔龚语：lmu，麻窝羌语：rmə，桃坪羌语：χmiȵ，嘉绒词：kɐjməs，丽江纳西语：leˀmiˀ，独龙语：ɑɹmlɑŋ，格曼僜语：ˠɑɭˀnɑmɭɯ，景颇语：mǎɭlapɭ，傈僳语：meˈlleˈ，哈尼语：muˀmˀ，载瓦语：toˀmjiˀ。

（2）"梦"，尔龚语：（ntʃn）lma，麻窝羌语：rmu（ʁɐ），桃坪羌语：χmuɪ，嘉绒语：tarmo，尔苏语：jiˀrɑmˀ，拉祜语：zɪˀʌmˀ，桃巴普米语：ziˀmiˀ，纳木义语：jyˈlmɐˀ，大方彝语：ziˈlmˀ，独龙语：mlɑŋ，景颇语：ˀlˀmaŋˀ，博嘎尔珞巴语：（jup）moŋ。

（3）"名字"，尔龚语：lmu，麻窝羌语：rmə，桃坪羌语：χmɐχ，嘉绒语：（tə）rmɛ，独龙语：（ɑŋ）bɹɯŋɹ，景颇语：mjinˈ，载瓦语：ˀmjimˀ，泽库藏语：mnɐŋ，哈雅哈尼语：mjɛˀ，大方彝语：mieˈ。

（4）"犁"（地），藏文：rmonpa，泽库藏语：rmo，独龙语：ˠʌm，喜德彝语：moˈ，傈僳语：mʌɯ，错那门巴语：møˀʔjʌɹ，桃坪羌语 lieˈ，尔苏语：lɑˀ，纳木义语：liˈ，基诺语：liɹ，丽江纳西语：lɯɯ，阿昌语：lɐɹ，景颇语：kǎɭlaɯ，义都珞巴语：kɑˀlɑŋ。

在以上四组例词中前两组的对应情况是比较明显的：一般是尔龚语的 lm、羌语的 rm 与独龙、景颇等语言的 ml 相对应。第（3）组例词独龙语变为 bɹ，但从与独龙语比较近的景颇、载瓦的 mj 来看，很可能 bɹ 是从 ɹ 或 ml 变来的，因为藏缅语绝大多数语言"名字"的基本辅音是 m。第（4）组例词藏语和独龙语虽有对应，但变化比较大，原始面貌已看不大清楚，但从多数藏缅语中部分词的基本辅音为 m，部分词的基本辅音为 l，我们仍可以构拟它们的原始形式为 *lm 或 *ml。

说明：本文由拙著《藏缅语复辅音研究》的第一、二部分改写而成。

材料来源

1982 年中国社会科学院民族研究所语言室第三、四两组协议编藏缅语词汇集，目前已完成，本文引用了其中的资料，计有：张济川、安世兴、陆绍尊：藏文、藏语。张济川：墨脱门巴语。陆绍尊：普米语、扎巴语、错那门巴语。刘光坤：羌语。林向荣：嘉绒语。陈士林、李秀清、武自立、纪嘉发：彝语。徐琳：白语。木玉璋：傈僳语。姜竹仪：纳西语。李永燧、王尔松：哈尼语。汪大年：缅文、缅语。常竑恩、张蓉兰：拉祜语。盖兴之：基诺语。陈康：土家语。戴庆厦：阿昌语。刘璐、徐悉艰：景颇语。徐悉艰：载瓦语。戴庆厦、徐悉艰：浪速话。欧阳觉亚：博嘎尔珞巴语、苏龙珞巴语。其余材料均为我自己收集整理。

原刊于 1985 年第 6 期

说"省略"

王维贤

提　要：本文认为"省略"是语言中实际存在的一种现象。就句子的深层语义结构同表层句法结构的关系讲，有三个不同层次的省略：意念上的省略、结构上的省略、交际上的省略。这三种省略属于语言的三个不同平面：语义平面、语法平面、语用平面。对一个言语中实际存在的句子，也可以从不同平面研究它的结构：1）单从表层结构加以分析；2）联系上下文加以分析；3）从深层结构同表层结构的关系加以分析；4）联系表达效果加以分析。探讨这三种省略同不同平面上句法结构分析的关系，可以帮助我们较全面地认识句子的结构。

1

1.1　在不同的语言平面上，"省略"有不同的含义和内容。从不同的角度，运用不同的方法，对同一语言现象，在"省略"的问题上，也可以有不同的解释。从语言的表层结构，即从言语中实际存在的句子的结构看，语音的省略不同于语法的省略，语法的省略不同于语义的省略。但是，有时语音、语义的省略也会涉及语法省略问题。例如：

（1）今儿个也不是又上哪儿疯去了。（老舍：《龙须沟》）

这里的"不是"是由"不知是"脱落了"知"形成的。这种语音上的脱落痕迹可以从"不知道他来不来"中的"不知道"在快说中发音为 [pur^{51} tao^{51}] 中看出端倪。这是语音省略影响语法结构的例子。再如下面这个句子：

（2）我写了信了。

宾语"信"话题化以后，变成：

（3）信我写了。

这是由于北京话动词后的时体助词"了"和句尾语气助词"了"因为发音相同而紧缩为一

个"了"。它带有明显的时体助词的功能。试比较：

（4）我写信了。　　　　（5）信我写了。

（4）有表示我"开始写信"的意思，（5）却只能解释为"写信"的动作已经完成。这也是语音的省略影响语法的例子。

1.2　下面是一个语义省略影响语法结构的例子：

（6）张老师教语文。

"教"一般要带双宾语，（6）里的"教"却只带一个直接宾语。显然，从语义上讲，这里的间接宾语由于泛指而省略了。再如：

（7）高秀才　　大伙儿看怎么办？

　　　高永义　　我跟他们拼了！

　　　高秀才　　那没用！

　　　赵大娘　　到县里说理去，打官司！……

　　　高秀才　　我问问你们：赵大娘，你敢干？

　　　赵大娘　　打官司！

　　　高秀才　　高大嫂，你？

　　　高大嫂　　打！（老舍:《神拳》）

这里的"到县里说理去""打官司""打"几个句子，从语义讲有省略，但是它们同"张老师教语文"中省略间接宾语、"我跟他们拼了"中省略表示时间的状语有没有区别呢？语言中语义省略同语法的关系是一个复杂问题，下面我们还要讨论。

1.3　再看看对同一语言现象可以有不同解释的问题。例如（7）里的"打官司！"这句话，单就言语中出现的这个句子从形式上分析它的结构，是一个由动宾短语构成的句子。在这个平面上，从这个角度来分析，这个句子无所谓省略问题。但是如果我们研究的是语言的基本句型及其在言语中由于不同的语用目的而产生的变化，那么这是一个对话中依靠语境的补充作用而省略了主语以及能愿动词"敢"的省略句。再如：

（8）刚才我叫账房汇一笔钱到济南去。（曹禺:《雷雨》）

这个句子从它的深层语义结构看，"账房"是"叫"的"对象"，而"汇一笔钱到济南去"是在"我"的影响下"账房"所实现的一种行为。在这种深层语义结构里，"账房"一方面是"叫"的对象，即通常讲的"逻辑宾语"，一方面又是"汇一笔钱到济南去"的主动者，即通常讲的"逻辑主语"。深层结构中的两个"账房"，在表层结构中"合二而一"，这里有了"省略"。但是单从语言的句法结构规律讲，（8）是现代汉语的一种特殊的结构形式，无所谓省略，而且事实上也不能出现一个做"叫"的宾语、一个做"汇一笔钱到济南去"的主语的两个"账房"。

1.4 为了进一步认识各家关于语法省略观点的分歧所在，认识语法省略问题的实质，我们从以下三个方面谈谈"省略"问题。

2

2.1 先谈谈意念上的省略。毛泽东同志《新民主主义论》里有这样一句话：

（9）一句话，我们要建立一个新中国。

我们知道，每句话都是在一个特定的时间和一个特定的地点讲的。假如一句话讲的就是当时、当地的情况，句子里一般不需要出现表示时间、地点的语言成分。但是离开当时的说话环境，这些成分是不可少的。（9）这句话，对后人来讲，就要补上"一九四〇年"这个时间和"延安"这个地点，这句话才是完整的。下面这句话也有类似情况：

（10）大嫂，我们愿意帮助您！（老舍：《女店员》）

单从意念的省略讲，（9）讲的"新中国"，（10）讲的"愿意帮助您"，也还是省略形式，因为这里边还包含着"什么样的'新'中国"和"愿意帮助您干什么"。有人说，没有人能够或者需要把一句话所要表示的意思全部用语言表达出来，是有道理的。例如下面这个句子：

（11）我的孩子把邻居的玻璃打碎了。

从意念上讲，至少省略了我的"哪一个"孩子，男孩子还是女孩子；我的"哪一个"邻居，左邻还是右邻；邻居的"什么"玻璃，窗玻璃还是门玻璃；"用什么"打破的；破得"怎么样"；等等。意念上的省略是句子的语义分析问题，是语义学的问题，不是语法学的问题。只有当这种省略涉及句法的时候，才进入语法的领域。

再看下面的例子：

（12）甲　　你不要来了！

　　　　乙　　我非来！

（13）（凤姐）便也笑着问人道："你们大暑天，谁还吃生姜呢？"（《红楼梦》，第三十回）

例（12）的"我非来"是"我非来不可"的省略说法，因为已经成了一种习惯说法，令人感到"非"本身有"一定"的意思，结构也改变了。[1]例（13）凤姐说的话有"言外之意"，所以连当时在场的人都没有理解，以为是讲真有人"吃生姜"。其实凤姐的主要意思在于后面没有说出来的那句话："怎么这样辣辣的呢？"凤姐是用后面没有说出的那句话来讽刺宝玉和黛玉的。这些都是语言中的意念的省略。

---

[1]　参看黎锦熙《新著国语文法》138页，商务印书馆，1934。

2.2　黎锦熙先生在《新著国语文法》里讲的"对话时的省略""自述时的省略""承前的省略"，以及"逻辑的主语之省略""省略主语和省略述语的平比句"等等的所谓"省略"，都可以归入意念的省略这一类。当然，正像我们前面讲过的，意念的省略同语法的省略是一种交叉现象，并不是所有意念的省略都同语言的句法结构无关。

3

3.1　下面我们着重谈谈结构省略问题。

结构上的省略绝大部分同时是一种意念上的省略。但是结构上的省略必须在语言的表层结构中有形可寻，并且是语言中的一种特定的格式。我们重新看看上面的例子：

（14）刚才我叫账房汇一笔钱到济南去。

从深层语义结构看，是"我叫账房"，"账房汇一笔钱到济南去"。根据现代汉语句法规则，表层结构中这两个"账房"必须合二而一，表现为"我叫账房汇一笔钱到济南去"。虽然在实际语言中没有同时出现两个"账房"的格式，但是在这种所谓"兼语式"结构中，由于"账房"前后出现两个谓词性成分，而它一方面同前一个谓词性成分构成动宾关系，一方面同后一个谓词性成分构成主谓关系，这就是这种省略在表层结构中形式上的反映。把这种省略同纯粹的语义省略区别开来，不但可以说明这两种省略的差别，而且可以对这种结构的特点做出合理的解释。我们知道，现在大多数语法著作认为"账房"是"兼语"，它同"叫"构成动宾关系，同"汇一笔钱到济南去"构成主谓关系，整个结构是一个复杂的短语，叫"兼语短语"。而《新著国语文法》认为"账房"是"叫"的宾语，后面的"汇一笔钱到济南去"是宾语的补足语。不过它在说明这种结构的特点时，也是从"账房"的兼格的特点来讲的。[①] 假如我们从结构省略的角度说明了这种结构的特点，把它分析为"主—〔谓—兼—谓〕"还是分析为"主—谓—宾—补"倒是一个次要问题。再看看下面的例子：

（15）吓得大姐浑身颤抖。（老舍：《正红旗下》）

（16）合身熨帖的淡黄尼龙短袖衫、咖啡色的旗袍裙使她显得落落大方。（《小说选刊》1984年1月号）

（17）她……憋得喘不过气来。（柳青：《创业史》，第二部上卷）

这几个句子都有出现在"得"后的结果补语。（15）的补语是一个主谓短语，主谓短语的主语同全句主语不一样。（16）的"得"后的结果补语是一个谓词性成分，它的逻辑主语就是"使"的宾语"她"。（17）的"得"后结果补语也是一个谓词性成分，它的逻辑主语就是

---

① 参看黎锦熙《新著国语文法》22页，商务印书馆，1934。

全句主语。为了认识这类句子同它的相应句式的关系，应该把这类句子的补语都看成主谓短语，不管这个主谓短语的主语出现不出现，或者出现在什么地方。下面是（15）至（17）的几个相应的句式：

（15ₐ）把大姐吓得浑身颤抖。

（15ᵦ）大姐吓得浑身颤抖。

（16ₐ）合身熨帖的淡黄尼龙短袖衫、咖啡色的旗袍裙显得她落落大方。

（16ᵦ）她的合身熨帖的淡黄尼龙短袖衫、咖啡色的旗袍裙显得落落大方。

（17ₐ）憋得她喘不过气来。

（17ᵦ）把她憋得喘不过气来。

（16ₐ）的形式一般不说。这是因为"显"是表示"呈现"的动词，同"吓"和"憋"那类动词不同。假如我们在句子开头加上"她的"，就比较好一点。不过从深层语义关系看，（16ₐ）是成立的。

还有所谓紧缩结构，如"他越走越快""一进门就叫起来了"也是这种类型。再如：

（18）二爷，您看我说的对不对？（老舍：《茶馆》）

（19）后院里，人家正说和事呢，（没人买您的东西！）（同上）

这两句话里的"我说的"和"后院里"，《新著国语文法》都解释为"省略"形式，一个省略了中心语"话"，一个省略了介词"在"。这些算不算结构省略呢？先看后一个例子。我们把它同下面的句子比较一下：

（20）人家正在后院里说和事呢，……

（21）人家在后院里正说和事呢，……

（22）在后院里，人家正说和事呢，……

把（20）（21）这类句子中的"在后院里"话题化，移到句首，有两种形式，一种是（22）的"在后院里"，一种是（19）的"后院里"。（19）同（20）（21）比，话题有了转移，意义自然也有了细微差别。（19）同（22）比，因为介词的出现或不出现，在表意上也并不完全相同。单就这一方面讲，（19）的"后院里"不能说是有什么结构上的省略。但是如果从这几个句子之间的结构上的联系讲，把（19）的"后院里"看成介词短语状语"在后院里"的省略了介词的话题化的形式，更可以看出这些句子的结构和语义之间的联系，对语法规律做出更全面、更合理的解释。

至于（18）里的所谓"的"字结构"我说的"，也可以从两方面来看。一方面，作为一个名词性的特殊结构，它相当于一个名词，似乎并无结构上的省略问题；但是，另一方面，在一些歧义形式里，我们又不能不把它看成一个结构上的省略。例如：

（23）他是买菜的。

（24）买菜的是这只篮子，买肉的是那只篮子。

（25）买菜的是这个，买肉的是那个。

（26）这是买菜的的篮子。

（27）这是买菜用的篮子。

（28）这是买菜的篮子。

（23）和（24）里的"买菜的"由于出现的语言环境不同，所指也不一样，一个指"买菜的人"，一个指"买菜的篮子"。（26）和（27）也由于有关语言成分的补充作用，区别也很明显。但是（25）里的"买菜的"，就既可指"买菜的人"，也可指"用来买菜的物"。这就说明，"买菜的"这个"的"字结构是某种结构的省略形式。不从结构省略角度就不能说明这种歧义现象及其他有关问题。

3.2　下面这些句子也只有从结构省略的角度才能做出明确的句法分析：

（29）除非你来，我不去！

（30）你真是越忙越打岔！

（31）请问这个字怎么念？

（29）的"除非"是"只有"的意思。这句话的一般说法是："除非你来，否则，我不去！"像（29）里"除非"的这种用法，对照一般说法，就不仅是意念上的省略，而且是一种结构省略。可能由于"除非"在这种省略格式中的特殊用法，这个带有双重否定成分的词变成只表示"除去"的意思。例如在"他除非不出去，一出去就是一天"[①]这句话里，就是这样。（30）的"越忙越打岔"一般指"人家越忙你越打岔"，但也可能指"你越忙你越打岔"。不管这个格式是否有两种解释，这种结构都必须从结构省略来加以分析说明。（31）的"请问"是个固定格式。即使"请问"的内部结构不加分析，这里也仍然有结构省略问题。

从上面的分析可以看出，"省略"在句法结构中是经常碰到的。这是语言表达形式简洁化的必然产物。从语法研究的角度看，也需要运用"省略"的说法对某些结构加以解释，把一些相关的句法结构形式联系起来。

4

4.1　最后，我们谈谈交际上的省略。

交际省略就是平常讲的语境省略。《新著国语文法》讲的"主要成分的省略"大部分指

---

①《现代汉语八百词》103 页，商务印书馆，1980。

的是交际省略。交际省略一般都可以根据上下文明确地添补出来。值得注意的是，这里讲的语境省略虽然也是一种意念的省略，但它同一般意念省略不同，它的省略部分是出现在语言的上下文中，而不是由于非语言的环境的（自然的，社会历史的，个人经历的，等等）补充作用而没有说出或不需要说出的部分。例如：

（32）周朴园　你不知道这间房子底下人不准随便进来么？

　　　鲁侍萍　不知道，老爷。

　　　周朴园　你是新来的下人？

　　　鲁侍萍　不是的，我找我的女儿来的。（曹禺：《雷雨》）

这里下加着重号的部分，都是省略句。这些省略部分可以根据上下文明确地补出来。例如，第一句是"我不知道这间房子底下人不准随便进来"，第二句是"我不是新来的下人"。

4.2　交际省略一方面同意念省略有联系，一方面同结构省略有联系。从表达讲，交际省略也是一种意念上的省略，而一般的意念省略也同交际上的需要有关。不过它们的区别还是明显的。交际省略限于可以由上下文明确补充的成分。从句法讲，交际省略也是一种结构省略，因为它总是省去了句子的这一部分结构成分或那一部分结构成分，改变了句子的表层结构形式。但是这种省略后的形式不是语言中的特定的结构形式，一般情况下它的省略部分是可以而且必须补充的。不过有时结构省略和交际省略很难分别。例如《新著国语文法》讲的数量词后省略中心语的那种形式，如"三个""五只"，虽然也是现代汉语的一种特定的结构形式，但在大多数情况下是一种交际省略。

5

5.1　关于省略同句法结构的关系，可以概括为以下三点。

第一，我们把上面三种省略都作为"省略"看待，是从句子的语义结构同句子的表层结构的关系的角度讲的。从这个角度讲，不管是意念上的省略、结构上的省略，还是交际上的省略，都是深层语义结构中的某些成分在表层形式中被省略了。如专从表层形式看，只有交际省略才是语言成分的省略。而结构省略则只能像吕叔湘先生说的，是一种"隐含"而不是省略。① 至于单纯意念上的省略，是语义学或自然语言逻辑研究的对象，同语法结构分析没有直接关系。

意念的省略也可以叫作语义省略，属语义学范围；结构的省略也可以叫作语法省略，属语法学范围；交际省略也可以叫作语用省略，属语用学范围。

---

① 《汉语语法分析问题》67—68页，商务印书馆，1979。

5.2　第二，在上述三种省略中，意念上的省略和交际上的省略是大家所公认的，争论主要在结构上的省略。着重从语言的表层形式看问题的语言学家，认为无所谓结构省略问题。着重从语言的深层语义结构看问题的语言学家，把很多结构形式都看成省略，而且常常把三种省略混在一起，统统看作语法上的省略来处理。我们认为，对这个问题的全面的理解应该从深层和表层的关系来看，即从语言形式表达思想内容的关系来认识。像兼语结构、紧缩结构、"的"字结构这类结构的特点就在于它们用一种特殊的、省略了某些语义成分而又在表层结构中有形可寻的形式表达复杂的思想内容。不管站在什么语法理论的立场上，要对这些结构给以说明，都必须透过它的表层结构，从表层结构和深层结构的关系入手。这一点正好表明，这类结构是一种结构上的省略形式。

5.3　第三，在语法上怎样理解交际省略，有种种不同观点。观点分歧的原因主要在于混淆了语言和言语两种不同现象，混淆了句子的句法分析和交际分析两个不同领域。传统的句子成分分析法基本上是一种交际分析，是把句子放在一定的语言环境中，从它的表意功能来分析的。如果是这样，句子的成分分析就必须联系上下文，考虑它的交际省略。例如：

（33）警察　　辛苦了，诸位！沟挖通了？
　　　众人　　通啦！　　　（老舍：《龙须沟》）
（34）二春　　行啦！人家要问您，您说什么呀？
　　　大妈　　我——
　　　二春　　说什么呀？
　　　大妈　　沟修好了，我可以接姑奶奶啦！（同上）

（33）的"通啦"是"沟挖通啦"的省略形式。对这个句子进行交际分析，这是一个省略了主语和动词谓语而只剩下补语的主谓句，"通"是补语。（34）的最后一行是"我说"后面的直接引语，是宾语。这种句子成分分析法同对这两个句子所进行的语言结构分析是不同的。应该把句子成分分析法作为句子的交际分析的模式，联系语言的上下文确定言语中的句子的语言结构形式，然后再从语用角度说明二者的关系。

一个言语中实际存在的句子，可以从四个角度来研究它的结构。（一）单就表层结构本身分析它的结构，例如"说什么呀！"是动宾结构。（二）从交际的角度，联系语言上下文分析它的结构。例如"说什么呀！"是省略主语"您"的主谓句，"说"是谓语，"什么"是宾语。（三）从表层结构同深层结构的联系分析它的结构。例如"连我也不认识！"有两种解释。单从表层结构分析，这两种解释的语法结构是相同的。如果联系到深层语义结构，这两种解释下的同一个形式的句子却是两种不同的结构。一种解释中的"我"是深层结构中的主动者，同时在表层结构中省略了表示"认识"的对象成分；一种解释中的"我"是"认识"的对象，在表层结构中由于强调而话题化，提到句首，并省略了表示"认识"的主动者成分"他"。（四）从语用的角度，联系句子的表达效果，分析它的结构。我们上面讲过，这在一定意义上已经超出语法的范围，进入修辞的领域。这四种分析属于语言的不同平面。在语言的不同平面上有不同的结构和不同的省略问题。只有分清语言的不同层次及其结构，才能避免混淆，比较全面地认识语言的结构。

原刊于 1985 年第 6 期

闽北方言的第三套清塞音和清塞擦音

〔美〕罗杰瑞

一种远古语言的构拟，在很多方面有点像考古学。一个考古学家在发掘某个特定场所时，他经常会发现，他发掘到的材料，同时存在于代表不同历史（或说史前的）时期的几种不同地层。而且，发掘到的人工制品经常是残缺不全的，这儿一片陶器，那儿一个刀把。考古学家就是从这些残形碎片中，尽他的最大努力，去重建他发掘地点的远古时期的尽可能完整的轮廓。比较语言学家，在对诸如罗马语、日耳曼语、汉语等复杂的方言渗透现象进行研究时，也会有同样的发现。语言学家也感到，他的材料是由不同的层次组成，是代表着不同历史时期的多次迁居的结果。表明最古老层次的方言证据总是零碎的，对某些特点的保留和丢失，显得不平衡。尽管如此，通过多种不同方言的特征比较，即使是最古老层次的整个轮廓，也能构拟出来。

本文就是对闽北方言的一种考古挖掘。闽北方言的声母和声调，用《切韵》音系去解释，是非常困难的。人们就要去想，闽北方言最古老的层次，可能保留有一套和《切韵》系统韵书不同的声母。《切韵》音系的清塞音、清塞擦音有两套：送气的和不送气的。闽北话也有这两套声母，例子很多，略举如下（为便于排印，调类用阿拉伯数字标在右上角）。[①]

	送气的清塞音和清塞擦音				不送气的清塞音和清塞擦音			
	破	炭	七	苦	八	刀	剪	枝
政和	phuai⁵	thuaiŋ⁵	tshi²	khu³	pai²	to¹	tsaiŋ³	ki¹
崇安	huai⁵	huaiŋ⁵	thei⁷	khu³	pai⁷	tau¹	tsaiŋ³	ki¹
建阳	phoi⁵	hueŋ⁵	thoi⁷	kho³	pai⁷	tau¹	tsaiŋ³	ki¹

① 本文引用的方言（除了厦门话、福州话）都是闽北方言的口语。记的音多取自笔者的实际调查记录。福州音根据 Maclay 和 Baldwin（1870），厦门音根据 Douglas（1899）。有些闽北记音取自福建师范大学中文系语言组（1982）和福建省汉语方言概况编写组（1962—1963）。谨在此对提供这些材料的语言研究所的张振兴和北京大学的王福堂两位先生表示感谢。

续表

	送气的清塞音和清塞擦音				不送气的清塞音和清塞擦音			
	破	炭	七	苦	八	刀	剪	枝
建瓯	phuɛ⁵	thueŋ⁵	tshi⁷	khu³	pai⁷	tau¹	tsaiŋ³	ki¹
邵武	phai⁵	than⁵	thi⁷	khu³	pie⁷	tau¹	tsien³	ki¹
将乐	phai⁵	thãi⁵	tshi³	khu³	pa³	to¹	tsãi³	ki¹

从上表可以看出：今送气的，对古送气的；今不送气的，对古不送气的。这种古今的对应是一目了然的。我们可以把这两类声母及构拟的原始形式列表如下。

	*ph	*th	*tsh	*kh	*p	*t	*ts	*k
政和	ph	th	tsh	kh	p	t	ts	k
崇安①	h	h	th	kh	p	t	ts	k
建阳	ph	h	th	kh	p	t	ts	k
建瓯	ph	th	tsh	kh	p	t	ts	k
邵武	ph	th	th	kh	p	t	ts	k
将乐	ph	th	tsh	kh	p	t	ts	k

在讨论声调演变以前，我先把这几个方言的调值、调类列表如下。如果一个调类来源复杂，又有分化，又有合并的，就标作第 9 类（合调）。② 数目字下加横杠表示短调。

数码代号	调类	政和	崇安	建阳	建瓯	邵武	将乐
1	阴平	53	53	53	54	21	44
2	阳平	33	334	33	—	22	13
3	阴上	12	31	21	21	55	31
4	阳上	—	—	—	42	—	—
5	阴去	31	22	32	22	13	24
6	阳去	45	55	43	44	35	52
7	阴入	—	24	35	35	52	—
8	阳入	—	53	54	—	—	54
9	合调	21	—	31	—	—	21

如果把原始闽北方言四个基本调类标作 A、B、C、D（分别和古平、上、去、入相对应），那么，送气和不送气的清塞音和清塞擦音声母字和声调的一般的对应情况就是：

---

① 在崇安方言中，*ph 按例变成 h。在崇安和建阳方言中，*tsh 一般变成 th，只是在今 i、y 韵前，保留 tsh 不变。

② 例如，建阳话的第 9 调，是由《切韵》的阴平、阳平、阴去三个调类的一些字组成。

A	B	C	D
1	3	5	7

在这总的对应关系中，只有两处有小的出入，这就是：政和话的阳平调、阴入调合并为一个阳平调；将乐话的入声多数并到阴上调，少数跑到第九个调类。产生这种不合规则的分化的原因、条件，目前还看不出来。

除了送气的和不送气的这两套清塞音、清塞擦音声母以外，闽北方言还保留有第三套清音声母的明显迹象，这第三套清音声母和《切韵》音系的不送气清音相对应。在某些方言中，这第三套的非舌根的声母（即 *-p *-t *-ts）读为不送气的清塞音、清塞擦音；而在另一些方言中，这些非舌根的声母弱化为浊的持续音（半元音和边音）；还有些方言如邵武、将乐，这些非舌根的声母读为送气的清塞音、清塞擦音。属于第三套清音声母的舌根音 *-k，显示了一种更为复杂的演变，下文将讨论。

原始闽北方言的第三套清音声母，也引起了一套声调上的不同反映。在讨论声调的演变之前，我先把这第三套原始清音声母和今方言读法的对应关系列表如下。① 为方便起见，我用前加横杠来表示这套原始清音声母：*-p，*-t，*-ts，*-k。

	政和	崇安	建阳	建瓯	邵武	将乐
*-p	p, Ø	w, Ø	v, Ø	p, Ø	ph	ph
*-t	t	l	l	t	th	th, tšh
*-ts	ts	l	l	ts	th	tsh
*-k	k, h, Ø	w, h, Ø	h, Ø	k, Ø	h, Ø	kh, h

由这第三套清音声母引起的声调上的演变，不同于由其他清塞音、清塞擦音引起的声调演变。这声调上的不同反映，给了我们证明：闽北方言中的这套声母是一套独特的辅音。这套声母在声调上引起的反映列表如下。

	政和	崇安	建阳	建瓯	邵武	将乐
A	5	1	9	3	3	9
B	9	3	3	3	3	9
C	9	5	9	3	6	6
D	9	3	3	3	3	9

---

① 崇安和建阳方言中这些声母变为浊音这一点，可能意味着某种浊音因素（一个前缀或中缀？）对这些声母的演变发生了作用。但至今还没有足够的根据，来确定更为具体的音值。暂时，我们只用一个横杠加在声母之前，来标志这个使这套声母不同于一般的不送气清塞音、清塞擦音的未知因素。过去对这个问题的讨论，参看 Norman（1973）。

下面的例子可以说明这种声调上的不同反映。这里先交代一下举例时所用的符号。（1）凡是在声母或声调上，或既在声母又在声调上不符合对应规则的，用方括号标出。（2）只用来解释意义的汉字，用方括号标出；不标方括号的，表示是语源正确的本字。（3）没有调查记录下来的，用一字线表示；这种空白的情况，有的是因为这种方言用了别的词来表示这个概念，有的是因为语言学者（包括我自己）在调查记录时的疏忽。举例时以声母为纲。加上福州、厦门的例子，是要说明在福建东部方言中，没有保留这第三套清音声母的迹象。①

		政和	崇安	建阳	建瓯	邵武	将乐	福州	厦门
*-p	飞	ye⁵	y¹	ye⁹	y³	phei³	phø⁹	pui¹	pe¹
	补	[po³]	io³	vio³	pio³	phy³	phy⁹	puo³	pɔ³
	反	pain⁹	wain⁹	vain⁹	pain⁹	—	phãi⁹	pein³	pen³
	发	pue⁹	wai³	voa³	puɛ³	phəi³	—	puok⁷	puʔ⁷
	枫	—	ion¹	ion¹	—	phiun³	—	—	pŋ¹
*-t	ᶜ转	ten⁹	lyin³	lyen³	tyen³	thien³	thø⁹	tion³	tŋ³
	戴	tœ⁹	luai⁵	lue⁹	tuɛ³	thə⁶	[tai⁵]	tai⁵	ti⁵
	[干]干湿	tio⁵	liu³	lio⁹	tiau³	—	tšhau⁹	ta¹	ta¹
	ᶜ担	[tan¹]	lan³	lan⁹	tan³	[tan⁵]	than⁹	tan¹	tã¹
	单	[tuen¹]	luain¹	luen¹	tuen³	[tan¹]	[tãi¹]	tan¹	tuã¹
*-ts	早	tso⁹	lau³	lau³	tsau³	thau³	tsho⁹	tsa³	tsa³
	餐淡	tsian⁹	lian³	lian³	tsian³	thien³	tshian⁹	tsian³	tsiã³
	醉	[tsui⁵]	lou⁵	ly⁹	tsy³	[tsei⁵]	tshy⁶	tsui⁵	tsui⁵
	荐草垫,草席	tsaun⁹	luen⁵	lun⁹	tson³	thon⁶	—	—	—
	[稀]	tsain⁵	len¹	loin⁹	tsain³	thən³	—	—	—
*-k	菇	hu⁵	[ku¹]	[o³]	u³	u³	ku¹	ku¹	kɔ¹
	[老]②	—	uai¹	ue⁹	kuɛ³	hai³	—	kuai¹	kua¹
	蕨	—	—	ye³	yɛ³	[khye⁷]	khø⁹	kuok⁷	keʔ⁷
	饥	kye⁵	—	ye⁹	kyɛ³	—	khø⁹	kui¹	—
	高	ho⁵	au¹	au⁹	au³	[kau¹]	ho⁹	—	—
	狗	hu⁹	wu³	heu³	e³	[kəu³]	[keu³]	—	kau³
	膏熟猪油	[ko¹]	hau¹	au⁹	kau³	hau³	—	—	—
	割	uai⁹	uai¹	ue³	uai³	[koi⁷]	huai⁹	kak⁷	kuaʔ⁷
	繄	kai⁵	hai¹	ai⁹	kai³	—	—	kie¹	kue¹

---

① 在闽中永安方言中，也看不出有这套声母的确实根据。

② [老]，指菜老。邵武话指隔夜饭。

我们看到，在政和、崇安、建阳、建瓯，*-p 在前高元音前，一般都变成零声母。

*-k 在闽北方言中的演变，没有完全一致的趋向；构拟作 *-k 声母的字，主要根据声调上的反映，以及建阳、崇安缺乏舌根塞音声母遗迹这一点。有可能，原始闽北方言的 *-k 声母来源复杂，但现有的材料还不允许作多种来源的构拟。暂时最好还是把它看作一个单一的原始声母，来解释这种种不同的表现形式。

上表列举的种种读音，在词汇的最古老的层次所保留的情况，在各方言中是很不平衡的。很显然，从材料看，建阳话在这一点上是最保守的。相反，邵武话和将乐话，则接受较多的外部影响，保留有关的读音较少；尽管如此，通过比较各种材料，用比较语言学的观点，那套用来解释声母、声调似乎是异常情况的原始清塞音，还是可以成功地构拟出来。

通过深入挖掘闽北方言，我们看到，那个地区有三套清塞音、清塞擦音的明显迹象，而《切韵》音系只有两套。这第三套清音声母，因为没有更好的专门术语，姑且叫作弱化的塞音，用以表明现代方言中在声母、声调上有异常反映的一套现象。这第三套清音声母的迹象在建阳、建瓯、崇安、政和方言中保留得最多；而这套声母曾经存在的重要痕迹，在邵武、将乐话中也能看到。这组闽北方言，虽然和赣、客语有某些表面的相似之处，但从核心词汇看，可以看作原始闽语的早期分支，并且，从系谱学的观点看，应当把它归入闽语大家族。

参考文献

福建省汉语方言概况编写组　1962—1963　《福建汉语方言概况（讨论稿）》。福州。

福建师范大学中文系语言组　1982　《闽北方言词汇对比手册（讨论稿）》。福州。

Douglas. Carstairs　1899　*Chinese-English Dictionary of the Vernacular or Spoken Language of Amoy, with the Principal Variations of the Chang-Chew and Chin-Chew Dialects*. London: Publishing Office of the Presbyterian Church of England.

Maclay, R. S. and C. C. Baldwin　1970　*An Alphabetic Dictionary of the Chinese Language in the Foochow Dialect*. Foochow: Methodist Episcopal Mission Press.

Norman, Jerry　1973　Tonal development in Min. *Journal of Chinese Linguistics* 1: 222-238. 中译《闽语声调的演变》，载《中南民族学院学报》（哲学社会科学版）1985 年第 4 期。

原刊于 1986 年第 1 期

双宾语结构从汉代至唐代的历史发展

〔法〕贝罗贝

提　要：本文主要讨论双宾语结构从汉代至唐代的变化过程。在战国时期，双宾语结构的基本形式是：A.动词＋间接宾语＋直接宾语；B.动词＋直接宾语＋于（於）＋间接宾语；C.以＋直接宾语＋动词＋间接宾语；D.动词＋直接宾语＋间接宾语。到汉代，除去跟上古后期汉语同样的四种与格形式之外，出现一个新结构——"动$_1$＋动$_2$＋间接宾语＋直接宾语"。到魏晋南北朝"动$_1$＋动$_2$＋间接宾语＋直接宾语"已经很普遍了。同时，始自后汉的"动$_2$"词汇上的统一化更普遍了。"与"也越来越常见于"动$_2$"的位置上。从唐起，上古汉语的基本结构继续维持"动词＋间接宾语＋直接宾语""动词＋直接宾语＋于＋间接宾语""以＋直接宾语＋动词＋间接宾语"。但其中最后两种，自此之后只用于文言文，只有第一种在白话中亦可以运用。汉代与魏晋时代的另外两种结构"动$_1$＋动$_2$＋间接宾语＋直接宾语""动$_1$＋直接宾语＋动$_2$＋间接宾语"继续存在，并在白话的文献里相当普遍。

1. 引论

本文主要讨论双宾语结构从汉代至唐代的变化过程。现代汉语中的双宾语结构是在公元一世纪至十世纪这段时间内定型的。

1.1　现代汉语中的双宾语结构

现代汉语中有五种基本的双宾语结构（所谓基本，即不是靠省略或移动而得到的结构）：1.动词＋间接宾语＋直接宾语（简称"动＋间＋直"，下面简称同此）；2.动＋介词"给"＋间＋直；3.动＋直＋给＋间；4.给＋间＋动＋直；5.介词"把"＋直＋动＋介词"给"＋间。这些不同的双宾语形式所采用的有"本义与格动词"（verbes à datif lexical）和"申延与格动词"（verbes à datif étendu）。"本义与格"式的动词分两类：＋"给"式动词（例如"送、卖、传"等）和＋"受"式动词（例如"买、取、受"等）。"申延与格"式的动词是＋"给"和＋"受"式的动词以外的其他动词。例如：

（1）他们送一本书给我。

（2）人家偷了他一个手表。

（3）她打了一件毛衣给我。

例1中的动词是"本义与格"式的＋"给"式动词，以下简称为"动a"。例2中的动词是"本义与格"式的＋"受"式动词，以下称为"动b"。例3中的动词是"申延与格"式的动词，以下称为"动c"。①

从语义上来看，上面这些双宾语结构的句子有以下的特点。两人之间交换了直接宾语所指之事物。这种交换可以有两个方向：（一）从作主语的名词到作间接宾语的名词（例1），即间接宾语为直接宾语的"受者"（destinataire）或"得益者"（bénéficiaire）；（二）从作间接宾语的名词到作主语的名词，即间接宾语为直接宾语的"来源"（source）（例2）。受者与得益者的分别如下：受者是直接接受直接宾语所指之事物的人，而"得益者则为主语与直接宾语之间的动词关系在实践时所指的对象"②。

1.2　先秦汉语的双宾语结构

在战国时期（即公元前五世纪至公元前三世纪的上古后期）的古汉语中，双宾语结构的基本形式如下：

A. 动＋间＋直

B. 动＋直＋于（於）＋间

C. 以＋直＋动＋间

D. 动＋直＋间。③

例如：

（4）王使荣叔来锡桓公命（《左传·庄公元年》）　　　　　　　　A式

---

① 有关"本义与格"式和"申延与格"式的概念，参看 C.Leclere（1978），A.Peyraube（1984，25页及以下各页）。朱德熙（1979）也区分了三种动词：Va（表示"给予"的动词），Vb（表示"取得"的动词），Vc（既不表示"给予"又不表示"取得"的动词）。两种分类法是非常接近的。

② 参看 M. C. Paris（1982）。所引原文的法文是："Le destinataire est celui qui recoit directement l'objet direct alors que le bénéficiaire est celui l'intention duquel se matérialise la relation exprimée par le verbe entre le sujet et l'objet direct."

③ 有关"动＋间＋以＋直"（C式另外一种形式），我们认为"动＋间＋以＋直"来自"以＋直＋动＋间"，并非如 D. Leslie（1964）所说的后者来自前者。D式比前面三种（A、B、C）罕见得多。参看 A.Peyraube（将发表）。
在甲骨文（公元前十四至公元前十一世纪）的语言里甚至在上古前期（公元前十一至公元前六世纪）的小部分文献中，我们也可以找到"于＋间＋动＋直"及"动＋于＋间＋直"的结构；不过它们后来（在上古后期语言中）消失了。参看 P.L.M.Serruys（1981），管燮初（1953），沈春晖（1936），W.A.C.H.Dobson（1960，63页及以下），A. Peyraube（1984：105页及以下，143页及以下）。

（5）大夫能荐人于诸侯（《孟子·万章上》）　　　　B 式

（6）孔子以其兄之子妻之（《论语·先进》）　　　　C 式

（7）使坚牛请之叔孙（《韩非子·内储说上》）　　　D 式

我们曾在另外一篇论文中指出，除了少数例外，"动 b"和"动 c"类动词只可以用于 B、D 式结构；[①]"动 a"类动词（"动 a"占上古后期双宾语结构动词的绝大部分）却可以用在 A、B、C 或 D 各句型中。

2. 汉代：一个新结构"动$_1$+动$_2$+间+直"的产生

2.1　前汉

在前汉时期，我们可以看到跟上古后期同样的与格形式（A、B、C、D）。不过，值得注意的是，在这个时期，一个新的结构出现了，即"动$_1$+动$_2$+间+直"。在司马迁（约公元前 145—公元前 87？）的《史记》中，我们可以找到不少例子。"动$_1$"是任何一个"动 a"类动词，例如："分、赐、传、给（jǐ）、献"等。"动$_2$"则只包括三个动词："与、予、遗"。"动$_1$"与"动$_2$"的分别在于前者是语义上特定的（spécifique）"动 a"类动词，而后者是语义上中性的、一般的（neutre）"动 a"类动词。"动$_2$"只说明"简单的给予"，而不是像"动$_1$"一样是"特别的给予"或"有特定意图的给予"。[②]所以说"动$_1$+动$_2$+间+直"结构，在语义之上而言，是一个重复性的结构，因为"动$_2$"重复了已表达了"给予"语义的"动$_1$"。以下是《史记》中"动$_1$+动$_2$+间+直"的例子：[③]

甲　动$_2$＝与

（8）卓王孙……而厚分与其女财（《史记》，117，3047）[④]

（9）我有禁方，年老，欲传与公（《史记》，105，2785）

（10）有贤者，窃假与之（《史记》，75，2357）

乙　动$_2$＝予

（11）卓王孙不得已，分予文君僮百人（《史记》，117，3001）

（12）式辄复分予弟者数矣（《史记》，30，1431）

（13）乃徙贫民……七十余万口，衣食皆仰给县官，数岁，假予产业（《史记》，30，

---

① 参看 A. Peyraube（将出版）。这是一个有争论的问题。王力（1981，250 页）认为一般的动词（即不是"动 a"类动词）可以进入 A 式，动词后面可紧随着两个宾语（间接和直接宾语）。这看法亦牵涉到最近几年来在《中国语文》中有关"之"的性质的讨论（是宾语还是定语）。参看何乐士（1980）、刘百顺（1981）、刘乾先（1982）、马国栋（1980）、王冠军（1982）。

② 当"遗"是"动$_1$+动$_2$+间+直"形式的"动$_2$"时，它有"给予"的一般意义。参看《辞源》（1984，第四册，3090 页）。

③ 以下的例句不少引自 Ushijima，T.（1967，49 页及以下各页）。

④ 第一个数字代表卷数，第二个数字代表页数。我们所用的是 1973 年北京中华书局的版本。

1425）

丙 动₂＝遗

（14）人闻其能使物及不死，更馈遗之（《史记》，28，1385）

（15）自是之后，孝景帝复与匈奴和亲，通关市，给遗匈奴（《史记》，110，2904）

（16）乌氏倮……闲献遗戎王（《史记》，129，3260）

上述"动₁＋动₂＋间＋直"的与格形式，直接宾语可以从缺（例9、10、12、14、15、16）。直接宾语的省略颇常见，尤其是直接宾语在句子的上文中已出现过时。同样地，间接宾语亦可从缺（例13）。有时，两个宾语都可以被省略。例如：

（17）贲赫自以为侍中，乃厚馈遗（《史记》，91，2603）

当直接、间接两个宾语均缺时（例17），两个"本义与格"的"动a"类动词的存在说明了这无疑是宾语被省略了的"与格式"结构。

"动₁＋动₂＋间＋直"结构，在汉语语法的历史中突然出现。历史语法学者一般以为句法上的变化是渐进的，所涵盖的时期亦相当长。[①]"动₁＋动₂＋间＋直"的出现却说明与此相反，亦即是支持了 D.Lightfoot（1979，Ⅰ，5）的理论。他认为语法系统的演变过程中有"重新分析"（réanalyse）的发生，同时这些重新分析是突然的变化。我们也可以说"动₁＋动₂＋间＋直"的出现是"突变"（catastrophe）的表现，即法国数学家 R.Thom 所提出的"突变理论"中的现象。[②] R.Thom 认为，某个系统的整体演变是延续的一连串的演变所构成的，但这些演变与跃进是不相同的。[③] D. Lightfoot（1980）以水结冰过程类比于这些突然变化，水的温度有规律地逐渐降低，表面上并没有任何变化（水还是水），直至突然间结成冰。

我们虽然可以在上古汉语中偶然找到"动₁＋动₂＋间＋直"的例子，但是这些例子都是个别的，并不能表示这个结构在这个时期已经存在。这些例子也可能是后人加添的。我们在《诗经》与《韩非子》中碰见了"锡予""施与"的例子：

（18）君子来朝，何锡予之（《诗经·小雅·采菽》）

（19）施与贫困者（《韩非子·奸劫弑臣》，14，753）[④]

例18中的"锡"可能并不是动词，而是名词（"礼物"的意思）。S.Couvreur（1896，300页）就是这样解释这句子的。例19中的动词"与"，在大多数《韩非子》的版本中均有，但是在最早的宋乾道版中却没有（句子为："施贫困者"），因此可以怀疑这是后人加上

[①] 参考 J.H.Greenberg（1977，63 页），S.Chung（1977），S.Romaine（1981）。

[②] 法文名词 catastrophe 的意思是"突然降临的灾难"。英文翻译为 catastrophe theory。

[③] 参看 R.Thom（1983，60 页）。原文为：L'évolution globale d'un système se présente comme une succession d'évolutions continues，mais qui sont séparées par des sauts brusques de nature quailtativement différente。

[④] 我们所用的版本为1982年北京中华书局的《韩非子索引》。第一个数字是卷数，第二个数字代表页数。

去的。①

我们如何能解释"动₁＋动₂＋间＋直"这个结构在前汉时期的突然出现呢？我们认为以下的假设比较可信：因为当时的语言里本来已有"动₁＋动₂"并列动词谓语句、连动式和"动＋趋向补语"，所以产生了一个同类（analogie）现象，即带来了"动₁＋动₂＋间＋直"这个与格结构。

如果这个新结构的诞生的确像上文所说的是一种突然变动的征象，那么如 D. Lightfoot（1979，Ⅰ）所提出的理论一样，我们应该在这个结构出现的同时或稍前，发现其他导致大变动的小变化，而且这些变化应该互相关连着，并依赖着同一个重新分析，即基本的重整（réanalyse radicale）。的确，这个新结构的出现并不是单独的现象。在公元一世纪左右，出现了一连串语法上的变化，形成了构词法上大量的双音节动词，以及在句法上的并列动词谓语句、连动式或动补结构。②

"动₁＋动₂"连动式或"动＋趋向补语"动补结构可能并非产生在前汉时代，不过肯定在前汉时期已发展得相当成熟了。③"动＋间＋直"结构从而产生了牵涉两个在语义上相近的动词的"动₁＋动₂＋间＋直"的形式。像"动＋间＋直"一样，"动₁＋动₂＋间＋直"结构在当时只可以应用于"动 a"类的"动₁"动词，而且两个结构所表达的意义也完全一样。④

2.2 后汉

在后汉的佛经等文献中，⑤"动₁＋动₂＋间＋直"格式出现的次数非常多。直接宾语往往从缺，或在"动₁"之前，因此带来"（直）＋动₁＋动₂＋间"的形式（如下例21、25）。间接宾语亦可能从缺，直接宾语不在动词之后而在动词之前，因此产生了以下形式——"动₁＋动₂"（例20、24）。最后，也有"以＋直＋动₁＋动₂＋间"这个结构（例22、23）。例如：

（20）若有求索者，已所喜而施与（《大正藏·阿处佛国经》，313 号，十一本，754 页）

---

① 参看《韩非子索引》753—754 页。

② 关于这些变化，参看何乐士（1984）和程湘清（1984）。

③ 关于汉代并列动词谓语句和连动式的发展，参看何乐士（1984）。她指出《左传》里有连动式，不过大都有"而、以"连接；《史记》里则几乎不用连词了。至于动补结构的产生和发展，意见相当分歧。王力（1958，403 页）跟祝敏彻（1958）都认为"动＋补"结构在前汉开始有，潘允中（1980）、尹玉（1957）都找到了上古后期的"动＋补"结构的不少实例。梅祖麟（将发表）给动补结构下了新的严格定义，并提出一般的"动·补"结构产生在五至六世纪的魏晋时代。所以我们只提到汉朝的"动＋趋向补语"结构。这结构在汉代已存在，是没有人否认的事实。

④ 这否定了 R. Stockwell（1976，32 页）的看法："我认为所有语法变化都是来自语义或语音上的因素。"原文为："I claim that all syntactic changes are motivated by semantic and/or phonetic considerations." D. Lightfoot（1979，152 页）提出了相反的看法。

⑤ 《大正新修大藏经》里的后汉佛教文献一共有九十六篇。E.Zurcher（1977）证实了其中二十九篇。我们就是以这二十九篇作为资料。

（21）十九者菩萨布施与人（《大正藏·伅真陀罗所问如来三昧经》，624 号，15 本，356 页）

（22）比丘即以密饼授与之（《大正藏·阿阇世王经》，626 号，15 本，394 页）

（23）以净水浆给与众僧（《大正藏·成具光明定意》，630 号，15 本，457 页）

（24）其所有物而施与（《大正藏·他真陀罗所问如来三昧经》，624 号，15 本，366 页）

（25）其人所行处，满中珍宝布施与佛（《大正藏·般舟三昧经》，418 号，13 本，917 页）

赵岐（？—201）在用当时的语言来解释《孟子》时，也使用了先秦没有的"以 + 直 + 动$_1$ + 动$_2$ + 间"形式，例如：

（26）以天下传与人尚易也（《孟子正义》，230 页）[①]

例中第一个动词"动$_1$"仍是"动 a"类动词（就是说表示用某种特别方式，或以某种特别意图来"给予"）。但是第二个动词（"动$_2$"），《史记》时代在"动$_1$ + 动$_2$ + 间 + 直"中占"动$_2$"位置的"与""予""遗"的三个语义上中性的"动 a"类动词再也不能全部都适用。在赵岐注译的《孟子》及后汉的佛教文献里，"动$_2$"几乎可说只有"与"一个了。[②]

因此，"动$_2$"的不同动词的词汇统一化（unification）——最后只剩下"与"一个动词——的过程已经开始了。我们也可以比较《史记》跟《汉书》（公元二世纪的文献）中的"动$_1$ + 动$_2$ + 间 + 直"与格式来证实这个过程。这个比较工作是建立在以下的预设之上的：《史记》早于《汉书》，所以《汉书》的编著者在撰写《汉书》时，必已熟悉《史记》。[③]通过《汉书》跟《史记》的比较，我们指出以下三点。

甲 当《史记》中"动$_1$ + 动$_2$ + 间 + 直"的与格式中的"动$_2$" = "与"时，《汉书》原封不动地把《史记》的句法搬过去。例如：

（27）卓王孙……乃厚分与其女财（《汉书》，57 下，2581）[④]（即例 8）

乙 《史记》中同样的结构，当"动$_2$" = "予"时，《汉书》系统地以"与"代替"予"。因此例 11、12、13 变为 28、29、30：

（28）卓王孙不得已，分与文君僮百人（《汉书》，57 上，2531）

（29）式辄复分与弟者数矣（《汉书》，58，2624）

（30）乃徙贫民……七十余万口，衣食皆仰给于县官，数岁，贷与产业（《汉书》，24 下，1162）

---

① 我们所用的版本是 1957 年北京中华书局的《孟子正义》。
② 其中有些例外，较突出的是几个在《大正藏》里有"馈" + "遗"的罕见例子，特别是文献第 418 号。
③ 这也牵涉了一个观点上的争论。我们认为左景权（Dzo Ching-Chuan, 1978, 271 页）的看法比较有说服力。他本人的看法与较早的 E. Chavannes（1895）一样。E. Chavannes 认为"我们今天所看到的《史记》绝大部分地保留了原来《史记》的面目"。
④ 第一个数字代表卷数，第二个数字代表页数。所用的是 1975 年北京中华书局的版本。

丙 《史记》中同样的结构，当"动₂"="遗"时，《汉书》中若不是原封不动地重复这些句子，便是把结构简略为"动₁+间+直"（就是说"遗"被省略了）。因此例31跟例14一样，而例16则变成例32：

（31）人闻其能使物及不死，更馈遗之（《汉书》，25上，1216）（同例14）

（32）乌氏嬴……间献戎王（《汉书》，91，3685）

所以说，在后汉时代，"动₂"统一化为"与"的过程展开了，这是毫无疑问的。不过，这过程从开始至完全完成要经过一段很长的时间。这个演变是一个缓慢的过程，在性质上跟"动₁+动₂+间+直"在前汉的突然产生是完全不同的。可能是因为这次过程所牵涉的是简单的词汇方面的替换，而不是结构上的革新。

3. 魏晋南北朝时代："动₁+直+动₂+间"的产生

3.1 动₁+动₂+间+直

魏晋南北朝时代，"动₁+动₂+间+直"形式已经非常普遍了。同时，始自后汉的"动₂"词汇上的统一化，在此时更为普遍了。当"动₁+动₂+间+直"这个结构越来越普遍的时候，"与"也越来越常见于"动₂"的位置上，而且不久后将变为唯一可以放在这个位置上的动词了。例如：

（33）桓公见谢安石作简文谥议，看竟，掷与坐上诸客（《世说新语·文学》，156页）

（34）时远方民，将一大牛肥盛有力，卖与此城中人（《大正藏·生经》，154号，3本，98页）

（35）此经是诸佛秘要之藏，不可分布妄授与人（《大正藏·妙法莲华经》，262号，9本，31页）

（36）乃令人买大筲送与之（《宋书》，93，2291）

（37）谢万寿春败后还，书与王右军（《世说新语·轻诋》，527页）[①]

（38）时方给与姜维铠仗[②]

像前述汉代的例子一样，上面33—38的例子（其中直接宾语往往从缺或在动词前面）中的间接宾语是"动₁"以及"动a"所表示的行动的受者。"动₁"跟"动₂"一样都是"动a"类动词。不过亦有几个"动c"类动词作为"动₁"的例子。只是"动b"类动词仍然不能用于"动₁+动₂+间+直"这个结构中。[③]例如：

（39）公于是独往食，辄含饭箸两颊边还吐与二儿（《世说新语·德行》，15页）

---

① 所用的《世说新语》版本是1966年台北世界书局的。所用的《宋书》版本是1974年北京中华书局的。

② 这个例子引自Ushijima, T.（1971，29页）。作者并没有引出处。前面的例子亦有不少引自Ushijima, T.。

③ 现代汉语中的"动+给+间+直"结构，并不适用于"动c"或"动b"类动词。

（40）所得赐遗，悉用与卿（《大正藏·生经》，154号，3本，75页）

在这些例子里，间接宾语不再同时是"动₁"和"动₂"的受者，而只是"动₂"的受者。

当"动₁"是"动 a"类动词时，"动₂"（"与"）是否仍然保持"给予"的意义，还是它已丧失这个意义，而变为一个虚词，这是很难概括地回答的问题。

不过我们还是坚持"与"在魏晋南北朝时期仍是动词的看法。[①] 在"动₂"动词统一化为"与"这个过程还没有完全完成之前，"与"不大可能已经变为一个介词。而我们仍可找到几个"遗"处在"动₂"位置上的罕见例子来说明这个过程还没有完成。如例40以及：

（41）长者即见，进其所赍馈遗之具（《大正藏·生经》，154号，3本，87页）

3.2 动₁+直+动₂+间

在这时期还出现了另一个新的与格结构："动₁+直+动₂+间"。这新结构约在四至五世纪出现，在此之前，我们只在后汉佛教文献中找到一个例子：

（42）让国与叔（《大正藏·大安般守意经》，602号，15本，163页）

在开始的时候，它只适用于有限的动词，而且普遍程度不及"动₁+动₂+间+直"。在"动₂"位置上一般是动词"与"，就像"动₁+动₂+间+直"格式一样。但有时"动₂"不是"与"而是"遗"，这种例子，我们目前只找到了一个：

（43）送一船米遗之（《世说新语·方正》，213页）

这例句说明"动₂"的统一化过程还没有完成，所以把"与"仍旧看成一个独立动词比较妥当。在"动₁"的位置上，我们可看到不同的"动 a"类动词。例如：

（44）阮家既嫁丑女与卿（《世说新语·楼逸》，421页）

（45）时跋跋提国送狮子儿两头与乾陀罗王（《洛阳伽蓝记·成北》，151页）[②]

（46）临去，留二万钱与潜（《宋书》，93，2288页）

（47）妇故送新衣与（《世说新语·贤媛》，436页）

在"动₁+直+动₂+间"这个结构里，我们也可以看到"动 c"类动词，就如在"动₁+动₂+间+直"的结构一样。不单如此，我们甚至也可以在同一位置上看到"动 b"类动词；不过"动 b"类动词就不能像"动 c"一样，适用于"动₁+动₂+间+直"的结构。例如：

甲　"动 c"类动词：

（48）作笺与殷（《世说新语·排调》，512页）

乙　"动 b"类动词：

[①] 我们只能找到一个不符合这个假设的例子："教与群下"（《三国志·蜀9·董和》。1975年北京中华书局的版本，979页）。

[②] 所用的版本是1974年台北世界书局。

（49）帝令取鼓与之（《世说新语·豪爽》，375 页）

（50）把粟与鸡呼朱朱（《洛阳伽蓝记·城西》，109 页）①

（51）即持此宝与诸兄弟（《大正藏·生经》，154 号，3 本，88 页）

这个结构是怎样出现的呢？有一个说法是："动₁＋直＋动₂＋间"形式的出现是为了要代替上古汉语的"动＋直＋于＋间"结构。在魏晋南北朝时期"动＋直＋于＋间"结构仍旧存在，可是比在先秦及汉代少见得多。那从"动＋直＋于＋间"到"动₁＋直＋动₂＋间"只有词汇上的替换："动₂"代替"于"。这个说法不能令人满意，因为我们不可能假定有介词"于"变为动词"与"的这么一种词类转变；这种转变在语法历史中是绝对没有的。

我们这里想提出另外一个假设。"动₁＋直＋动₂＋间"来自"动₁＋动₂＋间＋直"，其中"动₂＋间"的成分移到直接宾语后面了。这转移的原因是当时已经有了一个"动＋宾语＋趋向补语"结构。这同样是一个同类现象。

我们在上文以在先秦时代已出现，并在汉代普及的连动式及"动＋趋向补语"结构来解释"动₁＋动₂＋间＋直"的产生；当宾语后来在后汉时代出现于"动＋趋向补语"结构的动词和补语之间时，它又推动了来自"动₁＋动₂＋间＋直"的"动₁＋直＋动₂＋间"这个新的结构。

胡竹安（1960）提出了以下的看法："动＋直＋与＋间"通过直接宾语的省略或移动产生了"动＋与＋间"。他这个看法在历史上是站不住脚的。"动＋与＋间（＋直）"形式远在"动＋直＋与＋间"之前已经产生了。一个较早就存在的结构当然不可能来自一个较后期的结构。这可能是由于他没有看出"动＋与＋间（＋直）"结构在前汉已经出现，在魏晋时代已经运用得很普遍了。

前文所引的例子表明了"动＋与＋间（＋直）"的结构早在西汉时代已存在，在魏晋时已非常普遍。至于"动＋直＋与＋间"这个形式，则出现在魏晋时代。所以我们提出的是与胡竹安相反的观点："动₁＋动₂＋间＋直" ＞ "动₁＋直＋动₂＋间"（＞表示历史转换）。

有关这个历史上的变化（dérivation historique）还有最后一个问题。是所有"动₁"动词都能进入这些转换的结构，抑或只有"动 a"类动词能？这个问题之所以有意思，是因为"动 b"类或"动 c"类动词的表现跟"动 a"类动词的表现不同。我们可以指出几点。

（一）当动词为"动 b"类或"动 c"类动词时，间接宾语只是"动₂"（一般的是"与"）的受者而并非同时是"动₁"及"动₂"的受者。这跟当"动₁"为"动 a"类动词时的情况相异。

---

① 我们的看法与太田辰夫（1958，259 页）或潘允中（1982，262 页）的相反。我们认为例 57 中的"把"是具有"拿"意义的动词而不是处置式的介词"把"。参看 A. Peyraube（1985）。

（二）"动 c"类动词在"动 $_1$+直+动 $_2$+间"形式中，比在"动 $_1$+动 $_2$+间+直"的形式中常见得多。

（三）当"动 $_1$"为"动 b"类动词，我们只可能有"动 $_1$+直+动 $_2$+间"的格式；"动 b"类动词不能用于"动 $_1$+动 $_2$+间+直"结构中的"动 $_1$"里。

这几点指出当"动 $_1$"是"动 b"及"动 c"类动词时，认为"动 $_1$+直+动 $_2$+间"来自"动 $_1$+动 $_2$+间+直"并不是很妥当的看法。

所以我们主张"动 $_1$+动 $_2$+间+直"＞"动 $_1$+直+动 $_2$+间"，这历史上的变化只限于当"动 $_1$"是"动 a"类动词时。同时，我们估计首先只适用于"动 a"类动词的"动 $_1$+直+动 $_2$+间"结构里，后来在普及化的时候，"动 $_1$"位置的动词的语义范围扩大了（extension），渐能接受"动 b"或"动 c"类动词。

当"动 $_1$+直+动 $_2$+间"形式发展到能轻易地接受"动 b"类或"动 c"类动词时，接着产生了以下的变化："动 $_1$（动 c 类的）+直+动 $_2$+间"＞"动 $_1$（动 c 类的）+动 $_2$+间+直"。①

4. 唐宋时期："动 ＞ 介"虚词化的发生

从唐起，上古汉语的基本结构继续维持"动+间+直""动+直+于+间""以+直+动+间"。但其中最后两种自此之后只用于文言文，只有第一种在白话中亦可以运用。汉代与魏晋时代的另外两种结构"动 $_1$+动 $_2$+间+直"及"动 $_1$+直+动 $_2$+间"继续存在，并在白话的文献里相当普遍。有关"动 $_1$+动 $_2$+间+直"形式自后汉开始的词汇上的统一过程，在唐初已完全结束。这个与格式中的所有"动 $_2$"都只用一个动词"与"来表达。为什么用"与"来代替"予"及"遗"呢？大概是因为"与"是表示"给予"概念的动词中最普遍的一个。

所以，从唐初起，实现了如下所示的变化：

动 $_1$+动 $_2$（与、予、遗）＞动 $_1$+动 $_2$（与）

适用于"动 $_1$"的动词越来越多：最主要的还是"动 a"类动词，但也有一些"动 c"类动词。只是仍然不见"动 b"类动词。例如：

（52）单于闻语，遂度与天使弓箭（《敦煌变文集》，205 页）②

（53）某因说与他道（《朱子语类 11·学五·读书法下》，306 页）③

（54）自是天理付与自家双眼（《朱子语类 114·朱子十一·训门人二》，4396 页）

---

① 要注意的是这个新的变化还只是牵涉"动 c"类动词而不牵涉"动 b"类动词。

② 所用的版本是 1957 年北京人民文学出版社的。

③ 所用的版本是 1962 年台北正中书局的。

（55）须说与己共南朝约定与了燕京（《三朝北盟会编》卷 4 ·《燕云奉使录》4 上页）[①]

（56）女王遂取夜明珠五颗白马一匹赠与和尚（《大唐三藏取经诗话》，18 页）[②]

（57）譬如一片地作契卖与你（《祖堂集》19，361 页，96 号）[③]

（58）今嫁与辽东太守毛伯达儿（《敦煌变文集》，871 页）

（59）如把屎块子向口里含了吐过与别人（《大正藏·古存宿语录》，103 号）[④]

双音节的动词也可在"动₁"的位置上：

（60）教某甲分付与阿谁？（《祖堂集》11，210 页，80 号）

（61）物若作怪，必须转卖与人（《敦煌变文集》，367 页）

同样地，在"动₁＋直＋动₂＋间"的结构中，从此只有"与"这个动词才可以处于"动₂"的位置上。这个结构的"动₁"包含"动 a"类动词，以及"动 c"类动词，甚至"动 b"类动词。例如：

（62）取三两粉与这个上座（《祖堂集》6，119 页，54 号）

（63）你若输则买糊饼与老僧。老僧若输则老僧买糊饼与你（《祖堂集》18，336 页，45 号）

（64）意欲寄书与人（《敦煌变文集》，37 页）

（65）天使我送苪一双与汝来（《敦煌变文集》，867 页）

（66）自作饭饨与客僧（《入唐求法巡礼行记》2，59 页）[⑤]

（67）写数百卷与邓三藏（《入唐求法巡礼行记》3，64 页）

间接宾语有时在"动＋直＋与＋间"的结构中从缺，我们因此得到"动＋直＋与"的结构。例如：

（68）师拈一个钱与（《祖堂集》18，333 页，40 号）

（69）相公处分左右，取纸笔来度与，远公接得纸笔（《敦煌变文集》，177 页）

上文说过，魏晋时代（汉代更不在话下了）"动₁＋动₂（与）＋间＋直"及"动₁＋直＋动₂（与）＋间"结构是连动式或并列动词谓语句；换言之，"与"是一个真正的动词，是一个实词，即"给予"的意思。在"动₂"统一化为"与"还没有完成之前，"与"不太可能已经失去了它的本义。

但是，从唐起，"与"是否为动词这个问题就很难解答了。我们刚说过，词汇统一化过程已经完成了。这似乎马上带来了一个新的语法变化过程："与"好像已失去了"给予"的

[①] 所用的版本是 1977 年台北文海出版社的。

[②] 所用的版本是 1978 年台北广文书局的。

[③] 所用的版本是 1979 年台北广文书局的。

[④] 例子是引自 H. Maspero（1914，19 页）。

[⑤] 所用的版本是 1976 年台北文海出版社的。

意义，而变成一个与格介词。以"说"为"动₁"类动词的例句，如例 53、55，就很清楚地说明了这一点。我们认为"与"这个词素再也不能被视为实动词，而是引进间接宾语的介词。①

其实在上述例 52—69 所有以"动 a"类动词为"动₁"的例句之中，"与"都可以被解释为一个引入受者间接宾语的与格介词。不论是"动＋与＋间＋直"还是"动＋直＋与＋间"结构都有上述这个情况。②

当"动＋与＋间＋直"及"动＋直＋与＋间"结构的动词是"动 b"类或"动 c"类动词时，"与"仍然保持"给予"的意义，因此仍是个动词。

所以刚才提出的"动₁＋动₂（与）＋间＋直"或"动₁＋直＋动₂（与）＋间"的"动₂""与"变成介词"与"这个变化适用于以下情形："动₁"应是一个"动 a"类动词。

指出动词"与"的语法化的准确时期是非常困难的。整个演变是一个渐进的、涵盖几个世纪的过程。不过，我们认为这语法变化不会产生在"与、予、遗"统一化为"与"的过程之前。这过程始于后汉，发展于魏晋南北朝，完成于唐初。另一方面，我们只能在"与"跟"说"一类动词并用时，才能肯定"与"的意义虚化；在这种情况下，我们绝对不可能把"与"仍然看成真正具有"给予"意义的动词。然则，我们在魏晋南北朝时期的文献中并没有找到"说＋与＋间（＋直）"或"说＋直＋与＋间"的例子。③ 所以我们想"动词'与'＞介词'与'"的变化不是在唐初以前开始的。

直至十世纪，我们仍然可以把"动＋与＋间＋直"结构中的"与"作为动词来分析，比如下面这样的例子：

（70）家财分作于三亭，二分留与于慈母（《敦煌变文集》，756 页）

这个"动₁＋动₂＋于＋间"结构亦显示了"与"不可能是介词，因为它本身就在介词"于"的前面。不过这种例句是很少见的。

最后，如果说"与"的语法化最晚在十世纪完成，那是因为是在这一时期，"与＋间"词组可以转移到动词之前。一个新的与格式跟着产生："与＋间＋动＋直"。"与＋间"词组在动词前的时候，我们不能认为"与"仍然保持了原来"给予"的全部意义。我们可以合理

---

① 有人认为"与"像后来代替它的"给"一样，从来没有变为介词，一直都是实词素，例如胡竹安（1960）。我们承认（但在这里为了避免冗长，不作解释）"与"跟后来的"给"一样，同时是动词及介词。当它们没有"给予"的实义时，它们是语法词素，可以说是介词。有关"给"的不同的看法，请参看朱德熙（1979）。

② 甚至例 69 与例 70 中的"与"也可以说是已经丧失了实义。"与"在句子煞尾这一点并不重要。我们确实没有任何理由认为中古汉语，甚至近代汉语中的介宾结构的宾语，像现代汉语一样不能省略。

③ 魏晋时期中唯一"与"可能已是介词的例子为"教与群下"。不过，一个单独的例子并不能推翻我们的看法，即"与"在魏晋南北朝时期，在"动＋与＋间＋直"及"动＋直＋与＋间"结构中，仍是动词。

地假定"与＋间"的转移，只有在"与"的虚化完成之后才能实现。以下是"与＋间＋动＋直"的例子：

（71）与老僧过净瓶水（《祖堂集》2，58 页，116 号）

（72）他也略不与人说待了方与说（《薛朱子语类》103《罗氏门人》，4133 页）

（73）陛下受命不过一百年，（欲）此桃，与谁人食之？（《敦煌变文集》，162 页）

（74）请君与我说来由（《敦煌变文集》，798 页）[1]

这个新的形式在此时只适用"动 a"类动词。[2] 它是怎样产生的呢？当"与＋间"不是动词结构而是介词结构时，"与＋间"的位置便可能被转移了，因为大部分的介词结构自几个世纪以来，是在动词之前的。例如自魏晋南北朝以来，表示处所、方位的介词结构就是这样。[3] 因为介词结构的正常位置是在动词之前，所以当"与＋间"的与格式结构变为介词结构时，就自然地被转移到动词之前了。

在这里，我们插进几句有关同类现象的说明。上文数次提到这个概念，因为许多历史语法上的变化都是明显的同类扩大。但是，如 D. Lightfoot（1981：225）所强调："虽然许多重新分析可以被解释为同类现象的扩大，但是这个事实并没有使同类现象成为一个变化的原则，也更不能使同类现象成为某种解释原则。"[4]

最后，当"与＋间＋动＋直"出现时（十世纪），另外一个新的与格式产生了："把（或"将"）＋直＋动（＋与）＋间"。这个新的结构也是一个介词结构到动词前的转移的例子。[5]例如：

（75）我若将一法如微尘许与汝受持则不得绝（《祖堂集》13，247 页，8 号）

（76）如将一贯已穿底钱与人及将一贯散钱与人，只是一般都用得不成（《朱子语类 117·朱子 14·训门人五》，4514 页）

（77）除是将燕京与南朝（《三朝北盟会编》卷 4《燕云奉使录》4 上页）

（78）火急将吾锡杖与（《敦煌变文集》，730 页）

这个新的与格式亦只能适用于"动 a"类动词。

---

① 有关这些结构，我们往往很难确切知道它们究竟是真正的与格式，还是替格式（forme bénéfactive），即"与"有"替"的意思。上下文不一定每次能帮助我们作出决定。不过这些解释上的困难，并不能推翻唐代已有动词前的与格式的介词结构的看法。例 72、74、75 的上下文指出这些句子有确定的与格式的介词结构。

② 例 74 的"食"有"给吃"的意思。

③ 詹秀惠（1973，382 页）在《世说新语》里找到了一百零三个在动词前的处所介词结构；只有十二个动词后的处所介词结构。

④ D. Lightfoot 的原文为："The fact that many re-analyses can be interpreted as analogical extensions does not make analogy a principle of change，least of all an explanatory principle."

⑤ "把"/"将"的结构已经存在两个世纪了，但是并非在与格式里面。P.A.Bennett（1981）认为最早的"把"字句见于双宾语结构句子，这看法是不对的。参看 A. Peyraube（1985）。

5. 结论

从中古后期开始，我们可看见以下五种基本的结构："动＋间＋直""动＋与＋间＋直""动＋直＋与＋间""与＋间＋动＋直""把（或"将"）＋直＋动（＋与）＋间"。

但与格式的演化并没有在中古后期停止。重要的变化此后仍然跟着发生，只不过新的结构再也没有出现。从宋末至清之间所发生的变化大致如下。

5.1 "动＋间＋直"。从宋末开始，这个形式的动词可以是一个"动 b"类动词。间接宾语是直接宾语的来源。

5.2 "动＋与＋间＋直"与"动＋直＋与＋间"形式中的动词是"动 b"或"动 c"类动词时，"与"直至宋代仍然是动词。这个"与"不久之后变成一个介词，所引进的是一个"得益者"间接宾语而不是"受者"间接宾语。这个转变发生在元朝。①

5.3 上文已提及"与＋间＋动＋直"这个形式开始时只适用于"动 a"类动词。自元代起，便很快地扩大至"动 b"及"动 c"类动词，甚至后来主要适用于这两种动词，就像现代汉语一样。"与"也就变成了引进"得益者"间接宾语的介词。

5.4 一个词汇替换（remplacement lexical）跟着发生：介词"给"非强制性地代替介词"与"。这变化牵涉所有包含"与"的结构，并发生在十五世纪。可是我们只能在此时期的有关文献《老乞大》《朴通事》中看到这变化。② 到了十五世纪，这变化才发展到成熟的地步。

不同的与格式经多个世纪的变化，显示了它们在不同的历史变化阶段是相当复杂的。语法结构不像一般人所想象的那么稳定不变，双宾语结构所牵涉的亦不只是"于＞与＞给"的简单替换而已。这种复杂性来自动词句法性质及间接宾语语义性质所扮演的角色。这个角色不论是历史性的（diachronique）还是共时性的（synchronique），同样是最基本的。

研究汉语语法发展的历史过程，不能忽视汉语在各个时期的语法描述细节。只有在语言的每个历史时期的不少语法问题具有详细的描述以后，我们才可能提出语法变化真正原因的假设，以及有关这方面的一些预测。目前，要做到这一点仍是为时过早。

---

① "动＋给＋间＋直"在现代汉语中不适用于非"动 a"类动词。
② 关于《老乞大》《朴通事》的时代和介绍，参看梅祖麟（1984）。

参考文献

程湘清　1984　《〈论衡〉复音词研究》，见程湘清主编《两汉汉语研究》。济南：山东教育出版社，262—340页。

《辞源》　1979、1980、1982、1983　北京：商务印书馆，共四册。

管燮初　1953　《殷虚甲骨刻辞的语法研究》。北京：中国科学院。

何乐士　1980　《先秦"动·之·名"双宾语式中的"之"是否等于"其"？》，《中国语文》第4期，283—291页。

何乐士　1984　《〈史记〉语法特点研究》，见程湘清主编《两汉汉语研究》，1—261页。

胡竹安　1960　《动词后的"给"的词性和双宾语问题》，《中国语文》第5期，222—224页。

刘百顺　1981　《也谈"动·之·名"结构的"之"》，《中国语文》第5期，384—388页。

刘乾先　1982　《古汉语中应特殊理解的双宾语结构》，《东北师大学报》（哲学社会科学版）第1期，33—36页。

马国栋　1980　《"之"作"其"用小议》，《中国语文》第5期，392—393页。

梅祖麟　1981　《现代汉语完成貌句式和动词词尾的来源》，《语言研究》第1期，65—77页。

梅祖麟　1984　《从语言史看几本元杂剧宾白的写作时期》，《语言学论丛》第13辑，111—153页。

潘允中　1980　《汉语动补结构的发展》，《中国语文》第1期，53—60页。

潘允中　1982　《汉语语法史概要》。郑州：中州书画社。

沈春晖　1936　《周金文中之双宾语句式》，《燕京学报》20期，375—408页。

王冠军　1982　《古汉语双宾语问题刍议——兼与王力先生商榷》，《齐鲁学刊》第2期，83—86页。

王力　1958　《汉语史稿》中册。北京：科学出版社，210—492页。

王力　1981　《古代汉语》。北京：中华书局。

尹玉　1957　《趋向补语的起源》，《中国语文》第9期，14页。

詹秀惠　1973　《〈世说新语〉语法研究》。台北：学生书局，610+10页。

朱德熙　1979　《与动词"给"相关的句法问题》，《方言》第2期，81—87页。

祝敏彻　1958　《先秦两汉时期的动词补语》，《语言学论丛》第2辑，17—18页。

Ōta Tatsuo 太田辰夫　1957　《说"给"》，《语法论丛》（上海），127—143页。

Ōta Tatsuo 太田辰夫　1958　《中国语历史文法》。东京：江南书院。

Ushijima Tokuji 牛岛德次　1967　《汉语文法论·古代编》。东京：大修馆书店，410页。

Ushijima Tokuji 牛岛德次　1971　《汉语文法论·中古编》。东京：大修馆书店，472页。

Serruys, P.L.M.　1981　Towards a Grammar of the Language of the Shang Bone Inscriptions,《中央研究院国际汉学会议论文集·语言文学组》。台北中研院，313—364 页。

Bennett, P.A.　1981　The evolution of passive and disposal sentences, *Journal of Chinese Linguistics* 9-1, 61-90.

Chavannes, E.　1895—1905　*Les Mémoires historiques de Sse-ma Ts'ien.* Paris: E.Leroux, pp.367, 544, 559, 620, 710.

Chung, S.　1977　On the gradual nature of syntactic change, in C.N.Li ed., Mechanisms in Syntactic Change. Austin: University of Texas Press, pp.3—55, 620.

Couvreur, S.　1896　*Cheu King.Texte chinois avec une double traduction en franais et en latin, une introduction, et un vocabulaire.* Ho Kien fou: Imprimerie de la mission catholique, p.464.

Dobson, W.A.C.H.　1960　*Early Archaic Chinese.* Toronto: University of Toronto Press, p.272.

Dzo, Ching-chuan 左景权　1978　*Sseu-Ma Tsien et l'historiographie chinoise.* Paris: Publications Orientalistes de Franc, p.356.

Greenberg, J.H.　1977　*A New Invitation to Linguistics.*New York: Anchor Press, p.147.

Hashimoto, M.　1976　The double-object construction in Chinese, *Computational Analyses of Asian & African Languages* 6, 33—42.

Hervouet, Y.　1974　La valeur relative des rextes du Che-ki et du Han-chou, in *Mélanges de sinologie offerts à Monsieur Paul Demiéville*, Vol. Ⅱ. Paris: Bibliothèque de l'Institut des Hautes Etudes Chinoises, pp.55—76.

Hulsewe, A.　1975　The problem of the authenticity of Shih-chi ch. 123, *The Memoir on Ta-yüan T'oung Pao* LXI—1 ／ 3, 83—147.

Leclere, C.　1978　Sur une classe de verbes datifs, *Langue francaise* 39, pp.66—75.

Leslie, D.　1964　Fusion equations for "zhu" in the Analects and Mencius; with an appendix on verbs and their prepositions, *T'oung Pao* LI—2/3, 140—216.

Li, C.N. & Thompson, S.A.　1974　Co-verbs in Mandarin Chinese: verbs or prepositions? Journal of *Chinese Linguistics* 2, 257—278.

Lightfoot, D.W.　1979　Principles of Diachronic Syntax. Cambridge: Cambridge University Press, p.429.

Lightfoot, D.W.　1980　Sur la reconstruction d'une proto-syntaxe, *Languages* 60, pp.109—123.

Lightfoot, D.W.　1981　Explaining syntactic change, in N.Hornstein & D.Lightfoot, *Explanations in Linguistics:The logical problem of language acquisition*. London: Longman, pp. 209—240, 288.

Maspero, H.　1914　Sur quelques textes anciens de chinois parlé, *Bulletin de l'Ecole Franaise d'Extrême-Orient* XIV , 1—36.

Paris, M.C.　1982　Sens et don en Mandarin: une approche de "gei" en sémantique grammaticale, *Modèles linguistiques* IV -2, 69—88.

Peyraube, A.　1984　Syntaxe diachronique du chinois: évolution des constructions datives du XIVe siècle av.J.-C.au XCIIIe siècle. Thèse de Doctorat d'Etat: Université de Paris VII , p. 588.

Peyraube, A.　1985　Les structures en BA en chinois vernaculaire médiéval, *Cahiers de Lingui-stique-Asie Orientale* Vol. XIV n°2, pp.193—213.

Peyraube, A.（将发表）The double-object construction in *Lunyu* and *Mengzi*, in Papers Presented to Wang Li on His Eightieth Birthday. Hong Kong: The Chinese Language Society of Hong Kong.

Romaine, S.　1981　The transparency Principle: what it is and why it does not work, *Lingua* 55-4, pp.277—300.

Stockwell, R.　1976　Reply to Lightfoot, in W.Christie ed., *Current Progress in Historica Linguistics*. Amsterdam: North-Holland, pp.32—33, 409.

Thom, R.　1983　*Paraboles et catastrophes.Entretiens sur les mathématiques, la science et la philosophie.* Paris: Flammarion, p.193.

Zurcher, E.　1977　Late Han Vernacular Elements in the Earliest Buddhist Translations, *Journal of the Chinese Language Teachers Association* XII -3, 177—203.

原刊于 1986 年第 3 期

《祖堂集》中的"底（地）""却（了）""著"

曹广顺

提　要：唐宋之际是汉语助词发生重要变化的时期。本文描述了《祖堂集》中助词"底（地）""却（了）""著"的使用情况，并对它们在唐宋之际的发展变化作了探索。一，《祖堂集》中"底""地"不分，"地"只是"底"在部分语法位置上的变体。唐五代"底"的功能比宋代更近似于唐代的"者"。二，"却"在《祖堂集》中用作完成貌助词，意义和功能近似于现代汉语中的助词"了"。它形成于唐初，中晚唐以后，在其影响下"了"由动词变为助词。宋初助词"了"已广泛使用于当时的南北方言，并逐步取代了"却"。三，"著"在《祖堂集》中用于表示持续貌，带"著"的动词，有一定的语义限制。在"著"由动词向助词的演变过程中，早期译经的影响是值得注意的。

　　《祖堂集》是一部重要的早期禅宗史料集。[①]它成书于南唐保大十年（952），作者是静、筠两位禅德。

　　唐宋之际，汉语助词发生了一些对近代和现代汉语助词体系形成有重大意义的变化。《祖堂集》中保存了许多此时口语中使用的助词，是研究唐宋助词发展情况的珍贵资料。

　　本文以《祖堂集》为基本材料，参考唐宋两代其他文献，分析了《祖堂集》中助词"底（地）""却（了）""著"的使用、发展情况，希望能在前人研究的基础上对这些问题有一个更清楚、全面的了解。

1. 结构助词：底（地）

　　结构助词"底（地）"在《祖堂集》中共出现二百四十五次，分别见于名词、动词、形

---

① 本文所用《祖堂集》是柳田圣山《祖堂集索引》所附据高丽藏影印本（日本京都大学人文科学研究所，1984）。

容词和副词之后，①构成"底（地）"字结构，充当主语、宾语、定语、状语和谓语。情况如下。

A. 名词 + 底

（1）洞山云："就师乞眼睛。"师曰："汝底与阿谁去也？"（2.010.02）②

（2）若是利根底相投，不烦转瞬视。（4.010.02）

（3）保福闻举云："更有一般底，锥又锥不动，召又召不应。"（4.135.13）

（4）僧便问："作摩生是顶上底？"（1.166.11）

B. 形容词 + 底（地）

（5）师曰："将虚底来。"（1.118.11）

（6）敬源云："忽遇不净底作摩生？"（5.060.03）

（7）云岩云："湛湛底。"（4.042.09）

（8）裴相公有一日微微底不安，非久之间便死。（4.136.09）

（9）[洞山]颜色变异，呵呵底笑。（2.015.09）

（10）南风吹来饱馺馺底，任你横来竖来十字纵横来也不怕你。（5.094.03）

（11）雪峰告众云："当当密密底。"（3.047.04）

（12）师云："冷侵侵地。"（3.086.01）

（13）曹山云："朦朦胧胧地。"（4.112.03）

C. 动词 + 底

（14）夜来还有悟底摩？与个消息。（3.078.07）

（15）洞山云："将谓有力气底是。"（2.048.03）

（16）僧云："从来岂是道得底事那作摩？"（3.088.05）

（17）师恰在宅里，不抛相公头边底坐看相公。（4.136.10）

（18）师兄见洞山沉吟底，欲得说破衷情。（2.015.05）

D. 副词 + 底（地）

（19）[云岩]三度来和尚身边侍立，第三度来，和尚蓦底失声便唾。（4.059.08）

（20）师……树下坐，忽底睡着，觉了却归院。（3.066.08）

（21）师有时上堂蓦地起来伸手云："□取些子，乞取些子。"（3.098.04）

（22）师曰："者与摩地不瘥痛作什摩？"（2.026.10）

---

① 这里所说"名词"包括各种名词性词组，"动词"包括各种动词性词组，"形容词"包括各种形容词性词组和重叠形式。

② 高丽藏本《祖堂集》五册，例句后三组数字，第一组为例句所在册数，第二组为所在册中页数，第三组为所在页中行数，下同。

在这些例句中，A类只用"底"，主要充当主语和宾语，未见用作定语。①"底"字之前出现的名词性成分以代词、处所词等为常见，几乎没有真正的名词出现。

B类以用"底"为常，间或亦用"地"，用作主语、宾语、定语、状语和谓语。此类中未出现吕叔湘先生《论底、地之辨兼及底字的由来》一文（以下简称"吕文"）中所述"跟地的大率是重言（XX或XYY），或双声、叠韵；跟底的字大率不具备这种形式"的"底、地"之别。B类例句中，XX、XYY、XXYY几种形式之后，"底、地"都可以用。《祖堂集》中这类形容词构成的"底（地）"字结构共十九例，其中用"底"者十四例，用"地"者仅五例。作定语一例，用"底"；作谓语十一例，兼用"底、地"；作状语七例，只用"底"。所以，《祖堂集》中不是"描写性"用"地"，"区别性"用"底"，而是描写性和区别性均可用"底"，而"地"只在部分描写性成分中与"底"并用。

C类只用"底"，较常见的是构成体词性成分，作主语、宾语、定语，但也有两例用作谓语（如例18），一例用作状语（例17）。此类"底"字结构最多，有一百七十余例，占全部用例的四分之三以上；C类也是A、B、C三类中唯一大量用作定语的。

词类	底	地	主	谓	宾	定	状
A 名	+		+		+		
B 形	+		+	+	+	(+)	+
		+		+			
C 动	+		+	+	+	+	(+)
D 副	+	+					+

D类"底、地"并用，所见七例，四例用"底"，三例用"地"。此类结构在吕文所用材料中只用"地"，但《祖堂集》里却是"底、地"并用，而"底"稍占优势。

上述四类"底（地）"字结构的功能及其中"底、地"分布如上表。

综合《祖堂集》中"底、地"使用情况，可以看出：在结合关系上，A、C类只用"底"，B、D类兼用"底、地"，但"地"的出现要少于"底"。在功能上，作主语、宾语、定语只用"底"字结构，谓语、状语兼用"底、地"，但"地"字结构作谓语时只限于形容词之后，作状语时只限于副词之后。因此，《祖堂集》中，"地"只是"底"字的一个附属，

---

① 太田辰夫认为，"大业底人为什摩阎罗天子觅不得？"（2.121.07）一例是"名＋底＋名"结构（《中国语历史文法》，355页）。案：此例中"大业"是"作大业"之省，与唐人"帻帽底"（《朝野佥载》）、"张底"（《隋唐嘉话》）一样，是省去动词的述宾结构，非真正的"名＋底"作定语。

其分布和功能都被包含在"底"里。

《祖堂集》中四类"底（地）"字结构里，除D类外，A、B、C三类在构成体词性结构时，应有下列六种格式：

A.名＋底＋名　　　　　A′.名＋底

B.形＋底＋名　　　　　B′.形＋底

C.动＋底＋名　　　　　C′.动＋底

但从上面的描写中可以看到，实际出现的只有A′、B′、C′、C和一例B。用例中C和C′最多，B′其次（四十余例），A′不足十分之一。这种情况表明，《祖堂集》中"底（地）"字结构的结构类型尚不完备，各类的使用频率差别很大。

这种"底、地"不分、结构类型不完备、出现频率差别很大的情况，可能与"底（地）"的来源有关。

吕文曾指出："底"的功能相当于文言中的"者"和"之"。文言中"者"用于B′和C′，从唐代开始，亦可用于A′；"之"用于A、B、C。"底是者的继承者"，在由"者"向"底"的发展过程中，"者"的功能逐步扩展到"之"的范围里。如果把《祖堂集》中"底（地）"在A、B、C三类中的分布以及吕文所述"底"在宋代的用法[①]与文言中"者"的用法相比，可以看到"者"的功能向"之"扩展过程中的两个阶段。"者"发展到《祖堂集》时期已变成了"底"，但其功能仍和唐代"者"相似，大量用于B′和C′，少量用于A′，同时也出现了C。C的出现既是"者"向"之"扩展，也是"底"字功能的进一步发展。文言中的"动＋之＋名"格式，上古尚不发达，中古虽已出现，但其中的动词性成分一般不用单个动词。"者"扩展出格式C时，大体上仍然如此。[②]《祖堂集》中的C式，既有动词性结构，也有单个动词出现，后者是"底"在继承"者"的功能基础上的新发展。宋代"底"的用法，吕文中大量列举了A、B、C和A′、B′、C′六种句式的用例，此时"底"的功能已包括了文言中全部"者"和大部分"之"，结构类型已经发展得很完备了。从五代到宋，"底"的功能从近于唐代的"者"发展到包括文言中的"者"和"之"，这一变化过程，为"底"和"者"之间的继承关系提供了一个新的证明。

《祖堂集》中"底、地"不分的情况，也为探索"地"的来源提供了新材料。吕文指出："者字间或有很像地字的用法。"由于缺乏考察唐代"底、地"使用情况的材料，五代

---

① 祝敏彻《〈朱子语类〉中"地""底"的语法作用》（《中国语文》1982年第3期）一文对"底、地"在《朱子语类》中的功能和分布作了详细描写，其用法大体上不超出吕文的分析，所以，吕文所述，可看作两宋"底、地"功能的综合和概括。

② 参阅吕叔湘《汉语语法论文集》，65页。

成书的《祖堂集》就是目前所见关于这个问题最早、最完备的材料。如果诚如《祖堂集》所示，早期"底、地"功能本无对立，"地"只是"底"在部分语法位置上的一个变体，那就应当有理由推论，宋代出现的"底、地"之别，不是来源有异，而只是由于功能不同而产生的分工。目前解决这个问题的材料尚不充分，结论也难以得出，但《祖堂集》中所显示的情况，在我们考虑这一问题时，是值得重视的。

"底、地"在近代写作"的"，《祖堂集》中"的"还没有出现，其萌芽，可能始见于北宋。例如：

（23）太后亦更喜欢，道与皇帝："南朝曤是应副本国也，如有些小的公事，也且休恐恶模样。"（沈括《乙卯入国奏请》）

（24）学是至广大的事，岂可以迫切之心为之。（《二程语录》十一）

南渡前后，用例似见增多：

（25）大抵契丹地土一齐都得，岂有不得银绢的道理？（《三朝北盟会编·燕云奉使录》）

（26）大王家的亲人都去，奈何一城生灵。（《三朝北盟会编·遗史》）

（27）南宫舍人果不是好作的官职。（《贵耳集》）

同期禅宗语录中亦有类似用例：

（28）师云："大小瞿昙被这外道勘破了也，有傍不肯的出来，我要问你，如何是那一通？"（《语录》四十一）①

上述用例中，"的"只取代"底"而不取代"地"，用例亦不多见，此时"的"可能刚刚萌芽。②《祖堂集》成书在"的"产生之前，书中不用"的"是反映了实际语言情况的。

2. 完成貌助词：却（了）

"却"在《祖堂集》中用作助词，表示完成貌，出现在"动＋却""动＋却＋宾"两种格式中，语法功能和意义与现代汉语完成貌助词"了"相近，用法大致可分为两类。

A类

（1）问三界竟起时如何？师云："坐却著！"（2.090.10）

（2）僧曰："不免施又如何？"师云："对汝道却。"（3.050.01）

（3）一句子活却天下人，一句子死却天下人。（2.087.09）

（4）过却多少林木，惣是境。（2.106.08）

（5）担却一个佛，傍家走飏飏。（5.005.09）

---

① 本文常用引书均用简称，请参阅附录。

② "的"与"底、地"关系中有一些语音问题，由于目前对中古音尚缺乏全面、详细的了解，这些问题只好暂且存疑。

B 类

（6）师云："老僧要坐却日头，天下麒黑，忙然者匦地普天。"（2.087.06）

（7）师骑却头云："者畜生，什摩处去来？"（2.034.04）

（8）鱼被网裹却，张破獦师肚。（2.109.01）

（9）百丈收却面前席，师便下堂。（4.040.12）

《祖堂集》中助词"却"出现近二百次，带"却"的动词有七十余个，是一个较活跃的助词。"却"主要表达一种动作完成的状态，与时间无关，所以用例中包含现在、过去、将来各种时态。两类用例中，A 类用于单句，表示动作完成或结果产生；B 类多用于复句的前一分句，或是表示依次进行的两个动作中第一个动作的完成，或是假设作为条件的动作的完成。

"却"本是动词，《说文解字》："却，节欲也。"汉以后产生"退"的意思，后又进一步演变为"去"义，类似趋向动词，在述补结构中作趋向补语。例如：

（10）夷甫晨起，见钱阂行，呼婢曰："举却阿堵物。"（《世说新语·规箴》）

稍后的文献中，"却"由表示趋向演变为表示一种带趋向性的动作结果，类似"掉"义。例如：

（11）锋出登车，兵人欲上车防勒，锋以手击却数人，皆应时倒地，于是敢近者遂逼害之。（《南齐书·高祖十二王》）

（12）每朝士谘事，莫敢仰视，动致呵叱，辄詈云："狗汉大不可耐，唯须杀却！"（《北齐书·恩倖传》）

（13）灵太后曰："卿女今事我儿，与卿是亲，曾何相负，而内头元叉车内，称此妪须了却。"（《北史·崔挺传》）

上述相当于"掉"的"却"，表示动作对象的被"去除"，它是一种引申了的趋向，有点像"击、杀、了"之类动作的结果。它比"去"义的"却"虚化了，但仍含有实词义，所以，这一时期内能带"却"的动词只有上面列举的有限的几个；"掉"义的"却"出现的格式，也多为"动 + 却"，像例（11）"动 + 却 + 宾"的格式甚为少见。

初唐以后，"却"开始虚化成表示完成貌的助词，广泛出现在各种文献中。例如：

（14）见泥须避道，莫入污却鞋。（《王梵志诗校辑》）

（15）篱边老却陶潜菊，江上徒逢袁绍杯。（杜甫《秋尽》）

（16）大使打驿将，细碎事，徒涴却名声。（《朝野金载》）

（17）吾早年好道，常隐居四明山，从道士学却黄老之术。（《宣室志》）

（18）抽出一卷文，以手叶却数十纸。（《河东记》）

（19）抛却长竿卷却丝，手携蓑笠献新诗。（《云溪友议》）

（20）太宗尝罢朝，自言："杀却此田舍汉！"（《大唐新语》）

（21）此局输矣！输矣！于此失却局，奇哉！（《虬髯客传》）

（22）经时未架却，心绪乱纵横。（《玉堂闲话》）

（23）忽然口发人言，说却多般事意。（《敦煌变文集·妙法莲华经讲经文》）

（24）如似种子蓦田中，种却一石收五斛。（《敦煌变文集·佛说阿弥陀经讲经文》）

上述初唐到五代的例句中，"却"从作为趋向动词跟在部分动词之后作补语，表示动作结果，转变为跟在各种意义的动词甚至形容词之后表示动作和变化的完成；词义经过不断的虚化和抽象，旧有的"去、掉"等实词义已完全消失，变成了只表示语法意义的助词。伴随词义和词性的转变，结构关系也从以"动＋却"为常变为以"动＋却＋宾"为多见。

"却"从动词转变成助词的时间，应在唐代前期，在王梵志[①]诗、杜甫诗等初、盛唐作品中，助词"却"已不是很少见的了。

助词"却"的产生在汉语发展史上是一个重要的变化，它改变了汉语以时间词语或表示完成义的动词来表达动态的方法，产生了一种新的句式和一个新的词类。"却"是从趋向补语虚化来的，汉语趋向补语由连动式产生，补语紧跟动词，早期补语之后一般不能带宾语，此后虽出现宾语，但补语紧跟动词的格式仍居统治地位。"却"的历史来源决定了"动＋却"和"动＋却＋宾"两种语法格式的建立。唐以后，汉语完成貌助词有所更替，但由"却"造成的完成貌句式却始终稳定不变。

《祖堂集》中完成貌表示法，除用"却"外，也可用表示完成的动词"了、已、讫、竟"，其句式为"动（＋宾）＋完成动词"。以最为多见的"了"为例：

（25）过江了，向行者云："你好去。"（1.086.10）

（26）本来付有法，付了言无法。（1.035.05）

（27）师云："彼中已有人占了也。"（2.052.08）

这种句式起源于魏晋，[②]唐以后它与助词"却"所构成的完成貌句式并存，形成了当时两种不同的完成貌表示法。但随着完成貌助词"却"的广泛使用，"动（＋宾）＋完成动词"句式的存在受到影响。从晚唐起，表示完成的动词"了"出现虚化趋势，位置从"动＋宾"之后，逐渐前移到"动＋宾"之间助词"却"的位置上。这种变化可能是从晚唐五代开始的，目前所见只有唐诗、五代词和变文中的六例，[③]都是韵文作品，而在同期的散文作品包

---

① 王梵志生卒年代不详，张锡厚在《唐初民间诗人王梵志考略》中认为他是"天宝、大历之前"的人。

② 参阅梅祖麟《现代汉语完成貌句式和词尾的来源》（《语言研究》1981年第1期）。

③ 这六个用例是：几时献了相如赋，共向嵩山采茯苓。（张乔《赠友人》）将军破了单于阵，更把兵书仔细看。（沈传师《寄大府兄侍史》）林花谢了春红，太匆匆。（李煜《乌夜啼》）见了师兄便入来。（《难陀出家缘起》）切怕门徒起妄情，迷了蘑多谏断。（《维摩诘经讲经文》）唱喏走入，拜了起居，再拜走出。（《唐太宗入冥记》）

括像《祖堂集》这样比较口语化的散文作品中，则尚未出现。[1]

助词"了"的大量出现，在《祖堂集》成书后一百年左右，首先见于北宋词人作品中：

（28）爱揾了双眉，索人重画。（柳永《木兰花令》）

（29）如此春来春又去，白了人头。（欧阳修《浪淘沙》）

（30）若使当时身不遇，老了英雄。（王安石《浪淘沙令》）

（31）灯前写了书无数，算没个，人传与。（黄庭坚《望江东》）

（32）恰则心头托托地，放了日多索系。（毛滂《摸鱼儿》）

在我们统计的十四位北宋前、中期词人作品中，"动＋却＋宾"格式还在继续使用，"动＋了＋宾"也开始大量出现，而"动＋宾＋了"格式则几乎消失了。[2]

稍后，在接近口语的散文作品中，"动＋了＋宾"格式也开始出现了：

（33）臣括答云："北朝自行遣了萧扈、吴湛，括怎生得知？"（沈括《乙卯入国奏请》）

（34）臣括曰："学士对制使及一行人道了二三十度，言犹在耳，怎生便讳得？"（同上）

（35）张履云："地界事已了，萧琳雅已受了擗拨文字，别无未了。"（同上）

沈括《乙卯入国奏请》是宋神宗时（1075年）与辽进行边界谈判的记录，其中"了"除作主要动词外，均用作助词。

（36）老僧熙宁八年丈帐，在凤翔府供申，是年华山崩倒，压了八十里人家。（《北涧居简》）

熙宁八年恰是1075年，北涧活动时间，应与沈括相去不远。

（37）棒头点出眼睛来，照了诸相悉皆空。（《虎丘绍隆》）

（38）抛了弓，掷下箭，撒手到家人不识，鹊噪鸦鸣柏树间。（《续语要》六）

北宋各类文献中"动＋了＋宾"格式的使用情况并不一致。宋词中大致只用"动＋了＋宾"；《乙卯入国奏请》与宋词情况相同；禅宗语录中北涧、虎丘、东山[3]等人"动＋

---

[1] 散文用例，太田辰夫《中国语历史文法》226页引《祖堂集》："若道不传，早传了不传之路。"案，此句全文为："大师拈问福先：'向上一路古人宗，学者徒劳捉影功，若道不传早传了，不传之路请师通。'"七言四句，功通为韵，在"传"后点断，误。梅祖麟《现代汉语完成貌句式和词尾的来源》一文中认为《祖堂集》中"动＋了＋宾"句式有两句，此其一，另一不知何指，据我们考察，《祖堂集》中此句式一例也没有。《祖堂集》中有一个"了"用于形容词之后表示变化完成的例子："只见四山青了又黄，黄了又青。"（4.086.06）唐以后表示形容词的变化完成，可用"形＋却＋宾"句式，《祖堂集》中"形＋了"格式中的"了"是否与"形＋却＋宾"中的"却"相同，其词性如何，由于五代、宋初此类例极少，殊难判断，只好存疑。但这并不妨碍我们得出《祖堂集》中"动＋了＋宾"尚未出现的结论。另，梅文引《六祖坛经》"如今得了迎（递）代流行，得遇坛经如见吾亲授"一例，断句亦误，"迎（递）代流行"显非"得了"的宾语，"了"后应点断。

[2] 十四个北宋词人"动＋了＋宾"和"动＋宾＋了"使用情况的统计，见下文表一。

[3] 诸禅师活动年代见下文表二。

宾＋了"和"动＋了＋宾"并用，同期或稍早的汾阳、雪窦、开福①等人的语录中，则仍只用"动＋宾＋了"；北宋笔记中，不仅没有"动＋了＋宾"，就连"动＋却＋宾"也不多见。这种情况可能是由不同类型作品反映口语程度不同造成的。宋词在当时是一种较新的文学形式，反映的内容较近于实际生活，一些新词语可能首先被它采用吸收；《乙卯入国奏请》是出使汇报，要忠实反映实际情况。因此二者中助词"了"均出现较多。宋代禅宗已部分失去了旧日质朴的本色，出现了一些文化修养和造诣很高的禅师，其语录虽仍维持过去的文体，但所用的语言材料，却可能已不完全是当时的口语，而是或多或少地因袭旧说了。这种情况在不同禅师的语录中反映不尽相同，从而使助词"了"在北宋禅宗语录中的出现呈矛盾状态。至于北宋文人笔记，则仍以文言为主，间或使用零星白话词语，未出现像"了"这样的新口语词是完全可以理解的。

南宋文献中助词"了"进一步普及，此时的禅宗语录，不用"动＋了＋宾"格式的已经很少了。②像始终活动在南宋政治中心苏杭一带的名僧虚堂智愚的语录中，尽管少，但也可以见到个别用例。如：

（39）是年华山崩，陷了八十里人家。(《虚堂和尚》)

南宋史籍和笔记中，情况与北宋禅宗语录相似。一些保存部分口语材料的文献，如《建炎以来系年要录》《挥麈录》中，已可见到"动＋了＋宾"的踪迹；③而另一些较为保守的作品，像方勺的《泊宅编》等，还是只用"动＋宾＋了"。

南宋儒家语录《朱子语类》中，"动＋了＋宾"格式俯拾皆是，而"动＋宾＋了"则很少，大约南宋时助词"了"已经非常普及了。

从晚唐起，"却、了"作为助词并存，入宋后"却"逐渐衰落。南宋中晚期，甚至出现了把前人作品中的"却"改作"了"的例子。《续古尊宿语要·白云端和尚语录》中收了洞山和尚的一首诗："天晴盖却屋，乘时刈却禾，输赋皇租了，鼓腹唱讴歌。"到了《灵隐大川济禅师语录》，其中"却"均被改作"了"，变为："趁晴盖了屋，乘时刈了禾，输纳皇租了，鼓腹唱讴歌。"这种情况表明，当时"却"在口语中已开始为"了"所取代。

根据上面所涉及的材料，助词"了"是在北宋前期逐步发展起来并被普遍使用的。在此之前虽有萌芽，但从《祖堂集》、《景德传灯录》和敦煌变文等晚唐五代到宋初较接近口语的文献中都不用或极少用的情况看，"了"在当时的实际语言中可能尚极少使用。换言之，《祖堂集》中完成貌助词只用"却"而不用"了"，大体上是反映了当时实际语言情况的。

---

① 诸禅师活动年代见下文表二。
② 南宋禅宗语录中"动＋了＋宾"使用情况，见下文表二。
③ 参阅刘坚《〈建炎以来系年要录〉里的白话材料》(《中国语文》1985年第1期)。

梅祖麟先生根据《乙卯入国奏请》《三朝北盟会编》等材料证实十一世纪前后助词"了"已流行于北方，并根据这几种材料与部分禅宗语录中"了"字使用情况的对比，推论助词"了"可能先见于北方，经百年后才推广到南方。①《祖堂集》成书于福建泉州，它不用助词"了"是否因为梅先生所说的南北时间差呢？下面我们列表考察一下不同时间、地域中北宋词人和两宋禅师对"动＋了＋宾"和"动＋宾＋了"两种格式的使用情况。

表一中十四个北宋词人，七人早于沈括，七人与沈括同时或稍晚。地域上既有南方福建、湖北、江西、江苏、浙江等地人氏，也有北方陕西、河南、山东、四川等地人氏，作品中无一例外地都以用"动＋了＋宾"格式为主，"动＋宾＋了"或不用，或极少见。显然，"动＋了＋宾"格式在北宋前、中期南北方词人作品中的使用情况，没有明显的差异。

表一　北宋词人作品中的"动＋了＋宾"和"动＋宾＋了"

姓　名	生卒年代	籍　贯	动＋了＋宾	动＋宾＋了
柳　永	—1032—	福建崇安	7	0
宋　祁	998—1061	湖北安陆	2	0
欧阳修	1007—1072	江西吉安	7	0
杜安世	？	陕西西安	1	0
刘　敞	1019—1068	江西新喻	1	0
王安石	1021—1086	江西临川	3	0
晏几道	—1105—	江西临川	4	1
王　诜	？—1086	河南开封	1	0
苏　轼	1036—1101	四川眉山	2	1
黄　裳	1044—1130	福建南平	3	0
黄庭坚	1045—1105	江西修水	2	1
秦　观	1049—1100	江苏高邮	5	0
晁补之	1053—1110	山东巨野	4	1
毛　滂	—1099—	浙江衢州	5	0

表二中十七个两宋禅师的活动时间在十世纪中到十三世纪中，地域上南方较多，但也有北方人。"动＋了＋宾"格式在南方禅师语录中出现的时间，并不比在《乙卯入国奏请》等北方作品中晚，整个使用情况的变化过程，大体上是依时间而不依地域。

从对上述三十一个两宋人作品中"动＋了＋宾"出现情况的分析可以看出："了"作为助词在十一世纪已普及于当时的南北方言。在此之前，唐五代所见的个别用例，不足以证

① 参阅梅祖麟《三朝北盟会编里的白话材料》（《中国书目季刊》十四卷第二本）等文章。

明宋以前"了"的使用情况有无方言差异。所以，《祖堂集》中不用助词"了"的情况，不能用方言影响来解释。

综上所述，"却"是《祖堂集》中唯一的完成貌助词，它产生于初唐，衰亡于南宋中晚期。现代汉语完成貌助词"了"在《祖堂集》中还是表完成的动词，它由完成动词变为助词的时间可能在晚唐，但到五代尚未被广泛使用。北宋前期"了"开始大量使用，南宋中晚期开始取代"却"。从现有材料看，"了"在不同方言区出现的时间没有明显的差别。

表二　两宋禅师语录中的"动＋了＋宾"和"动＋宾＋了"

姓名（法号）	生卒年代	籍　贯	动＋了＋宾	动＋宾＋了
汾阳	947—1024	山西太原		＋
雪窦	980—1052	四川遂宁		＋
开福	？—1113	江西婺源		＋
北涧	—1075—	（安徽、浙江）①	＋	＋
虎丘	1077—1136	安徽和县	＋	＋
东山	1095—1158	福建福州	＋	＋
应菴	1102—1163	安徽		＋
密菴	1118—1187	福建福州	＋	＋
松源	1131—1202	江苏苏州	＋	＋
破菴	？—1211	四川广安	＋	＋
月林	1142—1217	福建福州		＋
运菴	1156—？	浙江宁波		＋
无准	？—1249	四川梓潼	＋	＋
灵隐	1178—1252	浙江宁波	＋	＋
无门	1182—1260	？	＋	＋
偃溪	1188—1263	福建侯官	＋	＋
虚堂	1185—1269	浙江宁波	＋	＋

3. 持续貌助词：著

现代汉语进行貌助词"着（著）"是由表示"附着"义的动词虚化来的。《祖堂集》中

---

① 北涧籍贯不可考，其主要活动地区在安徽、浙江。

保存着"著"由动词到助词变化过程中一些阶段上的用法。

除作主要动词外，"著"在《祖堂集》中的用法有三类。

A 类

（1）住著于法，斯为动念。（2.047.09）

（2）任运随缘，莫生住著。（2.070.12）

这种用法是从译经中继承下来的，在《祖堂集》中很少出现。上述两例虽均为"住著"，但实际上是功能不同的两类。

例（1）中的"著"是动词，它与前面的动词一起，构成同时表示动作和结果的复合动词。"著"所表示的结果，大都与其本义"附着"有关，在这种语义限制下，译经中能与之连用的动词，也有限制。这种动词包括以下两类。

a. 与意识、心理活动有关的，如：爱、恋、想、贪等。

（3）迦弥尼鬼者著小儿乐著女人。（《童子经念诵法》）

（4）不留心于无明，贪著世间。（《大宝积经》九十三）

b. 动作本身会产生"附着"状态的，如：缠、藏、住、覆盖等。

（5）犹如花朵缠著金柱。（《佛本行经》二）

（6）株杌妇闻，忆之在心，豫掩一灯，藏著屏处。（《贤愚经》二）

这种用法出现很早，在东汉安世高等人的译经中已可见到，东汉到魏晋之际，曾在译经中广泛使用。

例（2）中"住著"接在动词"生"之后，意念上是"生"的宾语，功能上应是一种体词性结构。类似用法，译经中亦常见，如：

（7）已闻如是法，便捨恶著意为定意。（《佛说普法义经》）

（8）身心燋热镇燃烧，谁有智者生贪著。（《大宝积经》九十六）

这种"动著"作体词的用法，不见于同期译经之外的其他文献，当是一种由翻译文体带来的特殊用法。

A 类两例都是早期译经的用法，它出现在《祖堂集》中是由于受佛经的影响，而不是实际口语的反映。

B 类

（9）赵州云："遇著个太伯。"（2.041.06）

（10）僧曰："安著何处？"（2.008.08）

（11）雪峰养得一条蛇，寄著南山意如何？（2.114.07）

B 类似是由 A 类第一种用法发展来的，这种用法从南北朝到唐代，广泛出现在各种文献中。例如：

（12）故当渊注停著，纳而不流。（《世说新语·言语》）

（13）看干湿，随时盖磨著，切见世人耕了，仰著土地，并待孟春。（《齐民要术·杂说》）

（14）布恐术为女不至，故不遣兵救也，以绵缠女身，缚著马上。（《三国志·魏·吕布传》裴注引《英雄记》）

（15）士开昔来实合万死，谋废至尊，剃家家头使作阿尼，故拥兵马欲坐著孙凤珍宅上，臣为是矫召诛之。（《北齐书·武成十二王》）

（16）昨者二千骑送踏布合祖至碛北，令累路逢著回鹘即杀。（李德裕《代刘沔与回鹘宰相书意》）

B类与A类第一种用法相比，"著"前动词从限于同"附着"义有关的，扩大到一般动词。而"著"也从表示与"附着"义有关的动作结果，发展为表达一般性动作结果，其中包括：1.动作有了归附的处所，例如（10）（11）（14）；2.动作有了所及的对象，例如（9）（16）；3.动作造成了一种持续性状态，如例（13）。这个时期内，在上述三种"结果"中，以第一种较常见，在《三国志》《世说新语》《齐民要术》等著作中，可以看到大量带处所补语的"著"字。这种"著"的功能，动词性还十分明显，它与前面的动词结合关系松散，常可插入宾语。如：

（17）是儿欲踞吾著炉火上邪！（《三国志·魏武帝纪》）

（18）濬伏面著床席不起，涕泣交横，哀咽不能自胜。（《三国志·吴志·潘濬传》裴注引《江表传》）

这类"著"的意义主要是表示前面的动作本身或动作使其对象"附着"在一个处所上，无论是否与动词连用，这些"著"字的意义和功能都是动词性的。

第二种表示动作有了"所及对象"的"著"也较常见，此类用法一直保持到现代汉语里，它也是动词性的。

第三种用法唐以前十分罕见，这种用法虽仍有"附着"义，但比之前两种，意义要虚一些。

C类

（19）师曰："钉钉著，悬挂著。"（1.116.03）

（20）好一个镬羹，不净物污著作什摩？（2.073.13）

（21）师曰："咄！这饶舌沙弥，犹挂著唇齿在。"（1.182.12）

（22）紧把著事，不解传得，恰似死人把玉攞玉相似。（2.091.10）

（23）若记著一句，论劫作野狐精。（3.114.06）

（24）凤池云："守著合头，则无出身路。"（2.053.12）

C 类已是表持续貌的助词，类似的用法，在同期其他文献中亦可见到，如：

（25）余时把著手子，忍心不得。（《游仙窟》）

（26）渔翁醉著无人唤，过午醒来雪满船。（韩偓《醉著》）

（27）藏著君来忧性命，送君又道灭一门。（《捉季布》）

C 类中出现的动词可分动作本身可持续和动作本身不能持续但可产生持续性结果这两类。第一类如"守、把、拽"等，这些动作是可以"连绵下去"的，① 它们"在持续之中，往往就呈现一种静止的状态"②。"著"加在此类动词之后，表示动作状态的持续。第二类如"佩、记、钉、挂、笼罩"等，这些动作是在瞬间进行和完成的，但其结果却可以持续下去，像例（19）中的"钉著"，在"钉"的动作完成后，"钉著"这一结果将持续下去，这类"著"当然也是表示一种状态的持续。

C 类"著"加在上述两种动词之后，表示动作状态持续这样一个抽象的语法意义，它没有 B 类"著"的动词义，"动＋著"也不能再带处所补语，此时，它已经是助词而非动词了。

现代汉语表示进行貌的助词"着（著）"是在表示持续的基础上发展起来的。在历史上，首先出现的句式是"动₁＋著＋动₂＋宾"，表示在"动₁"进行的条件下进行"动₂"。这个句式出现的时间，似也在唐五代到宋初，较早的用例如：

（28）多时炼得药，留著待内芝。（高元蕙《侯真人降生台记》）③

（29）皇帝忽然赐匹马，交臣骑着满京夸。（《敦煌变文集·长兴四年讲经文》）

（30）师乃呵云："看总是一样底，无一个有智慧，但见我开这两条皮，尽来簇著觅言语意度。"（《灯录》十八）

（31）向尊前，闲暇里，敛著眉儿长叹，惹起泪恨无限。（柳永《秋夜月》）

但《祖堂集》中未出现这种用例，宋初似也不多见。现代汉语中还有其他表示进行（特别是瞬间动作进行）的句式，④ 它们的出现也都在唐宋以后。

上述分析说明，《祖堂集》中"著"已经变成表示持续态的助词，同时，其中也残留了一些"著"演变成助词之前，表示"附着"义动作结果和表示包括持续在内的一般性动作结果的用法。从《祖堂集》看，在"著"的演变过程中，早期译经的影响是值得注意的。

---

① 吕叔湘《中国文法要略》，57 页。

② 同上，229 页。

③ 高元蕙，唐大中人，文见《全唐文》七百九十卷。

④ 参阅吕叔湘主编《现代汉语八百词》。

附　录　主要引用文献目录

本目录所列各书以时代分段，每段之内大致以类相从，不再分时间先后。引例较多的书文中用简称，目录中在简称部分书名下加浪纹线为记。

唐以前　《说文解字注》，汉·许慎撰，清·段玉裁注，上海古籍出版社，1981。《三国志》，晋·陈寿撰，中华书局，1964。《南齐书》，梁·萧子显撰，中华书局，1972。《世说新语》，刘宋·刘义庆撰，诸子集成本。《齐民要术》，后魏·贾思勰撰，四部丛刊本。《佛说普法义经》，后汉·安世高译，《大藏经》第1卷，日本大正新修本，台湾新文丰出版公司影印。《出曜经》，后秦·竺佛念译，《大藏经》第15卷。《大宝积经》，西晋·竺法护译，《大藏经》第11卷。《童子经念诵法》，后魏·菩提流支译，《大藏经》第19卷。《佛本行经》，刘宋·宝云译，《大藏经》第4卷。《贤愚经》，北魏·慧觉等译，《大藏经》第4卷。

唐、五代　《北齐书》，唐·李百药撰，中华书局，1972。《北史》，唐·李延寿撰，中华书局，1975。《黄檗断际禅师宛陵录》，唐·裴休集，《大藏经》第48卷。《全唐文》，内府刊本，嘉庆十九年。《全唐诗》，中华书局，1960。《朝野佥载》，唐·张鷟撰，中华书局，1979。《大唐新语》，唐·刘肃撰，中华书局，1984。《宣室志》，唐·张读撰，中华书局，1983。《云溪友议》，唐·范摅撰，四部丛刊本。《游仙窟》，唐·张鷟撰，日本庆安刊本。《虬髯客传》，唐·杜光庭撰，涵芬楼影印顾氏文房小说本。《河东记》，唐·薛渔思撰，说郛本。《王梵志诗校辑》，张锡厚校辑，中华书局，1983。《敦煌变文集》，王重民等编，人民文学出版社，1957。《玉堂闲话》，五代·王仁裕撰，说郛本。

宋　《续资治通鉴长编》，宋·李焘撰，浙江书局，光绪七年。《景德传灯录》，宋·道原撰，《大藏经》第47卷。《古尊宿语录》，宋·颐藏主集，《卍续藏经》第118卷，日本藏经书院本，台湾新文丰出版公司影印。《续古尊宿语要》，宋·师明集，《卍续藏经》第118、119卷。《北涧居简禅师语录》，大观编，《卍续藏经》第121卷。《虎丘绍隆禅师语录》，嗣端等编，《卍续藏经》第120卷。《虚堂和尚语录》，妙源编，《大藏经》第47卷。《佛果圆悟禅师碧岩录》，宋·重显颂古、克勤评唱，《大藏经》第48卷。《全宋词》，唐圭璋编，中华书局，1980。《二程语录》，宋·朱熹编，国字基本丛书本。《贵耳集》，宋·张端义撰，津逮秘书本。《三朝北盟会编》，徐梦莘编，许涵度刻本。

参考文献

吕叔湘　1954　《汉语语法论文集》，科学出版社。又，增订本，商务印书馆，1984。

吕叔湘　1982　《中国文法要略》，商务印书馆。

吕叔湘（主编） 1980 《现代汉语八百词》，商务印书馆。

王力　1980 《汉语史稿》，中华书局。

太田辰夫　1958 《中国语历史文法》，（日本）朋友书店。

柳田圣山　1984 《祖堂集索引》，日本京都大学人文科学研究所。

志村良治　1984 《中国中世语法史研究》，（日本）三冬社。

原刊于 1986 年第 3 期

殷虚甲骨刻辞中的双宾语问题

管燮初

　　殷虚甲骨刻辞中双宾语的格式变化较多，跟周秦语言不太一样，弄清楚它的结构条理，对阅读甲骨文和研究汉语史都有帮助。甲骨文今天还有很多字不认识，本文用一百五十七个能通读的双宾语句子作分析资料，根据两个宾语的排列次序分为四类，再按宾语的繁简分些小类，并举例说明。

1. 动词 + 间接宾语 + 直接宾语（一百二十例，占 76%）

　　A. 间接宾语是名词或代词，直接宾语是名词（八十例，占一类的 67%）

　　（1）庚寅卜，彭贞：其又妣辛一牛。（甲 2698）[例句中下加的"△"号表示动词，"."号表示间接宾语，"。"号表示直接宾语。下同。]

　　（2）辛巳贞：王宾河燎。（南 1116）

　　（3）己亥卜，行贞：王宾父丁岁牢，亡尤。（甲 2869）

　　（4）王宾奉祖乙祖丁祖甲康祖丁武乙衣，亡尤。（后上·廿·五）

　　（5）癸卯卜，尤贞：翌甲辰，其又丁于父甲牢乡。（甲 2502）

　　（6）☒未卜，奉上甲大乙大丁大甲大庚大戌中丁祖乙祖辛祖丁十示率牡。（佚 986）

　　（7）戊申卜，争贞：帝其降我年？　贞：帝不我降年？（乙 7793）

　　B. 间接宾语是名词，直接宾语是动宾结构、主谓结构或几种结构的并列格式（二十例，占一类的 17%）

　　（8）丁酉卜贞：王宾文武丁伐十人，卯六牢，鬯六卣，亡尤。（前一·一八·四）

　　（9）王易宰丰宴（饮）小臀兄（兒觥）。（佚 518）

　　（10）庚申卜，又土燎艿，宜小牢。（南 961）

　　（11）癸未贞：卯出入日岁三牛。（南 890）

　　（12）癸未卜，㱿贞：燎黄尹一豕一羊，卯三牛，册五十牛。（乙 6111）

C.间接宾语是次动宾结构，直接宾语是名词或主谓结构（十三例，占一类的 11%）

（13）癸未王卜贞：酒彡日自上甲至于多后衣，亡它自尤，才四月，隹王二祀。（通 287）

（14）乙未贞：其彝自上甲十示又二牛，小示羊。（南 4331）

（15）贞：御自唐大甲大丁祖乙百彡百牢。（佚 873）

（16）己巳卜，彭贞：御于河煉三十人，才十月又二。（甲 2491）

（17）甲子贞：今日又久岁于大甲牛一，兹用，才吅。（南 1111）

D.几个双宾语并列（七例，占一类的 6%）

（18）己卯卜，又大丁一牛，大甲一牛。（粹 178）

（19）辛巳卜，㱿贞：酒我亡，大甲祖乙十伐十牢。（乙 3153）

（20）丁酉卜，行贞：王宾父丁岁二牢，罕祖丁岁二牢，亡尤。（通 79）

2. 间接宾语在动词之先（二十二例，占 14%）

A.间接宾语 + 直接宾语 + 动词（三例，占二类的 14%）

（21）父己父戊岁王宾。（粹 311）

（22）辛卯洒，戊子妣庚祖甲三豕又伐？ 辛卯匄，戊子祖庚豕又伐？ 每。（乙 4810）

B.（代词）间接宾语 +（否定性）动词 + 直接宾语（八例，占二类的 36%）

（23）癸丑卜，㱿贞：勿隹王正工方，下上弗若，不我其受又。（佚 116）

（24）贞：勿伐工，帝不我其受又。（通 366）

C.间接宾语 + 动词 + 直接宾语（十一例，占二类的 50%）

（25）辛巳卜王，上甲燎十。（乙 8683）

（26）河燎十又五？ 河燎十？ （南 4397）

（27）河燎三牛。（粹 39）

（28）辛亥卜：示壬岁一牢。（南 1505）

（29）丙戌卜：二祖丁岁一牢？ 二牢？ 三牢？ 兹用。（南 2364）

（30）庚午贞：上甲燎三小牢。（南 4530）

这一类双宾语的间接宾语在动词之前，除二类 B 项否定谓语的代词宾语提前是古代汉语语法通例之外，A、C 两项的间接宾语似乎可以看作主语，它后头的成分作为谓语；但是 A 例（21）"父己父戊岁王宾"不能那样分析，王宾祭的对象"父己父戊"和祭礼"岁"不能都作主语。为了全面照应，因而立了这一类。

3. 动词＋直接宾语＋间接宾语（十例，占6%）

（31）癸丑卜，王久二芍祖乙。（乙9071）

（32）又伐五十，岁小牢上甲。（佚78）

（33）甲申卜，王用四牢大乙，翌乙酉用。（粹150）

（34）庚申卜，殻贞：辛坐豕祖辛，王其它娥。（乙5313）

4. 动词＋直接宾语（体词谓语式主谓结构）×间接宾语（"×"号表示间接宾语嵌在直接宾语中间）（五例，占3%）

（35）庚午卜，坐奚大乙卅。 己巳卜，秦又大丁卅。（甲2278）

（36）壬午卜，殻贞：坐伐上甲十坐五，卯十小牢。

坐伐于上甲十坐五，卯十小牢坐五。（乙3411）

这条卜辞第一句"坐伐上甲十坐五"中的间接宾语"上甲"是个名词，第二句"坐伐于上甲十坐五"中的间接宾语"于上甲"是个次动宾结构。这类次动宾结构也可以分析为表示对象的连动成分或补语，不过这个例子是一条对贞卜辞，第一句中的"上甲"是间接宾语，为了对称，第二句中用法相同的"于上甲"也作为间接宾语分析。上文（1.C）有次动宾结构用作宾语一个小类，以求体例一致。

另外有些情况需要略加说明。

（一）甲骨刻辞中带双宾语的语句大部分是占卜祭祀的，表示祭祀的动词有个特点，用在动宾结构的动词位置上是动词，用在动宾结构宾语位置上的是表示祭礼的名词。比如"燎"字，在"燎黄尹一豕一羊"中是动词，表示柴祭（1.B例12）；在"王宾河燎"中是名词，表示柴祭之礼（1.A例2）。这种用法，古书中也有，例如《说文》中表示柴祭的"禷"字注解所引：《诗》曰：薪之禷之。《周礼》：以禷燎祠司中司命。"显然《诗》中的"禷"是动词，与宾语"之"形成动宾结构；《周礼》中的"禷"是名词，用作次动词"以"的宾语。

（二）上列第四类间接宾语嵌在直接宾语之间的双宾语为数极少，仅占3%。这类双宾语在春秋战国的古书中偶尔也见到，如《春秋·僖公十六年》："陨石于宋五。"又《左传·僖公二十四年》："秦伯送卫于晋三千人，实纪纲之仆。"其构造格式与上列四类例（36）中的"坐伐于上甲十坐五"相同，这是东周语言中保存的殷商语法格式。

（三）分析一个实例。有一条祭祀殷先公先王的著名卜辞：

乙未，酒系品囷十，叾三，呙三，卫三，示壬三，示癸三，大乙十，大丁十，大甲十，大庚七、卌三，……三，祖乙十……。（粹112）

殷虚甲骨刻辞是最可靠的殷商历史文献，但是断断续续，不成篇章，它的重要价值之一在于证实史书。此辞据王国维氏考释：此中曰十曰三者，盖谓牲牢之数。上甲大丁大甲十，而其余皆三者，以上甲为先公之首，大丁大甲又先王而非先公，故殊其数也。……据此一文之中，先公之名具在，不独囷即上甲，乙囷丁即报乙报丙报丁，示壬示癸即主壬主癸，胥得确证，且足证上甲以后诸先公之次当是报乙报丙报丁主壬主癸，而《史记》以报丁报乙报丙为次，乃违事实。（见《观堂集林》九·十三）酒，祭名。系，祭名，于省吾说"系谓以品物系属以交接于神明也"（《殷栔骈枝》三）。品是祭品，《礼记·郊特牲》云："笾豆之实，水土之品也。"蚩从考古研究所《小屯南地甲骨·前言》释为"燎"，柴祭。这条重要卜辞，经学者一再考证，虽然意思大致清楚了，但是句法构造比较复杂，以前没有讨论过。现在试分析如下。这是一个双宾语单句，"乙未"是整句的时间修饰语；句子没有主语；"酒"和"系"是两个并列的动词，在这个句子中用作谓语的主要成分；"品十"是个主谓结构，其中"品"是主语，"十"是体词谓语，这个主谓结构用作动词"酒系"的直接宾语；"上甲"是间接宾语，嵌在直接宾语"品十"的中间；"报乙、报丙、报丁、示壬、示癸、大乙、大丁、大甲、大庚、祖乙"是"上甲"的并列成分，"（报乙）三、（报丙）三、（报丁）三、（示壬）三、（示癸）三、（大乙）十、（大丁）十、（大甲）十、（大庚）七、（祖乙）十"是"（品）十"的并列成分；"大庚七"后头的"燎三"是和"（品）七"并列的直接宾语，"品"字从"上甲"以下一贯到底，不重复出现。这是一个一、二、四类双宾语的综合式句子。这条卜辞的大意是：乙未那天用品礼十件酒祭系祭上甲，用品礼三件祭报乙，用品礼三件祭报丙，用品礼三件祭报丁，用品礼三件祭示壬，用品礼三件祭示癸，用品礼十件祭大乙，用品礼十件祭大丁，用品礼十件祭大甲，用品礼七件、燎礼三件祭大庚，……用品礼十件祭祖乙……。据王国维氏考证，祭先王用祭礼十件。大庚是先王，故用品礼七件，再加燎礼三件，凑足十数。此辞前人曾从词汇意义和环境意义加以考释，现在作了句法分析，增加一层语法意义，意思比较完整一些。

甲骨刻辞的双宾语头绪虽繁，然有条理可循。早年我写过一本甲骨刻辞语法，写得太简略。这篇短文对其中双宾语一节略作补充。

引书简称

前：罗振玉《殷虚书契前编》 后：罗振玉《殷虚书契后编》 佚：商承祚《殷契佚存》 通：郭沫若《卜辞通纂》 粹：郭沫若《殷契粹编》 甲：董作宾《殷虚文字甲编》 乙：董作宾《殷虚文字乙编》 南：中国社会科学院考古研究所《小屯南地甲骨》上册

原刊于 1986 年第 5 期

山西闻喜方言的白读层与宋西北方音

王洪君

提　要：今闻喜音系中叠置着三个时间层次：与北京音系相近的新文读层、与西安音系相近的旧文读层以及闻喜本地土音白读层。闻喜白读层与西夏·汉对音文献所反映的宋西北地区的汉语方言音系相近。共同特点是：1.宕摄舒、入声失落韵尾并入果摄；2.曾／梗分立，曾摄与通摄舒声的后鼻韵尾前化并入臻、深摄，梗摄舒声失落鼻尾变为阴声韵；3.全浊声母清化，一律送气。

1. 闻喜方言的三个音韵层

闻喜方言中，许多语素有两个或更多个语音形式，它们代表了不同时间层次的语音。闻喜音系大致可分为以下三个音韵层次。请先看闻喜方言的声韵调。

声母：

p 布别（步）	p' 盘怕别 步	m 门木	
pf 主桌	pf' 处虫柱	f 飞书帅	v 闻微武软
ts 糟增赵（主）（柱）	ts' 仓昌赵（虫）	s 散扇（书）	z 日若（软）
t 到道 毕	t' 太同道病		l 难兰怒路米
tɕ 精经（集）	tɕ' 齐旗集	ȵ 女年约	ɕ 修休鞋
k 贵竿	k' 开葵跪	ŋ 岸案	x 灰红化鞋
Ø 延缘围危元远			

韵母：

ɿ 资知	i 地妹北睡	u 故木睡（初）	y 雨虚欲（醉）
ɚ 耳而			
a 爬辣蛇	ia 架夹斜	ua 花刮	ya 瘸

ə 河割汤（蛇）　　　eɪ 确药娘　　　　　　eə 过落桑 国

　　　　　　　　　　iɛ 蛇斜 鞋色星争　　uiə 横获　　　　　　yɤ 靴缺永 王

əu 走初鹿绿　　　　　iəu 流绿

ao 饱桃　　　　　　　iao 条桥（药）

ei 贼谁（妹）　　　　　　　　　　　　　uei 贵国 醉（睡）　　yei 累吕（绿）

æ 帅寨鞋　　　　　　　　　　　　　　　uæ 怪（帅）

a 胆三含（竿）　　　iæ 竿间连　　　　　uæ 短酸　　　　　　yæ 权元

əĩ 门灯 蒸（根）　　　iẽi 根紧林蝇　　　uẽi 魂温瓮　　　　　yẽi 云群

ʌŋ 党汤 桑灯蒸　　　　iʌŋ 灵娘 星蝇　　uʌŋ 光横东瓮 王　　yʌŋ 穷胸永

声调：

阴平	˩ 31	诗梯高猪边安
阳平	˨ 213	时穷近柱共大局笛
上声	˦ 44	使体古老染小
去声	˥ 53	试帐聚（近）（大）入麦

上表中带有括号的例字是本世纪五十年代后出现的新读，我们称之为"新文读层"。闻喜老年人除个别新兴语词，如"社"［ˌsəʔ］会主义外，一般不使用新文读层。青少年则较多使用，有的语素甚至只能用新读。这些新读与北京话相近，它们的出现与五十年代推广普通话运动后北京音系地位的提高有关。

上列例字下有双横道的是闻喜中、老年人所说的文读音，我们称之为"旧文读层"。它是本世纪五十年代前在晋南诸县通行的一种官话，各县间有小的差异，但总的看来，晋南旧文读层的一致性较大。晋南地区在山西省的西南部，邻近的方言中心有晋中方言、晋东南方言、河洛方言和关中方言。闻喜旧文读层没有入声，宕江曾梗通诸摄有后鼻尾 -ŋ，它与晋中、晋东南方言差别较大，而与河洛、关中方言相近。从有［pf pfʰ］类唇齿声母这一特点看，它和今关中方言的关系更密切些。旧文读层在现闻喜方言中占优势，它出现的时间及原因有待于进一步的研究。

上列例字下有单横道的是闻喜本地土音，它的时间层次最早，现在大多只用于特定的土语词及地名读音中。这些残存形式所反映的语音层，我们称为"闻喜白读层"。闻喜白读层音系与今北京、河洛、关中方言的语音差别较大，与晋中白读层有一些共同点，但也有不少差异。本文主要讨论闻喜白读层的一些重要特点及其与一个保留在文献中的历史音系——宋西北方音的密切关系。

2. 闻喜白读层与宋西北方音

宋西北方音是指在黑水城遗址[①]发现的西夏·汉对音文献所反映的汉语方言音系。西夏国始于 1038 年，亡于 1227 年，大致与宋（960—1279）同时。它的主要活动区域在我国西北地区，今宁夏、甘肃大部，陕西北部，内蒙古西部及青海东北部。所以，我们把黑水城文献所反映的那一时期的汉语方音称为宋西北方音。

由于西夏文和汉字都不是表音文字，宋西北方音的音系还没有人系统地整理过，下面我们的讨论主要根据黄振华《〈文海〉反切系统的初步研究》[②]中收集的材料。《文海》是一本西夏韵书，它把西夏文按其语音分类排列，体例与《广韵》类似。《文海》分为平、上两卷，现存平声卷。平声卷含 97 韵（2577 字），每韵之下又按声纽次序分为若干小纽，同小纽的西夏文即西夏同音字。黄文把其他文献中的西夏文汉字标音材料（主要取自西夏·汉对译对音词典《番汉合时掌中珠》）按《文海》的韵、纽次序重新排列。这样，我们可以一目了然地看出哪些汉字可以给西夏同韵字标音，这些汉字必然是音值相同或相近。黄文利用这些材料并参考《切韵》拟音来为西夏语的各韵类构拟音值，我们则希望从这些材料中观察汉语宋西北方言的音类分合情况。

闻喜白读层与宋西北方音有许多重要的相似之处，主要表现在宕江曾梗通等后鼻尾韵的分合归属及全浊仄声字的归属等问题上，下面分别讨论。

2.1 宕江摄舒声

闻喜方言中宕江摄舒声的白读音没有鼻尾，与同摄入声字及果摄一等字韵母相同，同为 ə/iə/uə/e 韵。请对比下列字的读音：

宕江摄舒声白读		宕江摄入声		果摄	
汤	$t^‘ə_{｜}$	托	$t^‘ə^{˧}$	拖	$_{｜}t^‘ə$
糠	$_{｜}k^‘ə$	鄂	$ŋə^{˧}$	可	$^{˧}k^‘ə$
炕	$_{˧}k^‘ə$	鹤	$xə^{˧}$	哥	$_{｜}kə$
狼	$_{˧}luə$	落	$luə^{˧}$	罗	$_{˧}luə$
桑	$_{｜}suə$	索	$suə^{˧}$	搓	$_{｜}ts^‘uə$
庄	$_{｜}pfə$	着	$tsə^{˧}$	—	
场	$_{˧}ts^‘ə$	绰	$ts^‘ə^{˧}$	—	

[①] 黑水城在今内蒙古额济纳旗境内。它是西夏的一个重要城镇，元末废弃。1908 年俄国大佐柯兹洛夫在该城遗址的一个废寺塔中发现大批西夏、汉、藏、回鹘文文献。

[②] 该文为《文海研究》一书所收的一篇论文。《文海研究》，史金波、白滨、黄振华著，中国社会科学出版社，1983。

尝	₅sə	勺	₅sə	—		
双①	₅fə	朔	fəʾ	—		
项	₅xə	乐	₅əʾ	—		
墙	₅ʦʻiə	雀	ʦʻiəʾ	茄	₅ʦʻia	
两	ˀliə	略	liəʾ	—		
扬	₅iə	药	iəʾ	—		
痒	ˀiə	钥	iəʾ	—		
放	fəʾ	—		—		
忘	₅və	—		—		
荒①	₅xuə	霍	xuəʾ	货	xuəʾ	
光	₅kuə	郭	kuəʾ	锅	₅kuə	
王	₅yɛ	镬	₅tʂyɛʾ	瘸	₅ʦʻya	

为了更清楚地显示宕江果等摄间的历史联系，下面我们按等呼列表一，分别标明它们的中古拟音（据高本汉的构拟）及今音值。

表一

等呼 来源 其他	宕江舒白读			宕江入			果摄		
	例字	切韵拟音	今音值	例字	切韵拟音	今音值	例字	切韵拟音	今音值
开一	汤糠（狼）	*ɑŋ	ə（uə）	托各（落）	*ak	ə（uə）	拖可（罗）	*ɑ	ə（uə）
开二	项	*ɔŋ		桌	*ɔk		—	—	
开三	墙两（场）	*ĭaŋ	iə（ə）	省略（酌）	*ĭak	iə（ə）	茄	*ĭɑ	ia
合一	荒	*ʷɑŋ	uə	霍	*ʷɑk	uə	和	*uɑ	uə
合三	王（放）	*ĭʷɑŋ	yɛ（ə）	镬	*ĭʷak	yɛ	瘸	*ĭʷɑ	ya

对比古音我们看到，宕江摄字在闻喜经历了两层变化。一层是阳声韵脱落鼻尾，入声韵脱落塞尾，并入阴声韵的变化。这种变化造成了闻喜方言与其他北方方言不同的音类分合关系。另一层是后、低 ɑ 类元音高化、前化的变化（果摄三等"茄、瘸"未经历该层变化）。这第二层演变是闻喜方言与其他北方方言共同的，现北方方言的果摄字多读为 o 或 ə。

---

① 闻喜县城内白读音保留较少，特别是江开二、宕合一、合三这些辖字较少的韵类。发音人王安清、陈可喜只有"项、荒、王"有白读。文中"双白"［₅fə］根据南关李喜庆的发音，"荒白"［₅xuə］、"光白"［₅kuə］根据南关任传家的发音。"荒白"王、陈读为［₅xu］，根据闻喜瓯底、河底、东镇等点的材料，任的发音符合规律。

闻喜方言的宕江摄舒、入声字并入果摄后，也和果摄字一起经历了该层演变。[①]

　　表中有些字（音）加了括号。括号表示，这些字的介音以声母为条件做了调整。如开口一等来母及精组字读合口（"狼罗落桑索"变为 uə 韵），开口三等知照系字并入开一（"场、酌"变为 ə 韵），合口三等唇音字读开一（"放"读为 ə 韵）。在这些介音调整的变化中，宕江摄、果摄是一致行动的。

　　闻喜宕江摄白读的另一特点是合口三等没有与同摄其他等呼合并。宕合三辖字较少，很难保持独立地位。大多数北方方言及闻喜旧文读层中宕合三并入合一，介音变了，主元音未变。而闻喜白读的宕合三保持了 y 类介音，但主元音发生了变化，并入梗合三白读。这一分歧表明，古时的宕合三确乎是独立的一类。

　　宋西北方音中宕摄舒、入声字也是与果摄合流，但江摄似有分用的倾向。[②]据黄文收集的材料，宕、果摄字可以为西夏同韵甚至同小纽的字标音，江摄舒、入声字与效摄及宕摄的庄组及明母字同注一韵。请看下面的一些例证（第××韵指《文海》韵次，阿拉伯数字表小纽次第，小纽之后即标音汉字）：

　　第四十九韵　4 波$_{果一歌}$　颇$_{果一过}$　薄$_{宕一药}$　镑$_{宕一唐}$，10 果$_{果一果}$　光$_{宕一唐}$，15 罗$_{果一歌}$　狼$_{宕一唐}$

　　第五十韵　1 豹$_{效二效}$，2 薮$_{效二效}$，3 角$_{江二觉}$，5 浊$_{江二觉}$　窗$_{江二江}$　床$_{宕三阳}$　疮$_{宕三阳}$，6 朔$_{江二觉}$　霜$_{宕三阳}$

　　第五十一韵　6 良$_{宕三阳}$，9 孛$_{臻一没}$，12 墙$_{宕三阳}$，13 相$_{宕三阳}$，14 将$_{宕三阳}$

　　第五十四韵　2 旁$_{宕一唐}$　坡$_{果一戈}$，4 党$_{宕一荡}$　多$_{果一歌}$　陁$_{果一箇}$，5 唐$_{宕一唐}$　敦$_{臻一魂}$　他$_{果一歌}$，10 苍$_{宕一唐}$　蹉$_{果一歌}$　坐$_{果一箇}$，11 索$_{宕一铎}$，12 黄$_{宕一唐}$　阿$_{果一歌}$，

　　第八十九韵　1 讹$_{果一戈}$，3 光$_{宕一唐}$

　　第九十韵　1 毛$_{效一豪}$　猫$_{效二肴}$　帽$_{效一号}$　卯$_{效二巧}$　邈$_{江二觉}$，2 庄$_{宕三阳}$，4 磨$_{果一戈}$　莽$_{宕一荡}$

---

① 闻喜方言中宕江摄字的文读为 [ʌŋ/iʌŋ/uʌŋ]，白读为 [ə/iə/uə/yɛ]。看起来仿佛文读形式更接近古音，比白读更古老。其实不然。因为文读与白读间不存在继承发展的"母女"关系。从声、韵、调简表可以看出，中古宕江曾梗通五摄字在闻喜旧文读层中均为 [ʌŋ] 类韵，而白读层则依古音来源不同整齐地分为三类：[ə]（宕江）、[iɛ]（梗）、[ĩ]（曾通）。如果认为文读 [ʌŋ] 是白读的前身，我们无法解释上述分化的原因和条件。反过来，如果认为文读 [ʌŋ] 是由白读 [ə iɛ ĩ] 等发展而来，又无法解释后鼻尾 [-ŋ] 是如何增生出来的。我们认为，宕摄字在闻喜曾经历了脱落鼻尾及高化音变，成为现在的白读音，其前身 [*ɑŋ] 已经音变而消失。现在的文读音 [ʌŋ] 是受权威方言的影响后来进入闻喜音系的，它们曾在权威方言中经历了另一种音变，不是白读音 [ə] 的祖先。也就是说，文、白语音层间的关系相当于"姊妹"方言关系，白读是本地原有形式而文读总是与某个权威方言（现时的或历史的）相近，是随着某个权威方言地位的提高后来覆盖到土语音系之上的。从这个意义上讲，白读层早于文读层，这种音韵时间层次的早晚与语音发展阶段的快慢无关。

② 西夏·汉对音中大体上是宕果通用，江效通用。但江摄音值已明显与宕摄接近，表现在：a.江摄所注西夏韵的韵次总是夹在宕果摄一等字所注韵与宕摄三等所注韵的中间；b.江摄与宕摄庄组及明母字同注一韵。

根据其他西夏、藏、梵对音材料，[①] 该类字的音值大多为 [o]，少数为 [a]，是阴声韵：

西夏文	曾用标音汉字			藏、梵音拉丁转写	对音材料出处
悇	那 18.6[②]	囊 26.4		no	《金光明经》藏咒
旸	果 13.3	姜 15.4	哥 20.3	kha	《金光明经》梵咒
	刚 21.3	果 36.4			
麅	罗 9.1	萝 14.6	糯 15.5	lo	《金光明经》藏咒
	狼 16.4	廊 22.1			
緂	娘 29.6			ño	《残经》藏文

根据藏文对音，宋西北方音的宕、果摄字元音已经高化。

2.2 曾通摄舒声

闻喜方言中曾通摄的白读音为 ẽi/iẽi/uẽi 韵，与深臻摄字韵母相同，其中的鼻化韵尾 i 当是前鼻韵尾 -n 的演化结果。请对比下面例字的读音：

曾通摄舒声白读		臻摄舒声		深摄舒声	
灯	˪tẽi	—		—	
腾	˪t'ẽi	—		—	
楞	˪lẽi	—		—	
层	˪ts'ẽi	—		—	
肯	˪k'ẽi	垦	˪k'ẽi	—	
蒸	˪tsẽi	真	˪tsẽi	针	˪tsẽi
秤	ts'ẽiˀ	尘	˪ts'ẽi	沉	˪ts'ẽi
升	˪sẽi	身	˪sẽi	森	˪sẽi
蝇	˪iẽi	因	˪iẽi	音	˪iẽi
董	˪tuẽi	盾	˪tuẽi	—	
瓮	uẽiˀ	稳	˪uẽi	—	
冯	˪fẽi	坟	˪fẽi	—	
中	˪pfʌŋ	春	˪pf'ẽi	—	

下面按等呼列表二说明它们的中古拟音及今音值。

对比古音我们看到，这是曾通摄的后鼻尾 -ŋ 前化为 -n 而造成的归并。今山西中部、

---

① 藏梵标音材料转引自聂鸿音《西夏语音商榷》，《民族语文》1985 年第 3 期；李范文《关于西夏语鼻韵尾问题》，《民族语文》1982 年第 2 期。

② 18·6 表示该种对音见于《番汉合时掌中珠》第 18 页第六栏，下同。

北部等地也有"蒸＝真"的现象。但是，从音值上讲，它们是深臻摄并入后鼻尾 -ŋ 类韵；从音类宽窄讲，它们的该类字还包括梗摄来源字。因此，晋中、晋北的这种现象当是曾/梗合韵后的演变，与闻喜白读层不是同一时间层上的变化。

表二

来源 其他 等呼	曾通摄舒声白读			深臻摄舒声		
	例字	切韵拟音	今音值	例字	切韵拟音	今音值
开一	灯层	*əŋ	*ẽi	垦	*ən	*ẽi
开三①	蝇（蒸）	*ĭəŋ	iẽi（ẽi）	因（真）	*ĭen *nei *mei	iẽi（ẽi）
合一	董瓮	*uŋ *uoŋ	uẽi	敦温	*uən	uẽi
合三	一（冯）	*ĭuŋ *ĭʷoŋ	yẽi（ẽi）	君（坟春）	*ĭuěn *ĭuən *ĭʷěn	yẽi（ẽi）

表二括号里的字（音）也表示以声母为条件的介音调整：开口三等知照系字，合口三等帮组、知照系字失去介音，与一等同韵。

宋西北方音的曾通摄舒声也是与深臻摄舒声合流，据黄文收集的材料，曾通摄舒声、深摄舒声及个别咸山摄舒声字可为西夏同韵字注音。如：

第十五韵　1 崩曾一登，2 门臻一魂　蒙通一东，3 灯曾一登，4 南咸一覃，5 根臻一痕，6 曾曾一登，7 僧曾一登，9 楞曾一登，11 问臻三问，12 文闻臻三文，14 孙臻一魂　松东三锺　巡臻三谆，15 昏臻一魂，18 参深三侵、咸一覃

第十六韵　3 频臻三真　凭曾三蒸，9 真臻三真　震臻三震　蒸曾三蒸　证曾三证，12 因臻三真　蝇曾三蒸，13 陵曾三蒸　林深三侵

第九十六韵　2 宗通一冬　尊臻一魂

《文海》第十五、十六两韵所收字多为汉语借词，它们的汉字标音应该更接近于汉语实际。曾通摄舒声与梗摄字绝然无涉而与臻深摄舒声通用，这种分合关系与闻喜白读层相同。至于咸摄一等字也混迹于其中，可能是个别例外，也可能是当时的语音确实相似，试比较今山西祁县咸开一与咸开二的读音：感［ᵖkəŋ］甘［ʯkəŋ］咸开一／监［ʯʨiã］减［ᵖʨiã］咸开二一等字元音较高，与曾摄同。另，西夏·汉对音中，通摄的"孔"与"姑、枯、库"同注《文海》第一韵字，它的《金光明经》梵咒对音为 khu。"孔"读 khu 可能是个别例外，今

---

① 闻喜城关曾摄一等白读均与臻摄韵母相同，如：［ʌŋ/ẽi］灯腾膯疼等楞瞪，［ʌŋ/uẽi］凳。曾摄三等大多数与臻摄韵母相同，如：［ʌŋ/ẽi］蒸称秤升，［iʌŋ/iẽi］蝇。但有两个字与梗开三白读合并：［iʌŋ/iɛ］剩，［iʌŋ/iɛ］凝。曾开三白读的这种不规则现象大约是受邻近方言影响的结果。晋南方言中，曾开一白读均归臻摄，而曾开三白读的归属有分歧：闻喜南面的临猗、万荣归臻摄，而闻喜北面的横水镇、洪洞县归梗开三白读。闻喜地处两派的中间，它基本上属于南派，但也受到北派扩散波的影响。

山西省的许多地方仍唤小孔作［k‘u k‘u］。从汉语方言的普遍现象看，通摄字的鼻尾最稳定，[①] 所以西夏・汉对音中的少数通、模交叉恐不宜看作通例。

根据梵咒对音，该类字的韵尾为［-n］：

西夏文	曾用标音汉字	梵音拉丁转写	对音材料出处
	宾$_{34.1}$　禀$_{27.4}$　膑$_{\text{孙子对音}}$	piṅ	《金光明经》梵咒
	神$_{6.2}$　绳$_{24.6}$　辰$_{10.1}$　申$_{10.1}$ 身$_{19.3}$　肾$_{18.6}$　深$_{12.4}$　胜$_{\text{孟子对音}}$	śiñ ciñ	同上

宋西北方音曾通摄的音值亦与闻喜白读层相同。

2.3　梗摄舒声

闻喜方言中梗摄舒声的白读音没有鼻韵尾，与同摄二等入声及咸山摄三四等入声的韵母相同，同为 iɛ/uiɛ/yɛ 韵。请看下面的例子：

梗二舒白读		梗二入		梗二舒白读		梗二入	
棚	꜁p‘iɛ	拍	p‘iɛᵓ	杏	꜁xiɛ	吓	xiɛᵓ
冷	꜂liɛ	—		行	꜁xiɛ	革	kiɛᵓ
生	꜀siɛ	拆	ts‘iɛᵓ	横	꜁xuiɛ	获	꜁xuiɛ
争	꜀tsiɛ	窄	tsiɛᵓ				

梗三四舒白读		山三四入		咸三四入	
平[②]	꜁t‘iɛ	别	꜁p‘iɛ	—	
明	꜁liɛ	灭	miɛᵓ	—	
领	꜂liɛ	列	liɛᵓ	猎	liɛᵓ
井	꜂tɕiɛ	薛	ɕiɛᵓ	接	tɕiɛᵓ
镜	꜁tɕiɛ	杰	꜁tɕiɛ	怯	tɕ‘iɛᵓ
影	꜂ȵiɛ	孽	ȵiɛᵓ	业	ȵiɛᵓ
声	꜀siɛ	舌	꜁siɛ	涉	siɛᵓ
钉	꜀tiɛ	—		跌	tiɛᵓ
听	꜀t‘iɛ	铁	t‘iɛᵓ	帖	t‘iɛᵓ
醒	꜂ɕiɛ	屑	꜁ɕiɛ	—	
经	꜀tɕiɛ	结	tɕiɛᵓ	协	꜁ɕiɛ
永	꜂yɛ	月	yɛᵓ	—	

---

① 请参看张琨《汉语方言中鼻音韵尾的消失》，《史语所集刊》第五十四本第一分，1983。

② 闻喜方言中帮组声母在古开口三四等韵的条件下有 t、t‘、l 的变读，可参阅潘家懿《山西闻喜方言古帮组声母字的读音》，《方言》1985 年第 4 期。

下面按等呼列表三、表四说明它们的中古拟音及今音值。

表三

来源 / 其他 / 等呼	梗摄二等舒声白读			梗摄二等入声		
	例字	切韵拟音	今音值	例字	切韵拟音	今音值
开二	争杏	*æŋ *ɐŋ	iɛ	责额	*æk *ɐk	iɛ
合二	横	*ʷæŋ *ʷɐŋ	uiɛ	获	*ʷæk *ʷɐk	uiɛ

表四

来源 / 其他 / 等呼	摄梗三四等舒声白读			咸山摄三四等入声		
	例字	切韵拟音	今音值	例字	切韵拟音	今音值
开三	声镜	*ĭɐŋ *ĭɐŋ	iɛ	舌杰	*ĭɐp *ĭɐp *ĭɐt *ĭɐt	iɛ
开四	丁	*ieŋ		跌	*ĭet *iep	
合三	永	*ĭʷɐŋ *ĭʷɐŋ	yɛ	月	*ĭʷɐt *ĭʷɐt	yɛ

　　闻喜方言的［iɛ］韵还辖有假开三全部及蟹开一、开二部分字，但有些假开三、蟹开二的字还另有白读音。如：

　　斜［ɕia白～ ɕiɛ文］，爹［tia白～ tiɛ文］，车［tsʻa白～ tsʻiɛ文］以上假开三；挨［læ白～ ɳiɛ文］，鞋［xæe白～ ɕiɛ文］以上蟹开二。因而，从白读层看，它们应分别属于［ia］韵和［æe］韵，并入［iɛ］韵当是在旧文读传入之后。而蟹开一读为［iɛ］韵的限于［k ŋ］两声母后，如：改［kiɛ］，爱、艾、碍［ŋiɛ°］。其他声母后均为［æe］，如：凯［kʻæe］，孩［xæe］，戴［tæe°］。蟹开一［k ŋ］声母后的［iɛ］是条件音变的结果，前元音（一等字）在不送气舌根声母后增加［i］介音在闻喜方言中是成规律的，可对比：根［kiẽi］，垦［kʻẽi］，很［xẽi］，恩［ŋiẽi］；干［kiæ］，看［kʻæ°］，寒［xæ］，岸［ŋiæ°］。从［k ŋ］声母并未腭化这一点来看，这一条件音变的时间层次较晚。蟹开一在白读层亦不应属于 iɛ 韵。

　　闻喜的梗摄开口二等与三四等舒声白读同为［iɛ］韵，这可能是后来的归并，因为它们对声母的影响有不同。三四等［iɛ］韵前的见系声母全都腭化了，如：镜［tɕiɛ°］、轻［tɕʻiɛ］、迎［ɳiɛ］。而二等［iɛ］韵前的见系声母有的未腭化，如：杏［xiɛ°］，客［kʻiɛ°］、额［ŋiɛ°］。邻近方言的梗开二／梗开三四也都是分立的，如：①

---

① 此据吴建生《万荣方言志》,《山西省方言志丛刊》, 1984 年第 12 期。乔全生《洪洞方言志》, 同上, 1983 年第 12 期。田希诚、吕枕甲《临猗方言的文白异读》,《中国语文》1983 年第 5 期。

表五

来源 例字 方言点	梗开二舒声白读				梗开三四舒声白读					梗二入		山三四入
	棚	生	冷	杏	明	镜	井	声	听	百	摘	铁
万荣	p'ia	ʂa	lia	xɑ	miE	tɕiE	tɕiE	ʂʅE	t'iE	pia	tʂa	t'iE
临猗	—	ʂɑ	lia	xɑ	mie	tɕie	tɕie	ʂɣ	t'ie	—	—	—
洪洞	p'ɛ	sɛ	le	xe	mie	tɕie	tɕie	—	t'ie	pɛ	tsɛ	t'ie

　　万荣、临猗梗开二与梗开三四的主元音不同，二等为低元音［ɑ］，三等为［ɛ］。洪洞的梗开二与梗开三四是有无［i］介音的区别，主元音相同（［ɛ/e］的分布互补，［e］在［l ŋ x tʂ tʂ' ʂ ʐ］声母后，［ɛ］在其他声母后。这种分化显系后来的演变）。各点的共同之处是梗开二舒声与同摄二等入声同韵，而梗开三四舒声与咸山摄三四等入声同韵。对比地区差异与音系内的不平衡现象可以看出，闻喜白读层的梗开二/梗开三四应是对立的两类，可拟作 *ɛ、*iɛ。闻喜今音系中梗开二的 i 介音是后起的。

　　宋西北方音的梗摄舒声字也明确地分为二等/三四等两类。据黄文收集的材料，梗摄二等舒声与同摄二等入声及蟹摄一、二等字同注西夏同韵字。例：

　　　第三十四韵　3 介_{蟹二怪}　更_{梗二庚}　皆_{蟹二皆}，4 客_{梗二陌}，5 争_{梗二耕}

第三十四韵　3 介蟹二怪　更梗二庚　皆蟹二皆，4 客梗二陌，5 争梗二耕
第四十一韵　3 狞梗二庚，4 生梗二庚，7 怀蟹二皆　获梗二麦
第六十六韵　1 百梗二陌，2 麦梗二麦　脉梗二陌，4 皆蟹二皆　庚梗二庚
第七十三韵　1 乃蟹一海，3 吟梗二梗
第七十七韵　5 吟梗二梗，7 崑蟹一灰

梗摄二等舒声字不与三等通用而与同摄二等入声通用，这点与闻喜白读层一致。至于蟹摄一二等字是与梗开二音近，还是已并为一类，根据现有材料还不足以确定。

　　梗摄三四等舒声字与假开三、咸山摄三四等（舒、入）、蟹开四、止摄、梗摄三四等入声同注西夏同韵字。例：

第十一韵　5 名梗三清　弭止三纸　密臻三质
第十四韵　6 皮止三支，7 名梗三清，8 腻止三寘
第三十六韵　1 庆梗三映　契山四屑，7 星梗四青　性梗三劲，斜假三麻，8 盈梗三清　耶假三麻　野假三马，10 盈梗三清　夜假三祃
第三十九韵　6 宁梗四青　你止三止
第四十二韵　11 丙梗三梗　饼梗三静　并梗三清　鞭山三仙，14 丁梗四青　典山四铣　提蟹四齐
第六十一韵　4 成梗三清　蛇假三麻，8 瓶梗四青　便山三仙

标音所用的梗开三四舒声的情况较复杂，与它通用的字来源较泛，大致可分为两类：a. 梗三四入声、蟹开四及止摄字；b. 假开三及咸山摄三四等舒入声字。从切韵拟音看，a 类字元音较高，为 *i *ie *ei *iei；b 类字元音较低，为 *ia *iɛn *iɛm *ien 等。今北方方言中 a 类字也总是比 b 类字元音高，很少合流的例证。就是从西夏·汉对音系统本身来看，a、b 两类字也只是在《文海》的少数韵中有少量交叉，总的倾向是从分的。如，《文海》第十韵用标音汉字 29 个，均为 a 类字，第十一韵用标音汉字 57 个，53 个为 a 类。具体例字如下。

第十韵：之为违飞肺挥韦尼计枝至直赤石食世瑟夷吹坠垂税力离瑞犁耳儿二

第十一韵：锌彼毕壁碧皮备被瑟霹鼻苾弭密迷底提你尼己箕计鸡吉击祗岂宜齐寂西息锡膝西思夷乙四稀嚟龟季归贵葵柜觜岁隋你积缭 53字a类，名轩弦险

而第十八至二十六韵的注音汉字都是咸山摄或假摄（b 类）字（有区分一 / 二 / 三四等的倾向，值得进一步研究）。第十九韵共用注音汉字 13 个，12 个为 b 类字，1 个咸开一字；第二十六韵共用注音汉字 17 个，均为 b 类字。具体例字如下：

第十九韵：辖折者遮毡瞻栴蒼车祜舌阇 12字，览咸开一

第二十六韵：坚俭筵烟燕演盐焰扇专卷鹃转椽钏全原

由此我们推断，宋西北方音应是区分 a、b 两类字的。梗摄字在注音中与两类字都有交涉，说明它可能是音值介于两者之间的独立的韵类。闻喜今音系中梗开三白读与咸山摄三四等入声合并，这种合并可能也是后来发生的。

在西夏、藏、梵对音材料中，梗二类字只有个别例证，音值为 [e]；梗三类字较多，音值为 [i] 或 [e]，如下所示：

西夏文	曾用标音汉字			藏梵拉丁转写	对音材料出处
〓	狞[11.5]			hñe	《残经》藏（以上二等）
〓	井[12.1] 青[14.6] 姐[20.3] 精[20.3] 剪[24.3]			tse	《残经》藏
〓	你[29.3] 宁[31.2]			ṇi ni	《金光明经》梵咒
〓	星[29.5]			se	《残经》藏
〓	名[10.2]			dmi	《残经》藏
〓	名[20.4]			dmeh	《残经》藏
〓	名[20.5]			dmi	《残经》藏

梗摄三等字在汉语中应有 [ǐ] 介音，它既可注 [i] 又可注 [e]，我们猜想它的实际音值可能是 [ie]。

从以上分析可以看出，宋西北方音的后鼻尾韵的分合归属与闻喜白读层几乎完全相同：宕（江）/ 曾通 / 梗分立，梗二 / 梗三分韵。宕（江）舒入声与果摄合流，曾通摄舒声与深

臻舒声合流，梗二舒、入合流，梗三舒声也许是独立的韵类。

今北京、西安、洛阳音系的宕江曾梗通诸摄仍带 -ŋ 尾。这些方言的后鼻尾韵所经历的历时变化主要是后鼻尾韵类之间的合并：主元音较高较前的梗摄并入了主元音较高较后的曾摄。而闻喜白读层与宋西北方音则表现出与上述方言不同的变化趋向：曾梗保持了主元音高低的不同，元音较低的梗摄与后低元音的宕摄一样脱落了鼻尾，而元音较高的曾摄与后高元音的通摄一样并入了前鼻尾韵。可以说，这一系方言后鼻尾韵的演化趋向主要是 -ŋ 尾的前化与脱落。

2.4 全浊声母仄声

闻喜白读层与宋西北方音的相似还表现在古全浊声母的归属上。闻喜方言中，古全浊声母仄声字的白读音为送气清音，与古全浊声母平声字及次清声母并为一类，与全清声母对立。以 p'、p 声母字为例：

並母仄声白读		並母平声		滂母		帮母	
薄_{薄荷}	₌p'ə	婆	₌p'ə	坡	꜀p'ə	菠	꜀pə
步部	p'u⁼	菩	꜀p'u	普	꜀'p'u	补	꜀pu
背_{背诵}倍	p'i⁼	赔	꜀p'i	坯	꜀p'i	杯	꜀pi
辫	₌p'iæ~t'iæ	便_{便宜}	꜀p'iæ	片	'p'iæ~t'iæ	遍	piæ⁼
伴	₌p'æ	盘	꜀p'æ	潘	꜀p'æ	般	꜀pæ
笨	₌p'ẽi	盆	꜀p'ẽi	喷	꜀p'ẽi	奔	꜀pẽi
傍	₌p'ʌŋ	旁	꜀p'ʌŋ	滂	꜀pʌŋ	榜	'pʌŋ
病	t'iɛ⁼	平	₌t'iɛ⁼	聘	꜀p'iẽi	兵	꜀tiʌŋ

其他声母的分合情况与 p'、p 相同，下面每类各举一字为例：

全浊仄白读		全浊平		次清		全清	
重_澄	꜀pf'ʌŋ	虫_澄	꜀pf'ʌŋ	宠_彻	'pf'ʌŋ	忠_知	꜀pfʌŋ
皂_从	₌ts'ɑo	槽_从	꜀ts'ɑo	操_清	꜀ts'ɑo	早_精	'tsɑo
第_定	₌t'i	题_定	₌t'i	体_透	't'i	低_端	꜀ti
局_群	₌tɕ'y	渠_群	꜀tɕ'y	曲_溪	tɕ'y⁼	菊_见	tɕy⁼
跪_群	₌k'uei	葵_群	꜀k'uei	亏_溪	꜀k'uei	龟_见	꜀kuei

宋西北方音也是全浊声母与次清声母并为一类。黄文将《文海》中所有的反切上字系联成类，又将各类所切西夏文曾用过的标音汉字分别列出，从中可以清楚地看出宋西北方音全浊声母的归属。如重唇塞音分为以下两类。

p 类——使用十个反切上字，所切西夏文的注音汉字有：北布百柏八不笔毕筚彼碧璧锌杯宝波菠簸芭钵兵变崩半播板攀哺豹鞭贝背巴摆丙饼并宾禀边。除"攀"_{滂母}、"哺"_{並母}

两字外均为全清帮母字。该类字所切西夏文的藏文注音有［pɑ pu］等，声母是清、不送气音。

ph类——使用十八个反切上字，所切西夏文的注音汉字有：巴芭把_{以上帮母}，普泊珀玻霹帕攀判破坡_{以上滂母}，部白备被鼻罢拔哺字鹁脖病镑便_{以上並母仄声}，菩葡蒲皮琵脾凭琶盘裴平瓶朋庞傍旁_{以上並母平声}。除"巴芭把"三字外，均为全浊与次清字。它们所切西夏字的藏文注音有［phi phu pho phɑt］等，声母是清、送气音。

此外，还有非／敷奉、端／透定、见／溪群、精／清从、照／穿床的对立，都是全清字自成一类，全浊与次清并为一类。请参看黄文，这里不再一一列举。

从上例可以看出，宋西北方音的全浊声母已经清化，清化后的归属与闻喜白读层完全相同，而与今北方方言不同。

根据历史文献和今闻喜共时音系中残存的白读形式，我们可以比较有把握地推断，宋时我国西北地区和山西南部的方音同属一个系统。这一音系比《切韵》音系简单得多。它与今西北方言、晋南官话有明显的系统差异，不可能是这些方言的前身。由此看来，现在的方言分布和宋时有所不同，宋时流行在西北及晋南地区的方音不知什么原因逐渐消亡了，它原有的领地逐渐为其他方言所覆盖，闻喜白读音与西夏·汉对音文献为重建这一已基本消亡的音系在宋时的语音状况及其地区分布提供了宝贵的证据。

附记

声韵调系统的发音人是：王安清，57 岁，闻喜姚村（距县城约 5 里）人，退休教员。陈可喜，58 岁，闻喜城内人，县文化馆退休干部。此外，还参考了一些中年、青年、少年人的发音。对于他们的帮助谨致谢意。

原刊于 1987 年第 1 期

汉语被动式的历史·区域发展

〔日〕桥本万太郎

1. 前言

正如学术上的其他各种概念一样，语法范畴也是人类的智慧所创立的理论上的构筑物。作为一个语法范畴，必须有属于那个范畴的语法形式（词缀、助词、词序等形态标志）。否则，那个范畴就不能看作语法上的一个范畴。因为从某个角度看，语法是由这类语法范畴所构成的一个系统，只有具备一定语法形式的范畴才能在那个系统里当作一个范畴。

被动式就是语法里的一个范畴。通常语法里存在某个语法范畴，一定同时存在着与之相对的另一个或几个语法范畴。因此，一个语法系统里能有被动式这个语法范畴，只因为那个系统里另外有主动式这个范畴；如果没有相对的主动式，该系统根本不会有被动式这个范畴。古代汉语某个阶段里，主动和被动之别不是由动词本身的标志，而是由和那个动词所连接的前置词词组表现出来的。下为《孟子》里有名的一句话：

（1）劳心者治人，劳力者治于人。

"劳心者"和"治"的语义联系跟"劳力者"和"治"的语义联系之间的分别，是由"治人"和"治于人"的分别看出来的。换言之，这一阶段古代汉语里主动式和被动式之分别的确有其语法上的根据，即各个及物动词能有：1.包含着后置于动词而表达出施动者的语法成分（前置词词组"于人"）；2.相对于这个、不包含后置施动者词组的语符列。这就无疑是两个相对的不同语法形式。

现今的汉语语法书一般都说，现代汉语有由"被"字构成的被动式；"被"字是书面语，口语里多用"叫（教）"和"让"等。[①]换言之，"叫（教）"和"让"，对于汉语语法

---

① 例如王力:《汉语被动式的发展》,《语言学论丛》1, 1957 年, 15 页。

学家来说只是"被"字的口语变体，至今我们很少检讨这是不是真正构成相对于主动式的被动语法范畴，也很少注意到包含着"被"字的语符列和包含着"叫（教）"/"让"字的语符列之间的句法差异。本文要指出：

1.1　现代汉语"被"字句可分析为一个及物动词结构，基本上跟南方闽南语系和一些南亚系语言里的同样句子所构成的同类句式相似，因而不一定容许相对的主动式。

1.2　"叫（教）"/"让"字句表面上很像"被"字句，但事实上是一个包含有嵌进结构的不完全及物动词句，[①]是由本来的使动式通过和一些阿尔泰语的接触延伸为被动式的。

1.3　因此，北方汉语被动式从"被"字句到"叫（教）"/"让"字句的演变可以说是标志着北方汉语的阿尔泰化。

2.　"被"字句的句法

被动句里的"被"字如果后面带宾语，就普遍被认为是一个前置副动词（介词）；如果不带宾语，就被认为是副词或助词。若是介词而又不带宾语，这便造成了理论上的矛盾。然而下列两句在汉语里被看作等价的：

　　　（2）他被邻居看见了。　　　（3）他被看见了。

不难看出，把例（2）里的"被"字看作介词，把例（3）里的"被"看作副词——这只是发明了两个标签而已，并没进行语法分析，因为有一定语言理性的人都知道，例（2）和例（3）之分别只在于有没有说出宾语来这一点，正如下面例（4）和例（5），前者如果省去宾语，我们就能得到后者：

　　　（4）你吃不吃饭？　　　（5）你吃不吃？

换言之，我们用"介词"和"副词"这两个术语来划分例（2）里的"被"字和例（3）里的"被"字的词类，是没有任何实际意义的。

2.1　"被"字当前置动词（介词）

我们把被动句里的"被"字看作一个动词的话，会遇到很多理论上的困难。

汉语的并列动词（连动式）和嵌进动词（兼语式）一般能带时态标志，能自由叠用：

　　　（6）我拿了书包去学校。：我拿书包去学校。

　　　（7）他请不请你吃饭？：他请你吃饭。

但"被"字不能带时态标志，又不能叠用：

　　　（8）＊他被了邻居看见了。：他被邻居看见了。

---

① 这里所谓不完全及物动词是像"使他去""请他来"那样不只带宾语（"他"）还得带补足语"去""来"等的及物动词（incomplete transitive verb）；补足语是英语 complement 的汉译，不是汉语语法学所谓补语。请参看本文第 3.1 节末。

（9）＊你被没被他批评？：你被他批评了。

普通语法书把"被"字看作一个介词就是因为它有上述句法特征。

"被"字句还有一点和兼语式不同。普通兼语式能包含否定式之内嵌句：①

（10）请你别这样。

但"被"字句绝不能包含否定句：

（11）＊他被邻居不看见。

因此，现代语法学家一般不把例句（2）或（3）那一类句子里的"被"字看作动词。

2.1.1 复杂谓语里的"被"字

但另外一方面，"被"字在现代汉语里也不太像普通的前置动词（介词）。把"被"字看作介词，我们反而遇到一些困难。那是当带有"被"字的施动者短语的谓语是个复杂谓语的时候。例如：②

（12）我被他拉住不让走。

因为"他"字在这里是"拉住"和"不让走"这两个动词的施动者，"被他"这施动者短语所修饰的不只是"拉住"；"被他"在（12）里还修饰"不让走"——更严格地说，它应该说是修饰整个"拉住不让走"。但相对于（12）的主动句应该是（14），不可能是（13）：

（13）＊他拉住不让走我。　　（14）他拉住我不让走。

不过，如果例句（12）里的"被"字是个介词，表示"拉住"和"不让走"这两个动作之施动者的话，相对于（14）的被动句应该是（15），不可能是（12）：

（15）我被他拉住，（他）不让（我）走。

换言之，例句（12）里的"他"字不是都通过介词"被"来修饰"拉住"和"不让走"——"拉住"也许是由"被"字联结到"他"字的，但"不让走"会直接联结到"他"字。

例句（12）是它的复杂谓语里的第二个动词不通过"被"字而直接联结到施动者的。下列例子是它复杂谓语里第一个动词不通过"被"字而直接联结到施动者的，因为众所周知，我们能说"我被他拦住"，但不能说"＊我被他跑过来"：③

（16）我被他跑过来拦住。

这一切明显地表示着"被"字在这种有复杂谓语的句子里不可看作普通的介词。

2.1.2 无宾介词

把"被"字看作介词在理论上碰到的更为严重的矛盾是"被"字可以不带宾语而出

① 我们把例（10）看作由母句"（我）请你［句子］"和内嵌句"你别这样"构成的复杂句。
② 例（12）（16）（19）是选自李临定：《"被"字句》，《中国语文》1980年第6期，405—409页。李文材料非常丰富，提供给我们很有用的例句。
③ 例（12）（16）（19）是选自李临定：《"被"字句》，《中国语文》1980年第6期，405—409页。李文材料非常丰富，提供给我们很有用的例句。

现在动词前。例如上面所引的"他被看见了"。现代汉语里能不带宾语而出现在动词前的介词只有表示动作正在进行的"在"字。但这类"在"字和表示处所的前置动词（介词）"在"之间，其语法功能不像带宾语和不带宾语的"被"字之间那么亲近：不带宾语的"在"字可认为是动词时态的标志，而带宾语的"在"字是个表示处所的前置动词。

上文已讲过，一个介词不带其宾语而出现在动词前在理论上显然是矛盾的，因而现代语法学家早就把这样的"被"字看作副词（因为它的确修饰后面的动词）；但发明出"介词"和"副词"这两种不同标签并不能解决什么问题——只是说前者带宾语、后者不带宾语而已。这是个典型的循环论证。

2.2　从主动式扩展派生

如果我们以早期生成（转换）语法学家乔姆斯基所分析的英语被动式为模式，企图把汉语的被动式也看作是从相对的主动式扩展派生出来的，那么正如其他各语言当中这种分析遇到了种种困难一样，在分析汉语句法时也会遇到种种困难。理论上的矛盾比起英语、日语等，可以说有过之无不及。

2.2.1　被动句里的后置宾语

众所周知，后置于动词的直接宾语能出现在汉语被动句里。例如：

（17）我被他从身上偷了手表。

和（17）相对的、意义上的主动句只能是：

（18）他从我身上偷了（我的）手表。

"我"字在（18）里只是个处格短语"从我身上"里中心名词"身上"的定语。如果（17）是从相对的主动句派生出来的话，"我"字在这种主动句中应该是个宾语。但现代汉语句法不容许有这种施动句。

问题不只如此。更大的困难是：有些被动句的主语能重复出现在"被"字短语后，或能被代名词化。例如：①

（19）队长被群众把他包围住了。

对于这种"被动句"，意义上也好，句法上也好，我们绝不能设想相对的主动句。因为表面上的主语"队长"，虽然被代名词化，重复出现在主动句"被群众"之后而作为主动词"包围住"的直接宾语，但我们根本无法把这个表面上的主语假设为相对的施动句之宾语。

2.2.2　不幸、不利的色彩

当乔姆斯基提倡把英语被动式从相对的主动式扩展派生时，他无需考虑英语主动

---

① 例（12）（16）（19）是选自李临定：《"被"字句》，《中国语文》1980 年第 6 期，405—409 页。李文材料非常丰富，提供给我们很有用的例句。

式与被动式之间的情态色彩。[①] 但在汉语里被动式经常是被动句表面的主语所表示的人物或与主语有关的人物带一种不幸或不利的情态色彩，不带这种色彩的被动句是汉语和近代西欧语接触以后慢慢地发展起来的——至少这是自王力以后现代汉语语法学家公认的看法，[②] 虽然中国文献《红楼梦》里已有毫无不幸、不利色彩的被动句。[③] 而笔者相信汉语和近代西欧语接触以后所发展起来的主要是以非人物生物名词为表面主语的被动句。无论如何，汉语被动句大多带着这个不幸、不利的情态色彩，这是无人能否定的事实。

下列主动例句（20）单单意味着某一个人知道了一个事情。如果认为（21）是从这个主动句派生出来的相对的被动句的话，那么我们无法合理地说明为什么（21）经常带有不幸、不利之情态色彩：

（20）他知道了那件事情。 （21）那件事情被他知道了。

也许有人会说：例句（21）常带有不幸、不利之情态色彩就是因为（21）是被动句。这种争论其实是个典型的"恶性循环论证"，因为我们现在所要合理地说明的就是被动句为什么经常带有不幸、不利之情态色彩。这种恶性循环论证来源于一个很明显的事实：有些人不考虑别的语言里被动句和相对的主动句互相毫无特殊情态色彩而共存在一个语言里——至少这是大多数英语语法学家所相信的。在这样的语言里，主动句和相对的被动句之间的分别纯粹是语态之分别，前者是个主动语态，后者是个被动语态，因为这两种语态表达出来的是同样一个动作。

以这种分析方法重新观察汉语主动式和其相对的被动式时，我们不能不得出这样的结论：汉语里由"被"字构成的句法结构与其说是个被动式，不如说是"被害动式"（inflictive voice）。汉语和近代西欧语接触以后所发展的毫无情态色彩的"被动式"只是这被害动式之引申用法而已。

2.2.3 情态助动词

把相对的被害动句看作从相对的主动句派生出来的企图所遇到的最后一个困难是情态助动词。"会"字的用法是具有典型性的。请比较如下两个句子：

（22）他不会喝酒。 （23）酒不会被他喝掉。

"会"字在这主动句里表达的是主语"他"的一种能力。如果（23）是能从（22）派生的话，"会"在这相对的句子里也应该表达其主语之能力。在（23）里"会"字所表达的与这

[①] 乔姆斯基本人主张过英语主动句和相对的被动句之间的差别只是个态（voice）的区别而已，并没有意义上的任何不同处，虽然本文作者对这个问题有不同的看法。

[②] 王力：《中国现代语法》1943—1944年，179页。

[③] 今井敬子：《石头记/红楼梦里的被动表达》，《中国语学》233，1986年，10—12页。

施动者"他"毫无关联，它只能表示一种可能性。

据同样道理，我们不能从（24）派生（25）：

（24）别人肯这样照顾你吗？　　　　（25）你肯被别人这样照顾吗？

因为"肯"字在（24）里表示其施动者"别人"的意图，但在（25）里同一个"肯"字所表达的是被动者"你"的意图。

2.3　有被动介词但缺乏被动谓语

通过对汉语被动式、被害动式的观察，我们发现了一个最明显不过而又被忽略了的事实，就是：汉语缺乏被动谓语，虽然它具有被动介词或副词。

汉语介词通常构成一个在谓语里修饰主要动词的状语。例如在例句（26）里，主要动词"学习"表示其主语"他"所实行的动作，"在"字只表达主语所实行的动作之处所而已；因此这"在"字短语之存在与不存在毫不影响这主语的动作。这是理所当然的，因为"在"字短语在（26）里只是个状语而已：

（26）他在学校学习数学。

只有在"被"字句里，"被"字短语之存在与否非常影响整句的意义。在下列例句（27）里，构成这句谓语的动词"批评"是其主语"他"本身的心理动作：

（27）他很少批评。

很明显，"批评"是由"他"自己主动地引起的心理动作。但这一句一旦有一个由"被"字所构成的状语，那同一个动词"批评"就不表示主语"他"的动作，而表示这状语所表示的另外一个人的动作：

（28）他很少被朋友批评。

这十分奇怪，因为一个状语只修饰其所联系的动词所表示的动作之方式、处所、时间，不可改变同一个动词的主语。凡此种种，使我们恍然大悟，"被"字根本不是个介词，也不是个副词。若"被"字果真是个介词，我们不得不承认汉语被动式缺乏被动谓语——施事短语和表示施事者的介词倒是有，但没有表示被动的专用动词或助动词。

古代汉语好似有过一些表示中立性方向的动词。例如，例（1）里，动词"治"可以解释为主动主语"劳心者"的动作，也可以解释为被动主语"劳力者"的动作。换言之，在古代汉语里，一个动词"治"既可以讲主动地统治人，也可以讲受动地被别人统治。两种句式的分别只在于宾语介词上：主动句里宾语带零介词，被动句里带介词"于"字。现代汉语也的确有一些特殊动词，还保留有类似的中立性。例如：

（29）这条狗很怕人。（意思是说这条狗胆子很小，很害怕人。）

（30）这条狗很怕人。（意思是说这条狗很凶猛，使人害怕它。）

两种"怕"所表示的抽象方向是相反的，动词方向之分别，如果需要的话，也可以表现在宾语的介词上。例如：

（31）我给他借钱。（钱从"我"转到"他"。）

（32）我跟他借钱。（钱从"他"转到"我"。）

这种"类似的中立性"现代汉语里的确有，但未曾有过主动—被动方向的中立性。

古代汉语的动词有过主动—被动方向的中立性是先秦时代的事。两种句式的分别只表现在宾语介词上。因此，如果需要，主动谓语也可以带上"为"来表明主动式，被动谓语也可以包含"见"来标志被动式。

标志被动式的"被"字用法只出现在这个古代汉语动词丢失了这个主动—被动方向的中立性之后。汉语一有了这个"被"字被动式，其用法就延续下来保留在现代汉语书面语里，虽然在近代汉语一些文献里能发现"吃"字等一些时代或地区变体。换言之，汉语"被"字被动式之出现与古代主动—被动方向中立性之丢失有密切的关系。这正如"使"字使动式之出现和存续与古代自动—使动方向中立性之丢失有关一样。例如先秦时代动词"死"也可以讲自己死，也可以讲使别人死，因而根本不需要由"使"字构成的使动式。

近代汉语语法学家只注意"被"字当介词之用法而未曾注意"批评"这一类词早已丢失的主动—被动方向之中立性，也没注意到"被"字句，如果"被"字被看作介词，其谓语里就缺乏被动词素。这在近代汉语语法学界里是个十分奇怪的现象，因为人们所知道的近代语言里被动句谓语都具有由存在动词（英语、法语、俄语、日语等）或由属有动词（英语等）引申来的被动词素（动词或助动词）。

2.4　汉语被动句当作嵌进结构

如果把"被"字解释为（及物的）动词而把"被"字以后的词组当作这个及物动词的宾语的话，以上所列举的种种困难便都迎刃而解了。[①]换言之，如果把现代汉语"被"字句解释为嵌进结构，而不把它看作从相对的主动句派生出来的，那么上面谈到的种种困难就都解决了。

汉语里及物和不及物动词之分不一定很清楚，因为很多在其他语境里带有宾语的及物动词常常可以不带任何宾语而出现。另外，本来带了一个宾语的动词（如"出版一本书"）除掉了这个宾语以后还能看作一个动宾词组（"出了三版"）。不过，不管表面结构怎么样，能带宾语的和根本不能带宾语的自有分别。因此，我们不能说汉语动词没有及物和不及物之分，也不能说及物与不及物之分是把西欧语里的分别硬套在汉语上的。汉语动词本身的

---

① 拙作 "Observations on the passive construction," chi-Lin（*Unicorn*）5（1969）59—71 or Mohammad Ali Jazayer，Edgar C.Polome and Werner Winter，(eds.). *Linguistic and Literary Studies in Honor of Archbald A.Hill.*Lisse：The Peter de Ridder Press（1975）53—65.

确有及物与不及物之别。

每个词或多或少有它的特异性——意义上和句法上。汉语有一系列特殊及物动词，只能由名物化、静词化的句子来充当它的宾语，如"挨""蒙""蒙受""受""遭""遭受"等。当这些动词以动作性的抽象名词为其宾语时，这动作一定是和这些动词之施动者有关。例如，平常可说：

（33）他常常挨打。

这时，我们都知道这里的"打"一定是"他"所遭受的，不可能是与"他"毫无关系的人挨打。"挨饿""挨骂"都是一样。为了合理地说明这个意义——句法上的同现关系，（33）不得不解释为有如下的名物化句子宾语的复杂句，虽然乍看它只是个简单句：

（34）他常常挨［（某人）打（他）］。

被名物化而作"挨"字的宾语的句子"某人打他"里，"某人"平常不必说出来；"他"字也被省略，因为同一个"他"已出现在整个句子的主语位里。结果，我们平常遇到的是（33）那一类结构。

"被"字就属于这一类及物动词。这一类及物动词的另外一个句法特点是：它们经常带有宾语，很少孤立出现。这类特点并不稀罕。例如"成""成为""当""当作"等一系列动词也很少不带其补足语（complement）而孤立出现。根据这种分析法，例句（21）将被解释为由母句"那件事情被［句子］"和内嵌句"他知道了那件事情"这两句构成，如图一所示。

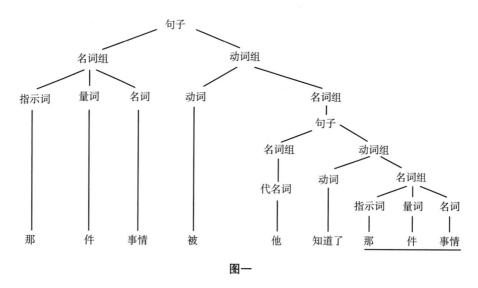

图一

内嵌句里宾语"那件事情"不出现在（21）是因为它和整句主语一样；同一成分被省略是在各种语言里的一个普遍现象，这里不必详说。

因为"被"字解释为动词，它是介词还是副词这个问题现在根本不成立了；"被"字后面带不带名词也成了内嵌句子有没有详定主语的问题，不再能引起什么争论。

"被"字不带有时态标志，也不能重叠，这是它的句法特异点。这并不稀罕。比如说，汉语有很多动词根本不和时态标志结合，如使动动词"使"不带有时态标志，也不能重叠。因此，下列两句都不合乎汉语句法：

  （35）＊我使了他生气。   （36）＊你使不使他生气？

现代语法学家相信还有两个时态标志很少和"被"字结合，就是"－着"和"－过"。但据我们对"五四"以后一百万字的白话文语料用电子计算机进行处理的结果，[1]"－着"字和"被"字同现的达到 30 例。把"被"看作动词，这就不值得惊讶了。连根本不能带"－了""－着""－过"的"使"字也能看作动词，何况能带"－了""－着"等的"被"呢？作为"被"字宾语的内嵌句不可能包含否定词也并不难了解，因为不出现、未实现的事根本不可能遭受到——这是符合事理的。"被"字后出现两个宾语时，"被"字常常不出现在第二个宾语之前，如：[2]

  （37）他被亲人怀疑，外人指责。

这也是很自然的，因为例（37）是两个内嵌句被嵌进"被"字母句而成的。

如果"被"字能解释为动词的话，像例句（12）和（16）那样有复杂谓语的"被"字句也能容易了解。在（12）里"我"所遭受的是"他拉住我，不让我走"这种情况，在后者里两个"我"字被省略是因为这些"我"和母句里的"我"是同一成分。在（16）里复杂句"他跑过来拦住我"整句被名物化而作"被"字的宾语，不是"被他"这个短语与两个谓语"跑过来"和"拦住"个别结合的；"被他"所修饰的是哪一部分——这也根本不成为一个问题了。

所谓无宾"被"字句现在也同样不成问题了，因为一个主语没在（名物化的）句子里出现，这在汉语里是最常见的事。例句（3）里没说出到底谁看见"他"，这如同下一兼语句子里没说请谁一样：

  （38）他因为喜欢热闹，常常请吃饭。

被动句里出现后置宾语，现在也最容易了解了；像（17）那一类句子是由母句"我被［句子］"和内嵌句"他从（我）身上偷了（我的）手表"构成。如图二所示，和母句主语"我"构成同一成分的是内嵌句里表明处所的"身上"和宾语"手表"的定语"我（的）"。

---

① 《亚非语言文化研究所里的白话文语法资料之机械处理》，《中国语学》222，1975 年，1—16 页。
② 例（12）（16）（19）是选自李临定：《"被"字句》，《中国语文》6，1980 年，406 页。李文材料非常丰富，提供给我们很有用的例句。

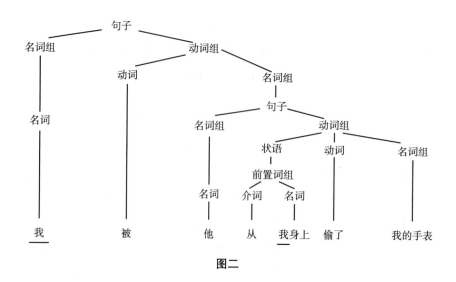

图二

在例句（21）里也好，在（3）里也好，内嵌句被嵌进母句里以后，同一成分通常被省略。没被省略而只被代名词化的例就是（19）——这个也挺自然。因为"被"字句本来是嵌进结构，这类例子在近代汉语里不少。王力所引用的下列句子却出自《大唐三藏取经诗话》：①

（39）和尚两度被我吃你。

向熹从《水浒传》所引的也属于同类，唯还没代名词化：②

（40）这厮夜来赤条条地睡在灵官庙里，被我们拿了这厮。

近代汉语已有像向熹从《水浒传》中引用的如下句子，句中只包含有静态词谓语：③

（41）这阎婆惜被那张三小意儿百倚百顺，轻怜重惜。

甚至有王力所引用的唐代例句。其"被"字被放在一句开头部位，整句所表达出来的是情况对于某人不如意或不愉快，毫无被动之意：④

（42）其时被诸大臣道："大王！太子是妖精鬼魅，……"

再如《红楼梦》第111回里的下列一句话里，动词"说道"出现在一个"被"字谓语里，因为邢夫人所说的话对于贾琏来说是个不利、不愉快的事，所以虽然这个"说道"是个普通的"说句话"的意思，不是叱责之意，但还可以用"被"：

（43）贾琏……被邢夫人说道："有了一个爷们便罢了，不要折受他不得超生。"……就不便过来了。

从这类句子我们能清楚地看出"被"字句所包含的不利、不幸的意义色彩主要是从动词

---

① 例如王力：《汉语被动式的发展》，《语言学论丛》1，1957年，14页。
② 向熹：《〈水浒〉中的"把"字句、"将"字句和"被"字句》，《语言学论丛》2，1958年，97页。
③ 向熹：《〈水浒〉中的"把"字句、"将"字句和"被"字句》，《语言学论丛》2，1958年，96页。
④ 例如王力：《汉语被动式的发展》，《语言学论丛》1，1957年，13页。

"被"来的，并不是只因为是个被动式。因为"被"字是个动词且表示遭受一件事，"被"字句有不幸、不利之色彩是理所当然的。至于"被"字句里有无情态助动词，这跟被动句之形成毫不相关，因为我们不认为"被"字句是从相对的主动句派生出来的被动句。

2.5 中性的被动句

在汉语语法发展史上"被"字句一直保持着不幸、不利、不愉快的意义色彩，上文已经谈及。有些语法学者主张，汉语和近代西欧语接触了以后才发展了没有这种意义色彩的、中性的、纯粹的被动句。但从"被"字句那一类"被害"式发展成一种中性的被动式似不太难，因为有些被动句包含或不包含被害意识只可能是主观的问题，在客观情况上很难确定。难怪《红楼梦》里已有不少"被"字句怎么也看不出一点不幸、不利、不如意的意义色彩。例如：

（44）不知还有什么好的被我掣着方好。（63回）

我们很难说《红楼梦》是汉语和近代西欧语接触了以后才完成的。汉语和近代西欧语接触了以后才大量发展的是以非活动体名词为表层主语的被动句。这类被动句据最近的调查，在《红楼梦》里寥寥无几，[①]但还是有，而且其主语是怎么也没有拟人化的可能性。例如：

（45）手中的扇子在地下，也半被落花埋了。（62回）

3. 结构类型的分别

被动句能理解为嵌进结构，这看法早已提出来且应用到各种语言的分析上，如日文、英文[②]、中文[③]等，虽然这些语言里的被动句有着很不相同的造句法，如在日文里被动句与自发–可能–尊敬语法有关联，英文里和存在动词有关，而中文里则与有"遭受"这个意思的动词构成一类动词组。现代汉语语法学家所忽视的是"叫""让"等口语被动标志和其书面语标志"被"之间结构类型上的重大区别。

3.1 前置词型的被动标志

汉语被动结构的书面标志（"被"）和口语标志（"叫""让"等）之间的一个差异是前者不一定带宾语而后者一定得带宾语。[④]因此，一般人认为"被"既能作介词（带有宾语），也能作副词（不带宾语），但"叫""让"等只能是介词。李临定所引用的如下例句：[⑤]

---

① 今井敬子：《石头记/红楼梦里的被动表达》，《中国语学》233，1986年，11页。
② Kinsuke Hasegawa："The passive construction in English"，*Language* 44：2，230—243.
③ 拙作"Observations on the passive construction," chi-Lin（*Unicorn*）5（1969）59—71 or Mohammad Ali Jazayer，Edgar C.Polome and Werner Winter，(eds). *Linguistic and Literary Studies in Honor of Archbald A.Hill.*Lisse：The Peter de Ridder Press（1975）53—65.
④ 例如龚千炎：《现代汉语里的受事主语句》，《中国语文》1980年第5期，340页。龚文附注④说"'被'是介词，'叫''让'则是动、介两属的词"。但事实好像是相反的。
⑤ 例（12）（16）（19）是选自李临定：《"被"字句》，《中国语文》1980年第6期，408页。李文材料非常丰富，提供给我们很有用的例句。

（46）大约给用什么堵住了罢。（鲁迅）

（47）一定是叫跑了一个。（知侠）

可以解释为一种类推用法，即"被"字既可以当作介词，也可以当作副词，口语被动标志也类推地省略其宾语。这种类推例应该不多，在我们百万字白话语料索引里也的确不多。

对于书面语被动标志来说，其"被"字有没有一个表示施动者的宾语，事实上是内嵌句有无详定之主语的问题；一个句子里，如果没有互相对照、并列而区分、强调指明等需要的话，其主语常常被省略——这是汉语主语之常态，因此"被"字后的施动者名词成分常常被省略。但对于口语被动标志来说，因为它本来是从使动动词引申而来的，"叫""让"等字的宾语事实上可以说是一个合页的铰链钉子，因而被省略的机会比较少。因为其宾语被省略的机会较少，"叫""让"等的用法比"被"字进一步地前置词化了，虽然从它们的造句用法上我们还有十分理由把它们都看作动词："叫""让"等是不完全及物动词，"被"是普通的（完全）及物动词。

从古到今的汉语句法结构变迁之整个趋势是把定语、状语等提前到中心词前。上古有些"倒装"词组在后代变为"正装"（如古代地名"丘商"后世称为"商丘"等[①]）、S+V+O 变为 S+O+V（如"吴败越于夫椒"可以翻译为"吴军在夫椒把越军打败了"等）是其典型的例子。状语之"提前"只有通过使用介词才能实现，介词的增用是汉语谓语结构发展的一个具体表现。本来是使动动词（"叫""让"等），现在越来越像个介词，这非常适合于这类汉语语法结构发展之大趋势。因此，连"被"字这么明显的动词，也像英文前置词 by 那样被人当作一种前置词。

3.2　被动结构的地域推移

不过，汉语被动结构的书面标志和口语标志之间的最大的分别是：前者只是个及物动词，而后者却是从使动动词派生来的。在这一点上非常有趣的是：被动标志在东亚、东南亚大陆上的地域推移。

3.2.1　南北方非汉语的被动标志

东亚大陆南方的各种民族语（主要是闽南语和一些南亚语系语言）大多数有专有被动标志，这有以下两类。[②]

1）在每个语言里或在邻近的语言里不和其他词语有明显的形式上的类似，如：

临高话　　　　　　　　6ian³　　　傣语——德宏方言　　tso³

---

① 徐松石：《粤江流域人民史》，《远东民族史研究》第 1 册（香港：香港世界书局 1963 年，原刊 1939 年上海：中华书局），166—170 页。

② 这里所引的非汉语语言材料，除了临高话、壮语、黎语、毛难语等自己调查的语言以外，都根据近年在中国出版的语言简志之类的刊物。附在每个音节的单数字表示调类（调位），双数字则表示各个声调的实际调值 1—5。

苗语	zen¹³	布依语	tuk⁸ tso²
黎语——通什方言	go:m³	壮语	tuk⁸
保定方言	ia¹	越南语	bi，phái，dư'ọ'c 等

其中越南语 bí 明显地是从汉语来的借词；① 傣语 tso³ 和布依语 tso²、布依语 tuk⁸ 和壮语 tuk⁸ 是同系词，这不必说。但不管固有词、同系词或借词，这些语言被动式的宾语都可以省略，而这些标志事实上都可以把它们解释为及物动词；这正和汉语"被"字后面的词语（包括表示施动者的名词在内）作它的宾语是一样的。

2）不知为什么和邻近语言里有"给予、还给"义的动词有形式上的关联，如：

侗语	təu⁶：苗语（大南山）-ʈou⁴⁴ "给予"	傣（西双版纳）se:¹ 侗语 sa:i¹ "给予"	
	黎语（通什）deuı¹ "给予"	布依语 se¹ 傣（德宏）sa:i³ "还给"	
	布依语 ta:u⁵ "给予"	（西双版纳）sa:i³ "还给"	
壮语	təŋ¹：黎语（保定）tuı:ŋ² "给予"	水语	ŋa:i⁴：水语 ha:i¹ "给予" ②
布依语 tiaŋ¹		布依语 ŋa:i²	
毛难语 ti:ŋ³		壮语	ŋa:i²
瑶语 cɤŋ¹			

但水语、布依语、壮语里的 ŋa:i² 很可能是从汉语来的借词"挨"。

布依语 ko⁴：苗语 kaŋ⁴²

和这些南方的各种民族语言构成鲜明对照的是东亚大陆北方的几种民族语言，主要是阿尔泰语系的满语族和蒙古语族里的语言。这些民族在过去历史上一直和北方汉族有着长期的接触，他们的语言有着一个很显著的特点。那就是：都把使动标志当作被动标志，如：

	被动	使动
满语文言	-bu-/-mbu-	-bu-/-mbu-
满语富裕方言	-bu-	-bu-
锡伯语	-ve-	-ve-
鄂伦春语	-w-	-wkaan-/-whəən--wkoon-/-whθən-
土族语	-lɢa-	-lɢa-
东乡语	-ɣa-	-ɣa-

其中鄂伦春语里的情况比在其他语言里的复杂一点，使动标志有接中辞 -kaan-/-həən-/-hoon-/-kθən-，但还是有 -w- 部和被动标志共通的。

---

① 在一个语言里有两三个标志时，其中一个很可能是书面语，另外一个是口语。但这一方面的调查工作还很不够，一时很难确定哪一个是书面语，哪一个是口语。

② ŋa:i 也许似不太象 ha:i，但请注意汉语数词"五"（汉语中古音 *ŋo，古典藏语 lŋa）在泰语被借为 hâa。

3.2.2 汉语南北方言里的被动标志

与东亚大陆南北的非汉各语里的被动标志之分布相应的是：汉语里也有同样的南北方言里的被动标志之分别。

现代汉语方言里的被动标志，有些的确不容易确定它的词源，如湖南平江方言的［ten²a］、浏阳方言的［ŋia²］等。[①]但大多数的南方方言里，正如南方非汉各语一样，被动标志是从动词"给予"来的，虽然各方言的这种动词彼此很近似。例如，从南至北：

	动词"给予"	被动标志
粤语（广州方言）	pei^{2a}	pei^{2a}
客家话（梅县方言）	pun^{1a}	pun^{1a}
闽语（厦门方言）	ho^{3b}	ho^{3b}
吴语（苏州方言）	peʔ^{4a}	peʔ^{4a}
吴语（平阳方言）	k'a^{4a}	k'a^{4a}
吴语（温州方言）	ha^{3a}	ha^{3a}
赣语（高安方言）	hou^{3a}	hou^{3a}

学过汉语南方方言的人应该都会注意到这一点，因为这一现象是那么显著；最近在其著作中特意指出这一点的是詹伯慧（1981）。[②]在汉语南方方言里这是那么彻底一贯的现象，连在跟南方各方言比邻的一些北方话方言里也能偶尔发现同样现象，虽然这只限于和南方方言比邻的北方话方言里：

	动词"给予"	被动标志
江苏南通方言	ha^{3a}	ha^{3a}
安徽歙县方言	xe	xe
绩溪方言	xã	xã
太湖方言	t'ai	t'ai

这些与南方方言地区相邻接的北方方言里的被动标志也许可以解释为从这些地区方言被北方化之前留在这边缘地区的底层要素。

不管如上举南方方言被动标志之词源是怎样的，这些标志之语音形式跟南方非汉各语里的动词"给予"或"还给"之语音形式很相似，例如：

毛难语 pɵi²　　　　　　　　水语 ha:i¹

瑶语 pa²　　　　　　　　傣语（德宏方言）hauɯ³

苗语 pɛ³³ pə⁵⁵　　　　　　（西双版纳方言）huɯ³

---

① 汉语方言词的声调表记中 a 代表阴调，b 代表阳调，因而 2a 表示阴上声。浏阳［ŋia²］也许是"惹"字。
② 《现代汉语方言》，武汉：湖北人民出版社，81—82 页。

侗语 pəi³　　　　　　　　　　布依语 haɯ³ hai³

壮语（武鸣）poi²　　　　　　　壮语 haɯ³ hɯ³

甚至连某些北方话方言里也有同样事实，虽然这也只限于分布在北方话地区之边缘地带。例如：

	动词"给予"	被动标志
江苏如皋方言	te³ᵃ	te³ᵃ
青海西宁方言	tɛ⁴	tɛ⁴

北方话"给"也可以当作被动标志。但现代语法学家都同意它只能作书面语里的被动标志。查看各种北方话方言调查报告，我们发现在口语里保存有这个标志的方言主要分布在北方话区域之边缘地带而已。例如：

西北地区——甘肃德乌鲁、武都、镇原、玉门、安西、敦煌

东南地区——合肥、扬州

华北地区——昌黎（如果所报告的不是从书面语借来的话）

和上述南方方言里的情况截然不同的是北方方言。以中原地区为中心的汉语北方话里，被动标志差不多都是由使动标志来的。因此，在这些方言口语里被动都由"叫（教）"或"让"来表示。[①] 有些边缘方言还保存有较旧的使动标志，因此在这些方言里被动也由下列标志来表示：

华北地区：山西晋城 tʂo³ᵃ　　　　　　西南地区：四川成都 tsau²ᵃ

西北地区：甘肃定西、通谓、龙迭 tʂau³ᵃ　　　　　云南昆明 tʂuo²ᵃ

广西南宁 tʂok⁴ᵇ

西南官话方言里被动标志平常由"遭"字来表示；因为西南官话很多不分舌尖音和卷舌音，又因为云南昆明方言里被动标志声母为卷舌音，另外一个可能性是：这些被动标志本来是从"着"字来的，虽然它声调对应有时不很正常。

学过满文文言的人都知道满文被动是由使动标志来表示的。因为现在的北京话本来是以满族统治东北之后南迁进中原的各族（汉族包括在内）所共用的一种汉语方言为基础而发展来的，北方汉语里用使动标志来表达被动这习惯很可能是以阿尔泰语句法为背景而发展起来的。罗杰瑞早已有这种看法，虽然他把它写成文章公开发表是在八十年代初。[②] 锡伯语里使动标志同样表示被动，这已在五十年代由已故山本谦吾指出。[③] 笔者 1981 年头一

---

① 把"让"字当作被动标志的用法来源很值得细心研究，因为很少北方方言以这个字为主要被动标志；连在北京方言里也历史不长，因为《红楼梦》里很少看到这个用法。

② 《汉语和阿尔泰语互相影响的四项例证》，《清华学报》新 14：1/2（1982 年），243—246 页。

③ 他的锡伯语词典到了 1969 年才出版（《满州语口语基础语汇集》，东京：亚非语言文化研究所，155 页）。

次访问中国，在中国社会科学院民族研究所做客时，照那斯图先生见告土族语和东乡语里也有同样现象，笔者才豁然大悟这不只是通古斯—满语族所特有的句法特征，原来阿尔泰语系里某些蒙古语族语言也有同样的特征！[①] 换言之，是整个北方各族语里共有的一种区域特征。那么在现代汉语里只限于北方方言的这种使动—被动共用标志的现象有阿尔泰语系的背景更为无疑。另外有一个事实支持着这个推想。虽然分布在中原地区的北方话各方言差不多都用使动标志来表示被动，但据现代的调查报告来看，北方汉语不都是这样。还有些方言保留着用"被"字来表示被动的现象（如果在这些报告书里所报告的不是从书面语借来的词的话）。但是这样的方言主要分布在北方话区域的边缘地带，如东北地区沈阳、西北地区敦煌、南方地区长沙等。这都表示兼用使动—被动标志这种句法特征也可能是在中世末从北方进入中原的北方各族共同语（一种北方汉语）所带来的语言特征之一。

3.2.3 南方话的共同性

上节所指出的汉语北方方言和非汉语北方各语之间的句法共同性在中国南方则不太明显。过去语言学家不很注意汉语南方方言和闽南语、苗瑶语、少数南亚语之间的被动句法的共同性，正是因为在这些非汉各族语中被动标志和动词"给予""还给"不是在同一个语言里兼用同一个词素；正如前一节里所示，一个语言的被动标志明显是从另外一个邻近语言的动词"给予"或"还给"借用来的。这意味着这些语言很可能尽量避免在同一个语言里把同一个词素兼作使动和被动，因而如果一个语言里保留着动词"给予"的话，本来相当的被动标志只在所借用去的邻近语言里存在着。例如侗语被动标志［təu⁶］也可能是从布依语借来的（布依语里［taːu⁵］是个动词，表示"给予"）；因为布依语加强了对专用被动标志［tiɑŋ¹］的使用，本来很可能用在布依语里的这个从［taːu⁵］来的被动标志只留下其一个变体［təu⁶］而被借到邻近的侗语里。这当然是个例子罢了。正确的借用关系和方向，还需要作详细、慎重的调查和研究。研究这种借用关系，声调的对应不一定能确定借用方向，因为在这些语言间借词时，借来的词的声调不一定表示它在本语里的调类，反而被赋予新语言里所有的类似的调值之调类。在这一点上，临高话里的汉语借词、壮语上林方言中的汉字音等能提供很有用的参考资料。[②]

我们上面所说的借词，有些也可能是同等词。还有，有些非汉语里被动标志也可能是从汉语借来的；相反，有些汉语方言里的标志也可能是底层语言留给那个汉语方言的。如

---

① 土族语和东乡语有这个用法也可能是这些语言里的创新现象（innovation），不一定是蒙古语族原来的用法，因为：1）不只在现代蒙古语，连在中期蒙古语里也没有这个用法；2）东乡语、土族语（特别是互助方言）受汉语影响很深，汉语借词也相当多。但问题不那么简单，而这个现象需要更深的研究，因为在别的方面这些语言保留着很多古代特征。

② 临高话里汉语借词至少构成两三个语层。这主要由它们的声调对应能确定的。请参看《伯语临高话分类词汇》，《亚非语词汇》11（东京：亚非语言文化研究所，1980 年）。作者有幸得到中国教育部和日本学术振兴会之协助和南宁师范学院的帮助，1983 年春在南京学过壮语上林方言，其结果不久就会出版。

不这样假设，我们无法说明汉语南方方言里的被动标志为什么偏偏不像北方方言而保留着那么不同的语音形式。例如，粤语广州方言的 pei^{2a}，虽然拿"畀"字来标记，但我们有充分理由相信它是从底层语言来的（参看壮语 poi^2、苗语 pɛ^{33}、侗语 pəi^3、毛难语 poi^2 等）。

但这并不意味着汉语南方方言都保持着闽南语型或苗语型被动结构；相反，我们有具体证据解释汉语南方方言被动式从南方非汉语里的"被"字式结构向北方型已跨了一大步。粤语被动式根本不能省略施动宾语，因而在广州方言和台山方言里，（48）和（49）是合乎语法的，但（50）和（51）却是不合语法的：[①]

（48）pei^{2a} jan^{1b} ta^{2a}（畀人打）

（49）i^{2a} ŋm̀^{1b} a^{2a}（被人打）

（50）*pei^{2a} ta^{2a}（畀打）

（51）*i^{2a} a^{2}a（被打）

再如浙江上虞方言、广东潮州方言、梅县方言等也有同样的现象。[②]

4. 结束语

本文考察汉语被动式的历史发展，发现汉语被动式一过上古时期就发展了一种被害式——由"被"字当作特殊及物动词——作为主要被动标志并一直到近代，虽然"被"字在书面语里一直保存到现代，但汉语却早已发展了另外一个标志，就是"给"及其一系列同系词。

到了中世纪，汉语跟北方阿尔泰语接触，经历了全面的结构变迁。这当然包括被动式的演变，即汉语被动式在北方演变为使动—被动兼用型。因此，虽然现代汉语被动式的标志主要被规定为"被"和其口语标志"叫（教）""让"等，但这两者之间其实有重大的类型学上的分别。汉语南北方言在被动标志上最显著的区别是：使动—被动兼用只限于北方，而南方却保有着"给"或由其同义词转化来的被动标志。这让人很明确地联系到东亚大陆南北方非汉语被动结构——南方语言大半保留着"给予"—被动兼用式，而北方（特别是和汉语多有接触的通古斯—满语族和一些蒙古语族语言）兼用使动—被动标志。从理论上说汉语"给予"—被动兼用法也可能独立地在汉语里发展，因为"给予"这个意思很容易被引申为"给对方让有机会做什么""容让"等义。但从宏观观点查看亚洲语言结构类型的地域推移，汉语南方方言和南方非汉各语（特别是闽南语、苗瑶语等）之间的结构关联是绝不能否认的。那么在这个被动式南北结构推移上，我们也可以看出现代汉语结构的一种

---

① 余霭芹：《粤语研究 1.广州话音韵学》（伦敦·纽约：剑桥大学出版社，1972 年），28—29 页。

② 《现代汉语方言》，武汉：湖北人民出版社，82 页。

阿尔泰化。

"被""给"等字派生为被动标志，其意义延伸很容易看出。那么使动延伸为被动呢？我们在这里要指出汉语被动本来是"被害"，一直有着不幸、不利、不如意的意义色彩。那么使动式句子中，被使动的动作的宾语等同于整个句子的主语这类句子构成一种句法意义上的真空（semantico-syntactical vacuum）。这种真空句子很容易被迁用于其他延伸用法，何况施动者让别人对自己做不幸的事这类句子是典型的被害句。怪不得《红楼梦》有这类句子——不只有这类句子，其嵌进句宾语也还有被省略的：①

（52）普天下的人我不笑话就罢了，竟叫这小孩子笑话我不成？（第7回）

（53）咱们一处坐着，别叫凤姐儿混了我们去。（第47回）

（54）前儿要吃豆腐，你弄了些馊的叫他说了我一顿。（第61回）

更有意思的是，不只"叫"字在《红楼梦》里有被动用法，连更为书面化的"使"字也有同样的用法。

（55）谁知他贼人胆虚，只当鸳鸯已看见他的首尾了，生恐叫喊起来使众人知觉更不好。（第71回）

"使"字在这里为被动标志，因为嵌进句动词"知觉"的宾语只可能是"他贼人"。

请对方做一个对自己不利、不如意的事的人当然少，但不是不会有。因为一个语言，即使说某一种句子的人很少，也不可以不具有那种句子，汉语也有明确的形式上的措施来区别普通的被动和对自己不利的使动。即下列句型中，当 $N_1=N_3$ 的时候，被动句省略 N_3，而对自己不利的使动句则保留 N_3：

$$N_1 + \left\{\begin{array}{c}使\\叫\\让\end{array}\right\} + N_2 + V + N_3 \left\langle\begin{array}{l}（被动）N_1 + \left\{\begin{array}{c}使\\叫\\让\end{array}\right\} + N_2 + V\\[2em]（不利使动）N_1 + \left\{\begin{array}{c}使\\叫\\让\end{array}\right\} + N_2 + V + N_3\end{array}\right.$$

通过对汉语被动式的历史发展的考察，我们清楚地了解到如下几点。

1）一个语言句法演变也可以是很不连续的，如被动式从"被"字句可以演变为"叫/让"字句。

2）随着语言的接触，一个语法范畴可以超越结构类型的区别而流传到别的语言里，如粘着语的满郡土东型被动式会影响到孤立语的汉语型被动式。

---

① 今井敬子:《石头记/红楼梦里的被动表达》,《中国语学》233，1986年，28—29页。

3）一碰到这种不连续的语言发展时，我们应该猜想到社会变动、不同民族之接触、一个地区居民的变迁等语言本身以外（extra-linguistic）的要素和背景。

在这一点上，汉语的结构发展向世界的语言学界提供了无限的启示。

原刊于 1987 年第 1 期

释汉语中与名词性成分相关的四组概念

陈 平

提　要：本文系统分析了有指与无指、定指与不定指、实指与虚指以及通指与单指这四对
概念的含义及其相互关系，研究了这些概念在汉语中的表现方法，同时揭示了相
关的各类名词性成分的语法特点。

0

在语法研究中，人们讨论较多的是名词性成分与动词性成分之间的种种结构关系和语
义关系。本文要探讨的则是同实际话语中出现的名词性成分自身相关的下列四组语义概念：

有指（referential）与无指（nonreferential）

定指（identifiable）与不定指（nonidentifiable）

实指（specific）与虚指（nonspecific）

通指（generic）与单指（individual）

本文所说的名词性成分，包括人称代词和用作名词的"的"字结构。

在涉及上面四组概念的有关著作中，定指与不定指等术语有时用来指语义概念，有时
用来指表现形式，在本文中这四组概念则一律用来指语义概念。

首先，我们逐节讨论这些概念的准确含义，然后，我们要研究这些概念在现代汉语中
的表现形式，同时探讨具有这些语义特征的名词性成分表现出来的语法特点。

1

1.0　这里要讨论的这四组概念，都是描写名词性成分的所指对象（referent）同实际
语境中存在的事物之间的关系，与发话人当时当地的所持意图和所作假设等因素密切相关。
只有紧紧扣住具体语境，才能准确地把握这些概念的含义。下面，让我们来分别讨论这四

组概念。

1.1　有指与无指

如果名词性成分的表现对象是话语中的某个实体（entity），我们称该名词性成分为有指成分，否则，我们称之为无指成分。请看下面的例句：

（1）去年八月，他在新雅餐厅当临时工时，结识了一位顾客。

除去句首的时间词不算，我们有四个名词性成分："他"、"新雅餐厅"、"临时工"和"一位顾客"。其中三个都是实有所指。"他"和"新雅餐厅"分别代表语境中发话人和受话人都知道的两个身份明确的实体。"一位顾客"在这儿也代表语境中的一个实体，虽然我们一时无法把这个实体同语境中某个具体的人联系起来，但是我们相信这个人在语境中是存在的。"临时工"这个名词性成分则与其他三个成分不同，它在这儿表示一种身份，不是一个实体，我们不能把这个名词同语境中某个具体的人等同起来。换句话说，发话人在提到"临时工"这个名词时，着眼点是该名词的抽象属性，而不是语境中具有这种属性的某个具体人物。"临时工"在这儿是无指成分。再举几个例子。下面句子中，底下加点的是有指成分，加线的是无指成分：

（2）路旁种了许多苹果树和梨树。

（3）我们下车买了许多苹果和梨。

（4）他从来不同别人打架。

（5）这一架你可打输了。

（6）王老头种的西瓜，个个都有篮球大。

（7）地摊上卖的西瓜，个个都有你手里的篮球那么大。

判断一个名词性成分是有指还是无指，有一个简捷的方法：有指成分可以用种种方式加以回指（anaphoric reference），而无指成分则无法回指。请看下面的句子：

（8）他们下星期要考研究生。

这是一个歧义句。"考研究生"既可理解为"对研究生进行考查"，也可理解为"报考研究生"。作第一种理解时，名词性成分"研究生"在语境中实有所指，可以后接回指成分，例如：

（9）他们下星期要考研究生。这批研究生进校两个多月了，这是第一次对他们进行考查。

"这批研究生"和"他们"回指第一分句中的有指成分"研究生"。作第二种理解时，该名词性成分表示一种资格，并不代表语境中的任何实体。这样的无指成分自然无法加以回指。

1.2　定指与不定指

发话人使用某个名词性成分时，如果预料受话人能够将所指对象与语境中某个特定的事物等同起来，能够把它与同一语境中可能存在的其他同类实体区分开来，我们称该名词性成分为定指成分。这里又有两种情况。一是语境中没有其他同类实体，所指对象在特定语境中是独一无二的。二是虽有其他同类实体，但受话人可以凭借种种语言信息和非语言信息将所指对象与其他实体区分开来，关于这一点，我们下面还会谈到。相反，发话人在使用某个名词性成分时，如果预料受话人无法将所指对象与语境中其他同类成分区分开来，我们称之为不定指成分。这里也可分两种情况。一是发话人是首次把所指对象引进话语，把它作为一个陌生的实体介绍给受话人。二是发话人仅仅是用该名词性成分虚指该成分所代表的事物，至于这个事物是否存在于特定语境之中，发话人本人也不清楚。关于这一点，我们将在下一节中详细讨论。例如：

（10）那天，<u>一辆草绿色的解放牌卡车</u>悄无声息地滑至淮海别墅顾而已<u>家门</u>……<u>车</u>停稳后，只见跳下<u>一群身着去掉了领章、帽徽的空军服装的人</u>。<u>他们</u>一进<u>屋</u>，就把守好每扇<u>门窗</u>，拉好<u>窗帘</u>。

让我们来研究一下上面这段话中底下带浪线的八个名词性成分。"一辆草绿色的解放牌卡车"和"一群身着去掉了领章、帽徽的空军服装的人"两个名词性成分的所指对象在上文中从来没有露过面，在这段话中是第一次出现。读者无法根据任何语言信息或非语言信息把它们跟其他的草绿色的解放牌卡车和身着去掉了领章、帽徽的空军服装的人区分开来，作者是把它们作为两个对读者来说陌生的事物引进话语的。因此，它们都是不定指成分。其他六个名词性成分的情况则有所不同。在上文中，作者提供了上述事件发生的时间与地点——1966年的上海。在这个特定的语境中，"淮海别墅顾而已家门"的所指对象是独一无二的，读者要把它辨认出来应该不成问题。至于"车"和"屋"两个名词，虽然实际语境中可能出现不止一辆车和一幢屋子，但读者运用他的语言能力，可以明白无误地判断出句中这两个名词的所指对象，就是前面提到的那辆解放牌卡车和淮海别墅顾而已家。同样，读者判断出"他们"指的是那群身着去掉领章、帽徽的空军服装的人，"门窗"指的是顾而已家里的门窗，"窗帘"指的是顾家窗子上挂的那些窗帘。这六个名词性成分都是定指成分。

根据上面所给的定义可以知道，只有有指成分才有定指与不定指的区别。对于无指成分，这种区别是没有任何意义的。

需要强调的是，定指与不定指这对概念涉及的核心问题，是发话人对于受话人是否有能力将名词性成分的实际所指事物从语境中同类事物中间辨别出来。这同发话人本人是否具有这种辨析能力并无直接关系。发话人本人也许早就将所指人物"验明正身"，也许自己也不知道该名词性成分指的是语境中哪一个特定的人物。例如：

（11）1981年3月30日下午，美国总统里根在华盛顿劳联－产联建筑工会的集会上讲演后，从希尔顿饭店走出来，……就在这一刹那，<u>记者群中一个</u>

身穿棕褐色雨衣的金发青年，蓦地拔出左轮手枪，对着里根"砰！砰"连射两枪。……开枪者是 25 岁的约翰·欣克利。

（12）1966 年 8 月，一股摧残文物、捣毁名胜古迹的狂风，扫荡着川西平原。高悬在新津县纯阳观中的一口著名黄钟，首当其冲了。

在（11）中，写稿人在第一次提到"记者群中一个身穿棕褐色雨衣的金发青年"时，不会不知道所指的人就是下文中要讲到的 25 岁的约翰·欣克利。同样，（12）的作者在写到"高悬在新津县纯阳观中的一口著名黄钟"时，完全明白他讲的是一个确定的事物，因为他在下文中交代得很清楚，当时当地，那座道观中只有那一口黄钟。尽管作者对两个名词所指事物的身份早已辨明，但在第一次向读者提到它们时，还是把两个名词作为不定成分处理，将两个新的事物引进话语。其所以这样做，完全是从读者的角度出发，考虑到他们是第一次碰到这两个事物，当然对它们的身份不甚了了。例如：

（13）一位从广州中山大学来的同志登上城楼，只见天安门广场南端、人民英雄纪念碑的前面，端端正正树立着孙中山先生的巨幅画像，不禁心中一热，哭了。一位姓杨的先生，是几个月前从台湾回到大陆定居的。他说：今能亲登天安门，毕生荣幸。（《光明日报》86.10.3"唯有今日好"——国庆天安门城楼记盛）

国庆期间从广州中山大学来北京的人很可能不止一位，几个月前从台湾回归大陆的姓杨的人也许也不止一位。写上面这段话的记者也许知道这两个人的名字、住址等等，也许知道的仅仅是上面写出来的这些。无论如何，记者判定读者是无法把他们与同类人区分开来的，因此把他们作为不定指成分介绍给了大家。

接着要问的问题是：发话人是根据什么来判断受话人具备或者是不具备将实际所指对象从语境中辨析出来的能力的？换个角度来提问题：要具备什么样的条件，名词性成分的所指对象才能由发话人以定指形式表现出来？一般说来，只有在下面三种情况下，名词性成分才能以定指形式出现。

第一种情况是，所指对象在上文中已经出现过，现在对它进行回指。例如：

（14）9 月 6 日，一个农民打扮的人在翠微路商场附近摆了个摊子，声称专治脚鸡眼。一青工决定让他看看。"病可治，挖一个鸡眼四元钱。"为了治病，青工欣然同意。

（15）他已经游到岸的另一侧，发现一根漂在水面的碗口粗的毛竹，便爬上去。真棒，毛竹竟一点也不往下沉。

（14）中的"他"回指首句的"一个农民打扮的人"，末句的"青工"回指前面说的那位让他治病的青工。（15）末句中的"毛竹"则回指上面他发现的那根毛竹。在这种情况下，语言环境（linguistic context）提供的信息帮助受话人确定这些名词性成分在语境中所指的特定对象。

上面讨论中谈到的语言环境，只是一种狭义的语言环境，就广义来说，语言环境不限于同一篇文章、同一次交谈，而是可以延伸到在这之前进行的全部语言交际活动。这种广义的语境所提供的信息，同样可以帮助受话人确定某个名词性成分在当时当地所指的特定对象。例如，如果受话人以前知道某人的姓名，那么，在以后的语言活动中，这个姓名便成了定指成分，因为受话人听到姓名便能将所指对象同语境中存在的某个特定人物联系起来。可是如果受话人以前没有听说过这个姓名，那么，在首次提到时，光有名有姓可能还不足以使所指对象以定指身份出现。例如：

（16）某机关宿舍中，一位名叫蒋红春的女中学生，在屋里打完驱赶蚊虫的"DDT"……

（17）"这个来钱容易，出去一天能弄个百八十块的……"一个28岁，叫刘金顺的农民说。

虽然有名有姓，作者还是将这两个人以不定指名词性成分的形式介绍给了读者。

第二种情况是，名词性成分的所指对象就存在于交际双方身处的实际环境中，可以靠眼神或手势作当前指示（deictic reference）加以辨识。请看下列例句：

（18）（漫画：病人床头放着一瓶利眠宁，大夫手里举着一篇文章）

医生：你看这篇文章比吃那个利眠宁有效。

（19）瞧，那老大爷已经套了两次虎了，可两次都被"中途犯规"罚下了场。

在这种情况下，非语言环境（nonlinguistic context）提供的信息帮助了受话人确定名词所指的特定对象。

第三种情况是，所指对象与其他人物之间存在着不可分离的从属或连带关系，我们在认识周围世界万事万物的同时，也必然会注意到事物之间的这种关系，把有关这类的知识纳入我们的常识范畴。这样，一旦某个事物的身份在话语中被确定之后，与它有着这种从属或连带关系的其他事物也可借此与语境中同类的其他事物区别开来，获得定指身份。这种现象在语言交际中是十分常见的。例如：

（20）晚上八点半，他们两人走出丽都饭店自动启闭的玻璃大门。停车坪上有十几辆"的士"，他俩立即扑向最靠近的一辆。这辆"丰田"改装的"的士"黑着灯，空着座。温良谨拉开车门，卢小婷一闪身便钻了进去。黑影里的司机回头一瞥，迅即转过头去。

主语位置上的"停车坪"和"黑影里的司机"都是定指成分。读者虽然没有在上文中碰到过它们，但是同样能够辨析出这两个名词在这儿所指的特定对象。"停车坪"指的是附属于丽都饭店的停车坪，"黑影里的司机"指的是那辆"丰田"改装的"的士"的司机。作者预料读者能够作出这样的判断。大饭店一般都建有停车坪，而出租汽车一定都有一位司机，对于生活在现代文化背景下的读者群来说，这些知识都属于常识范畴。借助这种从属或连带关系，甚至上文中从来没有提到过的人物也能以人称代词的形式出现，例如：

（21）副书记张侃精明得很，他晓得这位女书记要说什么。她是个老处女，虽结过婚，但刚办完结婚登记手续，他就告别了她，把一腔热血洒在朝鲜的三千里江山上，成为名震全国的战斗英雄。

"他"所指的对象，不是别人，就是这位女书记的丈夫。虽然上文中从来没有出现，作者在他第一次露面时就把他以定指形式介绍给了读者。这是因为作者知道读者都具有这样的常识：得是一男一女才能办理结婚登记手续。

1.3 实指与虚指

发话人使用某个名词性成分时，如果所指对象是某个在语境中实际存在的人物，我们称该名词性成分为实指成分。反之，如果所指对象只是一个虚泛的概念，其实体在语境中也许存在，也许并不存在，我们称该名词性成分为虚指成分。前面讲过，定指与不定指的基础，是发话人对于受话人能否把所指对象与语境中同类事物区分开来所作的判断，同发话人本人是否能够确认所指对象并无直接关系。这里讨论的实指与虚指这一对概念的基础，是发话人本人所持的意图，同受话人没有直接关系。例如：

（22）A：请您从我桌子上取支笔来好吗？

B：您要什么笔？

A：我的那支灰杆儿钢笔。

（23）A：请您从我桌子上取支笔来好吗？

B：您要什么笔？

A：随便什么笔都行。

"笔"在（22）和（23）首句中的形式相同，但语义不一样，根源在于发话人当时心里所持意图不同。发话人说（22）时，"笔"实有所指，他心中想到的是某个在语境中实际存在的具体事物。而在说（23）时，"笔"的所指对象则是任何一个属于"笔"类的个体，至于最后落实到哪个个体身上，发话人并无定见。因此，我们把（22）首句中的"笔"看作实指成分，而把（23）首句中的"笔"看作虚指成分。同样，下面也是一个歧义句，"北京姑娘"可以作实指或虚指两种理解：

（24）老杨想娶一位北京姑娘。

这个句子可以理解为老杨已经有了意中人，此人是一位北京姑娘；也可以理解为老杨正在找对象，条件是女方得是北京人。再分别举几个实指和虚指的例子。在下面的句子中，底下加点的是实指成分，加线的是虚指成分：

（25）他不知道自己一个亲生儿子已被造反派以"三反"为罪名活活打死……他更不知道，海外还有一位知名人物心急如焚，万般焦虑，各方打听自己的消息。这位知名人物，就是号称"世界船王"的包玉刚先生。

（26）你冷静想想，如果突然换一个同志接替你的工作，他即使是善于经营广大华行，也不可能很快取得敌人信任。

（27）由西安来京出差的邵某欲买一台录像机，可奔波多日没买到合适的。

只有不定指成分才有实指和虚指的区别，顾名思义，定指成分都是实指。

1.4 通指与单指

名词性成分的所指对象如果是一类事物（class），我们称该名词性成分为通指成分。相反，所指对象如果是一类中的个体（individual），我们则称之为单指成分。上面所举的例子中，大都是单指用法的名词性成分。下面例句中，带点的名词性成分是通指成分。

（28）麻雀虽小，但它颈上的骨头数目几乎比长颈鹿多一倍。

（29）苍蝇、海星、蜗牛都是聋子。

通指成分在语义上有两个特点值得我们注意。一方面，它并不指称语境中任何以个体形式出现的人物。从这个角度看，它与无指成分有相同之处。另一方面，通指成分代表语境中一个确定的类。从这个角度看，它与定指成分有相同之处。

2

2.0 现在，我们来研究现代汉语中具有上述语义特点的各类名词性成分的表现形式和语法特点。

我们先从名词性成分的词汇形式上着眼，把汉语中的各种表现形式归并为以下七组：

A组　人称代词	E组　数词＋（量词）＋名词
B组　专有名词	F组　"一"＋（量词）＋名词
C组　"这／那"＋（量词）＋名词	G组　量词＋名词
D组　光杆普通名词（bare noun）	

D组的光杆普通名词指不带数词、量词、指代词等附加成分的名词，包括用作名词的"的"字结构。E组中的数词包括指定数的"一""二"和指约数的"几"等。F组中的"一"是个虚化了的数词，同E组中的正规数词相比，它的指数功能弱化到可以忽略不计的程度。它在句子中总是轻读，不能带句子重音或逻辑重音，往往可以省略而对句子意义没有任何影响。试看下面的句子：

（30）我和老高关系不错，有时他下楼来聊聊，我就递上一支烟，他便躲到我家房间里抽起来。

（31）还有一个<u>小伙子</u>挺招人，手里提着<u>一个赛过十四英寸电视机那么大的</u>
<u>录音机</u>。

在上面带浪线的名词性成分中的"一"，不能重读，可以省去而不影响意义，请看下面的
句子：

（32）……我就递上<u>支烟</u>，……

（33）还有<u>个小伙子</u>挺招人，手里提着<u>个赛过十四英寸电视机那么大的录</u>
<u>音机</u>。

（32）和（33）中带线的名词性成分这时就属于 G 组了。比较下面的句子：

（34）单有<u>一只飞燕</u>，还算不了春天。

（35）我不需任何特殊待遇，如果大家有<u>一碗饭</u>就够了，我也不要求给我<u>两</u>
<u>碗饭</u>。

"一"在这儿是普通数词，可以重读，不能省略，所在的名词性成分属于 E 组。

下面，我们逐节讨论各类名词性成分的表现形式和语法特点。

2.1 有指与无指

本节中，我们侧重讨论无指成分，有指成分则作为定指与不定指成分在下节中详细
讨论。

在一些熟语性用法中，人称代词可以用作无指成分。例如：

（36）今年先种<u>他几亩试验田</u>，取得经验后再大面积推广。

（37）我不管<u>他三七二十一</u>，去了再说。

这种用法限于一些固定格式，本文暂不讨论。一般说来，无指成分的词汇形式限于 D 组至
G 组的格式，而有指成分则可用 A 组至 G 组的各类格式表现。请看表 1。

表 1　有指成分与无指成分的表现格式

	有指成分	无指成分
A 组	+	
B 组	+	
C 组	+	
D 组	+	+
E 组	+	+
F 组	+	+
G 组	+	+

这四组格式的无指成分分别在下列场合中出现。

一、复合词的构词成分。例如，下列复合词中底下加线的都是无指成分：

鸡蛋糕　桃子树　羊毛　饭桶　冬至

霜降　肇事　恼人　方言调查

商品展销　汽车配件　啤酒大王

一般说来，用于这种场合的是 D 组格式，即光杆名词。

二、分类性表语成分。例如：

（38）雍士杰曾是一名菜农，今年五十多岁。

（39）抗日战争胜利后，他又赴美国，在美国州立华盛顿大学任特约教授。

一般说来，用于这种场合的是 D 组、F 组和 G 组三种格式。

三、比较结构中用在"像""如""有"等词语后面的成分，例如：

（40）王大在运河里捞到一只螃蟹，乖乖，足有小脸盆大。

（41）公社机关铁门外那两盏葫芦瓢一般大的电灯，依旧亮在那儿。

（42）他目瞪口呆，像一根木头棒子楔在原地，一动不动。

D 组、E 组、F 组和 G 组四种格式都可以用在这种场合。

四、否定结构中用在否定成分管界内的成分，例如：

（43）我这些天来没买书，口袋里没钱。

（44）没想到他的所谓办公室连张桌子都没有。

D 组、E 组、F 组和 G 组四种格式都可以用在这种场合。

五、构成所谓"短语动词"的动名组合中的名词性成分，例如：

读书　吵架　打仗　谢幕　打牌　洗澡　捕鱼　酗酒　告状　抽烟

一般来讲，只有 D 组格式用于这种场合。这类动名组合语义单一，名词性成分不代表语境中任何一个具体的事物，而只是作为补充动词语义的外延性成分进入组合。

除非出于对比或者强调的目的，无指成分一般不能以主语身份出现。下面句子中底下带点的都是有指成分：

（45）A：书读完了吗？ B：读完了。

（46）曹禺是《雷雨》的作者。→《雷雨》的作者是曹禺。

试比较下面的句子：

（47）曹禺是剧作家。→*剧作家是曹禺。

2.2　定指与不定指

汉语名词性成分的定指与不定指的区别在语言形式上由三个方面表现出来。一是该成分本身的词汇表现格式，即以 A 组至 G 组的哪一种格式出现。二是该成分所带定语的性质。

三是该成分在句子中所担任的句法功能。这三方面的因素相互联系，相互制约，构成了作为汉语特色的错综复杂的局面。

我们先讨论名词性成分本身的表现格式。

吕叔湘先生在《近代汉语指代词》一书中指出，"他"在由古汉语中"其他"的意义发展成为第三人称代词的演变过程中，经历过一个专指（即本文所说的"实指"）而无定的阶段。请看下面的例句：

（48）长房曾与人共行，见一书生……无鞍骑马，下而叩头。长房曰："还他马，赦汝罪。"人问其故，长房曰："此狸也，盗社公马耳。"（《后汉书》82下·费长房）

（49）终不能如曹孟德、司马仲达父子，欺他孤儿寡妇，狐媚以取天下也。（《晋书》105·石勒）

这儿的"他"均专指一人，但确切所指对象是谁并不能从语境中判断出来。这种用法一般不见于现代汉语中。

在前面所列的七组格式中，自 C 组而上居于上端的三组格式一般只用来表现定指成分，自 F 组而下居于下端的两组格式一般只用来表现不定指成分，位于中间的 D 组和 E 组则表现出相当大的灵活性。请看表 2。

表 2　定指成分与不定指成分的表现格式

	定指成分	不定指成分
A 组	+	
B 组	+	
C 组	+	
D 组	(+)	(+)
E 组	(+)	(+)
F 组		+
G 组		+

上面说过，除名词性成分本身的格式体现定指与不定指的区别，该成分所带定语的性质和该成分的句法功能也是有决定作用的因素。但是，需要在这里指出的是，在表 2 中越是接近两端的格式，所表现的定指性或不定指性的程度越强，而受其他两个因素的影响也就越小。相反，越是接近中间，本身所表现的定指性或不定指性的程度越弱，受其他两个因素的影响也就越大。比较下面两个句子：

（50）客人从前门来了。

（51）前门来了客人。

"客人"在（50）中作主语，是定指成分。在（51）中作存现句的宾语，是不定指成分。同属 D 组格式的名词，句法功能不同，定指与不定指方面的理解也就不同，这是汉语中大家熟知的事实。但是，这种由句法功能左右定指或不定指区别的现象只出现在表 2 中接近中间的那几组词汇格式身上，接近两端的格式并不受其影响。试比较下面的句子：

（52）屋门"吱呀"一声被推开了，从外面走进一位陌生女子。

（53）屋门"吱呀"一声被推开了，一位陌生女子从外面走了进来。

（54）王经理、李处长，还有财务科的大刘、小孟伫立在车站的出口处。

（55）车站的出口处伫立着王经理、李处长，还有财务科的大刘、小孟。

同样是作主语，属于 F 组的名词成分"一位陌生女子"在（53）中仍作不定指理解；同样是作存现句的宾语，属于 B 组的"王经理、李处长，还有财务科的大刘、小孟"在（55）中仍作定指理解。句法功能的变化对这些名词性成分作定指或不定指理解不产生任何影响。

在掌握了其他两个因素的作用范围的前提下，让我们先来研究名词性成分所带定语对于该成分的定指性或不定指性的影响。

领属性定语具有强烈的定指性质，带有这类定语的名词性成分一般作定指理解。请看下面的例句：

（56）走进办公室，他的办公桌上端端正正地放着一封匿名信。

（57）一位德国作家还根据门森的日记为他撰写了一本书。

一般性的定语成分，限定性越强、越具体，该名词性成分的定指性也就越强。除了特殊情况以外，表 2 中接近顶端的格式难得带限定性的定语成分，这是因为格式本身已经表现出强烈的定指意义。对于自 C 组而下的格式来讲，限定性定语起着增强定指性质的作用。请看下面的句子：

（58）小敏兴冲冲地奔到桌前，拉开抽屉，抽出那本《江苏画刊》，翻开，几页掉了下来。

属于 E 组格式的名词"几页"在最后一个小句中作主语，根据一般人的语感，句子读起来不太自然。但是，同样的名词，加上限制性定语成分以后，全句的自然度便大大地提高了。试比较：

（59）……印着彩色图画的几页掉了下来。

（60）……印着张顺义《太湖风情》组画的几页掉了下来。

有时，限制性定语本身提供的信息具有相当强的区别功能，名词性成分所带的数量词或者指别词等附加成分可以省略而不影响对该成分的理解。例如：

（61）1985 年 6 月，她大学毕业，同年嫁给了<u>一位在新加坡航空公司驻洛杉矶办事处工作、名叫马利克的办事员</u>。

（62）……同年嫁给了<u>在新加坡航空公司驻洛杉矶办事处工作、名叫马利克的办事员</u>。

（63）他慢慢地踱到一土坟前，缓缓地从怀中掏出一本《中国作家》杂志，翻过了几页，把<u>登载着小说《黑纽扣》的那几页</u>撕了下来。

（64）……把<u>登载着小说《黑纽扣》的几页</u>撕了下来。

（61）和（63）中，名词性成分所带的限制性定语足以确立所指对象的定指性，体现 C 组特征的"那"和 F 组特征的"一位"在这儿成了羡余性成分。

最后，我们来探讨名词性成分的句法功能与定指和不定指区别之间的关系。

名词性成分的句法功能同它的定指性或不定指性两者之间关系十分密切。这种密切的关系主要表现在三个方面。第一，有的句子成分强烈倾向于由定指格式的名词性成分充当，而另有一些句子成分则强烈倾向于由不定指格式的名词性成分充当。第二，对于本身不明确地指示定指性或者不定指性的格式（如图 2 中的 D 组和 E 组）来讲，名词性成分位于某些句法位置上时，有作定指理解的强烈倾向，而位于另一些句法位置上时，则有作不定指理解的强烈倾向。第三，有的句法位置只接受不定指格式，完全排斥本身具有强烈定指意义的格式，而另有一些句法位置则只接受定指格式，完全排斥本身具有强烈不定指意义的格式。下面逐一讨论。

根据我们的观察，下面一些句子成分有由定指格式的名词性成分充当的强烈倾向：

主语

"把"字的宾语 数量宾语前的受事宾语

双宾语结构中的近宾语 领属性定语[1]

例如：

（65）他派周摄影把玉莲送到县招待所，安排食宿。

（66）并且当场夸下海口，保证在两个月之内要叫姓程的垮台撤职，给程某

---

[1] 同列举的其他句子成分相比，领属性定语的定指倾向性要稍微弱一些。不定指格式充当领属性定语的例子也时有所见，例如：

（1）他在<u>一个旅客</u>的提包里发现了…… （3）<u>一个地方</u>的气候跟它的纬度有关。

（2）<u>一个人</u>的一生应该这样度过。 （4）<u>一个案子</u>的真相不是一下子就能弄清楚的。

不过，在许多类似情况下，有关名词性成分实际应该看作通指性用法，如上面（2）、（3）和（4）中带浪线的成分。有关通指性名词成分与定指性名词成分在概念上的相通之处，参见本文 1.4。上述现象和四句例句都是吕叔湘先生向作者指出的。

一个沉重的打击。

（67）你往北走哇，正顺路，我捎你们娘俩一截儿。

（68）源新从床下费力地拖出一只用蒲包扎得牢牢的木箱，眼睛看着玉珍，踢了那只木箱两脚。

（69）偶然，他在爸爸的提包里发现一只哨子。

下面所列的句子成分则有由不定指格式的名词性成分充当的强烈倾向：

| 存现句中的宾语 | 处所介词短语前的宾语 |
| 双宾语结构中的远宾语 | 复合趋向补语后的宾语 |

例如：

（70）奇怪，摆书摊的屋里走出一个晾衣服的中年妇女……前面靠墙根坐了个哄娃娃的上年纪妇女。

（71）林野递给我一条用热水刚刚洗干净的毛巾，无言地望着我。

（72）请你立刻来一趟，我要报告你个好消息。

（73）我放一张纸在这里，请你画个老鼠在上头。

（74）保卫处长叫护士端进来一盆热水。

这儿所谓的强烈倾向，指的是在自然话语中，从出现的频率上来观察，上面这两大类句法成分在大多数情况下分别由定指格式和不定指格式的名词性成分充任。

表 2 中介乎定指格式与不定指格式的 D 组和 E 组格式的名词性成分，如果充任上述定指倾向性句法成分时，则有作定指理解的强烈倾向；如果充任不定指倾向性句法成分时，则有作不定指理解的强烈倾向。先举几个用作定指倾向性句法成分的例子：

（75）门一打开，进来一男两女三个青年，都很精神，其中一个女孩子很像英格丽·褒曼。大鸣直起了腰。三个客人嗅嗅鼻子，似乎不习惯这屋子的烟味和臭袜子味。

（76）甲嘎次仁拣起一颗豆子，用大拇指把豆子弹了出去，豆子准确地飞进了巴桑的嘴，大概一直飞进了食道。

（77）"请喝茶。"老王递给客人一杯热腾腾的香片茶。①

（78）将军的部下都晓得将军的厉害，对于触犯军纪者都是毫不留情的，拔出手枪，就赏给违法者一粒"花生米"。

（79）他还给妻子准备了一件礼物：一只精美的陶瓷花瓶。地震后，人们从废墟中扒出了田所良一那只已经压扁了的皮箱。箱中有花瓶的全

---

① 我们暂把这个句子中的"递给"和（78）中的"赏给"作为一个词看待。

部碎片。

上面的句子中，带点的 D 组和 E 组格式的名词性成分都作定指成分理解。值得我们注意的是，D 组和 E 组的表现也并不是完全一样的。即使是在这些定指倾向性句法位置上，较接近不定指性的 E 组格式有时也还作不定指理解，例如：

（80）忽然，两道冰冰的目光直射向我，几个干枯的手指触到了我的鼻尖。我吃了一惊！面前站了一个瘦削的老头。

而较接近定指性的 D 组格式则很少会出现这种情况。

在下面的例句中，D 组和 E 组格式的名词性成分充任不定指倾向性句法成分。

（81）在车站只等了一会儿前面就来车了。

（82）你穿了一件鹅黄色的毛衣，手里拾了一大把红叶。临别时，还给了我两片。

（83）好不容易等到上午十时，才见里面慢慢悠悠地踱出两个办事员来。

（84）他在口袋里掏了半天，摸出来几张皱巴巴的票子，递了过去。

上面的句子中，带线的 D 组和 E 组格式的名词性成分都作不定指成分理解。

在这些句子中，名词性成分的句法功能决定了所指对象的定指性或不定指性，这是汉语区别于印欧语言的一个特征。

在讨论表 2 中七组词语格式时，我们提到，这七组格式本身所体现的定指性或不定指性在程度上有强弱之分。我们现在讨论的这些句法成分，它们所表现的定指倾向或不定指倾向在程度上也有强弱之分。有的只接纳体现出强烈的定指性或不定指性的格式，而把其他格式干脆排斥在外；有的则比较宽容一些，除了中立的 D 组和 E 组格式以外，也容纳语义对立但程度稍弱的格式。这些句子成分与表 2 所列的格式之间存在着相当有趣的配应关系。一般说来，主语只能由自 F 组而上的格式担任，双宾语结构中的近宾语和数量宾语前的受事宾语只能由自 E 组而上的格式担任，双宾语结构中的远宾语只能由自 C 组而下的格式担任，[①] 处所介词短语前的宾语和复合趋向补语后的宾语只能由自 E 组而下的成分担任，不在范围内的格式一般不能使用。例如：

（85）a. 一个老汉伸手拦住汽车，接着又来敲车窗。

b. * 个老汉伸手拦住汽车……

（86）a. 我在桥头等了他半天，就是不见影子。

b. 我在桥头等了老李半天，……

---

① 这里所说的远宾语，不包括"称""叫""称呼"等动词后的成分，例如：
（5）别人都叫他大赵。　　（6）称他李主任吧。
也有人把这种名词性成分看作补语。

  c. 我在桥头等了那个人半天，……

  d.* 我在桥头等了一个人半天，……

  e.* 我在桥头等了个人半天，……

（87）a.* 写这个名字在上头

  b.* 写名字在上头

  c. 写几个名字在上头

  d. 写一个名字在上头

  e. 写个名字在上头（参见《现代汉语八百词》573 页）

  具体语境不同，各人的语感不同，对各种句法成分在表 2 所给格式的"切割点"这个问题上大家的意见未必能取得一致。但是，我们断定，对于同一种句法成分来说，不管把切割点判定在哪一个格式上，如果这是个定指倾向性句法成分，高于该切割点的格式一定可用；如果是不定指倾向性句法成分，低于该切割点的格式一定可用。

2.3 实指与虚指

  就词汇形式来说，实指成分可用自 A 组至 G 组任何一种格式表现。前面说过，定指成分全是实指，没有虚实之别，因此，虚指成分的词汇表现形式限于自 D 组而下的格式。详见表 3。

表 3 实指成分与虚指成分的表现格式

	实指成分	虚指成分
A 组	+	
B 组	+	
C 组	+	
D 组	+	+
E 组	+	+
F 组	+	+
G 组	+	+

  虚指成分一般用在表示未然、条件、疑问、否定等意义的句子中。请看下面的例句：

（88）箱子太沉，我得去楼上找几个人帮着抬上去。

（89）只要能给他弄到一辆汽车，他一定肯来。

（90）你能不能去拿把扳子来？

这些场合中的名词性成分常常又可以作实指成分理解。以（88）中的"几个人"为例，发话人也许知道楼上有几个人，现在就去找他们帮忙；也许他只是想找人帮忙，楼上有人没人他并不清楚。如果是前一种情况，该名词短语作实指理解；如果是后一种情况，作虚指理解。但是，如果把（88）由表示未然状态的句子改成表示已然状态的句子，则"几个人"只能作定指理解，请看下面的句子：

（91）箱子太沉，我去楼上找了几个人帮着抬了上去。

2.4　通指与单指

单指成分可用由 A 组至 G 组各组格式表现。除了靠名词重叠或名词前加"所有""一切"等限定词等方法以外，通指成分可用由 C 组至 G 组的格式表现。见表4。

表4　通指成分与单指成分的表现格式

	通指成分	单指成分
A 组		+
B 组		+
C 组	+	+
D 组	+	+
E 组	+	+
F 组	+	+
G 组	+	+

用 C 组格式表现通指成分时，都有"种""类"等表类别的量词相随，如：

（92）算了算了，那种瓜以后再也不买了。

这种用法同定指格式的单指成分如"那只瓜"有许多相通之处。上面所举的定指成分的那些语法特点也完全适用于这里表现通指的 C 组格式。

其他几组格式中，最常用的是 D 组和 F 组，例句见1.4。

3．结语

我们在本文中首先分析了有指与无指、定指与不定指、实指与虚指以及通指与单指这四对概念的含义及其相互关系。接着，我们研究了这些概念在现代汉语中的表现方法，同时揭示了相关的各类名词性成分表现出来的语法特点。本文所做的工作将有助于我们进一步从功能的角度进行汉语的句法研究和话语分析。

· 559 ·

参考文献

范继淹　1985　《无定 NP 主语句》，《中国语文》第 5 期。

李临定　1986　《现代汉语句型》，商务印书馆。

吕叔湘主编　1980　《现代汉语八百词》，商务印书馆。

吕叔湘　1982　《中国文法要略》，商务印书馆。

吕叔湘　1985　《近代汉语指代词》，商务印书馆。

Chen, Ping　1985　A Review of topic continuity in discourse: A quantitative cross-language study, *Language in Society*, 14.3.

Chen, Ping　1986　*Referent Introducing and Tracking in Chinese Narratives*, Ph.D. Dissertation, UCLA.

Chen, Ping　1986　Discourse and particle movement in English, *Studies in Language*, 10.1.

Du Bois, J.　1980　Beyond definiteness: The trace of identity in discourse, *Pear Stories: Cognitive, Cultural, and Linguistic Aspects of Narrative Production*. Ablex Publishing Corporation.

Givón, T.　1984　*Syntax*, Vol. I. John Benjamins Publishing Company.

Hopper, P. & S.Thompson　1980　Transitivity in grammar and discourse, *Language*, 56.2.

Li, C.N. & S.Thompson　1981　*Mandarin Chinese: A Functional Reference Grammar*. University of California Press.

Lyons, J.　1977　*Semantics*. Cambridge University Press.

原刊于 1987 年第 2 期

论清浊与带音不带音的关系

曹剑芬

提　要：清浊和带音不带音既有联系又有区别，本文分六个部分讨论它们之间的关系。第一，清浊和带音不带音是两个不同范畴的概念；第二，音系分类上的清和浊在语音实质上并不一定表现为带音和不带音；第三，同带音不带音相关的客观生理、物理特征；第四，清浊和带音不带音之间的错综复杂关系；第五，通过分析、合成和切音听辨等实验，重点讨论吴语的浊声母；第六，结语。

　　一般语言学的定义认为，清音就是指不带音的辅音，浊音就是指带音的辅音。然而，若从大多数具体语言的语音实际来看，一般音系分类上所说的清和浊的区别，常常不一定是真正的带音和不带音的区别，而可能是送气和不送气或其他相关因素的区别。由此可见，音系分类上的清浊同实际音值的带音不带音不是一回事，不能等量齐观。可是，我们却常常使用同一个术语——清浊——来说明语音的这两个方面，因而很容易引起误解，结果就难免"古今混杂""层次不分"（李荣，1983），也不利于彼此讨论问题。因此把它们区分开来是很有必要的。

1．两个不同范畴的概念

　　语音同其他声音一样，是由物体振动而产生的。但是，它又不同于其他的声音。根本的区别在于：第一，语音是语言的物质外壳，它传达一定的语义信息。从这个意义上说，它是语言这种特殊社会现象的一部分。从这个角度对它进行的研究，一般属于音系学（phonology，也有人译作"音韵学"）的范畴。通常所说的清音和浊音就是属于这个范畴的一对区别性特征。第二，语音是经过人的声腔这个特殊的共鸣器调节的声带振动或其他部位的空气扰动。从这个意义上说，它又是一种特殊的生理、物理现象。从这个角度对它进行的研究，一般属于现代语音学（phonetics）的范畴。所谓带音和不带音就是现代语音学里的这样一对特征。因此，清浊和带音不带音实际上是不同范畴里的两个概念。

在传统语言学里，尽管人们在理论上并不明确区别这两个概念，可是在实际的语音研究中却自发地作了区分。譬如，当人们调查研究某个具体语言或方言时，往往在指出这个语言里存在清浊对立以后，接着对那里的浊音音位的实际音值作一番描写，指出它们是"真浊音"还是"半清半浊"或"清音浊流"的音，这实际上就是在说明这些浊音发音时声带是否振动或振动的程度如何。尽管人们在这里所作的描写很可能只是根据各自的听感所作的推测，未必十分精确，但这毕竟已不同于音位类别的概念了。在国外，许多现代语音学论著中也有意无意地对这两个概念作了区分，例如他们把音系学平面上的浊音叫作 voiced，而把语音学平面上真正的带音叫作 voicing。上述情况表明，区分清浊和带音不带音这两个不同的概念是有它的客观基础的。

2. 音系分类上的清和浊

音系分类上的清和浊是音位特征系统中的一对区别性特征（distinctive features），主要着眼于这两类声母在区别词（字）义上的彼此对比（contrast）关系，即功能对立关系。[①] 例如，在古代汉语里，清声母字和浊声母字读音不同，清和浊的分别具有区别词（字）义的功能。在现代吴语里，也还保留着清声母和浊声母之间的这种功能对立关系。例如，"报、店、供"和"抱、电、共"，这两组字音的不同是同声母的来历不同密切相关的。同样，在别的语言里也存在着这种基于功能对立的对比关系。例如，英语里的塞音也分清（voiceless）和浊（voiced）两类，这同古汉语或现代吴语里清浊声母之间的对立关系是相仿的。但是，无论是汉语还是英语，无论是古代汉语还是现代吴语，这样的清浊对立所强调的是它们在功能上的区别。这种区别是从具体语言的语音结构关系中概括出来的，它同这些声母本身是否带音不一定对应。譬如，现代英语里起首位置上的浊塞音就多半是不带音的，它们同相应位置上的清塞音之间的区别，实际上是不送气音和送气音的不同。汉语里也存在着这种不对应的情况（详见第五部分）。

3. 实际音值的带音不带音

带音不带音指辅音发音时声带是否振动，它们体现为一定的生理、物理参量，可以进行客观的测量。

从发音生理上看，语音的带音不带音主要同喉部的发声机制有关，取决于它们发声方式（phonation types）方面的特性，即发声时声门的状态、声带的紧张度等等。发带音的辅

---

① 请参阅 R.R.K 哈特曼和 F.C. 斯托克合著、黄长著等合译的《语言与语言学词典》，上海辞书出版社，1981，80 页。

音时，从成阻起，喉头勺状软骨就是并拢的，两条声带也随之并拢，声门关闭，这时，由于声带肌肉张力的作用和声门上下气压差的作用[1]，声门有规律地急速开闭，这就是声带振动；相反，发不带音辅音时，在成阻和持阻期间，勺状软骨是分开的，声带分开，声门敞开着，这时，肺气流可以自由出入声门，声门上下气压基本一致，声带就不振动。

带音辅音和不带音辅音的这种发音生理特性在物理上的相应表现，一般可以通过波形图来观察，看它们的声波是不是周期性的；或者从语图上观察它们在持阻阶段有无代表声带振动的浊音杠（voice bar）和浊音起始时间（VOT）类型[2]的异同；此外，我们还可以根据空气动力学（airdynamics）的原理，通过测量声门气流状况和声门上下气压的状况，来考察它们在发声方式方面的特点。

图一是不送气的带音和不带音的气流、气压示意图。由于带音辅音在持阻阶段就有声带振动，因此，这时就有肺气流从声门周期性地逸出，于是在气流图上就记录出一条呈周期性波动的曲线，如（a）里持阻期的气流图所示。这时的口部气压也有它的特点，气压图上呈现一个坡度较平缓的尖锋，如（a）里气压图所示，它代表持阻期间口部气压建立和增长的过程。同时看到，代表这个变化过程的记录线略呈锯齿状，这说明声腔闭塞后面气压的建立和增长过程受到声门周期性开闭的影响。相反，发不带音的辅音时，由于声带不振动，气流图呈一条比较平滑的直线。同时，由于声门畅通无阻，肺气流径直冲入口腔，造成口压骤增，因而气压图呈比较陡峭的尖峰，压力增长过程的记录线基本上呈平滑上升的直线，如（b）所示。从（a）和（b）的比较不难看出，不送气的带音和不带音在除阻以前的发声方式是截然不同的，而在除阻以后它们并没有本质区别，这同它们在语图上显示的情况是一致的。

由此可知，辅音实际音值的带音不带音不但耳朵可以听到，而且通过仪器显示可以看到，它是一种客观存在。

4. 音系分类的清浊同实际音值带音不带音的关系

从理论上讲，任何事物的分类当然离不开它们本身固有的特性，语音也一样。我们虽然不知道古人究竟怎么发音，但我们可以设想，人们最初对声母进行的清浊分类是同它们本身带音不带音的区别一致的；在今天，我们划分声母清浊类别所依据的功能对立关系，同样也反映了它们的某些相关的实质性区别，这种区别是我们能感觉到的一种客观存在，

---

[1] 所谓"柏努利效应"Bernoulli Effect，参阅E. G. 里查孙主编、章启馥等合译的《声学技术概要》（上册），科学出版社，1961年，179页。

[2] VOT 是 Voice Onset Time 的简称，关于 VOT 的类型同辅音带不带音的关系，请参阅拙文《常阴沙话古全浊母的发音特点》的描写方法部分（1982）。

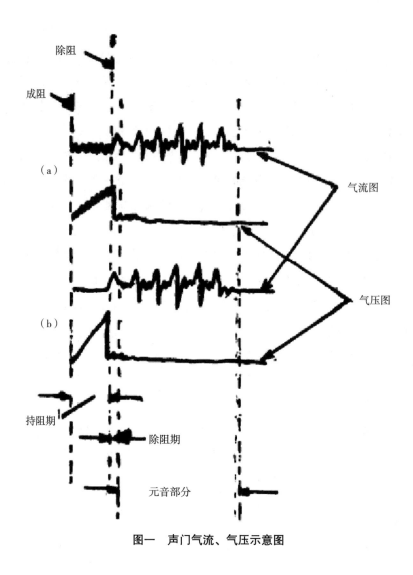

除阻

成阻

（a）

气流图

气压图

（b）

持阻期

除阻期

元音部分

图一　声门气流、气压示意图

只是我们所感觉到的这种区别未必就是带音与不带音的区别。这就是说，在今天的语音平面上，清浊分类同带音不带音未必对应。

　　造成上述不对应的原因可能有两个：一是人们习惯于用耳朵感觉到的东西推测说话人发音器官的发音状况，而事实证明，这两者常常是不一致的，关于这个问题本文暂不讨论；二是语音的古今演变造成了错综复杂的语音实际，它使得最初借以划分清浊类别的实际音值发生了变化，而代之以声带是否振动以外的其他音质区别，甚至可能已经转移到其他相关因素的区别上去了。

　　语音的变化是类的变化比较缓慢，而具体音质的变化比较快。一般说来，语音的变化发展是比较有规律、有系统的，语言里的功能对立关系具有一定的历史继承性，因此，论音系分类，古今关系比较密切；然而，若从具体语言的语音实际来看，今音与古音已相去甚远，而且，各个不同语言或方言里语音的变化和发展又是不平衡的。所以，在今天的方言平面上，音系分类上的清浊同实际音值的带不带音就呈现出错综复杂的关系。主要表现在以下两个方面。

一方面，中古的全浊声母在今天的方言平面上多数已经清化而读不带音，只有在少数方言里读真正的带音。另一方面，今天许多方言里读作带音的声母并不一定都来源于中古的全浊母。它们有的来源于中古的全浊母，例如上海话和温岭话里的带音擦音就是一部分来源于古"匣"母，一部分来源于古"奉"母。湖北通城大坪话里的带音塞音和带音塞擦音大都来自古"並、定、群、从、崇、船"等母。[①]此外，今天方言里的带音声母还有三个来源：一是中古的次浊母，例如古"明、泥、来"母在今天的大多数方言里读 [m、n、l]，可是，在闽南话里，古"明"母常读作真正带音的 [b]，古"来"母在大坪话里和江苏的晨阳话里有相当多的读真正带音的 [d][②]；二是中古的全清母，例如江浙地区的浦东和永康以及金山县的部分地区有一种缩气音的 ['b]['d][③]，也都是真正的带音，但它们却来源于中古的"帮"母和"端"母；三是中古的次清声母，例如大坪话里古次清的塞音和塞擦音声母今天基本上都读真正的带音辅音。

从上述情况来看，今天方言平面上的清浊类别同它们实际音值带音不带音之间的关系，正如古调类同今调类和调值之间的关系一样复杂。因此，我们既不能说今天分类上保留中古全浊母系统，它们就一定读带音，更不能说今天读带音的声母都是保留古浊音。

5. 吴语的浊声母

中外语言学论著里，凡是论及汉语声母的清浊问题的，几乎无不以吴语里的浊声母作为典型例子。这是因为，在现代吴语里还完备地保存着中古声母清浊系统的严整对立。塞音声母分为三级：浊塞音、不送气清塞音和送气清塞音。因此，人们常常认为吴语的浊声母是真正的带音或半带音（即所谓"半清半浊"或"清音浊流"）的辅音，事实究竟怎样，我们不妨来分析一下。

吴语塞音声母三级分法的根据是，来源于中古全浊、全清和次清三类声母的字，今天仍按古来分类的系统在读音上有显著的不同；凡古全清声母字，今音一般读阴调；凡古全浊声母字，今音一般读阳调；次清声母字的声母今音仍读典型的送气音。而且，这

---

① 张归璧《大坪方言的浊音和入声》（见第一届北京市语言学会年会论文）。
② 赵元任（1956,1980）、袁家骅（1960）早就指出这个现象。此外，笔者从对闽南音（张振兴同志发音）的声学分析和对江苏晨阳话语音的实验分析中也看到了这个现象。
③ a.许宝华等《上海市与江苏省、浙江省交界地区方音的内部差异》（见第二届全国方言学会论文）。b.根据廖蓉蓉对浦东话的声学分析和周同春对川沙话的声学分析。

种对立是十分整齐而有系统的，无论具体的声调如何分合，古清母字和古浊母字在读音上不相混。这个事实表明，三级分法是建立在这三类声母的字音仍然对立的基础上的。然而，保留这三类声母字音的对立，并不等于保留这三类声母辅音本身音值的仍然对立。理由是：（1）语音在不断演变，同一来历的声母今天可以读音不同，而不同来历的声母今天也可以读音相同。（2）字音的不同，既可能是声母的不同，也可能是韵母或声调的不同。因此，现代吴语里古清母字和古浊母字在读音上的不同，究竟是声母的音质不同还是其他因素的不同造成的，需要作具体分析。

早在本世纪二十年代，赵元任先生就对吴语里古全浊声母的实际读音作了相当详尽的描写，他在《现代吴语的研究》和一些相关的论文中曾多次指出吴语里"浊音不浊"的事实。赵先生在这里正是区分了分类上的"浊"和实际读音的"浊"（即"带音"），明确指出古全浊类声母在现代吴语里不一定读带音。

近些年来，我们对吴语里的古全浊声母的读音作了一系列调查研究。从现有的调查分析结果来看，对于这类声母辅音本身（即从成阻到除阻这个阶段）音值的认识，同赵先生等前辈的考察结果是一致的。我们的实验分析结果进一步表明，在现代吴语里，除了古"匣"母和古"奉"母的一部分，其读音可视为带音的擦音以外，其余所有古全浊母的今音在单读或连字重读时，几乎都是读不带音的（详细分析结果另文讨论）。由此可见，即使在吴语里，古音清浊分类的系统虽仍清晰可辨，但这种分类上的清浊同今音音值的带音不带音也已经不是一回事了。从这个意义上说，中古的全浊声母在今天的吴语里也已基本上走完了它的清化过程。

现在的问题是：为什么这类声母的字音总是听起来"很像浊似的"？这种"浊"的感觉究竟从何而来？为此，我想必须首先明确两点：其一，究竟是什么听起来"很像浊似的"？是单个辅音还是整个音节？其二，所谓"浊"的感觉究竟是一种什么样的感觉？

不少人常说，吴语里古全浊塞音声母的读音跟不送气清塞音声母的读音 [p t k] 的区别就在于有无浊流 [ɦ]。他们觉得，这两组音在音感上是完全不同的，在声调上也是分属于阴阳不同的两类。如此说来，这里说的好像就是单个辅音音素的不同，如果真是指单个音素，那是不符合实际的。首先，不带音的辅音，尤其是不送气的塞音如 [p t k]，它们在发音时如果后面不跟上个元音，根本就很难让人听清楚，更谈不上分辨异同了；至于 [pɦ tɦ kɦ]（如果确实存在的话），也是很难单独听辨的。因为即使这里的"浊流" [ɦ] 是真正带音的辅音，也必须具备相当的长度才能被人耳感知。M.Joos（1948）曾经指出，人耳能够觉察到变化的语音信号在 60 毫秒以上。而我们这里的 [pɦ tɦ kɦ] 里的 [ɦ] 即使存在的话，也远没有这么长，从语图上来看，从塞音除阻到后接元音开始之前可能出现 [ɦ] 的间隔段是非常短的，耳朵大约不可能借此分辨出它们和相应的 [p t k] 之间的区别来，何况无论从语图上或气流、气压图上，我们都没有发现在这个区间里有代表浊流 [ɦ] 的实体存在。此外，我们还做了一个切音听辨实验。在切音机上分别把常阴沙话的"爸"/ˌpa/（古清声母字，阴平）和"牌"/ˌba/（或标作 /ˌpɦa/，古全浊声母字，阳平）从尾部渐次向前切短，当各剩下 80—90 毫秒时，这两个字音就不能分辨了，而这剩下的 80—90 毫秒里，辅音本身实际上只占不到 10 毫秒，其余很长一段都是元音。在这个例子里，我们既看不到浊流 [ɦ] 存在的实体，也听不到它有任何区别辅音音色的作用。至于吴语其余各方言里的这类声母，根据频谱测量，从它们的除阻到元音开始之间的长度，一般也只有几毫秒，因而同样不可能被单独地感知。这就是人们在教学不带音的塞辅音发音时，总得加上某个元音一起发的缘故。其次，不带音辅音发音时既然声带没有振动，也就没有音高变化，也即没有声调区别，所以就更谈不上属于阴调还是阳调了。如若将上述切音听辨实验中的"爸"和"牌"字的尾部少切去一些，即多留一些元音，当留下 150 毫秒左右（占整个音节的二分之一以上）时，耳朵就可以听出这两个字音的明显区别，那个"牌"字听起来就有明显的"浊"感了。这个例子说明，我们平常觉察到的那种清和浊的区别，并不是单个的 [p t k] 同所谓的 [pɦ tɦ kɦ] 的区别，而是它们所在的整个音节在读音上的不同。

P. Ladefoged 教授（1967）在论述言语产生和感知的单位时曾经指出，像音位或音素这样的单位是分类描写的最小单位，而不是人们实际发音或听音的最小单位。一般说来，人们发音和听音的最小单位至少不得小于音节。我们上述的听辨实验正好说明了这个道理。这样，第一个问题就清楚了，听起来"很像浊似的"是整个字音，而不是单个辅音声母。

第二个问题是：所谓"浊感"是什么？从物理上讲，"浊音"也叫"蜂音"，因为声带振动发出的声音犹如蜜蜂发出的"嗡嗡"声那样。因此，从物理角度讲，"浊感"应当就是"蜂音感"。然而，语音学者所说的"浊感"，实际上是耳朵里觉察到的一种粗糙沉重感，即低沉粗糙的"嗡嗡"感。这种感觉同物理上所说的"蜂音感"密切相关，但又不是一回事。我们不妨试验一下，假如当你唱"啊……啊……啊……"，从低八度唱到高八度，起初你可以觉察到有一种低沉粗糙的"嗡嗡"感，但是，随着音调的逐渐升高，那种低沉粗糙的感觉就逐渐减退，剩下的主要是"嗡嗡"的感觉，当唱到高八度时，低沉感就完全消失而代之以清高的"嗡嗡"感了。在这过程中，声带自始至终在振动。可见这种粗糙低沉的感觉并不是由声带振动造成的，它们是由伴随声带振动的另外某个因素造成的。这就是"浊感"何来的问题了。

"浊感"何来？这就是赵元任先生著名的"清音浊流"说，现在语言学界一般沿用这个说法。然而，关于"浊流"的概念并不十分明确，这个"浊流"究竟在什么地方，语言学界对此的认识也不完全一致，统观起来，大致有如下两种看法。（1）大多数人认为，"浊流"[ɦ] 是 /bˈdˈgˈ/ 后的一种浊音的送气。高本汉曾明确指出，[ɦ] 是作为声母的，只见于元音的前头，是浊塞音或浊塞擦音后的一种浊的送气。此外，赵元任、刘半农、罗常培、王均、王力等先生也都认为 [ɦ] 是塞音或塞擦音除阻后的一种浊送气成分。（2）认为 [ɦ] 不是元音前头的声母，而是元音的形容性成分。这种看法也是赵元任先生早年（1930）提出的。

两种看法，虽然都叫"浊流"，而各自的理解却不一样。为弄清事实真相，我们曾经作过大量的声学分析，没有找到韵母元音前存在浊流 [ɦ] 的证据。此后，我们又借助气流、气压的测试来观察这类声母除阻前后的特点，问题就比较清楚了。我们可以设想，如果这种"清音浊流"的音果真是"清音后随一个浊送气"的话，那么，它的发声方式应该跟送气的不带音塞音更为接近些。可是现有的实验结果表明[1]，事实并非如此。例如，常阴沙话里的古全浊声母的今音，一般都认为是"清音浊流"的辅音，古全清母今读不送气不带音，古次清声母今读送气不带音。图二是这三组声母的字的气流、气压和相应的窄带语图示例，从图二所示的发声方式特点来看，古全浊声母字"败"的声母辅音不是跟古次清母字"派"的声母接近，而是跟古全清母字"拜"的声母类型基本一致。可见所谓"清音浊流"的音里并不存在人们想象的"浊流"或"浊送气"，它同相应的古全清声母的今音一样，显然是个不送气的清音。可是，当我们考察了这类字里声母除阻后的元音阶段的情况，我们就发现在"败"这一类字的元音开始阶段，通过声门的气流速率（如图二最上面的线所示）普遍相对地低于"拜"等字里元音起始阶段的气流速率，而且，前者达到峰值的时程也总是比后者的要长些。这表明，古全浊声母字"败"等字里的元音发声时，声门气流速率往往有个低起而后渐升的过程，而相应的清母字里的元音发声时，气流速率是陡升到峰值，即往往是高起的；其次，"败"等字元音阶段的声门下压力变化的状况（如图二中间的线所示）与相应的"拜"等清声母字里元音的状况也不同。它们各自变化的轮廓（contour）分别同各自音高变化的趋势（如图二下的窄带语图所示）是大体一致的。

上述分析表明，在常阴沙话里，所谓"清音浊流"的音（即古全浊母字的声母辅音）虽然已同相应古清声母字的声母辅音没有本质区别，但这类字的韵母元音的发声方式却比较特殊。这种特殊的发声方式很可能造成形容性的 [ɦ]（下文将对此作进一步说明）。因此，我们的上述实例支持了赵元任先生关于浊流的第二种看法，即这个"[ɦ] 是元音的一种形容性而不是一个元音前的声母"。

最近，李荣先生（1986）也用他有趣的听辨实验，明确地指出了吴语浊 [ɦ] 的性质。他的实验同样说明，所谓浊流 [ɦ] 并不是声母的一部分，而是元音发音时的一种同部位摩擦。

---

[1] 迄今为止，已对上海、温岭和常阴沙三个方言做过此类实验，结果是一致的。具体分析另文讨论。

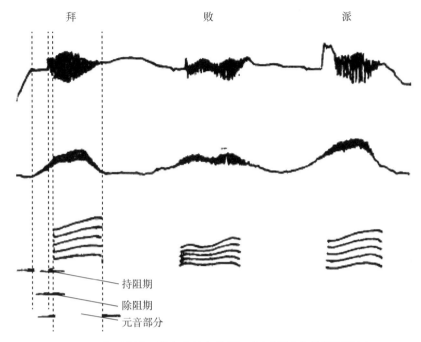

图二　常阴沙话三类塞音的气流图、气压图及窄带语图示例

那么，这种同部位摩擦是怎么产生，又是怎样引起粗糙低沉的听感的呢？这就涉及它们的发音机制（mechanism）方面的特点。前面提到，同声带振动有关的主要是与勺状软骨活动相关的声门状态。通常，在发正常元音时，声门关闭，肺气流冲击声门，引起声带振动，这样发出的元音不带［ɦ］；而在发带有［ɦ］的元音时，它的发声方式就比较特别，往往是喉头压得比较低，两条声带虽然也并拢，但声门的后部（即气声门）并不完全关闭，如图三①里第二种声门状态所示。因此，在声带振动的同时还带有声门的摩擦，这是肺气流通过气声门狭缝时造成的，这样发出的声音就是通常所说的气声。用这种方式发声时，喉头勺会肌一般比较紧张，因而对声带振动造成了较大的阻抗，致使声带振动的频率较低，再加上声门的摩擦噪声，听起来就给人以一种低沉粗糙的感觉。这也就是吴语里的阳调音节（即元音叠加有浊流［ɦ］的音节）的声调往往是较低或低起的缘故。

为了检验上述认识，我们还做了两项听辨实验。第一项是用人发的自然语音来做的。在 7800 型语图仪上，采用移花接木的办法，把古清声母字"爸"的声母切下来，接到从古浊声母字"牌"里切出的韵母上去，结果听起来就是个"牌"字的音；相反，把"牌"字的声母同"爸"字的韵母拼接，结果听起来就是个"爸"字的音，如图四所示。这个实验

---

① 此图根据 Liberman（*Speech Physiology and Acoustic Phonetics*，Macmillan Pub.Co.，Inc.New York，1977，p.91）的原图修改绘制。

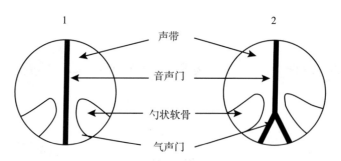

图三　正常元音和气声发声时声门状态比较

表明，虽然"爸"是古清声母字，"牌"是古浊声母字，其声母在音系分类上分别归为清和浊两个音位，但是，这两个音节在读音上的区别，实际上却并不取决于这两个声母辅音音位的不同，而是取决于它们的韵母元音音质的不同。第二项是用人工合成的语音来做的。在计算机上，采用一个规则合成的系统，[①]合成了吴语里常见的一些古浊声母字和相应的古清声母字，听辨结果[②]比较自然。其实，在合成古浊声母字音（"清音浊流"的音）时，输入计算机的声、韵母特征参数同合成相应的古清声母字时完全一样，只是改用了不同的声调特征参数来模拟韵母元音的气声特征，结果合成的字音音质就相当理想。这项实验进一步说明，我们平时把"清音浊流"里的浊流看作声母辅音本身的特征，实际上是一种误解。

综上所述，我们对吴语里古全浊声母的今音似乎可以这样认识：古全浊声母在吴语里也已经清化了。同其他许多方言相仿，古代声母的清浊对立在现代吴语里也已转化为相应声调的阴阳对立。如果说古代汉语里是"异纽同调"，那么现代吴语里是"同纽异调"。不过，这种演变在吴语里不如其他一些方言里彻底，因为当这类字在弱读的情况（作连读后字而非重读的情况）下，它们的声母辅音仍然是地道的带音[③]，而且相当系统、整齐。在这种情况下，它同相应的古清母字仍然是"异纽同调"。这大约是吴语语音不同于其他方音的一个根本性特点。

6. 结语

根据以上分析，我的基本看法是：

6.1　音系分类上的清和浊，是从具体语言的语音结构对比关系中概括出来的，主要着眼于它们的社会属性，属于音系学特征的范畴；作为语音本身固有特性的带音不带音，主要着眼于它们的自然属性，是语音学范畴的特征。

---

① 这个合成系统的程序是由语言研究所的杨顺安同志编制的。
② 此项实验连同第一项实验的录音都曾在中国语言学会第三届年会上演示，并请与会代表听辨。
③ 请参阅拙文《常阴沙话古全浊母的发音特点》；另外，笔者还对苏州、无锡、上海、温岭、义乌、崇明、武义等方言作了考察，结果同常阴沙话里的情况是一致的，详细情况另文讨论。

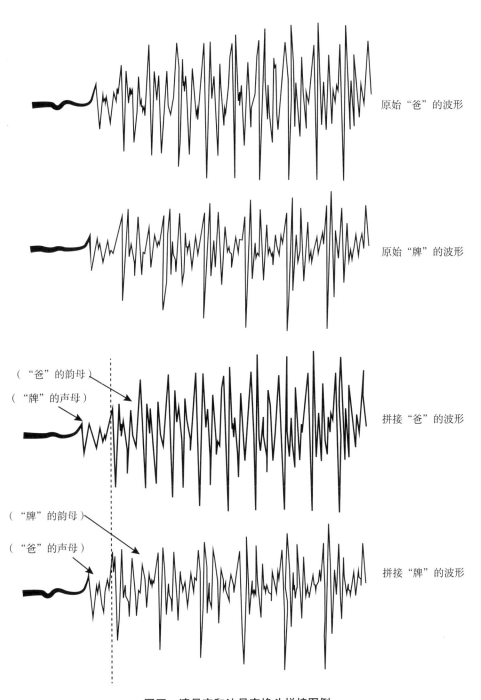

原始"爸"的波形

原始"牌"的波形

（"爸"的韵母）

（"牌"的声母）

拼接"爸"的波形

（"牌"的韵母）

（"爸"的声母）

拼接"牌"的波形

图四　清母字和浊母字换头拼接图例

6.2　音系分类上的清浊同实际音值的带音不带音既有联系又有区别。论音系分类，古今关系比较密切；论实际音值，则古今相去甚远。因此，今天方言平面上的清浊分类同实际音值的带音不带音并不一定对应，应该分用不同的术语。

6.3　中古全浊声母在现代吴语里基本上也都清化了。所谓"清音浊流"里的"浊流"实际上不是声母本身音质的特征，而是韵母元音气声化的表现，它显著地体现为声调的区别性。

参考文献

曹剑芬　1982　《常阴沙话古全浊母的发音特点》，《中国语文》第 4 期，273—278 页。

高本汉著、赵元任等译　1948　《中国音韵学研究》，商务印书馆。

李荣　1983　《方言研究中的若干问题》，《方言》第 2 期，85—86 页。

李荣　1986　《温岭话"咸淡"倒过来听还是"咸淡"》，《方言》第 2 期，106 页。

罗常培、王均　1981　《普通语音学纲要》，商务印书馆。

王力　1956　《汉语音韵学》，中华书局。

袁家骅　1960　《汉语方言概要》，文字改革出版社。

赵元任　1956　《现代吴语的研究》，科学出版社。

赵元任、倪大白　1980　《吴语的对比情况》，《国外语言学》第 5 期，31 页。

赵元任　1935　《中国方言当中爆发音的种类》，《史语所集刊》五本四分，515—520 页。

赵元任　1930　《听写倒英文》，《史语所集刊》二本二分。

P. Ladefoged: 1. Phonation Types（1983 年 4 月在北京的讲演）。　2. *A Course in Phonetics*, Harcourt Brace Jovanovich, Inc., 1975, New York.　3. *Preliminaries to Linguistic Phonetics*, Univ. of Chicago Press, 1971.　4. *Three Areas of Experimental Phonetics*, Oxford University Press, London, 1967.

M. Joos, Acoustic Phonetics, *Language Monograph*, No.23,1948.

A.M. Liberman, *Speech Physiology and Acoustic Phonetics*, Macmillan Pub. Co., Inc. New York,1977.

L. Lisker & A. Abramson, Stop Categorization and Voice Onset Time, Proc. 5th Int. Congr. Phon. Sci., Münster, 1964, pp. 389—391.

原刊于 1987 年第 2 期

与动结式动词有关的某些句式

马希文

提　要：本文讨论了与动结式动词有关的下列句式：（A）名＋动结＋"了"；（B）名＋"把"＋名＋动结＋"了"；（K）名＋"让"＋名＋动结＋"了"；（L）名＋"让"＋名＋"把"＋名＋动结＋"了"；（P）动结＋"了"＋数量名；（Q）"有"＋数量名＋动结＋"了"；（Z）名＋"有"＋数量名＋动结＋"了"；（Y）名＋动结＋"了"＋数量名；（X）名＋"把"＋数量名＋动结＋"了"。主要结论是：（1）动结式动词（本文限于"结"非轻声的情况）中，在语法和语义方面起主导作用的部分是"结"而不是"动"；（2）含有"把""让"的各句式原则上都是有歧义的，其中哪些词之间有及物关系或领属关系是不确定的，可以用种种不同的办法作出语义解释。

在对这些句式的语义关系进行分析时，本文提出了一种表示句式中各成分的语义关系的形式。利用这种表示法，可以简洁地表示出句式的歧义，以便于我们发现这些句式（以及它们的各种语义解释）之间的变换、扩展、置换关系，或反过来用这些关系来区别歧义。

0. 引言

动结式动词（参看吕叔湘主编，1981）指由两个动词或是一个动词跟一个形容词组成的组合式述补结构（见朱德熙，1982）。用 V_1 表示它的第一个成分，V_2 表示它的第二个成分，这种动词可以写成 V_1V_2。这篇文章专门讨论 V_2 不是轻声的情况。含有这种动词的最简单句式是：

（A）　$N_1V_1V_2$ 了。

例如：

衣裳晾干了。　　　　　　　孩子哄（hǒng）着（zháo）了。

灯点着（zháo）了。　　　　　　袖子染红了。

茶沏酽了。　　　　　　　　　　刀磨坏了。

树放倒（dǎo）了。　　　　　　帽子吹掉了。①

这类句子常被称为受事主语句。其实，也可以举出许多别的例子：

小王洗累了。　　　树长斜了。　　老师讲烦了。　　孩子睡着了。

这些句子的主语应该看成施事。再有：

刀切钝了。　　　　　铅笔写折（shé）了。　　　　　肩膀扛肿了。

这些句子大概会说成是工具主语句。至于：

头发愁白了。　　　　嘴气歪了。　　肚子笑痛了。　　鞋洗湿了。

就不知道应该叫作什么句子了。

其实，以上的例子无非是说明这种句式里 N_1 跟 V_1 的关系是多种多样的，甚至没有直接关系。我们打算从另一个角度出发，说明 N_1 跟 V_2 有极为简单的关系，然后展开我们的讨论。

1. "$N_1V_1V_2$ 了"是"N_1V_2 了"的扩展

在一个句子（或句式）里增加一些词以得到一个新的句子（或句式），而原有的词之间的语义关系维持不变，新的句子（或句式）就叫作原来句子（或句式）的扩展。例如"我让他去"是"他去"的扩展。

这一节我们要说明"$N_1V_1V_2$ 了"是"N_1V_2 了"的扩展，而不是"N_1V_1 了"的扩展。先看下面的表。

$N_1V_1V_2$ 了	N_1V_2 了	N_1V_1 了
衣裳晾干了	衣裳干了	衣裳晾了
灯点着了	灯着了	灯点了
茶沏酽了	茶酽了	茶沏了
树放倒了	树倒了	树放了
孩子哄着了	孩子着了	?孩子哄了
袖子染红了	袖子红了	袖子染了
刀磨坏了	刀坏了	刀磨了
帽子吹掉了	帽子掉了	?帽子吹了
小王洗累了	小王累了	小王洗了

① 在北京方言里，"掉"是实词，有"落下"的意思。书面汉语的"吃掉""跑掉""丢掉"等词语里的"掉"是别的方言的成分。

续表

$N_1V_1V_2$ 了	N_1V_2 了	N_1V_1 了
老师讲烦了	老师烦了	老师讲了
树长斜了	树斜了	树长了
孩子睡着了	孩子着了	孩子睡了
刀切钝了	刀钝了	*刀切了
铅笔写折了	铅笔折了	*铅笔写了
肩膀扛肿了	肩膀肿了	*肩膀扛了
头发愁白了	头发白了	*头发愁了
肚子笑痛了	肚子痛了	*肚子笑了
嘴气歪了	嘴歪了	*嘴气了
鞋洗湿了	鞋湿了	鞋洗了

从上表不难看出，"N_1V_1 了"大都只能用在特定的语境里，有些根本不能说；少量的可以自由使用，但意义与"$N_1V_1V_2$ 了"则完全不同，只有个别例外，如"树放了"。另一方面，"N_1V_2 了"则都可以自由使用，而且其中各词的语义关系在"$N_1V_1V_2$ 了"中保持不变。因此，应该说"$N_1V_1V_2$ 了"是"N_1V_2 了"的扩展，而不是"N_1V_1 了"的扩展。

那么，怎样解释"树放倒了"跟"树放了"之间的一致性呢？这应该从"放"跟"倒"这两个词的词义方面来解释。"放"的正常结果是"倒"，因此一说"树放了"，立刻会推想到"树倒了"。这就是现代语义学里说的推断（inference），是与常识有关的，不是句法结构固有的关系。如果把"放"或"倒"用别的词来替换，就会发现"N_1V_1 了"与"$N_1V_1V_2$ 了"的差别：

$N_1V_1V_2$ 了	N_1V_2 了	N_1V_1 了
树刮倒了	树倒了	?树刮了
树放折了	树折了	树放了

其实，在"衣裳晾干了"、"灯点着了"甚至"袖子染红了"这些例句中，都有类似的情况，只不过程度不同，或需要特定的语境，所以初读时感觉不同罢了。

"鞋洗湿了"这样的例句特别说明问题。这个句子只说明"湿"的是"鞋"，并没有说明"洗"的是什么。如果说"鞋洗了"，就要使"鞋"与"洗"发生及物关系，结果变成了"洗""鞋"。这两个词的搭配虽不自然，但还可以接受，所以"鞋洗了"勉强也可以说得通，但是"鞋洗湿了"和"鞋洗了"两个句子里"鞋"跟"洗"的语义关系就不同了。至于"肚子笑痛了""嘴气歪了"里边的 N_1（"肚子""嘴"）跟 V_1（"笑""气"）根本不能发生语义关系，因此"N_1V_1 了"也就完全不成立。

我们说"$N_1V_1V_2$了"是"N_1V_2了"的扩展，指的是在两种句式里N_1跟V_2的语义关系一致。这主要是从及物关系的角度来说的。这两个句式还有更深入的联系，要从语用学的角度来说明。

以下我们把语用学上的意义简称用意。从用意上来说，"$N_1V_1V_2$了"跟"N_1V_2了"都是交代一个事件，即一种状态或性质的出现。其中"$N_1V_1V_2$了"还交代了事件是怎样发生的，但这一层意思是次要的、依附于前一层意思而存在的。从语音形式上来说，"$N_1V_1V_2$了"的语调重音在V_2上（除非是特殊的语境）。从句法形式上来看，"$N_1V_1V_2$了"不能用在已经预设了"N_1V_2了"的语境里。在这种语境里（只有V_1是新信息），需要用别的句式，比如说"是……的"结构（参看吕必松，1982）：

N_1 是 ${}'V_1V_2$ 的。

N_1V_2 了是 ${}'V_1$ 的。

N_1 是 ${}'V_1$ 的 V_2 了。[①]

例如：

衣裳是 ${}'$晾干的。　　衣裳干了是 ${}'$晾的。　　衣裳是 ${}'$晾的干了。

在某些极端的情况下，预设了"N_1V_2了"以后，V_1已不再提供新的信息，这类句式就很难用上，甚至看来不通：

?茶是 ${}'$沏酽的。　　　　　?茶酽了是 ${}'$沏的。　　?茶是 ${}'$沏的酽了。

从以上的讨论来看，"$N_1V_1V_2$了"在语用方面也跟"N_1V_2了"有深刻的联系。因此，V_1V_2里的V_1不是意义的核心，V_1V_2也不应看成以V_1为中心的向心结构。最适当的办法还是把"$N_1V_1V_2$了"看成"N_1V_2了"的扩展。我们用箭头表示扩展，把这种关系写成：

N_1V_2 了。　——　$N_1V_1V_2$ 了。

这个式子没有能表示出及物关系，因此我们又建议用如下的记号：

$N_1V_2 \{N_1\}$ 了。　——　$N_1V_1V_2 \{N_1\}$ 了。

这个式子V_2后边的花括号里写的是与V_2发生及物关系的成分，[②]下文中把这种成分叫作"填项"。单向动词只能有一个填项，双向动词可以有两个填项，等等。

前面说过，N_1可能跟V_1发生及物关系，也可能不发生及物关系。那么上式右端的句式实际上就包括了以下两种情况：

[①] 通常用于区分"的""得"的规则在这种句式里可能遇到麻烦。我们暂且不管它，而索性一律用"的"。

[②] 注意，花括号里的词语并不是在这个位置上出现的词语。用别的表示方式也可能更清楚地表现这一点，例如：

$N_1\ \ V_1\ \ V_2$ 了。

我们选择了正文里的这种形式，是考虑到印刷的方便。

$$（A_t）\qquad N_1V_1\{N_1\}V_2\{N_1\}了。$$

$$（A_n）\qquad N_1V_1\{—\}V_2\{N_1\}了。$$

这里，我们用"—"表示句子里没有的词语。

下文中，我们把这种注明了语义关系的句式叫作语义解释：（A）可以解释为（A_t）及（A_n）。一般说来，（A）类的句子只能解释为（A_t）或（A_n）之一，所以又可以把（A）类的句子分成（A_t）和（A_n）两类。当然，如果某个句子既可以解释为（A_t），又可以解释为（A_n），它就兼属（A_t）（A_n）两类，这时它是有歧义。这种情况在下文讨论（B）类句式时，十分常见。

2. "$N_1V_1V_2$ 了"的一种扩展："$N_1N_2V_1V_2$ 了"

上节末尾的变换式对于下边的句子似乎不成立：

（衣裳呢？）我晾干了。　（电扇呢？）他修好了。　（油灯呢？）小王点着了。

其实，这些句子都只能出现在特定的上下文环境里，它们都是不完全的句子。

这里，我们说到了"不完全"的句子。这个说法应该十分谨慎地使用。这里说的不完全，是指上文已经出现的词语在答句里没有出现（也没有用别的词语代替），此外，即使把这些词语添上去，句子提供的信息也不改变。这种情况多见于对话中。例如：

（书包呢？）［书包］我搁箱子里了。　（谁来了？）老李［来了］。

（小明多大？）［小明］十二。　（你怎么来的？）［我］坐飞机［来的］。

这些例句里我们用方括号标出问句里有的词语。答句里有没有这些词语提供的信息是一样的。但是，如果省去了这些词语，就只能用作答句，或者用在类似的语境里。这就是我们所说的不完全句。

引言里的（A）类例句都是完全的，可以使用在各种不同的语境中，可以回答这类的问题："出什么事了？""怎么了？"等等。那些句子都是交代关于 N_1 的事件的。本节的例句则必须跟问句里的名词结合起来才能交代事件。尤其重要的是，这种句子交代的事件是关于问句里的名词的事件。所以本节开头例句里的名词与上节句式里的 N_1 作用不同。用 N_2 表示这种名词，并把句子补充完全，应成为：

（D）$N_1N_2V_1V_2$ 了。

例如：

衣裳我晾干了。　　电扇他修好了。　　油灯小王点着了。

把及物关系标出来，就成了：

（D_t）$N_1N_2V_1\{N_1,N_2\}V_2\{N_2\}了。$

这里 V_1 后边的括号里有 N_1、N_2 两个符号，表示 V_1 同时跟 N_1、N_2 发生及物关系。

把（D_t）跟（A_t）做个比较，就会发现（D_t）是（A_t）的扩展：（A_t）里多了一个词项 N_2，它跟 V_1 发生及物关系。

另一方面，这类句子都可以变换成：

（D'）　N_1V_2 了是 N_2V_1 的。

衣裳干了是我晾的。

电扇好了是他修的。

油灯着了是小王点的。

根据吕必松（1982）的说法，我们可以认为（D'）是用来提供"V_1N_2"这个新信息的。这种句式的用意是交代已知事件"N_1V_2 了"的原因，即：N_2 用 V_1 的方式（手段、办法等）造成了那个事件。所以 N_2 一般说来是 V_1 的施事、工具等，N_1 是 V_1 的受事。（D_t）里的 N_1、N_2 跟 V_1 也是这种关系，因此（A_t）类句式并不一定都能扩展成（D_t）类的句式。至于（A_n）类句式因为其中的 N_1 跟 V_1 没有及物关系，就更不能这样扩展了。

3. 用"把"来扩充"$N_1V_1V_2$ 了"

上节谈到有些（A_t）类的句子可以扩展为（D_t）类的句子以引入一个新的词项 N_2，这种扩展是有条件的，限于 N_2 是 V_1 的施事、工具的情况。

要为（A）类句子引入一个新的词项 N_2，常见的办法之一是使用有"把"的句式：

（B）　N_2 把 $N_1V_1V_2$ 了。

例如：

小王把衣裳晾干了。　　　妈妈把孩子哄着了。

墨水把袖子染红了。　　　电扇把帽子吹掉了。

在文献中，这些句子常被说成是"处置式"。也有人说"把"是宾语标记（marker）。有些变换语法学者则认为这种句式是由"$N_2V_1N_1$"及"N_1V_2 了"紧缩而成的。所有这些说法的共同点是认为在 N_2、V_1、N_1 这三者之间有"主语、动词、宾语"的关系（拿上面的例句来说，就是"小王　晾　衣裳""妈妈　哄　孩子""墨水　染　袖子""电扇　吹　帽子"）。

其实，这几个例句在没有用"把"引入 N_2 之前（或者说把"N_2 把"去掉之后）恰好都是"受事主语句"，都是 N_1 与 V_1 有潜在动宾关系（参看朱德熙，1982）的句子。引言里已经说明，许多（A）类的句子不能说成"受事主语句"。这样的句子也可以按同样的办法用"把"引入一个新的词项 N_2：

这包衣裳把我洗累了。　　　这些歌把嗓子唱哑了。

　　　　　　这个故事把我讲烦了。　　　　书包把书架搁满了。

　　　　　　小王把刀切钝了。　　　　　　这些事把头发愁白了。

这些句子里的 N_2、V_1、N_1 不能组成"主语、动词、宾语"的关系：

　　　　　　*这包衣裳洗我　　　　　　　*这个故事讲我

　　　　　　*小王切刀　　　　　　　　　*这些歌唱嗓子

　　　　　　*书包搁书架　　　　　　　　*这些事愁头发

在这种情况下，"处置式""宾语标记""紧缩"等说法就都不适用了。

　　本文试图从另一种角度来研究句式（B），即把它看成（A）的扩展。具体说，就是在（B）里，N_1、V_1、V_2 之间的语法关系仍然和在（A）里一致，通过"把"引入的 N_2 是 V_1 的填项。先看一个例子：

　　　　　　小王把衣裳晾干了。

"小王""衣裳"跟"晾"都有及物关系，"衣裳"跟"干"有及物关系。这个句子的句式应解释成：

　　　　　　（B_t）　N_2 把 $N_1 V_1 \{N_1, N_2\} V_2 \{N_1\}$ 了。

　　很明显，这个句式是从（A_t）扩展出来的。"衣裳晾干了"的句式是（A_t），其中的 V_1（"晾"）是双向动词（"小王晾衣裳呢"），但是在（A_t）里，只交代了一个向（"衣裳"），在（B_t）里，它的另一个向（"小王"）也交代出来了。

　　从以上的讨论可以看出：要从（A_t）扩展到（B_t），V_1 必须是双向的。反过来说，如果某个（A_t）类的句子里 V_1 是单向的，这种扩展就不可能了：

　　　　　　*我把孩子睡着了。　　　　　　　　*他把树长斜了。

另一方面，如果某个（A_t）类的句子里 V_1 是双向的，这种扩展就有了可能，这与 N_1 是否受事、N_2 是否施事没有关系。例如：

　　　　　　这包衣裳把我洗累了。

N_2 是受事，N_1 是施事；

　　　　　　萝卜把刀切钝了。

N_2 是受事，N_1 是工具；

　　　　　　他把笔写秃了。

N_2 是施事，N_1 是工具；

　　　　　　书包把书架搁满了。

N_2 是受事，N_1 是处所。如此等等。总之（B_t）里头的"$V_1 \{N_1, N_2\}$"只表示 N_1、N_2 是 V_1 的两个填项。把 N_1 写在前边，N_2 写在后边并不表示施事、受事等，写成 $V_1 \{N_2, N_1\}$ 也行。

　　（A_n）类句式里的 N_1 并没有占用 V_1 的向。因此，不管 V_1 是不是双向动词，都有可能扩展成：

（B_n）　N_2 把 N_1V_1 $\{N_2\}$ V_2 $\{N_1\}$ 了。

例如：

小王把鞋洗湿了。

"洗"是双向动词，可是"小王""洗"的不是"鞋"而是别的什么（例如衬衫），结果是"鞋""湿"了。因此，"小王"是"洗"的填项，而"鞋"不是，"鞋"只是"湿"的填项。

再例如：

他把腿坐麻了。

"坐"是单向动词，"腿"是"麻"的填项，"他"是"坐"的填项。[①]

综上所述，从（A）类句式扩展为（B）类句式时，无论是（A_t）还是（A_n），都是使新增加的词 N_2 作为 V_1 的填项出现的。这可以很清楚地表现在如下的图式中：

[G]　（A）　$N_1V_1V_2$ 了。　　　　　　　　　　　⟶（B）　N_2 把 $N_1V_1V_2$ 了。

[G_t]　（A_t）　N_1V_1 $\{N_1\}$ V_2 $\{N_1\}$ 了。　⟶（B_t）　N_2 把 N_1V_1 $\{N_1,N_2\}$ V_2 $\{N_1\}$ 了。

[G_n]　（A_n）　N_1V_1 $\{-\}$ V_2 $\{N_1\}$ 了。　⟶（B_n）　N_2 把 N_1V_1 $\{N_2\}$ V_2 $\{N_1\}$ 了。

（B_t）和（B_n）虽有区别，但是有许多共同点：从语义上来说，N_1 是 V_2 的填项，N_2 是 V_1 的填项；从用意上来说，都是交代"N_1V_2 了"这个事件的，这个事件是由 N_2 所指的对象导致的，它参与了 V_1 所指的某个动作或过程，而"N_1V_2 了"就是这个动作或过程的后果。

4．领属性的主语

上文说，在句式（B）里，N_2 是 V_1 的填项。但也有例外，例如：

小王把孩子冻病了。

这个句子里，"小王"不是"冻"的填项，不能说是因为"小王冻"而使"孩子病了"。

从用意来说，这句话仍然含有"小王"导致"孩子病了"的意思，"病了"仍然是"冻"这个过程的结果。但是"小王"并不是直接参与这个过程的。小王做的动作可能是句子里没有交代出来的动作（例如"带孩子玩"），甚至可能是由于小王没有做某个动作（例如"没关窗户"）才导致了事件的发生。要把这些交代出来，得用更复杂的句子：

小王带孩子玩，把孩子冻病了。　　　　小王没关窗户，把孩子冻病了。

从语义关系上来说，"孩子冻病了"里头的词只有"孩子"直接跟小王发生领属关系："孩子"是"小王"的。（我们把这种关系里的"小王"叫"领项"，"孩子"叫"属项"，一般的领属关系仿此。）换句话说，上面这个句子在语义关系方面跟下面的句子相同：

---

① 我们说"坐"是单向的，是指"坐一会儿"这种语境里的"坐"，而不是"坐沙发"这种语境里的"坐"。参看朱德熙（1982）关于及物动词与不及物动词的说明。

小王的孩子冻病了。

不过这个句子并没有交代"病了"是由"小王"导致的。

以下写语义关系时，在属项后面用花括号注明领项，例如本节开头的例句可以写成：

小王把孩子｛小王｝冻｛孩子｝病｛孩子｝了。

一般的形式是

（B_p）　N_2 把 N_1｛N_2｝V_1｛N_1｝V_2｛N_1｝了。

乍看起来，这种句式很奇怪，其中的主语不是跟谓语里的动词发生及物关系，而是跟谓语里的名词发生领属关系。其实，主谓结构常有这种情况。例如：

这种苹果我不吃皮。　　　汽车队是老王当队长。

这类句子的谓语里含有主谓结构，整个句子的主语跟谓语里的名词发生领属关系。甚至最普通的"主·动·宾"句子也有这样的情况。例如：

我开着门呢。

并没有交代"开""门"的是不是"我"。又如：

葡萄不种子儿。

跟"种"直接发生关系的当然是"葡萄"的"子儿"。甚至：

我修车。　　　　　我看牙。　　　　　　我做一件短大衣。

这些句子里的谓语所指的事情都可以是别人做的。

总之，主语只跟谓语里的名词发生领属关系这一点，并不是（B）类句式所特有的。（B）类句子可以解释为（B_p）的也不少见。不过它们常常又可以按（B_t）解释。换句话说，在这种句子里，（B_p）是作为歧义之一而出现的。例如：

小王把车修好了。

如果解释为（B_t），那么"小王"跟"车"并没有领属关系，比如说，"小王"是修车工人，"车"是顾客的。如果解释为（B_p），那么"车"是小王的，"修""车"的可能是别人。

上述这种歧义很容易用适当的变换区别开来。例如下面的变换：

N_2 把 $N_1V_1V_2$ 了。　⟷　N_1 是 $N_2V_1V_2$ 的。

这里我们用双箭头表示严格意义下的变换，即左右两个句子里的实词一样多，而且语义关系也一致，但顺序可以不同。上式左端的句子 N_2 先于 N_1 出现，右端的句子 N_2 后于 N_1 出现。一般说来，领项总是先于属项出现的，[①]因此右端的 N_2 不是 N_1 的领项。而变换式的左右两端语义关系应该一致，所以左端的 N_2 也不是 N_1 的领项。这样左端的句式就不能解释为（B_p）。反过来说，如果一个句子只能解释为（B_p），这个变换就不成立了：

---

① 这个说法有待仔细研究。例如可以说"孩子有病的是小王"。

（B_p）小王把孩子冻病了。⟷ * 孩子是小王冻病的。

同样，如果“小王”是找别人“修”的“车”，也不能说：

车是小王修好的。

能跟这个句子发生变换关系的是：

（B_t）小王把车修好了。⟷车是小王修好的。

综上所述，上节末尾的图式应补充一种新的情况，成为：

［G］（A）$N_1V_1V_2$ 了。 ⟶（B_2）N_2 把 $N_1V_1V_2$ 了。

［G_t］（A_t）N_1V_1｛N_1｝V_2｛N_1｝了。 ⟶（B_t）N_2 把 N_1V_1｛N_1，N_2｝V_2｛N_1｝了。

［G_n］（A_n）N_1V_1｛—｝V_2｛N_1｝了。 ⟶（B_n）N_2 把 N_1V_1｛N_2｝V_2｛N_1｝了。

［G_p］（A_t）N_1V_1｛N_1｝V_2｛N_1｝了。 ⟶（B_p）N_2 把 N_1｛N_2｝V_1｛N_1｝V_2｛N_1｝了。

注意我们把［G_p］的左端标上了（A_t）。这是因为右端的（B_p）中 N_1 是 V_1 的填项，所以左端也应该是这样，而（A_n）中的 N_1 不是 V_1 的填项。

这样又会产生一个新的问题：（A_n）类的句子扩充成（B）的时候，N_2 会不会不是 V_1 的填项（而是 N_1 的领项）呢？换句话说，下面的扩展式是不是成立呢？

（A_n）N_1V_1｛—｝V_2｛N_1｝了。⟶（？）N_2 把 N_1｛N_2｝V_1｛—｝V_2｛N_1｝了。

我们试几个例子。“鞋洗湿了”是（A_n）类的，扩展成“小李把鞋洗湿了”，是（B）类的。这个句子里的“鞋”可以是“小李”的，也可以不是，但“小李”参与了“洗”的动作是无疑的。因此，“小李”一定是“洗”的填项，而绝不能把这个句子解释成：

* 小李把鞋｛小李｝洗｛—｝湿｛鞋｝了。

同样，下面各句的解释也不成立：

* 他把嘴｛他｝气｛—｝歪｛嘴｝了。

* 爸爸把头发｛爸爸｝愁｛—｝白｛头发｝了。

* 我把肚子｛我｝笑｛—｝痛｛肚子｝了。

以上这四个句子都应该解释成（B_n）：

小李把鞋洗｛小李｝湿｛鞋｝了。

等等。可见（？）类的句子根本不存在，相应的扩展也就无由谈起了。

总结本节的讨论，可以说：一个（A）类句子（不妨把它叫作第一个句子）扩展成一个（B）类句子（不妨把它叫作第二个句子）的时候，N_2 有可能作为 N_1 的领项出现。按照传统的说法，N_2 是第二个句子的主语，这样的主语只跟谓语里的某个名词发生领属关系，可以叫作领属性主语。仔细说来，有以下几种情况。

（甲）如果第一个句子是（A_n）类的，也就是说 V_1 没有填项，那么第二个句子就是（B_n）类的，也就是说 N_2 是 V_1 的填项。这种扩展就是［G_n］（如“小李把鞋洗湿了”）。

（乙）如果第一个句子是（A_t）类的，而 V_1 是双向的，也就是说 V_1 有一个填项和一个空余的向，那么第二个句子就是（B_t）类的，也就是说 N_2 是 V_1 的填项。这种扩展就是 $[G_t]$（如"萝卜把刀切钝了"）。然而，也有些情况，第二个句子还有另一种解释，是（B_p）类的，也就是说 N_2 是 N_1 的领项。这种扩展就是 $[G_p]$（如"小王把车修好了"）。

（丙）如果第一个句子是（A_t）类的，而 V_1 是单向的，也就是说 V_1 没有空余的向，那么第二个句子就是（B_p）类的，也就是说 N_2 是 N_1 的领项。这种扩展就是 $[G_p]$（如"他把孩子冻病了"）。

从以上的分析来看，只要 V_1 有空余的向，N_2 总是优先作为 V_1 的填项出现的。

5. 扩展引起的置换

前面两节讨论了从（A）到（B）的扩展。这并不是说每个（B）类句子都一定是（A）类句子的扩展。下面是一些例子：

（1）$\begin{cases}（A_t）小王咳嗽醒了。\\（B_n）我把小王咳嗽醒了。\end{cases}$

（2）$\begin{cases}（A_t）大伙哭糊涂了。\\（B_n）他把大伙哭糊涂了。\end{cases}$

（3）$\begin{cases}（A_t）我讲烦了。\\（B_n）老师把我讲烦了。\end{cases}$

（1）组第一个句子"小王咳嗽醒了"是（A_t）类的，因为其中"小王"是"咳嗽"的填项；第二个句子是（B_n）类的，因为其中的"小王"不是"咳嗽"的填项。（2）（3）两组与此类似，只不过（1）（2）这两组句子里的 V_1（"咳嗽""哭"）都是单向动词，而（3）组的两个句子里的 V_1（"讲"）是双向动词。

（A_t）类的句子和（B_n）类的句子在 N_1 是不是 V_1 的填项这一点上不同，所以（A_t）不可能扩展成（B_n）。这就说明以上几组里的两个句子之间没有扩展关系。但是，从另一方面来看，每一组的两个句子在 N_1 是 V_2 的填项这一点上是一致的，所以这两个句子还有某种间接的关系。

如果仔细观察变换 $[G]$ 的图式，就会看出，从（A_t）扩展到（B_t），主要是把 N_2 填到了 V_1 后边的括号里。如果想得到（B_n），就得从 V_1 后边的括号里把 N_1 去掉。这一填一去，效果就是用 N_2 "置换"了 V_1 后边括号里的 N_1。我们把这种现象叫作"扩展引起了置换"。用带有"△"标记的箭头表示这种引起置换的扩展及发生置换的填项，（1）（2）（3）各组的两个句子的关系可以表示如下：

$（A_t） N_1V_1\{N_1\}V_2\{N_1\}了。\underset{\triangle}{\longrightarrow}（B_n）N_2 把 N_1V_1\{N_2\}V_2\{N_1\}了。$

（A_t）小王咳嗽｜小王｜醒｜小王｜了。　──→（B_n）我把小王咳嗽｜我｜醒｜小王｜了。

（A_t）大伙哭｜大伙｜糊涂｜大伙｜了。　──→（B_n）他把大伙哭｜他｜糊涂｜大伙｜了。

（A_t）我讲｜我｜烦｜我｜了。　　　　　──→（B_n）老师把我讲｜老师｜烦｜我｜了。

类似这种扩展引起置换的情况还可以举：

$$
(4) \begin{cases} （A_t）二少爷吃穷了。 \\ （B_t）他们把二少爷吃穷了。 \end{cases}
$$

注意这两个句子分属（A_t）和（B_t）两类。一般说来，（A_t）可以扩充成（B_t），但这两个句子间说是有扩展（指严格意义的扩展）关系，则有问题。因为在"二少爷吃穷了"这个句子里，"吃主"是"二少爷"；但是在"他们把二少爷吃穷了"这个句子里，"吃主"成了"他们"。从某种意义上来说，这仍然是扩展引起了置换："他们"置换了"二少爷"，只是"二少爷"又成了"吃"的另一个填项。要把这个问题彻底说清楚，必须区别双向动词两个项的性质，比如说，某个向是施事或受事等。这个问题当然不可能局限在本文这样一个较窄小的范围内来讨论。因此，我们仅限于从句法上去发现这种句式的特征。

以上（1）（2）（3）（4）这几组句子里的（A_t）类句子都可以改写成：

（1′）小王把自己咳嗽醒了。

（2′）大伙（都）把自己哭糊涂了。

（3′）我把自己讲烦了。

（4′）二少爷把自己吃穷了。

"小王咳嗽醒了"跟"小王把自己咳嗽醒了"之间有扩展关系，因为两个句子的各个动词的填项都是"小王"；而"小王把自己咳嗽醒了"跟"我把小王咳嗽醒了"之间的关系则纯粹是词的替换，就像"我去"跟"他去"的关系一样。用虚线箭头表示这种替换，可以把这几个句子写成如下图式。

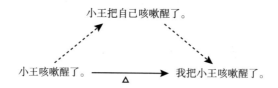

词的替换会改变语义关系，因此这个图式中上方的句子与右下方的句子语义关系不同；扩展不会改变语义关系，因此左下方的句子语义关系和上方的句子语义关系相同。这样就可以说明左下方的句子和右下方的句子语义关系不同，就是说，如果扩展会引起置换的话，语义就会发生变化。

然而，在上图中，"我"替换了"小王"，"小王"替换了"自己"；而"自己"在句子中本来就是复指"小王"的，所以用"小王"替换"自己"不会带来语义关系的变化。这样一来，上方的句子和左下方的句子与右下方的句子语义只有部分的变化也就得到了说明。

（2）（3）（4）这几组句子的情况与此类似。以（4）为例，可以写成如下的图式。

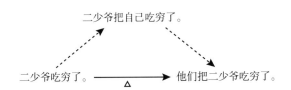

从这些图式不难看出，引起置换的扩展，其效果等同于一个扩展（用"把自己"做的扩展）再接上一个替换（指用 N_2 替换 N_1，用 N_1 替换"自己"）。

以上我们用了三节的篇幅讨论了（B）类句子三种可能的语义解释（B_t）（B_n）（B_p）以及从（A）类句式到（B）类句式的扩展可能遇到的种种情况。这足以说明（B）是一个很复杂的句式。一个个别的（B）类句子，往往由于词义搭配上的原因，只能作一种自然的解释，所以好像没有歧义。事实上，在一定的语境里，这个句子又可能作别的解释。例如：

老李把脚冻肿了。

"脚"是身体的部位。这种词（只要语法位置合适）极容易跟指人的词发生领属关系。因此，这个句子最自然的解释是（B_p）。但是我们也可以设想一个极为特殊的语境，使这个句子解释为（B_t）。例如说，这句话出现在几位进行冷冻治疗的医务人员的对话中，"冻"是指对病人的某些部位施行冷冻。这时，这个句子就应该平行于以下的句子而解释为（B_t）：

老李把血管碰断了。　　　　老李把刀口缝歪了。

由此看来，（B）类句式作为一个句法结构，在确定意义方面的作用是很弱的。一个（B）类句子的意义往往要靠词义搭配的情况和使用环境的细节来确定，而不能单靠句法结构本身。这种说法可能被说成是回到了"意合法"。然而，"意合法"也可以从积极方面去发展它。就是说，把一种句法结构看成多种语义解释的"混合物"。像化学家那样把它分离成各种"单质"，逐个加以研究，以便弄清混合物的各种性质。我们把（B）类句式分成种种不同的小类，最后终于可以得出结论说，其中最核心的东西就是"$V_2 \mid N_1 \mid$"，即交代 N_1（通过 V_1）出现了"V_2 了"这样的结果。其他的语义关系，如谁是 V_1 的填项、有没有领属关系等都不是（B）类句式固有的特性（当然，这些语义关系彼此之间又有种种制约关系，比如：N_2 若不是 V_1 的填项，就必须是 N_1 的领项）。

（B）类句式已经复杂至此，更不用说一般的"'把'字句"了。想为所有的含有"把"的句子（或动词短语）找出一个统一的简明解释，无异于想根据海水里氢、氧、碳、钠、镁等几十种原子的百分比去拼凑一个海水的分子式。

6. 用"让"来扩展"$N_1V_1V_2$ 了"

跟句式（B）有密切关系的是带有"让"的句式。许多"N_2 把 N_1……"这样的句子都与"N_1 让 N_2……"这样的句子有联系（其中的"让"也可以改成"叫"，在书面语里则常用"被"）。例如：

$$\begin{cases} 我把衣裳晾干了。 \\ 衣裳让我晾干了。 \end{cases} \quad \begin{cases} 墨水把袖子染红了。 \\ 袖子让墨水染红了。 \end{cases} \quad \begin{cases} 萝卜把刀切钝了。 \\ 刀让萝卜切钝了。 \end{cases}$$

这里每一组句子都是由一个（B）类句子和一个如下的句子组成的：

（K）　N_1 让 $N_2V_1V_2$ 了。

从这些例句，可以想到如下的变换关系：

［T］（K）N_1 让 $N_2V_1V_2$ 了。$\longleftrightarrow$（B）N_2 把 $N_1V_1V_2$ 了。

但是这个变换式并不是普遍适用的。例如：

我让孩子睡着了。$\longleftrightarrow$ *孩子把我睡着了。

*头发让小王愁白了。$\longleftrightarrow$ 小王把头发愁白了。

脚让小孩压肿了。$\overset{?}{\longleftrightarrow}$ 小孩把脚压肿了。

以上这几个例子里，有的只有一方能说、另一方不能说，有的虽然两方都能说，可是意义不相配。可见还应该对［T］作深入的分析。

大家知道，虚词"让"有两种基本的意义，即使役义和遭受义。例如：

（1）我让孩子睡着了。

（2）孩子让我哄着了。

（1）里的"让"是使役义，（2）里的"让"是遭受义。把（1）里的"让"跟它前边的名词一起去掉，剩下的"孩子睡着了"正是前面讨论过的句式（A）。因此，（1）可看成是（A）扩展而成的：

［U］（A）$N_1V_1V_2$ 了。$\longrightarrow$（K）N 让 $N_1V_1V_2$ 了。

右端的句式（K）里，N 并不是 V_1、V_2 的填项，它通过"让"跟"$N_1V_1V_2$ 了"发生语义关系，可以说它是"让"的填项。于是可以写出这样的语义关系：

（K_s）　N 让 $\{N\}$ N_1V_1 $\{N_1\}$ V_2 $\{N_1\}$ 了。

如果对它形式地施用变换［T］，就成了"N_1 把 NV_1V_2 了"（孩子把我睡着了），这样，

N 就非是 V_2 的填项不可。由此可见，变换［T］对（K_s）类的句子不适用。

再看前面的例句（2）。把这个句子里的"让"跟它后边的名词一起去掉，剩下的"孩子哄着了"是（A_t）类句子：

$$孩子哄｛孩子｝着｛孩子｝了。$$

这里 V_1 是"哄"，它已经有了一个填项"孩子"。"让"的句法功能就是给 V_1 介绍另一个填项。

用公式来写就是：

$$（K_t）\quad N_1 让 N_2V_1｛N_1, N_2｝V_2｛N_1｝了。$$

很明显，（K_t）中各词的及物关系与（B_t）一致，因此，（K_t）与（B_t）之间就可以有变换关系。（B_n）类的句子也有类似的情况：

$$我让小王咳嗽醒了。\longleftrightarrow 小王把我咳嗽醒了。$$

左端句子的语义关系是：

$$（K_n）\quad N_1 让 N_2V_1｛N_2｝V_2｛N_1｝了。$$

右端句子是（B_n）类的。两者语义关系相同。

总之，变换［T］可以用于（K_t）（K_n）两类句子，分别得到（B_t）（B_n）两类句子。

［T］（B）N_2 把 $N_1V_1V_2$ 了。 $\longleftrightarrow$ （K）N_1 让 $N_2V_1V_2$ 了。

［T_t］（B_t）N_2 把 $N_1V_1｛N_1, N_2｝V_2｛N_1｝$ 了。$\longleftrightarrow$（K_t）N_1 让 $N_2V_1｛N_1,N_2｝V_2｛N_1｝$ 了。

［T_n］（B_n）N_2 把 $N_1V_1｛N_2｝V_2｛N_1｝$ 了。$\longleftrightarrow$（K_n）N_1 让 $N_2V_1｛N_2｝V_2｛N_1｝$ 了。

（B）类句子可以看成由（A）类句子扩展而成的，又与（K）类句子有变换关系，因此，（A）类句子和（K）类句子之间也有某种扩展关系。这可以从下图看出。

（A）$N_1V_1V_2$ 了。

［G］ ↓ ↘ ［H］

（B）N_2 把 $N_1V_1V_2$ 了。 ←［T］→ （K）N_1 让 $N_2V_1V_2$ 了。

我们用［H］表示相继施行扩展［G］和变换［T］的结果，就是在句式（A）的"N_1"和"V_1V_2 了"之间插入了"让 N_2"。因为（B）与（A）、（B）与（K）之间在语义关系方面都保持一致，（A）与（K）之间也应如此。实际上，把上图各句式分别解释为（A_t）、（B_t）、（K_t）或（A_n）、（B_n）、（K_n）就可以看出。例如从（A_t）出发：

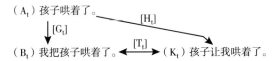

（A_t）孩子哄着了。

［G_t］ ↓ ↘ ［H_t］

（B_t）我把孩子哄着了。 ←［T_t］→ （K_t）孩子让我哄着了。

[H] 的这种解释记作 [H_t]。又如从（A_n）出发：

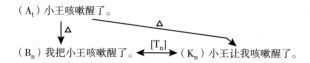

这样的 [H] 就记作 [H_n]。如果扩展 [G] 会引起置换，那么扩展 [H] 也会引起置换。例如：

（A_t）小王咳嗽醒了。
↓△   △
（B_n）我把小王咳嗽醒了。 ←[T_n]→ （K_n）小王让我咳嗽醒了。

变换 [T] 两端句子里名词 N_1、N_2 的先后顺序发生了变化，它对（B_p）类句子是不适用的，因为（B_p）里的 N_1 与 N_2 有领属关系，顺序不能任意颠倒。例如："小王把头发愁白了"是（B_p），如果硬要用变换 [T]，就要有"头发让小王愁白了"这样的句子，但这个句子是不成立的。

"小孩把脚砸肿了"有歧义。最自然的解释是（B_p），因此，下面的变换式似乎不成立：

小孩把脚砸肿了。←→脚让小孩砸肿了。

其实，如果把左端解释为（B_t），这个变换式仍然是成立的。如此看来，变换 [T] 还有分辨（B）类句子的歧义的功能。

前面我们分析的 [U] 和 [H] 两种扩展都是针对（A）类句式的：

孩子睡着了。→我让孩子睡着了。　孩子哄着了。→孩子让我哄着了。
　　　　[U]　　　　　　　　　　　　　　　　[H]

作为（A）类句式，上面两式左端的句子都有动结式动词 V_1V_2。在引言中，我们批评了专从 N_1 与 V_1 的及物关系来说 N_1 在（A）类句式中是否施事、受事、工具等的说法。但是用上面的扩展又可以很清楚地鉴别出 N_1 与 V_1V_2 作为一个整体发生的关系如何。可以说，能用 [U] 来扩展的（A）类句子，如上面的"孩子睡着了"，N_1 是积极地参与过程 V_1 而导致了 V_2 的结果；而能用 [H] 来扩展的（B）类句子，如上面的"孩子哄着了"，N_1 是消极地参与过程 V_1 而导致了 V_2 的结果。这里的"积极""消极"讲的是 N_1 与 V_1V_2 的关系，引言中说的施事、受事讲的是 N_1 与 V_1 的关系，两者有联系，但并不是一回事。例如：

刀切钝了→刀让萝卜切钝了。
　　[H]

这里的"刀"对于"切"来说是工具，但对于"切钝"来说是"消极"的。

对于 [U] 和 [H] 的这种考查可以推广到更一般的情况。一个"N_1V_p 了"类型的句子（其中 V_p 代表动词短语），如果可以这样扩展：

$$[U'] \quad N_1V_p\ 了。\xrightarrow[\ [U']\ ]{} N\ 让\ N_1V_p\ 了。$$

N_1 对于 V_p 就是积极的。如果可以这样扩展：

$$[H'] \quad N_1V_p\ 了。\xrightarrow[\ [H']\ ]{} N_1\ 让\ N_2V_p\ 了。$$

N_1 对于 V_p 就是消极的。这时往往又可以有如下的图式：

$$N_1V_p\ 了。\xrightarrow{[H']}$$
$$\downarrow [G'] \qquad \qquad \qquad \qquad$$
$$N_2\ 把\ N_1V_p\ 了。\xleftrightarrow{[T']} N_1\ 让\ N_2V_p\ 了。$$

其中，$[G']$ 和 $[T']$ 是分别把 $[G]$ 和 $[T]$ 推广而成的。

关于 $[U'][H'][G'][T']$ 的这些说法，在没有详尽讲明关于 V_p 的条件以前，当然只能看作一种假说。但是我们可以用它来说明如下的例子：

（3）孩子把玩具摆整齐了。$\xrightarrow[\ [U']\ ]{}$妈妈让孩子把玩具摆整齐了。

这个式子的左端，N_1 是"孩子"，V_p 是"把玩具摆整齐"。对于 V_p 来说，N_1 是积极的。由 $[U']$ 扩展而成的句子里，"让"是使役义的。

（4）妈妈把头发愁白了。$\xrightarrow[\ [H']\ ]{}$妈妈让这些事把头发愁白了。

这个式子左端的"妈妈"对于"把头发愁白了"而言是消极的（"妈妈"遇到了"把头发愁白了"这样的情况）。右端的"让"是"遭受义"的。

如果用 $[G']$ 来扩展左端这个句子，形式上应得到：

*这些事把妈妈把头发愁白了。

实际上，这个句子里的第二个"把"是不说的。如果不管这个问题，我们可以写出这样的图式：

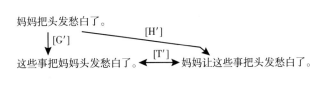

值得注意的是，（3）（4）左端的句子虽然都是（B）类的，但是（4）的左端是（B_p）类的，（3）的左端不是。从这一点上来说，$[U']$ 和 $[H']$ 又可以起着辨别（B）类句式的

歧义［是否应解释为（B_p）］的作用。另一方面，（3）（4）右端的句子具有相同的句式，我们把它记作（L）：

　　（L）妈妈让孩子把玩具摆整齐了。

　　（L）妈妈让这些事把头发愁白了。

然而语义解释不同，所以（L）也是有歧义的。扩展［H′］［U′］也起着区分（L）的歧义的作用。例如：

　　（5）（B_p）所长把病看好了。$\xrightarrow[\text{［H′］}]{}$（L）所长让李大夫把病看好了。

这是"所长"有"病"，"李大夫"为"所长"治病。

　　（6）（B_t）李大夫把病看好了。$\xrightarrow[\text{［U′］}]{}$（L）所长让李大夫把病看好了。

这是"李大夫"看别人的"病"，是"所长"让他这样做的。因此，（5）（6）右端的两个句子虽然同形，意义是不同的。如果用"我的病"替代这些句子里的"病"，那么（5）的左端就解释不通了：

　　*（B_p）所长把我的病看好了。

这个句子里的"所长"无论如何也不会是"我的病"的领项。因此：

　　（L）所长让李大夫把我的病看好了。

就不能从［H′］得到，只能从［U′］得到。这个句子就没有上述那种歧义了。

　　变换［T′］只与［H′］有关，与［U′］不相干，所以只适用于含有遭受义的"让"的情况，当然也可以用于区别（L）的歧义。上面的（5）可以扩大为如下的图式。

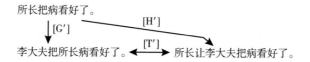

　　顺便说明一个问题：按照许多语法书上的说法，上图左下方的句子里的"所长病"恐怕要理解为一个名词短语才行。从本文的观点来看，似乎以不这样勉强处理为好。在句子的层次结构方面，应注意到"李大夫把所长"是一个较紧密的组织。例如说，这类句子可能这样出现在对话中：

　　——李大夫把所长怎么了？——病看好了。

　　——流氓把他怎么了？——腿打折了。

7. 与"数·量·名"结构有关的句式

一般说来，在"V_1V_2"后边直接加上一个名词以构成"V_1V_2N 了"的句式是有问题的。比如：

<blockquote>
? 点着（zháo）灯了。　　　　? 磨坏刀了。

? 哄着（zháo）孩子了。　　　? 吹掉帽子了。
</blockquote>

这些句子大都不成立，或者只能在很特别的场合使用。

正面的例子也有，但往往是一些固定词语，或至少其中的"V_2N"实际上已经成了述宾式的复合动词。例如："吃饱肚子了""走错门了""说走嘴了""撞流血了"等等。

从本文的观点来看，"V_1V_2 了"是由"V_2 了"扩展而成的。其中的"V_2 了"是指明结果状态的，V_2 多数是形容词或不及物动词，因此它们一般说来不能带宾语。

然而，形容词或不及物动词后边往往可以接上带有数量词的名词短语，例如：

<blockquote>
跑了一个孩子。　　　　破了一双鞋。

着了一片庄稼。　　　　错了一步棋。
</blockquote>

用 N_q 表示这种名词短语，这种句式可以写成：

<blockquote>
（P_1）　V_2 了 N_q。
</blockquote>

它又可以扩展成：

<blockquote>
（P_2）　V_1V_2 了 N_q。
</blockquote>

例如：

<blockquote>
吓跑了一个孩子。　　　　穿破了一双鞋。

烧着了一片庄稼。　　　　走错了一步棋。
</blockquote>

"数·量·名"结构的重音如果在数量词上，是用以交代数量的，我们不讨论这种情况。如果重音在名词上，通常是用来表示非定指的。这时，（P_1）里的 N_q 可以用"有"提到 V_2 的前边：

<blockquote>
（Q_1）　有 N_qV_2 了。
</blockquote>

例如：

<blockquote>
有一个孩子跑了。　　　　有一双鞋破了。

有一片庄稼着了。　　　　有一步棋错了。
</blockquote>

（Q_1）也可以扩展成：

<blockquote>
（Q_2）　有 $N_qV_1V_2$ 了。
</blockquote>

例如：

有一个孩子吓跑了。　　　　有一双鞋穿破了。

有一片庄稼烧着了。　　　　有一步棋走错了。

这些句子里的 V_2 限于单向的。[①] 这时以上四个句式可以组成一个很整齐的图式：

$$（P_1）V_2 \text{了} N_q。 \longrightarrow （P_2）V_1 V_2 \text{了} N_q。$$

$$\updownarrow \qquad\qquad\qquad \updownarrow$$

$$（Q_1）\text{有} N_q V_2 \text{了}。 \longrightarrow （Q_2）\text{有} N_q V_1 V_2 \text{了}。$$

这个图式中最基本的共同语义关系就是 N_q 是 V_2 的填项。在（P_2）和（Q_2）里，多了一个 V_1，N_q 也可能是 V_1 的填项，也可能不是，但是，是与不是在（P_2）和（Q_2）中是一致的。例如：

$$（P_1）\text{破了一双鞋}。 \longrightarrow （P_2）\text{穿破了一双鞋}。$$

$$\updownarrow \qquad\qquad\qquad \updownarrow$$

$$（Q_1）\text{有一双鞋破了}。 \longrightarrow （Q_2）\text{有一双鞋穿破了}。$$

这个图式的（P_2）（Q_2）里，V_1 都是"穿"，N_q 都是"一双鞋"，N_q 是 V_1 的填项。又如：

$$（P_1）\text{湿了一双鞋}。 \longrightarrow （P_2）\text{洗湿了一双鞋}。$$

$$\updownarrow \qquad\qquad\qquad \updownarrow$$

$$（Q_1）\text{有一双鞋湿了}。 \longrightarrow （Q_2）\text{有一双鞋洗湿了}。$$

这个图式里，N_q（"一只鞋"）都不是 V_1（"洗"）的填项。

现在我们进而研究（P_2）（Q_2）的扩展。

在（Q_2）前边添上一个名词就成了：

$$（Z）N_2 \text{有} N_q V_1 V_2 \text{了}。$$

例如：

小王有一件衣裳晾干了。　　　　小王有一只鞋跑丢了。

小王有一个孩子冻病了。

（Z）里的 N_2 总是 N_q 的领项，这是"有"的功能所致。把"有"改成"的"，句子的基本意义不变，但是口语里很少出现这样的句子。

在（P_2）前边添上一个名词，就成了：

$$（Y）N_2 V_1 V_2 \text{了} N_q。$$

这个句式是有歧义的。它至少有三种不同的语义解释：

$$（Y_t）\underline{N_2 V_1 \{N_2, N_q\} V_2 \{N_q\} \text{了} N_q}。$$

小王晾干了一件衣裳。

---

① 我们只讨论单向动词，目的是使（P_1）（P_2）能与（Q'_1）（Q'_2）相比较。V_2 不是单向动词的情况比较复杂。例如："生了一个瞎子"跟"有一个瞎子生了"这两个句子里"瞎子"分别是孩子或母亲。

（Y_n） $\underline{N_2V_1\,|\,N_2\,|\,V_2\,|\,N_q\,|}$ 了 N_q。

小王跑丢了一只鞋。

（Y_p） $\underline{N_2V_1\,|\,N_q\,|\,V_2\,|\,N_q\,|}$ 了 $N_q\,|\,N_2\,|$。

小王冻病了一个孩子。

很明显，在（P_2）、（Q_2）、（Y_p）、（Z）之间存在着一组变换、扩展的关系，图式如下：

（P_2）冻病了一个孩子。 $\longrightarrow$ （Y_p）小王冻病了一个孩子。

$\updownarrow$ $\qquad\qquad\qquad\qquad\qquad\qquad$ $\updownarrow$

（Q_2）有一个孩子冻病了。 $\longrightarrow$ （Z）小王有一个孩子冻病了。

然而大多数（Y）类的句子都可以解释为（Y_t）或（Y_n）。换句话说，这种变换图式中，右上方的句子往往是有歧义的，要按（Y_p）来解释才能使这种图式成立。

例如：

（P_2）修好了一辆车。 $\longrightarrow$ （Y_p）我们修好了一辆车。

$\updownarrow$ $\qquad\qquad\qquad\qquad\qquad\qquad$ $\updownarrow$

（Q_2）有一辆车修好了。 $\longrightarrow$ （Z）我们有一辆车修好了。

反过来，一个（Y）类的句子如果不能按（Y_p）来解释，这种图式就不成立，这时，（Y）（Z）两种句子的区别就十分明显了。例如：

$\left\{\begin{array}{l}（Y）\quad 日本打败了一个队。\\（Z）\quad 日本有一个队打败了。\end{array}\right.$

"败"的虽然都是那"一个队"，但是在（Z）里，那是"日本"的"一个队"，在（Y）里，那"一个队"是被"日本"打败的。

那么，一个（Y）类的句子什么时候按（Y_t）、（Y_n）或（Y_p）来解释呢？这要看词义搭配的具体情况来决定。下边是几个例子：

小王冻病了一个孩子。

"小王"不能看成"冻"的填项，但可以看成"孩子"的领项，因此应解释为（Y_p）。

小王冻坏了几棵白菜。

这里的"冻"可以表示"使冷冻"的意思。这是一个双向动词，"小王"和"白菜"都是它的填项。因此这个句子可以解释为（Y_t）。同时，它也可以仿照上例解释为（Y_p）。

他扎破了一个手指头。

"他"跟"手指头"很容易发生领属关系，因此这个句子可以解释为（Y_p）。另一方面，也可以仿照上例解释为（Y_t）。

他扎坏了一根针。

虽然这个句子也是有歧义的，但"他"跟"针"的领属关系不如上例明显，所以这个句子的语感明显地偏向（Y_t）。

从这些讨论看来，句式（Y）在歧义方面的问题和前面几节讨论过的句式（B）非常类似。这不是偶然的。其实，句式（Y）可以经过一个变换变成一种与（B）极为相近的句式：

$$[W]\quad (Y)\ N_2 V_1 V_2\ 了\ N_q。\longleftrightarrow (X)\quad N_2\ 把\ N_q V_1 V_2\ 了。$$

句式（X）与（B）的不同仅在于其中的"把"与 V_1 之间是单个的名词 N_1 还是"数·量·名"结构 N_1。例如：

> （Y）小王晾干了一件衣裳。
> （X）小王把一件衣裳晾干了。
> （B）小王把衣裳晾干了。

（X）也有类似于（Y）、（B）的歧义，变换过程中语义关系保持不变，就是说（X_t）与（Y_t）、（B_t）互相对应，等等。这里就不一一列举了。

值得注意的是（X）类句子里的"把"后边出现了"数·量·名"结构。有人认为"把"后边的宾语一般都是定指的。这实在是一个误会。应该说，从语法角度来看，"把"的宾语既可以是定指的也可以是非定指的。但从语用的角度来看，如果使用非定指的"把"宾语，整个句子就有了附加的用意，所以使用机会较少。这个附加的用意就是交代出说话人感到意外。例如：

> 我把一个花瓶碰倒了。

"碰倒了"按常识来说是意外的，所以这个句子成立。但是，

> *我把一个花瓶擦干净了。

"擦干净了"按常识来说是有意做的，所以这个句子不成立。如此看来，句式（X）在语义搭配方面受到了限制，并非每一个（B）类句子都有一个相应的（X）类句子（参看朱德熙，1982）。如果只是要把（B）类句子里的 N_1 改为非定指的，并不要这种附加的用意，那么应该使用相应的（Y）类句子，例如：

（B）我把花瓶 { 碰倒了。 擦干净了。 }　　　　　（定指）

（Y）我 { 碰倒了 擦干净了 } 一个花瓶。　　　　（非定指）

句式（X）的附加用意，使这种句子在扩展、变换时也有一些与（B）类句子不同的特点。

第六部分曾经讨论过句式（L）的歧义。例如：

我让小王把袖子染红了。

这个句子可以用两种不同的办法扩展而成：

（甲）（B_t）小王把袖子染红了。——（L）我让小王把袖子染红了。

这里的"让"是使役义的："小王"有目的地"染""袖子"，结果是"袖子""红"了，而"小王"这样做是"我"要他做的。

（乙）（B_p）我把袖子染红了。——（L）我让小王把袖子染红了。

这里的"让"是遭受义的："我"遇到了"把袖子染红了"这样的情况，是"我"的"袖子""红"了，是"小王""染"的。这两种解释的分歧之处可列表如下。

	"让"的用法	"我"与"袖子"的关系
（甲）	使役义	未交代
（乙）	遭受义	领属关系

如果把上面句子里的"袖子"改成"一只袖子"：

我让小王把一只袖子染红了。

很明显，这里说的"袖子"是"我"的（至少初读的语感是这样；顺便提醒一下，我们限于讨论数量词不带重音的情况）。换句话说，这个句子只能平行于上面的（乙）式解释为：

我把一只袖子染红了。——我让小王把一只袖子染红了。

这个式子左端是（X_p）类的句子。

这种现象很容易用（X）类句子的附加用意来说明。如果硬要平行（甲）式解释成：

小王把一只袖子染红了。——我让小王把一只袖子染红了。

这样，"让"就应该是使役义的，就是说，是"我"的意愿导致了"小王把一只袖子染红了"，这就与（X）类句子的附加用意——意外性发生了矛盾。

8. 小结

1. 本文提出了对动结式动词的一种看法，并且以此为基本线索讨论了许多有关系的句式。其中关于"把"的句式花了较多的篇幅，提出了一些新的意见。

2. 本文用了表示语义关系的句式，提出了扩展及置换这种概念作为对比句式的工具，收到了一定的效果。

3. 在理论方面，本文指出：同一句法结构的歧义往往受到词义搭配和语言环境的制约，而被排除。因此，一个语言的句法结构方式虽然比各种语义关系的类型总是少得多，但正常的交际活动却不会经常被歧义中断、干扰。这是对"意合法"的积极理解。

4. 应该说明，以上 2、3 两项所说的东西不过是一种尝试。本文仅对这些提供了一个"个案研究"而已。更多的工作（以及修改补充）则有待将来的努力。

参考文献

吕叔湘主编　1981　《现代汉语八百词》，商务印书馆。

朱德熙　1982　《语法讲义》，商务印书馆。

吕必松　1982　《关于"是……的"结构的几个问题》，《语言教学与研究》第 4 期。

原刊于 1987 年第 6 期

中古（魏晋南北朝）汉语的特殊疑问形式*

〔日〕太田辰夫

提　要：本文用较丰富的事实考察中古时期一些以往不怎么被注意的特殊疑问形式：1. 何
　　　　以/用……为？　2. 以/用……为？　3. 用为……？　4. 何所……？　5. 所＝哪儿。

“中古”一词，中国多指魏晋南北朝隋唐时期，但从语言史的角度来看，晚唐时代白话的萌芽和形成十分突出，唐代应属“近代汉语”时期，因此本文所称“中古”，不包括唐代在内。隋代历时很短，故不另加考虑，权且划归中古。中古汉语和上古汉语（周汉的汉语）合称古代汉语。上古汉语里有不少不同点，到了中古，渐次变化，产生了上古汉语所没有的新的语法。这里不能述其全貌，举例来说，“相”“见”置于动词之前替代宾语的用法，就是中古语法的显著特征。关于疑问用法，中古汉语里也能看到许多新的用法，比如：

1. 否定副词“不”“未”等用作句末助词，构成疑问句；

2. 选择问句用“为……为……”的形式，“为”又作“为当”“为复”“为是”等。

以上问题也应该讨论，但本文所要讨论的是另外一些以往未被注意的特殊疑问形式。下文的 1.1、1.3 上古已经存在，不能说成中古特有的语法，只是本文为了说明上的方便一并论及的。1.2 上古也有其例，但到中古才多用起来的。以上几点，过去也有很多文章谈到。①

---

* 1987 年 5 月 31 日在日本京都外国语大学举行了中国近世语研究会第二次年会。这篇文章是太田辰夫先生在会上演讲的整理稿，由江蓝生翻译成中文。

① 现将其中主要篇目列举于下：

张志明　《论在古代汉语中“为”不能作语气词》[《西北大学学报》（人文科学版）1957 年 1 期]

朱运申　《关于疑问句尾的“为”》（《中国语文》1979 年 6 期）

廖振佑　《也谈疑问句尾“为”》（《中国语文》1980 年 5 期）

洪成玉、廖祖桂　《句末的“为”应该是语气词》（同上）

王克仲　《略说疑问句尾“为”字的词性》（同上）

徐福汀　《“何以……为”试析》（同上）

巢山恒明　《“为”字的语法理解及其训读》（《汉文教室》135 号，1980.11）　　　　　　（转下页注）

1

1.1　何以……为？

《现代汉语词典》"为"（wéi）字项有如下说明："〈书〉助词，常跟'何'相应，表示疑问：何以家~（要家干什么）？"《新华字典》的解释也大体相同。

根据以上说明，这个形式在现代汉语中为书面语，"为"是助词，它跟"何"相呼应表示疑问。"要家干什么？"跟单纯的疑问略为不同，是反问的语气。

作为现代的书面语，以上的说明也就够了，但从历史的角度看，还有必要作些补充：

（1）"何"，古代又用"奚、恶、安"等；

（2）"以"，又用同义词"用"；

（3）句末有用助词"乎、哉"的例子；

（4）对于这一形式的分析目前尚无定论。以往诸家论文中，对于"为"的词性认定分别有动词、介词、助词（语气词）几种说法，本文在此不加详论。

"以"后边经常跟名词，有时也跟动词［例（2）］、形容词［例（3）］，这类动词、形容词大概是作为名词化的成分而使用的。

（1）君子质而已，何以文为？（《论语·颜渊》）

（2）夫颛臾，昔者先王以为东蒙主，且在邦域之中矣，是社稷之臣也，何以伐为？（《论语·季氏》；集注云："何以伐为"为"不必伐"）

（3）臣亦柔耳，何以刚为？（《说苑·敬慎》）

（4）今我何以子之千金剑为乎？（《吕氏春秋·异宝篇》；此为用"乎"例）

（5）日出而作，日入而息，逍遥于天地之间，而心意自得，吾何以天下为哉？（《庄子·让王》；此为用"哉"例）

1.2　何用……为？

这一形式只是把 1.1 的"以"改作"用"，没有本质上的不同。

（6）何用故人富贵为？（《西京杂记·公孙弘粟饭布被》）

（7）男儿欲相知，何用钱刀为？（《玉台新咏·古乐府》）

（8）我已破一戒，既不具足，何用持为？（《百喻经》37，南齐　求那毗地译，《大正藏》4.548c：前为卷数，后为页数，a、b、c 指上、中、下栏，下同）

（接上页注①）户川芳郎　《关于句末的"为"字》（同上，136号，1981.2）

《关于句末的"为"字》（补）（同上，139号，1981.10）

西田太一郎　《"为"字的特异用法》（同上，138号，1981.6）

《"为"字的特异用法》（补）（同上，140号，1982.2）

（9）我为医师，周行治病，居无常处，何用婢为？（《㮈女祇域因缘经》，后汉　安世高译（？），《大正藏》14.899b）

1.3　何……为？

这个形式省略了前二式的"以、用"，"何"的后边接动词。

（10）吾所争，周人所耻，何往为？只取辱耳。（《史记·周本纪》）

（11）天之亡我，我何渡为？（《史记·项羽本纪》）

（12）子，卒也，而将军自吮其疽，何哭为？（《史记·孙子吴起列传》）

（13）上谓日磾曰："何怒吾儿为？"（《汉书·金日磾传》）

（14）南山有竹，弗揉自直；斩而射之，通于犀革，又何学为乎？（《说苑·建本》）

例（13）动词带宾语，例（14）句末又有"乎"。

以上三式上古汉语里用例很多，还有一些大同小异的变式，因与中古汉语无关，故略而不谈。

这三式有个共同点：使用疑问词"何"之类。杨伯峻《古汉语虚词》说："以上都是疑问句，无论单用'为'字，或者连用'为乎''为哉'，都少不了另外一个疑问词，如'何''奚'等。"

但是，到了中古，在这类疑问句里出现了不用疑问词的例子，其中有的形式很常用，下面所举三式就是这类现象。

2

2.1　以……为？

这是"何以……为？"省去"何"的形式，其用例很少见：

（15）吾以无嗣，故育异姓；天授余祚，今以子为？（《六度集经》5，吴康僧会译，《大正藏》3.25c）

2.2　用……为？

这是"何用……为？"省去"何"的形式，中古极为常见。"用"的后边多接名词，但有时接动词。跟上面诸式一样，这种形式也是反问句，不是单纯的疑问。

（16）我为医师，周行治病，病者之家，争为我使，当用奴为？（《㮈女祇域因缘经》，《大正藏》14.899b）

（17）诸臣即问："所从得此儿？"婆罗门言："我自乞得，用问我为？"（《太子须大挐经》，西秦圣坚译，《大正藏》3.423a；"用问我为"，宋本作"用为问我"）

（18）得便存活，不得便死；审当尔者，我用活为？（《出曜经》16，姚秦
竺佛念译，《大正藏》4.694a）

（19）已失一牛，俱不全足，用是牛为？（《百喻经》37，《大正藏》4.
548c）

（20）我今躬持此酪，往施如来，复用祀天为？（《增壹阿含经》25，东晋
瞿昙僧伽提婆译，《大正藏》2.685c）

（21）汝刹利种，用出家受戒为？（《十诵律》2，后秦　弗若多罗共罗什译，
《大正藏》23.64b；此经以下有40例同样的疑问句）

以上一类例子在应该用"何"的地方有用"复""当"的，大概因为要把句子调整为四
个字的缘故。

2.3　……为？

这个形式不用疑问词"何"，也不用介词"以"等，仅在句末搁上"为"。句子表达的
意思跟上述各式相同，并有在句末加疑问助词的例子。

（22）今故告之，反怒为？（《汉书》97下《外戚传·孝成赵皇后传》；颜
师古注："何为反怒"）

（23）汝自有妇，藏著瓮中，复迎我为？（《杂譬喻经》下，失译（后汉？），
《大正藏》4.509c）

（24）我亦无所有，复见我为？（《众经撰杂譬喻经》下，姚秦　鸠摩罗什
译，《大正藏》4.542a）

（25）布施济众，命终魂灵入于太山地狱，烧煮万毒，为施受害也，尔惠为
乎？（《六度集经》1，《大正藏》3.1a）

例（25）"为乎"并用，如果不用"乎"也可以。

3.　用为……？

这个形式可能是"用……为"紧合为"用为"而成的。这一推测的根据是，例（17）
的"用问我为"在宋本作"用为问我"。但是，如果"用"的后边是名词的话，这种转换
就不成立［例（19）的"用是牛为"就不能转换成"用为是牛"］。

分开使用的两个词合为一个复合词的例子有"如……何"（如何），"奈……何"（奈
何），故而"用……为"也有合成"用为"的可能性吧。

（26）甥告女曰："用为牵衣？可捉我臂。"（《生经》2，西晋　竺法护译，《大
正藏》3.78a）

（27）其人白佛言："用为问我诸根变异？"（又3.80c）

"用为"是表达反问意思的"怎么""干嘛"，故有"没有必要做某事"的意思。[①]

4. 何所……？

这个词用法有二，一是询问场所（＝哪儿），一是询问事物（＝什么）。

4.1 问场所

在名词"所"前加上作定语的疑问词"何"，构成一个名词性短语（词组），这在上古已有，不过用法有局限。

（28）成子出舍于库，闻公犹怒，将出，曰："何所无君？"（《左传·哀公十四年》）

（29）王室多故，余惧及焉，其何所可以逃死？（《国语·郑语》）

（30）人皆以为不治产业而饶给，又不知其何所人。（《史记·孝武本纪》）

上古的用例不多，大体如上，用作主语、定语。"何所"作动词、介词的宾语，好像是到中古才有的用法，其语序有两种：在动词前和在动词后。下面例（31）中两种语序混用：

（31）今者舍我，欲何所去？……欲诣何所？……今何所诣？（《佛本行集经》49，《大正藏》3.882a）

（32）贤者从何所来？（《长寿王经》，失译，《大正藏》3.386b）

（33）何所从来，行道得无疲极？（《太子须大挐经》，《大正藏》3.442a）

（34）其人当今，为在何所？（《七女经》，吴 支谦译，《大正藏》14.908c）

（35）但问仕当何所至，了不寻究修道意也。（《冥祥记》，《古小说钩沉》471页）

（36）鬼问："欲至何所？"（《列异传》，又142页）

4.2 问事物

在询问事物的场合，"何所"一定位于动词的前边。

（37）孟尝君问传舍长曰："客何所为？"（《史记·孟尝君列传》）

过去一般把"何所V"分析为"何／所V"，"客何所为"被释为"客所为（者）何"的倒置，就是说，用现在的话来讲，这句话的意思是："那个食客所干的是什么事呢？"若以上古汉语论，这样的解释是可以的，但是否也适用于中古汉语则有疑问。中古时期"所"的前边可以有能愿动词和副词，如果按照上面的看法对这类句子进行分析，则不成句。

---

① "用为"除上述用法之外，还常常用作"以为"的意思：

（1）我若本知有是厄难，宁住在彼，飡噉牛粪，用为活命。（《佛本行集经》49，隋 阇那崛多译，《大正藏》3.881b）

（2）我常用为神，而敢淫人妇，又妄讼人。（《幽明录》，《古小说钩沉》295页，人民文学出版社，1954）

比如：

> 将何所作［例（43）］——将所作何 *
>
> 欲何所说［例（40）］——欲所说何 *

另外，如果"何"是被倒置提前的成分，那么"何所"的结合就不坚固，二字之间会有插入别的词语的情况。比方说"何所为"应有"何哉所为""何客所为"之类的说法，但是实际上似没有把这种"何所"拆开来的现象。看来，中古的"何所"应是一个词，意义跟"何"一样，"所"已经词尾化了。不过，中古汉语这种用法的"何所"继承了上古汉语的语序——放在动词之前，没有见到像现代汉语语序（作何所、说何所）的例子。

（38）不知鬼悉何所畏忌？（《列异传》，《古小说钩沉》142 页）

（39）君欲何所觅？（《祖台之志怪》，又 208 页）

（40）悲声极苦，欲何所说？（《杂宝藏经》10，元魏　吉迦夜、昙曜译，《大正藏》4.498c）

（41）欲何所求索？（《太子须大挐经》，《大正藏》3.419b）

（42）圣师来此，欲何所为？（《阿毘昙论》2，陈　真谛译，《大正藏》32.179c）

（43）将何所作？（《贤愚经》10，元魏　慧觉等译，《大正藏》4.418c）

（44）不知枝上，当何所有？（《㮈女祇域因缘经》，《大正藏》14.897a）

（45）刹利顶生王复白父曰："天王，我今当何所为？"父坚念王仙人告其子曰："汝当应学相继之法。"（《中阿含经》15，东晋　瞿昙僧伽提婆译，《大正藏》1.520c）

"何所"即"何"，故"当何所为"意思相当于"应当学什么"。

5. 所 = 哪儿

中古汉语"所"有询问场所的用法，这个"所"跟 4.1 的"何所"一样，可以换成古代汉语的"何"（问场所的），动词用"在、之、诣"等跟场所有关的词。

（46）莫邪子名赤，比后壮，乃问其母曰："吾父所在？"（《搜神记卷》11）

"所在"可释为"何在"。

（47）谯周有孙，高尚不出，今为所在？（《王羲之杂帖》，《全晋文》22.7，影印本 1583 页）

"为"是疑问语气副词，"所在"即"何在"（在什么地方）的意思。

（48）王问曰："人有智慧，痴愚所在？"……王言："人智今所在？"（《那先比丘经》上，失译，《大正藏》32.709b）

如把上面的"所在"看作上古汉语的名词性词组，把这些句子解释成省略了述语动词的疑问句，那是不正确的。

（49）贤者从何所来，将欲所之？［《长寿王经》，同例（32）］

"所之"为"何之"义，动词"之"作述语用。

（50）是时夫人白道人曰："比丘今为所诣？"（《增壹阿含经》23，《大正藏》2.667b）

"为"跟例（47）相同，是语气副词。

（51）为从何来，为欲所至？（又14，《大正藏》2.648c）

如果"所之""所诣""所至"等是古代汉语的名词性词组，那么例（49）（51）的"欲"就不能用，可见"所"的意思是"哪儿"。构成名词性词组的"所"是一个关系代名词（relative pronoun），它转为疑问代名词是很好理解的（英语的关系代名词兼作疑问代名词）。

（52）诸臣即问："所从得此儿？"［《太子须大挐经》，前出，例（17）］

"所从"为"何从"义。以上诸例"所"皆相当于"哪儿"。

此外，"所"有时相当于"什么"，应作另项说明，由于用例极少，故只附记于此：

（53）见彼人舍有七重莲华，怪而问言："尔舍所以有此莲华？"（《杂宝藏经》1，《大正藏》4.451c）

此处"所以"为"何以"义。

上古（周汉）汉语发展到中古逐渐变化，中古汉语往往有字面上跟上古汉语相同而表达的意义不同的现象，而且有不少在用法上也不相同，本文只是对中古的特殊疑问形式所作的初步考察。

原刊于1987年第6期

关于殷墟卜辞的命辞是否问句的考察

裘锡圭

提　要：甲骨学者长期以来把殷墟卜辞的命辞（提出所要占卜的事情的话）一律看作问句。70 年代以来，不少国外的甲骨学者提出了命辞基本上都不是问句的新看法。命辞究竟是不是问句，无论对甲骨学还是对古汉语语法的研究来说，都是一个很重要的问题。本文作者考察了已著录的全部殷墟卜辞，认为目前能够确定是问句的命辞，主要是早期卜辞中那些带句末语气词"抑"和"执"的选择问句式命辞以及带"抑"的是非问句式命辞，被很多人看作反复问句的"V 不 V"（如"雨不雨"）和"V 不"式卜辞，实际上是由命辞和验辞两部分组成的，"不 V"和"不"是验辞；目前能够确定不是问句的命辞，主要是一部分复句式命辞，如"今者（？）王勿比望乘伐下危（？），弗其受有祐""壬勿田，其雨"等，这些卜辞从语义上看不可能是问句。大部分命辞究竟应该看作陈述句还是看作是非问句，尚待研究。

　　命辞指卜筮时提出所卜或所筮之事的话。在殷墟出土的商代后期甲骨卜辞里，命辞往往用"鼎"（贞）字引出。古人说"卜以决疑"（《左传·桓公十一年》），《说文》把"贞"字训为"卜问"，所以长期以来，研究殷墟卜辞的学者都把命辞一律看作问句。但是绝大多数表示命辞的句子，在语法形式上跟占辞、验辞所用的陈述句并无区别，至少在字面上看不出区别。因此从 70 年代开始，有些研究殷墟卜辞的外国学者，对命辞是问句的传统看法提出了疑问。

　　汉语里虽然有专门表示疑问的句末语气词，但并不是非用不可，有时是非问句和陈述句除了语调不同外，形式上可以毫无区别。由于这个原因，并由于殷墟卜辞里句末语气词十分罕见，研究卜辞的中国学者一直没有把命辞跟占辞、验辞形式上没有区别这一点，看作把它们理解为问句的障碍。外国学者在很长一段时间里也是接受这种看法的。最先提出怀疑的是美国加州大学伯克利分校的吉德炜（David N.Keightley）和华盛顿大学的舒瑞（Paul L-M Serruys）两位教授。

1972年，吉德炜在提交给太平洋沿岸亚洲研究学会在加州蒙特利举行的会议的论文《释贞——商代贞卜本质的新假设》里，提出了命辞不是问句的主张。我们没有读到这篇论文，下面引的是法国学者雷焕章（Jean A.Lefeuvre）神父在《法国所藏甲骨录》释文部分里对此文内容所作的概括：

> Keightley 在一篇题作《释贞》之论文中，提出一就当时而言非常新的意见：甲骨文中之"命辞"，不是疑问句，而是一有关未来之陈述命题；这些"命辞"之文法，亦皆无任何问句之形式；若将其视为某种"意图"或"预见"之宣示，则有关甲骨文命辞解释上的许多困难，便可迎刃而解。……《说文》释"贞"为"卜问"，乃属后起之解释；……最后，他将"贞""正"连结，而释序辞中之"某（贞人）贞"为"由某（贞人）正之"。（123页）

舒瑞在刊登于1974年《通报》的《商代卜辞语言研究》中，也主张命辞不是问句，并以"正""定"一类意义来解释贞卜之"贞"。他认为"贞"的意义近于检验、校正，命辞所说的就是需要检验、校正的行动方针等等。此外，他还批评了有些学者认为卜辞里常见的"其"和"唯"以及出现在句末的某些"乎"和"不"是表疑问的语词的看法（《通报》卷60·1—3，21页以下）。

此后，美国斯坦福大学的倪德卫（David S.Nivison）教授在提交给1982年在檀香山举行的商代文明国际讨论会的论文《问句的问题》（以下简称"倪文"）里，对命辞是否问句的问题进行了更为深入的探讨。他接受了我国学者李学勤教授关于师组（"师组"之"师"本无右边偏旁，为印刷方便姑书作"师"）卜辞语末助词的研究成果，在承认师组卜辞的命辞里确有一些具有语法标志的问句的前提下，从多方面论证一般的命辞并非问句。这篇论文里的不少意见在后面的讨论中将会引到，这里就不多作介绍了。

倪德卫的学生，现在执教于芝加哥的夏含夷（Edward L.Shaughnessy）教授，在他的博士论文《周易的构成》里也对殷墟卜辞的命辞进行了研究。在命辞是否问句的问题上，他的意见大致与倪德卫相同。此外，他还论述了殷墟卜辞在形式和内容上从早期到晚期的变化，以及与之相应的占卜作用的变化（1983年缩微胶卷复印本52—57、66—67等页）。这篇论文还指出，周原卜辞往往以"囟……"一类话结尾（如"……囟有正"），"囟"应该读为"思"，训为"愿"；典籍等所载的东周时代卜筮的命辞，几乎都使用"尚"字（如"余尚得天下"），也是表示愿望的，所以它们也都不可能是问句（同上58—59、76—81等页。参看夏含夷《试释周原卜辞囟字——兼论周代贞卜之性质》，1983年8月手写中文稿复印本）。

在上述几位之外，还有一些研究卜辞的外国学者也是主张命辞非问句的，如前面提到过的雷焕章和加拿大英属哥伦比亚大学的高嶋谦一教授（参阅《法国所藏甲骨录》123—126 页）。

近年来，国内学者中也有人对命辞是问句的传统看法产生了怀疑。李学勤在提交给1983 年在香港中文大学举行的国际古文字学研讨会的论文《续论西周甲骨》里，根据他对周原卜辞"凶"字的研究，也认为周原卜辞的命辞都不是问句，并提出了殷墟卜辞的命辞有些也不是问句的意见。这篇论文已在《中国语文研究》第 7 期和《人文杂志》1986 年 1 期上公开发表。李学勤的意见是有一个发展过程的。他很早就把周原卜辞的"凶"字读为"斯"，但起初仍把用"凶"字的卜辞看作问句（李学勤、王宇信《周原卜辞选释》，《古文字研究》第 4 辑 250 等页）。在发表于《文物》1981 年 9 期的《西周甲骨的几点研究》里，他指出周原卜辞有些不是问句，"与殷墟卜辞大多为问句不同"（8 页），但仍然把周原卜辞里用"凶"的句子看作问句（8、9、10 等页）。到《续论西周甲骨》里，他提出了周原卜辞里的"斯……"和《左传》《国语》所载卜筮之辞里的"尚……""这样以命令副词开首的句子，绝不是问句"的看法，并认为"既然西周卜辞的'斯正'、'斯有正'之类不是问句，殷墟卜辞的'正'、'有正'也肯定不是问句"（《人文杂志》1986 年 1 期 71 页）。看来，他已经改变了"殷墟卜辞大多为问句"的观点。不过，绝大部分国内学者目前仍持命辞都是问句的传统看法。

命辞是否问句的问题"涉及对所有卜辞的理解"（同上 71 页）。对这样重要的问题有必要继续进行研究和讨论，以求取得比较一致的认识。我们准备就这个问题提供一些资料和看法，希望能有助于研究和讨论的深入。主张命辞不是问句的学者，大都撇开《说文》的定义，对"贞"字另作解释。但是正如倪文已经指出的那样，"贞"字的意义实际上并不能决定跟在它后面的命辞的语气（倪文 1、10 等页）。所以我们不想涉及"贞"字的解释问题，只准备具体讨论一下在殷墟卜辞的命辞里，究竟有哪些可以确定是问句，有哪些可以确定不是问句。下文引用卜辞时，释文一般用宽式，如读为"贞"的"鼎"直接写作"贞"，读为"在"的"才"直接写作"在"。为了便于印刷，有些字选用形体略近的字代替。这些字是作为符号用的，与卜辞中原来的字不一定有关。还有少数字用义近或音近的字代替。这两种字都在右上角加 * 号作为标志。它们代表甲骨文哪个字，请看文后所附"卜辞释文字形对照表"。释文中句末一律标句号，即使已经确定是问句的也标句号不标问号。卜辞附记的月名等，释文中一般略去。

1. 卜辞句末疑问语气词和置于辞末的否定词"不"

在殷墟卜辞里，曾被认为是句末疑问语气词的字，有"乎""才（哉）"和"抑""执"。

此外，出现在卜辞末尾的否定词"不"，很多人也认为是古汉语反复问句所用的"否"的前身。这些意见是否可信，需要分别加以讨论。

1.1 关于"抑"和"执"

见于殷墟卜辞的最确凿无疑的句末疑问语气词，是李学勤在《关于师组卜辞的一些问题》一文（以下简称"李文"）的"语末助词"节里指出来的"抑（亦作 ）"和"执"（《古文字研究》第 3 辑 39—42 页）。但是李文把前者释为"戻"，则是有问题的。

罗振玉把字释作"戻"，字释作《说文》认为"从反'印'"的"抑"字古体，并指出"印""抑"古本一字（《殷墟书契考释》增订本中 54—55 页）。这些都是正确的。古文字表意偏旁中"爪"形和"又"形往往可以通用，所以也可作。但是由于罗振玉考释"戻""抑"二字时强调从"又"从"爪"之别，后来《甲骨文编》《甲骨文字集释》等书都误把归入"戻"字。岛邦男《殷墟卜辞综类》才加以纠正（参看张桂光《古文字中的形体讹变》，《古文字研究》第 15 辑 177 页）。在卜辞里，"戻"多指祭祀人牲，"抑"则用为句末语气词，有时也用为国族名或人名（如《合》21708、21710 等。《合》22590、25020 两条出组同文卜辞里的"抑"疑亦人名）。两个字的用法截然有别。

李文之所以把"抑"释作"戻"，是有原因的。李文讨论师组语末助词时，举了下引两组卜辞加以对比（标点依原文，出处改用《甲骨文合集》片号）：

（1）丙辰卜，丁巳其阴不？允阴。_{合 19781}

（2）丙辰卜，丁巳其阴戻？允阴。_{合 19780}

（3）丁丑卜，方其正*今八月不？_{合 20473}

（4）辛亥，方正*今十一月戻？_{合 20818}

（1）（2）为一组，（3）（4）为一组。李文认为这两组卜辞可以证明"戻"和"不"在句中的作用相同，并说"两字均属古之部，音近可通"（《古文字研究》第 3 辑 40 页）。如果采释"抑"之说，跟"不"就音远不可通了。但是上引（3）辞末尾的"不"其实并非"语末助词"，详见后文（本节第 4 小节）。（1）（2）两辞原来是完全同文的，只是前一条"抑"字的下部已残去，乍看起来有些像"不"。既然与"不"相通的证据有问题，这个字当然仍以释"抑"为宜。倪文虽然采用了李文的研究成果，却仍然把这个字释作"抑"，可谓有识。

下面就来看看师组卜辞使用句末疑问语气词"抑"和"执"的例子。凡李文已举之例都在辞前加*号，但释文有时略有出入。

李文指出师组卜辞有时"把正反两问并于一辞之中，正问用助词'戻'，反问用助词'执'（有时相反）"（41 页）。李文所说的这种命辞，可以认为是由两个正反相对的分句组成的选择问句（其实也未尝不可以就称为反复问句），两个分句分别缀以句末语气词"抑"

或"执"。其例如下：

*（5）癸酉卜贞：方其正*今二月抑，不执。余曰：不其正*。允不。 _{合20411}

*（6）癸酉卜，王贞：自今癸酉至于乙酉，邑人其见方抑，不其见方执。_{合799}

*（7）乙酉卜，王贞：余薛*朕老工延我叹*，贞：允唯余受马方祐抑，弗其受祐执。_{合20613}

（8）□辰卜，王□于大方□敦抑，不执。_{合20468}

（9）☑获正*方抑，弗获执。_{合20427}

*（10）丙寅卜，□贞：衣今月虎其网*抑，不网*执。旬六日壬午网*。

_{合40819+21390（李文未拼）}

（11）丙寅☑今月虎不其网〔抑〕，网*执。_{英国所藏甲骨录（以下简称"英"）1779}

（12）丙寅☑衣今月〔虎〕不其网〔抑〕，网执。_{合21394}

（13）辛丑卜，师*贞：子辟□疾臣不其凹□_{（此字从"目"从"舟"）}抑，凹□_{（此字从"目"从"舟"）}执。_{合21036}

*（14）壬☑贞：☑牛在☑弗克以抑，其克以执。_{合19779}

（15）□□卜，叉：不其延雨□_{（李文释为"至丙"合文）}抑，延雨执。_{合19778}

（16）☑贞：☑有凹抑，亡凹执。_{合19784}

*（17）☑疾抑，亡执。_{合21047}

以上为前一分句用"抑"、后一分句用"执"之例。前一分句有的是正面问，有的是反面问。以下为前一分句用"执"、后一分句用"抑"之例：

*（18）癸卯卜，王：缶蔑正*戎执，弗其蔑抑。三日丙午遘方，不获。_{合20449}

（19）庚戌卜，师*贞：方其正*今日执，不〔抑〕。_{京津2984}

*（20）☑唯□咎执，不抑。_{合19785}

*（21）辛酉卜，贞：有至今日执，亡抑。亡。_{合20377（参看《库》1194摹本）}

《合》20224（即《甲》2271）有如下一辞：

（22）辛丑卜，曰：缶亡以□，有以抑。

据文例，"亡以"下一字应是"执"，但原拓此字不清，难以确定。如果不把上引诸例的"抑"和"执"理解为句末疑问语气词，辞义绝大多数根本讲不通，看作句末疑问语气词就文从字顺了。可见李说是不可移易的。

从上引诸例看，前一分句用"抑"的比较常见。较晚的古汉语里置于选择问句的两个分句之间的连词"抑"，也许就是由这种"抑"演变而成的。"执"相当于古书中的哪个词，或者跟哪个词有关，尚待研究。

在"把正反两问并于一辞之中"的选择问句式的命辞之外，师组卜辞中也有他组卜辞中常见的那种正反对贞的命辞。这种命辞之末有时也加"抑"字：

（23A）戊申卜：方启*自南，其正*抑。

（23B）戊申卜：方启*自南，不其正*抑。 _{合 20415}

（24A）涉三羌，既获抑。

（24B）毋获抑。 _{合 19755}

（25A）甲午卜，出*：亡□_{（此字从"田"从"尔"）}抑。

（25B）甲午卜，出*：由（？）□_{（此字从"田"从"尔"）}抑。 _{屯南 4310}

（26A）甲戌卜□蒙*□获抑。

（26B）甲戌卜□□_{（此字从"大"从"豕"）}□蒙*抑。 _{合 21768}

这些"抑"字无疑也是用作句末疑问语气词的。《合》20196 是一块残卜骨，右下方有如下一辞：

（27A）甲戌卜，扶*：□其由*抑。

其上方尚有一条残辞：

（27B）□不其由*。

这两条卜辞大概也是正反对贞的关系，但反面命辞未加"抑"字，似可说明不加句末疑问语气词的命辞也有可能是问句。

此外，在师组卜辞里还可以看到一些句末加"抑"的命辞：

＊（28）辛亥卜：方正*今十一月抑。 _{合 20818（即前引第 4 辞）}

（29）癸亥卜：小方不正*今秋抑。 _{合 20476}

＊（30）戊戌卜，王贞：余并立员宁史暨*见奠抑。 _{英 1784}

＊（31）戊午卜，曰：今日启抑。允启。 _{合 20898}

＊（32）戊戌卜：其阴翌已抑。启不见云。 _{合 20988（《合》19786 有同文残辞）}

＊（33）丙辰卜：丁巳其阴抑。允阴。 _{合 19780（《合》19781 同文。即前引 1、2 两辞）}

＊（34）己酉卜：□阴其雨抑。不雨，曾启。 _{合 21022}

（35）己未卜：不遘*雨抑。狩□。 _{合 20757}

＊（36）甲辰卜：乙其焚又□中（？）风抑。小风，延阴。 _{合 20769}

（37）□陷*抑。明阴，不其□ _{合 20717}

（38）庚戌卜：今日狩，不其擒抑。 _{合 20757}

（39）戊辰卜，王□豕允获抑。 _{合 19782}

（40）己巳□缶豕遘豕抑。 _{合 19787}

（41）辛亥卜，贞：犬田凡疾抑。 _{合 21053（倪文已引此条）}

（42）辛卯〔卜〕：鲁*其列*抑。 _{怀特氏等收藏甲骨文集 1518}

（43）壬申卜，扶：勿*又，其若（？）抑。_{合20805}

（44）戊戌卜：勿*追□抑。_{合19783}

（45）☑王贞：马方☑㠱□_{（此字从"阜"从"矢"）}曰丧抑。☑_{合20407}

（46A）丙寅卜：又涉三羌，其得□抑。

（46B）丙寅卜：又涉三羌，其得*至自抑。_{合19756}

*（47）丙寅卜：☑羌，其得*涉河抑。不得*。_{合19757}

李文认为这些命辞末尾的"抑"也是疑问语气词，其说可信。这些命辞有的可能原来也是属于对贞卜辞的，只是跟它有对贞关系的辞没有被发现而已。

在殷墟卜辞里，句末用疑问语气词"抑"和"执"的，实际上并非只限于师组。下引两条宾组卜辞的命辞，也用"抑"和"执"组成正反相对的选择问句：

（48）壬午〔卜〕，争贞：□其来抑，不其来执。_{合800}

（49）贞：御妇抑，勿执。_{合802}

《合》797、798两条用"抑"和"执"的残辞，从字体看大概也属于宾组。

另有两条午组卜辞，句末也加"抑"：

（50）壬戌卜：蔡*侯□余□乎见君以蔡*侯抑。_{合22065}

（51）□申卜：朿*御子自祖庚至于父戊抑。_{合22101}

这两条也应是问句。

1.2 关于"乎"

《粹》425是一片师组残甲（《合》20098即此片加《甲》264），上部有如下二辞：

（52A）丁未卜，扶*：又*咸戊、学戊乎。

（52B）丁未，扶*：又*咸戊牛。不。

郭沫若解释说："案此二辞，一缀以'乎'，一缀以'不'，盖均表示疑问之语词，不者否也。凡卜辞本均是疑问语。"（《殷契粹编考释》66页下）"不"的问题后面再谈，这里先讨论"乎"。

舒琏不同意郭沫若那种意见。他质问说，如果命辞是问句，"乎"是句末疑问语气词，"为什么在大量所谓问句里只有一个用'乎'的例子呢?"（《通报》卷60·1—3，23页）但是在师组卜辞中，跟上引（52A）同类型的以"乎"结尾的命辞，实际上是屡见的，如：

（53A）乙巳卜，扶*：又*卜丙乎。

（53B）☑扶*：☑兄□乎。_{合19817}

（54）丙午卜，王：祷_{（此字旧多读为"拜"，今暂据研究生冀小军的毕业论文读为"祷"）}卜丙乎。

_{合19891}

（55）丁酉卜，王：又*祖丁乎。_{合1843}

（56）甲午卜□又升岁大乙乎。 _{合 19815}

（57）□□卜：□大庚乎。 _{合 22168}

（58）□巳卜，王：又*兄戊乎。 _{合 2403}

（59A）〔庚〕辰卜，□：□_{（此为祭名，字不识）}兄戊乎。

（59B）〔庚〕辰卜，王：□_{（即上条"兄"上之字）}丁乎。辛巳。 _{英 1803}

（60）戊寅卜：又子族乎。不。 _{合 21288}

（61）戊子卜，师*：□母乎。 _{合 19890}

（62）□未卜，□：又*母庚乎。 _{合 19963}

（63）己未☑又姊☑乎。 _{合 15868}

（64）壬午卜：燎土，延巫帝乎。 _{合 21075}

既然师组卜辞中"乎"字句屡见，郭说是不是就可以成立呢？那倒不一定。上引各辞都是卜祭之辞，而且句式相当一致，"乎"字一般紧接在被祭者之名后面，前边不出现牲名等词。如果"乎"确是疑问语气词，为什么只在这种句子里出现呢？它会不会指跟祭祀有关的某件事呢？所以用"乎"字结尾的这种命辞究竟是不是问句，还有待研究。

1.3 关于"哉"

下引三辞的末一字都是"才"：

（65A）贞：呼伐邛*人才。

（65B）贞：勿人才。 _{合 6252}

（66）☑五牡二☑用才。 _{合 34406}

《合》6252 即《粹》1089，属宾组。《合》34406 即《粹》552，属历组。《殷契粹编释文》把这三条卜辞的"才"都读为"哉"。在古汉语里，表疑问语气的"哉"通常用于反诘句，"而且要靠疑问代词或反诘副词的帮助，才能表示反诘"（王力《汉语史稿》中册 449 页，中华书局 1980 年版）。从这种情况看，把卜辞的"才"读为"哉"显然是不合适的。

上引（65）的两条卜辞是相间刻辞，其间尚有如下一辞：

（65C）辛亥卜，古贞：于。

此辞命辞只有一个"于"字，无义可说，其后当有未刻出的字。两条同版卜辞的"才"字之后，是否也有未刻出的字呢？（66）说不定也属于这种情况。

1.4 关于"不"

师组卜辞里常见末尾有否定词"不"的卜辞（参看李文 39—40 页）。宾组早期卜辞（如《合》12910、11787、11790、11953 等）、历组卜辞（如《合》33829、33943，《屯南》325、4350，《英》2429，等等）以及午组等字体较特殊的一些卜辞（如《合》22067、22045、22187、22189、22290 等，参看李文 42 页）里，也都有一些这样的例子。前面已经说过，郭沫若认为出现在卜辞末尾的否定词"不"是"表示疑问之语词，不者否也"。这种意见得到了相当广泛的赞同。

陈梦家在《殷墟卜辞综述》里，曾提到以"不"结尾的问句的来源。殷墟卜辞里有一些"V不V"格式的卜辞，如"雨不雨"（这是最简单的例子，这种格式里的谓词是可以有主语、宾语或修饰语的）。很多人把它们看作与现代汉语的反复问句相当的句式。陈氏在《综述》的"文法"章中，曾以跟"雨"有关的卜辞为例，对卜辞语法进行过分析。他认为卜辞的"'雨不雨'省而为'雨不'，就是后来的'雨否'"（87页）。

应该承认，"V不V"和"V不"这两种格式的反复问句，在殷代语言里都有可能存在。

本文开头已经提到过，汉语问句句尾不一定都带疑句语气词。无论现代汉语或古代汉语都是如此。吕叔湘《中国文法要略》说："是非问句在口语里可以单用语调来表示……古代口语里想来也应该有这样的句法，但文言中实例甚少。"（商务印书馆1956年版287页）杨树达《高等国文法》从典籍中举出了一些例子，如："我生不有命在天？（《书·西伯戡黎》）"功成而不居，其不欲见贤？"（《老子》）"虞帝之明，在兹壹举，可不致详？"（《汉书·薛宣传》）（商务印书馆1955年版533页）但也大都是反诘句。古代书面语中少见这种句例，大概是怕人误认为非问句，这种现象恐怕不反映当时口语的实际情况。

在现代口语里，选择问句，尤其是其中的反复问句，不用句末疑问语气词的情况更为常见。像"你去不去"这类反复问句，甚至是以不用为常的。在古代典籍中，一般的选择问句几乎都用句末疑问语气词；反复问句常见的是"V否"式，"V不V"式几乎看不到。这种现象恐怕也不能反映古代口语的实际情况。70年代发现的云梦秦简的"法律答问"等部分有很多选择问句，绝大多数都不用句末语气词（两个分句间一般有连词"且"）。此外还有不少"V不V"式反复问句及其变式（如"……论不论""……当论不当"），这些问句全都不用句末语气词（参看冯春田《秦墓竹简选择问句分析》，《语文研究》1987年第1期）。

我们在"关于'抑'和'执'"那一小节中，举过（10）"……其网 *抑，不网 *执"和（20）"……咎执，不抑"等例句。如果去掉句尾的语气词，就变成"V不V"和"V不"式反复问句了（这里只是作平面的比较，并不认为用句末语气词的形式一定先产生）。此外，如陈梦家所设想的，由"雨不雨"省略成"雨不"的可能性，也是存在的。所以在殷代语言里，这两种问句有可能都已经出现了。70年代岐山董家村出土了西周中期的五祀卫鼎，铭文中有"正乃讯厉曰：汝贾田不"之语（《文物》1976年5期38页）。这里的讯辞显然是"V不"式问句。这对殷代已有这种问句的想法是一个有力支持。

但是承认殷代语言里可能有"V不V"式和"V不"式的问句，并不一定导致承认"V不V"和"V不"这两种格式的卜辞是问句。如果撇开"××卜"之类序辞不说，除了单纯由命辞构成的卜辞之外，还存在很多包含命辞、占辞、验辞三部分的卜辞，以及很多包含命辞和占辞或验辞两部分的卜辞。而且各部分之间的界限，尤其是命辞跟验辞的界限，并非总是很清楚的。所以"V不V"或"V不"格式的卜辞究竟能不能看作反复问句式的命辞，是需要仔细推敲的。下面先讨论"V不"，"V不V"在下一节讨论。

如果把末尾为否定词"不"的卜辞跟有关的卜辞联系起来进行考察，就能发现这种卜辞末尾的"不"字实际上并不属于命辞，而是简化的验辞或用辞（用辞指记于命辞、占辞之后，或记于兆旁的"兹用""不用"一类词语）。

属于师组的《合》21052有如下一对正反对贞的卜辞：

（67A）癸酉卜：自今至丁丑其雨不。

（67B）自今至丁丑不其雨。允不。

仔细对比一下这两条卜辞就可以看出，A辞末尾的"不"跟B辞末尾的"允不"一样，也是验辞。所以释文中"不"字前边应该加句号，跟命辞隔开（下文引用卜辞时，就直接按我们的理解加标点）。这一对卜辞贞卜从癸酉日到丁丑日这段时间里会不会下雨。结果没有下雨，所以在反面命辞后面记上"允不"，等于说"允不雨"，意即果然没下雨。由于结果是否定的，在正面卜辞后面当然不能用"允"字，所以只记一个"不"字，等于说"不雨"，意即没有下雨。在小屯南地发现的师组卜甲上也有这类对贞卜辞：

（68A）乙未卜：其雨丁。不。

（68B）乙未卜：翌丁不其雨。允不。 _{合20398（《屯南》4513+4518）}

正反对贞的卜辞在两条命辞后都加验辞的现象屡见不鲜。例如《合》32171有一组己亥日贞卜的卜辞：

（69A）己亥卜：于来庚子雨。

（69B）己亥卜：不雨。庚子夕雨。

（69C）己亥卜：其雨。庚子允雨。

B、C两辞正反对贞，"庚子夕雨""庚子允雨"说的是同一件事，其为验辞确凿无疑。

属于师组的《合》21388有三对正反对贞的卜辞：

（70A）辛卯卜，师*：自今辛卯至于乙未虎网*。不。

（70B）〔辛卯卜，师*：自今辛卯〕至〔于〕乙未虎不其网*。允不。

（70C）丁酉卜，师*：自丁酉至于辛丑虎〔网*〕。不。

（70D）丁酉卜，师*：自丁酉至于辛丑虎不其网*。允不。

（70E）丁巳卜，师*：自丁至于辛酉虎不其网*。允。

（70F）丁巳卜，师*：自丁至于辛酉虎网*。不。

这些卜辞也都是在正面命辞后加验辞"不"，在反面命辞后加验辞"允不"，或简化为"允"。

也是属于师组的《合》20961，有两条相邻的同日贞卜的卜辞：

（71A）丙戌卜：雨今夕。不。

（71B）丙戌卜：三日雨。丁亥唯大食雨。

A 辞贞卜丙戌当天晚上是否下雨，B 辞贞卜三天内是否下雨。结果丙戌晚上没下雨，到丁亥大食之时下了雨。所以 B 的命辞后记"丁亥唯大食雨"，A 的命辞后记"不"。"不"为验辞也是很明显的。

属于宾组早期的《合》12909 正"有两组卜辞。一组在乙卯日卜，共三辞，分别贞卜丙辰、丁巳、戊午这三天是否会下雨。一组在庚申日卜，也有三辞，分别贞卜辛酉、壬戌、癸亥这三天是否会下雨。原文如下：

（72A）乙卯卜：丙辰雨。不。

（72B）丁巳雨。允雨。

（72C）戊午雨。不。

（72D）庚申卜：辛酉雨。允雨。

（72E）壬戌雨。不。

（72F）癸亥雨。允雨，小。

A、C、E 三辞末尾的"不"，显然跟其余三辞末尾的"允雨"和"允雨，小"一样，也是验辞。

属于历组的《合》33874 有五条卜雨之辞：

（73A）〔甲戌卜〕：丙子〔雨〕。不。

（73B）甲戌卜：丁丑雨。允雨。

（73C）己卯卜：庚辰雨。允雨。

（73D）庚辰卜：今日雨。允雨。

（73E）庚辰卜：辛巳雨。不。

A、E 两辞末尾的"不"显然也是验辞，情况跟上例相同。师组、宾组早期和历组的卜雨之辞末尾的"不"，大概都是验辞。

从字体看似属宾组晚期或出组早期的两片甲骨上，也有末尾为否定词"不"的卜雨之辞：

（74）贞：今夕雨不 _{合 12221}

（75）贞：今日雨不 _{殷契遗珠 1164}

这两个"不"也以是验辞的可能性为大。

下引两条师组卜辞虽然不同版，卜日也差一天，但显然是从正反两方面贞卜同一件事的：

（76）丙子卜：小方不其正 *今八月。允不。 合 20475

（77）丁丑卜：小方其正 *今八月。不。 合 20473（即第 1 小节所引第 3 辞）

（77）的"不"显然是验辞，意即"不正 *"。师组卜辞中屡见末尾为"不"的卜"方正 *""方至"之辞，如：

（78）壬申卜，曰：今五月方其正 *。不。 合 20412

（79）癸酉卜：方至今。不。 合 20409

（80）乙巳卜：今日方其至。不。 合 20410

（81）丁未卜：今日方正 *。不。 乙 105（《合集》将此片拼入 20412，似非）

这些卜辞里的"不"都应该是验辞。

这类验辞偶尔也有可以说"允不"而只说"不"的，如：

（82）壬寅卜：自今三日方不正 *。不。 合 20412

这并不奇怪，因为在其他类型的验辞里也有这种省说"允"的情况，如："贞：今夕不雨。之夕不雨。"（《合》12433）

有一条师组卜辞说：

（83）壬寅卜：方至。不。之日有日方在进 *鄙。 合 20485

这条卜辞的"不"也应是验辞，意即"不至"。"至"当指至于商之近畿。后面说有人报告方在某地之鄙，这跟方不至并无矛盾。

有些卜辞末尾的"不"是用辞。在殷墟卜辞里，最常见的表肯定的用辞是"兹用"和"用"，最常见的表否定的用辞是"不用"和"不"。在刻于兆旁的用辞里，否定的用辞往往是"不"。例如《合》32041 和《屯南》783 都是历组卜骨，前者在三个卜兆旁刻有用辞，一个刻"用"两个刻"不"，后者在六个卜兆旁刻有用辞，两个刻"兹用"四个刻"不"。这种用辞"不"的性质明确，不会引起误解。但是当用辞"不"刻于卜辞之末时，就很容易被误解为是命辞的一部分了。

下面所引的是分别见于三片甲骨的三组卜辞：

（84A）又刀姒庚升。不。

（84B）勿 *又刀姒〔庚〕□。用。 合 2905

（85A）又六姒一豕。不。

（85B）六姒即日。用。 合 19906

（86A）乙巳卜，扶 *：又 *大乙母姒丙一牝。不。

（86B）丙午卜，扶 *：又 *大丁牡（此字原文从"羊"）。用。 合 19817

（86）属师组，（84）（85）字体较特殊，甲骨学者一般也把它们归入第一期。（84）A、B 是一对正反对贞的卜辞。（85）（86）的 A 和 B 也都有密切关系。各组 A 辞末尾的"不"，显然跟 B 辞末尾的"用"一样，也是用辞，意即"不用"。在师组卜辞刻在辞尾的用辞里，"不用"出现的次数比"用"少得多，这是因为大部分"不用"都简化为"不"了。

总之，卜辞末尾的否定词"不"，有些是验辞，有些是用辞，我们还没有发现任何确与后世的"否"相当的用例。

卜辞末尾的否定词"不"，有时写得特别小，跟前面的字极不相称，如《合》11787、20961 的"不"。有时"不"跟命辞之间有月名隔开，如：

（87）丁酉卜，王：司娥冥（？），允其于壬。一月。不。 _{合 21068}

（88）乙亥卜：今日雨。三月。不。 _{合 20903}

（89）癸卯〔卜〕，王曰：沚其□，余呼延。九月。不。 _{合 21386}

这些正是它们不属于命辞的证据（卜辞中偶有月名隔断命辞末一字与其前文字的反常现象，但与上举诸例似不能混为一谈）。

2. 殷墟卜辞中是否有"V 不 V"式问句和其他不用句末疑问语气词的选择问句

我们认为"V 不 V"式卜辞，包括用否定词"弗"的同型卜辞"V 弗 V"，也跟上面刚讨论过的"V 不"式卜辞一样，是由命辞和验辞构成的，并非反复问句式的命辞（当然也不可能是由两个正反相对的独立问句构成的命辞，下文对这种情况不一一指出）。

属于师组的《合》21022 有如下一对正反对贞的卜辞：

（90A）☑云其雨。不雨。

（90B）格云不其雨。允不，启。

A 辞"其雨"后的"不雨"，显然跟 B 辞"不其雨"后的"允不，启"一样，也是验辞而不是命辞的一部分。

属于历组的《英》2429 有癸未日卜的一组卜辞，共三条，分别贞卜甲申、乙酉、丙戌这三天会不会下雨：

（91A）癸未卜：甲申雨。允甲_{（原缺刻横画）}雨。

（91B）癸未卜：乙雨。不。

（91C）癸未卜：丙戌雨。不雨。

C 辞的"不雨"、B 辞的"不"，无疑跟 A 辞的"允甲雨"一样，也都是验辞。B 的命辞把"乙酉"省说成"乙"，验辞也把"不雨"省说成"不"。

下引两组历组卜辞都有一条"雨不雨"式卜辞，通过跟同组卜辞对比，也都可以看出是应该分成命辞和验辞两部分的：

（92A）戊戌卜：今日雨。允。

（92B）癸卯卜：雨。不雨。 _{屯南 2288}

（93A）癸巳卜：乙未雨。不雨。

（93B）己酉卜：庚戌雨。允雨。 _{屯南 4399}

《屯南》释文把（93）的 A、B 两辞标点为："乙未雨？不雨。""庚戌雨？允雨。"这是正确的（命辞应不应加问号不是这里所要讨论的问题）。但是（92B）却标点为："雨？不雨？"跟（93）的标点相矛盾。

属于历组的《屯南》744 有如下一对正反对贞的卜辞：

（94A）癸卯卜：甲启。不启，终夕雨。

（94B）不启。允不启，夕雨。

A 辞的"不启，终夕雨"跟 B 辞的"允不启，夕雨"，说的是一件事，都是验辞。"甲启不启"不能连读。《屯南》释文的标点把"不启终夕雨"全都包括在命辞里，更无道理。

在师组、历组的"V 不 V"式卜辞里，跟气象有关的占了很大一部分，下面再举些例子：

（95）壬午卜：来乙酉雨。不雨。 _{合 21065}

（96）☑今夕雨。不雨。 _{合 20916}

（97）己丑卜，☐：自今五日至癸巳雨。不雨，癸☑ _{合 20921}

（98）丙戌卜：舞☐舞☐，雨。不雨。 _{合 20974}

（99）☑陷*，启。不启，☐往。 _{合 20718}

（100）乙酉卜：今日雨。不雨。 _{合 33875}

（101）壬子卜：今日雨。不雨。 _{合 33889}

（102）癸丑卜：甲雨。不雨。 _{合 34490}

（103）甲戌卜：今日雨。不雨。 _{屯南 87}

（104）戊申卜：启。不启。 _{合 33974}

（105）甲辰卜：乙巳锡日。不锡日，雨。 _{合 34015}

跟上面讨论过的那些例子比较，可以看出这些卜辞里的"不雨""不启""不锡日"也都是验辞。

下边两条历组卜辞里的"己不雨"和"丁未不雨"之为验辞，极为明显：

（106）己未卜：今日雨。己不雨。 _{合 33895}

（107）丁雨。丁未不雨。 _{屯南 254}

但是如果省去了"己"和"丁未"，我们就有可能会把"雨不雨"连起来读。这个例子对于我们分析"雨不雨"式卜辞，是很有启发的。

上文指出，师组的"方其至不""方其正*不"一类卜辞里的"不"是验辞，意思就是

"不至""不正*"。由此可见下引师组卜辞里的"方至不至""方其正*不正*"等辞中的"不至""不正*"也都是验辞：

　　　　（108）丁卯卜：今日方至。不至。 _{合 20470}

　　　　（109）辛亥卜：方至。不至。 _{合 20486}

　　　　（110）□□卜：今日方其正*。不正*。延雨自西北，小。 _{合 21021}

　　见于宾组早期和历组卜辞里的"获不获""擒不擒"等，也应该属于同类情况。下面举两个例子。为了便于比较，同版有关的卜辞也一并抄出：

　　　　（111A）丁酉卜，王：逐鼓*告豕，获。不获。

　　　　（111B）己亥卜，王：〔逐〕发*告豕，〔获〕。允获。 _{合 40153}

　　　　（112A）壬午〔卜〕：癸未王陷*，擒。不擒。

　　　　（112B）弗擒。

　　　　（112C）乙酉卜：今日王〔逐〕兕，擒。允擒。

　　　　（112D）弗擒。 _{屯南 664}

（111）属宾组早期，（112）属历组。只要跟同版的有关卜辞对照一下，就可看出"不获"和"不擒"都是验辞。

　　下引两辞里的"弗擒""弗获"也都应该是验辞〔（113）属历组，（114）属宾组早期〕：

　　　　（113）戊戌卜：王其逐兕，擒。弗擒。 _{屯南 2095}

　　　　（114）己未卜：雀获虎。弗获。 _{合 10201（《合》10202 有同文之辞，同版尚有"辛酉卜：王获。不获"一辞）}

不过前引（112）的 A、B 和 C、D 都以"擒"与"弗擒"对贞，A 的验辞则不用"弗"而用"不"。也许会有人根据这一点，怀疑（113）的"弗擒"和（114）的"弗获"应该属于命辞。按照这种看法，这两条命辞都可以理解为反复问句（把"雀获虎弗获"看作问句，其结构与秦简"今郡守为廷不为"相同，参看上引冯文 28 页）。我们知道，殷墟卜辞的验辞虽然以用"不"为常，但是也有用"弗"的例子，如：

　　　　（115）丁巳卜，王：困*弗其获正*方。九日探*告弗及方。 _{合 40833}

　　　　（116）庚午贞：辛未敦召方，锡日。允锡日，弗及召方。 _{合 33028}

所以上引（113）（114）的"弗擒""弗获"恐怕还是以看作验辞为妥。

　　宾组早期卜辞里有如下两辞：

　　　　（117）小□ _{（此字从"马"从"匕"，指牝马）} 子白。不白。 _{合 3411}

　　　　（118）丙申卜：巫御*。不御*。 _{合 5651}

根据上文的讨论，"不白""不御"也应是验辞。（117）贞卜小牝马将生的崽是不是白色的。宾组早期卜辞里还有一条残辞说："☑□（此字从"马"，是一种马的名称）子白。不。"（《合》3412）"不"也应是验辞，意即"不白"。

下面讨论一下使用动词"有"和"亡"的一些卜辞。

在现代汉语里，反复问句"有没有×"也可以说成"有×没有×"。殷墟卜辞所用的跟"没有"相当的词是"亡"（应读为"无"或"罔"）。有些卜辞在说了"有×"之后紧接着就说"亡×"，从形式上看跟"有×没有×"这类问句很相像。例如：

（119）于己丑有来。亡来。<small>合 33063（《合》35328 同文）</small>

（120）☑其有遘。亡遘。<small>怀特氏等藏甲骨文集 642</small>

（121）己亥卜，争贞：离*有梦（？），勿求有丙。亡丙。<small>合 17452</small>

我们在讨论"抑"和"执"的问题的时候，举过（16）"☑有囚抑，亡囚执"那样的正反相对的选择问句。如果不用句末语气词，跟上引那些卜辞就很像属于同一类句型了。那么上引那些卜辞是不是就可以看作正反相对的选择问句呢？我们的回答是倾向于否定的。

上引（119）（120）是历组卜辞。与（119）同版的，有"弗及方。允及"一辞。"允及"显然是验辞。依通例，"弗及方"的验辞应为"允不及"或"及"。此辞"允"字下可能漏刻一"不"字，也可能"允"字是衍文。《京津》350一辞说："贞：今夕雨。之夕允不雨。"依例，验辞中的"允"和"不"必有一字为衍文，情况与此相似。从"弗及方。允及"这条辞的情况来看，同版"于己丑有来亡来"一辞中的"亡来"大概也是验辞。同属历组的（120）的"亡遘"，似乎也应以看作验辞为妥。上引的（121）属宾组。我们在《释求》一文中曾指出，卜辞中"求有丙""求雨丙"等语屡见，并把（121）的"勿求有丙"四字连起来读（《古文字研究》第15辑202—203页）。如果这种读法符合实际的话，后面的"亡丙"即使属于命辞，也不可能跟"有丙"构成选择问句。

有一条历组卜辞在说了"亡囚"后，紧接着又说"有囚"：

（122）〔癸〕未〔贞〕：旬亡囚。有囚。<small>合 34989</small>

同版还有两条卜句之辞，"亡囚"后都没有"有囚"二字。（122）的"亡囚"之"囚"和"有囚"之"囚"的写法很不一样，"有囚"二字显然是后刻的，大概也是验辞。

还有些卜辞说了"弗×"紧接着又说"有×"，或是说了"有×"紧接着又说"不其×"〔下引（123）属师组，（124）（125）属出组，（126）属宾组早期〕：

（123）癸未卜，□<small>（此字从"大"持"弓"）</small>贞：嗇*弗疾。有疾囚凡。<small>合 21050</small>

（124）癸亥卜，出贞：子弘*弗疾。有疾。<small>合 23532（《合》23533 同文）</small>

（125）丁酉卜，贞：子弗疾。有疾。<small>英 1948</small>

（126）壬申卜，贞：勿*<small>（此字在此用为人名）</small>其有囚。不其囚。<small>合 4331</small>

这些卜辞有没有可能是正反相对的选择问句（或两个独立的问句）呢？既然"有×""亡×"叠用的卜辞都不大可能是这种问句，这些卜辞是这种问句的可能性当然就更小了。前三辞里的"有疾""有疾囚凡"多半是验辞。（126）的"不其囚"要说成验辞似有困难，因为在卜辞里"其"似乎通常是不出现在述说已经实现的事情的句子里的。我们怀疑这条卜辞的"不其囚"是占辞。上文中被我们看作验辞的那些字句，有的说不定实际上也是占辞。

下引出组卜甲上一辞叠用"有""亡"二字：

（127）癸酉卜，出贞：旬有亡囚在入（内）。 合 41228

此辞"有"字写法同于宾组卜辞，当属出组早期。卜甲在"入"字下缺损，原来可能记有月名。"囚"字一般读为"祸"，窃疑当读为"忧"，另详他文。"入"字古通"内"。殷墟卜辞所见先祖名"入乙"，陈梦家释为"内乙"（《综述》417 页）。《合》34189 有下引两条对贞卜辞：

（128A）庚辰卜：于卜勺（？）土。

（128B）庚辰卜：于入勺（？）土。

卜辞中"外丙"作"卜丙"，上引两辞中的"于卜""于入"显然应该读为"于外""于内"。卜辞或言"其自卜有来囚"（《合》32914），"在（或应释"于"）卜有囚"（《屯南》550。参看《小屯南地甲骨缀合篇》6 号，《考古学报》1986 年 3 期 270 页），"于卜▢彷（防）▢"（《合》34530），"卜"皆应读为"外"；或言"王曰彷，亡囚在入"（《屯南》756），"彷在入，亡至囚"（《屯缀》14 号，《考古学报》1986 年 3 期 277 页），"在入戊（此字形近"旬"，疑即"旬"之误刻）有囚"（《屯南》附 12），"入"皆应读为"内"。"有亡"相当于现代汉语的"有没有"，"旬有亡囚在内"的意思，就是一旬之中有没有内忧，这肯定是一个问句。但是（127）所据的是摹本，而且这种叠用"有""亡"的句式在已著录的卜辞中是一个孤例，所以此辞可能有误刻或误摹之处。

总之，在殷墟卜辞大量不带句末疑问语气词的命辞里，撇开上面提到的"旬有亡囚"一条不论，我们还没有找到一条确凿无疑是选择问句或反复问句的命辞。

有的研究者不但把"V 不 V""V 不"等格式的卜辞看作问句，甚至认为下边这类卜辞也是问句（标点依《屯南》释文）：

（129）庚子卜：辛雨，至壬雨？_{屯南 197}

（130）□丑 _{（同版有丁酉卜一辞，"丑"上缺文可补为"辛"）} 卜：今日雨？至壬雨？_{屯南 154}

从标点可以看出来，《屯南》释文把（129）理解为一个选择问句，把（130）理解为两个独立的问句。不过这种差别并不重要，重要的是《屯南》释文认为这两条卜辞都是要求在并非正反相对的两件事〔（129）的"辛雨"和"至壬雨"，（130）的"今日雨"和"至壬雨"〕之间进行选择。这种看法显然不妥。由于占卜本身性质的限制，卜辞里不但不可能出现特指问句（参看倪文 4 页），也不可能把两项并非正反相对的陈述组成问句（不论是组成单一的选择问句，还是用两个独立的问句组成一条命辞）。举例说，殷代人贞卜用牲数时，供选择的不同数字总是一个个分开贞卜的，绝不会在一条命辞里提出两个数字。因为在一次占卜中，占卜者只能从卜兆看出用某个数是否合适，无法看出在两个数里哪一个数比较合适。上引（129）（130）两辞是在紧挨着的前后两天里进行的两次占卜的记录。庚子那天贞卜第二天辛丑是否下雨，辛丑那天贞卜当天是否下雨，其实卜的是一件事。结果辛丑那天没下雨，第二天壬寅才下雨，所以两条卜辞的命辞后面都记上了验辞"至壬雨"。《屯南》释文把"至壬雨"当作命辞的一部分是不对的。《屯南》释文中还有一些类似的错误，这里不能详细讨论了。

3. 殷墟卜辞命辞里的非问句

根据上两节的讨论，在殷墟卜辞的命辞里，目前能够确定为问句的，只有师、宾、午等组中带句末疑问语气词"抑""执"的那一部分（最多再加上出组早期的"旬有亡𡆥在内"那条命辞）。倪文认为既然卜辞中确有句末疑问语气词，因此，没有句末疑问语气词，而且也无法从其他方面证明是问句的命辞，就都应该看作非问句（4—5等页）。这个意见我们不能同意。前面已经说过，汉语里问句不用句末疑问语气词的情况相当普遍，是非问句跟陈述句除了语调之外可以毫无区别。第一节讲带"抑"的对贞卜辞时举过的（27B）"☐不其由＊"一辞，就很可能是不用句末疑问语气词的是非问句。所以我们不能肯定字面上无问句特征的命辞一定不是问句。要证明这一点，必须拿出正面的证据来。倪文提出了命辞不是问句的一些具体论证，但是这些论证恐怕都还有问题。

倪文引用了下面这条卜辞：

（131）丁酉卜王贞勿死扶＊〔曰〕不其〔死〕 外240（即《合》21370）

认为命辞"勿死"是一个祈祷，不可能是问句（4页）。但是"勿"在这里应为人名，其下尚有缺文。李文34页引这条卜辞，释为："丁酉卜王贞，勿〔不〕死。"是正确的。"勿不死"当然不一定是问句，但也无法断定它一定不是问句。

倪文又引《尚书》和卜辞里以"余其"开头的一些句子，认为这些句子都有决断语气，不可能是问句（7页）。其实在他所引的卜辞的例子里，只有下引一辞里的"余其"句可以这样解释：

（132）戊戌卜壳贞王曰侯虎往余不尔其合以乃使归 菁7（即《合》3297正）

可是此辞贞卜王应否跟侯虎说"往（？）余不尔其合以乃使归"，"余其"句的语气并不能决定整条命辞的语气。所引其他诸例如"余其作邑""余其从"等，都无法证明一定表示决断语气。《尚书·多士》有问句"我其敢求位"。《左传》有"吾其废乎"（闵公二年）、"吾其济乎"（僖公五年）、"吾其何得"（襄公二十八年）、"吾其入乎"（哀公二十六年）等问句。因此说"余其"句一定不是问句是缺乏理由的。

倪文还认为用几个句子构成的命辞也不宜看作问句。他说，由 A、B、C 三句构成的命辞，如果当作问句看待，不可能理解为"A？B？C？"，而只能理解为"A，B，C——这是确实的吗？"因为占卜者不可能从一个卜兆得到对三个问题的回答。可是作后一种理解时，"这是确实的吗"这层意思是解释者加上去的，命辞本身并没有说（8—9页）。这种说法也不是很有力的，因为 A 和 B 可能是 C 的条件。拿倪文所举的实例，"王惠*乙往于田，丙乃启，亡灾"（《合》28605）这条命辞来说，就可以译为："如果王在乙那天'往于田'，而天到丙那天才开朗，不会有灾祸吗？"我并不是说这条命辞非这样理解不可，只是说目前还难以断定它一定不是问句。

倪文指出理解命辞时不应凭空补上它本身没有说过的话，这当然不错。但是应该承认命辞往往有省略。这里只举一个简单的例子。《合》29654 有如下两条命辞：

（133A）惠*小牢（此字原文从"羊"）。

（133B）惠*牛，王受祐。

如果我们说，A 辞的意思实际上是"惠*小牢，王受祐"，大概不会有很多人反对。

倪文还提出一个论证：人们通常在对是否会下雨没有主观看法，或者认为不可能下雨时，才问"会下雨吗"。在预料天会下雨时，才问"不会下雨吗"。因此，卜雨的命辞如果是问句的话，在记应验之辞时，应该在正面命辞，即"雨"这类命辞之后记"允不雨"；在反面命辞，即"不雨"这类命辞之后记"允雨"。可是实际上却是正面命辞后记"允雨"，反面命辞后记"允不雨"。这也可以证明命辞不应看作问句（9—10页）。这种分析对反诘句也许是合适的，但是命辞大概不会是反诘句。如果殷人卜雨时从正面问会下雨吗，得兆有雨，结果真的下了雨，验辞当然记"允雨"。即使贞卜者提问时觉得下雨的可能性极小，或者主观上不希望有雨，那也不会影响验辞。要知道验辞"允"字后所记的事，并不一定是贞卜者所希望出现的，宾组卜辞中屡见的"允有来艰"就是例子。所以验辞的记法并不能用来判断命辞是不是问句。

上文曾经提到李学勤在《续论西周甲骨》里，指出殷墟卜辞的"正""有正"肯定不是问句。他的论证也是可以商榷的。周原卜辞的"囟"究竟应该读为"斯"还是读为"思"，或者应该读为别的什么字，现在还难以断定。即使确实应该读为"斯"，从《论语》《孟子》有"斯谓之仁已乎"（《颜渊》）、"斯不亦惠而不费乎"（《尧曰》）、"斯可受御乎"（《万章》下）等问句的情况来看（《万章》一例似非反诘句），也不能说"斯正""斯有正"等语一定不是问句。至于不用"斯"字的"正""有正"等语表示何种语气，就更无从说起了。附带说一下，就是以"尚"开头的卜筮辞，恐怕也很难从语义上证明它们绝对不可能是问句。《礼记·檀弓上》就有"尚行夫子之志乎哉"这样的问句（《檀弓上》郑玄注："尚，庶几也。"古书中以"庶"或"庶几"开头的问句屡见）。

那么，殷墟卜辞里究竟有没有可以确证为非问句的命辞呢？我们认为下举这种卜辞里的命辞可以肯定不是问句：

（134）辛酉卜，売贞：今者＊王勿比望乘伐下危＊，弗其受有祐。合6482

这种命辞可以分成两部分。前一部分说的是不做某件事或不以某种方式做某件事，后一部分说的是不能受保佑、出外将碰上雨等不吉利的情况。它们通常属于正反对贞卜辞里的反面卜辞。例如上引（134）就有一条同版的正面卜辞："辛酉卜，売贞：今者＊王比望乘伐下危＊，受有祐。"如果把（134）的命辞当作问句理解，只能翻译为："今者"（时间词）王不跟望乘一起去伐"下危"，不能受到保佑吗？这跟正面命辞的意思——王跟望乘一起去伐"下危"能受到保佑，实际上不是正反相对的，而是一致的。而且殷人正是因为想知道王跟望乘一起去伐"下危"能不能受到鬼神保佑而进行这次占卜的。如果先提出不准备伐"下危"，还问什么受不受保佑呢？所以这种命辞只能理解为陈述句。

作为陈述句，（134）的命辞应该译为："今者"王不要跟望乘一起去伐"下危"（，如果跟望乘一起去伐"下危"），将不能得到保佑。这种在否定形式的陈述句之后，隐含一个意义相反的假设句的例子，在金文和典籍中都可以看到，例如：

其唯我诸侯百姓，厥贾毋不即市，毋敢或入蛮宄贾（，如不即市，或敢入蛮宄贾），则亦刑。兮甲盘

无敢寇攘，逾垣墙，窃马牛，诱臣妾（，如敢寇攘，逾垣墙，窃马牛，诱臣妾），汝则有常刑。尚书·费誓

古者圣王唯毋得贤人而使之（，如得贤人而使之），般爵以贵之，裂地以封之，终身不厌。墨子·尚贤中

人君唯毋听寝兵（，如听寝兵），则群臣宾客莫敢言兵。管子·立政九败解

吾独不得廉颇、李牧时为吾将（，如得廉颇、李牧时为吾将），吾岂忧匈奴哉！史记·冯唐传

毋妄言（，如妄言），族矣！史记·项羽本纪

这种句法其实直到现在还在使用。例如说："别碰它，会触电的！"意思是说，如果碰了它，就可能触电。在这种句子里，末一个分句有时可以用反诘式的感叹句，但绝不会用真正的问句。杨树达在《古书疑义举例续补》的"省句例"中，周法高在《上古语法札记·（二）"唯毋"解》（史语所集刊22本）中，都对这种句子作过讨论，可以参阅。

上边讨论的这类命辞在殷墟卜辞里相当常见，我们再举些例子：

（135）☑勿＊舞今日，不其雨。允不。合20972

上条属师组，舞是求雨的一种方法。

（136）贞：翌辛巳王勿往逐兕，弗其获。合40126

（137）翌丁卯勿（从正面卜辞可以知道是指"勿奏舞"），亡其雨。合14755正

以上属宾组。

（138）勿[*]逆执，亡若。_{合32185}

上条属历组。

（139）贞：马勿[*]先，其遘雨。_{合27950}

上条属何组。

（140）勿[*]乎射，弗擒。_{合28815}

（141）勿[*]用黑羊，亡雨。_{合30552（《屯南》2623同文）}

以上属无名组。（141）的对贞之辞是："惠[*]白羊用于之，有大雨。"跟（141）不构成严格意义的正反关系，情况稍有些特殊。

跟上举这种命辞有对贞关系的正面命辞，如果孤立地看，一般是既可理解为问句，也可理解为陈述句的。但是既然它们的对贞之辞肯定是陈述句，把它们看作陈述句显然要比看作问句合理。

何组和无名组卜辞里常见的"贞：壬勿[*]田，其雨"（《合》28716）及"辛王勿[*]田，其雨"（《合》33533）"勿[*]省噩田，其雨"（《合》28993）一类反面命辞，也只能看作陈述句。拿"壬勿[*]田，其雨"这条来说，我们只能把它译成"壬日不要去田猎，天将下雨"，如果当作问句译成"壬日不要去田猎，天将下雨吗"，就不知所云了。这类命辞一般也有对应的正面命辞，如《合》28993的"惠[*]噩田省，不雨"。这些正面命辞当然也以看作陈述句为妥。这类命辞跟前面讲过的那一些情况略有不同。例如（135）"☑勿[*]舞今日，不其雨"，从表面上看似乎跟"壬勿[*]田，其雨"完全同类型，而且也未尝不可以按照翻译后者的办法，翻译为"……今日不要举行舞祭，天将不会下雨"，但是实际上两者是有区别的。因为举行舞祭正是为了求雨，提出不要举行舞祭，是怕举行后老天无动于衷，仍然不下雨；至于是否举行田猎，对于天是否下雨则根本没有影响。所以我们认为"☑勿[*]舞今日，不其雨"这类命辞的第一个分句之后隐含一个意义相反的假设句（就此例来说，就是"如果在今日举行舞祭"），"壬勿[*]田，其雨"这类命辞的第一个分句之后则并不隐含这种假设句。但是如果把"壬勿[*]田，其雨"这条命辞里的"其雨"改为"其遘雨"，就应该把它归到"☑勿[*]舞今日，不其雨"那种类型里去了。因为如果不去田猎而待在家里，根本谈不上遘不遘雨的问题，我们只能认为"其遘雨"是指如果去田猎将会遇到雨。

在下面所引的一对正反对贞的历组卜辞里，反面的命辞大概也是跟"壬勿[*]田，其雨"同类型的：

（142A）辛亥卜：北方其出。

（142B）勿[*]称众，不出。_{合32032}

"称众"之意当近于"举众"。殷人不"称众"，不可能使敌方不出犯。但是敌方如不出犯，就不必"称众"来对付它了。所以（142B）的意思不可能是："不称众,北方不出犯吗？"而只能是："不要称众,北方不会出犯。"属于无名组的《合》28012 有"勿 * 注涂人,方不出于之"等辞,显然也是同类型的。

在师组卜辞里,卜旬之辞的命辞几乎全都只有一个"旬"字(《合》19863、20966、21314、21316 等等),卜夕之辞的命辞也大都只有一个"夕"字(《合》20103、20918、21350 等等)。"旬"这种命辞偶尔也见于宾组早期卜辞(《合》13361、13376 正),以及师历间组和历组卜辞(《合》32821、34995,《美国所藏甲骨录》13、19、130)。在一片大概属于出组晚期的卜骨上,也有"癸巳,王：旬"等卜旬之辞(《合》26709)。"夕"这种命辞偶尔也见于宾组早期卜辞(《合》13363)。

师组卜辞在已知各组殷墟卜辞中时代最早。既然师组卜辞里的卜旬、卜夕之辞基本上都用上述这种简单的命辞,我们就没有理由把它们看作"旬亡囚""夕亡囚"之类命辞的省略。"旬""夕"这种命辞当然也无法看作问句。如果把卜辞序辞中的"贞"或"卜"跟"旬"或"夕"连读,字句的结构就跟古书里的"卜日"(《周礼·春官·大宗伯》)、"卜立君"、"卜大封"(同上《大卜》)以至倪文引用过的"问政"属于一类了。

有一条字体跟师组接近的卜辞说：

（143）癸酉卜,贞：旬在入（内）。 合20609

"贞旬在内"可以理解为贞卜一旬中有无内忧,虽与第二节举过的"贞旬有亡囚在内"同意,但也不必看作后者的省略形式。"旬在内"这样的命辞也难以看作问句。

如果再仔细找一下,大概还可以在殷墟卜辞里找出一些不能看作问句的命辞来。

4. 结语

在殷墟卜辞的全部命辞里,我们现在能够确定是问句或非问句的命辞只占一小部分。在承认问句可以不带句末疑问语气词的前提下,大部分命辞可以看作陈述句,也可以看作是非问句。说不定有些命辞在当时就有不同的读法,既有人读成陈述句,也有人依靠语调读成问句。鉴于确实存在非问句的命辞,同时大部分命辞又无法断定是不是问句,我们建议今后引用殷墟卜辞时,句末一律标句号,不标问号。因为给非问句加上问号,错误要比给问句加上句号严重得多。

倪德卫和夏含夷都认为命辞用问句限于武丁卜辞中时代最早的师组卜辞(倪文4—5、13 等页,《周易的构成》52—53 页)。我们已经指出宾组和午组卜辞也有问句。不过这类例子比起师组卜辞里的问句来要少得多,而且其时代也都不晚于武丁时期。就是"旬有亡囚在内"那条出组早期卜辞,大概也不会晚于跟武丁紧接的祖庚时期。另一方面,在时代较晚的卜辞里,可以肯定是问句的命辞还没有找到,而肯定不是问句的命辞却已经发现了一些。这样看来，虽然晚于师组的卜辞不再用问句的说法不能成立，可是武丁或祖庚之后的卜辞不再用问句的可能性目前还无法排除。在师组之后的武丁时期，问句的使用已经大大减少的可能性，当然也是存在的。

最后，还有一个跟命辞是否问句有关的问题，需要在这里讨论一下。

夏含夷认为殷墟卜辞的命辞由问句变为非问句以及卜辞形式和内容上的其他变化，反映了从武丁到帝乙帝辛这段时间里，占卜的作用曾经发生过重大变化。下面先简单撮述一下他的意见。夏含夷认为在各组卜辞中时代最早的师组卜辞有三个特点：（1）通常针对特定的具体事件进行占卜，公式化的卜辞很少。（2）往往把正面和反面的问题放在一条卜辞里提出，一般不用对贞形式。（3）命辞时常用问句。继之而来的宾组卜辞普遍使用对贞形式，命辞也不再用问句。但是占卜的形式及目的，一般来说在当时似乎还没有发生变化。宾组卜辞在各组卜辞中数量最大，占卜主题的范围也极广。占卜作用的巨大变化发生在祖甲时期，一直延续到商王朝之末。这时，占卜主题的范围缩小了，占卜次数也大大减少。除了数量上的变化之外，占卜的性质也发生了重大变化。师组、宾组卜辞所具有的那种针对特定事件进行贞卜的现象，在帝乙帝辛卜辞里已难以见到。占卜基本上已经公式化，似乎已经丧失了原来的神秘性，而且看来发生了一种不寻常的神学上的转变。在武丁卜辞里，不但命辞比较有特性，占辞也是这样，而且占辞是有吉也有凶的。到了帝乙帝辛时代，占辞永远是公式化的"吉、""大吉"或"引吉"；命辞也总是正面的，如"旬亡𡆥""往来亡灾"，"旬有𡆥""往来有灾"是从不出现的。"这反映出在商代末期，占卜已经不仅仅是解决关于即将来到之事的疑问的一种尝试，而已经变成控制它们的一种手段了。"（《周易的构成》52—56页）或者说，"占卜已经不再仅仅是知道未来的一种手段，而是控制未来的一种尝试了"（同上67页）。这些意见里有不少合理的成分，但是总的来说是不能被我们接受的。

夏含夷似乎认为除了问句形式的卜辞，只有正反对贞的卜辞才能充分反映出占卜的决疑的性质。这是不全面的。在正反对贞卜辞之外，提出供选择的事物或对象的对贞或系列卜辞（以下简称"选择性卜辞"），同样能够充分反映出占卜的决疑的性质。正反对贞的和选择性的卜辞在各时期的卜辞里都是常见的，并非武丁时期的宾组卜辞所特有。

在师组卜辞里就可以看到上述两类卜辞的不少例子。在第一节里已经引了师组卜辞中用句末语气词"抑"的正反对贞卜辞（如23—26诸辞），此外在第一、二节里还陆续引过一些不用"抑"的例子（如67、68、70、90诸辞），下面再补充两个例子：

（144A）辛丑卜，师[*]：自今至于乙巳日雨。乙阴（此字据施捷释），不雨。

（144B）自今至于乙巳不雨。合20923

（145A）辛酉卜，王：祝于妣己，乃取祖丁。

（145B）辛酉卜，王：勿祝于妣己。合19890

选择性卜辞在师组卜辞里好像不如正反对贞卜辞常见，下边引的是两个较典型的例子：

（146A）辛酉卜：又祖乙卅牢 (此字原文从"羊")。

（146B）辛酉卜：又祖乙廿牢 (此字原文从"羊")。 合 19838

（147A）甲申卜：御妇鼠妣己二□ (此字为"北""牡"合文)。

（147B）一牛一羊御妇鼠妣己。

（147C）一牛御妇鼠妣己。 合 19987

在历组、出组以及其后的各组卜辞里，正反对贞的和选择性的卜辞都是常见的。为了节省篇幅，这里只引跟我们现在的讨论关系最密切的黄组卜辞里的一些例子：

（148A）乙亥卜，贞：今日不雨。

（148B）其雨。 合 38122

（149A）戊辰卜，贞：今日王田敦，不遘雨。

（149B）其遘雨。 合 37647

（150A）其待*日。

（150B）勿*已待*日。 合 38115

以上是正反对贞之例。

（151A）乙巳卜，在分：惠*丁未□ (此字从倒"豕"从"史") 众。

（151B）惠*丙午□ (此字从倒"豕"从"史") 众。 合 35343

（152A）癸巳卜，贞：祖甲丁（？），其牢。

（152B）其牢又一牛。

（152C）惠*骍。

（152D）惠*物。 合 35931

以上是选择性卜辞之例。可见占卜的决疑的性质一直到商末仍然没有改变。在这方面，命辞是否问句并没有多大关系。

倪文认为《尚书·金縢》所叙述的占卜，是为了祈求鬼神同意占卜者的请求，不是为了决疑而进行的，并指出在《金縢》的全部叙述中连一个问句也看不到（4页）。这是一个误解。《金縢》原文说：

既克商二年，王（武王）有疾，弗豫。二公曰："我其为王穆卜。"周公曰："未可以戚我先王。"公乃自以为功……植璧秉圭，乃告太王、王季、文王。史乃册祝曰："惟尔元孙某，遘厉虐疾。若尔三王，是有丕子之责于天。以旦代某之身……今我即命于元龟。尔之许我，我其以璧与圭，归俟尔命。尔不许我，我乃屏璧与圭。"乃卜三龟，一习吉。启籥见书，乃并是吉。

仔细读一下这段文字就可以知道，周公正是由于不同意为武王之疾进行占卜，而采用"册祝"的方式向先王提出让武王病愈的要求的。册祝跟占卜是两回事。册祝后所以还要占卜，"即命于元龟"，是为了判断先王是否答应周公的要求。这正好说明占卜仅仅是决疑的手段。

在殷墟卜辞里可以看到的占卜逐渐变得公式化的现象、占辞从有吉有凶变到有吉无凶的现象，只能说明人们对占卜的信仰在逐渐减弱，占卜者越来越倾向于只作出符合自己愿望的判断。这些现象并不能证明占卜从决疑的手段转变成了控制将来的手段。

附记

本文蒙朱德熙先生仔细审阅修改，作者十分感谢。

卜辞释文字形对照表

卜辞编号	现用字	被代字	卜辞编号	现用字	被代字
3、4、5、9、18、19、23AB、28、29、76、77、78、81、82、110、115	正	㳑	46B、47	得	㝵
7	薛	辥	50	蔡	𣏎
7	叹	莫	51	束	𣠽
10、11、12、70A—F	网	禸	52AB、53A、55、58、62、86AB	又	屮
13、19、61、70A—F、144A	师	𠂤	65A	邛	吾
15	叉	𠂤	83	进	雀
23AB	启	𢻹、𢻻	111A	鼓	壴
25AB	出	𢓜	111B	发	癹
26AB	蒙	𡰪	115	困	㱷
27A、43、52AB、53AB、86AB、131	扶	�	115	探	𡥉
27AB	由	𠃌	118	御	𣀔
30	暨	𥅥	121	离	𢇛
35	遘	𦊰	123	啬	圖
37、99	陷	齒	124	弘	弓
112A	陷	𪓟	133AB、151AB、152CD	惠	叀
42	鲁	𣅀	134	者	𡲢
42	列	痄	134	危	𠂆
43、44、84B、126、135、138、139、140、141、142B、150B	勿	弜	150AB	待	㦱

原刊于 1988 年第 1 期

模糊语义及其模糊度*

石安石

提　要：模糊语义须与"笼统"、"歧义"及"多义"相区别。"笼统"即概括性。语义
一般都是笼统的，是否模糊不一定。没有笼统就没有模糊，但笼统的未必都模
糊。多义的或有歧义的词语，可能有的意义模糊，有的意义不模糊。单义未必
不模糊，多义未必都模糊。边界不明是模糊语义的本质。如果 A 与非 A 之间没
有明确的界限，就说 A 的边界不明；边界不明并不是 A 中有 B 和 B 中有 A 的
语义交叉。模糊语义不是个别现象，但并非语言中一切词语（即使是日常使用
的词语）都有模糊语义。也没有足够的根据说大部分词都是"模糊集"的名称，
特别是要考虑到多义词语义模糊与否的复杂情况以及"模糊"自身就相当模糊
这样的事实。看来，还得在扎德的"隶属度"的基础上提出"模糊度"的概念，
对语义的模糊性进行定量分析。我们就两组词语的调查材料计算了有关的隶属
度和模糊度。根据这样的计算，不仅可以比较不同词语的模糊度，而且可以更
清楚地看出模糊与笼统的区别、模糊边界与语义交叉现象的区别。

这篇文章只谈语义上的模糊性问题，其他方面例如语音上的模糊性，不谈。也不是全
面讨论模糊语义问题。

1

美国学者扎德（L.A.Zadeh）对模糊理论数学化、形式化有很大贡献，他 1965 年的论
文《模糊集》[①]是现代模糊理论发展中的里程碑。然而扎德并不是模糊理论特别不是模糊语

---

*　本文的写作曾得到北京师范大学伍铁平教授和北京大学研究生陈保亚同学的帮助，谨致谢意。

①　L.A.Zadeh，Fuzzy Sets，In *Information and Control*，Vol.8，No.3，1965.

义理论的创始人。对扎德之前研究模糊语义的历史，伍铁平同志已有论述。[①] 我这里想补充一位著名学者的重要著作，即赵元任 1959 年的论文《汉语的歧义问题》。[②] 赵文一开头就提出要区别"歧义"（ambiguity）、"模糊"（vagueness）和"笼统"（generality）这三者，指出，一个符号的对象的边界状况不清楚，就说它是模糊的。例如 brown（棕色）和 chair（椅子）都是高度模糊的词。[③] 他在附注中说，他参考了麦克斯·布莱克（Max Black，美国科内尔大学哲学教授）1949 年的专著《语言和哲学》[④] 的第二章"模糊"。对模糊语义的上述规定，是包括扎德在内的古今各家绝大多数学者都接受的规定。更为可贵的是，赵文接着指出，"'模糊'一词本身就相当模糊"，[⑤] 这很重要。而这一点恰好是不少模糊语义的研究者所忽视的。

2

很容易把笼统（即概括性）也看成模糊。英国学者罗素（Bertrand Russell）曾因混淆了模糊和笼统而受到布莱克的批评。[⑥] 我国近年也有学者以笼统为模糊。例如，章熊同志有篇谈语言艺术的文章，在"语言的模糊性"的小标题下，引用了列宁的名言"任何词（言语）都已经是在概括"等有关论述，然后宣称"这就是语言的模糊性"。[⑦] 王德春同志在一篇论模糊的专文中举出，有人约请客人时如只说请"吃饭"而没说是"吃中饭还是吃晚饭"，那是语义模糊，因为"客观世界无限丰富多样，客观事物无穷无尽，不可能每一事物取一名称，这就形成语言的模糊性"。[⑧] 事实上，"吃饭"只是比"吃中饭"或"吃晚饭"更为笼统的说法。

伍铁平同志明确表示不赞成把笼统也看成模糊。他说，罗素认为 chair 一词指世界上形状、大小迥异的椅子是模糊性的表现，"是将语言的模糊性同语言的概括性这两件不同的事情混为一谈了"。[⑨] 他又指出当代英国学者肯普森（Ruth M. Kempson）所说的 neighbour（邻居）在性别、种族、年龄等方面没有确指之类现象"根本不应是模糊语言学的研究对象，因为这儿所涉及的并不是词所表达的概念的外延不明确的问题，而是词的概括性问题

---

① a 伍铁平《论模糊理论的诞生及其研究对象与正名问题》，载《语文现代化》1983 年第 2 辑。b 伍铁平《模糊理论的诞生及其意义》（上），载《百科知识》1987 年第 1 期。

② Y.R.Chao, Ambiguity in Chinese, *Studia Serica Bernhard Karlgren Dedicata*，Copenhagen, 1959; 另见 *Aspects of Chinese Sociolinguistics*, Stanford, 1976；汉译载《语言学论丛》第十五辑，商务印书馆，即出。

③ 同②，1959 年本，p.1。

④ Max Black, *Language and Philosophy: Studies in Method*, Cornell, 1949.

⑤ 同②，1959 年本，p.1。

⑥ 同④，p.29，p.31 脚注。

⑦ 章熊《论语言的艺术》，载《语言学和语言教学》，安徽教育出版社，1984。

⑧ 王德春《语言的精密性和模糊性》，载《中学语文教学》1981 年第 11 期。

⑨ 同① a，107 页。

和词义与'所指'的区别问题"。① 然而他的个别具体论述，在我看来，却没有贯彻这一主张。例如，他的头一篇谈"模糊语言"的论文提到，"叔、伯、舅在客观所指和概念上本是界限分明的，但在英、德、法、俄等语言中却不加区分"而出现"模糊词"。② "德语中原先是分叔伯和舅舅的，前者曾叫 vetter，后者曾称 oheim。但是自从借入了法语词 onkel（叔、伯、舅）后，就不再有父亲与母亲亲属之分了……就语言自身来说，这正是语言的模糊性质进一步发展的一种表现。"③ 换句话说，汉语的亲属称谓"叔父""伯父""舅父""姨父""姑父"等不模糊，但英语的 uncle、德语的 onkel、法语的 oncle 和俄语的 дядя 则有模糊性；而相对来说，德语今天的 onkel，与原来的 vetter 和 oheim 比较，模糊性又有大小之分。其实，作为亲属称谓，上述几种语言中的不同的词所标示的对象范围都有各自的明确的界限，只是英、德、法、俄等语言各用一个词把汉语的五个词所标示的对象概括为一罢了。无论把概括程度的高低说成模糊的有无，或把概括程度的提高说成模糊程度的提高，都在事实上混淆了笼统和模糊。铁平同志最近著文，再次对 uncle 等词的语义现象作出解释，最后说："我们可以确信，uncle 等词所指的各种亲属关系并不能说明 uncle 这些词的多义性，而只能说明它们的词义的模糊性。"④（着重号原有）我觉得，说不能说明其多义性，是对的；认为能说明其词义的模糊性，仍然缺乏论据。文章提供的论据仅仅是："叔、伯、舅、姑夫、姨夫这些界限在他们（按：指现代操英语、法语、德语、俄语的人）的观念中是模糊的……"⑤ uncle 之类的词所概括的各种对象之间的界限在人们观念中是否模糊与 uncle 之类的词自身的语义是否模糊，是不同的论题。正如布莱克批评罗素时所说那样，chair 标示各种大小、形状和质料的椅子，那只是它语义笼统的表现，只有在 chair 与非 chair 之间很难划界这一事实才是它语义模糊的表现。⑥ uncle 等词的语义是否模糊要看 uncle 与非 uncle 之间、onkel 与非 onkel 之间……界限好不好划。铁平同志在同文中说道，"这些词的意义应注释为'男性长辈非直系亲属'，这个单一的义项能概括以上五种情况"⑦。完全正确。作"男性长辈非直系亲属"理解的 uncle 等词，与非 uncle 的界限一清二楚。铁平同志加的注释恰好表明，uncle 等词的词义既非多义，也不模糊，只是与汉语相应的五个词比较起来，更加笼统罢了。不同语言中词义对对象的概括方式不同，这是十分常见的事实。有时，一种语言的概括结果甚至不易为操他种语言的人所理解。uncle 等词的存在，在不少

---

① 伍铁平《论模糊理论的诞生及其研究对象与正名问题》，载《语文现代化》1983 年第 2 辑，110 页。
② 伍铁平《模糊语言初探》，载《外国语》1979 年第 4 期。
③ 伍铁平《模糊语言初探》，载《外国语》1979 年第 4 期。
④ 伍铁平《语言的模糊性和多义性等的差别》，载《语文导报》1987 年第 1 期。
⑤ 伍铁平《语言的模糊性和多义性等的差别》，载《语文导报》1987 年第 1 期。
⑥ Max Black, *Language and Philosophy: Studies in Method*, Cornell, 1949, pp.30-31.
⑦ 伍铁平《语言的模糊性和多义性等的差别》，载《语文导报》1987 年第 1 期。

汉族人看来，就是相当奇怪的事。又如英语的 English，作为形容词的单一义项，既可以是"英国的"，又可以是"英国人的"，又可以是"英语的"，说汉语的人对此也是难于理解的。不管怎样，它毕竟只是概括、笼统程度高而已，并不是 English 一词语义模糊的表现。反过来看，英语严格区分 cap 和 hat，汉语却概括为一"帽子"；英语注意 table 和 desk 的区别，汉语也是概括为一"桌子"。这也只是表明，相应的汉语的词比英语的词在语义上更笼统（概括）而不是更模糊。

笼统与模糊有没有联系呢？有的。假定每个词语在任何场合都只标示同一个特定对象，那么就无边界不明问题，也就无所谓模糊。也就是说，没有笼统就没有模糊。但笼统不是必定模糊。语言中的单位几乎都是笼统的，但不见得都是模糊的。笼统与模糊毕竟不是一回事。

3

多义或歧义也容易混同于模糊。例如，王希杰同志认为，包括多义、歧义在内的"同形异义现象"，是"语言的模糊性"的"主要表现"之一。[①] 夏江陵同志认为以下现象都是模糊性的表现：例一，"'他身上的包袱太重'，其中的'包袱'就可以有两种理解"；例二，"'他说不下去了'一句，可以是'话说不下去了'，也可以是'不深入到基层去了'"。[②] 冯广艺同志认为，"简单"一词，在"他头脑简单"中意义非一，可见有模糊性。[③] 这些看法也是把多义或歧义看成了模糊。

目前在研究工作中有一种扩充地盘的倾向。例如讲歧义时，笼统也是歧义，模糊也是歧义；讲模糊时，笼统也是模糊，多义、歧义也是模糊。每个科学概念，都有自己专门的领域，还是明确分工为好。语义的模糊与否是就词语的特定意义的状况说的，与这个词语是否多义或是否有歧义无关。遇到多义或歧义时，则要一个意义一个意义地分别考察它是否模糊。一个多义词，也许它的这一个意义是精确的，而那一个意义却是模糊的。例如，表数目的"两"，一个意义相当于"二"，是精确的；另一个意义相当于约数"几"，是模糊的。又如"大将"，在指某种军衔——将官的最高一级时，精确，因它上与"元帅"下与"上将"界限分明；在泛指高级将领时，模糊，因为这时在它与非大将之间没有确定的界限。又如"清真"指"伊斯兰教的"，是精确的；指纯洁质朴时，是模糊的。又如"叔叔"，指父亲的弟弟时，是精确的；用于对某些男性非亲属的尊称时，是模糊的。

孙秋秋同志在分析了"好"（hǎo）的多种意义之后，认为孤立地看"好"，它的语义

---

① 王希杰《模糊理论和修辞》，载《修辞学研究》第二辑，安徽教育出版社，1983。
② 夏江陵《也谈模糊语言》，载《语文学习》1985 年第 2 期。
③ 冯广艺《论现代汉语形容词的模糊性》，载《黄石师专学报》（哲学社会科学版）1984 年第 3 期。

是模糊的，但它如为一定的人运用于一定的组合之中，在"确定的语境和上下文中"，"好"的语义是确定的。结论是："模糊性反映语言是个繁丰的大系统，确定性又表明了语言大系统中'分子'的组成状态。从词义上说即某种多义情况下单义的析取。"[1] 一句话，模糊表现为多义，词在运用中体现为单义时模糊就消失了。这里我们不讨论"好"究竟有多少种意义，只想指出，把多义与单义的矛盾看成模糊与精确的矛盾是不妥的。这种看法一方面否定了单义词语义模糊的可能性，另一方面又否定了多义词在运用中语义模糊的可能性，都不符合事实。一方面，例如"中年""夏天"都是单义的，它们是公认的模糊词。另一方面，例如上述文章中举到"好花""好酒""好天气"，认为在运用中它们的意义单一，从而是确定而不模糊的，如"好花"或者是"盛开的鲜花"，或者是"香味四溢的花"，或者是"名贵的花"。其实，单一固然单一，模糊却依旧存在，如花开到什么程度才叫"盛开"就说不确切，花"鲜"到什么程度才叫"鲜花"也是问题。

对语义的模糊性还有另外一些理解。例如，或认为语意不全是模糊，或认为态度暧昧是模糊，或认为使人费解是模糊，等等。这些与作为科学术语的"模糊"的含义相去太远，我们就不一一加以讨论了。

4

边界不明是模糊语义的本质。如果词语 A 与非 A 之间没有明确的界限，就说 A 的边界不明。通常举"中年"为例，"中年"与"非中年"边界不明，具体地说，一方面与"老年"，另一方面与"青年"没有明确的界限。又如"绿"与"非绿"边界不明，具体地说，一方面与"黄"，另一方面与"蓝"没有明确的边界。又如"春天"与"非春天"边界不明，具体地说，一方面与"夏天"，另一方面与"冬天"没有明确的边界。这样，就说"中年""绿""春天"等词的语义具有模糊性。不明的边界不一定都指两个方面或更多方面。如"老年"只是与"中年"一头边界不明，即年岁稍小的是否"老年"不易确定（也许是"中年"？）；但年龄大的，往上到一百岁乃至一百二三十岁，不论怎样长寿的寿星，也还是"老年"。虽然这样，我们仍说"老年"的意义有模糊性。

问题是怎样理解边界不明。王希杰同志解释为"存在着一个或大或小的中间的过渡地带，呈现出语义交叉的现象"。[2] 他还画了如下两个示意图。

---

[1] 孙秋秋《"好"在语义上的模糊性与确定性》，载《辽宁大学学报》（哲学社会科学版）1982 年第 1 期。此文同时又把"模糊性"和"确定性"看成"一般"与"个别"的关系，那是又把模糊与笼统相混了。

[2] 王希杰《模糊理论和修辞》，载《修辞学研究》第二辑，安徽教育出版社，1983。

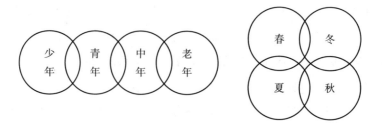

"过渡地带"与"交叉现象"是两个互相排斥的概念。相邻模糊词语间存在着"过渡地带"，这容易误解为"交叉现象"。为此，我们须把两种语义关系做一番比较。通常人们画类似的示意图来表示诸如"画家"与"青年"之间，"国画"与"山水画"之间的语义关系：

这正是语义交叉关系。交叉关系是A中有B但不全是B而B中有A但不全是A的、A与B之间的关系，如画家中有青年但不全是青年，青年中有画家但不全是画家。边界不明的词语间的语义关系是具有逻辑上的不相容关系但又不能截然划界的A与非A之间的关系，如人们不能按某个确定的年龄清楚地划开"青年"和"中年"，但并不认为"青年"中有"中年"，或"中年"中有"青年"。再者，A与B的交叉部分是十足的A又是十足的B，如"青年画家"，既是十足的青年又是十足的画家；A与非A的过渡地带在某种程度上是A，在某种程度上是非A，而是A的程度与是非A的程度成反比。如在今天的中国，三十四五岁，就有几分是青年又有几分是中年，既不是典型的青年又不是典型的中年，比这岁数小一点，是青年的程度更大一些而是中年的程度相应地小一些，反之则是青年的程度变小而是中年的程度变大。"青年画家"也有模糊性，那不表现在"青年"和"画家"的交叉上，而在于"青年"与"非青年"（"中年""少年"）之间有过渡地带，"画家"与"非画家"之间有过渡地带。再其次，在模糊边界两边的词语须是按同一标准划分出来的，如"青年"和"中年"都是按年龄标准划分出来的，"春"和"夏"是一前一后两个季节。交叉词语多半不是这样，①如"画家"与"青年"是分别按行业标准和年龄标准划分出来的。

---

① 按同一标准划分出的词语间也可能有交叉现象，如"壮年"，分别与"青年""中年"交叉。不过，这样"壮年"与"中年"或"青年"就不是同一系列的相邻的模糊词语，谈不到其间的模糊边界问题。"壮年"与"非壮年"（不指"中年"或"青年"）边界模糊。

再其次，有模糊边界的一组词语，如果不止两个，它们的排列是有序的（在语义上，不是在语言习惯上），如"少年—青年—中年—老年"，"春—夏—秋—冬"（后者是循环序列）。交叉词语不然，如"妇女""青年""教师""画家"彼此交叉，它们的排列顺序就没有一定，其成员数也可随意增减，如可以再加上"共产党员""中国人""实干家"等等。

5

模糊语义不是个别现象。然而，是不是一切词语的一切语义都是模糊的呢？如果不是，模糊语义在语言中占多大比重呢？

扎德说："在自然语言中，句子中的词大部分是模糊集而不是非模糊集的名称。"[①] 这是总的估计。波兰哲学家沙夫（Adam Schaff）认为："如果我们不考虑科学术语的话，模糊性实际上是所有的语词的一个性质。"[②] 这又是一种估计。他们共同的看法是：并非语言中所有的词都有模糊语义。这符合实际。我们随手可以举出语义并不模糊的词的例子。例如：表整数的"一、二、三、四、五……"，这些词的语义并不模糊；"整数""正数""负数""实数""虚数"，这些词的语义也不模糊。

但沙夫的论断失之于绝对化。因为第一，不是所有日常用词的语义都是模糊的；第二，不是所有科学术语的语义都不模糊。上面已经举到数目字，此外，"元、角、分、丈、尺、寸、小时、分、秒"等度量单位，"军长、团长、教授、副教授、博士、硕士"等头衔，"篮球、排球、乒乓球、收音机、录音机、电视机、牛奶、咖啡"等物品通名，"太阳、月亮、鲁迅、毛泽东"等专名，在日常生活中使用，语义都不模糊。另一方面，科学术语也有语义模糊的，例如语言学中的"语素、词、短语、句子、动词、形容词、名词、虚词、实词"等就是。当然，我们也承认，科学术语大多是精确的，至少是力求精确的；而日常使用的词语的语义模糊性大大多于科学术语。

我们是否要同意扎德的关于大部分词"是模糊集而不是非模糊集的名称"的论断呢？这个问题一时还不好回答，首先要解决把词简单地分为"模糊集"的名称和"非模糊集"的名称是否科学的问题。我看，不科学。这有两方面的理由。

一方面，很多词是多义的。一个多义词，它的各个意义是精确还是模糊可能不一样，这一点前面已经提到。既然如此，我们就不好简单地说某些词是模糊集的名称还是非模糊集的名称了。

另一方面，"模糊"和"非模糊"（"精确"）的界限不十分清楚，即"模糊"自身就相

---

① L.A.Zadeh，Quantitative Fuzzy Semantics，In *Information Sciences*，Vol.3，No.2，1971. 此处译文转引自伍铁平《模糊语言》，载《语言漫话》，上海教育出版社，1981。

② 沙夫《语义学引论》中译本，商务印书馆，1979，352 页。

当模糊。这一点，赵元任 1959 年就已指出。在探讨模糊问题的论著中，经常见到的例子是"高—矮""少年—青年—中年……""红—橙—黄—绿……"之类，这些都是典型的有模糊语义的词。如果我们随意翻到词典的一页，或者任选一段文章，数一数看有多少个词的多少个意义是模糊的，又有多少个词的多少个意义是不模糊的，那么，就会发现，我们将在相当一些词义面前难下决断，考察的结果也会因人而异。这就是"模糊"自身相当模糊的证明。"朋友"，作为"有交情的人"时，相当模糊；作为"恋爱的对象"时，似乎比前者精确，但只是相对而言，一男一女相识，到什么程度可称"恋爱"，并不绝对清楚。"农民"，词典解释为"长期参加农业生产的劳动者"，这样说，当然很模糊；但是，一个在城市里读书的学生，毕业分配到农村，在他落户的第一天他就可以说："我今天起当农民了。"这以取得农村户口作为取得农民资格的标准，这样，"农民"的意义又是相当精确的了。作为最高级动物的"人"，在日常交际中它与"非人"的界限是清楚的，但在考古学、人类学工作中，它都有一定的模糊性，一块出土的头盖骨，是人的还是猿的，并不那么容易确定。

由于前一方面的原因，我们只能以"义项"为单位对模糊语义的比重进行统计。由于后一方面的原因，做这种统计工作难免有一定的主观成分。

有了这样的理解，也不妨做一点统计工作看。

先以《现代汉语词典》中以"金"字打头的词目为考察对象。古语色彩或方言色彩浓的意义不计，现代只保留语素义的不计。在每个词目后短横前的数字表不模糊的义项数，短横后的数字表模糊的义项数。结果如下。

金 3–2（①③未计） 金本位 1– 金笔 1– 金碧辉煌 –1 金箔 1– 金不换 –1 金灿灿 –1 金蝉脱壳 1– 金城汤池 –1 金疮 1– 金额 1– 金刚 1– 金刚怒目 –1 金刚砂 1– 金刚石 1– 金刚钻^{1}1– 金刚钻^{2}1– 金工 1– 金瓜 1– 金龟子 1– 金合欢 1– 金衡 1– 金花菜 1– 金煌煌 / 金晃晃 –1 金黄 1– 金鸡纳树 1– 金鸡纳霜 1– 金桔 2– 金科玉律 –1 金库 1– 金铃子 1– 金銮殿 1– 金霉素 1– 金迷纸醉 –1 金钱 1– 金钱豹 1– 金枪鱼 1– 金融 1– 金融寡头 –1 金融资本 1– 金石 1–1 金属 –1 金属探伤 1– 金丝猴 1– 金丝雀 1– 金丝燕 1– 金粟兰 1– 金汤 –1 金条 –1 金文 1– 金星^{1}1– 金星^2–2 金银花 1– 金鱼 1– 金鱼虫 1– 金鱼藻 1– 金玉 –1 金盏花 1– 金针 3– 金针菜 1– 金针虫 1– 金钟儿 1– 金子 1– 金字塔 1– 金字招牌 –1

共取 65 个词 74 个义项，其中有模糊性的 21 个义项，约占 28%。再以"大"字打头的词为例，按同上方法，共取 310 个词 372 个义项，其中有模糊性的 183 个，约占 49%。大概由于有高度模糊的"大"的参与构成，这里模糊语义的比重较高，但也没有超过 50%。

下面再选取文章的一个片段（选自《光明日报》1987 年 3 月 19 日第 3 版）加以
考察：

> 拍完了各拉丹冬雪峰上的<u>重</u> <u>场</u> 戏，我们又辗转行进 2300 多公里，来到通天
> 河畔的直门达，拍摄主人公在<u>激流</u>中<u>漂流</u> <u>牺牲</u>的另一<u>重</u> <u>场</u> 戏。我们来到河<u>旁</u>
> 看水流，只见<u>恶浪</u> <u>翻滚</u>，<u>浪比人高</u>，水浪冲击发出<u>轰鸣之声</u>，<u>震耳欲聋</u>。眼望
> 着面前的<u>滔滔</u> <u>江水</u>，<u>眺望</u>着下游的悬崖峭壁，我久久没有说话。我的内心在<u>激</u>
> <u>烈</u>地斗争！怎么办！本来应该找替身演员，可从当地找来的却是一个 60 <u>多</u>岁的
> <u>老</u> <u>船工</u>，且不说他的老人形象与剧中<u>青年</u>主人公不相符合，更担心这样的老人
> 怎能经得住眼前的<u>惊涛骇浪</u>，导演只好把他送了回去。再另找替身，时间不允
> 许了。本来我压根儿没想到自己去漂，如今别无选择了，只有我下。当时我想
> 到了我的<u>家庭</u>，我要是<u>死</u>了，我爱人怎么办？我妈怎么办？我对得起把我拉扯
> 大的妈吗？首<u>漂</u> <u>英雄</u>尧茂书<u>牺牲</u>后连尸首都没找到呵！

话语中每个词只有一个意义，所以这里可以用词作为计算单位。以上引文，连重复的都算
上共计约有 220 个词（包括成语），其中可以肯定有模糊性的 46 个（也是连重复的都算上，
下加横线为记），约占 21%。另外，我们又考察了《光明日报》1987 年 3 月 3 日头版报导
《人民在悼念他》的一个片段（"1985 年 9 月"起，"迎送旅客"止），共约 250 个词，其中
可以肯定有模糊性的 38 个，约占 15%。

由于缺乏科学的测定方法，我的计算是不精确的。换一个人来计算，结果会有些出入。
但是，凡是真正下工夫算一算的，我想都会同意这样的看法：大部分词语是模糊词语这一
论断还缺乏根据，做出这一论断至少是为时过早。

6

扎德讲模糊理论时提出隶属度（grade of membership）的概念。[①]隶属度即有关对象
隶属于某个词语标示范围的程度。看来，还得在此基础上提出语义的模糊度（grade of
vagueness）的概念。模糊度就是某个词语某个意义所具有的模糊性的程度。同是模糊语义，
不同意义的模糊程度可能有差别，即使是同一序列的各个模糊词，其意义的模糊程度往往
也不相同，因此有必要对模糊语义的模糊程度进行定量分析。

凡可以计算有关对象的隶属度的词语，我们都可计算它的模糊度。

首先，要计算出有关对象的隶属度。计算隶属度，扎德已有先例。我们对"儿童—少
年—青年—中年—老年"和"早晨—上午—中午—下午—晚上"这两组大家经常谈论到的

---

① L.A.Zadeh，Quantitative Fuzzy Semantics，In *Information Sciences*，Vol.3，No.2，1971.

词进行了小型调查。被调查人是大学生、研究生和个别教师。

例一："儿童—少年—青年—中年—老年"

调查日期：1987 年 3 月 6 日。得到 27 张合格答卷。"1"岁表示从满 1 岁到满 2 岁前夕，其余类推。"频数"指同意的答卷数，例如，如有 4 份答卷把"1"岁划在"儿童"范围之内，那么"儿童"一词的"1"岁项下"频数"为 4。隶属度即频数与答卷总数的比值，例如，"1"岁对"儿童"一词的隶属度为 4÷27=0.2；小数点后取一位，以下四舍五入。这几个词的调查结果如下。

儿童

年　龄	1	2	3	4	5	6	7	8	9	10	11	12	13
频　数	4	9	16	20	26	27	21	20	19	8	8	7	5
隶属度	0.2	0.3	0.6	0.7	1	1	0.8	0.7	0.7	0.3	0.3	0.3	0.2

少年

年　龄	7	8	9	10	11	12	13	14	15	16	17	18	19	20	21	22
频　数	6	7	8	19	19	20	22	27	22	18	14	2	2	1	1	1
隶属度	0.2	0.3	0.3	0.7	0.7	0.7	0.8	1	0.8	0.7	0.5	0.1	0.1	0	0	0

青年

年　龄	15	16	17	18	19	20	21	22	23	24	25	26	27	28	29	30
频　数	5	9	13	25	25	26	26	26	27	27	27	27	27	27	27	19
隶属度	0.2	0.3	0.5	0.9	0.9	1	1	1	1	1	1	1	1	1	1	0.7

年　龄	31	32	33	34	35	36	37	38	39	40	41	42	43	44
频　数	18	18	18	18	5	4	3	3	3	1	1	1	1	1
隶属度	0.7	0.7	0.7	0.7	0.2	0.2	0.1	0.1	0.1	0	0	0	0	0

中年

年　龄	30	31	32	33	34	35	36	37	38	39	40	41	42	43	44	45	46	47	48	49
频　数	8	9	9	9	9	22	23	24	24	24	26	26	26	26	26	27	27	27	27	27
隶属度	0.3	0.3	0.3	0.3	0.3	0.8	0.9	0.9	0.9	0.9	1	1	1	1	1	1	1	1	1	1

年　龄	50	51	52	53	54	55	56	57	58	59	60	61	62	63	64	65	66	67	68	69
频　数	18	18	18	18	18	9	9	9	9	9	2	1	1	1	1	1	1	1	1	1
隶属度	0.7	0.7	0.7	0.7	0.7	0.3	0.3	0.3	0.3	0.3	0.1	0	0	0	0	0	0	0	0	0

老年

年　龄	50	51	52	53	54	55	56	57	58	59	60	61	62	63	64	65	66	67	68	69
频　数	9	9	9	9	9	18	18	18	18	18	25	26	26	26	26	26	26	26	26	26
隶属度	0.3	0.3	0.3	0.3	0.3	0.7	0.7	0.7	0.7	0.7	0.9	1	1	1	1	1	1	1	1	1

年　龄	70	71…
频　数	27	27
隶属度	1	1

根据以上结果作出的坐标示意图，见图一。

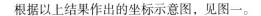
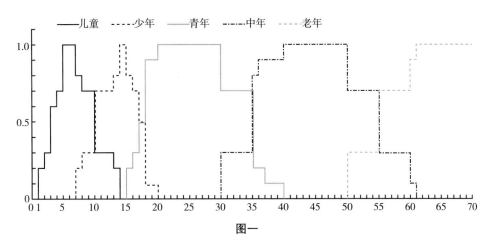

图一

例二："早晨—上午—中午—下午—晚上"

调查日期：1987 年 3 月 13 日。以北京的初春为准。也是 27 张合格答卷。"4"时表示 4 时至 5 时，"5.5"时表示 5 时半至 6 时，相应地在"5.5"时前的"5"时就表示 5 时至 5 时半，其余类推。答卷中有个别认为"中午"分别与"上午"和"下午"时间上有部分交叉，少数认为"晚上"与"早晨"之间有相当的空档，都如实统计。下面是这几个词的调查结果。

早晨

时　间	4	5	5.5	6	7	8
频　数	7	15	17	27	25	1
隶属度	0.3	0.6	0.6	1	0.9	0

（0.6）

上午

时　间	7	8	9	10	11	11.5
频　数	2	26	27	27	22	17
隶属度	0.1	1	1	1	0.8	0.6

（0.7）

中午

时　间	11	11.5	12	12.5	13	13.5	14
频　数	5	12	27	26	21	18	1
隶属度	0.2	0.4	1	1	0.8	0.7	0

（0.3）　（1）　（0.75）

下午

时　　间	12	12.5	13	13.5	14	15	16	17	18	18.5	19
频　　数	1	1	3	9	27	27	27	26	9	4	2
隶属度	0	0	0.1	0.3	1	1	1	1	0.3	0.2	0.1

0　　　0.2　　　　0.25

晚上

时　　间	17	18	18.5	19	20	21	22	23	23.5	0	1	2	3	4	5	5.5
频　　数	1	14	19	23	26	27	26	22	22	15	15	15	15	11	7	5
隶属度	0	0.5	0.7	0.9	1	1	1	0.8	0.8	0.6	0.6	0.6	0.6	0.4	0.3	0.2

0.6　　　　　0.8　　　　　0.25

根据以上结果作出的坐标示意图，见图二。

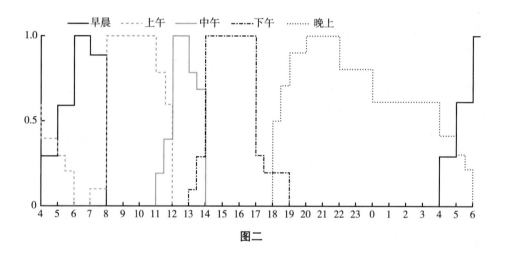

图二

　　某个对象隶属度为 0，表示它完全不在某个词语的标示范围之内。隶属度为 1，表示它完完全全在这个范围之内。从 0.1 到 0.9，越接近 0，表示它隶属于这个范围的程度越低；越接近 1，表示它隶属于这个范围的程度越高。那么，隶属度为 0.5 时，表示它隶属于某个词语的标示范围的程度与隶属于非某个词语的标示范围的程度均等，也就是说，隶属度为 0.5 的或接近 0.5 的越多，则这个词语的模糊度越大，反之模糊度越小。在这个意义上，隶属度 0.9、0.8、0.7、0.6 分别与 0.1、0.2、0.3、0.4 相当。这样，我们就有了计算语义模糊度的办法了。第一步，把隶属度 0.9、0.8、0.7、0.6 分别改写成 0.1、0.2、0.3、0.4。第二步，求出改写后的"隶属度"的平均值（0 和 1 当然排斥在外不计），这就是该词语的模糊度。

　　先看例一各词。

　　"儿童"的模糊度：（0.2×3+0.3×7+0.4）÷11=0.28

"少年"的模糊度：（0.1×2+0.2×3+0.3×6+0.5）÷12=0.26

"青年"的模糊度：（0.1×5+0.2×3+0.3×6+0.5）÷15=0.23

"中年"的模糊度：（0.1×5+0.2+0.3×15）÷21＝0.25

"老年"的模糊度：（0.1+0.3×10）÷11=0.28

在得数相同时，边界较长的（A），其模糊度大于边界较短的（B）。

模糊度比较：老年（0.28A）＞儿童（0.28B）＞少年（0.26）＞中年（0.25）＞青年（0.23），差别不大。

再看例二各词。

"早晨"的模糊度：（0.1+0.3+0.4）÷3=0.27

"上午"的模糊度：（0.1+0.3）÷2=0.20

"中午"的模糊度：（0.3+0.25）÷2=0.28

"下午"的模糊度：（0.1+0.2+0.25）÷3=0.18

"晚上"的模糊度：（0.1+0.2+0.25+0.4×6）÷9=0.33

模糊度比较：晚上（0.33）＞中午（0.28）＞早晨（0.27）＞上午（0.20）＞下午（0.18），两头差别较大。

糊模度的计算可以写成数学公式。以 V 代表模糊度，隶属度为 0.1 至 0.5 的项数为 N，隶属度 0.6 至 0.9 的项数为 M，则

$$V_{\leq 0.5}=\frac{\sum\limits_{i=1}^{N}|0-x_i|}{N+M}, \; V_{>0.5}=\frac{\sum\limits_{i=1}^{M}|1-x_i|}{N+M},$$

$$V=V_{\leq 0.5}+V_{>0.5}=\frac{\sum\limits_{i=1}^{N}|0-x_i|+\sum\limits_{i=1}^{M}|1-x_i|}{N+M},$$

7

回头再看模糊和笼统两者的区别，就更加清楚了。同一序列的各个词语语义的笼统度也可以互相比较。从坐标示意图上可以看出，每个词都有一定的标示范围，标示范围的大小就代表词的语义笼统度的大小。如以图上每一小方格（每边为隶属度标志 0.1 到 0.2 的距离）为一个 G，则"儿童"一组词的语义笼统度分别为：

儿童 71G　少年 69G　青年 170G　中年 210G　老年→∞G

"早晨"一组词的语义笼统度分别为：

早晨 56G　上午 76G　中午 41G　下午 73G　晚上 163G

两组词分别按模糊度和笼统度自大而小排列如下：

模糊度　老年＞儿童＞少年＞中年＞青年

笼统度　老年＞中年＞青年＞儿童＞少年

模糊度　晚上＞中午＞早晨＞上午＞下午

笼统度　晚上＞下午＞上午＞早晨＞中午

笼统度大的模糊度也可能大，例如"老年＞中年＞青年"，"晚上＞中午"或"晚上＞早晨"；但笼统度大的模糊度也可能小，例如"青年"与"少年"，"中午""早晨""上午""下午"，它们之间的笼统度大小与模糊度大小恰好是倒过来的。模糊与笼统各有各的帐。

按数方格得出的笼统度，只能在本序列各词语间进行比较，不能在跨序列词语间进行比较，因为不同的坐标图各有各的尺寸。

回头再看模糊边界与语义交叉现象的区别问题。从坐标示意图看，相邻词语间都有部分共同的标示范围，这似乎就是"交叉"部分。其实不然。举例说，30—40 岁同时是"青年"和"中年"的标示范围。其中，30—35 岁，对"青年"的隶属度为 0.7，对"中年"的隶属度为 0.3；35—37 岁，对"青年"的隶属度下降为 0.2，对"中年"的隶属度却上升为 0.8；37—40 岁，对"青年"的隶属度再降为 0.1，对"中年"隶属度相应地再升为 0.9。隶属度此消彼长，互相补充，正是相邻模糊词语间边界的特征。

原刊于 1988 年第 1 期

汉语方言亲疏关系的计量研究

郑锦全

提　要： 自 1973 年以来，我一直致力于用数量来表达汉语方言的亲疏关系。最初，利用七十年代初可以得到的全部方言点的调值，按阴调和阳调的不同调高计算方言差异。七十年代后期，我又计算了汉语方言在词汇上的相互关系，并建议把亲疏程度作为观察方言关系的一个方面。最近又把这种相关法用于音韵成分，测量亲疏远近。在我看来，这些数量研究最重要的贡献在于确定了一种研究方法，从而提供了一种计算方言亲疏关系和区划方言的手段。

1. 方言差异的计量探讨

语言学家研究方言的差异通常限于语言现象的性质方面。这种对性质的总体知识体现于音韵规则和句法规则的罗列以及对方言间某些共性的描写。过去方言的区划都是根据规则和特征的比较来建立。靠这种知识，在许多场合我们能够对方言的归属提出令人信服的论据，然而，这种知识并不能提供一种测量方言间亲疏程度的准则。

在比较方言时，有人也许想计算共有规则的数目，作为测量亲疏关系的一种方法。两种方言共有的规则越多，跟其他方言相比，两者的关系越亲近。但是，这种简单化的统计有一个严重问题，那就是对规则的权重无法加以区别。划分方言时，一般认为某些规则比较重要，但是如何确定某一条规则比其他规则更重要呢？这个问题没有直接的答案。如果有一条规则影响的词汇比另一条规则多，通常认为这条规则较为重要。于是，在确定区划时是考虑到了数量作用。但是，属于这种推断的数量知识并不是用一种严密的方法直接获得的，而往往是对一些研究成果加以综合的结果，因此容易因人而异。在我看来，科学研究的目标之一是用可验证的测量来表示研究对象。自 1973 年以来，我一直致力于用数量来表达汉语方言的亲疏关系。最初，利用七十年代初可以得到的全部方言点的调值，按阴调和阳调的不同调高计算方言差异。七十年代后期，我又计算了汉语方言在词汇上的相互关系，并建议把亲疏程度作为观察方言关系的一个方面。最近又把这种相关法用于音韵成分，测量亲疏远近。本文 [①] 先对早先从事的方言差异的数量研究作一总结，然后介绍当前的一些研究成果。

2. 汉语方言声调的数量考察

七十年代初，我对声调因声母分清浊而分阴阳调的说法特别感兴趣。我们常说今阴调（来自中古的清声母字）的音高比对应的阳调（来自中古的浊声母字）要高。由于浊声母能使基频降低，这种说法是合理的。我当时想知道究竟能不能找到一种数量上的趋势来证实这一说法。反例不难发现，例如，西安话的阴平调值在五度制量表上是 21，而阳平是 24（北京大学中国语言文学系语言学教研室，1964：5）。这个说法虽然不是一条能无例外地适用所有方言的规则，但不失为对趋势的一种概括。但是，趋势还需要统计上的证明。于是我收集了 737 个方言点的声调系统作数量研究。

在五度制量表上调高的统计结果已见于 Cheng（1973a）文。现在重新列出如下：

平声	2.53	阴平	3.47	阳平	2.83				
上声	3.25	阴上	3.98	阳上	2.75				
去声	2.91	阴去	3.13	阳去	2.46				
入声	3.03	阴入	3.19	阳入	3.29	中入	2.50	下入	2.55

可见，除入声例外，在数量上阴调确实比对应的阳调高。通过数量研究具体证实来自早先浊声母字的声调比来自清声母字的声调音低的说法，据我所知这是头一次。

汇集的声调资料输入了计算机，这就容易获得其他类型的数量信息。有些数字统计对方言作了更精确、更具体的描写，还有一些则提供了关于语言共性的线索，引导我们作出另外一种语言学论证。例如，得出的汉语方言声调的平均数目和上下限主要是描写性的（Cheng，1973a：96—97）：[②]

	平均数	上下限		平均数	上下限
北方官话	4.06	3-6	赣语	6.33	6-7
西南官话	4.44	4-7	吴语	6.85	5-8
湘语	4.91	4-6	闽北话	7.00	7-7

---

① 本文初稿曾提交给 1986 年 1 月 15—19 日于加利福尼亚州奥克兰举行的"中国语言和方言会议"。对给该稿提出各种意见的与会者，谨表感谢。还要感谢 Stephen Helmreich 对第二稿提出的意见，其中许多已被本文采纳。

② 上下限数字在 Cheng（1973a）文中没有列出，为了使这类数据完全，现补充列出。

下江官话	5.33	5-7	闽南话	7.30	7-8
徽州话	6.00	6-6	粤语	8.17	6-10
客家话	6.10	6-7			

有几个只出现一次的情形需作些说明。北方官话区共 347 个点的声调，只有一点有六个声调，就是王立达（1958）描写过的陕西吴堡话。粤语区的博白有十个声调是众所周知的。客家话里，台湾桃园所说的海陆话有七个声调（杨时逢，1957），而统计表中其他点的客家话都只有六个声调。这张汉语声调数目表还可以增补最近发表的一些方言调查报告的内容，如杨时逢（1984）。

1973 年的这项研究以及随后利用同一数据库进行的研究得出的一些结论还涉及对语言共性的理解。那些结论在 Cheng（1977）文里已有讨论，这里重述其中的两点如下。

在 737 个方言点全部 3433 个声调里，不同调形的声调数量上的分布如下：

降调	1125	降升调	352
平调	1086	升降调	80
升调	790		

降调出现次数最多，而双向调（指降升调和升降调）比较稀少。这些发现证实了早先提出的一些观点，也为其后关于声调的自然性和共性的讨论提供了数据。例如，上面列出的调型出现频率证实了 Wang（1967）文关于双向调比其他调型较为特殊这一观点。Gandour（1978）也得以利用这些数据进行他对声调感知的研究。

按出现频率最高的调型进行汉语方言的比较，利用的也是同一批声调资料。降调多于平调的方言被称作降调为主的方言，平调多于降调的方言被称作平调为主的方言。

降调为主的方言：北方官话，西南官话，徽州话，赣语，客家话。

平调为主的方言：下江官话，吴语，湘语，粤语，闽北话，闽南话。

但是至今还没有对这一分类的重要意义进行过讨论。声调资料的计算机化使我能用那些数据作各种比较，得出的相互关系有些也许没有什么意义，有些可能在将来会有意义。

然而，调型的相互关系和同现现象在当时就显然值得深入研究。起初发现，如果一种方言出现升降调，同时也会出现升调，这使我们对系统内部声调的相互关系有了更深刻的了解。随后，又对不同调型间的相关程度作了计算。下面的表摘自 Cheng（1977）文，概括了这样一些关系（相关系数值的范围在 –1 到 +1 之间）：

	平调	升调	降调	升降调
升调	.8359			
降调	.8504	.8078		

升降调	−.0953	.1229	−.0531	
降升调	.5386	.4841	.4412	−.0552

频率和相关度，除了表明汉语方言的数量模式，还有助于我们对声调历史拟构的合理性加以评价和确定（参看 Mei，1977）。

这项数量研究中处理的声调都是五度制量表上的调值。我们自然希望能在这种分析中利用音韵特征来考察。但是，音韵特征是分析的结果而不是语音素材。例如，北京话上声（315）和去声（51）的调值范围都是从最低的 1 到最高的 5，这就很难按高低区别来确定两者的特征。我曾经论证（Cheng，1973b），从音系上讲 315 是低调，51 是高调。基本的论据是：（a）315 调在另一个 315 调前发生连读变调，而 51 调跟其他明显的高调（55 和 35）一样不发生这种变调；（b）在英汉双语语码转换时，一个英语非重读音节，它的基频低于重读音节，常使位于前面的 315 调的汉语字音发生连读变调。这里不宜对这一观点的全部论据作详细说明，但是中心意思是清楚的：音韵特征要对音系作彻底分析后才能确定。靠一个人不可能在试图发现数量模式前对全部 737 个点的音系作详尽的研究。我承认在某些情形里，调高的分类可能是机械的，过于简单，但我也感到需要开展数量研究，目的是探索这种研究的可行性。汉语方言的地理分布占亚洲很大部分，过去的调查已经得到许多材料供综合研究。这项声调研究只是一个小小的开端。对如此丰富的语料作进一步的数量研究会为更好地了解一般语言作出贡献。

3. 方言的亲疏程度

这项声调研究的目的主要是找出各种声调之间和传统上划定的方言区之间相关的程度。我当时发现传统的汉语方言区划有大量的信息没法表达。在划定方言分界时，两个方言区之间的亲疏关系毫无形迹可循。例如，怎样来描写北方官话和闽南话之间的差距呢？自然，我们可以谈论有无某些共同特征，但这只是重述分区的标准，并没有作出回答。我们还可以用同言线来探索相互关系，然而同言线不是反映亲疏程度的指标。于是 1979 年我开始寻找一种方法，这种方法会得出一种可以认为是反映亲疏程度的数量指标。

1979 年在巴黎召开的汉藏语言学会议上，我提交了一篇关于方言差距测量的论文，该文根据某些词汇和音韵形式的有无来计算统计学里的皮尔逊相关系数。当时把相关系数解释为方言亲疏程度的指标。后来，又根据词汇作了进一步的数量研究，其结果见于 Cheng（1982）文。另外，音韵测量也作了好几次修改。

4. 从词汇测量方言亲疏关系

《汉语方言词汇》（北京大学中国语言文学系语言学教研室，1964）是试图从词汇测量方言亲疏关系的数据库。Cheng（1982）文对这种测量的动机、程序和结果有详细说明。

《词汇》包含普通话 905 个词条及其在 18 个方言点的变体。在我的计算机文件里，这些变体的排列方式是：在 18 个方言中，凡出现的用"1"标记，不出现的用"0"标记。下面的表格部分列举了北京（用 a 表示）、济南（b）、沈阳（c）、西安（d）、成都（e）、昆明（f）、合肥（g）、扬州（h）、苏州（i）、温州（j）、长沙（k）、南昌（l）、梅县（m）、广州（n）、阳江（o）、厦门（p）、潮州（q）、福州（r）共 18 个方言的情形。编码 001A 和 001B 分别表示词项在《词汇》中出现的是第一页的左栏和第一页的右栏。A 和 B 后面的两位数是变体词项的序列号。

		a	b	c	d	e	f	g	h	i	j	k	l	m	n	o	p	q	r
太阳	001A01	1	1	0	0	1	1	1	1	1	1	1	0	0	0	0	0	0	0
日头	001A02	0	0	1	1	0	0	0	0	1	0	1	1	0	0	0	1	1	1
爷	001A03	0	0	0	1	0	0	0	0	0	0	0	0	0	0	0	0	0	0
热头	001A04	0	0	0	0	0	0	1	0	0	0	0	0	1	1	1	0	0	0
太阳佛	001A05	0	0	0	0	0	0	0	0	0	1	0	0	0	0	0	0	0	0
日	001A06	0	0	0	0	0	0	0	0	0	0	0	0	0	0	0	0	1	0
日头公	001A07	0	0	0	0	0	0	0	0	0	0	0	0	0	0	0	0	1	0
月亮	001B01	1	1	1	1	1	1	1	1	1	1	0	1	0	0	0	1	0	0
亮月子	001B02	0	0	0	0	0	0	0	1	0	0	0	0	0	0	0	0	0	0
月光	001B03	0	0	0	0	0	0	0	0	0	1	0	1	1	1	0	0	0	0
月	001B04	0	0	0	0	0	0	0	0	0	0	0	0	0	0	0	1	1	1
月娘	001B05	0	0	0	0	0	0	0	0	0	0	0	0	0	0	0	1	1	0

905 个词条共有 6454 个变体。考查上例中 1 和 0 出现的情形，我们可以看出方言间相互联系的一些模式。例如，北京和济南（头两个方言）1 和 0 出现的情形相同，说明这两个方言的词项相同。这种联系当然是按同源词归并方言的依据。再多考查三四个词，这些模式会更明显。但是，如果考查的词汇量很大，这些模式会变得模糊不清。这时我们就不能再靠眼睛观察，而是需要借助某些工具找出模式。于是，数量研究就开始了。例如，我们可以利用上面总表中头三个方言的数据建立一张"0"和"1"现次的分表。

		北京					北京	
		0	1				0	1
济南	1	0（a）	2（b）		沈阳	1	1（a）	1（b）
	0	10（c）	0（d）			0	9（c）	1（d）

这张分表概括了两对方言中 0 和 1 出现的频率。每一对方言的相关度可以用 phi 相关方程

计算出来：

$$phi = \frac{bc-ad}{\sqrt{(a+c)(b+d)(a+b)(c+d)}}$$

对上列 12 个词项的分表用相关方程计算后得出，北京—济南是 1.0000，北京—沈阳是 0.8888。于是，我们得出了一个描写方言差距的数量指标。phi 相关是计算标称两分数据的皮尔逊相关，因此，我用来找出方言相关度的工具属于皮尔逊相关。[①] 相关系数值的范围在 –1 到 +1 之间，它们表示两个变项间相关的方向和强度两种信息。正负号表示两个变项是正相关还是负相关。18 个方言组成的全部方言对的相关系数都已计算出来。[②] 这些系数被看作方言亲疏程度的指标。表 1 列出了得出的全部系数。

为了用图表表现这些相互关系，我们又用非加权平均值系联法对这些系数作了聚集分析。聚集分析先找出一对差距最小的方言定为一集。例如，表 1 表明北京—沈阳的相关系数最高（0.6983），就先把北京和沈阳联系起来作为一集。然后找出相关度其次高的一对方言北京—济南（0.6715）。把济南—北京（0.6715）和济南—沈阳（0.6421）的系数相加后得出平均值 0.6568（1.3136/2）。一般来说，非加权平均值系联法是计算出两个集中所有个体对之间的平均差距，作为两个聚集间的差距（参看 Zupan，1982）。聚集分析的结果见图 1。因此图 1 是一张方言树形图，表示的是按词汇计算出来的方言区划和亲疏程度。

前面列举的词汇资料中，我们看出对"日"、"日头"、"太阳"（普通话）是同等对待的。但我们知道"日头"是"日"加后缀"头"，"日头"和"日"属于同一词族，而"太阳"在形态上跟它们没有联系。我们因此希望把这一事实考虑进去并作适当的统计处理。可是，我们把这些词项等同处理。我的理由是，凡不属于同一词族的词项，不会出现在许多方言里，因此相互关系的计算本身就已经照顾到这种差别。

这种测量方法表面上看跟称作语言年代学的词汇统计法（Swadesh，1950）相似，那种方法曾在五十年代激起极大的兴趣。但是我认为这两种方法的基本假设很不相同，对结果

---

① 每一对方言表明某些词项是否出现的二变项数据被视为标称两分数据。计算 x 和 y 间联系的相关公式是 Glass 和 Stanley（1970）一书中给定的公式：

$$r_{xy} = \frac{\sum_{i=1}^{n}(X_i-\bar{X})(Y_i-\bar{Y})}{\sqrt{\left[\sum_{i=1}^{n}(X_i-\bar{X})^2\right]\left[\sum_{i=1}^{n}(Y_i-\bar{Y})^2\right]}}$$

② 计算相关系数最初是在伊利诺伊大学（厄巴纳—香槟）CYBER 175 计算机上使用 SPSS 统计软件。后来改为在 CYBER 175 上使用 BMDP 软件进行这项计算和本文介绍的其他计算。"BMDP 变项聚集分析"软件是由洛杉矶加州大学生物数学系编写的，然后由西北大学 Vogelback 计算中心的 BMDP 计划改造后用于 CYBER 175。

也应作不同的解释。语言年代学假设有 200 个"基本"词可以说明亲缘关系。此外，它测定语言演变的时间进度是根据从母语分化出来 1000 年后还保留 66% 的同源词为分化语言所共有。这种词汇在演变中统一的保留率设定演变是线性的，因此遭到许多批评。

我们的数据库《汉语方言词汇》收集了大量的常用词。数量之多能使我们避免因取样少而造成的统计歪曲。Cheng（1982）文刻意论述，认为根据词汇作出的区划可以反映亲缘关系和文化优势两种情况。具有文化优势的方言，其词汇常被其他言语社团借用。亲疏程度和方言树形图可以看作发生史和文化交互作用的混合反映。亲缘关系在下一节还要专门讨论。

5. 从音韵测量亲缘关系

语言的亲缘关系通常是从语音对应关系、形态和句法特征和同源词来确定的。过去汉语方言区划大多根据音韵特征。例如，丁邦新（1982）文列出 16 个考虑到的特征，它们都属于音韵特征。这一节我将介绍我最近从声母、韵母、声调测量方言亲疏关系的研究工作。

在 1979 年提交给在巴黎举行的汉藏语言学会议的论文里，我曾列出《汉语方音字汇》（北京大学中国语言文学系语言学教研室，1962）里 17 个方言之间的相关系数。按照词汇统计的程序，我先列出这 17 个方言的声母并统计出它们在每个方言的现状，然后计算出相关系数。例如，在 2700 多个字中算出 p 声母字在每个方言的现次，都列在声母 p 的统计表中。但是这种做法可能抹煞了历史关系。例如，中古 p（帮母，不包括非母）、ph（滂母，不包括敷母）、b（并母，不包括奉母）演变到今的情形如下：

p:　　p, ph, b, m

ph:　　p, ph, f, x

b:　　p, ph, b, f

1979 年处理时把 p 的所有现次，不管其历史来源，作为同一种情形来统计。为了考虑到历史关系，这一次我对不同情形分别统计。来自中古 p 的 p 只算一种情形，来自中古 ph 的 p 算另一种情形，来自中古 b 的 p 是第三种情形。这样就保持了真实的历史关系。下面是一些例子。冒号的左边是中古声母，右边是今方言声母。对《汉语方音字汇》里 17 个方言全作了统计。这一组 17 个方言并不是前面词汇统计的那组 18 个方言的一部分，但两组都包括了许多常见方言。下面表示声母现次的例表中，表示方言的字母也跟前面不一样：北京（a），济南（b），西安（c），太原（d），汉口（e），成都（f），扬州（g），苏州（h），温州（i），长沙（j），双峰（k），南昌（l），梅县（m），广州（n），厦门（o），潮州（p），福州（q）。

	a	b	c	d	e	f	g	h	i	j	k	l	m	n	o	p	q
p:p	88	89	88	89	88	87	89	90	89	88	85	86	85	87	85	86	85
p:ph	3	2	3	2	3	5	3	0	0	4	6	6	7	5	7	6	7
p:b	0	0	0	0	0	0	0	2	1	0	1	0	0	0	0	0	0
p:m	1	1	1	1	1	0	0	0	0	0	0	0	0	0	0	0	0
ph:ph	40	40	38	40	39	39	40	39	38	38	38	40	38	39	37	36	40
ph:p	1	1	3	1	1	1	1	2	3	3	2	1	2	2	4	5	1
ph:f	0	0	0	0	1	1	0	0	0	0	0	0	0	0	0	0	0
ph:x	0	0	0	0	0	0	0	0	0	0	1	0	0	0	0	0	0
b:p	38	36	32	38	37	37	38	0	0	72	4	5	10	33	57	39	64
b:ph	39	41	44	38	40	39	38	0	0	5	9	72	67	43	20	37	13
b:b	0	0	0	0	0	0	0	77	77	0	64	0	0	0	0	0	0
b:f	0	0	1	1	0	1	1	0	0	0	0	0	0	1	0	0	0

统计声母现次决定不算异读。有文白异读的只取白读。有几个读法的，只取《汉语方音字汇》列出的第一读。这样取舍是为了使每个方言有一个统一的总数，保证字与字之间对应得当。中古声母在今 17 个方言里的反映及出现频率详见 Lu 和 Cheng（1985）一文。总共统计了 470 种情形。[①] 从声母得出的相关系数和方言树形图见下文表 2 和图 2。

对韵母也作了同样处理来反映历史对应关系。对中古音，所取单位是包括韵、开合和等的韵母。对现代方言，单位是整个韵母（介音、主元音和韵尾）。下面是一些例子，反映的都是《广韵》首韵东韵的情形：

	a	b	c	d	e	f	g	h	i	j	k	l	m	n	o	p	q
uŋ	42	42	0	45	8	0	0	0	0	0	0	48	48	48	0	0	23
oŋ	0	0	43	0	40	48	0	48	48	48	0	0	0	0	0	28	0
ɔuŋ	0	0	0	0	0	0	48	0	0	0	0	0	0	0	0	0	0
aŋ	1	0	0	0	0	0	0	0	0	0	47	0	0	0	10	19	0
ɔŋ	0	0	0	0	0	0	0	0	0	0	0	0	0	0	36	0	0
øyŋ	0	0	0	0	0	0	0	0	0	0	0	0	0	0	0	0	14
ɵyŋ	0	0	0	0	0	0	0	0	0	0	0	0	0	0	0	0	7
əŋ	3	4	3	3	0	0	0	0	0	0	0	1	0	0	0	0	0
ouŋ	0	0	0	0	0	0	0	0	0	0	0	0	0	0	0	0	3

---

① 感谢陆致极帮助我把这些数据制成表和绘制系联树形图。

	a	b	c	d	e	f	g	h	i	j	k	l	m	n	o	p	q
uəŋ	2	2	0	0	0	0	0	0	0	0	0	0	0	0	0	0	0
uoŋ	0	0	2	0	0	0	0	0	0	0	0	0	0	0	0	0	0
iã	0	0	0	0	0	0	0	0	0	0	0	0	0	0	1	0	0
iaŋ	0	0	0	0	0	0	0	0	0	0	0	0	0	0	0	0	1
uŋ	0	0	0	0	0	0	0	0	0	0	0	0	0	0	1	0	0
eŋ	0	0	0	0	0	0	0	0	0	0	0	0	0	0	0	1	0

一共统计了 2770 种情形。相关系数和方言树形图见下文表 3 和图 3。

声调的情形是按中古的四个调类和三类声母确定的。四个调类是平、上、去、入（下面用"1""2""3""4"表示）。三类声母是清声（下面用"x"表示）、全浊（用"y"表示）、次浊（用"z"表示）。众所周知，声母的清浊影响到中古声调的历史演变。例如，在大多数方言里，中古平声已分化为阴平（中古为清声母字）和阳平（中古为浊声母字）。因此，下面的例表中，"1x"表示中古清声母平声。然后对中古的每一类，统计出现代方言里平声字、阴平字、阳平字等等（下面用 1、1A、1B 等表示）的出现频率。① 这样就把历史关系考虑在内了。声调情形的例子如下：

	a	b	c	d	e	f	g	h	i	j	k	l	m	n	o	p	q
1x：1	0	0	0	515	0	0	0	0	0	0	0	0	0	0	0	0	0
1y：1	0	0	0	412	0	0	0	0	0	0	0	0	0	0	0	0	0
1z：1	0	0	0	185	0	0	0	0	0	0	0	0	0	0	0	0	0
1x：1A	522	511	509	0	512	508	511	536	511	504	537	507	500	504	641	495	538
1y：1A	54	59	55	0	54	56	59	54	50	54	52	51	50	52	81	57	55
1z：1A	6	4	4	0	8	11	10	4	2	7	7	5	8	5	7	6	3
1x：1B	1	5	3	0	8	4	4	3	2	5	6	2	9	6	15	7	5
1y：1B	367	354	359	0	357	356	357	376	360	358	383	228	354	361	465	349	372
1z：1B	179	170	176	0	171	172	172	187	174	179	184	2	172	178	223	170	186
1x：2	2	4	5	6	2	2	5	3	0	4	3	5	2	0	4	0	4
1y：2	3	3	2	7	4	3	6	2	0	5	2	3	7	0	6	0	5
1z：2	1	3	3	2	4	3	1	0	0	1	2	2	2	0	7	0	4
1x：2A	0	0	0	0	0	0	0	0	0	0	0	0	0	0	3	0	0
1y：2A	0	0	0	0	0	0	0	0	3	0	0	0	0	3	0	6	0

---

① DOC 计算机文件不区分阴声调类和不分阴阳的调类。例如，阴平（和阳平相对）和平声（不分阴阳）两者都用"1"标志（数字 1 在二栏中占一栏位置，后面空缺）。因此对于不分阴阳的方言，另立单独一类（例如平声）。如此，在计算机处理上，每一声调就有独调（阴阳不分）、阴调和阳调三类。

1z:2A 0	0	0	0	0	0	0	0	0	0	0	0	0	0	0	0	4	0
1y:2B 0	0	0	0	0	0	0	0	2	0	0	0	0	0	1	0	5	0
1z:2B 0	0	0	0	0	0	0	0	2	0	0	0	0	0	1	0	1	0

一共有 133 种情形。相关系数和树形图见下文表 4 和图 4。

为了了解声母、韵母和声调三者对方言亲疏程度的综合影响，我把数据综合起来作同样的统计处理。声母和韵母综合的相关系数（共 3240 种情形）见下文表 5 和图 5。下文表 6 是声韵调三者综合（共 3373 种情形）的相关系数，图 6 是三者综合的树形图。

6. 讨论

表 1 至表 6 中的相关系数表明每一对方言之间的亲疏程度。Cheng（1982）和 Lu、Cheng（1985）两文对方言间关系的几个方面作了讨论。这一节我要讨论几个普遍关心的问题。

我已经建议用按上述方法得出的相关系数作为方言亲疏程度的指标。关于方言间差距的论断现在可以得到这种数量的证实。同时，早先关于方言亲疏程度的论断也能用这些计量研究的结果来评价。例如，詹伯慧（1981）曾提出客家话和赣语间的联系要比闽语内部各方言的联系密切得多。我们对梅县—南昌（代表客家话和赣语）和厦门—潮州（代表闽语内部两种方言）两对方言，按词汇（a）、声母（b）、韵母（c）、声调（d）、声母韵母（e）、声韵调（f）计算出的相关系数依次如下：

	a	b	c	d	e	f
梅县—南昌	.2722	.8051	.7823	.6171	.8039	.6869
厦门—潮州	.3380	.9726	.4037	.8366	.8573	.8434

梅县—南昌只有在韵母方面的相关系数较高，在声母和声调以及声韵调综合方面，闽语内部的相互联系比客家话和赣语的联系密切得多。

相关系数提供了一种前所未有的方法，用数量表达亲疏程度，确定语言亲疏关系的性质，而方言树形图则表明这种数量知识跟早先确定的汉语方言区划基本一致。这种一致程度反过来可以证明上述测量法的有效性。

图 1 至图 6 的方言树形图是聚集分析的结果，画图时用了统一的标度。因此按词汇、声母、韵母、声调及其组合所作的分析可以进行有意义的比较。这些分析表明，词汇使方言的差距增大，而声调则敛缩作用最大，使方言间差距缩小。此外，树形图确立的区划有好些处情况相异。例如，按照声母，北京和济南归为一类，但按照韵母，济南和西安单为一类。这种差异是意料之中的，因为不同的音类经历的历史演变可能不同。西安和济南都有鼻化韵母。北京和济南没有唇齿塞擦音声母，而西安有。树形图体现的这种区划上的差

异可以说是反映了不同音类在演变过程中的这种差别。

按声调测定的亲疏关系表现出极大的差异。按照声调，有理由把太原话从北方话里划分出来。按照声母和韵母，无论是单独看还是一起看，太原话又和北方方言联系密切。考虑声调时（图 4 和图 6）太原话划分出来自成一类。这个山西方言因为在地理上接近北方官话，过去常被认为是一种官话方言。但是，数十年前，Forrest（1948）曾建立单独一类"晋语"，包括太原话和其他山西南部方言。Hashimoto（1976—1977）对山西方言作比较研究后更加明确了"晋语"这个名称。考虑到太原话和有同类特征的其他方言里入声的存在和鼻韵尾的弱化消失，丁邦新（1982）把晋语确立为北方方言的一个分支。李荣（1985）根据入声的存在也认为晋语是不同于官话方言的独立一类。在我们的声调数据例表中，可以看出太原话平声不分阴阳，表明太原话跟其他方言很不一样。

7. 意义

本文开头曾提到，如果一条规则影响的词汇比另一条规则多，通常认为这条规则较为重要。在上述研究中，实际上已经把特征的重要性或"权重"（"分量"）考虑进去，因为表达亲疏关系的统计表完全是根据特征出现的词汇数量。Bloomfield（1933：351）声称"用现代术语来说，一言以蔽之，语音演变的假说就是：音位演变"，然而，自 Wang（1969）文发表以来根据词汇所作的各种对历史演变的研究已经得出一些有意义的成果（参看 Wang，1977）。某些语言单位的出现频率会反映这些单位的"分量"。我希望用词汇进行这类数量研究将使我们能对语言亲疏关系作出最好的综合考察。

在我看来，这些数量研究最重要的贡献在于确定了一种研究方法，从而提供了一种计算方言亲疏关系和区划方言的手段。这种研究方法可以用来测量和归并大方言区内的一些方言，例如当前正在逐一研究的上海和江苏吴语内的方言。

前面的讨论有两个假设，一是这种方法得出的系数真实测定了方言亲疏程度，二是聚集分析的平均值系联法是处理这类数据的适当方法。

早在 1963 年，Meyers 和 Wang 就讨论过选择正确的关系树形图这项工作的艰巨性。关于这一点，好像我并没有众多的树形图须要选择。那些树形图都是聚集分析的结果。用相关系数定义的关系已经排除了许多逻辑的可能性。至于哪种树形图是正确的树形图，仍然没有直接的答案。Krishnamurti（1978）和 Krishnamurti 等人（1983）的两文用"共变"的概念提出另一种建立谱系树的方法。"共变"的概念和本文介绍的相互关系的概念可能最终得出相同的结果，但各种分歧还有待研究。即使是相互关系的测量，构建树形图时也有几种系联法可以采用。本文只介绍了采用非加权平均值系联法得出的结果。是不是应该采用其他方法？是什么促使我们选择这种方法而不是那种？我们对语言的了解能不能反过来

表 1 相关系数——词汇

	北京	济南	沈阳	西安	成都	昆明	合肥	扬州	苏州	温州	长沙	南昌	梅县	广州	阳江	厦门	潮州	福州
北京	1.0000																	
济南	.6715	1.0000																
沈阳	.6983	.6421	1.0000															
西安	.6108	.6076	.5881	1.0000														
成都	.4478	.4533	.4254	.4874	1.0000													
昆明	.4902	.5333	.4818	.5455	.5530	1.0000												
合肥	.4784	.5008	.4746	.4993	.4802	.5431	1.0000											
扬州	.5110	.5287	.4936	.5396	.5056	.5731	.6014	1.0000										
苏州	.2891	.3099	.2866	.3169	.2951	.3547	.3432	.4129	1.0000									
温州	.2179	.2311	.2104	.2211	.2115	.2492	.2342	.2621	.3128	1.0000								
长沙	.4613	.4872	.4487	.4836	.4854	.5383	.4836	.5052	.3452	.2610	1.0000							
南昌	.4428	.4546	.4179	.4475	.4233	.4767	.4732	.5201	.3755	.2817	.5551	1.0000						
梅县	.2149	.2123	.1930	.2013	.1658	.1931	.1772	.1912	.1821	.1896	.2260	.2722	1.0000					
广州	.2401	.2215	.2037	.2090	.1719	.2204	.1993	.2176	.1841	.1949	.2275	.2457	.3022	1.0000				
阳江	.2252	.1984	.1872	.1807	.1480	.1955	.1832	.1942	.1587	.1693	.2008	.2290	.2784	.4776	1.0000			
厦门	.1987	.1641	.1428	.1332	.0891	.1248	.1069	.1247	.0798	.1022	.1195	.1331	.1658	.1707	.1860	1.0000		
潮州	.2136	.1737	.1608	.1396	.0984	.1290	.1190	.1300	.0972	.1012	.1353	.1498	.1856	.2118	.2158	.3380	1.0000	
福州	.2693	.2184	.1920	.2014	.1399	.1613	.1489	.1752	.1230	.1414	.1603	.1844	.1412	.1647	.1568	.2800	.2459	1.0000

表 2　相关系数——声母

	北京	济南	西安	太原	汉口	成都	扬州	苏州	温州	长沙	双峰	南昌	梅县	广州	厦门	潮州	福州
北京	1.0000																
济南	.9941	1.0000															
西安	.9615	.9628	1.0000														
太原	.8609	.8610	.9280	1.0000													
汉口	.7121	.7060	.7592	.8025	1.0000												
成都	.6982	.6967	.7548	.8159	.9858	1.0000											
扬州	.8833	.8779	.9319	.9729	.8183	.8111	1.0000										
苏州	.6521	.6492	.7022	.7393	.5828	.5909	.7418	1.0000									
温州	.6551	.6520	.6996	.7173	.5575	.5557	.7240	.9110	1.0000								
长沙	.7356	.7307	.7294	.6635	.8548	.8423	.6878	.5712	.5386	1.0000							
双峰	.5855	.5831	.6024	.5634	.7743	.7573	.5931	.6060	.6330	.7558	1.0000						
南昌	.7520	.7608	.8154	.8551	.7021	.7069	.8669	.7330	.7133	.5645	.5762	1.0000					
梅县	.5806	.5825	.6376	.6958	.5553	.5533	.6959	.6895	.6796	.5198	.4522	.8051	1.0000				
广州	.5299	.5304	.5501	.5332	.4028	.3826	.5552	.5107	.5302	.4065	.3731	.6029	.7299	1.0000			
厦门	.6100	.6038	.6517	.6857	.5753	.5625	.7144	.7091	.6617	.6087	.4944	.7539	.8165	.6592	1.0000		
潮州	.6336	.6301	.6808	.7230	.6054	.5986	.7396	.7441	.6974	.6166	.5250	.8020	.8677	.6935	.9726	1.0000	
福州	.6863	.6865	.7378	.7677	.6539	.6318	.7950	.7137	.6976	.6715	.5509	.7389	.7808	.6384	.8889	.9017	1.0000

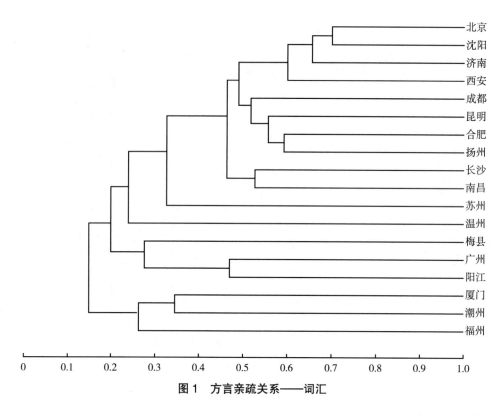

图 1　方言亲疏关系——词汇

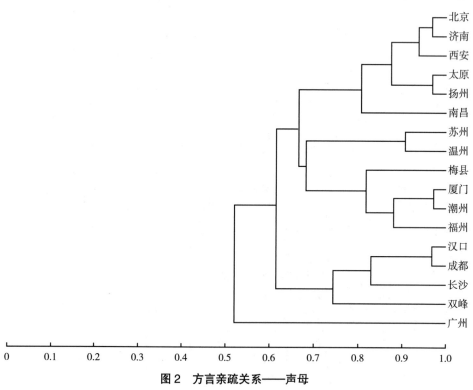

图 2　方言亲疏关系——声母

表 3　相关系数——韵母

	北京	济南	西安	太原	汉口	成都	扬州	苏州	温州	长沙	双峰	南昌	梅县	广州	厦门	潮州	福州
北京	1.0000																
济南	.6067	1.0000															
西安	.6823	.7321	1.0000														
太原	.6246	.4625	.5244	1.0000													
汉口	.8067	.4312	.6611	.4957	1.0000												
成都	.7615	.3992	.5821	.4533	.8427	1.0000											
扬州	.2605	.3936	.2367	.2621	.2553	.3102	1.0000										
苏州	.2005	.1494	.2174	.1056	.3208	.3270	.1475	1.0000									
温州	.0839	.0885	.1311	.1076	.1404	.1789	.1046	.1593	1.0000								
长沙	.5036	.2120	.4009	.3649	.6463	.6315	.2231	.2504	.1224	1.0000							
双峰	.2800	.2579	.2681	.1048	.3144	.3006	.1768	.3173	.0773	.1909	1.0000						
南昌	.5018	.2899	.3261	.4446	.4770	.5147	.2771	.1766	.1421	.4460	.1898	1.0000					
梅县	.4761	.2440	.3199	.4298	.4223	.4647	.2020	.1389	.1277	.3856	.1260	.7823	1.0000				
广州	.1328	.1221	.1032	.1354	.1194	.0750	.0493	.0275	.0470	.0714	.0397	.2338	.2617	1.0000			
厦门	.2781	.1025	.1687	.1537	.2675	.2958	.0973	.0779	.0773	.1936	.1151	.3505	.4300	.1615	1.0000		
潮州	.3559	.2303	.3942	.3167	.4164	.4152	.1679	.1825	.1624	.2833	.1833	.3644	.3600	.1494	.4037	1.0000	
福州	.2563	.2783	.1905	.2859	.2389	.2253	.1874	.0585	.0532	.1940	.0718	.2742	.2408	.1957	.1167	.2940	1.0000

表 4　相关系数——声调

	北京	济南	西安	太原	汉口	成都	扬州	苏州	温州	长沙	双峰	南昌	梅县	广州	厦门	潮州	福州
北京	1.0000																
济南	.9923	1.0000															
西安	.9832	.9941	1.0000														
太原	.3028	.2982	.2954	1.0000													
汉口	.9693	.9497	.9458	.2937	1.0000												
成都	.9670	.9468	.9431	.2932	.9998	1.0000											
扬州	.9405	.9299	.9260	.2990	.9185	.9162	1.0000										
苏州	.6844	.6742	.6754	.1127	.6681	.6675	.6633	1.0000									
温州	.5560	.5491	.5490	.0041	.5430	.5411	.5357	.8613	1.0000								
长沙	.6816	.6705	.6728	.0457	.6657	.6649	.7450	.8789	.7484	1.0000							
双峰	.7187	.6989	.7007	.0464	.7483	.7494	.6792	.9196	.7853	.9044	1.0000						
南昌	.6204	.6115	.6125	.0536	.6076	.6070	.6985	.8094	.6614	.8877	.8238	1.0000					
梅县	.9383	.9283	.9245	.3483	.9168	.9145	.9140	.7634	.6393	.6765	.6966	.6171	1.0000				
广州	.5618	.5547	.5546	.0375	.5486	.5466	.5414	.8523	.9800	.7650	.8045	.6779	.6159	1.0000			
厦门	.6767	.6661	.6681	.1280	.6611	.6603	.6559	.9920	.8589	.8817	.9181	.8084	.7584	.8469	1.0000		
潮州	.5682	.5613	.5612	.0068	.5548	.5528	.5475	.8376	.9753	.7418	.7659	.6367	.6525	.9523	.8366	1.0000	
福州	.6938	.6827	.6848	.1273	.6776	.6768	.6726	.9922	.8554	.8923	.9273	.8198	.7664	.8453	.9985	.8332	1.0000

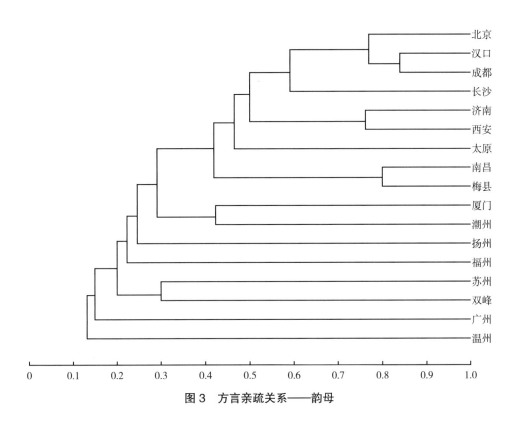

图 3　方言亲疏关系——韵母

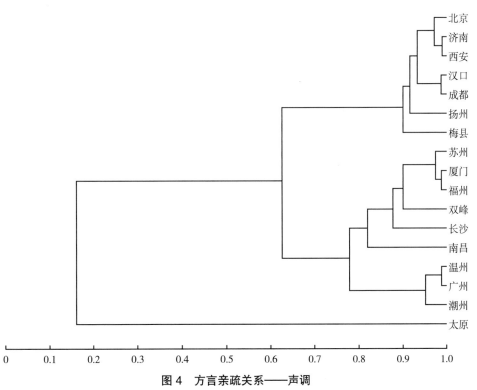

图 4　方言亲疏关系——声调

表 5 相关系数——声母和韵母

	北京	济南	西安	太原	汉口	成都	扬州	苏州	温州	长沙	双峰	南昌	梅县	广州	厦门	潮州	福州
北京	1.0000																
济南	.8872	1.0000															
西安	.8847	.8989	1.0000														
太原	.8003	.7541	.8155	1.0000													
汉口	.7497	.6407	.7412	.7235	1.0000												
成都	.7278	.6234	.7147	.7183	.9452	1.0000											
扬州	.7163	.7479	.7385	.7741	.6682	.6754	1.0000										
苏州	.5493	.5328	.5859	.5831	.5300	.5352	.5980	1.0000									
温州	.5153	.5128	.5553	.5613	.4614	.4681	.5674	.7260	1.0000								
长沙	.6833	.5978	.6481	.5933	.8026	.7885	.5718	.5047	.4448	1.0000							
双峰	.5129	.5042	.5194	.4450	.6478	.6297	.4873	.5409	.4887	.6010	1.0000						
南昌	.6916	.6371	.6826	.7437	.6499	.6626	.7060	.5967	.5675	.5480	.4781	1.0000					
梅县	.5688	.5119	.5689	.6379	.5368	.5448	.5827	.5736	.5568	.5029	.3847	.8039	1.0000				
广州	.4380	.4344	.4414	.4390	.3459	.3176	.4317	.4038	.4173	.3360	.2990	.5137	.6221	1.0000			
厦门	.5429	.4950	.5436	.5645	.5142	.5097	.5736	.5779	.5353	.5217	.4137	.6610	.7391	.5495	1.0000		
潮州	.5800	.5470	.6210	.6331	.5727	.5656	.6120	.6306	.5844	.5507	.4544	.7008	.7654	.5745	.8573	1.0000	
福州	.5950	.5989	.6133	.6580	.5656	.5433	.6571	.5816	.5600	.5698	.4450	.6340	.6753	.5453	.7362	.7856	1.0000

表 6　相关系数——声母、韵母、声调

	北京	济南	西安	太原	汉口	成都	扬州	苏州	温州	长沙	双峰	南昌	梅县	广州	厦门	潮州	福州
北京	1.0000																
济南	.9668	1.0000															
西安	.9603	.9713	1.0000														
太原	.4517	.4383	.4474	1.0000													
汉口	.9176	.8769	.8999	.4261	1.0000												
成都	.9103	.8701	.8913	.4251	.9867	1.0000											
扬州	.8887	.8887	.8848	.4419	.8621	.8618	1.0000										
苏州	.6659	.6545	.6691	.2663	.6500	.6506	.6630	1.0000									
温州	.5671	.5617	.5719	.1755	.5449	.5450	.5652	.8343	1.0000								
长沙	.6975	.6690	.6831	.2208	.7153	.7115	.7153	.7920	.6865	1.0000							
双峰	.6836	.6673	.6735	.1823	.7370	.7333	.6495	.8326	.7256	.8375	1.0000						
南昌	.6575	.6375	.6491	.2724	.6376	.6406	.7148	.7626	.6537	.8048	.7450	1.0000					
梅县	.8405	.8180	.8325	.4521	.8180	.8181	.8279	.7221	.6332	.6448	.6286	.6896	1.0000				
广州	.5488	.5430	.5451	.1309	.5158	.5067	.5330	.7383	.6309	.6621	.6832	.6476	.6355	1.0000			
厦门	.6633	.6452	.6583	.2605	.6464	.6445	.6545	.9004	.7955	.8098	.8188	.7809	.7596	.7806	1.0000		
潮州	.5915	.5782	.5969	.2034	.5801	.5770	.5853	.7892	.8718	.7035	.6963	.6734	.7020	.8465	.8434	1.0000	
福州	.6829	.6762	.6815	.2969	.6643	.6580	.6837	.8865	.7868	.8154	.8118	.7785	.7515	.7698	.9362	.8278	1.0000

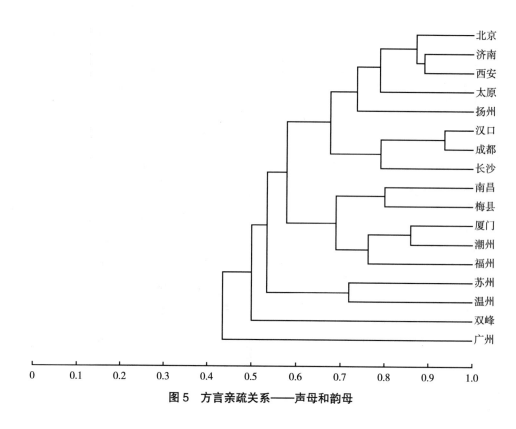

图 5　方言亲疏关系——声母和韵母

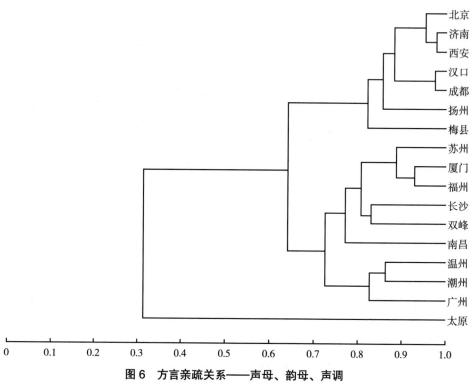

图 6　方言亲疏关系——声母、韵母、声调

有助于统计分类学的研究方法？这些问题当然都是我们有兴趣作长期研究的。当前，我认为计量研究法及其结果给我们提供了一种过去甚至预想不到的方法，来讨论语言演变和关系的一些方面。从另一方面来说，学术成果是累积的，这种对方言亲疏关系的测量还大有改进的余地。

参考书目

北京大学中国语言文学系语言学教研室（编） 1962 《汉语方音字汇》，北京：文字改革出版社。

北京大学中国语言文学系语言学教研室（编） 1964 《汉语方言词汇》，北京：文字改革出版社。

李荣 1985 《官话方言的分区》，《方言》第 1 期。

丁邦新 1982 《汉语方言区分的条件》，《清华学报》第 14 辑。

王立达 1958 《山西方言中的声调与普通话的对应关系》，《方言与普通话集刊》第 5 期。

杨时逢 1957 《台湾桃园客家方言》，台北：历史语言研究所。

杨时逢 1984 《四川方言调查报告》，台北：历史语言研究所。

詹伯慧 1981 《现代汉语方言》，武汉：湖北人民出版社。

Bloomfield, Leonard 1933 *Language*. New York: Holt.

Cheng, Chin-Chuan 1973a A quantitative study of Chinese tones. *Journal of Chinese Linguistics* 1. 93-110.

Cheng, Chin-Chuan 1973b A *Synchronic Phonology of Mandarin Chinese*. The Hague: Mouton.

Cheng, Chin-Chuan 1977 Tonal correlations in Chinese dialects: A quantitative study. *Studies in the Linguistic Sciences* 7(2). 115-128.

Cheng, Chin-Chuan 1982 A quantification of Chinese dialect affinity. *Studies in the Linguistic Sciences* 12: 29-47.

Forrest, R. A. D. 1948 *The Chinese Language*. London: Faber and Faber Ltd.

Gandour, Jackson T. 1978 The perception of tone. *Tone: A Linguistic Survey* ed. by Victoria A. Fromkin, 41-76. New York: Academic Press.

Glass, Gene V. and Julian C. Stanley 1970 *Statistical Methods in Education and Psychology*. Englewood Cliffs. New Jersey: Prentice-Hall, Inc.

Hashimoto, Mantaro 1976-1977 Comparative studies in Jin dialects. Asia-Africa Language and Culture Study 12: 11-58, 13: 77-127, 14: 72-132.

Krishnamurti, Bh. 1978 Areal and lexical diffusion of sound change: Evidence from Dravidian.

Language 54: 1-20.

Krishnamurti, Bh., Lincoln Moses and Douglas G. Danforth   1983   Unchanged cognates as a criterion in linguistic subgrouping. *Language* 59: 541-568.

Lu, Zhiji, and Chin-Chuan Cheng   1985   Chinese dialect affinity based on syllable initials. *Studies in the Linguistic Sciences* 15(2): 127-148.

Mei, Tsu-Lin   1977   Tones and tone sandhi in 16th century Mandarin. *Journal of Chinese Linguistics* 5: 237-260.

Meyers, L. F. and William S-Y. Wang   1963   *Tree Representations in Linguistics.* Project on Linguistic Analysis Reports 3, Ohio State University.

Swadesh, Morris   1950   Salish internal relationships. *International Journal of American Linguistics* 16: 157-167.

Wang, William S-Y.   1967   Phonological features of tone. *International Journal of American Linguistics* 33(2): 93-105.

Wang, William S-Y.   1969   Competing changes as a cause of residue. *Language* 45: 9-25.

Wang, William S-Y.（ed.）1977   *The Lexicon in Phonological Change.* The Hague: Mouton.

Zupan, Jure   1982   *Clustering of Large Data Sets.* Chichester: Research Studies Press.

原刊于 1988 年第 2 期

山西理发社群行话的研究报告

侯精一

提 要：以晋东南长子县人为主体的山西理发社群已有几百年的历史。长期以来，在理发社群中通行一种行话。作者先后在山西省长治市、太原市、平遥县及内蒙古呼和浩特市进行调查，初步搜集到近二百条行话词语。研究报告分析行话产生的社会、历史条件，认为行话是在一定历史条件下的产物，它作为全民语的一种补充性的交际工具为自己的社群服务。研究报告提出，山西理发社群行话用词基本相同，但各地行话在语音上的差别比较明显。行话的构词方式大致有三种：联想构词、谐声构词和借用构词。研究报告还列出理发社群行话的分类词表。

1．理发社群的概况

山西理发社群直到本世纪五十年代初期多是本省东南地区长子县的人。据长子县地方志办公室提供的资料："长子的理发业是民间的传统技艺，已有几百年的历史，解放前和解放后的很长一段时间内，长子理发师遍及省内外。"[1] 据 1953 年的统计数，太原市城区的国营理发店有 1700 人，绝大多数是长子县人。[2] 长子县的河头村、南李村、夏河村家家户户都有理发的，往往一家不止一个人。[3] 长子县出了那么多理发的，究其原因，还是该县自然条件差，不利农事。据旧志记载，当地"气序多寒少暑，桃李迨初夏方华，而移春秋于六月，秋末禾黍始登，或摧残于霜雪，盖地处太行之巅，风猛气肃，即盛夏可不挥扇"。在这种自然条件下，学习本地的传统手艺——理发，就是一个相当好的谋生之道。据说理发

---

① 《山西概况》427 页。山西省地方志编纂委员会办公室编，山西人民出版社，1985。
② 据被调查人郝师傅讲，1956 年上海支援太原一百来位理发师，这些人不讲山西理发社群的行话，他们也说一些行话词语，例如：称"钱"作"把"。本文的讨论不包括这些人讲的行话。
③ 被调查人冯师傅提供。

业是"本钱不大，到处有活儿，随地吃饭，终生有靠"。就这样，以长子县人为主体的理发社群，在几百年间得到很大的发展，这就为行话的产生与推广提供了极好的土壤。

山西的理发社群从本省东南部的长子县向外发展，到解放前，已经超出了本省。据说，河北省张家口地区及内蒙古、宁夏等西北地区都有山西的理发师。作者近几年先后在山西省的长治市、太原市、平遥县及内蒙古的呼和浩特市调查，证实这些地方都有来自长子县的会说行话的理发师。

山西理发社群的发展和近几百年山西商人的活动及山西贫民的外流密不可分。明清以来，所谓西帮（山西）商人有了很大的发展。[①]"自明末以来，山西出身的商人已经行商于张家口。张家口自隆庆五年开设有马市后，山西商人又经常在此与蒙族和满族进行贸易。"[②]"从前，张家口有西帮茶商百余家，与俄商在恰克图易货。"[③]"八家商人者，皆山右人（指山西人——引者），明末时，以贸易来张家口。""山西商人的足迹，还延伸到了所谓九边镇的西陲，即现在的甘肃地方。"[④]山西贫民外流的情况《宣化府志》说："土著之人，从来不习耕，凡戮力于南亩，皆山右之佣。秋去春来，如北塞之雁。"[⑤]从山西去内蒙古垦地的贫民也很多，他们"从山西边境至归化城土默特部，逐渐伸展到鄂尔多斯及绥远城将军辖境的其他地方"[⑥]。我们可以说，旧时山西理发社群的发展是近几百年山西经济向外发展的产物。

2. 理发社群行话产生的社会、历史条件

行话的产生依赖于一个相对稳定的社会群体。它是为满足这个社群的某种交际需要而产生的。

旧时，理发社群的社会地位相当低，坐商还好一些，众多的游商，即所谓的剃头挑子，经常受到官府、黑势力的欺压。为保护自身，求得生存，需要一种社群外的人听不懂的话。比如，同行之间要说些有关顾客的话（诸如头型、发型、付现钱还是记账等），这些话自然要回避外人。可以说，理发社群的行话是为了满足理发社群成员之间的某种交际需要而产生的一种补充性的交际工具。

山西理发社群行话的普及、发展是由行话在社群中的重要地位决定的。旧时的理发社

---

① 《文学报》（上海）1987年9月10日2版《民族工商业者的开拓冒险生涯》一文说："……尤其在清朝中叶，山西商人的足迹曾遍布全国。仅拿内蒙地区来说，他们就控制过整个草原的经济命脉……一些资力雄厚的旅蒙商号如'大盛魁''复盛公'，甚至左右过当时的政治生活。"
② 《山西商人研究》229、230页。〔日〕寺田隆信著，张正明等译，山西人民出版社，1986。
③ 转引自《山西省外贸志·上》41页。山西省地方志编纂委员会办公室，1984。
④ 《山西概况》229页。
⑤ 《宣化府志》卷三十七《艺文志》。（清）乾隆刊本。
⑥ 《内蒙古历史概要》121页。余元盦，上海人民出版社，1960。

群可以说是一个乡帮结合体，带有相当大的排外性。行话是入门的必修课，是正规从师学艺的标志。当学徒的初级功课大概有两门，一是磨刀（这也要技术），二是学行话。如果不会行话，手艺再好，同行还是不承认，被视为"柳生手"（半路学艺的人），为此还要拜师学艺，补学行话。由于行话在山西理发社群中有如此重要的作用，行话自然得到不断丰富和发展。到本世纪四十年代末期，理发社群的行话已发展到了它的顶峰。

到本世纪五十年代初期，理发社群的社会地位大大提高了，理发社群已不再需要这种补充性的交际工具。不过，有些行话在社群里头作为一种语言习惯还在使用。比如：以说"浇龙棍"代替"热水"，以说"条儿"代替"毛巾"。但使用的范围和人数已大大减少了。新的一代学徒，已经不必再去学行话，更重要的是，新一代学徒已不是长子县人，这种新老人员的自然交替，使得行话只在中年以上的老理发师中不同程度地保存着。在"文革"中，理发社群的行话被看作封建的残余习惯受到冲击。

综上所述，可以看出，理发社群行话的产生、发展直至消亡完全是以社会的需求为决定条件的。理发社群的行话作为一种社会现象，是一定历史条件下的产物，作为全民语言的一种补充性交际工具为自己的社群服务，当社群不再需要这种补充性的交际工具时，行话也就完成自己的历史使命了。

3. 理发社群行话的特点

3.1 山西境内的各地行话用词基本相同，但在语音上，由于说话人基本上用的是各自的乡音，所以差别明显。例如：

	长治	太原	平遥
灰子_{媳妇}	₌xuei təʔ₌	₌xuei tsɤˑɪ	₌xuæ tsʌʔ₌（平遥 [f=xu]，此条本地理发师写作"妃子"）
眉轮儿_{眼睛}	₌mi ₌luər	₌mi ₌luər	₌mi ₌luər
条儿_{毛巾}	₌tʰiɑr	₌tʰiaur	₌tʰiɔr
简割_{小、短}	ꞈtɕiɑŋ kəʔ₌	ꞈtɕiɛ kɤˑɪ	ꞈtɕiɛ kəʔ₌

由上例可以看出，名词后缀"子"尾，行话有 [təʔ tsɤˑɪ tsʌʔ] 等不同的读音。这几种读音都是各地语音特点的反映。此外，"条"的儿化读法各地行话也不相同。长治方言 [ɔi] 韵的儿化与 [iɑ iɑn] 韵的儿化合流，都读 [iɑr]，所以母语是长治话的说话人把"条儿"读成 [₌tʰiɑr]。太原 [iau]、平遥 [ɔi] 的儿化不与 [iɑ iɑn] 韵的儿化合流，所以"条儿"的读音与长治不同。"简割"条的不同读音也是各地方音的反映。此外，长治平声分阴阳，太原、平遥平声不分阴阳，在行话中也有反映。这些说明各地行话并没有共同的语音标准，只不过是晋东南的长子县人当理发师的多，晋东南语音在山西理发社群行话中用得多罢了。

3.2 行话用词多实词少虚词，虚词仅限于几个副词，没有介词、连词、助词等。

3.3 行话的词语大多浅显易懂，形象具体。例如：

水上飘——茶叶　　　　　　漫水儿——油

汽轮——汽车　　　　　　　咬牙——锁

行话词语的这个特点基于理发社群普遍文化水平低，其中还有不少文盲的缘故。

3.4 有的行话词语有爱憎色彩。例如称"父亲"为"老实汉儿"，称"兄弟姐妹"为"一奶同"，均带有尊重、喜爱色彩。又如称"警察""狗"为"嚎天的"，称"官吏"为"泥捏的"，则带有反感、憎恶的色彩。

4. 理发社群行话的构词方式

总的来说，理发社群行话的构造比较简单，大致有联想构词、谐声构词、借用构词三种方式。

4.1 联想构词

联想构词是理发社群行话常用的构词方式。其中又可粗分为比形联想、比义联想和比音联想三类。

4.1.1 比形联想。例如：

苗儿——头发　　　　　　　木耳——耳朵

条儿——毛巾　　　　　　　气轮儿——女性乳房

长条细——面条；路　　　　一般大——饺子

四方四——方的或指桌子、酱豆腐、豆腐干等方的东西。

圆上圆——圆的或指月饼、元宵等圆的东西。

4.1.2 比义联想。例如：

气筒——鼻子　　　　　　　车轴——脖子

温台——炕　　　　　　　　涮茬儿——洗头

托掌的——手　　　　　　　刻影儿——电影

顶盖儿——帽子　　　　　　磨茬儿——理发

4.1.3 比音联想。例如：

凿凿——钟

咯咯儿——鸡；引申指吹风机。大概以其声似鸡啼而成词。早先吹风机声音比较大。

哼哼——猪。以猪寻食声而成词。

绵绵——羊。以羊叫声而成词。

咪咪 ˌmi ˌmi——猫。以猫叫声而成词。

4.2　谐声构词

例如：

滴水儿——兵。此条谐"滴水成冰"的"冰"。

对口——碱。此条谐"剪刀"的"剪"。剪刀上下对口，对口才能"剪"。"剪"是"精"母字，"碱"是"见"母字，行话随长子话，也不分尖团。

探不着——糕。此条谐"高低"的"高"。（伸手够不着，自然是放"高"了）

不透风——盐。此条谐"严密"的"严"。

捏不严——张_姓。此条谐"张开"的"张"。

割不断——连_姓。此条谐"连接"的"连"。

4.3　借用构词

借用构词是指行话借用了长子话的某个现成说法而构成行话词。借用的词义（行话词义）与原词义（方言词义）多是相关连的。例如：

圪针——行话指"胡子"。长子话指枣树一类植物的针刺。

圪桩——行话指"人的躯体"。长子话指树的躯干。

蹲——行话指的是"坐"，长子话的意思是指两腿弯曲到尽头，但臀部不着地。

辣——行话指的是"痛"，长子话的意思是指姜、辣椒、蒜等有刺激性的味道。

箩框儿——行话指"腿"（不包括"脚"），长子话"箩框儿"是指箩面时支撑箩的长方横木支架。此条需略作说明："腿"支撑身体，"箩框儿"支撑"箩"，由此，行话以"箩框儿"表示"腿"的意思。

老昌　昌灰——"老昌"行话指中年以上的男人，"昌灰"指中年以上的女人。长子话指植物生长茂盛叫"昌"。行话借用来表示人过中年。"灰"指已婚妇女。这大概由当地已婚妇女多身着深色衣服而得名。"老昌"行话也可称作"老昌店"。

有些行话是如何构造的，目前还搞不清楚，例如，数字从1到10的说法。再如，称"剃头刀"为"清儿"，称母亲为"老灵山"，等等。

5.　理发社群行话分类词表

本词表收录的条目约有二百条，按意义大致分为理发、身体、亲属、人物、姓氏、饮食、服装、居住、动作、性质状态、计数等十一类。每类条目先列出行话的说法，并标注国际音标，再列出普通话的相应说法。行话的本字往往不明，词表用同音字表示，下文不一一注明。有的条目后头还用按语的形式作了简要的说明。呼和浩特市的理发行话，北城与南城有些差别。南城的理发师多来自山西，南城理发行话与山西境内的理发行话用词没有什么差别。北城理发师多来自河北，有些行话的用词与南城的行话不同。词表随条注出。

北城行话词很少，词表中的多数条目，北城行话都不说。

5.1 理发

磨茬儿 ꭇməꞗ ꭇtsʻɑr——理发。呼市北城行话叫"捏尖儿"。

扯茬儿 ꞌtsʻəꞗꭇtsʻɑr——剃光头

磨谷 ꭇmə kuəꞗ——推光头

岳谷 yəꞗ kuəꞗ——长发

汪谷 ꭇuan kuəꞗ——平头、寸头。按：本条及上两条的谷，均是以"谷"表头发。

"岳"是行话数词"二"，"汪"是"三"。故称长发为"岳谷"，称平头、寸头为"汪谷"。

偏圪亮 ꭇpʻian kəꞗ liaŋꞌ——分头

后圪亮 xəuꞌ kəꞗ liaŋꞌ——背头

赶木耳 ꞌkan məꞗꭇ ꞷ——刮耳朵。按："木耳"指耳朵，想是以其形似得名。"赶"表示动作是一刀接一刀，全都刮到了。

赶碟子 ꞌkan tiəꞗ təꞗ——刮脸。按："碟子"行话指脸。呼市北城行话叫作"勾盘子"。

量（苗）眉轮儿 ꭇliaŋ（ꭇmio）ꭇmi ꭇluər——打眼。按："眉轮儿"指眼睛，见下文解说。"打眼"是旧时理发师的额外服务项目。操作时将眼皮翻开，用专用的玉刀轻轻刮眼球。据说很舒服。

搬底儿 ꭇpan ꞌtiər——掏耳朵。按："搬"指搬住（耳朵），"底"指到耳朵里头掏取耳垢。

加码 ꭇtɕia ꞌma——捏肩。按：此条表示此项系额外的，故称之为"加码"。

涮茬儿 suanꞌ ꭇtsʻɑr——洗头。按：张理发师说"搬茬儿"。呼市北城行话称"洗头"作"浇茬儿"。

冰苗儿 ꭇpiəŋ ꭇmiar——火烫

扇苗儿 ꭇsan ꭇmiar——电烫。呼市北城行话叫作"烘茬儿"。

咯咯儿 kəꞗ ꭇkər——吹风机。据郝理发师讲，此条由鸡啼"咯咯咯"而来。

磨子 məꞌ təꞗ——推子

夹子 tɕiəꞗ təꞗ——剪子。呼市北城行话称作"牙子"。

清儿 ꭇtɕʻiər——剃头刀

水鱼儿 ꞌsuei ꭇyər——刮胡子用的小刷子

刷鱼儿 suəꞗ ꭇyər——掸头发茬儿的长毛刷子

钓鱼儿 tioꞌ ꭇyər——刷洗鞋用的长把儿刷子，旧时刮脸前用其蘸清水刷面。按："刷子"用"鱼儿"来表示。据说是因其总在水里泡着，故此得名。

鐾条儿　pʻiˀ ₌tʻiar——鐾刀布。连理发师又叫"拉杖"。按"鐾"《集韵》去声霁韵蒲计切，"治刀使利"。今长子话及理发社群行话在刀布子上蹭刀使锋利均读"鐾"［pʻiˀ］。声母送气，可能受晋南话的影响。

架鐾儿的　tɕiaˀ pʻiərˀ tiəˀ——挑担子理发的。"架"有"挑"义，见下文。

盏　ˀtsan——脸盆、碗。按：旧时理发用的盆，边沿宽大，故行话借"盏"来表示。

条儿　₌tʻiar——毛巾；围单。张理发师称"围单"作"肚帘儿"。

毛条儿　₌mɔ ₌tʻiar——干毛巾

水条儿　ˀsuei ₌tʻiar——湿毛巾

隔山照　kəˀ ₌san tsɔˀ——镜子。张理发师称之为"对面儿"。

通枝　₌tʻuəŋ ₌tsʅ——梳子

玉刀　yˀ ₌tɔ——"打眼"用的器具

5.2　身体

圪桩　kəˀ ₌tsuaŋ——人的身体。按：长子话"树干"叫"树圪桩"，行话借"圪桩"表人体。

仰尘檩　ˀiaŋ ₌tsʻəŋ ₌liəŋ——头。按：长子话把房子的顶棚称作"仰尘"。檩条还在仰尘之上，以此表示"头"的意思，音义皆顺。

苗儿　₌miar——头发。呼市北城行话称"头发"作"草儿"。

盘子　₌pʻan təˀ——脸。连师傅又叫作碟子。

圪针儿　kəˀ ₌tsɛr——胡子。按：长子话"圪针"指枣树一类的针刺。此条行话当由此借来。

眉轮儿　₌mi ₌luɛr——眼睛；眼镜儿。按：眼睛在眉毛下头，眼睛珠儿能转动，联想为"轮儿"，故称之为眉轮儿。

眉轮儿苗儿　₌mi ₌luər ₌miar——眉毛；眼睫毛。

气筒　tɕʻiˀ ˀtʻuar——鼻子。呼市北城行话称"鼻子"作"嗅筒儿"。

合子　xəˀ ₌təˀ——嘴

磨赶　məˀ ˀkan——牙

木耳　məˀ ˀl̩——耳朵。呼市北城行话称作"听儿"。

托掌的　tʻuəˀ ˀtsaŋ təˀ——手

气轮儿　tɕʻiˀ ₌luɛr——女性乳房

气盘儿　tɕʻiˀ ₌pʻar——男性乳房

沙包　₌sa ₌pɔ——肚子

箩框儿　₌luə ˀkʻuar——腿。按：本条的说明见上文。

曲曲　tɕʼyəꜜ tɕʼyəꜜ——脚；鞋

黑塔　xəꜜ tʼəˣ——屁股

把儿　paɪˀ——男阴

捏的　ȵiəꜜ təꜜ——女阴

硃砂　ˌtsu ˌsa——血

鼓啦　ˈku la——病了

停啦　ˀtʼiəŋ la——死了

下了乌烟瘴　ɕia ˀliu ˌian ciꜜ uꜜ ˌnaiꜜ tsaŋˀ——"乌烟"是"气"的意思。详见下文"查乌烟瘴"条。

5.3　亲属

老实汉儿　ˈlɔ səꜜ xaɪˀ——父亲

干实汉儿　ˌkan səꜜ xaɪˀ——干爹

老灵山　ˈlɔ ˀliəŋ ˌsan——母亲

一奶同　iəꜜ ˀnæ tʼˀuənꜜ——兄弟姐妹。按：此条取自俗语"一奶同胞"，藏尾字而成。

半升谷　panˀ ˌsəŋ kuəꜜ——内弟

小板凳儿　ˈɕiɔ ˈpan təɪˀ——尚未成年的儿子

抖子　ˀtəu təꜜ——女儿。据郝理发师讲，女孩儿衣裳美丽轻飘，从衣裳抖动而联想成词。

灰子　xuei təꜜ——媳妇。据连理发师讲，已婚女性，不穿红、绿，习穿灰色，故称为"灰子"。此说似可信。

5.4　人物

份儿　fəɪˀ——人。据连理发师讲，俗话说"人人有份儿"，故以"份儿"代人。此说似可信。

工份儿　ˌkuəŋ fəɪˀ——工人

农份儿　ˌnəŋ fəɪˀ——农民

伴份儿　panˀ fəɪˀ——男人

小钵子　ˈɕiɔ ˌpəꜜ ɕiꜜ——男少年

小抖子　ˈɕiɔ ˀtəu təꜜ——女少年

抹笿　ˀmə ˌɤuꜜ——理发师傅。按："抹笿"是磨面完工时收拾笿的动作。"抹笿"即表示大功告成。以此比指师傅。呼市北城管师傅叫"老本"。

三身　ˌsan ˌsəꜜ——徒弟。按：徒弟学师三年，三年成正身。可能寓意于此。

岳点清　yəꜜ ˀtiaɪˀ ˌtɕʼiəꜜ——二把刀。按："岳"是行话"二"，"清儿"是剃头刀。以此比称技术不行的人。

罗祖　 ₌luə ˈtsu——理发社群的祖师爷。其说不详。

老昌店　ˈlɔ ₌tsˈaŋ tian˸——中年以上男人。按：本条说明见上文。

昌灰　₌tsˈaŋ ₌xuei——中年以上的女子

谷种份儿　kuaʔ˸ ₌tsuəŋ˸ ₌fər˸——庄稼人

地皮份儿　ti˸ ₌pˈi fər˸

总份儿　ˈtsuəŋ fər˸——掌柜的

量啃的　₌lian ˈkˈən təʔ˸——做饭的

倒啃的　tɔ˸ ˈkˈən təʔ˸——要饭的

嚎天的　₌xɔ ₌tˈian təʔ˸——警察

滴水　tiəʔ˸ ˈsuei——兵。按：此条谐"冰"当无疑。

晒火啃的　sæ˸ xuəʔ ˈkˈən təʔ˸——卖饭的

晒捏的　sæ˸ ₌niəʔ˸ təʔ˸——妓女

杆儿上　₌kar saŋ˸——妓院

泥捏的　₌mi niəʔ˸ təʔ˸——官吏。晋东南有不少地方"泥"读双唇鼻音［m］。

望金份儿　uaŋ˸ ₌tɕian fər˸——小偷儿

坷垃店儿　kˈəʔ˸ ₌la tiar˸——指土里土气的人

查乌烟瘴（账）的　₌tsˈa ₌u ₌ian tsaŋ˸ təʔ˸——指旧时官面上来店里查账、查清洁的人。此条很可能是成语"乌烟瘴气"藏末字"气"，"瘴"谐"账"，取"账"的意思。以"乌烟瘴"表示"气"的意思，犹如以"猪头三"（省去末字"牲"）表示"生"的意思。《沪苏方言记要》称："此为称初至沪者之名词。'牲''生'谐音，言初来之人，到处不熟也。"①

架丝子　tɕiaʔ˸ ₌ʂ təʔ˸——抽香烟、抽水烟袋（的人）。呼市北城的行话称作"架熏根子"。

架飞子　tɕiaʔ˸ ₌fei təʔ˸——抽大烟（的人）

5.5　姓氏

虎头份儿　ˈxu ₌tˈəu fər˸——王₍姓₎。按：以虎头上的似"王"字的花纹比附成词，"份儿"指人。

捏不严　niəʔ˸ pəʔ˸ ₌iɛ——张₍姓₎。按：此条谐"张开"的"张"无疑。

灯笼腕儿　₌təŋ ₌ləu uar˸——赵₍姓₎。"灯笼"照亮。"照、赵"谐声，故以"灯笼腕儿"称"赵"姓。长子县及其他许多晋语地区"灯笼儿"的"笼"与"楼"同音，失掉鼻尾。

---

① 转引自《简明吴方言词典》285 页。闵家骥等编，1986。

割不断　kəʔˏ pəʔˏ tuaŋˀ——连姓。按："连接"的"连"与姓"连"的"连"同形，同音，以此谐声。

搬不动　ˏpan pəʔˏ tuaŋˀ——程姓（沉）

粉箩白份儿　ˏfəŋ ˏluə ˏpæ fərˀ——白姓　按：磨麦箩面，得白面粉，由此联想造词。

点滴墨份儿　ˏtian tiəˏ məʔˏ fərˀ——黑姓。按：点墨自然要变"黑"，"份儿"指人。

5.6　饮食

龙棍儿　ˏlyəŋ kuərˀ——1）水。按："龙棍儿"大概是取自房檐的冰柱，弯曲似龙形，长子县气候寒冷，由冰联想到水，成词可通。长子话，"龙"音［ˏlyŋ］读撮口呼，音合。2）尿。

水上飘　ˀsuei saŋˀ ˏp'iɔ——茶叶。郝师傅又叫"圪飘飘"。

挫割　ts'uəˀ kəʔˏ——肉的总称。据郝师傅讲，长子话菜肉细切谓之"挫"。此条是以切肉的动作联想成词。

哼哼　ˏxəŋ ˏxəŋ——猪

绵绵　ˏmian ˏmian——羊

直条蹄儿　tsəʔˏ ˏt'iɔ ˏt'iər——牛马骡驴。"直"是行话数词"四"。

抓不住　ˏtsua pəʔˏ tsuˀ——鱼

稀稀　ˏɕi ˏɕi——稀饭

圪翻翻　kəʔˏ ˏfan ˏfan——烙饼（名词）

一般大儿　iəʔˏ ˏpan tarˀ——饺子

桔块儿　tɕyəʔˏ k'uarˀ——米

海式桔块　ˀxæ səʔˏ tɕyəʔˏ k'uærˀ——大米。"海式"，大的意思。

扑尘　p'əʔˏ ts'ən——面粉

石头垒山　səʔˏ ˏt'əu ˏlei ˏsan——小米饭

苗碎儿　ˏmiɔ suərˀ——菜（不分生熟）

颜光颗　ˏian ˏkuaŋ ˏk'ən——茄子

刺条　ts'ʐˀ ˏt'iɔ——黄瓜

辣圪瘩　ləʔˏ kəʔˏ təʔˏ——姜

霸王　paˀ ˏuaŋ——辣椒

漫水儿　manˀ ˀsuər——油的总称。按：山西牙行，也称"油"为"漫水"，这大概是因为油漂于水面而得名的。

酱漫水儿　tɕiaŋˀ manˀ ˀsuər——酱油

火山　ˀxuə ˏsan——酒。呼市北城行话称"酒"作"四五子"。

忌牛　tɕi² ₌tɕiəu²——醋。据郝师傅讲，长子土话"忌牛"指不好对付的人，也有"酸"的意思。按："牛"长子及晋东南不少地方读零声母的齐齿呼，此说存疑。

不透风　pəʔ₌ t'əu² ₌fən——严（盐）

对口　tuei² ₌k'əu——碱（剪）

探不着　t'an² pəʔ₌ tsɔ²——糕（高）

5.7　服装

衣裳儿　iəʔ₌ sar——衣服。按：此条把"衣"读成入声，用音变的方式把方言词构成行话词。

袄子　₌ts'ɑ təʔ₌——裤子总称

海式袄　ˉxæ səʔ₌ ts'ɑ——长裤

简圪袄　ˉtɕian kəʔ₌ ts'ɑ——短裤

臭腿儿　ts'əu² t'uər——袜子。呼市北城行话把"袜子"叫作"熏腿儿"。

卧撅儿　uə² luər²——被子

皮皮　₌p'i ₌p'i——布；被单；床单

五德拉皮皮　ˉu təʔ₌ lɑ ₌p'i ₌p'i——花布。"五德拉"原指"理发烫出来的花"。

顶盖儿　ˉtiəŋ kar²——帽子。呼市北城行话称"帽子"作"顶天儿"。

5.8　居住

窑儿　₌ɕiar——家；厂房；机关单位。如："红～"指衙门，"法～"指法院，"漫水～"指酱油厂，"臭腿儿～"指袜厂。

壳壳儿　k'əʔ₌ ₌k'ar——屋

张移　₌tsaŋ ₌i——门

亮子　liaŋ² təʔ₌——窗

咬牙　ˉɕi ₌iɑ——锁

温台　₌uən ₌t'æ——炕

四方四　sʅ² ₌faŋ sʅ²——方桌、酱豆腐、豆腐干一类方的东西。

温蹲子　₌uən ₌tuən təʔ₌——铁壶、瓷壶

龙儿盔　₌lyər ₌k'uei——尿盆，按长子话有帽盔子（帽子）、尿盔子（尿盆）的说法。"龙儿"是"龙棍"（水）之省称。

臭窑儿　ts'əu² ₌ɕiar——厕所

圪桩窑儿　kəʔ₌ ₌tsuaŋ ₌ɕiar——澡塘子。"圪桩"是"身体"的意思。呼市北城行话称"澡塘子"作"涮窑儿"。

以下四条虽不属本类，入其他类或自成类都有困难，暂附于此：

皇天　ˏxuaŋ ˏt'ian——天气；社会；春节

圪叉飞飞　kəˎ ˎts'ɑ ˏfei ˏfei——报纸。按："圪叉"是字。可能立意于汉字的笔形点横叉等。"飞飞"是纸的意思。

喊声　ˋxan ˏsəŋ——戏

刻影儿　k'əˎ ˋiər——电影

5.9　动作

扒货　ˏpa xuəˎ——看。如：~喊声儿（看戏）、~刻影儿（看电影）

鎞　p'iˎ——把刀在布、皮上面反复摩擦，使锋利。如：~清儿

片　ˋp'ian——1）生（小孩儿）。如：~板凳儿（生小孩儿）。2）解（大便）。如：~糟儿。"糟儿"［ˎtsar］，指大便。

搬　ˏpan——娶。如：~灰子（娶媳妇）。

磨　məˎ——推（头）；如：~苤儿。

发　fəˎ——1）走。如：~窑儿（走回家）。2）生（气）。如：~鼓。"鼓"行话是指脾气。按：从生气联想到鼓，由此构成词。

蹲　ˏtuəŋ——坐。如：~下（坐下）。"蹲儿"［ˎtuər］指"座位"。如：蹲~上（坐座位上）。

挡　ˋtaŋ——给。如：~了棍儿啦（给了钱啦）。"棍儿"指"钱"。

量　ˎliaŋ——买。如：~衣裳。

溜　liəuˎ——磨（剃头刀）。如：~清儿。

扇　ˏsan——（给头发）吹（风）。如：~苗儿。

筛　ˏsæ——撒（尿）。如：~龙棍。

晒　sæˎ——卖。如：~火啃的（卖饭的）。

加　ˏtɕia——1）吃。如：~丝子（抽烟）。"丝子"是纸烟的意思。2）喝。如：~龙棍儿（喝水）。3）坐。如：~汽轮（开汽车）。"汽轮儿"是汽车的意思。4）担。如：~鎞条儿（担理发挑子）。

圪载　kəˎ tsæˎ——行走。如：苤儿~啦（客人走啦），"苤儿"也指客人。

圪量　kəˎ liaŋˎ——1）挂。~衣裳儿（挂衣服）。2）买。如：~桔块儿（买米）。3）做。如：~啃儿（做饭、买饭）。

啃儿　ˋk'ər——吃。如：~长条细（吃面条）。

合子亡梁　xəˎ təˎ ˏuaŋ ˏliaŋ——骂。"合子"是"嘴"的意思。

曲子亡梁　tɕ'yəˎ ˎtsəˎ ˏuaŋ ˏliaŋ

托儿亡梁　ˏt'uər ˏuaŋ ˏliaŋ——打。如：叫苤儿~啦（叫顾客打了）。

5.10　性质状态

喘干　‘ts'uan ₅kan——快。如：~圪载（快走）。按：喘着气干，很卖气力，自然快了。此条易于联想。

掩　ˊian——慢。如：~一点（慢一点儿）。按：长子话说人迟钝，性子慢叫"掩"。行话借指动作慢。

疲　₅p'i——冷、湿。如：~龙棍儿（冷水）。晋中话称汤水不热谓"疲"。此条有可能借自晋中话。词义有引申。

辣　ləʔ₅——疼。如：很~（很疼）。

叫　tɕiɔʔ——热、烫。如：~龙棍儿（热水）、天~（天热）。

四方四　sʅʔ faŋ sʅʔ——方的东西

圆上圆　₅yan saŋ ₅yan——圆的东西

颜光　ˊian ₅kuaŋ naiʔ——（肉皮被刮破后的）红血道

粉箩白　ˊfəŋ ₅luo ₅pæ——（似箩出的面粉那样的）白

点滴墨　ˊtian tiəʔ məʔ₅——（像点了墨那样的）黑

五德拉　ˊu təʔ₅ ₅la——花（指颜色）。如："~片片"指花布。

照和　tsɔʔ ₅xuə——好、漂亮。如：皇天不~（天气不好），"皇天"指天气。按：长子话"₅和"读合口，"₅河"读开口，介音不同，此处用"和"音义似通。

海式　ˊxæ səʔ₅——1）大。如：~盏儿（大碗）、~杆杆（大城市）。2）高。如：~圪桩（高个的）。3）胖。如：~挫割（人胖）。

简个　ˊtɕian kəʔ₅——1）小。如：~盏儿（小碗儿）。2）低、矮。如：~圪桩（矮个儿）。3）瘦。如：~挫割（瘦人）。按：长子话"个"音［kəʔ₅］，此条用"个"字音顺。

5.11　计数

溜甘　liəuʔ ₅kan——一个。呼市北城行话"一个""两个"的"个"，音［kəˀ］。

岳甘　yəʔ₅ ₅kan——两个

汪甘　₅uaŋ ₅kan——三个

则甘　tsəʔ₅ ₅kan——四个。呼市北城行话，"四个"叫［tseiˀ kəˀ］。

总甘　ˊtsuəŋ ₅kan——五个

省甘　ˊsəŋ ₅kan——六个

星甘　₅ɕiəŋ ₅kan——七个

张甘　₅tsaŋ ₅kan——八个

矮甘　ˊnæ ₅kan——九个

泡甘　₅p'ɔ ₅kan——十个

溜乾溜　liəuˀₛkan liəuˀ——一毛一

溜丈儿溜　liəuˀ ₛtsar liˌueiˀ——旧指"一万一"，今指"一块一"。

一个楚（棍儿）　iəꜱ₂ kəꜱ₂ ₛtsʻuˀ（ꜱkuərˀ）——一块钱

溜个楚（棍儿）liˌueiˀ kəꜱ₂ ₛtsʻuˀ（kuərˀ）按：从南方迁来的理发师把"楚（钱）"称作"把"〔ꜱpɑ〕。这种说法山西本地的理发师也已习惯说了。

十个楚（棍儿）　səꜱ₂ kəꜱ₂ ₛtsʻuˀ（kuərˀ）——十块钱

泡个楚（棍儿）　ꜱpʻɔ kəꜱ₂ ₛtsu（kuərˀ）

简个楚（棍儿）　ₛtɕiɛ kəꜱ₂ ₛtsʻuˀ（kuərˀ）——小费

稿成之后承福建省建瓯县县志编纂委员会潘渭水同志告知，建瓯一带的商贩计数的说法与上列山西理发社群行话计数的说法基本相同。现转录潘渭水同志的记音如下（括号里头的汉字写的是同音字，括号里头的数码表示调值，下同）：

一（柳）ꜱliu（21）　　　　二（月）ŋyɛꜱ（42）

三（汪）ₛuaŋ（54）　　　　四（则）tsɛꜱ（24）

五（中）ₛtœyŋ（54）　　　六（神）ꜱseiŋ（21）

七（申）ₛseiŋ（54）　　　　八（张）ₛtɕiɔŋ（54）

九（艾）ŋyɛˀ（44）　　　　十（柳）ꜱliu（21）

三十五 ₛuaŋ（54）pʻyɛˀ（33）

六百五十五 ꜱseiŋ（21）ₛtœyŋ（45）pʻyɛˀ（33）〔pʻyɛˀ〕音"破"，半也，即"五"。只限用于数末。

湖北武汉华中工学院语言研究所汪平同志告知，贵阳地区的商贩计数的说法与此也类似。

山西、福建相距数千里，山西理发行话的计数说法竟然与福建一些地区商贩的说法大致相同，这的确是个很有意思的问题，值得深入研究。关于计数的说法，山西牙行另有一套，顺带列出，以便一并研讨。此处记录的是长治牙行的发音。

一（士儿）sərˀ（53）　　　二（欠）tɕʻiaŋˀ（44）

三（又）iəuˀ（53）　　　　四（长）ₛtsʻaŋ（24）

五（人）ₛiŋ（24）　　　　六（上）saŋˀ（53）

七（才）ₛtsʻæ（24）　　　　八（力）liəꜱ（54）

九（王）ₛuaŋ（24）　　　　十（大一十）taˀ（53）iəꜱ（54）səꜱ（54）

一块一（重一十）ₛtsʻuŋ（24）iəꜱ（54）səꜱ（54）

一块五（士人嘎）sʅˀ（53）ₛiŋ（24）ₛka（213）<small>一毛五、一百五，一千五均叫"士人嘎"。"嘎"是钱的意思。</small>

山西牙行的计数说法的构成比较简单，一般是取相应数字大写形式的某一偏旁、构件而得名。如"一"牙行行话称作"士",所取是大写"壹"的"士"字头;"二"称"欠"是取大写"贰"的俗写体"式",因为简俗体"式"下缺"贝",故叫作"欠";"三"称"又"是取大写"叁"的俗写体的前两笔"又";"四"称"长"是因为大写"肆"的左边部件,手草似"长";"五"称"人"所取的是大写"伍"左边的立人旁;等等。总之,这些数字的口诀,多来自数字大写的草体或俗体。

附记

为研究报告提供资料的有:长治市英雄台理发店冯宝山、张金龙、胡新爱师傅,太原市服务局连天财师傅,太原市按司街理发店郝根旺师傅,平遥县理发店孙永福、张桂兰师傅,呼和浩特市民族旅社理发部赵子贵师傅。

山西平遥中学任劳老师协助调查平遥理发师傅的发音。郝根旺师傅对一些行话词语所做的分析提出了宝贵意见。对于他们的热诚帮助,谨致由衷的感谢。本文的记音除说明者外均为冯宝山师傅的发音。

原刊于 1988 年第 2 期

普通话声调的声学特性和知觉征兆

林茂灿

提　要： 对自然语音作声学分析表明：普通话四声的"调型段"基频有不同的变化模式；上声时长并不总比其他三个调的长；上声振幅并不都是双峰型的，也并不都是最小的。用合成语音做的知觉实验表明，仅仅靠振幅曲线形状和大小，人们是无法区别四声的，但在 F_0 模式和其相应时长之外，再配上合适的振幅曲线，四声辨认率会有所提高；时长对上声和阳平辨认率的影响，不如对上声和去声自然度的影响大；仅仅靠 F_0 模式，四声的正确辨认率可达 94%。因而，F_0 模式是普通话声调的最本质成分，是辨认普通话声调的充分而又必要的征兆。

1. 引言

本世纪二十年代，刘复用浪纹计测量了字音基频 F_0，研究了其 F_0 变化规律，得出了关于汉语声调的很有价值的结论（刘复，1924）。后来有人用较新式仪器对普通话做了声调实验（Romportal，1953；Shen et al.，1961）。我们用音高显示器对普通话声调做了实验，看到字音 F_0 曲线上不仅有"调型段"，而且还可能有"弯头段"和"降尾段"（林茂灿，1965）。Chuang 等人（1971）对普通话做了 F_0 分析和辨认实验。Howie（1974）认为普通话声调的定义域（the domain of tone）不是在音节的所有带音部分上，而是在主要元音和韵尾上。这些文章只讨论 F_0 在声调中的作用，但对振幅在声调中的作用，近一二十年才有人用实验方法进行了研究；而用实验手段探讨时长对四声辨认的影响，则是近来才见有报告。

Howie（1972）利用声码器（vocoder）研究普通话声调的辨认问题。他的结论是：F_0 曲线是四声辨认的充分征兆，它在四声辨认中的作用是第一位的。

王士元（1983）谈到了基频和振幅在识别普通话声调中的作用。

Kratochvil 在 1984 年根据普通话语流中字音 F_0 和振幅（A_0）的声学分析结果，认为四

声 F_0 曲线与其 A_0 曲线之间有一定的相似性（转引自 Sagart，1986）。

林焘和王士元（1984）用合成语音及自然语音重新组合等方法研究普通话声调的知觉问题。他们发现听音人对两字组中第一个字音调类的判断往往受第二个字音基频和它本身时长的影响。

本文先介绍普通话声调的声学分析结果，然后以这些结果为基础，变换合成语音有关参数，通过听辨判断，研究时长和振幅在普通话单字调知觉中的作用，并探讨基频在这方面的地位。

2. 普通话声调的声学特性

中国社会科学院语言研究所语音研究室的前身——语音研究小组在六十年代初曾对普通话声调做了较全面的实验。这次实验关于 F_0 的结果已发表（见参考文献［2］）。这儿除了再对 F_0 特性作一些讨论外，着重介绍下面知觉实验要用的关于时长和强度的一些材料。

在这次实验中，F_0 和时长（T）的测量，主要用"音高显示器"，同时还用阴极示波器拍摄字音波形，按照量测浪纹计所画浪纹的办法，从语波确定 F_0 和 T。用 B&K 声级记录器记录字音强度。发音人 A（男）和 B（女）各念 38 组四声共 147 个字。当时我们用同样方法又分析了20 人的"妈麻马骂"、"通同统痛"和"烧杓少（多少）绍"三组四声。这 20 人男女各半，老、中、青都有。他们都在北京出生长大。所有单字是无规则排列的，发音人念完一个字停一两秒钟再念下个字。20 人的实验结果跟 A 和 B 的结果基本一致。这儿着重介绍 A 和 B 的实验结果（见图 1、图 2）。

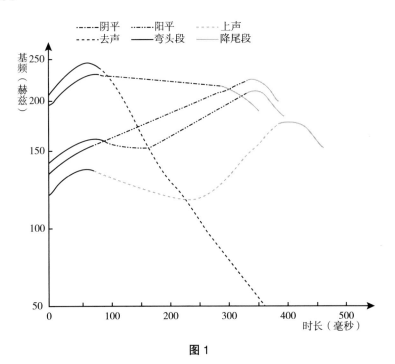

图1

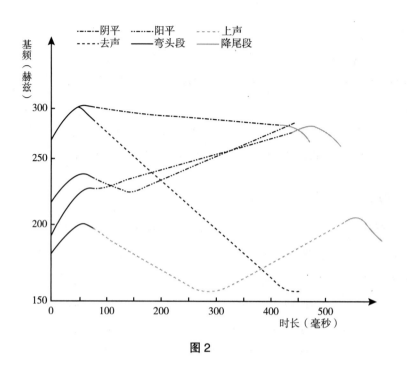

图2

2.1 基频

图1和图2分别为 A 和 B 念的38组四声的平均 F_0 曲线。每条曲线开头和末了的实线分别表示其弯头段和降尾段，中间的点划线表示其调型段。

弯头段和降尾段的发生可能由声带运动惯性等因素引起；其 F_0 升度和降度及持续时间都比调型段的小（数据见［2］），人们在听辨字音时不容易察觉它们的存在。

普通话去声 F_0 曲线本来是下降的，难以确定其调型段和降尾段的界线，不过，降尾段在去声中应该是更容易发生的。A 的去声下降23个半音，比其上声转折点还低10个半音，可是人们不觉得 A 去声下降那么低，而觉得跟其上声转折点一样高。这可能是动态的弱复合声音高辨别阈问题。我们取 A 的去声终点基频等于其上声转折点基频，这样得到 A 和 B 的阴平调值都是55，去声都是51，而阳平分别为25跟325和35跟425，上声为214和212。

从图1和图2可以看出：普通话中凡属同一调类的字音，不管其声韵结构如何，单念时的调型段 F_0 模式大体相同；在不同调类之间，调型段 F_0 模式大体互有区别。值得注意的是，阳平字音的调型段 F_0 不仅有上升的，而且有降升的。A 和 B 的阳平有这种情况，另外20人的也有这种情况。

2.2 时长

这儿给出 A 和 B 的声母、韵母和带音段相对时长在四声中的出现率。

2.2.1　声母

B 念的"妈"、"麻"、"马"和"骂"里 /m/ 时长分别为：90、75、110 和 68 毫秒。把时长相对地分为最长、次长、次短和最短四个等级，那么 /m/ 在上声"马"中为最长，阴平"妈"中为次长，阳平"麻"中为次短，去声"骂"中为最短。把 38 组的声母时长都作这种相对比较，得到表 1 的声母相对时长在四声中的出现率。从表 1 看到，声母不总是在哪个调里最长，哪个调里次长，……，哪个调里最短，不过声母在上声里最长的出现率较多，在去声里最短的出现率也较多。

表 1

出现率(%) 相对长短 声调 发音人	阴平				阳平				上声				去声			
	最长	次长	次短	最短	最长	次长	次短	最短	最长	次长	次短	最短	最长	次长	次短	最短
A	31	13	22	34	20	46	7	27	48	26	13	13	13	21	13	53
B	16	31	25	28	37	23	20	20	61	23	0	16	12	16	16	56

2.2.2　韵母

韵母相对时长在四声中的出现率见表 2。从表 2 看到，B 的上声韵母都是最长的，A 的上声韵母最长的只占 86%；韵母最短的出现率，B 在去声占 63%，而 A 在阴平占了 57%。

表 2

出现率(%) 相对长短 声调 发音人	阴平				阳平				上声				去声			
	最长	次长	次短	最短	最长	次长	次短	最短	最长	次长	次短	最短	最长	次长	次短	最短
A	0	8	35	57	9	60	20	11	86	11	3	0	8	32	21	39
B	0	22	46	32	3	77	9	11	100	0	0	0	0	11	26	63

2.2.3　带音段

表 3 给出带音段相对时长在四声中的出现率，其情况跟韵母的十分相似。B 的上声都是最长的，A 上声最长的只占 89%；最短的，B 在去声占 63%，而 A 在阴平占了 59%。

表3

出现率(%)相对长短发音人＼声调	阴平				阳平				上声				去声			
	最长	次长	次短	最短	最长	次长	次短	最短	最长	次长	次短	最短	最长	次长	次短	最短
A	0	14	27	59	6	71	14	9	89	8	3	0	5	26	27	32
B	0	14	54	32	0	77	14	9	100	0	0	0	0	11	26	63

从以上对相对时长作的分析可以看出，A 和 B 的声母、韵母及带音段时长，固然不是哪个调一定最长，哪个调一定最短，即时长在四声中没有固定的相对关系，但绝大多数的上声时长（包括声母、韵母等）比其他三个调的长。

2.3 强度

这儿介绍字音强度曲线形状和字音相对强度在四声中的出现率（见图3）。

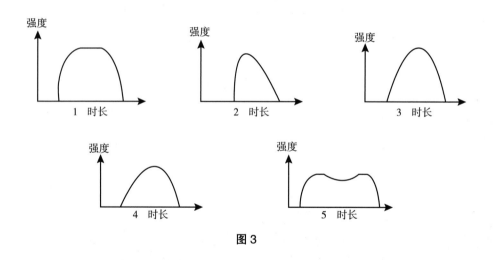

图3

2.3.1 字音强度曲线的形状

根据字音强度曲线上强度最大点所在的位置和强度变化的总趋势，我们把测量得到的字音强度曲线形状粗略地归纳为图3所示的五种类型。一是平台型，前后强度基本相同；二是前强型，强度最大点在前部；三是中强型，强度最大点在中部；四是后强型，强度最大点在后部；五是双峰型，强度曲线中间凹下，形成马鞍。

下面把这五种字音强度曲线形状在四声中的出现率列于表4。从表4看到，A 和 B 的上声振幅并不全都是双峰型的，去声的振幅也并不全是前强型和中强型的，而阴平振幅和阳平振幅多数也为前强型和中强型的。

表4

出现率（%）/音强类型/发音人	调类	阴平	阳平	上声	去声
平台型	A	13.5	14.2		
	B	10.8	19.9	8.1	10.4
前强型	A	59.4	37.5		44.8
	B	54.0	42.6	10.8	44.8
中强型	A	16.2	25.6		55.2
	B	29.7	28.8	8.1	36.9
双峰型	A			100	
	B			59.4	
后强型	A	10.8	22.7		
	B	5.4	8.7	13.5	7.9

2.3.2 字音强度

表5给出字音相对强度在四声的出现率。从表5可以看到，上声强度只是多数或大多数为最弱，阴平、阳平和去声也有一些为最弱的，最强的有去声和阳平及阴平，个别上声也有最强的。

表5

出现率（%）/相对强度/发音人	声调	阴平				阳平				上声				去声			
		最强	次强	次弱	最弱	最强	次强	次弱	最弱	最强	次强	次弱	最弱	最强	次强	次弱	最弱
A		35	35	3	27	31	40	9	20	14	11	5	70	76	16	3	5
B		35	30	11	24	46	28	6	20	5	22	11	62	42	39	8	11

3. 普通话声调的知觉征兆

本实验用的刺激音由杨顺安同志提供，是在普通话音节合成系统上制备的（杨顺安，1986）。根据下面各表所给的六种条件合成 /shi/、/t'uo/ 和 /ai/ 的各种言语声。每种言语声重复出现三次，不同种类的言语声之间相隔5秒。所有言语声无规则地录在录音机上，使得听音人听到 /shi/ 音时，无法猜测它是由哪个条件合成的，当然，对 /t'uo/ 或 /ai/ 也是这样。

这三种音的四声基频（F_0）变化模式、振幅（A_0）曲线形状及其时长（T）在各表的合成条件中给出。图 4 是根据条件 A 合成的 /t'uo/ 语图。14 位北京人参加辨认测验，他们对根据条件 A 合成的三种言语声的四声辨认结果在表 6 右边列出。听音人作两种判断：一是听到的言语声属于哪个调类，二是该言语声音质是自然的还是欠自然的。听音人对听到的言语声无法判断其调类或觉得音质差时，都可不作任何判断表示。

表 6

合成条件 A	四声辨认率（%）			
	阴平	阳平	上声	去声
A（1）F_0：高平 A_0：前强，后强 T=348 毫秒	97.6** =（75.8+21.8）	0	0	0
A（2）F_0：中升 A_0：前强，后强，平台 T=390 毫秒	0	100 =（76.2+23.8）	0	0
A（3）F_0：低降升 A_0：双峰 T=470 毫秒	2.4 =（2.4+0）	0	97.6 =（61.9+35.7）	0
A（4）F_0：高降 A_0：前强，中强 T=307 毫秒	0	0	0	100 =（69.0+31.0）

** 各表圆括号里的前一个数字表示 14 位听音人认为这种言语声音质自然的百分数，后一个数字表示音质欠自然的百分数。

对条件 A（1）的言语声，听音人辨认为阴平的占 97.6%，只有一人对这个条件的 /t'uo/ 没有作出声调判断，没有一人把它们辨认为其他声调。这就是说，对 F_0 为高平、A_0 为前强或后强、T=348 毫秒的言语声，听音人几乎百分之百辨认为阴平。他们认为这些言语声音质自然的占 75.8%，欠自然的占 21.8%。对条件 A（3）即 F_0 为低降升、A_0 为双峰、T=470 毫秒的三种言语声，听音人辨认为上声的占 97.6%，只有一人把其中一个言语声辨认为阴平，占 2.4%。他们认为这些言语声音质自然的占 61.9%，欠自然的占 35.7%。所有听音人对条件 A（2）和 A（4）的言语声都百分之百辨认为阳平和去声，没有一个言语声被辨认为其他声调。听音人认为这些言语声音质自然的分别占 76.2% 和 69.0%。由于条件 A 的参数大体相当于通常四声的声学表现，因此我们把根据条件 A 合成的四声作为参考声调，以此与根据其他条件合成的作比较，从而研究基频、振幅和时长在普通话声调中的作用。

图 4

从表 6 和表 7 可以看出，条件 B 和条件 A 在 F_0 模式和相对时长方面是相同的，但两者在振幅曲线形状方面却有很大不同。条件 B（3）的振幅不是双峰型，而是中强型。条件 B（4）的振幅不是前强型或中强型，而是后强型。条件 B（1）和 B（2）的振幅曲线形状相对于条件 A（1）和 A（2）也分别作了改变。图 5 是根据条件 B 合成的 /t'uo/ 语图。

表 7

合成条件 B	四声辨认率（%）			
	阴平	阳平	上声	去声
B（1）F_0：高平 A_0：平台，中强 T=382 毫秒	100 （92.9+7.1）	0	0	0
B（2）F_0：中升 A_0：前强，后强 T=412 毫秒	0	97.6 =（64.3+33.3）	0	0
B（3）F_0：低降升 A_0：中强 T=468 毫秒	0	0	97.6 =（57.4+40.2）	0
B（4）F_0：高降 A_0：后强 T=370 毫秒	0	0	0	95.2 =（54.7+40.5）

听音人对条件 B 的言语声四声辨认结果列于表 7 的右边。把 F_0 低降升的振幅从双峰型改为中强型后，其合成的言语声 97.6% 被辨认为上声，只有一人没作声调判断，没有一人把这种言语声辨认为其他声调。把 F_0 高降的振幅从前强型或中强型改为后强型后，其合成的言语声 95.2% 被辨认为去声，所剩下的 4.8% 是听音人没作声调判断的，没有一人把这种言语声辨认为其他声调。把 F_0 高平和中升的振幅曲线形状也作了适当改变后，其合成的言语声 100% 和 97.6% 被分别辨认为阴平和阳平，也没有一人把它们辨认为其他声调。总体来说，条件 B 的言语声四声平均正确辨认率为 97.6%，比条件 A 的只下降 1.2%。听音人认为条件 B 的合成言语声音质自然的占 67.3%，比条件 A 的下降 3%。

图 5

条件 C 言语声的 F_0 用五度制声调符号表示，都是中平的，各言语声的相对时长跟条件 A 的相同，而条件 C（1）的振幅为中强型，C（2）的振幅为后强型或双峰型，C（3）的振幅为双峰型，C（4）的振幅为前强型，如表 8 所列出的。图 6 是根据条件 C 合成的 /t'uo/ 语图。

听音人对条件 C 的言语声四声辨认结果列于表 8 的右边。从表 8 看到，没有一位听音人把这些言语声辨认为阳平、上声或去声，而他们把这些言语声辨认为阴平的却占了 89.3%，其余的 10.7% 是听音人没作出任何辨认表示的。这个条件的实验表明，后强型、双峰型和前强型的振幅曲线和其相适应的时长，并没有使听音人把它们辨认为阳平、上声和去声，而由于它们的 F_0 都是一条水平线，听音人只可能把这些言语声辨认为阴平。由于普通话里的阴平是高平调，而条件C的F_0值属于中平调，因而，听音人虽然认为这些言语声绝大多数是阴平，但它们的音质很多是欠自然的。听音人认为这些言语声音质自然的只占40.1％，比条件A的70.7％，下降了30％。大概也由于这个原因，有10.7％的言语声，听音人没有对它作出任何调类判断。

表8

合成条件 C	四声辨认率（％）			
	阴平	阳平	上声	去声
C（1）F_0：中平 A_0：中强 T=332 毫秒	92.9 =（38.1+54.8）	0	0	0
C（2）F_0：中平 A_0：后强，双峰 T=413 毫秒	85.7 =（42.7+43.0）	0	0	0
C（3）F_0：中平 A_0：双峰 T=443 毫秒	85.7 =（26.2+59.5）	0	0	0
C（4）F_0：中平 A_0：前强 T=310 毫秒	92.9 =（57.1+35.8）	0	0	0

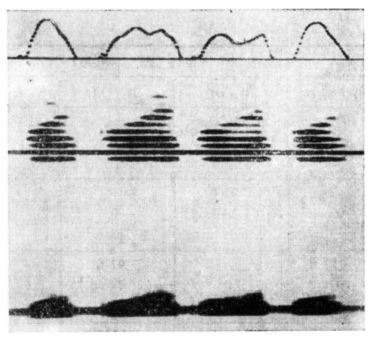

图6

在 F_0 中平时，使双峰型振幅曲线的谷逐渐加深，听音人对这种言语声仍然没有上声的感觉；但当谷底深度大约等于或大于峰巅高度一半以后，如图 8 所示那样，对这时的声音，听音人便认为是两个音。

从表 9 可以看出，条件 D 跟条件 C 的不同仅仅在时长方面，条件 D 的言语声时长都等于条件 A 的去声时长，而条件 D 的 F_0 模式和振幅曲线形状都跟条件 C 的相同。图 7 是根据条件 D 合成的 /t'uo/ 语图。

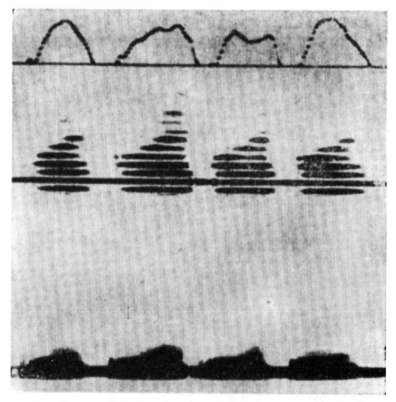

图 7

听音人对条件 D 的言语声四声辨认结果列于表 9 的右边。从表 9 看到，没有一位听音人把这些言语声辨认为阳平、上声或去声，而他们把这些言语声辨认为阴平的却平均占了 92.3%，其余的 7.7% 是听音人没作出任何辨认表示的。这个条件的实验结果又表明，只要言语声的 F_0 是一条水平线，而不管其振幅曲线形状和时长是怎样的，听音人只可能把这些言语声辨认为阴平。当然，由于这些言语声 F_0 值也属于中平调，听音人认为这些言语声很多是欠自然的，认为音质自然的也只占 40.5%，跟条件 C 的一样也下降了 30%。

表9

合成条件 D	四声辨认率（%）			
	阴平	阳平	上声	去声
D（1）F_0：中平 A_0：中强，前强 T=317毫秒	92.9 =（45.2+47.7）	0	0	0
D（2）F_0：中平 A_0：后强 T=317毫秒	92.9 =（33.4+59.5）	0	0	0
D（3）F_0：中平 A_0：双峰 T=317毫秒	90.5 =（38.1+52.4）	0	0	0
D（4）F_0：中平 A_0：前强 T=317毫秒	92.9 =（45.2+47.7）	0	0	0

图8

表10和11给出合成条件E和F的基频、振幅和时长。条件E及F的F_0模式和振幅曲线形状都跟条件A的大致相同。条件E跟条件F不同的地方在于，条件E各言语声时长

都等于条件 A 去声时长，而条件 F 各言语声时长都等于条件 A 上声时长。听音人对条件 E 及 F 的言语声四声辨认结果列于表 10 和表 11 的右边。

从表 10 看到，听音人对条件 E（1）的言语声百分之百辨认为阴平，没有一个言语声被辨认为其他声调；对条件 E（2）和 E（4）的言语声分别有 95.2% 和 97.6% 辨认为阳平和去声，没有一个言语声被辨认为其他声调。听音人对 E（1）、E（2）和 E（4）的言语声平均 97.6% 辨认为阴平、阳平和去声，比条件 A 的这三种言语声声调平均正确辨认率只下降了 1.6%。听音人认为 E（1）、E（2）和 E（4）言语声音质自然的平均为 72.9%，比条件 A 这三种言语声的只下降 0.7%。可是听音人对条件 E(3) 言语声只有 90.5% 辨认为上声，有两个声音被辨认为阳平，比条件 A（3）的上声辨认率下降了约 7%。听音人认为 E（3）言语声音质自然的只有 39.7%，比条件 A（3）的 61.9% 下降了约 22%。这个条件的实验结果表明，言语声时长缩短到通常的去声时长时，主要使上声自然度和辨认率下降，而它对自然度的影响要比对声调辨认率的影响大得多。

表 10

合成条件 E	四声辨认率（%）			
	阴平	阳平	上声	去声
E（1）F_0：高平 A_0：前强，后强 T=310 毫秒	100 =（78.5+21.5）	0	0	0
E（2）F_0：中升 A_0：平台，后强，前强 T=310 毫秒	0	95.2 =（66.6+28.6）	0	0
E（3）F_0：低降升 A_0：双峰 T=310 毫秒	0	4.7 =（2.4+2.3）	90.5 =（39.7+50.8）	0
E（4）F_0：高降 A_0：前强，中强 T=310 毫秒	0	0	0	97.6 =（73.8+23.8）

表 11

合成条件 F	四声辨认率（%）			
	阴平	阳平	上声	去声
F（1）F_0：高平 A_0：前强，后强 T=476 毫秒	100 =（83.3+16.7）	0	0	0

合成条件 F	四声辨认率（%）			
	阴平	阳平	上声	去声
F（2）F_0：中升 A_0：前强，后强，平台 T=467毫秒	7.1 =（7.1+0）	88.1 =（66.7+21.4）	0	0
F（3）F_0：低降升 A_0：双峰 T=467毫秒	0	0	95.2 =（69.0+26.2）	0
F（4）F_0：高降 A_0：前强，中强 T=467毫秒	0	0	0	100 =（50.0+50.0）

从表11看到，听音人对条件 F（1）的言语声百分之百辨认为阴平，没有一个言语声被辨认为其他声调；对条件 F（3）和 F（4）的言语声有95.2%和100%辨认为上声和去声，没有一个言语声被辨认为其他声调。听音人对 F（1）、F（3）和 F（4）的言语声平均98.4%辨认为阴平、上声和去声，比条件 A 的这三种言语声声调正确辨认率没有什么下降。可是，听音人对 F（2）言语声只有88.1%辨认为阳平，有三个声音被辨认为阴平，比条件 A（2）的阳平辨认率下降了约12%。听音人认为 F（1）、F（2）和 F（3）言语声音质自然的平均为73%，比 A（1）、A（2）和 A（3）的并无下降。可是，听音人认为 F（4）言语声音质自然的只有50%，比 A（1）的下降了19%。这个条件的实验结果表明，言语声时长等于通常的上声时长时，主要使上声自然度和阳平辨认率下降，而它对上声自然度的影响比对阳平辨认率的影响来得大。

4. 结果和讨论

4.1 对自然语音作声学分析看到，普通话字音四声的调型段基频有不同的变化模式；字音时长在四声中没有固定的相对关系，但绝大多数的上声时长比其他三个调的长；上声振幅曲线并不都是双峰型的，其强度只是多数或大多数为最小。

4.2 下面介绍通过合成语音作知觉实验得到的结论。

4.2.1 条件 D 的实验结果表明，仅仅靠不同形状的振幅曲线，不会给听音人以不同声调的感觉。

4.2.2 条件 C 的实验结果表明，只要言语声的 F_0 是一条水平线，即使振幅和时长作某种变化，也不会给听音人以不同声调的感觉。

4.2.3 条件 A 的 F_0 模式、振幅曲线形状和相对时长大体相当于通常的四声声学表现。

听音人对这个条件的言语声四声平均正确辨认率达 98.8%。

4.2.4　条件 B 在 F_0 模式和相对时长两方面跟条件 A 的相同，但是条件 B 的振幅曲线与其相应的 F_0 曲线在形状上没有什么相似性。听音人对这种言语声四声平均正确辨认率仍达 97.6%，比条件 A 的只下降了 1.2%。这一方面说明 F_0 模式和相对时长所产生的四声正确辨认率可能为 97.6%，另一方面说明，振幅对四声辨认率可能只有 1.2% 的作用。

4.2.5　从条件 E 和 F 的实验结果看，言语声在 F_0 模式和振幅曲线形状方面相当于通常四声的声学表现，而其时长分别都等于通常去声或上声时长时，这两个条件的言语声四声平均正确辨认率各为 95.8%。把这个辨认率跟条件 A 的作比较，可能说明时长对四声平均辨认率大约有 3% 的作用。

从表 10 和表 11 可以看到，时长主要影响上声和阳平的正确辨认率。F_0 低降升曲线的时长等于通常去声时长时，它的上声正确辨认率要下降 7%；F_0 中升曲线的时长等于通常上声时长时，它的阳平正确辨认率要下降 12%。

从表 10 和表 11 进一步看到，时长对上声和去声自然度的影响更大。F_0 低降升曲线的时长等于通常去声时长，以及 F_0 高降曲线的时长等于通常上声时长时，其自然度各要下降约 20%。

4.2.6　由于 F_0 模式及相应时长和振幅所产生的四声正确辨认率为 98.8%，而时长和振幅对四声正确辨认率的影响平均只有 3% 和 1.2%。因而，我们估计由 F_0 模式所产生的四声正确辨认率约为 94%。

因而，我们以为，F_0 是普通话声调的最本质成分，是辨认普通话声调的充分而又必要的征兆。

4.3　在其他条件相同情况下，发音时用的力大，所形成的元音基频 F_0 也大，元音强度也会大；反之则反是。上声的 F_0 曲线是低降升的，其字音强度为什么不总是双峰型的呢？这首先因为元音强度不仅受发音时用力大小所制约，而且还受不同形状声道的调节作用所影响。这后者是元音固有强度问题。另外，元音共振峰与其邻近谐波的偏离程度，对元音强度也有不小的影响。House（1959）用合成元音的办法，发现元音强度在这方面有五六分贝的变化范围。字音里元音开始时和终了时的共振峰频率值要受其前面和后面辅音性质的影响。这些因素的综合作用，使得字音振幅曲线形状和大小在四声中难以形成固定的格式。当然，这个问题是 Lehiste（1970）在讨论为什么难以用强度来解释轻重音时首先提出的。

4.4　用耳语说话声带不振动，当然在耳语声谱里不会有谐波结构，也不会有基频成分，但普通话字音耳语声调辨认率有人认为超过 50%（梁之安，1963）。从本文的实验结果看，振幅和时长不大可能成为耳语声调的辨认根据。普通话耳语声调信息靠什么传递呢？我们以为，普通话耳语声调的知觉征兆，一种可能是存在于共振峰中，另一种可能是耳语噪声的中心频率作某种变化，给人以音高变化的感觉。关于普通话耳语声调靠什么来感知这个问题，还有待于用实验办法来解决。当然，也有人根据实验结果认为，在没有上下文环境情况下，耳语声调是不会被很好地加以辨认的（Abramson，1972）。

参考文献

梁之安　1963　《汉语普通话中声调的听觉辨认依据》，《生理学报》第 26 卷第 2 期。

林茂灿　1965　《音高显示器与普通话声调音高特性》，《声学学报》第 2 卷第 1 期。

林焘　王士元　1984　《声调感知问题》，《中国语言学报》第二期。

刘复　1924　《四声实验录》，上海群益书社。

王士元　1983　《语音的基频，共振峰和元音的关系》，《语言学论丛》第十一辑。

杨顺安　1986　《浊音源动态特性对合成音质的影响》，《中国语文》第三期。

Abramson, A. S.　1972　tonal experiments with whispered Thai, in A. Valdman（Ed.），*Papers in Linguistics and Phonetics to memory of Pierre Delattre*, The Hague：Moüton, PP. 31-44.

Chuang, C. K., HiKi, S., Sone, T. and Nimura, T.　1971　The acoustical features and perceptual cues of the four tones of Standard Chinese, *Proceedings of the 7th Inter. Cong. of Acoustics,* Vol. 3, Budapest：Akadémial kiado, pp. 297-300.

House, A. S.　1959　A note on optimal vocal frequency, *Journal of Speech and Hearing Research*, 2, pp. 55-60.

Howie, J. M.　1972　Some experiments on the perception of Mandarin tones, *Proceedings of the 7th Inter. Cong. of Phonetic Sciences*, The Hague：Moüton, pp. 900-904.

Howie, J. M.　1974　On the domain of tone in Mandarin, *Phonetica*, Vol. 30, No. 3, pp.129-148.

Lehiste, I.　1970　*Suprasegmentals,* M.I.T. Press, pp. 106-153.

Romportal, M.　1953　*Zum problem der Töne in Kuo-Yü*, Archir Oriantalni, Vol. 21.

Sagart, L.　1986　Tone Production in Modern Standard Chinese：A Electromyographic investigation, *Cahiers de Linguistique, Asie Orientale*, Paris, pp. 205-221.

Shen, Yao, Chao, C. Y. and Peterson, G.　1961　Some spectragraphic light on Mandarin tone-2 and tone-3, *The Study of Sound*（Ed. by the Phonetic Society of Japan），Vol. 9, pp. 265-314.

原刊于 1988 年第 3 期

汉语正反问句的模组语法

黄正德

提 要：本文的目的有二：一、详细考察汉语正反问句的语法特性，并说明这些特性的理论意义；二、为正反问句提供一种新的分析并以实际语料和语法论证支持这一分析。笔者认为：许多正反问句在句法上与特指问句相当。这一点与传统的看法大为不同。

1. 前言

汉语的疑问句一般可以分为特指问、是非问、选择问、正反问四种：

特指问：你买了什么？　　　　　　　　谁看见了李四？

是非问：你有空吗？　　　　　　　　　这本书是你的吗？

选择问：你喜欢这本书还是那本书？　　张三来还是李四来？

正反问：你买不买书？　　　　　　　　你买书不买？

其中正反问句（或称为反复问句）一类，学者们通常认为是选择问句的一种。例如朱德熙先生（1982）认为汉语问句分为三类，把正反问句归在选择问句之下。吕叔湘先生（1985）则认为选择与正反问句都是由是非问句派生而来的。汤廷池先生（1984）以语助词"呢"的分布情况为由，认为正反问句在句法上与是非问句应不属同类，但同时又肯定了正反问句与选择问句同属一类的看法。在国外，这种处理方法也是行之已久。早在 1967 年王士元先生就曾详述了汉语的正反问句，并以当时生成变换语法理论的观点给此类句式提供了一些有趣且富有启发性的分析，而且给若干早期的汉语生成语法研究奠定了基础。在《汉语的并列与删除》一文中，王先生把正反问句当作选择问句的一种，并认为这两种句式是一般并列结构省略的结果。依照王先生的分析，下列各句（b、c、d、e）都是从（a）分别经过"顺向省略"或"逆向省略"而来的：

（1）a. 他喜欢这本书（还是）他不喜欢这本书？

　　b. 他喜欢这本书不喜欢这本书？

　　c. 他喜欢不喜欢这本书？

　　d. 他喜欢这本书不喜欢？

　　e. 他喜不喜欢这本书？

这种处理办法有不少优点。因为选择问句、正反问句与一般并列结构在句法及语义上有若干共同点，把它们一并处理正好可以收到解释这些共同点的效果，同时又能反映出此类句式各句间固有的派生演化关系，因为正反问句的结构极可能是由选择问句演化而来的（见梅祖麟，1978）。王先生的分析曾引起许多学者的兴趣，例如戴浩一（1972）研究汉语并列结构的删除及林双福（1974）研究闽南话的选择问句，都以此分析为出发点。

本文目的有二：一是详细考察汉语正反问句的语法特性，并说明这些特性的理论意义；二是给此类句式提供一种新的分析并以实际语料与语法论证来支持这一分析。本文认为：许多正反问句在句法上与特指问句（又称疑问词问句，Question-word Question）相当。这与传统看法大为不同。另外，虽然传统上认为例（1）中b、c、d、e各句都由一条规则演化而成，但本文则认为这些句子有数个来源。这种方法把看似一回事的语言现象拆开来处理，与时下方兴未艾的语法模组理论（Modular Theory of Grammar）相符。本文第二节详述正反问句的重要语法特征并讨论传统的处理方式。第三节略叙本文的理论要旨，并说明在本文的分析之下第二节讨论的问题如何获得解决。第四节将提出多项独立证据来支持这一分析。最后一节是结论。

2. 正反问句与选择问句

如上所述，把正反问句与选择问句合并处理有若干优点，认为正反问句是"并列删除"（coordinate deletion）的结果也有方便之处。不过详细考察这类句式，不难发现它们之间有许多重要的区别。不仅这两种句式之间有许多不同，就是同属正反问句的例子之间也是如此。这就给这种"一并处理"的方式造成了困难。以下分五点说明。

2.1　一般并列结构的省略是自然语言中常见的现象，但这种省略有一个方向性的限制（Directionality Constraint，简称DC），这是Ross（1967）早已提出并获得证实的普遍语法规则。这个限制规定：如果同指的词组在结构树里向左分枝，省略则应该是顺方向的省略；如果同指词组向右分枝，省略则应该是逆方向的省略。如下面英语例（2a）可以经过顺向省略得到（2b），但不能经过逆向省略得到（2c），这是因为（2a）的树状图（3）里同指名词John向左分枝。

（2）a. John sang and John danced.

b. John sang and danced.　　（3）

c. *Sang and John danced.

反之，（4a）只能逆向省略得到（4b），不能顺向省略得到（4c）：

（4）a. John danced and Mary danced.

b. John and Mary danced.

c. *John danced and Mary.

DC 显然也适用于汉语的并列删除：

（5）a. 张三唱歌，张三跳舞。

b. 张三唱歌、跳舞。

c.* 唱歌，张三跳舞。

（6）a. 张三唱歌，李四（也）唱歌。

b. 张三、李四（都）唱歌。

c.* 张三唱歌，李四（也）。

现在回来看看正反问句的形式。（1a）的树状结构如右：依照 DC 的规定，上句可以经过顺向省略去掉第二个"他"得到（1b），也可以进一步以逆向省略去掉第一个"这本书"与第一个"欢"字，而分别得到（1c）与（1e）等句。因此以并列删除的方式可以很方便地产生这些问句，而且也可以解释为何下列各句不能成立：

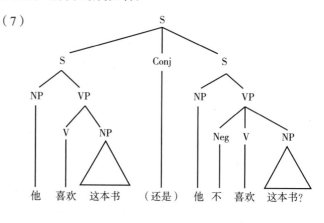

（8）* 喜欢这本书，他不喜欢这本书？

（9）* 他喜欢这本书不喜？

（10）* 他喜欢不喜这本书？

但是有些正反问句显然不受 DC 规定的限制，如例（1d）：

（1）d. 他喜欢这本书不喜欢？

句中宾语"这本书"在结构树（7）中向右分枝，依照 DC 的规定应该执行逆向省略，但（1d）实行了顺向省略，这与 DC 的规定不符。这说明至少有一部分正反问句是不能以"并列删除"的方式来处理的。

2.2 戴浩一（1972）曾经指出，汉语的"并列删除"除了须遵守 DC 之外，还得受到一条"直接支配条件"（Immediate Dominance Condition，简称 ID）的限制。这个条件规定：凡是要经过"并列删除"而省掉的词组，都必须受到并列成分（Conjunct）的直接支配。戴先生的 ID 条件很巧妙地解释了下面的语言事实：

（11） a. 张三吃饭，李四吃面。

b.* 张三吃饭，李四面。

（12） a. 张三煮饭，李四吃饭。

b.* 张三煮，李四吃。

（11b）不成立，是因为省略的述语"吃"不受并列成分"李四吃面"的直接支配（"吃"不是"李四吃面"的直接成分）；（12b）不成立，是因为省略的宾语"饭"不受并列成分"张三煮饭"的直接支配。同时戴氏假设 ID 条件为汉语所特有，这又说明虽然（11b）和（12b）不能成立，与它们相应的英语句子则毫无瑕疵：

（13）John ate rice and Bill noodles.

（14）John cooked and Bill ate rice.

虽然上面的例子支持 ID 条件，但汉语也有许多句子似乎可以违反 ID 条件。下面两句里省略的宾语"饭""书"都不是并列成分"李四吃饭"或"不劝他买书"的直接成分：

（15）张三煮饭，李四吃。①

（16）你劝他买书不劝他买？

像上节谈到的 DC 条件一样。我们有理由认为戴氏的 ID 条件颇富解释力而值得采信。若如此，则（15）（16）可以成立的事实再度说明，某些看似由"并列删除"得来的句子，实际上是有其他来源的。

2.3 某些普遍语法上重要的通则在汉语里大体上都适用，唯独运用到部分（但不是全部）正反问句时，却似有反例。这里讨论两个普遍语法规则：一个有关"词语自主律"（Lexical Integrity），另一个有关"介词悬空"（Preposition Stranding）。

2.3.1 语法学上有一个很基本的概念，认为"词语"（word，含单词与复合词）与"词组"（phrase）分别属于不同的语法层次，必须分别处理。词语与词组有许多区别，若要一语以贯之，就是：词语必须遵守"词语自主律"，而词组则不必。② 所谓"词语自主律"，

---

① 例句（11）（12）与（13）（14）之间的区别表明汉语所受的限制较英语为严。但有趣的是，与（15）句相应的英语句子反而不能成立：*John cooked the rice and Bill ate.

② "词语自主律"是生成语法学派"扩充的标准理论"视为最重要的原则之一。其实这个原则在汉语语法学界也行之已久。赵元任先生（1968）与陆志韦先生（1964）都曾详论过词语与词组的不同，并为复合词的判定提供了几个准则，其中最主要的是：词语不可以扩展，但词组可以。这些准则大都可以归入"词语自主律"。

是说：

（17）属于"词语"层次的范畴都具有完整的自主性，适用于"词组"层次的句法或语义规则都不能直接牵涉到"词语"的内部结构。

（17）可以解释词组的成分为何可以移出词组的范围，而词的成分则不可以移出词的范围。例如，（18）句中的宾语"书"可以移出谓语词组"没买书"的范围，而（19）句中的"意"则不能移出动宾复合词语"注意"的范围：[①]

（18）a. 他没买书。

b. 书，他没买。

（19）a. 他没注意。

b. *意，他没注。

另外，"并列删除"也不能删略复合词中的一部分：

（20）a. 我喜欢火车跟汽车。

b. *我喜欢火跟汽车。

（21）a. I like New York and New Orleans.

b.*I like New York and Orleans.

一般言谈中的承前省略也受同样的限制：

（22）问：你喜欢他吗？　　答：我不喜欢。

（23）问：你喜欢他吗？　　答：*我不喜。

再者，语义组合规则以词组的成分为基本单位而不以词语的内部成分为单位，因此（24）中出现语义矛盾而（25）中则没有：

（24）*一块绿色的黑色的木板

（25）一块绿色的黑板

又，代名词可以复指整个名词但不能复指名词的内部成分：

（26）a. All Bloomfieldians liked Bloomfield.

b. *All Bloomfieldians liked him.

现在再来看看正反问句的情况。有趣的是，像（1c）这样的句子似乎可以违反"词语自主律"，而像（1d）这样的句子却不可以：

（27）a. 他喜不喜欢这本书？

b. *他喜欢这本书不喜？

---

① 赵元任先生（1968）曾谈到有许多词语经过"离子化"后可得到有限度的扩展。如："心，我倒是不担。""我帮了他三天的忙。"但"担心""帮忙"等若带有宾语（如："我不担心这件事"）就不能扩展了（*"心，我不担这件事"）。可见，"担心""帮忙"等具有词语和词组的双重身分。

（28）a. 你高不高兴？

b. * 你高兴不高？

当然我们可以容许"词语自主律"有一些"例外"，但这不能解决问题，反而会引出更多的问题：为什么"例外"偏偏只出现在正反问句中而不出现在其他结构中？为什么只有（27a）与（28a）这类的正反问句可以有"例外"而（27b）与（28b）这类的正反问句不可以？显然，从（27）和（28）中我们可以看出：许多正反问句不是"并列删除"的结果，而且正反问句包含不同的格式，不能用一条规则一并处理。

2.3.2　除了"词语自主律"外，"介词悬空"也是理论语言学界中很受人注意的现象。所谓"介词悬空"是说，介宾结构中的宾语如果经过移动律移出介宾结构，或是受到删除律的删除，留在原位的介词就挂单了。一般来说，除了英语与其他少数日耳曼语系语言允许有限度的"介词悬空"外，绝大多数的人类语言都是不允许"介词悬空"的。汉语自然也不例外。因此，虽然述宾结构中的宾语或主谓结构中的主语都可以移出或删除，但介宾结构中的宾语却不可以。从下面例句中可以看到这种差别，句中空范畴符号［e］代表名词组的移出点或删略点：[①]

（29）a. 我希望张三会来。

b. 张三，我希望［e］会来。

（30）a. 我看完了那本书了。

b. 那本书，我看完了［e］。

（31）a. 问：你看完了那本书了吗？

b. 答：我看完了［e］。

（32）a. 我把你的书撕破了。

b. * 你的书，我把［e］撕破了。

（33）a. 问：你跟李四打架了吗？

b. 答：* 没有，我没有跟［e］打架。

为了避免介词挂单，介词后面的宾语空位必须用代词充添。所以，如（34）所示，像"书"这种通常不以代词复指的无生命名词不得不以代词"它"复指，而（33）中的略掉的介词宾语"李四"要靠代词"他"来复指：

（34）a. 你的书，我把［它］撕破了。

b. 没有，我没有跟［他］打架。

禁止"介词悬空"的规定，可用下列公式表示：

---

① 英语允许有限度的"介词悬空"：Who did you dance with？ The bed was never slept in. 英语的"介词悬空"在理论语言学中是个很有趣的问题，参看 Riemsdijk（1978）及 Hornstein and Weinberg（1981）等。

（35）*［介词［e］］

这个公式可以理解为：介词不可以以空范畴为其宾语。下面这个例子中"被"字后面没有宾语，有人认为是个反例：①

（36）李四被打了。

其实不然，我们有理由认为这里的"被"字只是一个表示被动的动词前缀或语态助词，而不是一个挂单的介词。换句话说，"被"字后面并没有一个代表移出点或删略点的空范畴，因此不违反（35）的规定。假如（36）里有个空范畴，（37）句就应该成立：

（37）*张三，李四被［e］打了。

同时，也很难解释为什么不能用（36）来回答（38）中的问句：

（38）问：李四被张三打了吗？

答：*是的，李四被打了。

因此，（36）不属（35）的例外。"介词悬空"在汉语中是严格禁止的。但是，有些正反问句似乎不受此规定的限制：

（39）a. 你从不从这里出去？

b. *你从这里出去不从？

（40）a. 你到底把不把功课做完？

b. *你到底把功课做完不把？

这又说明至少部分正反问句不是依靠删除规律形成的。

2.4 "词语自主律"和"介词悬空"除了说明正反问句不是由"并列删除"得来的之外，还可以证明正反问句与一般带有"还是"的选择问句不属一类。上文提到某些正反问句似乎不受"词语自主律"和禁止"介词悬空"规定的限制，但从下面的例句中可以看出，

---

① 桥本万太郎（1987）认为（36）违反了介词不得悬空的规定，因此"被"字不应看作介词，而应看成及物动词。依桥本之见，"张三被打了"是"张三被人打了"省去宾语子句主语"人"的结果。其实这种分析根本上还是没有解决问题。因为我们知道类似的结构一般不允许"人"字的省略："他让人批评了"*他让批评了"。另外，虽然有些宾语子句主语可以省略，但是被省略的名词组一定是有定的或有所指的名词组，例如："张三说［e］不必来"里，"不必来"的主语一定是张三或者是言谈中提到的特定的人物。其他一般的省略也都如此："［e］昨天买了两本书。"但像"张三被打了"这种句子，反而是在施事者完全无定指的情况下才能成立。（37）与（38）的答句不能成立正是因为"李四被打了"句中"打"字的施事者根本没有确定的指涉能力。这说明"李四被打了"不是一个省略句，"被"字后面根本没有空范畴作其宾语。这里的"被"不是介词而是一个语态助词。这种一个词语可以分属两个语法范畴的情形亦可见于"在"字。"张三在我家看书"里的"在"是介词，而"张三在看书"中不含有任何一个有所指涉的处所副词，此时的"在"只能看成一个"情貌助词"。桥本先生认为让"被"字分属两个语法范畴是一种"循环论证"，实际上他忽略了上述"施事者无所指"这一重要事实。另外，他对生成语法的批评主要是针对早已被放弃更新了的观点而发，与当代生成语法理论没有太大的关系。

选择问句须严格遵守这两项重要原则：①

（41） a. 你喜欢还是不喜欢那本书？

b. *你喜还是不喜欢那本书？（比较：你喜不喜欢那本书？）

（42） a. 你从这儿还是不从这儿出去？

b. *你从还是不从这儿出去？（比较：你从不从这儿出去？）

（43） a. 你跟他还是不跟他说话？

b. *你跟还是不跟他说话？（比较：你跟不跟他说话？）

（44） a. 你在家还是不在家吃饭？

b. *你在还是不在家吃饭？（比较：你在不在家吃饭？）

2.5　选择问句和正反问句，除了在"介词悬空"及"词语自主律"两方面表现大不相同外，它们之间还有一项很重要的区别，这就是，正反问句的出现要受到某些"孤岛条件"（Island Condition）的限制，而选择问句则不受此类限制。所谓"孤岛条件"是说某些结构不准许它所包含的成分和外面发生关系，好像这些成分被禁锢在孤岛上一样（见 Ross，1967；Chomsky，1981，1986，等等）。生成语法理论中，最为人所知的"孤岛"有主语子句（Sentential Subject）和关系子句（Relative Clause）。由于"孤岛条件"的限制，英语中的疑问词不能从主语子句或关系子句中移到整个母句之前。因此下列（a）句深层结构中的疑问词不能经"疑问词移动"移至句首得到合法的疑问句，如（b）句所示：

（45） a. That John read which book surprised you？

b. *Which book did that John read［e］surprise you？

（46） a. You like the woman who saw what？

b. *What do you like the woman who saw［e］？

（45b）和（46b）不能成立，就是因为疑问词组"which book"和"what"都被关在"孤岛"上，移出来就违反了"孤岛条件"的限制。这里应该提及一点，我们所说的"孤岛"并不包括宾语子句，因此宾语子句中的疑问词可跨出子句做远距离的移动：

（47）What did you say［that John bought［e］］？

（48）What did it surpirse you［that John read［e］］？　［比较（45）］

（49）who did you believe that Bill thought［I should see［e］］？

现在让我们回到汉语的正反问句和选择问句上。有趣的是，一个正反问句的正反形式（即"X 不 X"部分）不仅可以出现在母句的谓语里：

---

① （42—44）中的（a）句似乎不太自然，有些人不能接受［也有人不能接受（39a）与（40a）等句］。不过，在接受程度上，（a）句与（b）句之间显然存在着差别，这种差别也是一种语言事实，也应在理论上给予解释。

（50）你认不认为他会来？

（51）张三有没有说过他会来？

也可以出现在宾语子句的谓语中：

（52）你认为［他会不会来］？

（53）张三说［他要不要来］？

但"X 不 X"形式却不能出现在主语子句或关系子句中：

（54）a.*［我去美国不去美国］比较好？

b.*［我去美国不去］比较好？

c.*［我去不去美国］比较好？ [①]

（55）a.*你喜欢［尊重你不尊重你的］人？

b.*你喜欢［尊重不尊重你的］人？

c.*你喜欢［尊不尊重你的］人？

这种"宾语子句可以"而"主语子句或关系子句不可以"的现象就是一种"孤岛条件"现象。因此我们可以说正反问句形式受"孤岛条件"的限制。现在反观选择问句，可以发现"选择词组"（"X 还是不 X"或"X 还是 Y"）可自由出现在宾语子句之内：

（56）a.你认为［他尊重还是不尊重你］？

b.张三说［他来还是不来］？

同时也可以出现在主语子句和关系子句之内，这一点和正反问句完全不同。（57）和（58）中的例句正好与（54）和（55）中的例句形成鲜明的对比：

（57）a.［我去美国还是不去美国］比较好？

b.［我去美国还是不去］比较好？

c.［我去还是不去美国］比较好？

（58）a.你喜欢［尊重你还是不尊重你的］人？

b.你喜欢［尊重还是不尊重你的］人？

---

① "他去不去美国不清楚"这种句子与（54c）不同。这里的正反问句是一个间接问句，作"不清楚"的主语。因此，正反问句的范围只限于主语子句中，不违反"孤岛条件"。但（54c）的谓语"比较好"不能以问句为其主句，因此正反问句的范围周遍于母句，这就违反了"孤岛条件"。一种问句形式能否当间接宾语主要由谓语或动词的属性来决定。这个问题近年来引起了学者们的深入讨论，如望月八十吉（1980）、郑良伟（1984）、汤廷池（1981，1984）、陈炯（1982）及拙作（1982a，1982b，1984）都涉及这个问题。由于汉语问句与英语问句在句法上很不相同（汉语的疑问词不必移至句首），过去生成语法学家很少注意到汉语疑问句。但汉语问句除了疑问词不移动这一点外，其他句法与语义属性几乎和英语疑问句完全相同，这一现象近年来引起了许多生成语法学者的注意，他们开始对汉语及其类似的语言做较深入的分析研究，见 Lasnik and Saito（1984）、Chomsky（1986）及其引书。

显然选择问句的形式不受"孤岛条件"的限制。这点又是正反问句与选择问句在语法上不属同类的另一明证。

3. 正反问句与特指问句

上文已指出，无论就并列删除的一般方向限制还是汉语特有的直接支配条件，甚或词语自主律、介词悬空及孤岛条件等方面而言，传统上那种把正反问句看作一种选择问句而一并处理的方式都是有问题的。本文提出用一个相反的方式处理这类句式，把原来看似属于一种语法现象的结构抽丝剥茧地分开处理〔即把一种语法现象"模组化"（Modularized）〕。依照这个"模组理论"，我们主张除了选择问句应与正反问句分别处理之外，像例（1）中的正反问句也有数个不同的来源。下面详细谈谈这些问题。

3.1 首先，带有"还是"的问句我们都认为是地道的选择问句，无论形式上属于"X 还是不 X"（来还是不来）还是属于"X 还是 Y"（张三还是李四）均如此。这种问句可以依照许多语法学家（如王士元，1967；林双福，1974）的办法，以并列式复合句为深层结构，经过"并列删除"的操作产生。如（59b）及（60b）可分别由（59a）及（60a）派生出来：

（59）a. 你喜欢张三还是你喜欢李四？

b. 你喜欢张三还是李四？

（60）a. 你认识张三还是你不认识张三？

b. 你认识还是不认识张三？

这种句子所牵涉的删略过程与一般非疑问句并列结构形成的删略过程相同，都必须受到方向性的限制与直接支配条件的约束。

3.2 不带"还是"的正反问句才是地道的正反问句。这种问句可分为两种形式："A 不 AB 型"与"AB 不 A 型"。前者系传统分析法中由"AB 不 AB"经逆向省略而产生的那种，包括（1c）及（1e）这类句子，现重复如下：

（61）他喜欢不喜欢这本书？（=1c）

（62）他喜不喜欢这本书？（=1e）

"AB 不 A"型包括（1d）等句：

（63）他喜欢这本书不喜欢？（=1d）

（64）你认识张三不认识？

当 B 等于零时，两种形式表面上合而为一，呈"A 不 A"状态。所以把（65）句分析成"AB 不 A"或"A 不 AB"均可：

（65）你来不来？

下列这种句子实际上也属"A 不 A"型（设 A 等于"喜欢这本书"，B 等于零）：

（66）他喜欢这本书不喜欢这本书？

我们认为"A 不 AB 型"和"AB 不 A 型"都不是由复句经"并列删除"产生的。这两种形式各有各的来源。这节先谈"A 不 AB 型"。这种正反问句的深层结构是一个带有"疑问屈折词组"的简单句，如图（67）（67）所示：

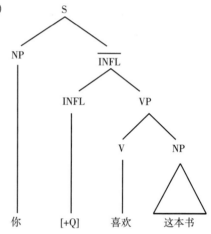

（67）中含有一个带［+Q］（Question）属性的屈折范畴（INFL，Inflection）。① 这个抽象的屈折范畴在不同方言中有不同的语音表现方式。如在普通话中，表现方式是重叠，也就是说带有［+Q］的屈折词组引发出一条语音重叠律，把紧随在［+Q］之后的成分重叠一次并在中间插入"不"字。由于重叠的部分可大可小，其结果可以是"喜不喜"或"喜欢不喜欢"，也可以是"喜欢这本书不喜欢这本书"，等等。这就分别产生了（61）（62）及（65）（66）等句子。

按照这种办法产生的正反问句形式反而不像一般选择问句，其句法反与（68）（69）这类特指问句相近：

（68）谁来了？

（69）张三为什么没有来？

（68）问的是一个名词组的内容，（69）问的是原因副词组的内容，而正反问句问的则是屈折范畴的内容。若名词组带有［+Q］，其语音表现则是"谁"或"什么"等；若副词性词组是疑问词组，其表现则是"为什么"或"怎么"等；而若屈折范畴带有［+Q］，其具体表现是重叠。因此正反问句在句法上可以说与特指问句类似，而不是一种选择问句。

应该指出的是，虽然在语法分析上我们把正反问句看成一种特指问句，但这并不否认正反问句与选择问句之间的历史渊源关系。正反问句形式可能在历史上由选择问句演化而来（见梅祖麟，1978）。上面讲到的理由说明在现代汉语中正反问句的语法性质已和选择

---

① 这里所说的"屈折范畴"（INFL）相当于早期生成转换语法中的助动词范畴（AUX）。INFL 涵盖所有修饰全句的模态成分（Modality），如助动词、情貌助词、否定词、强调词（"是"）等。我们认为这个范畴也包含一个质问全句真伪的疑问助词。应该说明的是，使用"屈折范畴"一词只是沿用生成语法的术语而已，并不意味着汉语是一种屈折语言。其实，换个说法，称这些成分为"助词"也未尝不可。格语法（Case grammar）把这些成分统称为模态成分（见 Fillmore，1968）。INFL 表示由 INFL 和其后随成分构成的更大的结构项。

问句大为不同，已不适合与后者一并处理了。

我们的处理方法也不否认正反问句在语义上与选择问句有许多相似之处。选择问句要听者在两个或多个个体或情况中加以选择，而正反问句要听者在"A"与"不 A"之间加以选择，因而两者在语义上同属一类。但应该注意的是，特指问句实际在语义上和选择问句也十分相似。含有"谁""什么"等疑问词的特指问句也是要听者在"谁"或"什么"等词的外延中作一选择，而不同的是特指问句通常可以牵涉到无定的外延（"谁"可指任何一个人或一群人，"什么"可指任何一件或几件东西），而选择问句却只能涉及有限的、有定的外延。可是特指问句也常有牵涉有定外延的情况，如：

（70）张三和李四，你喜欢哪一个？

（71）那三个人谁最聪明？

这些特指问句的语义显然与选择问句相同。比如，（70）和"你喜欢张三还是李四？"显然意义一样。事实上，选择问句和特指问句在语义上都是一种牵涉到存在量化（Existential Quantification）的句子（见 Karttunen，1977），因此把正反问句看成一种特指问句在语义上不无道理。

还有一点应该指出，正反问句与特指问句的相似点主要仍限于句法方面，尤其是它们都牵涉到一个疑问词组，而这个疑问词组的分布又要受到"孤岛条件"的限制等（详见下文），这与一般"并列删除"产生的选择问句有很大的差别。在语义方面，正反问句当然与选择问句相似。另外，从语用的角度来看，正反问句与特指问句之间的差异就更明显了。众所周知，特指问句主要针对一个词组发问，疑问词就是句子的疑问焦点。而正反问句的疑问焦点却不一定是"X 不 X"本身。这一点正反问句反而跟是非问句更为接近。下面两句的疑问点可以是全句，可以是谓语的全部，也可以是宾语"张三"：

（72） a. 你喜不喜欢张三？

　　　 b. 你喜欢张三吗？

但这种语用上的相似并不意味着这两种问句在语法上也相同。在语法上，是非问句以"吗"为句尾助词，而正反问句只能以"呢"为句尾助词，这与选择问句和特指问句相同。另外，正反问句可以是充当主、宾语的间接问句，这与特指问句及选择问句一样，而是非问句却不可以：

（73） a. 他不知道［李四有没有空］。

　　　 b.＊他不知道［李四有空吗］。

（74） a.［李四有没有钱］不重要。

　　　 b.＊［李四有钱吗］不重要。

总之，问句的归类可因划分的角度不同而异，就语法而言，正反问句与特指问句较接近。

3.3 "AB 不 A 型"的正反问句不能用重叠的方式产生。因为"A"与"不 A"之间有个"B"。我们认为这类句式首先在深层结构形成"AB 不 AB"的并列谓语形式，后经一条"照应省略规律"（Anaphoric Ellipsis）把第二个 B 去掉。不带"还是"的并列谓语句是可以当作问句的：

（75）你吃饭吃面？

（76）你喜欢张三喜欢李四？

因此（77）这种句子可以经重叠产生，也可以不经重叠而直接产生：[①]

（77）你喜欢这本书不喜欢这本书？

（77）若经过"照应省略"去掉第二个"这本书"，就成为下面这种"AB 不 A 型"的正反问句：

（78）你喜欢这本书不喜欢？

（79）你认得张三不认得？

"照应省略"是一个很普遍的语法现象。只要两个词组之间有复指关系或意义相同，其中一个就可以省略。这种省略的范围很广，不只限于并列结构之内。下例就是"照应省略"的结果：

（80）如果你不喜欢这本书，就别买［e］。

这种省略还可以超越句子的范围发生在言谈之中：

（81）问：张三批评李四了吗？

答：没有，他没有批评。

当这种省略发生在并列结构中时，就可以得到（78）（79）这种"AB 不 A 型"的正反问句及下面的并列句：

（82）张三煮饭，李四吃。

（83）张三喜欢这本书，可我不喜欢。

因而，"照应省略规律"不是专为产生"AB 不 A 型"正反问句而设的规律。同时，这个规律与上述"并列删除"不同，因为照应省略一般来说是顺向省略［如（78）（83）均属这种省略］，无须遵守"并列删除"应受的方向性限制。另外，"照应省略"也不受戴浩一的直接支配条件的限制：

---

① 虽然不带"还是"的并列谓语可以构成问句，但类似的并列动词或并列名词组却不易构成问句：*你喜欢讨厌李四？*你喜欢张三李四？（比较：你喜欢李四，讨厌李四？你喜欢张三，喜欢李四？）因此我们必须假定：由深层结构直接以谓语并列的方式产生的问句，不能再由"并列删除"变成并列述语句或并列宾语句。"并列删除"只适用于带有连接词（如"还是"）的并列复句。

（84）他不喜欢那本书，可是李四说你很喜欢。

另外，"照应省略"可以跨越句子的范围［见（81）］，而"并列删除"却不可以：

（85）a. 张三跳舞。李四跳舞。

b.* 张三。李四跳舞。

再者，"AB 不 A 型"正反问句可以分成两个独立的句子，而"A 不 AB 型"不可：

（86）你喜欢这本书？不喜欢？

（87）* 你喜欢？不喜欢这本书？

这又说明这种正反问句的来源不同。前者可以经照应省略产生，后者不可。

和其他省略规律一样，"照应省略"必须遵守"词语自主律"［见（17）］，且不得导致介词悬空：

（88）a.* 他喜欢李四，可是我知道你不喜。

b. 你认得那个人吗？ * 我不认。

c. 你跟他说话吗？ * 我不跟。

d.* 他从这里出去，可是我不从。

3.4　总而言之，依据我们的"模组语法"，选择问句和正反问句在语法上不属同类，前者由复句经并列删除产生，后者则不是。正反问句有两个不同的来源。"A 不 AB 型"是一种带有疑问屈折词组的单句结构，在句法上与一般特指问句相同。"AB 不 A 型"则是由含有并列谓语的深层结构经"照应省略"得到的结果。乍看之下，这种模组语法因涉及多个不同的深层结构与语法结构，似乎比传统上一并处理的方式复杂了许多。但这实际上是一种假象，因为模组语法里提出的深层结构和语法规律都有它们独立存在的意义，而不是为产生正反问句随机设立的结构或规律。例如选择问句所涉及的并列删除，也是一般非疑问句并列结构常用的规律。"AB 不 A 型"正反问句所涉及的并列谓语结构也为一些非正反问句［如（75）（76）］所共有。另外，"照应省略"更是语言中常见的现象。这已在上节中阐述。可以说，只有产生"A 不 AB 型"句式的语音重叠律才是这类句式专有的规律。因此我们提出来的模组理论并不比传统的处理方式复杂。相反，有了这种理论，第二节中所提到的各种问题都可迎刃而解。看上去好像比较复杂的语法实际上是比较简单而具有解释力的语法理论。

例如，上文讲到有些正反问句不遵守"并列删除"的方向限制（DC）。（1b）（78）（79）这类句子就表现出这种特征。还有一些正反问句不遵守直接支配（ID）条件的限制，如（16），重复如下：

（16）你劝他买书不劝他买？

稍微仔细观察就可发现，这些违反 DC 或 ID 的例子，都属于"AB 不 A 型"的正反问句。按照我们的分析，这类句式是经由"照应省略"得来的，与"并列删除"无关，因而不必同后者受到一样的限制。前面的证据已经表明，"照应省略"不受 DC 与 ID 的限制［见（80—84）］，所以属于"AB 不 A"型的正反问句自然也不受 DC 与 ID 的限制。

此外，上文还提到了"词语自主律"和禁止"介词悬空"的原则，并提出某些句式可以违反这些原则，而其他一些句式不可。回头看第 2.3 及 2.4 节中的例句，可以容易地看出：凡是选择问句和"AB 不 A 型"的正反问句都必须遵守"词语自主律"，并不准"介词悬空"。唯有"A 不 AB 型"的正反问句似乎可以不遵守这两项原则。为便于比较，下面重复几个例句：

（89） a. 他喜不喜欢这本书？（=27a）

　　　b.* 他喜欢这本书不喜？（=27b）

　　　c.* 他喜还是不喜欢这本书？（=41b）

（90） a. 你从不从这里出去？（=39a）

　　　b.* 你从这里出去不从？（=39b）

　　　c.* 你从还是不从这里出去？（=42b）

我们已经假定选择问句是由并列复句经"并列删除"而来，而"AB 不 A 型"正反问句是由并列谓语经"照应省略"而来，因此这两种句式不能违反"词语自主律"也不准"介词悬空"便是理所当然的。因为两种删略规律都是词组层次上的句法规律，所以依照"词语自主律"的规定，不得省略词语中的一个部分。又因为删略的结果产生了空范畴，所以介词的宾语不能删略，否则介词以空范畴为其宾语，形成（35）［介词［e］］的格式，导致"介词悬空"。

但"A 不 AB 型"正反问句为什么允许例外呢？我们有理由认为"词语自主律"只是限制属于词组层次的句法或语义规律，而对语音表现则没有类似的限制。例如，普通话中的上声变调显然不受"词语自主律"所限：

（91）你［笑死］我了。

"笑死"显然是一个词语，其中"死"字与后面的"我"字同属上声，因而改念阳平。这种变调只能发生在词组的层次上，因为变不变调是要看"笑死"后的宾语"我"才能决定的。但变调的结果只影响到词语"笑死"的一部分，说明连读变调不受"词语自主律"的限制。现在我们已经假定"A 不 AB 型"正反问句是由一条语音重叠律产生的。既然是语音规律，"词语自主律"就属无关了，因此像（89a）这类句子也就不足为奇了。

至于说像（90a）这种似有介词悬空的例子也不成问题，因为这类句子是经过重叠而来的，重叠的介词之后并没有一个作为介词宾语的空范畴，所以介词根本没有悬空，这种句子也就不算例外了。最后，上述有关"孤岛条件"的问题也可以得到解决。上文指出，像（92）（93）这类正反问句不能成立：

（92）＊［我去不去美国］比较好？

（93）＊你喜欢［认识不认识你的］人？

因为这些句子的正反形式（"去不去""认识不认识"）出现在主语子句或关系子句中，违反了"孤岛条件"的限制，但与这些句子相应的选择问句却可以成立：

（94）［我去还是不去美国］比较好？

（95）你喜欢［认识还是不认识你的］人？

（92）（93）与（94）（95）之间的区别又作何解释呢？依照我们的分析，像（92）（93）这类正反问句在句法上和一般特指问句相近，所不同的是一般特指问句含有疑问名词组或疑问副词，而这类正反问句则带有一个疑问屈折范畴。因此，本质上这类正反问句和下面的特指问句是一样的：

（96）你为什么没有来？

（97）你觉得他为什么不跟我说话？

疑问词"为什么"可以出现在主句之内，也可以出现在宾语子句之内。同样，疑问屈折范畴也可以出现在这些位置：

（98）你有没有来？

（99）你觉得他会不会生气？

但是，"为什么"不能出现在"孤岛"之内：

（100）＊［你为什么买书］比较好？

（101）＊你喜欢［为什么批评你的］人？

既然如此，疑问屈折词也不能出现在"孤岛"之内。（92）（93）不能成立也就顺理成章了。至于（94）（95）等选择问句，由于它们不属特指问句，所以不遵守"孤岛条件"也就不足为奇了。①

4．进一步的证据

以上说明，传统分析法碰到的一些问题，在我们的模组理论中都可以得到解决。但是，由于这种模组理论并不是只为解决这些问题而特别设计的，因而它还有自身成立的证据和

① 要解释特指问句与选择问句在这方面的区别，我们可以硬性规定只有特指问句必须遵守"孤岛条件"。但我们有理由认为这个规定可以进一步归入一个更有概括性、更有解释力的通则。笔者曾指出：这个通则就是生成语法的管辖制约理论（Government-Binding Theory）所指出的"空范畴原则"（The Empty Category Principle）。详细论证请参看拙作（1982b），在此不赘。值得顺便一提的是，并不是所有的特指问句都要受"孤岛条件"的限制。体词性的疑问词（如"谁""什么"等）可以出现在主语子句或关系子句中：［我念什么书］最合适？你最喜欢［谁写的］书？但是非体词性疑问词（如"为什么"或带疑问属性的屈折范畴）则不能出现在这类孤岛上。这已在正文中讨论。这两种疑问词之间的区别正好可以从"空范畴原则"中得到恰当的解释。

广泛的解释性能力。下面分四点说明。

4.1 闽南话的疑问句除了一般的特指问句和选择问句外，还有下列这种问句：

（102）li kam beh lai？（你可要来？）

（103）li kam caiia: i kio simi mia: ？（你可知道他叫什么名字？）

（102）（103）句中紧随主语之后的 kam 字（可能是"敢问"两字的併体）是使这些句子成为问句的主要语素。kam 字出现的位置介于主语和谓语之间，恰好是一般屈折范畴出现的位置。我们认为 kam 一字就是带有［+Q］属性的疑问屈折范畴在闽南话中的具体表现。因此（102）（103）都是带有疑问词组的问句，与普通话中"A 不 AB 型"正反问句相当。所不同的是，疑问屈折词在闽南话中的语音表现是 kam，而在普通话中则是语音重叠。

"kam 问句"在闽南话的存在说明汉语的疑问句可以在主语谓语之间加疑问屈折词来构成，这为上文提出的（67）这种深层结构提供了有力的证据。事实上，汉语有许多方言都有类似于"kam 问句"的用法。对此，朱德熙先生最近在《汉语方言里的两种反复问句》（1985）一文中已提供了丰富的语料与证据。闽南话的 kam 本质上就是早期白话中的"可"，或苏州话及上海话中的"阿"。下引朱先生文（10—11 页）中的苏州话为例：

（104）a. 耐阿晓得？（你知道不知道？）

b. 耐看可好？（你看好不好？）

c. 阿要吃点茶？（要不要喝点茶？）

朱先生还认为"可 VP"型问句和一般正反问句应视为同类，属于汉语反复问句的一体两面。我们也认为部分正反问句（"A 不 AB 型"）和"可"问句属于同类，这与朱先生的说法不谋而合。①不过朱先生把"可 VP"型视为正反问句的一种形式，而正反问句（包括"VP 不 VP"型与"可 VP"型）又视为选择问句的一种。我们则认为部分正反问句实际上是"可"问句的一种形式，而"可"问句又是一个以屈折范畴为疑问词的问句，与特指问句相当。这两种看法可分别表述如下：

（105）a. "可"问句——一种正反问句——一种选择问句

b. 正反问句——一种"可"问句——类似特指问句

"可"问句应该归入选择问句还是特指问句，我们可用"孤岛条件"来鉴定。上引苏州话的例子表明："阿"字可以出现在主句的屈折范畴部位［如（104a）及（104c）］，也可以出现在宾语子句里［如（104b）］。闽南话的 kam 也有类似的分布：

（106）li kam u chi: ？（你有没有钱？）

---

① 笔者曾在拙作（1982b）中提出过一个构想，认为部分正反问句是由疑问屈折范畴引起语音重叠而来，不过当时没想到以闽南话的 kam 字为证。1983 年春，笔者在夏威夷大学执教时，经郑良伟先生指出"kam 问句"的重要性，才受到进一步的启发。

（107）li siu: i kam e lai？（你想他会不会来？）

但 kam 不能置身于主语子句或关系子句之内：

（108）*［i kam u lai］kʰa hou？（他 kam 有来比较好？）

（109）*li kʰa ai［kam u chi: e］lang？（你比较喜欢 kam 有钱的人？）

因此，"kam 问句"的分析要受"孤岛条件"的限制，这与一般带有"为什么"等疑问词的特指问句是一致的。但是，含有"asi"（还是）的选择问句则不必遵守"孤岛条件"。下列这些含有"asi"的问句都成立：

（110）［i u lai asi bou lai］kʰa hou？（他有来还是没有来比较好？）

（111）li kʰa ai［u chi: asi bou chi: e］lang？（你比较喜欢有钱还是没钱的人？）

总之，把"可 VP"与某些正反问句看成一体两面的看法是正确的。本文认为这两种形式是一个深层结构的两种表现，正是要解释它们之间的这种一体两面的关系。[①]

4.2 朱先生在前引文中指出，"可 VP"和"VP 不 VP"型在大部分方言里有互补的现象，这就更有力地证明了这两种类型同属一类的说法是正确的。[②]不过这里所说的互补有些例外。如朱先生指出《西游记》主要使用"可 VP"型的疑问句而不使用"VP 不 VP"型正反问句。马悦然（N.G.D.Malmquist）先生列举了下面的句子作为反例（见马悦然，1986）：

（112）也还不知是他不是他哩。（24.334）

（113）有个什么齐天大圣才来这里否？（6.79）

（114）不知母亲身体好否？（9.109）

（115）但看他"水怪前头过"这句话不知验否？（19.265）

（116）悟空，事成了未曾？（2.22）

（117）你把师父托过去不是？（22.229）

（118）你说像孩童的不是？（24.334）

甚至在同一句中也可以发现"可"字与"VP 不 VP"并用：

---

① 正反问句与 kam 问句在语言实际运用方面有一点重要的不同之处。一般来说，"你 kam 不要来？"的使用和是非问的"你不来吗？"一样，问者常常假设对方的答案是肯定的。但正反问句则不意味这种预设的语用成分。有人可能以此反对把 kam 问句与正反问句当作一体的两面。我们不否认 kam 问句从语用的角度看较近似于是非问句，但这并不足以说明在语法上 kam 问句不可与正反问句同类。虽然生成语法理论假设语句有深层结构和表层结构，但当代学者大都认为，除了施事受事这类语义关系由深层结构决定外，一个句子其他方面的语义内容（如指涉意义）及语用属性（如预设或焦点）都由表层结构决定。我们把正反问句和 kam 问句视为一体两面，是说它们具有相同的深层结构但具有不同的表层结构，不排除这两种问句在语用方面的分别。

② 把两种形式看成一体两面的必要条件之一是它们不同时出现在一个句子里，但不出现在同一语言或方言里则不是一个必要条件。当然，后一种情况可以看成一种很自然的趋势，因而用来支持"可 VP"与"VP 不 VP"相当的看法是可以的。下文将指出，"可 VP"与"VP 不 VP"在闽南话中都可以找到，但这不能用来直接否定朱先生或本文的看法。

（119）看可请老孙不请？（5.60）

朱先生也注意到有些方言和《金瓶梅》中也有类似的"混合形式"：

（120）安徽东流：可香不香？（香不香？）

（121）安徽合肥：可拿动拿不动？（拿得动拿不动？）

（122）西门庆因问温秀才，书可写了不曾？（《金瓶梅》67.1870）

（123）安郎中道："……生到北京也曾到达连云峰，未知可有礼到否？"（68.1916）

（124）太太久闻老爹在衙门中执掌刑名，敢使小媳妇请老爹来，未知老爹可依允不依？（69.1961）

台湾闽南话类似的"混合式"有些人也可以接受：

（125）li kam e lai e？（你可会来不会？）

（126）li kam bat chit-e lang m-bat？（你可认得这个人不认得？）

有了这些例外，"互补"或"一体两面"之说就碰到了困难。但这些例外有个共同点，就是它们的"VP不VP"句式都是"AB不A型"（不是"A不AB型"）的正反问句。例如（113—119）及（122—126）都是明显的"AB不A型"。（112）（120）（121）这些例子表面上看是"A不A型"，也可以视为"AB不A型"的例子（其中B等于零），因而这些例外都不必视为"A不AB型"的例外。"可"字与"A不AB型"同时出现的例子还没有发现过，下列各组的（c）句都不能成立：

（127）a. 你可高兴？

　　　　b. 你高不高兴？

　　　　c.* 你可高不高兴？

（128）a. li kam bat chite lang？（你可认得这个人？）

　　　　b. li bat-m-bat chit-e lang？（＊你认不认得这个人？）

　　　　c.*li kam bat-m-bat chit-e lang？（＊你可认不认得这个人？）

如果我们的这种观察正确，上面的例外实际上对本文的模组理论都不造成问题。因为我们认为"AB不A型"是由"照应省略"得来的，只有"A不AB型"正反问句才是"可VP"型的同素异型体，所以"AB不A型"不需与"可VP"型互补。总之，依照模组理论的方法把汉语正反问句分成两类处理，除了在删除、词语自主律、介词悬空等方面得到佐证外，还可以从朱德熙先生的说法中得到支持，同时又能为后者做补充，为（112—126）这类"例外"提供解释。

4.3　把正反问句分两类处理，还可以从闽南话的下一事实中得到证实。闽南话有少数正反问句可以是"A不AB型"，也可以是"AB不A型"：

（129）a. li bat-m-bat kʰi Bikok？（你曾不曾去美国？）

　　　b. li bat kʰi Bikok m-bat？（你曾去美国不曾？）

（130）a. li ai-m-ai chit-e lang？（你喜不喜欢这个人？）

　　　b. li ai chit-e lang m-mai？（你喜欢这个人不喜欢？）

（131）a. li si-m-si Tan siansi:？（你是不是陈先生？）

　　　b. li si Tan siansi:m-si？（你是陈先生不是？）

但下列这类句子却只有"AB 不 A 型"才成立［见林双福（1974）第五章］：①

（132）a. li u ciah hun bou ciah hun？（你有吃烟无吃烟？ ＝你抽烟不抽烟？）

　　　b. li u ciah hun bou？（你有吃烟？ ＝你抽烟不抽？）

　　　c. *li u bou ciah hun？（你有无抽烟？ ＝你抽不抽烟？）

（133）a. li e lai be lai？（你会来袂来？ ＝你会来不会来？）

　　　b. li e lai be？（你会袂来？ ＝你会来不会？）

　　　c. *li e be lai？（你会袂来？ ＝你会不会来？）

（129—131）与（132）（133）为何有这种差别呢？我们认为最主要的原因是 bat（曾）、ai（爱）、si（是）这些字的否定形式只在肯定式前加了一个 m 字（m-bat, m-ai, m-si），完整地保存了肯定形式的语音，但 u（有）、e（会）等的否定式刚进一步引起语音上的变化（bou，be），其语音形式已不等于 m 加上肯定式了。鉴于这种事实，（129—131）与（132）（133）的区别也就不难理解了。根据我们的分析，"A 不 AB 型"正反问句是语音重叠的结果。重叠的结果在否定词 m 的两边应该是相同的语音成分，例如 bat-m-bat（曾不曾）、ai-m-ai（爱不爱）、si-m-si（是不是），因此包含 bat、ai、si 等动词的句子可以有"A 不 AB 型"的正反问句。但是，u（有）的否定是 bou（无），e（会）的否定是 be（袂）。重叠的结果得不到 u-bou 或 u-be 这种形式，因此（132）与（133）都不成立。这就是（129—131）与（132）（133）之间的区别。

至于"AB 不 A 型"正反问句，则不管动词的否定式是否保存了肯定式的语音都可以成立。这类问句我们认为是经省略得来的，与语音重叠无关。省略的主要条件是被省略的成分必须与另一个成分有同指、同义或同音的关系。至于被保留下来的部分是否和另一成分同音就不重要了。（132）（133）之所以成立就是因为"AB 不 A"中的两个 A 不必有完全同音的关系。

（129—133）提供的证据，也可以在普通话中找到：

（134）张三买了这本书没有？

---

① （132b）与（133b）中的 bou 与 be 通常弱化后变轻声，声母韵母仍保持原状，与一般语尾助词不同。

（135）张三有没有买这本书？

（134）属"AB不A型"，因此肯定式与否定式可以用不同音的完成体（"了"与"有"）。但（135）属于"A不AB型"，源于重叠，所以一定得用"有没有"的形式。而像（136）这种"A不AB型"的问句是不能成立的：①

（136）* 张三买了没有买这本书？

值得顺便一提的是（137）句要比（136）句好得多：

（137）张三买了还是没有买这本书？

（137）含有连接词"还是"，因此按照我们的分析它是由并列复合经过"并列删除"得来的。既然不靠语音重叠，"买了"与"没有买"不同音就没关系了。

4.4 最后，把选择问句和正反问句分开处理的可取性还可以从闽南话的连读变调中得到有力的证实。上节指出闽南话允许某些"A不AB型"的正反问句：

（138）a. li bat-m-bat k^hi Bikok？（你曾不曾去美国？）

　　　b. li si-m-si Tan sian-si:？（你是不是陈先生？）

　　　c. li ka:-m-ka: sai ch^hia？（你敢不敢驶车？）

这类句子若在正反两部分之间加上 asi（还是），许多人也可以接受：

（139）a. li bat asi m-bat k^hi Bikok？（你曾还是不曾去美国？）

　　　b. li si asi m-si Tan sian-si:？（你是还是不是陈先生？）

　　　c. li ka: asi m-ka: sai ch^hia？（你敢还是不敢驶车？）

但（138）与（139）在声调使用上有一个重大的差别。在（138）这种"x-m-x"型的句子里，否定词 m 前后的两个 x 都得使用变调，而在（139）这种"x asi m-x"型的句子里，只有 m 后的第二个 x 使用变调，而 asi（还是）之前的第一个 x 必须保持原调。比如说，属于阴上调的 ka:（敢），本调调值是高降，变调调值则是高平。（138c）中的两个 ka: 都念高平调，而（139c）中的第一个 ka: 得念高低，第二个 ka: 得念高平。属阳去的 si（是）与阴入的 bat（曾）也都受到同样的限制。

闽南话一个字音该念本调还是变调主要取决于句法结构，这是继郑良伟先生一文（Cheng, 1973）发表后为人所知的事实。最近，陈渊泉（Chen, 1987）对此更有详尽的论述。一般说来，使用本调的必要条件是：字音必须出现在大型词组或句子的尾端。例如字

---

① 像"你看得懂看不懂这本书"这种句子，虽然其中"看得懂看不懂"在语音上无法严格地分析为"A不A"，但仍然成立。我们可以假定这类句子首先经过重叠得到"你看得懂不看得懂这本书"，然后再经过一条子规律把"不看得懂"变成"看不懂"。至于像普通话书面语里"你能否帮忙我？"这类句子，虽然也可以用类似方法处理，但正像梅祖麟先生曾指出的那样，"否"字不能在纯粹的否定句里使用，只能在疑问句里使用（*我否能来）。因此，与其认为"否"字是纯粹的否定词，不如把它当作与"kam"字相同的疑问屈折范畴。依照这个分析，我们的理论自然又多了一个证据。

音出现在主语或谓语或整句的尾端时，就可使用本调，而在其他情况下就得使用变调：

（140）hit-e lang tʰao-tʰe neng-pun chʰeh.（那个人偷拿两本书。）

（140）句中只有 lang（人）和 chʰeh（书）保留了本调，其余字音都得使用变调。述词 tʰao-tʰe（偷拿）因其后接宾语，不处在谓语的右端界上，所以得使用变调。

现在再来看看（138）（139）中的句子。这些句子里的第二个 bat（曾）、si（是）、及 ka:（最）等都必须使用变调。这是很自然的，因为这些字不处在谓语或句子的右界上。（139）中的第一个 bat、si 等保留了本调，说明在 asi（还是）之前有个大型词组的右界。这个右界可能是谓语的右界，也可能是句子的右界。如果是句子的右界，那么连接词所连接的成分基本上还是两个句子，这就证明了我们认为选择问句是由并列复句经删除而产生的看法是正确的。再看（138）中的句子，由于我们认为这类句子是以单句为深层结构经语音重叠而得来，在句子演化过程中都不会在第一个 bat、si 及 ka: 之后出现一个句子的界限，所以这些字不得不使用变调。

5. 结论

语言学理论的最终目标不在描述语言事实本身，而在解释这些语言事实。解释事实常常不外乎是要把相关的、有内在联系的事实连起来说，或把看似一回事的东西拆开来讲。是连是拆，分合之间取决于经验事实与理论的周全与否。我们在本文中所主张的是，处理汉语正反问句的方法，应该是分，而不是合。

附记

本文写作期间承汤廷池、梅广、黄宣范、丁邦新、王士元、邓守信、梅祖麟、宁春岩与徐烈炯诸先生惠赐意见，初稿完成后又蒙周法高、朱德熙、叶蜚声、侯精一、孟琮先生等的鼓励与指正，在此谨致谢意。

参考文献

朱德熙　1982　《语法讲义》，商务印书馆。

朱德熙　1985　《汉语方言里的两种反复问句》，《中国语文》，10—20。

吕叔湘　1985　《疑问·否定·肯定》，《中国语文》，241—250。

陆志韦　1964　《汉语的构词法》，科学出版社。

望月八十吉　1980　《中国语の世界创造述语》，《中国语》，22—26。

梅祖麟　1978　《现代汉语选择问句法的来源》，《史语所集刊》第四十九本第一分册，15—36，台湾中研院，台北。

陈炯　1982　《关于疑问形式的子句作宾语的问题》，安徽大学研究生毕业论文。

汤廷池　1981　《国语疑问句的研究》，《师大学报》，26：219—277。

汤廷池　1984　《国语疑问句研究续论》，《师大学报》，29：381—437。

黄正德　1983　《汉语生成语法》，宁春岩、侯方、张达三合译，黑龙江大学出版社。

赵元任　1968　《中国话的文法》，丁邦新译，香港中文大学出版社。

桥本万太郎　1987　《汉语被动式的历史·区域发展》，《中国语文》，36—49。

Chao，Yuen-Ren（赵元任）　1968　*A Grammar of Spoken Chinese*，University of California Press，Berkeley.

Chao，Yuen-Ren（赵元任）　1971　Interlingual and Interdialectal Borrowings in Chinese, in *Studies in General and Oriental Linguistics*（essays in honor of Shiro Hattori on his 60th birthday），TEC Corporation for Language and Educational Research，Tokyo，39-51.

Chen，Mathew（陈渊泉）　1987　The Syntax of Phonology: Xiamen Tone Sandhi, MS.，University of California，San Diego; to appear in A. Zwicky and E. Kaisse（eds.），*Phonology Yearbook* 4.

Cheng，Robert（郑良伟）　1973　Some Notes on Tone Sandhi in Taiwanese，*Linguistics* 100，5-52.

Cheng，Robert（郑良伟）　1984　Chinese Question Forms and Their Meanings，*Journal of Chinese Linguistics*，12，86-147.

Chomsky，Noam　1973　Conditions on Transformations, in S. Anderson and P. Kiparsky（eds.），*A Festschrift for Morris Halle*，Holt，Rinehart and Winston，New York.

Chomsky，Noam　1981　*Lectures on Government and Binding*，Foris，Dordrecht，Holland.

Ckomsky，Noam　1982　*Some Concepts and Consequences of the Theory of Government and Binding*，MIT Press，Cambridge，Massachusetts.

Chomsky，Noam　1986　*Barriers*，MIT Press，Cambridge，Massachusetts.

Fillmore，Charles　1968　The Case for Case, in E. Bach and R. Harms（eds.），*Universals in Linguistic Theory*，Holt，Rinehart and Winston，New York.

Hornstein，Norbert and Amy Weinberg　1981　Case Theory and Preposition Stranding，*Linguistic Inquiry* 12，55-92.

Huang，C. T. James（黄正德）　1982a　Move Wh in a Language without Wh-Movement，*The Linguisic Review* 1，369-416.

Huang，C. T. James（黄正德）　1982b　*Logical Relations in Chinese and the Theory of Grammar*，PhD dissertation，MIT.

Huang，C. T. James（黄正德） 1984 Phrase Structure，Lexical Integrity，and Chinese Compounds，*Journal of Chinese Language Teachers Association* 19，53-78.

Karttunen，Lauri 1977 The Syntax and Semantics of Questions，*Linguistics and Philosophy*，1，3-44.

Lasnik，Howard and Mamoru Saito 1984 On the Nature of Proper Government, *Linguistic Inquiry* 15，235-290.

Lin，Shuang-fu（林双福） 1974 *The Grammar of Disjunctive Questions in Chinese*，Student Book Company，Taipei.

Malmqvist，N. G. D.（马悦然） 1986 On the Modalities of Obligation and Epistemic Necessity in the *Shiyoujih*，paper presented at the 2nd International Conference on Sinology，Academia Sinica，Taipei.

Riemsdijk，Henk van 1978 *A Case Study in Syntactic Markedness*，Foris Dordrecht，Holland.

Ross，John R. 1967 *Constraints on Variables in Syntax*，PhD dissertation，MIT.

Tai，James H.-Y.（戴浩一） 1972 *Conjunction Reduction*，PhD dissertation，Indiana University.

Wang，William S. -Y（王士元） 1967 Conjoining and Deletion in Mandarin Syntax，*Monumenta Serica* 26，224-236.

原刊于 1988 年第 4 期

现代汉语词尾"了"的语法意义*

刘勋宁

提　要： 一般认为词尾"了"表示完成。本文前两节分析各类实际用例，指出用"完成"来说明"了"的语法意义，在许多情况下是讲不通的；"了"所表现出来的"完成"只是某种条件下的偶发现象，而不是它本身固有的语义特征。第三节将"V了"与"V完"格式加以对比，表明"了"的意义与真正的完成义是有相当距离的(二者对立)。第四节提出我们的看法，词尾"了"应当看作动词"实现体"的标记，它的语法意义是表明动词、形容词和其他谓词形式的词义所指处于事实的状态下。本文还对"看了三年"和"看了三年了"两种句式的对立作了新的解释。

普通话有两个"了"。一个出现在谓词(以下用 V 来表示，包括动词、形容词和短语动词)之后，称作词尾"了"(简称"了₁")；另一个出现在句尾，表示某种语气，称作句尾"了"(简称"了₂")。一般认为词尾"了"表示完成，句尾"了"表示一种新情况的出现。本文讨论词尾"了"的语法意义。

什么是"完成"？赵元任先生在 *A Grammar of Spoken Chinese*(《中国话的文法》)一书中释为"completed action"(动作完成)。[①]王力先生在《中国语法理论》中图解了"完成"貌(这里只取"着"和"了"的图解)：

$$\begin{array}{ccccccc}
a & A & c & d & B & b \\
\end{array}$$

————————————————————
开始线　　　　　完成线

[①] 赵先生在给"了"释义后，还有这样一段话："虽然'了'表示动作的完成，但当然还有别的法子表示同样的意思。比如下面这句话，咱们就可以省掉'了'字：'这是去年完成(了)的房子。'因为'完成'已经表示动作完成了。"吕叔湘先生在把 *A Grammar of Spoken Chinese* 译为《汉语口语语法》时对这一段话作了删略。

认为 A——→ B= 进行貌（着），B= 完成貌（了）。吕叔湘、朱德熙《语法修辞讲话》索性把"了"释作"表示行为的结束"。

词尾"了"真的是表示"完成"吗？

1

1.1 最容易引起我们怀疑的是通常"动词+了"的释义方式①难以推及"形容词+了"，例如：

A	看了一遍	已经看完了	大了一寸	*已经大完了
	砍了许多	已经砍完了	瘦了许多	*已经瘦完了
B	吃了饭去	吃完饭去	红了脸说	*红完脸说
	还了债买	还完债买	低了头走	*低完头走

有些语法书把 B 组例句里的形容词看作动词，这不改变解释不成立的事实。"红了脸"的脸是红的，"低了头"的头是低着的，都不是形容词所表示的那个意义的结束，因而无法说是"完成"。（这两例里的"了"都可以换成"着"，也表明不是"完成"。）

1.2 这种动词和形容词释义时的不平行现象也反映在由动词和形容词构成的述补结构（动结式动词）带"了"后的语义分析当中。由于该结构是两部分构成的，"了"所表示的"完成"就有两种可能：一是动词所表示的动作的完成，一是形容词所表示的结果的完成。从实际例句看，说结果的完成，困难一如前述：

C	小李放平了桌子	放完了	*平完了
	猫打破了玻璃	打完了	*破完了
	小张吃圆了肚子	吃完了	*圆完了
	不小心弄脏了衣服	弄完了	*脏完了

马希文同志在最近的文章中指出："动结式动词中，在语法和语义方面起主导作用的部分是'结'而不是'动'。"我们考察的结果恰恰是"结"的部分与"完成"义相抵触。这就很有意思了。其实，按照定义，补语的作用在于说明动作的结果或状态；也就是说，述补结构表示了在动作的作用下，某种结果或状态的获得或出现；如果我们又以为带"了"表示这种结果或状态的结束，岂不是说"了"有一种否定作用？这显然是不合理的。

1.3 动词和形容词在语法上属于不同的类。如果仅仅是形容词后的"了"不能解释为完成，我们可以把这种不同归因于动词和形容词本身的不同性质，或者把"了"分化。但是进一步考察，我们很快发现，"完成"说对于"动词 + 了"也不是完全适应的。

---

① 这种释义方式是常见的，但不是严密的。这里完全是为了显示动词和形容词之间的不平行现象而采用的。见第三节。

2

2.1　先看几组"动词＋了"的句子：

A　有了媳妇忘了娘

没了谁地球也照样转

存了这种心，我们也就没办法了

死了你爹，看还有谁疼你

B　我怎么会相信了他的鬼话

这才同意了我的看法

我害怕了一辈子你爹

奶奶算白疼了你一场

C　糊了好大一块

疯了许多年了

病了就没戏唱了

断了就把它扔了

D　门口坐了许多人

楼上住了一位客人

床上躺了一个孩子

池子里养了许多鱼

A组的动词表示存在与否，B组的动词表示一种心理状态，"动词＋了"的意思正是这种性质或状态的获得，因而与"完成"相排斥。C组动词赵元任先生叫作状态动词。他说，语义上，状态动词是表示一个人或一件事情所达到的某种状态或情形，状态动词和形容词在语法上的轮廓很相像。赵先生把它算作动词里一个特殊的类。D组动词朱德熙先生曾作过深入分析，认为动词含有"状态"的语义特征（1981）。很明显，C、D两组动词带"了"表示的是某种状态的产生和存在，而不是这种状态的完成。尤其是D组动词后的"了"还可以换成"着"，"基本意思不变"，更可见它的意义不会是"完成"。

2.2　问题倒不在这些动词。因为它们在语法上或者语义上有特殊性，可以特殊处理。问题出在那些被理解为"完成"的"动词＋了"，如果换一种语言环境，就可能与"完成"的语义相龃龉。下面看两组句子。

A_1　吃了就走

问了就对了

说了就放心了

嚷嚷了一阵就没声了

B_1　吃了这么长时间，还在吃

问了一遍又一遍，讨厌死了

说了个没完没了，婆婆嘴

嚷嚷了快一小时了，还有完没完

A_2　踏在地上走了走

也算过了几天好日子

响了好一阵子

消息传了个遍

B_2　小道上走来了一老一少

终于过上了好日子

会场上响起了热烈的掌声

远远地传来了一阵歌声

A组可以理解为完成，B组不行。B_1组"动词＋了"之后有量的指示，并有后续分句说明动作没有结束。B_2组动词后加上了趋向补语，取消了动作过程的结束点，因而也无法说是完成。

2.3 趋向补语"起来"的一个引申意义是"表示动作开始"。按理,"开始"与"完成"是相对立的,可是我们却经常看到"起来"与"了"一起附加于一个动词:

他俩说着说着就打了起来,拦也拦不住。

人们对他逐渐信任了起来,甚至有点儿离不开他了。

"了"与"起来"不是"水""火"不容的关系,倒是"风""火"相趁的关系。

这种现象并不只发生在"了"与"起来"之间,"了"与其他的趋向补语间同样存在着这种解说上的矛盾。例如:

我们快步迎了上去　　　　声音接连不断地传了开去

香味远远地飘了过来　　　　会场上渐渐平静了下来 ①

2.4 多观察一些例句还会发现,前面说的述补结构里的动词也不是总能够被理解为"完成"的。例如:

她哭红了眼睛　　　　这才拢紧了猴皮筋

小王笑弯了腰　　　　终于抡圆了套绳

不仅形容词表示的结果状态在持续,就是动作本身是否结束也是不一定的,这完全要依靠语境来判断。(特别是右面两例,只要结果状态存在,动作就不会结束。)

2.5 由此看来,一个"V+了"的格式是不是能够被理解为"完成",至少要看两个方面:一是 V 本身的性质,二是"V+了"所处的语境。既然把"了"理解为"完成"要受到这么大的限制,不能一以贯之,可见,"了"所表现出来的"完成"义只能是某种条件下的偶发现象,而不可能是它本身固有的语义特征(又见 4.7)。

3

3.1 事实上,北京话另有表示动作完成的语法格式,这就是"V+完"的格式。将"V+了"与之比较,可以看出"V+了"的语义与真正的"完成"是有相当距离的。

3.2 先说明一下。北京话的"V+完"是一个歧义格式。"完"既可以指动作本身的完成,也可以指动作对象的完成。比如:

吃完　a.(有话)吃完再说——指动作

　　　b.(饭)吃完再添——指对象

使完　a.(板凳)使完了还给我——指动作

---

① 吕叔湘先生在《中国文法要略》(5.31)中举了形容词的例子:

说到这里,声音渐渐低了下去,一回儿忽然高了起来。

一到十月,这些树叶便红了起来。

吕先生认为这里的形容词"表示一种状态的开始"。这些例子与我们所举的动词的例子是完全相应的。

b.（钱）使完了就找我要——指对象

许多方言里，这两种意义是用不同的补语成分来区别的，如动作完成用"毕""罢""过"等，动作对象的完成用"完""掉"等。①普通话在书面上可以见到用"罢"来表示动作完成的，但似乎不是北京话的形式。《骆驼祥子》中"完"出现 121 次，"罢"只出现了 4 次，而其中一次是"善罢甘休"，三次是"也罢"，未见有用作补语的。

我们把"了"看作动词"体"（aspect）的标志，当然只指动作本身的状态。下面用来进行比较的"V完"格式也就只取表示动作完成意义上的。

3.3　现在对比例句：

A 吃完才觉着有点儿香味　　　　　A′吃了才觉着有点儿香味

A 是说完成整个动作，香在最后。A′则指实现"吃"这件事情，可能闻着不香吃着香。虽然实现"吃"这件事情会有一个动作的结束点，但 A′的着眼点显然不在此。

B 见完他还真有点儿后怕呢　　　　B′见了他还真有点儿害怕呢

B 句的"怕"是在动作完成之后，"见"的当时可能感情冲动，忘乎所以。B′句的"害怕"则是在实现动作的当时，过后想想，可能反而觉着没有什么可怕的。

C 你说完没有？　　　　　　　　　C′你说了没有？

C 是询问是否结束，C′是询问是否施行了"说"这件事情。

D 好容易当完兵　　　　　　　　　D′好容易当了兵

D 是说结束当兵生活不容易，D′是说当上兵不容易。

E 有什么问题去完了再说　　　　　E′有什么问题去了再说

两句所差虽在一个"完"字，意义却相去甚远。E"说"的时间是在动作结束之后，E′则是在动作实现之时；E"说"的地方在此，E′"说"的地方在彼。

F 忙完了我就来找你　　　　　　　F′忙了我就来找你

"忙完了"找的时间是在"忙"结束之后，"忙了"找的时间恰恰相反，是在正忙的时候。

3.4　"V完"和"V了"都是普通话里常见的格式，例句无须多举。用本文一开始所引诸家关于"完成"的说明来衡量这些句子，无疑，它们用来描写"V完"的语义才是最合适不过的。如果用"完成"说来指导"V完"格式的造句实践，大概会比指导"V了"格式的造句实践要顺理成章得多。

4

4.1　语言是一个系统。一个语法形式的意义从下述几方面的关系中表现出来：

---

① 如西安话：吃毕了再买——指动作　吃完了再买——指对象　西宁话：话吃罢了再说呵成覅？（有话吃完了再说行吗？）米吃完了再买呵成覅？（米吃完了再买行吗？）

1.与相关语法形式的对立；

2.该语法形式采用前后的对比；

3.与该语法形式的否定形式的对应。

所以我们可以通过这些方面去进行观察。上一节比较"V了"与"V完"，就属于第一方面的工作。这种比较虽然不能确定一个语法形式的意义究竟是什么，但能表明它不是什么。"V了"与"V完"的对立，清楚地显示了"了"的实际意义与"完成"之间的距离，也就排除了把"了"认作"完成"的可能。我们必须重新考虑"了"的语法意义。在上文的分析当中，我们使用过"实现""施行""获得""出现"等说法。由于谓词词义的千差万别，具体的说解自然会多种多样。但寻绎其间，特别是和"V完"对比，我们不难得到这样的看法：带"了"所强调的是动词、形容词的词义所指成为事实。当我们通过另外两方面来求证"了"的语法意义时，这种看法得到了证实。

4.2　显而易见，一个语法形式的否定形式应当是与其意义相反，然而彼此对当的形式。所以我们先看"了"的否定形式给我们的证明。

几乎所有的语言学家都认为"V了"的否定形式是"没有V"，但是没有哪位语言学家在认为"了"表示完成的同时认为"没有"否定完成。《现代汉语八百词》说"了₁"是"主要表示动作的完成"，说到"没有"却是"否定动作或状态已经发生"。从各自的材料出发，分头归纳，最后得出不对称的描述，这是常见的，也是极自然的。但是当我们把它们联系起来，并认为其间存在着否定关系的时候，就不能不怀疑这两方面的描述中至少有一方面是有偏差的。请看例句①：

吃了饭来的——没吃饭来的

做了准备——没做准备

水开了冲的——水没开冲的

柿子红了摘的——柿子没红摘的

完成了任务——没完成任务

打完了猪草——没打完猪草

"没吃饭来的"是根本没有吃，不是没吃完；"没做准备"是根本没有准备，不是没做完准备。"没有"否定的不是"完成"状态，而是整个事实。至于最后两例否定动作的"完成"，显然是由词汇意义决定的。《现代汉语八百词》对"没有"的说明是近乎事实的。由"没有"倒推回去，一个很自然的结论就是："了"所表示的应当是"没有"的反面，一种实有的状态，即事实的状态。这样的认识不仅使得"了"与"没有"之间的意义说明真正对当

---

① "没有"同时也是句尾"了"的否定形式。本文不讨论语气词"了"，所以举例回避了句尾位置上的"了"。

了起来，而且完全符合我们在具体考察中所得到的印象。

4.3 将带"了"和不带"了"的句子加以对比，同样可以看出：能不能带"了"的语义限制在于动作或性状是否成为事实，而不在于这个动作或性状是否处于"完成线"上。[①] 试比较：

> 我试做一次——我试做了一次
>
> 把球扔过去——把球扔了过去
>
> 立即结束战斗——立即结束了战斗
>
> 大概（能）收一半儿——大概（只）收了一半儿
>
> 看样子（要）下一场好雨——看样子（真）下了一场好雨

而那些由于还没有成为事实而用了"了"的句子则是病句：

> *下个月我干了十五天活儿。　　　　*应当严肃处理了这件事。
>
> *我深信，十三大以后，深圳必将出现了一个新的改革局面。

可见"了"的作用确实在于确定动词、形容词的词义所指是一个事实。

4.4 在日常教学当中，为了说明那些动作过程并没有结束而使用了"了"的句子，人们常常把"了"所表示的"完成"解释为"提到的那一部分完成了"。譬如"争了起来"是动作的"开始"完成了，"争了一会儿"是"争一会儿"完成了，"争了大半天了"是"争大半天"完成了。这种说法完全是为解释而解释，既有违于原来意义上的"完成"，也无实用价值。因为这种"完成"是在由"开始"到"完成"的全过程中任意截取的，没有质量规定，所以无从判断。[②] 而且究其实质，这种取消了质量规定的任意完成的实际意义不过是承认了动作的存在（成为事实）而已。

为了讲通"形容词＋了"的"完成"，有人采用"由一种状态到另一种状态的变化完成"的说法。只要排比一下，就会看到一个有趣的事实，即构成"形容词＋了"的形容词本身均指后一种状态而不是相反：

> 低——高　　　　高了
>
> 新——旧　　　　旧了
>
> 生——熟　　　　熟了
>
> 非红——红　　　　红了

这就又使得"完成"的意义等于我们说的"形容词词义所指成为事实"。事实上，有些"形

---

① 这里所说的限制只是语义上的限制。实际上能不能带"了"，还要受到语法上的限制。而这已经不是本文在本题目之下所能讲清楚的了。

② 这样来解释"完成"的唯一依据就是字面上的那个"了"字，即因为有"了"，所以是完成，因为是完成，所以用了"了"。这对于想知道该不该用"了"和什么时候用"了"的人来说，显然是没有价值的。

容词＋了"的句子，也谈不上"由一种状态到另一种状态的变化"，例如：

> 高了有什么好！

> 这个星期只晴了一天

> 我苦了一辈子，就盼着你们不再这么苦

这些句子里的"形容词＋了"恐怕还是简简单单地看作"有这么一个事实"为好。

4.5　分析到此，令人想起一个非常有意思的方言现象。这就是闽方言中与"V 了"相应的"有 V"的形式：

> 我昨日有睇电影（我昨天看了电影）——海丰

> 昨冥汝有唱啊无唱（昨天你唱了没有）——福州

> 滚水有滚无（开水开了没有）——台湾

闽方言中这种"有 V"的形式正是词尾"了"所具有的语法意义的词汇表现形式。（自然，由于语言系统及表达形式的差异，二者不应视为完全对当。）

4.6　现在总述一下。从"了"的否定形式可以看出，"了"所表示的应当是"没有"的反面——一种实有的状态。从带"了"与不带"了"的句子对立可以看出，"了"表明动作或者性状成为事实。这样，我们就可以把"了"的语法作用表述为：词尾"了"附在动词、形容词以及其他谓词形式之后，表明该词词义所指处于事实的状态下。目前多数语言学家认为"了"是汉语动词"体"（aspect）的标记。我们可以把"了"的语法意义概括为"实现"（《现代汉语词典》：实现，使成为事实），把"了"叫作"实现体"的标记。需要注意的有两点：

1. 这种"实现体"与"时"（tense）没有关系，因而 V 表示的动作或事态不论是过去发生的、现在发生的还是将来发生的，V 都可以带"了"。比如：

> A 等到秋天，我们就卖地，卖了地就进城找你姑妈去。

> B 昨儿买了沙发，这会儿买了大衣柜，赶明儿买了自行车就齐了。

2. 这里所说的"实现"只是动词在语法上的一种属性，即指动作所处的一种状态。因此，即使是"实现"这个词本身，也还需要用"了"来标志它在句中的语法性质。[①]试比较：

> A 我们在本世纪末的目标是实现产量翻两番。

> B 等到实现了产量翻两番，就有资格说，我们的决策是正确的。

4.7　现在回过头看一看我们为什么会把"了"认作表示完成。错觉大概来自两个方面。一是印欧语语法的影响。关于这一点，只要看一看"了"的研究过程就知道了。人们

---

① 正是在这个意义上，我们认为那种用词汇来替换语法标记以求得（或者验证）语法意义的做法是不妥当的。那种做法类似于训诂上的"随文释义"，虽然说解方便，却容易使人上当。

一度认为"了"表示的是"过去时"，后来终于证明，"了"在 tense 上没有限制，于是又代之以"完成"。前后都是"用印欧语的眼光来看待汉语"。不过，只有"先入为主"的眼光而没有容易引起错觉的事实，也是得不出似是而非的看法的。所以，另一个很重要的方面就是"实现"与"完成"在语义上的某种重合。关于这一点，要分两头来说。一头是从概念关系上讲，"实现"与"完成"所指范围是交叉的。"实现"是就动作是否成为事实而言，"完成"是就动作的过程是否结束而言。过程的结束可以是一件事实，但是是事实的却不一定是过程的结束。当"了"所标记的动作正好处于完成状态时，二者重合（角度不同），只要超出了这个范围，两者就大相径庭了。另一头要从表达（语用）的角度来说。"了"多用于叙述句（王力先生曾把它看作叙述词的标记，1982）。叙述句的功能在于叙事，而叙事多是回顾性的。这就自然使得所提及的动作多在时间上成为过去，在状态上常常已经完成。于是也就有了把"了"的意义视同"完成""过去"等等的可能。我们在 2.5 中说，"了"所表现出来的"完成"义是某种条件下的偶发现象，现在可以明白，这种条件就是这两头的叠合。

5

5.1　本节选一个例子来检验"实现"的语义解释能力。

1961 年，吕叔湘先生在《中国语文》上发表《汉语研究工作者的当前任务》的文章，曾提出了一项研究课题：

> 动词后面的"了"字，一般说是表示完成。曾经有人提出一个问题："这本书我看了三天"，意思是我看完了；"这本书我看了三天了"，意思是我还没看完。为什么用一个"了"字倒是完了，再加一个"了"字倒反而不完了呢？这就是很值得研究的一个问题。

二十多年过去了，许多人从不同角度利用不同手段试图解释这个问题，但效果似乎不大理想。现在我们改变了对"了"的语法意义的认识，就给解释这个问题提供了一个新的角度。

5.2　"了"是实现体标志。动词加"了"，在语法上成为实现体动词，语义上获得一种实有性质（成为事实）。比较：

| A　这本书我看三天 | B　这本书我看了三天 |
| 　　这间房出租半年 | 　　这间房出租了半年 |

"动词 V+ 时量成分 T"表示动作的时间量。A 组动词没有"体"的规定，这里的句子主要表示一种计划或设想，它的数量是一种设想的量。B 组动词有"体"的标志，它的数量是一种实现的量。

"V（了）+T"是一个歧义格式。时量成分既可以指动作本身持续的时间长短，也可以指动作完成后所经历的时间长短。但如果这个格式充任谓语，并就此结句，它就只表示动作本身持续的时间长短，没有另外一种意义。因此，那些非持续性动词，即动作开始点和终点重合的动词，是不能出现在这种情况下的，比如：

　　　*这个人死三年　　　　　　*这个人死了三年

"这本书我看了三天"这句话，"V（了）+T"后没有后续成分，动词又是实现体动词，所以它表示了对整个动作对象（书）所做动作（看）的实际持续的时间量（三天）。

5.3　我们不认为"了"表示完成，那么，"这本书我看了三天"，意思是我看完了，这个"看完"的意思又从何而来呢？

在3.2分析"V完"格式时，我们提出要区分动作本身的完成和动作对象的完成。不过，人的行为常常是有目的的，动作的全过程常常就是动作对象的完成过程。这样，我们就有可能在把动作理解为结束的同时，也把动作对象理解为完成。就"这本书我看了三天"来说，最重要的是它把动作对象提到了大主语的位置上，强调了动作对象与动作的关系。"V（了）+T"后结句，又无其他特殊说明，这就保证了我们把动作的实际持续时间看作一个总量，把动作过程与动作对象的完成视为一致，从而认为动作和书都完成了。

一句话所传递的信息，并不就是它字面上所有的意义。我们不必也不可能把所得到的每一种意思都和字面上的某个成分挂起钩来。"这本书我看了三天"这句话所具有的"完成"的意思只是在特定的语言环境下产生的，换一个环境，就可能全然没有那种意思。例如：

　　　这本书我看了三天还没看完　　　　这条路我走了五天还差一百里

不仅动作对象没有完成，就是动作本身也很难说是否结束（多半的可能还要继续下去）。

由此可见，"这本书我看了三天"，字面上告诉我们的只是实际发生的动作及其时间量，"看完"的意思是由字面以外的东西告诉我们的。

5.4　现在说"这本书我看了三天了"。先说说这个句子的结构分析。过去一般认为"了"是加在"看了三天"上的。我们提出一种新的分析法，即"了"是加在"三天"上的，它的构造层次是：

　　　看了 / 三天了

有两方面的理由支持我们这样做。一是扩展：

　　　看了三天了　　　　看了都三天了

　　　看了三天了　　　　看了都快三天了

　　　看了三天了　　　　看了大概都快三天了

一是截取：

　　　看了几天了——三天了

分了几块了——五块了

来了多长时间了——五个月了

作了这样的结构处理以后，它的语法性质就比较明朗了。

5.5　体词之后一般不能加"了"。数量词属于体词，可是数量词加"了"却是常见的：

这个孩子五岁了　　　　　　　体温三十八度了

二十斤了，不要再装了　　　　九个月了，还不见人

汉语"体词＋了"还有其他形式，如：

春天了，怎么还不见燕子飞回来　　星期五了，该来信了

大姑娘了，还整天疯疯癫癫的　　　黄庄了，要下车的请往车门口走

我们很容易发现，这些体词有一种共性，就是它们可以和相关的词一起构成一条连续变化的链，比如：

春天、夏天、秋天、冬天、春天……

星期一、星期二、星期三、星期四、星期五……

小姑娘、大姑娘、孩子的母亲……

人民大学、黄庄、中关村、北京大学……

在变化的过程中，可能到达其中的任一位置。体词带"了"就用以说明实际到达的位置。

数量本来就是连续的，代表它们的词自然组成连续的链。所以，数量词带"了"更加常见也就没什么可奇怪的了。由于带"了"后所指示的数量位置只是整个链条上的一个点，因此它可以延伸，也可以中止，比如：

看了三天了，不再看了——中止

看了三天了，还得两天——延伸

因此，就"看了三天了"这句话说，它给我们的只是动作已有的时间量，动作本身是否结束并没有说明。不过，已有动作的中止是需要特别说明的，所以在没有说明的情况下，我们认为动作还将继续进行。既然动作还将继续，那么，动作的对象也就不会完成。所以说，"这本书我看了三天了"，意思是我还没看完，这个"还没看完"也是字面以外的东西告诉我们的。

6

6.1　应当说明，对"了"的语法意义产生怀疑并不自我们始。只要描写得稍微详细一点的语法著作或语言教材，几乎都会涉及这个问题。比如：

又如汉语动词后边的"了"，一般都说是表示完成，但是作用跟俄语的完

成体或者英语的完成式不完全相同，有过翻译经验的人都知道。(《语言和语言学》)

有些语法论著虽然给"了"下了表示完成的定义，但在具体行文时常常加以补充或更换概念：

> 当说话者意在说明动作或行为在某一时刻已实现或完成时，就在表示这个动作行为的动词后用"了"。(《实用现代汉语语法》)

> 如果不强调动作的完成或某事已经发生，只是一般地叙述过去某时的情景，则常常不用"了"。(《实用汉语课本》)

朱德熙先生《语法讲义》是分两部分来说的，先讲动词后的"了"表示动作处于完成状态，后讲形容词加"了"，"表示已经实现了的事"。

因此可以这样说，我们的看法"不过错综前贤之说而得其会通"，并不是独出胸臆。

6.2　由于"完成"之说已经成为习用的说法，所以对于既成事实可以有两种处理办法：一是在"完成体"的名目下，修改它的定义；一是换用新的说法。从汉外对比以及加深对汉语本身认识的要求出发，我们以为采用后一个办法较为妥当。

赵世开等先生曾就汉语"了"字跟英语相应的说法作了详细统计，结果如下：

	了$_1$	了$_2$	了$_{1+2}$	总计
一般现在时	79	112	22	213
一般过去时	478	147	90	715
将来时	20	66	0	86
完成体	124	62	127	313
其他	8	27	2	37
合计	709	414	241	1364

两种"完成"的差别是相当大的，与汉语"了"相应的英语说法真正用完成体的还不及23%（313∶1364），而且比例数是由句尾"了"提高的；如果单看"了$_1$"，则只有17%稍强（124∶709）。赵先生等正确地指出："一般说英语的人把'了$_1$'表示'动作的完成'误以为相当于英语的'完成体'，实际上这是两个不同的语法概念。"既然是不同的语法概念，就最好使用不同的术语。另外在汉外对比上，保留相同术语而求异与改用不同的术语而求同，则后者的效果可能更积极，更有启发性。

6.3　如果从汉藏语系本身来考察，许多少数民族语表现出的"体"的情况，与汉语"了"有密切的对应，而与英语的"完成"相去甚远（邢公畹，1979）。重视动作行为的实有性，可能是汉藏语系语言的一个共性，也是相异于其他语系语言的一个特性。从这一点上说，更换术语的意义就更大了。

附记

本文的许多看法是在同师友们的反复辩难中逐渐成熟起来的，谨向他们表示衷心的感谢。文章转引了一些语法著作中的例句，这里也向原作者表示诚挚的谢意。

参考文献

赵元任　1968　*A Grammar of Spoken Chinese*，University of California Press.

吕叔湘译　1979　《汉语口语语法》，商务印书馆。

王力　1984　《中国语法理论》，收入《王力文集》第一卷，山东教育出版社。

王了一　1982　《汉语语法纲要》，上海教育出版社。

吕叔湘　1982　《中国文法要略》，新版，商务印书馆。

吕叔湘　1983　《汉语研究工作者的当前任务》，《语言和语言学》，两文并见《吕叔湘语文论集》，商务印书馆。

吕叔湘主编　1981　《现代汉语八百词》，商务印书馆。

吕叔湘、朱德熙　1979　《语法修辞讲话》，新版，中国青年出版社。

朱德熙　1982　《语法讲义》，商务印书馆。

朱德熙　1981　《"在黑板上写字"及相关句式》，《语言教学与研究》第 1 期。

刘月华等　1983　《实用现代汉语语法》，外语教学与研究出版社。

马希文　1987　《与动结式动词有关的某些句式》，《中国语文》第 6 期。

赵世开、沈家煊　1984　《汉语"了"字跟英语相应的说法》，《语言研究》第 1 期（总第 6 期）。

邢公畹　1979　《现代汉语和台语里的助词"了"和"着"》，《民族语文》第 2、3 期。

马庆株　1981　《时量宾语和动词的类》，《中国语文》第 2 期。

郑怀德　1980　《"住了三年"和"住了三年了"》，《中国语文》第 2 期。

北京语言学院　1981　《实用汉语课本》第一册，商务印书馆。

原刊于 1988 年第 5 期

《中国语文》
七十年文选

张伯江　方　梅　主编

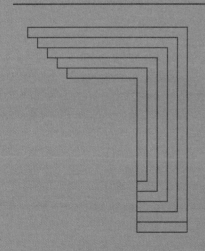

下

社会科学文献出版社
SOCIAL SCIENCES ACADEMIC PRESS (CHINA)

目 录

CONTENTS

唐至清的"被"字句

唐钰明

提 要：第一，"被"字句在唐代口语中已取代了"为"字句；第二，"被"字句受"为"字句的类化而又与之有质的区别；第三，"被"字句动词带宾语，是唐以后的普遍现象；第四，"被"字句与处置式相结合，开始于宋代；第五，"被"字句动词前后成分的复杂化，是元明清时期的特色；第六，文言中的"被"字句，也随时代的推移而发生变化。

1

拙文《汉魏六朝被动式略论》(下称《略论》)①初步论及"被"字句在唐代口语中取代了"为"字句，本文继续从三方面进行论证。

1.1 要进一步确定"为"字句作为被动式的性质及其与"被"字句的转换关系。由于近年仍有学者对"为×所×"式乃至整个"为"字句提出疑问，②所以本文考察的角度从《略论》所涉及的"为×所×"式扩大到"为"字句。

甲 "为"字句可转换为主动句：

（1）a. 昔者，燕君子徻……迷惑于子之而亡其邦，为天下僇。("僇"就是耻笑。)(《中山王鼎》)

b. 子哙身死国亡，夺于子之，而天下笑之。(《韩非子·说疑》)

（2）大术之愚为天下笑。(《吕氏春秋·审应览》)高诱注："天下人笑之。"

（3）a. 幽王为犬戎所杀。(《史记·十二诸侯年表》)

b. 犬戎杀幽王。(《史记·齐太公世家》)

---

① 《中国语文》1987 年第 3 期。
② 黄德焘《被动句中的"为"是介词吗？》，《中学语文教学》1983 年第 6 期。

乙　"为"字句可变换为"被"字句：

（4）a. 人曰："妪子何为见杀？"妪曰："吾子，白帝子也，化为蛇，当道，今为赤帝子斩之。故哭。"（《史记·高祖本纪》）

　　　　b. 夜有一白衣老妪哭而言曰："吾子西方白帝子也，化为蛇当道，今被赤帝子斩之。"（《秦并六国平话》）

（5）今若不取，为他人所取……今日不取，被他人取耳。（《三国演义》第六十回）

（6）a. 两战不胜，恒王遂为众贼所戮。（《脂砚斋重评石头记》第七十八回）

　　　　b. 两战不胜，恒王遂被贼众所戮。（程伟元本《石头记》第七十八回）

例（4a）与例（4b）是不同时代的更替，例（5）是同文的先后变换，例（6a）与例（6b）是不同版本的异文。

1.2　"被"字句取代了"为"字句，在某种意义上也可以说是"为"字句蜕变为"被"字句。蜕出的旧壳与新实体之间，形式类同，而又有质的区别。

《略论》已指出："被"字句由甲式过渡到乙式，在乙式的基础上产生"被×所×""被×之所×"式，这与"为"字句的演化颇为相似。在这里要补充的是：与"为"字句的"为×见×""为所×"式相对应，"被"字句也有"被×见×"和"被所×"式，如：

（7）若非侠客怀冤，定被平王捕逐……仆是弃背帝乡宾，今被平王见寻讨。（《敦煌变文集·伍子胥变文》）

（8）妾，花神也。合家细弱，依栖于此，屡被封家女子横见摧残。（《聊斋志异·绛妃》）

（9）达非司马懿对手，必被所擒。（《三国演义》第九十四回）

（10）夏侯渊引数十骑随到。马超独自一人，恐被所算，乃拨马而回。（《三国演义》第五十八回）

"被"字句与"为"字句形式相似，表明它是在"为"字句的影响下发展出来的；"被"字句在实际语言中最终取代了"为"字句，说明它具有"为"字句所不可比拟的新质，这点留待下文再作讨论。

1.3　证明"被"字句取代"为"字句，仅仅用例证法是不够的，最重要的是要通过定量分析从总体上予以说明。本文"附表一"统计了李白诗、杜甫诗、白居易诗、唐代禅宗语录、《敦煌变文集》、《祖堂集》等唐代白话和半白话资料，被动式共见428例，其中"被"字句371例，其频度（即所占百分比）高达87%，可见"被"字句在唐代口语中确实取代了"为"字句，成为占绝对优势的被动式。就附表一所列的资料来看，"被"字句的频度随时间的推移呈现着递进的趋势，问题比较清楚。而另查《王梵志诗校

辑》，情况就颇令人吃惊。该集属初唐，而所见被动式21例全部是"被"字式（8+13），[①]
频度竟达100%！再查《寒山子诗集》，被动式15例也全属"被"字式（3+12）。这种状况不仅与唐代稍后的资料发生断裂，而且对六朝"被"字式15%的频度（参见《略论》）来说也是陡变：二者的跨度如此之大，实在使人困惑。究竟是"王梵志诗""寒山子诗"的时代有问题，还是唐以前有更接近口语的资料未被发现？如果是后者，那就说明现存的六朝之前的文献与当时的口语仍有相当大的距离（"大藏经"这座语言宝库有待进一步发掘）。

2

"被"字句与"为"字句质的区别，主要表现于两方面。

2.1 "被"字句比"为"字句更有利于表达被动语义

"为"字句表达被动语义虽然优于"于"字句和"见"字句，但"为"字本身丰富的内涵（可作介词、助词、系词和实义动词），却使它比较容易发生歧义。长期以来对"为×所×"式存在不同的理解，正与这种歧义性的干扰有关。事实上，的确存在形同而实异的"为×（之）所×"式，如：

（11）有制人者，有为人之所制者。（《管子·枢言》）

（12）然则率天下之百姓以从事于义，则我乃为天之所欲也；我为天之所欲，天亦为我所欲。（《墨子·天志》）

周法高先生把两例都看成了被动式，[②]而实际上只有例（11）是被动式。[③]例（12）的"为"字是动词，"天之所欲"是宾语，洪诚先生对此已作过分析，[④]兹不赘论。至于如何区分这类形同实异的"为×所×"式，柳士镇同志有很好的论述，[⑤]可参看。

相比之下，"被"字句表达被动语义就不会出现歧义性，因为"被"字本源是"蒙受"义，将它误为动词并不影响施受关系的理解，如：

（13）妻子被人欺。（《王梵志诗校辑·独自心中躁》）

"被"理解为介词，"妻子"固然是受欺者；"被"理解为动词（"蒙受"义），"妻子"依然是受欺者。反过来，非"被"字句误作"被"字句，语义的理解也并无多大问题，如：

---

① 括号内的数字前为甲式，后为乙式，下同。
② 《中国古代语法·称代编》第389页，台北《史语所专刊》之三十九，1959年。
③ 此例为上古常用语，可用不同句式表示，如："有术则制人，无术则制于人"（《淮南子·主术训》），"此岂夫见制者哉，此制人者也"（马王堆帛书《明君》），"吾闻先即制人，后则为人所制"（《史记·项羽本纪》）。凡此足证"为人之所制"确为被动式无疑。
④ 《论古汉语的被动式》，《南京大学学报》（哲学·人文科学·社会科学版）1958年第1期。
⑤ 《〈百喻经〉中的被动句式》，《南京大学学报》（哲学·人文科学·社会科学版）1985年第2期。

（14）汤为天子大臣，被污恶言而死，何厚葬乎！（《史记·酷吏列传》）

不少专家将此例当作被动式，[①] 实际上这里的"被"字是动词而不是助词，《汉书·张汤传》将此句写作"汤为天子大臣，被恶言而死"，正是其证。

"被"字来源于蒙受义，使它有利于表达被动语义，这就是"被"字句能取代"为"字句的重要原因。

2.2 "被"字句有自己独特的发展道路

这种独特性首先表现为："为"字句以"为×所×"式为主体，而"被"字句则以"被"字乙式（王力先生称为"带关系语"者）为主体。根据《发展》[②]、《略论》以及本文附表的数据作统计，"被"字乙式在"被"字句中的频度分别为：先秦两汉，0%；六朝，7%；唐宋，82%；元明清，83%。王力先生曾指出："唐代以后……带关系语（施事者）的被动式越来越多了。"[③] 王先生的定性分析，在此得到了定量上的充分证明。

"被×所×""被×之所×""被×见×""被所×"等形式，尽管都是在"被"字乙式的基础上产生的，但却并非"被"字句发展的自然层次，而是受"为"字句类化的产物。所谓"类化"，就是语法结构的一种渗透。"为"字句不仅渗透"被"字句，而且也渗透"见"字句，如：

（15）桓荣字春卿，以少傅迁太常，明帝即位，尊以师礼，甚见帝重。（《初学记》卷十二引华峤《后汉书》）

（16）晋献将杀其世子申生。公子重耳谓之曰："子盍言子之志于公乎？"（《礼记·檀弓》）郑注："欲使言见谮之意。"孔疏："'欲使言见谮之意'者，重耳欲使申生言见骊姬所谮之意。"

本来不带关系语的"见"字句竟然带上了关系语，这种罕见的现象，无疑是"类化"的结果。

语法结构的渗透往往是相互的。在"为"字句占优势的时代，它渗透其他被动句式；而在"被"字句占优势的时代，"为"字句反过来也会受"被"字句的渗透。例如：

（17）一日郭和田头耕耨禾苗，常氏将饭食送往田间，在中路忽被大风将常氏吹过隔岸龙归村，为一巨蛇将常氏缠住。（《新编五代史平话·周史平话》）

我们知道，唐宋以后的"为"字句实际上已从口语中消失，成为相对停滞的书面结构。像

---

① 王力《汉语史稿》第 426 页，中华书局 1980 年新 1 版；潘允中《汉语语法史概要》第 254 页，中州书画社 1982 年版。

② 唐钰明、周锡𩵋《论先秦汉语被动式的发展》，《中国语文》1985 年第 4 期。

③ 《汉语史稿》第 428 页，中华书局 1980 年新 1 版。

上面这种与处置式结合的"为+将"的形式，显然不是"为"字句自身独立发展的结果，而是下文所要论述到的、在宋代才兴起的"被+把（将）"这种形式的类化物。

总之，"被"字句的诸种类化形式数量不多，远远未能构成"为"字句那样的自然层次。就以其中为数较多的"被×所×"式来说，它在"被"字句中的地位与"为×所×"式在"为"字句中的地位就不可同日而语。"为×所×"式是"为"字句最重要的发展形式，它不论在书面语中还是在口语中都曾成为主流。而"被×所×"式则完全属于书面化的格式，甚至在书面语中也从未占过优势。它带有浓厚的仿古色彩，王力先生说它是新旧语法形式的混合体，[①] 是完全正确的。

除了以上所论，"被"字句在发展过程中还有更为显著的特色，下面分节加以讨论。

3

王力先生曾认为被动式动词是不带宾语的，随着研究的深化，他已在一定程度上改变了这种看法。[②] 吕叔湘先生1965年进而全面深入地讨论了现代汉语被动式动词带宾语的问题，[③] 从而给我们上溯近古、中古乃至上古的同类现象提供了坚实的基础。遗憾的是，时至今日仍有些同志停留在旧的认识阶段上，以为被动式动词是不带宾语的。[④] 实际上，"于"字句、"见"字句、"为"字句动词带宾语的现象，可以上溯到两汉、战国乃至西周。[⑤] "被"字句作为被动式的集大成者，在这方面更有长足的发展。对中古的这种现象，董志翘同志作过有益的追溯，[⑥] 但他对之冠以"特殊"二字，则似尚欠允当。因为从中古开始，"被"字句动词带宾语已是较为普遍的现象。仅在本文附表所收资料的范围内，我们就统计出"被"字句动词带宾语者，唐宋253例（约占"被"字句总数1492例的17%），元明清362例（约占"被"字句总数2197例的16%）。要是使用例证法的话，那可真用得上"不胜枚举"这个词了。六朝以前这类现象为数尚少（在笔者统计范围内，所占比例不到1%），还可以说是"特殊"；而唐代以后，则堪称"普遍"了。这种现象可以说是"被"字句进入唐代后的重大发展。下面试根据这类宾语的不同类型，分别说明如次。

---

① 《中国现代语法》第88—89页，商务印书馆1985年版。
② 《汉语史稿》第429页，中华书局1980年新1版。
③ 《被字句、把字句动词带宾语》，《中国语文》1965年第4期。
④ 蒋礼鸿、任铭善《古汉语通论》（浙江教育出版社1984年）115页："动词在被动式里是不带宾语的。"
⑤ 参看唐钰明《古汉语被动式动词带宾语的考察》，中山大学出版社1987年《人类学论文选集（二集）》。
⑥ 《中世汉语中的三类特殊句式》，《中国语文》1986年第6期。

3.1 并列性宾语

这种宾语与主语是并列关系，虽然较少见，但出现最早，在西周金文"于"字句中就已见到。[①] 兹举唐代"被"字句中的用例为证：

（18）炀帝之在东宫也，数有诗书遗弘，弘亦有答。及嗣位之后，尝赐弘诗。……其同被赐诗者，至于文词赞扬，无如弘矣。（《隋书》列传第十四《牛弘传》）

（19）莫看江总老，犹被赏时鱼。（杜甫诗《复愁十二首》之十二）

（20）我出家被他问著佛法，便即杜口无言。（《镇州临济慧照禅诗语录》）

（21）数被官加税，稀逢岁有秋。（白居易诗《不如来饮酒七首》）

3.2 隶属性宾语

这种宾语或者是主语所领有，或者是主语的一部分。它在战国的"于"字句和"见"字句中已有所见，[②] 在"被"字句中亦不会晚于六朝，唐以后就比比皆是了。如：

（22）道遇贼，隆以身卫全都尉，遂死于难；青亦被矢贯咽，音声嘶喝。（《后汉书·张酺传》）

（23）马被刺脚。（《齐民要术·养牛马驴骡》）

（24）昔有秦故彦是皇帝之子，当为昔鲁家斗戏，被损落一板齿，不知所在。（《敦煌变文集·搜神记·行孝第一》）

（25）老鼠被药杀了好几个。（《元人杂剧选·窦娥冤》）

（26）一连换了十位先生，倒被他打跑了九个。（《儿女英雄传》第十八回）

3.3 复指性宾语

这种宾语是主语的复指。它比上述两类宾语晚出，而且仅见于"为"字句和"被"字句。值得注意的是：这种宾语的构成并不像王力、董志翘所认为的仅限于"代词"，[③] "名

---

① 例如："鬲赐贝于王"（鬲尊）。这种句式多来源于双宾语句：指人的宾语移为主语，指物的宾语就继续留在动词后。西周著名的"三麦器"分别出现三种不同的句式，较有启发性："侯赐麦金"（麦盉）→"麦赐赤金"（麦鼎）→"麦赐金于辟侯"（麦尊）。由双宾语句到意念上的被动句再到"于"字被动式，其演化的轨迹颇为清晰。汉魏的"见"字句中也有这种宾语，如："臣禹尝从之东宫，见赐杯案，尽文画金银饰"（《汉书·贡禹传》），"綝以薄才，见授大任，不能辅导陛下"（《三国志·吴书·孙綝传》）。

② "于"字句如："子自谓才士圣人邪？则再逐于鲁，削迹于卫，穷于齐，围于陈蔡，不容身于天下。"（《庄子·盗跖》）"见"字句如："女以知者为必用邪？王子比干不见剖心乎？女以忠者为必用邪？关龙逢不见刑乎？"（《荀子·宥坐》）汉代的"为"字句中也有，如："公孙敖出代郡，为胡所败七千余人。"（《史记·匈奴列传》）

③ 《中世汉语中的三类特殊句式》，《中国语文》1986年第6期。

词"同样不乏其例。代词性复指宾语首先见于汉代的"为"字句,[①]然后逐步进入"被"字句。至于名词性复指宾语,则完全是"被"字句中特有的现象。

甲 代词性复指宾语

(27)昔有李子敖,身长三寸二分,带甲头牟在于野田之中,被鸣鹤吞之,犹在鹤嗉中游戏。(《敦煌变文集·搜神记·行孝第一》)

(28)若是下人出来著衣,更胜阿郎。奈何缘被人识得伊?(《祖堂集》卷八)

(29)呼延灼道:"我被那厮的陷坑捉了我到寨里。"(《水浒传》第五十八回)

(30)林黛玉……步步留心,时时在意,不肯轻易多说一句话,多行一步路,惟恐被人耻笑了他去。(《红楼梦》第三回)

乙 名词性复指宾语

(31)杨奉言侯成盗其马,被侯成杀了杨奉。(《三国志平话》)

(32)二人闻言,忻忻下船,进步至岸头,被殷交捉住了二人。(《武王伐纣平话》)

(33)王翦赶将来,却被孙虎将黄旗一招,变成四门斗底阵,掩围下王翦。(《秦并六国平话》)

(34)这厮夜来赤条条地睡在灵官殿里,被我拿了这厮。(《水浒传》第十四回)

名词性复指宾语主要见于话本,而且盛行于宋元,这种现象的产生大约与"说话"的特点有关。在说书的过程中,不知不觉在主语与动词之间插入了其他成分,说下去时为了明确施受关系,便在动词后复指,起强调的作用。这种用法毕竟近于"赘语",所以后来逐渐少见,在典范性的文人作品如《红楼梦》《儿女英雄传》等书中就看不到了。

4

从宋代开始,又出现了"被"字句和处置式相结合的新类型。王力先生指出:"处置式在较早时代,更常见的结构是'将'字式。"[②]与此相一致,"被"字句首先结合的是"将"字式,然后才是"把"字式。出现情况略如下表。

---

① 例如:"吾子,白帝子也,化为蛇,当道,今为赤帝子斩之,故哭。"(《史记·高祖本纪》)"齐襄公将为贼所杀……豕人立而啼。公惧,坠于车,伤足丧履,而为贼杀之。夫杀襄公者贼也。"(《论衡·订鬼》)

② 《汉语史稿》第410页,中华书局1980年新1版。

频率 \ 类型 \\ 典籍	被＋将	被＋把
《大唐三藏取经诗话》	1	
《新编五代史平话》	8	
《全相平话五种》	1	
《朱子语类》	2	
《清平山堂话本》		1
《元人杂剧选》	6	1
《三国演义》		1
《水浒传》	2	9
《西游记》	10	22
《儒林外史》	1	2
《红楼梦》	1	1
《儿女英雄传》		3

这种"被＋把（将）"的句型是在"被"字句动词带宾语的基础上发展起来的，"将""把"的作用是把动词后的宾语前置，所以"将""把"所带的宾语与主语的关系也同样有隶属性和复指性两种。

4.1　隶属性

（35）他哥哥不伏，被敬瑭挥起手内铁鞭一打，将当门两齿一齐打落了。（《新编五代史平话·晋史平话》）

（36）老汉王林，被那两个贼汉将我那女孩儿抢将去了。（《元人杂剧选·李逵负荆》）

（37）包节级措手不及，被解宝一枷梢打重，把脑盖劈得粉碎。（《水浒传》第四十九回）

（38）我失了脚掉下去，几乎没淹死，好容易救了上来，到底被那木钉把头碰破了。（《红楼梦》第三十八回）

4.2　复指性

（39）且说那朱温出涧，取登州路去。方入城，被一人向前将朱温扯住。（《新编五代史平话·梁史平话》）

（40）忽一日学士被宰相王荆公寻件风流罪过把学士奏贬黄州安置去了。（《清平山堂话本·陈巡检梅岭失妻记》）

（41）师父分明是个好人，必然被怪把他变做虎精。（《西游记》第三十回）

（42）万中书在秦中书家厅上看戏，突被一个官员带领捕役进来将他锁了出去。(《儒林外史》第五十四回)

"被＋把（将）"的句型与动词带宾语的句型往往可以互相转换，如：

（43）九头虫……半腰里才伸出一个头来，被那头细犬撺上去，汪的一口，把头血淋淋的咬将下来……他被细犬咬了头。(《西游记》第六十三回)

（44）妾身王昭君，自从选入宫中，被毛延寿将美人图点破，送入冷宫。甫能得蒙恩幸，又被他献与番王形象。(《元人杂剧选·汉宫秋》)

例（43）前面的长句是"被＋把"的句式，用缩略法可处理成"九头虫……被……细犬……把头……咬将下来"，可见，后面动词带宾语的短句"他被细犬咬了头"就是前面长句的缩略和转换。例（44）"被毛延寿将美人图点破"是"被＋将"的形式，下文"被他献与番王形象"属于动词带宾语，若依前文句型则可转换成"被他将形象献与番王"。

5

动词前后成分的复杂化，是"被"字句在元明清时期的显著特点。所谓"前后成分"，主要指动词的状语和补语；所谓"复杂化"，实质上就是语义的丰富和精密化。"被"字引介关系语以及"把"字结构，本来也属状语，但因上文已专门论及，故以下凡提到"状语"时，均把它们排除在外。

5.1 状语的复杂化

唐代之前，偶尔出现由单音词构成的状语。唐代之后，由复音词或词组构成的状语逐渐常见，如：

（45）可怜天艳正当时，刚被狂风一夜吹。(白居易诗《惜花》)

（46）你……不能藏于菩提，故还被魔王于菩提中捉得。(《古尊宿语录·黄檗断际禅师宛陵录》)

元明清时期，状语进一步复杂化，常常超出一个词组的范围：

（47）那大王……被鲁智深就势劈头巾带角儿揪住。(《水浒传》第五回)

（48）那张都监方才伸得脚动，被武松当头一刀，齐耳根连脖子砍着。(《水浒传》第三十一回)

（49）此山被显圣二郎神率领那梅山七兄弟放火烧坏了。(《西游记》第二十八回)

（50）程朝奉做事不成，羞惭满面，却被韩文子一路千老驴万老驴的骂。(《初刻拍案惊奇》第十卷)

5.2 补语的复杂化

补语在被动式中历史久远、内涵丰富。早在先秦就已出现处所补语，[①]汉晋又有所谓被动式与使成式的结合（即动词带结果补语的特殊形式）。[②]其后，结果补语、趋向补语、时间补语等纷纷在"被"字句中出现：

（51）张仪游于楚，楚相掠之，被捶流血。（《论衡·变动》）

（52）墓上人皆笑之，被石酒气冲入鼻中，亦名醉卧三月。（《搜神记·千日酒》）

（53）君因风送入青云，我被人驱向鸭群。（白居易诗《鹅赠鹤》）

（54）崔儿被禁数日。（《敦煌变文集·燕子赋》）

大约从宋代开始，出现了以助词"得"为标志的补语：

（55）我鼻孔被大师掐得痛不彻。（《古尊宿语录·大鉴下二世》）

（56）仁本是恻隐温厚底物事，却被他们说得抬虚打险、瞠眉弩眼。（《朱子语类》卷六）

由于"得"的帮助，元明清时期的补语开拓了一条广阔的路子，不仅可带单词，而且可带各类词组，其中包括主谓词组，如：

（57）那大船小船约有百十来只，正被这大风刮得你撞我磕。（《水浒传》第十九回）

（58）我们今日在黄风洞口救我师父，不期被那怪将一口风喷来，吹得我眼珠酸痛。（《西游记》第二十一回）

（59）这个所在被我闹得血溅长空、尸横遍地。（《儿女英雄传》第九回）

5.3 其他方面的复杂化

复杂化现象除了状语、补语比较突出之外，其他方面也有所表现。其一是宾语和关系语常常带有修饰成分：

（60）那怪不敢闭口，只得应了一声，倏的装里面，被行者贴上"太上老君急急如律令奉敕"的帖子。（《西游记》第三十五回）

（61）老虎……被那棱撑象刀剑的冰凌横栏着，竟冻死了。（《儒林外史》第三十八回）

其二是状、宾、补往往同时出现：

---

① 例如："文王见詈于王门，颜色不变"（《韩非子·喻老》），"秦……为齐兵困于殽塞之上"（《战国策·赵策二》）。

② 例如："彭祖……为其小妻所毒薨"（《汉书·佞幸传》），"赵熹笃义多恩，往遭赤省出长安，皆为熹所济活"（《后汉书·赵熹传》）。

（62）王大是个穷人，那有银子，就同严家争吵了几句，被严贡生的几个儿子，拿拴门的闩，赶面的杖，打了一个臭死。（《儒林外史》第五回）

（63）吴兵慌乱，不战而走，被魏兵四下举火烧毁战船、粮草、器具不计其数。（《三国演义》第一〇三回）

元明清时期"被"字句日趋丰富和精密，这是汉语向现代迈进的重要标志之一。

6

以上主要着眼于"白话""半白话"。在唐至清庞大的"文言"中，"被"字句的面貌又如何？首先拿同时代的文言与白话作横向的比较。兹取样列表如下。

频率 典籍 \ 形式	于	见	见×于×	为	为×之×	为×所×	为×之所×	为所×	被	被×所×	被字句频度
白居易文	1	1	4	3（0+3）	1	7	1		11（6+5）		38%
白居易诗	1	1		6（0+6）		10			44（6+38）		71%
《唐人小说》		2	1			29	1	1	8（7+1）		19%
《敦煌变文集》				2（0+2）		3	·		165（67+98）	2	97%

以上四种材料大体分属于四种不同的语言类型。在古文运动以及通俗化的文学主张的影响下，"白居易文"与典雅的文言略有距离，其中不少篇章近于吕叔湘先生所说的"通俗文言"。[①] "白居易诗"比较口语化，算是"半白话"。将这两种材料作比较，已经可以看出它们使用"被"字句的频度有了一定的距离。在另外两种材料中，这种距离就拉得更大了。《唐人小说》近于"正统文言"，它使用"被"字句的频度与六朝时期颇为接近，说明它的确是在尽量模仿古人的腔调。《敦煌变文集》属于"白话"，虽然也还掺入个别"为"字句，但总体倾向已和《唐人小说》分道扬镳了。若拿《唐人小说》之类的材料作为研究对象，自然难以追寻到唐代语言的本来面貌，这就是汉语史专家们研究唐以后的汉语必须以"白话"或"半白话"为主体的根本原因。可以认为，唐以后的"文言"是一种理性语言，它与自然语言的确有着相当大的距离。

那么，唐以后的文言是否一味仿古而毫无变化呢？当然不是。吕叔湘先生指出："在

---

① 《中国文法要略》第4页，商务印书馆1982年新1版。

二千多年里头，文言自身也有了相当的变化，时代的变迁怎么样也得留下他的痕迹。"① 下面试将不同时代的文言作纵向的比较。同样取样列表如下。

典籍＼形式＼频率	于	见	见×于×	为	为×所×	为×之所×	为所×	被	被×所×	被×见×	被字句频度
《隋书》	12	73	3	10（4+6）	314	7	17	112（111+1）	5	5	21%
《东坡志林》	3	2	1	2（0+2）	9	1		5（3+2）			22%
《聊斋志异》	5	11	9	28（2+26）	54	1	11	131（76+55）	1	1	55%

可以认为，"被"字句的频度是衡量典籍文白程度的标尺之一。有关典籍属文言、白话还是半白话，只要看本文有关表格的频度栏，就可一目了然。说到底，语法结构虽然比较稳定，毕竟还是有着一定的发展层次；文言尽管刻意仿古，却也不能不受自然语言的渗透。试看上表的《隋书》，它堪称十足的"正统文言"了，但使用"被"字句的频度也还是比六朝时的15%提高了不少。《聊斋志异》的变化更为显著，尽管它保留使用上古几乎所有的被动句式，但时代依然给它打下了深深的烙印。除了"被"字句的频度大幅度提高之外，对其具体用例作进一步的微观分析，也可以追寻到时代所留下的痕迹。试看：

（64）小人日泛烟波，游四方，终岁十余月，常八九离桑梓，被妖物蛊杀吾弟。（《胡四姐》）

（65）妾驰百里，奔波颇殆；至北郭，被老棘刺吾足心，痛彻骨髓。（《小谢》）

这种"被"字句动词带领属性宾语的句型，主要见于唐以后的白话文，先秦两汉古文既未见，六朝唐宋的文言也极少有，《聊斋志异》却普遍出现了，这无疑是自然语言渗透的结果。

最后要顺便指出：从宋代开始，还出现了"吃""叫""给"等新型的被动式。据初步观察，这些被动式具有一定的层次性和地域性。"吃"字句大约产生于宋代，"叫"字句出现在元明之交，"给"字句则是清代的产物。这些新形式的出现，揭开了"被"字句在口语中受排挤的序幕。由于这些句式与现代汉语密切相关，与北方方言的"给""叫（教）"以及南方方言的"畀""乞""分"等有一定的关联，所以需要另文讨论。

---

① 《中国文法要略》第4页，商务印书馆1982年新1版。

引书目录

李白诗　据《李太白全集》，中华书局 1977 年；杜甫诗　据《杜工部诗集》，中华书局 1957 年；　白居易诗　据《白居易集》，中华书局 1979 年；唐禅宗语录　据大正新修《大藏经》第 47 卷 1985 至 1997，日本大正一切经刊行会，昭和三年；《敦煌变文集》　人民文学出版社 1957 年；《祖堂集》台北广文书局 1979 年；《古尊宿语录》　频伽精舍校刊《大藏经》"腾帙"，上海频伽精舍 1913 年；《景德传灯录》　江苏法雪堂 1919 年木刻本；《大唐三藏取经诗话》　中国古典文学出版社 1954 年；《新编五代史平话》　同上；全相平话五种　包括中国古典文学出版社 1955 年《武王伐纣平话》《七国春秋平话》以及上海古典文学出版社 1955 年《秦并六国平话》《三国志平话》《前汉书平话》；《京本通俗小说》　上海古典文学出版社 1955 年；《朱子语类》　应元书院 1872 年刻本；《清平山堂话本》　文学古籍刊行社 1955 年；《元人杂剧选》　人民文学出版社 1978 年；《西厢记》　上海古籍出版社 1978 年；《三国演义》　人民文学出版社 1973 年；《水浒传》　人民文学出版社 1975 年；《西游记》　人民文学出版社 1955 年；《牡丹亭》　人民文学出版社 1963 年；《初刻拍案惊奇》　古典文学出版社 1957 年；《儒林外史》　人民文学出版社 1977 年；《红楼梦》　人民文学出版社 1982 年；《侠女奇缘》（即《儿女英雄传》）广西人民出版社 1980 年；《摩诃般若波罗蜜经》　频伽精舍《大藏经》"月帙"；《放光般若经》　同上；《脂砚斋重评石头记》　人民文学出版社 1975 年；《石头记》（程伟元本）　商务印书馆 1957 年；《聊斋志异》　上海古籍出版社 1979 年；《王梵志诗校辑》　中华书局 1983 年；《寒山子诗集》　建德周氏新刊景宋本 1924 年；《隋书》　中华书局 1973 年；《唐人小说》　上海古籍出版社 1978 年；《东坡志林》　华东师范大学出版社 1983 年；文内其余引书版本与《略论》同。

附表一　唐宋被动式频率表（本表被动式总计 1889 例）

典籍＼形式	于	见	见×于×	为	为×之×	为×见×	为×所×	为×之所×	为所×	被字甲式	被字乙式	被×所×	被×见×	被×之所×	被字句频度
李白诗				5（0+5）			1			1	3				40%
杜甫诗		9		11（2+9）			2			6	8				39%
白居易诗	1	1		6（0+6）			10			6	38				71%
《唐禅宗语录》								1		8	57	3			98%
《敦煌变文集》				2（0+2）			3			67	98	2	1		97%
《祖堂集》							3	2		16	53	4			94%
《古尊宿语录》							3			19	217	9		3	98%
《景德传灯录》				3（0+3）			5	2		8	38	4		1	84%
《大唐三藏取经诗话》										2	12				100%
《新编五代史平话》		2		17（1+16）	1	1	26		3	13	75	1			66%
《全相平话五种》	4			1（0+1）			6	1		11	172	7			94%
《朱子语类》	39		6	18（0+18）	1		185		14	53	399	5			63%
《清平山堂话本》							2			11	58	3	1		97%
总计	44	12	6	63（3+60）	2	1	246	6	17	221	1228	38	1	4	72%

附表二　元明清被动式频率表（本表被动式总计 2340 例）

频率　形式　典籍	于	见	见×于×	为	为×所×	为所×	被字甲式	被字乙式	被×所×	被所×	被字句频度
《元人杂剧选》							5	92			100%
《西厢记》		1					1	7			89%
《三国演义》	10	4	4	9（0+9）	64	17	143	341	53	3	83%
《水浒传》							67	322	2		100%
《西游记》		1		1（0+1）			9	478	2		99.6%
《牡丹亭》				2（0+2）	1		4	21	1		90%
《初刻拍案惊奇》					9		47	151	1		95.6%
《儒林外史》							3	68	1		100%
《红楼梦》		2	1		5		21	190	3		96%
《儿女英雄传》					12		11	150			93%
总计	10	8	5	12（0+12）	91	17	311	1820	63	3	94%

原刊于 1988 年第 6 期

结构的不平衡性和语言演变的原因

徐通锵

提　要： 语言演变原因的研究百年来进展比较缓慢。变异的研究或许可以为探索这个重要而困难的问题提供一个新的前景。考察变异的结构基础只能是非线性的聚合结构。结构系列相互制衡的关系构成结构关联。关联中处于不平衡、不对称位置上的单位和关联本身因种种原因而受到的干扰和破坏是产生变异、使语言系统自发地进行自我调整的内在杠杆和机制。结构的不平衡性决定了语言演变的必然性，至于语言在何时何地以何种方式发生变化，则与偶然性因素的作用有关。不同的偶然性因素的作用可以使相同的原因产生不同的结果，出现方言的分歧。语言通过变异可以使不平衡的结构转化为平衡的结构，但发音的生理能力的不平衡和语言各结构层之间的矛盾运动又可以产生新的不平衡，因而语言永远无法终止它的自我调整过程。

　　用"结构—有序状态的变异—结构"这个公式对语言系统进行动态的分析（徐通锵，1987—1988），核心的问题是要弄清结构中为什么会产生变异，即语言演变的原因。这是语言研究中最复杂、最困难但也是最重要的一个问题，因为不知道语言为什么会变化，我们就很难了解语言的运转和演变的因果关系。随着语言研究的发展，很多语言学家的注意力现在似已开始向这方面转移，原因问题的研究可能会成为今后一段时期语言研究的一个主攻方向。马尔基耶尔（1984：212）认为："在今后几年，我想历史语言学将越来越多地开展关于因果性、原因方面的研究。有意思的将不是原始事实的发现，而是什么东西引起了变化。这样，青年语法学派作出音变是盲目的假设就没有什么意义了。"从语言事实的描写到因果关系的探索，这将是语言研究征途上的一次重大飞跃。

1．语言演变原因研究的缓慢进展

继青年语法学派的音变盲目说之后，在语言演变原因问题研究中有重大影响的是布龙菲尔德（Bloomfield，1923）的不可知论："语言的变化最终是由于个人偏离僵硬（rigid）的系统。但即使在这里，个人的变异也是无效的。要形成一个变化，必须是整群说话者由于我们不知道的某种原因而都作同样的偏离。语言的变化并不反映个人的变异，似乎是群众的、一致的和逐渐的演变，在任何时候系统都象别的时候那样那么僵硬"，没有弹性。这种论断由于以语言是没有弹性的僵硬系统为前提，因而认为语言的变化总是绝对的：要么整群说话人恪守着僵硬的系统，没有变化；要么整群说话人同时偏离这种僵硬的系统，产生语言的变化。没有介于两者之间的可能。显然，这与语言的实际状况大相径庭。至于整群说话人为什么会同时偏离僵硬的语言系统，布龙菲尔德认为是"由于我们不知道的某种原因"。这个结论在他的《语言论》（1933：477）中说得更明确，认为"音变的原因是不知道的"。这个论断对此后的语言研究产生了严重的消极影响。马尔丁内（Martinet，1952：121）在总结这一影响时认为："事隔20年之后，今天多数语言学家似乎很愿意无保留地同意布龙菲尔德提出的'音变原因不可知'的理论。所有探求音变原因的研究都无一例外地失败了，因此，不少人从这种事实中推断出同样的结论。把语言学看作描写科学（无论是共时平面还是演变事件）的学者们，很自然地会喜爱这些观点，因为他们对语言的说明很少超出可以直接观察的事实。"布龙菲尔德的一个论断，看来整整影响了一代语言学家的语言研究。

盲目说也好，不可知论也好，都说明语言学家在事关语言生命的重要问题面前有点力不从心，缺乏办法。比较有特点的研究，恐怕要首推萨丕尔（1923：154）。他认为语言"是一个慢慢变化着的结构，由看不见的、不以人意为转移的沿流（drift）模铸着。这正是语言的生命。无可争辩，这沿流有一定的方向"。他以此为基础具体地考察了英语和德语之间的平行变化，认为"它们都根源于一个共同的、早于方言的沿流"（1923：163）。这里有两点值得注意：一是沿流，二是方向。什么是沿流？萨丕尔没有给它下一个明确的定义，但在字里行间透露出来的意思显然是指一种运动着的语言结构，因而所谓"沿流模铸"的说法，实际上就是指结构制约着变化的过程和方向。这说明，萨丕尔已经清楚地意识到语言演变的原因一不是不可知，二不是盲目。只是由于当时条件的限制，他没有对此进行充分的论述，因而难以对实际的语言研究产生积极的影响。三十年之后，语言演变原因的研究出现了一次重大的突破，标帜就是马尔丁内（Martinet，1952）的《功能、结构和音变》一文的发表。他从功能（交际的需要）与音变的关系批评音变的盲目说；从音变与结构的关系批评音变的不可知论，具体分析音变的原因。这比萨丕尔的"沿流模铸"说和雅科布逊（Jakobson，1927）针对盲目说提出来的音变目的论（teleological criterion）深入而具体。其中最有特点的是关于结构与音变关系的分析。马尔丁内根据语音的区别特征分析音系的结构，认为（辅音）发音方法相同的几个音位构成"列"（series），发音部位相同的几个音位构成"行"（order）；同样，（元音）舌位相同的几个音位构成"列"，而开口度相同的几个音位构成"行"。"行"与"列"纵横交错相配，构成音位间的相关关系（correlation）；不处于这种位置上的音位就不是相关关系的成员。马尔丁内以此为结构框架分析语音的演变。例如：

$$f \quad s \quad š \quad x$$
$$v \quad z \quad ž$$

x 在理论上不是相关矩阵的成员，因为没有与它配对的浊音 γ。如果语言中有一个小舌颤音 r，它就可能会失去"颤"的特征而变成"擦"；由于 r 在发音时声带振动，因而容易变成舌根浊擦音 γ，与 x 配对，从而使不完善的相关矩阵完善化。马尔丁内在功能、结构与音变的相互关系的分析基础上提出了著名的语言演变的经济原则：交际的需要和人类的记忆与发声的惰性永远处于矛盾状态，语言的经济原则就是在这种矛盾的需求中寻求平衡，力图使语言固定化，排斥一切过于明显的创新。这样，马尔丁内在语言演变因果关系的研究上迈出了艰难而意义重大的一步。它冲破了音变原因盲目说和不可知论的禁区，为后人的研究开辟了一条前进的道路。此后的研究虽然从不同的侧面提出了一些设想，但就总体水平来说似乎都没有超过马尔丁内的研究。生成－转换学派关于语言在代代相传中有创新的理论虽然被认为是对语言演变理论的最重要的贡献（Jeffers 等，1982：96），但由于它只在一个封闭的、理想的说话—听话人的范围内研究，难以反映语言演变的实际状况，因而受到人们的有说服力的批评（Weinreich 等，1968：144-146）。社会语言学的变异理论强调社会因素对语言变化的影响，把变异的过程分为四个阶段：限制（constraints）、过渡（transition）、包孕（embedding）、评价（evaluation）。分析具体，论据充分，纠正了过去在这个问题上的一些泛泛空论的倾向，弥补了语言因果关系研究中的一个空缺。魏茵莱什、拉波夫等人（Weinreich 等，1968）认为，这四个阶段的研究可以逼近语言的起变（actuation）：语言何以在此时此地发生变化，而在彼时彼地不发生变化？但还不能解决这个问题。起变，实际上就是我们所说的语言演变的原因。这是语言变异理论需要解决的一个中心问题，只是暂时还没有解决的可能，因而认为"在最近的将来能够作出的全部解释都可能只是追究语言演变的事实"（Weinreich 等，1968：186）。这一论断虽有其合理性，但似乎消极了一点，其原因可能与它离开结构而孤立地研究变异成分的变异这种方法论原则有关（徐通锵，1987—1988）。

百年来，语言演变原因的研究，从盲目说、不可知论到沿流模铸说、目的论、经济原则、变异说，取得了一些进展，但总的说，步履艰难，进展缓慢，与它在语言研究中的地位不相适应。这个问题如果不能不断地取得实质性的进展，势必影响语言研究的广度和深度。现在，科学思潮的发展和语言变异的深入研究似乎已为这一问题的探索提供了一些新的前景。我们希望在前辈研究的基础上能为实现这一前景做一块铺路石。

2. 改进因果关系研究的一条重要途径

语言演变原因的研究难以取得进展，可能是由两方面的原因造成的：一、对语言系统性质的认识有欠缺；二、取材不当。

对语言系统性质的认识过去一般都以索绪尔的语言系统同质说为基础，只强调它的封闭性、无时无空的静态性和其内部结构的平衡对称性，而忽视它与周围环境的联系和其内部结构方式的复杂性。这与现代科学对系统的认识有距离（徐通锵，1987—1988）。如何认识语言系统的性质和特点，这恐怕是改进语言演变因果关系研究的一个关键。

语言最重要的功能是交际，它需要适应因社会的发展而不断增长的交际需要，因此它对社会生活的各个方面都采取了全方位的开放态度，而且有特殊的机制和渠道接受交际中反馈回来的社会对交际的要求，并据此改进自己的结构。语言系统如果没有这种开放性特点，它就无法实现交际功能，因而也就会失去自身的存在价值。其次，语言因适应交际的需要而不断地改进自己结构的时候，不依靠任何外力，全靠系统内部的自我调整。任何人（不管他是"天王老子"，还是平头百姓）都只能乖乖地适应这种调整的要求，而不能制订什么计划对它进行"大修"或"改造"；语言要发生变化，从来不向使用它的主人"请示汇报"，而完全"自行其是"，顺着它自己的运行轨道向前发展。所以，语言系统不是语言学家或别的什么人组织起来的，而是语言自身在运行过程中形成的。自组织性，这是语言系统的另一个重要特点。再次，语言系统的自组织性必然会伴随着另一个特点：自我调整的自发性，即调整是在人们不知不觉的自发状态下进行的，人们只知其然而不知其所以然。语言学家化了九牛二虎之力还弄不清楚的问题，语言的发展却有条不紊地遵循着一定的轨道而自发地运转。这些都说明，语言系统的性质不是僵硬的、静态的、靠外力组织起来的，而是有弹性的、动态的、自组织的开放系统。我们如果能够在系统中找出这种自发地进行自我调整的杠杆和机制，语言发展的原因即起变问题的解决也就会有一些眉目了。

从什么地方入手去寻找这种杠杆和机制？比较理想的语言材料是现实语言的变异。以往人们认为变异只涉及细微的变化，在语言研究中意义不大，可以略去不计，因而只根据已经完成的变化去考察语言的发展。这样，我们就只能看到语言变化的结果，而无法考察起变的状态和演化的过程。其实，这是语言研究的战略性失策。我们现在已经弄清，变异中隐含着几十年到几百年的时间量（徐通锵，1989），同样属于中观语言史（meso-history）的范畴，是研究语言运转机制的比较理想的材料，因为人们可以象在实验室里做实验那样进行调查、分析、研究，从容地"横"观语言在漫长时间中的发展动程。只要我们能够把变异与结构联系起来，从结构中考察变异的产生和演化，就有可能发现系统何以会进行自我调整的原因。

语言自组织系统的结构是无形的，需要通过无穷无尽的表面现象的分析才能清理出它的组织框架和网络。索绪尔的组合关系和聚合关系理论，是他对语言结构的认识，揭示了语言系统的一些重要特点。我们可以以此为起点，从封闭系统中走出来，考察语言的演变。

组合关系是线性的结构，聚合关系是非线性的结构。线性的组合结构不能成为我们考察语言变异的结构基础，因为我们在这里很难找到语言系统向社会"开放"的大门；而且，我们也无法用组合关系来解释各个结构层面之间的关系。美国结构语言学的语言系统说是以线性的组合结构为基础的，结果把语义排除出语言研究的领域，音位的线性组合构成语素的理论也矛盾百出，最后不得不宣告放弃（Hockett，1964；帕默，1971）。即使就某一个结构层面来说，线性的组合结构也难以系统地解释语言的演变。比方说，语音层面，线性的组合会引起变化，人们早就注意到了，并且对同化、异化和换位之类的变化作过详尽而具体的描写。但是这种变化大多是零散的，在演变中难以引起系统的效应。历史上一些有名的语音规律，例如格里姆定律、早期现代英语长元音系统的大转移等都不是以音位的组合条件为基础整理出来的。因此，研究语言演变的结构基础看来不能是线性的组合结构，而只能是非线性的聚合结构。马尔丁内的研究也可以为此提供有益的经验教训。根据我们前面提到的目标，这里需要特别强调的是如下两个方面的考虑。第一，聚合结构的单位已经失去它的独立性，一切决定于它在系列中的位置，例如汉语中的音位 p 与 p' 的关系就犹如数学中的"正"和"负"，它们只是在其相互关系中才有意义，而每一个独立出来都是没有意义的。因此，这种单位如果要发生变化，那就是一种结构关系的变化，带有系统的性质。第二，在非线性结构中容易发现单位在结构地位上的特点，是否处于平衡、对称的位置上，一眼就可以看清楚。比方说，下面的辅音音位矩阵：

ts	ts'	s	
tʂ	tʂ'	ʂ	ʐ
tɕ	tɕ'	ɕ	

很明显，ʐ 在结构上处于不平衡、不对称的位置上。弄清楚这种结构的不平衡性和不对称性对语言演变的研究来说或许是非常重要的，因为它可能是语言系统从"封闭"走向"开放"的大门。如果把上述两方面的考虑结合起来，那么我们就可以发现不同系列之间相互冲突的因素，例如"送气"和"不送气"，"清"与"浊"，等等，犹如"正"和"负"，相互制约，形成规则，使它们平衡地"和平相处"。我们把结构系列之间的这种相互制衡的关系叫做结构关联。关联中参与制衡的两个系列的单位，如果都类似"正"和"负"那样两

两相对，那么它在结构上就有平衡性、对称性的特点，不易发生变化。相反，关联中参与制衡的系列，彼此的结构单位多寡不一，无法一一形成两两相对的制衡关系，那么它在结构上就是不平衡的，不对称的。例如上述辅音矩阵中的 ʐ，在"浊"的系列中只有它一个单位，"清：浊"相互制衡的力量很小，因而就容易闹点"独立性"，发生变化。语言中不与任何结构系列发生结构关联的单位，一般说是没有的。在汉语的声母系统中或许可以把"0"看成这种无关联的单位，但由于系统中只有一个这样的单位，它就容易钻结构的空子，象麻将中的"百搭"（也叫"混子"）那样，就近寻找结构上的依靠，使开、齐、合、撮四呼的"0"依附于不同的部位而成为"ʔ j w ʮ"；只要系统的自我调整有需要，它就会脱缰而出，摆脱其依附的地位而担负起改进结构的重要角色。总之，结构上不平衡、不对称的单位最容易发生变异，这使我们可以作出如下的假设：非线性结构中的结构不平衡性是变异之源，是语言系统自发地进行自我调整的内在杠杆和机制，从这里发出变异的指令而敞开结构的开放之门。

结构关联，就语音层面来说，它与马尔丁内所说的"行""列"相关关系有联系，因为处于相关关系中的单位总是处于结构关联之中的，或许可以说，"行""列"相关关系是结构关联中的一种理想状态。但是，在这里需要强调的是两个概念的差异。一个单位虽然可以同时与几个系列构成结构关联（例如 tʂ 既与不同发音部位的 ts 和 tɕ 构成"舌尖前：舌尖后：舌面中"的结构关联，也可以与同部位的 tʂʻ 构成"不送气：送气"的结构关联），但参与演变的，一次只能涉及其中的一个关联，因此我们不必强调纵横交错的"行""列"相关关系，而只要着眼于几个相互平行的系列之间的相互制衡关系就可以了。这样，它受到的限制会小一些，但说明问题的能力却要大得多。"行""列"相关关系的概念无法解释处于"行""列"相关关系中的音位的变化，也无法把它推而广之去研究语音和语义、语音和语法等各个结构层面之间的结构关系。"结构关联"这一概念可以摆脱这些方面的局限，能够解释"行""列"相关关系无法解释的一些语言变化（具体问题后面再讨论）。在一个结构层面内部，或者在各个结构层面之间，我们如果能够通过结构关联的分析而找到结构的不平衡性，那也就找到了探索语言演变因果关系的一条重要线索。这样说来，语言的演变好象都决定于非线性的聚合结构，那线性的组合结构在语言演变的研究中是不是没有作用和价值了呢？不是的！只是需要作一点小小的限制：必须以非线性的聚合结构的分析为基础，以便使其进入系统的网络。格里姆定律三组例外的解释可以为此提供很好的例证。要是格里姆没有整理出第一次日耳曼语辅音转移的规律，产生这三组例外的组合条件就永远只能淹没在一堆没有条理的语言材料中，既谈不上规律和例外，更谈不上为例外寻找原因和规律。因此，以非线性结构为基础去考察结构与变异的关系，可能是探索语言演变原因的一条重要途径。

3. 结构的不平衡性、变异和系统的自我调整

结构的不平衡性是变异之源，我们可以通过这一视角去考察语言系统自我调整的发生和发展，从中探索语言演变的原因。

各种语言中差不多都有 r 和 l 这两个音位。雅科布逊（Jakobson，1941）认为这是儿童最后掌握的两个音位，也是失语症者最先丧失的两个音位。和这两个音位相当的汉语语音表现就是传统的日母和来母，在现在的普通话中就是 ʐ 和 l。它们在音系的非线性结构中都处于不平衡的结构位置上，因而都具有相对的独立性，容易产生变异。在上古，根据谐声字提供的线索，l 在结构上简直"无法无天"，在同族词中差不多能够和任何辅音交替（雅洪托夫，1983：43–47）。而在现代，它在不同的方言中也是变化方式最多的一个音位：或与 n 自由变异，或相当自由地扩大它的变异范围、"侵"入传统浊声母的发音领域（陈蒲清，1981），或因"气流换道"而与 s 交替（张光宇，1989）。这些都是因结构的不平衡性而使它易于变异的一些具体表现。不过 l 的组合能力还比较强，这或许能牵制它的一些变异范围。ʐ 音位的情况就不一样了，它既在非线性结构中处于不平衡地位上，能与之组合的韵母又很少，因而它的结构地位就不大稳固，现在在不少方言中它都处于积极的变异状态中。变异的方式大体上可以分为两类：一、通过变异而使它消失；二、促使别的音位系列也产生一个或几个可与它一起构成"浊音"系列的新音位。武汉话采用第一种办法（或消失，或与其他音位交替），北京话采取第二种办法，使合口呼零声母产生 w/v 变异（沈炯，1987）。在山西、河北等地的方言中，合口呼零声母产生新声母 v 的，音系中一定有一个浊音音位 ʐ 或 z，这也可以从另一个侧面证明我们的假设。

宁波方言韵母系统的变异很复杂，而且情况也与北京话不同，它不是产生新的音位，而是使那些处于结构不平衡关系中的音位或音类消失。请比较：

变异成分	变异方向	例字
一、e（h 系）	ɛ̃	含暗……
二、iɤ	y	流抽周丘休优（尤，赇上去，下同）丢幽幼（幽）钻酸算（桓精）闩篡（删合）全宣传川（仙合）
ie~iɛ	e	皆偕谐械（皆开）懈（佳开）者也冶（麻三）茄（戈开三）念（添）验（盐）廿（深）唅（先）
三、yo	io	家假~使嘉（麻二见）佳（佳）

yŋ	oŋ	镇振神晨<u>人</u>忍（真知章）俊椿荀春（谆精知章）
yŋ	yoŋ	均匀允（谆见）君军群勳云韵（文见）
yɔ̃	ɔ̃	降~落伞（江见）
øʔ	oʔ	实失室<u>日</u>（质章）戌出恤术述（术知章）

这里的变异成分分成三组。第一组 -e 的变异仅限于"h 系字"，已见于徐通锵（1989）的分析。第二组变异成分的共同特点是以 i 为介音的齐齿韵，它们在结构上的地位比较孤单，缺乏与之制衡的结构单位。-iɤ 主要是尤幽韵字，原可与侯韵字构成开与齐的结构系列，但由于侯韵字的元音在宁波音系的结构调整中已经低化和复化，现读圆唇的 -œɤ，与不圆唇的 -ɛɪ 构成"圆：展"的结构关联，而它们又与 -ʊɤ（主要是歌韵字）构成"前：后"的结构关联，因而使 -iɤ 在音系结构中陷入孤立的不平衡地位，只能以连续式变异向 -y漂移。-ie — -iɛ 组的例字比较杂，在言语社团中的读音也相当参差，有 -ie、iɛ 和 -e 的差异，但以 -ie 为主。发音时因介音 i 的有无声母也有相应的变化：有 i 介音的念舌面音，无 i 介音的念舌尖音。和 -iɤ 一样，-ie 在结构上也是比较孤立的，没有 -ye、-ue 与之配对、制衡，而开口韵的 -e 又经历了一次动荡：原来的 -e 复元音化为 -ɪɜ，而哈、泰韵的 -ɛ 则高化为 -e，这些都使它增加了结构的不稳定性。

第三组变异成分 -ɤŋ 是开口韵，其他都是撮口韵，但变异的方向一致：尽可能消除前高元音的圆唇特点，或者简单地说，消除 y 介音。-ɤŋ、-yŋ（严式应记为 yeŋ）是臻摄的谆（文）真韵字。它们在结构上没有与之配对、制衡的齐齿韵和合口韵，既没有"圆：展"的结构关联，也没有"前：后"的结构制衡，音系结构的这种不平衡性促使它们通过离散式变异的方式并入通摄的 -oŋ、-yoŋ（øʔ 随舒声而并入 oʔ）。-yɔ̃ 仅江韵的"降"一个字，只用于"降落伞"之类的少数特殊的词语，势孤力单，功能负荷很低，结构上也没有"圆：展"的结构关联，因而现在已趋向于消失，多数人已变读为 tsɔ̃。y 介音在音系中趋向于消失，这恐怕是结构调整中的一种沿流，-yo 变读为 -io，大概也是由这种沿流的影响造成的。现在舒声韵中的撮口韵比较稳定的只有一个 -yoŋ，从发展趋势看，它也不一定能持久，可能会向 ioŋ 转移。

所以，如果着眼于结构系列之间的相互制衡的关系，宁波方言韵母系统的繁杂变异也就呈现出比较简单的线索，特点就是使那些在结构上处于不平衡地位的韵母通过变异而消失，以改进音系的结构。

汉语的中古音有浊音音位。现代的吴、湘两大方言也还有浊音音位。它们在音系的结构中处于马尔丁内所说的"行""列"相关关系中，为什么会发生变化？"行""列"相关关系的解释在这里碰到了困难。但是从平行的结构系列的结构关联来看，"浊"这一系列显然处于结构不平衡的地位上：清塞音和清塞擦音有不送气和送气两个系列，而浊塞音和浊塞擦音却只有一个系列，没有送气不送气之分。一浊对二清，这种结构的不平衡性就成为浊音系列的音位发生变异的温床。改变的办法和途径，从理论上说，有两种可能：一是通过变异去掉浊音音位，使音系中只留下"不送气：送气"的结构关联；二是去掉清音中的某一个系列（或送气，或不送气），构成"清：浊"的结构关联。汉语的多数方言采取第一种办法，而湖北通城一带的方言则采取第二种办法，塞音、塞擦音的送气系列的声母与原浊音系列的声母合流，都读浊音（张归璧，1985）。两种途径，一个目标，都是使不平衡的结构转化为平衡的结构。

浊音清化的历史过程我们现在已经无从查考，但现实语言的变异或许有助于了解这种过程的一二。根据现代实验语音学的研究，现代的吴方言正处于浊音清化的过程中，其基本的特点是："在单念或作为连读上字时，其声母跟相对应的清母字的一样，是真正的清辅音；在作为连读下字时，其声母才是真正的浊辅音。"（曹剑芬，1982：275）历史上的浊声母可能也是通过这种过程或其他类似的过程而清化，使音系的结构产生了一次重大的变动。

山西祁县方言音系中的卷舌音 tʂ tʂ' ʂ 在非线性结构中与 tɕ tɕ' ɕ、ts ts' s 处于平衡、对称的结构关系中，可是它们现在却正通过离散式变异而渐次归入 ts ts' s（徐通锵等，1986）。为什么会产生变异？能否从非线性结构中找到合理的解释？这给"变异源于结构的不平衡性"的理论提出了严峻的挑战。马尔丁内（Martinet，1952）也谈到了这类现象，由于无法把它们纳入"行""列"相关关系的结构框架去研究，他就把这一类现象分离出来，用功能去解释："功能论者对这些问题的基本假设是：音变的进行不是不顾交际的需要的，决定音变的方向甚至音变的面貌的因素之一是通过保护有效的音位对立来保证相互理解的基本需要。"这样说当然可以，但是回避了需要解释的问题。功能指语言在社会生活中的作用，而结构则是指语言的内部组织网络，这是两个不同的问题，虽然都需要研究，但是不能相互替代。功能是结构运转的舞台和背景，只能给结构的演变提供外部条件，无法对结构本身的演变进行具体的解释。变化是在结构中发生的，我们还得在结构中去寻找它的原因。附带说一句，马尔丁内的功能论和雅科布逊的目的论都从语言功能的角度批评青年语法学派的音变盲目说，这好象也与青年语法学派的本意"语音定律以盲目的自然力量起作用"有距离，因为它离开了结构（语音定律）去解释语音变化的原因和目标。如果着眼于变异与结构的关系的分析，这些问题似都不难解决：结构的不平衡性产生变异，变异有它的方向和目标，这就是使不平衡的结构转化为平衡的结构（徐通锵，1987—1988）。所以，类似山西祁县方言 tʂ tʂ' ʂ 向 ts ts' s 的转移还得从结构中去寻找它的演变原因。

祁县方言的 tʂ tʂ' ʂ 来自中古照₂的开口字。精（*ts）、照₂（*tʂ）、照₃（*tɕ）在近千年的发展中呈现出一种循环式的变化状态：

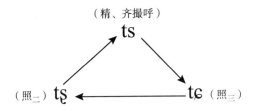

照₂的 *tʂ 首先变为 ts，留出空格吸引照₃的 *tɕ 变为 tʂ；照₃的变化又留出空格吸引齐、撮呼前的 *ts 变为 tɕ。结构的制约使精、照₂、照₃之间的相互关系呈现出拉链（drag chain）式的循环变化。从语音系统的非线性结构来说，它们没有"变"，因为每一个音位在音系结构中的地位都没有发生变化，仍然维持着原来的平衡、对称的结构关系；但是从音义的结合关系来说，它们发生了重要的变化，因为语词读音的分合界线发生了变动。这类变化的成因可能很复杂，不仅有语音内部的原因，而且还涉及它与语义的关系、语言与交际需要（功能）之间的关系。语音层面与语义层面的结构关联是区别性：语音线性结构中每一位置的音位替换必然与语义的区别相对应；反之亦然，语义的区别必然与音位的替换相对应。音位的推链（push chain）或拉链式的变化必然会干扰音义之间相互制衡的区别性关系：原来的不同音词变为同音词，给交际带来了不利的影响。为求取新的平衡，就需要对语词的音义结合关系作出适当的调整。音位链移式的循环变化可能是实现这种目标的一种经济而有效的手段，因为它在保持音系结构稳定性、不变性的情况下对语词的音义结合关系作出符合交际需要的调整，在总体上保持了音义关联的区别性。至于是什么力量引起了链移式变化中第一个成员的变化，各个语言、各个方言的情况可能不同。祁县方言拉链式的循环变化恐怕与"等"（组合）有关，因为从"等"的结构来看，精、照₂、照₃三组是不平衡的：精组只有一、四等，照₂（庄）只有二等，照₃（章）只有三等，相互间呈互补的状态，有调整的可能。宁波方言元音系统的推链式变化与 -n 韵尾的消失有关（徐通锵，将出）。英语长元音系统拉链式大转移和格里姆所揭示的第一次日耳曼语辅音的拉链式大转移，由于都是已经完成的变化，其具体状况我们难以推断。魏茵莱什等人（Weinreich et al.，1968：175—176）在谈到变异成分的相互关系时认为第一个变异成分的变异与某种社会因素存在着一种共变关系（co-variation），而其他与此有关的变异成分的变异则可能受此变异的链移式影响。这是用社会因素去解释拉链或推链式变化的第一个推动力。拉波夫（Labov，1972）就用外来移民的影响去解释英语史中 ā、ē 和 ea 之间的分合纠缠。这可能有道理，因为语言是一种开放系统，它通过交际而与周围环境发生密切的联系。但第一个推动力是不是都是社会因素？好象不能一概而论。祁县方言 ts、tʂ、tɕ 之间的链移式变化就难以离开结构而用社会因素去解释。

　　以上的考察还没有涉及到语法。语音和语法是语言系统中两个重要的结构层面。语音的结构单位是音节，语法的基本结构单位是词。在汉语中，音节和词的关系大体上是一对一的对应，即一个音节实现一个词，一个词的语音形式是一个音节。过去人们很忌讳说汉语的单音节性，以为承认这一点就等于承认汉语的"落后"，因而总想在汉语如何复音化上做文章。我们在这里要唱一点反调，认为：语言的结构特点与"先进""落后"无关；音节和词的一对一的对应是汉语结构的重要特点，体现语音和语法这两个结构层面的结构关联；它是汉语自发地进行自我调整的一个重要结构模型。对音节和词的一对一对应的干扰和破坏就会使结构出现不平衡，从而导致语言的演变。在汉语的发展中，语音层面由于浊音清化、韵尾简化等原因，使语言中出现了大量同音词，给交际带来了很大的麻烦和困难（也就是语言与交际需要之间出现了不平衡），因而产生了大量复音词。这就破坏了音节和词之间一对一的平衡和对应关系。在这种情况下，结构关联就会自发地调整相互之间的矛盾，其表现形式就是语音和语法之间出现了竞争：是用音节结构规则去改造、融化语法复音词的语音面貌，直至融化语法的构词规则呢，还是维护和保持复音词中每一个"字"的独立的语音面貌，从而破坏音节和词之间的一对一的结构关联？汉语的音节结构分声、韵、调三个方面，由于语音和语法这两个结构层面的结构关联的要求，它在竞争中处于主导地位，用单音节的结构规则去改造、融化复音词的语音面貌，使之单音节化，其具体的办法和途径就是变声、变韵和变调。变声在汉语中比较少见，但有些方言的儿化的"化"是用变化声母的办法来解决的（徐通锵，1981；马风如，1984；董绍克，1985）。变韵比较普遍，现在的研究已有相当的进展（贺巍，1983；侯精一，1985）。儿化是一种现实的变韵，在汉语的方言中有多种多样的表现形式。变声和变韵的共同目标都是要使两个语素的两个独立的音节融化为一，挤入一个音节的结构框架，实现单音节化。这个过程的一个不可避免的结果就是迫使语法的构词规则也融化于音节结构之中，从而使语音的发展规律出现例外。语言演变的这种事实使我们有充分的理由修正青年语法学派、布龙菲尔德（Bloomfield，1933：452）关于音变是纯语音过程的假设（徐通锵，1985）。如果无法用变声、变韵这两种办法去实现复音词的单音节化，那就在声调上想办法，于是出现了变调。变调的实质就是使复合词的几个语素的单字调融化为一，实现单字调化，以此与词组相区别。五臺（1986：4）曾对这个问题进行过很好的考察，提出"语音词"概念，认为"一个语音词的所有音节的声调融合在一起，联合构成一个跟某单音节调相同的声调"。这个看法很有见地，抓住了变调的实质。文中分析苏州话连读变调的调型基本上与舒声的单字调相同的情况（这在吴方言中可能不是个别的，宁波方言的变调也与此类似）恐怕就是这种实质的具体体现。轻声是一种介于儿化和连读变调之间的语言现象。它在结构上与儿化相似，第二个语素已经变为后附成分，但不能象"儿"那样"化"入第一个音节，因而只能在声调上找出路；但后附成分已失去它词根语素的资格，因而又不同于一般的连读变调，于是出现了轻声。这是一种特殊型的变调。后附语素由于其发音上的"轻"，在语言的发展中就有可能由"轻"而走向消失，只在第一个语素的声调上留下它的痕迹，从而使语言的声调系统出现异于规律的例外。山西的晋城方言（沈慧云，1983）在这方面提供了很好的例子，相当于北京话"子"尾的词在那里都是通过不同于单字调的特殊声调表现出来的。浙江的温岭方言（李荣，1978）、广东的信宜方言（叶国泉、唐志东，1982）异于单字调的特殊调型的调值也可以归属于这种类型。

变声、变韵、变调可以统称为变音，其实质就是用"变"的办法实现汉语结构的自我调整，保持音节与词之间的一对一的平衡、对应的结构关联。这种结构关联好象是汉语演变中的一个"纲"，历史上的同族词、联绵词和现实语言的变音等可能都只是这个"纲"上的几个"目"。变音的过程现在还正在进行过程中，这是我们考察语言系统如何围绕这种结构关联而进行自我调整的一个很好的实验室，可以从中了解语言系统动态性的"动"的特点；并且，由于变音"变"出来的单位很难用现在流行的"对立""分布""音位""语素音位"之类的概念去分析，因而还可以以此为基础发展我们的语言理论研究。

前面从不同的侧面考察结构与变异的关系，基本的精神是：结构的不平衡性产生变异，语言系统以此为起点进入自我调整的过程，使不平衡的结构转化为平衡的结构。结构的不平衡性决定了语言演变的必然性，至于语言在何时何地发生变化，以什么方式变化，则与偶然性因素的作用有密切的关系。

4. 偶然性因素的作用和它对系统自我调整的影响

语言的演变始自变异。变异在其产生之初都是无序的，在言语社团中呈随机的分布状态，各种各样的因素（如年龄、性别、阶层、文化程度、职业、风格……）都可以对它施加影响。它究竟接受哪一种因素的影响而建立起相关关系，从而使某一变异形式进入有序状态，开始演变的过程，这带有一定的偶然性。以往研究语言演变的时候由于只着眼于已经完成的变化，因而不可能考察偶然性因素的作用。结构语言学只研究语言的结构规律，自然也不会考虑这种作用。索绪尔以来的大语言学家似乎只有萨丕尔（1923：138）模糊地提到过偶然性因素的作用，认为"个人变异本身只是偶然的现象，就象海水的波浪，一来一去，无目的地动荡"。他怕人们对"偶然的"一词的含义有误解，专门为此作了一个脚注："当然，最终还不是偶然的，只是相对地如此而已。"在决定论占支配地位的时候就已经意识到偶然性因素的作用，实在不容易。随着科学思潮的发展，人们越来越认识到偶然性、暂时性、随机性在事物的运转和变化中有重要的作用（普里戈金等，1987：34）。吸取科学思潮中的这种精神有助于我们认识语言演变的发生和发展以及它的变化方式的多样性。

北京话的 w/v 变异，如前所述，是由于 ʐ̢-（浊）的结构要求而产生的。对变异形式（ w u β ʋ v）起作用的因素有年龄、性别、文化程度等。其中哪一种因素会起关键性的作用，这没有必然的联系。在北京，青年人的 v 型发音多，约为老年人的两倍，而在青年人中又以文化程度高的人 v 型比例数最高（沈炯，1987）。看来"年轻""文化程度高"这些因素在 w/v 变异中起着导向的作用。不过，偶然性是相对于必然性说的，北京话所以会选择 v，这是由于偶然中有必然，与结构的制约有关。北京话原有一个 f 音位，产生 v 就可以"f：v"配对，与"ʂ：ʐ̢"一起建立"清：浊"的结构关联，改进音系的结构。文化程度高的青年人的 v 变异由于适合结构的要求，因而它在言语社团的运用中反馈给结构时，就容易为结构所接受。与北京话类似的方言点在山西有大同、太原、太谷、洪洞、万荣等。对比山西的祁县方言，由于那里没有 f 音位，因而合口呼零声母也就不可能有 v 变异，而是向带喉塞音 ʔ 的开口呼转化（徐通锵等，1986）。

合口呼零声母有各种不同的音节。哪些音节先产生 v 变异，这仍有其偶然性。北京话选择了 wen 组，而没有选择 wu 组，这是由于"地域和语音结构的因素对 w/v 倾向的影响最大，其次是年龄和文化，再其次是性别"（沈炯，1987：359）。昆明方言是北方方言的一个分支，它的零声母合口呼的 w/v 变异在语音结构中的表现与北京话正好相反，v 变异产生于 wu 音节（材料由原研究生陈保亚提供）：

	老年	青年
污乌舞侮鹉	ø	v
武务雾	ø/v	v
五伍午吴误悟无巫	v	v

两地的对比说明不同的偶然性因素在对 w/v 变异施加影响时选择了不同的音节。

为什么相同的原因会产生不同的结果？这涉及到语言运转中各种因素之间的相互关系。语言的结构不平衡性产生变异，而变异在言语社团的交际中运行。这里的结构、变异、运用三个方面的关系大体上如下图。

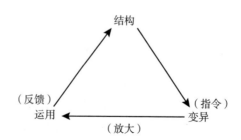

结构发出"指令"，使处于结构不平衡地位上的单位产生变异。在众多的变异形式中有一个形式被某一社会人群选择、放大（即从无序转化为有序），而这种被放大的变异形式通过运用再反馈给结构。如果结构不接受这种反馈，变异的过程就被抑制，不可能再继续进行；如果结构接受了这种反馈，那么它就会"指令"变异的过程继续进行，因而也就会使所选择的变异形式再继续放大，如此循环往复，就使某一种变异形式取得支配的地位，并逐步扩大运用的范围，最后转化为结构。这一过程会产生两个重要的结果。第一，哪一个变异形式被放大？在什么时候被放大？结构开始接受哪一个反馈来的变异形式？偶然性因素有重大的作用，不同的地区由于接受不同的偶然性因素的作用而选择、放大不同的变异形式，这就使相同的原因产生了不同的结果，出现了方言的差异。第二，由这一原因产生的语言系统的演化方式一定是连续的渐进性过渡，不大可能是离散的突发性跳跃。陕西的关中方言可以为讨论这些问题提供很好的例证。

"关中"指"东函谷，南武关，西散关，北萧关"的地区，辖44个县。1933年白涤洲曾对该地区42个县的50个方言点进行过详细的调查，记录了极为宝贵的资料。1954年喻世长把它整理出版，名为《关中方音调查报告》。关中方言辅音的变化很多与高元音的高化和紧化有关。前高元音 i 的高化和紧化迫使与它组合的声母（除唇音外）发生诸如腭化之类的变化，后高元音 u 的高化和紧化也迫使与之组合的卷舌音声母前化和双唇音声母的唇齿化。i、u 前的声母需要变化，这是结构提出的要求，至于采取什么样的变化方式，各地大概是由于不同偶然性因素的作用而呈现出一分二、二分四这种分权式的演化。舌位前于 i 的辅音声母（除唇音外）有 t t' 和 ts ts'（为简化分析，这里不列擦音 s）两组。它们的发音部位相同而发音方法有别，都有可能接受因 i 的高化和紧化的影响而发生变化。除了枸邑、邠县、淳化、富平、美原、义龙、白水、郃阳八个方言点保持原来的声韵配合关系外，其他各点分两个类型变化。

一、腭化区，即 t t' 或 ts ts' 发生腭化，计有25个方言点。

二、互变区，即 t t' 转化为 ts ts'，或 ts ts' 转化为 t t'，计有17个方言点。

这是由 i 的高化和紧化而引起变异的第一个分权点，而后各区又进一步分化为两个亚类。这是变异引起的第二个分权点。腭化区分权的两个亚类是：

一甲：i 前的 ts ts' 变为 tɕ tɕ'，而 t t' 不变，计有西安、耀县、咸阳、武功、醴泉、乾县、永寿、陇县、亚柏、周至、终南、鄠县、华阴、潼关、朝邑、韩城等16个方言点。这与汉语的其他方言的尖音团化一致。

一乙：i 前的 t t' 和 ts ts' 都腭化为 t̠ t̠'（商县、泾阳、宝鸡、凤翔、兴平、铁炉、同官）或 tɕ tɕ'（雒南）。蓝田一点介于两者之间：t t' 腭化为 tɕ tɕ'，而 ts ts' 腭化为 t̠ t̠'。显然，这些差异都是通过连续性变异的方式形成的，而且根据白涤洲的说明，这一变异过程当时还在进行中，因而有些点的音值还不稳定。例如，"铁炉镇端齐与精齐混，同读 ts tsʻ，近于 ʈ ʈʻ，偶闻之又似 t tʻ，以 t tʻ 注之"，"雒南的 ti tɕi 之分甚乱，端系齐齿不送气读 ti，送气读 tɕʻi，然 tɕʻi 字有时又读 tʻi 或 tʻi"（白涤洲，1954：99）。这是连续性变异的典型表现形式，是腭化过程的具体见证。

互变区与上述的腭化区一样，也可以分权为两个亚类。

二甲：t tʻ 变为 ts tsʻ，计有郿县、扶风、岐山、汧阳、麟游、长武、瓜坡等七个方言点。

二乙：ts tsʻ 变为 t tʻ，计有华县、渭南、故市、临潼、高陵、三原、蒲城、荆姚、大荔等九个方言点。

澄城一点介于两个亚类之间，t tʻ 和 ts tsʻ 可以互变：i 前的送气塞音变为送气塞擦音，而不送气塞音保持不变；反之，i 前的不送气塞擦音变为不送气塞音，而送气塞擦音保持不变。这说明澄城的"送气"这一区别特征在变异过程中起着重要的作用，使塞音和塞擦音出现反向的变化。这或许可以看成为二甲和二乙之间的一个中间过渡状态。

如果再作进一步的观察，各个亚类还可以再细分为两类，因而在分化过程中呈现出第三次分权。比方说，二甲可以分为二甲 A 和二甲 B。前者的特点是：i 前的 t tʻ 全部变为 ts tsʻ（郿县、瓜坡）。后者的特点是：i 前的不送气塞音保持不变，而送气的塞音变为送气的塞擦音（长武、扶风等）。其他各类情况与此类似，不一一列举。

语言现象是复杂的。非线性结构中原来处于平衡、对称结构关系中的几个音位由于受到不同偶然性因素的作用，也可能会出现非对称性的变化。关中方言的 i 和 u 处于"前：后"配对的结构关联中，由于链移式元音高化的影响，它们都会发生高化和紧化，从而影响声母的变化。i 的紧化以其"前"的特征影响舌尖前辅音的变化，而 u 则以其"后"的特征对其他各类辅音的变化产生影响：kʻ- 变为 f-、唇音的唇齿化、卷舌音的唇齿化或舌尖化（介音由 u 变为 ʮ）。在这一点上，"前：后"的作用是平行的、对称的，明显地表现出结构对变异的制约作用，但各方言点如何实现这种影响，"前"与"后"在有层次的分权式演化中的影响区域可能是不同的。比方说，卷舌音的唇齿化计有西安等 9 个方言点，与 i 前的舌尖塞擦音腭化区 16 个方言点（一甲）相互呈交叉的状态，只有少数几个点是重合的。所以，如果综合考察各个变异成分在各地的变异，我们就会发现方言之间严重的歧异状态。随着时间的推移、疆域的扩大和方言间相互影响的加深，这种歧异的状态也就会日趋严重。

关中方言通过连续式变异而渐次形成的有层次的分权有点类似语言的谱系树式的分化，区别只在于它只讲变异成分的变异，不是指整个语言的分化。这种变化方式造成的方言差异在地域上的分布一定呈连续性的渐进过渡状态。它体现语言的纵向自我分化。如果方言间的差异不是这种状态，而是呈离散性的，例如北京话与周围方言的关系（俞敏，1984；林焘，1987），那么我们就可以推知，它与语言的纵向自我分化无关，而是语言的横向波浪式扩散留下来的痕迹。方言差异的两种不同类型体现语言发展的两种不同方式，可以成为我们观察方言历史关系的一个窗口。

5. 结构平衡的相对性和语言系统自我调整运动的永恒性

结构的不平衡性产生变异，通过自我调整而使不平衡的结构转化为平衡的结构。根据这一假设，语言在经过千百万年的发展之后，结构中的各种不平衡性应该都已通过变异转化为平衡的结构，为什么在现实的语言中还处处呈现出各种各样的不平衡特点呢？这是由于有一系列因素在不断地破坏结构的不平衡性，其"罪魁祸首"往往就是语音。

语音是通过发音器官的协同动作发出来的，由于生理条件的限制，各部位相互协同配合的发音能力是不平衡的，有些强，有些弱。比方说，有些发音部位的发音比较"易"，因而发音的机会就多，如双唇、舌尖、舌根等，而有些发音部位由于受到发音器官协同配合的生理限制，发音比较"难"，因而用它来发音的机会就比较少。再如，前元音的发音空间大于后元音；前元音易发成不圆唇元音，而后元音却容易发成圆唇元音；能够发成圆唇的前元音也是以高元音为主，低元音很少，例如 a 就很难发出与之相对的圆唇元音；即使在同一个发音部位形成的各个音位，发音器官的协同配合的发音能力也是不一样的，比方说，舌根音 k k‘ 真就比较稳固，而 ŋ 就容易发生变化，因为舌根上抬和软腭下垂这两个发音动作的配合容易产生矛盾。在元辅音的配合关系中，舌根辅音与前元音（特别是前高元音）的组合容易腭化，因为一前一后、一高一低，矛盾的特征难以协同配合，所以梅耶（1925：71—72）认为这种腭化几乎已经成为语言变化中的一种普遍特征。不过这些举例性的说明都是从语言现象中概括出来的，只是一种"量"的统计，不是"质"的规定。有些发音部位的协同配合比较"难"，但不是"不能"。这些都可能给音系的结构带来不同程度的影响。我们即使不管不同发音器官的协同配合，仅就音节中各个音素的发音音量来说，其强弱也是不平衡的。在汉语中，音节开头的音量强于末尾，因而在语言的发展中辅音韵尾容易因磨损而弱化或消失；复元音容易单化，以致出现只有单元音的语言系统（如上海话），使雅科布逊（Jakobson，1957：10）的"在全世界记录下来的语言中"没有单元音系统的假设需要作出相应的修正。总之，从发音的生理能力来说，相互协同配合的能力是绝对不平衡的，这就与语言结构的要求产生矛盾。

语言是交际的工具，它要求用最简明、最经济的办法去满足交际的需要。经济而有效的办法来自有条理的组织，因为它可以使人们以最简单的规则去驾驭最复杂的现象。语言为实现这种以简驭繁的要求，就在发音生理能力的不平衡、不对称的基础上形成了一种相对平衡、对称的结构，在某些环节上出现了一些比较"难"的发音器官的协同配合。在语言的发展中，言语社团因避"难"就"易"而使"难"的协同配合易位，从而破坏了音系中的平衡和对称。所以，音系结构的平衡性、对称性在历史发展的长河中是暂时的，而发音器官协同配合能力的不平衡性、不对称性则是永恒的。这两方面因素的相互作用也就会使音系的结构永远在这种平衡与不平衡、对称与不对称的矛盾运动中发展，因而音系中永远无法消除某些不平衡、不对称的因素。

语言的结构是分层次的。通过变异而改进结构的不平衡性是在各个层次的范围内分头进行的。每一个层次的变异只求自己的结构平衡和对称，而不管由此而可能给其他层次带来的影响。因此，某一层次的结构平衡性运动就可能在另一个层次上留下了不平衡的结果。汉语的浊音清化使声母系统的一个重要的不平衡结构消失了，但是在声、韵、调的配合关系上却出现了一个大漏洞。在浊音清化之前，不管是阴声韵还是阳声韵，都有平声，由于浊音清化，浊塞音和浊塞擦音依声调的平仄而分别归入相应的送气清音（平）和不送气清音（仄），因而在北方的很多方言中阳声韵的不送气塞音、塞擦音没有阳平字（丁声树，1952）。语音与语义、语音与语法之间的关系也与此类似，这已见于前面的分析。总之，不同层面由变异而产生的结构平衡与不平衡的矛盾运动是独立地进行的，甲层面的平衡性运动可能会给乙层面带来不平衡的结果。仅就这一点来说，语言的发展就永远不可能堵塞结构不平衡性的漏洞。

语言结构的不平衡性是语言系统自发地进行自我调整、改进结构的内在杠杆和机制，是语言保持活力的一个条件。萨丕尔（1923：33—34）已明确地意识到这种结构不平衡性的价值："假如有一种完全合乎语法的语言的话，它就是一部完善的表达概念的机器。不幸，也许正是大幸，没有一种语言是这样霸道地强求内部一致的。所有的语法都有漏洞。""漏洞"，就是结构不平衡性的一种表现。如果一种语言的结构没有任何"漏洞"，一切都处于完善的平衡、对称的状态，那么语言的生命也就完结了。

参考文献

白涤洲　1954　《关中方音调查报告》（喻世长整理），中国科学出版社。

曹剑芬　1982　《常阴沙话古全浊声母的发音特点》，《中国语文》第4期。

陈蒲清　1981　《益阳方言的边音声母》，《方言》第3期。

丁声树　1952　《谈谈语音构造和语音演变的规律》，《中国语文》创刊号。

董绍克　1985　《阳谷方言的儿化》，《中国语文》第4期。

贺巍　1983　《获嘉方言的一种变韵》,《中国语言学报》第 1 期。

侯精一　1985　《晋东南地区的子变韵母》,《中国语文》第 2 期。

李荣　1978　《温岭方言的变音》,《中国语文》第 2 期。

林焘　1987　《北京官话溯源》,《中国语文》第 3 期。

马风如　1984　《山东金乡话儿化对声母的影响》,《中国语文》第 4 期。

马尔基耶尔　1984　《马尔基耶尔教授谈历史语言学》(徐通锵整理),1985,《语言学论丛》第 13 辑。

梅耶　1925　《历史语言学中的比较方法》,科学出版社,1957 年。

帕默,F.　1971　《语法》,上海译文出版社,1982 年。

普里戈金,伊、伊·斯唐热　1987　《从混沌到有序》,上海译文出版社。

萨丕尔　1923　《语言论》,商务印书馆,1985 年。

沈慧云　1983　《晋城方言的"子尾"变调》,《语文研究》第 4 期。

沈炯　1987　《北京话合口呼零声母的语音分歧》,《中国语文》第 5 期。

五臺　1986　《关于"连读变调"的再认识》,《语言研究》第 1 期。

徐通锵、王洪君　1986　《说"变异"》,《语言研究》第 1 期。

徐通锵　1981　《山西平定方言的'儿化'和晋中的所谓"嵌 1 词"》,《中国语文》第 6 期。

徐通锵　1985　《宁波方言的"鸭"〔ɛ〕类词和"儿化"的残迹》,《中国语文》第 3 期。

徐通锵　1987—1988　《语言变异的研究和语言研究方法论的转折》,《语文研究》第 4 期、第 1 期。

徐通锵　1989　《变异中的时间和语言研究》,《中国语文》第 2 期。

徐通锵　《百年来宁波音系的演变》,《语言学论丛》16 辑 (将出)。

雅洪托夫　1983　《上古汉语中的复辅音》,《国外语言学》第 4 期。

叶国泉、唐志东　1982　《信宜方言的变音》,《方言》第 1 期。

俞敏　1984　《北京音系的成长和它受的周围影响》,《方言》第 4 期。

张光宇　1989　《闽方言古次浊声母的白读 h- 和 s-》,《中国语文》第 4 期。

张归璧　1985　《草开方言的浊音和入声》,《语言论文集》(北京市语言学会编),商务印书馆。

Bloomfield,L.　1923　Review of Jesperson's *Philosophy of Grammar*, 见 Hockett 编集的 A L. Bloomfield Anthology. Indiana University Press,1970。

Bloomfield,L.　1933　《语言论》,商务印书馆,1980 年。

Hockett,C.F.　1964　《语言的各种单位及其关系》,《语言学资料》第 1 期。

Jakobson,R.　1927　The concept of the sound law and the teleological criterion, 见 *R.Jakobson Selected Writings*,Mouton & Co.S-Gravenhage,1962。

Jakobson，R. 1941 《儿童语言，失语症和语音普遍现象》，译文摘刊于《国外语言学》1981年第 3 期。

Jakobson，R. 1957 《类型学研究及其对历史比较语言学的贡献》，《语言学资料》1962 年第10 期。

Jeffers，R.J. 1982 I.Lehiste，*Principles and Methods for Historical Linguistics*，The MIT Press.

Labov，W. 1972 On *the use of the present to explain the past*，见 P. Baldi 和 R. N. Werth 编集的 *Readings in Historical Phonology*，The Pennsylvania State University Press, 1978。

Martinet，A. 1952 Function，Structure，and Sound Change，见 *Readings in Historical Phonology*,1978。

Weinreich，U.，W. Labov，M. I. Herzog 1968 Empirical Foundations for a Theory of Language Change，载于 W. P. Lehmann、Y. Malkiel 主编的 *Directions for Historical Linguistics*，Texas University Press。

原刊于 1990 年第 1 期

方言关系的计量表述[*]

王士元　沈钟伟

提　要： 本文对方言关系的计量表述的方法作了探讨。首先，本文对郑锦全文章（1988）中如何用词汇材料计算方言间相关系数的方法提出了意见，指出了郑的方法在语言学上和计算上的不合理性。本文还讨论了如何合理使用不同的聚类方法来综合表示方言间的关系。本文最后对方言的亲疏分类和亲缘分类的关系进行了讨论，并介绍了我们使用的分析方法及由这些分析方法得出的结果。

在计算机技术普及的当今，语言或方言分类工作应当是最先获益的领域。由于快速、精确和廉价的运算，需要大量数据处理和运算的语言分类工作变得实际可行了。郑锦全对汉语方言关系的研究（1988）和马希文对于分类方法的讨论（1989）都是汉语方言分类研究的最新成果。然而，方言分类的计量表述还刚起步，分类的方法有待于进一步的研究和改进，本文谈谈我们在方言分类上的一些看法和探索。文中采用三十三个吴方言的四十四个亲属称谓的词汇材料来说明要讨论的问题。[①]三十三个方言的具体名称请参考图一。

语言分类的研究在性质上是属于分类学的。使用数理方法的分类学便是数理分类学（Numerical taxonomy）。分类是对分类对象的特征进行分析的一个过程，这个过程由一连串的步骤构成，主要的是：

---

[*]　本文原是作者之一王士元在第一届国际粤方言会议上的报告中有关方言分类问题的一部分，后由作者一起作了全面的补充和整理。

[①]　这三十三个点的选择是依照赵元任《现代吴语的研究》中的三十三个地点。其中丹阳 A 是丹阳城内，丹阳 B 是丹阳永丰乡。宝山 A 是宝山双草墩，宝山 B 是宝山罗店。吴江 A 是吴江黎里，吴江 B 是吴江盛泽。嵊县 A 是嵊县崇仁，嵊县 B 是嵊县太平乡。词汇材料是根据实地调查的材料。亲属称谓的选择是依照《汉语方言词汇》中的条目。我们在此感谢上海大学的钱乃荣和阮恒辉在方言调查上的协助。

1. 特征选择　2. 特征量化　3. 计算相关系数　4. 聚类分析

这四个步骤都是对复杂的材料的简化处理过程。1、2、3 是对方言内部特征的综合测定，简化为一对方言间的一个相关系数。4 是对各个方言间关系的表述，简化为一维到三维之间的关系。本文的讨论分两个部分：第一部分讨论如何求出方言间的相关系数，这与第一到第三三个步骤有关；第二部分讨论亲疏关系上的分类，这和第四个步骤有关。

1. 相关系数的计算

相关系数的计算是决定各方言之间关系的关键一步。这些相关系数是各种聚类分析方法所依据的信息。尽管从分析的技术难度上讲，相关系数的运算远不及聚类分析的方法来得复杂，但是，由于相关系数是聚类分析的根本依据，相关系数的精确与否直接影响到聚类分析的结果，因此，方言分类的计量分析就有必要对相关系数的计算予以足够的重视。下面分三点来讨论相关系数计算上的问题。词汇是语言分类时最常用的材料，在本文的讨论中，我们就以词汇材料为例说明一些问题。

1.1　以语素还是以词为单位

我们认为在汉语方言分类上，计算的基本单位应当是语素。理由相当简单，不同的词汇形式中有时存在相同的语素，这些相同的语素也同样是体现方言间的关系，表明相互间有共同来源的证据，对这种部分相同的关系不能视而不见。这个问题可以用下面的例子来说明。"爷爷"这个亲属称谓在下面四个吴语点上的表现形式有如此分布：

苏州　宜兴　宁波　上海

阿爹　爷爷　阿爷　老爹

这四个词汇形式若以词为单位来看，个个都不同。也就是说，这些词没有任何关系。但从语素的角度来分析的话，情况就大相径庭了。"阿爹"和"阿爷"在构词上都使用词缀"阿"。这样"阿爹"和"阿爷"在使用"阿"这个词缀上就体现出了相似性。因而，"阿爹"和"阿爷"的相似程度和"阿爷"和"老爹"的相似程度就显然不同了。以语素为单位的分析方法也同样在区分重叠构词形式时有效，比如说："爷"和"爷爷"在语素使用上相同，都只使用"爷"这一个语素；但在构词方法上不同，"爷爷"使用了重叠构词形式，而"爷"则没有。因此"爷爷"和"爷"的关系也是部分相同。这样，以语素为单位就准确地反映了在词的平面上无法细分的差别。

上述四个词汇形式以语素为单位编码时就可以表示为：

词目	语素*	苏州	宜兴	宁波	上海
爷爷	阿	1	0	1	0
	爹	1	0	0	1

爷	0	1	1	0
老	0	0	0	1
重叠	0	1	0	0

1= 某个语素的出现，0= 某个语素的不出现

* 语素包括构词形式

这样，苏州和宁波在"阿"这个语素上相似（都在"阿"编码上表现为"1"），苏州和上海在"爹"这个语素上相似（都在"爹"编码上表现为"1"）。

如果在词汇层次上编码的话，这些语素上的关系就不能反映出来了。在下面以词为单位的编码时，四个地点各不相同（同一行里没有两个"1"同时出现）。

词目	词	苏州	宜兴	宁波	上海
爷爷	阿爹	1	0	0	0
	爷爷	0	1	0	0
	阿爷	0	0	1	0
	老爹	0	0	0	1

词与词的关系是由语素和构词方法表达出来的，如果把这两个要素排除在外，从而对词与词之间的部分相似关系弃之不顾的话，以词为计算单位的计算（郑锦全，1988）必然会增大方言间的实际距离。因此分析方言在词汇形式上的关系应当以语素为单位，从而把词汇形式里的语素和构词上的相似性合理地体现出来。

1.2　如何确定相关系数

就一对方言（方言甲和方言乙）而言，某一个语素或构词方法只有四种可能出现的方式，即：（1）在两个方言中都出现；（2）在甲方言中出现而在乙方言中不出现；（3）在乙方言中出现而在甲方言中不出现；（4）在两个方言中都不出现。这就是出现（1）和不出现（0）在排列上的四种可能：11、01、10 和 00。可以称之为"双有"、"无有"、"有无"和"双无"。这四种可能性又可以转写成为 a、b、c 和 d。用 n 来表示所有可能性的总和，即 n=a+b+c+d。这是分类学中两分特征（出现或不出现）的基本编码方式，不必多加讨论。[①]

---

① 应当指出的是，郑锦全（1988，90 页）用 a 代表 01，b 代表 11，c 代表 00，d 代表 10，这和分类学中的一般用法不一致。为了减少不必要的误会，本文依照通用的用法（Sneath 和 Sokal，1973），即：

		方言甲	
		1	0
方言乙	1	a	b
	0	c	d

$a+b+c+d=n$

值得讨论的是：（1）在计算中是否应当包括所有四种可能性；（2）如何计算。

两个方言间的关系主要是在"双有"上体现出来的。"有无"和"无有"都表示一对方言间的差异，但在差异的方向上"有无"和"无有"不同，"双无"表示没有关系。可能有人会认为"双有"和"双无"是相等同的，两者的不同只是"双有"是正的关系，"双无"是负的关系。从语言发展的角度来讲，"双无"不能证明方言间的任何关系。举个比较极端的例子：狗和鱼的头上都不长角，但这不能用来说明它们之间的关系，更不能认为在这个特征上狗和鱼比较相似。同样，在方言关系的探求上，"双无"不能体现一对方言在语源上的任何联系。从计算上讲，使用"双无"会错误估计方言间的关系（马希文，1989，353页）。鉴于上述考虑，采用在分类学中普遍使用的 Jaccard 的相关系数计算法[①]就更为合理。Jaccard 计算法把"双无"的情况在计算时排除在外，计算出来的相关系数因而就是双有关系和所有其他关系除去双无的比值。

（1）　$S_{ij}^k=a/(a+b+c)$，或 $S_{ij}^k=a/(n-d)$

这儿，Sij 是方言 i 和方言 j 在词目 k 上的相似关系，其数值范围是从 0 到 1。当 $b+c \to 0$ 时，$Sij \to 1$；当 $a \to 0$ 时，$Sij \to 0$。

1.3　分词目计算[②]

每个词目是相对独立的，因此每一个词目的相关系数都应当单独求出。一对方言在词汇上的相关系数应当是每条词目的相关系数总和的平均值。不分词目界限的计算法（郑锦

---

① 马希文（1989，353页）建议用 $a/\sqrt{(a+c)(b+c)}$ 来计算相关系数。但是，除了排除"双无"关系之外，他没有说明任何采用这个算法的理由。我们认为 Jaccard 的方法定义更明确。

② 更严格些，可以用简单的数学来证明。两个方言在某个词目上的相关系数的值总是在 0 和 1 之间的（理由见前一小节中关于 Jaccard 相关系数的讨论）。若用 S 表示相关系数的话，相关系数的值可以写成 $0 \le S \le 1$。由于 S 有这样的性质，任何的 S 值都可以用分数的形式 $1/n$ 表示，n 是个正数。这样，用还是不用词目界限来计算的差便可以用下面的方式来推理。假设我们要统计的词目有两条，分别是 k 和 1，那么，方言 i 和 j 之间的在这两条词目上的相关系数 S_{ij}^k 和 S_{ij}^l 分别是 $1/n$ 和 $1/m$。分词目计算的值 P，不分词目计算的值 Q，分别可改写为 $(1/n+1/m)/2$ 和 $(1+1)/(n+m)$，即：
$P=(1/n+1/m)/2=(m+n)/2nm$
$Q=(1+1)/n+m=2/n+m$
这样，就可以比较 P 和 Q 的大小了。先乘上 $2mn(n+m)$ 消去底数，P 和 Q 分别为：$(n+m)^2$ 和 4nm。再分别减去 4nm，使得 Q 的值成为 0，并且把 P 的形式变为可判断的形式，即：
$(n+m)^2-4nm=n^2+2nm+m^2-4nm$
$\qquad\qquad =n^2-2nm+m^2$
$\qquad\qquad =(n-m)^2$
现在 P 和 Q 的大小关系就清楚了。当 n 和 m 相等时，$(n-m)^2=0$。也就是说，当两个词目的相关系数相等时，分词目计算和不分词目计算是没有差别的。当 n 和 m 不等时，$(n-m)^2$ 总是大于 0，即 P 总是大于 Q。换句话说，当两个词目的相关系数不等时，分词目计算得出的相关系数总是要大于不分词目计算得出的相关系数。我们知道，一对方言在两条词目上的表现形式是经常不同的。因此，不分词目计算的结果是经常偏离实际的。由于用词汇材料来替方言分类，常常牵涉到几百条词目，这样累积起来的误差是相当可观的。这种误差不管相关系数是以词还是以语素为单位都同样存在。以上的分析得出的结论很清楚：分词目计算是必须的。

全，1988）一来在语言学上不合理，二来在计算上会造成误差。

从语言学上来讲，不分词目界限的计算法使得哪个词汇形式是哪个词目的表现变得混乱了，这可以以吴语亲属称谓中的两条词目为例子来说明。"舅父"这个词目在三十三个吴语点上有四种称呼方法（反映形式）："娘舅"、"舅舅"、"阿舅"和"舅子"。但"姐夫"这一词目则只有两种称呼方法："姐夫"和"姊夫"。如果不管词目界限，把这六个词汇形式不分青红皂白一起算的话，哪个词汇形式属于哪个词目就无法分别。这样，"娘舅"是属于"舅父"这个词目还是属于"姐夫"这个词目就变得无所谓了。这样的计算法显然和我们所理解的语言学知识是无法相容的。

从计算上来讲，这样，实际上就是以方言中的词汇形式为单位来计算了。那就是把"舅父"这个词目算了四次，但只把"姐夫"这个词目算了两次，无形中把"舅父"这一词目的权重增加了一倍。也就是说，把"舅父"这个词目的重要性增加了一倍。这显然缺乏任何语言学或分类学上的根据。

在实际的运算中不分词目的计算也必然产生相当的误差，这可以用简单的例子来说明。先看下面的例子：

词目	反映形式*	方言 A	方言 B
甲	一	1	1
	二	0	1
乙	四	1	1
	五	0	1
	六	1	0

* 反映形式可以是语素，可以是词，也可以是任何语言单位。

在上面的例子中，有两条词目，词目甲和词目乙。词目甲有两个反映形式，一和二；词目乙有三个反映形式，四、五和六。两个方言是方言 A 和方言 B。分词目计算的话，方言 A 和 B 在词目甲上的相关系数（Jaccard）是 1/2，因为在词目甲的反映形式一上两个方言的关系是"双有"，所以 a=1；在词目甲的反映形式二上两个方言的关系是"无有"，所以 b=1，在词目甲上两个方言没有"有无"和"双无"，这样 c 和 d 都是 0。照公式（1）计算，方言 A 和方言 B 在词目甲上的关系是 1/2。同理，方言 A 和 B 在词目乙上的相关系数是 1/3。

这样，在上面的例子中，方言 A 和 B 在两个词目上的相关系数分别是 1/2 和 1/3。分词目计算的值 P，就是求这两个相关系数的平均值，即：P=（1/2+1/3）/2。不分词目计算的话，实际上是不顾词目甲和乙的分别，只计算两个方言在五个反映形式上的关系。这样，在上面的例子中，"双有"出现两次，"无有"出现两次，"有无"出现一次，"双无"没有出现。所以，相关系数便是 2/2+2+1，即 2/5；或写成（1+1）/（2+3），也是 2/5。

分词目计算的相关系数值 P 和不分词目计算的相关系数值 Q 是不等的，他们的差很容易计算出来。P 的值是（1/2+1/3）/2，即 5/12；Q 的值是（1+1/2+3），即 2/5。通分后得出 25/60 和 24/60。显而易见，P 比 Q 的值要大，而且大 1/60。[①]

分词目计算的方式可以表示为如下形式，即方言 i 和方言 j 在 k 条词目上的相关系数是：

（2）$\quad S_{ij}=\left(\sum_{i=1}^{k} S_{ij}^k\right)/k$

我们采用的词汇材料是四十四个亲属称谓词目。所以，$k=44$。计算得出的结果列在表一。方言间的距离是对称的，即方言 i 和方言 j 的距离等于方言 j 和方言 i 的距离。当然，某一方言和其本身的距离总是 1，即完全相同。因此，方言的数目 n 和方言间的数目 T，总是有如下关系：$T=n(n-1)/2$。

三十三个吴语方言因而就有 528 个相关系数（33×（33－1）/2），这些相关系数列在表一中。这些相关系数是我们以语素为单位，分词目计算得出的。方言间的相关系数一般用左下三角矩阵来表示，这个矩阵是各方言在复杂的词汇关系上的综合概括。各方言间的在词汇上的错综关系，通过一系列的运算，已经简化成为一个从 0 到 1 的相关系数。这个矩阵便是任何聚类分析的依据。

上文已经提到 Jaccard 相关系数的范围是从 0 到 1。数值越接近 0，两者的关系就越疏远；数值越接近 1，两者的关系就越密切。在下面的表中，相关系数数值的范围是 0.878（吴江 A 和吴江 B 之间）和 0.321（温州和常熟、嘉兴之间）。温州（30）在这三十三个点中显得特别与众不同，它和其他方言的相关系数都不超过 0.477。其次是诸暨（24）和黄岩（29），这两个方言与其他方言的相关系数分别不超过 0.540 和 0.578。而成对的同点方言之间都显示出密切的关系：丹阳 A 和丹阳 B（4 和 5）是 0.716，宝山 A 和宝山 B（13 和 14）是 0.735，吴江 A 和吴江 B（18 和 19）是 0.878，嵊县 A 和嵊县 B（25 和 26）是 0.808。上海市区和其郊县的方言（13—17）的相关系数都比较高，平均值达到 0.711。

表一　相关系数表

2	.705																
3	.589	.712															
4	.579	.673	.705														
5	.595	.688	.746	.716													
6	.594	.657	.687	.608	.675												

① 每一个词条，即每一项语义，本文依照《汉语方言词汇》称为"词目"，而不称之为"词项"；并把某个义项在某个方言里的词汇形式称为"反映形式"，而不用"变体"。

续表

	1	2	3	4	5	6	7	8	9	10	11	12	13	14	15	16
7	.650	.609	.569	.556	.570	.597										
8	.673	.637	.613	.557	.606	.552	.611									
9	.647	.641	.613	.575	.616	.552	.651	.654								
10	.532	.551	.478	.433	.503	.502	.553	.585	.574							
11	.519	.519	.520	.502	.535	.496	.557	.553	.527	.520						
12	.461	.441	.498	.450	.505	.490	.505	.476	.485	.556	.653					
13	.450	.522	.488	.444	.492	.510	.545	.520	.521	.630	.531	.619				
14	.530	.585	.552	.498	.543	.549	.615	.581	.591	.634	.579	.612	.735			
15	.549	.606	.563	.557	.600	.561	.568	.570	.599	.574	.569	.602	.654	.706		
16	.551	.658	.562	.524	.556	.556	.539	.586	.609	.632	.585	.566	.627	.755	.741	
17	.558	.597	.544	.518	.565	.575	.565	.604	.592	.628	.563	.592	.640	.696	.775	.781
18	.431	.524	.496	.461	.526	.500	.567	.465	.520	.620	.447	.555	.566	.593	.613	.603
19	.450	.540	.542	.491	.574	.524	.582	.501	.553	.630	.451	.559	.543	.587	.608	.585
20	.458	.526	.495	.460	.468	.495	.512	.498	.511	.552	.471	.520	.570	.625	.591	.637
21	.494	.500	.466	.464	.493	.474	.543	.531	.546	.596	.463	.497	.508	.572	.538	.604
22	.524	.536	.506	.457	.491	.544	.588	.490	.494	.510	.439	.520	.509	.592	.534	.641
23	.458	.485	.426	.381	.496	.452	.478	.442	.437	.604	.470	.508	.538	.583	.533	.599
24	.470	.478	.451	.415	.439	.436	.435	.526	.487	.473	.485	.471	.448	.522	.492	.535
25	.479	.512	.514	.500	.525	.534	.462	.514	.512	.545	.460	.504	.501	.565	.527	.590
26	.495	.509	.510	.476	.493	.491	.460	.514	.515	.499	.456	.478	.480	.561	.501	.568
27	.490	.542	.523	.463	.524	.494	.491	.528	.496	.544	.508	.510	.563	.623	.607	.647
28	.510	.552	.505	.446	.510	.437	.513	.541	.544	.560	.535	.520	.584	.626	.660	.700
29	.486	.458	.510	.458	.486	.470	.467	.501	.467	.454	.395	.482	.425	.520	.507	.501
30	.356	.346	.363	.344	.351	.356	.394	.407	.339	.345	.321	.336	.363	.413	.374	.396
31	.540	.561	.527	.522	.560	.513	.520	.516	.467	.433	.426	.393	.452	.505	.513	.466
32	.536	.598	.606	.531	.586	.585	.514	.545	.536	.495	.489	.477	.478	.589	.579	.598
33	.417	.449	.425	.384	.448	.396	.475	.448	.428	.474	.468	.449	.503	.567	.525	.546

	1	2	3	4	5	6	7	8	9	10	11	12	13	14	15	16
18	.620															
19	.607	.878														
20	.611	.585	.575													
21	.560	.584	.556	.512												
22	.567	.522	.507	.487	.570											
23	.543	.533	.534	.482	.584	.563										
24	.540	.395	.402	.424	.482	.410	.452									
25	.553	.515	.525	.530	.510	.548	.595	.492								

续表

	17	18	19	20	21	22	23	24	25	26	27	28	29	30	31	32
26	.532	.491	.497	.507	.475	.538	.535	.464	.808							
27	.620	.501	.499	.518	.521	.572	.632	.524	.616	.550						
28	.632	.538	.528	.615	.547	.585	.568	.498	.606	.607	.637					
29	.493	.456	.485	.417	.436	.512	.444	.423	.578	.557	.492	.541				
30	.366	.367	.361	.321	.364	.414	.351	.325	.473	.473	.441	.452	.477			
31	.512	.426	.448	.405	.407	.458	.404	.468	.459	.449	.504	.436	.469	.419		
32	.556	.491	.507	.486	.494	.522	.459	.524	.547	.531	.562	.551	.555	.356	.616	
33	.529	.486	.491	.507	.468	.496	.529	.482	.533	.540	.563	.622	.556	.451	.514	.515

三十三个吴语方言在亲属称谓上的 Jaccard 相关系数。这些相关系数是以语素为单位分词目计算的。

2. 聚类分析

在每对方言间的相关系数确定之后，方言间的相互关系还是不清楚。像表一中 528 个数值间的错综复杂的关系一来难以观察，二来难以表达。这就需要运用聚类方法来对方言间成对的关系作出进一步的分析。在这一步骤上，郑锦全（1988）采用了平均系连法（Group-average clustering），马希文（1989）介绍了最短系连法（Minimun spanning tree）和主分量分析法（Principal components analysis），[①]并用这些方法对郑锦全的相关系数作了分析。

其实，方言间的远近关系就是相关系数矩阵所表现的关系，所有的信息都包含在内，采用聚类方法来作进一步分析的目的是在于降低信息的向量，以迎合人类有限的三维空间的观察能力。任何一种聚类方法都是为了达到这个目标。在了解了这个原则之后，下面我们就可以讨论如何用聚类方法来作出亲疏关系和亲缘关系的分类，以及这两种分类的异同。

2.1 亲疏关系的分类

亲疏关系分类是分析分类对象的相似程度的，任何一对方言间的关系都可以用一个相关系数来表示。在分析 n 个方言的时候，每一个方言和其他方言都有 n − 1 个关系（不包括其本身在内）。这些方言与方言相互间的关系就构成了一个复杂的有 n − 1 向的多维信息系统。当分析的方言数目多到一定的程度后，就有了把信息用三维以下的方式表达的必要。不然的话，我们就无法用我们的视觉器官来直接处理这些信息。一般来讲，总是要求

---

① 主分量分析法的英文原来名称是 Principal components analysis。马希文在文章中用"主成分法"称之。本文根据《英汉数学词典》译成"主分量分析法"。马希文介绍的"弗洛茨瓦夫分类法"实际上是分类学中的 Minimum spanning tree 分析法。本文依照这方法的本义称之为"最短系连法"。

把原来的信息在一定的处理之后以三维以下的方式表现出来。这实际上是一种信息的简化处理。

在做这样的简化处理时，任何的方法或多或少会造成对原有信息的损失或扭曲。因此，在做简化处理的时候，一个必须遵循的原则是：尽可能多保持原有信息。在实际上可能做的是：（1）减少损失；（2）纠正扭曲。下面介绍一些我们在这方面的试探。

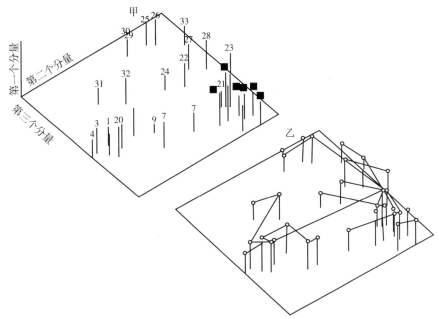

（1）宜兴（2）溧阳（3）金坛（4）丹阳A（5）丹阳B（6）靖江（7）江阴（8）常州（9）无锡（10）苏州（11）常熟（12）昆山（13）宝山A（14）宝山B（15）南汇（16）上海（17）松江（18）吴江A（19）吴江B（20）嘉兴（21）湖州（22）杭州（23）绍兴（24）诸暨（25）嵊县A（26）嵊县B（27）余姚（28）宁波（29）黄岩（30）温州（31）衢州（32）金华（33）永康。
图甲是根据三个分量的本征矢量绘制的，图中的号码分别代表相应的方言。图乙在图甲上又添加了最短距离树。图乙中没有方言的号码，可与图甲相参照。

图一　三维分析图　甲. 无树　乙. 有树

主分量分析法是连续的多维的分析，分析的结果是一个 n 个分量和 n 个方言构成的矩阵，分量的数目和方言的数目相等。一个有趣的特征是：第一个分量总是包含最多的信息，第二个分量其次，然后依次降低。所有的分量总是包括所有的信息。由于最先的几个分量所含的信息量最多，一般常用这几个主要的分量来作所有信息的代表。马（1989）使用的就是主分量分析法的二维表示法。[①] 这样，第三维的信息就无

---

① 马希文（1989）文章中介绍了重心法（Factor Analysis），但文章中的结果都是用主分量分析法作出的。马希文并完全采用郑锦全的数据来作分析。这些数据的计算方法，我们已在前一小节中指出，是很值得商榷的。因而，马希文的分析结果仅有参考价值。

法同时表示了。因此，如果能把表示的方法从二维增加到三维的话，就减少了信息的损失。

用主分量分析法来表示方言间的关系有一个明显的缺陷。因为第一个、第二个分量在尽量保存信息的时候，往往反映出差别大的关系，而忽略一些较小的关系（Rohlf，1968）。这样，一些方言间的紧密联系便不会在最先的几个主分量中反映出来，从而扭曲了一些方言间原有的关系。为了恢复这些在分析中被忽视的关系，我们在三维的主分量分析图上添加了用最短系连法作出的最短距离树（见图一）。最短系连法的长处在于揭示方言间最紧密的关系（Gower 和 Ross，1969）。这个长处便正好弥补了主分量分析法的短处。这样，综合使用两种分析方法就更多和更准地表达了分类的信息。

图一甲显示了方言间的远近关系。图中方言点 13—17 都聚得较近，这说明上海市和其郊县的宝山、南汇和松江的方言都在亲属称谓上相似。吴语西北部的方言 1—6，即宜兴、溧阳、金坛、丹阳 A、丹阳 B 和靖江也在这样的分析中明显地聚成一组。

图一乙在图一甲上又增添了运用最短系连法分析的结果，从而进一步揭示了一些在图一甲中没有反映出来的关系。从图一乙中可以观察到一个明显的特点是：上海是众多连接线的焦点。这些连接线表明，上海（16）和苏州（18）以及嘉兴（20）、湖州（21）、杭州（22）和宁波（28）这些浙江北部的吴语都有直接的密切联系。同时上海又通过和溧阳（2）和吴语西北部的方言点有了关系。我们认为，上海（16）之所以成为众多连接线的焦点是上海市区方言的形成过程中溶入了这些方言成分的共时反映。成对的同地点的方言——丹阳 A 和丹阳 B（4 和 5）、宝山 A 和宝山 B（13 和 14）、吴江 A 和吴江 B（18 和 19）以及嵊县 A 和嵊县 B（25 和 26）都在最短距离树上显示了他们之间的紧密关系，尽管在主分量分析中他们不一定显得最为靠近。这样兼用主分量分析法和最短系连法的综合分析增加了信息，减少了扭曲，并从多个不同的角度反映了这些方言之间许多有意义而且值得重视的关系。

2.2　亲缘关系的分类

亲疏分类是一种类型上的分类，而亲缘分类便是遗传上的分类。亲疏分类的对象是不必有遗传上的联系的，不同大小的桌子、椅子都可以放在一起分类。但是，如果是亲缘分类的话，分类对象就必须是有亲缘联系的。这两种在原则上完全不同的联系在进行方言分类讨论时是应当严格区分的。[①]

---

① 郑锦全（1988）提到了方言的"亲疏关系"（89 页）和"亲缘关系"（91 页）。他用词汇来表示亲疏关系，用音韵来表示亲缘关系。其实，亲疏关系和亲缘关系的差别和使用什么样的语言材料无关，而是在于所要讨论的问题的本身，即，用分类来探讨方言的共时关系还是历时关系。还应当指出的是，郑文对于这两个术语的使用不严格，多处用"亲疏关系"通称，例如第六节（93 页）。

方言的亲疏关系和亲缘关系的差别从原则上讲是共时关系和历时关系的差别。方言间有差异，从共时角度来讲，这些差异表现了方言间的相似程度。比如说，绍兴话和宁波话的相似程度要比绍兴话和温州话的相似程度大。然而共时差异是历史演变的结果。我们在共时平面上观察到的方言之间的亲疏常常是和历史上方言形成的时间先后有一定的对应。比如说，绍兴话和宁波话要比绍兴话和温州话更接近的历史含义就是绍兴话和宁波话分开的时间要比他们和温州话分开的时间要晚。这样，从共时的差异的分析上，我们就有可能探讨历史上方言分化的过程。

从同一个时间平面上分析，图二乙体现了方言间的亲疏关系。如果加上有方向的时间，图二丙就是一个方言间亲缘关系的表述。这就是说在历史上每方言先分化成两个方言，这两个方言又分化成四个方言。

郑锦全使用的平均系连法是根据方言间的相互系数决定的，其结果是一个树图。在这样的树图中，一个明显的特征就是每一个方言和这些方言的母语的遗传距离相等。这种方法用来分析方言间的亲疏关系无可厚非，但用来表示方言间的亲缘关系便不合适，因为我们没有理由假设语言变化的速度一直是均衡的，从而，每一个方言和其母语的距离一致。我们认为更容易接受的假设是，方言是以不同的速度发生变化的。从这个假设出发，用平均系连法分析出来的树图就无法表述方言间的亲缘关系。下文简略地介绍我们对方言间的亲缘关系作分析的一些尝试。

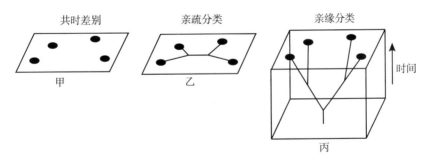

图二　共时差别、亲疏分类及亲缘分类之间的关系的简单图示

分析的原则可以说明如下。一般来讲，三个方言之间总有一个与之完全吻合的树状关系可以求出，除非这三个方言间在距离上的关系违背下面的条件：

（3）　$D_{12} < D_{13} + D_{23}$

$D =$ 距离，1、2、3 分别代表三个不同的方言

就是说，三个方言1、2、3间的三个距离 D12、D13 和 D23 中不能有任何一个距离大

于其他两个距离的和。但实际上方言间的关系常常违反这个基本条件。当这种违反条件的情况出现时，树状结构分析就必须调整方言间的距离，使之满足上述条件。调整的原则是：调整后的各方言之间的距离与其原有距离的差越小越好。

由于方言间的关系错综复杂，树状结构的可能也是很多的（Meyers & Wang，1963）。方言的数字和可能的树状结构之间的关系可以用下面的公式来计算：

（4） $T(n)=\prod\limits_{i=3}^{n}(2i-5)$

很明显，必须要采用简化的运算顺序来运算，不然这些天文数字般的可能性就是用计算机也无法在短时间里完成的。为此，我们采用了 Fitch（Fitch & Margoliash，1967）的运算分析法（这个方法由美国华盛顿大学遗传学系的 J. Felsonstein 写成计算机程序）。这个方法可以表示如下：

（5） $S=\sum\limits_{i<j}\left(\left|obs_{ij}\text{-}\exp_{ij}\right|/obs_{ij}\right)^2$

$S.\,D.\,=\sqrt{S/n(n-1)/2}$

先把表一中的相关系数转换成距离，$D_{ij}=1-S_{ij}$。再用公式（5）找出当标准差距离为最小时的树状结构。结果列在表二中。

表二　Fitch 的树

连接点	距离	连接点	距离	连接点	距离
1 — 39	0.169	47 — 48	0.016	61 — 29	0.209
39 — 38	0.015	48 — 17	0.110	60 — 57	0.106
38 — 41	0.006	48 — 15	0.115	57 — 26	0.106
41 — 40	0.013	47 — 16	0.107	57 — 25	0.086
40 — 62	0.019	46 — 45	0.039	59 — 58	0.030
62 — 63	0.044	45 — 14	0.103	58 — 27	0.167
63 — 32	0.165	45 — 13	0.162	58 — 23	0.201
63 — 31	0.219	44 — 43	0.071	52 — 21	0.235
62 — 55	0.025	43 — 12	0.169	55 — 24	0.284
55 — 53	0.010	43 — 11	0.178	40 — 34	0.034
53 — 44	0.011	53 — 52	0.004	34 — 2	0.137
44 — 42	0.004	52 — 54	0.013	34 — 37	0.008
42 — 51	0.011	54 — 22	0.220	37 — 6	0.170
51 — 49	0.017	54 — 59	0.008	37 — 35	0.030
49 — 50	0.135	59 — 56	0.008	35 — 36	0.004

连接点	距离	连接点	距离	连接点	距离
50 — 19	0.058	56 — 28	0.170	36 — 4	0.163
50 — 18	0.064	56 — 60	0.016	36 — 5	0.121
49 — 10	0.178	60 — 64	0.014	35 — 3	0.129
51 — 20	0.221	64 — 33	0.217	41 — 7	0.178
42 — 46	0.019	64 — 61	0.018	38 — 9	0.171
46 — 47	0.023	61 — 30	0.314	39 — 8	0.158

表中的数据是用 Fitch 方法计算出来的树图。每一行是一根连接线。第一列中的号码代表连接线两端的点。号码 1—33 代表 33 个方言，大于 33 的号码代表树图中方言与方言的连接点。第二列数值是连接线的长度。这树图是无根树图。平均标准差距离（S.D.）是 6.43。

用 Fitch 方法找出来的树状结构是一种无根树。在这种无根树上只有方言与方言的距离，而没有方向表明这些方言变化方向的共同母语（即树根）。我们讨论方言的亲缘关系就一定要找出他们的变化方向，这就要求我们在无根树上找出根来。我们的找根的条件如下。在无根树上找出一个点 R，使这个点满足以下条件：

（6） $Q' = \sum_{i=1}^{n} (RT_i - \mu)^2, \quad \mu = \left(\sum_{i=1}^{n} RT_i \right) / n$

即，这个点到树中各个端点的距离和这个点到各个端点 T_i 的平均距离的差为最小。图三是根据吴语的亲属称谓材料用 Fitch 的方法和我们的找根方法作出的吴语关系图。这树图中树枝的长短不一，表示了各方言在变化上的不同速度。从这树图中我们可以观察到方言历史分化的大致过程。比如，上海市区方言和其郊区松江、南汇、宝山 A 和宝山 B 都是从一个点上分化出来的。也可以观察到吴江方言和苏州方言在历史发展上的紧密联系。在更大的分枝上，还可以观察到昆山、常熟、上海和其郊县以及嘉兴、苏州和吴江这些北部吴语的联系，也可以观察到溧阳、靖江、金坛、丹阳、江阴、无锡、常州和宜兴这些西北部吴语方言之间的同源关系。与北部的方言出现聚集的情况相反，南部吴语则表现出在发展上的独立性，基本都呈现出单枝（永康、宁波、杭州和湖州）或双枝（温州和黄岩，嵊县 A 和嵊县 B，余姚和绍兴）的系连。较出乎意料的是诸暨、金华和衢州这些浙江境内的方言与江苏境内尤其是西北部的方言显示出关系。当然，这树图只表示这三十三个吴语点在亲属称谓上的关系，并不能表示这些方言之间的整体关系。

从原则上讲，方言发展只有一个历史。因此，亲缘关系分类也只能有一个正确的答案。由于我们无法直接了解方言历史发展的过程，同时又受到实际材料的局限，因而不可能很容易地判断出亲缘关系分类的结果正确与否。不过，我们在探讨方言关系的理论和方法上

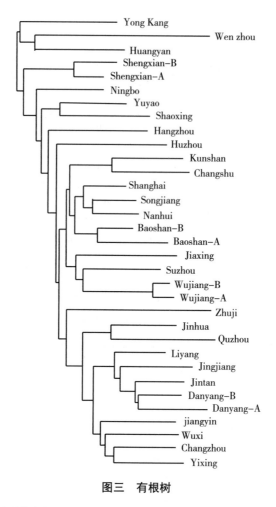

图三 有根树

图三是根据 Fitch 方法计算出来的结果（表二），并加上计算出的根后绘制的树图。此图在一定程度上反映了这些方言间的亲缘关系。

必须不断先向科学和客观的方向努力，只有这样才能使我们的研究结果日益先向"正确"接近。

3. 结束语

以上我们从几个方面讨论了方言关系计量表述的方法。有了计算机的便利，许多以往难以实现的复杂计算再也不是不可逾越的困难了。因而，探讨许多以往无法研究的问题都变得切实可行了。汉语方言关系的计量研究才刚刚起步，研究方法的确定更有待于深入的探讨。不过，我们深信汉语方言分类工作在新的计算机技术时代中必将展示出崭新的面貌。

参考文献

北京大学　1964　《汉语方言词汇》。北京：文字改革出版社。

马希文　1989　《比较方言学中的计量研究》。《中国语文》第 5 期，348—360 页。

王士元　1985　《语言关系综述》。《中南民族学院学报》（哲学社会科学版）第 3 期，106—112页。

朱德熙　1986　《在中国语言和方言学术讨论会上的发言》。《中国语文》第 4 期，245—252 页。

许宝华、游汝杰　1984　《苏南和上海吴语的内部差异》。《方言》第 1 期，3—12 页。

郑锦全　1988　《汉语方言亲疏关系的计量研究》。《中国语文》第 2 期，87—102 页。

赵元任　1928　《现代吴语的研究》。上海：科学出版社，1959。

Gavalli-Sforza，L. L. and W. S-Y. Wang　1986　Spatial distance and Iexical replacement. *Language*, 62：38–55.

Cheng, C-C　1982　A quantification of Chinese dialect affinity. *Studies in the Linguistic Sciences*, 12.1: 29–47.

Fitch, W. M. and E.Margoliash　1967　Construction of phylogenetic trees. *Science*, 155: 279–284.

Gower, J. C. and G. J. S. Ross　1969　Minimum spanning trees and single linkage cluster analysis. *Applied Statistics*, 18: 54–65.

Meyers, L. F. and W. S-Y. Wang　1963　Tree Representation in Linguistics.POLA Reports 3. Ohio State University.

Rohlf, F. J.　1968　Stereogram in numerical taxonomy. *Systematic Zoology*, 17: 246–255.

Sneath, P. H. A. and R. R. Sokal　1973　*Numerical Taxonomy*. London: Freeman.

Wang, W. S-Y　1987　Representing Language relationships. In H.Hoenigswald and L. Wiener eds. *Biological Metaphor and Cladistic Classification*, 243–256.

原刊于 1992 年第 2 期

从历时观点论吴语变调和北京话轻声的关系

〔日〕平山久雄

提　要： 本文从历时论的观点比较若干吴语的广用式变调和北京话的轻声，拟测两者都是从汉祖语的前重格式字组发展而来的。即在祖语中前重格式两字组的后字因不带重音，声调调值后来蒙受弱化，这就是吴语广用式变调和北京话轻声所共同的成因。还可以拟测，汉祖语中偏正等结构的字组一定要采取前重格式，动宾等结构的字组一定要采取后重格式。这种语法和重音互相规定的情况在一些吴语、晋语、赣语方言中较好地保存至今。

1. 基本论点

1.1　本文的题目读者看来会觉奇怪，因为吴方言的变调和北京话的轻声是两回事，怎么能把它们相提并论？我倒以为两者在汉语的历史上是密切相关的，好像一个树干分出的两条大枝一样，基础是共同的，其发展的方向稍有不同而已。我在1961年写了一篇论文《关于北京语和吴语的祖方言中的重音格式》（日文），讨论了这一点（平山久雄，1961）。我这一看法至今也基本仍旧。本文先将其主旨重述一遍，称作"基本论点"，再对此作些补充和修正，请读者批评、指教。

1.2　我早年读了美国学者肯尼迪（汉名金守拙）《塘栖话里的两种变调形式》（英文）一文，对其描写的变调很感兴趣（Kennedy，1953）。金守拙（1901~1960）生长在中国浙江，在上海的美国中学毕业，后来任耶鲁大学教授，在古代语法、现代方言等各方面都留下了不少有见地的文章。去世后有人编了一部选集，Li（1964）这篇也收在里面。在另一文章《塘栖话里的软腭浊音声母》（Kennedy，1952）里，他说自己可算是塘栖话土生土长的发音人（native speaker）。据他的介绍，塘栖话属于太湖南边以湖州为中心的一种吴语。按现行的吴语分区，则属太湖片底下的湖州小片（鲍士杰等，1984）。

金氏描写塘栖话的单字调如下。记阳调用粗写数码，表示音高比相应的阴调偏低一点：

	阴调	阳调
Ⅰ（平声）	33	**24**
Ⅱ（上声）	51	**51**
Ⅲ（去声）	24	**24**

此外还有 Ⅳ 调（入声），以喉塞音 -q 收声，因过短，调值难以确定，金氏姑且称之为"带 -q 的音节"。

1.3　据金氏的描写，塘栖话里头有 A、B 两种变调形式，叫作"高山型"（pattern A，"High Mountain"）和"烧汤型"（pattern B，"Cook Soup"）。

两个音节相连构成偏正结构的时候，重音必须在前字，而采取一种变调形式，这就是"高山型变调"。金氏把"高山型变调"的规律概括为：前字的原调扩展到整个两字组上面（THE ORIGINAL TONE OF THE FIRST SYLLABLE IS SPREAD OVER THE TWO COMBINED SYLLABLES）。后字则失掉原有的声调区别，而分担前字原调的后半，例如"高山"（前字阴平）是 33—33，"假山"（前字阴上）是 53—31，"大山""大伞""大人"（前字阳去）都是 22—44 或 22—24（后者是慢调或是女子的语调）。因此整个"高山型"两字组的调值可记为 3003，5001，2004（阳调仿此）。前字为入声时，其 -q 韵尾就失掉或同化于后字声母（如"白山"成 bhas-sai），后字变降调，开头比 51 更高，降得也更陡，可记为 60，整个两字组就可记为 3600。

以上是舒声作后字的时候。要是入声作后字，也可适用上述变调规律。例如："英国" 33—3 或 33—33，"俄国" 22—4 或 22—24，"美国" 55—1 或 53—31，"法国" 2—5 或 3—60。后字的 -q 韵尾可有可无：有 -q 则采取前头一种调值（33—3 等）；无 -q 则采取后头一种调值（33—33 等），就和舒声作后字时没有区别。

两个音节相连构成动宾结构的时候，重音必须在后字，而采取另外一种变调形式，这就是"烧汤型变调"。其规律是：无论后字是什么调，前字都变为一种平调，比阴平单字调 33 稍低，金氏以代码 S 标之。前字的入声韵尾 -q 一般是失落的，除非特别用心说话。后字则保持原调不变。因此，"买酒""卖酒"都一样是 ma-tzèo S—51，塘栖人只能靠语境来分辨。

要是动宾结构两字组作另外一字的定语，那么整个三字组就按"高山型"来变调。例如："读书" S–33 作定语，"读书人"是 36000；"抛球" S–24 作定语，"抛球场"是 30003。这也可算三字组"高山型变调"的例子。四字组的例子则是"鸡毛掸子" 300003、"洋铁罐头" 200004、"保险公司" 500001、"隔壁人家" 360000。可见三字组、四字组的"高山型"变调规律也和两字组一样，第一字的原调扩展到整个字组上面。

1.4 金氏介绍的塘栖话两种变调，现在看来并不稀奇，近年发表的对吴语方言声调的描写中常有"广用式变调"和"窄用式变调"两种，分别相当于"高山型变调"和"烧汤型变调"。这个对当关系可据三方面的共同性来证明。

	高山型、广用式	烧汤型、窄用式
变调特点	后字的调类简化，前字的调值往往扩展到整个字组上面	前字的调类简化，后字一般不变调
重音所在	重音在前字	重音在后字
语法特点	偏正结构等	动宾结构、动补结构等

现在方言学家会觉得他对塘栖话变调的描写太简略，并无惊人之处。但是它发表的当时应该是很新鲜的。我那时的学问志趣主要在语法方面，因此作为语法结构的客观标志，塘栖话的两种变调形式引起了我的兴趣。同时心中发出疑问：这种变调和语法结构互相关联的情况从历时观点来看应该怎样解释？它是后起的现象还是本来如此的？

当时我对这个问题所得的结论是这样：塘栖话的两种变调既然跟重音的位置有关，那么两种变调应该是声调在轻读音节上发生中性化（neutralization）的结果。重音在前字时后字的声调不但中性化，并且为前字所吸收，前字的调值就扩展到整个两字组上面了。那么可以拟测，塘栖话的偏正结构和动宾结构之间重音所在的不同是原来的情况，变调类型的不同则是随此而后起的。拿两字组作代表，原来的塘栖话里偏正结构是前重格式〔●○〕，动宾结构则是后重格式〔○●〕。●代表带重音的音节，○代表不带重音的音节，〔〕表示字组的界线。"不带重音"的含义是读得比带重音的音节多少轻一点，它不一定读得很轻。可以假定当时还没有变调。

到这里就再得设问：原始塘栖话的这种情况放在整个汉语史的潮流中看是后起的还是原有的？如果是后起的话，那么为什么语法结构引起了重音的不同？重音分歧的具体过程应该怎么样？我以为这是难以说明的，因为我们不能想象语法意义会影响重音，使本来没有对立的重音格式分化为前重、后重两种格式，所以只能拟测：这种语法结构和重音位置互相关联的情况是汉语中原有的，塘栖话比较忠实地把它保存下来了。不但是塘栖话，其他一些吴语方言也应该如此。关于其他吴语的变调，我当时能看到的记录只有丹阳（吕叔湘，1947）、海盐通园（胡明扬，1959）、苏州①三处的，这些记录描述的变调都是和"高山型"一个类型的（即广用式），均可视为以前重格式为条件而产生的。这些记载中没有提到类似"烧汤型"的变调（即现在所谓窄用式）。我当时认为这些方言的后重格式还没有产生变调。现在我们知道苏州话（谢自立，1983）、上海话（许宝华等，1981）都有窄

---

① 袁家骅等著《汉语方言概要》，文字改革出版社，1960，第五章"吴方言"中"苏州音系"。

用式变调，由此能理解后重格式产生变调也是相当普遍的现象。

1.5　如果语法结构和重音位置相互规定是汉语原有的情况，那么北京话里的轻重音的分布大致也可以从那里演绎出来，这就是 1961 年的拙文中另一个中心论点。

为了掌握基本情况，先把对象限于两字组。北京话的两字组里轻声字只能作后字出现。后字出现轻声的条件有两种：一种是造句性质的，即句末助词（来吧、是吗）、动词词尾（来了、吃的、关上）、动词重叠式（看看、走走）等；另一种是构词性质的，即在双音词的后字出现，这些双音词的内部结构有单纯词（葡萄、哆嗦、模糊）、并列词（眼睛、针线、新鲜）、偏正词（韭菜、老鼠、张家）、动宾词（扶手、裹腿）、叠音词（哥哥、星星、蛐蛐儿）、带词尾的词（椅子、石头）等等。（徐世荣，1956）轻声出现的这些条件基本上和吴语里广用式变调的条件正相一致，这一点我们参看吕叔湘先生对丹阳话的描写、胡明扬先生对海盐通园话的描写等，就可以明白的。这就是北京话的轻声和吴语的变调相似的一面。但是两者之间也有不相似的一面：在吴语语法结构和变调的关系是强迫性的，字组有某种语法结构就几乎一定要那么变调；在北京话语法结构和轻声的关系不是强迫性的，例如后字重读的双音词也有单纯词（蚂蚁、旮旯儿）、并列词（图画、大小儿）、偏正词（皮鞋、大门）等等。一般认为有这么一个倾向：双音词要是在口语里常用，而且是历史较久的，那么其后字就多读轻声；要是在口语里不常用，或者是历史较浅的，那么其后字就多不是轻声。

从反面来看，北京话的非轻声和吴语的不变调（或窄用式变调）之间也有一种共同的条件。北京话里动宾结构的两字组，除非已凝固成词（如"扶手"等）或者是代词作宾语（看我、管它），尽管意义融合的程度极高（睡觉、吹牛），后字也不读轻声。主谓结构的两字组也一样。在吴语动宾结构、主谓结构一般是不变调的，除非已凝固词，或者代词作宾语。这里也能看出一种明显的共同性。

1.6　基于上面的观察，北京话里轻重音分布的情况从历时论的角度可说明如下。

从那 1961 年的拙文所谓"北京话和吴语的祖方言"到北京话的演变过程中间，前重格式两字组里不带重音的后字像吴语那样发生了声调合并的趋向，这趋向发展到了一定的程度，就给人们带来了听辨上的困难。比方拿形容词和名词构成的偏正结构为例，要是后字的声调发生调类的简化甚至变为轻声，听话人就不好辨认这是什么名词，例如"大狗"要是变成了 dàgou 的话，听话人需要费一点脑筋，咂摸一会儿语境，才能猜出来后字应该是轻声化的"狗"gǒu。为让听话人免除这一段工夫，来提高语言传达的效率和正确性，说话人就会把前重格式两字组读成后重格式了。大概需要着重后字时，前重格式两字组本来也可以读后重的。后来利用这条临时变读的捷径，很多前重格式两字组就走到后重格式这边来解决听辨上的困难，终于在那里定居，以后重格式作为它固定的语调了。我认为这就是不少偏正等结构的两字组现在读后重格式（中重格式）的原因。

以上是一般的情况。有不少两字组前后字的意义比较融合，这种字组并不需要把前后字的意义加起来理解，听话者依靠两字全体的语音形式来一下子作出辨认，比方"大人"作"成人"讲的时候，"大"和"人"两个词素的意义已经相当程度地融合成一个整体，即"大人"这种复合词已有点接近单纯词，不需要先弄清里头的 dà 和 rén 分别是什么意思，而靠 dàrén 全体的语音形象来理解词义，所以即使里头的 rén 变了轻声，也很少在听辨上发生困难。这种两字组可以保持原来的前重格式而不变。我以为北京口语中长期使用而前后字的意义十分融合的双音词后字多念轻声，其原因就在这里。造句性质浓厚的两字组，即后字为助词、动词词尾、重叠的动词等的两字组，它们的后字即使变轻声也不会带来听辨的困难，因而也把前重格式保持下来了。

当然两字组里前后字的意义融合与否是相对的事情，中间没有明确的界限，是渐移的。那么前后字的意义融合到什么程度才可以不走，留在前重村里？我想这没有一定的客观标准，目前只能说要看方言的"个性"。常说北京话是带轻声的词较多的方言，有的官话方言轻声字没有北京那么多，那些方言曾对"融合程度"的要求更是严格的。有人会问，吴语广用式变调是强迫性的，字组里各成分的意义不一定融合，那么应该也有不少的字组在蒙受听辨上的困难，怎么它们还能保持广用式变调呢？对此疑问，也只能用"方言个性"来回答。但同时要注意，吴语广用式后字的声调即便都变为一种轻声，但入声和非入声的区别仍是存在的，并且吴语还保留浊音声母，因此吴语的声调在辨词上的功能比之官话要算是多少低一点。

1.7　关于三字以上的多字组，吴语的情况基本上和两字组相同：要是有一定的语法结构如偏正式等，那么就按广用式来变调，第二字以下的声调发生中性化，大幅度地失掉其辨别功能。据此我拟测祖方言里偏正等结构的多字组，其重音格式也和两字组一样是前重式的，重音一定落在头一字上，可记作〔●○……〕。这个重音规律在不少吴方言中一直保存下来，也和两字组一样，产生了广用式变调。从"祖方言"到北京话多字组的经过与此不同。拿三字组为例，现代北京话里三音节词或词组无论各成分的意义是多么融合的，口语里是多么常用的，也很少采取前重即"重轻轻"格式，而多采取后重即"中弱重"[①]格式（这音位上讲是〔○○●〕），和临时搭配的三字组没有两样。我以为意义融合的程度较大的三字组为数不少，而且三字组里后面两个音节都被轻读的话，听话人在辨认上所受的困难就会较大，因而本读前重格式的三字组大多变读为后重格式，剩下的少数后来也为此所类化，改读后重格式了。北京话里有一种重音上的不规则现象，例如："学生"是前重，"大学生"则

---

① 关于北京话里的轻重音的等级，参看本文 1.8。

是后重；"看见"是前重，"看不见"则是后重；"知道"是前重，"不知道"则是后重。这种重音参差的现象是由此造成的。"不知道"因为用得很频繁，人们竟把它作一个整体来看待，不再分析成"不"和"知道"两个词，就按三音节词的重音规律读成后重格式了。

1.8　北京话两字组的重音格式除了"重轻"和"中重"两种以外还有一种，这格式里的后字虽然读得轻一点，但不到轻声那么轻。徐世荣先生在《双音节词的音量分析》[①]一文中把这种半轻音称为"次轻"，把北京话里的音强分为"重""中""次轻""轻"四个等级。徐先生说"妻子"（当"妻"讲的偏义词）的"子"、"快乐"的"乐"都没有词尾"子""了"那样轻，是次轻。在日本，松本昭《关于北京轻重音的一个研究》（松本昭，1960）就着一位北京人证明了后字读次轻的双音词确实存在。他就把这种次轻音叫作"弱"（其他三个等级的名称与徐文一致），且认为后字读成"弱"的时候前字比"重"稍弱一点，据此把双音词的轻重格式分为"重轻""中弱""中重"三种。我认为从音位的观点可以把"重轻""中弱"都解释为前重式〔●○〕，两者的不同在于后字是否轻声："重轻"格式可记为〔●○⁰〕，"中弱"格式可记为〔●○ⁿ〕（n≈0）。"中重"则可解释为后重式〔○●〕。

根据上文的讨论，"重轻""中重"两种格式的历时来源已得到说明了，那么"中弱"从何来？要不要在祖方言阶段再多拟一种重音格式，比如〔○○〕（即前后字都无重音的格式）？我看那大概是不必要的，因为现代北京话里"中弱"这一格式的词有一种不稳定现象，就是有不少"中弱"格式的词也可读"重轻"格式，或可读"中重"格式。对于"中弱"式的来源我推测如下：如上所拟，以前的"前重"式〔●○〕两字组里前后字的意义比较融合的变成了"重轻"式〔●○⁰〕，意义不太融合的则合并到"中重"式〔○●〕里去了。那以后，重音系统就有了一个空缺，那就是"中弱"式〔●○ⁿ〕。为了填补这一空缺，有些一旦变成"重轻"式的词通过类推又变回"中弱"式来了：例如"快乐"，后字读轻声以后有时也使人联想到单用的"乐"lè，于是就通过类推的心理恢复本调，但也不好一下子变回"中重"式（要是这样就显得太文了），因而就变"中弱"式，以便保持口语词的味道，同时能满足类推的要求。"中弱"式的词前后字的意义处于半融合状态的较多，就像"快乐"那样。

"中弱"式可能还有一种来源：有些先移到"中重"式的词要是后来在口语中惯用起来，就为"口语词多读'重轻'式"的观念所吸引，但也不好一下子变读"重轻"式，就读成"中弱"格式。

2.　补充和修正

2.1　现在看来，上述对北京话轻声来源的拟测还不够周全。北京话里，同是轻声字，

---

① 《语言教学与研究》1982—2，亦收入徐世荣《语文浅论集稿》，安徽教育出版社，1984。

论其轻声化的时期就有两个不同的层次。本调为上声的轻声字，有的能把前头的上声字变调为阳平，有的不能，例如"小姐""早起""哪里"等属于前一类，"姐姐""椅子""耳朵"等属于后一类。这就表示，北京话里的轻声字变轻声的时期就有早、晚（即旧、新）两层；上面的前一类代表较晚的一层，后一类则代表较早的一层。这一点已经由金有景先生指出来了（金有景，1982）。本调为上声以外的轻声字应该也有新、旧两层，只是已无从分辨而已。[①] 那么本文所讲轻声化的原因就适用于哪一层呢？我认为适用于较新的一层。至于旧的一层，其轻声化的原因可能就是轻读带来的特殊音变。[②] 那些属于旧一层次的轻声字，本来也和前字构成重轻格式字组，因为它们作为词尾极为常用，说得特别轻，特别粗率，因而就失去了原有的声调，竟变为不属于任何调类的轻声了。这可算是轻声这一"消极调类"的产生。那时候，一般"前重"格式里的后字还保持原有的调类区别，它们到后来才变轻声了。

2.2　关于塘栖话变调的历时含义，金守拙自己也早认识到了。在他 1956 年发表的文章《古代汉语里的词类》（Kennedy，1956），开头第一页就拿"事人"这一字组作例子说：

> 在"事人"的组合中，没有科学的方法来决定这个组合是"形容词——端语"（men of affairs）还是"动词——宾语"（to serve men）。在我的 Two Tone Patterns in Tangsic 一文中，我表示在现代方言中是用轻重音的对比来完成这种决定的。我相信一些相似的分别存在于古典时期的语言中的，但是因为没有保存在文字中，这种假定只具有学理的价值。

金氏有这一段话，我是据周法高《中国古代语法·造句编》（上）[③] 页 31 所引知道的，上面的译文也用了周先生的。金氏说"相信"，当然不会是凭空设想的，而应该包含着遵照历史语言学理论就理当如此的意思。

2.3　在我发表 1961 年的文章时，有一位先生批评说："北京话里的轻声字是因为意义不重要才变轻的，因此对于轻声的来源根本用不着你这样大发议论。"我想对轻声来源的这种看法到现在还是比较广泛存在的。

依我看，后字不带意念重点就读轻声的说法，作为北京话里曾经发生的前重式两字组移到后重式这一变化的免除条件来看是对的，可是要作一般的音变原理来讲，恐怕就值得商榷。当然"子""儿""了"之类的词尾在日常谈话中出现得特别多，因而可读草率，音强也会变轻的。但是吴语方言的变调，只要那字组是偏正结构等一类，就不管后字带不带

[①] 从北京话里清入声的演变规律当中也可分辨一些。参看拙稿《中古汉语的清入声在北京话里的对应规律》，《北京大学学报》（哲学社会科学版）1990—5，页 75 以及页 78 注⑥。

[②] 关于轻读能引起特殊音变，参看拙稿《论"我"字例外音变的原因》，《中国语文》1987—6，亦收于中国语文编辑部编《中国语文 200 期纪念刊文集》，商务印书馆，1989。

[③] 《历史语言研究所专刊》之三十九，1961。

意念重点都必须按广用式来变调，即采取前重格式。这种现象应该怎么说明？且在北京话，动宾结构的两字组也有不带意念重点的，例如"睡觉""走路""读书"等等，这些字组后字绝不读轻。我认为单纯地凭据"义轻，声必轻"的观念来说明北京话中轻重音的分布，就难以做到全面的解释。北京话里偏正等结构的后字不带意念重点就多读轻声，这个事实以及人们脑子里与此相应的观念乃是一种历史演变的产物。

2.4　本文所述对于北京话里轻重音分布的解释是说明大局而已。它并不一定能对个别词汇的轻重音一一都给以说明。例如"旮旯儿"gālár是口语词，除了"儿"尾以外要算是由一个词素构成的单纯词，那为什么读"中重"式，不读"重轻"式呢？又如"蚂蚁"，也是口语词，并且两字的意义融合的程度很高，那为什么也读"中重"式呢？此类问题，目前只好存疑，以待后贤。但我同时要提醒，这一类的"例外"问题，如果根据意义来解释轻重音的时候，也是要面临的。

　　顺便补充另一点。动宾结构字组，无论是多么熟语化的，如"睡觉""走路"，只要语法上仍是词组，北京话也一定要读后重式。我1961年的文章中以为吴语也当如此。根据近年来的报告，这不一定符合事实。比方新派上海话里动宾式字组，要是比较习用的就可以按广用式变调，例如"拔草"按窄用式、广用式都可以，"拔树"则只按窄用式。[①] 北京话和吴语之间这一点不同，应该怎样解释？我以为吴语的情况大概是后起的；动宾结构两字组本来都读后重，后来在吴语中带有熟语气味的就向一般的复合词看齐，变为可读前重格式，可按广用式变调了。

2.5　西北的晋语中也有语法结构和重音格式密切相关的方言，就像吴语那样。在我所知的范围内，山西省的洪洞话是最典型的例子。乔全生编著《洪洞方言志》[②]2.4节"变调"里说（页6）：

　　　　洪洞话的变调大致有两个特点：一、第二个音节若读轻声，那么第一个音节（除不是来自入声的阴平外）一律变调。二、第二个音节若读非轻声，那么第一个音节阴平、阳平、上声时一律不变，为阴去、阳去时一般要变。

　　　　连读变调和词的结构方式也有着密切的关系。符合上面第一个特点的二字组，一定是非动宾结构方式，这种词一般说来是双音节合成词；符合上面第二个特点的二字组，一定是动宾结构方式，绝大部分是词组。

据这里的概括来看，洪洞话好像跟吴语一样，是语法结构和重音格式相互结合的方言。但接着在2.4.1节"非动宾结构二字组的变调"里就说：

　　　　非动宾结构包括联合、偏正、动补等结构。在这些结构里，第二字若读

---

① 《新派上海方言的连读变调》（参看注⑩）页148。

② 《山西省方言志丛刊》，《语文研究》编辑部，1983。

作轻声，则第一字变调（阴平特殊见下）。第二字若不能读作轻声，则第一字不变。

由此看来，又像是偏正等结构的词并不全都读作重轻格式。再看同书"肆　分类词表"、"陆　语法例句"和"柒　洪洞话标音举例"，有些偏正式双音词后字不读轻声，如"洋油"、"城壕"、"一年"（整年）、"大麦"、"洋葱"、"雨点儿"、"北京"、"主席"等，可知偏正式一类的双音词并不是一律地采取重轻格式，只是读重轻格式的词确实比北京话还多得多。同书 2.5.1 节里（页 7）说：

　　洪洞话的轻声字比普通话多。除了普通话中能够读轻声的以外，还包括许多普通话中习惯上不读轻声的字。如：火车　外科　长江　猎人　洛阳书本　枪支　人口　（下略）

由此看来，两字组偏正式和动宾式之间重音格式的区别，在洪洞话里虽然没有像吴语那样保持近于百分之百的规律性，但还是有相当浓厚的规律性。

顺便也要提一下，吴语丹阳话的变调也并不完全是强迫性的。吕叔湘《丹阳方言的声调系统》[①]（页 91）里说：

　　采取连调的多数是名名、形名偏正字组和并列字组（中略）。但是这两类也有不变调即各自保留单字调的。例如：旅行　变更　委托　保护　纲要　神仙（下略）

我觉得这种例外很像洪洞话里重轻格式的例外，似乎都可以看作文言和普通话带来的一种新起现象。

2.6　有些晋语方言偏正式等结构和动宾式等结构之间也有变调上的区别，但不牵涉轻读问题。例如平遥话，据侯精一《平遥方言的连读变调》[②]，这方言的单字调不区别阴平和阳平，调值都是 13，但作 B 类两字组的前字，阴平就变调为 31，阳平则不变，仍是 13。侯文所说的 B 类，包括偏正式、并列式、谓补式、名叠式、名儿式（即后字是"儿"尾）；A 类则包括述宾式和主谓式。阴平作 A 类两字组的前字不变调，仍是 13，和阳平同调。又如长治话，据侯精一《长治方言志》（侯精一，1985），这方言的上声 535 作为后字在体词结构中就变 53，和阳去同调，在述宾结构中不变。阴去 44 作为后字而前字是平、上、入声的时候，后字在体词结构中也变 53，在述宾结构中不变。

我以为这些方言的两字组本来也按语法结构的不同而分前重和后重两种格式，在这种情况下前重格式产生了连读变调；尔后两种格式才合并为一，字组失去了轻重音的对立，只留下在某些语法结构之下一律要变调的规律了。

---

① 《方言》1980—2。

② 《方言》1980—1。

2.7　最近读到魏钢强《萍乡方言志》（魏钢强，1990），就知道这一江西方言重音规律也和语法结构密切相关，这一点上正与吴语相类。据该书 3.2 节"连读变调和变音"（页27—34），在一般情况下，单纯双音词和并列式、偏正式的两字组重音在前字上，如"ˈ蝴蝶""ˈ来往""ˈ杂货"；动宾式的两字组重音则在后字，如"发ˈ财""唱ˈ戏""读ˈ书"。两字组的重音如果在前字，后字就发生变调，变得短促，阴平和阳平失去区别；重音如果在后字，前字则发生变调，也变得短促，阴平和阳平失去区别。

由此亦可窥见，这种语法和重音的相关现象在汉语的历史中会是根深蒂固的。

2.8　本文所说的吴语，或者应该说是北部吴语，因为浙江南部的吴语变调似是多属于和塘栖、苏州等地的变调另外一种类型，即内部结构无论是偏正、动宾等，都按相同的规律而变，如永康、[①]温岭（李荣，1979）等是。不过温州的变调却与北部相似。温州话的连读变调有"轻声变化"和"一般的连调变化"两种。（郑张尚芳，1964）后者即"相当于广用式连调，别处吴语文章中的窄用式连调，温州好些是用轻声形式来表示的"。[②]一般的连调变化重音在前字（不过调类简化的却是前字，这一点和别处的广用式不同），轻声变化则有"依变轻声"和"自变轻声"，"自变轻声"再分前轻式和后轻式，而动宾式字组就采取前轻式，宾语前的动词变为轻声。温州的变调和轻声分布的情形相当复杂，不能单纯地只凭我们所拟测的原始状态推导出来，但也表示我们的拟测具有一定程度的说明能力。

至于浙江永康、温岭等地的变调，甚至有些南方方言中变调、轻声俱无的情况，像广州话里那样，这些都可以从我们拟测的原始状态中推导出来，即可看作〔●○〕格式和〔○●〕格式曾经发生合并。字组失去重音的对立，也仍可产生变调，因为前字和后字所处的语音条件有所不同：两字组的后字末尾发音弱化的程度比较前字末尾要大一点，这个差异有时会引起声调调值的分歧演变（如高平调只有在后字变高降），结果就产生变调。

综上所述，1961 年的拙文所拟"北京话和吴语的祖方言"中语法结构和重音规律互相结合的"原始状态"，亦可看作是所有汉语方言所共同的"汉祖语"的状态。

3．结语

3.1　汉语语音史向来是以声母、韵母以及声调的演变作为对象的。换句话说，汉语语音史目前还只是"字音"的历史。字音不过是语音的骨干。字音和字音相连就有字组重音、意群重音、句调等语调现象，这些成素一层又一层地加在字音的连续上面，像人体的肌肉那样，构成现实的句子。语音有这些上加成素，才能发挥传达信息的作用。既然是这

---

① 《汉语方言概要》，第五章"吴语"中"永康音系"。

② 郑张尚芳《温州方言的轻声变化》，汉语方言学会第五次学术讨论会论文，页 2。以下所叙亦据郑张先生此两篇文章。

样，那么汉语语音史应该也包括这些上加成素的历史在内。我相信语音史研究今后发展的方向之一就在于此。为了开拓这一方面，方言的比较几乎是惟一的路，我希望本文还可算是这种研究方法的一个初步的尝试。

3.2　果如本文所论，古代汉语的字组很可能按其内部语法结构而采取不同的重音格式，正似现代吴语那样。可是如金守拙云（参看本文 2.2），用方块字写成的文章记录上面，重音没有得到反映。因此人们读古代文章只得靠上下文和语境来推测字组的内部结构，而这种推测有时因人而异，会引起争论。但如果能使那文章的作者复活起来，请他亲自念那一段，就没有争论的余地，按重音所在的位置就能决定应该怎样理解句义。

常说汉语的特色在意合，意合就是语法上的各种关系不在语言形式上显示出来，听话者只能靠语境来作出判断。我想任何语言或多或少都有意合的成分，其中汉语确实可说是意合较多的语言吧。而古代汉语比现代汉语意合的范围好像更大。有人以为古代汉语带歧义的句子太多，不明确，简直是原始语言。我看这只是字面上的现象。作为书面语，古代汉语似是模棱性较多的、不很理想的语言；但作为口语，古代汉语很可能有字组重音，还有意群重音和其他语调成素，这些语调规律帮助听话者正确地理解句义，来保证语言传达信息的功能和效率。鲁迅先生曾在《门外文谈》里说：古代的文章不过是口语的摘要。这意思就是古代文章大胆地省略了助词之类的虚词，对此我不想在这里加以评论，但要是把这话当作古代文章不反映语调成素的意思，那么这说法是很正确、透彻的。根据书面记录来分析汉语特点的时候，我们应该考虑这一点。

本文是将 1989 年 9 月于中国社会科学院语言研究所与华中理工大学所作的学术报告改订而成的。

参考文献

鲍士杰等　1984　《吴语的边界和分区》，《方言》第 4 期。

吕叔湘　1947　《丹阳话里的联词变调》，《中国文化研究汇刊》第 7 期。

胡明扬　1959　《海盐通园方言中变调群的语法意义》，《中国语文》第 8 期。

谢自立　1983　《苏州方言两字组的连读变调》，《方言》第 4 期。

许宝华　汤珍珠　钱乃荣　1981　《新派上海方言的连读变调》，《方言》第 2 期。

徐世荣　1956　《双音缀词的重音规律》，《中国语文》第 2 期。

金有景　1982　《北京话"上声＋轻声"的变调规律》，《语海新探》第一辑，山东教育出版社。

侯精一　1985　《山西方言志丛书》，语文出版社。

魏钢强　1990　《萍乡方言志》，语文出版社。

李荣　1979　《温岭方言的连读变调》，《方言》第 1 期。

郑张尚芳　1964　《温州方言的连读变调》，《中国语文》第 2 期。

平山久雄　1961　《北京・吴祖方言に於けるアクセント素について》（上）（下），《中国语学》第 110、111 期。

松本昭　1960　《北京語アクンセトに關する一考察》，《中国语学》第 100 期。

Kennedy, George A.　1953　Two tone patterns in Tangsic, *Language* 29(3).

Li, Tian-yi（ed.）　1964　*Selected Works of George A.Kennedy*. Far Eastern Publications, Yale University, New Haven, Connecticut.

Kennedy, George A.　1952　Voiced gutturals in Tangsic, *Language* 28(4).

Kennedy, George A.　1956　Word-classes in Classical Chinese, *Wennti* (9).

原刊于 1992 年第 4 期

试论佛典翻译对中古汉语词汇发展的若干影响

朱庆之

提　要：佛典翻译是我国古代历史上最大的一次中外文化交流活动，对中国文化发展的影响甚巨。本文从三个方面讨论佛典翻译对汉语词汇的影响：（1）双音化；（2）新词新义；（3）口语同书面语的关系。

中古（东汉至南北朝）是汉语词汇发展史上一个十分重要的时期。此时明显可见的是：在内容方面，新词大量出现；大多数旧词的意义发生了类型各异的演变，产生了许多新义项和新用法；同义词显著增加，提高了汉语的表达精度和修辞能力。在形式方面，词汇双音化真正成为历史的必然，并迅速得以实现，具体表现为旧有的由单音节形式表示的概念大都有了双音节形式，而新概念则基本上都由双音节形式表示；各种构词方法亦已基本完善。汉语词汇在中古时期的上述巨大变化，原因是多方面的，其中佛典翻译这项规模非常宏大的言语实践活动和中外语言文化交流工程的影响极为重要，这当中包括佛典原文随着翻译对汉语产生的直接的和间接的影响，以及佛典译文（一种混合汉语）本身对汉语全民语的直接影响。这实质上可以看成古代印欧语对汉语影响的一个重要部分。不过截至目前，我们对这种影响的认识还比较浮泛和肤浅。本文打算就佛典语言对中古汉语词汇影响的几个方面如双音化、新词和新义的产生发展等作些讨论，主要目的在于引起学术界对汉语史上这一重要课题更为充分的注意，从而开展更进一步的系统的研究。

1

双音化是中古汉语词汇发展的一个重要标志。与上古汉语相比较，中古汉语的词汇系统改变了以单音词为主的状况；关于这一事实，过去已有不少的专门研究，足资参证，在此不作更多的讨论。

值得注意的是，虽然从汉语本身发展的内在规律看，汉语词汇终将实现双音化，但是这个进程在魏晋以前是极其缓慢的，而进入中古后，双音化的步伐突然加快，在短短的二三百年中汉语词汇系统（主要指文献语言的词汇系统）以单音词为主的面貌就得到了根本的改观。关于造成上述剧烈变化的原因，我们自然不能忽视魏晋南北朝时期思想活跃、文化发展，从而导致更多概念的产生以及人们思维能力与认识水平有较大提高这一历史事实所带来的影响；作为汉代趋于僵化的独尊儒术的学术思想的反动，魏晋南北朝没有定于一尊的学术思想的控制，儒学、玄学、佛学、道教，各家争鸣，由此在宗教、哲学、文学、史学、艺术、科技诸方面都有突出的成就，汉语以单音词为主的词汇系统显然无法满足新概念的表达需要，势必会刺激双音化的加速进行。但是，以上所论只能说明为什么大多数新出现的概念都用双音形式来表示，却无法说明为什么旧有的由单音词表示的概念这时猛然大都有了双音形式。事实上，这后一部分双音词要比为表达新概念而新创造的双音词多得多；单从表义的角度来看，这类双音词的大量出现是难以理解的。这就还需要我们从别的方面着眼去寻找特殊动因。

从东汉末年到南北朝这三四百年是我国历史上少有的纷扰时期，阶级矛盾和民族矛盾异常激化，社会连年动乱，生灵涂炭。在这样一种社会环境中，两汉之交传入我国的古代印度佛教在中原得到迅速广泛的传播和发展，佛教有关彼岸和来世的基本教义对于处在水深火热之中的广大民众来说不啻是一线希望，佛教全新的哲学和世界观对于广大知识阶层具有特殊的吸引力，统治者也需要借助佛教来麻痹人民的反抗意识，如此等等，就在客观上造成了佛教这种特殊形态的文化传播发展的极好条件。仅仅作为一种外来的意识形态，佛教对汉语词汇的影响主要的还是引进一些新的概念，并由此产生出一些代表这些概念的新词新义，但是佛典翻译的影响就远不局限于此。在汉地，佛教的传播大体上是建立在佛典翻译的基础上的。据唐智昇《开元释教录》的不完全统计，从东汉到南北朝，译经总数至少有三四千卷。应当特别强调的是：第一，佛典固然是佛教的载体，但其内容绝不限于佛教，几乎对社会生活的各个层面都有所涉及，十分广泛，应当看作古代印度高度发展的文明的相对完整的反映。如此看来，大量佛典被译成汉语，不啻是将当时古代印度文化的大部分介绍给了中国，这就为汉语增添了无数佛教以外的新词新义。第二，翻译毕竟不同于一般写作，言语片段可以长短不拘，文体也可以根据作者的功底和喜好随意选择，它受到原典在语言风格和容量以及意义上的严格制约，往往迫使译者进行大量的言语创新以满足翻译的临时需要，这就促成了具有特殊语言风格和词汇系统的"混合汉语"的产生。

"混合汉语"是汉语的一种特殊变体，其文体形式很特别，一方面讲求句子的节拍字数，另一方面却不像传统韵文那样讲求押韵，通常为四字一大顿，两字一小顿，顿的划分基本与逻辑停顿相合，总之，刻意造成一种较强的节奏感以便于记诵。例如：

师言学当 / 有善知识 / 昔 / 有驴一头 / 其主恒令 / 与马相随 / 饮食行来 / 常与马俱 / 马行百里 / 亦行百里 / 马行千里 / 亦行千里 / 衣毛鸣呼 / 与马相似 / 后时 / 与驴通随 / 饮食行来 / 与驴共侣 / 驴行百里 / 亦行百里 / 驴行千里 / 亦行千里 / 毛衣头躯 / 悉为似驴 / 鸣呼唉痾 / 纯为是驴 / 遂至老死 / 不复作马 / 学者亦如是 /……（西晋竺法护译《生经》5，3/108 a）①

这种既非传统散文又非传统韵文的新文体是佛经翻译家受到原典文体影响创造的，它对双音词的需求无疑是很大的。为了满足数量较大、篇幅较长的翻译采用上述文体的需要，翻译家们当然会一方面尽力搜求汉语已有的双音词，这当中有很大一部分可能仅用在口语里，另一方面则不得不临时创造一些双音甚至多音的表意形式。以下集中举一些例子：

十方所有，悉晓了知。（东汉支谶译《般若道行品经》1，8/427 b）

经行之时，不顾眄视。（三国支谦译《梵摩渝经》，1/884 b）

牛吼唱噭，震动八荒。（西晋竺法护译《月光童子经》，14/816 a）

长者有儿，名那优罗，唯有一子，甚爱敬念。（符秦昙摩难提译《增一阿含经》14，2/615b）

单独一己，而入险路。（失译《大方便佛报恩经》5，3/150 c）

沙门瞿昙，初出家时，父母涕泣，爱惜恋恨。（姚秦佛陀耶舍译《长阿含经》15，1/95 b）

若无事比丘，行于无事……则致比丘，诃数诘责。（东晋僧伽提婆译《中阿含经》6，1/455 a）

以上例中的三音和四音语言单位显然是译者为满足音节需要而临时将同义词连缀而成的，类似的情形在佛典里十分普遍。以下再看双音语言单位的用例，限于篇幅，只举几个虚词。

都悉 诸异学婆罗门尼揵等不可计，都悉来会。（东汉竺大力共康孟详译《修行本起经》上，3/461 a）

皆各 时诸王子，皆各发心。（梁宝唱集《经律异相》24，53/133 b）

尽皆 是时诸鹿，尽皆渡竟。（三国支谦译《撰集百缘经》4，4/221 a）

———————————

① 本文佛典引例全部摘自日本《大正新修大藏经》（精装本）。经名后标出卷次，其后的阿拉伯数字依次为大正藏的卷页数，英文字母 a、b、c 分别表示上、中、下栏。经名及有译失译和年代的确定均参考吕澂《新编汉文大藏经目录》（齐鲁书社，1979）。

悉皆　钱财七宝，悉皆满藏。（符秦昙摩难提译《增一阿含经》16，2/626 c）

咸共　在国群僚，咸共瞋恚。（失译《太子慕魄经》，3/409 b）

皆共／都共／悉自　其往生无量清净佛国众等大会，皆共于七宝浴池中，都共人人悉自于一大莲华上坐。（西晋竺法护译《无量清净平等觉经》3，12/293 b）

类似的双音虚词在汉译佛典里随处可见，而实词就更多了。可以肯定，这些双音形式的产生大都不是出于表意的需要，它们只是原有的单音词的同义扩展，它们当中的一部分可能来自口语，另一部分则是翻译佛典时的创造。丝毫也不奇怪，由于特殊文体的需要，译经时引进的新词新义必然要采取双音或多音的形式；已有的旧词往往也需要在形式上由单变双，如果在译者个人言语（idiolect）的词汇系统里没有足够的双音形式可供选择，就导致了这种创新。对于占中古时期翻译家绝大多数的西域僧人来说，他们的汉文修养普遍不高，再加上母语词汇特点的影响，更容易在制造双音词方面表现得"肆无忌惮"。其结果是，佛典译文的词汇系统从一开始就表现出异常强烈的双音化倾向。

那么先发生在佛经译文中的这种既突如其来又迅猛异常的词汇双音化与稍晚发生、唐代初期已经基本完成的大规模的汉语词汇（主要是书面材料中反映的词汇）双音化有没有关系呢？回答是肯定的，至少前者是后者得以在短时期内迅速实现的重要动因。佛教在中古是一种普遍的宗教信仰，一种风靡流行的社会思潮，在社会的各阶层都拥有最广大的信徒。佛典的译介对佛教徒来说是非常神圣与渴望的，每当一部新经译出，即会辗转传抄，广为流布，一时之间诵读之声不绝于耳；对于那些不信仰佛教的人，佛典同样具有很强的吸引力，因为大多数佛典同时也是杰出的文学作品。这样，佛典就会对读者产生各种各样、不同程度的影响，中古时期汉语词汇双音化的明显发展正是这种影响的突出表现之一。混合汉语用词雅俗兼容，丝毫没有正统文言那种排斥口语（包括俗语和方言）词的倾向，在充分吸收汉语传统书面语已有的双音语言成分的同时还大量吸收口语中的双音词，以文学语言的形式把它固定下来。此外还创造了一大批双音节的新词，这些词有不少可能是临时的，是个人言语创新，但是对于那些传播诵习佛典的人来说，它们又都是固定的、规范的，他们会在自己的言语活动中有意无意地加以利用，还会模仿创造出其他一些新词。总之，佛典这种堪称中古时最流行、最通俗读物的强烈双音化倾向肯定会对习惯于单音化词汇系统的中国人产生潜移默化但又非常深刻的影响，这样就在实际上加快了整个汉语尤其是书面语词汇双音化的进程。

2

佛典翻译不仅对汉语词汇外在形态的发展起到重要的推动作用，更对汉语词汇新词新义的产生有过难以估量的影响，以下略举数例说明之。

危脆　《资治通鉴·梁武帝太清元年》："犹是久涉行陈，曾习军旅，岂同剽轻之师，不比危脆之众。"《汉语大词典》（汉语大词典出版社）释"危脆"为"危险脆弱"，不够准确。其实"危脆"原本是佛典用语，表示佛教关于"色"不坚固、不可久存这样一种本质的特殊概念，基本意思只是"脆弱""不坚固"。例如东汉昙果共康孟详译《中本起经》上："欲者无厌，斯利危脆，若云过庭。"（4/148 b）又下："譬若春华，色无久鲜，结实华落，果熟离本；须弥宝山劫尽坏烂；大海深广，犹有枯竭。人命危脆。"（4/160 b）三国支谦译《龙施女经》："我何惜此危脆之命！"（14/910 a）西晋无罗叉译《放光般若经》20："我不当惜此危脆之身。"（8/146 a）这个词大概在南北朝进入世俗文人书面语汇中，如《宋书·张劭传》："人生危脆，必当远虑。"唐卢照邻《释疾文》："何斯柱之危脆，一夫触之而云折！"仍旧保持佛典的基本用意。

经行　唐皎然《晚秋破山寺》诗："昔日经行人去尽，闲云夜夜自飞还。"其中的"经行人"指和尚，"经行"是佛教的一种修行方式，这个词来自佛典。东汉支谶译《阿閦佛国经》下："若不得经卷者，便当写之。若使其人不与是经卷持归写者，菩萨便就其家写之；若使善男子善女人言自饿写者，自饿写之；若言经行写，当经行写之；若言住写，当住写之；若言坐写，当坐写之。"（11/764 a）三国支谦译《梵摩渝经》："经行之时不顾眄视。"（1/884 b）失译《离睡经》："彼尊者大目乾连独在静处，经行而睡。"（1/83 a）这种修行方式是在某个范围里来回兜圈子。但"经行"这个词于古无征，我们用梵汉对勘的办法找到了它的梵文对应词。在姚秦鸠摩罗什译《妙法莲华经》卷一里有"又见佛子，未尝睡眠，经行林中，勤求佛道"（9/3 b）。相应的梵文是 middham jahitvā ca aśeṣato 'nye/ caṅkramyayuktāś ca vane vasanti, [1] 其中与"经行"对应的词是 caṅkram。它由 caṅ- 和 kram 两部分组成，前者是"转圈"的意思，后者是"行走"的意思，完整译成"经行"表明 kram 是意译，caṅ- 却是音译，因为汉语"经"字在意义上与 caṅ- 不合，语音却与 caṅ- 基本一致。这样大体可以肯定"经行"一词是翻译时创造的音译加意译的合璧词。"经行"后来也进入了全民语中，但意思有所转变。如《新编五代史平话·汉史平话》卷上："那元帅经行，但见鼙声振野，骑气惊人。"[2] 其中的"经行"犹今语蹓跶、散步。

---

① 引自蒋忠新编注《民族文化宫图书馆藏梵文〈妙法莲华经〉写本》，中国社会科学出版社，1988，11 页。
② 《白话中国古典小说大系》卷6，河洛图书出版社（台湾），1981，293 页。

　　飞蛾投火　一般辞书大多把《梁书·到溉传》载梁武帝赐溉《连珠》中"如飞蛾之赴火，岂焚身之可吝"当作这个成语的最早出处，其实不然。东汉支谶译《遗日摩尼宝经》："譬如苍蝇在粪上住，自以为净……譬如飞蛾自投灯火中……"（12/192 a）三国康僧会编译《六度集经》7："背正向邪，华伪趣利，犹蛾之乐火。"（3/43 a）失译《摩登伽经》："为渴爱所逼，如逐焰之蛾。"（21/401 c）西晋法炬译《优填王经》："亦如鱼食钩，飞蛾入灯火。"（12/72 b）西晋竺法护译《贤劫经》1："贪小利不觉自害……自造痴冥，犹如蛾蛾自投灯火。"（14/6 c）姚秦鸠摩罗什译《大庄严论经》2："如蛾贪火色，投中自焦灭。"（4/264 c）译同上《大智度论》21："如灯蛾投火，但贪明色，不知烧身。"（25/217 b）翻译佛典里的这些用例表明，汉语成语"飞蛾投火"的直接语源应是汉译佛典。

　　以上我们列举了由佛典翻译为汉语词汇增加新词的例子，下面再来看看新义方面的例子。

　　影响　这是一个在现代汉语里使用频率颇高的词。根据《现代汉语词典》（商务印书馆），"影响"现有三个义项：一是对人或事物所起的作用，是名词；上述名词义用作动词，就是对别人的思想或行动起作用，这是第二义；第三义是传闻的、无根据的，是形容词。① 关于这个词在上古的含义，江蓝生在《"影响"释义》一文中作过详细的论列，指出该词"先秦典籍中已多见，很早就成为一个复合名词，本义如字，指形影声响"，常用来"比喻人或事物反应的敏捷"。例如《荀子·富国》："三德者诚乎上，则下应之如景向（影响）。"② 可以说"影响"今义同其上古义并没有直接的联系。那么这个词到底是如何有了今义的呢？以往的研究并未得出令人信服的答案。其实"影响"的今义都来自佛典。旧题东汉摄摩腾等译《四十二章经》："……子自持归，祸子身矣！犹响应声、影之追形，终无免离。慎为恶也！"（17/722 b）三国康僧会编译《六度集经》4："夫为恶祸追，犹影寻声；绝邪崇真，众祸自灭矣。"（3/21 c）又 5："杀物者为自杀，活物者为自活，策心念恶、口言恶、身行恶，莫若劳心念道、口言道、身行道。施善福追，为恶祸寻，犹响之应声、影之追形也。"（3/31 c）三国支谦译《赖吒和罗经》："（人死）当趣所作善恶道，善恶随人，如影随人。"（1/871 c）以上所举是佛典用"影""响"比喻善恶业报理论的例子，意思是说如同影子不离本体、回声不离本音一样，善恶诸业也不会离开作"业"之人。不难看出，这正是"影响"今义第一和第二两义的来源。《敦煌变文集·无常经讲经文》："如今世上多颠倒，莫便准承他幼小，缘他寿命各差殊，影向于身先自夭。"其中的"影向（响）"就是佛典里"罪福报应，亦如影响"的"影响"，也就是"罪福报应"的比喻。蒋礼鸿先生《敦煌变文字义通释》（上海古籍出版社，1988 年新二版）对这个"影向"未能作出确诂，如

---

　　① 《初刻拍案惊奇》卷 10："那程元却都是些影响之谈。"严复《救亡决论》："必无谬悠影响之谈。"
　　② 《中国语文》1985 年第 2 期。

能结合佛典语料则其义甚明。

除了用"影响"表示报应外，佛典还用它来比喻"空""本无"这一抽象的概念。这就是"影响"一词今义第三义的来源。例如东汉支谶译《忇真陀罗所问宝如来经》上："其心知若幻如梦、如野马、如山中响、如水中影已，坚固无所希望，是则为宝。"（15/352c）西晋聂承远译《超日明三昧经》上："观一切法如化、幻梦、野马、影响，悉无所有。"（15/531c）西晋竺法护译《度世品经》4："（万物皆空）犹如幻梦、影响、芭蕉、电现、野马、水中之月。"（10/641a）译同上《无言童子经》上："察三界空犹如泡沫、芭蕉、野马、影响、幻化。"（13/529a）佛教有著名的喻空"六如"或"十喻"，"影响"即是其中的喻体。由于翻译佛典，汉语的"影响"一词被赋予了印度佛教的比喻义，遂演变出今义。有趣的是，"影响"这个汉语古已有之的词在历史上曾经有过不少的意义和用法，但随着时间的流逝，只有源于佛典的三个意义保留至今。

冤家 汉语口语里至今还保留着一种很特别的说法，就是把似恨实爱、给自己带来苦恼而又舍不得的人称作"冤家"，如杜鹏程《保卫延安》第二章："她把孩子搂到怀里，眼泪从那干皲的脸上淌下来，边哭边说：'唉，不懂事的冤家。'"这种说法一直可以追溯到唐代，如无名氏《醉公子》词："门外猧儿吠，知是萧郎至，划袜下香阶，冤家今夜醉。"其中的"冤家"指情人萧郎。过去的研究者或认为这是一种类似"反训"的用法，其实不然。

"冤家"的"冤"应读作"怨"，这两个字在汉译佛典以及唐五代俗文学作品里完全相混。① "怨家"（亦作"怨人""怨"）一词早在佛典翻译之前的中土文献里已经出现，意思是"仇敌""仇人"。在佛典里这个词随处可见，例如东汉支谶译《阿閦佛国经》下："便往至大王所居城，垣坚止顿其中得安隐，不复恐见怨家谷贵苦。"（11/759b）译同上《遗日摩尼宝经》："譬如冤家，但伺人便。"（12/192a）西晋竺法护译《所欲致患经》："……设不能获，起无央数忧恼诸患：歌舞将御得无县官水火盗贼怨家债主所见夺取？"（17/539a）姚秦鸠摩罗什译《善臂菩萨会》26："若有善男子善女人乃至阿鼻地狱受诸苦痛于冤家许……"（11/531b）例中的"怨家"好像与世俗文献里的"怨家"没有什么不同，但如果我们再进一步看些例子就会发现其间的区别。元魏般若流支译《正法念处经》16："复次比丘知业果报，观饿鬼世间。彼以闻慧见有饿鬼常求人便，伺求其短，杀害婴儿。以何业故而生其中？彼以闻慧知此众生前世之时为他恶人杀其婴儿，心生大怒，即作愿言：'我当来世作夜叉身，报杀其子。'如是恶人身坏命终堕于恶道，受蛊陀罗饿鬼之身，常念怨家。瞋恚含毒，求诸妇女产生之处，伺婴儿便而断其命。"（17/97b）梁僧伽婆罗译《大乘十

---

① 任半塘《敦煌歌辞总编》（上海古籍出版社，1987）卷中762页第307条所出校记云："（敦煌歌辞中）'冤''怨'每通用。"案二字古音同为影母元部，声韵完全相同。佛典例见文中所举，又详见任氏校记。

法经》："提婆达多是如来久远害者怨家。"（11/767 b）①唐释道世撰《法苑珠林》57："《毗
婆沙论》云：'曾闻有女人为饿鬼所持。即以咒术而问鬼言："何以恼他女人？"鬼答之言：
"此女人者，是我怨家，五百世中而常杀我，我亦五百世中断其命根。"'"（53/718 b）这
些例子说明佛教对怨家仇人的理解是建立在因果业报理论基础之上的，认为形成怨家仇
人的根本原因是宿命恶业，恶业的受害者转世成为做恶业者的怨家仇人。这些怨家为了
便于报复，往往投胎再生在被报复者的周围。佛教用这种理论解释世间生物间一切不相
能的现象，以下举一些与本题有直接关系的例子。旧题东汉安玄共严佛调译《阿含口解
十二因缘经》："子以三因缘生：……三者怨家（案：宋、元、明、宫本"怨"作"冤"）
来作子。……有时子生百日千日便死，父母便忧愁恼，是为怨家相从生。"（25/54 b）西
晋竺法护译《无量清净平等觉经》4："欲呵教其子，其子恶心，瞋目应怒，言令不和，
违戾反逆，剧于野人，比若怨家。"（12/296 c）东晋竺昙无兰译《五苦章句经》："夫父子、
夫妇、兄弟、家室、知识、奴婢，有五因缘（生），何谓为五？一曰怨家……何谓怨家？
父子、夫妇、兄弟、宗亲、知识、奴婢相遇相杀，是谓怨家。"（17/545c）唐玄奘译《阿毗
达磨大毗婆沙论》198："诸有情或从怨家来作父母，或从妻子，兄弟、姊姊来作父母，乃
至或从驼驴狗等杂类身来作父母；复从父母作彼形类。"（27/988c）唐释道世撰《法苑珠
林》50："无始已来一切众生于六道中互为父子，亲疏何定！故偈云：无明蔽慧眼，数数生
死中，往来多所作，更互为父子。贪著世间乐，不知有胜事。怨数为知识，知识数为怨。"
（53/676 a）显然，在佛典里，一切人际关系都有可能是由怨家生成的，那些以亲友等面目
出现的怨家正好可以解释亲友之间不和谐、不相能的现象。至此我们也就不难明白为什么
口语里会把子女或情人称作"冤家"了。"冤家"词义的变化正是佛典翻译的结果。

佛典翻译对汉语新词新义产生发展所带来的影响是十分巨大的，这方面的研究尤其有
待于深化。

3

一般认为，汉语自东汉开始书面语同口语逐渐发生了严重的脱节，正统的文言文对口
语成分有意采取排斥的态度。这在很大程度上束缚了文学的正常发展。但是最新的研究表
明，中古以来仍有大量口语词出现在各类文人的笔下；两晋南北朝文学有了某些引人注目
的发展，接踵而来的唐代不仅在传统文学方面取得了辉煌的艺术成就，使其达到顶峰，而
且产生了白话文学，文学上的这些划时代的变化与同期汉语文学语汇的丰富和发展是分不

---

① 提婆达多（Devadatta），亦译"调达"等，为释迦牟尼堂弟，专与佛陀作对。隋吉藏撰《法华义疏》
卷9："提婆达多是斛饭王子，'提婆'此翻为'天'，'达多'言'热'，以其生时诸天心热故名天热。
所以然者，诸天知其造三逆罪破坏佛法。见其初生心生热恼故因以为名。"（34/591c）

开的。那么在言文脱节的总趋势下，口语词是怎样影响书面语的？白话文学的词汇系统又是怎样建立起来的？除了已知的一些原因而外，我们认为还应当充分考虑到佛典翻译所起的无可替代的作用。

前边说过，翻译佛典由于受到原典语言风格以及译者传统文化修养一般不高的限制，再加上作为大众宗教传播的实际需要，其用词雅俗兼容，含有大量的口语词，连同外来语以及在语法方面的非文言和非汉语成分，就构成了一种全新的、内容十分丰富的（等于汉语和原典语言的混合体）书面语系统，即"佛教混合汉语"。由于佛典的神圣地位，原先只见于口头、方言里的难登大雅之堂的那些口语俗语词在文人的观念里就逐渐改变了形象，他们甚至会在日常生活和写作时运用这些词，这就在客观上使佛典翻译成为影响汉语书面语且能够在一定程度上打破"雅"的樊篱而接受口语成分的重要因素。例如：

呜 《世说新语·惑溺》："充自外归，乳母抱儿在中庭。儿见充喜踊，充就乳母手中呜之。"其中的"呜"是亲吻的意思，但其语体色彩就相当于现代汉语口语里"亲嘴儿"的"亲"，颇不雅驯。从现有的文献看，这个词汉代已有，《说文解字》八下欠部："歍，一曰歍歁，口相就也。""歍"与"呜"当是同一个词，可在南北朝以前的世俗文献里没有看到用例。佛典的情形完全不同。东晋佛陀跋陀罗共法显译《摩诃僧祇律》36："（比丘问言）'此病云何当差？'比丘尼言：'汝欲使我差不？'答言：'欲使差。'又复语言：'当须何物？今求相与。'比丘尼言：'共作是事来。'年少答言：'不敢。'……复言：'若不能者，但抱我呜。'"（22/515b）姚秦佛陀耶舍共竺佛念译《四分律》49："时有比丘尼在白衣家内住，见他夫主共妇呜口，扪摸身体，捉捺乳。"（22/928a）北凉昙无谶译《大般涅槃经》16："是时，女人即得见我，便生子想，还得本心，前抱我身，呜唼我口。"（12/458a）描写"犯罪"的事情时佛典用到"呜"，叙述礼佛拜佛这样最为神圣的事情时同样用"呜"，丝毫没有中国传统的"春秋笔法"的影子。如东汉失译《兴起行经》上："阿难即至佛所，见佛脚枪刺疮，便闷死倒地。佛便以水洒阿难，阿难乃起，起已礼佛足，摩拭佛足，呜佛足。"（4/168c）三国支谦译《梵摩渝经》："梵志欣然起立，五体投地，头面著足，以口呜佛足，以手摩佛足。"（1/885b）西晋竺法护译《生经》4："牛径前往趣佛，屈前两脚而呜佛足。"（3/98a）苻秦昙摩难提译《增一阿含经》18："尔时尊者阿难至世尊所，头面礼足，在一面住。斯须复以两手摩如来足已，复以口呜如来足上。"（2/637a）吻足是古代印度的一种崇高的礼节，在描述亲吻佛足这样一个神圣场合的文字里译者却用了一个不雅驯的、中土文人基本不用的口语词"呜"，这就极大地改变了其俚俗面貌。

闻／曼 杜甫《示獠奴阿段》诗："郡人入夜争余沥，稚子寻源独不闻。"韦应物《早春对雪寄前殿中元侍御》诗："闻闲且共赏，莫待绣衣新。"其中的"闻"都是"趁""及"的意思。从"闻"字的本义来看，"趁"义的"闻"当是个记音字。或以为这个词是唐代新词，其实不然。在汉译佛典里有一个写作"曼"但是意义与"闻"完全相同的词。三国支谦《菩萨本缘经》9："及其未成，我于中间或可留难，令悉破坏。……亦如小树，初生之时以爪能断，及其长大，虽有百斧，伐之犹难。曼此菩萨未成无上正真之道，当速坏之。"（3/62a）西晋竺法护译《佛般泥洹经》上："应当熟视佛，久远乃复有佛耳。曼有佛时当受佛教命。"（1/164a）东晋竺昙无兰译《五苦章句经》："汝等今去，或当为人家作子，生当念孝顺报父母恩，曼年盛时，当忍恶为善。"（17/547b）梁僧伽婆罗译《阿育王传》7："若是我亲善知识者，曼我头有所直，应当劝我作礼。"（50/130a）刘宋宝云译《无量寿经》下："爱欲荣华不可常保，皆当别离，无可乐者；曼佛在世，当勤精进。"（12/275b）例中的"曼"都是"趁""及"的意思。"曼"同"闻"之间有怎样的关系呢？我们认为它们其实是一个词。姚秦佛陀耶舍共竺佛念译《四分律》46："善行王子若安隐还至，当夺我等宝。曼今未还，可推船置海而去。"（22/911c）慧琳《一切经音义》59《四分律》音义"曼今"条引玄应音"莫盘反"并云："高昌谓闻为曼，此应是也。律有作闻，勿云反。"明白指出高昌方言把"闻"念成"曼"，实际是一个词。不过这里有一个问题，根据这个词的意义，"闻"是记音字，"曼"倒像是本字。《说文解字》三下又部："曼，引也。从又冒声。"《诗·郑风·野有蔓草》毛传："蔓，延也。""引""延"与"及"之间的同义引申关系是很显然的。这样看来"高昌谓闻为曼"应改为"中原谓曼为闻"才是。可中原有"曼"这个字为什么不用而要写成"闻"呢？原因是这个词根本是个方言词，它虽然在方言里写作"曼"，但读音却随着方言读如中原音的"闻"。也就是说"曼"一词的"趁""及"义是在方言（姑且承认是高昌方言）里形成的，中原通用语的"曼"并无此义。在中原通用语里，"曼"为明母元部字，或在高昌方言里为明母文部字。[①] 后来西北边地与内地交往日益增多，特别是佛典翻译，中古时期的翻译家大都是从西域经由西北边地辗转来到中原的外

---

① 这种可能性是很大的。根据郭锡良《汉字古音手册》（北京大学出版社，1989）的拟音，"曼"的古音为 /muan/ 和 /mǐwan/，"闻"的古音为 /mǐwən/，非常接近。在实际的韵文材料里，元、文二部字通押或合韵的情形并不少见。如魏晋时期孙楚《雪赋》纷、田、年通押；陆机《鼓吹赋》轩、文通押；郑丰《鸳鸯》翻、群、源、云、川通押，《兰林》宣、勤、文、存、言通押；无名氏《广陵谣》烦、君通押，《采桑之六》翩、裙通押，《江陵乐之一》穿、裙通押，《康帝哀策文》轩、冤、勋、存通押；蔡洪《围棋赋》文、圆、群、原通押；等等。不烦举例（参看 TING Pang- hsin〔丁邦新〕：Chinese Phonology of the Wei-Chin Period：Reconstruction of the Finals as Reflected in Poetry，Institute of History and Philology Academia Sinica，Special Publications No.65，Taipei，1975）。在语言发展过程中，舌位相近的元音相互转变的实例也有不少，如"㵓"，古音明母元部 /muan/，《广韵》莫困切 /muən/；"涓鞘睊狷"古音见母元部 /kiwan/，《广韵》古玄切 /kiwen/；"讖"古音初母谈部 /tʃ'ǐam/，《广韵》楚潜切 /tʃ'ǐĕm/；"砚"古音疑母元部 /ŋian/，《广韵》吾甸切 /ŋien/；"驇"古音定母文部 /duən/，《广韵》度官切 /duan/；"覃"古音定母侵部，《广韵》徒含切 /dɒm/；等等（拟音根据郭锡良前引书）。此外，研究还表明中古西北方言的音韵系统比较简单（参看张琨《汉语音韵史论文集》，张贤豹译，联经出版公司〔台湾〕，1987，16页）。所有这些都可以表明我们的假设并非毫无根据。

国僧人，他们的汉文化基础教育带有浓郁的边地色彩，会在译文中表现出来，"曼"就是这样的一个成分。不过它写作"曼"却读如"闻"，中原人不知其中原委，不明这个"闻"的语源，最终用"闻"字代替"曼"字。

以上所举在于说明言文分家以后口语通过各种渠道影响文言，其中佛典翻译是非常重要的一种渠道。除此而外，佛典翻译过程中创造积累起来的各种词语对于世俗文学语言词汇系统特别是白话文学语言词汇系统的影响也是十分巨大的，这里我们以敦煌变文同汉译佛典在词语方面的密切联系为例说明之。

作为民间通俗文学，敦煌变文中包含了大量口语词，蒋礼鸿先生的《敦煌变文字义通释》系统地解释了其中的难词和新词，并且旁征博引，揭示了它们与近代汉语文学语汇的联系。然而研究还表明，变文中的口语词有许多都在"混合汉语"里能看到用例，表明它们之间的密切联系。例如：

贡高　东汉支谶译《阿閦佛国经》上："其刹众弟子终无有贡高骄慢。"（11/757c）译同上《遗日摩尼宝经》："有四事字为沙门。……三者求索哗名自贡高。"（12/192c）译同上《般若道行品经》9："若有菩萨行般若波罗蜜时……去离谀谄，去离贡高，去离强梁。"（8/470c）三国竺律炎译《三摩竭经》："难国王常喜贡高，自谓智慧无双，以铁镍刺其腹，常恐智慧从腹横出。"（2/843b）

男女　东汉安玄译《法镜经》："一切欲之喜乐，为计非常……家属人客计为怨，妻子男女为无择之地狱。"（12/16c）三国支谦译《佛开解梵志阿飏经》："（沙门）不得作男女医以牛马医。"（1/261b）东晋僧伽提婆译《中阿含经》34："'商人，彼妇人等必当抱儿共相将来而作是语：……设不用我者，当怜念儿子。'若彼商人而作是念：'我有男女，我有极乐最妙好处。'"（1/644a）符秦昙摩难提译《增一阿含经》28："汝今可自庄严，著好衣服，抱此男女往此僧伽摩所……云：'此儿女由汝而生。'"（2/702a）

华色　三国支谦译《义足经》上："我曹学中有一女，独端正，华色无双。"（4/176b）三国康僧会编译《六度集经》4："即择青衣中有贤行兼有华色者，给之为妻。"（3/19b）西晋法炬译《优填王经》："拘深国有一逝心，名摩回提，生女端正华色，世间少双。"（12/70c）梁宝唱集《经律异相》12："宫人伎女、华色五欲、国财妻子，悉非我有。"（53/61b）

庠序／详序／徐庠　东汉支曜译《成具光明定意经》："又观天尊三十二相，相相有好，视之无厌；行则庠序，不迟不疾；坐则中坐，不前不却。"（15/452c）三国支谦译《撰集百缘经》1："时波斯匿王见佛来至，光明晃昱，照耀天地，威仪庠序。"又 5："有一罗汉比丘入彼寺中，威仪详序，甚可观看。"（4/227b）西晋竺法护译《自誓三昧经》："其华千叶，一一叶上有化菩萨立侍详序。"（15/344a）东晋僧伽提婆译《中阿含经》17："欲令四种军陈

列卤簿，拔白露刃，徐庠而过。"（1/533b）

减／分减　东汉失译《大方便佛报恩经》上："减其食分奉施比丘。"（3/141a）昙果共康孟详译《中本起经》下："众僧分卫，三日空还。时有马师减麦饭佛及比丘僧。"（4/163a）三国支谦译《撰集百缘经》10："其父崩亡，母故惠施。子极吝惜，遮不听施，乃至计食与母。母故分减施佛及僧。"（4/252b）失译《佛般泥洹后灌腊经》："灌腊佛者，是福德人之度者各自减钱宝、割取珍爱，用求度世之福。"（12/1114a）

别　东汉支曜译《成具光明定意经》："意行者，则心习智慧，思惟生死，常住慧处，不惑流涊，又深入道品空无之要，别了真赝而无疑难。"（15/453a）三国维祇难译《法句经》："察有在为谋，别伴在急时。"（4/560b）东晋佛陀跋陀罗译《大方广佛华严经》44："譬如地中有诸宝藏，唯咒术者悉能别知。"（9/680b）

姟　失译《后出阿弥陀偈》："世世见诸佛，姟数无有量。"（12/364b）三国支谦译《菩萨本业经》："于此国土，国殊别者亿百千姟。"（10/447a）西晋竺法护译《正法华经》3："如来之德，如向所喻，复倍无数，不可思议，无能计量，劫之姟底。"（9/83b）译同上《光赞经》1："无央数亿千百姟眷属周匝，往诣佛树。"（8/151a）

为篇幅所限，不能举出更多的例子。据笔者掌握的材料，《敦煌变文字义通释》正目和副目共 800 余词，至少有三分之一在中古佛典里已有用例。这一情况足以表明开白话文学之先河的敦煌俗文学不仅在内容、体裁，而且在文学语汇系统等基本方面也是以佛典翻译文学为基础的；至于传统的文言文学也必然从佛典中自觉或不自觉地汲取了许多的养分，这成为六朝以来文言文学勃兴的重要因素之一。

总之，从东汉至宋代中期，佛典翻译这一巨大的中外文化交流工程大约产生了五千万字的翻译作品，其中中古时期约占一半。如此数量的宗教通俗宣传品在社会上广为流传，其各方面的影响都是难以估量的。就汉语史而言，更进一步深入地开展佛典翻译对于汉语发展影响的研究，必将对整个汉语史的研究起到巨大的推动作用。[①]

原刊于 1992 年第 4 期

---

① 有关的详细研究请参看拙著《佛典与中古汉语词汇研究》，文津出版社（台湾），1992。

口误类例*

沈家煊

提　要： 本文是根据 700 条汉语普通话的口误材料对口误的分类和举例。按通行的口误分类法，共分为先置、滞后、互换、颠倒、替代、混合、归并、增减等八类，每一类又分若干小类。口误研究属于心理语言学的范围，研究的意义在于揭示语言结构的心理表征和言语产生的心理过程。本文最后一节通过对两个问题的分析具体说明口误研究的这种意义。

1. 引言

说话时的口误，英语叫"the slip of the tongue"，意思是"舌头拐不过弯儿来"。实际上每说一句话，背后都隐藏着复杂的心理过程，口误是这个复杂过程的某个环节出了差错，不光是嘴巴或舌头不听使唤的问题。狭义的口误只指语音错误（例如"小调皮"说成"小piáo皮"），广义的口误还包括词汇错误（例如"我搁醋了，你听——不，你闻！"）和语法错误（例如"我不好再意思敲门了——我不好意思再敲门了"）。口误研究属于心理语言学的范围，研究的价值有两个方面：一是能揭示语言的"心理表征"（mental representation），使我们知道语言在心理上有哪些单位、范畴、结构和层次存在，存在的形式如何；二是能揭示说话或言语产生的"心理过程"（mental process），使我们了解说话时具体经历哪些处理步骤，这些步骤之间有何联系。因此心理学家把口误和其他语误（笔误、耳误、眼误）视为"洞察人类心灵的窗户"。本文第 3 节将举例说明口误研究的意义。

国外对口误的研究一百年前已经开始。1895 年 R. Meringer 和 C. Mayer 收集和发表了德语的口误 8000 余条，并加以细致的分析和归类。弗洛伊德于 1901 年发表的《日常生活

---

*　本项研究得到国家社会科学基金和国家自然科学基金的资助，特此致谢。

中的精神病理学》是对语误的心理学研究的经典著作。本世纪 80 年代起，口误和语误的研究再度引起语言学家和心理学家的重视，已有大量的研究成果发表，并在研究的目标和方法上形成一些"共识"：任何关于语言和认知系统的理论如果不能解释语误现象就一定是不完善甚至错误的；语误研究的目的是以语误为证据对各种不同的理论或学说作出评判；在方法上强调对大量的语误材料作统计分析，同时要重视个别有重要理论价值的语误。目前所知英语已有两个规模较大的口误语料库，一个在洛杉矶加州大学（UCLA Corpus），一个在麻省理工学院（MIT Corpus），后者在 1981 年已储存口误 6000 余条。对非印欧语的口误研究还微乎其微。汉语的口误研究据笔者所知只有张宁（1990）和 Moser（1991）两篇。

笔者近三年来收集汉语普通话口误 700 余条，其中一部分是在自己家里收集的，一部分是笔者一家人在各自工作和学习的地方收集的，还有一部分是从电台、电视的采访谈话中收集的。采用的是"口袋里揣个小本本"的办法，随时发现，随时记录。这种方法的长处是当口误者在场时可以立即询问他想要说的是什么话，或听他主诉口误的原因，并且可以把说话时的环境记录下来，有利于分析研究。这种方法的缺点是收集者的"耳误"难免造成听觉上的误差，而说过的话又不能像录音材料那样可以反复收听。记录口误主要用汉字，辅之以汉语拼音（拼写法略作变通，以利分析，如 iou、uei、uen 不缩写成 iu、ui、un），必要时加用其他标记；记录时适当多记上下文，口误者自行修正的话也照录不误。要对汉语口误作系统的研究，我们现有的材料数量还要大大增加，观察和记录口误的方法还有待改进。

2. 口误类例

从不同的角度可以对口误作不同的分类。我们按通行的分类方式分出先置、滞后、互换、颠倒、替代、混合、归并、增减八类。分类中经常遇到的一个问题是好些口误有不止一种分析法，一个口误可以分属几个类型。例如，"怎么个不法好——怎么个不好法？"是颠倒口误（"好"和"法"颠倒），但也可看作先置口误（"法"先置）或滞后口误（"好"滞后）。再例如，"走 liáng——走廊［láng］两［liǎng］侧"是先置口误，但可以有三种分析：1）"两"的韵母 iang 先置取代"廊"的韵母 ang，2）"两"的韵头 i 先置成为 láng 的韵头，3）"两"的声母 + 韵母 liang 先置取代"廊"的相应部分。对这样的口误我们大都无法确定哪一种分析或归类更符合实际（参看 Cutler，1988）。因此本文的分类法不是唯一可行的分类法。

A. 先置（anticipation）口误

一个将要说出的成分干扰或取代一个正要说出的成分。前者叫干扰成分，后者叫目标成分。干扰成分一般是句子的信息重点所在，具有心理上的"显要性"。（以下例子中箭头前是想说的句子，箭头后是实际说出的句子。）

A1. 声母先置

（1）第一小提［tí］琴［qín］手→第一小 qí 琴手

（2）家丑［chǒu］不可［kě］外扬→家 kǒu——家丑不可外扬

（3）吃熬［āo］冬［dōng］瓜啦？→吃 dāo 冬瓜——吃熬冬瓜啦？

（4）直接加［jiā］th［ti：etʃ］→直接 tiā——直接加 th

结合声母（声母＋介母）可以作为一个单位先置［（5）］，或被先置的声母取代［（6）］。
（7）（8）可看作单声母先置，也可看作结合声母先置。

（5）临场发［fā］挥［huēi］→临场 huā 挥——发挥

（6）吓［xià］死［sǐ］人→sà 死人

（7）你总算［suàn］会［huèi］了→你总 huàn——你总算会了

（8）查水电［diàn］表［biǎo］的来了→查水 biàn——查水电表的来了

A2. 韵母先置

（9）投机［jī］取［qǔ］巧→投 jū 取巧

（10）她红桃［táo］钩［gōu］→她红 tóu 钩——红桃钩

（11）这人都拍［pāi］着她［tā］→这人都 pā 着她——拍着她

（12）你这嘴［zuěi］臭［chòu］→你这 zǒu——嘴臭

（13）伊拉克方面也［yě］宣［xuān］布→伊拉克方面 yuǎn——也宣布

先置或被取代的可以是韵母的一部分，有的不带韵头［（14）（15）］，有的光是韵腹
［（16）］、韵头［（17）］或韵尾［（18）］：

（14）我还没洗［xǐ］完［wán］呢！→我还没 xiǎn 完呢！

（15）扽［kuǎi］大［dà］油拿什么扽呀？→kuǎ 大油拿什么扽呀？

（16）江南民［mín］歌［gē］→江南 mén 歌——江南民歌

（17）几内亚［yà］湾［wān］→几内 wà——几内亚湾

（18）别看他犯［fàn］病［bìng］啦！→别看他 fàng 病啦！

有许多例子先置的成分是韵母还是韵母的一部分不好确定［（19）—（22）］。还
有一些例子可以看作声母和韵母一起先置［（22）（23）］，因为干扰字和目标字的声母
相同。

（19）明［míng］天你甭［béng］吃鸡蛋了！→méng 天你甭吃鸡蛋了！

（20）第十一届［jiè］亚［yà］运会→第十一 jià 亚——第十一届亚运会

（21）人家最贵［guèi］十块［kuài］→人家最 guài 十块——最贵十块

（22）扮［bàn］的宝［bǎo］玉的样→bào 的宝玉的样

（23）杨家［jiā］将［jiàng］→杨 jiāng 将

A3. 声母＋韵母（不带声调）先置

（24）你骑车穿［chuān］雨衣看［kàn］着点儿啊！→你骑车 kān 雨衣看着点儿啊！

（25）把误差［chā］减小［xiǎo］一点→把误 xiǎo——把误差减小一点

（26）笑一笑［.xiao］，想开［kāi］了→笑一 .kai——笑一笑，想开了

A4. 声调先置

（27）你馒［man˦］头热［˥˩］了吗？→你 man˥˩ 头——你馒头热了吗？

（28）我只知道最后一个字［zi˥˩］是"岛"［˧˥］→我只知道最后一个 zi˧˥——最后一个字是"岛"

（29）题材［cai˦］是古代［˥˩］寓［˥˩］言→题 cai˥˩ 是古代寓言

（30）地理还没考［kao˧˥］，物［˥˩］理得 86 分→地理还没 kao˥˩，物理得 86 分

以（30）为例，口误者主诉，前句没说完就急于报告后句，结果"物"的声调先置。

A5. 韵母＋声调先置

（31）有人脖子上套了［lei˦］大［da˥˩］饼都不会吃→……套 la˥˩——套了大饼都不会吃

A6. 单音节（语素或词）先置

干扰字和目标字往往有相同的语音成分，有的声母相同［（32）］，有的韵母相同［（33）］，有的声调相同［（33）（34）］。也有声韵调都不同的［（35）—（37）］。

（32）不［bù］吃白［bái］不吃→白吃——白吃——不吃白不吃

（33）别去［qù］别处［chù］→别处别处——别去别处

（34）这样的天吹电［˥˩］扇，热［˥˩］天怎么办→这样的天吹热扇——吹电扇，……

（35）公家私人的？→公人私人的？

（36）吃完再买→买完再买——什么呀，吃完再买

（37）十五块两条→十五条两——十五块两条

有些语素先置也可看作缩略口误（见 H 类），例如两个连在一起的双音节词 AB·CD 常缩略为 AD：

（38）积极争取参加这次义演→积极争加——积极争取参加这次义演

（39）既然实行独生子女政策→既然实行独女——独生子女政策

（40）关系到性格、年龄、交往的范围→关系到性格、年龄、交围——交往

的范围

A7. 多音节（词或词组）先置

（41）我做了两只风车，图钉用完了→我做了两只图钉——做了两只风车，……

（42）你要吃饺子得先把准备工作做出来，我回来一和面就能包→……把准备工作做回来——做出来，我……

（43）那张纸夹在那本武侠小说里了→那本书夹——那张纸夹在那本武侠小说里了

B. 滞后（perseveration）口误

滞后与先置相反，是一个已经说出的成分干扰或取代一个正要说出的成分。

B1. 声母滞后

（1）大难不死，必有后［hòu］福［fú］→大难不死，必有后 hú

（2）宁［nìng］可留［lióu］下来→宁可 nióu 下来——留下来

（3）人多床［chuáng］少［shǎo］→人多床 chǎo——床少

结合声母作为一个单位滞后的例子没有发现，但有被滞后声母取代的例子：

（4）我一辈［bèi］子不习惯［guàn］→我一辈子不习 bàn——不习惯

（5）你们在东大［dà］桥［qiáo］集的合？→你们在东大 dào——东大桥集的合？

B2. 韵母滞后

（6）我怎么幸灾乐［lè］祸［huò］啦？→我怎么幸灾乐 hè 啦？

（7）敲锣［luó］打鼓［gǔ］→敲锣打 guǒ——打鼓

（8）鼻炎不呼［hū］吸［xī］道毛病么？——鼻炎不呼 xū 道毛病么？

（9）无穷［qióng］无尽［jìn］→无穷无 jiòng

滞后或被取代的可以是韵母的一部分，有的不带韵头［（10）（11）］，有的光是韵腹［（12）］、韵头［（13）］或韵尾［（14）（15）］：

（10）管［guǎn］弦［xián］乐［yuè］→管弦 yuàn

（11）一个人对着一个电扇［shàn］吹［chuēi］→……电扇 chuān——对着一个电扇吹

（12）又要［yào］交［jiāo］税［shuèi］了→又要交 shuài 了

（13）两［liǎng］片［piàn］面［miàn］包［bāo］→两片面 biāo——面包

（14）把奶［nǎi］喝［hē］了！→把奶 hēi 了——喝了！

（15）今儿［jiēr］没［méi］物理→今儿 mér 物理

有许多例子滞后的成分是韵母还是韵母的一部分不好确定〔（16）（17）〕。还有一些例子可看作声母和韵母一起滞后〔（18）（19）〕。

（16）饭〔fàn〕焖〔mèn〕了吗？→饭 màn 了吗？

（17）跪〔guèi〕搓〔cuō〕板→跪 cuēi——跪 cuēi——跪搓板

（18）扛得动〔dòng〕多少扛多〔duō〕少→扛得动多少扛 dōng 少

（19）我将来管〔guǎn〕工〔gōng〕会→我将来管 guān——管工会

在滞后和先置口误中，有少量例子声母和介母相对应，韵腹和韵头（介母）相对应。如（20）是介母先置取代声母，（21）是韵腹滞后变为韵头：

（20）这哪是羊毛〔máo〕袜〔wà〕子呀？→这哪是羊 wáo 袜子呀？

（21）水蜜〔mì〕桃〔táo〕→水蜜 tiáo——水蜜桃

B3. 声母 + 韵母滞后

（22）头痛医头，脚痛〔tòng〕医脚〔jiǎo〕→头痛医头，脚痛医 tǒng

（23）盖小厨〔chú〕房〔fáng〕→盖小厨 chuáng（此例较特殊，chu 滞后变为结合声母取代 f）

B4. 声调滞后

（24）你别感〔ꜜ〕冒〔maoꜜ〕了！→你别感 maoꜜ 了！

（25）老师留〔ꜛ〕了三〔san˥〕道题→老师留了 san˥ 道题

（26）说她爸〔ꜜ〕抠〔kou˥〕→说她爸 kouꜜ

（27）抱着个饼〔ꜜ〕干〔gan˥〕桶这么吃→抱着个饼 gan˥ 桶这么吃

（27）可能是"干〔˥〕"先受"饼〔ꜜ〕"的影响变为 ganꜜ，然后与"桶〔ꜜ〕"连读变调为 gan˥。

B5. 韵母 + 声调滞后

（28）所以中〔zhong˥〕国〔guo˩〕说……→所以中 gōng 说……

B6. 单音节（语素或词）滞后

干扰字和目标字往往有相同的语音成分，或声母相同〔（29）〕，或韵母相同〔（30）〕，或声调相同〔（31）〕。也有声韵调都不同的〔（32）（33）〕。

（29）梁山泊一百〔bǎi〕单八〔bā〕将→梁山泊一百单百将——单八将

（30）她爸〔bà〕喜欢花〔huā〕吗？→她爸喜欢爸吗？

（31）你茶〔ꜛ〕里搁糖〔ꜛ〕了没有？→你茶里搁茶了没有？ ——什么呀，你茶里搁糖了没有？

（32）你拿壶打水去！→你拿壶打壶去！

（33）开学有开学的好，放假有放假的好→……放学有放学的好

B7. 多音节（词或词组）滞后

（34）售票员在电影院里头售票→售票员在售票员里头售票

（35）宁可错杀一千，不可放走一个→……不可错杀一个

有时候干扰成分在前文没有显现，而是隐含的。例如（36）是说话人想在"漱完口"和"刷完牙"中选其一，结果用了后者，而"漱"滞后取代了"洗"。（37）是和"洗衣粉"意义相关的"肥皂"滞后取代了"油条"。

（36）我都漱完口／刷完牙洗完脸了→我都刷完牙漱完脸了

（37）吃掺过洗衣粉的油条→吃掺过洗衣粉的肥皂（笑）——吃掺过洗衣粉的油条

（38）都淹了还在那儿唱歌跳舞／听歌观舞→都淹了还在那儿听歌唱舞

有些例子既有先置又有滞后。（39）（40）滞后成分和先置成分相同，（41）—（43）滞后成分和先置成分不同。

（39）小［xiǎo］辣［là］椒［jiāo］→小 liào 椒

（40）赶［gǎn］快背［bèi］单［dān］词啊！→赶快 bàn 单词啊！

（41）两个意［ˇ］思［.si］同时［shí］出现了→两个意 shiˇ同——同时出现了（ˇ滞后，sh 先置）

（42）柿子和白薯［shǔ］不能同时［shiˊ］吃［chiˉ］→柿子和白薯不能同 chuˉ吃（u 滞后，ch 和ˉ先置）

（43）得不到半点温暖→得不点不点温暖（"点"先置，"不"滞后）

C.　互换（exchange）口误

互换口误指前后两个成分互相交换位置。互换的两个成分一般属于同一范畴，如声母与声母互换，韵母与韵母互换，名词与名词互换，动词与动词互换。

C1. 音节、音节成分互换

（1）发［fā］花［huā］盆种花→huā fā 盆种花（声母 f 和 hu- 互换，也可看作语素"发"和"花"的颠倒，见 D 类）

（2）作用可真不老［láo］少［shǎo］→作用可真不 sháo lǎo（声母 l 和 sh 互换，也可看作 lao 和 shao 互换）

（3）锅［guō］不好刷［shuā］→guā 不好 shuō——锅不好刷（韵腹 o 和 a 互换，或韵母 uo 和 ua 互换）

（4）把奶［nǎi］给我拿［ná］来→把 nǎ 给我 nái 来——把奶给我拿来（韵母 ai 和 a 互换，或 nai 和 na 互换）

（5）解［jieˊ］释带［daiˇ］点的字→jieˇ释 daiˊ点的字（声调ˊ和ˇ互换，

然后 dai˩ 在"点［˥］"前连读变调为 dai˩）

（6）盘尼西林→盘西尼林（音节"西""尼"互换）

语音的区别特征（Distinctive Features）作为比音素更小的语音单位也能互换。按照吴宗济先生（1980）对普通话区别特征的描写，（7）显然是两个区别特征（q 的［集］和 sh 的［散］）互换的结果。

（7）取［qǔ］书［shū］上的句子→ chǔ xū 上的句子

	q/tɕ'	sh/ʂ/	ch/tʂ'	x/ɕ/
暂、久	＋	－	＋	－
集/散	＋	－	－	＋

C2. 语素、词、词组互换

（8）—（14）是体词性成分互换，（15）—（18）是谓词性成分互换。

（8）把枪往天上放→把天往枪上放——把枪往天上放

（9）人有脸来树有皮→人有皮来树有脸——不，人有脸来树有皮

（10）谢谢这位打来电话的听众→谢谢这位打来听众的电话

（11）你真是揣着明白装糊涂→你真是揣着糊涂装明白——揣着明白装糊涂

（12）他是个媚上欺下的人→他是个媚下欺上的人——媚上欺下的人

（13）十有八九是对的→八有十九是——十有八九是对的

（14）差十分七点→差七点十分——差十分七点

（15）我最不爱吃她做的→我最不爱做她吃——我最不爱吃她做的

（16）细嚼慢咽→慢嚼细咽——哦，是细嚼慢咽

（17）他跳得高跑得快→他跳得快跑得高（笑）

（18）咱们白刀子进去，红刀子出来→咱们红刀子进去，白刀子出来

有的例子既有互换又有先置/滞后，例如（19）可以分析为"菠"和"肉"互换，然后 bō 的声母和声调被 miàn 的声母和声调先置而取代。

（19）中午要吃菠［bō］菜肉［ròu］丝面［miàn］→中午要吃肉菜 mò 丝面——菠菜肉丝面

D.　颠倒（shift）口误

颠倒口误可看作一种特殊的互换口误：互换的是两个相邻的语素或词，而且两个语素或词的词性一般不同。

（1）淋了个落汤鸡→淋了个落鸡汤

（2）怎么个不好法？→怎么个不法好——怎么个不好法？

（3）昏天黑地→昏天地黑——嗯，是昏天黑地吧？

（4）你买了条新裤子？→你买了新条裤子——你买了条新裤子？

（5）你明天给带回瓶雪碧来！→你明天给带瓶回雪碧来！

（6）中翻英不好翻呀？→中英翻不好翻呀？

（7）既须劳动，又长见识→既须劳动，又见长识

（8）我喝来不及了→我喝不来及了——来不及了

（9）我不好意思再敲门了→我不好再意思敲门了

（10）这样喜庆的日子应该不会有的吧？→……日子不会应该有的吧——应该不会有的吧？

E. 替代（substitution）口误

替代口误是一个不在话语中出现的成分干扰并取代一个想要说出的成分。

E1. 声母替代

（1）浴缸［gāng］啊？→浴 bāng 啊？

（2）还特瘦［shòu］？→还特 xiòu？

（3）本文抓住了蜘蛛［zhū］的特征来写→本文抓住了蜘 shū——蜘 shū——蜘蛛的特征来写

E2. 韵母替代

（4）得二分［fēn］的也不少→得二 fī 的也不少

（5）谁说你不会［huèi］啦？→谁说你不 huài 啦？

（6）他不守信用［yòng］→他不守信 yùn——他不守信用

E3. 声调替代

（7）你该高兴［xing˅］了吧？→你该高 xing˧ 了吧？

（8）她妈［ma˧］心脏病→她 ma˥ 心脏病——她妈

（9）又发脾［pi˧］气了→又发 pi˥ 气了

也有声韵调三者中同时替代两个的：

（10）要写就写短［duan˥］的合适→要写就写 luan˅ 的合适——短的合适

（11）这得多洗几遍［bian˅］→这得多洗几 ba˥

E4. 语素、词、词组替代

E4.1 意义相近

（12）晚上不能开电扇→晚上不能开电视——说错了，不能开电扇

（13）一间房换两间→一间房换两套——不，换两间

（14）今儿孙老师把她女儿带来了→……把她女儿拿来了

（15）［钱］拿着了→拿下了——拿着了

（16）他们南方人吃不惯馒头→……吃不惯米饭——吃不惯馒头

（17）怎么不登个征婚启事呀？→怎么不登个寻人启事呀？——不，征婚启事

（18）我现在用两个枕头→我现在盖两条被子——不，我现在用两个枕头

E4.2 由上下文、环境或其他因素造成意义相关

（19）测量质量的仪器还有……→测量天平的仪器（笑）——测量质量的仪器还有……（用天平测质量）

（20）monday 应该大写，这里的印刷错误太多了→……印刷错误太小了——太多了（不应该小写）

（21）那儿的鹦鹉会说话吗？→那儿的英语会说话吗？（笑）（当时正在学英语；"鹦鹉"和"英语"音近）

（22）记一次升国旗活动（作文比赛题）→记一次升国旗比赛

（23）把一个馒头一个包子蒸上吧！→把一个馒头一根黄瓜—— 一个馒头一个包子蒸上吧！（当时正在切黄瓜）

（24）甲：你是不是该浇花啦？花都塌下去了。乙：没有塌。→乙：没有浇——没有塌（前文出现的两个词中错选一个）

E4.3 意义相反

（25）别煮太软了！→别煮太硬了——嗯，不，别煮太软了！

（26）买五十斤米不少吧？→买五十斤米不多吧——不少吧？

（27）搬进来了→搬出去了，搬出去了——绝对搬进来了

（28）停电了，冰箱不会有事吧？→停电了，冰箱不会没事吧——不会有事吧？

（29）你自己抵抗力强的话那就没关系→你自己抵抗力弱——不，抵抗力强的话……

（30）切点瘦［ˇ］的！→切点 feiˇ（肥）的——不，切点瘦的（用"肥"替代"瘦"时保留"瘦"的声调，这也是一种混合口误，见 F 类。）

有的替代是为了适应先置、滞后或互换的后果。例如（31）"读"先置取代"习"，应变为"早自读读去吧！"但两个"读"连在一起不顺，就用"念"替代后一个"读"。又如（32），"吃"和"蒸"互换后，"吃得了"调整为"吃完了"。这种现象叫作口误的"调适"（accommodation），对研究言语的心理过程有特别重要的意义。（见 3.2）

（31）早自习读去吧！→早自读念去吧——早自习读去吧！

（32）蒸得了就能吃了→吃完了就能蒸了

F. 混合（blends）口误

混合口误是两个竞争待选的成分（语素、词、词组）各取其一部分合并为一个成分说出。

F1. 单音节（语素或词）混合

（1）颜色不是 $\left\{\begin{array}{l}\text{最〔zuèi〕}\\\text{太〔tài〕}\end{array}\right\}$ 好看→颜色不是〔tuèi〕好——最好看

（2）$\left\{\begin{array}{l}\text{搭〔dā〕}\\\text{接〔jiē〕}\end{array}\right\}$ 一下茬！→ jiā 一下茬——搭一下茬！

（3）别给我压 $\left\{\begin{array}{l}\text{皱〔zhòu〕}\\\text{褶〔ʌ〕}\end{array}\right\}$ 了！→别给我压 zhouʌ 了！

（4）就在这儿斜对 $\left\{\begin{array}{l}\text{面〔miàn〕}\\\text{门〔ʌ〕}\end{array}\right\}$ →就在这儿斜对 mianʌ

（1）（2）是一个音节的声母和另一音节的韵母合并为一个音节，（3）（4）是一个音节的音段和另一音节的声调合并为一个音节。

F2. 多音节（词或词组）混合

（5）$\left\{\begin{array}{l}\text{馅饼}\\\text{包子}\end{array}\right\}$ 啊？→馅包啊？

（6）你 $\left\{\begin{array}{l}\text{参军}\\\text{当兵}\end{array}\right\}$ 的时候→你当军的时候

（7）傻 $\left\{\begin{array}{l}\text{到家}\\\text{透顶}\end{array}\right\}$ 了→傻透家了

（8）今天上午 $\left\{\begin{array}{l}\text{上课}\\\text{开校会}\end{array}\right\}$ →今天上午上校会——开校会

（9）$\left\{\begin{array}{l}\text{看不出}\\\text{看不到}\end{array}\right\}$ 你还这么残忍→看不到你还这么残忍

（10）再出事就 $\left\{\begin{array}{l}\text{无可}\\\text{没法}\end{array}\right\}$ 挽回了→再出事就没可——就没法挽回了

（11）更不 $\left\{\begin{array}{l}\text{吃你的一套}\\\text{买你的账}\end{array}\right\}$ 了→更不吃你的账了

（12）$\left\{\begin{array}{l}\text{〔叶子〕大的小的}\\\text{大叶小叶}\end{array}\right\}$ ？→大的小叶？

G 归并（haplology）口误

构成一个大成分的两个相邻的小成分（语素、词、词组）各取其一部分结合成一个成分说出。如果混合口误好比是两根绳各取一股拧成一根，归并口误就好比是两根绳各取一段结成一根。例如（1）是"五"的音段 u 和"块"的声调 ✓ 结合成 ù。有许多归并口误跟先置口误分不清，如（2）（3）（4）可分别看作韵母先置、声母先置和语素先置。

（1）值五［wǔ］块［✓］吗？→值 wuˇ 吗？

（2）作为报［bào］答［dá］，这个给你→作为 bà——作为报答，这个给你

（3）这毛衣那么窄［zhǎi］那么傻［shǎ］→这毛衣那么 shǎi——那么窄那么傻

（4）这公主和王子→这公子——公主和王子

还有一类归并口误跟混合口误不易分清，以（5）为例，"B 型血"和"外向人"可能连接在一起（归并口误），也可能是竞争待选的两个成分（混合口误）。

（5）我可能是 B 型血／外向人→我可能是 B 向人

（6）我要吃橙子／要拿刀子→我要吃刀子（笑）

（7）这屋子明明／完全可以看得见的→这屋子明全可以看得见的

有一类归并口误也叫噬同口误（cannibalism），即把两个相邻成分的共同部分"吃掉"，例如（8）两个"富裕"吃掉一个，（10）两个"吃"吃掉一个。

（8）很难富裕，富裕得很慢→很难富裕得很慢

（9）锻炼自己的品质，品质要高尚→锻炼自己的品质要高尚

（10）你别老吃！吃完了呢？→你别老吃完了呢！？

（11）这些天天气不错→这些天气不错

（12）我得保护我牙齿，牙周炎奇厉害→我得保护我牙周炎，奇厉害

"噬同"在汉语里很普遍，例如赵元任（Chao，1968）指出的"套合复合词"：留学学生→留学生，陆军部部长→陆军部长。重复助词的归并：已经去了了→已经去了，那个卖菜的的筐子→那个卖菜的筐子。这种归并当然不是口误，不这样反而是不自然或不正常的，但它们和归并口误的心理因素大概是一样的。

H 增减（addition／deletion）口误

H1. 音段增减

（1）何况你们有十二指肠溃疡［yáng］的人呢！→……溃 qiáng 的人呢！（增加声母 q）

（2）这天还不用把门关死了，留［lióu］点缝→……，lóu 点缝（减略介母 i）

（3）该换［huàn］衬衫了→该 huà 衬衫了（减略韵尾 n）

H2. 语素和词增减

（4）$\begin{Bmatrix} 叫 \\ 念 \end{Bmatrix}$丰子恺呀？→叫念丰子恺呀？（两个待选的词同现）

（5）磨杀猪的刀→磨猪的刀（笑）——磨杀猪的刀

（6）时态填空我总算会填了→我总会填了——我总算会填了

（7）今儿不带钥匙进不了门了→……进不门了——进不了门了

（8）就是你感冒传染的！→就是你感冒的！

（9）接着往下看，把错找出来！→……，错出来——把错找出来！

（10）你明天中午照样儿要吃饭→你明天中样儿要吃饭

（11）我现在才不犹豫不决了呢！→我现在才不决了呢！

（12）我忘了，要记得不就好了么！→我忘了不就好了么！

3. 从口误推测语言的心理表征和过程

这一节我们举两个例子说明如何从口误材料的分析来探测语言的心理表征和心理过程。前一例侧重于心理表征，后一例侧重于心理过程。

3.1　声调的独立性

声调在汉语音节中的地位是一个有争议的问题，大致有两种意见。一种认为声调是附丽在韵母或主要元音上的；一种认为声调属于整个音节，可以单独析出。傅懋勣（1956）、张静（1957）、周耀文（1958）等持前一种意见，徐世荣（1957）、史存直（1957）、游汝杰等（1980）持后一种意见。在归并普通话的音位系统和制订拼音法时也相应出现两种不同的处理方式。从心理学的角度我们可以这样提问：汉语音节的心理表征如何？对声调地位的两种描述哪一种更符合说汉语的本族人的心理？从我们收集的口误材料中至少有三方面的证据，证明声调在音节中的独立性。第一，韵母发生先置、滞后或互换时声调一般保持不动。除了第 2 节 A、B、C 三类中的大量例子，这里再举三例：

（1）紫［zǐ］书［shū］包→zǔ 书包（韵母先置，声调不动）

（2）北京地［dì］区［qū］→北京地 qī（韵母滞后，声调不动）

（3）马琼［qióng］英 yīng→马 qíng yōng（韵母互换，声调不动）

声调跟韵母一起移动的［如 A(31),B(28)］十分罕见。第二，声调可以脱离音段单独先置、滞后或互换。除了前文举过的例子，这里再举二例：

（4）养狗［˥˩］养猫［˥˥］→养 gou˥˥ 养猫（声调先置）

（5）不让你呻［˥˥］吟［˥˩］→不让你呻 yin˥˩（声调滞后）

这与 Gandour（1977）关于泰语声调可以在口误中单独移动的发现是一致的。第三，在混

合口误中一个音节的声调可以单独提取并和另一个音节的音段合并为一个音节。除了 F（3）
（4）二例外，再举两个例子：

(6) 给她一张 $\begin{Bmatrix} 明信片 [\vee] \\ 圣诞卡 [kǎ] \end{Bmatrix}$ →给她一张明信 ka∨——给她一张明信片、圣诞卡

(7) $\begin{Bmatrix} 回 [húi] \\ 过 [\vee] \end{Bmatrix}$ 来吧！ → hui∨ 来吧！

汉语声调在心理表征上的独立性也从一个侧面证明了"自主音段音系学说"（Autosegmental
Phonology）（Goldsmith，1979）的合理性。

3.2 语句产生的处理步骤

有一个互换口误"掉下来摔了→摔下来掉了"，我们是这样记录的：（声
调/音高用数字表示）掉［53，次重音］下［1］来［1］摔［55，主重音］了
［3］→摔［55，次重音］下［3］来［3］掉［53，主重音］了［1］

经过分析，我们可以推测这个语句产生的步骤如下：

1）说话人决定构建一个连动式

2）确定这个连动式的基本结构和语义：〔动词$_1$+次重音+趋向动词〕+〔动
词$_2$+主重音+助词〕

前一成分表示下落，后一成分表示因落下而破损。

3）在"动词$_1$"和"动词$_2$"的位置填入"掉"和"摔"，但是填颠倒了：
〔摔［55，次重音］+趋向动词〕+〔掉［53，主重音］+助词〕

4）在"趋向动词"和"助词"的位置分别填入"下来"和"了"：
摔［55，次重音］下［3］来［3］掉［53，主重音］了［1］

3）和4）必定发生在2）之后，因为互换的只是动词"掉"和"摔"，句子的主次重
音和虚词都没有变动位置。这种互换叫"局部互换"（stranding exchange），对推测
处理过程有重要意义（见 Garrett，1980a）。4）必定发生在3）之后，因为轻声词"下
来"和"了"的音高随互换的"掉"和"摔"作了相应的调整，以符合普通话轻音音
高的取值规律（［55］后取［3］，［53］后取［1］）。这种"调适"现象也是推测处
理过程的重要依据（见 Garrett，1980b）。从以上分析作出的推测是：句子的产生过
程首先是确定句子的基本结构，包括句子的主次重音；词项的填入是实词在前虚词在
后。这和国外根据英语口误推测的英语句子产生的步骤（见 Fromkin，1971，1973；
Garrett，1975）基本是一致的。

在汉语的心理表征和说汉语的心理过程方面，还有许多问题可以从口误材料中得到启
示。例如，汉语的音节结构以及介母（韵头）在音节中的地位，还是一个有争议的问题。

我们的口误材料从心理上提供了一些有用的统计数据（将另文发表）。在我们收集的替代口误中，反义词的替代（见 E 4.3 节）绝大部分（80%以上）发生在否定句和条件句，这对于我们了解否定句的生成过程（参看 Clark & Clark，1977）以及这个过程和词汇选择过程的关系会有一定的帮助。口误研究也将加深我们对汉语特点的了解。例如，在汉语语法分析中，语素和短语的地位与词相比究竟如何，口误材料将提供一些有意思的证据。汉语是声调语言，声调和句调（包括主次重音）究竟有什么联系，这也是我们打算通过口误材料深入研究的问题之一。我们希望有更多的人来收集和分析汉语的口误和其他语误，把心理语言学这一方面的研究开展起来。

参考文献

傅懋勣　1956　《北京话的音位和拼音字母》，《中国语文》第 5 期。

史存直　1957　《北京话音位问题商榷》，《中国语文》第 2 期。

吴宗济　1980　《试论普通话语音的"区别特征"及其相互关系》，《中国语文》第 5 期。

徐世荣　1957　《试论北京语音的声调地位》，《中国语文》第 6 期。

游汝杰、钱乃荣、高钲夏　1980　《论普通话的音位系统》，《中国语文》第 5 期。

张静　1957　《谈北京话的音位》，《中国语文》第 2 期。

张宁　1990　《口误与言语生成模式》，上海外国语学院博士学位论文。

周耀文　1958　《怎样处理声调在音位系统中的地位问题》，《中国语文》第 2 期。

Chao，Yuen Ren　1968　*A Grammar of Spoken Chinese*，Berkeley：University of California Press.

Clark，H. H.& E.V.Clark　1977　*Psychology and Language*：*An Introduction to Psycholinguistics*，Harcourt Brace Jovanovich.

Cutler，A.　1988　The perfect speech error，in L.M. Hyman & C.N.Li（eds.），*Language*，*Speech and Mind*，*Studies in Honour of V.A.Fromkin*，London：Routledge，209–223.

Fromkin，V.A.　1971　The non-anomalous nature of anomalous utterances，*Language*，47:27–52.

Cutler，A.（ed.）　1973　*Speech Errors as Linguistic Evidence*，The Hague：Mouton.

Cutler，A.（ed.）　1980　*Errors in Linguistic Performance*：*Slips of the Tongue*，*Ear, Pen and Hand*，New York：Academic Press.

Gandour，J.　1977　Counterfeit tones in the speech of Southern Thai bidialecticals，*Lingua*，41：125–143.

Garrett，M.F.　1975　The analysis of sentence production，in G.H.Bower（ed.），*The Psychology of*

Learning and Motivation，Vol.9，New York：Academic Press, 133–177.

Garrett，M.F. 1980a Levels of processing in sentence production，in B.Butterworth（ed.）*Language Production* Vol.1：*Speech and Talk*, London：Academic Press.

Garrett，M.F. 1980b The limits of accommodation：arguments for independent processing levels in sen- tence production，in Fromkin（ed.），1980.

Goldsmith，J.A. 1979 *Autosegmental Phonology*, New York：Garland Press.

Moser，D. 1991 Slips of the tongue and pen in Chinese，*Sino-Platonic Papers*, 22:1–45.

原刊于 1992 年第 4 期

汉语的空范畴

黄　衍

提　要：本文概述笔者（Huang，1992a）关于汉语空范畴的性质的观点。本文的主要论点
　　　　是乔姆斯基对空范畴的分类不适用于汉语。汉语的空范畴大都是语用意义上的空
　　　　范畴，而不是名法意义上的空范畴。

0.　引言

空范畴（empty category）指的是语言结构中具有某些句法特征但是没有实际语音形
式的范畴。在乔姆斯基语言理论中，空范畴一直占据着极为重要的地位。主要有两条原因：
一是空范畴的研究有助于认识人类的语言机制，乔姆斯基曾把空范畴形象地比作"人脑的
一面镜子"；二是空范畴涉及句法、语义、语用诸因素，研究空范畴有助于确定语言理论
中句法学、语义学、语用学三者之间的相互关系。

近年来，随着生成语法从"原理"模式转向"原理和参数"（principle and
parameter）模式以及从研究单一语言转向研究多种语言，汉语的空范畴现象在国际
理论语言学界引起了广泛的注意，出现了一些颇有分量的论文，对汉语空范畴的特
点、性质和分类提出了不同的见解。其中比较有代表性的是黄正德、徐烈炯和笔者的
观点。

本文的主要论点是乔姆斯基对空范畴的分类不适用于汉语。汉语的空范畴大都是语用
意义上的空范畴，而不是句法意义上的空范畴。①

本文共分四个部分：第一部分概述乔姆斯基关于空范畴的学说，第二部分和第
三部分分别概述黄正德和徐烈炯对汉语空范畴的分析，第四部分陈述笔者（Huang，

---

① 严格来说，汉语的空范畴应该看作零指代（zero anaphora），但为了行文的方便，本文将继续沿用"空
范畴"这一术语。

1992a）对汉语空范畴的分析，从语言理论和汉语事实两个方面来论证本文的主要观点。

1. 乔姆斯基关于空范畴的学说

乔姆斯基在支配约束理论中根据〔±照应性〕（〔±anaphoric〕）和〔±指代性〕（〔±prono- minal〕）把自然语言中的名词性词语分成四类。每类（除第三类外）包括相互对应的空实两大范畴。试列表如下。

乔姆斯基对名词性词语的分类[①]

	实范畴	空范畴
〔+照应性，−指代性〕	词语照应成分	NP-虚迹
〔−照应性，+指代性〕	代词	pro
〔+照应性，+指代性〕	——	PRO
〔−照应性，−指代性〕	专名	变项

上表中的 NP-虚迹、pro、PRO 和变项（又称 Wh-虚迹）是空范畴。其中，NP-虚迹和变项由移位产生，pro 和 PRO 则由基础部分生成。不同的空范畴具有不同的句法特征。比如说，NP-虚迹、pro 和变项受支配（governed），PRO 则不受支配。NP-虚迹、pro 和变项分别受第一条、第二条和第三条约束（binding）原则的约束，PRO 则受控制（control）理论的控制。pro 和变项带格标记（case-marked），NP-虚迹和 PRO 则不带格标记。NP-虚迹、pro 和 PRO 的先行成分（antecedent）占据主目位置（A-position），变项的先行成分则占据非主目位置（Ā-Position）。pro 和 PRO 的先行成分占据题元位置（θ-position），NP-虚迹和变项的先行成分则占据非题元位置（θ̄-position）。空范畴的这些句法特征在支约论中是通过组成该理论的各个子理论（subtheory）的相互作用来体现的。

2. 黄正德对汉语空范畴的分析

黄正德对汉语空范畴所作的早期分析（Huang，1982，1984）坚持乔姆斯基对空范畴的分类。近年来，随着不断有人对乔姆斯基的经典分类提出修正，黄正德（Huang，1989）也对这个分类提出了类似的修正。他认为应该把 pro 和 PRO 归并成一类，归并后

---

① pro 和 PRO 也可分别汉译为"小虚代"和"大虚代"。

的 pro 和 PRO 称为 pro/PRO（pro 和 PRO 是它的两个变体），其名词性特征为 [－照应性，＋指代性]。换句话说，pro/PRO 是一个纯指代成分。① pro/PRO 的分布和所指由一条广义的控制规则（Generalized Control Rule）来决定。这条规则规定，如果 pro/PRO 有控制范围（control domain），它就必须在该范围内受控制。此外，黄正德还提出了一个空主位（empty topic）假设。根据这个假设，汉语有句法意义上的空主位，空主位可以充当空操作成分（null operator），通过 wh- 移位移入处于句子之外的标句成分（COMP）位置，在句子里留下一个变项。下面是黄正德举的几个例子（考虑到国内的习惯，例句的人名有所变动）：

（1）Ø 来了。

（2）小明说 Ø 很喜欢小华。

（3）老王请老李 Ø 来。

（4）老王很喜欢 Ø。

（5）小明被老师批评 Ø 过。

按照黄正德的分析，例（1）和例（4）里的空范畴是一个受非主目约束的变项，它是由于空主位移到句子之外的标句成分位置而留下的。例（2）里的空范畴是一个 pro（pro/PRO 的变体），因为例（2）的从句是一个限定（finite）句。例（3）里的空范畴是一个 PRO（pro/PRO 的变体），因为例（3）的从句是一个非限定（non-finite）句。例（5）里的空范畴是一个受主目约束的 NP- 虚迹，它是由"小明"移到句首主语位置而造成的。

3. 徐烈炯的分析

徐烈炯（Xu，1986）认为汉语有一类空范畴无法归入乔姆斯基分类中的任何一类。他把这类空范畴定名为"自由空范畴"（free empty category）。自由空范畴没有诸如 [± 照应性] [± 指代性] 一类的特征，其释义由所在的语境决定。徐烈炯的观点和笔者的观点比较接近，主要分歧在于自由空范畴的性质。徐烈炯认为自由空范畴仍然是一种语法意义上的空范畴，可以在支约论的理论体系中得到解释；笔者则认为它实际上是一种语用意义上的空范畴，只能在语用学的理论体系里得到解释。

---

① 如 Manzini、Bouchard、Aoun、Borer、Chung 等。黄正德和他们一样都对乔姆斯基的分类持"缩简"（reductionist）的态度。黄正德和 Manzini 的分歧在于：黄正德认为应该把 PRO 归入 [－照应性，＋指代性] 一类的空范畴，Manzini 则认为应该把它归入 [＋照应性，－指代性] 一类的空范畴。此外，还有一些学者对乔姆斯基的分类持"扩张"[expansionist] 的态度。如 Lasnik 就提出应增设 [± 指称性]（[± referential]）特征。因此，Lasnik 的分类里就有八类空范畴。关于对 Lasnik 的评论，参见黄衍（Huang，1991c）。

4. 汉语空范畴的性质

4.1 主语位置上的空范畴

4.1.1 汉语没有 PRO

汉语没有 PRO，因为汉语没有非限定形式。根据乔姆斯基的空范畴理论，PRO 是一个照应指代成分。作为照应指代成分，它同时受第一条和第二条约束原则的约束。如果有支配范畴（governing category）的话，PRO 必须在该范畴内既受约束又是自由的。这显然是矛盾的。为此，乔姆斯基提出了一条 PRO 原理（PRO theorem）。这条原理规定 PRO 不受支配。PRO 在汉语里不受支配的先决条件是汉语有非限定形式。

在黄正德的分析里，PRO 是一个纯指代成分。因为指代成分只受第二条约束原则的约束，PRO 同时受两条相互冲突的约束原则约束的问题就不会产生。但是，由于受支约论中支配理论和格理论的制约，黄正德的分析仍然需要区分受支配的空位指代成分 pro 和不受支配的空位指代成分 PRO。因此，无论是从乔姆斯基还是从黄正德的分析来看，汉语有PRO 的必要条件是汉语有非限定形式。

一般说来，汉语无论是从句法上还是从形态上都无法区分限定和非限定形式。黄正德提出了一条区分汉语限定和非限定形式的标准。按照这条标准，一个句子如果允许语助成分（如情态助动词或时体标记）出现，就是限定句；反之，就是非限定句。一核对语言事实，就不难看出这条标准并不可靠。

（6）（a）小王准备 Ø 明天去北京。

　　　（b）小王准备 Ø 明天要去北京。

（7）（a）首长命令我们 Ø 在一小时内拿下三六九高地。

　　　（b）首长命令我们 Ø 必须在一小时内拿下三六九高地。

（8）（a）妈妈逼小明 Ø 吃药。

　　　（b）妈妈逼小明 Ø 吃过药。

（9）（a）谁叫你 Ø 拿刀的？

　　　（b）谁叫你 Ø 拿着刀的？

在黄正德看来，例（6）到例（9）里的（a）句的从句是典型的非限定句。但是，这些句子（在语义允许的前提下）可以带语助成分。这就表明黄正德提出的标准无法区分汉语的限定和非限定形式，因为汉语根本就没有这个区别。[①] 从逻辑上看，这就有以下三种可能：

---

① 黄正德（Huang，1989）认为例（8）（b）里的"过"最好看作主句的一部分，理由是"过"不能出现在例（8）（b）的否定句的从句里。但是，这一分析显然有悖于汉语事实。（i）妈妈没逼小明 Ø 吃过药。同意黄正德关于汉语有限定和非限定形式之分观点的还有 Yen-hui Li。关于对 Yen-hui Li 的评论，参看黄衍（Huang，1992b）。

（i）汉语既无限定形式也无非限定形式；（ii）汉语只有非限定形式；（iii）汉语只有限定形式。这三种可能，数第三种最为可行。因此，汉语没有非限定形式，也就没有 PRO。[①]

这里，有必要讨论一下 Battistella（1985）对汉语 PRO 的分析。Battistella 认为（乔姆斯基意义上的）PRO 在汉语里可以出现在某些受支配的位置上。这是因为在汉语里，一个空范畴的照应支配范畴和指代支配范畴可以不一样，前者比后者的范围要大。

（10）（a）小明说自己去过北京。（b）小明说他去过北京。（c）小明说 Ø 去过北京。

例（10）（a）里的"自己"是一个照应成分，它的支配范畴是整个句子。（b）里的"他"是一个指代成分，它的支配范畴只是从句部分。假设 PRO 在其照应支配范畴内受第一条约束原则的约束，在其指代支配范畴内受第二条约束原则的约束，那么 PRO 在汉语里的分布就可以扩大到所有其照应支配范畴和指代支配范畴不一致的位置。例（10）（c）的从句主语位置就是这样一个位置，因此，在这个位置上出现的空范畴就可以是 PRO。

Battistella 的分析在理论上和事实上都有问题。[②] 从语言事实来看，Battistella 的许多结论和汉语实际不符。比如照 Battistella 的分析，例（10）（c）里的空范畴作为 PRO 应该在从句里是自由的，但在主句里受约束。然而，如例（11）所示，这个空范畴可以跟句子以外的"小华"同标引。

（11）小华，小明说 Ø 去过北京。

再看汉语的兼语句。

（12）（a）小马叫你 Ø 去。　　（b）小马叫你自己去　　（c）*小马叫你你去

因为汉语只有限定形式，例（12）（a）只能是一个限定句。根据 Battistella 的分析，例（12）（a）里的空范畴只能是一个受支配的 PRO。可是，Battistella 的 PRO 理论规定受支配的 PRO 只能出现在其照应支配范畴和指代支配范畴不一致的位置上。由于例（12）（a）里的空范畴只有照应支配范畴但没有指代支配范畴，它就不可能是一个 PRO。这就给 Battistella 的分析带来了一个更为麻烦的问题：例（12）（a）里的空范畴既不是一个 PRO 又不是一个 pro（Battistella 认为汉语没有 pro），它是什么呢？这从反面证明了乔姆斯基关于 PRO 不受支配的观点是正确的。据此，我们可以得出汉语没有 PRO 的结论，因为汉语没有非限定形式。

在结束本节之前，有必要简单地讨论一下一个时常用来决定汉语某个空范畴是否 PRO

[①] 即使笔者的假定是错误的，第三种可能性是最不可行的，也不影响笔者关于汉语没有 PRO 的论点。这是因为如果第一种可能性是正确的话，汉语就既无限定形式也无非限定形式。因为汉语没有非限定形式，汉语也就没有 PRO。如果第二种可能性是正确的话，汉语就只有非限定形式。因此，所有处于汉语主语位置上的空范畴都只能是 PRO。这将会给支约论带来许多重大的理论问题，比如说，人们就不得不放弃支约论的约束理论。因此，从支约论的角度来看，第二种可能性是不可取的。

[②] 关于 Battistella 分析的理论问题，参见黄衍（Huang，1991b，1992a）。

的词项替换检验标准（lexical substitution test）。按照这个标准，某个空范畴如果可以被词项替代，就不是 PRO；反之，就是 PRO。然而，这个标准并不可靠，因为它依附于区分限定形式和非限定形式。在支约论中，因为 PRO 是照应指代成分，所以不能出现在受支配的位置上。因此，只能充当非限定句的主语（非限定句的主语不受"屈折"成分（含〔－一致关系〕）的支配），不能充当宾语（宾语受动词的支配），也不能充当限定句的主语（限定句的主语受"屈折"成分（含〔＋一致关系〕）的支配）。这就决定了 PRO 不能带格标记，也不能有实际语音形式，因此，也就不能被词项取代。然而，由于汉语只有限定句，汉语的主语位置总是受支配并且带格标记。这样，词项替换检验标准就成了一个不可靠的标准。汉语的空范畴，无论是否能被词项替换，都不可能是 PRO。①

4.1.2 汉语没有 pro

汉语也没有 pro，因为汉语没有可以用来确定 pro 的句法机制。按照支约论的 pro- 省略参数（pro-drop/null subject parameter）理论，一个语言是否有 pro 取决于该语言是否有可以用来确定 pro 的句法机制，特别是是否有可以用来表达一致关系（agreement）的丰富的形态系统。意大利语有 pro，因为意大利语有一个丰富的形态系统；英语没有 pro，因为英语的形态系统不够丰富。然而，这个理论显然不适用于汉语。汉语没有可以用来表示一致关系的形态系统。任何建立在一致关系基础上的关于 pro- 省略的理论都会错误地断言汉语既不能省略主语也不能省略宾语。

黄正德认为汉语有 pro，只是汉语用来确定 pro 的句法机制不同于意大利语而已。那么，汉语是通过什么样的句法机制来确定 pro 的呢？这个问题又可以分成两个小问题：（ⅰ）pro 是如何在汉语里得到"许可"（licensed）的；（ⅱ）pro 的所指内容是如何在汉语里得到"复原"（recovered）的。黄正德（Huang，1984）制定了一条广义的控制规则作为确定 pro 的句法机制。这条规则规定 pro 必须跟就近的名词成分同标引。但是，下面的例子表明汉语实际上并不存在这种限制。

（13）王老师说小明知道 Ø 明天给他补课。

（14）爸爸说 Ø 要谦虚谨慎。

按照黄正德的分析，例（13）和例（14）里的空范畴是一个 pro。根据广义的控制规则，它应该跟其就近的名词成分，也就是说，分别跟"小明"和"爸爸"具有相同的标引。这显然和我们的语感不一致。例（13）里的空范畴虽然可以用来指代"我""你""他们"等，但是其最可取释义（preferred interpretation）是它跟"王老师"同标引。例（14）里的空范畴的最佳释义是任指。为此，黄正德（Huang，1989）把广义的控制规则作了修正。修

---

① 其他没有 PRO 的语言包括现代希腊语和 Guugu Yimidhirr 语。

正后的这条规则规定 pro 如果有控制范围，则必须在该范围内受控制。但是，修正后的广义控制规则还是没有解决汉语是如何从句法上确定 pro 的这个根本问题。试看下例：

（15）老李说 Ø 下个月起吃食堂。

按照黄正德关于控制范围的定义，例（15）里的空范畴有两个潜在的控制范围：一个是整个句子，一个是从句部分。由于只有主句包含一个可接近的主语（accessible subject），主句成了该空范畴的实际控制范围。根据广义的控制规则的规定，例（15）里的空范畴作为 pro 必须在主句内受控制，也就是说，它必须跟"老李"同标引。这显然跟语言事实不符。例（15）里的空范畴除了表示"老李"以外，还可以表示"我""你""他""我们""你们""他们"等等，换句话说，它不一定非要在其控制范围内受控制。

对这类反例，黄正德的解释是例（15）里的空范畴是一个 pro 但不受控制，理由是它没有控制范围。根据 Rosenbaum 对英语的分析，黄正德提出动词"说"和动词"逼"的次范畴（subcategory）不一样，前者的次范畴是一个名词短语，后者的次范畴是一个句子。因此，例（15）里的空范畴也就没有控制范围了。

黄正德提出了两条论据来论证动词"说"的次范畴是一个名词短语而不是一个句子。一是只有"说"可以带名词补语，只有"说"的补语可以有波动式、假拟分裂式等。二是"说"的从句可以是限定句也可以是非限定句，但"逼"的从句只能是非限定句。但是，这些结论并不符合汉语事实。例（16）表明"逼"也可以带黄正德所说的那类名词补语。

（16）房东在逼房钱。

第二，如例（17）（b）所示，汉语"说"的补语不能有被动式。

（17）（a）大家都说她从前唱过女高音。

（b）*她从前唱过女高音被大家都说。

第三，汉语只有限定形式，没有非限定形式。因此，黄正德提出的第二条论据也就站不住了。综上所述，我们认为黄正德关于动词"说"的次范畴是一个名词短语而不是句子，因此例（15）里的空范畴没有控制范围的论点难以成立。例（15）里的空范畴有控制范围但可以不受控制，因此，它不是一个 pro。[①]

下面，我们试从另一个角度来论证汉语没有 pro。按照乔姆斯基的空范畴理论，空范畴跟其相对应的实范畴之间的区别仅仅在于前者没有实际语音形式。按此说法，汉语那些被认为是 pro 的空范畴应该在语义上跟代词一样。然而，下面的这些例子表明 pro 和代词在汉语里的分布并不完全一样。

（18）（a）每个人都希望 Ø 能有所作为。

---

① Rizzi 提出的 pro- 省略理论也不适用于汉语，详见黄衍（Huang，1992a）。

（b）每个人都希望他能有所作为。

（19）（a）爸爸说∅要谦虚谨慎。

（b）爸爸说他要谦虚谨慎。

例（18）里的空范畴可以用来表示量词—变项（quantifier-variable）关系，但代词则不能用来表示这种关系。例（19）里的空范畴可以用来任指，但代词则不可以用来任指。以上表明，汉语至少有一类被认为是 pro 的空范畴在句子分布上和语义上都跟代词不一样。因此，它们不是 pro。

4.1.3 空主位假设难以成立

按照黄正德的分析，例（20）和例（21）里的空范畴是一个变项。

（20）∅以前学过一年法语。

（21）张老师喜欢∅。

在支约论里，变项必须受一个在标句位置上的操作成分或其虚迹的非主目约束。黄正德认为例（20）和例（21）里的变项受非主目约束，它的非主目约束成分是一个空操作成分。这个空操作成分是一个空主位。

汉语为什么会有空主位呢？黄正德假设汉语的屈折成分是词汇性（lexical）的而不是功能性（functional）的。[1]词汇性的屈折成分可以支配句子的主位位置。这就决定了：（i）汉语可以有非空位主位（nongap topic），如例（22）；（ii）汉语可以有空主位，如例（23）；（iii）汉语没有 that- 虚迹效应，如例（24）。我们不妨把上述假设称为"空主位假设"。

（22）小说，我最喜欢《红楼梦》。

（23）中国，幅员辽阔，∅人口众多，∅历史悠久，∅文化灿烂。[2]

（24）你知道谁买了什么？

笔者认为空主位假设难以成立。理由如下：第一，汉语的空主位是一个话语现象而不是一个句法现象。如例（23）所示，汉语主位链里的主位，只有在其链首主位（chain-initial topic）出现的情况下，才能省略。这就意味着汉语的空主位受其所在的主位链的链首主位的制约而不是受句子屈折成分的制约。第二，主位通常是句子或话语的最突出的成分。一般说来，句子或话语里占主导地位的成分是有语音形式的。因此，把一个没有实际语音形式的空范畴看作句子的最重要的成分是值得商榷的。第三，假定空主位本身也是一个空

---

[1] 黄正德和 Cole 关于汉语和其他一些东亚语言中的屈折成分是词汇性的假定难以成立。这是因为由于这些语言缺乏形态上的一致关系，这些语言中的屈折成分在很大程度上是象征性的。为什么象征性的屈折成分能够充当支配成分而（具有形态变化的西方语言中的）实质性的屈折成分反而不能充当支配成分呢？

[2] （i）和（ii）表明汉语至少有一类主位—述位结构（topic-comment construction）不是由于移位造成的。对于空主位假设来说，这提供了一个反证。

范畴，那么，它在乔姆斯基的空范畴分类里又会是什么呢？它不可能是一个 PRO，因为它受支配并且带格标记；它也不可能是一个 NP- 虚迹，因为它没有主目先行成分；它更不可能是一个 pro，因为它无法被确定。因此，它只能是一个变项。作为变项，它必须受非主目约束。约束它的非主目成分只能是另一个空主位。如果一个空主位（本身是一个变项）受另一个空主位的非主目约束，后一个空主位（本身是一个变项）又受另一个空主位的非主目约束，依此类推，无穷循环。结果是我们不得不得出每个汉语句子都包含无数个空主位的结论。这一结论显然是荒谬的。第四，空主位假设违背支约论关于"一个标句位置只能有一个空操作成分"的原则。根据这个原则，移入标句位置的操作成分不能跟另一个操作成分并存。

综上所述，我们认为黄正德的空主位假设难以成立。汉语只有语用意义上的空主位，没有句法意义上的空主位。因此，也就没有可以用来约束例（20）和例（21）里的变项的非主目约束成分。从支约论的量词—变项理论来看，一个变项如果没有非主目约束成分来约束它也就不能成为变项了。因此，例（20）和例（21）里的空范畴就很难看作支约论意义上的变项了。

4.2 宾语位置上的空范畴

4.2.1 两种支约论观点："变项"说和"pro"说

上文讨论了汉语主语位置上的空范畴，下面，我们来讨论一下汉语宾语位置上的空范畴。

支约论学者对宾语位置上的空范畴的类属意见不一，大致有两种观点。一种认为它是一个受非主目约束的变项，充当约束成分的是一个空主位。持这种观点的学者有黄正德（汉语）、Hasegawa（日语）、Raposo（欧洲葡萄牙语）、Campos（西班牙语）、Authier（KiNande 语）等。另一种观点认为宾语位置上的空范畴是一个 pro。持这种观点的学者有 Chung（Chamorro 语）、Yoon（朝鲜语）、Pingkarawat（泰语）、Rizzi（意大利语）、Åfarli 和 Creider（挪威语）、Hoji（日语）、Farrell（巴西葡萄牙语）等。Cole（1987）提出了一个折衷的分析。根据这个分析，世界上的语言，就"非确定的宾语省略"（unidentified object-drop）而言，大致可以分为四类：(i) 不允许省略宾语，如英语；(ii) 允许省略宾语，但空位宾语只能是一个变项，如汉语；(iii) 允许省略宾语，但空位宾语只能是一个 pro，如 Imbabura Quechua 语；(iv) 允许省略宾语，空位宾语既可以是一个变项又可以是一个 pro，如泰语。Cole 进一步建议把广义的控制规则变成一个参数，使之在只允许变项空位宾语的语言里既应用于 pro 又应用于 RPO，在既允许变项空位宾语又允许 pro 空位宾语的语言里只应用于 PRO。他声称只要把广义控制规则参数和空主位参数合并在一起，就能预示非确定宾语省略的各种可能性。

至于汉语宾语位置上的空范畴，黄正德认为它是一个变项，是由基础部分生成的空位宾语移入非主目标句位置而造成的。据此，黄正德进一步断言世界上所有语言的空位宾语只能是变项不能是 pro。否则的话，就会产生理论上的自相矛盾。这是因为如果空位宾语是一个 pro 的话，它就必须同时既遵守广义的控制规则（这条规则规定 pro 必须在其控制范围内，也就是说，在句子内受控制），又遵守第二条约束原则（这条原则规定 pro 必须在其支配范畴内，也就是说，在同一个句子内不受约束）。

我们认为把汉语宾语位置上的空范畴只看作一个变项或一个 pro 都是错误的。汉语空位宾语既可以是一个变项（条件是能找到它的非主目约束成分），也可以是一个类似于 pro 的空位指代成分（但不是 pro），甚至还可以是一个空位照应成分（empty anaphor）。换句话说，汉语宾语位置上的空范畴是一个没有句法差异的空范畴，也就是说，是一个语用意义上的空范畴。

4.2.2 徐烈炯和 Langendoen 对"变项"说的异议

徐烈炯和 Langendoen（Xu & Langendoen，1985）对黄正德关于汉语宾语位置上的空范畴只能是一个变项的观点提出了三条异议：一是汉语的空位宾语和主位之间的关系不受"强交叉"（strong crossover）条件的制约，而变项通常受这个条件的制约。比如说，例（25）里的空位宾语可以跟"小明"和"他"同时具有相同的标引。

（25）小明，他以为老师要批评 Ø 了。

二是汉语的主位可以跟几个不同的空范畴同时具有相同的标引。这就违反了 Koopman 和 Sportiche 提出的一条双约束（bijection）原则。这条原则规定每个主目位置至多只能受一个非主目位置的约束，每个非主目位置至多只能约束一个主目位置。下例里处于非主目位置上的主位显然可以同时约束两个处于不同主目位置上的空范畴。

（26）老王，小李说 Ø 从来不要别人帮助 Ø。

三是汉语的空位宾语和主位之间的关系不受"孤岛"（island）条件的制约。

（27）斯瓦希利语，懂 Ø 的人不多。

黄正德（Huang，1987）认为上述三条异议一条也不能成立。理由是徐烈炯和 Langendoen 的第一条异议错误地断言汉语没有主语—宾语非对称关系（subject-object asymmetries）。第二条和第三条异议跟汉语某个空范畴是否为变项无关。这是因为按照乔姆斯基关于空范畴功能解释的理论，所有的空范畴在本质上都是一样的，其不同的约束特征由语境来决定。因此，双约束原则和"孤岛"原则也就跟决定某个空范畴是否为变项无关。

笔者认为黄正德的这些论点不足以反驳徐烈炯和 Langendoen 提出的异议。首先，黄正德的论点能否成立在很大程度上取决于乔姆斯基的空范畴功能解释理论能否成立。许多支约论学者（如 Brody、Epstein、Jaeggli，Safir、Lasnik、Sells、乔姆斯基、Chung 等）的近期研究表明，从支约论的角度来看，空范畴功能解释理论有很多问题。如果接受这些学者（包括乔姆斯基本人）的观点，那么，例（25）—（27）将仍然是"变项"说的反例。其次，退一步说，就算空范畴功能解释理论是正确的，那么，按照这个理论，我们可以得出下述结论：汉语宾语位置上的空范畴既可以是一个变项（条件是能找到它的非主目约束成分），又可以是一个类似于 pro 的空位指代成分（但不是 pro），还可以是一个空位照应成分。这个语言事实——汉语宾语位置上的空范畴可以同时归入乔姆斯基空范畴分类中的好几类，反过来又对支约论的另一个空范畴解释理论——空范畴本质解释理论——提出了严峻的挑战。

4.2.3　汉语宾语位置上的空范畴是一类没有句法差异的空范畴

首先，汉语宾语位置上的空范畴可以是一个类似于 pro 的空位指代成分（但不是 pro）。请看下例：

（28）小刘担心厂长会从重处分 Ø。

例（28）里的空范畴可以指代"我""你""他""我们""你们""他们"等，但其最可取释义是它指代"小刘"。这意味着它既可以受非主目约束，也可以受处于主目位置上的主句主语的约束。（它还可以受处于主目位置上的从句主语的约束，详见下文。）当它受主句主语"小刘"约束时，它就是一个类似于 pro 的空位指代成分。说它是一个指代成分，是因为它遭受第二条约束原则；说它不是一个 pro，是因为它无法在句法上被确定。[①]

黄正德（Huang，1987）认为例（28）不足以构成对"变项"说的反例，理由是这个例子所处的语境在语用上不是中立的。此外，他还提出三条理由来解释例（28）。一是采纳 Evans 的建议把约束理论重新解释为所指依存理论（theory of referential dependency）。二是分两个层次来分析例（28）：在句子层次上，例（28）不合乎语法，但承认在话语层次上，例（28）是可以接受的。换句话说，把例（28）归之于语用因素可以压倒语法因素（pragmatics overrides grammar）。三是干脆说例（28）不合乎语法但可以接受。

黄正德的这些论点都难以成立。第一，不存在在语用上完全中立的语言例证，理由是我们对任何语言例证的理解都是建立在背景知识的基础上的。第二，例（28）里的空范畴很难用 Evans 的所指依存理论来解释。如果这个空范畴在所指上不依存于主句主语的话，它又依存于什么呢？根据黄正德的分析，它只能依存于位于标句位置上的空主位。然而，如上文所示，汉语根本就没有句法意义上的空主位。第三，语法规则可以被语用原则取消的论点在理论上和方法上都存在若干问题。坚持这个观点的后果是任何可以用来检验一个

---

① 徐烈炯和 Langendoen 认为例（28）里的空范畴是一个 pro，但是他们没有说明作为 pro 这个空范畴是如何在句法上被确定的。

句子是否合乎语法的标准（如果有这样标准的话）都会丧失。一出现反例，我们就可以说这个例子虽然在句子层次上不合乎语法，但在话语层次上是可以接受的。这就使得我们无法证明某个语法理论是错误的。显然，这和Popper提出的关于以经验为基础的（empirically-based）的科学理论只能被驳倒（falsified/refuted）但不能被证实（confirmed）的观点是相左的。以上表明，黄正德关于例（28）里的空范畴不是一个空位指代成分的论点不能成立。汉语宾语位置上的空范畴可以是一个类似于pro的空位指代成分。

汉语宾语位置上的空范畴可以是一个类似于pro的空位代词成分，这对支约论的宾语空范畴理论是一个挑战。第一，这个语言事实表明广义的控制规则关于宾语位置上的空范畴不能是空位指代成分的断言是错误的。第二，它表明黄正德关于汉语存在主语—宾语非对称关系的观点有悖于语言实际，至少就例（28）而言，汉语不存在这种非对称关系。第三，它表明 Cole 的空位宾语参数理论必须作实质性的修正。试举该理论中的广义控制规则为例。因为汉语允许空位指代宾语，按照 Cole 的分析，广义控制规则只能应用于汉语的PRO。但是，如上文所示，汉语没有 PRO。这就使得广义控制规则失去了应用的范畴。

其次，正如徐烈炯和 Langendoen 指出的那样，汉语宾语位置上的空范畴还可以是一个空位照应成分。下例引自黄正德（Huang，1987）的文章（人名有所变动）。

（29）甲：小明批评过自己了吗？

乙：他批评过 Ø 了。

例（29）里的空范畴在句子内受占据主目位置的主语"他"的约束。按照空范畴功能解释理论，它是一个空位照应成分。

黄正德（Huang，1987）提出两条理由来说明例（29）里的空范畴不是一个空位照应成分。一是汉语宾语位置上的空范畴通常不充当空位照应成分。例（29）里的空范畴只有在乙回答甲时才能作为一个空位照应成分。二是汉语里的例（29）和英语里的例（30）相似。既然英语里的例（30）里的空范畴一般不看作空位照应成分，汉语里的例（29）里的空范畴也不应该看作空位照应成分。

（30）Himself, John likes Ø.

上述两条理由都难以成立。第一，语言事实表明，汉语宾语位置上的空范畴一般可以充当空位照应成分，只是这个释义不是最佳释义而已。第二，即使黄正德关于汉语的空位宾语一般不能充当空位照应成分的观点是正确的话，也不影响我们的论点。这是因为根据黄正德所采纳的空范畴功能解释理论的观点，一个非指代性空范畴（non-pronominal empty category），只要在句子内受主目约束，就是一个空位照应成分。例（29）里的空范畴在句子内受主语的主目约束，因此，它就是一个空位照应成分。第三，黄正德忽视了汉语里的例（29）和英语里的例（30）之间存在着一个根本区别：例（30）是一个移位结构但例

（29）不是一个移位结构。因此，适用于英语里的例（30）的分析就不一定适用于汉语里的例（29）。第四，黄正德关于空位照应成分必须在所指上依存于其支配范畴以外的先行成分的看法也有悖于语言事实。试看下例：

（31）小明批评过自己，但是，小华没有批评过∅。

例（31）里的空位照应成分在所指上不依存于"自己"。它在所指上只能依存于句子的主语"小华"。这是因为它和"自己"的所指实体是不一样的。以上表明，汉语宾语位置上的空范畴可以是一个空位照应成分。

综上所述，汉语宾语位置上的空范畴既可以是一个变项，又可以是一个类似于 pro 的空位指代成分，还可以是一个空位照应成分。换句话说，它是一个没有句法差异的空范畴。下面的例子可以用来引证这个观点。

（32）（a）小刘担心厂长会从重处分∅。

（b）小赵 $_1$，小刘担心厂长会从重处分∅$_1$。（∅= 变项）

（c）小刘 $_1$ 担心厂长会从重处分∅$_1$。（∅= 类似于 pro 的空位指代成分）

（d）小刘担心厂长 $_1$ 会从重处分∅$_1$。（∅ = 空位照应成分）

在结束本文之前，我们再来讨论一下例（33）一类的句子。

（33）小明说∅不会写这种笔。

黄正德（Huang, 1987）提出，要证明乔姆斯基的空范畴分类不适用于汉语，必须在汉语里找到一类空范畴，它既不能是一个 NP- 虚迹，也不能是一个 pro，也不能是一个 PRO，也不能是一个变项。例（33）里的空范畴无疑正是这样一个空范畴。它不可能是一个 NP- 虚迹，因为它在支配范畴内不受约束；它也不可能是一个 pro，因为它无法在句法上被确定；它也不可能是一个 PRO，因为它受支配并且带格标记；它也不可能是一个变项，因为它可以受主目约束。

5. 结语

本文讨论了汉语空范畴的性质。本文的结论是：(ⅰ) 汉语没有 PRO，因为汉语没有非限定形式；(ⅱ) 汉语没有 pro，因为汉语没有用来确定 pro 的句法机制；(ⅲ) 空主位假设难以成立；(ⅳ) 汉语宾语位置上的空范畴在句法上没有差异；(ⅴ) 汉语有一类空范畴无法归入乔姆斯基分类中的任何一类。因此，乔姆斯基对空范畴的分类不适用于汉语。汉语的空范畴大都是语用意义上的空范畴，而不是句法意义上的空范畴。[1]

---

① 关于空范畴的语用学理论，笔者将另文加以阐述。有兴趣的读者可参看黄衍（Huang, 1987, 1989, 1991a, 1991b, 1991c）。

参考文献

赵世开　1986　《语言结构中的虚范畴》。《中国语文》第 1 期，24-30。

Battistella, E.　1985　On the distribution of PRO in Chinese. *Natural Language and Linguistic Theory* 3：317-340.

Chomsky, N.　1988　*Language and problems of knowledge.* Cambridge, MA.：The MIT Press.

Cole, P.　1987　Null objects in universal grammar. *Linguistic Inquiry* 18：597-612.

Huang, C.T.J.（黄正德）　1982　*Logical relations in Chinese and the theory of grammar.* Ph.D. dissertation, MIT.

Huang, C.T.J.　1984　On the distribution and reference of empty pronouns. *Linguistic Inquiry* 15：531-574.

Huang, C.T.J.　1987　Remarks on empty categories in Chinese. *Linguistic Inquiry* 18：321-337.

Huang, C.T.J.　1989　Pro-drop in Chinese：A generalized control theory. In Jaeggli, O. and Safir, K.J.（eds.）1989, 185-214.

Huang, Yan（黄衍）　1987　Zero anaphora in Chinese：Toward a pragmatic analysis Cambridge College Research Fellowship Competition dissertation.

Huang, Yan　1989　*Anaphora in Chinese: Towards a pragmatic analysis.* Ph.D.dissertation, University of Cambridge.

Huang, Yan　1991a　A neo-Gricean pragmatic theory of anaphora. *Journal of Linguistics* 27, 301-335.

Huang, Yan　1991b　A pragmatic analysis of control in Chinese. In Verschueren, J.（ed.）, *Levels of Linguistic Adaptation. Amsterdam: Benjamins.*1991, 113-145.

Huang, Yan　1991c　Review of Howard Lasnik, Essays on anaphora. *Journal of Linguistics* 27：228-233.

Huang, Yan　1992a　Against Chomsky's typology of empty categories. *Journal of Pragmatics* 17：1-29.

Huang, Yan　1992b　Review of Yen-hui Audrey Li, Order and Constituency in Mandarin Chinese. *Journal of Linguistics* 28.

Jaeggli, O. and Safir, K.J.（eds.）　1989　*The null subject parameter.* Dordrecht：kluwer.

Verschueren, J.（ed.）　1991　*Levels of linguistic adaptation.* Amsterdam：John Benjamins.

Xu, Liejiong（徐烈炯）　1986　Free empty category. *Linguistic Inquiry* 17：75-93.

Xu, Liejiong（徐烈炯）and Langendoen, T.　1985　Topic structures in Chinese. *Language* 61：1-27.

原刊于 1992 年第 5 期

一价名词的认知研究*

袁毓林

提　要：本文尝试从认知的角度研究现代汉语中的一价名词。首先描写一价名词的句法、语义特点，并从认知方面给出一定的解释，接着讨论由一价名词引起的几种歧义现象，着重讨论在某些句子中一价名词的缺省及其语义激活的微观机制；还分析了跟一价名词相关的四种句式的结构和意义特点，并讨论了一价名词对理解话语的结构、意义的影响；最后讨论认知作为研究语言的一个新的维度的合用性和在实际操作中应注意的问题。

0. 引言

认知（cognition）的本质是利用知识来指导当前的注意和行为，它涉及信息的获取、表征并转化为知识，知识的记忆（存贮和提取）和调用知识进行推理等心理过程。对于语言理解来说，认知过程的主要环节是语义的提取和利用知识进行语义推导。在本文中，我们尝试用扩散激活的语义记忆模型和缺省推理的非单调逻辑机制，来分析与一价名词相关的若干句式，借以展示语言的认知研究的一种新的途径。

1. 一价名词的语法特点及其认知解释

1.1　我们先来观察下列语言现象：

A	B
小王的爸爸→*小王的	小王的书包→小王的
刘伟的妻子→*刘伟的	刘伟的袜子→刘伟的
塑料的弹性→*塑料的	塑料的拖鞋→塑料的
爷爷的脾气→*爷爷的	爷爷的拐棍→爷爷的

老张的胳膊→*老张的　　　老张的手表→老张的

兔子的尾巴→*兔子的　　　兔子的窝儿→兔子的

A 组的"NP$_1$＋的＋NP$_2$"不能省略为"NP$_1$＋的"，B 组的"NP$_1$＋的＋NP$_2$"可以省略为"NP$_1$＋的"。为什么 A 组的"NP$_1$＋的"不能替代整个名词短语"NP$_1$＋的＋NP$_2$"呢？经过考察，我们发现，这跟 A 组中作中心语的名词（NP$_2$）的性质是直接相关的。这种名词的语义构成比较复杂，可以描写如下：

爸爸：一个人，他是某人的男性亲代

妻子：一个人，她是某人的女性配偶

弹性：一种属性，它是某种物质的结构性质

脾气：一种属性，它是一个人的心理性质

胳膊：一种东西，它是一个人的组成部分

尾巴：一种东西，它是一个动物的组成部分

从意义上看，这些名词表示某种事物。但比较特殊的是：这种名词在表示某种事物的同时，还隐含了该事物跟另一事物之间的某种依存关系。所以，上面的语义描写可以抽象为如下的降级述谓结构：[1]

$$N < a \quad P \quad b >$$

N 代表"一个人、一种属性、一种东西"等元语义成分，P 代表"……是……的某种亲属、……是……的某种性质、……是……的组成部分"等二元关系，a 代表"他、她、它"等个体常项，b 代表"某人、某种物质、一个人、一个动物"等个体常项，a 和 b 分别是二元谓词 P 的两个论元。因为 N 和 a 在语义上是互参（coreference，即所指相同）的，并且 P 这种二元关系是隐含的；所以，着眼于描写表层句法的需要，上面的语义公式可以改写为：

$$NP_a（P）NP_b \quad 或：NP_a → NP_b$$

这个公式的意思是：名词 NP$_a$ 在语句中出现时，要求在语义上跟它有 P 关系的名词共现。也就是说，NP$_a$ 是一价名词（mono-valent noun），它要求支配语义上从属于它的配价名词 NP$_b$。比如，上例中的：爸爸→小王、妻子→刘伟、弹性→塑料、脾气→爷爷、胳膊→老张、尾巴→兔子。在这类"NP$_1$ 的 NP$_2$"中，NP$_2$ 不仅是句法上的中心词，而且是语义上的支配成分（governing constituent）。上述 A 组的"NP$_1$ 的"因为抽去了作为句法、语义支撑点（pivot）的 NP$_2$，所以整个"NP$_1$ 的 NP$_2$"结构一下子散架了。因此，A 组的"的"字结构"NP$_1$ 的"不能指代整个"NP$_1$ 的 NP$_2$"结构。推广一步，可以说：有配价要求的名词作

---

[1]　关于降级述谓结构，请参看袁毓林（1992）§1。

中心语，作为修饰语的"的"字结构不能指代中心语。①

1.2　上面讨论的一价名词可以分为三类：（1）表示亲属称谓的名词，如"爸爸、妻子"等，简称亲属名词（kinship noun）；（2）表示事物属性的名词，如"弹性、脾气"等，简称属性名词（property noun）；（3）表示隶属于整体的一个部件的名词，如"胳膊、尾巴"等，简称部件名词（partitive noun）。它们共有的语法特点是：一价名词（NP$_a$）在句法组合中出现时，通常要求另一个名词作为配价成分（NP$_b$）与之共现。也就是说，NP$_a$和NP$_b$之间在句法、语义上有依存关系（dependency）。

一价名词的这种语法特点可以从认知方面得到解释。根据一些心理学家的研究，意义的心智表达（mental representation）是概念网络。调用（即激活）一个词项的意义可以触发（trigger）知识网中相关的语义节点，这就是语义的扩散性激活（spreading activation）。②比如，激活了亲属名词"爸爸"的语义结构中的"男性、成年、某人的亲代"等语义后，就触发了"某人"这个确定亲属称谓的参照点。因为亲属名词是一种索引词语（index term），③一定要有明确的参照点才能确定其所指。像上述的"爸爸"的所指是不确定的，只有知道他是张三或李四的爸爸后，才能确定其所指为张老三或李老四。因此，亲属名词（NP$_a$）在语句中出现时一般要求参照名词（NP$_b$）共现。

属性名词表示事物的某种抽象的性质，比如颜色、形状、味道、性格等，这是一种共相（universal）的名称。④共相依附于实体，比如，形状是某种事物的几何性质，性格是某个人的心理性质。也就是说，属性名词（NP$_a$）的语义是不自足的，它要求主体名词（NP$_b$）帮助它使语义具体化和定指化。因此，属性名词NP$_a$在语句中出现时一般要求主体名词NP$_b$共现。

部件名词表示某种事物的一个不可分割的组成部分，它可以触发关于某种事物的原型场景（prototype sense），而其本身成为这个原型场景的透视焦点（perspective focus）。⑤比如，"胳膊"触发了有关人的原型场景，而胳膊本身成为人这种原型的一个突出的构型（configuration）。⑥也就是说，部件名词（NP$_a$）能激活原型名词（NP$_b$）的语义，NP$_a$和NP$_b$之间有"部分—整体"这种非常紧密的认知联系。因此，部件名词在语句中出现时一般要求原型名词共现。

---

①　关于"的"字结构不能指代有价名词充当的中心语，请参看袁毓林（1992）§6。
②　关于扩散性激活的语义记忆模型，请参看 Collins & Loftus（1975）。
③　关于索引词语，请看 Levinson（1983）Chap.2。
④　哲学上对共相问题的讨论，可以深化我们对属性名词的句法、语义性质的理解。请参看艾耶尔（1987：10—11、196、200、208—209）。
⑤　关于原型场景和透视焦点等概念，请看 Fillmore（1977）。
⑥　关于构型这个概念，请看廖秋忠（1991）。

总之，亲属名词、属性名词和部件名词这三类一价名词是一种预备刺激，能激活相应的参照名词、主体名词和原型名词，从而使一价名词具有一种定向（orientation）的作用，成为一种在句法、语义上有配价要求的名词。

2. 与一价名词相关的歧义现象

2.1　先观察下面三个句子：

（1）刘芳看望被丈夫打伤的李红

（2）刘芳修理被丈夫摔坏的闹钟

（3）群众同情被丈夫打伤的李红

例（1）是个歧义句式，一价名词"丈夫"的参照名词既可以是"刘芳"，与句（2）相平行；也可以是"李红"，与句（3）相平行。例（2）（3）中"丈夫"的参照名词是明确的，所以没有歧义。值得注意的是，例（1）的两种语义解释是不平等的。在我们的调查中，大多数人起先把"刘芳"认作"丈夫"的参照名词，但读完全句后就倾向于把"李红"认作"丈夫"的参照名词。原因很简单，在理解语言的过程中，人们碰到亲属名词时就开始寻找可能的（accessible）参照名词。因为"刘芳"先出现，所以就在"刘芳"和"丈夫"之间进行局部的（local）配价组合，得出局部的语义解释：这个"丈夫"是刘芳的丈夫。但读完全句后，因为亲属名词"丈夫"与"李红"处于同一直接成分中（"被丈夫打伤的李红"是一个直接成分，作另一直接成分"看望"的宾语），它们的句法、语义关系更为紧密；所以重新进行配价组合，得出新的语义解释：这个"丈夫"是李红的丈夫。

从上面的讨论中，可以得出一条认知原则：人们倾向于就近在同一直接成分中寻找亲属名词的参照名词，以便尽快地确定其所指。这条原则可以帮助我们在碰到结构切分争执时，能从心理计算的角度来评价哪一种切分最符合人们理解语言的认知过程。例如，下面的结构似乎有两种可能的切分方式：①

（4）a. 小王的爸爸的爸爸的爸爸　　　b. 小王的爸爸的爸爸的爸爸

人们在理解语言时，从识别层次到得出语义解释，要经过一系列的心理计算。不同的层次构造方式，其认知加工的难度是大不一样的。按照（4a）这种层次模式，亲属名词"爸爸"和参照名词"小王"优先组合，人们可以一下子确定这个"爸爸"的所指（比如

---

①　陆俭明（1984）证明 a 种切分是唯一正确的。

"老王"），接着再确定老王的"爸爸"的所指也不会太困难。可是，按照（4b）这种层次模式，亲属名词"爸爸"与亲属名词"爸爸"先行组合，这先行组合起来的"爸爸的爸爸"的具体所指是不能一下子就确定的，一直要等到参照名词"小王"被组合进来后才能确定"爸爸的爸爸的爸爸"的具体所指。因此，从认知经济的角度看，a 种切分明显地优于 b 种切分。可见，a 种切分比 b 种切分更具有心理现实性，即更能反映人们言语行为背后的心理过程。[1]

2.2 一价名词要求配价名词共现，这种语法个性很强的名词有时会打破语法常规。例如：

（1）小李来了——他来了（2）小李父子来了——＊他父子来了

指人名词可以用人称代词称代［如例（1）］，这是一条语法规则，但它不完全适用于有亲属名词及其参照名词的场合［如例（2）］。究其原因，例（2）"小李父子来了"是个歧义形式：[2]"小李"既可以是"父"的参照名词，"小李父子"相当于"小李和他父亲"；也可以是"子"的参照名词，"小李父子"相当于"小李和他儿子"。也就是说，在"小李父子"这个组合中，"小李"到底是亲属名词"父"还是"子"的配价成分是不明确的，所以它不能称代化。从中我们可以得出一条关于名词称代化的语法规则：语义参照关系不明确的名词不能称代化。

下面讨论一个稍为复杂一点的问题："的"字结构的歧义指数。朱德熙（1980：136）给出如下计算"的"字结构的歧义指数的公式：

$$P = n-m$$

P 代表"的"字结构的歧义指数，n 代表"的"字结构中动词向（即价）的数目，m 代表"的"字结构中出现的体现动词的向的名词性成分的数目。如果 P=2，那么该"的"字结构有两种解释（如："吃的"=1. 吃东西的人；2. 人吃的东西）；如果 P=1，那么该"的"字结构只有一种解释（如："他吃的" = 他吃的东西，"吃东西的" = 吃东西的人）；如果 P=0，那么该"的"字结构不能指称事物，只能形成非同位性的偏正结构（如：他开车的技术→＊他开车的，他教小王数学的时候→＊他教小王数学的）。事实上，当"的"字结构中包含一价名词时，上述公式不一定适用。例如：

妻子厉害的（经理）　爱人在农村的（战士）

母亲健康的（婴儿）　儿子上大学的（家长）

价格便宜的（毛料）　体形苗条的（姑娘）

情调高雅的（乐曲）　性格内向的（青年）

折了腿儿的（桌子）　抽屉坏了的（衣柜）

---

① 更为详细的讨论见袁毓林《语言学范畴的心理现实性》，待刊。

② 参看范开泰（1990）。

瓶了盖儿的（茶壶）　头发稀少的（老人）

这些"的"字结构，其中动词向的数目和实现向的名词的数目相等（即 P=0），但它们可以指代整个偏正结构。原因就在于，这些"的"字结构中的动词的配价要求虽然得到了满足，但其中的一价名词的配价要求没有得到满足。也就是说，这种"的"字结构中仍然有缺位，所以这种"的"字结构表示转指意义，[①] 可以指代整个偏正结构。[②] 值得注意的是，这些"的"字结构所修饰的中心语不是与"的"字结构中的动词相关的一个格，而是受该动词支配的一价名词的一个格。[③]

根据上面的讨论，"的"字结构的歧义指数的计算办法可以修正如下：一个"的"字结构中动词和有价名词如果有 n 个向没有实现，那么这个"的"字结构有 n 种解释（即歧义指数为 n）；当一个"的"字结构中动词和有价名词的向全部实现了，那么这个"的"字结构不能指称事物，也不能指代"的"字结构所修饰的中心语（如："他爱人在农村教书的（时候）"）。

3. 一价名词的缺省和语义激活

3.1　一价名词要求配价名词共现，在句子结构中扮演十分重要的角色。奇怪的是，在有些句子中一价名词可以省去却不影响语句意义的完整。例如：

（1）王小明脑袋很大→*王小明很大　　（4）李伟性格很开朗→李伟很开朗

（2）王小明眼睛瞎了→王小明瞎了　　（5）李伟身材很高大→李伟很高大

（3）王小明耳朵聋了→王小明聋了　　（6）李伟仪表很英俊→李伟很英俊

在例（2）—（6）中，一价名词的语义包含在谓语形容词的选择特征（〔眼睛〕瞎、〔耳朵〕聋、〔性格〕开朗、〔身材〕高大、〔仪表〕英俊）中，并且作大主语的主体名词"王小明、李伟"能激活〔人〕这一语义特征，而〔人〕又能扩散激活〔眼睛、耳朵、性格、身材、仪表……〕一组语义。因此，一价名词在这种句式中是冗余成分，可以省去。在例（1）中，谓语形容词"很大"的语义结构中不包含"脑袋"的语义，所以一价名词不能省去。

下面先讨论选择特征中包含一价名词的语义的动词及相关句式。

（一）感官动作动词　如果动词的语义结构中包含动作主体的部位的概念，那么表示这一部位的一价名词及其相关成分（支配这个一价名词的动词、介词）可以省去。例如：

（用眼睛）看了一下　　（用耳朵）听了一下

---

① 关于"缺位""转指"等概念，请看朱德熙（1990：55—57）。

② 陆俭明（1988：182）用"的"字结构中的名词和"的"字结构的中心语之间有领属关系来解释这类现象。

③ 关于"格"的概念，请看朱德熙（1980：132），朱德熙（1990：70—71）。

（用鼻子）闻了一下　　（用舌头）舔了一下

（从嘴里）吐/喷/吹出一口浓烟

（用手）抓、拿、拍、举、掀、摇……

因为动词的选择特征和一价名词的语义是重复的，所以一价名词及相关成分不省去的句子反而是很笨拙和啰唆的。例如：

他（用脚）把足球踢进球门　　他（用头）把足球顶出横梁

（二）身体动作动词　如果动词的语义结构中包含动作所施的处所（身体部位）的概念，那么表示这一处所的一价名词及其相关成分（附加在一价名词之后的方位词和支配这一名词词组的介词）可以省去。例如：

（头上）戴着帽子～（从头上）摘下帽子

（身上）穿着夹克～（从身上）脱下夹克

值得注意的是，下面两句中"身上"的语义是不相等的：

（7）身上穿着棉袄　　（8）身上披着棉袄

例（7）中"身上"指整个上身，而例（8）中"身上"只指上身的肩背部分。因为"披"的语义是：（把衣物等）覆盖或搭在肩背上。在"身上披着棉袄"这个组合中，主语"身上"的语义受谓语"披"的语义的限制，局域化（localizacion）为指身体的一部分——肩背。

有些动词虽然隐含好几处动作所施的身体部位，但如果动词所带的宾语的语义能限定动作所施的某个部位，那么表示这个部位的一价名词及相关成分可以省去。例如：

（头上）戴着安全帽～（从头上）摘下安全帽

（眼睛上）戴着眼镜～（从眼睛上）取下眼镜

（脖子上）戴着红领巾～（从脖子上）解下红领巾

（胸前）戴着胸针～（从胸前）卸下胸针

（手臂上）戴着黑纱～（从手臂上）摘下黑纱

（手腕上）戴着手表～（从手腕上）摘下手表

（手上）戴着手套～（从手上）摘下手套

（手指上）戴着戒指～（从手指上）脱下戒指

"戴"的意义是：把东西加在头、面、胸、臂、手等处。这个动词的意义跟它的宾语"安全帽、眼镜、胸针、黑纱、手套"等的意义相互作用，把动作所施的处所限定到"头上、眼睛上、胸前、手臂上、手上"等处，从而使这些词成为句子中的冗余成分，即使省去了，其意义也可以由动词和宾语的语义作用而被激活。

3.2 形容词表示事物的性质、状态等属性，事物的属性通常是多方面的，所以形容词描述的一般是事物诸多属性中的一个方面。这某一方面的属性通常由属性名词来指明，于是在表层句法上可以形成这样的结构：

主体名词 + 属性名词 + 形容词

可以码化为：NP_b+NP_a+A。例如：

解放军纪律严明　　高山上空气稀薄

本公司财力雄厚　　军民间感情融洽

少数形容词的语义结构中已经包含了属性名词的意义，所以不能再出现属性名词。例如：

这个人性急 ~* 这个人脾气性急
这个人急躁 ~ 这个人脾气急躁

你哥哥老了 ~* 你哥哥年纪老了
你哥哥大了 ~ 你哥哥年纪大了

因为"性急"的意思是脾气急躁，"老"的意思是年纪大，形容词中包含了属性名词的语义，所以"性急"和"脾气"、"老"和"年纪"不可共现。

更多的情况是，形容词的语义结构中包含单一的选择特征，当这个选择特征和属性名词语义相同时，属性名词可以出现，也可以不出现。例如：

枫叶红了 ~ 枫叶的颜色红了

这菜太咸 ~ 这菜的味道太咸

那衣服很贵 ~ 那衣服价格很贵

这孩子太笨 ~ 这孩子脑子太笨

"红"专指颜色红，[①]"贵"专指价格贵，所以属性名词"颜色""价格"可以省略。像"红""贵"这种对属性作单一选择的形容词，常见的有以下这些：

（口）渴 （眼）瞎 （耳）聋 （分量）重/轻 （数量）多/少 （光线）亮/暗 （高度）高/低 （宽度）宽/窄 （厚度）厚/薄 （深度）深/浅 （个儿）高/矮 （肚子）饱/饿 （身材）瘦小 （态度）坚决 （心地）善良 （环境）清静 （气势）雄壮 （立场）坚定/顽固 （态度）和气/诚恳 （意志）坚强/顽强 （声音）好听/难听 （脾气）急躁/直爽 （脑子）聪明/糊涂 （样子）好看/难看/美观/雅观 （心里）闷（mèn）/好受/难受/紧张 （心情）激动/高兴/愉快/兴奋/苦闷/悲哀 （性格）开朗/活泼/爽直/懦弱/固执/粗暴 （颜色）红/黄/绿/青/蓝/紫/黑/白 （味道）

---

① 黎锦熙（1955：91—92）认为"颜色"和"味"不出现属论理（逻辑）的省略。

酸／甜／苦／辣／咸／香／臭／腥／臊

有些形容词的语义结构中包含多项选择特征，在这种情况下，属性名词一般不能省。例如：

> 老王能力很强
> 老王党性很强

> 这个地区灾难深重
> 这个地区危机深重

形容词"强"的选择特征可以是：能力、党性、购买力、责任心等。"深重"的选择特征可以是：灾难、危机、罪孽、苦难等。所以上述句子中的属性名词"能力、党性、灾难、危机"不能省去，否则就会使表达笼统不清。

有些形容词的语义结构中虽然包含多项选择特征，但这些选择特征所表示的属性分别依附于不同的主体名词。所以，形容词的选择特征和主体名词可以激活，并且只能激活某一属性名词的意义。在这种情况下，属性名词也可以省去。例如：

> 会场（气氛）十分严肃
> 他们（表情）十分严肃
> 这些天（天色）十分阴沉
> 这个人（脸色）十分阴沉
> 这篇社论（文字）很活泼
> 这个孩子（性格）很活泼

形容词"严肃"指：（神情、气氛等）使人感到敬畏。选择特征是神情、气氛等属性。由于主体名词"大会"没有神情这种属性，"他们"没有气氛这种属性，因而"大会"和"严肃"组合后只能激活"气氛"这类语义，"他们"和"严肃"组合后只能激活"神情"这类语义。

有些形容词虽然包含多项选择特征，但这些选择特征之间有强弱之分。当使用其中的强特征时，相应的属性名词可以省去；当使用其中的弱特征时，相应的属性名词不能省去。例如：

> 小王脑子很灵——小王很灵
> 小王耳朵很灵——＊小王很灵
> 他心里非常难受——他非常难受
> 他肚子非常难受——＊他非常难受
> 这个人性格非常凶狠——这个人非常凶狠
> 这个人外貌非常凶狠——＊这个人非常凶狠

"难受"既可以指心里不舒服，又可以指身体的某一部位不舒服；但人们听到"他非常难受"后可以直接理解为"他心里非常难受",而不会特别地理解为"他肚子非常难受"。这是语言交际中传递信息的一种约定——缺省(default),其大意是:除非特别说明,听说者可以默认某一命题总是成立的。比如,在谈论鸟的时候,人们可以默认鸟总是会飞的,除非说话人特别声明这只鸟是企鹅或鸵鸟。同样,人们听到"这个人非常凶狠"后可以直接推出"这个人性格非常凶狠",除非说话人特别声明谈论的是这个人的外貌或其他方面。这种缺省推理的逻辑机制是非单调逻辑(non-monotonic logic)。①

我们发现,形容词的选择特征的强弱排列是有一定的规律的。一般的情况是,整体属性强于局部属性,心理属性强于物理属性。例如:

(心里>全身>肚子)难受 (样子>颜色>领子)大方

(性格>外貌>眼睛)凶狠 (性格>态度>言语)温和

有些形容词所包含的多项选择特征之间虽然没有强弱之分,但主体名词所激活的一组特征之间有强弱之分。当使用其中的强特征时,表达这一特征的属性名词可以省去;当使用其中的弱特征时,表达这一特征的属性名词不能省去。例如:

$$\begin{cases} 这种酒味儿很淡 \longrightarrow 这种酒很淡 \\ 这种酒颜色很淡 \longrightarrow *这种酒很淡 \end{cases}$$

$$\begin{cases} 这种花颜色很淡 \longrightarrow 这种花很淡 \\ 这种花味儿很淡 \longrightarrow *这种花很淡 \end{cases}$$

形容词"淡"既可以描写"味儿",又可以描写"颜色",主体名词"酒"和"花"都可以激活味儿、颜色等语义。但是,"酒"表示一种有特别味道的饮料,味儿是它的强特征,人们听到"酒淡"可以直接理解为"酒的味儿淡";② 如果要表达"酒的颜色淡"这种意思,那么属性名词"颜色"不可缺省。"花"表示一种有特别颜色的植物,颜色是它的强特征,人们听到"花淡"可以直接理解为"花的颜色淡";如果要表达"花的味儿淡"这种意思,那么属性名词"味儿"不可缺省。

综上所述,一价名词的缺省和语义激活取决于句子中主体名词和谓语形容词、动词及其宾语之间复杂的语义联结方式,这种语义联结的实质是利用有关词项的语义的扩散性激活来进行相关的缺省推理。

4. 与一价名词相关的句式

4.1 一价名词和形容词组成的主谓结构可以作主体名词的谓语,形成主谓谓语句 S_1:

---

① 关于缺省推理、非单调逻辑的详细情况,请看袁毓林(1993)§4。

② 黎锦熙(1955:91—92)认为"颜色"和"味"不出现属论理(逻辑)的省略。

NP_b+NP_a+A。一价名词和形容词组成的偏正结构也可以作主体名词的谓语，形成体词性谓语句 S_2：$NP_b+A \cdot NP_a$。一般地说，S_1 和 S_2 之间有变换关系。例如：

这个人性子急──→这个人急性子

这孩子记性好──→这孩子好记性

这个人个儿挺高──→这个人挺高的个儿

这丫头脸儿圆圆的──→这丫头圆圆的脸儿

与句式 S_2 相似，由质料名词和一价名词组成的偏正结构也能作谓语，形成体词性谓语句 S_2'：$NP_b+N \cdot NP_a$。例如：

这双鞋塑料底儿　　　这间屋子水泥地

这件大衣皮领子　　　这仓库铁皮顶棚

从意义上讲，一个句子通常表达一个命题，命题由一个逻辑谓词和几个论元构成。上述的 S_2 和 S_2' 由体词性成分作谓语，其中虽然没有跟逻辑谓词相当的成分，但两个论元（作主语、谓语的两个体词性成分）之间的述谓关系（predication）是由一价名词和主体名词之间所隐含的述谓关系来表达的。这种述谓关系就是 1.1 所刻画的"……是……的一种属性 / 一个部件"等语义内容。比如，在"这个人急性子"中，"性子"是"人"的一种心理属性；在"这件大衣皮领子"中，"领子"是"大衣"的一个组成部件。[①] 正是这种"属性—事物""局部—整体"的认知模式，为这类体词性谓语句的主谓联结提供了充分的语义解释。

主谓谓语句 S_1 的一种扩展是比较句 S_1'：$NP_{b1}+NP_a+$ 比 $NP_{b2}+A$。例如：

我（的）年纪比他大　　我（的）力气比他小

在 S_1' 中，主体名词"我"和"他"是比较的对象（谁跟谁比），属性名词"年纪""力气"是比较的项目（比什么）。充当比较对象的主体名词通常有多种属性，所以需要属性名词来限定拿来相比的具体项目。有些名词虽然不是属性名词，但在特定的语境中其意义相当于主体名词的一种属性，也可以充当比较项目（即成为比较对象之间用以相比的一个方面）。[②] 例如：

我（的）外文比他强　　我（的）机会比他好

比较对象通常有两个，比较的项目可以是一个（如上例），也可以是几个。例如：

我（的）年纪比他大，（但）力气比他小

我（的）外文比他强，（所以）机会比他好

如果充当比较项目的名词处于句首话题的地位，那么比较项目必须是两个或两个以上。

---

① 参看朱德熙（1982：103—106）。

② 参看朱德熙（1983：7—8）。

例如：

年纪我比他大，但力气比他小　　外文我比他强，所以机会比他好

当比较句中谓语形容词的选择特征包含属性名词的语义，并且充当比较对象的主体名词能激活属性名词的语义时，充当比较项目的属性名词可以省去而不影响句子意思的完整。例如：

啤酒（味儿）比白干淡　　河蟹（味道）比海蟹鲜

这儿（环境）比那儿安静　　化纤（价格）比毛料便宜

关于比较句中一价名词的缺省和语义激活，可以参看 3.2 中有关的讨论。

4.2　一价名词可以作不及物动词的宾语，形成特殊的主动宾句式。例如：

王冕七岁上死了父亲　　我家昨儿来了一个客人

"死""来"是单向动词，分别给宾语"父亲""一个客人"指派（assign）了当事格（experiencer）。至于主语"王冕""我家"的格是分别由一价名词"父亲""客人"指派的，可以称为领事（possessive）。这种句式的语义构造可以用内涵逻辑（intensional logic）刻画如下：[①]

王冕	死了		王冕	死了	父亲
e	(e, t)		e	(e, t)	(e, e)
	t				(e, t)
					t

e 代表实体（entities），t 代表真值（truth values），（e, t）表示从论元 e 到真值 t 的函项（function），可以直观地理解为：必须有一个论元同现才能取得真值。（e, e）表示从论元 e 到 e 的函项，可以直观地理解为：必须有另一个论元同现才能有所指。上述语义演算的关键是指明"父亲"一类有价名词跟"王冕"一类无价名词的逻辑性质是不一样的，因而它们在表层结构中的句法组合功能和语义联结方式是大不一样的。因为主语（王冕、我家）只是宾语（父亲、客人）的配价成分，所以这种句式有不同于一般主动宾句式的语法特点：动词和宾语之间有句法、语义选择关系，但动词和主语之间没有这种选择关系。例如：

老王折了一条胳膊（＊老王折了　胳膊折了）

小猫断了一根尾巴（＊小猫断了　尾巴断了）

---

① 关于内涵逻辑，参看 J.van Benthem（1991）。

这有点像某些作格型（ergative）语言中的主动宾句式。[1]

值得注意的是，这种句式大多表示丧失意义，例如：

A	B
这把茶壶甂了一个盖儿	？这把茶壶配了一个盖儿
这本杂志撕了一个封面	？这本杂志加了一个封面

A组句子表示丧失义，读上去语义完整、自然，B组句子表示获得义，读上去有语义不完整或不自然的感觉。我们推测：部件名词和整体名词之间有"局部—整体"的关系，这个"局部"是整体不可让渡（inalienable）的一部分，"整体"以原型的形式贮存在人的记忆中。现在A组句子报道一个新事实——某一部件从整体上消失，读上去很自然。可是B组句子说的是在整体上再添上一个不可分割的部件，这就有悖常理。所以，如果没有特定的语境映衬，B组句子是难以成立的。

一价名词还能作"把"字句、"被"字句的宾语。例如：

他把桔子剥了皮　　　　他被人剪去了辫子

炸弹把教室炸了一个角　尤老二被酒劲催开了胆量

这种句子把谓语动词的受事（桔子的皮、教室的一个角、他的辫子、尤老二的胆量）分裂成两个部分：受事（皮、一个角、辫子、胆量）和它所支配的领事（桔子、教室、他、尤老二）。受事和领事之间的依存关系使这种句式中各成分之间的语义联系非常紧密。有时候也可以把受事前置、领事后置，例如：[2]

再闹，看不把腿打断你的！　　再撒谎，看不把嘴撕烂她的！

这种句式中的领事有追加语的性质，这也说明了一价名词对配价名词的同现有强制性的要求。

5. 一价名词和话语理解

5.1　一价名词要求配价名词共现，这种语法特点对理解句子的语义解释有直接的影响。例如：

（1）他拔了一颗牙 {a. 他的一颗牙被拔了 / b. 他拔了别人一颗牙}

因为汉语动词没有主动式和被动式的区别，[3] 所以例（1）有两种可能的理解：a. 领事＋动作＋受事；b. 施事＋动作＋受事。但大多数人倾向于把a作为（1）的优先解释（preferential

---

① 关于作格语言，参看伯纳德·科姆里（1989：135—143）。
② 这两例引自詹开第（1984：44）。
③ 参看赵元任（1952：§34）。

interpretation），因为"牙"是一价名词，它要求就近寻找配价名词，以便在"局部—整体"的认知模式中确定其具体的所指。而在 b 中，一价名词"牙"的领事没有交代，句子在语义上是不完整的。根据格式塔心理学（Gestalt psychology）的观点，人总是倾向于追求完好图式（well-formed schema）的，所以语义完整的解释比语义不完整的解释更容易使人接受。

一价名词对理解句子的语法构造也有直接的影响，例如：

（2）He hit the car with the rock.（他用石块砸车。）

（3）He hit the car with the dented fender.（他砸装有前挡泥板的车。）

这是自然语言理解文献上经常提到的著名难句，因为计算机不能从形式上看出这两个句子在结构上的差异：例（2）中介词结构 with the rock 作状语，修饰动词 hit；例（3）中介词结构 with the dented fender 作定语，修饰名词 car。人可以凭借自己对于车子、石块、前挡泥板之间可能的关系这种常识，正确地理解这两句话的结构和意义。可是计算机不具备人的这种知识，因而不能识别这两句话在结构和意义上的差别。有了名词配价学说以后，我们可以说，造成这两类句子结构差异的根源在于充当介词 with 的宾语的名词的语法性质不同：rock 是无价名词，而 fender 是有价名词，它要求 car 一类名词作为其配价成分。我们可以给出 fender 这类有价名词在语句组合中的句法、语义规则：经常用介词 with 引导，修饰前面紧挨着的、在语义上跟它有依存关系的名词。例如：

（4）I hit the boy with the girl with long hair with a hammer with a vengeance.

（我用棒槌猛打那个跟长发女孩在一起的男孩。）

计算机可以通过查词典和调用相应的句法、语义规则来断定 with long hair 修饰名词短语 the girl，因为它们在位置上邻接并且 hair 和 girl 在句法、语义上有依存关系。[①]这样，终于实现了部分常识的语法表示（即把世界知识转化为语法知识）。从中也可以看出：计算机理解自然语言的工作可以帮助我们发现语言学上的理论空白，以便我们用更加精确的形式去填补原有的理论缺口。这正是计算语言学的魅力之所在，也是我们进行现代汉语名词的配价研究工作的一个重要的背景。

5.2 一价名词对理解话语的会话含义也有直接的影响。一般认为，理解会话含义除了要根据会话准则（maxims of conversation）一类交际约定外，还需要常识（world knowledge）的帮助。例如：

（1）a. I walked into a house.（我走进一所房子。）

b. I walked into my house.（我走进我的房子。）

---

① 详见袁毓林（1993：§5）。

（2）a. I broke a finger yesterday.（昨天我弄折了一个手指。）

b. I broke my finger yesterday.（昨天我弄折了我的手指。）

根据适量准则（quantitive maxim），我们可以知道（1a）蕴含这样的会话含义：这所房子不是我的。如果属于我的话，我应该用（1b）这种表达形式照实说明。[①]但是，我们却从（2a）推出这样的会话含义：这个手指是我的。如果愣要说成（2b）这种形式，那么有可能使人误解为我只有一个手指。[②]因为常识告诉我们人有十个手指，复数形式 my fingers 可以指我的十个手指，单数形式 my finger 只能指我的唯一的一个手指。引进常识的确有助于说明问题，但常识有其模糊性的一面，容易造成解释的随意性。有鉴于此，我们尝试运用名词配价的理论和缺省推理的学说，从语言结构内部给出解释：finger 是一价名词，要求其从属成分（指人的名词或人称代词）作为其领属定语，形成 John's fingers、my fingers 一类表达。当 finger 一类一价名词作宾语，并且其从属成分与主语所指相同时，一价名词的领属定语可以缺省［如（2a）］；如果故意不缺省，那么是为了表达某种特别的含义［如（2b）］。总之，引进名词配价理论以后，部分与语言理解相关的常识就可以在一定程度上通过语言学的句法、语义刻画的手段来形式化。其途径是通过名词的配价研究，把关于事物之间各种复杂关系的常识转换成代表事物的名词之间的句法、语义关系。[③]

一价名词对某些幽默语言的形成和理解也有直接的影响，例如：

（3）约翰：我很爱我妻子，你呢？

西蒙：跟你一样，我也很爱你妻子。

约翰期望的回答是"跟你一样，我也很爱我妻子"，但西蒙却出人意料地回答"跟你一样，我也很爱你妻子"。这两种回答的差距越大，幽默的效果越强。但是，幽默的内在机制要求这两种回答必须都有一定的合理性，这才能体现出幽默的机智和巧妙，否则就是荒谬和粗俗。事实上，（3）中西蒙的回答虽然出人意料，但仍不乏某种合理性。为了说明这一点，先请看下面一段对话：

（3'）约翰：我很爱小动物，你呢？

西蒙：跟你一样，我也很爱小动物。

因为有"跟你一样"作铺垫，所以（3'）中西蒙所爱的对象跟约翰相同，也必须相同。跟（3'）不同，（3）中因为一价名词"妻子"的配价成分"我"（作定语）与主语"我"所指相同，所以约翰听到西蒙说"跟你一样"后，期望听到的也是配价成分与主语所指相同的"我也很爱我妻子"。但西蒙却故意无视一价名词"妻子"和无价名词（比如"动物"）的

---

① 参看 Levinson（1983：126）。

② 参看 Horn R. Laurence《语用学理论》，沈家煊译，《国外语言学》1991 年第 4 期。

③ 详见袁毓林（1993：§5）。

差别，援引（3′）这种会话程式来作答，形成期望和现实的巨大的心理差落，造成幽默的表达效果。下面这则幽默也可以作同样的解释：

（4）泰勒：我妻子不理解我，你妻子呢？

肖恩：不知道，她从没提起过你。

泰勒要问的是"你妻子理解不理解你？"，但肖恩故意理解为"你妻子理解不理解我？"，并作出了出人意料却又合乎情理的回答。

上面的讨论说明了一个问题：高层次的话语现象有时需要低层次的句法、语义分析才能得到充分的解释，也说明了一价名词在语言结构中有其独特的句法、语义和话语功能。

6. 认知——语言研究的新维度

常有人说汉语"注重意合法"，"是人治的语言"，这样说是不错的，但也是远远不够的。汉语缺少严格的形态变化，在语言成分的安排上有一定的灵活性。但作为一种社会交际工具，汉语一定有其特定的结构规则。汉语语法研究的任务就是要找出汉语在表达意义时对语言形式作出各种安排的规律，这种规律虽然不一定像数学公式那么严格，但是大体上还是有一定的法度可言的。比如，就语言成分的省略而言，汉语遵守着语义守恒的规律：一个成分缺省了，这个成分所表达的意义一定被其他成分（往往是谓语动词、形容词）蕴含，并能被另一个成分（往往是主语名词）激活。这样，研究语句中不同成分之间的意义关系重新成为当代语言学的重大主题。谓词、名词的配价研究就是想反映词项之间的意义关系，并给出形式化的语义演算程序。词语配价关系背后更深刻的原因是认知，因为词语的意义在于它的可兑现性，也就是说词语符号只有在能转化为关于现实世界的对象和情景的具体意象时才是具有意义的。比如，"局部—整体"这种认知图式，对人认识事物之间的关系、理解语言成分之间的句法语义关系都有直接的影响。因此，认知成为当代语言研究的一个新的维度，它可以帮助我们走出旧框框，开创语言研究的新路子。

语言是人类普遍认知组织的一个部分，所以最近二十年来国外逐渐形成一股认知语言学热。但是，我们看到有一些认知研究脱离了语言结构的组合关系和聚合关系，作了许多形而上学的思辨。[①]在语言的认知研究这个问题上，我们提倡从认知角度重新观照语言现象，以便发现新颖独到的、便于操作的、能落实到解释具体的语言事实的分析方法和研究路子。

---

① 具体的述评请参看袁毓林（1994）。

参考文献

艾耶尔 1987 《二十世纪哲学》，李步楼等译，上海译文出版社。

伯纳德·科姆里 1989 《语言共性和语言类型》，沈家煊译，华夏出版社。

范开泰 1990 《省略、隐含、暗示》，《语言教学与研究》第 2 期。

黎锦熙 1955 《新著国语文法》，商务印书馆。

廖秋忠 1991 《〈语言的范畴化：语言学理论中的典型〉评介》，《国外语言学》第 4 期。

朱德熙 1980 《现代汉语语法研究》，商务印书馆。

朱德熙 1982 《语法讲义》，商务印书馆。

朱德熙 1983 《关于"比"字句》，《语法研究与探索》1，北京大学出版社。

朱德熙 1990 《语法丛稿》，上海教育出版社。

陆俭明 1984 《由指人的名词自相组合造成的偏正结构》，《中国语言学报》第 2 期。

陆俭明 1988 《现代汉语中数量词的作用》，《语法研究和探索》4，北京大学出版社。

袁毓林 1992 《现代汉语名词的配价研究》，《中国社会科学》第 3 期。

袁毓林 1993 《自然语言理解的语言学假设》，《中国社会科学》第 1 期。

袁毓林 1994 《关于认知语言学的理论思考》，《中国社会科学》第 1 期。

罗伯特·L.索尔索 1990 《认知心理学》，黄希庭等译，教育科学出版社。

詹开第 1984 《"把"字句谓语中动作的方向》，见《语法研究与探索》2，北京大学出版社。

章士嵘 1992 《认知科学导论》，人民出版社。

赵元任 1952 《北京口语语法》，开明书店。

Collins M. A. & Loftus F.E. 1975 A Spreading-Activation Theory of Semantic Processing, *Psychological Review*, Vol.82, No.6.

Fillmore 1977 Topics in Lexical Semantics, R.W. Cole（ed.）*Current Issues in Linguistic Theory*, pp.76—138, Indiana University Press.

Levinson S.C. 1983 *Pragmatics*, Cambridge University Press.

Umberto Eco, et al.（ed.） 1988 *Meaning and Mental Representation*, Indiana University Press.

J.van Benthem 1991 *Language in Action*：*Categories*, *Lambdas and Dynamic Logic*, Elsevier Science Publishers B.V.

原刊于 1994 年第 4 期

北京话上声连读的调型组合和节奏形式

沈　炯

提　要：本文把上声连读放到节奏范围里来讨论，这样做既是为了弄清楚好几个上声连读的变调规则，也是为了探讨汉语的节奏问题。节奏处理决定音节之间有松或紧的关系，只有在节奏关系为紧时上声连读才会有变调。因此逆向变调是以顺向组合为条件的。从语言的树型关系可以推导出上声的连读类型。节奏上的高层调节使它们用成不同的调型组合。上声连读的节奏形式跟声调音高的对偶变化有关。它们提供的树型方面的结构信息，对于音段系统来说是一种重要的补充手段。

1

语流中的上声调型细分至少有六种，本文把它们归并成 L 和 H 两类，以便讨论连读的调型组合问题。L 类声调的核心段是低音特征，这一类有 214：、211：和轻化的 1：（"小姐、哪里"后字的调型）。H 类的核心段是高音特征，这一类有 35：、55：和轻化的 5：（"小姐好、哪里有"中字的调型，不是"姐姐"后字轻声的调型）。

本文用 L 和 H 标记上声调型，另外用 V 表示 L 和 H 两可的情形，用 X 表示非上声。

在北京话中，单说以及停顿前的上声用基调，非上声前的上声也用基调。两个上声连用，总是用调型组合 HL，例如：好伞、伞小、有雨。上声连续使用形成的多音节上声串（以下简称几上串）里，最后两个音节用 HL，此外任何两个上声不能连用成 *LL，因此 L 和 H 经常交替出现。自成语言单位的多音节上声组（以下简称几上组）用作上声串的时候，情形也是一样的。（以下用"二上、三上"等通称上声串和上声组。"一上"指上声独用。）从三上起，除了最后两个上声用 HL 外，其他位置上 L 和 H 的选用因语词的树型不同而有不同。三上组主要有两类：一类如"纸雨伞、有雨伞"，这一类既可以用调型组合 LHL，也可以用调型组合 HHL，其中有一处调型是两可的，连读类型写成 VHL；另一类如"雨伞厂、伞厂小、小伞好"，这一类只能用调型组合 HHL，连读类型也就是 HHL。

随着连用的上声增多，连读类型的总数迅速增加（递增 2 倍），调型组合的总数也相应增加（斐波那契数列，递增约 1.618 倍，四上以上明显地少于连读类型数）。上声串有随机组合的性质，很难一一求证，但是它们的规律是可以把握的。语音事实告诉我们，连读类型是跟音段系统的树型构造联系在一起的。此外，调型组合是连读的语音形式，表现为一种特殊的节奏形式。连读变调是节奏研究的一个突破口，值得重视。

2

上声连读变调的语音事实可以用以下规则（R）来说明：

R1 上声的初始形式是基调 L。

R2A 上声之后有一个或多个上声（或由它们打头）的成分顺向组合，分界面右侧第一个上声用基调 L 的，节奏关系为紧。

R2B 上声之后有两个或多个上声（或由它们打头）的成分顺向组合，分界面右侧第一个上声用连调 H 的，高层节奏调节决定其间关系的松紧。

R3 两成分组合而分界面两侧都是上声的，如果节奏关系为紧，其右侧一个上声改用连调 H，否则仍用基调 L。

规则中说的成分是泛指的，包括语素结构、构词和造句的各种成分。它们组成了音段系统的多层形式。

以 R2A 为核心的全套规则，包括 R1、R2A 和 R3，总称为 RA。以 R2B 为核心的全套规则，包括 R1、R2B 和 R3，总称为 RB。RA 是低层面节奏处理的规则。相对来说，RB 是高层面的节奏调节的规则。

高层面节奏调节的时候可能需要 RA 的配合，例如：

$$小纸雨伞（L+（L+（L+L）））\rightarrow（L+（L+HL））\qquad [RA]$$
$$\rightarrow（L+VHL）\rightarrow VVHL \qquad [RB]$$

式中出现的 V 是留给 RB 处理的中间结果。当左起第二个 V 按照 RB 调节，处理成 L 的时候，第一个 V 按照 RA 处理成 H：

$$\rightarrow VLHL \rightarrow HLHL \qquad [RA]$$

第二个 V 处理成 H 的时候，第一个 V 仍是两可的，留待 RB 继续处理。

$$VHHL \rightarrow LHHL \text{ 或 } HHHL \qquad [RB]$$

通常说的前上以后上为条件的变调，侧重于 RA 和 R3。这里增加 RB 和 R2 两条线索，因此连读变调包括顺向结合和逆向变调两个方面。这样可以把上声连读问题讲得更清楚。

本文涉及的节奏问题，主要是上声连读中跟调型变化有关的节奏表现，它的基本特征是节奏关系的松和紧。这种松和紧是以分界面左侧一个上声用基调 L 或连调 H 来表征的。下文提到低层面节奏处理得到连读类型的时候，都指用 RA 推导连读类型，不包括 RB 的处理过程，也不包括高层面中 RA 与它配合的过程。低层面处理得到的 H 是稳定的，不能任意改成 L，上声串末的 L 也是稳定的。连读类型的语言材料的基础形式，调型组合是实际使用的形式，它已经包含高层节奏调节在内了。

实际上，较大的上声组都是由较小的上声组嵌套构成的。例如：((（小｜狗）（撵（老｜鼠）))。其中有（小｜狗）、（老｜鼠）、（撵｜老鼠）、（小狗｜撵老鼠）等多重组合。这里用括号表示的组合关系，实际上就是树型关系。连读类型正是按树型来安排的。

3

从广义的节奏形式来说，连读关系已经比有停顿的时候紧了。上声连读中节奏关系的松紧是从各分界面的比较中表现出来的。它的两种调型说明，连读中可以互相区分的节奏关系只有松和紧两种形式。

二上组或二上串内只有一个分界面，节奏关系总是紧的。这种松紧跟音段成分的性质无关。二上 HL 里的连调 H 表明，它跟后边的上声紧密结合，形成一个节奏单元。请看二上从语素内的组合到词组的各种例子：窈窕、玛瑙、蚂蚁，比索、雅典、马里、吐鲁（番）、马里（兰）、（利）比里（亚），养老（金）、脚手（架）、（半）导体、狗腿（子），手掌、甲子、辗转、讲解、打倒、可以、勇敢、仅仅，很短、挺好、五百、每本、冷水、买酒、哄你。

间接成分关系连接起来的是上声串。例如：小｜五（金）、（幻）想｜曲、（瓜）子｜脸、鬼｜把（戏）、（钢）骨｜水（泥）、（集）体｜主（义）、（拿）手｜好（戏）、（孺）子｜可（教）、（挟天）子｜以（令诸侯）、（报户）口｜请（带本人身份证）。书面上用标点符号分隔，口语中有时候没有停顿。"（拳不离）手，曲（不离口）""（你帮）我，我（帮你）"都是连读不连读两可的。用停顿的时候，它们介于 L‖L 和 H‖L 之间，此外还会有语调上的调节。

三上连读有两个分界面。以下三类三上组的松紧安排不同。

（1）并列的三上。例如：甲乙丙、稳准狠、九五九、五点五、等等等、好好好、走走走、考考考、点点点。这是语素音节或词的并列。又如非语素音节的并列：索马里、卡塔尔、马鲁古、古比雪（夫）。因为是平等的组合，两处的松紧相同，所以常用 HHL。逐字介绍或用停顿来调节节奏关系的时候，它们大体在 L‖L‖L 和 L‖H‖L 之间变化。随着停顿变小，最后两个上声首先趋紧。

（2）Ⅰ–Ⅱ结构。例如"纸｜雨伞"，用 LHL 和 HHL，属 VHL。又如：纸老虎、米老鼠、冷处理、党小组、柳小姐、贾巧姐、武指导、耍笔杆。Ⅰ－Ⅱ结构的三上汉人姓名都属这一类，直呼用 HHL，用 LHL 就增加信息量，好区分不同声调的姓氏。"厂党委"用作办公室名称问路的时候也可以用 HHL 直呼。"水处理"用 HHL 是囫囵的语音词，用 LHL 是解析形式使信息量增加。"耍笔杆儿"用 HHL 可能是词化形式。但是，选用 LHL 或 HHL 也可能是语体上的特征，跟信息量无关。这些变化都跟节奏调节有关。"小九九、老两口、小两口、老古董"也属这一类，但常用 HHL。这一类地名词几乎都用 HHL：古北口、小马厂、北马厂。这两个小类用成 LHL 并非不可以。所谓"常用""几乎都用"，这里着重的是两可，并不计较统计频度。

LHL 说明音段系统上层的分界面比下层的分界面松，前松后紧形成两个节奏单元。用 RB 把它们处理成 HHL 的时候，松紧被"抹平"，一律变紧，成为一个节奏单元。这是高层面节奏调节的结果。

（3）Ⅱ－Ⅰ结构。例如"雨伞丨厂"。又如：胆小鬼、水手长、小组长、展览馆、管理所、手表厂、虎骨酒、显影粉、处理品、九九表、改写本、手写体、两把锁、保养好、口语里、好几两、哪几种、整体紧、果佐岛、马里语。

这一类两次使用 RA 处理成（（L+L）+L）→（HL+L）→ HHL。低层面节奏处理中，里边的松紧已经"抹平"，高层面节奏调节对此无能为力，所以它们只能用成单一节奏的 HHL。

不成上声组的三上串跟三上组的情形是相似的。例如"我丨赶紧（来）、（大）姐丨走北（线）"为 VHL。又如"（半）导体丨所（研究所的简称）、表演丨古（箫独奏）"为 HHL。

"我与你、请你写、早走远"属于一种链型关系，下文另作讨论。

4

低层面节奏处理中，前上以后上为条件变调。它们的音高特征呈前高后低的对偶关系。前上从基调派生出连调，音高特征由低变高。这是明显的异化音变。低层面或高层面节奏调节中，几个连调跟一个基调连接的，就只有一次对偶音高变化。这时候，前边的连调跟后边同一个基调保持异化关系。实际上，高层面节奏调节涉及三个或更多的音节，跨度比较大，把这些音节处理成一个节奏单元，就是用 H……HL 的形式来实现的。

从音高特征的对偶变化来看，HL 和 HHL 等是一个节奏单元，L-HL、L-HHL 和 HHL-HL 等是两个节奏单元，L-HL-HL 和 HL-HL-HL 等是三个节奏单元。

上声连读中常见的双音格是以结构为依据的，"表演古典舞蹈"用成 HL-HL-HL。"演古典舞"L-HHL 不是双音格，不能硬性改用 HL-HL。

"雨伞丨厂、雨伞厂丨小、雨伞厂小丨好"都是后加单音的构造。低层面节奏调节使它们都用成一个节奏单元 H 丨 HL。它们的调型组合没有灵活性，不能再作高层面的节奏调节。口语里还可以用其他节奏手段来调节，例如在最大的分界面上插入停顿，把它们用成两个节奏群："雨伞厂小"HHL‖L、"雨伞厂小好"HHHL‖L。

后加的单音成分有时候用轻化形式，也可以使节奏调节灵活。把"展览馆里挤"用成 HHHHL 或 HHHL‖L。"里"H 用 5：，"里"L 用 1：，它们都是上声轻化形式，不是轻声。"里"的上声调类不变，因此前上变调。

累次后加单音的四音构词格很少使用。(((冷水)管)口)、(((马口)铁)桶)往往要改口说成"冷水管丨管口、马口铁丨铁桶"。地名词"马尾藻海"（Sargasso Sea，在大西洋，西经 55°，北纬 30°）不能任意改，要是北京有个街口叫"展览馆口"，大概也不能随便改。

前加单音成分的节奏处理相当灵活。"纸丨雨伞、小丨纸雨伞、有丨小纸雨伞、我丨有小纸雨伞"前加的上声都是两可的，最后一例六上的连读类型是 VVVVHL，有 8 种调型组合。

许多上声组是前加或后加、加单音或加多音成分的混合结构。例如：

小狗撵老鼠 ((L+L)+(L+(L+L))) → HVVHL （① HHHHL ③ HLHHL

④ HHLHL）

有两种马矮 ((L+((L+L)+L))+L) → VHHHL （① HHHHL ② LHHHL）

两小桶水少 (((L+(L+L))+L)+L) → VHHHL （① HHHHL ② LHHHL）

以上都是按树型关系从音段系统的下层向上层顺序处理的。后两例的树型不同，处理结果相同。混合结构的上声串即使很长，层次未必很多，很容易随机组成。值得注意的是，顺向组合、逆向变调涉及后边出现的一个基调，它应该是单用的上声音节，不可能是双音成分的二上组。另外，这个单音上声音节跟前边可能有直接成分关系，也可能只有间接成分关系。这是混合结构里连读变调的关键。

5

为了简化讨论，我们只考虑二分树型，即直接组合的成分都是两个。这样的树型，从二上到十上，有 1、2、5、14、42、132、429、1430 和 4862 种，递增（4-6÷n）倍，即 2 至 4 倍。其中有许多树型实际上并不存在，但是有效的树型还是相当多的。为了列举方便，本文用树型码来标记树型。例如：((小狗)(撵(老鼠)))01003，((有((两种)马))矮)00121，(((两(小桶))水)少)00211。这里树型码每一位数字都表示相应音节后边的下括号有几个（即树图的右结点数）。实际上，它们也是所在音节终止的二分组合数。用这样的树型码可以区分各种二分树型，也可以区分连读类型：把数字左移一个音节位置后，0对应的音节用 V，其他数字对应的音节都用 H，最左边空位上的音节用 L。这种对应关系说明，树图右结点在音节位置上的分布方式决定了连读类型，至于同一个音节上的右结点数有几个，这是无关紧要的。

表 1 列出一上至五上各种二分树型的连读类型和调型组合。表 2 和表 3 说明四上组和五上组二分树型、连读类型和调型组合的关系。

表 1　一上至五上二分树型的连读类型和调型组合

	树型	实例	连读类型	调型组合	备注
一上	0	雨	L	①	一上：① L
二上	01	雨 | 伞	HL	①	二上：① HL
三上	002	纸 | 雨伞	VHL	①②	三上：① HHL
	011	雨伞 | 厂	HHL	①—	② LHL
四上	0003	小 | 纸雨伞	VVHL	①②③	四上：① HHHL
	0012	有 | 雨伞厂	VHHL	①②—②	② LHHL
	0021	纸雨伞 | 好	VHHL	①②—③	③ HLHL
	0102	买好 | 雨伞	HVHL	①—③	
	0111	雨伞厂 | 少	HHHL	①— —	
五上	00004	买 | 小纸雨伞　把 | 假米老鼠	VVVHL	①②③④⑤	五上：① HHHHL
	00013	有 | 总管理所　老 | 党小组长	VVHHL	①②③— —	② LHHHL
	00022	找 | 软导管厂　小 | 纸雨伞厂	VVHHL	①②③— —	③ HLHHL
	00031	改铁水管 | 好　请老首长 | 讲	VVHHL	①②③— —	④ HHLHL
	00103	讲 | 法语语法　我 | 找水洗手	VHVHL	①②—④⑤	⑤ LHLHL
	00202	小保姆 | 好找　每两组 | 五本	VHVHL	①②—④⑤	
	00112	我 | 脑海里有　躲 | 管理所里	VHHHL	①②— — —	
	00121	往总统府 | 走　有审美感 | 好	VHHHL	①②— — —	
	00211	老首长管 | 好　两小桶水 | 少	VVHHL	①②— — —	
	01003	小狗 | 撵老鼠　冷水 | 也解渴	HVVHL	①—③④—	
	01012	请你 | 赶紧走　等我 | 整理好	HVHHL	①—③— —	
	01021	捆紧手脚 | 走　老小几口 | 早	HVHHL	①— —③	
	01102	五百米 | 仰泳　管理好 | 酒馆	HHVHL	①— —④	
	01111	展览馆里 | 挤　九点准走 | 早	HHHHL	①— — — —	

表2 四上二分树型与节奏格的关系

连读类型	HVHL	VVHL	VHHL	HHHL
Ⅰ-Ⅲ结构	—	0003	0012	—
Ⅱ-Ⅱ结构	0102	—	—	—
Ⅲ-Ⅰ结构	—	—	0021	0111
① 整四格 HHHL	+	+	+	+
② 一三格 LHHL	—	+	+	—
③ 二二格 HLHL	+	+	—	—

表3 五上二分树型与节奏格的关系

连读类型	HHVHL	VHVHL	VVVHL	VVHHL	VHHHL	HHHHL	HVHHL	HVVHL
Ⅰ–Ⅳ结构	—	00103	00004	00013	00112	—	—	—
	—	—	—	00022	—	—	—	—
Ⅱ–Ⅲ结构	—	—	—	—	—	—	01012	01003
Ⅲ–Ⅱ结构	01102	00202	—	—	—	—	—	—
Ⅳ–Ⅰ结构	—	—	—	—	00121	—	—	—
	—	—	—	00031	00211	01111	01021	—
①整五格 HHHHL	+	+	+	+	+	+	+	+
②一四格 LHHHL	—	+	+	+	+	—	—	—
③二三格 HLHHL	—	—	+	+	—	—	+	+
④三二格 HHLHL	+	+	+	—	—	—	—	+
⑤一二二格 LHLHL	—	+	+	—	—	—	—	—

表2和表3有几个方面值得注意。

1）调型组合数小于连读类型数，连读类型数小于树型总数。因此，有限几种调型组合不能一一区分各种树型。但是，一种树型跟一种连读类型对应，因此可用某种调型组合、不可用另一种调型组合，取决于树型的特殊性。

2）按照上层音节数区分的结构格式，跟节奏格的关系是复杂的，大都有多对多的关系。但是，四上Ⅰ–Ⅲ、Ⅱ–Ⅱ和五上Ⅰ–Ⅳ、Ⅱ–Ⅲ、Ⅲ–Ⅱ结构都有相应的一三、二二或一四、二三、三二格。Ⅲ–Ⅰ和Ⅳ–Ⅰ没有相应的三一或四一格，改用整四格或整五格。

3）上层结构相同而下层结构不同的，连读类型有可能不一样。因此，调型组合可用范围会有宽窄的不同。

4）连读类型与树型是一对多的关系，调型组合与连读类型之间是一对多和多对一的交叉关系。

5）整四格和整五格等可以适用于每一种树型，但是这一类节奏格负载的结构信息最少。其他节奏格分别适用于一部分树型，结构信息较多。四上以上任何节奏格都是多用的，因此它们负载的结构信息总是不充分的。

6）结构格式跟节奏格是两种概念，不能互相替换使用。

7）从树型码到连读类型到调型组合，有极简单的对应关系。六上、七上或八上等更长的上声串也遵循这种对应关系，因此它们的连读类型和调型组合不难推断。

6

表1五上14种树型各举两种不同结构类的例子，有的上层结构类不同，有的下层结构类不同。值得注意的是，只要树型相同，它们就可以用相同的一种或几种调型组合。

下列三种五上树型的情形跟表1略有不同：

00004　①2③④5　哪有老 - 土井，我买 - 纸 - 雨伞，你敢 - 打 - 老虎

00013　①2③— —　想写 - 讲演 - 稿，得改 - 五点 - 走，我想 - 请你 - 写

00022　①2③— —　想请 - 厂长 - 写，敢往 - 井底 - 躺，准比 - 你姐 - 小

这里调型组合类未加圈的，即 LHHHL 或 LHLHL，似乎只用在比较特殊的语句调节中。中性的语句调节常用带圈的调型组合类。这种变化是跟单音词接连使用有关的。两个单音词连用又有直接语义联系的，形成链型关系。它们可能有直接成分关系，也可能只有间接成分关系。例中"哪有、我买、想写、准比"等是链型关系。后加多上组的时候，这种链型的双音组合有变紧的趋势。"哪有老土井"中的"老"是向后边靠的，它跟前边的"哪有"没有链型关系。四上"尺有所短"也属链型，主要用 HLHL 和 HHHL，很少用 LHHL。

链型关系主要跟单音动词或介词等有关。在这种关系下调型组合的选用跟语法类发生关系。例如：

V-HL：主 - 动宾（我请你）、动 - 动宾（想请你）、主 - 动补（马走远）、动 - 动补（敢躺倒）、状 - 动补（早走远）；

HV-L：主动 - 动（我想写）、状动 - 宾（只请你）、状动 - 动（挺想写）、动宾 - 动（请你写）。注意，三个音节用 HHL，四个以上用 HV-？？，例如：只请你 HHL、只请你写 HV-HL、只请你写稿 HV-V-HL；

HV-HL：动宾 - 动补（等你走远、请你躺倒）。

以上是指中性的节奏关系。非中性的特殊调节，可以用两种语句重音来说明。在 L 和 H 两可的时候，语句重音对调型的选用似乎有一定的倾向。对比重音的倾向是用 L（这种重音涉及 A 与 B 的对立）。例如：

我′想走远点儿，（也就是′想想罢了。）　　　　H′LHHL

′我想走远点儿，（′你们自便吧。）　　　　′LHVHL

另外，强调重音的倾向是用 H（这种重音涉及 A 与非 A 的对立。）例如：

要是我″想走远点儿，（″早就走远了。）　　　XXL″HVHL

是″我想走远点儿，（这″不关你们的事儿。）X″HVVHL

把语句重音的调节考虑进去，这种单音词的链型关系也就不特殊了。它们的连读类型仍旧由树型决定。

7

跟树型总数相比，连读类型和调型组合的总数比较少，因此用它们来反映树型的时候，结构信息是不充分的。但是，连读类型和调型组合依赖于树型，这是很重要的。这种依赖关系可以从多方面来说明。例如，低层面节奏处理产生的连调 H 相当稳定，不能改用基调。"火警总管李老五" HVHVVHL，把里边的 H 改用 L 说成 *LVLVVLL，是很刺耳的，北京人不会那样说。

许多上声连读，往往容易被看成一些基础单元的简单连接。例如："表演—古典—舞蹈" HVHVHL，似乎只是三个二上组的连用。实际上在低层面节奏处理中，树型的作用已经很明显了。"买—好—雨伞"里的"好"有一个组合方向问题，往前归是 HVHL，往后归是 VVHL。这种歧义形式的连读类型不一样。"好"归前归后的不同，用树型来说明比较方便，这是很明显的。

在高层面节奏调节中，哪些 V 用成 L，树型的作用也是很重要的。"北海 – 手表厂 – 厂长 – 请你 – 赶紧 – 找 – 老李"往往可以说成 HHHHHHL-HHHHL-HL，把其中或大或小的语言单位用成一个节奏单元，这是常见的现象。又如"表演古典舞蹈"经常用成 HL-HHHL，第二个音节后边正好是高层结构动宾的分界。"把 – 我 – 老脸 – 往 – 哪儿 – 摆"，把它们分成两个节奏单元，用成 HHHL-HHL 是相当自然的，没有什么特殊的调节。本例说成 HHHHL″HL，因为有强调重音的干扰，节奏单元的分界就偏离树型决定的地方。

"北海手表厂……"一例的节奏调节相当灵活，可以用成一个节奏单元，也可以用成二单元、三单元以至六单元等。节奏单元分得多，音高对偶变化就把比较小的成分一一分离出来。节奏单元分得少，音高对偶变化往往突出了上层的组合关系。它们提供的主要是音段系统的结构信息。因为这种信息是靠超音段手段负载的，所以是对音段系统的补充和帮助。

又如，"纸老虎、米老鼠" VHL，"纸老虎与米老鼠" VHVVVHL 可以有多种调节方式，HHLHHHL 的两单元使两个对象突出了。"小狗儿撵老鼠（的事儿，我见过）"用 HHHHL 可以突出话题的整体性质。

从表面看，这种信息几乎是多余的。但是，从语言交际中抵抗干扰增加可懂度来说，它还是很重要的。音段系统和超音段系统的配合，使树型的确定方便多了。连读变调包含的结构信息对于歧义的解析有不可忽略的作用。Ⅱ–Ⅰ结构的"小组丨长"是小组之长，Ⅰ–Ⅱ结构的"小丨组长"是年岁小或身材小的组长。前一个属 HHL，后一个属 VHL，连读类型是不同的。"小丨组长"可以用 LHL，"小组丨长"一般不这样用。这样的例子还有：水产品、海产品、冷水管、铁水管、假死鬼。把Ⅱ–Ⅰ结构的"水产丨品"用成 LHL 是连读类型的混用，曾在电视新闻里听到过。以下是四上的例子：

1a.（（（讨死）鬼）好）HHHL　　b.（（讨（死鬼））好）VHHL

2a.（（买好）（米酒））HVHL　　b.（买（好（米酒）））VVHL

　　c.（买（（好米）酒））　VHHL

3a. 保守丨党里（的机密）HVHL　　b. 保守党丨里（的机密）HHHL

它们不是用一一对应的方式，以一种调型组合表示一种树型，而是用排除的方式来区分歧义的。1b 用 LHHL 可以排除 1a，2a 和 2b 中用 LHHL 可以排除 2a，2b 和 2c 中用 HLHL 可以排除 2c，2a 和 2c 中用 HLHL 或 LHHL 都可以排除另一个。另外，广义的节奏手段，例如时长、间顿、节拍、轻重，以及声调音域的进一步调节等，可以把树型的分辨搞得更细。上文为了说明连读变调潜在的可能性，用了"水丨产品、铁水丨管、好米丨酒"一类例子，它们是语言里的临时组合。

听到 LHL 的 guan li fa，用排除法解析，Ⅱ–Ⅰ结构的"管理丨法"跟它不匹配，可以预测它是Ⅰ–Ⅱ结构的"管丨礼法"或许多北京人说的"管丨理发"（"发"用上声）。这一例是借助节奏负载的结构信息来判断语素音节。如果说语素音节的判断有困难，对音段系统高层信息作处理的难度就加大了。可见，节奏手段有它们的特殊重要性。实际上口头交际的时候，这方面的处理很频繁，不能不引起我们注意。

附记

本文蒙林焘先生两次审阅修改而成，作者深表感谢。

参考文献

胡炳忠　1985　《三声三字组的变调规律》，《语言教学与研究》第 1 期，13—22 页。

吴宗济　1984　《普通话三字组变调规律》，《中国语言学报》第 2 期，70—92 页。

子　月　1984　《也谈三个上声连读变调的问题》，《语言教学与研究》第 4 期，98—102 页。

原刊于 1994 年第 4 期

与空语类有关的一些汉语语法现象

徐烈炯

八十年代中期，就汉语空语类的分类、分布和所指，在生成语法学领域内引起争论。十年来语言学理论经历了不少发展变化。有些理论概念，例如邻接条件（subjacency condition）等，已经不如当时那样备受关注了，然而空语类的分类、分布和所指涉及一系列重要的语言事实，不论生成语法理论起了怎样的变化，这些事实依然存在：不论用生成语法还是用其他语言学理论研究，对这些事实都该有正确的认识。但至今认识还很不一致。现在重议空语类，不妨把有争议的一些理论问题适当淡化，突出语言事实来探究汉语与英语等印欧语之间的一些重要异同之处。这就是本文的目的。[①]

1. 空语类

1.1 什么是空语类

所谓空语类是指起语法、语义作用，但不具语音形式的语言成分。生成语法学家称空语类，其他学派用省略等别的名称，例如传统语法把下列句子结构称为兼语式。

（1）我们请他作报告

他既是邀请对象，又是报告人，身兼两职。但句中不能出现两个"他"，第二个不出现的"他"在生成语法中称为空语类。假设有一个无形的成分，是为了便于处理指称关系等等，似乎并无理由不接受。

1.2 为什么重视空语类研究

乔姆斯基（Chomsky, 1981）写了以下一段话强调研究空语类的重要性：

> 由于好几个原因，空语类的性质问题是一个特别有意思的问题。人们已经证明，对这类空成分的研究与对照应语和代词的研究结合起来，能最好地探索

---

① 本文部分内容曾在 1987 年第二届哈尔滨生成语法讨论会上讲过，题目是：Empty Subject and Empty Object in Chinese（《汉语中的空主语和空宾语》）。

哪些因素决定句法表达式和语义表达式以及它们的形成规则。除此以外，研究空成分的性质还有一个特有的吸引人之处。这些特点不大可能从能观察到的外部现象中归纳出来，而可以认为是反映了心理的内在缘由。如果我们的目的是发现人类语言机制，把它们从经验的影响中抽取出来，那么这类成分能提供有价值的认识。

1.3　空语类的分类

乔姆斯基（Chomsky，1981，1982）提出四种空语类，分别与几种有形的名词性成分相当。有形的名词性成分有三类，[①] 以下三句中的宾语各代表一类。

　　（2）a. 小李批评了他自己

　　　　　b. 小李批评了他

　　　　　c. 小李批评了那个人

反身代词是一类，这类成分不能独立指称，必须依附于句中其他成分。（2a）中的"他自己"只能与主语"小李"指同一对象，不能独立指其他对象。这种现象称为共指，与反身代词共指的成分称为先行语。代名词是另一类，其所指范围也受到限制。（2b）中的"他"可以指任何人，唯独不能指小李，可见代名词不能与主语共指。（2c）中的"那个人"是一般名词词组，又属另一类。这类成分与代名词的区别要在复合句中显示出来。

　　（3）a. 小张说小李批评了他自己

　　　　　b. 小张说小李批评了他

　　　　　c. 小张说小李批评了那个人

　　（3a）中的"他自己"只能指小李，不能指小张。[②] 反身代词必须在局部范围内有个先行语。（3b）中的"他"不能指小李，但可以指小张。代名词的特点是在局部范围内必须独立指称。（3c）中的"那个人"既不指小李，也不指小张。这类名词词组在局部范围内和在全句范围内部必须独立指称。乔姆斯基把这三类成分分别称为：照应语、代名词、指称语。他认为空语类也有相应的区别。

　　相当于反身代词等照应语的空语类出现的典型环境是被动结构的宾语位置。

　　（4）John was criticized e

句中"John"是批评对象，原是动词宾语，构成被动句时移至主语位置。不妨假设原来位置上有个不能独立指称的空语类，用字母 e 代表，以"John"为先行语，两者共指。这种空语类相当于（2a）中的反身代词，通常称为名词词组语迹，或 NP 语迹。

---

① 后来有人提出第四种有形成分，见 Lasnik（1991）。

② "他自己"和"自己"用法不同。如果把"他自己"换成"自己"，则可以指小张。本文不能详述两者的区别。

相当于指称语的空语类出现的典型环境是疑问结构、主题结构等典型环境。

（5）Who did Bill say［that John criticized e］？

"who"原是动词"criticized"的宾语，移至句首构成主题句后留下一个空位。这个空语类既不可指 John，也不可指 Bill，必须独立指称，与（3c）中的"那个人"相当。这种空语类称为 wh 语迹，也称变项。

相当于代名词的空语类英语中没有。意大利语、西班牙语等其他一些印欧语可以省略主语，这种空语类相当于一个无形的代名词。

（6）Gianni ha detto［che e hat telefonato］（齐亚尼说他已经打了电话）

这种相当于代名词的空语类只能出现在主语位置上，不能出现在宾语位置上，称为 pro。

还有一种空语类，出现在不定式句的主语位置上。

（7）John tried［e to go］

这种空语类称为 PRO，有别于上面一种用小写字母的 pro。两者区别在于：PRO 是不定式句的主语，必须与主句中某个成分共指，例如（7）中的 e 与主句主语"John"共指；pro 是定式句的主语，可以独立指其他对象，例如（6）中的 e 可以指"Gianni"或指别人。

以上是 70 年代末 80 年代初乔姆斯基等生成语法学家研究英语和其他语言中的空语类所获的结果。基本思想可归纳如下：第一，空语类有几个不同种类，区别在于句中是否有先行语及先行语在哪个位置上；第二，某一空语类属哪一种，取决于结构位置：被动句中的宾语位置上只能出现 NP 语迹，疑问句中疑问词移走后留下 wh 语迹，不定式句的空主语一定是 PRO，意大利语、西班牙语等定式句中的空主语是 pro。

1.4　是否适用于汉语

汉语中空语类是否也分上述四种？汉语空语类的属性是否也由结构位置决定？黄正德对以上两个问题的回答都是：是。我对这两个问题的回答是：非。争论由此而起。他的观点见于 Huang（1982，1984，1987，1989，1991）等，我的看法见于 Xu（1985–1986，1986，1990）、Xu & Langendoen（1985）等。我们都用生成语法管辖与约束理论的框架和术语来表达，我们之间的主要分歧是对汉语中一些事实的认识不一致。因此，这并非生成语法学界的"家庭纠纷"。我们的主要文章都用英语发表在国外刊物上，国内同行近年来也参加有关空语类的讨论，比较完整的论述是沈阳（1993）。

2.　空主语

印欧语中不定式句的主语一定是空语类，而且一定是 PRO；定式句中如果出现空主语，只能是 pro，而不是 PRO。黄正德认为汉语中也有相应的 PRO 和 pro 的区别，也有定式句和不定式句的区别。如果真能证明汉语也有定式、不定式之别，当然是一大发现，对认识普遍语法和汉语语法都有贡献。

汉语中显然没有定式与不定式的形态标志，但黄正德认为在更为抽象的语法层次仍可分辨：汉语中有一类动词，如"准备""设法""劝""逼""请"，后面必须跟不定式从句；而另一类动词，如"说""知道""告诉"，后面必须跟定式从句。为了叙述方便起见，以下分别称之为甲类动词和乙类动词。两者区别体现在以下三方面：第一，甲类动词所处的从句中不可出现情态动词（modal verb）；第二，从句中不可出现"着""了""过"等体貌成分；第三，不能让从句空主语与主句以外的成分共指。而乙类动词不受这三条限制。

在我看来，如果这样划分，这两类动词确实各有些特点，但它们之间的区别并没有经过语法化（grammaticalization），仅仅是语义上的区别。以下逐条分析。

2.1　情态动词

英语中凡不定式句都必须用空主语而且都不允许出现"will""can"之类情态动词。假如能证明汉语中必须用空主语的句子也都不允许出现情态动词，那么可以认为这些句子就是汉语中的不定式句。黄正德（Huang，1982）试用以下事实证明。

（8）我预料［他明天会来］

（9）a.* 我准备［他明天来］①

　　　b.* 我准备［e 明天会来］

　　　c. 我准备［e 明天来］

他认为"预料"是乙类动词，"准备"是甲类动词。前者后面跟定式从句，其主语可以不是空语类，并允许出现情态动词"会"。后者后面跟不定式从句，其主语必须是空语类，从句中不可出现情态动词。所以（9a）和（9b）不成立。

我却认为只要把（9b）中的"会"改成"要"，句子就可以成立。"会"和"要"都表示将来，都可以用英语的情态动词"will"来翻译。但两者语义有差别："会"用来表示客观上的可能性，"要"表示主观上的积极性。（9b）不妥之处在于：说话者既已准备，他当然是主观上打算来，而不仅是客观上有可能来。所以（9b）仅仅是用错个情态动词而已，不能以此证明"准备"后面的从句中不允许出现情态动词。其他一些所谓的甲类动词"设法""逼"等等，也不排斥从句中的情态动词，例如：

（10）我尽量设法［e 能多给你一些帮助］

（11）他逼我［e 要在两天之内完成］

---

① 星号表示后面的句子有错误。

哪些动词的从句宜用空主语，下文将探讨。但空主语与情态动词并非不相容。这点汉语和英语不同。即使在甲类动词的从句中也并不具有英语中不定式句特征。

2.2 体貌成分

黄正德认为体貌成分在从句中的分布也反映出定式与不定式的区别。他的例子是：

（12）a. 我劝张三［e 不买这本书］

b.* 我劝张三［e 没有买这本书］

他把"劝"归入甲类动词，它后面应跟含空主语的不定式从句。而他又规定汉语不定式从句还须具备另一特点：排斥体貌成分。（12b）之所以不能成立是因为用了完成体"没有买"，违反这条规定。

我认为这一说法不足以证明汉语有定式、不定式的语法范畴。不妨从以下三个方面考虑。

第一，汉语不定式句排斥体貌成分是人为的规定（stipulation）。英语不定式不区分现在时、过去时等时态（tense），但可以区分完成体、非完成体等体貌（aspect）。黄正德认为不同的语言可以用不同的方式来区分定式和不定式。即使我们接受这一观点，我们仍可追问：为什么汉语该用有无体貌成分来区分定式与不定式，而不是用有无时态或有无其他语法成分来区分？选中体貌成分作区分标准有什么根据？

第二，我们应该想清楚：所谓汉语不定式句，是不具有体貌这一语法意义，还是不允许出现表示体貌的语法成分？看来黄正德指的是后者，他在几处提到不定式句中不能有"着""了""过"等体貌成分。接着还应该说清楚：不定式句是否允许无形的体貌成分？黄正德引用其他语法学家的见解，把（12b）中的"没有买"看成"买了"的否定式，表示完成体的成分"了"已融入否定成分。既然如此，我们可以认为（12a）中的"买"也带个无形的未完成体成分。假如汉语不定式不但排斥有形体貌成分，也排斥无形体貌成分，则（12a）也不应该成立。假如只排斥有形体貌成分，而不排斥无形体貌成分，则（12b）也应该成立。

第三，其实（12a）和（12b）的不同并不需要通过假设不定式排斥体貌成分来解释。所谓甲类动词，有一个语义上的共同特点：从句中的动作只能发生在主句中的动作之后，而不能发生在它之前。我们只能劝人将来做某件事或不做某件事，但无法劝人过去已经做了某件事或者没有做过某件事。（12b）错在语义方面，而不在语法方面。

李艳惠（Li，1985，1990）对从句中能否出现体貌成分的问题作了进一步研究。她注意到甲类动词"请"后面的从句中有时可以出现体貌成分。

（13）我请他［e 吃过饭］

她假设体貌成分"过"是从主句中移至从句中的，即（13）来源于（14）。

（14）我请过［e他吃饭］

根据我的语感，（13）与（14）意思未必相同。我请过他吃饭并不等于他来吃过，而如果我请他吃过饭，那么他一定是应邀来吃过。移位分析法有两类事实无法解释。一是（15）那样的句子，主句和从句中都出现体貌成分。二是（16）那样的句子，体貌成分必须出现在从句中，不能出现在主句中。

（15）我请过他［e吃过饭］

（16）a.我劝你［e吃了这碗药吧］

　　　b.*我劝了你［e吃这碗药吧］

这些事实表明，不能认为凡甲类动词后面跟的从句中出现的体貌成分都是主句的一个成分。

2.3　所指对象

所谓定式和不定式的另一个区别在于对空语类所指对象的限制。甲类动词从句中的空主语必须与主句中某个成分共指，而乙类动词从句中的空主语不受限制。

（17）张三设法［e不抽烟］

（18）张三说［e不抽烟］

（17）中的e必须是张三，（18）中的e可以是别人，这就是PRO与pro的区别，以黄正德（Huang，1989）的用语说，（17）中的e受到主句主语"他"的强行控制，（18）中的e不受强行控制。

他认为上述区别不应归结为主句动词词汇差别，而应看作句法差别。甲类动词后面跟的是动词性成分，而乙类动词后面跟的是名词性成分。把从句分为动词性的和名词性的不无道理，这两类从句各有一些语法特征，但与定式从句和不定式从句的划分不十分相配。黄居仁（Huang，1992）指出两类从句有以下区别：名词性从句可以提前构成句子主题，而动词性从句却不可以提前。

（19）a.他知道你已经毕业了

　　　b.你已经毕业了，他知道

（20）a.他认为你已经毕业了

　　　b.*你已经毕业了，他认为

"知道"后面跟名词性从句，"认为"后面跟动词性从句，所以有以上区别。然而这两个动词都应该是乙类动词，因为两者从句主语都不一定是空语类，也不一定与主句中某个成分共指。可见跟动词性从句和跟名词性从句是一种划分，所谓甲类和乙类动词是另一种划分，两种划分并不一致。

如果以从句主语所指的可能性来对主句动词进行分类，分两类还太粗略。两分法不足以反映全部语言事实。把（21）与（17）、（18）相比较就能看出问题。

（21）张三禁止［e 抽烟］

用黄正德的术语说：（17）中的 e 受到"张三"强行控制，这是 PRO；（18）中的 e 可以受到"张三"控制，但不是强行控制，这是 pro。而（21）中的 e 一定不可与张三共指，所以既不是 PRO，也不是 pro。下面的表格表明三者区别：

	与主句主语共指	不与主句主语共指
（17）中的空主语	+	−
（18）中的空主语	+	+
（21）中的空主语	−	+

由此可见，主句动词确实对从句空主语的所指对象有所限制，然而用不定式和定式、PRO 和 pro、强行控制和非强行控制等两分法不能全面概括汉语事实。从句的空主语必须与主句成分共指是一个极端，从句的空主语不可与主句成分共指是另一个极端，但还存在灰色中间地带，（18）便是灰色地带一例。

不但两分不够，三分也不够。不妨把（22）（23）与上文例句比较。

（22）张三决定［e 不抽烟］

（23）张三主张［e 不抽烟］

在没有上下文时，一般会把（22）中的"张三"当作 e 的先行语。在一定的环境中 e 也可以指别人，例如老板决定职工在办公室内不能抽烟。（22）中 e 的所受的限制介乎（17）和（18）之间。而如无特定上下文环境，（23）中的 e 多半指张三以外的人，但也不排斥在某种情况下可以包括张三本人。（23）介乎（18）与（21）之间。对这种种可能，徐烈炯（1985—1986）作过详细分析，后来邢欣（1990）又扩充语言材料进行研究，得出相同的结论。

我们也可以换一个角度来看对空主语所指限制的两种不同意见。一种意见认为：句子是定式还是不定式，用空主语还是实主语，这是基本的属性；而主语的所指可以从基本属性推导。另一种意见则认为：从句主语所指必受主句动词语义限制，这才是基本属性，至于要不要用空语类作主语，能不能用空语类作主语，可以从基本属性推导。从句主语所指对象已明确时，只需用空语类；从句主语所指对象不明确时，用实主语交代明白。

综上所述，从句中能否出现情态动词，能否出现体貌成分，其主语指哪一对象，均与主句动词意义有关。与此相关的一些语言事实都无法通过假设有抽象的定式与不定式区别得到解释，也没有可能就结构位置来区分 PRO 和 pro。

3. 空宾语

英语和其他印欧语对宾语位置上出现的空语类有严格限制。通常出现在两种情况下。一种是被动句，例如：

（24）That man was killed e

被动句中原来充当动词的宾语名词词组移到前面去当主语，原来的位置出现空位。这种空语类称为名词词组语迹，即 NP 语迹。另一种出现空宾语的结构是疑问句、关系从句、主题句等，例如：

（25）That man, John knows e

这种情况下，也可以认为宾语前移，而在原来位置上出现空缺。这种空语类称为 wh 语迹，或变项。

英语中，宾语不移位不会出现空语类。（26）和（27），一句错一句对，区别就在于宾语是空还是实。

（26）*John knows e　　（27）John knows him

以下我们来看看汉语中的空宾语。先讨论简单句，再讨论复合句。

3.1　简单句中的空宾语

汉语对空宾语的限制比较宽松，以下几句分别相当于（25）（26）（27），且都合乎语法。

（28）那个人，张三认识 e　　（30）张三认识他

（29）张三认识 e

（28）中的空宾语 e 以"那个人"为先行语，可以当作 wh 语迹。（29）居然也能成立，可见汉语中即使不经过移位，也会在宾语位置上出现空位。这种空语类属哪一种？既然没有移位，就不存在语迹，这里的空位似乎是空代词 pro，与意大利语的空主语类似。但这样分析显出汉语与英语有明显不同，英语宾语不能有 PRO 或 pro。

为了使汉语和英语保持一致，黄正德提出一个比较抽象的处理办法。他认为（29）也可以看作主题句，宾语位置上的 e 也可以看作 wh 语迹。办法是再加个空主题 0 在句首。

（31）0，张三认识。

（29）经过这么处理后，与（28）结构相同；它相当于英语句子（26），而不是相当于（25），所以能成立。

我们先指出一点。即使用这种抽象的分析，仍然得承认汉语与英语有所不同，要不然（26）为什么不可以用同样的办法救活？为什么不可以给（26）添上一个空主题 0，使这个句子能成立？黄正德的解释是：汉语是重主题的语言，所以可以有空主题；英语不是重主

题的语言，所以不能有空主题。总之是不一样的。

现在来研究假设空主题引起的问题。关键在于空宾语能否与主语共指。如果空宾语与主语共指，黄正德的分析就不能成立。如果宾语与主语共指，就成了 NP 语迹，而不是 wh 语迹。黄正德认为事实证明他的分析是对的：(31)［即（29）］只能解释为张三认识别人，不能解释为张三认识他自己。我的看法是：这个句子在没有上下文的情况下，一般不作后一种解释；但在一定的上下文中也未尝不可如此解释。例如可以说：

（32）人人都认识自己，张三认识 e，李四也认识。

在这种情况下空宾语相当于反身代词"自己"。也可以这样来表达两种观点的不同：黄正德认为（29）之类句子中省去的宾语只能是人称代词，而我认为省去的宾语也可以是反身代词。

那么为什么在没有上下文的情况下不容易把（29）中的 e 当作反身代词呢？那是因为受到动词"认识"的词义影响。人们认识的对象可以是人、地方及各式各样的事物，假如有办法把自古至今中国人说过的和写过的，包含"认识"这一动词的句子，都集中起来进行统计，不难想象以"自己"作为"认识"宾语的句子只占极小百分比，假如我们另选一个动词，情况会很不一样。

（33）张三常常吹嘘。

在没有上下文时，一般倾向于把（33）理解为张三常常吹嘘自己。这一倾向也是受了动词词义的影响。吹嘘的对象多数是自己或自己的某一方面，至少是与自己有密切关系的人。当我们问人家（29）的空宾语指谁，（33）的空宾语指谁，对方往往根据可能性大小来选择。

以上例子表明：空宾语与主语可以共指。在这种情况下，不能再加一个空主题，也与它共指。可见空主题假设不能用来处理汉语中与空宾语指称有关的全部事实。实际情况依然是：第一，不发生移位的汉语句子中也可以出现空宾语；第二，这样的空宾语不能都归入乔姆斯基划分的四种空语类中的某一种，并非都是 wh 语迹。应该承认在这两个方面汉语和英语有所不同。

3.2 复合句中的空宾语

汉语从句中的空宾语也不一定是移位后产生的，也不都是同一种空语类。最基本的事实是（34）那样带宾语从句的结构。

（34）张三说［李四不认识 e］

黄正德在几篇著作中都以（34）为例，认为其中的 e 既不能与李四共指，也不能与张三共指。他的处理方法还是加上空主题，让 e 与空主题共指，从而把 e 看作 wh 语迹。

（35）0［张三说［李四不认识 e］］

其实限制从句中空宾语所指的因素，就是限制简单句中空宾语所指的因素，也就是限制从句中空主语所指的因素。关键都在于动词的词义。单就（34）一句而言，一般不会用 e 指张三。但同样结构的其他句子中，从句的空宾语与主句主语共指丝毫不勉强。例如：

（36）小偷以为［没有人看见 e］

黄正德（Huang，1984）提出，（36）中省略的并不是代词，而是一个动词词组，例如"偷东西"。黄正德（Huang，1991）举出一些并列结构的例子说明：汉语中没有类似英语"do"的助词，所以汉语中省去宾语相当于英语中省去整个动词词组。但这一提法不足以否定汉语确实存在这种情况：从句中的空宾语可以与主句主语共指。下面三个例句引自 Li Mei Du（1985）。这几句中从句的动词都只能跟名词性成分，不能跟动词性成分，所省略的不可能是动词词组。

（37）那个孩子怕［老师打 e］

（38）张三喜欢［别人奉承 e］

（39）那个孩子要［妈妈抱 e］

那么为什么大家觉得（34）中的 e 指张三的可能性极小呢？这里有一点情况需要澄清。在没有上下文的情况下，（34）中的 e 可以指任何人、地方、事物，每个特定对象被指的概率都很小。e 指张三的可能性并不比指美国总统克林顿或者英国女皇伊丽莎白的可能性更小。如果我们把指张三的概率与指除张三而外一切其他对象的概率相比，前者当然显得小了。

空宾语指哪一对象在很大程度上取决于句子的语义和语用因素。把（40）与（34）比较可以看出语用因素的影响。

（40）张三责怪［李四不肯帮助 e］

这个句子中 e 指张三的可能性很大。道理很简单。李四可以不帮助世界上任何人，但其中绝大多数人与张三非亲非故，李四不肯帮他们，张三不会责怪。而李四不肯帮张三，张三极有可能要责怪他。

从句动词的词义对其宾语的解释也会造成影响，下面是一个极端例子。

（41）皇帝要［他的大臣朝见 e］

朝见的对象只能是皇帝，每个国家的大臣都只朝见本国皇帝，一个国家只有一个皇帝，所以（41）中的 e 只能与主句主语共指。

除动词以外，句中其他成分的语义对空宾语的解释也有影响。比较下列三个句子：

（42）我说［你逮捕了 e］

（43）我要求［你逮捕 e］

（44）罪犯主动要求［警察逮捕 e］

（42）与（34）情况相仿，在没有上下文的情况下不容易把从句宾语和主句主语当作同一个人。（43）中两者共指的可能性较大些。（44）中共指的可能性更大，因为从"警察"和"罪犯"等词的意义中已经可以清楚地看出拘捕者与被捕者的身份。

多举了几个例子就可以看清楚：从句的空宾语能否与主句主语共指受语义和语用因素影响，并不存在语法上的限制。只看个别例句会得出不全面的结论。空宾语不一定都相当于名词，也可以相当于代词。如果采用乔姆斯基的空语类分类法，这样的空宾语不一定都是 wh 语迹，也可以是 pro。

4. 总结

汉语中的空语类与英语中的空语类相比较有以下几个特点。

第一，汉语中空语类的分布较广，限制较少。英语宾语位置上出现空语类必定是移位所致，其先行语必然能在句中找到。汉语中没有这一语法限制。

第二，英语主语位置上出现非移位造成的空语类，必定在不定式从句中。汉语没有定式与不定式的区别，也不会有这种语法限制。

第三，英语和其他印欧语中的空语类分三四种，每种空语类出现在一定的结构位置上。句法结构限制空语类的性质和所指的可能性。而在汉语中没有这种限制。如果把汉语中的空语类也作相应的划分，那么在各个结构位置上都有可能出现不同的空语类。只要语义和语用条件允许，空语类可以自由地与句中其他成分共指或不共指。

所以我认为汉语的空语类可以称为自由空语类。

黄正德和我都用生成语法的框架和术语，我们之间的分歧是对汉语事实认识不一致。沈阳（1993）、黄衍（1992）等几位对事实的认识与我基本一致，他们的理论框架不是生成语法。我以为最要紧的还是把事实弄清楚。

参考文献

黄衍　1992　《汉语的空范畴》，《中国语文》第 230 期，383—393。

沈阳　1993　《现代汉语空语类研究》，北京大学博士论文。

邢欣　1990　《论"递系式"》，复旦大学博士论文。

Chomsky, Noam　1981　*Lectures on Government and Binding*. Dordrecht: Foris.

Chomsky, Noam　1982　*Some Concepts and Consequences of the Theory of Government and Binding*. Cambridge: MIT Press.

Huang, C. -R.　1992　Certainty in Functional Uncertainty. *Journal of Chinese Linguistics* 20: 247-288.

Huang, C. -T. James   1982   *Logical Relations in Chinese and the Theory of Grammar*. Doctoral dissertation. Cambridge: MIT.

Huang, C. -T. James   1984   On the distribution and reference of empty pronouns. *Linguistic Inquiry* 15: 531-574.

Huang, C. -T. James   1987   Remarks on empty categories in Chinese. Linguistic Inquiry 18:321-337.

Huang, C. -T. James   1989   Prop-drop in Chinese: A generalized control theory. in O. Jaeggli and K. Safir (eds.) *The Null Subject Parameter*. Dordrecht: Kluwer. 185-214.

Huang, C. -T. James   1991   Remarks on the status of the null object. in Robert Freidin (ed.) *Principles and Parameters in Comparative Grammar*. Cambridge: MIT Press. 56-76.

Lasnik, Howard   1991   On the necessity of Binding Conditions. in Robert Freidin (ed.) *Principles and Parameters in Comparative Grammar*. Cambridge: MIT Press. 7-28.

Li, Mei Du   1985   *Reduction and Anaphoric Relations in Chinese*. Doctoral dissertation. San Diego: University of California.

Li, Y. -H. Audrey   1985   *Abstract Case in Chinese*. Doctoral dissertation. Los Angeles: University of Southern California.

Li, Y. -H. Audrey   1990   *Order and Constituency in Mandarin Chinese*. Dordrecht: Kluwer.

Xu, Liejiong   1985-1986   Towards a lexical-thematic theory of control. *The Linguistic Review* 5:345-376.

Xu, Liejiong   1986   Free empty category. *Linguistic Inquiry* 17: 75-93.

Xu, Liejiong   1990   Are they parasitic gaps. In Joan Mascaro and Marina Nespor (eds.) *Grammar in Progress*. Dordrecht: Foris. 455-461.

Xu, Liejiong and D. Terrence Langendoen   1985   Topic structures in Chinese. *Language* 61: 1-27.

原刊于 1994 年第 5 期

闽北方言弱化声母和"第九调"之我见

王福堂

罗杰瑞观察到汉语闽北方言中存在着来源于古塞音、塞擦音的浊擦音和流音声母，这类声母的古浊平字又大都和其他声母的古浊平字不同调，调类超出四声八调的系统以外（罗称作"第九调"）。为解释这种现象，罗杰瑞假设历史上曾经存在过一种不同于一般汉语的原始闽语，并且从比较语言学的角度为原始闽语构拟了一个声母系统。这个声母系统共有六套塞音、塞擦音，清浊各三套：

p	t	ts	tɕ	k		b	d	dz	dʐ	g
p'	t'	ts'	tɕ'	k'		b'	d'	dz'	dʐ'	g'
-p	-t	-ts	-tɕ	-k		-b	-d	-dz	-dʐ	-g

这个构拟，比起中古切韵的声母系统来，多出了一套送气浊声母和清浊各一套弱化声母（表中前加"-"的声母）。罗杰瑞认为，正是这两套弱化声母构成闽北方言中前述字音特殊声母的来源，而古浊平字还以不同声母为条件分化成两个调类：非弱化声母的浊平字归入了阳平，弱化声母的字归入了"第九调"。如建阳方言：

反 vaiŋ³	转 lyeŋ³	早 lao³	指 i³	狗 eu³
猴 eu⁹	瓶 vaiŋ⁹	长 lɔŋ⁹	谢 lia⁶	蛇 ye²

这种弱化声母的古今音变，可以归纳为 -p -b ⟶ v, -t -d -ts -dz ⟶ l, -tɕ -dʑ -k -g ⟶ Ø。

原始闽语中弱化声母产生的原因，罗杰瑞认为，就塞音来说，可能是某种浊音前加成分的影响使后面的主要辅音经历了一个弱化过程，也可能是复辅音中某个成分失落引起了主要辅音的弱化；构拟中的前加"-"就是用来表示这个还不能确定的引发弱化的成分。罗杰瑞认为，上述声母的弱化过程也适用于清塞擦音。对浊塞擦音，他没有作解释。

许多学者不同意罗杰瑞对原始闽语弱化声母的构拟和产生原因的解释。余蔼芹认为，声母弱化不过是建阳等地方言的一种特殊音变。李如龙认为，由古浊声母今读送气、不送气及弱化三分是"不同历史层次的反映"。平田昌司认为，余说没有说明音变过程，李说没有涉及弱化清声母问题。针对李说，他表示同意郑张尚芳主张浦城城关方言端母字声母〔l〕来自〔ʔd-〕的可能性，认为弱化清声母和浙南吴语全清声母的紧喉作用（如浙江庆元"波"ʔbo⁴⁴，"朵"ʔdo³³）可能有关。他还根据郑张尚芳对浦城石陂方言古全浊声母分化现象的介绍，推测吴闽方言间的相互影响是调类分化——产生"第九调"——的主要原因。这些讨论涉及了问题的不少重要方面，但是全清声母紧喉作用说并不能解释闽北方言中大多数"第九调"字来源于全浊声母而不是全清声母的事实，方言间相互影响说也没有具体说明古全浊平字分化出"第九调"的过程。笔者准备在这两方面提出自己的看法。

笔者以为，闽北建阳、崇安、政和、松溪、建瓯等方言中不同程度地存在着来源于古塞音、塞擦音的浊擦音、流音等声母，就它们语音转变的性质来看，无疑是一种弱化。但是，把这种弱化现象产生的时间上推到闽语形成的早期，并且以浊音前加成分的影响来解释，并没有充分的理由。因为这种性质的弱化现象并不是闽语特有的。从历史看，汉语中古时期普遍发生的从帮组声母中分化出非组声母（p p' ⟶ f; b ⟶ v）的音变，就是这样性质的一种弱化，而这种音变并没有浊音前加成分的介入。帮组声母没有这种前加成分，是音韵学界的共识。从共时看，p b t d k g ⟶ v l Ø 这样的音变也见于闽北方言以外的许多现代方言。例如：

（1）福州：p、p'、t、t'、k、k' ⟶ β，l，Ø。如：枇杷 pi⁵²⁻³¹βa⁵²（⟵ p），土匪 t'u³¹⁻²⁴β i³¹（⟵ p'），戏台 xie²¹³⁻⁴⁴ lai⁵²（⟵ t），课程 k'uɔ²¹³⁻⁴⁴ liaŋ⁵²（⟵ t'），米缸 mi³¹⁻²¹ouŋ⁴⁴（⟵ k），布裤 puɔ²¹³⁻⁵²ou²¹³（⟵ k'）。

（2）江西永新：p、p'、t、t'、k、k' ⟶ v，l，Ø~v。如：把一~刀 ꞈva⁵³（⟵ p），步一~路 vu²⁵⁵（⟵ p'），点一~水 ꞈliã（⟵ t），团一~人 ꞈlɔ¹³（⟵ t'），间一~房 ã³⁵（⟵ k），口一~水 ꞈoey（⟵ k'），个一~人 vo²（⟵ k），块一~布 vai²（⟵ k'）。

（3）湖南泸溪（瓦乡话）：並，定 ⟶ f，l。如：皮 ꞈfɔ²⁴，大 ly²³³。

（4）福建浦城（城关）：端，知 ⟶ l。如：多 ꞈlo³⁵，昼 liɑo²³²⁴ 白。

（5）湖南益阳（桃江板溪、大栗港）：定 ⟶ l。如：头 ꞈlou¹³，大 lai²¹¹。

（6）湖北崇阳（天城镇）：b'~β,d'~l',Ø~w。如：盘 ꞈb'uɤ²¹~ꞈβuɤ，道 d'ao³³~l'ao²，"群" ꞈuin²¹~ꞈwin。

（7）安徽铜陵：並，定，群 ⟶ v，ɾ，ɣ。如：排 ꞈvæ¹¹，独 ɾo²¹³，共 ɣom²³⁵。

上述各方言的声母弱化现象，大致是唇音变成 v 或 β，舌尖音变成 l，舌根音变成 Ø，结果和建阳的 v、l、Ø 基本相同。不过这些音变的范围存在差异。其中（1）是语流音变，以前字韵母阴声韵和 ʔ 尾韵作为音变条件。（2）也是语流音变，但范围较小，只发生在数量名结构的量词音节上。自（3）以下不属语流音变范围，而是声母本身的变化。其中（3）的並、定二母除弱化声母外，还演变成其他声母，如並母：盆 bɛ²⁴，鼻 pi³³，排 p'ɔ⁵⁵。定母：

提 di⁵⁵，头 ta⁵⁵，道 t'ɑ⁵³，桃 nɑɔ²⁴，藤 dzeŋ⁵⁵。（4）的端母字声母都是 l，知母字声母 l 限于白读音。如：昼 tɕiuˀ 文，liɑɔˀ 白。（5）的定母字声母都是 l。（4）（5）的唇音、舌根音声母没有这种音变。（6）的并、滂、定、透、群、溪各有一个声母，但都有弱化音和非弱化音作为音位的自由变体。（7）的三个声母各只有一种弱化音的音值，和建阳方言的情况相同。上述方言现象说明，声母弱化的原因可以不尽相同，程度也可以有差别，自（1）至（7）还可以看作是一个逐渐加深的发展过程。既然如此，也就不排除闽北方言中的变化可以是由于其他原因在晚近才产生的，不一定要归因于原始闽语。在这一点上，余蔼芹的意见很有道理（尽管她没有说明具体的音变过程）。而平田所引郑张尚芳的紧喉作用说，却不能解释建阳等方言和前述除（4）以外的几种方言的事实。

罗杰瑞的方案是把弱化声母和"第九调"联系在一起考虑的。对此，平田曾提出过疑问：既然弱化声母来源于原始闽语，而《建州八音》的中古浊平字可以读入"第九调"的又占绝大多数（约为 74%），那么我们将不得不认为原始闽语的浊声母中弱化音占了绝大多数，这似乎是很不协调的构拟。笔者以为，平田的疑问是有道理的，因此有必要从其他方面考虑产生弱化声母的可能性。在这方面，郑张尚芳从吴语影响闽语的角度介绍的浦城石陂方言中古浊声母的分化现象，为解决这一问题提供了重要的线索。

如果把石陂、建阳、建瓯等方言古浊声母字在各声调中的读音进行比较，可以发现它们之间具有内在的联系。如下表（表中建阳"行"字读阳平乙调）。

	平		上		去		入	
	拳	行	柱	道	鼻~子	步	直	毒
石陂	kyŋ³³³	₌giaŋ³¹	₌t'iu⁵¹	dɔ³³³	p'i²⁴⁵	bu²⁴⁵	te₂³²	du₂³²
建阳	₌kyeiŋ³³⁴	ɦiaŋ⁴¹	hiu³³³²	lau³³³²	p'ɔi²⁴³	βo²⁴³	te₂⁴	lo₂⁴
建瓯	kyiŋ²²²	₌kiaŋ²¹	t'iu²⁴⁴	tau⁴²	p'i²⁴⁴	piɔ²⁴⁴	tɛ²⁴⁴	tu₂⁴²

表中一部分古浊声母字（拳、柱、鼻、直）三个方言都读清声母，和一般闽方言古全浊声母的演变规律相同，可以认为是闽语本有的字音。另一部分古浊声母字（行、道、步、毒），石陂是浊声母，建阳是弱化声母，建瓯基本上是清声母，调类还出现了超出四声八调的"第九调"。综合三个方言的情况来分析，这部分字的读音应当是在闽语的古全浊声母清化以后从邻近的保持古浊声母浊音音值的吴语借入的。新借入的浊音理应为闽语的声母系统所不容，所以会发生新一轮的浊音清化。石陂地处闽语区的北缘，紧邻吴语区，因此能较长时期保持这些借字的浊音音值。而在离吴语区稍远的方言中，浊音音值的音变就较快发生。其中建瓯方言已基本上变成清的塞音、塞擦音声母，和一般闽语经历的第一次

浊音清化的规律相同（但特殊的声调表明了这些字后起借字的特殊身份）。建阳方言中这些字变成弱化声母，与闽方言第一次浊音清化的规律不同。据统计，《建州八音》中"第九调"的字清音不送气的有 272 例，清音送气的只有 30 例，这也可以从这些字是由吴语进入的得到说明，因为不送气正是吴语浊声母的本质特点。由此可见，闽北方言的弱化声母的字音并不是闽方言本有的。这样，它和原始闽语也就谈不上有什么关系了。

闽北各方言中的"第九调"的调值比较接近。如石陂 31，建阳 41，建瓯 21，崇安 22，政和 21，松溪 21，大多是一个不高的降调。闽北方言本有的古浊平字的调型调值也大致相同。如石陂 33，建阳 334，建瓯 22，崇安 33，政和 33，松溪 44，大多是个中平调。"第九调"的调型调值不同于闽北方言本有的浊平字的调型调值，却和吴语浙南赣东地区紧邻闽语的一些方言中的古浊平字的调型调值相近。如龙泉 211，庆元 52，云和 213，松阳 311，遂昌 311，广丰 31，上饶 412，大多也是一个不高的降调。这使我们推测，闽北方言从吴语借入的这部分古浊平字，语音上并没有按对应规律进行折合，而是原样照搬：声母音值照搬吴语的，调值也照搬吴语的。由吴语进入的这部分借字的调型调值既和闽北本有的古浊平字不同，又不能像其他调类的借字那样有机会按调值的近似情况进行归并（建瓯话"第九调"并入上声是《建州八音》以后的事），古浊平字就有了并存的两个不同的调类，其中按吴语调值借入的调类成了超出四声八调范围的"第九调"。

参考文献

李如龙　1985　《中古全浊声母闽方言今读的分析》，《语言研究》第 1 期。

罗杰瑞（Jerry Norman）　1973　Tonal Development in Min, *JCL* 1.2。《闽语声调的演变》（张惠英译），《中南民族学院学报》（哲学社会科学版）1985 年第 4 期。

罗杰瑞　1974　The Initials of proto-Min, *JCL* 2.1。

罗杰瑞　1986　《闽北方言的第三套清塞音和清塞擦音》，《中国语文》第 1 期。

罗杰瑞　1988　*Chinese*，Cambridge University Press.

平田昌司　1988　《闽北方言"第九调"的性质》，《方言》第 1 期。

余蔼芹（Anne-Yue Hashimoto）　1976　《古代中国语声母の音韵对立（论古汉语声母的音韵对立）》，《中国语言学》第 223 期。

郑张尚芳　1985　《浦城方言的南北区分》，《方言》第 1 期。

语料来源

北京大学中文系:《汉语方音字汇》（第 2 版），文字改革出版社，1989。

陈蒲清:《益阳方言的边音声母》,《方言》1981 年第 3 期。

李如龙、陈章太:《闽语研究》,语文出版社，1991。

万波:《永新方言的量词浊化》,1989，未刊。

王辅世:《湖南泸溪瓦乡话记音》,《语言研究》1982 年第 1 期。

王太庆:《铜陵方言记略》,《方言》1983 年第 2 期。

颜森:《江西方言的分区（稿）》,《方言》1986 年第 1 期。

袁家骅等:《汉语方言概要》（第 2 版），文字改革出版社，1983。

浙江省语言学会:《浙江吴语的分区》,《语言学年刊》第 3 期，1985。

原刊于 1994 年第 6 期

说"麽"与"们"同源[*]

江蓝生

提　要：本文从"何等"作疑问代词、"彼等""公等"表示复数的某一类人出发，根据同义词类同引申的规律，提出疑问代词"甚麽"的"麽"（前身为"何物""是物"的"物"）跟复数词尾"们"同源的假设，"物"的"等类、色样"义是连接这两个语法范畴的意义纽带。文章从连续式音变和叠置式变异两方面解释了语源"物"跟唐代以来的复数词尾用字"弭、伟、每"以及"懑、门、们"之间的音变关系，列举文献资料和现代方言的例子说明"麽""们"之间的同源关系，最后总结了实词"物"语法化的四个特点。在余论部分强调应从变化和竞争两方面考察语言的历史演变。

本文讨论的是疑问代词"甚麽"的"麽"（包括样态指示词"这／那麽"的"麽"）和复数词尾"们"的来源。"麽"字早先也用来标写是非问语气词（今作"吗"），其来源是唐五代时期用在疑问句句尾的"无"［"晚来天欲雪，能饮一杯无？"（白居易《问刘十九》诗）］，疑问语气词"麽"（吗）不是本文讨论的对象。

1. "甚麽"的"麽"

1.1　关于"甚麽"的来源，中外学者考证者很多，^①在一些主要问题上看法基本一致，但在一些具体问题上意见仍有分歧。为减少读者翻检之劳，现综合各家（也包括笔者）意见，把跟本文论题有关的方面，特别是意见大体一致的扼要介绍于下；为便于理解，酌情

＊　本文3月17日曾在美国斯坦福大学东亚语言系召开的汉语语法史讨论会上宣读。
①　如章炳麟《新方言》、唐钺《国故新探》卷二、吉川幸次郎《说甚麽》（《中国语学》2）、周法高《中国语法札记》（《史语所集刊》24）、太田辰夫《甚麽考》、志村良治《甚麽の成立》、吕叔湘《近代汉语指代词》、张惠英《释什么》、黄丁华《闽南方言里的疑问代词》、郑张尚芳《温州方言歌韵读音的分化和历史层次》。

举一些例子。

（一）"甚麼"的前身是"是物"，"是物"的"物"跟六朝疑问代词"何物"的"物"有语源关系。

> 何物：北方～可贵？（《世说·言语》）| 陆逊、陆抗是卿～？（同上，《方正》）| 语卿道～？（同上，《贤媛》）| ～鬼担去？（《异苑》六）| ～老妪，生宁馨儿！（《晋书·王衍传》）

前两例"何物"一指物，一指人，"物"还有实义，后两例已虚化。"物"又作"勿"，表明其义已虚化。

> 何勿：等道，犹今言～语也。（《后汉书·祢衡传》李贤注）| 君是～人，在此妨贤路。（敦煌本《启颜录》）

> 是物：未审别驾疑～？（《神会》石井本）| 见无物唤作～？（《神会》伯3047）

（二）"是物"又作"是勿""是没"，最早见于八世纪中叶的敦煌文献。"是物"连读音变为"甚"或"甚物"、"甚没"，见于九世纪的文献。

> 是勿：未审别驾疑～？（《神会》伯3047）| 空更有～在？（同上，石井本）| ～儿得人怜？（《因话录》四）

> 是没：～是因？～是缘？（《大乘无生方便门》斯2503）| 是～？（《神会》石井本）| 空便有～物？（《神会》伯3047）

> 甚：于身有～好处？（《燕子赋》伯2491）| ～处传书觅？（《鹊踏枝》伯4017）

> 甚物：若不是夜地，眼眼不瞎，为～入入里许？（《启颜录·吃人》，《太平广记》卷248引）

> 甚没：三藏曰："问我作～？"（《宝林传》六）| 是～人？……作～来？（《李陵变文》）

（三）"甚"［-m］字又作"什"［-p］，可能由于当时（九世纪）某些方言中，当［-p］位于鼻音之前时音变为［-m］（如汉藏对音材料中"十二""十五"的"十"用［ɕim］标注）；此外"甚"的常用义为程度副词"很"，感到用它兼表疑问不太合适，于是就选用笔画少的"什"来代替。

> 什没：前生为～不修行？（《阿弥陀经讲经文》斯6551）

> 拾没：不知而问曰～。（《集韵》上声果韵母果切"没"字注）

（四）"甚物"、"甚没"以及"什没"的下字又作"谟、摩、麼"。"什摩"和"什麼"分别见于十世纪中叶和后半叶［（是）物 *mjuət ＞没_{莫勃切} muət ＞没_{母果切}摩_{莫婆切} mua］。

甚谟：毕竟唤作～物？（《三宝问答》斯 2669）　什摩：贵姓～？（《祖》四）

甚摩：～处来？（《祖》二〇）　　　　　　什麽：在～处？（《灯录》八）

甚麽：～处人？（《灯录》八）

（五）从"是物"与"是没"并存、"甚物"与"甚没"并见，可以判定敦煌写本中出现的单音节疑问代词"没"（以及加上词头"阿"的"阿没"）就是"物"的音变形式。另外，敦煌文献中与"没"并存的单音节疑问代词"莽"（以及加上词头"阿"的"阿莽"）是"没"的异读形式。敦煌文献所见唐五代西北方音"谟""唐"同为 o 韵，则"莽"正读 mo，音如"谟"。《藏汉对照词语》残卷斯 2736 号 102 条为 ʔa:mo:tɕhe:ra，[①] 可释读为"阿莽处了"。"莽"有模朗、莫补二切，二切敦煌皆音 mo（参看罗常培，1933；郑张尚芳，1992）。侯精一、杨平（1993）记载：山西方言宕江摄字"忙"文读为［maŋ］，白读为［muə］（介休）、［mɔ］（平遥）、［mɣ］（太原）、［muo］（盂县），因此，无论从唐五代敦煌文献还是现代山西方言都可以推测，"莽"应是跟"没"语音相近的白读音。"没""莽"单用作疑问代词表明，现在河北、山东、湖北、湖南乃至广东、福建等地的单音节疑问代词（包括带子尾、儿尾、个尾的，写作"吗、麽、乜"等）的语源可以追溯到敦煌文献里的"没"，再往上追，就是"何物""是物"的"物"。

表一

北京	济南	长沙	梅县	潮州
ma 吗	mər 么（儿）	mo tsɿ 么（子）	mak kɛ 乜（子）	miʔ kai 乜（子）

没：金刚经道～语？（《神会》石井本及伯 3047）| 问："离念是～？"答："离念是不动。"（《大乘五方便》伯 2270）| 缘～横罗鸟疾？（《燕子赋》伯 2653）

阿没：于身有～好处？（同上，伯 2653；"阿没"，伯 2491 作"甚"，伯 3666、斯 214 两卷作"阿莽"）| 天下只知有杜荀鹤，～处知有张五十郎！（《唐摭言》卷一二）

莽：今受困厄天地窄，更向何边投～人？（《变文集·捉季布传文》；庚卷"莽"作"甚"）

---

① 敦煌写本《藏汉对照词语》现藏英国大英博物馆，编号为 S.2736 和 S.1000。1948 年英国学者托马斯（F. W. Thomas）和翟理斯（L. Giles）合撰《一种藏汉词语手卷》一文，文中用拉丁文转写藏文，并对汉语词语进行了解读。六十年代以后，中外学者又进行了深入的考辨和订误，并利用残卷进行藏语史和汉语史的研究。

阿莽：但知捶胸拍臆，发头忆想～。（《燕子赋》伯 2653）｜如今及～次第，五下乃是调子。（同上，伯 2653）

（六）参照太田辰夫（1988）的论考，把"甚麼"的来源归纳为表二。

表二

词形			出现时代
是物（是勿、是没）	没（阿没）莽（阿莽）		八世纪前半叶
甚			九世纪
甚物（甚没）		什没	九世纪
甚摩		什摩	十世纪中叶
甚麼		什麼	十世纪后半叶

1.2 "甚麼"源自"是物"，方言中单用的疑问代词"吗、麼、乜"等的语源是"物"，这几乎是没有疑问的；分歧和不明点在于如何解释"是物"的"是"和"物"。太田辰夫（1988）说"是"本为指示代词，唐时又有"凡"义，表示任指，"是物"即任何之物。他从汉语的疑问代词一般也转用于任指（什么→任什么）推测："或许因此而相反地从任指的'是'而产生了疑问的意思？"太田先生的推测有两点障碍：其一，从任指到疑问这种逆向引申有无实际旁证？其二，从"没"单用作疑问代词来看，"是物""是没"跟"是何""是谁"应是同样的结构，"是"字不表任指。志村良治（1984）主张"是物"的"是"跟疑问代词"底"同出一源，由指示词而转用为疑问词。但这无法解释无论古代还是唐代的文献中并未见"是"单用作疑问代词的例子。吕叔湘（1985）认为，"是物"是"是何物"的省缩，"是"用来加强疑问语气，如同"是何"["是何小人，我伯父门，不听我前！"（《世说·贤媛》）]、"是谁"["是谁教汝？"（《北齐书·王晞》）]以及后世的"是什麼"["师出问：'是什麼堂堂密密？'"（《灯录》一八）]一样。"是何物"的例子如："是何物人？敢向我厅边觅虱？"（敦煌本《启颜录·昏忘》）"不是妖鼓之声，是何物声？"（《变文集·叶净能诗》）"何物"用在"是"字后面作表语的机会很多，再加上汉语有避免用疑问指代词作主语的倾向，就在它的前面加上"是"字，使它成为表语，这就促使"是何物"固定词组化，为减省音节，就说成了"是物"，犹如"作何物"减省为"作物（摩、麼）"一样。我们认为吕先生的解释平实有据，比较可信。不过，"是物"也有可能就是"是"跟"物"的结合，疑问代词"何物"的长期使用，使原本是构词语素的"物"沾染上了疑问词义，起初它不太能单独使用表示疑问，要跟"是"结合使用，后来才渐次获得独立性，可以单独作疑问代词（没，莽），但在句首时仍不能单用，要取"是物"（是没）的形式。这

样看来，"是物"的"是"最初是带有系词性的。

1.3　接下来是如何解释"是物"的"物"的问题。一般都把这个"物"看作器物之"物"，笔者把它释作"等类、色样"，认为"何物"义同"何等""何种"，由此才引申作疑问代词"什么"讲的。现略加说明。

1.3.1　物，色也，类也。王国维《释物》依卜辞考"物"本义为杂色牛（《观堂集林》卷六），后转指毛色，如《周礼·春官·鸡人》"辨其物"郑注"毛色也"。又泛指"色样、种类"，如《周礼·春官·保章氏》："以五云之物，辨吉凶水旱降丰荒之祲象。"郑注："物，色也。视日旁云气之色……知水旱所下之国。"又《地官·牧人》"牧人掌牧六牲，而阜蕃其物，以共祭祀之牲牷"，孙诒让正义："物犹种类也……凡牲畜，区别毛色，各为种类，通谓之物。"《左传·昭公九年》"事有其物"杜注"物，类也"。又《左传·桓公六年》："丁卯，子同生。……公曰：'是其生也，与吾同物，命之曰同。'"杜注："物，类也。谓同日。"《左传》的例子表明，"物"已由指牛畜的毛色、种类进而泛指人、事的类别。

1.3.2　物，万物也。王国维《释物》又云："物本杂色牛之名，……由杂色牛之名，因以名万有不齐之庶物。"上举《周礼·春官·保章氏》孙诒让正义说："凡物各有形色，故天之云色，地之土色，牲之毛色，通谓之物。"可以看出，"物"从指万物的形色种类引申而指形形色色的万有之物。《玉篇·牛部》："物，亡屈切，凡生天地之间皆谓物也。事也，类也。"此注反映了六朝时期"物"的两项主要意义。

我们认为，疑问代词"何物"的"物"不取义于万物之"物"，而是"等类、色样"之义，这从"何等"的意义和用法可以得到证明。先秦的疑问代词书面上只用单个汉字表示，如"何、曷、胡、奚、恶、安、焉"等，汉代始见"何等"作疑问代词用，有些例子"等"还保存实义，有的则已虚化，"何等"跟"何"完全相当。"何等"可以作主语、谓语、宾语、定语，如：处家～最乐？（《后汉书·东平宪王苍传》）｜所谓尸解者，～也？（《论衡·道虚》）｜或问温室中树皆～木？（《汉纪·成帝纪三》）｜欲作～？（《百喻经》上）此外"何等"还可以作状语，相当于"怎么"：陛下在，妾又～可言？（《史记·三王世家》）｜受将军任，在此备贼，～委去也？（《三国志·吴志·董袭传》）"何等"作定语，还可以表示不满或鄙视，如："逆贼曹操，～明公！"（《三国志·魏志·吕布传》裴注引《献帝春秋》）这跟"何物老妪，生宁馨儿"用法相同。可以看出，除了作状语外，以上各种用法"何物"全都具备。"何物"是六朝时期跟"何等"并用的疑问代词，其意义、用法基本相同，"何物"的"物"应跟"何等"的"等"为同义词，即为"等类、色样"之义。

表三

何～	单用	是～	甚～	作～
何等	等、底	是底	甚底	作底
何物	没	是物	甚物	作物（生）

汉语的同义词往往沿着类同的方向发展，我们发现虚化了的"等"和"物"也具备这一特点。"底"是"等"的音变形式，唐人颜师古《匡谬正俗》卷六："问曰：'俗谓何物为底，底义何训？'答曰：'此本言何等物，其后遂省，但言直云等物耳。……以是知去何而直言等。其言已旧，今人不详其本，乃作底字，非也。'"（着重号为笔者所加）清人俞正燮《癸巳类稿》卷七也说："浙东西语'何'为'底'，'底'乃'等'之转，'等'乃'何等'之急省。颜师古上举文说"等字本音都在反，转音丁儿反。""丁儿反"相当齐韵，跟"底"（荠韵）只是声调不同。

下面把表三里的有关词语（上文未及者）举例于下，以供对照。

1. "等""底"作疑问代词：死公，云等道！（《后汉书·祢衡传》唐李贤注："等道，犹今言何勿语也。"）｜用等称才学，往往见叹誉。（应璩《百一诗》）｜郎唤依底为？（晋诗《秋歌》，"底为"，为何，干什么）｜月没星不亮，持底明依绪？（《乐府诗集·读曲歌》）

2. "是底"与"是物"义同，相当于"什么"：摘荷空摘叶，是底采莲人！（张祜《读曲歌》）｜当初缘甚不嫌，便即下财下礼，色（索）我将来，道我是底！（《变文集·䴔䴖书》）

3. "甚底"与"甚物"相当，出现较晚，"底"类似词尾：不知持守甚底？（《朱语》八）｜家私间事，关公甚底！（《鸡肋编》卷上）｜将为儿子背上偷得甚底物事。（《警世通言·万秀娘仇报山亭儿》）

4. "作底"与"作物（生）"义同，相当于"怎么"，询问方式、原因等：不知杨六逢寒食，作底欢娱过此辰？（白居易《寒食日寄杨东川》诗）｜索得个屈期（奇）丑物入来，与我作底！（《变文集·䴔䴖书》）

作物（生）：異没时作物？［《神会》石井本；比较"阿兄在里作何物在？"（敦煌本《启颜录》）可见"作物"为"作何物"之省］｜作摩不传？（《祖》11.226）｜教老僧作麽生说！（《灯录》八）

以上各形式两两对应，"何物"的"物"跟"何等"的"等"意义相同，这一点是连接疑问代词和复数词尾的意义枢纽，是解释"麽""们"同源的语义依据。（详见2.2）

1.4 "这/那麽"的"麽"与"甚麽"的"麽"同源

"这/那麽"指示样态、方式，出现较迟，元曲里的例子大概是最早的。唐宋时期跟"这麽"相当的有"只没、只摩、祇麽"等，跟"那麽"相当的有"任摩、恁麽"等，此外还有"異没、熠没、与摩、潤麽"等，①都是同一词语的异写形式。以下各举一例：

> 今言"只没道"，为有"若为道"；若无"若为"，"只没"亦不存。
> （《南阳和尚问答杂征义》）| 僧曰："学人不重朝廷贵，不可条然只摩休。
> （《祖》3.8）| 莫祇麽论主论贼……论说闲话过日（《临济录》499a）| 任摩
> 去时如何（《祖》8.169）| 既是恁麽人，何愁恁麽事（《灯录》17.5）| 異
> 没时作勿生（《神会》石井本）| 到与摩时整理脚手不得（《祖》14.275）|
> 更作熠没检校，斩煞令军（《变文集·李陵变文》）| 和尚潤麽道却得（《雪
> 峰语录》上）

由于汉语近指、远指没有严格的区分，上举各词到底指近指远有时须据语境判断。上举样态指示词的下字按时代先后依次为：没、摩、麽。跟疑问代词"甚麽"的下字出现次序完全一致（见表四），这也有助于说明它们的同源关系。"这/那麽"就是"这/那样""这/那般"的意思，"麽"为"样、般"义，跟"物"的"色样"义相合。"这物"的例子没有见到，但是有跟"此等"相当的"此物"的例子："官岂少此物辈耶！"（《太平御览》卷八一七引魏文帝诏）这个例子很宝贵，它不仅说明"此物"的"物"跟"此等"的"等"同义，而且也暗示出样态指示词的下字"没、摩、麽"也源自"物"（只要把"此物"的"此"换成"这"）。

跟"没"单用可以做疑问代词相对应，"没"（以及"麽"）也可以单独做样态指示词。例如：

> 慈亲到没艰辛地，魂魄于时早已消。（《变文集·大目连变》；没，如此、这
> 般也）| 秾华自古不得久，况是倚春春已空。更被夜来风雨恶，满阶狼籍没多
> 红。（陆龟蒙《和袭美重题蔷薇》诗）| 万水千山还麽去，悠哉，酒面黄花欲醉
> 谁！（黄庭坚《南乡子》词）

这种用字与功能的对应性也说明疑问代词"麽"跟样态指示词的"麽"同出一源。

表四

疑问代词	是物	是没	没	甚摩	甚麽	麽
样态指示词	此物	只没	没	只摩	祇麽	麽

2. 复数词尾"们"

2.1 关于"们"的来源，吕叔湘先生很早就做过系统的论考。1940 年在《释您、俺、

---

① 详见梅祖麟（1983）、志村良治（1984）《指示副词"怎么"考》。

咱、喒，附论们字》①一文中，他考察了"们"字的历史；1949 年根据这篇文章改写而成的《说们》一文中，他又进一步对"们"的语源作了推测。现把吕先生的主要观点加以归纳，介绍于下。

（一）"们"字始见于宋代，唐代文献里出现的"我弭"中的"弭"、"儿郎伟"中的"伟"跟"们"大概有语源上的关系。

（二）在宋代文献里，标写复数词尾的有"懑、满、瞒、螨、門、們"等字，这些字应同表一音。"懑"本音"閟"（去声），俗音"門"（平声）（见宋·楼钥《攻媿集》卷七二），故后来用平声的"瞒"（《集韵》有谟奔切一读）代替，更后写作"門"，最后加人旁（下文用简化字"门""们"）。

（三）元代文献大多数用"每"字，少数用"们"字；明初仍多用"每"，明朝中叶以后"们"字才多起来，但《金瓶梅词话》里仍用"每"。

（四）"每"和"们"属于不同的方言系统，"弭、伟、们、每"都是同一语词在个别方言及个别时代的不同形式。宋元时代北方系方言用"每"，南方系方言用"们"；元代北方系官话成为标准语，"每"字通行起来，但南方系官话始终说"们"；元代以后北方系官话也不说"每"而说"们"。

表五

唐五代	宋	金元	明	清
弭、弥、伟	懑、满、瞒、螨、门、们	每	每、们	们

（五）"们"和"辈"可能有语源上的关系。在用法上"辈"与"们"吻合。在语音上，"辈"与"们、每、弭"声母都是双唇音，虽有塞音和鼻音之别，但在谐声字和方言里不乏通转的例子；中古音里"每""辈"同韵，"们""辈"虽不同韵，但上古音里文部与微部原是同类，也有通转的痕迹。

前四点是吕先生对历史文献中反映的语言事实所作的准确描写和概括，第五点是对"们"的语源的推测。"们"和"辈"之间是否有语源关系，吕先生虽倾向于有，但态度十分谨慎，表示"不能肯定"。笔者虽然不同意这一推测，但本文立论的基础却在很大程度上借助了吕先生所提供的语言事实。

2.2 在历史上，"侪、等、辈、曹、属"这些表示类别的词都可以用在人称代词或名

---

① 该文原载《华西协合大学中国文化研究所集刊》一卷二期，后收于商务印书馆（1984）《汉语语法论文集》（增订本）。此文后改写成《说们》和《说代词词尾家》两篇，收在科学出版社（1955）《汉语语法论文集》中，再后，这两篇内容经压缩，作为《近代汉语指代词》的第二章。

词的后面表示某一类人，如：吾侪（《左传·成公二年》）｜使曹（同上，昭公一二年）｜彼等（《史记·黥布传》）｜公等（同上，《平原君虞卿传》）｜我属（同上，《项羽本纪》）｜我曹（《汉书·外戚传》）｜我辈（《世说·德行》）｜门生辈（同上，《方正》）。从"公等""彼等"表示某一类人的复数，以及"何等""等"用作疑问代词这一事实出发，根据同义词类同引申的规律，我们推测：既然"何物"与"没"（＜物）同样用作疑问代词，那么跟"何等"的"等"意义相同的"物"（类也）原则上也应该可以用在人称代词或指人名词之后，表示某一类人，进而虚化为复数词尾。"物"跟上述类别词的区别在于先秦两汉时期它主要指事物的类别，这一特点决定了在古代没有"吾物""彼物"那样的用法。但是，"物"既然也是表示类别的词，而且在魏晋南北朝"物"又普遍用于泛指众人或总指一切人，它也就具备了跟"等"一样用在人称代词或指人名词之后表示某一类人或进一步虚化为复数词尾的条件。关于"物"指人，吕叔湘（1990）举了38个例子，如：预少贱，好豪侠，不为物所许。（《世说·方正》）｜各得其所，物无异议。（《颜氏家训·慕贤》）｜楷性宽厚，与物无忤。（《晋书·裴秀传》）｜（帝）见度身形黑壮，谓师伯曰："真健物也。"（《南齐书·焦度传》）

2.3 对复数词尾音变的解释

2.3.1 唐宋以来文献中出现的复数词尾可根据有无鼻音韵尾 -n 分为两类（本节例皆引自吕叔湘，1985）。

（一）不带鼻音韵尾的：弭、彌、伟、每

我弭当家没处得卢皮遐来（《因话录》卷四，《唐语林》卷六引此作"彌"）｜措大伟（《嘉话录》，《太平广记》卷二六〇引）｜儿郎伟（《司空表圣文集·障车文》）｜浪儿每（《董西厢》）｜官员每（《元代白话碑》）｜你每（《刘仲景遇恩录》）｜我每（《正统临戎录》）

（二）带 -n 尾的：懑（满）、瞒（䁪）、门（们）

孩儿懑（《默记》）｜他懑（《清波杂志》）｜他满《克斋词》）｜贤瞒（《乐府雅词》）｜你瞒我瞒（《齐东野语》｜宫嫔门（《二程语录》）｜他门（《龟山语录》）｜大人门（《甲寅通和》）｜你门（《中兴战功录》）｜郎君们（《燕云奉使录》）｜他们（《朱子语类》）

2.3.2 这一节解释语源"物"与唐代文献中"我弭"的"弭"之间的音变关系。

"物"是微母字［mv-］，古无轻重唇之分，微母原从明母分化，唐五代西北方音明、微尚无分别，可知唐代多数方言里微母字仍读如明母［m-］（现代南方方言且不说，就连北方话陕西延川万言中仍有把古微母字读［m-］声母的，如晚［mæ］）；隋唐时候北方话里产生了［i］介音，"物"的中古音可构拟为［*mjuət］，在它虚化为复数词尾的过程中随之发生了音韵弱化，[*mjuət]弱化脱落韵尾，读音就跟"弭""彌"相近了（《广韵》弭，绵婢切，高本汉拟为*mjwiě；彌，武移切，高氏拟为*mjiě；今二字均音 mi，也是弱化脱 ě 所致）。我们知道，做词尾的语素是很容易发生脱尾现象的。从"物"到"弭"的音变过程可推测为：*mjuət → mjuə → mjə → mje → mi。"物"与"弭"的音变关系可以从现代闽、粤语方言中窥见一斑。以下是"什么"一词在某些方言的读音。①

表六

厦门	潮州	阳江	海口
sim mĩʔ	miʔ kai	mi	mi
甚物	乜个	□	物

海口话"什么东西"说［mi꜔ mi꜔］（物物）或［mi꜔ mi꜔ si꜔］（物物事），疑问代词和名词同为［mi］音，最能说明疑问代词［mi꜔］的语源是"物"，由此也可判定阳江话［mi］的语源也是"物"。厦门话和潮州话还保持入声，但读音跟"弭"接近；阳江话和海南岛话"物"的读音跟"弭"相同。"物"在现代某些方言里的读音可从语音上支持复数词尾"弭"跟疑问代词"麼"（<物）同源的假设。

"儿郎伟"的"伟"是个云母字，楼钥《攻媿集》云："或以为唯诺之唯，或以为奇伟之伟。"（卷七二）吕先生（1984）29 页注 ⑰ 云："可见二字当时音读已同，……大致已读如今日之 uei，或更唇化为 vei（如今西安音），v- 既多为 m- 所蜕变，则此 vei 字原来可能为 mei。"这个推测是很有道理的（笔者"文革"期间在广州时曾听到"伟大"的"伟"有人读 mei）。因此，唐时"儿郎伟"的"伟"很可能跟金元文献中始见的"每"读音相近。由"弭、彌"音变为"每"比较好解释，方言中多有把"眉"读如［₌mi］，"杯"读如［₌pi］的（如山西闻喜方言）；北京话"眛"字一读 mèi（眛良心），一读 mī（把钱眛了）；"糜"字一读 méi（糜子），一读 mí（糜烂）。"弭、彌"与"伟、每"之别反映的是同源语素在北方某些方言中的不同音变，是一种叠置式音变现象。

2.3.3　那么，复数词尾中带 -n 韵尾的一组（以下简称"门"组）跟开音节的一组（以下简称"每"组）在语音上是什么关系呢？用传统音韵学、训诂学的术语来说就是阴阳对转。上古文部和微部是同类，《周礼·冢宰》假"匪"为"分"，《易林》以"悲"协"门"（见吕叔湘，1984，第 30 页注 ⑲）所反映的语言现象可用来说明"每"组与"门"组的音

---

① 厦门话据周长楫（1993），海口话我所吴可颖告知，郑张尚芳记音。其余两地据《汉语方言词汇》。

转关系。现代方言包含有历史语言面貌的活化石，我们可以借助于方言材料，从语言共时平面的差异中去认识其历时的演变。据钱曾怡（1993）知道，山东博山方言里帮组字中存在着 A、B 两种文读与白读的对应，现整理为表七。

表七

A	彌、嬰	谜	笔	披	B	门_{出~}	闷_气	本	忿	们
文	miˉ	miˉ	piˊ	p'iˊ	文	mɔ̃ˉ	mɔ̃ˊ	pɔ̃ˊ	fɔ̃˩	mɔ̃ˉ
白	meiˊ	meiˊ	peiˊ	p'eiˊ	白	meiˉ	meiˊ	peiˉ	fei˩	meiˉ

"嬰"是母亲的又称，只有白读音，跟只有文读音的"彌"互补，可视为一组文白异读。"们"字博山方言有两读，"他们""这／那人们"读［mɔ̃］，在"娘娘们们ə"（男人行动似女性）一语中读［mei］。文白异读现象反映的是不同系统（姊妹方言）的同源音类通过横向扩散而形成的叠置音变现象。A、B 两组的白读音虽然相同，其来源却不同，以"彌"和"门"为例，两组的关系是：

复数词尾"弭、彌"与"每、伟"的关系跟 A 组相似，是同源语素在不同方言的变体。从博山方言可以推知，"彌、每"的读音因跟"门"的白读音相同而合流，处于跟"门"的文读音相对立的位置，最后"门"的文读音在竞争中排挤、取代了它的白读音，从而确立了"门（们）"的地位。博山方言告诉我们，A、B 两组的白读音相同是复数词尾"弭、彌"从 A 组跳到 B 组的桥梁，是完成由"弭、彌"到"门"的叠置式音变的媒介。^①

综上所述，我们认为复数词尾"弭、彌"是其语源"物"脱尾音变的结果；"每、伟"是"弭、彌"的方言变体；而"门"组字不是从"物"纵向音变而来的，它是通过其白读音［mei］跟"每"读音相同而充当复数词尾标记的，最后又以其文读昔［men］取代了白读音［mei］。

2.4 这一节我们将举出历史文献和现代方言里的一些事实，说明疑问代词"麼"（包括样态指示词"麼"）跟复数词尾"们"或有音转关系，或用字相同，以进一步论证二者同

---

① 梅祖麟（1986）认为从"弭、伟、每"到"懑、门、们"是受契丹语影响所致，"们字是个双料货的词尾，-n 属于阿尔泰语，məi 每的部分属于汉语，都表示复数"。我们认为，既然汉语本身的历史和现状能够说明从"每"组到"门"组的变化，就不必用异族语言的影响来解释。

源的假说。

2.4.1　疑问代词与复数词尾用字音通例

（一）"没忽"音转为"们浑"

"没忽"为唐五代俗语词，义为肥胖貌，鼓满貌。如王梵志诗："到大肥没忽，直似饱糠豚。"敦煌写卷伯 2717《字宝碎金》："肥頬顝，音末曷。"《太平广记》卷二三四《御厨》引《卢氏杂说》有"浑羊殁忽"一语。以上"没忽、頬顝、殁忽"都是同一词语的异写形式。《集韵》去声恨韵：们，莫困切，"们浑，肥满貌"。"没"字唐五代文献中用来标写疑问代词和样态指示词，"们"字宋代用以标写复数词尾，从"没忽"到"们浑"，说明"没"与"们"之间有塞尾对鼻尾的音转关系。

（二）今甘肃临夏方言疑问词"阿门"［aɬ mənɬ］问性状方式，相当于"怎么"，如：我们走兰州，阿门走呢？（见谢小安等，1990）临夏方言的"阿门"跟敦煌变文里的"阿没""阿莽"当为同一词语，这也说明"没"与"们"有音转关系。

（三）2.3.2 已指出阳江话、海口话的疑问代词音 mi，语源为"物"，mi 与唐代复数词尾"弭"的今音一致。

2.4.2　样态指示词与复数词尾标记音同例

（四）文献中"门／们"做样态指示词标记：半钩新月浸牙床，犹记东华那门相（陈允平《南歌·茉莉》；张相云："那门犹云那般，如今云那么光景也。"）｜心绪浇油，足趔趄家前后，身倒偃门左右（《绯衣梦》二折；张相云："言足忽前忽后如趔趄般，身忽左忽右如倒偃般。"）｜这们女壻要如何？愁得苦水儿滴滴地（《清平·李翠莲》）｜这们，便我迎伙伴去（《老乞大》）｜那们时便消了（《朴通事》）｜我有那们大功夫和他走（《红楼梦》26回，程乙本）｜这们闹起来（《儿女英雄传》29 回亚东本）｜儜能这们高兴（《老残游记》17 回亚东本）

博山方言有"大老闷"一词（taɪ loᴵ mə̃ᴠ 形容很大），"闷"与"门"音近，用如样态指示词，这说明文献中样态指示词写作"门"或"们"是反映实际读音的。

（五）"每"用作样态指示词明代有例："也先说：'这每便好也。'"（《正统临戎录》）"每"，金、元及明初用作复数词尾，此处作样态指示词下字。

（六）大同方言"我们"的"们"和"这么个"的"么"读音相同，都读［ʂəʔ］（跟否定词"没"［məʔ］同音；见马文忠，1986），也可支持"麽""们"同源的假设。

上述材料说明了疑问代词（以及样态指示词）跟复数词尾之间存在着音转或音同的关系，联系上文谈到的"物"的"等类、色样"义，"何物"与"何等"、"此物"与"此等"的对应关系等，我们相信这两个语法成分同出一源，都是由表示类别的实词"物"虚化而来的。

3. 实词"物"语法化的特点

（一）实词"物"朝着不同的方向虚化为疑问代词"麼"和复数词尾"们"两个不同的语法成分（这证明了不同的语法成分可以从同一个实词歧变而来的语法化歧变原则），其语法化的原因和途径是不同的。从实词"物"虚化为复数词尾主要是词义本身引申的结果，即意义为"等类、色样"的"物"用在名词、代词之后，表示某一类人（跟"侪、等、辈、曹、属"一样），进而虚化为复数词尾。据冯春田（1991）考察，在《二程语录》和《朱子语类》中，"们"虽已用作复数词尾，但早期的"们"仍具有"辈、等、曹"一类的语义色彩，如：内臣宫嫔门（二程 264 页）｜公吏们（朱 3068 页）｜东坡、子由们（朱 92 页）｜老苏们（朱 1392 页）｜周、程、张、邵们（朱 2632 页）。与此并存的有"～辈""～等"，如：胥吏辈（朱 2651 页）｜东坡、陈少南辈（朱 193~194 页）；再如：公们（朱 197 页）｜公辈（朱 2776 页）｜公等（朱 2086 页）｜某们（朱 2571 页）｜某等（朱 3152 页）。以上事实很能说明：（1）"们"的语义来源是跟"等、辈"同义的类别词；（2）"～们"跟"～辈"并存使用，说明"们"不是源自"辈"。从原则上讲，"侪、等、辈、曹、属"都有条件虚化为复数词尾，但在实际上绝大多数方言选择了"们"（<物），南方一些方言选择了"等"，呈现"～们"与"～底"并存的局面（如同何物～何等、是物～是底、作物～作底并存一样）。广州话"我哋、你哋"的"哋"［tei］（《汉语方言词汇》），梅县话"催丁人、你丁人"的"丁"［ten］（黄雪贞 1994）应是"等"的音变（试比较唐五代西北方言"等"字藏文对音为 tiŋ）。此外，西安话里"我们"［mẽ·］和"我的"［ti·］并用（《汉语方言词汇》），是"～物""～等"在同一方言里并存的反映（样态指示词下字一般选择"么"（<物），但也有选择"底"（<等）的，如黄山汤口徽语"这么、那么、怎么"分别说作"尔底［n̩³ti］、那底［na⁵ti］、何底［xe²ti］"）。

从名词"物"虚化为疑问代词不能用词义引申说来解释，而是由词义沾染和类化等语用因素引起，即"何物"受"何等"的类化而用作疑问代词，由于"何物"的惯用，"物"沾染上"何"的词义，从而可单独作疑问代词用（不过已音变为"没"）；而这一过程很可能又受到"何等"的"等"早已单独作疑问代词用的影响。

（二）"物"字虚化为语法成分以后，还多少保存着原来实词的一些特点。如"甚麼""怎麼"的"麼"可以看作词尾，但"这／那麼"的"麼"还保存着"样、般"的意义，而这正是实词"物""等类、色样"义的存留；复数词尾"们"可以用在单数指人专有名词之后，仍是指某一类人的意思（如：杜勒斯们）。我们从这些残存的意义和特殊的用法受到启发，从而做出合乎情理的推测。

（三）实词"物"词义虚化进入语法范畴时，随之发生了音韵上的种种变化，各种异写形式就是这种音变的反映。一方面由于方言的分歧，音变形式纷繁多样；另一方面由于作者或手民随音记字，不一定跟实际读音完全吻合。这都给后人追溯语源带来困难。但是不管怎么纷乱，总有线索可寻。拿现代方言中跟"甚麼"相当的词的读音来看，韵母有舒声、入声之别，主要元音有［ɑ ə i o］之分，但声母都相同（参看 1.1"表一"）。[①]语音形式的变化是把原来的实词跟语法化了的成分加以区别的手段；同出一源的"麼"和"们"沿着不同的途径发生音变，也起到把两个不同的语法成分加以区别的作用。因此，在考求虚词的语源时，一方面要把这些不同的标记只作为语音标记来对待，不能望文生义；另一方面，某些语法成分的最早用字可能跟语源有意义上的关系，要特别予以注意，"何物""是物""作物（生）"的"物"就属于这一类。

由于语法成分的汉字标记一般只记音，因而在早期往往因人因地因时而异，很不固定。随着时间的推移，经过筛选淘汰，逐渐趋于统一。淘汰的原则是：（1）避免常用字，如采用常用字，往往增加偏旁以示区别；（2）避免难写字，如果既常用，笔画又繁多（如"濳"），十之八九会被淘汰。疑问代词选择"麼"（不常用），复数词尾选择"们"（常用字"门"加人旁）就是上述原则起作用的结果。

（四）实词"物"语法化后，引起了汉语语法体系的变化。疑问代词"甚麼"确立后，在口语中替代了此前最为通用的"何"，形成了新的疑问代词系统：

是物→甚/甚麼（体词性）　作物→怎/怎麼（谓词性）

此外还形成了新的样态指示词系统：只没（衹麼）~恁麼　这麼~那麼。

复数词尾"们"出现以后，汉语的指人复数表达健全起来，逐渐形成严整的系统：

我们　你们　他们　自家们（合音词：俺　您　怹　咱们）

4. 余论

疑问代词和复数词尾是两个不同的语法范畴，它们怎么会同出一源呢？如果不对它们的历史做深入的考察，如果不把它们放到本系统中跟其他成员联系起来考察，而且如果没有现代方言资料做参证，是得不出上述结论的。本文在以上几方面大大借助了吕叔湘先生、太田辰夫先生以及方言工作者的研究成果。考证语源，意义、用法、语音三方面都要考虑到，这里想特别说一下对音变的解释。当我们说 B 的语源是 A 时，一般要从音理上说明 A 为什么会变化为 B。但是语言演变的机制除了"变化"外，还有"选择"，在几种共存的形式中通过竞争选择某一种形式（详见徐通锵，1991，第 404 页）。

---

①　福州话"甚物"［sim bi?］，"物"音变为 b- 声母，仍是双唇音（见林宝卿，1992）。

过去我们只注重"变化",而忽略了"选择",一味用连续式音变去强作解释。本文受徐通锵先生叠置式变异理论的启发,用文白异读的"竞争"来解释"们"的来源,解释得是否恰当是一回事,在语言演变的研究中,应该同时考虑变化与竞争两种途径却是不应忽略的。

参考文献

吕叔湘 1955 《汉语语法论文集·说们》,科学出版社;1984 《汉语语法论文集》(增订本),商务印书馆;1985 《近代汉语指代词》,学林出版社;1990 《未晚斋语文漫谈》一三,《中国语文》第 1 期。

太田辰夫 1988 《中国语史通考》,白帝社。

太田辰夫 1991 《汉语史通考》(上书中译本,江蓝生、白维国译),重庆出版社。

志村良治 1984 《中国中世语法史研究》,三冬社。

罗常培 1933 《唐五代西北方音》,《史语所单刊》甲种三十二。

徐通锵 1991 《历史语言学》,商务印书馆。

梅祖麟 1983 《敦煌变文里的'熠没'和'虱'(举)字》,《中国语文》第 1 期。

梅祖麟 1986 《关于近代汉语指代词——读吕著〈近代汉语指代词〉》,《中国语文》第 6 期。

郑张尚芳 1983 《温州方言歌韵读音的分化和历史层次》,《语言研究》第 2 期。

郑张尚芳 1992 《补"敦煌〈藏汉对照词语〉残卷考辨订误"》,《民族语文》第 4 期。

张相 1991 《诗词曲语辞汇释》,中华书局。

冯春田 1991 《近代汉语语法问题研究》,山东教育出版社。

孙锡信 1992 《汉语历史语法要略》,复旦大学出版社。

黄丁华 1963 《闽南方言里的疑问代词》,《中国语文》第 4 期。

周长楫 1993 《厦门方言词典》,江苏教育出版社。

张惠英 1982 《释什么》,《中国语文》第 4 期。

钱曾怡 1993 《博山方言研究》,社会科学文献出版社。

张崇 1990 《延川县方言志》,语文出版社。

马文忠、梁述中 1986 《大同方言志》,语文出版社。

侯精一、杨平 1993 《山西方言的文白异读》,《中国语文》第 1 期。

黄雪贞 1994 《客家方言的词汇和语法特点》,《方言》第 4 期。

林宝卿 1992 《漳州方言词汇》(三),《方言》第 4 期。

谢小安、张淑敏　1990　《甘肃临夏方言的疑问句》，《中国语文》第 6 期。

北京大学中国语言文学系语言学教研室编　1964　《汉语方言词汇》，文字改革出版社。

原刊于 1995 年第 3 期

内部构拟法在近代汉语语法研究中的运用

蒋绍愚

提　要： 内部构拟法不但在汉语语音史的研究中可以运用，而且在汉语语法史的研究中也可以运用。本文以现代汉语述补结构的格局的"不系统"处为出发点，运用内部构拟法，并根据近代汉语的历史资料，探讨了述补结构的历史发展，对现代汉语中述补结构的格局为什么"不系统"作出了解释。

1

1.0 在历史语言的研究中，内部构拟法（internal reconstruction）是一种经常使用的方法。它"以系统中的不系统因素为突破口去探索语言的发展，重建已经消亡了的原始结构"（徐通锵，1991）。这种方法在汉语语音史的研究中得到了有效的运用。如高本汉（1954）认为，在中古汉语的语音系统中，在端、见两组声母中有两个空格（slot）：

端（t）　透（t'）　（　）　定（d'）　泥（n）

见（k）　溪（k'）　（　）　群（g'）　疑（ng）

他认为这两个空格在上古就是喻四（d）和喻三（g）。

梅祖麟（1988）也用内部构拟法讨论了上古汉语匣母的拟音。上古的匣母有两种拟音：一是拟为（ɣ），一是拟为（g）。究竟哪一种更合适？梅祖麟认为，上古汉语中有用清浊别义来区分他动和自动的，其清声母和浊声母都是同一发音部位的，而"解""降"等字的清浊别义，清声母是见母（*k），浊声母是匣母，根据其对应规律，匣母应该是（*g）。现列出梅文的部分例子：

	他动	自动
*p- > p- ∶ *b- > b-	败（补败切）	∶败（薄迈切）
*t- > t- ∶ *d- > d-	断（都管切）	∶断（徒管切）
*tj- < tśj- ∶ *dj- > źj-	折（之舌切）	∶折（市列切）

$$*trj- > tj- : *drj- < dj-$$ 著（陟略切）：著（直略切）

$$*k- > k- : *g- > g-$$ 检（居奄切）：俭（巨险切）

$$*k- > k- : （1）*\gamma- > \gamma- （2）*g- > \gamma-$$ 解（古买切）：解（胡买切）

降（古巷切）：降（户江切）

2

2.0　内部构拟法在近代汉语语法研究中是否也可以运用呢？回答是肯定的。本文试图运用内部构拟法来讨论近代汉语中几种述补结构的发展。

大家知道，现代汉语中的述补结构，按其补语的不同，可分成几类（Vd 表示单个动词）：

	V+Vd		V+A	
	肯定	否定	肯定	否定
述语＋趋向补语	进来	没进来		
述语＋结果补语	染成	没染成	染红	没染红
述语＋状态补语			染得红	染得不红
述语＋可能补语	染得成	染不成	染得红	染不红

对于这种格局，以现代汉语为母语的人，都习以为常，觉得十分自然。但是，仔细观察，就可以看到，其中有两处不系统的地方。（a）"述语＋状态补语"的"V+Vd"处是一个空格。在现代汉语中，这种格式中后一个 V 只能是动词词组（如"急得直哭""急得哭了"），而不能是单个动词；如果是单个动词就变成了可能补语，如"染得成""吃得完""听得懂"。（b）"述语＋可能补语"的肯定式和否定式不对称。汉语中的否定式一般是在肯定式的动词或形容词前加一个"不"或"没"，但是"述语＋可能补语"的否定式是用"不"取代肯定式中的"得"而形成的。（至于"述语＋趋向补语"没有"V+A"，那是很正常的：趋向补语只能是动词，不能是形容词。）

那么，这种"不系统"是怎样形成的呢？在这里，这种"不系统"只能作为我们观察问题的一个"窗口"，我们可以假定这种"不系统"是汉语发展的历史形成的，但是，这种假设是否成立以及汉语的历史发展究竟怎样形成这种局面，这就不能凭主观的理论推断来解决，而只能通过仔细地研究历史资料来得到解决。内部构拟法离不开语言历史资料的研究，这一点必须肯定。

下面，我们对这两种"不系统"之处分别加以讨论。

2.1　在现代汉语中"述语＋状态补语"的"V+Vd"式为什么是一个空格？

经过考察，我们看到，在近代汉语中，状态补语可以是单个动词，"V+Vd"并不是个空格。例如：

> 前时学得经论成，奔驰象马开禅扃。（刘禹锡《送僧仲剬东游》）
>
> 十三学得琵琶成，名属教坊第一部。（白居易《琵琶行》）

这些都不是可能补语，而是表示动作达成了某种状态。

最初，状态补语和可能补语形式是相同的，其区别在于：在已然的语境中，是状态补语；在未然的语境中，就成了可能补语。如：

> 烧得药成须寄我，曾为主簿与君同。（姚合《送张齐物主簿赴内乡》）

试把"烧得药成须寄我"按"述语＋可能补语"和"述语＋状态补语"两种理解译成现代汉语，那就是：（1）你能烧成药就寄给我；（2）你烧成了药就寄给我。显然，第一种理解含有怀疑对方能否烧成药的意思，这不是作者所要表达的意思；第二种理解表示对对方能烧成药深信不疑，这才是赠诗时合适的语气。但是，由于这个句子处于未然的语境，所以很容易变成表可能的意思。这一点在下面谈到"V 得 O"时还要讨论。

既然在近代汉语中"述语＋状态补语"可以有"V 得 Vd"和"V 得 A"两种格式，那么为什么"V 得 A"式保留至今，而"V 得 Vd"式后来消失了呢？这是因为，状态补语的"V 得 Vd"和"V 得 A"都表示某种状态的达成（结果），但"V 得 A"（春得细）偏重于表示状态，所以和结果补语（春细）有区别；而"V 得 Vd"（学得成）偏重于表示结果，所以和结果补语（学成）非常接近，如：

> 清弦脆管纤纤手，教得霓裳一曲成。（白居易《霓裳羽衣曲》）
>
> 两瓶箸下新开得，一曲霓裳初教成。（白居易《湖上招客送春泛舟》）
>
> 师曰："还将得游山杖来不？"对曰："不将得来。"师曰："若不将来，空来何益？"（《祖堂集》卷 5）

白居易两例，前一例说"教得成"，后一例说"教成"，意思没有多大区别。《祖堂集》例前面说"将得来"，后面说"将来"，也说明"将得来"和趋向补语"将来"差不多。也就是说，这种状态补语成了一种冗余的语法形式，也许这就是这种状态补语在现代汉语中被淘汰的原因。

近代汉语早期的"V 不 Vd"和"V 不 A"也都可以是状态补语的否定式。如：

> 烧药不成，命酒独醉。（白居易诗题，《全唐诗》卷 456）（＝没烧成）
>
> 幽鸟飞不远，客行千里间。（贾岛《石门陂留辞从叔谟》）（＝飞得不远）

所以，"V＋Vd"的状态补语的空格在近代汉语中可以补上，而且"V＋A"的状态补语的否定式也是"V 不 A"。（"V 得不 A"是宋代才产生的。）这就成了如下格局：

	V+Vd		V+A	
肯定式	否定式		肯定式	否定式

述语 + 状态补语　　V 得 Vd　　　V 不 Vd　　　V 得 A　　　V 不 A

现在可以看到，在近代汉语中，不但"述语 + 可能补语"，而且"述语 + 状态补语"的肯定式和否定式都不对称。其原因何在？这就是我们要讨论的第二个问题。

2.2　在近代汉语中"述语 + 状态补语"和"述语 + 可能补语"的肯定式和否定式为什么不对称？

关于这一点，吕叔湘先生有过一个很好的解释。吕叔湘（1944）认为，"V 不 C""VO 不 C""语其由来，未必为得字之省略，盖旧来自有此种句法，如'呼之不来，挥之不去'，唯本用以表实际之结果者，今用以表悬想之可能而已"。

这段话说明了两个问题：（1）"V 不 C"原来是"VC"的否定式；（2）"V 不 C"原来表实际的结果，后来才表悬想之可能。

这话说得很有道理。从历史上看，"V 不 C"比"V 得 C"产生得早。如：

　　学书不成，去学剑，又不成。（《史记·项羽本纪》）

　　注意欢留听，误令妆不成。（徐悱妻刘氏《听百舌》）

　　蚕饥心自急，开奁妆不成。（萧子显《陌上桑》）

前两例的"学书不成"和"妆不成"是主谓结构。述补结构"V（O）不 C"就是由这种主谓结构的"V（O）不 V"经过重新分析而成的。第三例处于过渡状态。到唐代，在王勃、骆宾王、王维、李白、杜甫、韩愈、刘禹锡、白居易、杜牧、李商隐等人的诗集中，"V 不 C"都很常见，而"V 得 C"只有几例。杜甫一例：

　　已应春得细，颇觉寄来迟。（杜甫《佐还山后寄》之二）

刘禹锡和白居易例已见前引。（两例都表示状态而不表示可能。）

所以，"V 得 C"和"V 不 C"不是同一来源，当然它们就不对称。

3

3.0　在现代汉语中还有一种表可能的述补结构：V 得 O。

肯定式　　　　　　否定式

V 得 O　　　　　　V 不得 O

说得话　　　　　　说不得话

这种述补结构，从现代汉语来看，其肯定式和否定式是对称的。但从历史上看，情况并非如此。（a）这种述补结构的否定式出现得比肯定式早得多。否定式最早的例子是《汉书·孝成许皇后传》："今壹受诏如此，且使妾摇手不得。"而肯定式的例子大约见于唐代。稗海本《搜神记》卷七："留宿此，必救得君母之患。"也就是说，大约在唐代以前，这种述补结构只有否定式，而没有肯定式。（b）这种否定式的宾语在补语之前，为"VO 不得"，而肯定式的宾语在补语之后，为"V得O"，两者不对称。

怎样通过这种"不系统"处来研究这种补语的历史发展？

汉语中很早就有动词"得"。甲骨文中就有"得"字，象以手取贝，为获得之义。后来又有两个助词"得"，都是由动词虚化而成的。得$_1$放在动词后面，表示动作实现或有了结果。《史记·建元以来侯者年表》："以伏波司马捕得南越王建德功侯。"这个"得"还是动词。（可比较《张释之传》："其后有人盗高庙坐前玉环，捕得，文帝怒。"《淮南衡山列传》："有司公卿下沛郡求捕所与淮南谋反者未得。"）到《论衡·感虚》"假使尧时天地相近，羿射得之，犹不能伤日"就虚化成了助词。得$_2$放在动词前面，表示可能。它比得$_1$出现得早，先秦文献中就很多。如《论语·微子》："趋而辟之，不得与之言。"

得$_2$的否定式"不得$_2$"很早就可以放到动词后面，如：

靖郭君辞不得，三日而听。（《战国策·齐策一》）

主父欲出不得。（《史记·赵世家》）

但上述例句中 V 和"不得"之间还比较松散，中间可以插进"而"（比较《论语·子罕》"欲罢不能"），所以还不是述补结构。到了《汉书》中"摇手不得"才是述补结构。而"得$_2$"的肯定式放在动词后只限于"得乎"的形式。如《孟子·滕文公上》："虽欲耕，得乎？"所以，"V得O"中的"得"不可能是得$_2$直接放到动词后面而成的，应该是由动词后面的"得$_1$"因处于未然语境中进一步虚化而成的。杨平（1989）引了两例，说明这种关系：

蒙世尊慈悲，救得阿娘火难之苦。（《敦煌变文集·大目乾连》）（已然，表实现）

如何救得阿娘火难之苦？（同上）（未然，表可能）

所以，（a）"V得O"和"VO不得"不对称，是因为它们有不同的来源。前者的"得"是由得$_1$进一步虚化而成的，后者是"不得$_2$"放在动词后面而成的。（b）"V得O"产生的时代（唐代）远晚于"VO不得"（汉代），是因为"不得$_2$"很早就可以置于动词之后，而"V得O"中的"得"由得（动词）→得$_1$（表实现）→得$_1$（表可能），发展需要时间（参看太田辰夫，1958）。

但是，后来"V得O"的否定式成了"V不得O"，如：

禁止不得泪，忍管不得闷。（黄庭坚《卜算子》）

这是由于"V得O"类化而来的。这种"得"也是来源于"得$_1$"。这时，肯定式和否定式达到了新的平衡。（有的学者认为现代汉语中的"V得O"本应是"V得得O"，因两个"得"重叠而删去一个。从历史发展看，恐怕未必如此。）

这种述补结构的历史发展可列表如下。

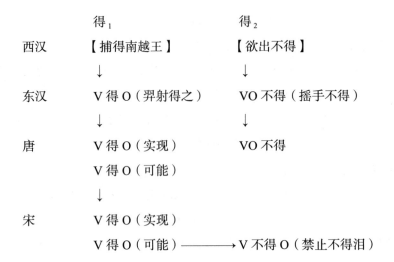

参考文献

徐通锵　1991　《历史语言学》，商务印书馆。

高本汉　1954　《中上古汉语音韵纲要》，聂鸿音译，齐鲁书社。

梅祖麟　1988　《内部构拟汉语三例》，《中国语文》第 3 期。

王力　1958　《汉语史稿》，《王力文集》第 9 卷，山东教育出版社。

王力　1990　《汉语语法史》，《王力文集》第 11 卷，山东教育出版社。

吕叔湘　1944　《与动词后得与不有关之词序问题》，《汉语语法论文集》（增订本），商务印书馆。

太田辰夫　1958　《中国语历史文法》，蒋绍愚、徐昌华译，北京大学出版社。

岳俊发　1984　《得字句的产生和演变》，《语言研究》第 2 期。

杨平　1989　《"动词＋得＋宾语"结构的产生和发展》，《中国语文》第 2 期。

原刊于 1995 年第 3 期

汉语对比焦点的句法表现手段

方　梅

提　要：本文通过对预设的分析区别了句子的常规焦点和对比焦点，考察了汉语里用于表现
　　　　对比焦点的句法手段及其适用范围。指出除韵律手段外，用标记词标示对比成分是
　　　　汉语里表现对比焦点的重要手段，词序的变化一般不直接导致形成对比焦点句。

1. 对比焦点和常规焦点

1.1　定义

一个句子的焦点是句子语义的重心所在。由于句子的信息编排往往是遵循从旧到新的
原则，越靠近句末信息内容就越新。句末成分通常被称作句末焦点，我们把这种焦点成分
称为常规焦点。反之，如果一个成分不用作引入新信息，而是在上文或语境里已经直接或
间接地引入了，是说话人出于对比目的才着意强调的，这个成分就是对比焦点。[①] 对比项可
能是上文提及的或语境中实际存在的，也可能是听话人和说话人双方心目中认可的。例如
下面的对话中，下加横线的部分就是对比焦点成分：

　　（1）"谁请客，你吗？"

　　　　"我哪儿请得起，宝康请。"

　　　　"他请？他为什么请？"

　　　　"你不知道我们就更不知道了，我们是沾你的光。"

　　　　"沾我的光？我跟他也没什么关系。"（《王朔文集》4—36）

　　常规焦点跟对比焦点的根本差别在于二者的预设不同。所谓预设，通俗地说，就是听

---

① 这里把跟对比焦点（contrastive focus）相对的一般的句末焦点称作常规焦点主要是考虑到理解上的方
便，因为在谈论汉语里与语义相关的重音问题时，常规重音（normal stress）和对比重音（contrasting
stress）的概念自赵元任（1968）之后已经成为大家熟知的概念。鉴于句末焦点只伴有常规重音而对比
焦点总带有对比重音，所以我们把与这一对重音概念相对应的焦点成分分别称作常规焦点和对比焦点。

话人和说话人双方都共知并认可的前提。如果句子的预设是"有 X"，整个句子是要说明这个 X，这时候，焦点成分是呈现性的，属于常规焦点；如果说话人预设听话人认为某事是 B，而实际应该是 A，说话人说出这个句子的目的在于指别"是 A 而非 B"。这时候句子的焦点成分就是对比性的，属于对比焦点。

汉语特指问句里的疑问词一般有两种位置，一是在动词前，一是在动词后。我们认为，这两种问句的实质区别就在于预设的性质乃至焦点性质不同。例如：

（2）王朔是谁？

（3）谁是王朔？

当有人谈论"王朔"的时候，如果听话人对"王朔"一无所知，而要求说明"王朔"这个人，他就会采用（2），其中的疑问焦点"谁"是常规焦点。假如说话人知道"王朔"是个作家，也知道"王朔"在场，但是辨认不出来，这时候他就会采用（3），问"谁是王朔？"而不说"王朔是谁？"。因为"谁是王朔？"等于"哪个人是王朔？"，它要求**指别的**句子与之相配。而"王朔是谁？"等于"王朔是什么人？"，它要求**说明的**句子与之相配。只有要求指别的句子中的疑问焦点是对比焦点。

1.2 与常规焦点、对比焦点相对应的两套特指问句

从以上分析可以看到，跟"谁"问句相配的既可以是一个说明句，也可以是一个指别句：

王朔是谁？ ＝ 王朔是什么人？　　　谁是王朔？ ＝ 哪个人是王朔？

而与"哪（个）+N"相配的无疑是指别句。换句话说，就"哪（个）+N"的疑问域所做的回答肯定是对比焦点；而就"谁"的疑问域所做的回答是不是对比焦点则依疑问词的位置而定。疑问词"谁"在动词前，问的是对比焦点；疑问词"谁"在动词后，问的就不是对比焦点。

上文就例（2）和例（3）的对比分析显现的另一个现象是，与疑问形式"哪（个）+N"相对的是"什么 +N"，由"什么 +N"构成的疑问句要求一个说明句与之相配，就"什么 +N"所做的回答是句子的常规焦点。

在此，有一个事实不能不引起注意，那就是用"什么人"和"哪个人"的时候，"什么人"不能放在"是"之前，"哪个人"不能放在"是"之后：

＊什么人是王朔？　　　＊王朔是哪个人？

对照例（2）和例（3）里"谁"的位置，是不是可以推测，疑问词的位置是决定焦点性质的一个因素呢？我们在20万字的对话语料（《侯宝林相声选》）中对"什么"的使用情况做了统计，统计结果显示的倾向性支持这个推测。

我们分两步进行统计。第一，把"什么""什么 +N"问句分两种统计，A. 与说明性答

句相匹配；B．与指别性答句相匹配。统计的结果是只存在 A 类，不存在 B 类。第二，就问句里"什么""什么+N"的位置进行考察；其中 86% 位于动词后，10% 位于句首话题位置（其中有一半是反问句），4% 位于动词前状语位置。

"什么""什么+N"在动词后的例子，如：

（4）甲　得请位"全合人儿"给铺床。挺好的被褥……可里边儿弄了好些
个障碍物！

乙　那里搁什么呀？

甲　有桂圆、核桃、枣儿、栗子、花生。

（5）甲　我们打百分儿有新发明。

乙　有什么发明？

甲　有水果百分儿；有眼镜百分儿；还有……

"什么""什么+N"在句首话题位置的例子，其中的谓语动词用"是"或"叫"，如：

（6）甲　吃子孙饽饽、长寿面。

乙　什么叫子孙饽饽、长寿面？

甲　由打女方提来一个盒子——里边有两个新碗，两副新筷子；一个
碗里是饺子，一个碗里是面。

（7）乙　你的孩子，不找你找谁呀？

甲　孩子念书，大人还得搭上？

乙　什么叫搭上？老师是为了家长和学校配合着把孩子教育好了。

（6）和（7）是性质不同的问句，两者的区别在于：例（6）"什么"问句是个要求回答的疑问句，问句的答句是一个说明性陈述；而例（7）的"什么"句是个反问句，引出反驳意见，并不要求回答。

"什么""什么+N"在动词前状语位置的例子：

（8）您是从什么时候开始学相声的？

通过以上的分析和统计似乎可以说，与常规焦点和对比焦点相对应的是两套不同的疑问词，与"什么""什么+N"相匹配的回答是句子的常规焦点；与"哪（个）+N"相匹配的回答是句子的对比焦点。疑问词在句子中的位置在一定程度上决定了相应回答的焦点性质，问句的疑问词在句首时，相应的回答倾向于为对比焦点；问句的疑问词在句末时，相应的回答倾向于为常规焦点。

我们这里讨论跟常规焦点和对比焦点相对应的两套疑问句，是为了说明二者不同的预设，并不意味着所有含有对比焦点的句子都能简单地用"哪（个）+N"提问，因为汉语里对比焦点在形式上还有一些独特的表现手段，下面我们将详细讨论。

2. 对比焦点的表现手段

对比焦点成分在口语里总是伴随着强制性对比重音，对比重音把对比项从句子语流中凸显出来。除了语音手段以外，汉语里表现对比焦点还有两种句法手段：1）用非线性成分做焦点标记，直接加在对比成分前，或用"是……的"格式标定对比成分；2）通过语义成分的超常配位，使被强调的成分处于"非常规"位置上。

2.1 标记词的确认

由于口语里对比焦点总是伴有强制性对比重音，因此标记词在口语里实际是羡余成分。但是对于落在纸上的句子而言，标记词的作用是不可低估的。标记词的确认应遵循以下原则：

（一）作为标记成分，它自身不负载实在的意义，因此，不可能带对比重音。

（二）标记词的作用在于标示其后成分的焦点身份，所以焦点标记后的成分总是在语音上凸显的成分。

（三）标记词不是句子线性结构中的基本要素，因此它被省略掉以后句子依然可以成立。

有些讨论焦点问题的文章里常把"才 / 只 / 就 / 都"等具有限制意义的副词当作焦点识别手段，依据上述标准来看，它们自身都可以带对比重音，而其后的成分是否带对比重音不具有强制性。因此我们不认为它们是标记词。焦点标记词只有两个，一个是"是"，一个是"连"。

以往的文献中谈到具有强调作用的"是"的时候，列举的是两种语音形式不同的"是"，一种是不重读的，一种是重读的。例如：

（9）a. 都开学了，他怎么还在家住着？

b. 他是没考上。

c. 可是我记得他考上了。

d. 他′是没考上。

过去的研究中，对（9b）（9d）中的"是"的区分一般只说后者有"的确，实在"的意思，或指出重读"是"的使用条件，即在背景中原命题的正确性已处于判断之中时，把重读"是"放在变项之前。轻读"是"后的变项可以有多种选择，重读"是"后面变项的选择只有"是"与"非"两种。但是，在标示焦点的问题上对这两个"是"一般不加区分。

依照上文有关焦点标记词的确认原则，我们认为只有不重读的"是"是焦点标记，而重读的"是"是表示确认意义的副词。因为：

（一）标记词的作用在于标示其后成分的焦点身份，所以它后面的成分总是在语音上凸显的成分。而重读"是"后的成分却比"是"读得轻，所以这个重读的"是"不是焦点标记。

（二）重读的"是"有比较实在的意义，意思是"的确，实在"，在句子中不能省略（《现代汉语八百词》）。

2.2 用标记词标示对比焦点

2.2.1 用"是"标示对比焦点

用"是"标示的成分有施事、时间、处所、工具，但一般不能是动词后的受事成分。如：

（10）是我们明天在录音棚用新设备给那片子录主题歌。（用于回答"哪些人"）

我们是明天在录音棚用新设备给那片子录主题歌。（用于回答"哪天"）

我们明天是在录音棚用新设备给那片子录主题歌。（用于回答"在哪个地方"）

我们明天在录音棚是用新设备给那片子录主题歌。（用于回答"用哪种工具"）

我们明天在录音棚用新设备是给那片子录主题歌。（用于回答"给哪个片子"）

*我们明天在录音棚用新设备给那片子录是主题歌。

用"是"标示的受事成分仅限于被动句。例如：

（11）是小王叫蛇咬了。

"是"也可以用在动词的前头，例如：

（12）我是爱你才这么说的。（不是出于其他原因）

"是"还可以用在一些具有指量意义或程度意义的修饰成分前面，例如：

（13）我是刚刚进屋，还没来得及换衣服呢。

他是足足睡了两天两夜。

2.2.2 用"是……的"标定对比焦点成分

用"是……的"把一个句子分成两段，以便把对比焦点放到"是"的后面，"是"一般仅限于标示动词前的名词性成分，功能相当于英语的分裂句（cleft sentence）"it is...that"，但这种格式不用作标示动词后成分，所以不涉及成分的移位。例如：

（14）是小王昨天在镇上用奖金给女朋友买的戒指。（用于回答"哪个人"）

小王是昨天在镇上用奖金给女朋友买的戒指。（用于回答"哪天"）

小王昨天是在镇上用奖金给女朋友买的戒指。（用于回答"在哪个地方"）

小王昨天在镇上是用奖金给女朋友买的戒指。（用于回答"从哪里开支"）

小王昨天在镇上用奖金是给女朋友买的戒指。（用于回答"给哪个人"）

* 小王昨天在镇上用奖金给女朋友是买的戒指。

赵元任（1968：153）在讨论"的"的时候认为这类"是……的"句里"的"的作用在于指出意思里的重点。我们认为这种看法不无道理，因为这类"是……的"句在口语里有一种不用"是"光用"的"的变异形式，但这类用例里主要动词前的成分相对比较简单。例如：

（15）a. 小王买的戒指。

b. 小王昨天买的戒指。

c. 小王昨天在镇上买的戒指。

d.？小王昨天在镇上用奖金买的戒指。

e.？小王昨天在镇上用奖金给女朋友买的戒指。

（15）从 a 句到 e 句强调的成分越来越模糊，a 句动词前只有一个名词项，强调的成分相对明确，用于强调"哪个人"；b 句动词前有两个名词项，强调的成分有可能是"哪天"也有可能是"哪个人"，依对比重音的位置而定；c 句强调的成分可能是"哪天""哪个人"，也有可能是"哪个地方"，依对比重音的位置而定；d 句和 e 句随着动词前成分的加长，其可接受性递减。从（14）和（15）的对比我们不难看出"是"的定位作用。而单就这类不带"是"的"的"字结构而言，它的语义负载过重，其一，它有可能是一个陈述，同于"是……的"句，也有可能是一个指称形式；其二，它强调的成分有可能是动词前的语义成分，也有可能是动作本身，也就是说，（15a）（15b）（15c）都有可能强调"买"（比如，强调是买来的而不是偷来的）。这种种原因使得这类"的"字句的功能过于庞杂，而"是"的聚焦作用在长句里就成为不可缺少的了。在下面用例里，"是"几乎就是不可缺省的。

（16）下了电车往院里走的那段胡同道儿是我搀扶的她。

？下了电车往院里走的那段胡同道儿我搀扶的她。

可见，"的"的控制域是相当有限的。由于上述种种原因，我们更倾向于把"是……的"句里的"是"看作具有焦点定位作用的成分。

2.2.3 用"连"标示对比焦点

关于"连"字句，不少学者做过极富启示意义的分析（如曹逢甫，1987；Paris，1981；

周小兵，1990；崔希亮，1993），他们对"连"的分析我们接受以下几点：（一）"连"字句有对比意义，"连"后的成分是对比项里最极端的一个；（二）"连"后那些不是正式的 NP 的成分都表现出某种名词的性质；（三）无论"连"后的成分是正式的 NP，还是非正式的 NP，"连"后的成分跟正式的话题是相当的。

我们认为，"连……也 / 都"句里"连"后的成分是一个对比性话题，用于表现极性对比。由于"连"字句中"连"后的成分都有强制性对比重音，"连"自身不带对比重音，多数"连"字句中的"连"都可以省去，所以我们认为"连"是焦点标记词，用于标示极性对比话题。例如：

（17）a. 连这点小事他都想不出办法。　　b. 连这点小事都想不出办法。

　　　连桌子底下我都找了。　　　　　　连桌子底下都找了。

　　　连西红柿她都包饺子。　　　　　　连水果刀都能杀死人。

　　　连饭他都没吃就上班去了。　　　　连西红柿都能包饺子。

　　　连礼拜天他都不休息。　　　　　　连饭也没吃就上班去了。

　　　c. 连半大的孩子都讨厌他。　　　　d. 连写字都用左手。

　　　连我爷爷都护着他。　　　　　　　连在家里住几天都不乐意。

例（17）四组"连"字句中，a 组是由主题句 NP_1+NP_2+VP 加上"连"构成的，b、c 两组动词前只有一个 NP，b 组例子动词前的 NP 是非施事成分，c 组例子动词前的 NP 是施事成分。我们倾向于把 b 组看作 a 组缺省 NP_2 的结果，把 c 组看作 a 组缺省 NP_1 的结果。d 组"连"后的成分表面上看是动词短语，实际上已经失去了很多动词的特性，比如不能前加情态动词或否定标记，不能后附时体标记，这一点有不少学者已经注意到了（如曹逢甫，1987 等）。因此，也可以看作主题句模块 NP_1+NP_2+VP 的缺省形式。

"连"字句不同于标示对比焦点的"是"字句，也有别于下文里讨论的"超常配位"形式。前者一般不标示话题成分，作为对比项，所标示的成分也不是最极端的一个。后者只用于显示对比话题，但也同样不具备"极端"意义。

3. 跟对比焦点有关的词序问题

除了加标记词以外，语义成分配位顺序的变化是表现对比焦点的另一重要手段。这种配位顺序的变化使被强调的成分处于"非常规"位置上，构成一种有标记句。而一般讨论词序问题时涉及较多的"把"字句和"准分裂句"等，据我们观察，并不直接导致形成对比焦点。

3.1 语义成分的常规配位与非常规配位

关于汉语中主题、主语和宾语与各种语义成分[①]的配位规律，陈平（1994）提出了两条语义原则：在主语和宾语同各种语义成分的配位中起决定作用的是施事性或受事性的强弱[②]；在主题同各种语义成分的配位中起决定作用的是它与动词关系的疏密。具体表现为，（一）充任主语的语义角色优先序列为施事＞感事＞工具＞系事＞地点＞对象＞受事，相反是宾语的；（二）充任主题的语义角色优先序列为系事＞地点＞工具＞对象＞感事＞受事＞施事。句子成分和语义成分在配位上符合序列规定的句子一定是合法句，而且从功能角度看也是最自然的、中性的句子。不符合序列的句子要么不能说，要么具有特殊的附加功能。具有启发意义的是，陈文在分析主题句里"施事＋受事＋VP"与"受事＋施事＋VP"两种格式的不对称现象时，对范继淹（1984）和吕叔湘（1946）的观察从功能语法的角度给予了概括，指出"施事＋受事＋VP"是一种特殊句式，其功能在于标明受事成分一定是该句的焦点信息。

顺着这个思路，我们把符合配位原则的句子看作常规句，即配位符合常规配位的句子，然后对不符合配位原则的各类主题句进行考察。结果表明，一些"非常规配位"作为中性的句子是不能说的，但是带上对比焦点以后却是合格的句子。

（18）a. 这事老高有办法　　　　　　　［系事＋施事＋VP］

　　　b.* 老高这事有办法　　　　　　　［施事＋系事＋VP］

　　　c. 老高′这事有办法（别的事就未必了）

从配位原则出发，（18b）不能说的原因是很好理解的。因为系事成分"这事"的最佳位置是在句首主题的位置上而不是在主语位置上，而作为主语的最佳选择是施事。所以（18a）"这事老高有办法"能说，而（18b）"老高这事有办法"不能说。这是就一般的从功能角度看中性的句子而言，当给系事成分加上对比重音以后，如（18c），"老高这事有办法"就是可以接受的句子了。

根据陈平的研究，一个名词性语义成分的施事性越强充任主语的可能性越大；而一个名词性成分是否可以充任主题主要取决于它与动词语义关系的疏密，与动词的关系越是疏离充任主题的倾向性越强。尽管两条语义优先原则的出发点不同，但是我们把它们对照起来看仍不妨得出这样的规律：作为常规配位，在主题句 NP_1+NP_2+VP 里，NP_2 的施事性一般应该强于 NP_1，或者说 NP_1 的受事性强于 NP_2。依照这个规律配位组合的主题句是常规句，超越这个配位原则就意味着句子隐含了对比项。例如：

[①]　以下各类语义成分的特征请参看陈平（1994）。陈文把 topic 称为主题，本文此处沿用这一称法，在其他场合仍按习惯称为话题。

[②]　关于施事性、受事性的强弱的说明请参看陈平（1994）的分析。

（19）a. 饭馆里咱们不好说话　　　　　　　［地点＋施事＋VP］

　　　b.* 咱们饭馆里不好说话　　　　　　　［施事＋地点＋VP］

　　　c. 咱们′饭馆里不好说话（得换个清静地方）

（20）a. 零钱我买菜了　　　　　　　　　　［工具＋施事＋VP］

　　　b.* 我零钱买菜了　　　　　　　　　　［施事＋工具＋VP］

　　　c. 我′零钱买菜了（大票一点没动）

（21）a. 短款衣服我妈不喜欢　　　　　　　［对象＋感事＋VP］

　　　b.* 我妈短款衣服不喜欢　　　　　　　［感事＋对象＋VP］

　　　c. 我妈′短款衣服不喜欢（长款的还能接受）

（22）a. 新米我熬粥了　　　　　　　　　　［对象＋施事＋VP］

　　　b.* 我新米熬粥了　　　　　　　　　　［施事＋对象＋VP］

　　　c. 我′新米熬粥了（陈米留着焖饭）

（23）a. 房改方案上级已经批准了　　　　　［受事＋施事＋VP］

　　　b.* 上级房改方案已经批准了　　　　　［施事＋受事＋VP］①

　　　c. 上级′房改方案已经批准了（其他的还需要等一等）

　　从功能的角度看，（19）至（23）中 a 组是中性的，是一般性的陈述，a 组用例要在 NP₁ 上加上对比重音才会具有对比意义。例如"房改方案上级已经批准了，各部门应立即着手实施"是一个一般性陈述，在 NP₁ 带上对比重音以后才有可能说出"房改方案上级已经批准了，其他的几项措施还有待研究"。从语义属性上看，a 类 NP₁＋NP₂＋VP 序列里，NP₁ 的受事性比 NP₂ 要强。也就是说，就受事性的强弱而言，位于句首话题位置上的成分比其后的做主语的成分要强。而 b 组的情形刚好相反，不符合配位规律。在现实的用例中，如果出现 b 类配位，它必定表现为 c 类带有对比重音的形式。因此，从功能的角度看，这类非常规配位可以看作对比话题的一种表现形式。

　　常规配位规则——主题句 NP₁＋NP₂＋VP 里 NP₁ 的受事性比 NP₂ 强，直接控制着人的语义理解。一个最好的证明是，当 NP₁ 与 NP₂ 的受事性相同的时候，人们倾向于把 NP₁ 理解为受事性强的一个，把 NP₂ 理解为受事性弱而施事性强的一个。例如：

　　（24）你我接管了。

这个例子里 NP₁ 和 NP₂ 同为指人名词性成分，但人们一般把 NP₁ "你"理解为受事者，把 NP₂ "我"理解为施事者，颠倒过来的可能性几乎没有。这种现象可以说是人们对常规模式

---

① 这类格式尽管有的用例可以看作受事成分前头隐含着一个"连"，比如"你怎么外套也不穿就跑出去了"，但并不适用于所有的"施事＋受事＋VP"，比如"你外套不能不穿"。所以我们不认为"施事＋受事＋VP"是一个隐含着"连"的格式。

的类推理解，是常规模式与非常规模式之间的过渡带，一旦超越这个过渡带就成为上述非常规配位了。

3.2 "连"字句

标记词"是"和"是……的"结构是非主题句中表现对比焦点的常用手段。主题句里用语义成分的超常配位可以达到表现对比焦点的效果。主题句里的对比项一般是话题成分，由主题句里语义成分的超常配位形成的对比焦点一般为对比话题。由主题句加"连……也 / 都"构成的"连"字句用于表现极性对比，"连"后的成分是对比成分。"连"字句用于主题句，并且不受配位原则的制约，也就是说，常规配位的主题句和非常规配位的主题句都可以变为表示极性对比的"连"字句。例如：

（25）a. 连这事老高都有办法　　　　［系事＋施事＋VP］

　　　 b. 老高连这事都有办法　　　　［施事＋系事＋VP］

（26）a. 连饭馆里咱们都不好说话　　　［地点＋施事＋VP］

　　　 b. 咱们连饭馆里都不好说话　　　［施事＋地点＋VP］

（27）a. 连零钱我都买菜了　　　　　　［工具＋施事＋VP］

　　　 b. 我连零钱都买菜了　　　　　　［施事＋工具＋VP］

（28）a. 连短款衣服我妈都不喜欢　　　［对象＋感事＋VP］

　　　 b. 我妈连短款衣服都不喜欢　　　［感事＋对象＋VP］

（29）a. 连新米我都熬粥了　　　　　　［对象＋施事＋VP］

　　　 b. 我连新米都熬粥了　　　　　　［施事＋对象＋VP］

（30）a. 连房改方案上级都批准了　　　［受事＋施事＋VP］

　　　 b. 上级连房改方案都批准了　　　［施事＋受事＋VP］

a 类用例是由常规配位主题句加"连"构成的，b 类用例是由非常规配位主题句加"连"构成的。

3.3 "把"字句和"SVP 的是 NP"式（"准分裂句"）

"把"字句和"准分裂句"是讨论词序问题时涉及较多的格式，但无论是"把"字句还是"准分裂句"都不直接导致形成对比焦点。

首先来看"把"字句。"把"字句"把"的后一成分不一定总要带对比重音，"把"字句如果有对比重音的话也不一定非得在"把"后紧贴的成分上。例如：

（31）a. 我把我的自行车卖了

　　　 b. ′我把我的自行车卖了

　　　 c. 我把′我的自行车卖了

　　　 d. 我把我的′自行车卖了

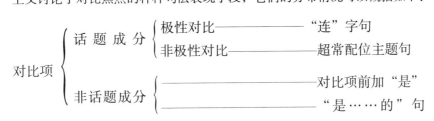

可见，"把"字并不能标定对比项。我们认为，"把"的作用在于将旧信息放到动词前，把句末位置让给带有新信息的词项。事实上，不带对比重音的"把"字句"（S）把 OVP"一般是用来回答"（S）对 O 做了什么？"或者"（S）怎么了？"这样的问题的，也就是说，它是一个说明句，只有当句子里的某一成分带上对比重音以后，才具有指别功能。

"SVP 的是 NP"格式有学者称作"准分裂句"，因为它与英语里的"准分裂句"（pseudo-cleft sentence）有很多相似性。例如：

（32）王老师前天送给我们的是安徒生童话。

这类句式有三个特点：1）句子本身没有强制性对比重音；2）对比重音几乎可以加在每一个成分上，没有固定位置；3）"是"前后的成分可以互换位置。这三点区别于上文讨论过的对比焦点句"是……的"句。这种"准分裂句"只有带上对比重音以后才可成为对比焦点句。带上对比重音以后的"准分裂句"多用于显示动词后成分，与对比焦点句"是……的"句式形成互补分布。

（33）他常逛景山公园→他常逛的是景山公园

　　　　老张最喜欢看足球→老张最喜欢看的是足球

　　　　李大爷抽旱烟袋→李大爷抽的是旱烟袋

4. 适用范围和语义强度

上文讨论了对比焦点的种种句法表现手段，它们的分布情况可以概括如下：

从这个图可以看到，选用哪种焦点表现手段与该成分在句子里的功能地位直接相关。非话题成分倾向于直接运用标记形式，使这一成分处于对比地位；话题成分的超常规配位是处理非极性对比的手段。表现对比话题有两条途径：一是在常规配位主题句的 NP$_1$ 上加对比重音，二是通过语义成分的非常规配位构成超常配位主题句。这两种手段无论哪一种加上"连……也/都"以后都可以表现极性对比。

如果要强调的成分是非主题句里动词后成分，有两种选择：一是变为"准分裂句"，在要强调的成分上加上对比重音，例如（33）；二是将该成分前移至句首构成主题句，然后在对比项上加对比重音。例如：

（34）胖子负责照顾刘蓓，你我接管了。

这一例的后一小句，受事成分"你"如果按照前一小句的套路应该在动词"接管"之后。"你"前移以后使得后一小句强调对"你"的处置，不再是一个单纯的陈述。但这种移位造成的强调意义是一种弱对比，表现为这类句子不能用于修正已有的命题。例如：

　　（35）A：我知道你最讨厌王大妈。

　　　　　B：＊谁说的，李大妈我顶讨厌。

修正一个错误命题一般倾向于使用非主题句：

　　（36）A：我知道你最讨厌王大妈。

　　　　　B：谁说的，我顶讨厌的是李大妈。

　　我们认为，带有对比焦点的主题句（包括常规配位的和非常规配位的）可以看作弱对比句，带有对比焦点的非主题句是强对比句。

　　在有些西方语言里，对比焦点可以通过词序变化直接得以显现。由于汉语的词序变化较多地分担了句法—语义负担，功能结构一般总要用一些有形的标记来表现。上文我们考察了汉语对比焦点的各种句法表现手段，总体上看，词序变化一般不直接导致形成对比焦点句，表现对比焦点的主要句法手段是加焦点标记。

参考文献

曹逢甫　1987　《再论话题和"连……都／也"结构》，见戴浩一、薛凤生主编《功能主义与汉语语法》，北京语言学院出版社，1994。

陈平　1994　《试论汉语中三种句子成分与语义成分的配位原则》，《中国语文》，第3期。

崔希亮　1993　《汉语"连"字句的语用分析》，《中国语文》，第2期。

范继淹　1984　《多项NP句》，《中国语文》，第1期。

吕叔湘　1946　《从主语、宾语的分别谈国语句子的分析》，见《汉语语法论文集》，科学出版社，1955。又见《吕叔湘文集》第2卷，商务印书馆，1990。

吕叔湘　1948　《"把"字用法的研究》，《汉语语法论文集》（增订本），商务印书馆，1984。

吕叔湘　1965　《把字句、被字句动词带宾语》，同上。

吕叔湘　1985　《疑问·否定·肯定》，《中国语文》，第4期。

吕叔湘（主编）　1981　《现代汉语八百词》，商务印书馆。

叔湘　1984　《"谁是张老三？"＝"张老三是谁？"？》，《中国语文》，第4期。

宋玉柱　1981　《"把"字句、"对"字句、"连"字句的对比研究》，《现代汉语语法论集》，天津人民出版社。

汤廷池　1981　《国语语法研究论集》，学生书局，台湾。

徐杰、李英哲　1993　《焦点和两个非线性语法范畴："否定""疑问"》，《中国语文》，第 2 期。

杨成凯　1995　《高谓语 "是" 的语序及篇章功能研究》，《语法研究和探索》（七），商务印书馆。

赵元任　1968　《汉语口语语法》，吕叔湘译，1979，商务印书馆。

周小兵　1990　《汉语 "连" 字句》，《中国语文》，第 4 期。

Bolinger, D.　1986　*Intonation and Its Parts: Melody in Spoken English*, Stanford University Press, California.

Givón, Talmy　1990　*Syntax: A Functional-typological Introduction*, Volume Ⅱ, John Benjamins Publishing Company, Amsterdam/Philadelphia.

Light, Timothy　1979　Word Order and Word Order Change in Mandarin Chinese, *Journal of Chinese Linguistics*, 7(2):149-180.

Paris, Marie-Claude　1981　《汉语普通话中的 "连……也 / 都"》，《国外语言学》，第 3 期。

Rochemont, M. S.　1986　*Focus in Generative Grammar*, John Benjamins Publishing Company, Amsterdam/Philadelphia.

Sun, Chaofen and Talmy Givón　1985　On the So-called SOV Word Order in Mandarin Chinese: A Quantified Text Study and Its Implications, *Language*, 61(2):329-351.

原刊于 1995 年第 4 期

"有界"与"无界"

沈家煊

提　要： 本文从探究数量词对语法结构起制约作用的原因着手，论述人在认知上形成的"有界"和"无界"的对立在语法结构中的具体反映。事物在空间有"有界"和"无界"的对立，动作在时间上有"有界"和"无界"的对立，性状在程度或量上有"有界"和"无界"的对立，这些并行的对立关系不仅统一解释了与数量词起制约作用有关的一系列语法现象，而且对词类理论有很重要的意义。

1．数量词对语法结构的制约作用

数量词对语法结构的制约作用是陆俭明先生在《现代汉语中数量词的作用》一文中提出的。这种制约作用按陆文表现在两个方面。一是某些句法组合没有数量词就不能成立或是不自由的，二是某些句法组合排斥数量词。

为论述方便，现将陆文中列举的主要事实归纳如下。

1.1　某些句法组合没有数量词就不能成立（用＊标示）或是不自由的［用（＊）标示］。

（1）双宾语结构，如果间接宾语是表示位移终点的处所或是表示"给予"的对象，那么直接宾语得带数量词。

　　＊盛碗里鱼　　盛碗里两条鱼

　　（＊）送学校油画（送学校油画的是五五年的毕业生）　　送学校一幅油画

（2）双宾语结构，如果直接宾语是结果宾语，那么这个结果宾语得带数量词。

　　＊（蚊子）叮了小王大包　　叮了小王两个大包

　　＊捂了孩子痱子　　捂了孩子一身痱子

（3）带结果补语或趋向补语的动补结构后面带上名词性宾语（包括施事宾语）形成的

这种动宾结构，宾语得带数量词。

（*）打破玻璃（打破玻璃的人找到了吗？）　　打破两块玻璃

（*）飞进来苍蝇（飞进来苍蝇就打）　　飞进来一个苍蝇

（4）"动词＋了＋名词"这种动宾结构，作宾语的名词得带数量词。

（*）吃了苹果（吃了苹果又吃梨）　　吃了一个苹果

（5）非谓形容词（状态形容词）作定语（不带"的"）的偏正结构，其中心语一定得带数量词。

　　*雪白衣服　　雪白一件衣服　　　　*热热儿茶　　热热儿一碗茶

　　*白花花胡子　白花花一大把胡子　　*干干净净鞋　干干净净一双鞋

1.2　某些句法组合排斥数量词。

（6）表示动态行为的处所主语句"主〔处所〕＋动词＋着＋宾"，其宾语成分排斥数量词。例如，"山上架着炮"如果是表示"山上正在架炮"的动态行为（而不是"山上有炮"的静态存在），那么"炮"不能带数量词。

　　*山上架着两门炮　　山上架着炮

其实不仅是处所主语句，表示动态行为的"动词＋着"后面的宾语一般都不能带数量词，例如：

　　*他正吃着三碗饭　　他正吃着饭　　*他正写着五行字　　他正写着字

（7）性质形容词作定语（不带"的"）的偏正结构，其中心语也不能带数量词。这正好与（5）状态形容词作定语的偏正结构得有数量词的情形相反。（陆文未提及这一点）

　　*白一只孔雀　　白孔雀　　*干净一件衣服　　干净衣服

吕叔湘先生在《怎样学习语法》一文和石毓智（1992a）还指出两种排斥数量词的句法结构，我们把它们补充在这里。

（8）"动词重叠式＋名词"这种动宾结构，宾语不能带数量词。

（*）今天要谈谈两个问题[①]　　今天要谈谈问题

　　*星期天在家洗洗一件衣服　　星期天在家洗洗衣服

（9）在用"不"否定的结构里，动词即使不是重叠式，其宾语一般也排斥数量词。

（*）今天不谈两个问题　　今天不谈问题

（*）这个月不演三场电影　　这个月不演电影

本文的目的不在罗列更多的事实，而是想对上述现象和其他有关现象做出统一的解释。有一种可能的解释，某些句法组合非有数量词不能成立或不自由，那是受名词性成分"有

① 陆丙甫（1984）指出这个组合和下面的"今天不谈两个问题"都不是不成立而是不自由的句法组合，如"今天要谈谈两个问题：X问题和Y问题"。

定""无定"的制约。例如：

＊倒缸里水	倒缸里一桶水	把水倒缸里
（＊）送学校油画	送学校一幅油画	把油画送学校
（＊）吃了苹果	吃了一个苹果	把苹果吃了

左列中充当宾语的光杆普通名词"水""油画""苹果"是有定的还是无定的并不明确，前面加了数量词才明确为无定的。如果这些成分是有定的，则应用右列的"把"字句来表达。

用有定和无定来解释数量词对句法结构的制约会遇到一些困难。动词后宾语大多是无定的，但也可以是有定的。首先，有些不用数量词不能成立或不自由的句法组合，如果把动词后的宾语换成明确的有定成分反倒变成成立或自由的了，例如：

（＊）前面走来老太太	前面走来张老太太
（＊）他吃了苹果	他吃了那个烂苹果
（＊）我一口气读完小说	我一口气读完王蒙那篇意识流小说

其次，有些排斥数量词的句法组合，如果把带数量词的名词性成分换成有定的，结果就能成立，例如：

＊他正吃着三碗饭	他正吃着你刚做的饭
（＊）今天要谈谈两个问题	今天要谈谈这个问题
（＊）今天不谈两个问题	今天不谈这两个问题

另外，有定和无定也无法解释"＊雪白衣服"和"＊白一件衣服"这种不能成立的偏正式句法组合。

我们认为，数量词对句法结构的制约作用实际上体现了人类认知上"有界"（bounded）和"无界"（unbounded）这样一种基本对立。人们感知和认识事物，事物在空间有"有界"和"无界"的对立；人们感知和认识动作，动作在时间上有"有界"和"无界"的对立；人们感知和认识性状，性状在"量"或程度上也有"有界""无界"的对立。人类认知上的这种基本对立必定会在语法结构上有所反映，语法分析的一个任务就是要把这种反映揭示出来。

2. 事物和名词的"有界"和"无界"

事物占据空间，事物在空间有"有界"和"无界"之分。例如，一张桌子要占据一定的空间，而且有一定的边界，它是一个"个体"，是有界事物。相反，水也要占据空间，但没有一定的边界，水不是一个"个体"，是无界事物。有界事物和无界事物的区别特征按 Langacker（1987a，1987b）主要有以下几点。

第一，无界事物的内部是同质的（homogeneous），有界事物的内部是异质的（heterogeneous）。例如水，不管怎么分割，分出的任何一部分都仍然是水。相反，一张桌子是由不同的部分（桌面、桌腿等）组成的，把桌子分割的结果可能不再是一张桌子。

第二，因为无界事物具有同质性，所以有伸缩性；因为有界事物具有异质性，所以没有伸缩性。水加上或减去一些水仍然还是水，一张桌子加上或减去一张桌子就不再是一张桌子。

第三，有界事物具有可重复性（replicability），无界事物没有可重复性。可以有一张桌子，两张桌子，三张桌子，……，n张桌子，水没有这种可重复性。

首先，要着重说明的是，"有界"和"无界"主要是指人的认识，不是指客观实际。例如，坑儿，实际是洼下去的一块地方，开口处并没有边界，但是人的"完形"（Gestalt）心理把坑儿看作四周都是边界的个体，如右图所示。其次，边界往往是模糊的。比如说，墙角，很难说墙角有一定的边界，我们无法在墙上画出一条界线，说超过这条线就不再是墙角，但我们仍然把墙角看作有边界的个体，说"一个墙角"。再次，边界可以是抽象的。例如，主意，是抽象事物，但我们可以把它看作有头有尾有边界的个体，说"一个主意"。同样，说"一种水"时，是认为它有跟其他种类的水区分开来的边界。总之，有界和无界的区分主要以人的感知和认识为准。

这种对事物形成的概念上"有界"和"无界"的对立在语法上的典型反映就是名词有可数和不可数的对立。世界上许多语言有"数"这个语法范畴。拿英语说，可数名词，如table（桌子），前面可以有不定冠词（a table）和数词（one table, every table），可以有复数形式（tables）；不可数名词，如water（水）一般不能用不定冠词（*a water）和数词（*one water, every water），一般也没有复数形式（*waters，除非专指矿泉水）。汉语虽然没有"数"的区分，但是有量词。可数名词有自己适用的个体量词，如书（本）、灯（盏）、笔（枝）、马（匹）、商店（家），不可数名词没有适用的个体量词，只能使用度量词（一尺布、一斤肉）、临时量词（一桶水、一袋面粉）或不定量词（一点儿水、一些药）（朱德熙，1982：41）。普遍的语言调查发现，"数"范畴和量词是互补的。凡是有"数"的语言一般不需要量词，凡是有量词的语言一般不需要"数"。无论"数"还是量词，都是为了区分概念上有界事物和无界事物的一种语法手段（Lyons，1977：227）。

有界事物是个体，只有个体才是可数的，可数的事物一定是个体。事物的个体性和可数性是一回事。在句法组合里，我们把指称有界事物的名词性成分叫作"有界名词"，指

称无界事物的叫作"无界名词"。凡是有数量修饰语的名词性成分都是有界名词，例如：两条鱼，四桶水，（睡）一个觉，（买）辆车，好些人。有界名词的形式最典型的是"数量名"，但不限于"数量名"。专有名词专指一个或一类事物，因此也是有界的，如：鲁迅，张大妈，电影《红高粱》。专有名词前面加"（一）个"修饰，指称的对象可以不变，例如"张大妈就是热心肠 | 这个张大妈就是热心肠""中国出了个毛泽东"。带指示词"这、那"的名词性成分大多也是指称个体事物，因而是有界的，如这个苹果，那种药，那房子。但也有一些是通指性的（generic），并不指称个体事物，因而是无界的，例如：

> 我发觉这女人全是死心眼儿。

> 这烟对身体有害是谁都知道的，为什么还有那么多人抽？

正如方梅和张伯江（1995）所指出的，"这女人"和"这烟"里的"这"已经虚化。这和英语里作通指用的定冠词相仿。（英语例子：The German is a good musician. 德国人都懂音乐）句法组合中的光杆普通名词要做具体分析，多数是通指性的，不指称个体事物，因而是无界的，作宾语时尤其如此，例如（他不常抽）烟，（后面又来）车（了），人（离不开）水，但作主语或"把"字宾语的光杆普通名词往往专指某个个体，因而是有界的，如：书（读完了吗？），（把）苹果（吃了）。

"有界—无界"这对概念跟"有定—无定"这对概念不是一回事。"买两条鱼"和"买这两条鱼"里的名词性成分，一个无定，一个有定，但都是有界的。这就是说，虽然有定名词一般也是有界名词，但无定名词往往不是无界名词。"有界—无界"跟"专指—泛指"也不完全重合。"他在找一个会讲广东话的人"，这里的"一个会讲广东话的人"可以专指某一个人，也可以泛指任何一个会讲广东话的人，但两者都是有界的。这就是说，虽然专指名词一般也是有界名词，但泛指名词不一定是无界名词。有界名词的本质是它所指事物的个体性和可数性，无界名词的本质是它所指事物的非个体性和不可数性。

3. 动作和动词的"有界"和"无界"

动作也要在空间进行，但动作的主要特征是占据时间，不占据时间的动作是不可想象的。在时间上，动作有"有界"和"无界"之分。有界动作在时间轴上有一个起始点和一个终止点，无界动作则没有起始点和终止点，或只有起始点没有终止点。例如，"我跑到学校"这个动作，开始跑是动作的起始点，到学校是动作的终止点，这个动作因此是一个"个体"动作或"有界"动作。相反"我很想家"这个动作，我们不能确定一个起始点和终止点，这个动作因此是一个"非个体"动作或"无界"动作。有界动作和无界动作的对立跟有界事物和无界事物的对立具有平行性（Langacker，1987a，1987b），具体说明如下。

第一，无界动作的内部是同质的，有界动作的内部是异质的。把我很想家在时间上任意分割，取任一部分仍然是我很想家。相反，我跑到学校这一动作，只有在终止点才算跑到学校，其他时刻只是在跑或开始跑。

第二，无界动作具有伸缩性，有界动作没有伸缩性。我很想家在延续时间上增加或减少一些仍然是我很想家，我跑到学校在时间上增加或减少一些就可能不再是我跑到学校。

第三，有界动作具有可重复性，无界动作没有可重复性。我可以跑到学校一次，二次，三次，……，n 次，我很想家一般不能想几次。

也必须强调的是，动作的“有界”和“无界”也是以人的认识为准，和客观实际不一定完全一致。说“我想家想了好几次”时，是把我想家“看作”一个有明确时间界限的动作。

这种对动作形成的概念上“有界”和“无界”的对立在语法上的典型反映就是动词有“持续动词”（imperfectives）和“非持续动词”（perfectives）之分。有的语法书用了其他名称，如“性质动词”和“动作动词”，“常态动词”（static verb）和“变态动词”（dynamic verb），名称不一样，本质大同小异。例如英语，动词最重要的分类就是持续动词和非持续动词（Quirk, et al., 1972）。典型的持续动词如 resemble（像）、like（喜欢）、belong to（属于）、need（需要）等有简单现在时，没有进行态：

      Harry resembles his father.   *Harry is resembling his father.

      Paul likes swimming.   *Paul is liking swimming.

相反，典型的非持续动词如 arrive（来到）、jump（跳）、eat（吃）等有进行态，没有简单现在时：

      *The train arrives.   The train is arriving.

      *Tom jumps.   Tom is jumping.

另外，非持续动词可以用表示重复进行的状语 again and again 修饰，持续动词则不行，例如：

      Tom hit the target again and again.   *Tom resembled his father again and again.

汉语动词也有类似的分类。例如赵元任（1968）曾将及物动词分出“动作”动词（Vt）和非动作动词［包括性质动词（Va）、分类动词（Vc）等］。前者可以加“着”，有重叠形式，如“吃着”“吃吃”，后者一般不能加“着”，也没有重叠形式，如“*爱着”“*爱爱”“*姓姓”。马庆株（1981）也根据能不能加后缀“着”将动词分为持续动词和非持续动词两类。这两类动词的成员，汉语和英语虽然不完全对应，但各类的典型成员或基本成员是对应的。英语持续动词不能有进行态，汉语的持续动词（性质动词、分类动词）不能加表示动作持续的“着”，都是因为持续动词在时间上是无界的，本身已有持续或正在进行的意思，再加上进行态或“着”就成为多余，这叫作“同性相斥”。英语的非持续动词可以用 again and again 修饰，汉语的非持续动词（动作动词）可以有重叠形式，都是因为这类动词在时间上是有界的，具有"可重复性"，这叫作"同性相容"。

4. "活动"和"事件"

第1节中列举的不用数量词不能成立或不自由的句法组合主要分为两类，一类是动宾式，一类是定名偏正式。我们先来分析动宾式这一类中必须要有数量词的情形。必须要有的数量词出现在宾语中，前面的"动"本身也是一些复杂的动词短语，它们包括：

（1）动词＋间接宾语组成的动宾式

盛碗里（两条鱼）｜来这儿（两个人）｜掉地上（五分钱）｜送学校（一幅油画）

其中的间接宾语有的是表示位移终点的处所宾语（碗里、这儿、地上），有的是表示"给予"对象的与事宾语（学校）。

（2）动词＋结果补语组成的动补式

打破（一块玻璃）｜飞了（一只鸽子）｜洗完（两件衣服）

（3）动词＋趋向补语组成的动趋式

走来（一个老太太）｜飞进来（一只苍蝇）｜拿来（三本书）

（4）动词＋表完成或实现的后缀"了"

吃了（一个苹果）｜写了（两封信）｜看了（两场电影）

（5）动词＋了＋间接宾语组成的动宾式

烫了他（一个大燎泡）｜叮了小王（两个大包）｜捂了孩子（一身痱子）

这些复杂的动词短语当然也是表示动作，但它们与相应的简单动词"盛、掉、送、打、飞、洗、走、吃、写"等等表示的动作有明显的区别。前者表示的动作在时间上不但有一个起始点，而且有一个内在的自然终止点，因而是"有界的"；后者表示的动作虽然有起始点，但没有一个内在的自然终止点（或者说终止点是任意的），因而是"无界的"。这里要说明一点，"有界"和"无界"是在一定范围内相对而言的。上一节说"吃""写"等动词是有界的，那是在整个动词范围内相对"像""姓"这样的持续动词而言。这里说"吃""写"是无界的，那是在非持续动词性成分（不限于单个动词）的范围内相对"吃了""写好"这样的复杂成分而言。两者并不矛盾。试比较"（把鱼）盛碗里"和"盛（鱼）"这两个动作。对前者而言，开始盛是动作的起始点，鱼到达碗里是动作的终止点。因此"盛碗里"是一个"个体"动作或"有界"动作。这一动作的内部是"异质的"：盛碗里这个过程的一部分不是盛碗里，而只是盛或开始盛。相反，"盛鱼"这个动作没有内在的终止点，它不是一个"个体"动作或"有界"动作。这一动作的内部是"同质的"，在盛鱼的过程中取任一部分仍然是盛鱼。动结式和动趋式也都含有完结的意思（参看吕叔湘，1984，1987；张伯江，1991），跟"动＋了"一样有一个内在的自然终止点，因而表示有界动作。下面我们把有内在终止点的有界动作称作"事件"（event），把没有内在终止点的无界动作称作"活动"（activity）。"盛碗里"跟"盛"，"打破"跟"打"，"飞进来"跟"飞"，"吃了"跟"吃"都是前者表示"事件"，后者表示"活动"。

在语法形式上，上述表示事件的动词性成分（简称"事件动词"）跟表示活动的动词性成分（简称"活动动词"）至少有以下的对立。

4.1　活动动词大多既可跟"在"连用又可跟"着"连用，事件动词有的既不能跟"在"连用又不能跟"着"连用，有的只能跟"在"连用，不能跟"着"连用。

在盛，盛着	*在盛碗里，	*盛碗里着
在打，打着	*在打破，	*打破着
在飞，飞着	在飞进来，	*飞进来着
在吃，吃着	*在吃了，	*吃了着

很明显，事件动词一般不能跟"着"或"在"连用是由它的有界性决定的。以盛鱼为例，"正在盛着鱼"蕴含着"盛鱼"（前者为真，后者必为真），但并不蕴含"鱼盛到碗里"（前者为真，后者不一定为真）。换句话说，事件动词的有界性或完结性跟"在"或"着"的进行性或持续性是矛盾的。

4.2　跟表示时段的词语连用，活动动词表示动作持续的时间，即起始点到说话时刻的时间长度，而事件动词则可以表示动作持续的时间（如果动作本身要持续一段时间的话），也可以表示动作终止后状态持续的时间。马庆株（1981）、陈平（1988）、Smith（1991）都有这方面的论述。

盛鱼盛半天了，还没有盛完。　　开始盛　半天　说话时刻

鱼盛碗里半天了，早就凉了。　　开始盛　鱼到碗里　半天　说话时刻

"盛碗里""打破"等事件的起始点跟终止点的间隔很短，短到可以忽略不计，或者说这样的事件是瞬间完成的，因此时段词语只表示事件终止后状态持续的时间。有的事件动词表示的事件本身要持续相当一段时间，时段词语还表示事件持续的时间。（见下）

4.3　活动动词和事件动词跟表示时点的词语如"马上"和"一下"连用有不同的表现（详见邓守信，1986）。以"写信"（活动）和"写好信"（事件）为例，"马上"能用于活动动词和事件动词，但分别指向活动的起始点和事件的终止点。"一下"只能用于事件动词，指向事件的终止点。

我马上写信。（指向起始点）　　*我一下就写信。

我马上写好信了。（指向终止点）　　我一下就写好信了。（指向终止点）

4.4　活动动词只能用"不"否定，事件动词一般只能用"没"否定。

不盛鱼　　　＊没盛鱼　　　（＊）不盛碗里　　没盛碗里

不飞　　　　＊没飞　　　　（＊）不飞进来　　没飞进来

不打玻璃　　＊没打玻璃　　（＊）不打破玻璃　没打破玻璃

这里给"没盛鱼""没飞""没打玻璃"等打上星号，是因为许多人都指出过"没V"实际否定的不是"V"而是"V了"，不是"盛鱼""飞""打玻璃"这样的活动，而是"盛了鱼""飞了""打了玻璃"这样的事件，这可以从它们相应的肯定式（盛了鱼，飞了，打了玻璃）来验证。石毓智（1992a）全面论证，汉语里"没"和"不"最基本的分工是"没"专门否定"离散性"（即有界性）成分，"不"专门否定"连续性"（即无界性）成分。

"单个动词＋宾语"的组合也有"活动"和"事件"之分。陈平（1988）根据时相结构特点将这类组合分为"活动类情状"和"结束类情状"，跟我们"活动"和"事件"的分法是一致的。宾语如果是普通光杆名词，整个组合表示"活动"；宾语如果是专有名词、这／那＋（量）＋名、数量＋名，整个结构表示"事件"。

活动：读书，写字，看电影

事件：读《红楼梦》，写几个字，看那场电影

表示事件的动宾组合跟上面考察的那些事件动词一样包含一个内在的自然终止点：《红楼梦》读完、几个字写完、那场电影的结束就意味着动作的自然终止。它们在语法表现上又跟上面那些事件动词有所差别，它们能和"在"或"着"连用，这是因为它们表示的事件不是瞬间完成的，而是要持续一段时间，也正因为如此，它们跟时段词语连用时既能表示事件终止后状态持续的时间，又能表示动作本身持续的时间：

他读《红楼梦》读了一年了。

（a）到现在还没有读完（动作持续时间）

（b）内容有点忘了（动作终止后状态持续时间）

正如陈平正确指出的，这里的"书""电影"等都是无指（nonreferential）或通指性成分，它们"并不指示具体的单个事物"，用本文的观点说，它们都表示"无界"事物。而《红楼梦》、"几个字""那场电影"等都"具备明确的空间……界线"，表示的是"有界"事物。

现在我们可以看出，数量词对句法结构的制约实际上是"有界""无界"对句法结构的制约。"盛碗里鱼""打破玻璃""飞进来苍蝇""吃了苹果"等句法组合之所以不成立或不自由，那是因为其中的有界动词（事件动词）跟后面的无界名词不匹配，换句话说，事件动词的后面跟上有界名词宾语，动作的自然终止点才有了着落，变成"实际的"终止点，整个组合才能表示一个完整的事件。如第2节所述，有界名词不光是数量名组合，还包括

专有名词、这／那（＋量）＋名，以及一些带限制性定语的名词。这就解释了为什么有些不用数量词不自由的句法组合将宾语换成专有名词等之后也能变成自由的。总之，事物的有界和动作的有界是相通的，两者"存在着清晰的对应关系"（陈平，1988：415）。这种相通还有一个例证，那就是有界事物和有界动作可以采用相同的语言形式来表示。例如"苹果""水"作为类名是无界的，加上数词"一"，"一个苹果""一桶水"变为有界的。同样，"烧""坐"表示的动作是无界的，加上"一"也变为有界的，例如詹开第（1987）指出，以下例子中的"一＋动"是表示一个短暂动作的"完成或出现"，也就是表示事件：

把他那份儿神像一烧！

这位老道进到屋里，往那这么一坐。

……每人三十个羊肉冬瓜馅的煮饺子，吃完了一散。

英语中表现形式不一样，但同样说明问题，例如下面（a）的动词表示"事件"，将其"名词化"之后可以加不定冠词"a"，而（b）的动词表示"活动"，"名词化"之后不能加不定冠词（Mourelatos，1981）：

（a）Mary capsized the boat.（玛丽把船弄翻了）→ There was a capsizing of the boat by Mary.

（b）John pushed the cart for hours.（约翰推车推了几小时）→ For hours there was pushing of the cart by John.

要使有自然终止点的动作变为有实际终止点，除了用有界名词作宾语外还有其他手段，最常用的是在动词前加"已经"之类表示动作完成的时间词语，或在动词后或句末加"了"，现以"弄脏"和"响起"这两个事件动词为例：

（＊）小张弄脏衣服　　　　　（＊）礼堂响起掌声

小张已经弄脏（了）衣服　　礼堂已经响起（了）掌声

小张弄脏了衣服　　　　　礼堂响起了掌声

小张弄脏（了）衣服了　　礼堂响起（了）掌声了

小张弄脏（了）一件衣服　礼堂响起（了）一阵掌声

加了"已经"或"了"之后，后面的光杆普通名词有转向有界名词的倾向，如"小张已经弄脏衣服"的"衣服"要理解为某一件或某一些衣服而不是泛指的衣服。可见数量词、"已经"之类的时间副词和"了"都有共同的语法功能，能使无界概念变为有界概念。注意上面例子中动词后"了"的自由隐现，李兴亚（1989）在讨论这一现象时谈到五个因素，说其中四个因素都好理解，如动词前有"已经"之类的词语，动词后有表示结果意义的补语，句末有"了"等，唯独动词后面有数量短语这个因素"还找不到合理的解释"。现在我们明白正是数量短语的"有界性"使它成为制约动词后"了"自由隐现的一个因素。数量词和"了"有相同的作用，都能使无自然终止点的动作变为有自然终止点（如由"吃饭"变为"吃一碗饭"或"吃了饭"）或使动作的自然终止点变为实际终止点（如由"吃一碗饭"变为"吃了一碗饭"或"吃一碗饭了"，由"吃了饭"变为"吃了一碗饭"或"吃了饭了"）。[①] 动作有了实际的终止点，相应的句子才成为"事件句"。所谓事件句就是叙述一个独立的、完整的事件的句子。下面的句子都属于"非事件句"，没有实际的终止点，上述制约也就不起作用。[②]

从属句	飞进来苍蝇就打。	她吃了苹果就吐。
惯常句	食堂老飞进来苍蝇。	他常送我礼物。
祈使句	给我吃的！	付她工钱！
疑问句	送学校油画？谁出的主意？	打碎花瓶？那不是我干的！
标题句	售货员气跑顾客。	小厂引进外资。

"事件句"和"非事件句"的对立是人类语言的普遍现象。有人把这两种句子叫作"叙述句"和"非叙述句"、"陈述句"和"非陈述句"等等。[③] 石毓智（1992a）则把这两类句子分别叫作"现实句"和"虚拟句"，并对汉语和其他语言中两者的句法对立做了较详细的论述。这两类句子的对立也是"有界"和"无界"这对概念在语法上的反映。对连续事件的叙述总是一个事件接着一个事件，事件与事件之间要有界限，人就是这么来认识世界的，也就按这样的认识用语言来描述世界。

事件1　事件2　事件3　事件4……
————————————————————→

所谓不自由的句法结构实际上都是"非事件句"，自由的句法结构有的是"事件句"，有的也是"非事件句"（如惯常句、疑问句、祈使句）。自由的句法结构和不自由的句法结构之间的对立是"有界"和"无界"在句子层面上的反映，"事件句"和"非事件句"之间的对立则是"有界"和"无界"在篇章（discourse）层面上的反映。

[①] 我们这里不强调"了$_1$""了$_2$"的区分，而是强调它们的共同点，即两者都能使无界概念变为有界概念。李兴亚（1989）用实例说明"了$_1$"和"了$_2$"有时可以互相替换而意思不变，这是两者相通的证据。石毓智（1992b）也持两者相通的观点。

[②] "非事件句"的种类还有很多，例如陆文指出表示"给予"意义的双宾语结构，如果间接宾语是人称代词，直接宾语可以不带数量词，如"送他衣料 / *送学校油画"，这里的"送他衣料"是承接问话"你说，我送他什么好呢？"说的，这种答问句也不表示独立的事件，独立的事件仍要说"送（了）他一块衣料"。在语感上"送他衣料"确比"送学校油画"显得自由，原因还可探讨。我们认为这是因为"送他"这个动作的有界性比"送学校"弱。代词指称个体事物的作用远不如一般名词，在承接上文时代词常可以省略，如对"你说，我送小王什么好呢？"的问话，可以回答"送他衣料"或"送衣料"，"送他"接近于"送"（无界）。

[③] 近来有多篇文章讨论使汉语句子"自足"的条件，也都涉及这两类句子的区分，见贺阳（1994）、孔令达（1994）、黄南松（1994）。

5. "延续动作"和"定时动作"

现在考察动宾式句法结构排斥数量词的情形。按照上面的分析,"架(炮)"是无界动词,表示活动,而"架山上""架好""架了"等是有界动词,表示事件。那么"架着(炮)"属于什么? "架着炮"有两个意思,一是表示静态的存在(山上有炮的意思),一是表示动作(正在架炮的意思)。静态的存在跟动作在时间上的有界无界没有什么关系,这里不予考虑。问题是表示动作的"架着炮"是属于活动还是事件。"架着炮"跟"架炮"一样在时间上没有一个自然的终止点,因此不是事件。但是"架着炮"又跟"架炮"这种活动有区别,"架炮"虽然没有一个自然的终止点,但还有一个"任意的"终止点,而"架着炮"连任意的终止点也没有:

架炮 n 天,架完了。

*架着炮 n 天,架完了。

"n 天"给"架炮"规定了一个任意的终止点,而跟"架着炮"是不相容的,或者说,"架着炮"跟架炮动作的终止是不相容的。数量宾语恰恰跟动作的终止密切相关,这就是表示动作的"山上架着炮"排斥数量词的原因。我们可以把"动 + 着"表示没有任意终止点的动作称作"延续动作",以区别于"活动"和"事件"。

动词重叠式也排斥数量宾语,如 "* 洗洗一两件衣服""(*)谈谈两个问题"。石毓智(1992a)在分析动词重叠式排斥数量成分的原因时指出,"动词重叠式所表示的是一个程度较小的确定量",如"看看书""下下棋"表示时量短,等于说"看一会儿书""下一会儿棋","伸伸舌头""找找老师"表示动量小,等于说"伸一下舌头""找一下老师"。也就是说这里包含的数量总是"一"这个短小的"确定量"。从这个意义上说,动词重叠式表示的动作不仅有一个终止点,而且有一个"固定的"终止点,动作有了固定的界线也会跟数量成分发生抵触,这就好比一只大小做死了的微型箱子不能随意容纳各种数量的东西。[①]我们可以把动词重叠式表示的有固定终止点的动作称作"定时动作"。下面我们把"活动""事件""延续动作""定时动作"这四种动作跟宾语中数量词的关系归纳一下。

延续动作	"架着,吃着,盛着"	没有终止点	排斥数量词
活动	"架,吃,盛,飞"	任意终止点	可带数量词
事件	"架好,吃了,飞进来,盛碗里"	自然终止点	要求数量词
定时动作	"吃吃,架一架,盛一下"	固定终止点	排斥数量词

---

① 陆丙甫(1984)也提到"两个数量信息相重复而冲突",但又说目前还无法很好解释其原因。

无终止点的延续动作和有固定终止点的定时动作都排斥数量词，有自然终止点的事件必须有数量词，有任意终止点的活动可以带数量词（带上数量词后整个组合变为事件，如"架一门炮"，这个事件本身包含数量词）。

最后，用"不"否定的动宾结构，其宾语排斥数量词的原因也十分明显。上面说过，"没"专门否定有界成分，而"不"专门否定无界成分。正是由于"不"的这一性质，所以"（*）今天不谈两个问题"和"（*）上星期不上四节课"这种带数量宾语（有界名词）的句法结构是不自由的。[①]把"不"换成"没"，"今天没谈两个问题"和"上星期没上四节课"就都可以说了。

6. 性状和形容词的"有界"和"无界"

人在感知和认识事物和动作的同时也感知和认识它们的性质和状态（简称"性状"）。事物在空间有"有界"和"无界"之分，动作在时间上有"有界"和"无界"之分，性状则在程度或量上有"有界""无界"之分。举例说，"白"这种颜色是事物的一种性状，"白"可以有各种程度上的差别，雪白是白，灰白也是白，"白"是对各种程度的白的概括，代表一个不定的"量幅"，或者说"白"表示的性状是"无界"的。相反，"雪白"和"灰白"则代表这个量幅上的某一段（"量段"）或某一点（"量点"）。[②]虽然它们跟其他白之间的界限是模糊的，但我们总是"觉得"有界限存在，它们表示的性状是"有界"的。同样，我们感知某人走路慢，"慢"是走路这一动作的性状，但"慢"是相对"快"而言，有各种程度不等的慢，"慢"代表一个量幅，是"无界"的。相反，"慢慢地""慢腾腾""很慢"则表示一定程度（较高程度）的慢，是"慢"的一个量段或量点，因而是"有界"的。要指出的是这种量上的有界和无界也是以人的主观估价为准。

性状的"有界"和"无界"在汉语语法中的表现就是形容词有性质形容词和状态形容词之分。朱德熙（1956）从语法功能（分布）出发把形容词分为这样两类，并指出两者的区别在于后者总是"跟一种量的观念……发生联系"，用我们的话说就是后者总是表示一定的量段或量点。状态形容词"雪白""慢腾腾"等因为是量点，所以不能像性质形容词"白"和"慢"那样再加"很""比较""非常"这样的程度词修饰，没有"很雪白""非常慢腾腾"的说法，而"很白""非常慢"已由量幅变为量点。我们要着重指出的是，形容词的有界和无界跟名词和动的有界和无界具有平行性，这在语法形式上至少有以下一些反映。

[①] 陆丙甫（1984）指出这个组合和下面的"今天不谈两个问题"都不是不成立而是不自由的句法组合，如"今天要谈谈两个问题：X 问题和 Y 问题"。

[②] 形容词有"量幅"和"量点"的对立是石毓智（1991）首先提出的。

6.1　本文第 1 节列举的数量词对定名偏正结构的制约都可以用形容词跟中心名词在有界和无界上是否匹配来解释。

白衣服	*白一件衣服	*雪白衣服	雪白一件衣服
红脸	*红一张脸	*红通通脸	红通通一张脸
糊涂人	*糊涂一个人	*稀里糊涂人	稀里糊涂一个人
干净鞋	*干净一双鞋	*干干净净鞋	干干净净一双鞋
好车	*好一辆车	*很好车	很好一辆车

左边的"白一件衣服"等不成立是因为无界形容词（如"白"）跟有界名词（如"一件衣服"）不匹配，右边的"雪白衣服"等不成立是因为有界形容词（如"雪白"）跟无界名词（如"衣服"）不匹配。

"*白一件衣服"和"*雪白衣服"不成立，但是加进"的"之后，"白的一件"（如"这儿有两件衣服，我要白的一件"）和"雪白的衣服"都能成立，原因何在？"的"的作用不能小看，吕叔湘（1979）指出："把大的树和大树等同起来，好像有没有一个的字没有什么关系，这就小看了这个的字了。"陆丙甫（1988）从意义上区分定名偏正结构的粘合式"小牛"和组合式"小的牛"时认为，"小牛"具有称谓性，是"牛犊"的称谓方式，实际上就是泛指或通指形式，而"小的牛"具有非称谓性，可能指一条成年牛，个头较小，也就是单指或专指形式。因此一棵大的小树是"大的树"但不是"大树"。从这个意义讲，"的"的作用是可以将无界概念变为有界概念。这可以从另一个角度来证明。按朱德熙（1961）的分析，"白"是形容词，而"白的"则是名词性成分，我们同意这一点，但还想指出，名词和形容词相对而言，名词具有"有界性"，形容词具有"无界性"。这一点是石毓智（1992a）首先提出并加以论证的。石用了"离散"和"连续"两个名称，跟我们"有界"和"无界"的区分完全一致。名词一般可用数量词称数，形容词不行。另外，如前所述，"没"否定有界成分，"不"否定无界成分。名词具有有界性，所以一般只用"没"否定，不用"不"否定（没书／*不书，没水／*不水）；形容词具有无界性，所以一般用"不"否定，不用"没"否定（不重／*没重，不远／*没远，这里"没重""没远"打上星号，因为"没"实际否定的不是"重"和"远"而是"重了"和"远了"）。正因为"的"和数量词都具有使无界变为有界的功能，所以要使"干干净净衣服"变为实际能说的有界名词有两个办法，一是加数量词，使它变成"干干净净一件衣服"，一是加"的"，使它变成"干干净净的衣服"。要使"*干净一件（衣服）"变为实际能说的有界名词，也可以加"的"，使它变成"干净的一件"。值得注意的是，这跟动词后的"了"将无界动作变为有界动作十分相似，如：买票（无界），买了票（有界）。第 4 节讲到，有界动词后面有了数量宾语，动词后的"了"可以自由隐现，如"买回来（了）两张票"。这里我们发现有界形容词后面有了数量名词，形容词后的"的"也能自由隐现，例如"干干净净（的）一件衣服"。[①]"的"跟有界和无界相关的语法功能还有待进一步研究。

6.2　性质形容词因为是无界的，所以不能单独做谓语，做谓语总是含有比较或对比的意思；状态形容词因为是有界的，所以可以单独做谓语（朱德熙，1982：7.7）：

　　　　人小心不小。　　　　个儿小小儿的。

　　　　昨儿冷今儿不冷。　　今儿怪冷的。

还需指出的是，形容词作谓语时跟主语名词之间也会在有界和无界上互相影响。[②]下面例子中同样是光杆普通名词"纸"作主语，性质形容词"薄"作谓语时，"纸"可以理解为泛指的无界名词；而状态形容词"薄薄的"作谓语时，"纸"必须理解为专指的有界名词：

　　　　（a）纸薄，（不比玻璃，）一捅就破。　　　　（b）（那层）纸薄薄的，一捅就破。

6.3　作状态补语时，状态形容词可以受"早已""已经""马上"这类表示动作有界的词语修饰，性质形容词不行（朱德熙，1982，9.8.4）：

　　　　早就想得很透彻　　　＊早就想得透彻

　　　　已经走得很远　　　　＊已经走得远

　　　　马上忘得干干净净　　＊马上忘得干净

7. 结语

"有界—无界"的对立是人类"一般认知机制"（general cognitive mechanisms）的一部分，是人类最基本的认知概念之一。人最初从自身的人体认识了什么是有界事物，又按有界和无界的对立来认知外界的事物、动作和性状（Johnson，1987）。按照"认知语法"的观点，人的语言能力是人的一般认知能力的一部分，认知上"有界—无界"的对立必然在语言结构中有所反映。我们的目的是探究数量词对语法结构起制约作用的原因，结果发现"有界—无界"的对立在名词、动词和形容词上都有类似的体现，这就对与上述制约有关的一系列语法现象做出了统一的解释，也说明从人的认知特点来解释语法现象是可行的。这里还要着重指出的是本文得出的结论对词类理论的意义。

传统语法从意义出发划分词类，如说名词是表示事物的名称，动词表示动作或行为，形容词表示性质和状态。根据词的意义划分词类，问题出在循环论证。例如在确定"真

---

①　跟"了"一样，我们也不强调状态形容词后的"的"［即朱德熙（1961）的"的₂"］和性质形容词后的"的"（即朱的"的₁"）的区别，而是强调两者的共通点。见第926页注①。

②　主语和谓语在有界和无界上互相影响，Carlson（1981）以英语为例有令人信服的论述。主语名词是有界还是无界会影响谓语动词按有界还是无界理解，例如"A guest arrived"，动词"arrived"是非持续性的，而"Water came in"，动词"came in"要理解为持续性的，即水在不断地（all the time）涌进来，虽然 arrive 和 come in 属于同一类动词。

理""电""良心"是名词时，说它们表示事物的名称的唯一理由就是我们事先已经确定它们是名词。Lyons（1968:4．2．9）在批判这种词类理论时指出传统语法混淆了两个不同性质的问题。一个是划分词类的依据问题，一个是给划分出来的词类取名的问题。划分词类的依据是词的语法功能（分布），给划分出来的词类取个恰当的名称是凭意义。例如按分布划分出一类词 X，其成员包括"男孩，女人，草，原子，树，牛，真理，电，良心"等，虽然不能说所有成员都表示事物，但可以反过来说凡是表示事物的都属于 X 类，因此可以把 X 类叫作"名词"类。

结构主义语法明确提出并实践从形式出发（即从语法功能或分布出发）划分词类，比传统语法从意义出发更加严谨，是词类理论的一大进步，应该充分加以肯定。但是任何完美的理论都有它的局限，结构主义也无法完全摆脱循环论证。石毓智（1992a：348）在批评结构主义的词类理论时说，给名词分类事先根据一个分布标准"不能用'不'否定"，如果你问"不桌子"为什么不能说时，结构主义者又会毫不犹豫地回答："因为桌子是名词。"总之，语法研究的目的如果只是描写语言结构，结构主义跟传统语法相比有很大的优越性，但如果我们的目的还要对语言结构做出解释，就还需要另辟途径。本文发现的问题也是结构主义无法做出合理解释的，具体说明如下。

按形式标准甲将词类 A 划分出两个小类 A_1 和 A_2，例如按能否加适用的个体量词这一标准将名词分为可数名词和不可数名词。

按形式标准乙将词类 B 划分出两个小类 B_1 和 B_2，例如按能否加助词"着"这一标准将动词分为持续动词和非持续动词。

按形式标准丙将词类 C 划分出两个小类 C_1 和 C_2，例如按直接修饰名词是否受限制等标准将形容词分为性质形容词和状态形容词。

这是结构主义划分词类的方法。要问为什么选择甲、乙、丙分别作为 A、B、C 三类分小类的标准，回答是用这样的标准建立起来的小类能够充分反映出词的语法分布情况。如果甲、乙、丙之间有什么联系或共通之处，那就只能归于偶然的巧合了。然而我们的研究发现，甲、乙、丙之间的共通之处可能不是出于巧合，而是建立在人的认知特点的基础之上，例如"有界"和"无界"的对立就是一个这样的认知特点。既然名词、动词、形容词各自划分重要小类的形式标准都由"有界—无界"这对概念所统摄，这说明在划分词类的形式标准背后还隐藏着概念或意义上的理据。

"认知语法"探索从"概念"或意义出发划分词类并不是完全回到传统语法的老路子上去，而是给"意义"赋予了新的含义。"意义"不再局限于客观的意义或所谓的"真值条件"，而是把人的认知因素考虑在内。譬如说，按照以往的意义理论"椅子"一词的意义可以用一组客观的语义要素或真值条件（四条腿，有靠背，可坐的平面等）来描写，但是一把断了一条腿的椅子人们仍然"认为"它是椅子。可见"椅子"的意义是客观标准和主观认识的结合。同样，过去说名词表示事物，动词表示动作，"事物"和"动作"的意义无法确定，那也是因为我们把意义局限于客观标准。"认知语法"从认知出发来界定"事物"和"动作"已经作了一些尝试（详见 Langacker，1987a，1987b），一些新的认知概念（"有界—无界"是其中之一）的提出超越了传统语法的研究范围，为一些过去认为没有任何联系的语法现象找出了联系，从而加强了语法理论的解释力量。这条路子能不能走通，还有待实践的检验。

参考文献

陈平　1988　《论现代汉语时间系统的三元结构》，《中国语文》第 6 期。

邓守信　1986　《汉语动词的时间结构》，《第一届国际汉语教学讨论会论文选》，北京语言学院出版社。

方梅、张伯江　1995　《北京话指代词三题》，《吕叔湘先生九十华诞纪念文集》，商务印书馆。

贺阳　1994　《汉语完句成分试探》，《语言教学与研究》第 4 期。

黄南松　1994　《试论短语自主成句所应具备的若干语法范畴》，《中国语文》第 6 期。

孔令达　1994　《影响汉语句子自足的语言形式》，《中国语文》第 6 期。

李兴亚　1989　《试说动态助词"了"的自由隐现》，《中国语文》第 5 期。

陆丙甫　1984　《从"要谈谈两个问题"等格式为什么不合格谈起》，《中国语文通讯》第 1 期。

陆丙甫　1988　《定语的外延性、内涵性和称谓性及其顺序》，《语法研究和探索》4，北京大学出版社。

陆俭明　1988　《现代汉语中数量词的作用》，《语法研究和探索》4，北京大学出版社。

吕叔湘　1979　《汉语语法分析问题》，商务印书馆。

吕叔湘　1983　《怎样学习语法》，《吕叔湘语文论集》，商务印书馆。

吕叔湘　1984　《与动词后得与不有关之词序问题》，《汉语语法论文集》（增订本），商务印书馆。

吕叔湘　1987　《疑问·否定·肯定》，《语文近著》，上海教育出版社。

马庆株　1981　《时量宾语和动词的类》，《中国语文》第 2 期。

石毓智　1991　《现代汉语的肯定性形容词》，《中国语文》第 3 期。

石毓智　1992a　《肯定和否定的对称与不对称》，台湾学生书局。

石毓智　1992b　《论现代汉语的"体"范畴》，《中国社会科学》第 6 期。

詹开第　1987　《口语里两种表示动相的格式》，《句型和动词》，语文出版社。

张伯江　1991　《关于动趋式带宾语的几种语序》,《中国语文》第 3 期。

赵元任　1968　《汉语口语语法》, 吕叔湘译, 1979, 商务印书馆。

朱德熙　1956　《现代汉语形容词研究》,《语言研究》第 1 期。

朱德熙　1961　《说“的”》,《中国语文》第 12 期。

朱德熙　1982　《语法讲义》, 商务印书馆。

Carlson, Lauri　1981　Aspect and quantification, *Syntax and Semantics* 14, eds. by P. Tedeschi & A. Zaenen, New York: Academic Press, 31-64.

Johnson, Mark　1987　*Body in the Mind*: *The Bodily Basis of Meaning, Imagination, and Reason*, Chicago University Press.

Langacker, Ronald w.　1987a　Nouns and verbs, *Language* Vol. 63, No. 1.

Langacker, Ronald w.　1987b　*Foundations of Cognitive Crammar*, Vol. 1&2, Standford: Standford University Press.

Lyons, John　1968　*Introduction to Theoretical Linguistics*, Cambridge: Cambridge University Press.

Lyons, John　1977　*Semantics*, Vol. 1, Cambridge: Cambridge University Press.

Mourelatos, A. P. D.　1981　Events, processes, and states, *Syntax and Semantics* 14, eds. by Tedeschi & Zaenen, New York: Academic Press, pp. 191-212.

Quirk, Randolph, et al.　1972　*A Grammar of Contemporary English*, Longman.

Smith, Carlota S.　1991　*The Parameter of Aspect*, Dordrecht: Kluwer Academic Publishers.

原刊于 1995 年第 5 期

关于汉语词汇史研究的一点思考

张永言　汪维辉

提　要： 本文通过对"目/眼""足/脚"等8组同义词在中古时期变迁递嬗情况的分析，试图就汉语词汇史研究的方法和途径提出一些看法和建议。文章认为：词汇史有别于训诂学，二者不应混为一谈；中古词汇研究中几乎所有的兴趣和力量集中于疑难词语考释的现状亟须改变；常用词语演变的研究应当引起重视并放在词汇史研究的中心位置，此项工作前景广阔，但难度很大，需要几代学人共同努力，以期逐步建立科学的汉语词汇史。

在汉语史诸部门中，词汇史向来比较落后，而中古（晚汉—隋）时期汉语词汇史的研究尤为薄弱。[①] 近二十年来，经过郭在贻等先生的大力倡导和身体力行，中古词汇研究已经由冷落而繁荣，取得了一批重要的成果，专著如林，各擅胜场，单篇文章多至难以胜数。这些成果是应当充分肯定的，它们对古籍整理、辞书编纂等都具有不可低估的价值，也为建立汉语词汇史积累了许多有用的材料。但是，这些论著大多偏重疑难词语的考释，研究的对象集中在从张相到郭在贻一贯强调的"字面生涩而义晦"和"字面普通而义别"的这两类词。也就是说，主要还是训诂学的研究，是传统训诂学的延伸和扩展。至于作为语言词汇的核心的"常语"，向来是训诂学者认为可以存而不论或者无烦深究的。然而，要探明词汇发展的轨迹，特别是从上古汉语到近代汉语词汇的基本格局的过渡，即后者逐步形成的渐变过程，则常用词的衍变递嬗更加值得我们下工夫进行探讨。而这正是汉语史异于训诂学之处。因为不对常用词做史的研究，就无从窥见一个时期的词汇面貌，也无以阐明

---

① 吕叔湘先生曾指出："汉语史研究中最薄弱的部分应该是词汇研究。"又说："汉语的历史词汇学是比较薄弱的部门，从事这方面研究的力量跟这项工作的繁重程度很不相称。"（分见《吕叔湘文集》第4卷，商务印书馆，1992，页38、228）郭在贻先生也说过："关于汉语词汇史的研究，魏晋南北朝这一阶段向来是最薄弱的环节。"（见《读江蓝生〈魏晋南北朝小说词语汇释〉》，《中国语文》1989年第3期）

不同时期之间词汇的发展变化，无以为词汇史分期提供科学的依据。

训诂学与词汇史有密切的联系，又有本质的区别。训诂的目的是"明古"，训诂学的出发点是读古书——读懂古书或准确地理解古书。因此，那些不必解释就能理解无误的词语，对训诂学来说就没有多少研究价值。词汇史则颇异其趣，它的目的是阐明某一种语言的词汇的发展历史及其演变规律，而不是读古书，尽管不排除客观上会有这种功用。所以，在训诂学看来没有研究意义的词汇现象，从词汇史的立场去看可能恰恰是极为重要的问题。目前在语言学界还存在着一种模糊认识，有意无意地将训诂学和词汇史混为一谈，以为考释疑难词语和抉发新词新义就是词汇史研究的全部内容。这种认识对词汇史研究的开展是不利的。因此，我们想要强调的是，这两门学问各有其不可替代的价值，由于研究目的不同，看问题的角度、所用的方法和材料等等都有所不同。在目前词汇史研究还很薄弱的情况下，有必要分清两者的关系，尤其是它们的区别。

早在四十年代王力先生就撰文指出："古语的死亡，大约有四种原因：……第二是今字替代了古字。例如'怕'字替代了'惧'，'绔'字替代了'裈'。第三是同义的两字竞争，结果是甲字战胜了乙字。例如'狗'战胜了'犬'，'猪'战胜了'豕'。第四是由综合变为分析，即由一个字变为几个字。例如由'渔'变为'打鱼'，由'汲'变为'打水'，由'驹'变为'小马'，由'犊'变为'小牛'。"[1] 又说："无论怎样'俗'的一个字，只要它在社会上占了势力，也值得我们追求它的历史。例如'松紧'的'松'字和'大腿'的'腿'字，《说文》里没有，因此，一般以《说文》为根据的训诂学著作也就不肯收它（例如《说文通训定声》）。我们现在要追究，像这一类在现代汉语里占重要地位的字，它是什么时候产生的。至于'脖子'的'脖'，'膀子'的'膀'，比'松'字的时代恐怕更晚，但是我们也应该追究它的来源。总之，我们对于每一个语义，都应该研究它在何时产生，何时死亡。虽然古今书籍有限，不能十分确定某一个语义必系产生在它首次出现的书的著作年代，但至少我们可以断定它的出世不晚于某时期；关于它的死亡，亦同此理。……我们必须打破小学为经学附庸的旧观念，然后新训诂学才真正成为语史学的一个部门。"[2] 王先生所说的"新训诂学"，实际上就是词汇史。后来他又在《汉语史稿》第四章"词汇的发展"中勾勒了若干组常用词变迁更替的轮廓。此后陆续有学者对王先生论及的各个新词出现的时代上限提出修正，但讨论对象基本上没有超出他举例的范围，且仅以溯源（找出更早的书证）为满足。溯源当然是词汇史研究的一个方

---

① 《古语的死亡残留和转生》，原载《国文月刊》第 4 期，1941 年 7 月；收入《龙虫并雕斋文集》第 1 册，中华书局，1980，页 414。

② 《新训诂学》，原载《开明书店二十周年纪念文集》（1947）；又收入同上书同册，页 321。

面，而且是相当重要的一环，因为不明"源"就无从探讨"流"，但是仅仅溯源是远远不够的。蒋绍愚先生曾经设想，"可以根据一些常用词语的更替来考察词汇发展的阶段"。[①]在新近出版的《蒋绍愚自选集》中，又多次论及这一问题[②]，还有专文《白居易诗中与"口"有关的动词》[③]，分析探讨了与"口"有关的四组动词从《世说新语》到白居易诗到《祖堂集》的发展演变情况，并运用了判别旧词与新词的两种基本方法——统计使用频率和考察词的组合关系。蒋先生从理论和实践两方面所做的探索，无疑将对推进汉语词汇史的研究产生重要影响。本文作者之一也曾经试图通过考察个别词语的消长与更替（如：言—说，他人—旁人，有疾—得病）来探讨作品语言的时代特征。[④]但这是一项难度很大的工作，不是少数人在较短的时间内能做到相当程度的。现在我们打算抛砖引玉，试从若干组同义词语在中古时期的变迁交替入手，做一初步的探索，希望能为汉语词汇的史的发展理出一点线索，或者说寻找一种方法或途径，以期改变目前有关研究工作中畸轻畸重的局面，使疑难词语考释与常用词语发展演变的研究齐头并进，相辅相成，从而逐步建立科学的汉语词汇史。

1．目／眼

王力先生说："《说文》：'眼，目也。'《释名》：'眼，限也。'可见汉代已有'眼'字。但战国以前是没有'眼'字的。战国时代也还少见，汉代以后才渐渐多见。'眼'在最初的时候，只是指眼球。……这样，它是和'目'有分别的。后来由于词义的转移，'眼'就在口语里代替了'目'。"[⑤]

就目前所掌握的材料看，秦以前典籍中"眼"共 5 见，除王力先生所引的《战国策》《庄子》《周易》各一例外，另两例是《韩非子·外储说右下》："赵王游于圃中，左右以兔与虎而辍，盼然环其眼。王曰：'可恶哉，虎目也！'左右曰：'平阳君之目可恶过此。见此未有害也，见平阳君之目如此者，则必死矣。'"《吕氏春秋·遇合》："陈有恶人焉，曰敦洽雠糜，椎颡广颜，色如浃赪，垂眼临鼻。"用例确实不多。

方一新曾列举约二十条书证证明"眼"字在汉魏六朝文献中就常作"目"讲，并非

---

① 1991 年 9 月 13 日致张永言信。

② 如《近代汉语词汇研究》一文中的"常用词演变研究"节、"各阶段词汇系统的描写"节，又如《关于汉语词汇系统及其发展变化的几点想法》一文中对《祖堂集》里"木／树""道／路""言／语／说"等几组同义词的考察（此文原载《中国语文》1989 年第 1 期），等等。河南教育出版社，1994。

③ 原载《语言研究》1993 年第 1 期。

④ 张永言《从词汇史看〈列子〉的撰写时代》，《季羡林教授八十华诞纪念论文集》上卷，江西人民出版社，1991。

⑤ 《汉语史稿》下册，中华书局，1980，页 499。

如王力先生在两篇文章中所讲的那样到了唐代"眼"才成为"目"的同义词。① 方文所举的"眼"当"目"讲的最早一条书证是《史记·孔子世家》的"眼如望羊",其实这个例子还不够典型,因为字书多释此"眼"为"眼光";《史记》中还有一例"眼"是确凿无疑等于"目"的,即《大宛列传》:"其人皆深眼,多须髯。"②《吕氏春秋》的"垂眼"也是指"眼睛"。③ 如此看来,"眼"当"目"讲在汉代以前就已经有了。由此我们甚至怀疑"眼"从一开始就等于"目",把它解释成"眼球"可能是后人强生分别。因为仅仅根据"抉眼""白眼"这些用例就断定"眼"是指"眼球"似乎不够全面。我们认为,古人在一般情况下并不细分整个眼睛和眼球,正像"目"有时也可指"眼球"一样,"眼"也是通指的。(现代汉语仍然如此,如"眼睛布满血丝",不必说成"眼球布满血丝"。)如上引《韩非子·外储说右下》例,上文用"眼",下文用"目",所指无别。又如《洛阳伽蓝记》卷5:"雪有白光,照耀人眼,令人闭目,茫然无见。"似乎"眼"指"眼球","目"指"眼睛",是有分别的;但是比较一下出于同卷的下面两个例子就不难看出,"眼"和"目"是浑然无别的:"林泉婉丽,花彩曜目。""通身金箔,眩耀人目。""眼"在具体的上下文中有时专指"眼球",那不过是它的义位变体而已。虽然在先秦两汉典籍中一般说"抉眼",但应劭《风俗通义》(《匡谬正俗》卷8引)说:"吴王夫差……诛子胥……抉其目东门。"《旧唐书·太宗纪下》有"抉目剖心","抉目"的说法在文人笔下一直常用。④ 又,《说文》:"目,人眼也。""眼,目也。"说得清清楚楚。这些都说明古人就是如此理解"眼"和"目"的。表示"眼球"的概念古代有一个专门的词"目睑(字又作盼)"。如《周礼·春官·序官》"瞽蒙"郑玄注引郑司农曰:"无目睑谓之蒙,有目睑而无见谓之瞍。"《新序·杂事一》:"晋平公闲居,师旷侍坐,平公曰:'子生无目睑,甚矣,子之墨墨也!'"附带说一下,王力先生的说法可能是本于元代的戴侗。徐灏《说文解字注笺》"眼"字下引戴侗曰:"眼,目中黑白也,《易》曰:'为多白眼。'合黑白与匡谓之目。"

从汉末起"眼"用例渐多,如:咸姣丽以蛊媚兮,增嫮眼⑤ 而蛾眉。(《文选》本张衡《思玄赋》)两头纤纤月初生,半白半黑眼中睛。(《艺文类聚》卷56引古诗)睫,插也,接也,插于眼眶而相接也。(《释名·释形体》)回头四向望,眼中无故人。(《文选》本陆云《答张士然》诗李注引魏文帝诗)感念桑梓城,仿佛眼中人。(《文选》本陆云《答张士

---

① 方一新《"眼"当"目"讲始于唐代吗?》,《语文研究》1987年第3期;又王云路、方一新《中古汉语语词例释》"眼"条,吉林教育出版社,1992,页425—427。

② 《汉书·西域传上·大宛国》作"其人皆深目,多须髯"。此或为班固改俗为雅。"深眼"跟《世说新语·排调》所说"康僧渊目深而鼻高"的"目深"指的是一回事。《高僧传》卷4"康僧渊"正作"鼻高眼深"。

③ 张双棣等编《吕氏春秋词典》就释作"眼睛"。山东教育出版社,1993。

④ 参看《汉语大词典》"抉目吴门"条。

⑤ 按,"嫮眼"即《楚辞·大招》"嫮目宜笑,蛾眉曼只"的"嫮目"。

然》诗）眼耳都融，叶干忘机。（皇甫谧《高士传》卷中"老商氏"）能令弟子举眼见千里。（《太平广记》卷 5 引《神仙传》）犛兽大眼。（郭璞《山海经图赞·犛兽》，《山海经》原文作"大目"）于眼，得色界四大造清净色，是名天眼。（姚秦鸠摩罗什译《大智度论》卷 5）晋代以后，例子就难以数计了。从以下两个方面观察，在当时的实际口语中，"眼"应该已经战胜"目"并逐步取而代之。1）使用范围。"眼"不仅大量出现在口语色彩较强的小说、民歌、翻译佛典等文体中，而且进入了诗文、史书等高文典册。《高僧传》卷 1 "康僧会"："〔支亮〕眼多白而睛黄，时人为之语曰：'支郎眼中黄，形躯虽细是智囊。'"史书人名有"傅竖眼""杨大眼"等，这些都是当时口语的实录。此外，指称动物的眼睛往往用"眼"，如：龙眼（植物名）、鹅眼（钱名）、鱼眼[①]、蛇眼、龟眼、鳖眼、鹰眼、牛眼、兽眼等等。2）构词能力。"眼"表现出强大的构词能力，这正是基本词汇最显著的特征之一。例如：慧眼、肉眼、天眼、青白眼、满眼、碧眼、媌眼、耀眼、举眼、眩眼、懒眼、晃眼、明媚眼、清明眼、道眼、眼分、眼色、眼境、眼界、眼根、眼患、眼医、眼明（眼明袋、眼明囊）、眼前、眼笑、眼花、眼中、眼中人、眼识、眼学、眼眶、眼膜、眼语、眼精（睛）、眼泪、眼光、眼耳、眼角。其中有许多是不能用"目"来代替的，如：肉眼、青白眼、懒眼、晃眼、明媚眼、眼境、眼界、眼根、眼医、眼花、眼膜、眼耳、眼角等。此外还有"眼目""目眼"同义连文的，这种由新旧两个同义语素构成的并列复合词在词汇发展中是常见的。

下面我们再来具体考察一下《世说新语》一书中"眼"和"目"的使用情况（据高桥清编《世说新语索引》统计）：全书"眼"共 15 见，当"眼睛"讲的"目"17 见，出现频率大体持平；在用法上，"眼"的自由度要大于"目"。"眼"除组成"眼光""眼耳""白眼""青白眼"外，都单独使用；而"目"则主要出现于承用前代的一些固定搭配中，如耳目、蜂目、举目、属目、触目、目精、瞋目（4 见）等，只有少数能独立使用。"目"的"眼睛"义被"眼"挤占后，它在《世说新语》中更多地用作"品评"义（共 46 见）；此外，当动词"看"讲和"节目"之类的用法也是"眼"所没有的。

2．足 / 脚

王力先生指出："《说文》：'脚，胫也'；《释名》：'脚，却也，以其坐时却在后也'。可见'脚'的本义是小腿。……但是，到了中古，'脚'在基本词汇中已经代替了'足'，这里有一个典型的例子：'潜无履，王弘顾左右为之造履。左右请履度，潜便于坐伸脚令度焉。'（晋书·陶潜传）"[②]"脚"有"足"义的始见时代，经过学者们的考订，已经把它提前

---

① "鱼眼"，东方朔《七谏·谬谏》已见："玉与石其同匮兮，贯鱼眼与珠玑。"魏晋南北朝用例多见，不备引。
② 《汉语史稿》下册，页 500。

到了三国。①

我们认为，"脚"从最初指"胫"到后来转而指"足"，中间应该有一个指"整个膝盖以下部分"的过渡阶段，即先从小腿扩大到包括脚掌在内，然后再缩小到脚掌。汉末魏晋南北朝时期正处在这个过渡阶段之中，而一直到隋末这个过程似乎尚未完成。下面这些例子中的"脚"都不易断定是专指小腿抑或专指脚掌，只能看作笼统地指"整个膝盖以下部分"（在具体的上下文中有时仅指这个整体中的某一部分，这是义位与义位变体的关系，二者并不矛盾）：乌头汤方，治脚气疼痛不可屈伸。（《金匮要略·中风历节》）左右遂击之，不能得，伤其左脚。其夕，王梦一丈夫，须眉尽白，来谓王曰："何故伤吾左脚？"乃以杖扣王左脚。王觉，脚肿痛生疮，至死不差。（《西京杂记》卷6）[臣]久婴笃疾，躯半不仁，右脚偏小。（《晋书·皇甫谧传》载谧上晋武帝书）[王]贡初横脚马上，倪言讫，贡敛容下脚，辞色甚顺。（又《陶侃传》）夜梦星坠压脚，明而告人曰："……梦星压脚，必无善征。"（《魏书·儒林列传·陈奇传》）此外像"跛脚、损脚、动脚、患脚、脚患、脚疾、脚弱、脚痛、脚挛"等等，其中的"脚"究竟是指哪个部位都很难确定。王力先生曾举《释名》"脚，却也，以其坐时却在后也"为例，证明"脚"的本义是"小腿"，但出自同书的下面几个例子却表明，在刘熙的口语中"脚"已经并非专指小腿：裈，贯也，贯两脚上系要中也。袜，末也，在脚末也。（《释衣服》）超，卓也，举脚有所卓越也。（《释姿容》）

"脚"有时甚至可以指包括大腿在内的整条腿，如：崇乃伤腰，融至损脚。时人为之语曰："陈留、章武，伤腰折股。"（《魏书·灵皇后胡氏传》）庾玉台常因人，脚短三寸，当复能作贼否？（《世说新语·贤媛》）昔荷圣王昕识，今又蒙旌贲，甚愿诣阙谢恩；但比腰脚大恶，此心不遂耳。（《梁书·何胤传》）当然，这样的例子是少数，但这跟"脚"用以指动物和器物的脚时是指它们的整条腿这一用法又是一致的。②指动物的四肢和器物的脚时，既可用"足"，也可用"脚"，虽有文白之别，但指的都是整条腿，如《太平广记》卷320引《续搜神记》："四人各捉马一足，倏然便到河上。……遂复捉马脚涉河而渡。"这样的语言现象值得我们注意。

专指"脚掌"的"脚"魏晋以后渐渐多见起来，如：或濯脚于稠众，或溲便于人前。（《抱朴子外篇·刺骄》）羊了不昞，唯脚委几上，咏瞩自若。（《世说新语·雅量》）仰头看

---

① 参看董志翘《"脚"有"足"义始于何时？》，《中国语文》1985年第5期；吴金华《"脚"有"足"义始于汉末》，《中国语文》1986年第6期。吴文所举后汉康孟详译《兴起行经》二例不可靠（此经译者和时代均不详，参看吕澂《新编汉文大藏经目录》，齐鲁书社，1980，页68），因此只能根据他所引的《汉书》如淳注及三国支谦译《撰集百缘经》二例，把始见书证的时代暂时定在三国。

② "脚"指动物腿的用法起源颇早，如《淮南子·俶真》："飞鸟铩翼，走兽挤脚。"郭璞注《尔雅》用了不少此类的"脚"，大多指整条腿。指器物的"脚"则似乎是魏晋时期产生的新用法，最常见的是"床脚"，还有"鼎脚""车脚""楼脚""箭脚"等。

屋，而复俯指陛下脚者，脚（据《太平御览》卷 1 引补），足也，愿陛下宫室足于此。（《太平广记》卷 118 等引《幽明录》）左右巧者潜以脚画神形，神怒曰："速去！"（殷芸《小说》卷 1）身既浮涌，脚以（已）履地。（《法苑珠林》卷 17、《广记》卷 110 引《冥祥记》）于夜梦一沙门以脚蹈之。（同上。《广记》作"以足蹑之"）赞者曰"履著脚"，坚亦曰"履著脚"也。（《御览》卷 499 引《笑林》）《说文》："袜，足衣也。"《玉篇》作"脚衣"。此外，像"脚跟""脚指""脚迹""脚腕"等，由于有另一个语素的限定，"脚"指"脚掌"也是确定无疑的。但是如果没有其他语素或上下文的限定，或限定不够明确，有时仍难以断定"脚"是否就指"脚掌"，这种疑似的例子在这一时期是很多的。由此我们推测，"脚"在一定的上下文中专指"脚掌"，开始时也是作为"膝盖以下部分"的一个义位变体而出现的，后来这个义位变体用得多了，就渐渐地独立为一个固定的义位了。这个过程的最终完成，恐怕是要在"腿"取代了"股""胫"以后，这时候原先由"股""胫""足"三个词构成的一个最小子语义场就变成了由"腿"（大腿、小腿）和"脚"两个词构成了。

上面的简单描述表明，"脚"在魏晋南北朝时期使用频繁，词义发生变化：先是义域扩大，侵入"足"的义域，有时还侵入"股"的义域，但最常用的还是指"膝盖以下部分"；然后停止后一发展趋势，并逐步失去指"小腿"部分的功能，词义趋向于固定在"脚掌"上。这一过程的最终完成应该是在唐以后。但在某些方言中，至今仍保留着"脚"在汉魏六朝时期的这一古义，如吴方言"脚"就既可以指脚掌，也可以指整条腿。[①]

3. 侧、畔、旁（傍）/ 边

表示"在某物的旁边"这个意思，[②] 先秦主要用"侧"，偶而也用"旁"和"畔"，如《韩非子·外储说右上》："齐尝大饥，道旁饿死者不可胜数也。"《墨子·备突》："门旁为橐。"《楚辞·渔父》："游于江潭，行吟泽畔。"（"畔"字用法非常有限，例子也极少。）在先秦典籍中，这类"旁"用得最多的是《吕氏春秋》，共 5 次；而"侧"全书一共才 4 见，直接放在名词后面的仅 2 次。用"旁"多于用"侧"的现象在《史记》中有了进一步的发展，全书"旁"共 113 见，用作此义的有 48 次，"傍"16 见，用作此义 6 次；搭配范围也有所扩大，可用在"江、河、海、冢、石、右"以及表示建筑物、人、天体（如北斗、日）等名词的后面。而"侧"全书仅 37 见，且如此用的仅 5 次（均为"旁侧"，用法单一）。"边"在先秦基本上不如此用，《韩非子·外储说右下》："今王良、造父共车，人操一边辔而出门间，驾必败而道不至也。"似可看作此种用法的雏形。

---

① 关于"脚"的词义变化，参看江蓝生《魏晋南北朝小说词语汇释》，语文出版社，1988，页 98—99。
② 本文所讨论的仅限于这一组词直接放在名词后面的这一种用法，放在动词、介词和"之""其""一""两""四"等字之后的均除外。

到了魏晋南北朝时期，"边"开始出现并迅速增多。《广雅·释诂四》："边，方也。"（王念孙疏证："《士丧礼》注云：'今文旁为方'。"）《玉篇》："边，畔也。"都记录了这一事实。早期的用例如：马边县男头，马后载妇女。（蔡琰《悲愤诗》）佛语阿难："如世间贫穷乞丐人，令在帝王边住者，其人面目形貌何等类乎？"（后汉支谶译《无量清净平等觉经》卷1）柳垂重荫绿，向我池边生。（魏文帝曹丕《于玄武陂作》诗）鸷鸟化为鸠，远窜江汉边。（《艺文类聚》卷92引王粲诗）向来道边有卖饼家蒜薤大酢，从取三升饮之，病自当去。（三国志·魏书·华佗传）似逢我公，车边病是也。（同上）太祖征张鲁，教与护军薛悌，署函边曰："贼至乃发。"（又《张辽传》）渺渺寻木，生于河边。（郭璞《山海经图赞·寻木》）轻妆喜楼边，临镜忘纺绩。（左思《娇女诗》）悲风嗷于左侧，小儿啼于右边。（束皙《贫家赋》）塔边有池，池中有龙。（《法显传·蓝莫国》）如是大风昼夜十三日，到一岛边。（又《自师子国到耶婆提国》）① 这一时期"边、侧、旁②"都很常用，在大多数场合可以互相替换；在诗和骈文中，这三个词常常构成同义互文；还有"旁边""傍边""旁侧"同义连文的。"畔"则用得较少，使用范围也小得多。③"边"作为一个新兴的词汇成分，从两个方面表现出它的特点：一是使用频率迅速提高，到了《世说新语》里，它已经远远超过了"旁"和"侧"（"边"13次，"傍"1次，"侧"7次）；二是用法灵活多样，"旁"和"侧"所有的用法它几乎都具有，还出现了"左边、右边、颊边、耳边、烛边"这样一些说法，有些用法则是"旁"和"侧"所没有的，如天边、东边、北边、南边，④这无疑跟"边"的本义有关。往这个方向再虚化，就有了"前边、后边、里边、外边、上边、下边"这些用法，而"旁"和"侧"直到今天都没有虚化到这一地步。⑤这意味着在这一组同义词的竞争中，"边"已经表现出优势，又经过唐以后的发展，它终于在口语中吞并了"旁"和"侧"，成为现代汉语表示这一概念的唯一的口语词。

4．视 / 看

表示"用眼睛看"这一行为，先秦两汉一般说"视"。就目前所知，"看"最早见于《韩非子·外储说左下》："梁车新为邺令，其姊往看之。"但先秦典籍中仅此一见而已。《说

---

① 《汉语大词典》及太田辰夫《中国语历史文法》均引陶渊明《五柳先生传》为始见书证，尚嫌稍晚。
② 先秦一般用"旁"，汉魏六朝则多用"傍"。下文以"旁"赅"傍"，不再一一说明。
③ 基本上只限于一些表示地理概念的名词。"星畔、耳畔、窗畔、酒畔、樽畔、琴畔、鬓畔、炉畔、灯影畔、兰烛畔、画图畔"一类的说法大多要到唐代才产生，而且带有明显的文学修辞意味，恐怕不是地道的口语词。
④ 《搜神记》卷3："北边坐人是北斗，南边坐人是南斗。"
⑤ 关于"边"的虚化，参看太田辰夫《中国语历史文法》11.5.9节，蒋绍愚、徐昌华译，北京大学出版社，1987，页92。他把"宅边"的"边"称为"后助名词"；而把"外边""里边""旁边"的"边"称作"接尾词"，认为"这种接尾词'边'从唐代开始有"。其实时间还应提前。

文》著录了"看"字，并且有异体作"䀠"，但在两汉文献中，"看"字仍然难得见到。直至魏晋以后才逐渐多起来，《广雅·释诂一》："看，视也。"可能是对当时实际使用情况的记录。这里举一些较早的用例：遥看是君家，松柏冢累累。（古诗《十五从军征》）时频婆娑罗王及诸臣民，闻佛世尊调化毒蛇，盛钵中来，合国人民皆共往看。（三国支谦译《撰集百缘经》卷6）仰看苍天，不睹云雨。（三国康僧会译《六度集经》卷2）看树上有雀，小儿欲射。（西晋法炬共法立译《法句譬喻经》卷4）今此郡民，虽外名降首，而故在山草，看伺空隙，欲复为乱。（《三国志·吴书·周鲂传》）朝炊，釜不沸。举甑看之，忽有一白头公从釜中出。（《搜神记》卷17）狱中奇怪，愿王往看。（《法显传·伽耶城》）晨夕看山川，事事悉如昔。（陶渊明《乙巳岁三月为建威参军使都经钱溪》诗）若不信侬语，但看霜下草。（晋《子夜歌》四十二首之十六）逢人驻步看，扬声皆言好。（晋《江陵乐》四曲之三）暂出后湖看，蒲菰如许长。（晋《孟珠》八曲之一）。

　　在这一时期的翻译佛经中，"看"字极为常见，而且用法繁多，朱庆之曾细分为15个义项。1）视，瞻。视线接触人或物。如三国支谦译《撰集百缘经》卷5："遥见祇桓赤如血色，怪其所以，寻即往看，见一饿鬼。"2）观察，考察。如西晋无罗叉译《放光般若经》卷20："时释提桓因意念言：'今是菩萨以般若波罗蜜故欲供养法上菩萨，我今试往看其人为用法故？颇有谀谄？'"3）检查、治疗（病）。如东晋佛陀跋陀罗共法显译《摩诃僧祇律》卷32："佛言：'汝不能到者旧医看病耶？'"4）表示提示。如失译《兴起行经》卷上："王闻是语，嗔恚大唤，语诸大臣：'看是道士，行于非法，应当尔耶？'"5）试探。如东晋佛陀跋陀罗共法显译《摩诃僧祇律》卷9："其家有机，让比丘坐：'即坐小待。'复起以指内釜中，看汤热不。"6）助词。如同上卷19："精舍中庭前沙地有众长寿。'借我弓箭，试我手看。'答语：'可尔。'"①7）任凭。如同上卷34："若床褥、枕、拘执垢腻破坏者，不得看置，应浣染补治。""看置"犹今语"眼睁睁看着不管"。8）难看的"看"。如隋僧就合《大方等大集经》卷14高齐那连提耶舍译《日藏分》卷39："如是恶露，臭处难看。"9）看望。如三国支谦译《撰集百缘经》卷10："时聚落主闻王欲来看孙陀利。"10）照看，照顾。如同上卷6："我唯一子，今舍我去，谁当看我？"11）看护（病人）。如东晋佛陀跋陀罗共法显译《摩诃僧祇律》卷28："若弟子病，应自看，使人看。"12）看管。如东晋僧伽提婆译《中阿含经》卷37："犹如放牛人，不能看牛者则便失利。"13）监视。如同上卷29："我复忆昔时，看田作人，止息田上。"14）看待，对待。如姚秦佛陀耶舍译《四分律》卷33："和尚看弟子当如儿意看，弟子看和尚当如父意。"15）接待。如东晋僧伽提婆译《中阿含经》卷23："与我好饮食，好看视我。"又失译《杂譬喻经》："昔北天竺有一木师，作一木

---

　　① 按，《齐民要术》有"尝看"，石声汉注："'尝看'是本书常用的一句话，即今日口语中的'尝尝看'。"

女，端正无双，衣带严饰，与世女无异，亦来亦去，亦能行酒看客，唯不能语耳。"[①] 上述义项大多在中土文献中也能见到用例。

在《世说新语》里，"看"字也已用得十分频繁（全书凡 53 见），而且"阅读"也可以说"看"了（用作此义共 14 次），如：殷中军被废东阳，始看佛经。（《文学》）还有"看杀卫玠"的说法（《容止》）。"看杀""打杀"的"杀"是这时期兴起的一种新用法。在陈代江总的诗里，还有了重叠的"看看"："故殿看看冷，空阶步步悲。"（《奉和东宫经故妃旧殿诗》）可以说，现代汉语中"看"字的所有义项和用法，这时都已基本齐备。这标志着"看"在六朝已经是一个发育成熟的词，在当时的实际口语中应该已经取代了"视"，而且还侵入了"观、省、察、读"等词的义域。只有在少数场合"视"不能换成"看"，如"虎视、熟视、高视、省视"等固定搭配。

"看"从《韩非子》始见到六朝发育成熟，中间理应有一个漫长的渐变过程，也就是说，在这段时间里，"看"一定是活在口语中的（也许开始只是一个方言词，后来发展成为全民通语），到了魏晋以后，它又得到了迅速的发展。只是现存两汉文献没有充分反映口语的实际使用情况，使我们难以窥见它在当时演变发展的过程罢了。

5. 居 / 住

表示"居住"这个概念，上古用"居"（偶尔也用"止"等），现代汉语用"住"。这个交替过程也发生在魏晋南北朝时期。

"住"本是"停留，停止"义，如："佛语阿难：'如世间贫穷乞丐人，令在帝王边住者，其人面目形貌何等类乎？'"（后汉支谶译《无量清净平等觉经》卷 1）见者呼之曰："蓟先生小住。"（《搜神记》卷 1）"住"应与"驻"同源，如《东观汉记·桓帝记》："以京师水旱疫病，帑藏空虚，虎贲、羽林不任事者住寺，减半奉。"《后汉书·邓禹传》："禹所止辄停车住节，以劳来之。"均用同"驻"。[②] 引申为"居住"义。《战国策·齐策六》："先是齐为之歌曰：'松邪，柏邪？住建共者客邪？'"这个"住"应该就是"居住"的住，这里用作使动，是"使建居住在共"的意思。这是目前所能见到的表示"居住"义的"住"的最早用例。另外《易林》卷 4"井之颐"有一例，也应作"居住"讲："乾作圣男，坤为智女，配合成就，长住乐所。"《风俗通义·过誉》："汝南戴幼起，三年服竟，让财与兄，将妻子出客舍中住，官池田以耕种。""住"指"居住"是无疑的了。

魏晋以后，"居住"义的"住"就很常见了，例如：姜家扬子住，便弄广陵潮。（晋

---

① 朱庆之《佛典与中古汉语词汇研究》，（台湾）文津出版社，1992，页 180—184。
② 《说文》说解中"住"字 3 见，而正文无"住"字。清代学者有以为是"驻"或"逗""侸"之俗字者，详见《说文解字诂林》。

《长干曲》）愿留就君住，从今至岁寒。（陶渊明《拟古》九首之五）乃遣人与曹公相闻："欲修故庙，地衰不中居，欲寄住。"（《搜神记》卷 17）人民殷乐，无户籍官法，唯耕王地者乃输地利，欲去便去，欲住便住。（《法显传·摩头罗国》）蔡司徒在洛，见陆机兄弟住参佐廨中，三间瓦屋，士龙居东头，士衡住西头。（《世说新语·赏誉》）朝士住其中。（《洛阳伽蓝记》卷 5）王孝伯起事，王东亭殊忧惧，时住在募士桥下。（《御览》卷 469 引《俗说》）至嘉兴郡，暂住逆旅。（《广记》卷 320 引《荀氏灵鬼志》）长沙有人，忘其姓名，家住江边。（《御览》卷 930、《广记》卷 425 引《续搜神记》）"居住""住居"连文亦已见，如《搜神记》卷 10："石有弟子戴本、王思二人，居住海盐。"《魏书·杨椿传》："吾今日不为贫贱，然居住舍宅不作壮丽华饰者，正虑汝等后世不贤，不能保守之。"《洛阳伽蓝记》卷 2："吴人之鬼，住居建康。"

　　"住"用作"居住"义，在开始时并不完全等于"居"，用法上跟"居"有一定的互补性。"住"的词义有一个从具体到抽象的发展过程，也就是说，"住"是一步一步地侵入"居"的义域然后取而代之的。通过比较这两个词在魏晋南北朝时期的用法差异，我们能够把"住"的演变轨迹大体上探寻出来。比如"暂住""寄住"就多用"住"而少用"居"，这说明"住"跟"居"相比有一种时间上的短暂性，这种暂时性直接来源于它的本义。住在某地（一个行政区划）则多说"居"而较少用"住"，如"居某州（郡、县、城）、居京师"的说法很常见，与此相反，"住"的对象多为表示具体住所的名称，如"房、宅、舍、瓦屋、田舍、斋中、西厢中、某某家、廨、寺、亭、土窟、岩石间、墓下（侧、边）"等，或者比较具体的某个地点，如"村、某山、山中"等。下面这个例子很有代表性：居在临海，住兄侍中墓下。（《世说新语·栖逸》）[1] "与某人同住"一般也用"居"不用"住"，如：与嵇康居二十年，未尝见其喜愠之色。（德行）陶公少有大志，家酷贫，与母湛氏同居。（《贤媛》）"居人"（名词）不说"住人"。（如《搜神后记》卷 10："武昌虹山有龙穴，居人每见神虹飞翔出入。"）"居"的"处"义更是"住"所没有的（直到今天都如此），如《搜神记》卷 6 "贤者居明夷之世""贱人将居贵显"。这说明"住"所表达的"居住"概念比较具体，这也跟它的本义密切相关；而"居"经过几千年的使用，含义已经比较抽象，用法上也比较灵活。不过从总体上看，这一时期"住"从"暂住"到"久住"义的演变过程已经基本完成；表"居住在某地"的用法也在逐渐增多，例如：训不乐住洛，遂遁去。（《搜神记》卷 1）用法上的这种扩展完成以后，"住"取代"居"的条件也就成熟了。在构词上，"住处""住所"等现代汉语常用的词语也已经出现。《论语·雍也》："非公事，未尝至于偃之室也。"梁皇

---

① 在《世说新语》中，"居"和"住"大体上是这么分工的。全书"居"当"居住"讲的 16 见，其中对象是具体住所的 4 次；作"居住"讲的"住"13 见，对象全部为具体住所。

侃疏："若非常公税之事，则不尝无事至于偃住处也。"是用当时的通用语来解释古书。《魏书·袁翻传》载翻表："那瑰住所，非所经见，其中事势，不敢辄陈。"又如以前说"居止"，而此时说"住止"（均为同义连文），例如《百喻经·效其祖先急速食喻》："昔有一人，从北天竺至南天竺，住止既久，即聘其女共为夫妻。"这些都表明，在当时的实际口语中"住"大概已经取代了"居"。

6. 击 / 打

"打"是后汉时期出现的一个新词，最早见于字书《广雅》，《释诂三》："打，击也。"又《释言》："打，桮也。"[①] 早期的用例如：捎魑魅，拂诸渠，撞纵目，打三颅。（东汉王延寿《梦赋》）〔乐无为〕故默不答，众臣便反缚乐无为，拷打问辞。树神人现出半身，语众人曰："莫拷打此人。"众臣曰："何以不打？"（失译《兴起行经》卷上《孙陀利宿缘经第一》）时谷贵饥馑，人皆拾取白骨，打煮饮汁；掘百草根，以续微命。（又《头痛宿缘经第三》）打金侧玳瑁，外艳里怀薄。（晋《子夜歌》四十二首之二十）伉如打五鼓，鸡鸣天欲曙。（《晋书·邓攸传》载吴人歌）初，豁闻苻坚国中有谣曰："谁谓尔坚石打碎。"（又《桓豁传》）婢无故犯我，我打其脊，使婢当时闷绝。（《搜神记》卷15）打坏木栖床，谁能坐相思！（宋《读曲歌》八十九首之六）打杀长鸣鸡，弹去乌臼鸟。（又之五十五）伊便能捉杖打人，不易。（《世说新语·方正》）逊便大呼："奴载我船，不与我牵，不得痛手！方便载公甘罗，今欲击我。今日要当打坏奴甘罗！"（《广记》卷320引《续搜神记》）宋齐以后，用例迅速增多，凡古来用"击"的地方，有许多可以用"打"。上古的习惯用法"击鼓"，这时候已经以说"打鼓"居多了。还有"打击""击打"连文的，如：岩石无故而自堕落，打击煞人。（葛洪《抱朴子内篇·登涉》）以瓦石击打公门。（《魏书·张彝传》）[②] 在组合关系上，"打"多出现在比较口语化的上下文中并常跟新兴的语言成分相结合，如《高僧传》卷十"释慧通"："又于江津，路值一人，忽以杖打之，语云：'可驶归去，看汝家若为？'"这里的"打""驶""看""若为"都是地道的六朝口语词。《太平广记》卷319引《幽明录》："鬼语云：'勿为骂我，当打汝口破。'""打汝口破"是此时的新兴句法。又如《北齐书·尉景传》："景有果下马，文襄求之，景不与。……神武对景及常山君责文襄而杖之，常山君泣救之，景曰：'小儿惯去，放使作心腹，何须干啼湿哭不听打耶！'"《南史·陈本纪上》："侯景登石头城，望官军之盛，不悦，曰：'一把子人，何足可打！'"又《任忠传》："明日欻然曰：'腹烦杀人，唤萧郎作一打。'"又《高爽传》："取笔书鼓云：'……面皮如许

---

① 《说文新附·手部》："打，击也。"唐玄应《一切经音义》卷6引《说文》："打，以杖击之也。"又卷3引《通俗文》："撞出曰打。"钮树玉和郑珍两家的《说文新附考》都认为"打"即《说文·木部》朾之俗字。

② 《汉语大词典》"打击"条首引《水浒传》，太晚。

厚，受打未讵央。'"这些应当都是当时口语的实录，如果把"打"换成"击"就失去口语的生动性了。此外，史书引"时谣""童谣"之类一般都用"打"。又如"打杀（煞）、打死、打坏、打折、打拍、打摸（争斗）、打毬、打虎、打胸、打稽（时人称拦路杀人抢劫）、打簇（北朝时的一种游戏，又称'打竹簇'）、殴打、痛打、相打、极打、扑打、拷打、捶打、拳打、鞭打"等，也都是新生的口语说法。在数量上，就逯钦立所辑的六朝民歌考察，几乎全用"打"，"击"仅 1 见；《世说新语》"击" 5 见，"打" 4 见。这些事实说明，在当时的口语中"击"已退居次要地位，逐渐为"打"所代替，二词已有明显的文白之分。

"打"的词义在近代汉语阶段又得到了空前的丰富和发展。到了现代汉语，共有 24 个义项（据《现代汉语词典》），词义的丰富和用法的灵活恐怕没有哪个单音词能够同它相比。"打"在用法上的灵活性，在魏晋南北朝时期已经有所表现，不过总的来看，这一时期"打"的词义还比较实在，基本上都是指敲击性的动作，对象大都是具体的人和物。《梁书·侯景传》："我在北打贺拔胜，破葛荣，扬名河朔。"《颜氏家训·音辞》："打破人军曰败。"用作"攻打，进攻"义，已显露出向抽象方向引申的迹象。

7. 疾、速、迅 / 快（駃）、驶

表示"迅速"这个意思，上古汉语用"疾""速""迅"等，现代汉语用"快"。中古时期除承用"疾、速、迅"之外，口语中常用的是"快"（字又作"駃"）和"驶"。

在中古时期，"疾、速、迅"都仍很常用；特别是"迅"，出现频率非常高。但这三个词大体上有个分工："迅"主要用于修饰名词，作定语，如"迅羽、迅足、迅风、迅雨、迅雷、迅电、迅流、迅翼"等；"速"主要修饰动词，作状语，如"速决、速殄、速达、速装、速熟、速断"等，除个别情况（如"速藻"——指速成的词藻）外，基本不修饰名词；"疾"则适用范围最广，修饰名词、动词均可，如"疾雨、疾风、疾雷、疾霆、疾流、疾马，疾行、疾走、疾进、疾驱、疾驰、疾战"等。从使用习惯看，这三个词主要用于书面语，在当时都属于较文的词语。

"快"原指一种心理活动，《说文》："快，喜也。"大约在东汉，"快"除沿用旧义（此义一直沿用至今）外，开始有了"急速"的意思，[1]扬雄《方言》："逞、苦、了，快也。"蒋绍愚先生认为这个"快"就是"快急"之"快"。[2]文献用例如：何等为十六胜？即时自

---

① 曹广顺认为："'快'字的'迅速'义可能是从'駃'字来的。"又说："根据我们目前所见的材料，'快'获得'迅速'义，可能不迟于魏晋南北朝。"见《试说"快"和"就"在宋代的使用及有关的断代问题》，《中国语文》1987 年第 4 期。现在看来，时间还可提前。又，江蓝生也有类似说法，参看上引书，页 117—118。

② 《从"反训"看古汉语词汇的研究》，原载《语文导报》1985 年第 7、8 期；又收入《蒋绍愚自选集》，河南教育出版社，1994，页 23。

知喘息长，即自知喘息短……即自知喘息快，即自知喘息不快；即自知喘息止，即自知喘息不止。（后汉安世高译《大安般守意经》卷上）何谓十六？喘息长短即自知……喘息快不快即自知，喘息止走即自知。（三国康僧会译《六度集经》卷7）这两段文字文意相同，译者不同，但都用“快”表“急速”义，可见当时此义已在口语中行用。[①] 魏晋以后，用例多见，如张承与吕岱书曰：“……加以文书鞅掌，宾客终日，罢不舍事，劳不言倦，又知上马辄自超乘，不由跨蹑，如此足下过廉颇也，何其事事快也。”（《三国志·吴书·吕岱传》）若欲服金丹大药，先不食百许日为快。若不能者，正尔服之，但得仙小迟耳。（《抱朴子内篇·杂应》）蛴螬以背行，快于用足。（《博物志》卷4“物性”）君可快去，我当缓行。（《搜神记》卷4）此马虽快，然力薄不堪苦行。（《晋书·王湛传》）卿下手极快，但于古法未合。（《广记》卷324引《幽明录》）［陈安］常乘一赤马，俊快非常。（《艺文类聚》卷60、《北堂书钞》卷124、《御览》卷354引《荀氏灵鬼志》）嵇中散夜弹琴，忽见一鬼著械来，叹其手快，曰：“君一弦不调。”（《御览》卷644引《语林》）梁武帝尝因发热，欲服大黄，僧垣曰：“大黄乃是快药，然至尊年高，不宜轻用。”（《周书·姚僧垣传》）最常见的是作定语修饰动物，如“快马、快牛、快犬、快狗”等。也有“快疾”连文的，如《拾遗记》卷6：“帝于辇上，觉其行快疾。”字又写作“駃”，《说文·马部》“駃”下徐铉曰：“今俗与快同用。”例子如：日南多駃牛，日行数百里。（杨孚《异物志》）曹真有駃马名为惊帆，言其驰骤如烈风之举帆疾也。（崔豹《古今注·杂注》）牛歧胡有寿，眼去角近，行駃。（《齐民要术·养牛马驴骡》）夫三相雷奔，八苦电激，或方火宅，乍拟駃河，故以尺波寸景，大力所不能驻。（王僧孺《礼佛唱导发愿文》）道中有土墙，见一小儿，裸身，正赤，手持刀，长五六寸，坐墙上磨甚駃。（《御览》卷345引《祖台之志怪》）

“驶”也是魏晋南北朝时期的一个常用词，[②] 它的“快速”义在西汉时就已有了，《尉缭子·制谈》：“天下诸国助我战，犹良骥騄駬之驶，彼驽马鬐兴角逐，何能绍吾气哉！”“驶”一本作“駃”。《诗·秦风·晨风》：“鴥彼晨风，郁彼北林。”毛传：“先君招贤人，贤人往之，駃疾如晨风之飞入北林。”《释文》：“駃，所吏反。”阮元《校勘记》云：“相台本駃作驶，小字本作驶，案驶字是也。”唐慧琳《一切经音义》卷66引《苍颉篇》：“驶，马行疾也。”又卷61引《苍颉篇》：“驶，疾也。”魏晋以后，它的使用频率不低于“快（駃）”，这里举一些例子。宣王为泰会，使尚书钟繇调泰：“君释褐登宰府，三十六日拥麾盖，守兵马郡，乞儿乘小车，一何驶乎！”（《三国志·魏书·邓艾传》裴注引郭颁《世语》）蕤宾五月中，清朝起南飔。不驶亦不迟，飘飘吹我衣。（陶渊明《和胡西曹示顾贼曹》诗）倾家持作

① 《汉语大词典》“快”字此义下所引始见书证为《史记·项羽本纪》“今日固决死，愿为诸君快战”，似欠妥，此“快”仍当为“畅快”义。

② 参看江蓝生上引书，页177—178。

乐，竟此岁月驶。（又《杂诗》十二首之六）感此还期淹，叹彼年往驶。（潘岳《在怀县作》诗二首之二）［鳖］自捉出户外，其去甚驶，逐之不及，遂便入水。（《搜神记》卷14）福曰："汝何姓，作此轻行？无笠，雨驶，可入船就避雨。"（又卷19）年十岁，从南临归，经青草湖，时正帆风驶，［笱］序出塞郭上落水。（《御览》卷769引《续搜神记》）既及泠风善，又即秋水驶。（谢灵运《初往新安至桐庐口》诗）辞家远行去，空为君，明知岁月驶。（刘铄《寿阳乐》）燕陵平而远，易河清且驶。（沈约《豫章行》诗）逸足骤反，游云移驶。（萧统《七契》）菌蟪夕阴，候驶无几。（王僧孺《为韦雍州致仕表》）风多前鸟驶，云暗后群迷。（梁元帝《咏晚栖鸟》诗）湍高飞转驶，涧浅荡还迟。（张正见《陇头水》诗二首之一）又多用作定语修饰名词，组成下面这样一些词组：驶雨、驶风、驶雪、驶河、驶流、驶马、驶牛、驶翼等。

"快（駃）"和"驶"在用法上大体相同，两者都常作定语和谓语。不过也有一些细微差别。1）"驶"更多地用于"风、雨、雪"一类的自然现象，着重强调它们的急骤猛烈；"快"则更多地用于动物，词义侧重于速度快。[①] 2）"快"可受否定副词"不"修饰，"驶"则未见。3）"驶"多见于诗赋等典雅的文学作品中，而"快"在这种场合很少出现。这些细微差别似乎跟"驶"在后来的同义词竞争中终于被淘汰而"快"一直沿用到现代汉语这一事实存在着某种内在的联系：风、雨、雪等的急骤猛烈后世多用"急、紧、猛"等词语来形容，"驶"就让位给了它们，而在描摹动物的速度快方面，"驶"也没能在竞争中取胜，它原先所占的地盘后来就让给了"快"；"驶"在用法上的局限性（如不能受"不"修饰）使它在竞争中处于不利地位；就在魏晋南北朝时期，"驶"在口语中的势力可能已经没有"快"大，或者说，"快"正处在上升扩展时期，而"驶"却在走下坡路。这些仿佛都预示着两个词以后的发展命运。

8. 寒 / 冷

这组词本文作者之一曾在一篇文章中讨论过，[②] 这里我们再做两点补充。

8.1　魏晋以后，"冷"已用得十分普遍，它不仅"成为'热'的通用反义词"，而且常跟"暖""温"对用，例如：昔太子生时，有二龙王，一吐冷水，一吐暖水。（《艺文类聚》卷76引支僧载《外国事》）余所居庭前有涌泉，在夏则冷，涉冬而温。（傅咸《神泉赋序》）艾县辅山有温冷二泉……热泉可煮鸡豚，冰（疑当作"冷"）泉常若冰生。（《初学记》

---

① "快风、快雨、快雪"的"快"大多仍是"畅快、痛快"的意思，跟"驶风、驶雨、驶雪"的意义不一样。如《三国志·魏书·管辂传》："时天旱……到鼓一中，星月皆没，风云并起，竟成快雨。"王羲之有《快雪时晴帖》。

② 张永言《说"淘"》，《中国语言学报》1988年第3期；又收入《语文学论集》，语文出版社，1992。

卷7引《幽明录》）左右进食，冷而复暖者数四。（《世说新语·文学》）桓为设酒，不能冷饮，频语左右，令"温酒来"。（又《任诞》）

8.2 在这一时期"冷"虽然已是"热、暖、温"的反义词，又是"可以与'寒'连文或互用的同义词"，但"寒"和"冷"在意义和用法上还是有区别的，这主要表现在以下几个方面。1）"寒"所指的寒冷程度比"冷"所指的要深，表现为"寒"常和"冰、霜、雪"等词联系在一起，例如：天寒岁欲暮，朔风舞飞雪。（晋《子夜四时歌·冬歌》十七首之九）寒云浮天凝，积雪冰川波。（又之七）欲知千里寒，但看井水冰。（又之十五）经霜不堕地，岁寒无异心。（又之十六）而"冷"则很少这样用。用现代人的区分标准来看，"寒"大多是指零度以下，而"冷"则一般指零度以上；"冷"的程度大概介于"寒"和"凉"（今义）之间。《后汉书·戴就传》："就语狱卒：'可熟烧斧，勿令冷。'"这个"冷"指冷却，不能换成"寒"，就很能说明两者程度上的差别。当然这种区别不是绝对的，比如王献之《杂帖》："极冷，不审尊体复何如？"沈约《白马篇》："冰生肌里冷，风起骨中寒。"萧统《锦带书十二月启·黄钟十一月》："酌醇酒而据切骨之寒，温兽炭而祛透心之冷。""冰""霜"也可以说"冷"，如《晋书·王沉传》："褚䂮复白曰：'冰炭不言而冷热之质自明者，以其有实也。'"隋炀帝《手书召徐则》："霜风已冷，海气将寒。"不过数量都还比较少。但后世"冷"终于取代"寒"从这里已经可以看出端倪。2）"冷"多用于表具体物质或物体的感觉上的冷，而"寒"则多用于抽象的事物或用来概括某类事物的特点。比如"天寒、岁寒、寒暑、寒衣、寒服"都是指比较抽象的气候寒冷，一般不能换成"冷"[①]；"冷"可以描绘的具体对象范围很广，比如"水、火、风、月、雨、霜、露、冰、山气、朔气、身、体、体中、胃中、手、足、背、齿、心、心下、肠、髓、乳、衣袖、气、茶、酒、粥、浆、炙、药性、物性、枕席、簟、器、殿、堂、猿、牛角、卵、竹、蕟、榆、石、涧、泉"等等。其中"心冷""肠冷"等已是相当抽象的引申用法，为后世继续朝这个方向引申（如"冷面""冷眼"等）开了先河。3）"冷"可以修饰动词作状语，如上文所举的《世说新语·任诞》"不能冷饮"，又如晋陆翙《邺中记》："邺俗，冬至一百五日为介子推断火，冷食三日。"巢元方《诸病源候论》卷6"寒食散发候篇"引皇甫谧《论》："坐衣裳犯热，宜科头冷洗之。"《北史·崔赡传》："何容读国士议文，直此冷笑？"这是"寒"所没有的。这种用法在后世得到了进一步的发展，这可能也是在口语里"冷"最终淘汰了"寒"的一个原因。

以上我们讨论了8组常用词在中古时期变迁递嬗的大概情况。由于掌握的材料有限，研究的方法也在探索之中，观察和分析都还是很粗浅的，所得的结论不一定确切，有的甚

---

① "天冷"的说法当时还很少见，《洛阳伽蓝记》卷5："是时八月，天气已冷。""冷"一本作"寒"。

至难免错误，这都有待于今后继续探讨和修正。本来，我们写作本文的主旨，也不过是想通过分析一些实例来提倡一下词汇史领域中长期被忽视的常用词演变的研究。经过初步的实践，我们感到常用词的历史的研究是很有意义的，而且是大有可为的，但迄今尚未引起词汇史研究者的普遍重视。除上面提到的少数几篇文章外，还很少有人问津，大家的兴趣和工夫几乎都集中到考释疑难词语上头去了。这种情况看来亟须改变，要不然再过一二十年，词汇史的研究将仍然会远远落在语音史和语法史的后面。因为常用词大都属于基本词汇，是整个词汇系统的核心部分，它的变化对语言史研究的价值无异于音韵系统和语法结构的改变。词汇史的研究不但不应该撇开常用词，而且应该把它放在中心的位置，只有这样才有可能把汉语词汇从古到今发展变化的主线理清楚，也才谈得上科学的词汇史的建立。这项工作也许需要几代人的共同努力，但是可以肯定研究前景是十分广阔的。现在我们不揣浅陋，把这一点不成熟的思考贡献出来，恳切希望得到同行专家的批评指正。

原刊于 1995 年第 6 期

非谓形容词的词类地位

李宇明

提　要：本文用连续性的观念，在定语的范围内，就空间、程度、时间三个维度考察非谓
形容词与名词、一般形容词、动词等的差异与联系。研究发现，非谓形容词的空
间性、程度性和时间性的值都几近于零，其地位处在名、形、动三大词类的临接
点上。此种地位造成了非谓形容词的高增殖率、功能的易游移性、以及与名形动
三个词类构词方式相仿而词性有异等特点。

综观已有的研究，非谓形容词的语法、语义性质大致可以总结为：非谓形容词基本语义功能是表示事物的属性，[①] 主要的语法功能是作定语，少数非谓形容词可以修饰动词、形容词（指"一般形容词"，下同）作状语，并有一些活用和兼类现象。

非谓形容词与名词、形容词、动词的种种不同和联系，至今缺乏明确的认识和深入的研究。本文从空间、程度、时间三个维度上，来讨论非谓形容词与名词、形容词、动词等的差异与联系，以期加深对非谓形容词的词类地位的认识，并希望在此基础上对吕叔湘、饶长溶（1981）所指出的非谓形容词的一些特点，给予力所能及的解释。为使论述比较集中，本文主要在定语的范围内讨论问题，并限定定中结构的中心语是名词性成分。

1.　非谓形容词与名词

1.1　名词的空间性

陈平（1988）指出："就最典型的事物而言，它们一般都占据一定的空间，随具体事物类型的不同而表现出大小、高低、厚薄、聚散、离合等等特征。……名词的种种形态变化所表现的语法意义一般与空间位置有关，人们以语法形态为依据，进而把握有关事物在空

---

① 朱德熙（1982）曾经指出，"从意义上看，区别词表示的是一种分类标准"。这一认识与"表示事物的属性"的说法并不矛盾，只是看问题的角度不同。因为事物的属性与事物的分类标准是有内在联系的。

间分布上呈现出的各种状态，借以理解这些事物在特定情景中所扮演的角色。"这段话表达了一些语法理论学者的一个基本认识：空间性是名词最基本的特征；同其他词类比较，名词的空间性是最典型的。

诚然，名词不是一个匀质的词类集合，其内部存在着各种差异。就空间性强度而论，大致上存在着如下三个不等式：

　　a）个体名词＞集体名词　b）有形名词＞无形名词　c）具体名词＞抽象名词[①]

名词空间性强弱的语法表现，最明显地体现在与名量词的组合能力上。能同个体量词（如：个、头、匹、根、条、棵……）组合的，具有最强的空间性；不能同个体量词组合的，则具有较弱的空间性；只能同种类量词（如：种、类）组合的，空间性最弱。一旦名词不能同量词组合，就会丧失空间性，其性质也要随之发生变化。因此，可以用量词来测定名词空间性的强弱有无。

上面所讲的名词的空间性和名词与量词的组合功能，是在离开一定结构的抽象条件下来说的，只表明它所具有的潜在的组合功能。但是，当名词进入一定的结构位置（slot）时，它同量词的组合功能就可能发生变化，这种变化意味着其空间性的变化。

1.2　名词作定语

名词作定语的结构式可表述为：N_a（＋的）$+N_b$[②]

N_a 同中心语 N_b 的关系大体上可分为两个基本类型：属性关系；非属性关系。属性关系是指 N_a 表示 N_b 的类型、式样、质料等等。例如：

　　a）学院风格　儿童服装　木头茶几　水泥建筑

"学院"是"风格"的类型，"儿童"是"服装"的类型或式样，"木头、水泥"分别是"茶几、建筑"的质料。非属性关系主要有领属关系、方所关系、衡量关系等等。例如：

　　b）诗人的语言　桃树的果实　房子的外面　电杆的高度

"诗人、桃树"分别与"语言、果实"发生领属与被领属的关系，"房子"与"外面"是方所关系，"电杆"与"高度"是衡量关系。[③] 这些非属性关系都不影响 N_a 的空间性，其 N_a

---

① Taylor（1989）根据 Ross、Langacker 等人的研究，把名词的典型性表述为如下的不等式：
离散的、有形的、占有三维空间的实体＞非空间领域的实体＞集体实体＞抽象实体
这一序列很有意义，但是否与汉语名词的空间性的强弱相吻合，值得进一步研究。张伯江（1994）从"生命度"、"典型性"和"无指性"三个方面考察名词功能的稳定性，并总结出三个不等式：
高生命度名词＞低生命度名词；具体名词＞抽象名词；有指名词＞无指名词
由于名词功能的稳定性与所表现的空间意义正相关，所以，这三个不等式也可以看作名词的空间性强弱（或名词的典型性）的不等式。
② 可以作定中结构的中心语的不限于名词，但是本文只在定中结构的中心语是名词的范围内讨论问题，所以有此结构式。3.1 中"VP（＋的）+N"结构式，道理同此。括号里的成分表示可有可无。
③ "N+高度"二者之间是什么语义关系，尚未见命名，本文姑且称为"衡量关系"，不一定合适。

都还可以同个体量词组合，例如：

b'）这位诗人的语言　那棵桃树的果实　这所房子的外面　那根电杆的高度

"位、棵、所、根"都是个体量词。但是属性关系却影响 N_a 的空间性。a）中的 N_a 在其他情况下本来有同量词组合的能力，但是在表示属性关系时都不能再同量词组合。如果在其前加上量词，要么改变了 N_a 和 N_b 的关系，要么加上的量词不是修饰 N_a 的，而是修饰 N_b 的。例如：

a'）这所学院的风格　那个儿童的服装　这个木头茶几　那座水泥建筑

前两例中 N_a 同 N_b 的关系不再是属性关系，而是领属关系。后两例中的量词，不是修饰 N_a，而是修饰 N_b 的。这一事实表明，名词作属性定语不再具有空间性。

各种名词所代表的事物，总是具有一定的属性。在名词充当属性定语的时候，其空间性在这一特定的语法槽中被明显削弱或完全消解，而原来比较隐蔽的属性意义则突显（salience）出来，成为表义的一个新的侧面（profile），[①] 从而造成名词表义功能的游移（shift）。由此可以说，名词的属性侧面的突显，是以名词空间性的消解为条件的。

1.3　非谓形容词[②]作定语

有一部分非谓形容词，在意义上与作属性定语的名词非常接近。比较：

a）木头家具　b）木质家具

"木头"是名词，"木质"是非谓形容词。二者作定语修饰"家具"，无论在表义还是在语法功能上，都没有多大差别。如果说有所不同的话，就是"木头"在其他情况下可以恢复其空间性，即可以有一般名词的用法；而"木质"在任何情况下都只能表属性，属性意义比名词更为显豁。

在名词后面加"式、型、性"等标记，原来的名词的属性意义就由隐性转为显性。例如：

a）学院风格　　　　椭圆结构　　　　经典著作

b）学院式风格　　　椭圆型结构　　　经典性著作

a）中的 N_a 比 b）中的 N_a 属性意义更明显。这种情况可以称为名词的属性意义的固化。当然，在固化名词属性意义的时候，也可以只取名词中有代表性的语素，例如：

男人服装——男式服装　中国建筑——中式建筑

名词后面加上"式、型、性"等标记之后，有许多就成了非谓形容词。"学院式、男

---

① 认知语法用"基体""侧面""突显"等术语来描写语言（参看沈家煊，1994）。本文使用这些术语时与认知语法稍有不同。认知语法一般是用这些术语来描写语言的固定的语义，而本文则主要是用这些术语来描写词语功能游移前后的变化。

② 本文所说的非谓形容词，一般限定在吕叔湘、饶长溶（1981）所列举的范围。

式、中式、椭圆型、经典性"等就是非谓形容词。这似乎可以说，与名词意义较为接近的非谓形容词，是对名词所突显的属性意义这一侧面的固化；这种固化使名词丧失了恢复其空间性的可能。甚至也可以说，这类非谓形容词是名词语法功能的一种不完全表现，是对名词表属性作定语这种语法功能的特化。

有些词曾被看作名词和非谓形容词的兼类词或同形词，例如：

a）意外的收获　　　发生意外

专业剧团　　　　　语言学专业

高度的责任感　　　飞行的高度

"意外、专业、高度"一般被看作兼类词，左栏的被看作非谓形容词，右栏的被看作名词。然而，请观察下面的例子：

b）酸性土壤　　　　土壤呈酸性

传统思想　　　　　我们的传统

"酸性、传统"是名词，不被看作名词和非谓形容词的兼类词或同形词。它们在左栏中作定语，在右栏中作宾语和定中结构的中心语。这两个词作定语和不作定语时意义上有差异，这种差异与a）中的三个所谓的兼类词在左、右两栏中所表现出的差异，非常相似。

对a）、b）的分析与比较，既说明名词的属性意义和事物意义本身就存在着微妙的差异，这种差异与表示事物意义的名词和非谓形容词间的差异非常接近，而且也意味着，非谓形容词只是名词属性意义的显化和固化，是名词表属性作定语这种语法功能的特化。因此，所谓名词和非谓形容词的兼类词或同形词的说法是否恰当，所依据的标准是否妥切，所列举出的一些兼类词或同形词是否合格，都还有重新审视的必要。

2. 非谓形容词与形容词

2.1　形容词

根据能否受"很"类程度副词修饰，形容词一般分为两类：可以受"很"类程度副词修饰的形容词表示性质，如"红、白"等，为性质形容词；不能受"很"类程度副词修饰的形容词表示状态，如"红彤彤、雪白"等，为状态形容词。

形容词都具有程度性。性质形容词可以受程度副词修饰，其程度性不言而喻。性质形容词的程度性是潜在的可塑的，因此可以通过不同的程度副词的修饰而显示不同的程度意义；状态形容词不能受程度副词修饰，因为它本身已经标明了程度，"红彤彤、雪白"都包含有一定的程度意义。状态形容词的程度性是已固定的，因此不能再通过添加程度副词等手段进行改变。

深究起来，性质和状态其实是有联系的。说某形容词表示性质或是表示状态，那只是就突显的侧面而言。性质形容词突显的是性质侧面，但也往往隐含着状态。如"可笑的心理"，既说明这种"心理"具有"可笑"的性质，也蕴含这种"心理"处在可称为"可笑"的状态中。状态形容词突显的是状态侧面，但也蕴含着性质，如"红彤彤、雪白"都蕴含着"红、白"的性质。

性质形容词的功能可以向状态方向游移，途径主要有二：一是带上"了、着"等时态成分，二是带上程度副词（如"很红、最老实"）或自身重叠（如"红红的、老老实实"）。性质形容词带上"了、着"等之后表示状态。例如：

　　　　a）红了的苹果才好吃。　　b）苹果还青着呢。

"红了"蕴含着"苹果"由青到红的变化过程，表示"苹果"处于"红"的状态，具有"红"的性质。"青着"蕴含着"苹果"还没有发生由青到红的变化，现在仍处于"青"的状态，含有"青"的性质。

由此可见，带有"了、着"等的形容词具有了一定的时间性，是一种"动态"的状态（简称"动状态"）。带有时态成分的性质形容词不能再受程度副词修饰，据此可知，添加时间性是以削弱程度性为代价的。状态形容词不能带时态成分，不可能具有时间性，因此是一种"静态"的状态（简称"静状态"）。

性质形容词带上程度副词或自身重叠，不能再受程度副词的修饰，因为已标明了程度；也不大能再带"了、着"等时态成分。其特点已与状态形容词相同，也是静状态，不是动状态。

上面所说的性质形容词由性质向状态方向游移的两种途径，换一种说法就是"添加时间性"和"标明程度性"。通过添加时间性突显了动状态侧面，原来突显的性质意义变得较为隐蔽了，而原来潜在的可塑的程度性，则变得更为隐蔽和不可塑了。通过标明程度性突显静状态侧面，其性质意义是隐含的，但其程度意义由于带有程度副词或自身重叠却呈现在表面，这与状态形容词是一样的。于此可见，形容词的动状态和静状态虽然都不能再受程度修饰，但对程度的反映却有隐显之别，是很不相同的。

2.2 非谓形容词与形容词的比较

除表示动状态的形容词之外，形容词可以较自由地作定语。表示动状态的形容词作谓语比较自由，但作定语要受到限制。比较而言，形容词作定语，带"着"的形式比带"了"的形式受到的限制更大。一种可能的解释是："了"表示变化的完成，"着"表示状态的持续；完成了的变化相对持续而言，其时间性要弱一些。由此可见，定语位置有排斥时间性的明显倾向。由于形容词作定语，都是表示性质或状态的属性定语，因此可以进一步说，属性定语有排斥时间性的明显倾向。

作定语的形容词同非谓形容词相比，相同点是都或明或隐地说明事物的属性。不同点主要有二：一是在说明事物的属性时形容词更为抽象，二是形容词具有更明显的程度性。

一般说来，形容词是用抽象的词语直接点明事物的属性，而非谓形容词则或多或少地带有一些具体性。请比较：

   a）新：新式 重：重型 高：高级 优：优等 大：大号

   b）黑：黑色 老：老牌 远：远程 少：少量 长：长期

冒号左边的为形容词，右边的为非谓形容词。a）行的非谓形容词，用种类、等级来说明属性；b）行的非谓形容词，带有"色、牌、程、量、期"等意义较为具体的语素，从而也使整个词带上一些具体的色彩。而相应的形容词则要抽象得多。

上文已经指出，形容词具有程度性，虽然其程度性有强弱的不同和隐显的差异。但是绝大多数非谓形容词却不具有程度性，只有个别非谓形容词带有程度意义。如：

  上等：中等：下等 一等：二等 高等：初等 优等：次等

  高级：中级：初级 一级：二级 超级：次级 甲级：乙级

  大型：中型：小型 新式：老式 急性：慢性 阴性：阳性：中性

这些非谓形容词可以称为"等级性非谓形容词"。但是，这些词的程度意义要在一组相关的词语中才能较好显示，而不像性质形容词那样，可以通过程度副词的修饰来显示，或像状态形容词那样，具有显性的程度意义。可见即使是等级性非谓形容词，其程度性也远不如形容词明显和抽象。

3. 非谓形容词与动词

3.1 动词作定语

动词作定语结构式可表述为：VP（＋的）+N

VP 和 N 的关系，像名词作定语时一样，也可以分为属性关系和非属性关系两个基本类型。属性关系是指，VP 表示 N 的性质、状态、功用、源成等。例如：

  有头脑的人 倒塌的房屋 排水机械 纸糊的老虎

"有头脑"是"人"的性质，"倒塌"是"房屋"所处的状态，"排水"是"机械"的功用，"纸糊"是"老虎"的制成工艺。这些 VP 或隐或显地表明 N 的属性，是属性定语。非属性关系非常广泛，例如：

  正在唱歌的儿童 读过三遍的课文 被人遗忘的角落

这两类定语之间并不存在明确的界限，但是，存在着较明显的倾向性：VP 的动作性越弱、结构越短、与 N 的组合越紧凑，就越趋近于表示属性。请比较：

  a）正在撰写的著作 b）我们喜爱的著作 c）充满灵气的著作 d）有见地的著作

从 a）到 d），VP 的动作性越来越弱，其属性意义便越来越明显。a）中的 VP 几乎看不出有属性意义；b）稍带属性意义；c）有较强的属性意义；d）则纯粹表示属性，"有见地"几乎相当于一个性质形容词。[①] 再比较：

> 正在抽水的机器——抽水的机器——抽水机器——抽水机
>
> 用油炸过的虾片——油炸的虾片——油炸虾片——炸虾片

从左到右，VP 的结构越来越短，VP 同 N 的组合越来越紧凑，其属性意义也越来越明显。以至于可以把"抽水机、炸虾片"看作词，"抽水、炸"降到表示属性的语素的地位。

3.2 动词的时间性

动词的最重要的特点是它的时间性。同其他词类一样，动词也不是一个匀质的词类集合，其内部也可以根据时间性的强弱排出一个序列。各种动词的时间性的强弱，与动作性的强弱呈正相关。动作性越强，时间性越强；动作性越弱，时间性也越弱。[②]

上文指出，动词作定语时，VP 的动作性越弱、结构越短、与 N 的组合越紧凑，就越趋近于表示属性。这实际上反映了属性定语对时间性具有明显的排斥倾向。动作性弱，时间性也弱，这自不待言。结构短小、与 N 组合紧凑的 VP，必然不能附带一些表现动作性和时间性的成分，因此，也表现出对 VP 时间性的削弱乃至消除。

3.3 非谓形容词与动词的比较

有一些非谓形容词与动词的关系较为紧密，如"社办、祖传、国营、军用"等等。这类非谓形容词有许多可以看作是 VP 紧缩造成的。比较：

> 公社乡镇开办——社办　国家投资经营——国营
>
> 祖宗传留下来——祖传　军事上使用——军用

紧缩之前的 VP，可以带上表现动作性、时间性的成分，例如：

> 公社乡镇开办了许多有特色的企业。
>
> 祖宗传留下来了这些秘方。
>
> 国家正在投资经营效益好的企业。
>
> 军事上使用这类产品，有助于提高战斗力。

"了""正在"等词语、宾语等成分，是表现动词动作性和时间性的。而意义相近的非谓形

---

① "有见地"可以受表示程度意义的"很"修饰，可见它所具有的属性意义。在"有 X"结构中，如果 X 是单音节，许多"有 X"可被视作形容词，如"有力、有利、有名、有趣、有限、有效"等。这也反映了音节的多寡会影响语法。请参看李宇明（1995）。

② 陈宁萍（1987）曾经引用 Ross 给出的英语的动／名连续统模式：动词＞现在分词＞完成式形式＞被动式形式＞形容词＞介词＞形容词性名词＞名词。并对此问题进行了很有启发性的讨论。张国宪（1993）在讨论动词和形容词单双音节功能差异时，也给出了一个汉语的动／名连续统的模式：单音节动词＞单音节形容词＞双音节形容词＞双音节动词＞名词。还有下文将引用的张伯江（1994）依据时间性（还有空间性）的强弱所描绘的动／名连续统模型。这是一个有待深入研究的课题。

容词，则不能带上表现动作性、时间性的成分，不具有时间性。前面在讨论形容词问题时曾指出，形容词带"了""着"后作定语要受限制，属性定语有排斥时间性的倾向。这与此处的讨论相通。

4. 非谓形容词的地位

4.1 非谓形容词在三个维度上的地位

通过以上分析，现在可从空间性、程度性和时间性三个维度讨论非谓形容词的词类地位。

空间性是名词的基本特征，名词内部又有强空间性名词和弱空间性名词之分。作属性定语的名词，不再具有空间性。非谓形容词、形容词和动词，都不具有空间性。这样，我们可以得到空间性维度上的词类连续统（continuum）：

属性定语名词

a）强空间性名词＞弱空间性名词＞……＞ 非谓形容词

形容词、动词

程度性是形容词的基本特征。名词、大多数非谓形容词和大多数动词不具有程度性。等级性非谓形容词（F_d）具有一些程度性。带有时态成分的性质形容词（A_t）具有较隐蔽的程度性。性质形容词，一些能受程度副词修饰的动词及其短语，具有潜在的程度性（记为VP_h），[①]状态形容词（包括带有程度副词的性质形容词和自身重叠的性质形容词）具有明显的程度性。这样，我们可以得到程度性维度上的词类连续统：

多数动词

b）状态形容词＞性质形容词/VP_h ＞ A_t ＞ F_d ＞多数非谓形容词

名词

时间性是动词的基本特征，动词及动词短语的小类不同，又有强时间性 VP 和弱时间性 VP 之分。性质形容词可带时态成分，说明也具有一定的时间性。状态形容词（包括带有程度副词的性质形容词和自身重叠的性质形容词）、非谓形容词、名词等不具有时间性。这样，我们也可以得到时间性维度上的词类连续统：

状态形容词

c）强时间性 VP ＞弱时间性 VP ＞性质形容词＞非谓形容词

名词

从上面的三个连续统可以看到，非谓形容词在三个维度上都处于末端，除了稍具程度意义的 F_d 之外，几乎三个维度上的值都等于零。

---

① 关于一些能受程度副词修饰的动词和短语，以及这些动词和短语所具有的潜在的程度性，请参看饶继庭（1961）、范继淹和饶长溶（1964）、李宇明（1995）等的有关论述。

4.2　对非谓形容词的三个特点的解释

吕叔湘、饶长溶（1981）曾经指出非谓形容词的一些特点，其中有三个特点是：a）非谓形容词正大量产生，增殖率仅次于名词；b）非谓形容词容易转变成一般形容词；c）非谓形容词同名词、动词、形容词之间，有一些构词方式相同，但是词性不同。这三个特点，与非谓形容词的词类地位有密切的关系。

4.2.1.　非谓形容词的高增殖率

名词、动词、形容词是语言中成员最多、地位最重要的三大词类，空间性、时间性、程度性是语言中最重要的三大语义范畴。非谓形容词处于名词、动词、形容词三大词类的临接点上，空间性、时间性和程度性几乎都等于零。非谓形容词的词类地位，为非谓形容词的大量产生提供了非常便利的条件。

其一，可以较为灵便地从临接词类中直接吸收自己的成员。诸如"良种、高度、意外、专业"等就是直接从名词中吸收的。

其二，对临接词类的成员稍加改造变为非谓形容词。例如，可以较自由地加上"色、性、型、形、级、等、号、单、双、多、非、不、有、无"之类的语素改造为非谓形容词。也可以通过紧缩的方式，把一个动词短语改造为非谓形容词。

其三，仿照临接词类的构词方式生殖出大量的新成员。例如，"空心、裸体、长途、远程、上位、活期"等是仿的名词的构词方式，"大红、银白、最后、不良、非正规"等是仿照的形容词的构词方式，"临界、上行、耐火、抗病、函授、超龄"等是仿照动词的构词方式。

4.2.2.　非谓形容词的功能游移

非谓形容词在空间性、时间性、程度性这三个维度上的值几近于零，作定语表属性又不是它的专利，因此，缺乏一个固定它的"锚"，成为功能最容易发生游移的一个词类。张伯江（1994）在讨论名词活用时，曾以空间性和时间性为两极，描写出如下的词类连续统：

名词　　非谓形容词　　形容词　　不及物动词　　及物动词

并指出，在此连续统上左边的词类向右边发生功能游移时，"相邻项目之间功能游移较为自然，距离越远越不自然"。这一观点从一个角度可以解释非谓形容词在功能上较易向形容词游移这种现象。非谓形容词较易向形容词游移，还有如下原因。

其一，非谓形容词和形容词都可以表属性作定语，而且，有一些非谓形容词也具有一些程度意义，相通处颇多。这是非谓形容词向形容词功能游移的潜在的便利条件。

其二，非谓形容词向形容词游移，首先表现在受程度副词的修饰上。而近些年来，程度副词的修饰范围正在急速扩大，"很／太／非常／有点＋名词"的现象，几乎要成为一种新的组合规律。名词与形容词的差异，显然要大于非谓形容词与形容词之间的差异。因此，非谓形容词的功能向形容词的方向游移就更为方便。

此外，在过去较流行的一些语法体系中，非谓形容词多是归在形容词中，而且常把表属性、作定语看作形容词的基本功能之一。这种体系及依照这种体系所进行的教育，不仅使一些学者和学习者对这两类词的差别习焉不察，或是模糊不清，而且也可能影响到人们的语感和语言使用习惯。李宇明（1989）利用非谓形容词作为实验材料来测试人们的词性判定能力，让被试进行三种作业：a）知识表述，b）自己造句，c）判断现成句子的合格性。研究发现，同一被试在三种作业中，对非谓形容词的反应具有不一致性。[①] 这种不一致性是很能说明这一问题的。

按照体词和谓词的划分，非谓形容词显然属于体词范畴。非谓形容词功能最容易向形容词游移，说明了汉语体词向谓词方向发展的一种趋势，这种趋势恰与陈宁萍（1987）提出的"现代汉语名词类的扩大"形成对比。非谓形容词是体词向谓词方向发展这一趋势中的关键一站，是沟通体词和谓词的接口。

当然，非谓形容词的功能不仅向形容词游移，而且也会进一步向动词游移。张伯江（1994）曾转引吕叔湘先生举过的几个例子：

> 你党员还没正式吧　　也该优先他们　　这回他把我编外了

非谓形容词向名词游移的例子，可能比非谓形容词游移为动词的更常见、更自然。例如：

> 跑长途　存活期　夺高产　做空头　呈中性　富于创造性
>
> 表现出微弱的阴性　露出一束彩色　创出更多的名牌

吕叔湘、饶长溶（1981）指出，在某些场合一个非谓形容词很像名词，如可以不加"的"字就出现在"是"字后边，可以作主语。在所举的例子中有：

> 这枝是 101 型。　　101 型卖完了。

他们认为"101 型"仍然是非谓形容词，理由是出现在"是"字后边的本来不是非名词不可，作主语"是一种借用"。这种看法不无道理，但是从另一个角度看，这种现象也反映了非谓形容词的功能向名词方向所发生的游移。

非谓形容词的高增殖率和易游移性，似乎使非谓形容词成了一个词语的集散地。人们首先造出大量的非谓形容词，然后再依照这些词语的各自特点和一定的规则，逐渐把它们分派到不同的词类中。

---

① 朱德熙先生在《语法讲义》第 54 页专门指出，"间接"是区别词（非谓形容词），但是在同一书的叙述文字中又有"有的时候 S 与 S' 意义上的关系十分间接"（107 页）的说法，用程度副词"十分"修饰"间接"。吕叔湘、饶长溶（1981）曾把这类现象归结为不同风格的语言对非谓形容词的影响。这自然是一种重要原因，但仅以此解释怕是不够的。

4.2.3. 构词方式与词性

以上两个方面的情况便决定了非谓形容词的第三个特点：非谓形容词同名词、动词、形容词之间，有一些构词方式相同，但是词性不同。本来构词方式和词性之间就不存在必然的对应关系，但是非谓形容词在这方面显得更为突出。一方面，非谓形容词从临接词类中直接吸收自己的成员，对临接词类的成员稍加改造或仿照临接词类的构词方式生殖出大量的新成员；另一方面，非谓形容词的功能向名词、形容词、动词游移。这两个方面的交互作用，不可能不造成大量的构词方式相同而词性不同的现象。

5. 结语

过去，人们习惯于用离散性的观念来看待词类，极力要寻找出一类词内部的具有周遍性的特点和不同词类间的相同的特点，却忽视了这样的事实：一类词的内部具有不匀称性，词类与词类之间具有连续性。

近些年来，人们开始用连续性的观念来研究词类。所谓连续性的观念是指，某种或某些语法的或／和语义的性质，为若干个词类所共有，但是，不同的词类和一个词类内部的不同小类，所具有的这种或这些语法的或／和语义的性质，在程度上有所不同，从而表现为以程度强弱为序的词类连续统。这种研究揭示了词类之间、词类内部小类之间的关系的另一个侧面，看到了离散性研究所看不到或不容易看到的东西，从而也使离散性研究少些片面性和绝对化，变得更为丰满和更具解释力。

当前关于词类连续性研究的范围还相当有限，本文引入了"程度性"这一语义范畴，并在此维度上尝试建立一个词类连续统；同时通过三个维度来考察非谓形容词的词类地位。我们相信，不断引入一些新的语法的、语义的、或语法－语义的维度来观察词类的连续性，从多个维度对一个词类进行考察，有利于词类连续性研究的深入。

参考文献

陈宁萍　1987　《现代汉语名词类的扩大》，《中国语文》第 5 期。

陈平　1987　《释汉语中与名词性成分相关的四组概念》，《中国语文》第 2 期。

陈平　1988　《论现代汉语时间系统的三元结构》，《中国语文》第 6 期。

范继淹、饶长溶　1964　《再谈动词结构前加程度修饰》，《中国语文》第 2 期。

郭锐　1993　《汉语动词的过程结构》，《中国语文》第 6 期。

李宇明　1989　《词性判定能力的测试》，《华中师范大学学报》（哲学社会科学版）第 1 期。

李宇明　1995　《能受"很"修饰的"有 X"结构》,《云梦学刊》第 2 期。

吕叔湘、饶长溶　1981　《试论非谓形容词》,《中国语文》第 2 期。

饶继庭　1961　《"很"＋动词结构》,《中国语文》8 月号。

沈家煊　1994　《R．w．Langacker 的"认知语法"》,《国外语言学》第 1 期。

邢福义等　1991　《现代汉语》,高等教育出版社。

张伯江　1994　《词类活用的功能解释》,《中国语文》第 5 期。

张国宪　1993　《现代汉语形容词的选择性研究》(博士学位论文)。

朱德熙　1956　《现代汉语形容词研究》,《语言研究》第 1 期。

朱德熙　1982　《语法讲义》,商务印书馆。

Clark, Eve V. & Herbert H. Clark　1979　When nouns surface as verbs. *Language*, 55(4).

Taylor, John R.　1989　*Linguistic Categorization: Prototypes in Linguistic Theory*. Clarendon Press, Oxford.

原刊于 1996 年第 1 期

普通话词汇规范问题*

陈章太

1. 普通话词汇规范的原则、依据和做法

1.1 对普通话词汇进行规范，是一项复杂的工程。这首先要确定规范原则。我以为普通话词汇规范（包括规范工作）的原则应当是"约定俗成，逐渐规范"。

"约定俗成"本有两层意思，不等同于"自然形成"，把它解释为"既约定又俗成"似无不妥。"约定"和"俗成"是密不可分的辩证关系，"约定"离不开"俗成"，"俗成"不能没有"约定"。语言规范有自发规范和自觉规范两种形式，自发规范是社会在语言应用中自然的调节行为，是比较消极的规范形式；自觉规范是人们对语言应用有意识地采取某些措施，进行必要的干预，以维护语言的纯洁，促其健康发展，便于社会应用，这是一种积极的规范形式。我们需要了解、重视自发规范，但更要研究、提倡、加强自觉规范。

语言既有系统性又有社会性，语言规范化离不开语言的这两种属性。而以"约定俗成，逐渐规范"为原则的普通话词汇规范，正是符合语言的这两种特点。也就是说普通话词汇规范既离不开普通话词汇系统的状况，又要充分考虑社会应用的有关需要；对普通话词汇既要按照一定的标准进行控制和规范，又不可以脱离语言应用的实际，过急地实行"主观规范"。

1.2 为了更好地、有效地贯彻"约定俗成，逐渐规范"的原则，应当确立求实、辩证两个观点，即"宽容对待"和"重视动态"。这是因为：1）普通话词汇系统比语音系统和语法系统复杂、多变。语音系统是封闭、具体的，声母、韵母、声调和音节是固定的，即使有所变化也极慢极小；语法规则也是基本封闭、固定的，基本句型有限，句型变换、活用不多。而词汇系统却不然，现代汉语通用词数以万计，可能超过十万，加上各行各业

---

* 本文在 1995 年 12 月于北京举行的"首届语言文字应用学术研讨会"上宣读，此次发表作了修改与删节。

的专用词语，其数量多少难以说清，大概有几十万条。而且词汇应用灵活，规范标准比较宽泛，不大容易掌握，对它进行规范也就要困难得多，因此要求切实可行，不宜太死太严。

2）词汇经常处于变动之中，即使是基本词汇，其变化也比语音、语法要快一些；有些词有时隐退有时又复现，实在不易把握。从"五四"以来，现代汉语词汇经历了几个重大阶段的变化，现在回过头去看"五四"时期，乃至改革开放前的词汇，其变化之大是令人吃惊的。以通用称谓词为例，解放前，主要使用"老爷""先生""夫人""太太""女士""公子""少爷""小姐"等，其中"先生""太太""女士""小姐"是社会通用称谓词。解放后社会通用称谓词几乎只有"同志"一个；为区别夫妻关系与一般同志关系，采用"爱人"作为辅助称谓词。"文革"中阶级斗争观念强烈，"同志"不敢随便使用，而工人师傅社会地位较高，于是拿专用尊称"师傅"作为社会通用称谓词，"师傅"几乎盖过了"同志"，直到现在"师傅"的使用率也不低。改革开放以后，重新起用"先生""夫人""女士""小姐"等，再把专用尊称"老师"用作社会通用称谓词，同时保留"同志"和"师傅"。至于"爱人"一词，社会上还在使用，但用得越来越少，在知识阶层和商界就更少用了。现在对这些通用称谓词的使用，虽然有些混乱，但还是有一定的讲究，与过去有所不同。如称男性的"先生""老师""师傅""同志"等，称女性的"夫人""太太""女士""大姐""小姐""老师""师傅""同志"等，因对象、行业、场合等的不同而有所不同；有时可以互用，有时不能混用。这里无法细述。面对如此复杂、灵活、多变的词汇，进行普通话词汇规范时，如果缺乏上述两个观点，是难以做好的。

1.3 规范普通话词汇，虽然难以确定具体标准，但应有所依据。然而过去所提的依据不够明确、具体、全面，需做进一步探讨与研究，以便逐渐使其完善。本文提出以下几条，作为现阶段判断和规范普通话词汇的依据。

1.3.1 "现代汉语规范词表"中所收的词汇。这种词表的研制，主要目的是规范词汇，它应以大量题材多样的语料做基础，按词的使用频率进行统计、分析。"规范词表"是通用的，可以分为最常用、次常用和一般通用等几级，或称一、二、三、四等级，这是最主要的。另外还应有各行业使用的各种专用规范词表，可以同"规范词表"配套。现在已经发表的一些现代汉语词表，因为不为规范目的而研制，普遍缺乏规范性和权威性，一般只能作为规范的参考。据了解，信息界正在研制中文电脑通用词库，收词五万条左右。国家语委语用所正在研制现代汉语通用词表，收词近六万条。其他一些单位也在研制这类词表。当然，这种规范性词表不能一成不变；随着社会、事物、观念的发展变化，每隔一段时间词表要补充、修订一次，以作为新阶段的普通话词汇规范依据之一。

1.3.2 规范性、权威性语文词典所收的词汇。几十年来，海内外出版了许多中文词典，但够得上规范性、权威性的语文词典却极少。就中国来说，当前社会上和学术界所公认的恐怕只有《现代汉语词典》一种。据了解，《现代汉语词典》很快将出版修订本。编者还在编写《现代汉语大词典》，收词十万条左右，不久将出版，这是令人欣慰的。一种《现代汉语规范词典》也正在编写，收词五万多条，每个词都标注词性，这部词典的问世，也将在普通话词汇规范中发挥作用。

我国是一个泱泱大国，使用汉语的人数又这么多，按说应当有更多更大更好的汉语规范词典，使普通话词汇规范有更好的遵循，如英国的《牛津英语词典》、美国的《韦氏新国际英语词典》和俄罗斯科学院的《俄语词典》等。遗憾的是，到现在我们还没能做到，还需作更大的努力！

1.3.3　语言比较规范的现代、当代重要著作使用的一般词语。这里有两个问题需要讨论。1）什么样的著作算现代、当代重要著作？笔者以为，"五四"以来用白话文写作的、语言比较规范的、影响较大的著作，都是现代、当代的重要著作。其中当然是以文学作品为主，也应包括优秀翻译作品和内容宽泛的政论等著作。如鲁迅的《呐喊》《彷徨》《野草》《朝花夕拾》等，郭沫若的《屈原》《虎符》《蔡文姬》《武则天》等，茅盾的《子夜》《腐蚀》《林家铺子》等，老舍的《骆驼祥子》《四世同堂》《春华秋实》《茶馆》等，叶圣陶的《倪焕之》《叶圣陶短篇小说集》等，林语堂的《京华烟云》（中文版）、《红牡丹》（中文版）等，田汉的《丽人行》《关汉卿》《谢瑶环》等，巴金的《激流三部曲》《爱情三部曲》《寒夜》等，冰心的《冰心小说散文选》《我们把春天吵醒了》《樱花赞》等，曹禺的《雷雨》《日出》《北京人》《王昭君》等，钱锺书的《围城》等，王蒙的《组织部新来的年轻人》《恋爱的季节》《失态的季节》等，张炜的《古船》《九月寓言》《家族》等。2）什么样的语言是比较规范的语言？笔者以为，语言"完全规范"或"绝对规范"的著作恐怕很难看到。是否可以说，凡是作品使用的语言总体上符合社会普遍使用的语言的习惯，用词鲜明准确，句子通顺，没有滥用方言词语、文言词语和外来词语，没有生造、晦涩的词语，这样的语言都是比较规范的语言。

1.3.4　全国性重要传媒使用的一般词语。这里包括全国性的重要报纸、杂志，如《人民日报》《光明日报》《文汇报》《中国青年报》《经济日报》《科技日报》《瞭望》《当代》《十月》《中国青年》《中国妇女》等所用的一般词语；还包括中央人民广播电台、中央电视台用普通话播音的节目所用的一般词语。这里所说的"一般词语"，一指社会上普遍使用的词语，二指非专用词语，三指非生造、非生僻的词语。重要传媒使用的词语，也有不规范或不够规范的，但毕竟是少数，不会影响它们在总体上作为普通话词汇规范的重要依据。

1.3.5　北方话地区普遍使用的一般词语。这里所说的"一般词语"，主要指非专用、非生僻的词语。北方话是普通话的基础方言，北方话普遍使用的一般词语，尤其是基本词汇，应当而且可以作为普通话词汇规范的依据。北方话词汇同普通话词汇的差异一般在百分之五至百分之十，有的不到百分之五。从基本词汇看，其差异就更小了。而那些与普通话词汇有差异的词语，大多是土语词，自然不能作为普通话词汇规范的依据。北京话属北方话，有北方话的代表性，是普通话基础方言的基础方言。由于北京话的特殊地位和作用，它的一般词汇（除土语词外）更应当作为普通话词汇规范的依据。

1.3.6 普通话词汇有书面语词同口语词的差别。上述五条在总体上对书面语词和口语词的规范都适用，但在具体操作时当视情况而有所侧重；前三条较适用于书面语词，第四条既适用于书面语词也适用于口语词，而第五条则更适用于口语词。

1.4 现在讨论普通话词汇规范的主要做法。普通话词汇规范比语音、语法规范更为复杂和艰巨，是一项经常、永久的任务。为做好这一难度很大的工作，应当采取这样几项主要办法：1）尽快研制、公布普通话规范词表，并每隔一个时期加以修订和补充；2）编纂出版规范性的现代汉语大词典，使其成为普通话词汇规范的权威标准；3）加强传媒用词规范，发挥传媒对词汇规范的影响效应；4）加强普通话词汇研究与教学，提高普通话规范水平；5）成立"普通话词语审订委员会"，定期发表普通话词汇审订成果。前三项上文已述，这里仅就后两项作些讨论。

1.4.1 加强普通话词汇研究与教学，是做好普通话词汇规范的基础。过去对这方面重视得不够，研究成果不太多，词汇专著寥寥无几；教学工作薄弱，教学效果不佳，以致影响普通话水平的提高。其实这方面需要研究的问题很多，如汉语分词问题，词性问题，异形词问题，外来词问题（包括外语人名、地名的翻译问题），缩略语问题，口语词问题，文言词问题，常用词、通用词问题，等等。就词汇规范本身，从理论到实际也都有好多问题要研究。

关于词汇教学，重点应当加强对少年儿童普通话词汇教学，教给他们这方面的基本知识，从小掌握一定数量的普通话词语，为学好普通话打下较好的基础。现在不少地方在幼儿园和小学开设"说话课"，在师范学校开设"口语课"，这是加强普通话教学的重要而有效的举措。在这些课程中，应当适当增加词汇教学的内容，以便收到更好的效果。在具体教学中，有几项值得注意。第一，要分清什么是普通话词和非普通话词，让学生具有这方面的基本知识和基本能力。第二，要教给一定数量的普通话词，让学生掌握常用词和次常用词。第三，要加强基本词汇教学，尤其是单音节基本词汇教学，并适当讲解构词法，让学生了解这方面的知识。第四，把词汇教学与学话教学紧密结合起来，以便在实践中收到更大的效果。

1.4.2 普通话异读词审音已由普通话审音委员会专管，这方面的工作有了较大的成效，尽管这当中还有一些问题，但一般异读词读音有了一定的遵循。科技术语已有"全国自然科学名词审订委员会"管理，一般也有统一的规范。而人文社会科学方面的词语，至今没有一个专门的机构统一管理。应当尽快成立"普通话词语审订委员会",专门负责人文社会科学方面词语的审订工作,并指导普通话词汇规范工作。委员会应定期或不定期发表普通话词语审订成果,向社会推荐使用,使人们遵循或参考。

2. 普通话词汇规范的几个具体问题

2.1 当前,在改革开放的大潮冲击下,现代汉语词汇正经历一个大丰富、大变化、大发展的时期。其主要特点是:大量产生新词语和缩略语,大批吸收港台词语和外来词语。在普通话词汇规范中,怎样对待这些问题,需要好好研究。下面具体讨论这些问题。

2.2 自我国实行改革开放以来,社会各方面发生了极大的变化,新事物、新概念层出不穷。为称说大量涌现出来的新事物、新概念,现代汉语产生了一批又一批新词语;其产生的速度很快,每年以数百条乃至上千条递增。于根元和刘一玲分别主编的《汉语新词语》编年本,1991年本收词335条(原始资料收集近800条),1992年本收词448条,1993年本收词461条,1994年本收词也是400多条。1995年本正在编写,已收集资料近千条。

从最新的资料看,有相当一批新词语是不错的。如"茶会"(边喝茶边开会)、"军嫂"(对一些军人妻子的尊称)、"空嫂"(中年女航空乘务员)、"警花"(对女巡警的美称)、"黄业"(经营色情生产的活动或行业)、"黑车"(无照运营的客车)、"林事"(林业方面的事务)、"农情"(农业状况)、"炒家"(善做投机商者)、"欢乐球"(象征吉祥、踩后发响、让人欢乐的小气球)、"草帽官"(清廉、能干的农村基层干部)、"练摊儿"(摆摊做小生意)、"爆炒"(大肆吹捧、宣传)、"封镜"(影视完成拍摄)、"软拒"(婉转拒绝)、"抄肥"(从中渔利)、"返贫"(又回到贫穷的境地)等。而有些新词语却不甚好。如"唱药"(药剂师向取药人说明所取药品的用法)、"高人"(高血压、高血脂等患者)、"割肉"(赔钱、蚀本)、"排众"(与众不同)、"骗发"(以欺诈而发财)、"杀熟"(欺诈熟人或用行政式的经营手段挤压下属企业)、"休渔"(在一定的时间内禁止捕鱼)、"义拍"(义卖)等。近些年来,北京话里也出现许多新词语,其中一批已经进入普通话。如"帅""棒""派""大款""大腕儿""练摊儿""抄肥""放血""哥们儿""姐们儿""打住""面的""打的""走穴""滋润""倒爷""洋插队""没劲""拍板儿""添乱""窝儿里斗"等。而不少还属于土语词。如"铁""瓷"(都指关系密切)、"臭"(低劣、愚蠢)、"搬"(弄钱、搞钱)、"傍"(倚靠、陪伴有钱有势的人)、"傍家儿"(情人,相互依靠、陪伴的朋友和帮手)、"小蜜"(情人)、"酒蜜"(陪酒的女友)、"托儿"(被雇假充顾客帮经营者推销商品的人)、"板儿爷"(蹬三轮车挣钱的人)、"拔撞"(提高地位和威信)、"碴架"(打架,多谓打群架)、"底儿潮"(有犯罪前科)、"跌份儿"(丢面子)、"放份儿"(显示自己的气派、威风)、"佛爷"(小偷)、"加傍"(参加合作与协助)、"神哨"(胡吹、乱侃)、"毛片儿"(黄色影像片)等。

其他各方言也都有或多或少的新词语，闽、粤、吴方言可能更多一些。这一批新近出现的新词语，大多属于非基本词汇，它们的寿命如何，一时很难判断；其中不少词恐怕会逐渐隐退或消失，而许多词可能使用较长时间，有的还会成为基本词汇。对待新词语总体上宜持热情、谨慎的态度，多进行观察、研究，必要时加以说明、引导，适当进行干预和规范；少作批评、指责，更不宜轻易判处其"死刑"。干预、规范新词语，重要而有效的办法是：权威机构定期或不定期公布经过认真研究、严格选定的普通话新词语词表，向社会推荐使用。每册词表按时间顺序编号，词条作简明的注释。在此基础上，再编写、出版规范性、权威性的新词语词典，并不断出版修订本或增订本，供人们应用、遵循。

2.3 缩略语是现代汉语词汇系统中的重要组成部分。它包括简称和略语；简称一般是名词和名词性词组的简缩，略语多为非名词性词组的缩略。为了使语言简洁好用，现代汉语产生许多缩略语。随着社会事物的变化和生活节奏的加快，这种缩略语越来越多，占现代汉语词汇相当大的比重。

新近产生的一批缩略语，从词形、词义看，多数合乎规范。如"暗荒"（暗地里让土地荒芜）、"案源"（案件来源）、"不争"（不必争论）、"保真"（保证真货）、"博导"（博士生导师）、"超售"（超额售票）、"春钓"（春天里钓鱼）、"车检"（车辆检查）、"打假"（打击假货）、"防损"（防止损失）、"迪厅"（迪斯科舞厅）、"揭丑"（揭露丑恶现象）、"瓶啤"（瓶装啤酒）、"罐啤"（罐装啤酒）、"国啤"（国产啤酒）、"纠风"（纠正不良之风）、"禁放"（禁止燃放鞭炮）、"家教"（家庭教师）、"家轿"（家庭用轿车）、"劳效"（劳动效率）、"换赔"（换旧赔新）、"解困"（解救困难户）、"减负"（减轻农民负担）、"专技"（专业技术）等。也有一些缩略得不太好，或是词形欠妥，或是词义不明，让人费解。如"过负"（过重负担）、"禁渔"（禁止滥捕鱼类）、"考任"（经考试合格而任命）、"考录"（经考试合格而录用）、"高博会"（高新技术产品博览会）、"监区"（监管犯人的区域）、"盘整"（盘查整顿）、"排查"（排队审查）、"严困"（严重困难）、"音害"（噪音伤害）、"迎保"（迎接保卫）、"造笑"（制造欢笑）、"整建"（整顿建设）等。在普通话词汇规范中，对缩略语的规范要给予充分的重视。对待缩略语，同样应持宽容、谨慎的态度，不宜简单判断它不合乎规范。当然，现在的缩略语太多，似乎有些过滥，而且还在大量地产生，对它严格一点儿，对那些不合"形简义明"要求的，进行一定的规范，这是必要的。

2.4 所谓港台词语，是指香港、澳门和台湾话里的词语。这三个地方的词语虽有许多相同，但也有一定的差异，尤其是在所吸收的方言词和外来词方面，其差异更大一些。

我国自改革开放以来，社会政治、经济、文化、科技等有了很大的发展，人们的观念也发生相当大的变化。在这种大变革的态势下，新事物、新概念如潮水般涌现出来，而普通话和方言一时又没有那么多相应的词语来称说，于是一批批港台词语便随港台事物一起进入了大陆。有学者估计，近十年来进入大陆的港台词语大约有六七百个之多。其中一批已进入普通话。如"法人""资深""周边""转型""架构""酒店""宠物""蛇头""歌星""空姐""共识""传媒""相关""代沟""精品""分流""负面""举报""投诉""炒卖""新潮""氛围""爱心""多元""反思""举措""评估""界定""拓宽""拓展""研讨""认同""投入""看好""疲软""保龄球"等。有的正在进入普通话。如"水货""物业""斥资""写真""水准""诚聘""珍品""牛市""婚变""非礼""电脑""飞碟""洗手间""度假村""追星族""上班族""黑社会""发烧友"等。有的虽在社会上有所使用，但似乎还没有进入普通话。如"饮茶""熊市""派对""空港""公屋""镭射""飞弹""影碟""录影机""录影带""私家车""升降机""穿梭机""太空船""太空人""飞翔船""即食面""公仔面""化妆间""即溶咖啡""草根阶层"等。这类词语有的可能会逐渐进入普通话，但一般不太容易被普通话所吸收，因为普通话已有相应的较好的词语，如"晚会""聚会""机场""公房""激光""导弹""电梯""私车""录像机""录像带""方便面""卫生间""洗手间"等。有的大陆暂时还很少或没有那种事物。如香港的"太空人""飞翔船"等。

可以预料，随着香港、澳门的回归，以及大陆、港、澳、台交往的频繁，今后还会有更多的港台词语陆续进入大陆地区。面对这样的态势，我们应当热情、宽容、冷静去对待，因为港台词语的进入，从总体看是有益的，但也会有一些负面作用。普通话词汇是开放性的，需要从各方面吸取养分来丰富自己的系统；继续吸收部分港台词语，是普通话词汇丰富、发展的途径之一。但吸收港台词语不可太快、太滥，对那些不可以吸收的词语应当加以排斥。笔者以为，普通话吸收港台词语，应当考虑以下几点。1）普通话没有而港台话中有，且形、音、义都较好的港台词语，普通话可以而且应当吸收。如上文列举的已进入普通话那类港台词语的一部分。2）普通话已有，而港台词语比普通话好的那类港台词语，普通话也可以吸收。如"空姐"、"相关"、"负面"、"研讨"、"电脑"、"拓展"、"国人"（国民、公民）、"牢居"（坐监狱）、"乐捐"（自愿捐款）、"帮丧"（帮助办丧事）、"交恶"（关系恶化）、"攀升"（向上爬）等。3）不如普通话词语好的港台词语，普通话不宜吸收。如"飞弹"（导弹）、"本赋"（天赋）、"班房"（课室）、"空宇"（天空）、"扩阔"（开阔）、"烂然"（灿烂）、"即食面、公仔面"（方便面）等。4）港台话中不甚好的外来词、文言词、方言词，普通话不应吸收，如"波士"（总经理、大老板）、"波迷"（球迷）、"派对"（晚会、聚会）、"便当"（盒饭）、"作秀、作骚"（表演）、"利是封"（红包）、"齿及"（说及）、"敕选"（命令选举）、"关防"（印信、关隘）、"过暝"（过夜）、"变面"（翻脸）、"白贼"（说谎者）、"靓女"（美女）等。5）一时看不准的词语，最好是顺乎自然，观察其发展情况，而后抉择取舍。如"买（埋）单"（结账）、"收银"（收款）、"拜拜"（再见）、"私家车"

（私车）、"化妆间"（卫生间），以及"……广场、……花园"（……大厦、商厦）等。

2.5 随着改革开放的深化发展和国际交往的空前频繁，外来词语也以近几十年来从未有过的速度一批批进入中国大地。这次外来词语进入的形式，打破了汉语以往吸收外来词以意译为主兼有部分音译或半音半意译的传统方式，出现了复杂多样的形式。据笔者的初步观察，大体有六种情况。1）直用原文（包括简称、缩写），这以商标、广告、商品名称、公司名称和科技名词为多。如"PHILIPS""Panasonic""CITIZEN""SHARP""CITROEN""SCAN""SONY""JVC""IBM""DAM""X.O.""CD"等。2）据原文音译。如"迷你""的士""巴士""镭射""柯达""索尼""夏普""曲奇""力波""肯德基""巧克力""皮尔卡丹""雪铁龙"等。3）据原文意译。如"鳄鱼衫""超短裙""移动电话""皇冠豪华车""大众汽车公司"等。4）半原文半音译。如"T恤""卡拉OK""夏普29HX8""莫罗柯林K"等。5）半原文半意译。如"BP机""CT扫描""DV光盘""LD功能""VCD影视机""DAM钓具"等。6）半音译半意译。如"奶油派""柠檬派""拍里饼干""法兰西饼""汉堡包""奔驰车""镭射视盘""镭射影碟"等。这种情况到处可见，报刊上有，电视上有，商店里有，尤其是大百货商场和高档服装、食品、电器等专卖店更多。这种现象似有扩大的趋势。外来词语的大批进入，对改变汉语偏于保守的状况、丰富现代汉语词汇、活跃国人语文生活等都有积极意义，但同时也不可避免地会带来某些负面作用。对此我们同样应以宽容、严肃的态度去对待，肯定并促进其健康成分的发展，纠正和规范其乱搬、滥用现象，将外来词语逐渐纳入正确的轨道。

参考文献

《现代汉语规范问题学术会议文件汇编》 1956 科学出版社。

戴昭铭 1994 《规范语言学探索》，《北方论丛》编辑部出版。

陈章太 1986 《关于普通话教学和测试的几个问题》，湖北《普通话》杂志第3期。

陈章太 1988 《普通话测试论文集》，香港普通话研习社编辑出版。

陈章太 1994 《北方话词汇的初步考察》，《中国语文》第3期。

陈章太 1995 《语言文字应用研究论文集》，语文出版社。

陈建民 1994 《普通话对香港词语的取舍问题》，香港《语文建设通讯》第43期。

田小琳 1993 《香港流通的词语和社会生活》，《香港词汇面面观》，载《语文和语文教学》，山东教育出版社。

周一民 1992 《北京现代流行语》，北京燕山出版社。

于根元（主编） 1992 《1991 汉语新词语》，北京语言学院出版社。

于根元（主编） 1993 《1992 汉语新词语》，北京语言学院出版社。

刘一玲（主编） 1994 《1993 汉语新词语》，北京语言学院出版社。

刘一玲（主编） 1996 《1994 汉语新词语》，北京语言学院出版社。

于根元（主编） 1994 《现代汉语新词词典》，北京语言学院出版社。

张首吉等 1992 《新名词术语辞典》，济南出版社。

雅坤 秀玉（主编） 1992 《实用缩略语知识词典》，新世界出版社。

施宝义 徐彦文 1990 《汉语缩略语词典》，外语教学与研究出版社。

朱广祁 1994 《当代港台用语辞典》，上海辞书出版社。

黄丽丽等 1990 《港台语词词典》，黄山书社。

中国标准技术开发公司 1992 《海峡两岸词语对释》，中国标准出版社。

原刊于 1996 年第 3 期

过程和非过程——汉语谓词性成分的
两种外在时间类型*

郭　锐

提　要：汉语中谓词性成分具有两方面的时间性——内在时间性和外在时间性，本文分析
外在时间性。汉语谓词性成分的外在时间性（时状）有过程和非过程的对立，过
程指谓词性成分实现为外部时间流逝过程中的一个具体事件，这种谓词性成分一
般带有"了、着、过、在、正在、呢"等时间性成分；非过程指谓词性成分不与
时间流逝发生联系，只是抽象地表示某种动作、状态或关系。汉语中的不少语法
限制都与过程和非过程的对立有关，而有一些现象则是谓词性成分的外在时间性
和内在时间性共同作用的结果，如句子是否指涉现实状况就与谓词性成分的外在
时间性和内在时间性共同相关。

1. 引言

　　表达现实状况的句子，有的必须加上"了①、着、过、在、正在、呢"等时间性成分才
能成立，如（1）a－e；如果不加这些成分，或者句子不能成立，如（1）a'，或者只表示
非现实状况（祈使、意愿、计划、习惯、规律等），如（1）b'－e'。而有的句子不必加上
这些时间性成分，就可以表示现实状况，如（2）。

　　（1）a. 桥断<u>了</u>。　　　　a'.* 桥断。　　　　（2）a. 他姓王。

　　　　b. 他抽<u>着</u>烟<u>呢</u>。　　b'. 他抽烟。（习惯）　　　b. 小刘是大学生。

　　　　c. 他看电视<u>呢</u>。　　c'. 他看电视。（意愿）　　　c. 我认识他。

　　　　d. 我去<u>过</u>上海。　　d'. 我去上海。（意愿）　　　d. 他喜欢猫。

---

*　本文的主要内容曾在第四届现代汉语语法研讨会（芜湖，1994）上宣读，发表时做了较大的增改。

①　汉语学界一般区分助词"了"和语气词"了"，本文提到的时间性词语"了"包括这两种"了"，但不
　　包括北京话读作·lou的"了"，参看5.2.2。

　　　　e.猫在吃老鼠。　　e'.猫吃老鼠。（规律）　　　　e.我信任他。

还有一些句子带不带时间性成分都可表示现实状况，而且意思不变，如（3）。

　　（3）a.他看见一个人。　　　　a'.他看见了一个人。

　　　　b.代表团昨天到达北京。　b'.代表团昨天到达了北京。

　　如何解释这种现象？这是本文要讨论的主要问题。

　　我们认为，上述现象与谓词性成分的过程结构和谓词性成分的外在时间类型有关。郭锐（1993）已讨论了动词的过程结构，本文除了对过程结构的理论做一些补充和扩展外，重点将放在谓词性成分的外在时间类型上。

　　本文首先区分谓词性成分的两种外在时间类型——过程和非过程，然后讨论句子的指涉类型和动词过程结构、谓词性成分的外在时间类型的关系。我们还发现，谓词性成分的外在时间类型还与其他语法现象有关，本文讨论了宾语位置上的谓词外在时间类型上的限制、主语位置上的谓词在外在时间类型上的限制、"疑问词＋也……"句式在外在时间类型上的限制等问题。最后本文讨论与过程和非过程相关的其他问题，包括非过程句的意义类型、过程的标记。

2. 过程和非过程的对立

2.1　汉语谓词性成分的外在时间类型

　　指称（designation）和陈述（assertion）的对立[①]是语言中最基本的对立，体现在词类上，就是体词和谓词的对立，其中最典型的就是名词和动词的对立。指称性成分最重要的特征是其空间性，陈述性成分最重要的特征是其时间性。陈述性成分的时间性体现在内在时间性（intrinsic temporal feature）和外在时间性（extrinsic temporal feature）两个方面。内在时间性是指一个陈述成分所表示的状况有一个可以随时间展开的可能的内部过程，这个内部过程包括起点、终点和续段三个要素，三要素的有无和强弱不同就形成谓词过程结构的不同。根据三要素的差异，郭锐（1993）对汉语动词的过程结构进行了分类。外在时间性指这个陈述性成分所表示的状况是否实现为外部世界[②]时间流逝过程中的一个事件，即是否把陈述性成分所表示的状况放入外部世界时间流逝过程中来观察。换句话说，内在时间性考虑的是陈述性成分的内在过程，而外在时间性考虑的是陈述性成分与外部时间过程的关系。

　　根据谓词性成分的外在时间性的不同，可以把谓词性成分分成不同的外在时间类型，我们把这种外在时间类型叫时状。就汉语而言，谓词性成分表现出两种时状的对立，一种谓词性成分与时间的流逝发生联系，把谓词性成分表示的状况放入时间流逝过程中来观察，

---

① 关于指称和陈述，参看朱德熙（1982，1983）、郭锐（1997）。

② 外部世界指语言之外的现实世界。

即当作外部时间流逝过程中的一个具体事件，这种谓词性成分一般带有"了、着、过、在、正在、呢"等时间性成分，如（5）a－g；另一种谓词性成分不与时间流逝发生联系，不放入时间流逝过程中来观察，只是抽象地表示某种动作、状态或关系，这种谓词性成分都不带"了、着、过、在、正在、呢"等时间性词语，如（4）a－g。我们把第一种谓词性成分体现出的时状叫过程，把第二种谓词性成分体现出的时状叫非过程。①

过程和非过程的区分并不是纯粹意念上的区分，它有形式上的依据，这种形式上的依据就是其相应否定式中的否定词是"不/别/甭"，还是"没（有）"。非过程成分都用"不/别/甭"②来否定，如（4）a'－g'；过程成分都用"没（有）"来否定，如（5）a'－g'.

（4）a. 我认识他。   a'. 我<u>不</u>认识他。

     b. 小王很着急。   b'. 小王<u>不</u>着急。

     c. 他姓李。   c'. 他<u>不</u>姓李。

     d. 猫吃老鼠。   d'. 猫<u>不</u>吃老鼠。

     e. 他抽烟。   e'. 他<u>不</u>抽烟。

     f. 我看电视。   f'. 我<u>不</u>看电视。

     g. 你来这里。   g'. 你<u>别/甭</u>来这里。

（5）a. 我认识他了。   a'. 我（还）<u>没</u>认识他。

     b. 小王着急了。   b'. 小王<u>没有</u>着急。

     c. 他姓过李。   c'. 他<u>没</u>姓过李。

     d. 猫在吃老鼠。   d'. 猫<u>没有</u>吃老鼠。

     e. 他在抽烟。   e'. 他<u>没有</u>抽烟。

     f. 我看电视呢。   f'. 我<u>没有</u>看电视。

     g. 你来过这里。   g'. 你<u>没</u>来过这里。

还有一些谓词性成分虽然不带"了、着、过、在、正在、呢"等时间性成分，但仍用"没（有）"否定，这些谓词性成分的时状也是过程。如：

（6）a. 我看见屋里有人。   a'. 我<u>没</u>看见屋里有人。

     b. 他发现有情况。   b'. 他<u>没</u>发现有情况。

     c. 代表团昨天到达北京。   c'. 代表团昨天（还）<u>没有</u>到达北京。

---

① 竟成（1993）把句子分成动态句和静态句，这种区分与本文过程句和非过程句的区分类似，但竟成（1993）动态句和静态句只是对带"了$_2$"和不带"了$_2$"的句子的区分，本文的过程和非过程的区分是对整个谓词性成分的区分，无论是成句的还是不成句的，过程成分除了带"了"的以外，还包括带"着、过、已经、在、正在"等的成分以及带零过程标记的成分。

② "不"可以看作非过程的基本否定词，"别"和"甭"都来源于带"不"的复杂成分（"不要"和"不用"），可看作"不"的派生形式。

　　d. 离开北京就知道了。　　　　　d'. 没离开北京就知道了。

　　e. 他在家里吃饭。<u>①</u>　　　　　e'. 他没在家里吃饭。

　　f. 5号队员把球传给守门员。<u>②</u>　f'. 5号队员没把球传给守门员。

　　g. 他往墙上写字。<u>③</u>　　　　　g'. 他没往墙上写字。

　　这些不带"了、着、过、在、正在、呢"等时间性成分的过程性成分一般都需特殊的条件，比如一般要求动词是变化动词［如（6）a－d］，特别是宾语是谓词性成分时［如（6）a－b］<u>④</u>和句中带有表示过去的时间词语时［如（6）c］；如果动词是动作动词，且表示正在进行，则要求前面有介词结构"在X"［如（6）e］；如果动词是动作动词，且表示已完成，则一般只用于解说或告状一类用法［如（6）f、g］。过程成分是否带标记与多种因素有关，需另文专论。

　　过程结构是从静态角度对谓词性成分进行分类，它根据的是谓词性成分固有的内在时间性特征；而时状则是从动态角度对谓词性成分的分类，它根据的是谓词性成分在使用中体现出的与外部时间联系的特征。换句话说，时状特征不是谓词性成分的固有特征，而只是谓词性成分的不同用法。因此，同一个谓词性成分可能在不同场合具有不同时状特征。

2.2 "不"和"没有"的作用

　　现代汉语中有两个基本否定词——"不"和"没（有）"，两者的区别是什么？过去的观点主要有两类，一类从主观、客观上看，认为"不"否定主观意愿，"没（有）"否定客观事实。<u>⑤</u>但我们发现不少受"不"否定的成分并非表示意愿，而是表示客观事实，如（7）：

　　　　（7）a. 他不是学生。　　　b. 我不知道这件事。　　　c. 太阳不绕地球运行。

另一类观点从完成性上看，认为"不"是中性否定，"没（有）"是对带"了"的成分（参看刘勋宁，1988）或完成（completion，参看Li & Thompson，1981:421-428）的否定。说"不"是中性否定是说得通的，但说"没有"是对"结束"的否定显然与例（5）不符，例（5）显示，带"着""过""在""正在""呢"等的成分都用"没（有）"来否定。因此上面

---

① 此句在此相当于"他正在家里吃饭"。不少人认为"在＋处所＋VP"中的"在"兼有表处所和表进行的功能，但我们发现"在＋处所＋VP"还能与其他时间性成分共现，如"他在家里吃了一顿饭""他在上海住过"，而且有时"在＋处所＋VP"表示惯常行为，如"他在发电厂上班""绿毛龟在海洋里生活"，即使是"他在家里吃饭"也可以表示惯常行为（见下文），因此最好认为这里的"在"只表处所，"进行"是整个结构的意思。

② 此句用于现场直播的体育比赛的解说。

③ 此句用于小学生向老师告状。

④ 如果宾语是谓词性成分，谓语动词一般不能加"了"，但如果宾语是体词性成分，则可加"了"，也可不加"了"，如"他看见（了）一个人"。

⑤ 参看吕叔湘主编（1980）、房玉清（1992）。

的看法并不准确。①

有了过程和非过程的区分，我们就可以比较清楚地说明否定词"不"和"没（有）"的区别："不"是对非过程时状的否定，"没（有）"是对过程时状的否定。②所谓对主观意愿或客观事实的否定只是用"不"或"没（有）"否定后产生的外层意思，与过程和非过程的划分并不完全对应。而对"结束"的否定，只是"没有"的使用范围的一部分。

现代汉语中的"没（有）"有两种基本用法，一是对事物的存在的否定，③二是对过程性成分的否定，如果不考虑"没（有）"的词性，这两种用法从更高层次上说是相通的。上面说到过程指谓词性成分表示的状况实现为外部时间流逝过程中的一个事件，这个事件也许是已完成的，也许是经历过的，也许是正在进行的，无论怎样，都是已经存在的。也就是说，过程性成分表示了事件的存在，④对过程性成分的否定也就是对事件存在的否定。即"没（有）"是对存在的否定，包括对事物存在和事件存在的否定。

"不"可看作对谓词性成分的本身性质的否定，即把一个概念或命题变成矛盾概念或命题，"不﹁X"可表示为"X"。而"没（有）X"不是对"X"本身性质的否定，而是对"X"存在的否定，可表示为"﹁存在X"。

3. 句子的指涉类型和动词过程结构、外在时间类型的关系

3.1 现实句和非现实句——汉语句子的两种指涉类型

一个句子总要指涉（denote）外部世界的一定事件，这些事件有些是一种现实状况，即外部世界中实际发生的，而有些不是现实状况，据此可把句子分为两种指涉类型（denotational types）:A. 现实句——指涉外部世界中实际发生的事件，如（8）（9）（10）各句；B. 非现实句——指涉未在外部世界中实际发生的事件，但表示现实状况的可能性，即从意义上看，表示惯常行为或意愿、规律、祈使等，⑤如（11）各句。

---

① 此外石毓智（1992：34—40）认为，"不"用来否定连续量词，"没"用来否定离散量词。我们也不采取这种说法。一是因为连续和离散的区分较为含糊。二是因为不少例子难以用这种说法说通，如按石文的说法，动词带数量成分或结果补语时，是离散量词，但"喜欢三件事""买五斤""站起来""吃完"却可以用"不"否定："不喜欢三件事""不买五斤""不站起来""不吃完"；又如"我明白了""他病了"表示的整个状况没有终点，按说应是连续量，但只能用"没"否定。

② 这种说法也有例外，如"他已经是大学生了""你可以去了"都带有过程标记"了"，是过程成分，但一般只能用"不"否定。这种谓词性成分中的动词限于个别状态动词。

③ 领有也可看作存在的一种形式，"我有一辆自行车"意味着"自行车"是存在的。

④ 黄正德（1990）在谈到"有"字句时也有类似观点，他认为完成句在语义上也是存在句的一种，它指事件或动作的存在。但我们认为不仅"完成"表示事件的存在，而且"经历""进行"等也表示事件的存在。

⑤ 石毓智（1992：59—66）区分现实句和虚拟句，与本文的现实句和非现实句的区分角度不完全相同，石文把条件句、假设句、意愿句、祈使句、疑问句都归为虚拟句，而按本文的分法，条件句、假设句、疑问句既有现实句又有非现实句；石文把表示习惯、规律的句子也看作现实句，如"一间屋子住四个人""每天早上都锻炼身体"，但本文归为非现实句。

（8） a. 我认识他。　　　a'. 我不认识他。

　　 b. 小王很着急。　　b'. 小王不着急。

　　 c. 他姓李。　　　　c'. 他不姓李。

　　 d. 他知道这事。　　d'. 他不知道这事。

　　 e. 小王着急了。　　e'. 小王没着急。

　　 f. 他姓过李。　　　f'. 他没姓过李。

（9） a. 他在抽烟。　　　a'. 他没有抽烟。

　　 b. 我看电视呢。　　b'. 我没有看电视。

　　 c. 猫在吃老鼠。　　c'. 猫没有吃老鼠。

　　 d. 你来过这里。　　d'. 你没来过这里。

（10）a. 我看见屋里有人。　a'. 我没看见屋里有人。

　　 b. 他发现有情况。　　b'. 他没发现有情况。

（11）a. 我看电视。　　　a'. 我不看电视。

　　 b. 他抽烟。　　　　b'. 他不抽烟。

　　 c. 猫吃老鼠。　　　c'. 猫不吃老鼠。

　　 d. 日光灯发白光。　d'. 日光灯不发白光。

　　 e. 你来这里。　　　e'. 你别／甭来这里。

从外在时间类型看，现实句有些是过程句，如（8）e、f，（9）、（10），有些是非过程句，如（8）a－d；而非现实句都是非过程句，如（11）各句。

3.2　句子的指涉类型和动词的过程结构、时状的关系

郭锐（1993）把汉语的动词按过程结构分为 10 个小类，这 10 个小类中有三个典型类：1）Va，表状态，如"是、等于、以为"；2）Vc4，表动作，如"工作、等、敲"；3）Ve，表变化，如"到、完、看见"。其他小类都是这三个典型类之间的过渡类。实际上，根据与三个典型类的接近程度，可以把过渡类和典型类分别归入三个较大的过程结构类：（一）状态动词（state verbs），包括 Va（是、等于）、Vb（认识、知道）、Vc1（喜欢、姓）、Vc2（有、信任）；（二）动作动词（action verbs），包括 Vc3（坐、病）、Vc4（工作、敲）、Vc5（吃、看）；（三）变化动词（change verbs），包括 Vd1（消失、提高）、Vd2（离开、实现）、Ve（到、完）。而这三个大类又可合并为两个更大的类：静态动词（stative verbs，包括所有状态动词）和动态动词（dynamic verbs，包括动作动词和变化动词）。区分标准是：带"了"后可否表示动作结束。动态动词带"了"后可表示动作结束，静态动词如果带"了"只能表示动作、状态开始，要么就不能带"了"。[①]

---

① 郭锐（1993）把"爱、后悔、恨、关心、坚持"错归为动态动词（Vc3），实应归为静态动词（Vc2）。

我们发现，句子的指涉类型与谓语动词的内在时间性和外在时间性有关：

（一）如果谓语动词是动态动词，当其时状是非过程时，句子表达非现实状况，如（11）；当其时状是过程时，表达现实状况，如（9）（10）。

（二）如果谓语动词是静态动词，无论其时状是非过程还是过程，都表达现实状况，如（8）。

换一个角度看，这种现象也可表述为：

（一）如果句子的时状是非过程，当谓语动词是静态动词时，表达现实状况；当谓语动词是动作动态动词时，表达非现实状况。

（二）如果句子的时状是过程，则无论谓语动词是哪一类动词，都表达现实状况。

句子的指涉类型跟动词的过程结构、时状的关系可用下表显示：

句子指涉类型　时状类型　动词过程结构	过程	非过程
静态动词	现实句	现实句
动态动词	现实句	非现实句

换句话说，句子的中心动词是静态动词时，要表示现实状况，不一定与时间的流逝发生联系；而句子的中心动词是动态动词时，要表示现实状况，就必须放入时间流逝过程中。为什么如此？这与动态动词和静态动词的内在时间特性有关。静态动词内在时间性的特点是无限性[①]和匀质性，它表示的是一种不间断状况，一旦动词所指的状况出现，这种状况就一直延续下去，即对于时轴上的任何一点而言，总是处于动词所表示的状况中，因而不必与时间流逝发生联系就能表示现实状况。而动态动词的特点是其有限性，[②]它表示的状况只是时轴上有限的一段或一点，是一种暂时状况，就时轴上的某一点而言，不一定处在动词所表示的状况中，要表示句子所指的状况是现实状况，就必须和时间流逝建立联系，表示句子所指状况的确实现为外部时间过程中的一个具体事件，即以过程的时状形式来表达现实状况。

这样，我们就解释了引言中提出的问题。（1）中的谓语动词都是动态动词，必须以过

---

① Vb、Vc1、Vc2 的过程结构虽有终点，但终点很弱，因此其突出的特点还是无限性。

② 沈家煊（1995）区分有界动词和无界动词，这与本文的动态动词和静态动词的区分类似，但沈文又把"吃了"这样的带有时间性成分的复杂成分归入有界动词，而把不带这些成分的单个动词"吃"归入无界动词，这与本文的做法不同。动词过程结构分类根据的是动词固有的时间特征，因而是不变的，"吃"在任何情况下都是动态动词（有限的）。动词在使用中有过程和非过程两种外在时间类型，在具体使用中"吃了"和单个动词"吃"的区别是外在时间类型的区别，不能把动词的内在时间类型（包括动态和静态的区分）与动词的外在时间类型（过程和非过程的区分）相混。

程时状表示现实状况，如果是非过程时状，只能表示非现实状况，但如果谓语动词是非自主动词，又不能表示规律、惯常行为时，句子就不成立，如（1）a；[①]（2）中的动词都是静态动词，无论时状是非过程还是过程，都表示现实状况；（3）中的谓语动词是动态的，实际上也是以过程时状表示现实状况，因为其相应否定式都是"没（有）~"，只是其过程标记是零标记[②]的。

4. 汉语中的时状限制

4.1 汉语语法中的很多现象都与谓词性成分的时状限制有关，区分过程和非过程两种时状类型有助于分析这些现象。下面将简要说明我们已注意到的一些时状限制。

在讨论之前，需要说明两个问题：一、我们这里所说的谓词性成分都是指真谓词性成分，不包括名动词、名形词；二、我们所说的谓词性成分的时状限制都是指这个谓词性成分的中心的时状限制。谓词性成分有时包含多个谓词，有以下几种情况。（一）联合结构，如"讨论并通过""巩固、提高"。（二）偏正结构，如"认真学习""仔细观察"。（三）述宾结构，如"认为不错""看下棋"。（四）主谓结构，如"去好""抽烟有害"。（五）述补结构，如"吃完""洗干净"。（六）连谓结构，如"吃了饭看电影""打球把腰扭了"。（七）递系结构，如"请他来""劝他先走"。

联合结构的两个成分都是中心，偏正结构的中心语是中心，述宾结构的述语是中心，主谓结构的谓语是中心，这是大家公认的看法。带结果补语的述补结构则应作为一个整体看待，相当于一个复合词，也只有一个中心；其他类型的述补结构述语是中心。连谓结构表面上看起来各部分地位相当，但实际上意义重点都在最后的成分上；在时间参照上，也是最后的成分与会话活动发生联系，如"打球把腰扭了"中"把腰扭了"与说话的时刻发生联系，而"打球"不与说话的时刻发生联系，前面的成分只与句子内部的后续成分发生时间联系，如"吃了饭看电影"指相对于"看电影"而言"吃饭"已完成，因此连谓结构的最后成分应看作中心。递系结构中只有前一成分与主语有选择关系，应看作中心。

4.2 宾语位置上谓词性成分的时状限制

宾语位置上的谓词性成分既可以是非过程，又可以是过程，但就某一个具体动词而言，所带谓词性宾语往往有时状的限制。比较：

---

① 马庆株（1989）指出，自主动词可以用于祈使句，非自主动词不能用于祈使句。实际上自主动词和非自主动词在表示意愿上也不同，自主动词可以表示意愿，非自主动词不能表示意愿。马庆株（1989：172）谈到非自主变化动词不能单独做谓语，如"* 钢笔丢""* 房子塌"，实际上是因为非自主变化动词不能表示意愿、祈使。

② 关于过程标记，参看5.2.1。

（12）a. 我想吃苹果。　　　a'.*我想在吃苹果。

　　　b. 我喜欢看电影。　　　b'.*我喜欢看了电影。

　　　c. 他建议去上海。　　　c'.*他建议去过上海。

　　　d. 他会下棋。　　　　　d'.*他会正下着棋

（13）a.*我发现敌人来。　　　a'. 我发现敌人来了。

　　　b. 我发现他很着急。　　　b'. 我发现他着急了。

（14）a.*她后悔剪头发。　　　a'. 她后悔剪了头发。

　　　b. 他后悔不该这样。

（15）a. 我知道他抽烟。　　　a'. 我知道他在抽烟。

　　　b. 我希望他来。　　　　b'. 我希望他已经来了。

　　　c. 他以为猫吃草。　　　c'. 他以为猫在吃草。

有些动词带的谓词性宾语只能是非过程宾语，如（12）中的"想、喜欢、建议、会"，此外"反对、同意、赞成、要求"等动词也如此；有些动词虽然过程和非过程两种谓词性宾语都能带，但当作宾语的谓词是动态谓词时，只能带过程宾语，只有当作宾语的谓词是静态谓词时，才能带非过程宾语，如（13）、（14）中的"发现、后悔"；有些动词所带宾语没有过程和非过程的限制，如（15）中的"知道、希望、以为"。其中，只能带非过程宾语的占真谓宾动词的绝大多数，没有宾语的时状限制的真谓宾动词极少。

汉语中的助动词除了"可能"经常带过程宾语外，一般只能带非过程宾语。"应该"和"一定"带非过程宾语和带过程宾语都较常见，但带过程宾语时，意义与带非过程宾语时不同。如：

（16）a. 他应该来。（表示情理上必须如此）[①]

　　　b. 他应该来过。（表示从情理上估计如此）

（17）a. 我一定来。（表示意愿）

　　　b. 他一定来了。（表示推测）

从意义上看，"喜欢、会、建议、想"等动词要求其宾语都表示抽象的动作，因此要求

[①]　陈平（1988）认为只有从句子的时制（tense）特点入手，才能说明下面这样的限制：

　　a. 他洗了澡了。（先事现在时）　　d. 他洗了澡就吃饭去了。（先事过去时）

　　b. 他想洗澡。（后事现在时）　　　e. 他想洗了澡就吃饭去。（先事将来时）

　　c.*他想洗了澡。（后事现在时）

　　实际上，用宾语的时状限制可以更简单地说明为什么 b、e 能说，c 不能说："想"只能带非过程宾语，"洗澡"是非过程成分，所以 b 成立；"洗了澡"是过程成分，所以 c 不成立；e 中虽有"了"，但"洗了澡"是连谓结构的前一成分，不是谓语的中心，作为谓语中心的"（吃饭）去"是非过程成分，这样整个连谓结构是非过程成分，所以 e 成立。

宾语不能带有时间性。"知道、以为、希望"要求所带宾语是一个事实，这个事实可以是一种具体的现实状况［用过程时状和静态谓词的非过程时状表示，如（15）a'—c'］，也可以是习惯、意愿、规律等非现实状况［用动态谓词的非过程时状表示，如（15）a—c］。"发现、后悔"要求所带宾语不但是一个事实，而且是一种现实状况，因而所带宾语或者是过程［如（13）a'、b'和（14）a'］，或者是静态谓词形成的非过程成分［表示现实状况，如（13）b、（14）b］；动态谓词形成的非过程成分由于不表示现实状况，因此不能作"发现、后悔"的宾语［如（13）a、（14）a］。

4.3 主语位置上谓词的时状限制

不少人已经指出，主语位置上的谓词性成分一般不能带"了、着、过、在、正在"等时间性成分，这实际上表明主语位置上的谓词性成分一般不能是过程性成分，如：

（18）a. 打球能锻炼身体。　　　　　a'.* 在打球能锻炼身体。

　　　 b. 吃饭要吃饱。　　　　　　　b'.* 吃了饭要吃饱。

　　　 c. 国内生产这种产品用处不大。　c'.* 国内生产了这种产品用处不大。

　　　 d. 陆师傅修自行车经验丰富。　 d'.* 陆师傅修过自行车经验丰富。[①]

　　　 e. 搞好工作并不困难。　　　　 e'.* 搞好了工作并不困难。

但是在特殊条件下，主语位置上的谓词性成分也可以是过程性成分，主要有以下两种情况。

4.3.1 谓语动词是"是、知道"等，表示对某个事实的陈述。如：

（19）a. 他去上海了是事实。　 b. 他病了是真的。　 c. 他在看书我知道。

4.3.2 主语有陈述性，表示假设；谓语一般带"就"。如：

（20）a. 来了就好。　 b. 走了就不对了。　 c. 在做作业就对了。

4.4 表周遍性的"疑问词＋也……"和"疑问词＋都……"句式的差异

表周遍性的"疑问词＋也……"和"疑问词＋都……"两种句式的差异过去已有人提到，其中一条是"疑问词＋也……"主要用于否定式，很少用于肯定式，而"疑问词＋都……"既能用于肯定式，又能用于否定式。两者的肯定式除了数量上的差异外，在时状的限制上也不同。[②]比较：

（21）a. 只要大家团结一致，什么困难也能克服。

---

① 例（18）c、d引自刘宁生（1983）。

② 除了时状限制的不同外，两者还有一个差异，即"疑问词＋也……"一般只表示在一定条件下无例外，而"疑问词＋都……"既可表示在一定条件下无例外，也可表示无条件的无例外。比较：

　　（1）a.* 他比谁也起得晚。　 a'. 只要没事，他比谁也起得晚。

　　　　 b. 他比谁都起得晚。　 b'. 只要没事，他比谁都起得晚。

　　（2）a.* 什么东西也能买。　 a'. 一旦你有了钱，什么东西也能买。

　　　　 b. 什么东西都能买。　 b'. 一旦你有了钱，什么东西都能买。

    b. 只要大家团结一致，什么困难都能克服。

（22）a. 一旦你有了钱，什么东西也能买。

    b. 一旦你有了钱，什么东西都能买。

（23）a. 你不安护栏，谁也怕掉下去。

    b. 你不安护栏，谁都怕掉下去。

（24）a.* 只过了一会儿，他就什么也拿出来了。

    b. 只过了一会儿，他就什么都拿出来了。

（25）a.* 门刚一开，谁也来了。

    b. 门刚一开，谁都来了。

即"疑问词＋也……"的肯定式只能是非过程成分［如（21）a、（22）a、（23）a］，不能是过程成分［如（24）a、（25）a］，而"疑问词＋都……"没有这个限制［如（21）b —（25）b］。[①] 这两种句式的否定式都没有时状的限制，如：

（26）a. 谁也不愿留在那里。（非过程）

    b. 三个人谁也没有睡。（过程）

（27）a. 谁都不同意把这锅馒头拿出去卖。（非过程）

    b. 谁都没看他一眼。（过程）

5. 与谓词性成分的时状相关的其他问题

5.1 动态动词的非过程成分的意义类型

5.1.1 从意义上看，动态动词的非过程成分主要表示惯常行为、规律、意愿、祈使、纯抽象动作。

（一）惯常行为（习惯、嗜好也可看作惯常行为）：

（28）a. 我在工厂工作。

    b. 他抽烟。

    c.（我知道）他每天都跑步。

（二）规律：

（29）a. 声波在空气中一秒钟传播 340 米。

    b.（他认为）太阳绕地球转。

---

① 望月八十吉（1990）讨论"谁也……"和"谁都……"的区别，用"现实情态"和"非现实情态"来说明，即"谁也……"只用于非现实情态，而"谁都……"无限制。"非现实情态"指"可以、能、应该、会、乐意"等助动词表示的情态。但望月本人也看到有例外，如"车门好像关不严似的，谁也怕碰上它"，因此最好还是用过程和非过程的对立来说明这两种句式的区别。

　　　c. 鱼用鳃呼吸。

（三）意愿（包括计划）：

　　（30）a. 我去图书馆。

　　　　　b. 他们下棋，我们打牌。

　　　　　c.（我知道）他今天来。

（四）祈使［用"别/甭/不要"否定。动作讲解（如菜谱、说明书、实验讲解等）的否定一般用"别、不要"，也属此类］：

　　（31）a. 站起来。

　　　　　b. 将糯米、粳米合在一起，用水淘洗干净，再浸泡3小时……

（五）纯抽象动作：

　　（32）a.（他喜欢）看电视。

　　　　　b. 下围棋（很难）。

　　纯抽象动作主要出现在主语和"喜欢、想、同意"等只能带非过程宾语的动词的宾语位置上，惯常行为、规律、意愿、祈使一般出现在谓语位置和"知道、以为"等可以带过程宾语的动词的宾语位置上或独立成句，这种现象是由句子的交际功能决定的。也就是说，一个句子总有一定的交际功能，或者陈述一件事，或者提出一个问题（疑问），或者提出一个要求（祈使），如此等等。不同交际功能由句子的不同语气（mood）来实现。陈述一件事实际上是对外部世界进行说明，可以说明外部世界的现实状况，也可以说明现实状况的可能性（意愿、惯常行为、规律等）。从本质上说，动态动词的非过程成分的固有意义都是纯抽象动作，但一旦成句（包括独立成句和作谓语时整个主谓结构成句），由于带有一定的交际功能，于是根据语气的不同产生直陈、祈使等语气意义；而直陈句（包括陈述句和疑问句）由于句中动词的自主/非自主及其他特征的不同，整个句子的意义会产生意愿、惯常行为、规律的不同。当动态动词的非过程成分处在主语和"喜欢、想、同意"等只能带非过程宾语的动词的宾语位置上时，由于没有交际功能，只表示纯抽象动作。而"知道、以为"等动词所带谓词性宾语是一个事实，在表达上相当于一个句子，也有一定的语气意义。

　　5.1.2　动作动词的非过程成分和变化动词的非过程成分表达语气意义的限制略有不同。动作动词的非过程成分可以无条件地表达全部语气意义，如（33）；而变化动词的语气意义一般情况下只能表达意愿、祈使、规律，不能表达惯常行为，只有加上频率成分时才能表达惯常行为，如（34）。比较：

　　（33）a. 我在工厂工作。　　　　　a'. 我在工厂每天工作8小时。

　　　　　b. 他抽烟。　　　　　　　b'. 他一天抽一包烟。

（34）a. 我去图书馆。（意愿）　　　a'. 我每天都去图书馆。（惯常行为）

b. 他下午来这里。（意愿）　　　b'. 他一天来这里一趟。（惯常行为）

之所以如此，与动作动词的持续性和变化动词的瞬间性的差异有关。变化动词由于是瞬时发生的，因而不能用来表示持续的惯常行为，只有加上频率成分后才能表示行为多次发生的惯常行为。

5.2 过程的标记

5.2.1　非过程时状不带外在时间性，因此可看作谓词性成分的无标记用法。过程时状除了表示谓词性成分本身的意义外，还加上了外在时间性意义，可看作谓词性成分的有标记用法。

无标记用法当然没有可识别的外在形式标记，而有标记用法可以带外在标记形式。现代汉语中助词"了、着[①]、过"、副词"在、正在、已经、已、刚"、语气词"了[②]、呢、来着"、虚化的介词结构"在哪里/那儿[③]"可看作过程标记，因为带这些成分的谓词性成分都是用"没（有）"来否定，如（35）—（38）。"没（有）、未"也可看作过程标记。大部分表过程的谓词性成分都是带标记的，但也有不少是零标记的，[④]如（6）a—e，不过其相应否定式却仍是带标记的（"没"是过程标记）。

（35）a. 他为这本书题写了书名。　　a'. 他没有为这本书写书名。

b. 外头下着雨。　　　　　　b'. 外头没有下雨。

c. 他去过上海。　　　　　　c'. 他没去过上海。

（36）a. 他在吃饭。　　　　　　　a'. 他没吃饭。

b. 他正在从楼上下来。　　　b'. 他没从楼上下来。

c. 他正在吃饭。　　　　　　c'. 他没有吃饭。

d. 代表团已（经）到达北京。　d'. 代表团（还）没有到达北京。

e. 他刚来北京。　　　　　　e'. 他（还）没来北京。

（37）a. 下雨了。　　　　　　　　a'. 没下雨。

---

① 这里"了"指北京话读作·le的，读作·lou的不是过程标记，参看5.2.2。这里的"着"指表示动态持续的"着"，表示静态持续的"着"不是过程标记，参看5.2.3。

② 从表示的过程的类型角度看，语气词"了"和助词"了"基本是相同的，把两者合起来作为一个单位也未尝不可。表祈使的"V了"（如"走了，走了！"）、表偏离的"A了"（如"咸了"）都不能用"没（有）"否定，其中的"了"不是过程标记。

③ "在那儿"的虚化用法，指不表示实在的处所，而表示进行的用法，如"他在那儿使劲笑"，如果表示实在的处所，则不是过程标记，如"他在那儿上学"。

④ 我们这里区分有标记和无标记、带标记和零标记两对概念，有标记和无标记是就成分的非过程而言，具有某种非过程的成分是有标记的，不具有这种非过程的成分是无标记的；带标记和零标记是就有标记成分是否出现可识别的有形标记而言，出现有形标记的有标记成分是带标记的，不出现有形标记的有标记成分是零标记的。

  b. 我看书呢。   b'. 我没看书。

  c. 我去图书馆来着。   c'. 我没有去图书馆。

（38）a. 他在那儿使劲笑。 a'. 他没有笑。

5.2.2 "了"表示"消除"义时，北京话口语中一般读作"·lou"，马希文（1983）、木村英树（1983）指出这个"了"与表示已然的"了"不是同一的单位，而是一个补语。[①]从本文的观点看，这个"了"不是过程标记，理由主要有以下三条。

  （一）带消除义"了"的谓词性成分可用"不/别/甭"来否定，如：

  （39）a.（我/你）把它扔了！ a'.（我）不把它扔了/（你）别把它扔了。

    b. 烧了！   b'. 别烧了它。

  带消除义的"了"的谓词性成分虽然可被"没（有）"否定，但受"没（有）"否定时，"了"仍保留，如（40）a；而带过程标记"了"的谓词性成分受"没（有）"否定时，"了"不再出现，如（40）b。正如马希文（1983）所说，"我没有把它扔了"的相应肯定式实际上是"我把它扔了（·lou）了（·le）"，"了（·lou）"是一个补语，相当于（40）b中的"下去"。之所以用"没（有）"否定，是因为后面有一个过程标记"了（·le）"。

  （40）a. 我没有把它扔了。 ← a'. 我把它扔了（·lou）了（·le）。

    b. 我没有把它扔下去。 ← b'. 我把它扔下去了。

  （二）带消除义的"了"的谓词性成分成句时一般表示祈使、意愿等意义，这实际上是非过程成分的特征，如（39）a、b。

  （三）带消除义的"了"的谓词性成分可以作"想、建议、同意、反对、要"等动词的宾语，在4.2中我们谈到这些动词带的谓词性宾语只能是非过程成分。

  （41）我想/建议/反对把它扔了。

  上述"了（·lou）"和"了（·le）"的区别也从另一个角度证明了马希文（1983）和木村英树（1983）的观点是正确的。

5.2.3 木村英树（1983）指出表动态进行的"着₁"和表静态持续的"着₂"是不同一的单位。从时状角度看，两者也不相同，"着₁"是过程标记，而"着₂"不是。可以从三个方面来分析。[②]

  （一）带"着₂"的谓词性成分可以受"不/别/甭"的否定，如（42）：

---

 ① 马希文（1983）还认为这个"了"是一个弱化动词。

 ② 除了下面三个方面的区别外，"着₁"和"着₂"的不同还表现在量化的限制上：带"着₁"的谓词性成分一般排斥数量成分，即使带数量成分，也限于数词为"一"的，此时数量成分不是焦点，其作用在于使宾语有指化，如"*他正看着三本书""他正看着一本书"；而带"着₂"的谓词性成分并不排斥数量成分，如"屋檐下挂着四只鸟笼""门口坐着几个人"。排斥数词大于"一"的数量成分正是进行体的特征。

（42）a.（我）站着！　a'.（我）<u>不</u>站着 /（你）<u>别</u>站着。

　　　b.拿着！　　　b'.<u>别</u> / <u>甭</u>拿着。

带"着₂"的谓词性成分有时也可以受"没（有）"的否定，但受"没（有）"否定时，"着₂"仍然保留，如（43）a；而带"着₁"的谓词性成分受"没（有）"否定时，"着₁"不再出现，如（43）b。实际上，"他没坐着"的相应肯定式是带过程标记"呢"或带零过程标记（用"P_∅"表示）的过程性成分。

（43）a.他没坐着₂。　　　←a'.他坐着₂呢。/ 他坐着₂P_∅。

　　　b.他没吃饭。　　　←b'.他吃着₁饭呢。

（二）带"着₂"的谓词性成分成句时一般表示祈使、意愿等意义，这实际上是非过程成分的特征，如（42）。[①]

（三）带"着₂"的谓词性成分可以作"想、建议、同意、反对、要"等动词的宾语。

（44）我想 / 建议 / 反对站着。

从上面的分析可以看到，"着₂"的情况和"了（·lou）"的情况非常相似，过程标记"着₁"与非过程标记"着₂"的关系同过程标记"了（·le）"与非过程标记"了（·lou）"的关系是平行的。

5.2.4　有人把作补语的"起来""下去"跟"了、着、过"等一起也看作汉语的体标记，但实际上这里的"起来""下去"跟"了（·lou）""着₂"情况一样。

（一）带"起来""下去"的谓词性成分可以受"不 / 别 / 甭"的否定，如（45）：

（45）a.跑起来！　　　a'.（怎么）<u>不</u>跑起来？

　　　b.说下去！　　　b'.<u>别</u>说下去！

带"起来""下去"的谓词性成分也可以受"没（有）"的否定，但其相应肯定式都是带过程标记"了"的成分，如（46）：

（46）a.没跑起来。　　　←a'.跑起来了。

　　　b.没有说下去。　　　←b'.说下去了。

（二）带"起来""下去"的谓词性成分成句时一般表示祈使、意愿等意义，实际上是非过程成分的特征，如（45）a、b。

（三）带"起来""下去"的谓词性成分可以作"想、建议、同意、反对、要"等动词的宾语。如：

（47）a.我想 / 建议 / 反对现在就干起来。　b.我想 / 建议 / 反对说下去。

可见这里的"起来""下去"不是过程标记。这里的"起来""下去""了

---

① 参看袁毓林（1992）。

（·lou）""着₂"以及作补语的"完"实际上都是表示相（phase）[1]的。

5.2.5 当一个过程成分是零标记时，可能与一个非过程成分同形。如（48）就是一个歧义结构：

（48）他在家里吃饭。

（48）有两种意思，第一种意思是"他正在家里吃饭"，此时是一个带零标记的过程成分，[2]其相应否定式是"他没在家里吃饭"；第二种意思是"他平时在家里吃饭"，表示惯常行为，此时是一个非过程成分，其相应否定式是"他不在家里吃饭"。

6. 结语

6.1 时间性特征是谓词性成分最重要的特征之一，郭锐（1993）讨论了谓词性成分的内在时间性特征，本文又讨论了谓词性成分的外在时间性特征（时状），把汉语的时状分为过程和非过程两种类型。汉语中的不少语法现象都与谓词性成分的时状有关，如宾语、主语位置上有时状的限制，"谁也……"句式也有时状的限制。还有一些语法现象则是谓词性成分的外在时间性和过程结构共同作用的结果。此外，体（aspect）实际上也是谓词性成分的外在时间性和内在时间性共同作用的结果，希望本文的讨论能为进一步讨论汉语的体提供帮助。

6.2 郭锐（1993）把汉语的动词按过程结构不同分成了 10 个小类，其中有三个典型类（在下页图中用下画线标出），根据本文的进一步阐述，可把动词的过程结构分类总结如下：

动态动词和静态动词的区分标准是加"了"后能否表示动作结束。静态动词能以非过程时状表示现实状况，而动态动词只能以过程时状表示现实状况。动作动词和变化动词的区分标准是加"了"后能否表示动作开始或带时量宾语能否表示动作持续的时长，动作动词能以不加频率成分的非过程时状表示惯常行为，变化动词只能带上频率成分后以非过程时状表示惯常行为。

---

① 根据 Comrie（1976：48），相（phase）指情状的某一特定阶段。郑良伟（1988）把 phase 叫"阶段"，指汉语中作补语的"完、起来、掉"等表示的意义。Binnick（1991）也提到 phase，概念与 Comrie 和郑良伟大致相同。本文所说的"相"以 Comrie（1976：48）为据。Chao（赵元任）（1968）谈到表"相"补语（phase complement），指"着（zhao）""到""见""完"等补语，与郑良伟（1988）所说的范围不完全相同。陈平（1988）所说的时相（phase）相当于郭锐（1993）所说的"过程结构"，与上述几位学者的 phase 概念不同。

② 可以认为是由于有表示处所的同音介词"在"，前面不能再出现表示进行的副词"在"，比如"他在在家里吃饭"不成立。

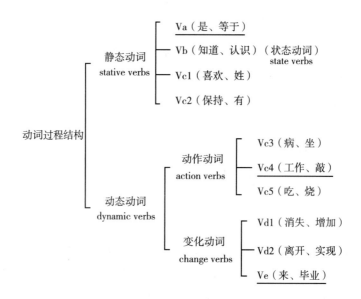

6.3　近年来不少人讨论了汉语的成句条件和"完句成分"，[1] 实际上句子的成立是多种因素作用的结果，最好的办法是对这些因素分别加以分析，看到底哪些因素在起作用。我们认为其中重要的因素是时间性因素。过去这个角度的讨论一般只谈动态动词作谓语时的成句条件，实际上静态动词作谓语不用带"了、呢、正在"等"完句成分"也能成句。动态动词作谓语时，非现实句不用带这些成分，只有现实句需要带这些"完句成分"。之所以需带这些"完句成分"，是因为动态动词需以过程表示现实状况，而这些"完句成分"实际上都是过程标记。

6.4　本文只是对汉语谓词性成分的外在时间性的初步研究，还有不少问题需要进一步探讨。比如：非现实句在不同情况下有不同的意义，是惯常行为或者意愿、规律、祈使，如此等等，那么其条件是什么？过程时状一般是带标记的，但也有零标记的，那么在什么情况下过程时状可以是零标记的，什么情况下必须是带标记的？[2]

6.5　体的研究一直是汉语语法的一个难题，我们认为，其中一个原因是没有很好地划出体和非体的界限。前面我们说到，体实际上是外在时间性和内在时间性共同作用的结果，具体一点说，就是应把体首先看作过程时状，即体是与外部时间的流逝过程相联系的；其次，体与谓词性成分的内在时间性是相关的，即体之所以有不同类型，是因为谓词性成

---

① 陆俭明（1986）最早注意到单个动词作谓语的限制，指出很多动词加上一些其他成分才能成句。近年讨论完句条件或句子自足条件的文章有黄南松（1994）、孔令达（1994）、贺阳（1994）等。

② 现代汉语的过程标记是在中古时期逐渐产生的。此前的上古汉语中有"不～"和"未～"两种基本否定形式的对立，因此可以说仍有过程和非过程的区分。过程性成分从零标记到带标记是一个渐变的过程，这个过程至今仍未完成，这也许能解释现代汉语中的大部分零标记过程成分存在的原因。

分的内部过程相对于参照时刻有不同进展状况。因此，过程时状实际上可以看作带有体算子（aspectual operator）的谓词性成分，非过程时状可以看作不带体算子的成分；而不同的体又可看作由所带体算子的不同造成。如果从这个角度出发来研究汉语的体，也许会有一些新的进展。

附记：本文写作过程中北京大学中文系王洪君提供了不少有益的意见，谨在此表示谢意。

参考文献

陈平　1988　《论现代汉语时间系统的三元结构》，《中国语文》第 6 期。

邓守信　1986　《汉语动词的时间结构》，《第一届国际汉语教学讨论会文选》，北京语言学院出版社。

房玉清　1992　《实用汉语语法》，北京语言学院出版社。

郭锐　1993　《汉语动词的过程结构》，《中国语文》第 6 期。

郭锐　1997　《论表述功能的类型及其相关问题》，《语言学论丛》第 19 辑，商务印书馆。

龚千炎　1991　《谈现代汉语的时制表示和时态表达系统》，《中国语文》第 4 期。

贺阳　1994　《汉语完句成分试探》，《语言教学与研究》第 4 期。

黄南松　1994　《试论短语自主成句所应具备的若干语法范畴》，《中国语文》第 6 期。

黄正德　1990　《中文的两种及物动词和两种不及物动词》，《第二届世界华语文教学研讨会论文集·理论与分析篇》（上册），世界华文教育协进会编印，台北：世界华文出版社。

竟成　1993　《关于动态助词"了"的语法意义问题》，《语文研究》第 1 期。

孔令达　1994　《影响汉语句子自足的语言形式》，《中国语文》第 6 期。

李兴亚　1989　《试说动态助词"了"的自由隐现》，《中国语文》第 5 期。

刘宁生　1983　《汉语口语中的双主谓结构》，《中国语文》第 2 期。

刘勋宁　1988　《现代汉语词尾"了"的语法意义》，《中国语文》第 5 期。

陆俭明　1986　《现代汉语里动词作谓语问题浅议》，《语文论集》第 2 辑。

吕叔湘主编　1980　《现代汉语八百词》，商务印书馆。

马庆株　1981　《时量宾语和动词的类》，《中国语文》第 2 期。

马庆株　1989　《自主动词和非自主动词》，《中国语言学报》第 3 期。

马庆株　1992　《汉语动词和动词性结构》，北京语言学院出版社。

马希文　1983　《关于动词"了"的弱化形式 /·lou/》，《中国语言学报》第 1 期，商务印书馆。

木村英树　1983　《关于补语性词尾"着 /zhe/"和"了 /le/"》，《语文研究》第 2 期。

沈家煊　1995　《"有界"与"无界"》，《中国语文》第 5 期。

石毓智　1992　《肯定和否定的对称与不对称》，台北：台湾学生书局。

望月八十吉　1990　《从日语看华语的'谁也……'》，《第二届世界华语文教学研讨会论文集·理论与分析篇》（上册），世界华文教育协进会编印，台北：世界华文出版社。

邢公畹　1983　《说句子的"专化作用"》，《语文研究》第 2 期。

雅洪托夫　1957　《汉语的动词范畴》，陈孔伦译，中华书局。

杨成凯　1993　《关于短语和句子构造原则的反思》，《汉语学习》第 2 期。

袁毓林　1992　《祈使句式"V ＋着"分析》，《世界汉语教学》第 4 期。

郑良伟　1988　《时体、动量和动词重叠》，《第二届国际汉语教学讨论会论文集》，北京语言学院出版社。

朱德熙　1982　《语法讲义》，商务印书馆。

朱德熙　1983　《自指和转指》，《方言》第 1 期。

Binnick, Robert I.　1991　*Time and the Verb: A Guide to Tense and Aspect*. New York: Oxford University Press.

Carlson, Lauri　1981　Aspect and quantification. *Syntax and Semantics,* Vol. 14, ed. by P. Tedeschi & A. Zaenen. New York: Academic Press, 31-64.

Comrie, B.　1976　*Aspect*. Cambridge: University Press.

Chao, Yuan Ren　1968　*A Grammar of Spoken Chinese*. Berkeley: University of Califonia Press.

Chen, Chung-yu　1979　The two aspect markers hidden in certain locatives. *Proceedings of Symposium on Chinese Linguistics*, 1977 Linguistics Institute of the Linguistic Society of America, ed. by Robert L. Cheng & Ying-che Li & Ting-chi Tang. Taipei: Student Book Co. , Ltd.

Dahl, Östen　1981　On the Definition of the Telic-Atelic（Bounded-Nonbounded）Distinction. In P. Tedeschi & A. Zaenen (eds.) *Syntax and Semantics,* Vol. 14. New York: Academic Press, 31-64.

Dahl, Östen　1985　*Tense and Aspect System*. Oxford and New York: Basil Blackwell.

Halliday, M. A. K.　1985　*An Introduction to Functional Grammar*. London: Edward Arnold Ltd.

Li, C. N. & S. A. Thompson　1981　*Mandarin Chinese: A Functional Reference Grammar*. Berkeley and Los Angeles: University of California Press.

Li, Ping（李平）　1989　*Aspect and Aktionsart in Child Mandarin*. 马克斯 – 普郎克心理语言学研究所博士学位论文。

Lyons, J.　1977　*Semantics*. London: Cambridge University Press.

Mourelatos, Randolph, A. P. D.　1981　Events, Processes, and States. In P. Tedeschi & A. Zaenen(eds.), *Syntax and Semantics.* Vol, 14. New York: Academic Press, pp. 191-212.

Quirk, R. et al.　1972　*A Grammar of Contemporary English.* London: Longman Group Ltd.

Tai, James（戴浩一）　1984　Verbs and times in Chinese: Vendler's four categories. *Lexical Semantics.* Chicago Linguistic Society.

Teng, Shou-hsin.　1973　Negation and aspects in Chinese. *Journal of Chinese Linguistics* 1(1):14-37.

Vendler, Z.　1967　Verbs and times. In Z. Vendler (ed.), *Linguistics in Philosophy.* Ithaca: Cornell University Press.

Wang, W. S -Y.　1965　Two aspect markers in Mandarin. *Language* 41(3):457-470.

原刊于 1997 年第 3 期

语言文字规范化对于语言信息处理的作用

冯志伟

自然语言处理中，不论是机器翻译、自然语言理解、情报自动检索、术语数据库、语音的自动识别与合成、汉字的自动识别，都牵涉到语言文字的规范化和标准化问题。

为了提高普通话语音识别和语音合成的研究水平，有必要建立普通话语音库和语音特征库，探讨汉语语音的特征，为此，必须做好普通话语音规范化工作。语音的差别不仅存在于普通话和方言之间，而且也存在于普通话的内部，为了解决普通话内部读音的分歧问题，普通话审音委员会曾于 1957 年到 1962 年三次发表了《普通话异读词审音表初稿》，于 1963 年辑录成《普通话三次审音表初稿》，1985 年又公布了《普通话异读词审音表》，这些文件对于普通话的语音规范都起了积极作用。汉语语音识别与语音合成的研究，应该以普通话的标准读音为准。但是，在我国一些权威性的词典和字典中，注音分歧还不小，与《审音表》也不尽相同。如"纂"，《现代汉语词典》注作 zuǎn，《辞海》注作 zuàn，《审音表》未作规范；"螫"，《现代汉语词典》注作 shì，《辞海》注作 zhē，又读 shì，《审音表》把 shì 作文读，zhē 作白读，《现代汉语词典》与《审音表》不一致。这些分歧，使得语音识别和合成的研究者无所适从，在这种情况下，他们建立的普通话语音库和语音特征库等软件就很难是标准化和规范化的。另外，搞计算机的人在研究工作中遇到读音问题时，一般总是直接地查词典或字典，不大会去查《审音表》。词典和字典的注音分歧，对自然语言处理的软件研究工作十分不利。我们建议普通话审音委员会应多吸收出版界的人员参加，多与出版部门通气，使得审音的成果能够迅速地在词典和字典中反映出来，以便于从事自然语言处理和软件开发的人员使用。

文字的规范化对于汉字的自动识别也很重要，如果字形不规范或者字形的区别性不强，会影响汉字识别的研究工作。在国家 1981 年公布的《信息处理用汉字编码字符集——基本集》（GB2312-80）中，"辄、诹、陬、鲰"等字中的部件"耳"，在"辄、诹"二字中为长横，在"陬、鲰"二字中为短横，这种不一致的情况，将给汉字的自动识别带来麻烦。

"设、没"两个汉字，字形非常接近，人读时常易混淆，计算机读起来更难区别，这也不利于汉字的自动识别。这些问题，应该在研究的基础上加以解决。

汉字编码输入是中文信息处理的瓶颈问题，近年来，汉字编码方案如雨后春笋般地涌现出来，出现了"万码奔腾"的局面，其中有些编码在字形的分解方面大同小异，或者在笔顺的规定上有所不同，或者在双拼的字母表示方面稍有差异，就形成了不同的方案，也有的编码的字形分解原则或笔画分解顺序与汉字的基本常识相互冲突，给使用和学习带来不便。为了使汉字编码的研究有一个较为稳固的语言学基础，很有必要制定统一的汉字部件分解规范、汉字笔画顺序分解规范、双拼字母规范，所有的汉字编码方案应该在这些规范的基础上进行。这样，汉字编码便可以同汉字的科学研究一致起来，同汉字的教学一致起来，使得汉字编码方案真正反映汉字的内部结构规律，提高汉字编码方案的科学性。这是一件非常重要的工作，建议有关领导部门抓紧进行，早日颁布这样的规范和标准。

机器翻译、自然语言理解中要使用形态词典、结构词典和语义词典，词典的研制是机器翻译和自然语言理解的一个基本项目，因为在机器翻译和自然语言理解中所需要的各种静态信息以及一部分动态信息，都要通过词典来提供。现在，国家"八五规划"的高技术项目中，已经把机器可读汉语词典（简称"机读汉语词典"）的研究立项，使之成为机器翻译和自然语言理解的基础工程之一。

机读汉语词典的研制，与普通话的词汇规范有着密切关系。普通话规定以北方方言为基础方言，主要是指普通话词汇应以北方方言的词汇作为基础，但北方方言词汇内部的情况十分复杂，哪些词可以纳入普通话，哪些词不能纳入普通话，都需要经过透彻的调查研究才有可能决定。比如"太阳"这个词，仅在北方方言的河北省内，就有"日头、日头爷、日头影儿、老爷儿、爷爷儿、爷爷、太爷、阳婆、阳婆儿、前天爷、佛爷儿、老佛爷、火神爷、太阳帝儿、日头帝儿"等多种说法，需要进行筛选。这是同实异名的问题。另外，还有同名异实的问题。比如，在河北省内，"山药"这个词的含义因地而异，在石家庄指"红薯"，在张家口指"土豆"，普通话中如何处理这类问题，也需要进行研究。目前，急需在北方话词汇调查的基础上，编写一部规范的普通话通用词典，使之成为机读汉语词典收词的基本依据。

编写机读汉语词典的另一个问题是正词法问题。究竟什么算是一个词，什么不能算一个词，必须有明确的规定才能收入机读汉语词典。现在，国家语言文字工作委员会公布了《汉语拼音正词法基本规则》，为这个问题的解决提供了依据。但是，与此同时，国家技术监督局又公布了《信息处理用现代汉语分词规范》，并以此作为国家标准，其中有一些规定与《汉语拼音正词法基本规则》不一致，这将会给与机读汉语词典的编制有关的计算机软件工作人为地造成一些新的困难。我们认为，信息处理用的分词规范与正词法应该统一起来。否则，在自然语言处理的系统研制、人员培训、推广应用等方面，都会带来许多麻烦。

机器翻译、自然语言人机接口、情报自动检索等自然语言处理系统主要应用于科技方面，因此，在自然语言处理的研究中，更应该注意科技术语和译名的规范化问题。目前，汉语的科技术语使用比较混乱，同实异名的情况相当之多。如数学中的"公理：公设""无穷：无限""有序：全序""半序：偏序""矢量：向量""算子：算符""既约：不可约"等。

同名异实的现象也不少，如计算机科学中的"并行操作"（parallel operation）这个术语，在 ISO-2382 国际标准《数据处理词汇》中，代表如下两个不同的概念：

1）在给定的时间间隔内，执行两个或多个操作的一种处理方式；

2）在同一瞬间出现两个或多个操作的一种处理方式。

我国计算机科学界沿袭 ISO-2382 的用法，使得"并行操作"这个术语在我国的使用一度也出现了混乱，在同一个关于数据处理的概念系统中，出现这种同名异实的术语是很不应该的。

数学和计算机科学都是十分精密的学科，术语的混乱尚且如此严重，在其他学科中的混乱情况也就可想而知了。这种情况，对于自然语言处理系统的软件开发是极为不利的。

我们认为，对于同实异名的术语，应该使之逐渐统一，根据术语学的原则和方法，在广泛征求专家意见的基础上，尽量做到一个概念只用一个术语来表达。全国科学技术名词审定委员会在这方面做了不少有益的工作。

对于同名异实的术语，特别是在同一学科中的同名异实术语，应该使之逐渐分化，尽量保持术语的单义性。最近，国际标准化组织对 ISO-2382 这个国际标准中的同名异实的术语进行了分离工作，在新修改的 ISO-2382 国际标准《数据处理词汇》中，把表示"并行操作"的第一个概念的操作叫做"共行操作"（concurrent operation），把表示第二个概念的操作叫作"同时操作"（simultaneous operation），而把"并行操作"这个术语，用于表达下述概念："在单个设备中，共行地完成几个操作的一种操作方式；或者在两个或多个设备中，共行地或同时地完成几个操作的一种处理方式。"这样，便把"并行操作"这一个多义术语，分离为"共行操作""同时操作""并行操作"三个术语，使用时不会产生混淆。我国计算机科学界接受了 ISO-2382 国际标准的修改意见，也相应地把中文术语中的"并行操作"这个同名异实术语分化为"共行操作""同时操作""并行操作"三个意义不同的术语，避免了术语使用的混乱。在术语工作中，同名异实的术语的分离是十分重要的，必须给予足够的重视。

外国科学家的译名也相当混乱。例如，数学家 De Morgen 的译名有"代莫伏、隶莫弗、棣莫弗、棣梅弗、棣莫佛、德莫弗、莫瓦夫儿"等，这必然会在自然语言的计算机处理系统中造成张冠李戴的混乱现象，应该按照名从主人和约定俗成的原则，以慎重的态度进行协调和统一。

机器翻译和自然语言理解，都要进行语法分析和生成、语义分析和生成、上下文分析和生成，这些都需要对普通话的语法和语义进行深入的研究，并使之形式化。

自然语言中普遍存在着歧义现象，汉语的语法结构多用意合法，歧义现象更为突出。这样的歧义现象，是汉语分析和生成中应该加以特别注意的。例如，"削苹果的刀"和"削苹果的皮"，其结构都是"V+N+的+N"，但其层次很不相同。这种结构歧义现象在汉语中比比皆是，在研制汉语的自然语言处理系统时，这些歧义问题应该着重地加以解决。我国学者在对汉语歧义结构的分析研究中，已经提出了一些有效的理论和方法。进一步深入研究汉语的歧义问题，是汉语的自然语言处理中的一个关键性问题。

同时，我们应该看到，目前在汉语中还有一些语法结构并不是由自然语言本身固有的歧义造成的，而是由规范化不够造成的。例如，"摄氏20度以上"，有人理解为包括20度在内，有人认为不能包括20度在内。人尚且判别不了，计算机当然就更难判别了；"发霉的栗子竟占了半成以上"，有人把"半成"理解为二分之一，有人却认为既然"一成"是十分之一，"半成"当为二十分之一，众说纷纭，莫衷一是；"争取把这个地区的粮食产量翻两番"，有人把"翻两番"理解为增加两倍，有人理解为增加三倍（翻一番为两倍，在原有基础上再翻一番为三倍），有人则理解为增加四倍（翻一番为两倍，在两倍的基础上再翻一番为四倍），仁者见仁，智者见智，由此引起经济工作的许多麻烦。这些歧义问题，都需要由有关部门作出明确的规定，才可以在自然语言处理中避免误解。另外，汉语中有许多肯定形式与否定形式含义相同的句式。例如，"难免要犯错误"和"难免不犯错误"的含义相同，"除非他来，我就去"和"除非他来，我不去"的含义相同。在自然语言处理中，"否定"的逻辑含义与"肯定"的逻辑含义是完全相反的，如果否定之后的含义与肯定一样，将会给计算机的理解带来极大的困难。我们希望有关部门，对于这些不清晰的、有分歧的用法，根据语言发展的规律，选择其中的一种作为规范，废除不规范的用法。

目前，世界许多国家都在讨论建立信息高速公路的问题，美国已经着手建立多媒体的信息高速网等四通八达的信息技术基础设施，我国"金桥"工程以"信息中速国道"（传输速率为114千比特—2兆比特）为起步，将来也将发展成为"信息高速公路"（传输速率在1000兆比特以上）。作为信息主要负荷者的语言文字，在信息高速公路的建设中起着关键的作用。据报道，日本由于其文字系统复杂，在信息高速公路的建立中出现困难。如果我国在信息高速公路的建设中，在计算机系统上以拼音文字作为信息的载体，将会大大地提高系统的通信效率，更有利于国际交流。在过去很长的一段时间里，我国拉丁化运动的先驱者曾试图在全国推行拉丁化新文字，实践证明，汉字文化的力量是强大的，拉丁化新文字难以在全民中推行，汉字作为中华民族文化的象征，将会永远地存在下去。但是，如果我们在信息化的时代，不要求在全民中推行拉丁化新文字，而只是在计算机上实行"文字的双轨制"——既可使用汉字，又可使用拼音文字，把拼音文字只局限于在计算机的通信中使用，由于我们在计算机上使用的文字与世界上大多数发达国家一致，必将显著地提高我国信息通信网络系统的效能。这样一来，拉丁化新文字运动的先驱者们的理想，虽然不可能在全民中实现，但却可能在计算机通信网络中部分地实现。当然，在计算机上实行"文字的双轨制"只是我们的一种设想，对于它的可行性和利弊得失，还需要反复权衡，通盘考虑。显而易见，如果在计算机通信中实现"文字双轨制"，就要为拼音文字制定各种规范和标准，在这项工作中，规范和标准的研究和制定起着举足轻重的作用。

由此可见，加强语言文字的规范化和标准化，对于进一步搞好自然语言的计算机处理，具有极其重要的作用和深远的意义。电子计算机软件设计与语言文字有着极为密切的关系，从根本上说，实际上也是一种现代化的语言文字工作，我们应该有战略的眼光，努力纠正语言文字应用中的混乱现象，促进语言文字的规范化和标准化，从而推进我国的自然语言处理研究。

原刊于 1997 年第 5 期

现代汉语的双及物结构式[*]

张伯江

1. 从句式特征看"双宾语"问题

1.1 观察"双宾语"问题的角度

过去的语法研究相信每个动词有固有的"配价"能力，它们在句子里带多少宾语以及带什么样的宾语是这种配价能力的反映；同时相信通过对词汇语义和句法规则的描写可以概括所有语法现象。但当我们把观察的视野放到实际运用中的语言的时候，就会发现，这些规则并不能够穷尽地描述动词运用的所有细节。更为重要的是，语言中大量使用的句式（construction），其句法—语义特征往往不是能够由词汇语义规则自然推导出来的，这些句式的语义构成是人类认知对现实的反映，它们所体现出的句法—语义的一致关系无疑应该是语法研究的核心内容。这就是近年兴起的句式语法（Construction Grammar）所要解决的课题。

就"双宾语结构"来说，以往的研究多是从"位置"角度定义的，如马庆株（1983）定义为"述宾结构带宾语"；李临定（1984）定义为"谓语动词后边有两个独立的名词性成分的句式"。马文把动词后面出现的名词性成分都看作宾语，这样他的宾语类型就既包括一般承认的受事等成分，同时也包括处所、时间、工具、数量等外围语义成分。他所描述的双宾语结构有如下类型：1）给予类（送你一支笔）；2）取得类（买小王一只鸡）；3）准予取类（我问你一道题）；4）表称类（人家称他呆霸王）；5）结果类（开水烫了他好几个泡）；6）原因类（喜欢那个人大眼睛）；7）时机类（考你个没准备）；8）交换类（换它两本书）；9）使动类（急了我一身汗）；10）处所类（挂墙上一幅画）；11）度量类（他们抬了伤员好几里路）；12）动量类（给他一巴掌）；13）时量类（吃饭半天了）；14）O₁为虚指宾语的（逛他两天北京城）。李文着眼于动词的语义类型，分为"给"

---

* 本文初稿是在与 Sandra A.Thompson 教授的反复讨论中写成的，后又经沈家煊先生和陶红印先生指正多处，谨致谢意。文中错谬由作者个人负责。

类、"送"类、"拿"类、"吐""吓"类、"问"类、"托"类、"叫"类、"欠""限""瞒"类等。这些描写所覆盖的事实，为我们进而研究双宾语结构的内在机制提供了很好的基础。但这样为双宾语式界定和分类，在我们看来，有三个关乎句式性质的大的问题还没有得到解决。首先，我们几乎找不到适合于所有类型的一条或几条句法特征。马文和李文都曾指出了一些具体类别中的句法变换特征，例如，变换为带"给"的句式、带"从……"的句式、带"向……"的句式、带"对……"的句式等。但没有一条是适用于所有双宾语结构的，这样，双宾语式除了"VNN"这个词序特点以外，几乎是个毫无内在联系的类别了，这对于以寻找充分必要条件为目的的结构追求来说，不能不说是一个失败。第二，在这样的范围内，似乎也无法看出能够进入这一格式的动词有什么可以概括的特点。一个常见的说法是这些动词主要是三价动词。可是这里有三个问题：一、有相当数量的动词并不是所谓的三价动词（详见第4节），二、语法学界习惯用双宾语式和什么是"三价"动词相互界定，不免有循环论证的嫌疑。最后，我们还没看到对双宾语句式的概括的语义描述，动词小类的语义类型本身不等于这个格式的总体语义概述。在结构主义的语法观念中，格式的整体语义一般不成为一个研究问题，这不能不说是前人研究的一个不足。本文尝试对上述三个问题做一些探讨。

我们认为，对上述问题的完满解决取决于研究思路的转变，因而本文尝试用"句式语法"的观念探讨结构主义方法所不能完满解决的双宾句式的问题。在各类结构主义的语法观点中，句子的意义是由其组成成分的语义（尤其是动词语义）决定的，句式类别也是要靠按语义特征给动词分小类确定的。"句式语法"则认为，语法结构式[①]是独立于词汇语义规则之外的语法事实，有独立的语义。Goldberg（1995）对"句式"的定义为：

（1）如果用 C 代表独立句式，把 C 看成是一个形式（Fi）和意义（Si）的对应体，C 所能够成立的充分必要条件是：Fi 或 Si 的某些特征不能从 C 自身的组成成分或者从其他已有的句式预测出来。

从这样的观点看，汉语可以说存在着一个叫作双及物的语法结构式，其形式表现为：$V\text{-}N_1\text{-}N_2$，其语义核心为"有意的给予性转移"。以"张三卖邻居一套旧家具"为例，什么是它的格式语义呢？从分解的角度看，其语义未必不能说成"邻居希望张三卖掉他的旧家具"或"张三在那里卖旧家具恰巧让邻居碰上给买走了"，可是这些解释都需要大量的补充信息才能成立。在我们看来，这个格式的一个最自然的解释是，"张三有意把自己的家具通过出售的方式转让给邻居"，这就是我们前面所说的格式语义："有意的给予性转移。"这种格式语义是独立于能进入这个格式的具体成分，尤其是动词性成分的。例如，动词"分"并不具有"转移"的意义，可是在"单位分了我一套房子"这个双及物（$V\text{-}N_1\text{-}N_2$）

---

① 即 construction，本文多数情况下依黄居仁等（1996）译为"句式"，偶尔称作"语法结构式"。

语法格式中，格式语义"有意的给予性转移"仍然成立，或者说，格式的意义"上加"在（superimpose on）动词和其他成分的意义上了。

本文还提出，汉语双及物句式还表现为几个细类，因此我们将重点论证双及物句式的典型语法语义特征以及句式引申的问题。为了突出这个句式整体的语法语义独立性，我们打算放弃带有强烈结构分解色彩的"双宾语"的说法，而使用"双及物式"（ditransitive construction）这个术语来指称讨论的对象。虽然这两种说法都涉及动词和动词后两个独立名词成分的问题，但一个用的是分解的视点，另一个体现的是整体的视点，它们有实质的区别。这个区别可以用图1表示：

图1

1.2 从"给予"意义说起

从现实语料统计中的优势分布，到儿童语言的优先习得，乃至历史语法的报告，都表明"给予"意义是双及物式的基本语义。[①]朱德熙（1979）对"给予"意义的概括为：

（2）"给予"意义：

    1）存在着"与者"和"受者"双方。

    2）存在着与者所与亦即受者所受的事物。

    3）与者主动地使事物由与者转移至受者。

汉语语法系统里除双及物式以外，其他表示给予行为的表达式都要借助于词汇形式"给"。包含"给"的形式至少可以概括为以下三种［其中A（agent）表示施事；R（recipient）表示接受者；P（patient）表示受事］：

    a. A 给 R V P   他给我寄了一个包裹。

    b. A V 给 R P   他寄给我一个包裹。

    c. A V P 给 R   他寄了一个包裹给我。

沈家煊（1999）这样描述三种句式的不同意义：

    a 式表示对某受惠目标发生某动作；

    b 式表示惠予事物转移并达到某终点，转移和达到是一个统一的过程；

---

① 根据我们对老舍小说《骆驼祥子》和王朔小说《我是你爸爸》的统计，在公认的"双宾语"结构中，表示给予的占半数以上；据周国光（1997）对3岁以前儿童习得双宾语结构的考察，最早并且最大量出现的也是表示给予的；历史语法的证据，可以参看贝罗贝（1986）等文献。

c 式表示惠予事物转移并达到某终点，转移和达到是两个分离的过程。

我们注意到，b 式在语序形式和语义内容方面都与本文所关注的双及物式完全吻合。显然，当动词可以不借助"给"字表达一个完整的给予过程的时候就形成了双及物式。

1.3 双及物式的原型特征

我们把典型双及物式的特征概括为：在形式为"A+V+R+P"的句式里，施事者有意地把受事转移给接受者，这个过程是在发生的现场成功地完成的。如：

（3）刚才老李送我一本书。 （4）昨天邻居卖我一把旧椅子。

它们具有这样一些句法特点：

1）一般可以在受事之前加上施事的领格形式：

（5）刚才老李送我一本他的书。 （6）昨天邻居卖我一把他的旧椅子。

这个特点反映的是，该过程是一个领属关系转移的过程：给予之前，受事为施事所领有；给予之后，受事为接受者所领有。

2）一般不能用"给"把接受者提到动词之前：

（7）＊刚才老李给我送了一本书。 （8）＊昨天邻居给我卖了一把旧椅子。

这个特点表明，"卖"和"送"这样的动词本身带有明确的现场交予意义，所以不必特别指明该行为的目标。

3）可以用"把"把受事提到动词之前：

（9）刚才老李把一本书送我了。 （10）昨天邻居把一把旧椅子卖我了。

这个特点表明受事的可处置性。

出于句式的典型范畴观（Taylor，1989），我们并不把狭义的"给予"义和上述三个句法特点当作界定双及物式的充分—必要条件，相反，只是把它们看作双及物式的原型特征。我们认为，汉语里存在若干不同类型的双及物式，它们构成一个放射性的范畴（radial category，看 Lakoff，1987；王伟 1998），不同方向的引申式有不同的语义和句法表现。我们在下面讨论的重点是通过逐一考察各种引申途径来揭示所有双及物式类型的产生机制。

2. 汉语双及物式的引申机制

句式和词汇成分有多方面的相似性。正如词和意义的关系一样，语言系统里句式的数量是有限的，但可以表达的意义却远远多于句式的数目。正如词汇成分代表人们对现实事物的总结一样，基本句式也可以看作人类一般认知经验的反映，多样的表达式也反映了基本范畴的引申和扩展。引申的途径不外两种：一是隐喻（metaphor）机制，二是转喻（metonymy）机制。隐喻就是把一个认知域里的结构或关系映射到另一个认知域里去的过程，一般是从现实的、具体的、人们熟悉的领域向抽象的、不易掌握的领域引申；转喻则是用人们认知上两种东西之间的关联，使一物转指另一物成为可能，常见的有用来源指称结果事物、用局部指称整体等方式。以下的讨论中我们将说明：汉语的语法结构式的产生和引申就是这些隐喻和转喻方式作用的结果。

2.1 施者和受者的引申

典型的施事是有意志力的、自主的指人名词，但根据神会原则（empathy principle，看Kuno，1976），我们可以认定某些机构设置名称同样可以作为施事理解，如：

（11）单位分了我一套房子。 （12）晚会供应我们晚餐。

尽管"单位""晚会"是无生命名词，但由于这些组织都是人为设置的，人们很自然地把属于人类的某些性质延伸到它们身上，这就是"神会"现象。一般来说，较易神会的名词主要包括：处所词、机构名称等；不易神会的有时间词、自然界的实体（如石头、星星等）、抽象名词（如精神、状态、气势）等。

与典型指人名词不同之处在于，这种神会的施事无法作人格化的领格回指：

（11'）*单位分了我一套他们的房子。 （12'）*晚会供应我们他们的晚餐。

相应地，接受者也有同样的延伸现象：

（13）他捐图书馆一套善本书。 （14）我交画廊一幅画。

与施事相比，接受者的位置上出现无生命物受的限制更少。

2.2 给予物的引申

给予物可以是空间领域的实体，也可以是非空间领域的实体，还可以是话语领域的实体。请看下面三个例子：

（15）a.递他一块砖。 b.递他个眼神儿。 c.递他一个口信儿。

（15）三例中的受事分别是空间领域实体、非空间领域实体和话语领域实体，（15a）可以实现现场指示，而（15b）（15c）则不能：

（15'）a.递他这块砖。 b.*递他这个眼神儿。 c.*递他这个口信儿。

b和c的区别在于c可以在反指（cataphoric reference）的情况下成立：

（16）递他这个口信儿：让他明天打两斤酒来见我。

同样，在话题化方面的表现也是a成立而b和c不成立：

（15''）a.这块砖递他。 b.*这个眼神儿递他。 c.*这个口信儿递他。

这个例子的分析说明了有些句法条件适用于隐喻的源领域而不适用于目标领域；同时，在不同的目标领域里也有不同的句法表现。

从更广的角度看受事的引申，我们可以观察到一个重要的现象：公认的典型受事标记"把"字变换也不适用于所有的例子。

（17）老王送徒弟一把钳子→老王把一把钳子送了徒弟

[?]老王拿一把钳子送徒弟

[*]老王把徒弟送一把钳子

（18）老王托徒弟一件事→[*]老王把一件事托了徒弟

老王拿一件事托徒弟

[*]老王把徒弟托一件事

（19）老王问徒弟一个问题→[*]老王把一个问题问徒弟

老王拿一个问题问徒弟

[*]老王把徒弟问一个问题

（20）老王骂徒弟"懒骨头"→[*]老王把"懒骨头"骂徒弟

老王拿"懒骨头"骂徒弟

[*]老王把徒弟骂"懒骨头"

（21）老王叫徒弟"小三儿"→[*]老王把"小三儿"叫徒弟

老王拿"小三儿"叫徒弟

老王把徒弟叫"小三儿"

空间领域的实体受事"钳子"可以加"把"字标记；交际领域的非空间实体"事"只能加弱受事标记"拿"；交际/话语领域的受事"问题"和语用/命名领域的受事"懒骨头"也只能加弱受事标记"拿"；命名领域的受事"小三儿"也不能加典型受事标记"把"却可以让接受者"徒弟"加上"把"，表明接受者也在一定程度上具有受事性质。这一系列的句法差异再次说明了隐喻源领域里的一些句法限制在不同的目标域里有不同的表现。这同时又是一个说明句法范畴家族成员相似性（family resemblance）的很好例证：没有一项句法特征足以作为所有五个例子的充分必要条件，但人们却有足够的理由把相邻的两例认为是具有近密的引申关系的，尽管第一例和最后一例相比几乎是对立的，我们仍然可以根据家族成员相似性的原则认定它们共属于一个范畴。

2.3 给予方式的隐喻

正如我们前面曾经指出的，"给予"意义是由句式带来的，未必来自每一个个别的动词。观察出现在句式中的动词，可以发现既有自身表示给予意义的，也有从给予的方式角度体现给予意义的，更多的则是本身并没有狭义的给予意义而借助于句式表示给予的。句式中体现的隐喻方式主要有以下几类：

A 现场给予类。这一类动词有：给、借、租、让、奖、送、赔、还、帮、赏、退、优待、援助、招待、支援等，它们都符合双及物式的原型特征，尤其值得注意的一点是，由于这些动词都在语义上要求有明确的方向和目的，所以不需要特意事先规定其目的物，因此都不能变换成"A 给 RVP"式，如：

（22）[?]他给老师交了一份作业。　（24）[?]小刘给我递了一块橡皮。

（23）[*]老王给我卖了一套旧书。

B 瞬时抛物类。这一类动词有：扔、抛、丢、甩、拽、塞、捅、射、吐、喂等。它们本身语义上并不要求一定要有一个接受者，但用在双及物式里的时候，由于固有的方向性特点，所以目的性十分明确；又由于固有的短时特点，所以现场性也是必然的。使用上的句法特点与上一类相近，往往不必事先规定目的物，如：

（25）[?]他给我扔了一个纸团儿。　（26）[?]柱子给媳妇拽了一个包袱。

C 远程给予类。这类动词包括：寄、邮、汇、传等。这一类动词由于语义上涉及远距离间接交予，目标性有所弱化，句法上可以加上前置的"给"短语：

（27）爸爸给我寄了一封信。　（28）我给家里汇了二百块钱。

与此接近的另一类动词是几个持续性的有向伴随性行为动词，如：带、捎等。

D 传达信息类。这一类就是把物质空间的给予过程投射到话语空间的现象，可以分为两小类。第一小类是明显的"给予"类引申，这些动词有：报告、答复、奉承、告诉、回答、交代、教、提醒、通知、托、委托、责怪等。它们虽然一般也具有现场性和目标性，但由于给予物不是具体的物质，所以人们一般不把这种给予看得很实，故而一般不说：

（29）[*]侦察员给团长报告一件事 /[*]侦察员报告一件事给团长

（30）[*]老师给我回答一个问题 /[*]老师回答一个问题给我

但汉语中同时存在的另外一些说法，如"老师给了我一个答复 / 秘书给了他几句奉承 / 老人临终给了我们一个交代 / 到时候给我提个醒儿"，从侧面证明了这类句式中"给予"意义的存在。第二小类的情况留待下一节讨论。

E 允诺、指派类。这一类动词包括：答应、许；拨、发、安排、补、补充、补助、分、分配、批、贴、准等。它们的特点是其交予的现实要在不远的未来实现，反映在句法上，可以观察到它们变换为结果目标式要受一定的限制：

（31）老王答应我两张电影票→[*]老王答应两张电影票给我

（32）班长安排我们两间营房→[?]班长安排两间营房给我们

（33）老师准我两天假→[*]老师准了两天假给我

F 命名类。包括称、称呼、叫、骂等。这一类的给予物是一个名称，但动词本身没有明确的给予意义，给予意义是由句式带来的，所以动词不能以任何形式与"给"相伴：

（34）[*]爸爸给他叫小三儿 /[*]爸爸叫给他小三儿 /[*]爸爸叫小三儿给他

这是一种对惯常行为的描述，既非瞬时行为，也不必然在现场完成，把它们认作双及物式的依据，在于给予物（名称）有较为显著的受事属性，同时它在施事和接受者之间的转移过程是一个完整的交予过程，句式语义和结构跟典型的双及物式有清楚的平行关系。另外，像"我给他起了个小名／外号"这样说法的存在，虽然不能说是双及物式的句法变换式，但也可以帮助我们理解"名称"这类受事的"给予化"过程。

综观上面描述的 B~F 五种引申方式，可以说都是从 A 类呈放射状引申出来的。其中最为主要的是两点：一是从现场给予到非现场给予的隐喻。二是从物质空间到话语空间的隐喻。这两种方式共同作用导致上述种种引申途径。我们可以用一个简单的图来概括这个语义网络。

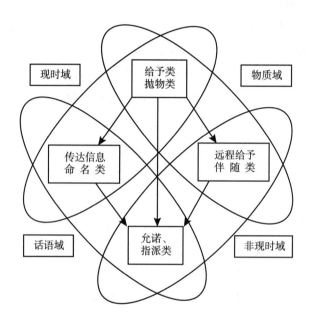

这个语义认知模式不仅概括了各种双及物式实例的引申途径，而且可以帮助我们进一步理解 1.2 所讨论过的三种与"给予"有关的表达式。我们看到，只有非现时域的例子可以变换为"给 RVP"，现时域的往往不行；只有物质域的例子可以变换为"VP 给 R"，话语域的往往不行。可见，"给 RVP"式主要是为无法当时交付的情况指明目标；"VP 给 R"式主要是交代实实在在的交付行为的终点。

3. 句式语义的引申

如同词可以有多义词一样，句式也可以有多义句式。多义句式新的语义的产生也跟多义词里新义项的产生一样，往往是从基本语义引申而来，哪怕偏离原义很远，也还能寻觅到它对原义的继承（inherit）关系，这里的引申机制就是转喻。下面我们讨论几种主要情况。

3.1 话语空间的转喻

这里我们要解决的是 2.3 里 D 类遗留的那部分动词的问题。这些动词有：问、盘问、请教、请示、求、审问、考、测验等。我们拿"问"和"回答"为例做一个对比。可以看到有以下两个形式相同的说法：

（35）a. 老师问学生一个问题。　　b. 老师回答学生一个问题。

语义方向好像是相反的。句 b 很容易理解为"给予"意义的直接引申——给予物是"答案"。但句 a 则应把给予物理解为一个更为抽象的东西——老师的"请求"。这里的引申机制就是转喻：

句式	喻体	转指物
（35）老师问学生一个问题	问题	关于回答这个问题的请求
（36）王老师考我们数学	数学	关于数学能力的测验
（37）弟弟求我一件事	事	关于办这件事的请求

这两种句子在句法表现上也因而很不一样，突出的一点是，借助直接隐喻机制的动词可以比较自由地加"给"，而借助转喻机制的动词则不能加"给"：

（38）老师答复［给］学生一个问题　　*老师问给学生一个问题

（39）王老师教［给］我们一个方法　　*王老师考给我们两道题

（40）弟弟托［给］我一件事　　　　　*弟弟求给我一件事

这样，我们就寻绎到了"答""问"这两种看似相反的句式之间的语义联系。

3.2 物质空间的转喻

汉语里"买""拿""偷""借"等动词，有不少学者把它们当作双宾语的一种主要类型，理由是"送""卖"等和"拿""买"等是"相对应的反义词，它们构成的句式也应作同样的分析"（见李临定，1984）；同时也有一些学者不承认它们的双宾语资格，依据是后两个宾语之间无例外地具有领属关系，整个结构可以看作领属结构作宾语的单宾语格式（见沈阳，1994；杨成凯，1996；李宇明，1996）。Niina Zhang 提出了五个方面的句法证据，否定了"领属说"，仍然认同为双宾语句。① 我们认为她的论证是成功的，问题是，这种语

---

① 她在"现代汉语论坛"（http://forum.sina.com.cn/richtalk/arts/chinese/forum/）1999 年 1 月的一次讨论中提出：一，汉语中非转让性领有关系（inalienable possessive）的领属结构在一定条件下"的"可以省略，可转让性领有关系（alienable possessive）"的"不能省略。如果认为"买/偷"类里有省略"的"的现象，那么我们必须解释为什么"他姐姐"可以相当自由地出现在各种语境中，而"我一支笔"只能出现在"买/偷"类句子里。二，汉语里"我的一支笔"和"一支我的笔"可以交替使用，但"*他拿了一支我笔"却不能说。三，"老李偷了我一本书"里的"我"可以提升为被动句主语："我被老李偷了一本书"，而"老李偷了我的一本书"则不能变成"我被老李偷了一本书"。四，不能在高一层次并列"*他偷了那辆汽车和我一头牛"。五，不能进行并列成分的同一形式删除："*他偷了老王一头牛之后又偷了老李。"

义是如何与句式相容的？

如果我们只着眼于动词语义，必然像前人一样得出"买—卖""给—取"相对的概念。但句式语法认为，句式语义跟词汇语义之间是一种"互动"（interaction）的关系，即认为，典型的词汇语义（如"给""送"等）对句式语义的形成有过贡献，但句式语义又可以反过来赋予一些原没有给予意义的动词以给予义。因为句式是一个"完形"（gestalt），进入一个句式的任何实例都例示（instantiate）了句式的整体意义，"买""拿"等动词也不例外。

首先，"我买他一本书"跟"他卖我一本书"并不是语义完全相反的两个句式，因为第一，句中的主语都是主动者（换句话说，前一句并不是后一句的被动形式）；第二，句中动词后的第一个名词都是被动作影响的有生的对象，影响的结果都是他对受事的领有状况发生了变化。这两点就是对双及物式基本语义的继承。换句话说，就是双及物句式给"买""拿"等动词带来了主动的意义，同时也使这样的动词进入句式以后具有了与一般双宾语句平行的句法特点。

这个过程中的引申机制是转喻。如同"我问他一个问题"就是给予了"他"一个"请求"一样，"我买了他一本书"则是给予了"他"一个"损失"。其他例子的情况分析如下：

句式	喻体	转指物
（41）老王买了我一把旧椅子	一把旧椅子	一把旧椅子的损失
（42）李师傅拿了我两把钳子	两把钳子	两把钳子的损失
（43）他偷了东家一头牛	一头牛	一头牛的损失

同时，动词本身也包含着一个转喻过程：

句式	喻体	转指物
（41'）老王买了我一把旧椅子	买	买 + 使损失
（42'）李师傅拿了我两把钳子	拿	拿 + 使损失
（43'）他偷了东家一头牛	偷	偷 + 使损失

因此我们认为，仅仅观察到"给予"类句式跟"取得"类句式语义相反是不够的，还要进一步注意到"取得"句的特殊语义：一方面，它的 A 和 R 跟"给予"句性质相同；另一方面，它的 P 的性质却跟"给予"句里的 P 不尽相同。有一个有趣的句法现象可以证明我们的观点，那就是，"取得"句里 P 前可以加上动量词，而"给予"句则不行：

（41"）老王买过我一次旧椅子	*老王卖过我一次旧椅子
（42"）李师傅拿了我两次钳子	?李师傅给了我两次钳子
（43"）他偷了东家一回牛	*他送了东家一回牛

这说明，"取得"类句式里的 P 更偏重于表达数量意义。汉语的量词有分类（classify）和

计量（measure）两种功能，我们是不是可以说，在"他送了我一头牛"和"他偷了我一头牛"里，前者的"头"偏重于分类作用，后者的"头"偏重于数量意义？

这个现象所反映的事实是，"取得"句里P的个体性（individuation）程度远远低于"给予"句里的P。事实上，当句式着重于表达交易行为时，"数·量·名"短语就只有计量意义而没有实体意义了。在以下例子里，名词往往可以省掉不说，就是一个证明：

（44）罚了他二百块［钱］　（46）赢了我两盘［棋］　（48）我欠他两笔［债］
（45）赢了他们两个［球］　（47）他该我一顿［饭］　（49）赚了三毛［钱］

从这个角度看，表示价值量的名量词的作用跟动量词有近似之处，就是说，"赚了三毛钱"跟"跑了两趟"一样是从数量上表示动作实现的程度的。（参看 Li & Thompson，1981）

句式的基本语义是人类经验现实的反映，常用句式引申为多义句式，不同的民族又有不同的处理方式。汉语里表"给予"的双及物式可以引申出表示"取得"的语义，而英语则不行（英语的"I bought her a book."不等于汉语的"我买她一本书"）；英语里可以引申出表示制作并给予的意义（Sally baked her sister a cake.）而汉语里则不说"*我编你一只花篮/*主人倒我一杯茶"。这是语言共性基础上的类型差异。（参看 Zhang，1998）

4. 从论元结构论句式语义与动词语义的关系

以上考察系统描述了汉语双及物式的引申机制。这个过程展示的是，那些看似找不到语义共性的双宾语结构实例不过都是语言中人类经验的认知现实的系统性反映。

在关于动词配价问题的讨论中，争论的焦点之一就是应取语义配价观还是句法配价观的问题。其实这二者之间恐怕很难划出截然的界线。拿"递"这样的动词来说，不论从句法而论还是从语义而论似乎都很容易认定它是三价的，因为说话人说"递他"的时候必然要涉及一物；说"递钱"的时候必然要涉及一人。但这只是双及物式里最典型的一种情况。上文我们已经多处涉及了各种引申状况，本文开头也提到能进入VNN格式的动词并不限于所谓的三价动词。如果我们按语义配价的标准来看的话，就会发现很多语义上是"二价"的（乃至"一价"的[①]）动词也常常出现在"三价"的句法框架里：

一种情况是，动词和接受者单独组合时，语义上并不必然涉及另一个受事，如"帮：我帮你"；"骂：大家骂他"；"优待：班长优待你"；"照顾：单位照顾我"；"赢：他赢了我"

[①] 一价的情况如"急了我一身汗"里的"急"；再如"进"在这样的语境里就应当认为是一价的："今儿下午球赛里咱们队进了吗？""进了"。

等。它们用于双及物式的情况例如：

（50）帮：我帮你一千块钱。　　（53）照顾：单位照顾我一套房子。

（51）骂：大家骂他"癞皮狗"。　　（54）赢：他赢了我二百块钱。

（52）优待：班长优待你一张电影票。

另一种情况是，动词和受事单独组合时，语义上并不必然涉及另一个接受者，如"吐：那老头吐唾沫"；"放：学校放假"；"扔：队长扔木头"；"进：韩国队进球"等。它们用于双及物式的情况例如：

（55）放：学校放我们两天假。　　（57）吐：那老头吐他一口唾沫。

（56）进：韩国队进我们两个球。　　（58）扔：队长扔我一块木头。

如何看待这种现象呢？多数人倾向于接受的一种说法是：动词在不同的句式里会产生不同的语义（如"巩固"在"巩固政权"里产生出"使动"意义；"扔"在双及物式里在自身语义之外产生了"以某人或物为对象的抛掷动作"的意义）。问题是，我们是否需要就此为动词归纳出这么多不同的语义呢？显然那将造成过多不必要的烦琐。我们主张把那些语义归因于句式。这种选择不仅是考虑到便利，更有其方法论上的优越性：避免循环论证。当我们说一个动词具有 n 种论元意义是基于它与 n 种成分共现的事实；那么也就同时断言它能与 n 种成分共现是因为它具有 n 种论元意义。这就产生了循环论证。而论元结构的"句式观"将使我们避免关于动词具有 n 个支配成分故而有 n 种谓语形式的循环论证。以三价关系来说，我们认为动词的支配能力是直接与双及物式的框架相关联的。换句话说，动词是与必能融入句式义的一两种基本语义相关（如本文论述的"给予"义及各种引申途径）。这样就不必每当遇到一个新的句法形式就给一个新的动词意义，然后用这个意义去解释该句法形式的存在，句式语法方法关注的是动词意义和结构意义之间的交互作用问题。

我们相信，"句式"（construction）是语法中一种自足的存在。这样，我们就可以把"组成"（compositionality）问题压缩到最小的程度：一个表达式的意义是把词汇项意义整合（integrate）进句式意义的结果。于是，我们也就不再需要称句子的句法和语义是从主要动词的配价要求中内在地产生的。相反我们看到，句式的配价要求远远强于动词的配价要求，这不仅表现在上述二价动词进入双及物式的情况中，更值得注意的是以下这些熟语性的说法，如"围了我个水泄不通""饶他个初次""打他一个冷不防""玩它个痛快"等（见马庆株，1983），说话人是出于表达"给予"意义的需要而选择了双及物式，而一旦选择了这个句式，就要符合句式的形式要求，所以出现了在非名词性成分前加名量词的现象，以及虚设接受者的现象。

参考文献

贝罗贝　1986　《双宾语结构从汉代至唐代的历史发展》，《中国语文》第 3 期。

黄居仁、张莉萍、安可思、陈超然　1996　《词汇语意和句式语意的互动关系》，台湾政法大学。

李临定　1984　《双宾句类型分析》，《语法研究和探索》第二辑，北京大学出版社。

李宇明　1996　《领属关系与双宾句分析》，《语言教学与研究》第 3 期。

吕叔湘　1965　《被字句、把字句动词带宾语》，《中国语文》第 4 期。

马庆株　1983　《现代汉语的双宾语构造》，《语言学论丛》第十辑，商务印书馆。

孟琮、郑怀德、孟庆海、蔡文兰　1987　《动词用法词典》，上海辞书出版社。

沈家煊　1999　《"在"字句和"给"字句》，《中国语文》第 2 期。

沈阳　1994　《现代汉语空语类研究》，山东教育出版社。

宋玉柱　1980　《论"准双宾语句"》，《语言研究论丛》，天津人民出版社。

汤廷池　1979　《直接宾语与间接宾语》，《国语语法研究论集》，台湾学生书局。

王伟　1998　《"能"的个案—现代汉语情态研究的认知维度》，中国社科院研究生院语言系硕士学位论文。

杨成凯　1996　《汉语语法理论研究》，辽宁教育出版社。

袁明军　1997　《与"给"字句相关的句法语义问题》，《语言研究论丛》第七辑，语文出版社。

张国宪、周国光　1997　《索取动词的配价研究》，《汉语学习》第 2 期。

周国光　1997　《汉语句法结构习得研究》，安徽大学出版社。

朱德熙　1979　《与动词"给"相关的句法问题》，《方言》第 2 期。

Fillmore, Charles J.　1989　Grammatical construction theory and the familiar dichotomies. In R. Dietrich and C.F. Graumann, eds., *Language processing in social context*, pp.17-38. North-Holland: Elsevier science publishers B. V.

Goldberg, Adele E.　1995　*Constructions*: *a Construction Grammar Approach to Argument Structure*, The University of Chicago Press.

Huang Chu-Ren and Ruo-Ping Mo　1992　Mandarin Ditransitive Constructions and the Category of gei, BLS.18: pp.109-122.

Kuno, Susumo　1976　Subject, theme and the speaker's empathy-a reexamination of relativization phenomena. In *Subject and Topic*, ed. by Charles N. Li, 137-53. New York: Academic Press.

Lakoff, George. P.　1987　*Women, Fire and Dangerous Things*: *What Categories Reveal about the Mind*. Chicago: University of Chicago Press.

Levin, Beth   1993   *English Verb Classes and Alternations*. Chicago: University of Chicago Press.

Li, Charles N. and Sandra A. Thompson   1981   *Mandarin Chinese*: *a Functional Reference Grammar*, University of California Press.

Taylor, John R.   1989   *Linguistic Categorization*: *Prototypes in Linguistic Theory*. Oxford: Clarendon Press. Zhang, Niina Ning. 1998 Argument interpretations in the ditransitive construction. *Nordic Journal of Linguistics*, 21, 179-209.

原刊于 1999 年第 3 期

先秦汉语名词、动词、形容词的发展[*]

郭锡良

提　要：从殷商到秦的一千多年里，汉语的名词、动词、形容词的变化很大。最明显的是数量增加很大，产生了一些新的小类。突出的有：表示度量衡单位的名词形成了完整的系统，表示天然单位的名词也已产生，并日益丰富；增加了大量意义比较抽象的单音形容词，新产生了大量双音形容词。然而，从语法方面来看，更重要的是三类词的句法功能的多样化、复杂化和结合关系的变化发展，形成了多功能交错的局面，带来了词类活用、词的兼类现象的发展。

关键词：语法　单位名词　动词　形容词　句法功能　词类活用　兼类

从殷商到春秋战国时代，时经千年，社会发生极大变化，汉语的名词、动词、形容词也随着社会的发展而发生了很大的变化。不仅数量有极大的增加，产生了一些新的小类，更重要的是三类词的句法功能的多样化、复杂化和结合关系的变化发展，使汉语形成了一个更丰富、复杂的语言系统。

1. 单位名词的发展和丰富

在甲骨文中只有少数几个表示容量和集体单位的单位名词。例如：[①]

（1）其登新鬯二升一卣。（戬25·10）｜惠贝十朋。（甲777）｜燎于王亥其珏（丙112）｜马廿丙。（前2·19·1）｜车二丙。（合36481）

"升""斗""卣"本是表示容器的名词，"朋""珏""丙"本是表示集体事物的名称；不过又可以表示事物的数量，于是成了早期的单位名词。

度量衡是社会发展到一定阶段才产生的制度。在商代的出土文物中已经有了骨尺、牙

---

[*]　此文是1998年在法国巴黎召开的第三届国际古汉语语法研讨会本人的与会论文。

[①]　本文引用卜辞、铭文时，一律采用宽式释读。

尺，但是在甲骨文中却没有发现度量衡单位名词。也许当时度量衡制度还处在萌芽阶段，只在一定的范围中使用，反映在语言中也很罕用，未在现已出土的甲骨刻辞中出现。到了西周金文中，就有了表示度量衡的单位名词。例如：

（2）王易金百铸，禽用作宝彝。（禽簋）｜王自毁吏赏毕土方五十里。（如卣）

《尚书》和《诗经》中也都有度量衡单位名词的用例。例如：

（3）五百里甸服。（《尚书·禹贡》）｜十亩之外分，桑者泄泄兮。（《诗经·魏风·十亩之间》）

到了春秋战国时代，为了适应生产和社会商品经济发展的需要，度量衡制度日益完善，整套的度量衡单位名词都出现在典籍中。

1.1　表示长度的单位名词

表示长度的单位名词有分、寸、尺、丈等。例如：

（4）木桥长三丈（《墨子·备城门》）｜以木大围，长二尺四分。（《墨子·备城门》）｜径长四寸。（《荀子·劝学》）｜其长尺有咫。（《国语·鲁语下》）｜而临百仞之渊。（《荀子·劝学》）｜布帛寻常，庸人不释。（《韩非子·五蠹》）｜夫目之察度也，不过步武尺寸之间。（《国语·周语下》）｜晋楚治兵，遇於中原，其辟君三舍。（《左传·僖公二十三年》）

"分"是表示微小的长度单位，十分为一寸，十寸为一尺，十尺为一丈。八寸为咫，八尺为仞；一寻八尺，两寻为常。六尺一步，三尺一武；三百步一里，三十里一舍。

1.2　表示面积的单位名词

表示面积的单位名词有亩、畹、顷等。例如：

（5）余既滋兰之九畹兮，又树蕙之百亩。（《楚辞·离骚》）｜凡为田一顷十二亩半。（《公羊传·宣公十五年》）｜有田一成。（《左传·哀公元年》）｜且昔天子之地一圻，列国一同。（《左传·襄公二十五年》）

一畹三十亩，一顷百亩；方十里一成，方百里一同，方千里一圻。

1.3　表示体积的单位名词

表示体积的单位名词有板、堵、雉等。例如：

（6）筑十板之墙。（《韩非子·外储说左上》）｜筑室百堵，西南其户。（《诗经·小雅·斯干》）｜都城过百雉，国之害也。（《左传·隐公元年》）

"板"本为筑土墙的夹板，长一丈（一说八尺或六尺）宽二尺（一说三尺）为一板，高五板为一堵。长三丈、高一丈为一雉。

1.4 表示容量的单位名词

表示容量的单位名词有升、斗、斛、石等。例如：

（7）不能人得一升粟。（《墨子·鲁问》）｜为之斗斛以量之。（《庄子·胠篋》）｜其有亲戚者，必遗之酒四石，肉四鼎。（《管子·轻重》）｜齐旧四量：豆、区、釜、钟。四升为豆，各自其四，以登于釜，釜十则钟。（《左传·昭公三年》）｜冉子与之粟五秉。（《论语·雍也》）

先秦以前，升是常用的微小容量单位，十升为一斗，十斗为一斛，又为一石。南宋末年改五斗为一斛，后代某些地方（如湖南）更有以二斗五为一斛的。四升为豆；四豆为区，合一斗六升；四区为釜，合六斗四升；十釜为钟，钟是六斛四斗。秉是十六斛。汉代以后才出现比升更小的容量单位"合""勺"等。

1.5 表示重量的单位名词

表示重量的单位名词有两、斤、镒、钧、石等。例如：

（8）金一两生於竟内。（《商君书·去强》）｜孟尝君予车五十乘，金五百斤。（《战国策·齐策四》）｜於宋，馈七十镒而受；於薛，馈五十镒而受。（《孟子·公孙丑下》）｜吾力足以举百钧，而不足以举一羽。（《孟子·梁惠王上》）｜须臾刘三寸之木，而任五十石之重。（《墨子·鲁问》）｜遂赋晋国一鼓铁，以铸刑鼎。（《左传·昭公二十九年》）｜王易金百孚，禽用乍宝彝。（禽簋）｜墨辟疑赦，其罚百锾。（《尚书·名刑》）｜千钧得船则浮，锱铢失船则沉，非千钧轻锱铢重也。（《韩非子·功名》）

"两"是常用的重量单位，十六两为一斤，二十两（一说二十四两）为一镒，三十斤为一钧，四钧为一石（合一百二十斤），四石为一鼓。"锱""铢"是轻微的重量单位，一两的四分之一为一锱，一锱的六分之一为一铢。孚、锾一般是称量金属、钱币的，六两又大半两为一孚，六两为一锾。

度量衡单位是人为规定的，它表现了明显的时间、地域的差异。先秦古尺就比今尺短，商代骨尺只合今 17 厘米，战国时秦国一尺约合今 23.2 厘米[1]；先秦古升也比今升小，战国时秦国一升约合今 200 毫升，楚国约合今 225 毫升[2]；先秦古斤也比今斤轻，春秋时楚国的一斤只合今 251.3 克，战国时燕国的一斤只合今 248 克。[3] 先秦的度量衡单位名词有的沿用至今，有的消亡了。

西周金文中不但出现了表示度量衡单位的名词，同时也有了表示天然单位的名词的用

---

① 参看《中国古代度量衡图集》。
② 丘光明《试论战国容量制度》，《文物》1981 年第 10 期。
③ 参看《中国古代度量衡图集》。

例。例如：

（9）王易兮甲马四匹。（兮甲盘）｜孚车十两。（小盂鼎）

春秋战国时代天然单位名词发展较快，数量增加不少。例如：

（10）枪二十枚。（《墨子·备城门》）｜石重千斤以上者九枚。（同上）｜负服矢五十个。（《荀子·议兵》）｜鹿皮四个。（《国语·齐语》）｜子产以幄幕九张行。（《左传·昭公十三年》）｜棺厚三寸，衣衾三领。（《荀子·正论》）｜数口之家，可以无饥矣。（《孟子·梁惠王上》）

据《释名》："竹曰个，木曰枚。"但是"个"和"枚"在先秦已不限于指竹木器物，适用范围开始扩大，这是专用天然单位名词发展的特点之一。"张"指能张开的东西，"领"指衣服，"口"在先秦只指人。天然单位名词实际上并不表示事物的数量单位，而是表示事物所属的范畴意义。不同语言群体根据不同心理、认识把事物归属不同范畴，选用不同的表示个体的单位词，因此同一事物在不同时代或不同方言中可以用不同的单位词。例如："枪"在先秦称"枚"，现在称"支"。"人"在北京话中称"个"，在湖南衡山称"只"，在湖南溆浦称"条"。这是汉藏语系特有的一类词。汉代以后，天然单位名词有了更大的发展。

2. 性质形容词的增加和状态形容词的产生

形容词可以分为两大类：一是性质形容词，它是表示事物的形状、性质的；一是状态形容词，它带有明显的描写性。甲骨文中只有十几个单音的性质形容词。例如：

（11）惠幽牛有黄牛。（乙7121）｜我家旧老臣亡它我。（前4·15·4）｜其登新邑，二牛，用。（粹910）｜丁卯卜，王大获鱼。（通749）｜贞：其有大雨？（合12704）｜丙午亦雨多（前7·35·2）

这些形容词主要用作定语，其次是用作状语，也有少数作谓语的用例。[①]

到了周代，不但性质形容词有了大量增加，而且产生了一类新的状态形容词。

2.1 性质形容词的增加

从西周到春秋战国，既增加了大量意义比较抽象的单音性质形容词；又产生了大量的双音性质形容词。例如：

（12）巧笑倩兮，美目盼兮。（《诗经·卫风·硕人》）｜子温而厉，威而不猛，恭而安。（《论语·述而》）｜故与人善言，煖於布帛，伤人以言，深於矛戟。（《荀子·荣辱》）｜水懦弱，民狎而玩之，则多死焉。（《左传·昭公二十年》）｜

---

① 据杨逢彬的博士学位论文《殷墟甲骨刻辞动词研究》统计，甲骨文中有16个形容词，在《殷墟甲骨刻辞摹释总集》中用作定语的2266次，用作状语的89次，用作谓语的6次。"吉""宁""嘉"只作谓语，是不及物状态动词，不是形容词。

形容枯槁，面目黧黑。（《战国策·秦策一》）｜微妙之言，上智之所难知也。（《韩非子·五蠹》）

前三例的性质形容词意义都比较抽象；"美"字虽然见于甲骨文，但只用作人名、地名。后三例是双音形容词，更是西周以后才可能有的。

2.2 状态形容词的产生

状态形容词是用来描摹事物的某种状态的，或绘景，或拟声，虽然是对客观事物的描绘，但是总含有人们主观感受的因素。它的意义比名词、动词和性质形容词要空灵，因此，它产生较后，这是可以理解的。相当多的状态形容词是由音变构词所产生的重言词和双声叠韵联绵词，也有的是单音词或带词尾的复音词。

1）重言式。重言式状态形容词主要用作谓语、状语。例如：

（13）不显皇且考穆穆，完誓丞德。（番生簋）｜淇水汤汤，渐车帷裳。（《诗经·卫风·氓》）｜风飒飒兮木萧萧，思公子兮徒离忧。（《楚辞·九歌·山鬼》）（以上用作谓语）

（14）耿耿不寐，如有隐忧。（《诗经·邶风·柏舟》）｜施施从外来，骄其妻妾。（《孟子·离娄下》）（以上用作状语）

也有用作定语的，在散文中还可以直接用作宾语。例如：

（15）嘤嘤草虫，趯趯阜螽。（《诗经·召南·草虫》）｜嗛嗛之德，不足就也。（《国语·晋语》）｜是故无冥冥之志者，无昭昭之明；无昏昏之事者，无赫赫之功。（《荀子·劝学》）（以上用作定语）

（16）所谓庸人者，口不道善言，心不知邑邑。（《荀子·哀公》）｜孰能去刺刺而为愕愕乎？（《管子·白心》）（以上用作宾语）

还可以和"者""之"组成名词性结构，用作主语或宾语。例如：

（17）蓼蓼者莪，匪莪伊蒿。（《诗经·小雅·蓼莪》）｜浩浩者，水；育育者，鱼。（《管子·小问》）｜恶用是鶃鶃者为哉？（《孟子·滕文公上》）（以上者字结构）

（18）桃之夭夭，灼灼其华。（《诗经·周南·桃夭》）｜天之苍苍，其色正也。（《庄子·逍遥游》）｜故虽有珉之雕雕，不若玉之章章。（《荀子·法行》）（以上之字结构）

2）双声叠韵式。双声叠韵状态形容词也主要用作谓语、状语和定语。例如：

（19）一之日觱发，二之日栗烈。（《诗经·豳风·七月》）｜心犹豫而狐疑兮，欲自适而不可。（《楚辞·离骚》）｜大德不同，而性命烂漫矣。（《庄子·在宥》）（以上用作谓语）

（20）黾勉同心，不宜有怒。（《诗经·邶风·谷风》）｜荒忽兮远望，观流水兮潺湲。（《楚辞·九歌·湘夫人》）｜晏子朝，杜扃望羊待于朝。（《晏子·内篇·谏上》）（以上作状语）

（21）窈窕淑女，君子好逑。（《诗经·周南·关雎》）｜绵蛮黄鸟，止于丘隅。（《诗经·小雅·绵蛮》）｜又乘夫莽眇之鸟以出六极之外。（《庄子·应帝王》）（以上作定语）

3）单音。单音节状态形容词，在先秦主要出现在《诗经》中，可作谓语、状语和定语，其他典籍中用得很少，例如：

（22）野有蔓草，零露漙兮。（《诗经·郑风·野有蔓草》）｜河水清且涟漪。（《诗经·魏风·伐檀》）｜胸中不正，则眸子眊焉。（《孟子·离娄上》）（以上用作谓语）

（23）溯游从之，宛在水中央。（《诗经·秦风·蒹葭》）｜心婵媛而伤怀兮，眇不知其所跖。（《楚辞·九章·哀郢》）（以上用作状语）

（24）雍雍鸣雁，旭日始旦。（《诗经·邶风·匏有苦叶》）（用作定语）

4）带"然""如""若""尔"等词缀的复音词。"然"和"如"是状态形容词词尾，常和单音或重言组合成状态形容词，用作谓语或状语。例如：

（25）昔者吾昭然，今日吾昧然，敢问何谓也。（《庄子·知北游》）｜始作，翕如也；从之，纯如也，皦如也，绎如也；以成。（《论语·八佾》）｜桑之未落，其叶沃若。（《诗经·卫风·氓》）｜鼓瑟希，铿尔，舍瑟而作。（《论语·先进》）｜其志嘐嘐然。（《孟子·尽心下》）｜子之燕居，申申如也，夭夭如也。（《论语·述而》）（以上用作谓语）

（26）天油然作云，沛然下雨，则苗浡然兴之矣。（《孟子·梁惠王上》）｜子路率尔而对。（《论语·先进》）｜夫子循循然善诱人。（《论语·子罕》）（以上用作状语）

此外，还有一些 AABB 式的状态形容词，一般用作谓语。例如：

（27）战战兢兢，如临深渊，如履薄冰。（《诗经·小雅·小旻》）｜朋友切切偲偲，兄弟怡怡。（《论语·子路》）｜至道之精，窈窈冥冥；至道之极，昏昏默默。（《庄子·在宥》）

3. 名词、动词、形容词句法功能的多样化和复杂化

社会发展，事物日益纷繁，人们的思想也日益复杂，作为外界事物、人类思想的载体，语言也必须适应社会和人类思维的发展而日益复杂化。汉语是没有形态变化的语言，功能

的变化在词形上没有变化；因此，到了周代，汉语的名词、动词、形容词的语法功能日益复杂化、多样化，从而形成了三类词多功能交错的局面。

3.1 名词功能的多样化

甲骨文中名词一般只作主语、宾语和定语，[①] 到了周代，名词可以单独作谓语，构成判断句。例如：

> （28）淮尸旧我帛亩人，毋敢不出其帛其积。（兮甲盘） | 予惟小子。（《尚书·大诰》） | 子曰："女，器也。"曰："何器也？"曰："瑚琏也。"（《论语·公冶长》） | 射其御者，君子也。（《左传·成公二年》） | 南冥者，天池也。（《庄子·逍遥游》） | 君子之德，风；小人之德，草。草上之风，必偃。（《论语·颜渊》）

这同甲骨文中只有少数的数名结构作谓语，构成描写句的情况是不同的。名词作谓语已是很自由的，它的前面可以带修饰成分，又可以带帮助表示判断的语气词"也"，也可以不带。

在甲骨文中，只有时间名词、地点名词可以用作状语，这是古今一致的。到了周代，一般名词在一定情况下，也可以临时用作状语。一般名词用作状语时，可以表示多种语法意义。一是表示动作行为发生的处所。例如：

> （29）舜勤民事而野死。（《国语·鲁语上》） | 童子隅坐而执烛。（《礼记·檀弓上》） | 范雎至秦，秦王庭迎。（《战国策·秦策三》） | 山居而谷汲者，膢腊而相遗以水；泽居苦水者，买庸而决窦。（《韩非子·五蠹》）

二是表示动作行为进行的工具或依据。例如：

> （30）楚不务德而兵争，与其来者可也。（《左传·宣公十一年》） | 公输盘曰："吾义固不杀人。"（《墨子·公输》） | 伍子胥橐载而出昭关。（《战国策·秦策三》）

三是表动作行为的方式状态。例如：

> （31）庶民子来。（《诗经·大雅·灵台》） | 豕人立而啼。（《左传·庄公八年》） | 今而后知吾君犬马畜伋。（《孟子·万章上》） | 嫂蛇行匍伏。（《战国策·秦策一》）

这是把名词所代表的事物的某些特征做比喻来修饰动词。

3.2 动词功能的多样化

甲骨文中动词一般是作谓语[②]，到了周代虽然主要仍是作谓语，但是作定语的用例大量

---

① 参看拙作《远古汉语的词类系统》，载《薪火编》，山西高校联合出版社，1996 年。

② 参看拙作《远古汉语的词类系统》和杨逢彬的博士学位论文《殷墟甲骨刻辞动词研究》。

增加，有时也可以作状语。例如：

（32）九五，飞龙在天，利见大人。（《周易·乾卦》）｜不狩不猎，胡瞻尔庭有悬貆兮？（《诗经·魏风·伐檀》）｜心如涌泉，意如飘风。（《庄子·盗跖》）｜民有饥色，野有饿莩。（《孟子·梁惠王上》）｜若夫穷辱之事，死亡之患，臣弗敢畏也。（《战国策·秦策三》）（以上作定语）

（33）生拘白乞而问白公之死焉。（《左传·哀公十六年》）｜妇人不立乘。（《礼记·曲礼上》）｜剧辛自赵往，士争凑燕。（《战国策·燕策一》）（以上用作状语）

动词作定语、状语的频率是低的，只能算动词的临时职务。作状语的用例必须与连动区分开来。例如：

（34）子路拱而立。（《论语·微子》）｜孔子趋而进，避席反走。（《庄子·盗跖》）

这种情况应算作连动，而不宜把前一动词看作状语。连动式两个动词之间的语义关系是可以有偏正之分的。

更值得重视的是，动词在一定条件下，还可以用作主语或宾语。例如：

（35）克、伐、怨、欲不行焉，可以为仁矣。（《论语·宪问》）｜庆、赏、赐、予，民之所喜也。（《韩非子·外储说右下》）（以上用作主语）

（36）子之爱人，伤之而已，其谁敢求爱于子。（《左传·襄公三十一年》）｜群臣惧死，不敢自也。（《左传·昭公五年》）｜乐民之乐者，民亦乐其乐；忧民之忧者，民亦忧其忧。（《孟子·梁惠王下》）｜曷为或言侵？或言伐？粗者曰侵，精者曰伐。（《公羊传·庄公十年》）（以上用作宾语）

这些动词作主语、宾语时，词义未起任何变化，不是临时活用。动词作宾语不改变词性，是由于它前面的谓语是谓宾动词。谓宾动词既可带体词性宾语，又可带谓词性宾语。又如：

（37）君子食无求饱，居无求安。（《论语·学而》）｜公赐之食。食舍肉。（《左传·隐公元年》）｜伐不逾时，战不逐奔，诛不填服。（《穀梁传·隐公五年》）

有的语法著作也把这些用例中的"食""伐"等看作主语，认为是陈述的对象；我们还是把它看作谓语，认为是一种连谓结构。

3.3　形容词功能的多样化

在上面我们已经说过，甲骨文中形容词主要用作定语，也用作状语和谓语。到了周代，状语和谓语也成了形容词的主要功能，同时形容词作谓语的形式还多样化了。例如：

（38）坎坎伐檀兮，置之河之干兮。（《诗经·魏风·伐檀》）｜子路率尔而

对。(《论语·先进》) | 不如早为之所,无使滋蔓,蔓难图也。(《左传·隐公元年》) | 老臣病足,曾不能疾走。(《战国策·赵策》)(以上用作状语)

(39)子温而厉,威而不猛,恭而安。(《论语·述而》) | 风飒飒兮木萧萧,思公子兮徒离忧。(《楚辞·九歌·山鬼》) | 子之燕居,申申如也,夭夭如也。(《论语·述而》) | 青取之于蓝,而青于蓝;冰水为之,而寒于水。(《荀子·劝学》)(以上用作谓语)

一方面作状语或谓语的形容词本身多样化,另一方面是所能出现的句式也多样化。

更值得重视的是形容词在某些句式中,也可以临时用作主语或宾语。例如:

(40)礼之用,和为贵。(《论语·学而》) | 天之苍苍,其正色也。(《庄子·逍遥游》) | 君退臣犯,曲在彼矣。(《左传·僖公二十八年》) | 白马之白也,无以异于白人之白也。(《孟子·告子上》)(以上用作主语)

(41)马未与白为马,白未与马为白。(《公孙龙子·白马论》) | 天不为人之恶寒也辍冬,地不为人之恶远也辍广。(《荀子·天论》) | 故弓调而后求劲焉,马服而后求良焉。(《荀子·哀公》) | 今楚国虽小,绝长续短,犹以数千里,岂特百里哉? (《战国策·楚策四》)(以上用作宾语)

以上各例的形容词用作主语或宾语,意义未起任何变化,不宜视为活用作名词,而是形容词的临时职务。形容词作宾语不改变词性,是由于前面用的是谓宾动词。

3.4　词类活用和词的兼类现象

周代以后,名词、动词、形容词三类词的语法功能都多样化了,带来了三类词语法功能的交叉复杂化。因而词类活用的现象也比甲骨文时代普遍得多,严重得多。最突出的是使动用法和意动用法的大量使用,也有名词、形容词用作一般动词的,还有动词、形容词用作名词的。

1)形容词的使动用法和意动用法。形容词的使动用法是使宾语所代表的人或事物具有这个形容词的性质或状态。例如:

(42)圣人治:虚其心,实其腹,弱其志,强其骨。(《老子·三章》) | 强本而节用,则天不能贫。(《荀子·天论》) | 匠人斫而小之。(《孟子·梁惠王下》) | 以正君臣,以笃父子,以睦兄弟,以和夫妇。(《礼记·礼运》)

形容词的意动用法是主观上认为后面宾语具有这个形容词的性质或状态。例如:

(43)甘其食,美其服,安其居,乐其俗。(《老子·八十章》) | 登东山而小鲁,登泰山而小天下。(《孟子·尽心上》) | 人主自智而愚人,自巧而拙人。(《吕氏春秋·知度》)

2)名词的使动用法和意动用法。名词的使动用法是使宾语所代表的人或事物成为这个名词所代表的人或事物。例如：

（44）吾见申叔，夫子所谓生死而肉骨也。（《左传·襄公二十二年》）｜公若曰："尔欲吴王我乎？"（《左传·定公十年》）｜吾请去，不敢复言帝秦。（《战国策·赵策》）

名词的意动用法是把宾语所代表的人或事物看成这个名词所代表的人或事物。例如：

（45）毋金玉尔音，而有遐心。（《诗经·小雅·白驹》）｜不如小决使道，不如吾闻而药之也。（《左传·襄公三十一年》）｜夫人之，我可以不夫人之乎？（《穀梁传·僖公八年》）｜其谓之秦何？夷狄之也。（《公羊传·僖公三十三年》）

3）名词、形容词用如一般动词。名词用作使动的比较少，用作意动的也不多，用如一般动词的则比较普遍。名词用如一般动词，往往是把该名词所具有的某一突出动作特征临时附予该名词，或者是附予该名词以相关的动词意义。例如：

（46）士兵之。（《左传·定公十年》）｜曹子手剑而从之。（《公羊传·庄公十三年》）｜鹪鹩巢于深林。（《庄子·逍遥游》）｜赵主之子孙侯者，其继有在者乎？（《战国策·赵策四》）

例子中"兵"的动作特征是搏击，"手"的动作特征是持拿，在句中它们临时具有了动作特征的意义。"巢"具有了它的相关动词义"筑巢"，"侯"具有它的相关动词义"作诸侯"。

形容词本来不能带宾语，也不能被助词修饰的；如果在句中带有宾语，或被助词修饰时就临时用如动词。例如：

（47）老吾老，以及人之老；幼吾幼，以及人之幼。（《孟子·梁惠王上》）｜可贵可贱也，可富可贫也（《荀子·仲尼》）｜夫慈，故能勇；俭，故能广。（《老子·六十七章》）

形容词用作谓语，一般是构成描写句；带宾语或用助动词修饰后，活用作动词，构成的句子是叙述句。描写句是表静态的，而叙述句是表动态的。还应该看到，它与形容词的使动用法、意动用法也有区别，因为它不表示使宾语怎样，也不表示主观上认为宾语怎么样。

4）动词、形容词活用作名词。动词本是表示行为动作的，如果转为表示进行这种动作或具有这种行为状况的人或物，该动词就临时活用为名词。它的意义相当于"动词+者"。例如：

（48）子钓而不纲，弋不射宿。（《论语·述而》）｜君子胜不逐奔。（《墨子·非儒》）｜事死如事生，事亡如事存。（《荀子·礼论》）

形容词本是表示性质状态的，如果转为表示具有这种性质状态的人或物，该形容词就活用为名词。它的意义相当于"形容词+者"。例如：

（49）且夫贱妨贵，少陵长，远间亲，新间旧，小加大，淫破义，所谓六逆也。(《左传·隐公三年》) | 温故而知新，可以为师矣。(《论语·为政》) | 小固不可以敌大，寡固不可以敌众，弱固不可以敌强。(《孟子·梁惠王上》) | 施薪若一，火就燥也。(《荀子·劝学》)

动词、形容词处在主语或宾语的位置，有两种可能，一是活用作名词，一是保持原有词性。总的看来是活用比不活用少，在主语位置比在宾语位置活用少，动词活用比形容词活用少，特别是动词在主语位置时活用的情况是很少的。

5）名词、动词的兼类现象。名词和动词除了活用和担任临时职务外，还有一个兼类现象问题。正如在甲骨文中一样，有些词兼有动词、名词两类词的语法功能和意义。例如：

（50）树吾墓槚，槚可材也，吴其治乎？(《左传·哀公十一年》) | 有嘉树焉，宣子誉之。(《左传·昭公二年》) | 出入相友，守望相助。(《孟子·滕文公上》) | 不信于友弗获于上矣。(《孟子·离娄上》) | 衣之不可衣也，食之不可食也。(《荀子·儒效》) | 故新浴者振其衣，新沐者弹其冠，人之情也。(《荀子·不苟》)

以上"树""友""衣"三个词，都分别用作动词和名词。前人往往把动词用例看作名词活用为动词，这是不妥当的。因为在先秦典籍中它们的动词用例都不是个别的临时用法。我们统计了《诗经》《尚书》《左传》《公羊传》《穀梁传》《论语》《墨子》《庄子》《孟子》《荀子》《韩非子》等 11 部书："树"字的动词用例高达 76% 强，名词用例不到 24%；"友"字的动词用例超过 43%，名词用例不到 57%；"衣"的动词用例超过 39%，名词用例不到 61%（布衣、衣服等固定词组不在统计之内）。[①] 金文的"树"字像以手植树之形，《说文解字》说："树，木生植之总名也。"这就是说，"树"的本义是植树、种植。许慎的意见是对的。"树"与"木"相对，"木"是名词，"树"是动词。古音"木"是明母侯部，"树"是禅母屋部，两者是阴入对转，"树"很可能是西周通过音变构词手段造出的新词，战国时代才用作名词。在先秦说它是名词活用作动词，还不如说是动词活用作名词。"友"字在甲骨金文中是画的两只手，"以手相助"是它的本义，这是动词。《说文解字》说："衣，依也。上曰衣，下曰裳，象覆二人之形。"许慎解说"衣"的字形虽然不当，但是他用声训解释："衣，依也"，却透露了名词"衣"和动词"依"的内在联系。在遥远的原始社会，是没有衣服的，人类只是用树叶、兽皮遮蔽着身体，以此来保暖御寒。"依"是依附，遮蔽身体的东西也就是依附在身体上面，所以叫"衣"。依附依蔽的东西和依附、依蔽这一动作同用一个词，自然就造成了一词兼两类的现象。分化出用"著"或"穿"来表示这一动作

---

① 参看拙作《讲词类活用的两要》，载《湖北电大学刊》1987 年第 1 期。

时，"衣"才专用作名词，消除了这一兼类现象。其实"著"原本也是附着的意思。因此先秦时期"衣"应算兼类词，而不能看为名词活用作动词。从殷商到春秋战国时代，兼类词在不断发展变化，甲骨文时代的兼类词有些分化消失了，但是也会产生一些新的兼类词。

总之，句法功能的多样化，是上古时期名词、动词、形容词变化发展的主要事实。有词性不变的临时职务，有活用，有兼类，情况复杂，成为上古汉语系统的一个特色。

4. 名词、动词、形容词结合关系的发展

由于介词、连词、副词等的发展丰富，上古时期名词、动词、形容词在结合关系方面也有了发展，这里只准备择要谈几点。

4.1 连词"与"和"而"连接的词类不同

名词与名词（包括体词性词组）并列用连词"与"，动词、形容词（包括谓词性词组）并列用连词"而"。"与"和"而"是周代以后才产生的连词。例如：

（51）子罕言利与命与仁。（《论语·子罕》）｜句践载稻与脂于舟以行。（《国语·越语上》）｜蜩与学鸠笑之。（《庄子·逍遥游》）｜杀人以梃与刃有以异乎？（《孟子·梁惠王上》）（以上名词与名词结合）

（52）万物作而不辞，生而不有，为而不恃。（《老子·二章》）｜微子去之，箕子为之奴，比干谏而死。（《论语·微子》）｜彼陷溺其民，王往而征之，夫谁与王敌？（《孟子·梁惠王上》）｜吾尝跂而望矣，不如登高之博见也。（《荀子·劝学》）（以上动词与动词或动词性词组结合）

（53）直而温，宽而栗，刚而无虐，简而无傲。（《尚书·舜典》）｜子贡曰："贫而无谄，富而不骄，何如？"（《论语·学而》）｜目逆而送之，曰："美而艳。"（《左传·桓公元年》）（以上形容词与形容词相结合）

4.2 不同词类作定语时结合关系有别

名词作定语时，往往可以用"之"连接，形容词、动词作定语时一般不能用"之"。"之"是周代以后才产生的连词。例如：

（54）逖点，西土之人。（《尚书·牧誓》）｜行夏之时，乘周之辂，服周之冕。（《论语·卫灵公》）｜是子也，熊虎之状而豺狼之声。（《左传·宣公四年》）｜使天下仕者皆欲立于王之朝，耕者皆欲耕于王之野。（《孟子·梁惠王上》）（名词作定语）

（55）有朋自远方来，不亦乐乎？（《论语·学而》）｜掘井九轫而不及泉，犹为弃井。（《孟子·尽心上》）｜白石皓皓，素衣朱绣。（《诗经·唐风·扬之水》）｜不临深溪，不知地之厚也。（《荀子·劝学》）（动词、形容词作定语）

这是因为名词作定语时，既可表领有，又可表修饰；形容词、动词作定语时只表修饰，不能表领有。表领有时，往往可以用"之"连接。

4.3　介词的宾语

介词的宾语一般是名词，甲骨文中就是如此，但是殷商时代介词还很少，这个结合关系对词类划分的作用还不大。周代增加了许多介词。例如：

（56）古人有言曰："人无于水监，当于民监。（《尚书·酒诰》）｜虎兕出于柙，龟玉毁于椟中，是谁之过与？（《论语·季氏》）｜宫之奇以其族行。（《左传·僖公五年》）｜以羽为巢，而编之以发。（《荀子·劝学》）｜秦伯素服郊次，向师而哭。（《左传·僖公三十三年》）｜客有为齐王画者。（《韩非子·外储说》）

"于"在甲骨文中早已虚化成介词，"以""向""为"到周代以后才用作介词。介词在某些句式中也可以带谓词作宾语，但是用例不多，一般不会超过十分之一。以"于""於"为例。考察它们在《论语》《孟子》中的使用情况：

		名词	代词	动词	形容词	数词
《论语》	于	7		1		
	於	143	16	8	1	
《孟子》	于	26	1	1	1	1
	於	431	30	29	6	

动词、形容词用作介词宾语时，还往往指称化了。

4.4　动词和名词特有的修饰成分

助动词只作动词的修饰成分，程度副词只作形容词的修饰成分。这些助动词和程度副词都是西周以后才产生的。例如：

（57）其君能下人，必能信用其民矣。（《左传·宣公十二年》）｜四十五十无闻焉。斯亦不足畏也矣。（《论语·子罕》）｜不违农时，谷不可胜食也。（《孟子·梁惠王上》）｜邹鲁之臣，生则不得事养，死则不得饭含。（《战国策·赵策》）（以上助动词修饰动词）

（58）谋夫孔多，是用不集。（《诗经·小雅·小旻》）｜苟亏人愈多，其不仁兹甚，罪益厚。（《墨子·非攻》）｜老臣贱息舒祺，最少，不肖。（《战国策·赵策》）（以上程度副词修饰形容词）

4.5　数词与名词、动词的结合形式

在甲骨文中数词只同名词结合，没有发现数词和动词结合的用例。例如：

（59）十五犬。（合 29537）｜人十又六人。（合 137 反）｜鸥五卣。（合
30815）｜获狼四十，麋八，兕一。（合 37380）

数词和名词结合的形式可以是"数＋名""名＋数＋名""名＋数＋单位名词"，也可
以是"名＋数"。在甲骨文中以第一种形式居多，第四种次之，二、三两种罕见。西周以
后第三种形式日益增多，更大的变化是数词也可以和动词结合，产生了行为称数法。例如：

（60）不愆于四伐、五伐、六伐、七伐，乃止齐焉。（《尚书·牧誓》）｜跂
彼织女，终日七襄。（《诗经·小雅·大东》）｜季文子三思而后行。（《论语·公
冶长》）｜三进及溜，而后视之。（《左传·宣公二年》）

先秦数词同动词结合只有"数＋动"这一种形式。

原刊于 2000 年第 3 期

汉台内核关系词相对有阶分析

陈保亚

提　要： 傣语和汉语接触产生了傣汉语和汉傣语。傣汉语和汉语对话，汉傣语和傣语对话，深刻的接触通常不改变这种对话状态，这是在接触过程中确定语言历时同一性的条件。处于对话状态的语言之间，越是核心的关系词比例越高，这是通过关系词有阶分布确定语源关系的前提。目前有阶分析的难点是怎样确定最早时间层面的关系词。本文把关系词限制在一个更小的范围，讨论了100词集（内核词）和35词集中汉台关系词的相对有阶分布，认为现有的汉台内核关系词仍然不是汉台同源的证据。

关键词： 语言接触　同源　有阶分布　对话状态

我们曾经讨论过汉语和侗台语200核心词的绝对有阶分析（陈保亚，1996）和基本词的相对有阶分析。（陈保亚，1997，1998，1999）在有阶分析的背后总是隐藏了一个前提：只要关系词呈有阶分布，即核心程度不同的词集中有语音对应的关系词的比例不一样，语源关系往往是可以分清楚的。现在有两个相关问题需要解决：

1）如果深刻的接触导致混合语产生，有阶分析是否仍然有效？

2）当两个语言分化后又产生深刻接触，如何进行有阶分析？

回答这两个相关问题首先涉及怎样理解语言的历时同一性。下面我们先根据语言的接触机制讨论语言的历时同一性问题，然后讨论在更核心的词集中进行有阶分析的原则和方法。

1．接触过程中语言的历时同一性

我们仍然从云南德宏汉语（属西南官话云南方言）和德宏傣语的接触来看这个问题。当傣族和汉族接触时，傣族一般是双语者，他们所说的汉语我们称为傣汉语。傣族和汉族的交流是通过傣族所说的傣汉语和汉族所说的汉语展开的。

傣汉语有些像洋泾浜话。傣汉语和傣语音系是高度同构的（陈保亚，1996），在语法上和傣语也有很多相似的地方。傣汉语词汇有傣语词汇和西南官话词汇两个直接来源。在傣化程度较高而汉化程度较低的地方，傣汉语的傣语词汇较多。在傣化程度较低而汉化程度较高的地区，傣汉语的傣语词汇较少。按照类型学的标准，很难确定傣汉语属于汉语还是属于傣语。从发生学的意义上看，我们仍然把傣汉语看成汉语在民族地区的变体，或者说是汉语的民族方言，理由是：

1）傣汉语是用来和汉语对话的，即它的对话目标是汉语。

2）傣汉语的词汇中，西南官话词呈内聚分布，即越是核心的词比例越高，而傣语词呈发散分布，即越是核心的词比例越低。

我们把这两点作为确定接触过程中语言历时同一性的两个基本条件。第一个条件是一个充分条件，即只要两个语言可以对话，就可以确定它们有历时同一性。但这个条件不是必要条件，即当两个语言不能通话时，不一定就没有历时同一性。汉语各大方言之间就不一定能通话，比如普通话和粤语。普通话和粤语之所以不能通话，是因为两者在不同的地域经历了不同的变化。第二个条件不仅是一个充分条件，也是一个必要条件。这个条件对于确定历史上的语源关系很有价值，因为历史上的语言是否有过对话状态是不可观察的，需要通过词汇分布加以证实。第二个条件中所说的核心程度表现在两个方面：

1. 构词能力越强，核心程度越高。

2. 在同源语言或方言中分布越广，核心程度越高。

从傣族的角度看，傣语是母语，傣汉语是第二语言。从汉族的角度看，汉语是母语，傣汉语是汉语的民族方言。随着汉化程度的提高，傣族双语现象的一个值得注意的结果就是母语转换。在德宏可以观察到很多傣族由双语到单语的过渡现象，即从说傣语、傣汉语过渡到只说傣汉语。（陈保亚，1996：175）完成母语转换后的傣族，傣汉语成了他们的母语。从血缘上看，这些说傣汉语者绝大部分都是傣族血统。重视傣汉语中傣语特点的人，容易把傣汉语看成傣语的变体。重视傣汉语中汉语特点的人，容易把傣汉语看成汉语的变体。这种根据类型学特点的归类只是一种语言相似程度的归类，并不是对语源关系的解释。也有人可能把这种傣汉语说成是从洋泾浜走向了混合语，或者说两个语言相互融合了，产生了一种新的语言。从语源关系上看，我们认为完成母语转换后的傣族所说的傣汉语仍然是汉语，理由仍然是历时同一性的两个条件：

1. 母语转换后的傣汉语对话目标仍然是汉语。

2. 在母语转换后的傣汉语中，西南官话词仍然呈内聚分布，傣语词仍然呈发散分布。

当然，必须承认绝大多数完成母语转换的傣汉语者在体质遗传上和傣族相似而不是和汉族相似。

根据我们的观察，母语转换通常必须有两个条件。

1）汉语势力很大因而傣族汉化程度很高。

2）不存在汉傣语这样的傣语民族方言。

第二个条件是母语转换得以实现的关键。在不存在汉傣语的村寨，傣族和汉族的对话只能通过傣汉语进行。在这样的村寨中，双语音都是傣族，语言变体只有傣语、傣汉语和汉语，汉族不说傣语，因此傣语在语法、语音上受汉语干扰较少，只是在词汇上大量借用汉语借词。

有些村寨存在着汉傣语，即汉族所说的傣语（陈保亚，1996：69-75），这时候的接触是在四种语言变体中展开的：

傣语　傣汉语　汉傣语　汉语

汉傣语是傣语的变体，因为它的对话目标是傣语，并且和傣语的现代关系词呈内聚分布。傣语中很多对立在汉傣语中都归并了。和傣语相比，汉傣语是一种高度简化的傣语变体。

当汉傣语和傣语对话时，进一步影响傣语，使傣语的很多对立开始并合。（陈保亚，1996：73）并合得最深的是云南北部金沙江一带的傣语。比如昆明市禄劝县皎西乡的皎平村，由于汉傣语的干扰，傣语的音系几乎完全和汉语同构。（陈保亚，1996：153-164）韵母的简化尤其能说明接触的深度。标准傣语有八十多个韵母，但皎平傣语像汉语一样只有三十多个韵母，而且在音节结构上和当地汉语几乎相同。最值得注意的是皎平傣语中汉借词的调值：

西南官话调类	词例	西南官话皎平点读音	皎平傣语汉借词读音	所属傣语调类	皎平傣语和西南官话相似的调值
阴平	浇	tɕiau⁵⁵	tɕiau⁵⁵	阳平	阳平 55
阴平	肝	kã⁵⁵	kã⁵⁵	阳平	阳平 55
阳平	恶	ŋo³¹	ŋo¹¹	阴上	阳去 31
阳平	折	tsə³¹	tsə¹¹	阴上	阳去 31
阳平	笔	pi³¹	pi¹¹	阴上	阳去 31
上声	本	pə̃⁵³	pə̃⁵⁵	阳平	阳上 53
上声	笋	suə⁵³	suə⁵⁵	阳平	阳上 53
上声	莽	mã⁵³	mã⁵⁵	阳平	阳上 53
去声	送	soŋ²¹³	soŋ³³	阴去	阴上 11
去声	错	tsho²¹³	tsho³³	阴去	阴上 11
去声	炭	thã²¹³	thã³³	阴去	阴上 11

皎平傣语并没有完全根据相似原则接受西南官话借词，而是用对应原则接受西南官话借词，比如皎平傣语有 31 调，但把西南官话借词的阳平 31 读成 11 调而不是 31 调。这种过程应该理解为皎平傣语早期是用相似性对应原则接受西南官话借词，由于借贷程度深广，尽管皎平傣语声调调值发生了变化，皎平傣族仍然能意识到原词和借词的对应关系，并继续用这种对应关系接受汉借词，相似性借贷逐渐转化成了对应借贷。对应借贷方式通常只在关系较近的方言之间发生，既然在傣语和汉语之间出现这种情况，说明皎平傣语和汉语的接触相当深。

可以看出皎平傣语处在一个非常特殊的地位，它的音系和汉语同构，语法上也有很多相似的地方。皎平傣语还有一大批词和西南官话词对应，并且按照声调对应原则接受汉语借词。但是我们仍然把皎平傣语看成傣语的一种变体而不是汉语的变体，理由仍然是对话原则和词汇内聚原则，即皎平傣语的对话目标是傣语而不是汉语，它和其他傣语的关系词呈内聚分布，和西南官话的关系词呈发散分布。

皎平傣语和通常所谓的混合语有很多一致的地方。实际上过去所谓的混合语，其历时同一性仍然是可以确定的。概括地说，在各种深度的语言接触中，参与接触的语言的对话状态是比较稳定的：

傣语和傣汉语尽管都是傣族说的，但这两种语言一般不参与直接对话。同样，汉语和汉傣语尽管都是汉族说的，也不直接对话。在我们所调查的活生生的语言接触过程中，无论接触有多深，还没有发现上述对话状态消失的情况。更重要的是，处在对话状态的两个语言之间，对应词都呈内聚分布，这正是关系词有阶分析可以用来确定语源关系的前提。于是我们可以回答本文引言中提出的第一个问题：即使在混合语的情况下，同一时间层面关系词的有阶分布通常是存在的，这些关系词的语源性质通常是可以确定的。留下的问题是我们怎样把古代关系词限制在同一时间层面。

2. 从核心词到内核词

对话状态和内聚分布是确定历时同一性的两个条件。这两个条件在接触着的语言中都是可观察的。对于历史上的语言，对话状态这个条件是不可观察的，只有内聚分布这个条件是可观察的，因此我们需要通过有语音对应的关系词的分布来确定历时同一性。

我们曾根据接触的有阶性把斯瓦迪士的 200 词（斯瓦迪士称为基本词，我们称为核心词）分成第 100 词集和第 200 词集两个不同的阶（陈保亚，1996），并考察了汉语和侗台语古代关系词的分布，发现第 100 词集的关系词远远低于第 200 词集的关系词，由此我们认为目前我们找到的侗台语和汉语的古代关系词不是汉语和侗台语同源的证据。

给 200 核心词分阶主要依据两个观察实事：

1）在已知有同源关系的语言之间（文献材料或其他证据），第 100 词集的同源词高于第 200 词集的同源词。如日耳曼语族诸语言之间，台语诸语言之间，汉语北方方言诸次方言之间，傣语诸方言之间，同源词都满足这一条件。相反，在已知为接触关系的语言之间，第 100 词集的借词低于第 200 词集的借词。如傣语诸方言和汉语西南官话之间，核心词分布都满足这一条件。这可能不是偶然现象。

2）在傣语和西南官话的接触中，构词能力越强的语素，在台语诸语言中分布越广的语素，越不容易被西南官话的借词取代。（陈保亚，1996：94-124）在第 100 词集中的词，充当构词语素时构词能力普遍比第 200 词集中的词要强，在台语诸语言中的分布也比第 200 词集中的词普遍要广。拿分布来说，在第 100 词集中，分布在台语西南、中部、北部三个语群中的关系词占 61%；在第 200 词集中，分布在台语三个语群中的关系词占 53%。这也可能不是偶然现象。

正是依据以上两个观察实事，我们把第 100 词集作为高阶核心词，把第 200 词集作为低阶核心词。我们始终认为，这种分阶的实质不在于这 200 核心词是否完全反映了汉语和侗台语的特点，而在于第 100 词集和第 200 词集这两个词集被作为分析样本时，能够反映同源词和借词在分布上的对立。

后来我们又把有阶分析扩展到基本词，对汉台基本词中的关系词作了相对有阶分析。（陈保亚，1997，1998，1999）相对有阶分析认为，同一个词在不同的语群中核心程度或基本程度可能不一样，于是根据一个词在同源语言中的分布范围来确定一个词的核心程度或基本程度，最后达到分阶的目的，在相对有阶分析中，汉台高阶关系词的比例低于低阶关系词的比例，因此我们仍然认为现在能够在基本词汇中找到的有严格语音对应的汉台关系词并不是汉台同源的证据。

无论是 200 核心词集的绝对有阶分析还是基本词的相对有阶分析，都有适用范围。绝对有阶分析不考虑语言的相对性，认为任何一个特定的词的核心程度在所有的语言中都是相同的，"手"在印欧语中是高阶词，在世界上其他任何语言中也都是高阶词。事实上不同语言核心词中的高阶词集和低阶词集有时候有一些小的区别，绝对有阶分析对这些差异都忽略不计。相对有阶分析尽管充分考虑到分阶的相对性，但也存在一个问题。当两个语言分化后又接触，如果再接触的时间和早期分化的时间隔得很长，分化前共有的早期关系词和再接触后的晚期关系词在对应规则上有明显的差异，我们通常都可以根据对应规则把早期关系词和晚期关系词分开。汉台西南官话借词和汉台古代关系词基本上能够被区分开，依据的正是这一原则。但如果这个间隔时间不是很长，甚至是连续的，我们就没有足够的办法把早期关系词和晚期关系词分开，那么代表早期关系词的分布细节就体现不出来。汉语和台语的上古关系词和中古关系词很难分开，可能就属于这种情况。在相对有阶分析中我们已经发现，用于分析的词汇样本越大，汉台中古关系词可能混入上古关系词的例子就越多。

可见，当我们把有阶分析从核心词扩展到基本词时，尽管不同语言词汇的相对性问题被充分考虑到了，但不同时间层面或不同对应系统的关系词也容易混在一起。

有阶分析是以最早时间层面的关系词为必要条件的。把关系词限制在最早时间层面有两个路子。

1）严格限制对应规则，尽可能使关系词满足一致对应和完全对应。（陈保亚，1999）

2）把关系词收缩到一个不容易借用的范围中。

就第一条路子来说，即使我们把关系词限制在严格的对应规则中，也不能绝对保证所有的关系词都属于最早时间层面。就第二条路子来说，核心词尽管没有考虑不同语言的相对性，但有利于排除不同时间层面的借词，尤其是当对应规则不是很严格的时候。这就促使我们从相对有阶分析的角度再次考虑核心词问题。

核心词集的大小是一个相对概念。即使我们把关系词的分析样本限制在 200 核心词，两个语言的关系词仍然存在下面的可能：

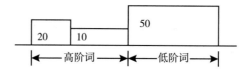

由于高阶词集（第 100 词）中的关系词（20+10=30）低于低阶词集（第 200 词）的关系词（50），我们可能认为这些关系词是接触的证据。但从高阶词集本身看，更为核心的词（20）高于次核心的词（10）。这是一种凹形分布，产生这一特殊情况的原因仍然在于：

1）两个语言分化后又接触。

2）从分化到接触的时间间隔不长，我们没有强有力的手段把两个时间层面的对应规则区分开。

在核心词绝对有阶分析和基本词相对有阶分析中，汉语和台语之间都是高阶关系词低于低阶关系词。在比核心词更为基本的词集中，情况是否仍然是这样？这需要进一步分析更为核心的词集。

因此，在关系词的有阶分析中，除了从核心词有阶分析到基本词有阶分析这样一种扩展关系词的思路，还有一种从核心词有阶分析到更核心的词的有阶分析这样一种收缩关系词的思路。根据我们对核心词借用情况的调查，西南官话借入侗台语、苗瑶语、藏缅语的核心词相当少，尤其是第100词，这样我们就可以考虑把200核心词的样本限制在100词。为了和200核心词相区别，我们把100词称为内核词。下面来讨论怎样用100内核词确定语源关系。

3. 内核词数量对应原则

当我们对西南官话和台语的接触进行追踪调查时，我们发现在保持语音对应的前提下，100内核词作为自由语素借用的情况相当少。在各地傣语方言中，除了元江傣语有一个"杀"字是西南官话词，西双版纳、德宏、临沧、金沙江等地均未发现100内核词中有西南官话借词，只有少数情况是作为黏着语素借入的，如"星期一、星期二"中的"一"和"二"。在我们所调查分析的几十种侗台语或侗台语方言中，和西南官话有对应的内核词超过10个的几乎没有。最近我们在云南、西藏对藏缅语十几个语言的内核词作了专门调查，均无西南官话词借入藏缅语内核词。西南官话在侗台、藏缅语地区有很大的势力，很多民族都会说西南官话，从民族语言到西南官话的母语转换也频繁发生。有些地区还有汉族说民族语言，使当地民族语言的结构面貌发生了很大的变化。即使在这样一种深刻接触的背景下，内核词仍然很稳定。西南官话和侗台语、藏缅语的接触是通过大量双语人口展开的自然接触，在一些通过文本展开的非自然接触过程中，核心词借用的数量可能要高一些，比如古代汉语和日语、朝鲜语的接触。根据我们对日译吴音、日译汉音、日译唐音、韩汉对音的初步调查，即使在非自然接触的情况下，内核词集中的关系词也没有超过30，并且对应规则都不如自然接触的对应规则严格。由此我们提出一个建立在统计基础上的内核词数量对应原则，如果两个语言的内核关系词同时满足下面两个条件：

1）内核关系词在40以上。

2）内核关系词保持了声韵调完全对应和一致对应。

我们就说这两个语言有同源关系。对于不满足上述条件的两个语言，需要用其他证据来证明其同源关系。内核词数量对应原则是由两个子原则组成的，一个是内核词数量原则，一个是内核词对应原则。在数量原则中取40这个数，是为了取得一个保险范围。

前面讨论过的傣语和汉傣语之间的关系词，汉语和傣汉语之间的关系词，都满足内核词对应原则。根据我们的初步调查，世界上公认的有同源关系的几种语群，比如台语、侗水语、藏缅语、苗瑶语、日耳曼语、罗曼语、斯拉夫语、南岛语、南亚语等语群，其内部诸语言的关系词都符合内核词数量对应原则。

桥本万太郎（1985）曾经怀疑闽、粤方言和汉语有同源关系。我们曾经在 200 核心词的有阶分析中认为闽、粤语确实是汉语方言。（陈保亚，1996：265）下面再来看闽、粤语和其他汉语方言内核关系词的分布（徐通锵，1991：422）：

	北京	客家话	湘	吴（宁波）	赣
闽南	0.61	0.69	0.65	0.62	0.62
粤	0.83	0.70	0.78	0.76	0.71

如果承认内核词数量对应原则，闽、粤语和其他几个汉语大方言之间就应该存在同源关系。

在有足够多的内核关系词和足够严的语音对应规则的前提下，内核词数量对应原则为我们提供了一种确定同源关系的简单操作方法，同时为进一步展开有阶分析提供了较稳固的基础。

4. 内核词聚敛相对有阶分析

很多语言看上去有密切的关系，但关系词不满足内核词数量对应原则，即不能同时满足内核词数量原则和内核词对应原则。汉语和台语的关系词就不满足数量对应原则。我们目前只在汉语和台语之间找到二十几个满足声韵调一致对应和完全对应的内核关系词。这些关系词可以称为严式关系词。有些学者找出了更多的关系词，已经多达五十几个，但有些不满足声韵调完全对应和一致对应（陈保亚，1999），有些语义关系没有得到严格证明，因此不满足内核词对应原则。这些关系词可以称为宽式关系词，我们在后面的"汉台内核关系词表"中注明了不严格对应的具体情况。

目前公认台语和侗水语有同源关系，我们的绝对有阶分析和相对有阶分析也支持这一结论。但台语和侗水语的关系词不完全满足内核词对应原则，因为台语和侗水语的早期关系词尽管在 40 和 80 之间，但对应规则并不是很严格，表现在我们至今还不能解释很多对应规则的演变规律。台语和黎语、南岛语的关系词也都不完全满足内核词数量对应原则。

当关系词不满足内核词数量对应原则时，有必要对这些内核关系词进行有阶分析。为了充分考虑不同内核词的相对性，我们将对内核词进行相对分阶。由于台语的历史比较研究已经有了一个比较坚实的基础，我们仍然拿台语的内核词分阶。分阶的原则和基本词相对有阶分析相同。在基本词的有阶分析中，如果一个词在台语的西南、中部、北部三个语群中满足一致对应和完全对应（陈保亚，1999），就是高阶词；如果只是在一个或两个语群中满足一致对应和完全对应，就是低阶词。这种高低阶划分的合理性和有效性取决于对台语三个语群的划分是否合理。

台语三个语群的划分是李方桂（1977）提出的。李方桂划分的根据主要是语音演变的规律。但在语言接触中，音变规律也可以扩散，因此三个语群的划分的合理性需要验证。下面我们考虑对内核词进行聚敛分类。这一方法的基本思想是，两个同源语言内核关系词数量越多，它们在谱系树上的距离就越近。王士元（1995）首先根据这一思想用斯瓦迪士100 词划分了侗台语的谱系树。当时还不清楚这种划分是否能反映同源语言的发生学距离，因为如果内核词也容易借用，聚敛分类的结果就不一定完全反映发生学距离，在某些方面反映的可能是类型学上的距离。根据我们后来的调查，由于内核词的借用率很低，用聚敛分类确定同源语言的距离是比较可靠的。聚敛分类的具体算法需要涉及很多数学问题，这里不展开。我们对中国境内的德宏傣语、西双版纳傣语、武鸣壮语、龙州壮语、布依语几种有代表性的台语语言做了聚敛分类。结果如下：

这一结果和李方桂的分类基本是一致的，而且更进一步说明了代表西南语群的傣语首先和其他台语语言分开，其他台语语言又分化成中部语群（龙州壮语）和北部语群（布依壮语、武鸣壮语）。根据聚敛分类结果，我们把内核词分成两个阶，分布在三个语群中的台语关系词属于高阶，只分布在两个语群或一个语群中的台语关系词属于低阶。

　　聚敛分类是相对分阶的关键，所有用于进行聚敛分类的关系词应该控制在同一时间层面，而且应该是最早时间层面。只有这样，相互之间同源关系词较少的语言，在谱系树上的距离才能拉开。当某个关系词在远距离的语言之间能够保留下来，它的核心程度就很高，这是一个可观察实事，也是相对分阶的方法论基础。通过内核关系词的多少来计算同源语言的距离使聚敛分类有了一个比较明确的判定标准。如果我们凭经验错误地把西双版纳傣语划到中部语群中，本来只存于西南语群中的词反而会被当作同时在西南语群和中部语群出现的词，这会影响到分阶的合理性。

　　现在来看台语和汉语、侗语、水语、黎语、印尼语、马来语的内核关系词分布情况：

	台语高阶内核词	高阶比例	台语低阶内核词	低阶比例
台语关系词分布	104.00		68.00	
台泰关系词	99.00	0.95	37.00	0.54
台侗关系词	61.00	0.59	23.00	0.34
台水关系词	59.00	0.57	24.00	0.35
台黎关系词	40.00	0.38	6.00	0.09

台印尼关系词	15.00	0.14	0.00	0.00
台马来关系词	12.00	0.12	0.00	0.00
汉台关系词（严式）	9.00	0.09	17.00	0.25
汉台关系词（宽式）	29.00	0.28	27.00	0.40
汉台关系词（李方桂）	5.00	0.05	6.00	0.09

台语高阶内核词和低阶内核词总共有 172，而不是 100，这是因为同一内核词，在台语中可以是两个甚至三个。比如"山"：

	德宏傣语	龙州壮语	武鸣壮语
山	pha^1（山岩）	$phja^1$（石山）	pja^1（石山）
山	$lɔi^6$		doi^1（土山）

遇到"山"这样的情况，内核词就相应增加一个。由于这种差异，内核词实际上在不同的语言中有一定的差异，考虑这种差异是从另一个角度照顾到了不同语言内核词的相对性。

高低阶的比例是一个百分比，比如汉台高阶内核关系词（严式）有 9 个，台语高阶内核关系词共 104 个，所以汉台内核关系词分布在台语高阶内核关系词中的比例是 9/104=0.09。其他比例的算法相同。

台泰关系词的分布是对内核词聚敛有阶分析的一个验证。我们在对内核词进行分阶的时候，并没有用泰语的材料，用的都是中国境内台语的材料，所以这里的台泰内核关系词的分布指的是泰语和中国境内其他台语语言内核关系词的分布情况。根据内核词数量对应原则，泰语和中国境内其他台语语言同源是没有疑问的。泰台关系词在内核词的有阶分布中，也正好是高阶内核词比例高于低阶内核词比例。

现在来看汉台关系词的分布。严式汉台关系词指声韵调满足一致对应和完全对应的关系词。（陈保亚，1998，1999）宽式汉台关系词包括严式关系词和一部分对应规则不严格或语义关系没有得到严格证明的关系词，这些不严格的关系词曾经被有些学者作为论证汉台同源的证据，所以我们也对这些关系词作了有阶分析。

李方桂汉台关系词是指李方桂（1976）提出的汉台同源词。李方桂当时提出这些汉台同源词时，口气也不是很肯定，所以我们也对这些关系词进行了有阶分析。

上面三种汉台关系词的分布都说明，汉台高阶内核关系词比例低于汉台低阶内核关系词比例。与此相反，在台侗、台水、台黎、台印尼、台马来的内核关系词分布中，都是高阶内核关系词比例高于低阶内核关系词比例。我们可以说，台侗、台水、台黎、台印尼、台马来的同源关系在内核关系词有阶分析中得到了进一步证实，但汉台内核关系词的分布还不能说明汉台内核关系词是汉台同源的证据。

由于印尼语、马来语是南岛语系的两种典型语言，这里的内核词有阶分布进一步证明台语和南岛语同源。

当然，收缩词集是一个相对过程，如果我们把 100 内核词再向内收缩，会不会在更为核心的词集中取得汉台同源的证据？在没有人提出更核心的词集之前，我们来考虑雅洪托夫（S. E. Jaxontov）曾经提出的一个有代表性的 35 词集，这一词集的英文版本（Starostin，1991）和汉语对译如下：

blood 血、bone 骨头、die 死、dog 狗、ear 耳朵、egg 蛋、eye 眼睛、fire 火、fish 鱼、full 满、give 给、hand 手、horn 角、I 我、know 知道、louse 虱子、moon 月亮、name 名字、new 新、nose 鼻子、one 一、salt 盐、stone 石头、sun 太阳、tail 尾巴、this 这、thou 你、tongue 舌头、tooth 牙齿、two 二、water 水、what 什么、who 谁、wind 风、year 年。

除了"wind 风、year 年、salt 盐"这 3 个词属于第 200 词集，其他 32 个词都属于第 100 词集。

考虑到台语的特殊情况，这 35 词在台语中可以对译出 43 词。同样根据相对分阶原则，可以从台语中的这 43 个词划分出两个阶，其中高阶词 33 个，低阶词 10 个。现在来观察台汉、台侗、台水、台黎、台印尼、台马来关系词在这两个阶的分布情况：

关系语言	台语高阶词	高阶比例	台语低阶词	低阶比例
台语关系词分布	34.00		10.00	
台泰关系词	34.00	1.00	3.00	0.30
台侗关系词	25.00	0.74	3.00	0.30
台水关系词	24.00	0.71	2.00	0.20
台黎关系词	14.00	0.41	2.00	0.20
台印尼关系词	11.00	0.32	0.00	0.00
台马来关系词	9.00	0.26	0.00	0.00
汉台关系词（严式）	3.00	0.09	4.00	0.40
汉台关系词（宽式）	9.00	0.26	5.00	0.50
汉台关系词（李方桂）	1.00	0.03	1.00	0.10

这里的分布方式和内核词的分布方式是一样的，能说明台语和侗、水、黎以及南岛语有同源关系，但仍然不能说明汉台有同源关系。

5. 余论

无论是基本词的相对有阶分析、200 核心词的绝对有阶分析，还是 100 内核词的相对有阶分析、35 词的相对有阶分析，已知有同源关系的语言都是高阶关系词比例高于低阶关系词比例，而汉台高阶关系词比例却低于汉台低阶关系词比例，和接触过程中借词分布的方式相同，这可能不是偶然的，说明我们目前找到的汉台关系词不是汉台同源的证据。当然这一结论是以现有的关系词和分阶方式为前提的。就关系词有阶分析的范围来说，还可能存在下面两种情况。

1）如果我们能够另外指出一组更早时间层面有严格语音对应的汉台关系词，并且能够证明高阶关系词比例高于低阶关系词比例，我们应该考虑汉台有同源关系。

2）如果我们能够提出一个更好的核心有阶词集或内核有阶词集，并且已经找出的最早时间层面的汉台关系词在这样的词集中是高阶比例高于低阶比例，我们也应该考虑汉台有同源关系。不过这样的有阶词集首先应该通过这样的检验：已知由分化形成的关系词高阶比例高于低阶比例，已知由接触形成的关系词高阶比例低于低阶比例。这种检验还应该在很多众所周知的权威语言中通过，以便使材料有可观察性。

附录：汉台内核关系词

下面给出了汉台内核关系词，按照汉字声调排列，声调相同的按照声母排列。由于汉台内核词只有几十个，不一定能看出对应的规则，更系统的对应规则请参考陈保亚（1998，1999）给出的对应规则表。"声调"一栏中的数字1、2、3、4、5、6、7、8分别表示阴平、阳平、阴上、阳上、阴去、阳去、阴入、阳入。关于汉台早期关系词声调必须对应的理由，请参考陈保亚（1999）。上古音、中古音暂依照王力拟音，原始台语依李方桂拟音。特殊拟音用括号注明。"台语阶"一栏中的"H"表示该关系词在台语的西南、中部、北部三个语群中都满足一致对应，是高阶词，"L"表示只在两个语群或一个语群的诸语言中满足一致对应，是低阶词。"疑难"一栏中1、2、3分别表示该关系词在声母、韵母、声调不满足对应，属于不严格对应；4表示语义关系上还存在问题。"来源"一栏中的"李"指李方桂（1976）找出的属于内核词集的10个汉台同源词。"J"指属于雅洪托夫的35词集的词。

汉字	声调	等韵	上古音	中古音	原始台语	台语阶	疑难	来源
不	1	平帮流开三尤	pĭə	pĭəu^1	ʔbɔ^5	H	1	
肤	1	平帮遇合三虞	pĭwa	pĭu^1	pluɯk^9 树皮	H	4	李
驱（马走）	1	平溪止开三脂	phĭə	phi^1	pəi^1 行，去	H	4	
潇	1	平心效开四萧	sĭəu	sieu^1	xiau^1 绿	H	4	
心	1	平心深开三侵	sĭəm	sĭĕm^1	sim^1	L		
沙	1	平山假开二麻	ʃea	ʃa^1	sa^1	L		
烧	1	平书效开三宵	ɕĭau	ɕĭɛu^1	ɕau^4	L	3	

汉字	声调	等韵	上古音	中古音	原始台语	台语阶	疑难	来源
骹	1	平溪效开二肴	kheau	khau¹	xou⁵ 膝盖	H	4	
烟	1	平影山开四先	ʔien	ʔien¹	ʔjien¹	L		
蕃（生息）	2	平并山合三元	bĭwan	bĭwɐn²	vən² 种子	H	4	
肥	2	平并止合三微	bĭəI	bĭwəi²	bi²	H		
名	2	平明梗开三清	mĭeŋ	mĭɛŋ²	miŋ²	L		J
头	2	平定流开一侯	do	dəu²	thrue¹	L	2	李
尘	2	平澄臻开三真	dĭen	dĭĕn²	ʔdin¹	L	1	
肠	2	平澄宕开三阳	dĭaŋ	dĭaŋ²	dɔŋ⁴	L	12	
辰	2	平禅臻开三真	zĭən	zĭĕn²	ʔbl/ruen¹ 月亮	H	14	J
喉	2	平匣流开一侯	ɣo	ɣəu²	ɣɔ²	H	2	
宏	2	平匣梗合二耕	ɣoəŋ	ɣwæŋ²	hluen¹	H		
游	2	平余流开三尤	ʎĭeu	jĭeu²	ju²	L		
余（我）	2	平余遇开三鱼	ʎĭa	jĭo²	ra² 咱俩	L	4	李
鸟	3	上端效开四筱	tĭəu	tieu³	nl/rok⁸	H	1	
燥（干）	3	上心效开一皓	sau	sɑu³	xiu⁵	H	1	
首	3	上书流开三有	ɕĭəu	ɕĭəu³	thrəu³	H		
沈（深色）	3	上书深开三寝	ɕĭem	ɕĭĕm³	ʔdl/rəm¹ 黑	H	34	
暑	3	上书遇开三语	ɕĭa	ɕĭo³	ɣau³	L	1	
蓝（盐）	3	上见遇合一姥	kua	ku³	klɯe¹	H	3	J
讲	3	上见江开二讲	keoŋ	kɔŋ³	kla:ŋ³	L		
焜（火）	3	上晓止合三尾	xĭwəi	xĭwəi³	vɛi²	H	13	J
肚	4	上定遇合一姥	dagx（李方桂）	du⁴	dɔŋ⁴	L	3	李
那	4	上泥果开一哿	na	na⁴	hna³	L		
尔	4	上日止开三纸	ŋĭei	nzĭe⁴	mɯŋ²	H	23	J
尔	4	上日止开三纸	ŋĭei	nzĭe⁴	ni⁶	L		J
我	4	上疑果开一哿	ŋa	ŋa⁴	ŋo⁶	L		J
皓	4	上匣效开一皓	ɣeʎ	ɣau⁴	xau¹	H	3	
到	5	去端效开一号	tau	tɑu⁵	təu³	L		
听	5	去透梗开四径	thieŋ	thieŋ⁵	tiŋ⁵	L		
眂（看）	5	去见遇合三遇	kĭwo	kĭu⁵	kəu³	L		
告	5	去见效开一号	kə:uk	kɑu⁵	klau⁵	L		李
闇（晚上）	5	去影咸开一勘	ʔem	ʔɒm⁵	ɣəm⁶	H	1	
地	6	去定止开三至	dĭa	di⁶	di⁶	H		

续表

汉字	声调	等韵	上古音	中古音	原始台语	台语阶	疑难	来源
路	6	去来遇合一暮	luɑ:k	lu⁶	lo⁶	L		
字	6	去从止开三志	dzǐə	dzǐə⁶	dzu⁶	H		J
二	6	去日止开三至	ŋǐei	ŋzi⁶	ŋi⁶	H		J
见	6	去匣山开四霰	ɣian	ɣien⁶	hen¹	H	3	
话	6	去匣蟹合二夬	ɣoɑ:t	ɣwæi⁶	wa⁶	H		
啜（吸）	7	入昌山合三薛	thǐwat	tɕhǐɛt⁷	zot⁸	L	2	
角	7	入见江开二觉	keok	kɔk⁷	khəu¹	L	2	J李
角	7	入见江开二觉	keok	kɔk⁷	kɔk⁷	L		J
一	7	入影臻开三质	ʔǐet	ʔǐĕt⁷	ʔet⁷	H		J
白	8	入並梗开二陌	beɑk	bɐk⁸	phɯek⁷	H		李
碩（颏）	8	入定通合一屋	duok	duk⁸	ʔdl/ruk⁷ 骨	H	4	
绿	8	入来通合三烛	lǐwok	lǐwok⁸	lot⁸	L		
肉	8	入日通合三屋	ŋǐwəuk	nzǐuk⁸	nɯe⁴	H	2	李
日	8	入日臻开三质	ŋǐĕt	nzǐĕt⁸	ʔdl/ɛt⁹ 晴	H	4	李
热	8	入日山开三薛	ŋǐat	nzǐɛt⁸	nat⁹	L		
龁（叮"咬"）	8	入匣臻开一没	ɣət	ɣət⁸	kət⁷	L	1	
髑髅			dlug（李方桂）		ʔdl/ruk⁷ 骨	H	4	J李

参考文献

陈保亚　1996　《论语言接触与语言联盟》，语文出版社。

陈保亚　1997　《汉台关系词的相对有阶分析》，《民族语文》第 2 期。

陈保亚　1998　《汉台关系词双向相对有阶分析》，《语言研究》第 2 期。

陈保亚　1999　《汉台关系词声母有序对应规则表》，《语言学论丛》第 22 辑。

桥本万太郎　1978　《语言地理类型学》，北京大学出版社 1985。

王均（等）　1984　《壮侗语族语言简志》，民族出版社。

徐通锵　1991　《历史语言学》，商务印书馆。

Li, Fangkuei　1976　Sino-Tai, *Papers for the lst Japan- US Joined Seminar on East and Southeast Asian Linguistics*, Tokyo. 译文载《民族语文研究情报资料集》1984.4。

Li, Fangkuei　1997　*A Handbook of Comparative Tai*, The University Press of Hawaii.

Starostin, S. A.　1991　On the hypothesis of a genetic connection between the Sino-Tibetan languages and Yeniseian and North-Caucasian languages. In Vitalij Shevoroshkin, ed., *Dene-Sino-Caucasian Languages：Materials from the First International Interdisciplinary Symposium on Language and Prehistory*, Ann Arbor, 8-12 November 1988. Bochum：Universtitatsverlag Brockmeyer.

Swadesh, M.　1952　Lexico-statistic dating of prehistoric ethnic contacts, with special reference, *Philosophical Society* 96.

Swadesh, M.　1955　Time depths of American linguistic groupings, *American Anthropologist* 56.

Wang, William S-Y.　1995　A quantitative study of Zhuang-Dong Languages, 余霭芹、远藤光晓编《桥本万太郎纪念——中国语言学论集》，内山书店。

原刊于 2000 年第 4 期

汉藏系语言研究法的检讨

丁邦新

提　要：本文对国内汉藏系语言研究法的讨论作了一个检讨，对"语言接触无界有阶说"、
　　　　"深层对应说"及"语言影响论"等提出不同的意见，归结到李方桂先生五十年前
　　　　发表的文章，并加上几点作者的申论。

关键词：汉藏语　同源词　语言接触

1939 年李方桂先生在北京大学文科研究所作了一次讲演，题目是"藏汉系语言研
究法"，1951 年在《国学季刊》第七卷出版。这篇文献可说是讨论汉藏语比较研究法
的经典之作，到今天仍有不可磨灭的真知灼见，现在引用那篇文章的结论作为本文的
开场白：

> 比较的研究就是历史的研究的变相，主要的目的是想把两个或两个以上的
> 语言找出多少套的相合点（correspondences），从这些相合点，我们可以假设它
> 们有同一的来源，所以每一个相合点我们可以拟定一个原始型，并且从这个原
> 始型可以依一定的规律变成现在的形式及状态。

这一段话有两个要点。第一、要找到多少套的相合点，也就是许多套语音的对当，例
如甲语言的 p、t 相当于乙语言的 b、d；甲语言的元音 i 相当于乙语言的 i，而在不同的条
件下又相当于 e。希望能一一说明对当的关系。第二、拟测原始语言，要设计合理的规律
使得现在的形式得到良好的解释。换句话说，要注意语言自然演变的规律，用正常的规律
解释演变的结果。

在亲属关系不明确的语言之间，部分对当的关系究竟是同源词或借词引起很大的争论，
在这个问题上到现在没有良好的解决方法。因此有人提出"关系词"的说法指称"同源词
和借词"（戴庆厦，1992：52）或"两种语言间有语音对应的词"（陈保亚，1996：165）。
然后就关系词的种种现象提出"语言影响论"（戴庆厦，1992：53）或"语言联盟说"（陈

保亚，1996）。又有人提出用"深层对应"的方法来判断同源关系（邢公畹，1992：2）。以下就这几种理论提出个人的看法。

1. 语言联盟和语言接触无界有阶说

陈保亚（1996）对语言接触的问题有深入的观察和理论的探讨。他以云南德宏傣语和汉语西南官话的接触为对象做了长期追踪的研究，结论是汉语和侗台语之间是联盟关系，没有同出一源的亲属关系；彼此的接触是无界而有阶的，也就是说语言接触的影响可以深入到语言的多种层面，包括所谓核心的基本词汇在内。但是接触后语言的改变又是有阶段性的，结构因素形成不同的区别性特征，这些特征使得改变的速度和顺序可以分成不同的阶段。

他的看法通过实证，本来应该没有错误。问题在于他讨论"有阶性"的时候，引用了 M.Swadesh（1955）的"基本词汇"（basic vocabulary）说。把 Swadesh 的 200 核心词和100 核心词作为衡量有无亲属关系的尺度。他说：

> 由此出发，我们从斯瓦迪士的 200 词减去 100 词，就得到两个阶：第一百词和第二百词。尽管第一百词不是绝对稳定的，但从概率上讲总比第二百词稳定，给核心词分阶的目的正是要反映出这种相对稳定性。（1996：185）

> 斯瓦迪士的两百词是在考察了一定数量的语言（特别是印欧语言）的基础上制定出来的，主要根据是经验，不能说完全满足上述前提，但至少可以排除文化词，而且绝大部分在其他语言中也都是组合指数很强的语素，因此当我们把斯瓦迪士的 200 词分成"第一百词（一阶）"和"第二百词（二阶）"时，发现有一定的普适性，有亲属关系的语言总是一阶关系词高于二阶关系词，两个相互接触的语言所产生的关系词总是一阶关系词少于二阶关系词。（1996：187）

第一，Swadesh 的基本词汇是为语言年代学（lexico-statistics 或 glottochronology）设计的，想从两个语言词汇的接近程度推算两者从母语分开的时间。无论从二百词或其后的一百词立论，在西方学者的验证下都不能成立（Bynon，1977：266-272）。陈氏没有提语言年代学的问题，只是用 Swadesh 的基本词汇，可说用旧瓶装了新酒。我们不能因语言年代学的不能成立，就说基本词汇说也不能利用。因此在立足点上，陈氏的做法并无可议。

第二，陈氏已经指出 Swadesh 的设计主要是根据印欧语言，我们难以认同一百词或二百词的内容具有适用于任何语言的普遍性。如何选择词汇是另一个困难，Gudschinsky（1956）就有不同的看法。例如：树皮（bark）和皮肤（skin）是两个词目，都在前一百词中，但并不是所有的语言都有这样的区分。比较第一部分的一百词和第二部分的一百词，有什么根据说前者更为核心？例如在前一百词中有树木（tree），后一百词中有草（grass），如何证明"树"比"草"更为核心？如果把属于"一阶"和"二阶"的词掉换几个，立刻影响统计的结果。利用这样少数的词汇立论，难以令人信服。

第三，陈氏把他的想法在许多语言中作了验证，结果都证明前一百词更为稳定，认为有亲属关系的方言间，第一阶同源词的比例都比第二阶同源词高。假定他的理论是正确的，问题出在他选择的语言或方言都是语源清楚的，例如以英语和古英语、德语、荷兰语、古冰岛语、哥特语比较，日耳曼语言经过多年的分析研究，语源差不多都清楚了，自然没有问题。他又以汉语各方言作比较，汉语方言同源的关系大致也清楚。如果推广到汉语和侗台语的关系就产生了困难，因为关系词还没有认清楚，如何能够谈比例。

陈氏（1997）从核心关系词的分布专论汉语与侗台语语源关系，他引用李方桂先生的研究，说明"汉台关系词在第100词集中有12例，第200词集中有18例，一阶核心词少于二阶核心词"。现在根据别人的材料加上以下的词汇：[1]

词义	标准泰语	汉字	汉语上古音[2]
胡子	khrauA2	毫	gagw 平
象牙	ŋa: A2	牙	ngrag 平
一	ʔetD1	一	jit 入
二	yi:B2	二	njid 去
墨	hmɯkD1	黑	hmək 入
白	phɯakD1	白	brak 入
名字	chui:B2	字	dzjəg 去

这七个词都属于前100的核心词，那么第100词集中就有19例，是不是就比第200词集中的18例多，因而就证明有亲属关系呢？难以说定，因为在第200词集中也可能增加若干新考订的关系词。所以对于关系词的研究直接影响汉语和侗台语是否有亲属关系的结论。目前在关系词的研究尚未了解清楚以前作任何推论都有危险。

第四，退一步说，即使陈氏的方法都没有问题，词汇也只能显示一部分的关系。因为词汇是语言系统中最容易产生变化的，语音对当和构词的比较可能改变现有的结论。

2. 深层对应说

这是邢公畹（1993）提出的一个学说，我现在根据他最新的说法（邢公畹，1999）来检讨。他认为深层对应说是一个"语义学比较法"：

> 现在用汉台语的比较来解释：台语的一个"字"（语言上的"字"）和汉语

---

[1] 见 Manomaivibool（1976），"墨"字对应"黑"字是我的看法。

[2] 上古音用李方桂先生的系统，把声调符号改成平上去入。下同。

的一个"字"在意义上相同或相近，在音韵形式上可以对应，我们说其中有同源关系的可能性；若是台语有一组意义各不相同的"同音字"，也能各自和汉语的一组"字"在意义上和音韵形式上相对应，我们就管它叫"深层对应"，其中的同源关系大体可以肯定。（1999：2）

换句话说，他假定甲语言中一组同音而异义的字不会一起借到乙语言去，如果这样的一组字都可以找到对应，自然显示同源的关系。同时由于语言的历史悠久，有些字在语音上可能变得不大相近，但是仍有可能是同源关系。以下引用他所举的三组例字来说明：

广州　ɔ:n1 < *ʔan1 "鞍"① ：泰 ʔa:n1 < *ʔ- "马鞍"

广州　ɔ:n1 < *ʔan1 "侒"：泰 ʔa:n1 < *ʔ- "吃"

汉语"鞍"字和"侒"只是两个同音词，在意义上差距很大，其间不存在引申关系。如泰语从汉语借去"鞍"，没有必要也借去"侒"。现在泰语"马鞍"和"吃"是同音词，汉语"鞍"和"侒"也是同音词，这决不是偶然巧合，而是可以用来证明汉台两语之间有发生学关系的现象。（1999：497-498）

这一组例字声韵调大致都对当，邢氏认为泰语不可能同时从汉语借两个字。陈保亚（1996：148）指出西南官话中同音的"墨、脉、麦"（mə³¹）三个字彼此毫无关系，但借入德宏傣语也是同音，都读my³¹。改变的"改"和解开的"解"借入傣语都读kai⁵³。陈氏的例子是有力的反证，可见同音异义的字也可能一起借入另一个语言。

汉语 *k-，*g- 和泰语 *ɣ- 是可以对应的，如：

广州 hi:ul < *kiagwl "枭"：泰 khau4 < *ɣ- "猫头鹰"

广州 hau5 < *kug2 "垢"：泰 khai2 < *ɣ- "污垢"

广州 heŋ5 < *giŋ3 "胫"：泰 khɛ:ŋ6 < *ɣ- "小腿"

广州 hau2 < *gug1 "喉"：泰 khɔ2 < *ɣ- "颈"

泰语 khɛ:ŋ6 现在说作短元音，是后变的。（1999：501）

这里邢氏以泰语的 ɣ 对应汉语的 k- 和 g-，但是没有说明这种对当有没有条件，何时对 k-，何时对 g-。汉语的 -ug 为何对应泰语的 -ai 又对应 -ɔ？也许在汉台语研究尚未成熟的时候，这样的要求有一点过分严格。但是松散的对应关系不易令人信服。

在 502 页邢氏又用"猫头鹰"的例子：

广州 kau6 < *gwjəg3 "鸥枭"：泰 khau4 < *g，采取了一个不同的广州音和上古音来源，因为他考证"旧"字有"鸥枭"的意思。那么泰语的 khau4 究竟对应汉语的哪一个音呢？广州现在还有没有作为"猫头鹰"解的 kau6 的读法呢？纠缠的问题也减低了深层对应的可

---

① "鞍侒"两字原来都有平声的调号，现在改用数目字。泰语标音后的数目字也表示声调。

信度。

广州 tsɔːŋ1 < *tsrjaŋ1 "装"：泰 sai5 < *s- "装（进）"

广州 tsɔːŋ1 < *tsrjaŋ1 "装"：泰 sai5 < *s- "穿戴"（1994：4）

邢氏说，对应的字有时在语音形式上并不相近，因为语言改变，"动用频繁而磨损"，只求能对应，"不一定能相同或相近"（1999：4）。这样的方法可能有时碰对了，但离系统的推论太远。例如汉语的 -aŋ 如何变成泰语的 -ai？是不是 -ŋ 变成 -n，-n 变成 -ĩ 再变成 -i。至少应有语音演变的规律来解释。有了规律以后，还要问 -ŋ 在什么情形下变成 -n，全变了呢或者只是部分变化？ -n 又在什么语音条件下变 -i？这当然都是虚拟的规律与问题，如果这样的说法不对，那么正确的演变规律又该如何设想呢？讨论同源的语言关系对于这些问题应该有一个解答。

举两个距离极远的语言来说：

词义	英语	汉语	词义	英语	汉语
燕子	swallow	燕[①]	树立	set	设
吞咽	swallow	咽	放置	setting	设定

英语用同样一个字 swallow 表示燕子和吞咽，汉语正好也用同音的"燕"和"咽"表达相同的意思，显然这是一个偶合的现象，偏偏这个偶合正好合于邢氏所说的"语义学比较法"和"深层对应"，我们要如何分辨这种偶合呢？那就不得不回到语音的对应规律，用语音的对当很容易否定 swallow 和"燕"有同源关系，那么对于上文所引汉语的装 *tsrjaŋ1 对应泰语的 sai5 就不得不问语音的对当关系如何？没有语音对当的例字难以采信。

即使语音对当没有问题，也可能是偶合。汉语的"设"是擦音声母，收 -t 尾，和英文的 set 很接近；正好"设定"和 setting 意义极近，语音也对当。显然英语的 set 和汉语的"设"没有同源关系，那么"语义学比较法"和"深层对应"的方法都可能有问题。

3. 语言影响论

这个理论是罗美珍（1983）和戴庆厦（1990）提出来的，戴氏的文章发表在后，现在引用他的说法来说明：

> 古越人使用的语言，不会是汉藏语系语言，而是与印尼语有关的南岛语系语言，后来这种语言长时间地、大面积地受到汉语的影响而发生了巨变，但它还保留了原有语言的某些词语及其他特点，逐渐形成为今日的壮侗语。壮侗语与汉语的关系，可以视为亲属关系，因为语言影响已导致语言的质变，而与影

---

① 这个例子是梅祖麟告诉我的，在此致谢。

响的语言有机地沟通后形成亲缘关系。当然，这种亲缘关系与一般所说的由原始母语分化下来的亲属语言之间的关系有所不同。如果这个认识可以成立，就可认为汉藏语系内部的亲属关系实际上存在两种不同的类型：一是由原始母语分化下来的亲属语言（藏缅语与汉语），二是由语言影响形成亲属语言（壮侗语与汉语）。这是汉藏语系亲属关系不同于其他语系（如印欧语系等）的重要特点之一。（1990：15）

这段话等于是说，由于甲语言长期受到乙语言的影响，慢慢地甲语言只得保留了某些特点，大部分已被乙语言同化。"语言影响已导致语言的质变"，我认为如果"质变"了，那么就不再是原来的语言，而是乙语言的一支了，原来的甲语言只剩下一些可以找到的语言底层遗迹。

这个说法跟上述的"语言联盟说"有接近的地方，"语言联盟说"指出语言接触可以深入到语言的各种层面，如果深入到一个程度自然就会产生"质变"。假定德宏傣语继续受到西南官话的影响而慢慢起了质变，只剩下一些可以勉强辨认的泰语遗迹，那么德宏方言就是一种汉语方言了。我（1988）认为吴语有闽语的底层，但不能不说现在的语音系统是吴语。畲族从民族源流上说是少数民族，但大多数畲族在方言上已经说客家话。

重要的关键是从语言论语言，能不能分辨亲属关系和语言影响后的联盟关系的不同点，我认为在"质变"之后几乎无法辨认，我们如何从大部分畲族所说的客家话寻找原来语言的痕迹？只有在质变以前的语言中才能说明何者是本来语言的成分，何者是受影响而来的。在我们承认语言横向影响的同时，不禁要问侗台语果真是南岛语质变后的汉藏语吗？还是仍有亲属关系的可能？

4. 结语

回到开场白中李方桂先生的文章，上文已经指出两个要点，现在再来申论一下。

第一，语音的对当的数量很关重要，这是一个程度的问题，不能说要有多少套的对当就能确定亲属关系，当然越完整越好。以汉藏语的韵母系统来说，龚煌城（1995）找到了以下的对应：

汉语	藏语	缅甸语	西夏语
a	a	a	a
ja	a	a	ja
i	i	i	i
ji	yi	i/iy	jɨ
u	u	û	u

ju	u	u	ju
ə	u/a	u/a	u/ə/a
jɨ	ye/a/u	î/a/û	jɨ/ji/ju/ja
wə	o		
wa	o		
ua	o		
agw	o	au	
akw	og	（auk）	
iə	e		
ia	e		

因为李方桂先生的上古汉语系统有四个单元音 i、u、ə、a 和三个复元音 iə、ia、ua，而藏语有五个单元音 i、u、e、o、a。龚煌城找到了元音系统全面的对当，也解释了藏语 e、o 的来源。有些对当的关系相当复杂，主要是受到韵尾的影响。面对这样完整的对当关系，我们不得不承认汉语、藏语、缅甸语、西夏语四者有亲属上的同源关系。

第二，语音的对当要和基本词汇结合。语音的对当关系越全面越好，上文已经提到很难说多少的对当就可以证明有亲属上的关系。如果语音的对当能跟基本词汇结合，那么可信度就大为增加。例如汉语和藏缅语的同源词是这二十年来才大量增加的，主要是 Coblin（1986）和龚煌城（1980，1995）的研究。Coblin 的研究中有"一、二、三、四、五、六、七、八、九、十"等数词，有"我、汝、是（this/that）、何、无、共、大、永、细、女、夫、氓、鱼、虱、薪、叶、本、肤、角、头、耳、目……"等等所谓基本词汇，在基本词汇中显示语音的对当，令人无可怀疑。

第三，构词法和语法的研究。语法的研究不见得能解决同源与否的问题，例如藏语是"主语—宾语—动词"的语言，汉语是"主语—动词—宾语"的语言（丁邦新，1987），连最基本词序都不同。藏语的动词有丰富的形态变化，而汉语则很少。可是汉藏语同源却无可置疑，可见语音和词汇的研究在找寻语言之间的历史渊源时占有更大的比重。

我相信构词法应该比语音、语法、词汇更为保守，构词的功能最不容易移借，例如汉语的四声别义，"种子"和"种植"，清浊声母交替，"看见"和"发现"，是很有特色的。研究藏缅语、侗台语的人应该多发掘构词法的内容。据我所知，泰语也有类似四声别义并以声母的送气和不送气为手段的构词法，其他的侗台语又如何呢？最近陈保亚（1996：148）指出德宏傣语把汉语的"盖"字借去作动词用，表示"盖房子"，读 213 调；但当名词用时，并没有像汉语一样加"子"词尾成为"盖子"，反而改用 35 调的读法表示名词。他说：这个交替机制我们还无法解释。有没有可能这是德宏傣语的四声别义的构词法应用到借字上来了？如果是的话，这是一个很好的证明，说明傣语有这种构词法，而且是和汉语共有的。

第四，同源词的比较。要讨论汉语和侗台语的关系现在还没有到下定论的时候，发掘更多语音对当的词汇是当务之急。如果找到许多套的对当，到了一个程度，我们就不能否认两者的亲属关系；如果找不到对当，无法说明上古汉语四个元音和古台语九个元音的关系，那么我们就不能认为两者有亲属关系。上古汉语和古台语的元音系统都是李方桂先生（1971，1977）的拟测，更需要我们努力寻求两者的对当情形。

现在让我来举例说明基本数词的情形作一个试验：

词义	古台语	汉字	汉语上古音	
一	ʔiet D	一	·jit	入
二	ňi B	二	njid	去
三	səm A	三	səm	平
四	si B	四	sjid	去
五	ha C	五	ngag	上
六	xrok D	六	ljəkw	入
七	čet D	七	tshjit	入
八	pɛt D	八	prit	入
九	kjəu C	九	kjəgw	上
十	sip D	十	djəp	入

古台语的声调 ABCD 对应上古汉语的平去上入是毫无疑问的事，十个数词显示一致的对当。如果比较双方的元音对当，可以列成下表：

古台语	汉语上古音	例字
i	jə/-p	十
i	ji/-d	二、四
e	ji/-t	一、七
ə	ə	三、九
o	ə/-kw	六
ɛ	ri	八
a	a	五

ə、a 两个元音的对当没有问题；古台语的 i 看样子基本上对应汉语上古音非入声音节的 i 和入声音节里的 jə；e 则对应汉语上古音入声音节的 ji；o 对应汉语上古音圆唇舌根音之前的 ə；ɛ 对应介音 r 之后的 i，照这样看来元音的对当是有条不紊的。

当然，这里没有提到古台语的 ï、u、ɔ，也还有很多其他的问题没有解决，因为这只是举例的性质，例字只有十个数词，也可能数词全都是借词，但是元音和声调的对当似乎显示汉语和侗台语的关系相当深厚，不像只是语言影响的结果，也不像只是语言联盟的关系。那么要肯定或推翻这样的推测必须要深入寻找关系词不可。

参考书目

陈保亚　1996　《语言接触与语言联盟》，语文出版社。

陈保亚　1997　《核心关系词的分布与语源》，《中国语言学论丛》1：119-153。

戴庆厦　1990　《从藏缅语看壮侗语与汉语的关系》，《汉语与少数民族语关系研究》，《中央民族学院学报》增刊。

戴庆厦　1992　《汉语与少数民族语言关系概论》，中央民族学院出版社。

丁邦新　1987　《汉语词序问题札记》，《中国境内语言暨语言学》4：155-162。

丁邦新　1988　《吴语中的闽语成分》，《历史语言研究所集刊》59.1：13-22。

李方桂　1951　《藏汉系语言研究法》，《国学季刊》7：165-175。

李方桂　1971　《上古音研究》，《清华学报》新九卷1，2：1-61。

罗美珍　1983　《试论台语的系属问题》，《民族语文》1983.2。

孙宏开、江荻　2000　《汉藏语历史研究沿革》，《汉藏语同源词研究》（一），广西出版社（印刷中）。

邢公畹　1993　《汉台语比较研究中心的深层对应》，《民族语文》1993.5。

邢公畹　1999　《汉台语比较手册》，商务印书馆。

Bynon, Theodraa　1977　*Historical Linguistics*, Cambridge Textbooks in Linguistics, Cambridge University Press.

Coblin, Weldon South　1986　*A Sinologist's Hand List of Sino-Tibetan Lexical Comparisons*, Nettetal: Steyler Verlag.

Gong Hwang-cheng（龚煌城）　1980　A Comparative Study of Chinese, Tibetan, and Burmese vowel systems, *Bulletin of the Institute of History and Philology* 51.3: 455-490.

Gong Hwang-cheng（龚煌城）　1995　The System of Finals in Sino-Tibetan, In William S-Y. Wang ed. *The Ancestry of the Chinese Language*, *Journal of Chinese Liguistics Monograph series* 8: 41-92.

Gudschinsky, Sarah C.　1956　The ABC's of Lexicostatistics（Glottochronology），*Word* 12: 175-210.

Li, Fang Kuei   1977   *A Handbook of comparative Tai*（Oceanic Linguistics Special Publication No. 15）, The University Press of Hawaii.

Manomaivibool, Propin   1976   Thai and Chinese-Are They Genetically Related? *Computational Analysis of Asian and African Languages* 6: 11-31.

Swadesh, Morris   1950   Salish Internal Relationships, *International Journal of American linguistics* 16: 157-167.

Swadesh, Morris   1951   Diffusional Cumulation and Archaic Residue as Historical Explanations, *Southwestern Journal of Anthropology* 7: 1-21.

Swadesh, Morris   1955   Towards Greater Accuracy in Lexicostatistic Dating, *International Journal of American Linguistics*, 20: 123-133.

原刊于 2000 年第 6 期

试说"承"有"闻"义

王 锳

"承"有"闻、听"义，诸辞书未见揭载，但《祖堂集》中多有其例（以下凡该书引例参用两种版本，斜线前数字为版本甲页码，其后为版本乙页码。版本名称见篇末所附引用文献）：

（1）药山问："承汝解弄狮子，弄得几出？"师曰："弄得六出。"（卷五，云岩和尚 194/118）

（2）师问僧："承汝解卜，是不？"对曰："是。"（卷五，云岩和尚 199/120）

（3）僧问："承古人有言……"师便倒卧，良久起来。（卷七，云峰和尚 281/164）

（4）问："承先师有言：'学处不玄，流俗阿师。'如何是玄？"师云："未问前。"（卷八，曹山和尚 317/184）

（5）问："承甘泉有言：'牵耕人之牛，夺饥人之食。'如何是'牵耕人之牛'？"师云："不与露地。""如何是'夺饥人之食'？"师云："去却醍醐。"（卷八，曹山和尚 320/185）

（6）法照和尚问："承师有言：'文殊是用'？"师云："是。""又承和尚有言：'文殊是方头'？"师云："去是从今日去，不是方头是什摩？"（卷九，九峰和尚 360/209）

（7）又问："承师有言：'若依于正令，汝向什摩处会？'如何是正令？"师良久，学人罔措。（卷一〇，安国和尚 399/234）

（8）因沩山与师游山，说话次，云："见色便见心。"仰山云："承和尚有言：'见色便见心。'树子是色，阿那个是和尚色上见底心？"（卷一八，仰山和尚 676/402）

以上各例的"承"字，都不能按通常的"接受""承蒙"去理解，只能解作"闻、听、听说"等，句义才能贯通。如例（1）"承汝解弄狮子"意即听说你会弄狮子，例（4）"承先师有言",亦即闻先师有言,如此等等。

在《祖堂集》之外,其他典籍中"承"的这种用法也时有所见:

（9）怅矣欣怀土,居然欲死灰。还因承雅曲,暂喜跃沉鳃。（骆宾王《和孙长史秋日卧病》诗）

（10）夙承大导师,焚香此瞻仰。颓然居一室,覆载纷万象。（王维《谒璇上人》诗）

（11）且曰:"贫道雅闻东诸侯之工为诗者,莫若武陵。今幸承其话言,如得法印。宝山之下,宜有所持。"（刘禹锡《秋日过鸿举法师寺院便送归江陵》诗序）

（12）和尚之弟子僧灵祐承和尚来,远从栖霞寺迎来,见和尚五体投地。（[日]释元开《唐大和上东征传》,80页）

（13）宝龟[八]年丁巳,日本国使遣唐。扬州诸寺皆承大和尚之凶闻,总著丧服,向东举哀三日。（同上,97页）

（14）励因问曰:"余承京中有异,他小僧名道宣,亦曾识否?"（同上书附录《大唐传戒师僧名记大和上鉴真传逸文》,110页）

例（9）"还"为"却"义,表转折,"雅曲"喻指对方原作,"承雅曲"犹言"聆华章"。例（10）《全唐诗》编者于"承"字下注云:"一作从。"按"承""从"音略近,似可相假,但施之句内,义却难通。作者本意应是说,早就闻大师之名,今日方能一面,并非早从大师学道之义,诗之首二句"少年不足言,识道年已长"可证。其余各例,"承"之"闻"义显然可见,无烦疏释。

因"承"有"闻"义,故二者可连用,构成同义复词,共同表示"闻、听"义。例如:

（15）沩山问师:"承闻长老在药山,解弄狮子,是不?"师曰:"是也。"（《祖堂集》卷五,云岩和尚194/118）

（16）师问:"从什么处来?"对曰:"天台国清寺来。"师曰:"承闻天台有青青之水,绿绿之波。谢子远来,子意如何?"对曰:"久居岩谷,不挂森萝。"（又卷七,夹山和尚261/154）

"承闻"即等于"闻",并不含尊人或自谦的意味,这比较例（15）与例（1）可知。又杜甫有《承闻河北诸道节度入朝欢喜口号绝句十二首》,《承闻故房相公灵榇自阆州启殡归葬东都有作二首》,也属同样的用法。

"承"的本义和常用义是"承受""接受"。《说文》十二篇上《手部》:"承,奉也,受也。"甲骨文"象两手捧一人之形,奉之义也"（李孝定《甲骨文字集释》）。"闻、听"义应是由此引申的结果。因为接受的对象可以是具体物品,也可以是抽象的言语信息,如教令、书信、讣告之类。在后一种情况下，"承"有时解作"受"或"闻"均无不可，有时则只能作"闻、听"义解。《文选》卷一四班孟坚《幽通赋》："承灵训其虚徐兮，佇盘桓而且俟。"又卷四二应休琏《与满公琰书》："适欲遣书，会承来命，诸君子复有漳渠之会。"又卷五六潘安仁《杨荆州诔》："仰追先考，执友之心；俯感知己，识达之深。承讳忉怛，涕泪沾襟；岂忘载奔，忧病是沉。"《晋书·顾众传》："峻平，论功，众以承檄奋义，推功于谟。"又《慕容德载记》："浑闻德军将至，徙八千余家入广固，诸郡皆承檄降于德。"《佩文韵府》卷六六下，七遇引萧籍《祭权相公文》："承讣之日，缙绅失望。"以上各例中之"承灵训""承来命""承檄"既可作"受"解，也可作"闻"解，而"承讳（婉言'死'或'死讯'）""承讣"则以作"闻"解较为恰当。

引用文献

《祖堂集》 甲〔日〕京都花园大学禅文化研究所据韩国海印寺版影印本，1994。

　　　　　乙 吴福祥、顾之川校点本，岳麓书社，1996。

《全唐诗》 中华书局，1960。

《唐大和上东征传》〔日〕真人元开著，汪向荣校注，中华书局，1979。

《文选》 李善注，中华书局1977年影胡刻本。

原刊于 2001 年第 1 期

汉语给予类双及物结构的类型学考察[*]

刘丹青

提　要： 本文主要采用跨语言跨方言比较的类型学方法考察汉语给予类双及物结构几种句式的句法性质和各自的标记性程度，特别是指出"给他书"这种常用的双宾句式其实比"送书给他"这种介宾补语句式更有标记、更受限制。本文分析了几种句式各自的话语特点和认知特点，探讨了制约双及物诸句式的若干普遍性原则，排出了不同原则互动时的优先序列。

关键词： 双及物结构　类型学　象似性　优先序列

1. 释题

双及物结构向来为语法学界关注，近年来就有 Xu 和 Peyraube（1997）、Her（1997：第 5 章）、Zhang（1998）、沈家煊（1999a）和张伯江（1999）等值得注意的著述问世。这些论著较成功地借鉴形式语法、功能语法或结合两者考察汉语（包括粤语），加深了人们对汉语双及物结构的认识。本文拟以类型学视点来考察一下汉语双及物结构。

双及物结构指的是一种论元结构，即由双及物（三价）动词构成的、在主语以外带一个客体和一个与事的结构，在句法上可以表现为多种句式，有的是双宾语句，有的不是。虽然双及物结构是人类语言的普遍现象，但双宾式却并不是人类语言的共有结构，甚至不是优势句式。所以，类型学适于用人类共有的双及物结构而非特定语言方言专有的双宾句式作为比较的参项。在双及物结构中，本文只讨论表示给予义的一类。张伯江指出，"从现实语料统计中的优势分布，到儿童语言的优先习得，乃至历史语法的报告，都表明'给予'意义是双及物式的基本语义"。本文把给予类句式当作双及物结构的原型来考察。具

---

　　*　本文初稿蒙徐烈炯、陆丙甫、张伯江诸先生赐阅并提出意见，后又在第十一次现代汉语语法学术讨论会（芜湖 2000.10）上宣读，承多位先生提出意见，谨深表谢意。不当之处概由笔者负责。

体地说，本文考察的是如（1）所示的几种句法形式。式中 O_t 表示充当直接宾语的客体（theme），O_r 表示充当间接宾语或介词宾语的与事（recipient）：

（1）a. VO_rO_t，如"给他书"（双宾 A 式）

b. VO_tO_r，如南京话"给书他"、广州话"畀书佢（双宾 B 式）

c. VO_t 给 O_r，如"送书给他"（介宾补语式）、"买书给他"（连动式）

d. V 给 O_rO_t，如"送给他书"，中宁话"给给我一碗水"（复合词式）

以上各例括号内的文字是本文给各句式的句法定性。其中（1c）式又代表了两种句式，只有"送书给他"才属于双及物结构，"买书给他"不是真正的双及物结构（详 5 节）。①

2. 直接宾语和间接宾语

一些汉语学者不喜欢用直接/间接宾语称呼双宾句式的两个宾语，而改以"指人宾语"或"近宾语"指间接宾语，以"指物宾语"或"远宾语"指直接宾语，可能是因为汉语没有格形态，客体和与事没有形态上的区别，反倒是与事位置上离动词更近。但是类型学事实和对汉语的进一步考察都说明，其他叫法未必比"直接、间接"的叫法合理。

首先，直接宾语和间接宾语之分有语言共性的依据。凡是宾格和与格区别的语言，都是客体取宾格，跟其他宾语有同等句法地位，而与事取与格，跟一般的宾语不同，如俄语、德语、日语、藏语等。更重要的是，在这些语言中宾格是动词更为直接、更无标记（unmarked）的论元，而与格是动词更为疏远、更有标记的论元。在藏语的给予类双宾式中，"与事宾语带标记 la^{13}，受事（本文所说'客体'——引者）宾语为零标记"（王志敬，1995：345）。在俄语的双宾式中，客体取宾格，与事取与格。与格是独立的形态格，宾格只有阴性名词有自己的形态，阳性中性名词的宾格分别同零形态的主格（非动物性名词）或领属格（动物性名词）。显然宾格是更直接、更无标记的动词论元。所以从语言共性讲，双及物结构的客体是直接宾语，与事是间接宾语或像其他靠介词引进的题元一样是间接格（oblique）。

再从汉语内部来看，直接间接之分也有所表现。首先，在普通话里，主语和直接宾语可以无须复指代词的帮助而关系化（relativization），即成为关系从句修饰的中心语，而间接宾语不能这样关系化，加了复指代词也只是勉强可以。比较：

（2）a. 老师给学生一本书。→

b. 给学生一本书的老师（主语关系化）

---

① 限于篇幅，有两种相关句式无法详论。一是"把"字双及物句，如"把书给他"，它属于"把"字句这个重要句式，需要结合"把"字句的整体性质来研究。二是与事介宾状语式，如"给他送书"。本式中的介宾状语实际上不是一种与事位置，而是受益者（benefactive）的位置。

c. 老师给学生的一本书（直接宾语关系化）

d.* 老师给一本书的学生（间接宾语关系化）

e.? 老师给他一本书的学生（间接宾语关系化，借助复指代词）

Keenan 和 Comrie（见科姆里，1989：193）通过跨语言比较提出了一条广泛有效的关系化可系性等级系列（Accessibility Hierarchy），即：主语＞直接宾语＞间接格（oblique，科书沈译称"非直接宾语"）＞领属成分。越靠左的越容易关系化。汉语能否关系化的界限正好划在直接宾语和间接宾语之间，不但符合这一系列，而且显示两类宾语跟动词的关系的确有亲疏之别。其次，直接宾语可以被动化，作主语，或直接改作话题，而间接宾语很难被动化和话题化。比较：

（3）a. 老师给了这名学生这些书。→

b. 这些书被老师给了这名学生。（直接宾语被动化）

c.* 这名学生被老师给了这些书。（间接宾语被动化）

d. 这些书老师给了这名学生。（直接宾语话题化）

e.?? 这名学生老师给了这些书。（间接宾语话题化）

汉语中普通及物结构中的客体宾语一般都能被动化和话题化。双及物之与事难以如此，显示它与真正的宾语性质有别，称为间接宾语是有道理的。

下面再说一下"近 / 远宾语"和"指人 / 指物宾语"之说有何欠妥之处。"远宾语"或"近宾语"只是一个语序标签，并没有自己的语义基础和句法结构属性，无法成为句法成分概念。[①]北京话说"给他书"，近宾语表与事，远宾语表客体；广州话却说"畀书佢"，近宾语表客体，远宾语表与事。南京话"给他书"和"给书他"两可，远近宾语说更难解释两者的句法和语义差异。"指人 / 指物宾语"的叫法也不合理。首先双及物结构并不严格遵循与事指人客体指物的分工，如"给每个车间一个技术员"。其次，指人指物是属性概念，而不是关系概念，并不适合作为句法成分的类别名称。所以，由传统语法沿用至今的"直接 / 间接宾语"的概念，现在看来相当合理。

3. 观念距离象似性、重成分后置与双宾句的有标记性

第二节看似在讨论名称问题，实际上已涉及一项实质性内容，就是双及物结构中两个名词短语的结构地位所遵循的原则。

人类语言的句法有模拟语义关系距离的倾向（观念距离象似性，见 Croft，1990：174；张敏，1998：222）。本文将此分为两种表现形式：结构象似性和线性象似性。结构象似性

[①] 语序不一定显示句法位置。例如英语的领属结构 John's books，在前的 John 是领属定语，the books of John，在后的 John 是领属定语。

指语义关系紧密的成分在句法结构上也更加紧密。比如与动词关系最密切的施事和受事通常分别占据直接格即主宾语位置，而其他题元则充当间接格状语，用介词一类标记引出。线性象似性指语义关系紧密的单位在线性距离上也更加靠近，多项定语的排列典型地说明了这一点，参阅陆丙甫（1993：94）。

上一节已确认在双宾式的两个宾语中，直接宾语跟动词的关系更加密切。现在再来考察双及物结构各句式对观念距离象似性的遵守程度。先比较两种常见的双及物句式：

（4）老师给了学生一本书。

（5）a. 老师送了一本书给学生。

b.〈南京〉老师给了一本书给学生。

c.〈邵阳〉把给本书把给我。（储泽祥，1998：193）

（4）即上面说的双宾 A 式，其中直接宾语和间接宾语都不加介词。（5）属介宾补语式，其中客体作宾语，与事则由介词"给"等所支配，已不是动词的宾语。此式的动词在普通话中较少用"给"，南京话、邵阳话等许多方言不受此限。从结构象似性看，双宾 A 式的两个宾语都受动词支配，地位平等，而介宾补语式使受事和与事跟动词的关系有直接间接之别，更好地模拟了两者与动词关系不同的紧密度。从线性象似性看，双宾 A 式中间接宾语与动词的距离近，直接宾语与动词的距离反而远，违背了线性象似性。而介宾补语式客体距动词近，与事距动词远，模拟了两者与动词的亲疏关系。可见，双宾 A 式不体现结构象似性，还违背线性象似性。介宾补语式同时符合两种象似性。

根据上面的分析再来看另外两种句式。

（6）〈广州〉老师畀本书个学生。

（7）a. 老师送给学生一本书。

b.〈宁夏中宁〉给给我一碗水。（李树俨，1987，引自黄伯荣，1996：675）

c.〈内蒙古晋语〉我给给二娃家一箩头山药。（邢向东、张永胜，1997：151）

（6）属于双宾 B 式。此式不体现结构象似性，但符合线性象似性，因为间接宾语离动词更远。（7）属于复合词式，由动词和介词"给"紧密组合，如"送给、借给"等。此式的动词部分在普通话中不用"给"，在一些兰银方言或晋语中不受此限，所以有"给给"的组合。考虑到复合词后字"给"的介词作用，用"给"引进与事符合结构象似性。但在线性象似性方面，复合词式比双宾 A 式更严重地违背线性象似性。此式不但像双宾 A 式一样与事更靠近动词，而且让结构上明显带间接格标记的"给 + 与事"插在动宾之间，使直接宾语离动词更远了一个节点，比间接宾语插在动词和直接宾语之间更严重地破坏动宾的直接组合。不过实际上此式对线性象似性的违背没有这么严重，因为在现代汉语中"V 给"已接近一个复合词，结构上已跟双宾 A 式趋同，"给"的介词性有所淡化。构成复合词的迹象是体标记只能加在"V 给"之后而非 V 之后，[①] 如：

（8）a. 老师送给了学生一本书。

b.* 老师送了给学生一本书。

根据以上分析，以上各句式遵守观念距离象似性的程度形成如下序列：

（9）介宾补语式＞双宾 B 式＞双宾 A 式＞复合词式

根据（9），双宾 A 式是相当有标记的句式，这与人们通常把该式当作给予类双及物结构代表句式的印象不合。当然，以上序列只关心距离模拟原则，而影响双及物结构句式选择的因素不限于这类原则，对照其他原则而得出的序列未必与（9）一致。不过，从普通话本身、跨方言和跨语言三个角度，我们的确能证明双宾 A 式在相当程度上是有标记句式。

普通话没有双宾 B 式。那么，双宾 A 式是否比介宾补语式更有标记？目前文献中尚未见到有关两种句式的文本频率统计。凭印象式的观察，两者至少都算常用。频率不是确定标记性的唯一标准。另一个标准是分布：无标记项的分布大于或至少等于有标记项（沈家煊，1999b：32）。我们注意到，在所用动词相同的情形下，凡是双宾 A 式的句子都能变换为介宾补式，而许多介宾补语式难以变换为双宾 A 式。其突出表现是双宾 A 式受"重成分后置倾向"严重制约，而介宾补语式不受此倾向制约。比较：

（10）a. 我送他一本书。

b. 我送一本书给他。

（11）a. 我送他一本上个月刚刚出版的畅销书。

b. 我送一本上个月刚刚出版的畅销书给他。

（12）a.* 我送一个我读中学时候的同学书。

b. 我送书给一个我读中学时候的同学。

重成分指相对于相邻成分而言长而复杂的单位。重成分后置是各语言中都起一定作用的倾向（关于重成分后置的最新研究，参阅 Arnold 和 Wasow，2000）。它有时表现为一种选择上的柔性制约。如英语中 that 从句作主语时通常移到谓语后，让代词 it 充当形式主语，但需要时（如谓语部分也很复杂时）长而复杂的 that 从句照样可以作主语。重成分后置倾向对汉语双宾语来说则几乎是一种刚性制约。双宾 A 式实际上只适合在间接宾语简短时使用，如（10a）、（11a）。直接宾语因为本来处于后置位置，所以本来能接受重成分，如（11a）。假如间接宾语长而复杂，特别是远比后面的直接宾语复杂，双宾句便不适用，如（12a）。而宾语的长短繁简对介宾补语句的可接受性没有影响，如（10）~（12）的 b 句所示。这说

---

① 这种融合也有节律方面的原因，其他紧跟动词的介词也有构成复合词的趋向，如"坐在了椅子上"。

明该句式是受限制最少的无标记句式。假如再考虑到词汇差异，则双宾 A 式的分布更不如介宾补语式。沈家煊（1999a）注意到他所说的 A 式（包括本文的介宾补语式：卖一所房子给他）、B 式（＝本文的复合词式：卖给他一所房子）和 C 式（＝本文的双宾 A 式：卖他一所房子）适用的动词依次减少。换言之，双宾 A 式适用的动词最少。[①] 这说明即使在普通话内部，双宾 A 式也是比介宾补语式更有标记的句式。

下面再看跨方言的分布。就笔者自己会说、调查过或大量接触过的吴语、江淮官话、徽语、粤语来说，没有一种方言没有介宾补语式，至今也没有看到哪种方言语法的描写报告说该方言没有介宾补语式。双宾 A 式的情况则不同。除下江、兰银、西南以外的官话区的报告几乎都不提双宾语问题，看来情况跟普通话一致。下江官话往南，情况就很不同。南京话给予类双宾 A 式（给他书）、双宾 B 式（给书他）和介宾补语式（给书给他）并存（刘丹青，1994）。前两者都受限制，只有最后一式最自由。北部吴语的情况跟南京话一致，如苏州话"拨俚书（双宾 A 式）、拨书俚（双宾 B 式）、拨书拨俚（介宾补语式）"。不少赣语没有双宾式。万波（1997：240）指出安义话"没有由'给予'类动词构成的双宾句"，而采用"拿＋宾语（表物）＋到（介词）＋宾语（表人）"，即介宾补语式，如"渠拿得一支笔到我"。据陈满华（1995：231），属湘东赣语的安仁话也如此，与"送你一本书"相应的格式是"送本书得你"或"得本书得你"。属鄂东赣语的阳新话也只有介宾补语式，如"把书得你"，而没有双宾式（黄群建，1993：196）。另据戴耀晶（1997），赣语泰和话虽然有双宾 A 式、B 式和使用"得"的介宾补语式，但表示给予义时"加'得'的句子（介宾补语式——引者）比不加'得'的句子（双宾 B 式——引者）更为常见"。"在间接宾语较为复杂的句子里，为了语法关系看得更为重要清楚，有时候'得'字必须出现"。湘、粤方言大体上双宾句有 B 无 A。据储泽祥（1998：192-193）对湘语邵阳话的描写，给予类双宾句有 B 式（把本书我）无 A 式。储著并指出其他双及物句式中，"把本书把我""借一块钱把你"（介宾补语式）最常见，"借把你一块钱"（复合词式）不及前者常见。广州话的情况，以往注意较多的是其双宾句有 B（畀书我）无 A（*畀我书）。实际上，其双宾 B 式也是受限制的句式。当直接宾语长而复杂时，也需要在间接宾语之前加"畀"或"过"，成为介宾补语式，如：

（13）〈广州〉我送咗一本上个月啱啱出版嘅畅销书

　　*（畀／过）一个同学。我送了一本上个月刚刚出版的畅销书给一个同学。

此外，假如间接宾语极简短而直接宾语较长，粤语也能用双宾 A 式（张双庆，1997），如：

（14）〈香港〉我畀你几千文同埋一张机票。我给你几千元和一张机票。

――――――――――――

① 沈文用一些认知原则解释了这种分布差异，而本文认为不符合结构象似性至少也是原因之一。

可见粤语双宾语也很受重成分后置倾向的制约，而介宾补语式最自由，不受制约。西北兰银官话的给予句形式很多样，但恰恰排斥双宾式［(7b)的中宁话例是复合词式］。公望（1986）指出，北京话里的双宾句在甘宁青方言里通常并不出现。它们一般都转换为带"把""给"的双介词句。如：

（15）〈兰州〉他（把）书给我给了。（第一个"给"是介词）

公望把引出客体的介词"把"放入括号，即可以省略，而引出与事的"给"没有加括号。可见，兰银官话倾向于把间接宾语作为间接格放在给予义动词前用介词引出，以介宾状语式代替其他方言中的介宾补语式。这与兰银方言受阿尔泰语言或藏缅语言影响产生 SOV 倾向（动词居末倾向）有关（参阅刘丹青，2001）。

综上所述，许多方言根本不存在给予义双宾句（赣语、兰银官话）或不存在双宾 A 式（湘、粤），即使在有给予双宾句的方言中它也是受重成分后置等原则限制的有标记句式，而用介词介引与事的句式（介宾补语句或兰银官话中的介宾状语句）不但普遍存在，而且是不受类似限制的无标记句式。

最后再看跨语言比较。根据 Polinsky（1998）的考察，双宾式和与格式（用专用的介词或与格标记表示与事的句式）似乎在语言分布上没有优劣之别。她举的语种分布为：两种句式都有：英语、朝鲜语；只有双宾语：部分班图语、Tzotzil 语、Pari 语、阿布哈兹语（Abkhaz）；只有与格式：许多印欧语、[①]楚克奇语（Chukchi）、豪萨语（Hausa）；两种结构都没有：无例。经笔者核对材料，发现所谓只有双宾式的语言，如 Tzotzil 语等，都是属于谓语动词核心标注型（head-marking），即通过加在动词上的一致关系语缀表明句中论元的不同性质，如施事、受事、与事等。[②]核心标注语言中的直接宾语和间接宾语的不同论元性质已在谓语动词上标明了，所以其实际的形态地位还是不同的。这种情况下的双宾语跟真正的双宾语并不相同，无法简单类比。假如排除了这种不可比的情况，那么我们看到的就是双宾句和与格句在分布上的不对称：有双宾句的语言必然也有"与格句"，如英语、朝鲜语及汉语中的普通话、北部吴语等。而有"与格句"的语言不必有双宾语句，如许多印欧语言及汉语中的赣语等。这种分布再次证明双宾语句是有标记的句式。

双宾句虽然从语言内部和类型比较看都是有标记、受制约的句式，但它为什么还是相当普遍地存在，并在英语、普通话一类语言中还相当常用？下一节将讨论这一问题。

---

① 在法语和西班牙语中，除人称代词与事可用在双宾结构中，其他与事只能由介词引出放在直接宾语后。德语、俄语的与事必须取与格而非宾格。这些都不是真正的双宾句。所以英语式的双宾句是印欧语中的少数派，普通话中的给予类双宾 A 式在各大方言中也未必是多数派。英语和普通话在双宾句上倒非常接近。

② 除部分班图语外，其他三种被提到的语言都属于高加索语群，该语群以动词形态复杂著称。

复合词式（送给他一本书）是双宾句的一种特殊形式，它由于在动词和直接宾语之间插入了带有介词性质的"给"，破坏了动宾的连续性，以致成为比双宾 A 式更有标记的结构，这也在跨方言比较中得到印证。吴语除双宾 A 式和双宾 B 式并存外，复合词式也存在，但使用范围更受限制。许多发音人倾向于换用其他结构来对应普通话例句中的复合词式。笔者在用于吴语区 12 个点的句法调查表中有两个例句是复合词式的：

（16）a. 已经打给他两个电报。

b. 姐姐打给他两件毛衣。

对（16a）句，苏州、无锡、台州（椒江）、金华、东阳、丽水 6 点的发音人说的是原句的对应结构，如苏州"已经打拨俚两只电报"。常州、绍兴、宁波、乐清大荆、温州 5 点的发音人改用其他结构（相当于"打了两个电报给他"或"给他打了两个电报"）。上海话两个发音人一个沿用原句、一个改用其他结构。对于（16b）句，苏州、无锡、乐清大荆、金华、东阳、丽水 6 点的发音人说的是原句的对应结构，常州、绍兴、宁波、台州（椒江）、温州 5 点的发音人改用其他结构。上海两个发音人仍是一个沿用一个改用。与此鲜明对照的是，当给出的普通话例句是介宾补语式或连动式时，如"姐姐打了两件毛衣给他"，所有发音人都沿用原句式，无一人改用复合词式。可见复合词式是说话时力避的有标记句式。

4. 经济原则、话题性与双宾句

据 Collins（1995）对 20 万词澳大利亚英语语料（口语书面语各半）的统计，双宾句和介词与格句分别有 108 例和 57 例。为什么双宾语作为有标记的句式本文出现率不低？本节提出几条有助于双及物结构实现为双宾句的原则，它们是作为关系紧密度模拟原则的制衡力量出现的。

首先是经济性原则。以尽可能少的语言单位表达同样的意义是语言中又一条广泛起作用的原则。有些时候，语言的经济性与象似性是相冲突的（Croft，1990：192），无法兼顾。[①]在双及物结构上，选用介词与格式符合关系紧密度象似性，选用双宾句节省了一个介词，符合经济性。两者也难兼顾。

经济原则对双宾 B 式的作用最直接。不少学者指出双宾 B 式来自介宾补语句的省略。Xu 和 Peyraube（1997）对分析粤语双宾 B 式的几种观点进行了详尽讨论，结果发现只有介词省略说才在结构上可信。再如戴耀晶（1997）指出，泰和话里在直接宾语和间接宾语间加"得"的句子（乾旺叔要还一笔钱得你）比不加"得"的句子（乾旺叔要还一笔钱你）

---

① 假如说"澳大利亚"的译名体现了象似性，则"澳洲"的译名体现了经济性，两者也无法兼顾。

更常见，后者可以理解为前者的省略形式。在泰和话、连城客家话（项梦冰，1997）和苏州话（刘丹青，1997）等双宾 A 式和 B 式并存的方言中，都还存在一种由取得义动词构成的给予义双宾 B 式，如连城话"买张邮票渠"，表示"买一张邮票给他"。这类句子都不能改用双宾 A 式（"买渠一张邮票"表示从他那儿买来邮票），但都能加入给予义动词兼介词（泰和"得"、连城"分"、苏州"拨"），如"买一张邮票分渠"。当间接宾语不是人称代词一类简短形式时，这个给予动词是不可省的。所以项梦冰恰当地称之为"由连谓结构省略给予动词造成的'假双宾句'"，这也是经济原则的产物。当然，由于作为省略形式的双宾 B 式在某些方言中出现频率很高，因此在一定程度上已语法化为真正的双宾句式。

双宾 A 式虽然也比介宾补语式少用一个介词，但是两式中两个宾语的相互位置不同，所以 A 式在汉语某些变体中的常用无法单独靠经济原则来解释。除了经济原则外，间接宾语的话题性和重成分原则扮演着重要角色。

不少形式学派的学者认为，双宾句的间接宾语和直接宾语形成一种表拥有关系的主谓小句，其中间接宾语为主语、直接宾语为谓语；类型学家则注意到人类语言双宾句的两个宾语间有话题性的差异，间接宾语的话题性高于直接宾语（参阅徐烈炯、刘丹青，1998：77-79 的介绍）。根据 Mallison 和 Blake（1981：161-163），间接宾语的话题性体现在生命度和有定性两方面。间接宾语多指人，生命度高于通常指物的直接宾语。间接宾语以有定为常，往往取人称代词、人名一类形式，而直接宾语以无定为常。在生命度和有定性两方面都是间接宾语的话题性更强。徐烈炯、刘丹青（1998：77）用吴语和粤语加话题标记的测试证明间接宾语可以作话题而直接宾语不行。一些国外学者则从信息结构来分析两个宾语的差异（其实也属话题性问题），注意到两者的语序遵循由已知信息到新信息的原则。世界上多数有双宾句的语言间接宾语前置于直接宾语，其实都体现了话题或旧信息居前原则，因为统计表明与事总体上强烈倾向已知、有定而客体倾向新信息、无定［参阅 Collins（1995）、Arnold 和 Watow（2000）对澳洲英语和加拿大英语的统计］。假如出现客体有定已知和 / 或与事属无定新信息的情况，这些语言通常也会转而将与事后置于客体并用介词介引。

再来看看汉语的情形。比较普通话的下列各句：

（17）a. 老师送了这位同学一本书。

　　　b.ʔ 老师送了一位同学一本书。

　　　c.ʔʔ 老师送了一位同学这本书。

（18）a. 老板给这个助手一家店。

　　　b.ʔ 老板给这家店一个助手。

　　　c.ʔʔ 老板给一家店一个助手。

　　　　d.*老板给一家店这个助手。

（17）a 句是"有定与事＋无定客体"，最自然。b 句是"无定与事＋无定客体"，已不如 a 句自然。c 句是"无定与事＋有定客体"，极不自然。即使真有这样说的，"一位"也倾向于理解为表全量（universal quantification）的"每一位"，而全量也是适合话题化的。（18）a 句是"有生与事＋无生客体"，最自然。b 句是"无生与事＋有生客体"，不如 a 句自然。c 句是"无生与事＋有生客体"，而且与事无定，极不自然，只有"一家店"理解为全量成分（＝每家店）才勉强可说。d 句是"无定无生与事＋有定有生客体"，句子完全不成立。

　　由此可见，汉语双宾 A 式的出现动因主要是间接宾语的话题性。当间接宾语的话题性被削弱时，双宾句也就成为一种劣势结构，必须换用其他结构。而真正无标记的双及物句式，即介宾补语句，基本上是没有条件制约的。即使是适合双宾句的场合照样可换用介宾补语句，如（17a）说成"老师送了一本书给这位同学"，（18a）说成"老板给一家店给这位助手"，都没问题。所以，双宾 A 式在某些语言方言中的频率优势，并不体现双宾 A 式在双及物结构中的优势地位，而只显示与事比客体更容易具有话题性，使话题前置原则有起作用的机会。至于经济原则，可能也有一定作用，因为双宾 A 式毕竟节省了一个介词。不过双宾 A 式不用介词更可能是为了兼顾观念距离象似性，因为间接宾语在前时再用介词就成了复合词式（送给他书），这是最不符合距离象似性的结构（见 3 节）。

　　话题性原则在双宾 B 式中无效，因为话题性强的与事在双宾 B 式中反而后置于话题性弱的客体，如广州话"佢畀本书我"。我们知道双宾 B 式在线性象似性方面强于双宾 A 式，它让与动词关系更紧密的直接宾语位置上也更靠近动词。双宾句 AB 两式的选择是优先注重话题性还是优先注重线性象似性之别。看来普通话选择前者而粤语选择了后者。这不奇怪，在汉语方言中，粤语似乎是对信息结构等与话题有关的因素较不敏感的方言，参阅刘丹青（2001）。跟介宾补语式比，则可以说两种双宾句都更加符合经济性原则。

　　此外，Arnold 和 Wasow（2000）通过文本统计和心理语言学实验证明，重成分与新信息在很大程度上是一致的。人们常用单词形式提及已知信息，而用较长的描写式短语引入新信息。文本中与事不但大多是有定已知信息，而且平均词长远小于客体。所以普通话让客体后置于与事的同时也满足了重成分后置的要求。当出现与事较"重"的非常规现象时，与事仍会"被迫"退到客体后，并以介词短语的形式出现。Arnold 等的研究还证明，当客体和与事信息地位相似时，重成分原则是英语说话人决定是否采用双宾式的主要因素。普通话的情况与此相似。

5. 观念复杂度象似性与双及物结构

以上讨论都把双及物结构的几种句式大体看作同义句式。实际上，正如沈家煊（1999a）注意到的，不同的双及物句式的结构意义不完全相同。"SVO 给 X"句（我寄一封信给他）表示"惠予事物转移并达到某终点，转移和达到是两个分离过程"。"SV 给 XO"句（我寄给他一封信）表示"惠予事物转移并达到某终点，转移和达到是一个统一过程"。既然后者表示一个统一的过程，那么不用介词的"我送他一本书"更表示一个统一过程了。这里的意义差异，反映了观念复杂度象似性：分离的过程用分离的赋元方式表示，客体和与事分别由动词和"给"赋予题元；统一的过程用统一的赋元方式表示，客体和与事由同一个动词同时赋予不同的题元。

仔细分析起来，普通话由客体后的"给"引出与事的句式，实际上代表了两种句法结构，分别模拟两种事件结构。一种是介宾补语式，模拟的是一个单一给予事件的两个过程。一种是连动句，模拟的是相连的两个事件构成的一个复合事件。只是由于普通话给予义动词和介引与事的前置词用了同一词项，所以两种结构出现了相同形式。假如两者词项不同，则可以更清楚地看到这种区别。

先说结构。何万顺（Her, 1997: 92）指出，普通话里的"VO 给 NP"实际上代表了两种结构。假如 V 属要求带一个客体和一个与事的小类（按即所谓三价动词），如"送、还、赏"等，则"给"是一个前置词，介引 V 的与事论元，如"李四送了一束花给她"。假如 V 不属该小类，如"丢出、买下"，则"给"是一个动词，整个结构是连动式，后面的 NP 是"给"的论元而不是前面 V 的论元，如"张三买下了一束花给她"。笔者方言调查所得材料显示何书对两种结构的区别是有道理的，因为在给予动词和与事介词不同形时，两种结构可以不同。试比较吴语中下列句子：

（19）a.〈东阳〉送两朵花咧渠。送两朵花给他。

     b.〈丽水〉送两朵花试渠。送两朵花给他。

（20）a.〈东阳〉阿姐儿缉勒两件毛线衣分渠。姐姐打了两件毛衣给他。

     b.〈丽水〉佗佗结两件毛线衣克渠。姐姐打了两件毛衣给他。

（19）中的"咧/试"是表示与事的前置词，属纯粹虚词，而（20）中的"分/克"是给予动词。当前面的动词用双及物动词"送"时，与事由前置词"咧/试"介引，（19）为介宾补语式。当前面的动词是普通及物动词"缉/结编织（毛衣）"时，便不能用前置词介引与事，而需要给予动词"分/克"来构成连动式（20）。

再说结构的意义。借鉴沈家煊、何万顺的分析，再考虑到表达给予行为的更复杂的形式连动式和复句，我们可以看到下列复杂度渐增的句法象似关系：

（21）a. 双宾式～单一事件，单一过程：我送了她一束花。

　　　　b. 介宾补语式～单一事件，两个过程：我送了一束花给她。

　　　　c. 连动式～两个小事件，一个复合事件：我买了一束花给（了）她。

　　　　d. 复合句～两个事件：我买了一束花，给（了）她。

以上四类事件性质不是在同一层次上并列的。a 和 b 之间客观所指（真值条件）相同，只是说话人视点不同。c 和 d 之间也是客观所指相同，只是说话人视点不同。ab 和 cd 之间则客观所指也不尽相同。a、b 各是一个双及物结构，c、d 已分别是一个复合述谓结构，不再属于双及物结构。"给"也不是前置词而是动词。所以，c 和 b 的一大区别就是能否改用 d 式：c 能而 b 不能（＊我送了一束花，给了她）。

　　上述分析也使我们对双宾 B 式有更清楚的认识。由双及物动词构成的双宾 B 式，如广州话"我界本书你"，可以看作由介宾补语式省略前置词而来（见 4 节），但形式的省略也会影响事件结构。既然已经语法化为双宾句，便只有一个及物结构，可以跟双宾 A 式一样表示单一给予事件的单一过程。比较麻烦的是由取得类动词构成的双宾式，如连城客家话"买张邮票渠"。它所省略的不是前置词而是给予动词，原本是两个及物结构而不是一个双及物结构，句意也明显是两个事件构成的复合事件："买张邮票 + 给他"，所以项梦冰称之为"假双宾句"。这是一种不遵守事件结构象似性的高度有标记的结构。句法上它也确实很受限制。项梦冰指出，在连城客家话中只有人称代词能用作该式的间接宾语，连人名都不能用于此式。苏州话、泰和话也基本如此。如苏州话可以说"买瓶汽水俚他"，但不能说"买瓶汽水小张"。

6. 影响双及物结构形式的各原则及其互动与优先系列

　　本文在分析双及物结构的诸句式时，致力于发现影响这些句式的一般性原则或倾向，以便解释不同结构的存在原由及优劣。由于本文涉及的原则为数不少，我们必须对这些原则做进一步的检验，以免"原则"成为随文释义、水来土掩式的武断解释，失去其普遍价值。检验的方法有二。第一，独立证明。即能在其他结构上同样看到该原则的作用，而不只在被讨论的对象结构上起作用。第二，指出互动规则和优先等级。不同的原则应有固定的互动规则和恒定的优先等级。这样才能解释原则不起作用时的情况：处于等级系列中较低的原则需要其他原则的帮助才能起作用，它也容易受到更高等级的制约而不起作用，而高等级原则可以独立起作用，不受低等级原则的制约。

　　本文讨论过的原则或倾向计有：

（22）a. 观念距离象似性：a_1. 结构象似性；a_2. 线性象似性

　　　　b. 重成分后置

c.话题前置：c_1.高生命度前置于低生命度；c_2.有定/已知信息前置于无定/新信息

d.经济原则

e.观念复杂度象似性

以上诸原则或倾向是众多学者对许多结构进行考察后总结出来的原则，都不是只对双及物结构有效的原则，属于已获独立证明的原则。本文需要讨论的是它们在双及物结构上表现出来的互动规则和优先等级。

最优势的汉语双及物句式是介宾补语句。它的出现最少句法限制，方言和语言分布最广泛。该句式遵循的原则是观念距离象似性，包括结构象似性和线性象似性。该句式不符合话题前置倾向，不符合经济原则（比双宾式多用一个介词，按生成语法还多了一个最大投射）、可以不符合重成分后置倾向。其他句式可以自由地换用该句式。可见观念距离象似性是最优先的原则。复合词式正因为同时偏离结构和线性两种象似性而成为最劣势的句式。

重成分后置是力量仅次于观念距离象似性的倾向。在双及物结构的诸句式中，只有遵循距离象似性的介宾补语句不受重成分后置倾向的制约，其他句式都难以违背这一倾向。双宾A式、复合词式都不允许在前的间接宾语明显重于在后的直接宾语。方言中的双宾B式（送本书我、买张邮票我）似乎是反例，因为其在后的直接宾语常常很简短，以人称代词和人名甚至只能以人称代词的形式出现。其实双宾B式并没有背离重成分后置原则。双宾B式中的间接宾语都是非重读形式，不构成独立的韵律词，在韵律上已经依附于前面的直接宾语，即发生了附缀化（cliticization）。在苏州话中，"送本书我"的"我"没有独立声调，只是句法上不成立的连读变调二字组"书我"的后字，由前字"书"决定"我"的实际调值。假如要重读"我"，或者用超过双音节的名词代替代词，那么句子就得改成介宾补语式，如"送本书拨′我/拨′陈小兵"。可见在双宾B式中，间接宾语根本无法与直接宾语构成相对的轻重关系。使用双宾B式的方言严格限制间接宾语的重度，就是为了不让它成为一个独立的韵律单位从而违背重成分后置倾向。

话题前置倾向是双宾A式所遵循的原则。该句式在普通话及部分方言中相当常用，这是因为与事通常在生命度、指称义、信息属性方面有更强的话题性，而话题性强的成分又常采用"轻"的形式。所以此式的常用实际上是话题前置和重成分后置合力的结果。话题前置的倾向受到三方面的限制。第一，话题前置只在符合重成分后置原则的前提下有效，而距离象似性不受重成分原则制约。第二，话题前置倾向只在部分方言的双及物结构中有效，而距离象似性和重成分原则在所有方言中都有效。第三，话题前置倾向是可违背的，即使间接宾语话题性强，仍可使用介宾补语句，而重成分后置是不可违背的。从以上几点看，话题前置倾向的作用在双及物结构上不如距离象似性和重成分原则有力。①

经济原则在双及物结构上的作用不是很突出。双宾 B 式可以认为是介宾补语式因经济原则而省略介词。双宾 B 式保持了线性象似性但不符合结构象似性（间接宾语不用介词）。经济原则的作用有方言分布限制，因为只有部分方言有双宾 B 式。而且经济原则不能违背重成分原则。当直接宾语很复杂，或者间接宾语超出附缀化的长度限制时，与事介词的省略就变得困难或完全不允许。

观念复杂度象似性主要是说话人的一种语义选择，其中用连动式或复句表达给予行为已经超出双及物结构的范围，只有模拟单一行为单一过程的双宾式和模拟单一行为两个过程的介宾补语式的选择涉及双及物结构。这两种模拟的差别只反映说话人主观视点而不反映真值条件的差别。其选择事实上以不违背上述原则或倾向为前提。说话人不能为了突出事件的单一过程而在不适合用双宾句的时候（如间接宾语过长）强行使用双宾句。因此，事件结构象似性在双及物结构中的作用是最弱的。

至此，我们可以列出影响汉语双及物结构的诸原则或倾向的优先序列：

（23）观念距离象似性（结构象似性＋线性象似性）＞重成分后置＞话题前置＞经济性原则＞观念复杂度象似性

给予类双及物结构不同句式的标记性不同，其实就是由于上述原则的优先地位不同造成的。违背的原则位置越靠左，句式就越有标记性。

参考文献

陈满华　1995　《安仁方言》，北京语言学院出版社。

储泽祥　1998　《邵阳方言研究》，湖南教育出版社。

戴耀晶　1997　《泰和方言的动词谓语句》，李如龙、张双庆主编 1997。

公望　1986　《兰州方言里的"给给"》，《中国语文》第 3 期。

黄伯荣（主编）　1996　《汉语方言语法资料汇编》，青岛出版社。

黄群建（主编）　1993　《阳新方言志》，中国三峡出版社。

科姆里（Bernard Comrie）　1989　沈家煊译，《语言共性与语言类型》，华夏出版社。

---

① 我们说话题前置倾向在双及物结构中的作用不是最优先，这与汉语话题优先的整体类型特征（详见徐烈炯、刘丹青，1998）不矛盾，因为间接宾语并不是句法上的原型话题，只是相对于直接宾语来说有较强的话题性。它在一定条件下可以加话题标记成为真正句法话题中的一类——次次话题，见徐烈炯、刘丹青（1998：76）。

李如龙、张双庆主编 1997 《动词谓语句——中国东南部方言比较研究之三》，暨南大学出版社。

刘丹青 1994 《南京方言词典》引论，《方言》第 2 期。又见《南京方言词典》，江苏教育出版社 1995。

刘丹青 1997 《苏州方言的动词谓语句》，李如龙、张双庆主编 1997。

刘丹青 2001 《汉语方言的语序类型比较》，日本《现代中国语研究》创刊第 2 期。

陆丙甫 1993 《核心推导语法》，上海教育出版社。

沈家煊 1999a 《"在"字句和"给"字句》，《中国语文》第 2 期。

沈家煊 1999b 《不对称与标记论》，江西教育出版社。

万波 1997 《安义方言的动词谓语句》，李如龙、张双庆主编 1997。

王志敬 1995 《藏语拉萨口语语法》，中央民族大学出版社。

项梦冰 1997 《连城客家话的动词谓语句》，李如龙、张双庆主编 1997。

邢向东、张永胜 1997 《内蒙古西部方言语法研究》，内蒙古人民出版社。

徐烈炯、刘丹青 1998 《话题的结构与功能》，上海教育出版社。

张伯江 1999 《现代汉语的双及物结构式》，《中国语文》第 3 期。

张敏 1998 《认知语言学与汉语名词短语》，中国社会科学出版社。

张双庆 1997 《香港粤语的动词谓语句》，李如龙、张双庆主编 1997。

Arnold, Jennifer E. & Thomas Wasow 2000 Heaviness vs. newness: the effects of structural complexity and discourse status on constituent ordering. *Language* 76-1.

Collins, Peter 1995 The indirect object construction in English: an information approach. *Linguistics*: 33-1.

Croft, William 1990 *Typology and Universals*. Cambridge: Cambridge University Press.

Her, One-Soon 1997 *Interaction and Variation in the Chinese VO Construction*. Taipei: Crane.

Mallinson, Graham & Barry Blake 1981 *Language Typology: Cross-linguistic Studies in Syntax*. North-Holland Publishing Company.

Polinsky, Maria 1998 Double object constituents: motivating object asymmetries. 手稿。

Sadakane, Kumi & Masatosh Koizumi 1995 On the nature of the 'dative' particle ni in Japanese. *Linguistics* 33-1.

Xu, Liejiong & Alain Peyraube 1997 On the double object construction and the oblique construction in Cantonese. *Studies in Language* 21-1.

Zhang, Ning 1998 The interactions between construction meaning and lexical meaning. *Linguistics* 36-5.

原刊于 2001 年第 5 期

普通话异读词审音

曹先擢

提　要：1985 年《普通话异读词审音表》正式公布，审音工作告一段落。从学术上对审音
　　　　问题进行总结探讨，是一个有待解决的课题。审音原则和审音对象是最关键的问
　　　　题。本文指出审音对象分两个层面，一般的和具体的。一般的层面从语言上说，
　　　　所审的是词、词素，而词素是主要的。从文字上说则是表示词、词素的字。具体
　　　　的层面包括单音词和多音词、文白异读、破读、轻声、连读变调等六个方面。审
　　　　音标准包括三项：1，原则上以符合语音发展规律为准；2，音义结合，异读取舍
　　　　与语义挂钩；3，语音规范与词汇规范相辅相成。

关键词：异读词　审音　单音字　文白异读　破读　轻声

1．问题的提出

普通话审音工作始于 1956 年，从 1957 年到 1962 年五年间将阶段性的审音成果以《普
通话异读词审音表初稿》的形式分三次发表，1963 年辑为《普通话异读词三次审音总表（初
稿）》（以下简称《初稿》）。1966 年至 1976 年审音工作停顿。1977 年后，审音工作恢复，
对《初稿》进行修订，1985 年由国家语言文字工作委员会、国家教育委员会、广播电视部
联合发布《普通话异读词审音表》（以下简称《审音表》），作为部颁的标准，通令执行，
审音工作至此画上了句号。

审音具有学术性，需要进行深入的研究。词典里的又读、语音（即白读，指口语音）、
读音（指书面音）、破读等都属于异读问题。普通话既然是通用的标准语，各方面异读问
题自然应该在普通话审音范围内来一个总清理、总解决（一定的共时平面）。审音研究在
审音工作进行的时候或审音工作告一段落后来做，都是必要的。做好审音的研究不仅有利
于《审音表》的制订或修订，而且对汉字和汉语的应用研究都具有积极的意义。问题是这

项研究做得很不够。在 20 世纪 60 年代初曾有少量审音问题的文章发表，而以后的几十年几乎没有研究文章发表，尽管在 80 年代《审音表》正式公布，但未引发和推动审音问题研究的开展。这并不等于说没有可研究的问题，恰恰相反，可研究的问题很多，而且其中还包括审音原则这样的问题有待探讨。审音原则在审音工作开始的时候就被提出来了："审音以词为对象，不以字为对象"；"拿现在的北京语音作标准"。这两个规定都是可商榷的。王力先生敏锐觉察到审音原则需要研讨，在 1965 年写了《论审音原则》。审音问题既有理论性，更有实践性。笔者深感个中涉及的问题很多。今抛砖引玉，并借此求教。

2. 审音对象

审音对象问题分两个层面：形式层面和内容层面。形式层面是指所审的音是词的音还是词素的音，或兼而有之；词、词素与汉字的关系。审音委员会规定"以词为对象"，遗漏了词素。《初稿》在"危"字下列了五个异读词：危害、危机、危急、危亡、危险。其实只有一个异读的词素"危"。审音要审的是词素"危"，而不是由"危"构成的复合词。所以不提出词素是审音的对象，就无法显示审音的概括性，无法准确列出审音的项目。由"危"构成的复合词还有许多：危难、危局、危重、病危、濒危、垂危等，《初稿》只列"危害"等五个词，就难免有挂漏之讥了。问题还不止于此。词素是异读的高发区，词素的异读多于词的异读。做一个小测查。《审音表》从"阿"到"臂"32 字，属词素异读的21 字，近 70%。音的稳定性受应用制约，词能独立使用，在通常情况下字音比较稳定，出现异读多为特殊的原因，如"癌"按规律读 yán，为了与"炎"有区别，普通话审音推荐读［ái］（李荣，1990）；"拔"读 bá，北京土话个别地方念 bǎ（徐世荣，1997），等等。词素因不单独用，在复合词里意义弱化，字音特别是字调容易流动，"事迹""成绩""友谊"中的迹、绩、谊皆属此例。"冠心病"的"冠"是词素，读平声、去声的都有，存在异读。"挂冠而去""勇冠三军"的"冠"是词，前一个"冠"读阴平，后一个读去声，读混了意义出不来（个别人不排除有读得不对的，社会读音不存在异读）。审音对象遗漏了词素，会妨碍我们对现代汉语异读特点的认识。说审音对象不是字，为似是而非之论。汉字与词、词素的关系是记录与被记录的关系，撇开汉字，审音对象的表述就会遇到困难。1985 年的《审音表》没有撇开字："本表所审，主要是有异读的词和有异读的作为语素的字。"修正是必要的。不足之处是没有注意到同形字。"胜"作为语词义有阴平和去声二读，作为化学用字的"胜"读阴平，这就与语词读阴平的"胜"构成了同形字。审音定"胜"统读去声，是就语词义说的，而化学字也被拉了进来。徐世荣先生说："胜字指一种有机化合物，必念阴平，统读失考。"（徐世荣，1965）失考的原因是没有考虑同形字问题。

内容层面，即审音的具体对象问题。第一，我们先要在词汇范围内明确：异读词是指普通话的词而非北京话里的土语词。这个道理无须申说，只要看一下普通话的定义就明白了。但是审音的时候还是把许多北京的土语词拉进来当作了审音的对象。《审音表》对《初稿》纳入审理中的土语词，采取三种处理方式：1.定为"统读"，否定土语词读音。如"指"，《初稿》规定在"指头"中读 zhí，在"指甲"中读 zhī，《审音表》规定统读 zhǐ；"过"，《初稿》规定在"过分"（享受太过）中读 guō，《审音表》规定："除姓氏读 guō 外，都读 guò"，是一种间接的否定处理。2.作肯定的处理。如"雀"规定在"雀子"一词中读 qiāo，在"家雀儿""雀盲眼"中读 qiǎo；"络"规定在"络子"中读 lào。3.不予审理。如"方胜子"的"方"，《初稿》否定读 fāng；"子口"的"口"审定读轻声。《审音表》均置而不论。只有第三种处理是正确的：因为第一种规定，北京人做不到，他们怎么可以改变自己口语的读音呢？也没有这种必要。对非北京地区的人来说是没有意义的，因为他们本来就读《审音表》所规定的音。第二种规定把土语音提升为规范音，增加了人们学习的负担，不利于普通话的推广。如果要学习可以放到词汇中去个案解决，完全没有必要作一般性的规定。

第二，审音对象为轻声问题。轻声词有许多是北京土语词，可以不予审理，但是轻声是北京话的词汇、语法、语音上的特点之一，因此轻声的异读问题是要审理的。关键是要有正确的审音标准，这个问题留在后面再谈。

第三，审音对象为单音字（词、词素）和多音字（词、词素）问题。单音词、词素，只有一个音读，现在又出现了其他的音读，构成异读，异读音之间没有区别意义的问题，如"癌"以前有两读：yán/ái；词素"谊"yī/yì 等，审订时不涉及其他词、词素的音、义问题，操作上没有太多的困难。多音词中的异读情况相当复杂。先谈一般的多音字。其读音在某些复词中有异读。又分两种情况：1.两个音义都具有常用性，一般不相混，只是在某些复词中作为词素的音相混，有异读。如"处"读 chǔ，具动词性；读 chù，具名词性，在"处女"一词中，存在上声和去声两读。又如"转"有 zhuǎn/zhuàn 两读，审音中审理了"运转"的"转"之异读。在复合词中当词素的意义弱化时它的音会变得不稳定，如果是多音字，就出现上述异读。《现代汉语词典》（1979 年版，下同）"运转"的"转"注去声，"旋转"的"转"注上声，其原因盖出于此。随着汉语词汇复音化趋势的增强，这种现象会增多。2.两个音义中有一个是常用的，另一个是不常用的，后者通常是表示特殊意义的词语，如"尺"chǐ/chě，chě 只用于传统乐谱中一个记音符号；"氓"máng/méng，后者只用于古籍里指老百姓；"汗"hàn/hán，后者只用于"可汗"；"作"zuò/zuō，后者用于"作坊"等；"艾"ài/yì，后者只用于成语"自怨自艾"，等等。特殊的多音字包括文白异读、破读等，下面分别论述。

第四，审音对象为文白异读问题。北京话里的文白异读绝大多数来自古入声字，主要是德、陌（麦）、铎、药、觉、屋诸韵字，韵母为单元音的是文读，韵母为复合元音的是白读（不算介音）。周祖谟先生说："旧入声字有文白两读。如剥（bō，bāo），色（sè，shǎi），熟（shú，shóu），脉（mò，mài）等都是。"文白读在韵母上的分别是很整齐的。在北京话里有的采用了白读，如"轴"（zhóu，不取zhú），"宅"（zhái，不取zhè），"勺"（sháo，不取shuò）；有的采用了文读，如"学"（xué，不取xiáo），"跃"（yuè，不取yào），"克"（kè，不取kēi），"鹤"（hè，不取háo）。但是有些是文白音并存的。作为异读，从早期的《国音常用字汇》到后来的《新华字典》，在注音的时候，或有所取舍，或二音并取，一为正读，一为又读。从字出发只能是这样处理。从词出发，文白的问题有的不能仅限于音的取舍。例如"色"读shǎi，用于口语，构词能力极弱；读sè，构词能力很强，如景色、姿色、成色、色盲、色素、色彩、色调、色厉内荏等，都不能读shǎi。"脉"白读mài，可用来构词，如脉冲、脉搏、脉络、山脉、叶脉、矿脉等，然而脉脉含情、温情脉脉要读mò。此类文白异读有互补性，不是一个取此音舍彼音的问题。

第五，审音对象为破读音问题。现代词汇中留下的破读音呈减少的趋势，如成语"文过饰非"，"文"不再变读去声。这是语言在应用中自发性的调整，是参差不齐的。有一部分破读异读沉淀到现代词汇中，需要整理，如"骑"qí，作名词时读jì，为破读音，现统读qí，取消了破读音。也有破读音占了优势，取破读音的，如"胜"，按《说文》在力部，字的本义为"能担当"，段玉裁说"凡能举之、能克之皆曰胜，本无二音二义"，反切识蒸切，读平声；后指"胜利"为引申义，读去声，占了优势，现统读去声。

第六，连读变调问题。这是语音的问题，如两个上声字连读，第一个字读阳平，词典里对由两个上声字组成的复词，第一个字仍标本调。如"北纬""理解""卤莽"，《现代汉语词典》对"北、理、卤"均标上声，不标阳平。问题是有许多连读变调，音变不具有划一性，变调存在于具体的词中，如儿化词有的变阴平（画片儿、法儿）；轻声前的字有的变读阳平（骨·头、指·头、法·子）；阳平字前的上声字有的变去声（笔直、鄙人、法国）。于是一个"法"字有四个声调。不管是什么连读变调，都不是词汇范围的异读问题，不应成为审音的对象，但是，对后一类连读变调审音中审理了一些。如"法"统读本调上声，否定其他三个变读，这三个音都是连读变调音，是不必审的，《审音表》中定"谷雨"的谷为上声，"谷"本来读上声，原来审音是为了否定连读变调阳平的。毫无章法可言。《审音表》也有把《初稿》中的某些连读变调音按不予审理来对待的（见徐世荣《普通话异读词审音表释例》），这才是正确的。

3．审音标准

既然是异读，审订时便要有所取舍，如何取舍，这就是审音标准问题。审音委员会提出"拿现在的北京音做标准"，是指北京话音系，还是指北京话的具体读音？《初稿》对审音标准有较大的补充："审音的标准，根据北京音系，可也并不是每一个字都照北京话的读法审订。"普通话是以北京音系为语音标准的，这是对方言而说的，例如北京音系中没有入声、没有全浊声母、不分尖团，异读词里不存在这些问题，因此"北京音系"这个标准对审音来说是缺乏针对性的。

我们认为审音标准有以下三项。第一，原则上以符合语音发展规律的为准。这句话是《初稿》处理"开、齐、合、撮"的读法提出来的，应该将其扩大为一个总原则；第二，音义结合的原则，异读取舍要与语义挂钩；第三，语音规范与词汇规范相结合。下面分别来讨论。

第一，符合语音发展规律问题。异读的产生是历史发展的结果。例如"侵"有 qīn/qǐn 两读，《广韵》"侵，七林切"，为平声；"帆"有 fān/fán 两读，"帆"古为浊声母，按语音发展规律当读阳平。语音在发展中出现不合规律的变化是正常的。在一般情况下，我们不能说合乎规律的音价值更高。我们现在讨论的是普通话中的异读音，在取舍时要考虑到广大方言地区，这样符合语音发展规律的读音就有了特殊的价值，因为照顾这样的读音就照顾了方言；也没有忽视北京人的权益，因为北京话中有这样的读音，取这样的音，不违背北京人的说话习惯。王力先生说："能依照语音发展规律，就能照顾全国方言，有助于普通话的推广"，这是非常深刻的见解。例如"侵"取阴平不取上声、"帆"取阳平，广东人学习普通话时，声调上便于对应。审音中很多是取了符合语音发展规律的音，如"侵""谊"等，也有不符合这一原则的，如"帆"取了阴平调。新加坡卢绍昌教授跟我说，"帆"订为阴平不好，不利于学习普通话，而且南方渔民忌讳说"翻"，"帆""翻"本不同音，审订后同音了，渔民在应用上不便。他的意见触及审音的标准问题。北京话里有些字的读音，不符合语音发展规律，已经为社会接受，自然无须去改动。例如有位教授说"竣"字应当读 cūn，读 jùn 与反切不合。是的，其反切"七伦切"，按规律当读 cūn（同此反切的"皴"，也读 cūn）。"竣"读 jùn 早已为社会认同，我们不能也没有必要改变人们的说话习惯。

古代的入声在北京话里已消失，浊入一般读阳平，清入则读阴平、阳平、上声、去声的都有，规律性不明显，异读中清入字比较难处理。《初稿》规定："古代清音入声字，凡是有异读的，假若其中有一个是阴平调，原则上采用阴平，例如'息'xī，'击'jī。否则逐字考虑，采用比较通用的读法。"《审音表》审订的清入字 45 个，其中阴平 27 字（搭咄褶击茇疕昔惜鞠掬扑戚黢叔菽菥晰析皙悉熄蜥螅锡押噎吃），阳平 5 字（幅辐戢汲棘），上声 6 字（谷脊甲獭蹼雪），去声 7 字（发霍豁迹绩速刻）。1998 年版《新华字典》以上 45 个清入字注音，全部遵从《审音表》，我们拿来与 1953 年版《新华字典》对照，有二字（褶黢）未收除外，其余 43 字，声调有改动的 18 字，其中 11 字为阳平改阴平。日本平山久雄先生说：清入字在北京话里，读阴平、上声的多为口语字，读阳平、去声的多为读书音。在文章末尾，平山久雄先生还指出，丁声树先生 1975 年已提及"一般的清声母中，用作动词的常归入阴平"（平山久雄，1995）。这些见解对我们解释清入字的异调分配有相当的适用度。将许多阳平字改为阴平，反映了《审音表》注重口语音的倾向。有三个字（迹绩刻）是从阴平中改出来而订为去声的，"迹、绩"二字不单用，是词素字；"刻"很少单用，主要是词素字，是非口语的。将它们订为去声，正符合读书音特点。

第二，音义结合的原则，异读的取舍要与语义挂钩。离开了语义，语音便失去了存在的价值。异读有两类：异读不辨义和异读辨义。前者为单音字的异读，后者为多音字的异读。如"橇"以前有 qiāo/cuì 二音，异读不辨义。此类在异读音取舍时可以就音论音，橇，古有"起嚣切""此芮切"，折合今音为 qiāo/cuì，考虑今有"撬"读 qiào，橇取 qiāo 音，便于认读，亦于古有征。又如"癌"有 yán/ái 二音，读 yán 则与"炎"同音，不便应用，当取 ái。对多音字的异读，情况则不同。《审音表》所审订的音共 839 条，其中①统读的 586 条，②审订一个读音的 132 条，③审订几个读音的 121 条。②③为多音字的异读。这里有一个音义分配问题。多音字异读的产生是因为音义间配搭出现混乱，审音是为了纠正此种混乱，明确正确的音义关系。如②类"氓"，《审音表》："氓，máng 流氓。"在《审音表》里凡不标统读的意味着是多音字。《初稿》："'氓'在别的地方念 méng。"古籍中"氓"指"民"，属《初稿》所说的"别的地方"，当念 méng，如《孟子》"愿受一廛而为氓"。《审音表》的审订旨在明确"氓"字不同的音义间的分别。音随义走，义由音显，在一般情况下，字的音义分工是不相混的，但是有些多音字，音义的分工出现了混乱，产生了一异读，需要审订。对于②类，只考虑一音一义是不够的，还要顾及他音他义，"裨"《审音表》："裨 bì 裨益 裨补"，相关的音义是：pí 指次要的。③类的性质跟②类相同——也属多音字，不同的是《审音表》把相关的音义均开列出来。如"簸"（一）bǒ 颠簸（二）bò 簸箕。有的不是意义的不同，而是意义的色彩和语素的用途不同。如"色"（一）sè（文）（二）shǎi（语），前者为书面语的音义，构词能力强，后者为口语音义，构词能力弱。

根据什么来确定音义匹配关系呢？主要根据两条：理据和习惯。理据和习惯在通常的情况下是一致的，如"都"反切为"当孤切"，口语读 dū，与反切音一致，北京话里作副词用读 dōu，于反切无征，是后起的音，两音两义，各得其所，然而用于副词的"大都"，按理据当读 dū，社会上念 dōu 的不少。《审音表》按理据性订为 dū。也有依据习惯性的，如"迫"，在"迫击炮"一词中读 pǎi，徐世荣说："特定读音 pǎi，（属）习惯难改"（按，迫陌韵字，实为白读音）。

单音字与多音字是相对的，二者可以转换。1953 年《新华字典》"傍"注二音：bāng；bàng，"迫"注为单音：pò，1965 年版"傍"注为单音 bàng，"迫"二音：pò；pǎi，这是根据当年发表的《审音表初稿》改的。上文谈到《审音表》中的"统读"是单音字，是就审订后的读音说的，对审订前的异读来说大多数属于不别义异读，如"癌"等，也有一小部分是别义异读，如"傍""射""期"等，这一类音在推行的时候遇到的问题比较多。徐世荣对"期"废 jī 音不持异议，对"射"废 yè 音有不同意见："惟称古官名仆射，仍读 yè 音"，《现代汉语词典》"期"字保留了 jī 音。

音义相结合的原则当体现在各个方面。如文白异读的处理许多令其并存，就是考虑了这一点，但也有违背这一原则的。例如"凿"统读 záo，废了文读音 zuó。《现代汉语词典》在文读 zuó 音下收了三个词一个成语：凿空、凿枘、凿凿、方枘凿圆，三个词都标了〈书〉，表示是书面语词汇。读 záo 口语音，用来表示书面语词汇，极难行得通。

第三，语音规范与词汇规范相结合。普通话是以北京语音为标准音，以北方话为基础方言，以典范的白话文著作为语法规范。普通话的词汇要排斥土语，包括北京土话。普通话异读词审音，是语音规范问题，但与词汇规范有密切的关系。如果不注意这点，就可能把北京话中的许多土语成分带进普通话，我们在上面讲到审音时要排斥土语词就是这个道理。下面谈谈轻声。《审音表》审订读轻声的 27 个：臂（·bei）、伯（·bo）、脯（·bo）、卜（·bo）、场（·chang 排 ~）、绰（·chuo 宽 ~）、点（·dian 打 ~）、掇（·duo 撺 ~ 掇 ~）、和（·huo 搀 ~ 搅 ~）、荒（·huang 饥 ~）、箕（·ji 簸 ~）、辑（·ji 逻 ~）、斤（·jin 千 ~）、矩（·ju 规 ~）、蓝（·lan 苤 ~）、量（·liang 掂 ~）、䁖（·lou 眍 ~）、喷（·pen 嚏 ~）、欠（·qian 打哈 ~）、趄（·qie 趔 ~）、散（·san 零 ~）、丧（·sang 哭 ~ 着脸）、匙（·shi 钥 ~）、沓（·ta 疲 ~）、蓿（·xu 苜 ~）、殖（·shi 骨 ~）、碡（·zhou 碌 ~）。轻声词包括两个方面，一是语法方面的，如助词"了、着、的、地、得"；语气词"啊、吗、呢、吧"；词缀"子、头、们"。它们读轻声，没有问题，不存在异读。另一部分为一般词语，其特点是口语词或带有口语色彩的词读轻声的可能性多，而科学术语、文言词、外来词、新词等很少读轻声。上面 27 例，大都为口语词，像"逻辑"一词，也当口语词来看待则不妥，"逻辑学""数理逻辑"等完全不能读轻声。

应该制订一个普通话最低限度轻声词词表。轻声词不能太多，否则不利于普通话的学习和推广。如果以《审音表》所订 27 个轻声字为参照，轻声词将会收得相当宽，不利于词汇规范。轻声异读的审订，还应当考虑语音的标准。有两种轻声：一为变轻式，一为变音式。前者字的声、韵都不变，只是声调弱化，读成了轻音，上面提到的 27 个轻声大都属于此类。变音式轻声，是指字读轻声后，或字的声母或字的韵母有变化。如"裳""匙""殖"，声母本为 ch、ch、zh，轻读后则为 sh，由塞擦音变为擦音；它们古代皆为禅母字，是很有规律的变化。韵母变化的，如"萝卜""苤蓝"，"卜"的韵母由 u 变为 ò，"蓝"的韵母由 an 变为 a。《审音表》既订"蓝"为轻声，却又在标音时作·lan，保留了韵尾 -n，欠周当。

4. 余论

上面指出审音中的不足，旨在从学术上进行回顾和探讨。现代汉字标准化需要四定，即定量、定形、定音、定序。定音问题与异读词问题有直接关系。应该说由于审音工作开始得早，成效大，使历史上积累的异读减少了，这对汉字的定音工作很有帮助。进行定音工作，需要把异读词的审音完善化；从定音工作本身看，重点当是多音字的整理和研究。从多音字的语用功能说，多音字的音项可分两类：自由音项和黏着音项。前者如"重"chóng/zhòng；"处"chǔ/chù。其功能是：自由应用，有造句的功能；自由构词，有造词的功能。黏着音项，既不能自由应用，也不能自由构词，只依附于一定的词语中，如"尺"（工尺 chě）、"迫"（迫 pǎi 击炮）。"薄"，《现代汉语词典》列三个音项：báo、bó、bò，前两个为自由音项，后一个为黏着音项，只用于"薄荷"一词中。定音当指有功能的音项说的，黏着音项可附于自由音项下，视需要可压缩或扩充，在定量的范围里，信息用字的字音实现定量化。这是迫切要做的事。

参考文献

曹先擢　2001　《关于普通话文白异读的答问》，《辞书研究》第 1 期。

高名凯、刘正埮　1956　《语音规范化和汉字正音问题》，《新建设》第 3 期。

靳光瑾　1990　《北京话的文白异读和普通话的正音原则》，北京大学硕士学位论文。

李荣　1990　《普通话与方言》，《中国语文》第 5 期。

平山久雄　1995　《北京文言音基础方言里入声的情况》，《语言研究》第 1 期。

王力　1965　《论审音原则》，《中国语文》第 6 期。

文大生　1982　《关于审音问题的几点想法》，《中国语文通讯》第 5 期。

徐世荣　1965　《〈审音表〉使用一得》，《中国语文》第 2 期。

徐世荣　1997　《〈普通话异读词审音表〉释例》，语文出版社。

张朋　1980　《关于普通话审音工作的资料》，《语文现代化》第 3 期。

张拱贵　1963　《读〈普通话异读词三次审音总表初稿〉》，《文字改革》第 11、12 期。

周定一　1965　《对〈审音表〉的体会》，《中国语文》第 2 期。

周祖谟　1956　《普通话的正音问题》，《中国语文》第 5 期。

原刊于 2002 年第 1 期

单语词典释义的性质与训诂释义方式的继承

王 宁

提 要： 单语词典的释义，由于兼有沟通与贮存的两大任务，加之解释语与目标语的词汇和词义系统是一致的，所以在释义技巧上有独特的难度。为了提高汉语单语词典释义的质量，必须增强释义的理论探讨，而从古代训诂成功的实践中总结释义的原理和实用的规则是非常必要的。本文把训诂学、辞书学与语义学结合在一起，分析了训诂义界的语言结构及其优化的条件，并阐释了与之相关的语义学原理，以促进释义理论的发展和释义技巧的规则化。

关键词： 单语词典　释义　训诂　义界

1. 单语词典释义的性质和难度

依照解释语与目标语的异同，我们可以把词典分成双语词典（解释语与目标语属不同语种）、历时语言词典（解释语与目标语属同一语种不同时代的语言，例如古汉语词典）、方言词典（解释语为规范语言，目标语为方言）和单语词典（解释语与目标语均为同一语种的规范语言）四种。古语词典和方言词典就释义而言都带有双语词典的特性，它们在以下两点上与双语词典是相同的：第一，这两种词典的解释语对使用者来说，都是已经掌握的语言，是已知；目标语则是沟通的对象，是未知；所以，解释语承担的任务，是通过对译的方式，把作为目标语的古语和方言，转换为现代规范语言。词典中大多数的释义，可以采用简单的对译，即意义的迁移来解决。例如，古汉语"书"有一个义项可以解释作现代汉语的"信"（如"家书抵万金"），释义作到这里，任务就完成了，而不需要再进一步解释为"按照习惯的格式把要说的话写下来给指定的对象看的东西"。[①]第二，这两种词典

---

① 《现代汉语词典》，商务印书馆 1996 年 7 月版，1403 页。

的解释语与目标语的词汇系统和词义系统都在不同程度上是相异的，所以，在那些两种词汇系统和两种词义系统相互差异的地方，一般无法简单地对译，也就是说，有些词很难找到相应的对译词。这些地方，也就是释义的难点。只有这些地方，才需要采用别的方法来释义。例如"野"，在古汉语里有一个义项是与"朝"相对的，"朝"即"朝廷"，这种事物已经消失，"野"自然很难在现代汉语里找到一个可以与这个义项对译的词。只能用词组或句子来解释。

对于单语词典来说，它的释义与上面所说的情况有本质的不同。

首先，从释义的目的看，如果说双语词典的释义目的是进行双语的沟通以消除懂得解释语的人理解目标语的语言障碍，那么，作为解释语与目标语为同一种语言的单语词典，释义的目的就要复杂得多了。它除了要对疑难词义进行解释，帮助使用者理解和使用这些词外，还兼有将目标语的词汇加以搜集、贮存的任务。贮存不是单纯的收藏，同时还具有间接释义的作用。比如，"半"的本义是"二分之一"，其实，"半"比"二分之一"好懂。单独看起来这个释义没有多大意义；可是，"半"也有不均分的"中间"的意思，所谓"半夜""半路""半途而废"，都不必是正中间。这就使得"二分之一"的释义具有了区分义项的不可或缺的价值。再如"一"，本义是数目字，可以说无人不晓，但它的这个义项是解释其他数目字的基础，其他数目字虽然也不难懂，但是，汉语里的数字，有一部分除了表示精确数字以外，还具有其他意义，必须把这些意义与精确数字区别开，以防理解错误。同理，"二"有不同、别样的意思（言不二价）；"三""九"都还可以是表多数的虚数（三令五申、一言九鼎），"九"还兼有表示季候（数九）的意思；"七"兼有专门数祭奠日期的意思（头七），"十"有"齐全"的意思（十全十美）。这就使数字精确释义的义项不可或缺，而最容易懂的"一"作为"最小正整数"的释义，不但不可缺少，解释用语还特别需要斟酌。单语词典的很多释义，具有区别义项、梳理词义系统的作用，必须贮存起来。这些人人都懂得、既不难又无疑的义项释义的难度，在某种意义上，要大于双语词典；弄得不好，原来人人都懂、都能把握的词义，一解释反而让人不懂了。

其次，从释义的方式看，单语词典的解释语与目标语是同一种语言，它们的词汇系统和词义系统完全是一样的。在同一个词汇系统和词义系统里，离开了语言环境，不会有两个词在意义上是全同的；因此，准确的对译和转换，除了个别风格色彩相同的同名异实的事物名称（如"电脑—计算机""出租车—计程车"等）外，只能是词语自身来对应自身，即 A 对 A，因而是无意义的。选择同义词来对译，由于同义词之间必然具有的差异，因此必定是不够准确的。比如：当我们用"遮盖"去解释"覆盖"时，其实是忽略了"遮盖"不计遮挡的方向和是否周严而"覆盖"指自上而下的遮挡并且要遮挡周严这一差异的。又比如，当我们用"生日"去解释"生辰"时，其实也是忽略了它们的差异：各种语言所说的"生日"都只指出生的那一天，而中国所说的"生辰"，一般是含出生的天和时间的。所以，单语词典的释义方式，要受到较大的局限。

有人认为，编写双语词典，必须懂得两种语言，而编写单语词典，只需要懂得一种语言，所以双语词典的难度更大。这只说对了一个方面。从释义的性质和目的来说，单语词典释义的技术要求，实际上高于双语词典。

基于以上原因，单语词典的释义规则，与双语词典不可能完全一样，当我们对某些单语词典的释义成果和古今中外的释义理论加以分析时，可以概括出许多十分有益的规律和定则；但是，也可以觉察出，有些规则对双语词典适用，对单语词典不一定适用；而且，不同语种的单语词典，也会有一些仅属于自身的特殊规则，这是由目标语的特性决定的。为此，我们在借鉴国外释义理论的同时，也应该吸取一些中国古代训诂学的释义规则和技术，使汉语单语词典的释义更切近汉语的实际。

2. 古代训诂的文意训释

古代训诂材料大约以三种形式保存下来：随文释义的注释书、将训释材料编纂到一起的纂集书，以及对个别词语的疑难意义加以探求或前人错释的词语意义加以纠正的考证材料。

随文释义是对存在于语言环境中的言语意义加以解释的工作。言语是语义存在的实际载体，语境中的词义特点是：单一性、具体性、经验性。这种训释有两种形式是不能搬到词典中去的：

第一种是显现言语具体性和经验性的文意注释。例如：

（1）谁谓鼠无牙，何以穿我墉？（《诗经·召南·行露》）戴侗说："穿，啮透。"

（2）乱今厚葬饰棺，故抇也。（《荀子·正论》）注："抇，穿也，谓发塚。"

（3）其犹穿窬之盗也与！（《论语·阳货》）注："穿，穿壁也。"

以上三处注释都是言语意义的解释，训诂学叫作文意训释。第一例释"穿"为"啮透"，第二例释"穿"为"发塚"，第三例释"穿"为"穿壁"。三个"穿"属同一义项，都是动词，当"穿通"讲，排除了多义，以单一的意义形式存在。由于语境的补足，语义内容显现了一定程度的具体性：在第一例中，显现了"穿"的方式"啮"（用牙咬），第二、三例中，显现了被穿通的物体"墓"或"壁"。三种解释的背后，本来还有其他未加显现的经验性内涵——也就是个性化的内涵，诸如穿透的目的、方式、时间、地点、情景等，语境含量越大，语义的经验性内涵越丰富，但是在文意注释里，并不都把这些内涵显示出来，而是只拣与文意有关的显示在注释中。上述两例的训释显现的，只是狭义语境所规定的少部分内涵。也有经验性的内涵显现得更多一些，也就是个性化更强一些的。例如：

（4）之子于归，宜其室家。（《诗经·周南·桃夭》）郑笺："宜者，谓男女年时俱当。"

（5）子之茂兮，遭我乎猇之道兮。（《诗经·齐风·还》）毛传："茂，美也。"陈奂《毛诗传疏》："美者，谓习于田猎也。"

例（4）显现了"男女年龄相宜，婚配时间相宜"的具体内涵，但还保持了"当"这个训释语，与"宜"在这里的义项相匹配。例（5）中"茂"训"美"，"美"并不说明"茂"的任何义项，显现的只是诗作者内心对"子"的赞美，陈奂的解释把这种对人才的赞美更加具体化了，说明这里的"美好"特指"打猎熟练的人才"。

上述词的训释一旦脱离了语境，就不能使用了，因为，很少有两种文意是完全相同的。依赖语境的文意训释是个性化的，也就常常是唯一的，不能将他们普遍使用，自然也就不适合直接搬到辞书里去。文意注释转化为词义（语义）注释的关键是要把依附于具体环境的经验性内容——也就是在概括词义之外的个性化内容抽象出去。例如，把"穿"的动作方式、动作对象抽象出去，它的概括意义是"打通"。把"宜"针对对象抽象出去，它的概括意义是"相当""合适"。要从"茂，美也"这个注释中得到"茂"的概括意义，是要经过一个相当复杂的过程，辞书是不应选择这种训诂材料直接做释义材料的。

随文释义中，还有一种训释方式是不适用于单语辞书的，那就是单训的形式。单训就是以单词来解释另一个单词。例如：

（6）丧与其易也，宁戚。（《论语·八佾》）郑注："易，简也。"

（7）是子之易也。（《公羊传·襄公六年》）注："易犹省也。"

（8）土不可易。（《左传·昭公十八年》）注："易，轻也。"

（9）易者使倾。（《易经·系辞下》传）陆注："易，平也。"

（10）虽获田亩而不易之。（《孟子·尽心上》）注："易，治也。"

（11）农不易垅。（《文选·射雉赋》）注："易，修也。"

这种训释，训诂学里叫作"代语"，也就是说，在这个语言环境里，用训释词把被训释词代换下来，句义没有变化。这种训释的目的是用来确定句中词语的义项，或以常用而熟悉的词语把疑难词语置换下来。在有语言环境时，语言环境补足了训释未尽的一面，使"代语"变得形式简便，作用明显。如果用双音词来作一个对应：例（6）（7）的"易"是"省简"，例（8）是"轻易"，例（9）是"平易"，例（10）（11）是"修治"。但是，一旦离开语言环境，这种形式的局限是很明显的：首先，用甲训乙时，究竟采用的是甲的哪个义项，没有相关的标志可以显示，又没有语境可以补足，特别是当同一个义项用不同的词语来做训释词时［如例（6）和例（7），例（10）和例（11）］，更难归纳到一起。其次，前面已经说到，在同一个词汇系统里，完全相同意义的两个词项是没有的，因为在两个词语之间，缺少了相互之间的区别特征，以甲训乙只能是不完全训释。

3. 古代训诂的标准词义训释方式——义界

以上两种随文释义的方式属于言语意义的解释，不适合脱离语言环境的语言意义解释，也就是不适合字典辞书的释义。传统字书和现代辞书里都有一些词条释义照录那些随文释义的材料，实际上是分不清言语意义的解释和语言意义的解释造成的。但是，言语意义的解释与语言意义的解释又不是没有关系的。言语是语言的实际存在，是语义实际的载体，而脱离语言环境的贮存意义却是虚拟的，是言语意义的进一步概括，它只是在一般意义上反映词义。

字典辞书从实际的言语中概括出语言意义时，就把词义从使用状态转变为储存状态。这时的词是作为全民语言的建筑材料而存在的，在它的意义中，保存了使用该语言的人们对这个词所标识的事物全部的共同认识和感情色彩，包括了全民族统一的对于用这个词命名的事物的各种经验，这时的词义，发生了三方面的变化。

首先，它没有了语言环境的限制，解除了句义带来的规定性，因而只能是多义的。这就存在一个为它划分义项的问题。

第二，它失去了语言环境为之提供的具体内涵，不再有说话者个人希望展示的具体的情感和形象的体验，因而必然丢失了那些经验性的内涵，具有了概括性。

第三，随着经验性的个性化内涵的消失，它失去了具体的所指，产生了词的广义性。

这时的词义训释标准的方式是义界。我们把训诂的义界归纳为"主训词＋义值差"，[①]例如下面的古代字书训释：[②]

（12）饯，送（主训词）去（义值差）也。

（13）缺，器（义值差）破（主训词）也。

（14）罄，器（义值差）中空（主训词）也。

（15）京，人所为（义值差1）绝高（义值差2）丘（主训词）也。

（16）婴，颈（义值差）饰（主训词）也。

（17）簪，首（义值差）笄（主训词）也。（笄，簪也。）

（18）观，谛（义值差）视（主训词）也。

（19）顾，还（义值差）视（主训词）也。

（20）瞻，临（义值差）视（主训词）也。

中国古代训诂家所做的义界大都简短、准确。义值差一般是一个，很少超过三个。我

---

① 详见王宁《训诂学原理》，中国国际广播出版社1997年第二版，97页。
② 以下9例取自《说文解字》。

们从《说文解字》中选出 3016 个训释，^①含义界 1615 个，其中：

1 个义值差的	1405 个	88%
2 个义值差的	161 个	10%
3 个以上义值差的	49 个	2%

这说明，训诂家集数千年的训释实践，在描述词义、表述意义内涵方面，已经找到了切合汉语实际、反映语义规律的方法，需要对他们的方法加以总结，以充实和完善现代辞书学的释义理论。比较起来，现代汉语的单语词典虽然一般也是采用义界的方式来释义，但在释义方法上理性的成分还很不足。且看以下一组单音节动词的释义：^②

甲　A 剔，从缝隙里（义值差 1）往外（义值差 2）挑（主训词）。

　　B 剔，（从缝隙或孔洞里）（义值差 1）往外（义值差 2）挑（主训词）。

乙　A 挑，用细长的东西（义值差）拨（主训词）。

　　B 挑，用带尖的或细长的东西（义值差 1）先向下再向上用力（义值差 2）○^③（主训词）。

丙　A 拔，把固定或隐藏在其他物体里的东西（义值差 1）往外（义值差 2）拉（主训词）。

　　B 拔，○（义值差）抽出，拽出（主训词）。

丁　A 拨，用手脚或棍棒等（义值差 1）横向用力（义值差 2），使东西移动或分开（义值差 3）○（主训词）。

　　B 拨，用手脚或棍棒等（义值差 1）横向用力（义值差 2），使东西移动或分开（义值差 3）○（主训词）。

戊　A 提，垂手（义值差 1）拿着（主训词）（有提梁、绳套之类的东西）（义值差 2）。

　　B 提，垂着手（义值差 1）拿（主训词）（有提梁、绳套之类的东西）（义值差 2）。

己　A 挖，用工具或手（义值差 1）从物体的表面（义值差 2）向里用力（义值差 3），取（主训词）出其一部分或其中包藏的东西（义值差 4）。

　　C 挖，1.从地面（义值差 1）向下（义值差 2）刨或掘（主训词），使形成坑或沟（义值差 3）：～坑，～沟，～隧道。2.向着物体里面（义值差 1）用力（义值差 2），取（主训词）出其中包藏的东西（义值差 3）：～人参，～河泥作肥料。

观察以上义界可以看出，现代汉语辞书所作的义界，义值差的数量明显增多，义值差

---

①　这 3016 个训释是参照现行汉字中的常用字表和常用单音词表大致选出的。因为小篆的字与现行汉字的记词职能并不完全一致，所以这里不是穷尽性的选择。

②　以下"甲—己"例 A 项取自《现代汉语词典》，B 项取自《现代汉语规范字典》（语文出版社 1998 年版），C 项取自《应用汉语词典》（商务印书馆 2000 年版）。

③　原训释此项不出现。

的内容也向描写过细发展。这一方面是因为现代词语的意义系统比古代复杂，同一义场中的词语量有所增加，选择一个义值差不足以与其他词语全部对立的缘故。但是，也有相当一部分义界，由于没有吸取传统训释的合理经验，原则掌握不力，语言结构的优化程度不足，产生了义值差冗余的现象，反而影响了释义的准确性和适宜性。

4. 义界的语言结构及其优化的原则

义界的基本语言结构是：主训词（Z）+义值差（C）。这个公式的意义是在一定的范围内，通过比较，确定被训词的特征，使被训词的训释成为唯一属于它的意义描写。主训词的作用是选定与被训释词比较的其他词语，或选定与它比较的词语所包含的范围。义值差的作用是确定被训词与训释词语不同的特征。

具体说，义界的主训词，有两种选择法：

（一）采用被训词的上位词。它的作用，是把被训词放在一个包含它在内的义场里，以便确立与之相区别的词语的有限范围；也就是说，把它放在同类义场里与同类的其他词比较，上述《说文解字》（15）（16）（18）（19）（20）各例属此，如例（15）"京"采用"丘"作主训词，《说文解字》"丘"训"土之高也"，是"京"的上位词。[①] 它确定了包括"京"在内的类义场。在这类义场里，"京"不但因为是"人所为"而区别于自然形成的土丘，而且因为它的高度超过其他土丘而区别于其他人为的土丘。我们可以用如下公式表示这第一类义界：

$$Y=ZL-（C1+C2）$$

表述为："京"的义界（Y）是在"丘"所确定的类义场（ZL）中，以"人所为"（C1）和"绝高"（C2）为独特特征而区别于这个义场中的其他词的。

同样，第（16）例"婴"的义界（Y）表述为："婴"的义界（Y）是在"饰（饰物）"所确定的义场（ZL）里，以专门放在颈部（C）为特征而区别于其他饰物的。

（二）采用被训词的同义词。它的作用是在选择一个与它意义最接近的词，然后把最能表示二者区别的特征词选为义值差，也就是突出二者最明显的差别。上述（12）（13）（14）（17）各例属此。如例（12）选择"送"作主训词，是"饯"的同义词，但"送"可以有各种原因，"饯"则必须是以"送人离去"为目的，"去"则成为"送"与"饯"比较后择定的特征词，即义值差。我们可以用如下公式表示这第二类义界：

$$Y=ZA-C$$

[①] 《说文解字》在"丘"的训释后特别加注说它是"非人所为也"，根据这个提示，"丘"似乎是"京"的并列概念。实际上，"丘"与"京"的关系符合训诂"对文则异，散文则通"的原则，在一般情况下，"丘"指土的丘陵，有别于石山；所以它有资格作"京"的主训词。

第（12）例可以表述为："饯"与"送"（ZA）同类义近，而以"送别（去）"（C）为目的。同样，第（17）例可以表述为："簪"与"笄"（ZA）是同类的饰物，而"簪"的特点必须是插在"头（首）"（C）部。

在明确了义界的基本语言结构之后，我们可以来讨论辞书在使用义界这种释义方式时如何是最优化的。一个优化的义界主要是选择好主训词和义值差。这种选择必须遵循的原则是：

第一，主训词与被训词临近的原则。采用上位词时，要尽量选用临位词——即，最靠近被训词的类词，如（18）"观"（19）"顾"（20）"瞻"三例，同时选择临位词"视"作主训词；采用同义词时，要尽量选用差异最小的同义词，如（12）（17）两例，（12）"饯"选择差别最小的同义词"送"，（17）"簪"选择差别最小的同义词"笄"（不选择临位词"饰"，是因为汉代"首饰"已有饰物统称的意义）。义值差的择定，是为了显示它与已确定义场中其他词语的区别。这种区别特征，要根据主训词所画定的范围来考虑。所以，主训词选择得越与被训词临近，义值差就越易简单、明确。

第二，义值差与主训词义场中其他词语全部对立的原则，也就是独特性的原则，如果与义场中每个词去一一对立，必然增加义值差的数目；只有采用总体对立的原则，义值差才可以既能反映意义特征，数目又减到最少。例如，"婴"与其他饰物的总体差异是它戴在颈部的部位特征。

第三，整个义界最大限度概括的原则。也就是将言语意义中经验性的具体内涵全部抽象出来的原则。这里用上面所举的现代辞书所举的"己"组A、C两项加以比较：C项明显抄袭A项，为了与A项保持差异，故意把B项拆成两个义项。第一项选择"刨或掘"为主训词，把"向下"作为义值的特征，第二项选择"取"作主训词，把"向里"和"取出包藏的东西"作为义值差与第一项对立。其实，挖坑、挖沟、挖隧道，都要取出里面的东西，如果挖窑洞，就得向里用力，而挖人参、挖河泥也是向下用力的。两项没有差异，他们之间的差异在第一项以挖成者为追求目的，第二项以挖出物为追求目的。这种差异属于言语意义的经验内涵，应当把它全部抽象出去。分成两个义项，是因为对言语意义抽象不足致误，属于画蛇添足。A是作得比较好的，但进一步分析，也有抽象不足的毛病：挖的动作特征在于向里用力和向外取出，用什么工具和从什么地方开始，都属于具体化的内容，不应放入概括词义内。且看段玉裁对相当于现代汉语"挖"的"抉"字所做的义界："抉者，有所入以出之"，可以说，概括到家了。

5. 训诂学、辞书学与词汇语义学

人们往往用辞书的释义来作为语义分析的例证。其实，辞书的释义与词义结构的分析是在两个目的、两种原则下进行的。西方的词汇语义学对词义结构进行分析，是希望找到词在词汇系统中的位置，因而要对义位的内部结构加以切分，用义素的组合式来表述它的诸多特征。释义的目的不是结构分析，而是充当传意的沟通者，所以既要采用义素分析的方法，又不需要进行完备的义位结构分析。义界先选定一个接受主体已知的范围，并以被释词与其中一切词对立的原则确定其区别性特征，即可达到沟通的目的，所以，古代训诂释义大多采用两分法，从不采用烦琐的细胞式分解。一个好的义界，除了遵循上述三项原则外，还必须遵循用已知——也就是常用易懂的词语——来解释生僻词的原则。

义界的优劣还必须用是否体现词汇和语义的系统性来衡量。例如，上述例子在训释动词"提"时，把"垂手"当成它的义值差之一，而在用"提"训释"拔"时，"垂手"这个义值差却取消了。做释义的人也许会以为，"提"做被训词时是"提着"，"提"训释"拔"时是"提起"。其实，"提着"和"提起"就概括义而言，完全是一个义项。这就需要检验释义者对"提"的词义的把握是否准确。仔细分析，"提"的特征不在于是否垂手，而在着力的方向必须向上，以抵抗下方物件向下的力。

释义属于应用领域的操作，不但需要理论的自觉和完善，还需要熟练的操作技术。释义又是对词汇语义学的一种验证，将给汉语词汇语义学提出新的课题。这些，都需要继承训诂学的丰富经验。训诂学也必须借鉴西方词汇语义学适合汉语的部分，运用自身丰富的材料，走出经验，作出理论的总结，提高自身的理论价值和应用价值。从这里可以看出，训诂学、辞书学和词汇语义学的相互吸收和相互沟通，既是基础理论对应用的指导，又是应用科学对基础理论的检验；这是本世纪应当努力追寻的目标。

原刊于 2002 年第 4 期

汉语否定词考源

——兼论虚词考本字的基本方法

潘悟云

提　要：虚词考本字与传统的方法相比必须同时考虑三个因素，第一是语音对应关系，第二是历史层次划分，第三是特殊音变规则。同时要考虑两条原则，第一是从合不从分原则，第二是语义对语音优先原则。文章以汉语否定词"不""没"为例子，对以上的方法与原则进行了讨论。

关键词：虚词　考本字　语音对应　历史层次　语音弱化规则　否定词　历史来源

1

　　汉语方言语法研究中，虚词本字最难以考定，权宜的做法是用同音字替代或造方言字来解决。这种方法用于共时描写是可以对付的，但是如果碰上研究虚词的语法化过程，各地方言的互相比较，就会遇上麻烦。第一人称北京写作"我"，梅县写作"𠊎"（北大中文系，1995），余干写作"阿"（李如龙、张双庆，1992）。就是在同一个吴语太湖片中，近指代词在上海说"箇"（许宝华、陶寰，1997），崇明说"个"（张惠英，1993），宁波说"该"（汤珍珠、陈忠敏、吴新贤，1997）。如果真的把这些方言的不同说法，都看成不同来源的语素，方言史与语法化有许多文章就不好做了。

　　为什么虚词的本字考释会碰到困难呢？这得从本字考释的基本方法谈起。梅祖麟先生（1995）给目前方言学界考本字的基本方法取了一个很形象的名称叫觅字法，即根据方言的读音，在《广韵》《集韵》一类韵书中找到一个语音与语义上最能对得上的字，即定为本字。例如，上海话"虚肿"说 [ₕʱɛ tsoŋˀ]，上海话的 [ɦ] 对应于中古晓母，[ɛ] 对应于中古哈韵或山咸摄二等。根据这种对应关系，在《广韵》中能够找到的音义最接近的字是呼绀切的"顩"字："面虚黄色"。虽然晓母覃韵在上海话中应读作 [ɦø]，但是中古与覃韵比较接近的咸韵读作 [ɦɛ]，所以认为它来自覃韵还勉强可以说得过去，至于声调对不上就不去考虑它了，反正声调对不上的本字有的是。觅字法显然以一个假定作为前提：中古的一个音类到现代方言只有一种演变结果，这样我们就可以根据方言的现代读音到对应的中古音类中去觅字。在许多情况下，用觅字法确实能够找到正确的本字，但是有时候会碰到一个古代音类有多种现代读音，这就不能简单地用觅字法了。例如，端组歌韵在北京话中变作 [uo]，但是这个音类中的"他"却读作 [tha]，如果它是一个有音无字的词，按照觅字法我们就要到与 [a] 对应的古代麻韵中去考本字，自然得不到正确的结果。造成同一类古代音类在现代方言中有多种读音的现象，主要有两个原因：一是汉语方言中有多个历史层次的叠加，一是方言中的一些词受特殊音变规则的支配。由于中原地区长期以来是中国政治、经济、文化的中心，其方言具有很高的权威性，周边方言不断地接受其影响，形成多个历史层次的叠加，很像地层的结构。其中最重要的一个层次就是文读层，形成于中古的后期。许多汉语方言的音类与中古音之间所以有比较严密的对应关系，主要就是文读层的存在。觅字法对方言考本字的贡献，就是发现了这个规律，使方言本字的考释有一个科学的可操作的工具。但是，因为这种方法忽视了其他历史层次的存在，因而会造成本字考证的失误。梅祖麟先生（1995）对此做过很中肯的批评，并提出新的考本字方法：觅音法。根据这种方法，在考本字以前必须先分好方言的历史层次，找出每个层次与方音之间的对应规律，再根据方言读音确定它所属的层次，最后在这个层次内考释它的本字。如鱼韵在上海话有两个层次，文读 [y]，是比较晚近的层次。白读层在舌根音后读 [ɛ]（锯 [kɛ ']），在舌齿音后读 [i]（徐 [ₑzi]）或 [ʅ]（猪 [ₑtsʅ]，鼠 [ˈtshʅ]），所以上面讨论的"虚肿"一词中的 [ₑhɛ] 实际上就是白读层中晓母鱼韵的"虚"字。许多虚词的形成时间较早，根据觅字法在文读层中自然考不出本字来，只有到更早的历史层次中才能找到它的踪迹。苏州话的完成体标记 [tsʅ] 写作"仔"（石汝杰，1996），这是方言同音替代。梅祖麟（1980）则考定它的本字为白读层的鱼韵字"著"。这里不只是考出了正确的本字，更重要的是它还具有两个语言学上的意义，一是把它与古代文献表示完成、持续的常见助词"著"挂上了钩，一是把它与许多方言中的完成、持续体标记联系起来，不仅可以联系吴语中丽水话的 [ti] 或 [li]，青田话的 [tsʅ]，东阳话的 [dzi]，温州话的 [zʅ]，而且还可跟许多非吴语方言中的体标记"著"相联系。这样一来，我们就有可能在更宽广的时间与空间上研究汉语体标记"著"的形成、发展与分布。

需要指出，某些历史层次所以还能保存于现代方言，主要原因是音变的过程出现了词汇扩散。如"他"字是虚词，使用频率很高，音变的速度就比较慢，当其他歌韵舌齿音变作 [uo] 的时候，它还竭力保持中古的 [tha] 不变，但是这个时候北京话中已经没有 [a] 这个音位了，于是它只得跳到最接近的麻韵 [a] 中去，使歌韵的中古层次 [a] 在"他"字上保留下来。

觅字法在虚词本字考释中所遇到的麻烦除了多个历史层次叠加所造成的原因以外，还有一个原因就是虚词受特殊语音规则的支配。前一个原因梅先生的文章已经讲得很清楚了，本文则着重分析后一个原因。

中国的语法学界对虚词有不同的界定，如代词有归为虚词的，也有归为实词的，实际上是两种不同标准的分类。按句法功能分，它自然要同名词同归为实词，如按信息量分，它就要归到虚词。吕叔湘先生（1993）提出封闭类词与开放类词的划分，前者包括指代词、方位词、数词、量词、趋向动词、助动词、介词、连词、助词。封闭类词的个数是有限的，所以出现的频率很高。从信息论的观点看，频率与信息量成反比，所以封闭类词的信息量小，也就是语义虚，这就是"虚词"一语的来历，本文就是在这个意义上来讨论虚词的问题。因为信息负载小，语音形式就不太重要。如"我已经吃过饭□"一句，末字可以猜得出来是"了"字，其信息量几乎等于零，所以其读音就非常自由，把它念成［lə、la、lo］大家都可以理解为"了"字。但是其中的"吃"就只能念［tʂʅ］，念成［tʂha］或［tʂho］人家就会听不懂。虚词所以会有特殊的音变规律就是这个道理。

当实词语法化为虚词的时候，语音上就发生弱化。弱化在声母、韵母、声调三个方面有如下的表现。

声母辅音的弱化表现为语音强度（phological strength）减弱，语音强度弱的辅音发音比较省力。语音强度在发音（articulation）方面按以下的序列递减：塞音—塞擦音—擦音—鼻音—流音—半元音—零辅音（声母辅音失落），在发声（phonation）方面按以下的序列递减：清音—浊音，紧音—松音。许多吴语中的复数后缀来自处所词"埭"。"我埭"就是"我这儿"，以后引申为"我方"，最后引申为"我们"。温州方言的"我埭"说［ŋ⁣³⁵₄ ta⁵₀］（右上数字表示调值；右下数字表示调类，0 代表轻声，1-8 分别表示阴平、阳平……阳入。下同），意义已经虚化为"我家""我方"，语音也开始弱化，出现了［ŋ⁣³⁵₄ ta⁵₀］、［ŋ⁣³⁵₄ la⁵₀］的不同读法，其中"埭"的声母浊化、流音化。衢州话的"我埭"语义进一步虚化为"我们"，有两种异读：［ŋu⁵⁵ dʌʔ²］和［ŋu⁵⁵ lʌʔ²］，"埭"的声母浊化，或流音化。松江话的"我们"钱乃荣（1992）记作"我俹"［ɦŋ²² nɑ²³］，实际上后字就是"埭"流音化为［lɑ］以后，再受前字鼻音的同化变成［nɑ］。绍兴话"我们"说［ŋa²²］，"埭"的声母最后脱落变成［a²²］，以后与"我"字合成［ŋa²²］。

韵母的弱化主要表现为主元音的央化。人们发音的时候，舌头最自然、最省力的位置是不前不后不高不低的央元音［ə］，所以实词一旦虚化，元音往往会往［ə］的方向变化。如北京的"了"，虚化作体标记以后就读成［lə］。韵母弱化的极端是失落，如罗店的"侬埭"（你们）有三种说法［noŋ²² tʌʔ⁴］、［ŋ²² tʌʔ⁴］、［ŋ²² nʌʔ⁴］（钱乃荣，1992），［noŋ］的韵母失落以后成了［ŋ̩］。

声调的弱化主要有两种表现：一为促化，一为零化。实词在虚化的过程中往往会变作轻声，轻声的最重要特点是音长缩短，而入声的特点也是短促，所以虚词很容易混到入声里去。例如，"椅子"在宜兴说成"椅则"［ʔij³³ tsəʔ⁴］（钱乃荣，1992），一方面声调变作促声，一方面主元音央化为［ə］。近指代词在其他吴语中有"该"类的读音，上海话读作"搿"［gəʔ²］，声母浊化为［g-］，主元音央化为［ə］，声调促化为阳入。声调弱化的另一种形式是通常所说的轻声化。"轻声"这个术语并不好，这种声调在北京话中发音较轻，大家才都习惯于这种称呼。实际上，它的主要特征是失去原来的调类，而不是轻重，在上海话二字连调中甚至能读重音，如"木头"中的"头"失去原来的调类，却比"木"读得重。笔者建议把它叫作零调（zero tone），表示原来的调类已经失去，再说很多人作调类描写的时候已经把它标作 0，如："椅子"［i³ tsɻ⁰］。零调主要有两种。第一种是作短的低降调 21。在各种调形中降调是无标记性的。人们发一个音节声带必然从振动到停止，停止的时候频率为零，所以最自然的声调应该是逐渐降低的。外国人学不好汉语的声调，往往用降调发各种声调，就是无意识地采用无标记调形。各种调形有不同的声调起点，其中最自然最省力的起点是五度制中的 2（朱晓农之说），加上零调通常较短，这就是零调往往采用 21 的原因。在许多方言中，出现于实词前头的单音节虚词，如介词，往往成为前附（proclitic），通常就弱化为这种零调。第二种零调的调形采用前一个音节调形的延伸，如北京话"好的"中"的"字读零调，它的调形就采取了前字"好"的调形 214 最后的上升部分。当虚词成为后附（enclitic）的时候往往采用这种连调，但是各种方言的情况不完全相同，阴平在北京和温州话中都读平调，但是后头的零调采用不同的类型，"飞去"的"去"在北京话中读短的低降调 21，而在温州话中读作"飞"的平的延伸调。

　　虚词的本字考证比实词重要得多，也困难得多，它必须兼顾三个方面。第一是语音对应关系，第二是历史层次划分，第三是特殊音变规则。我们虽然批评了觅字法的局限性，但是目的不是否定它，而是补充它，我们只是指出，在古代音类与现代音之间并不只是简单的一对一的关系，我们必须在更复杂的语音关系中去理清脉络。通过与某个古代音系的语音对应关系寻找本字，还是我们的最基本方法，离开了这一点，就会乱来一气，走上一声之转的老路。即使划分好历史层次，我们还是要在这个历史层次内部去觅字，即使发现一条特殊的语音规则在起作用，还是要顺着这条规则去觅字。下面，我们打算通过汉语否定词的考源，来说明以上的方法。

2

　　汉语的否定词有多种，本文主要讨论否定意愿与状态的一类。而这一类的否定词在各地方言有两种主要的来源，一是"不"，一是"无"。本文主要讨论"不"。

　　我们先来讨论吴语的这类否定词，按语音分主要有两种类型。

2.1　舒声型　现代温州话中的这种否定词读［fu₃³⁵］，所对应的中古音只有这么几种可能，一是歌、模韵的晓母，一是虞、屋韵的非、敷母。温州否定词不可能是前者，因为在 Montgomery（1893）记录的温州话中歌、模的晓母字是［hu］，但是否定词记作［fu］。同时它也不可能是屋韵，因为它的声调是上声，而不是入声。所以温州的否定词只能是虞韵的非母或敷母字。但是，在虞韵的非组字中实在找不到一个可以作否定词的本字。为了深入讨论这个问题，我们必须先来讨论在许多汉语方言中出现的一个音韵现象：尤韵唇音读入虞韵。例如，北京话的尤韵唇音读［ou］，虞韵唇音读［u］。但是有些尤韵唇音却读［u］不读［ou］，这是尤韵读入虞韵：

表一

尤韵唇音	ou	缶否烋牟谋眸俘
虞韵唇音	u	夫符父务附腐付斧抚武舞肤无
尤韵读入虞韵	u	妇副富浮负苻阜蜉

在《切韵》时代尤韵是［i̯u］，虞韵是［i̯o］（李荣，1956）。后来虞韵变作［i̯u］，而尤韵则变作i̯ᵊu >i̯əu。［i̯u］与［i̯ᵊu］是两个非常接近的音，特别当声母是唇音的时候，读音更加接近。当一些人从另外一些人的口中学习字音的时候，很容易产生混乱，这就发生了词汇扩散，有些尤韵字读作［i̯əu］，另一些字则读作［i̯u］，就与虞韵合流了：

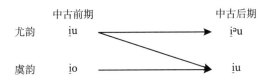

温州话中同样有从尤韵读入虞韵的现象。温州尤韵的唇音读［ə］，虞韵有［u］和［øy］两种读音。有些尤韵字不读［ə］却读［u］或［øy］，实际上是从尤韵读入虞韵：

表二

		尤韵唇音	虞韵唇音	
		ə	读音₁øy	读音₂u
		否缶阜复苻蜉牟谋浮₁	夫符父务附腐付	斧抚武舞肤无
尤韵异读	读入虞韵读音₁		妇副富浮₂	
	读入虞韵读音₂			负覆
	"不"			fu

不过，要断定温州尤韵唇音读入虞韵是与北京话相同的音韵现象，就必须先证明温州这两个音原来也是［əu］与［u］之类的音。温州尤韵有这么几种读音，知、精、章组读［ɣu］。唇音读［ə］，其他各组读［au］。温州读［ə］的字除了尤韵以外，还有侯韵与豪韵，有材料可以证明温州豪韵的［ə］原来从［au］变来（潘悟云，1995），所以尤韵唇音一定也有过音变［au］＞［ə］。温州平阳县的蒲门话是特征最古老的温州话，那里的尤韵唇音正读［au］（郑张尚芳田野调查）。这就是说，尤韵唇音字经过了如下的音变：［ɣu］＞［ɣu］＞［əu］＞［au］＞［ə］。虞韵唇音字现在虽然有［øy］、［u］两种读音，那是后来的分化，在蒲门温州话中只有［u］一种读音。由此可见，在早期温州话中尤韵唇音读［ɣu］，虞韵唇音读［u］，与上文分析的《切韵》音系中这两类音差不多，所以也会发生尤韵唇音字读入虞韵的音变。下文提到的发生过尤韵唇音读入虞韵的各种吴语方言中，也都是这种原因，它们的音变过程就不一一证明了。

"不"与"否"在《广韵》中都读方久切，非母尤韵上声。在现代的温州话中，"否"读［fə₃³⁵］，是尤韵的规则读音，而否定词"不"因为使用频率高，变化滞后，就混到虞韵去了：

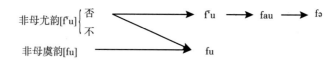

很多方言学家并不知道《广韵》中的"不"就读方久切，与"否"同音，所以把吴语中读作唇齿音的否定词考定为"否"，以与北方话中读双唇音的"不"相区别。实际上，古代"不"与"否"的界限是很清楚的："'不'是个限制词，只用在形容词和一般的动词之前"，"'否'是称代性及应对用的否定词。'否'字以否定词而兼含动词或形容词于其内，所以是称代性"。（吕叔湘，1993）

　　赴以名，则亦书之。不然，则否。（《左传·僖公二十三年》）
　　否，吾不为是也。（《孟子·梁惠王上》）

这两句中的"不"与"否"都不能互换，"否"等于"不然"。吴语读作唇齿音的否定词显然是方久切的"不"，而不是"否"，与古代"否"相对应的意思在吴语中要说"不是"。诚然，古书中也出现个别用"不"来代替"否"的例子，但那属于同音假借。"不""否"在古代同音，因为它们的功能不同，所以古人特地用字形来区别两者。

除了温州以外，以下各处吴语中的否定词也都有方久切的来源：

表三

	否定词	虞韵	尤韵	尤韵读入虞韵
蒲门	fu₃⁴⁵	夫 fu₁⁴⁴	浮 vau₂³¹	妇 bu₄²⁴
景宁	fʉ₃³³	夫 fʉ₁²¹³	浮 væʉ₂⁴²	妇 vʉ₄³¹
云和	fu₃⁵³	夫 fu₁³²⁴	浮 fəu₃⁵³	妇 vu₄²¹
龙泉	fəɯ₃⁵²	夫 fəɯ₁³³⁵	浮 fəɯ₂²²¹	妇 fəɯ₄⁵²
庆元	fʏ₃³³	夫 fʏ₁³³⁴	浮 fʏ₂⁵²	妇 fʏ₄²²¹

蒲门、景宁、云和的情况与温州相同，都是尤韵读入虞韵。龙泉和庆元的非组虞、尤韵已经合流，自然也可归入尤韵读入虞韵之列。

2.2　促声型　从吴语的太湖片一直到处衢片的一些方言，否定词都读作入声，很多学者把这种否定词写作"勿"或"弗"。

在古代"弗"与"不"的语法功能是有区别的，"不"后面可带及物动词，也可带不及物动词。但是"弗"后面一般是及物动词，而且一般不带宾语，所以丁声树（1935）认为"弗"是"不之"的合音形式，"公弗许"就是"公不之许"。现代吴语中读作入声的否定词的用法显然同"不"，而不同"弗"，后面既可带及物动词，也可带不及物动词，及物动词后面可带宾语。

"勿"在语义上与"无"相对应，往往用于祈使句中表示禁止或劝阻：

己所不欲，勿施于人。（《论语·颜渊》）

现代吴语中读作入声的否定词用作对意愿或状态的否定，用于禁止的否定词一般是否定再加上"要"或与"要"意义相似的语素组成。此外，"勿"是微母字，在吴语中的声母应该是［m-］或者［v-］。但是在大部分吴语中否定词的声母是［f-］，声调是阴入，说明它是非母或敷母字。它在上海读［vɐʔ₈²³］，声母是浊音［v-］，但是在早期的记录中它读阴调类，在现代上海的三字组连调中，也还保持阴入的读法，似乎反映一个清声母的来源：f- > ʔv- > v-。崇明话的否定词有两个异读：［f-］与［ʔv-］，正可印证声母浊化的过程。

在《广韵》中"不"字还有分勿切一读，非母物韵，从语音对应看吴语读作入声的否定词似乎就是分勿切的"不"。有两点理由可以说明分勿切一读是后起的。第一，从"不"得声的字在上古只出现于之部，从上古之部发展来的唇音字中只可能有中古的灰、皆、尤、脂，不可能有物韵的读音，中古的物韵只能来自上古的物部。所以分勿切一读肯定是后来才产生的。第二，"不"字在韵书中的出现情况也可印证这一点。查《切三》（斯2071）、《切韵》残卷（伯3694）、故宫本王仁昫《刊谬补缺切韵》、裴务齐正字本《刊谬补缺切韵》、蒋斧印本《唐韵》残卷都有非母物韵的"弗"小韵，注作分勿反，但是这个小韵中都不收"不"字。一直到《守温韵学》残卷中，注作分勿反的 9 个字"弗绂飈蔽绉不郴由第"中才开始有"不"字出现，这说明"不"字的分勿切一读可能在唐季五代才出现，否则像"不"这样的常用字在此前的韵书中不可能不收。在《切韵》时代，"不"的非母尤韵读音是 [pi̯u]，非母物韵的读音是 [pi̯ut]（潘悟云，2000），二者只是舒促的不同，再说中古的入声韵尾不爆破，二者的声音就更加接近了。因为虚词弱化过程中往往会发生促化现象，[pi̯u] 从舒声调变作促声调，就混入了非母物韵的 [pi̯ut]，这就是《广韵》中分勿切一读的来历。我们在温州话中，正碰到"不"字从上声变作入声的过程。"不"在温州话中有两种形式，当它否定意愿的时候作 [fu³⁵₃]，重读，上声，与《广韵》方久切的读音对应：

我不走　　ŋ³⁵₄ fu³⁵₃ tsau²¹₂　我不愿意走

渠不打球　　gi³¹₂ fu³⁵₃ tiɛ²¹₂ dzau³¹　他不肯打球

这两句的"不"都是句子的焦点所在，所以要重读，自然保持原调不变。但是，当"不"否定状态的时候，属于前附，读低降型的零调，与出现于连调首字的入声调值相同，都是 21：

渠不快活　　gi³¹₂ fu²⁵₃ khau²¹₅ fio²¹₈

快活是一种状态，"不"是对这种状态的简单否定。如果"不"重读，后头的"快活"就要弱读成 21：

渠不快活　　gi³¹₂ fu²⁵₃ khau²¹₅ fio²¹₈ 他不愿意快活

否定状态的"不"[fu²¹₃] 与"福"字完全同音。不过温州的入声韵尾已经失落，所以我们还不能据此就断定这种"不"已经混入屋韵。但是松阳、遂昌的"不"可以很好地说明这个促声化的过程。否定词在处衢片的方言中多与温州话相同，有非母尤韵上声的读音（见表三），但是在遂昌、松阳方言中却读入声。松阳、遂昌与龙泉、云和相邻，方言非常接近，像否定词这样重要的虚词不大可能有不同的来源，所以最好的解释是它们的否定词都有同一的来源，入声读音只是促化的结果。遂昌方言的尤韵为 [ɯ]，如"否"[fɣɯ⁵²₃]，"谋"[mɣɯ²²¹₃]。它的否定词为 [fəɯʔ⁵₇]（曹志耘等，2000），原来应该与"否"同音，都读作 [fɣɯ⁵²₃]，后来发生了促化，就混入读音最接近的屋韵读 [fəɯʔ⁵₇]。松阳方言中的否定词是 [fɣʔ⁵₇]，与屋韵三等同音。松阳的虞韵是 [u]，与虞韵最接近的入声韵是屋韵三等 uʔ > ɣʔ。松阳方言中的"不"原来应该读 [fu²¹⁴₃]，先是发生促化，混入最接近的入声韵屋韵，读作 [fuʔ⁵₃]，以后跟随屋韵三等一道变作现代的 [fɣʔ⁵₇]。温州的物韵读 [-ai]，如"弗"[fai³¹³₃]，松阳的物韵读 [ɛʔ]，如"勿"读 [fɛʔ⁵₇]。但是它们的否定词读音都与屋韵相同，而与物韵不同，可见它们绝不是《广韵》分勿切的"不"。因为"不"在古代没有屋韵的读音，所以以上几个方言中否定词的屋韵读音只能是这些方言内部虞（尤）韵促化的结果。

以上诸方言点的否定词与物韵的读音最接近，所以许多方言学家把它写作"弗"或"勿"。我们在上文否定了它是"弗"或"勿"的可能，那么它是不是即分勿切的"不"呢？当然不排除这种可能，但从松阳、遂昌的例子看，更可能是独立发生促化。不过不管它们是不是来自"不"的分勿切一读，都说明它不是"弗"或"勿"，而是促化了的"不"。除了上文的理由以外，以下两个弱化特征也都说明它的入声读音只是促声化的结果。第一，它们所带的韵母同物韵字并不完全一样，否定词的元音全部是央元音，但是表四右边 6 个方言点的物韵字"拂"带有外围元音（peripheral vowel），如丹阳的［ɛ］，常熟、上海、嘉兴、诸暨的［o］。元音弱化一般是与央化联系在一起的，否定词都带央元音这一特点，说明它是弱化的结果。第二，"拂"字的声母全是［f-］，而有些方言的否定词是［v-］，声母浊化也同样是弱化的特点。

表四　北部吴语中的否定词大部分读［faʔ］（钱乃荣，1992）

	宜兴	溧水	常州	苏州	昆山	松江	宁波	衢州	金华	江阴	常熟	上海	嘉兴	绍兴	诸暨	丹阳
不	faʔ	faʔ	faʔ	faʔ	faʔ	ʔvə	vaʔ	feʔ	feʔ	fɿʔ	faʔ	vɐʔ	ʔvə	vəʔ	feʔ	faʔ
拂	faʔ	faʔ	faʔ	faʔ	faʔ	faʔ	vaʔ	feʔ	feʔ	fɿʔ	foʔ	foʔ	foʔ	foʔ	foʔ	fɛʔ

北京等方言中"不"读作帮母没韵，这是［i］介音失落的结果。汉语舌面介音如果处在唇音声母与后元音之间容易失落，如"梦谋捧"等字原来都是三等字，因为唇音声母与元音都是后舌位的，前舌位的介音［i］与它们不相容，所以就失去或混入一等去了。物韵的"不"［piut］也属于这种情况，在有些方言中介音失落就变作没韵的［put］了。但是这种变化估计发生在宋代，因为从五代《守温韵学》残卷的"辨类隔切"一段看，当时唇音已经有轻重分化（周祖谟，1966）。在不、芳两母的对比中，不母 24 个例字全是非母字，芳母 21 个字中全是敷母字。可见"不"在当时还是一个非母字。《韵镜》外转第十八合没韵帮组的四个声母的代表字是"○誖勃没"，帮母无字。但是在《切韵指掌图》的第十图，帮组入声一等分别是"不誖勃没"，帮母已有"不"作为代表字了，这是"不"读入没韵的最早文献记录。此外，没韵在《切韵》时代是［-ot］（潘悟云，2000），到宋以后才变作［-ut］，物韵"不"［piut］的［i］介音失落以后应该是［put］，这正是宋代的没韵读音。官话和湘语、赣语中"不"的读音大体上分两类，北京、济南、西安、武汉、成都、长沙、双峰读［pu］，从没韵的"不"［put］失落韵尾变来。太原、合肥、扬州读［pəʔ］，虚词弱化过程中元音发生央化，中间经过南昌的［pət］阶段。

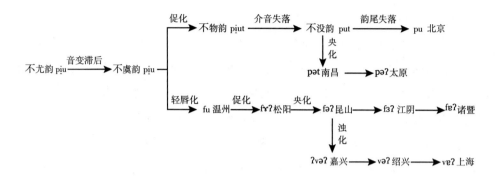

与此相似的是否定词"没"的来源。有些学者认为"没"从动词"沉没"的"没"虚化而来（蒋冀骋、吴福祥，1997）。"没"的本义是沉入水中，由此引申到消失，再引申到"无"义，这是训诂学的传统方法。有了以上对"不"的讨论，"没"的来历就迎刃而解了。与"没"相对应的古汉语是"无"，一直到现代的南方方言中它还广为使用，我们很难想象它在北方居然会莫名其妙地消失了，以后再从沉没义的动词变出一个语义完全相同的词来代替它。上面对"不"的讨论也许给我们一个新的启示，古汉语的"无"在北方并没有消失，它在虚化过程中语音发生促化变成了"没"。"不"从尤韵读入虞韵，"无"也是虞韵。"不"在北方促声化以后，进一步失去介音，读入没韵，与"没"同韵，它们的语音和语义关系是完全平行的：

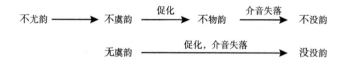

在各地方言中还有一个现象：有"无"的南方方言没有"没"，有"没"的北方方言没有"无"，"无"只是作为文语残留在语言中。两者的互补关系也透露了两个词之间的历史关系。

根据以上对否定词的讨论，我们提出两条虚词考本字的优选原则作为具体操作的参考：

1. 从合不从分原则　在充分小的地理范围，虚词的来源一般是相同的。例如，吴语太湖片是一个不大的地理范围，其方言内部相当一致，所以很难设想近指代词等竟会有如此多的不同来源。"充分小"是一个模糊的概念，有时候指整个汉语，有时候可能指一个方言小片。如果在充分小的地理范围，某个虚词有多种形式，向"分"的方向处理很简单，只要给每种形式定一个方言字，认为他们各有来源即可，但是并没有给我们的研究增添什么新的内容。如果向"合"的方向处理，设法证明它们有共同的来源，就要花大力气，但是语言学的意义也就大了。这并不是硬把不同来源的语素往一处拉，只是建议我们多往合的方面想而已。

2.**语义对语音优先原则**　一个字的语音很容易变化，特别是虚词，在虚化的过程中伴随着语音的弱化，有时会变得面目全非。但是基本语义（包括语法意义）的变化就不那么容易。例如，上文讨论的语素"不"及其基本语义从古至今变化不大，但是其语音形式在各地方言中的变化就很大。

参考文献

北大中文系　1995　《汉语方言词汇》，语文出版社。

丁声树　1935　《否定词弗，不》，载《蔡元培先生六十五岁纪念论文集》。

曹志耘等　2000　《吴语处衢方言研究》，《日本中国语学研究·开篇》单刊 No.12。

蒋冀骋、吴福祥　1997　《近代汉语纲要》，湖南教育出版社。

李如龙、张双庆　1992　《客赣方言调查报告》，厦门大学出版社。

李荣　1956　《切韵音系》，科学出版社。

吕叔湘　1993　《吕叔湘文集》第一卷《中国文法要略》，商务印书馆。

梅祖麟　1980　《吴语情貌词"仔"的语源》，载《国外语言学》第 3 期。

梅祖麟　1995　《方言本字研究的两种方法》，《吴语和闽语的比较研究》，上海教育出版社。

潘悟云　1995　《温、处方言与闽语》，《吴语与闽语的比较研究》，上海教育出版社。

潘悟云　2000　《汉语历史音韵学》，上海教育出版社。

钱乃荣　1992　《当代吴语研究》，上海教育出版社。

石汝杰　1996　《苏州方言的体》，《动词的体》，香港中文大学。

汤珍珠、陈忠敏、吴新贤　1997　《宁波话词典》，江苏教育出版社。

许宝华、陶寰　1997　《上海方言词典》，江苏教育出版社。

张惠英　1993　《崇明方言词典》，江苏教育出版社。

周祖谟　1966　《读守温韵学残卷后记》，载《问学集》，中华书局。

Montgomery　1893　*Introduction to the Wènchow dialect*, Shanghai: Kelly & Walsh.

原刊于 2002 年第 4 期

编后记

　　《〈中国语文〉七十年文选》精选《中国语文》创刊至 2022 年所刊发的代表性论文八十七篇,见证七十年间以《中国语文》为代表的中国现代语言学发展历程。文章的选择在序言中已有说明,关于文章的编辑过程有以下几点说明。

　　本书目前收录的文章前后跨度长达七十年,不同时期的文字规范、编辑体例多有不同,本次编辑成册,所选文章一律重新排版,在章节标题、例句格式、附注及参考文献体例等方面对全书进行了统一处理。文字表达与现行语言文字规范有冲突的地方作了修改,如"象"改为"像","重迭"改为"重叠";部分标点符号依照现行规范略作调整;除此之外,其他内容一仍其旧,不强行统一。文章尽量保持"原汁原味",一则是希望保留刊物不同时期的历史风貌,二则也是尽量保留不同作者的一些个人特色,做到多元兼容。原文明显有错讹的,重排时直接予以修正,不再一一注明。

　　参加《文选》编辑工作的有陈丽、成蕾、方梅、刘祥柏、牟烨梓、孙志阳、唐正大、王冬梅、张伯江。

图书在版编目（CIP）数据

《中国语文》七十年文选：全三册 / 张伯江, 方梅
主编. -- 北京：社会科学文献出版社, 2024.12
　　ISBN 978-7-5228-1044-7

　　Ⅰ. ①中…　Ⅱ. ①张…②方…　Ⅲ. ①语文课－教学
研究－中小学－文集　Ⅳ. ①G633.302-53

　　中国版本图书馆CIP数据核字（2022）第214129号

《中国语文》七十年文选（全三册）

主　　编 / 张伯江　方　梅

出 版 人 / 冀祥德
组稿编辑 / 刘同辉
责任编辑 / 徐琳琳
文稿编辑 / 张金木　程丽霞　李月明
责任印制 / 王京美

出　　版 / 社会科学文献出版社·马克思主义分社（010）59367126
　　　　　地址：北京市北三环中路甲29号院华龙大厦　邮编：100029
　　　　　网址：www.ssap.com.cn
发　　行 / 社会科学文献出版社（010）59367028
印　　装 / 三河市东方印刷有限公司

规　　格 / 开　本：787mm×1092mm　1/16
　　　　　印　张：69.25　字　数：1427千字
版　　次 / 2024年12月第1版　2024年12月第1次印刷
书　　号 / ISBN 978-7-5228-1044-7
定　　价 / 398.00元（全三册）

读者服务电话：4008918866